НАСТОЛЬНАЯ КНИГА

ХОЗЯЙСТВЕННОГО РУКОВОДИТЕЛЯ ПО ЗАКОНОДАТЕЛЬСТВУ

Москва
«Юридическая литература»
1990

67.99(2)32
Н 32

Книга подготовлена авторским коллективом в составе:

Часть I

А. Г. Быков — разд. 14; **А. А. Забелышенский** — разд. 5;
Б. И. Минц — разд. 7; **В. М. Огрызков** — разд. 6;
Б. И. Пугинский — предисловие, разд. 17, 18, 19, 22;
Д. Н. Сафиуллин — разд. 9—13; **М. С. Фалькович** — разд. 20, 21;
С. А. Хохлов — разд. 2, 4, 8, 16; **В. С. Якушев** — разд. 1, 3, 15.

Часть II

А. А. Клюев и **А. М. Прудинский**

Редакторы: **Л. А. Казакова, С. А. Панов**

Настольная книга хозяйственного руководите-
Н 32 ля по законодательству/Под ред. Б. И. Пугинского. — М.: Юрид. лит., 1990. — 816 с.

ISBN 5-7260-0113-3

Книга представляет собой практическое пособие по законодательству. Нормативный материал излагается применительно к ситуациям, наиболее часто возникающим в производственно-хозяйственной деятельности объединений и предприятий. Освещаются вопросы планирования и организации производства, правового режима имущества, порядок ценообразования, расчетов, регулирования связей по снабжению, перевозкам и др. Значительное место уделено регулированию трудовых отношений.

Для работников органов хозяйственного управления, объединений, предприятий, юридической службы, юстиции, арбитража.

$Н \frac{1203020600-071}{012(01)-90}$ 30-89

67.99(2)32

ISBN 5-7260-0113-3

© Издательство «Юридическая литература», 1990

Предисловие

Настоящая книга готовилась в условиях формирования нового хозяйственного механизма, изменения организационных структур и методов управления социалистической экономикой. В последний период издано большое число законодательных актов, призванных закреплять и развивать крупномасштабные преобразования в хозяйственной жизни. Отменены или пересмотрены многие устаревшие нормы, а также ведомственные правила и инструкции. Эти изменения требуют их быстрейшего усвоения и реализации в практической деятельности хозяйственных руководителей и работников.

Решения XIX Всесоюзной конференции КПСС значительно повысили внимание к вопросам правового обеспечения перестройки. Принятая конференцией резолюция. «О правовой реформе» ставит задачу формирования социалистического правового государства, что предполагает обеспечение верховенства закона во всех сферах жизни общества, усиление механизмов поддержания правопорядка и дисциплины. Принимаются меры по улучшению правового воспитания населения, организации юридического всеобуча, охватывающего все слои трудящихся, все кадры в центре и на местах.

Опыт первого издания «Настольной книги хозяйственного руководителя по законодательству» показал удачность использованной формы изложения правового материала. В целях удобства пользования книгой в ней, как и ранее, в обобщенной форме приводятся положения по актуальным вопросам производственно-хозяйственной деятельности, содержащиеся в Законах СССР, Указах Президиума Верховного Совета СССР, постановлениях Совета Министров СССР, нормативных актах государственных комитетов, министерств и ведомств.

В связи с изменениями законодательства большинство разделов подверглось значительной переработке. С учетом высказанных читателями пожеланий книга дополнена рядом новых разделов, в частности разделами об участии трудовых коллективов в управлении предприятием, ответственности за хозяйственные преступления и административные правонарушения и др. Сочтено целесообразным особенности правового регулирования деятельности кооперативов рассматривать не в отдельной главе, а в соответствующих разделах, посвященных тем или иным аспектам хозяйствования.

При пользовании «Настольной книгой» необходимо иметь в виду:

материал излагается преимущественно не в виде извлечений из нормативных актов, а путем соединения положений из актов различного уровня в целях комплексного и всестороннего рассмотрения порядка правового регулирования вопросов, возникающих в практической деятельности;

для получения более полных сведений о законодательном регулировании рассматриваемых вопросов следует обращаться к нормативным актам, которые указываются в примечаниях к каждому разделу. В примечаниях нормативные акты приводятся в иерархическом порядке по виду государственного органа, издавшего акт, и времени издания;

в тексте даются ссылки на наиболее важные правовые нормы, регулирующие соответствующий вопрос. Внутри скобок первая цифра обозначает порядковый номер нормативного акта, приводимого в примечаниях к разделу, а вторая — номер его статьи, пункта, параграфа;

при внесении в нормативные акты изменений или дополнений соответствующие статьи, пункты, параграфы (их части, абзацы и т. п.) даются в новой редакции;

при работе со ссылками на нормативные акты и источники их опубликования следует учитывать принятые сокращения.

«Настольная книга» не является официальным источником.

Сокращения

БНА — Бюллетень нормативных актов министерств и ведомств СССР (орган Минюста СССР, выходит ежемесячно).

ВК — Воздушный кодекс Союза ССР. Утвержден Указом Президиума Верховного Совета СССР от 11 мая 1983 г. — Ведомости Верховного Совета СССР, 1983, № 20, ст. 303; Приложение к № 20 от 18 мая 1983 г.

ГК РСФСР — Гражданский кодекс РСФСР. Утвержден Законом РСФСР от 11 июня 1964 г. — Ведомости Верховного Совета РСФСР, 1964, № 24, ст. 406.

Закон о кооперации — О кооперации в СССР. Закон

СССР от 26 мая 1988 г. — Ведомости Верховного Совета СССР, 1988, № 22, ст. 355.

Закон о государственном предприятии — О государственном предприятии (объединении). Закон СССР от 30 июня 1987 г. — Ведомости Верховного Совета СССР, 1987, № 26, ст. 385.

КЗоТ РСФСР — Кодекс законов о труде РСФСР. Утвержден Законом РСФСР от 9 декабря 1971 г. — Ведомости Верховного Совета РСФСР, 1971, № 50, ст. 1007.

КТМ — Кодекс торгового мореплавания Союза ССР. Утвержден Указом Президиума Верховного Совета СССР от 17 сентября 1968 г. — Ведомости Верховного Совета СССР, 1968, № 39, ст. 351.

Основы гражданского законодательства — Основы гражданского законодательства Союза ССР и союзных республик. Утверждены Законом СССР от 8 декабря 1961 г. — Ведомости Верховного Совета СССР, 1961, № 50, ст. 525.

Основы законодательства о труде — Основы законодательства Союза ССР и союзных республик о труде. Утверждены Законом СССР от 15 июля 1970 г. — Ведомости Верховного Совета СССР, 1970, № 29, ст. 265.

Положение о поставках продукции — Положение о поставках продукции производственно-технического назначения. Утверждено постановлением Совета Министров СССР от 25 июля 1988 г. № 888. — СП СССР, 1988, отд. 1, № 24—25, ст. 70.

Положение о поставках товаров — Положение о поставках товаров народного потребления. Утверждено постановлением Совета Министров СССР от 25 июля 1988 г. № 888. — СП СССР, 1988, отд. 1, № 24—25, ст. 70.

СЗ — Собрание законов СССР.

СП — Собрание постановлений Правительства СССР.

Систематизированный сборник — Систематизированный сборник инструктивных указаний Государственного арбитража при Совете Министров СССР. М., 1983.

УАТ — Устав автомобильного транспорта РСФСР. Утвержден постановлением Совета Министров РСФСР от 8 января 1969 г. № 12. — СП РСФСР, 1969, № 2—3, ст. 8.

УВВТ — Устав внутреннего водного транспорта Союза ССР. Утвержден постановлением Совета Министров СССР от 15 октября 1955 г. № 1801. — Свод законов СССР, т. 8, с. 199.

УЖД — Устав железных дорог Союза ССР. Утвержден постановлением Совета Министров СССР от 6 апреля 1964 г. № 270. — СП СССР, 1964, № 5, ст. 36.

Положение о правах профсоюзного комитета — Положение о правах профсоюзного комитета предприятия, учреждения, организации. Утверждено Указом Президиума Верховного Совета СССР от 27 сентября 1971 г. — Ведомости Верховного Совета СССР, 1971, № 39, ст. 382.

Закон о трудовых коллективах — Закон СССР о трудовых коллективах и повышении их роли в управлении предприятиями, учреждениями, организациями. Принят Верховным Советом СССР 17 июня 1983 г. — Ведомости Верховного Совета СССР, 1983, № 25, ст. 382.

Типовые правила внутреннего трудового распорядка — Типовые правила внутреннего трудового распорядка для рабочих и служащих предприятий, учреждений, организаций. Утверждены постановлением Госкомтруда СССР от 20 июля 1984 г. — по согласованию с ВЦСПС. — Бюллетень Госкомтруда, 1984, № 11.

Общим термином «предприятие» обозначаются объединения, предприятия, иные хозяйственные организации и учреждения, кроме случаев, когда требуется специально указать вид организации.

Часть I
ХОЗЯЙСТВЕННОЕ ЗАКОНОДАТЕЛЬСТВО

СОЗДАНИЕ, РЕОРГАНИЗАЦИЯ И ЛИКВИДАЦИЯ ПРЕДПРИЯТИЙ И ИХ ПОДРАЗДЕЛЕНИЙ

ИМУЩЕСТВО ПРЕДПРИЯТИЙ

ПОЛНЫЙ ХОЗРАСЧЕТ И САМОФИНАНСИРОВАНИЕ

УСТАНОВЛЕНИЕ И ПРИМЕНЕНИЕ ЦЕН

ПОРЯДОК КРЕДИТОВАНИЯ ПРЕДПРИЯТИЙ

РЕГУЛИРОВАНИЕ ГРУЗОВЫХ ПЕРЕВОЗОК

РЕГУЛИРОВАНИЕ КАПИТАЛЬНОГО СТРОИТЕЛЬСТВА

ПРИЕМКА ПРОДУКЦИИ ПО КОЛИЧЕСТВУ И КАЧЕСТВУ

ЮРИДИЧЕСКАЯ СЛУЖБА В НАРОДНОМ ХОЗЯЙСТВЕ

ПРЕДЪЯВЛЕНИЕ ИСКОВ В АРБИТРАЖ

Раздел 1
СОЗДАНИЕ, РЕОРГАНИЗАЦИЯ И ЛИКВИДАЦИЯ ПРЕДПРИЯТИЙ И ИХ ПОДРАЗДЕЛЕНИЙ

1. Создание предприятий

Государственные предприятия, иные хозяйственные организации (далее — предприятия) создаются на основе принимаемого компетентным органом решения в порядке, установленном Советом Министров СССР (5, ст. 23), и в пределах выделенных финансовых и материальных ресурсов, планов по труду, бюджетных ассигнований и других действующих лимитов и нормативов (12, п. 3).

Главным направлением в развитии концентрации производства признано укрепление действующих и создание новых производственных и научно-производственных объединений, имея в виду, что в научно-производственные объединения могут входить самостоятельные предприятия и производственные объединения (25, п. 2).

Объединения создаются на добровольных началах предприятиями по их инициативе либо по инициативе вышестоящего органа.

Колхозы, иные кооперативные организации и их объединения образуются в порядке, определенном Законом о кооперации в СССР (6, ст.ст. 5, 11), а также примерными уставами соответствующих видов кооперативов; **общественные организации и их предприятия** — в порядке, определенном законодательством, иные — в порядке, предусмотренном уставами (положениями) соответствующих организаций (2, ст. 27).

Государственно-колхозные, межколхозные, иные межхозяйственные организации в сельском хозяйстве образуются по решению собраний уполномоченных представителей колхозов, совхозов и других государственных, кооперативных и общественных предприятий и организаций, изъявивших согласие участвовать в их деятельности (10, п. 7; 6, ст. 33, п. 8).

Государственные предприятия (производственные, строительно-монтажные, транспортные и т. п.) и другие аналогичные организации союзного подчинения создаются на основе решений министерств, государственных комитетов и ведомств СССР. Решение о создании хозяйственной организации союзного подчинения должно быть предварительно рассмотрено Советом Министров союзной республики, на территории которой будет находиться создаваемая организация (12, п. 1; 33, п. 1). Для согласования союзное министерство (ведомство, госкомитет) направляет в Совет Министров союзной республики обоснование создания предприятия и необходимые данные о нем, в частности, о полном юридическом наименовании, месте нахождения (почтовый адрес), цели, характере деятельности, проектируемом объеме работы, численности рабочих и служащих, а также все другие материалы, необходимые для рассмотрения Советом Министров союзной республики вопроса о создании предприятия. Совет Министров союзной республики сообщает о результатах рассмотрения данного вопроса соответствующему союзному министерству (ведомству, госкомитету).

Государственные предприятия республиканского и местного подчинения создаются Советами Министров союзных республик или в порядке, ими устанавливаемом. Так, Советом Министров РСФСР принято постановление от 10 июня 1983 г. № 307 «О порядке создания, реорганизации и ликвидации предприятий, объединений, организаций и учреждений республиканского и местного подчинения» (28).

При создании предприятия, подведомственных **союзно-республиканским министерствам** (ведомствам, госкомитетам), если показатели плана таким организациям устанавливаются союзно-республиканскими министерствами (ведомствами, госкомитетами), решения об их образовании должны быть согласованы с соответствующими министерствами (ведомствами, госкомитетами) СССР.

Решения о создании **предприятия одной союзной республики на территории другой союзной республики** принимаются по согласованию между Советами Министров этих союзных республик (12, п. 2).

Законодательством установлены **особенности создания ряда организаций**.

1. Научно-исследовательские, проектные, конструкторские и технологические организации (в том числе входящие в состав производственных, научно-производственных, строительно-монтажных и других аналогичных объединений), в зависимости от их подчиненности, создаются министерствами, ведомствами, госкомитетами СССР и Советами Министров союзных республик с разрешения Совета Министров СССР. Представления об образовании названных организаций вносятся в Совет Министров СССР Госкомитетом СССР по науке и технике или Госстроем СССР по предложениям министерств (ведомств, госкомитетов) СССР и Советов Министров союзных республик (12, п. 4).

2. Управления, отделения, тресты, торги, инспекции, конторы и другие организации с управленческими функциями, а также строительные организации — по согласованию с Минфином СССР.

3. Снабженческие и сбытовые организации — по согласованию с Госснабом СССР и Минфином СССР.

4. Органы научно-технической информации — по согла-

сованию с Госкомитетом СССР по науке и технике и Минфином СССР.

5. Информационно-вычислительные и машиносчетные станции создаются по согласованию с Госкомстатом СССР или союзной республики, вычислительные (информационно-вычислительные) центры — по согласованию с Госкомстатом СССР, Госпланом СССР, а вычислительные центры коллективного пользования либо другие вычислительные (информационно-вычислительные) центры, независимо от их ведомственной принадлежности, в районах, где действуют или создаются вычислительные центры коллективного пользования, — по согласованию с Госкомитетом СССР по науке и технике.

6. Изыскательские организации — по согласованию с Госстроем СССР и Госпланом СССР.

7. Управления и отделы рабочего снабжения — по согласованию с Минторгом СССР и Минфином СССР.

8. Отраслевые и межотраслевые институты и курсы повышения квалификации — по согласованию с Госкомитетом СССР по народному образованию и Минфином СССР.

9. Санаторно-курортные учреждения — с разрешения Минздрава СССР и ВЦСПС по согласованию с Советами Министров соответствующих республик (12, пп. 7, 8).

В **Москве и Московской области** предприятия, организации и учреждения (за исключением создаваемых для непосредственного обслуживания населения, для нужд жилищного строительства и других надобностей хозяйства города и области) создаются с разрешения Совета Министров СССР. Предложения о создании указанных организаций вносятся в Совет Министров СССР после предварительного согласования вопросов с Мосгорисполкомом и Мособлисполкомом. Решения о создании в Москве и Московской области предприятий для непосредственного обслуживания населения, нужд жилищного строительства и других потребностей хозяйства города и области принимаются министерствами (ведомствами, госкомитетами) по согласованию с Мосгорисполкомом или Мособлисполкомом (12, п. 6).

Приведенный порядок распространен также на Ленинград и Ленинградскую область.

Строительство в Московской области промышленных предприятий и цехов, зданий научно-исследовательских и проектных институтов, конструкторских бюро, экспериментальных баз, высших учебных заведений и техникумов, подведомственных министерствам и ведомствам, может быть разрешено только в виде особого исключения с учетом мнения МК КПСС и Мособлисполкома (24, п. 14).

Структура предприятия и его подразделений определяется предприятием самостоятельно.

Предприятие вправе образовывать свои филиалы. Филиалом признается обособленное подразделение предприятия, которое осуществляет на определенной территории вне места нахождения предприятия все или часть его функций. Руководитель филиала действует на основании доверенности предприятия (2, ст. 31).

Структурной единицей признается обособленное подразделение производственного, научно-производственного объединения, действующее на хозрасчетных началах (5, ст. 5, п. 5). Ее структура определяется объединением.

Структурная единица заключает хозяйственные договоры с другими организациями от имени объединения. Объединение может предоставить структурной единице право заключать хозяйственные договоры от имени структурной единицы (5, ст. 5, п. 5). Структурные единицы в составе объединения утверждаются вышестоящим органом (5, ст. 5, п. 6). Руководитель структурной единицы действует на основе Закона о предприятии и положения о структурной единице.

Хозрасчетная внешнеторговая фирма научно-производственного, производственного объединения, предприятия, организации (внешнеторговая фирма) образуется в составе объединения, на предприятии, имеющих условия для значительных поставок на экспорт высококачественной продукции, предоставления услуг. Внешнеторговая фирма как структурное подразделение объединения, предприятия не является юридическим лицом. Свою деятельность фирма осуществляет от имени и по поручению объединения, предприятия. Внешнеторговая фирма образуется непосредственно государственным предприятием (15, п. 1; 12, п. 10).

Предприятия республиканского (РСФСР) подчинения создаются министерствами, госкомитетами, ведомствами РСФСР (28, п. 1). Решения о создании указанных предприятий принимаются после предварительного рассмотрения этих вопросов соответственно Советами Министров АССР, исполкомами краевых, областных, Ленинградского городского Советов народных депутатов, на территории которых будут находиться создаваемые предприятия.

В РСФСР предприятия республиканского (АССР) подчинения создаются Советами Министров АССР; организации краевого и областного подчинения — исполкомами краевых, областных Советов народных депутатов, а в автономных областях — исполкомами областных Советов народных депутатов автономных областей (28, п. 1). Предприятия городского и районного в городе подчинения в Москве и Ленинграде создаются Мосгорисполкомом и Ленгорисполкомом. Предприятия окружного и районного подчинения создаются исполкомами Советов народных депутатов автономных округов и районных Советов народных депутатов по согласованию с Советами Министров АССР, исполкомами краевых, областных Советов народных депутатов, а организации городского, районного в городе подчинения — исполкомами городских Советов народных депутатов по согласованию соответственно с Советами Министров АССР, обл(край)исполкомами, исполкомами Советов народных депутатов автономных областей (28, п. 1).

Решения о создании предприятий республиканского (АССР) и местного подчинения, подведомственных министерствам, ведомствам, госкомитетам РСФСР, во всех случаях должны быть согласованы с соответствующими министерствами, ведомствами, госкомитетами РСФСР.

Отраслевые, межотраслевые институты, курсы повышения квалификации и заповедники создаются Советом Министров РСФСР, а научно-исследовательские, проектные, конструкторские и технологические организации (в том числе входящие в состав производственных, научно-производственных, строительно-монтажных и других аналогичных объединений) — Советом Министров РСФСР с разрешения Совета Министров СССР (28, п. 3).

Предложения о создании названных организаций вносятся министерствами, госкомитетами и ведомствами РСФСР, Советами Министров АССР, обл(край)исполкомами, Мосгорисполкомом и Ленгорисполкомом:

в Госплан РСФСР, Госстрой РСФСР и Минфин РСФСР — в отношении создания научно-исследовательских, проектных, конструкторских и технологических организаций (в том числе входящих в состав производственных, научно-производственных, строительно-монтажных и других аналогичных объединений);

в Минвуз РСФСР и Минфин РСФСР — в отношении создания отраслевых и межотраслевых институтов и курсов повышения квалификации (28, п. 3).

Установлены (28, п. 4) особенности создания в РСФСР ряда организаций. Управления, тресты, торги, инспекции, конторы и другие организации с управленческими функциями, а также органы научно-технической информации создаются по согласованию с Минфином РСФСР и Госпланом РСФСР.

Снабженческие и сбытовые организации — по согласованию с Госпланом РСФСР, Минфином РСФСР и Госснабом РСФСР.

Дирекция строящегося предприятия создается министерством, ведомством СССР, Советом Министров союзной республики или другим органом, которому действующим законодательством предоставлено это право. Дирекция создается для строительства предприятий и других объектов производственного назначения, а также крупных объектов непроизводственного назначения, строящихся по индивидуально разрабатываемым проектам, по которым функции заказчика-застройщика не могут быть переданы управлению (отделу) капитального строительства исполкома местного

Совета народных депутатов или иной организации — единому заказчику.

Дирекция строящегося предприятия (объединенная дирекция) является юридическим лицом, распоряжается денежными средствами, выделяемыми на финансирование капитальных вложений, а также всеми материальными ценностями, учитываемыми на балансе капитального строительства (30, пп. 1.2, 4.2—4.3).

Содержание решения о создании государственного предприятия (организации). В решении (распоряжении, постановлении, приказе) министерства, госкомитета, ведомства СССР, Совета Министров союзной республики и другого органа этой республики о создании предприятия (организации) должны быть указаны: а) полное юридическое наименование, предмет и цель деятельности и место нахождения (почтовый адрес) создаваемого предприятия; б) наименование органа, которому предприятие непосредственно подчинено (вышестоящий орган); в) общий акт (Закон о государственном предприятии, Положение о предприятии и др.), на основании которого будет действовать создаваемое предприятие, и то, что оно является юридическим лицом (33, п. 8).

В решение о создании предприятий могут быть включены и другие не противоречащие закону положения, необходимые для обеспечения их создания и функционирования, либо связанные с особенностями их деятельности (33, п. 10).

Создание объединений. Объединения создаются на добровольных началах предприятиями по их инициативе либо по инициативе вышестоящего органа. В объединение наряду со структурными единицами могут входить самостоятельные предприятия, которые пользуются правами в соответствии с Законом о предприятии. Объединение руководит такими предприятиями, осуществляя по отношению к ним функции вышестоящего органа, имеет право централизовать полностью или частично выполнение их отдельных производственно-хозяйственных функций. При этом необходимые для выполнения указанных функций средства предприятий могут быть централизованы с их согласия.

Управление объединением по решению входящих в него структурных единиц и предприятий осуществляется администрацией головной структурной единицы (головного предприятия) объединения или обособленным аппаратом управления.

Создание иных организационных структур. Предприятия, объединения и организации, независимо от их ведомственной принадлежности, могут самостоятельно создавать на договорных началах концерны, консорциумы, межотраслевые государственные объединения, государственные производственные объединения, различные ассоциации и другие крупные организационные структуры, в том числе с участием кооперативов и совместных предприятий, создаваемых с фирмами иностранных государств. Государственные предприятия (объединения), входящие в эти организационные структуры, сохраняют хозяйственную самостоятельность и действуют в соответствии с Законом о предприятии.

Кооперативы организуются по желанию граждан исключительно на добровольных началах. Создание кооператива не обусловливается каким-либо специальным разрешением советских, хозяйственных и иных органов. Численность членов кооператива не может быть менее трех человек (6, ст. 11, п. 1).

Сферы и виды деятельности кооперативов. Кооперативы могут создаваться и действовать в сельском хозяйстве, где их преобладающей формой являются колхозы, промышленности, строительстве, на транспорте, в торговле, общественном питании, сфере платных услуг и других отраслях производства и социально-культурной жизни.

Кооператив вправе заниматься любыми видами деятельности, за исключением запрещенных законодательством Союза ССР и союзных республик (6, ст. 3, п. 1).

В целях ускорения научно-технического прогресса, сокращения цикла «наука — производство» государство всемерно поощряет создание и содействует развитию кооперативов в сфере научного и научно-технического обслуживания, проектных, инженерных, конструкторских, внедренческих и других услуг, кооперативов по производству товаров, продукции и оказанию услуг, основанных на научных открытиях и изобретениях, а также на личном участии в работе этих кооперативов самих авторов открытий и изобретений (6, ст. 40, п. 3).

В сельской местности могут создаваться кооперативы (товарищества) по производству и переработке сельскохозяйственной продукции, сельскохозяйственно-промысловые кооперативы, рыболовецкие колхозы, кооперативы по строительству, в том числе жилых домов, внутрихозяйственных дорог, других объектов, снабженческо-сбытовые, кредитные, лесохозяйственные, кооперативы по совместному ведению личных подсобных хозяйств и оказанию иных услуг.

В организации и деятельности таких кооперативов и товариществ могут участвовать (в том числе имущественными взносами) колхозники, работники совхозов, иных сельскохозяйственных предприятий и другие граждане, проживающие как в сельской местности, так и в городах и поселках городского типа (6, ст. 33, п. 5).

Кооперативы организуются и действуют как на самостоятельных началах, так и при государственных, кооперативных или иных общественных предприятиях, организациях и учреждениях (6, ст. 11, п. 1).

В случаях, когда для деятельности кооператива требуются участок земли или другие природные ресурсы, для регистрации его устава необходимо согласие на их предоставление соответствующего государственного органа или первичного пользователя (6, ст. 11, п. 3).

Советы народных депутатов и другие государственные органы обеспечивают граждан, изъявивших желание создать кооператив, необходимой информацией о видах продукции (работ, услуг), на которые в данном регионе и в данное время ощущается повышенный спрос (6, ст. 30, п. 3).

Типы кооперативов. В системе социалистической кооперации функционируют кооперативы двух основных типов: производственные и потребительские.

Производственные кооперативы осуществляют производство товаров, продукции, работ, а также предоставляют платные услуги предприятиям, организациям, учреждениям и гражданам.

Потребительские кооперативы удовлетворяют потребности своих членов и других граждан в торговом и бытовом обслуживании, а также членов кооперативов в жилище, дачах, садовых участках, гаражах и стоянках для автомобилей, в социально-культурных и других услугах. Наряду с указанными функциями потребительские кооперативы могут также развивать разнообразную производственную деятельность, т. е. быть кооперативами смешанного типа (6, ст. 3, п. 2).

Одновременное членство в нескольких кооперативах. Гражданин может одновременно быть членом производственного и потребительского кооперативов. Член производственного кооператива, являющегося для него основным местом работы, в свободное время может участвовать на правах члена в другом производственном кооперативе. Лица, работающие на государственном, кооперативном или ином общественном предприятии, в организации или учреждении, могут быть членами только одного **производственного** кооператива и участвовать в его деятельности в свободное от основной работы время.

Гражданин вправе быть членом нескольких потребительских кооперативов различных видов, но не может состоять одновременно в двух или более потребительских кооперативах одного вида, если иное не предусмотренно законодательством (6, ст. 12, п. 2).

Регулирование отдельных видов деятельности кооперативов. Решения о создании кооператива, содержании и регистрации его устава должны соответствовать положениям, регламентирующим сферу и порядок деятельности кооперативов. На основании ст.ст. 3 и 54 Закона о кооперации Совет Министров СССР установил виды деятельности, которыми кооператив не вправе заниматься, и определил виды деятельности, которыми кооперативы вправе заниматься только на основе договоров, заключаемых с предприятиями, организациями и учреждениями, для которых эти виды деятельности являются основными (14; 19; 20).

К видам деятельности, которыми кооперативы не вправе заниматься, отнесены: изготовление любых видов оружия, боевых припасов, взрывчатых веществ, пиротехнических изделий; изготовление и реализация наркотических, сильнодействующих и ядовитых веществ; лечение больных инфекционными заболеваниями; лечение наркомании; лечение психически больных, нуждающихся по состоянию здоровья в неотложной госпитализации; выдача на руки заключений о состоянии психического здоровья; наблюдение и лечение беременных женщин; ряд других видов медицинской помощи; изготовление и реализация лекарственных средств; производство винно-водочных изделий; организация и содержание игорных заведений; изготовление, скупка, продажа изделий из драгоценных металлов и драгоценных камней либо изделий с применением таких материалов (включая изготовление зубных протезов из драгоценных металлов); организация общеобразовательных школ; издательская деятельность по выпуску произведений науки, литературы и искусства; производство, организация обмена, прокат и публичная демонстрация кино- и видеопродукции; тиражирование кинофильмов, фильмов и программ на видеоносителях и все связанные с этим виды деятельности; обслуживание технических средств единой автоматизированной системы связи страны и передающих средств телевизионного и звукового радио- и проводного вещания; осуществление всех видов операций с наличной иностранной валютой, а также ряд других видов деятельности согласно установленному перечню (14).

К видам деятельности, которыми кооператив вправе заниматься только на основе договоров, заключаемых с предприятиями (организациями, учреждениями), отнесены: изготовление, переделка и ремонт изделий из полудрагоценных камней и янтаря; оказание медицинской помощи (кроме тех ее видов, которыми кооператив заниматься не вправе); организация и проведение платных концертов, творческих встреч, развлекательных программ; изготовление множительных и копировальных аппаратов; производство, тиражирование и реализация грампластинок, магнитных записей и записей на других носителях; продажа печатной продукции; лекционная деятельность, а также ряд других видов деятельности согласно установленному перечню (14).

Советы Министров союзных республик исходя из местных условий могут определять при необходимости другие виды деятельности (помимо предусмотренных Советом Министров СССР), которыми кооперативы не вправе заниматься или которыми они могут заниматься только на основе договоров с предприятиями, организациями, учреждениями (14, п. 4).

Союзы (объединения) кооперативов. Кооперативы могут на строго добровольных началах объединяться в союзы (объединения) по видам деятельности и территориальные союзы (объединения) в районах, областях (краях), автономных и союзных республиках и в стране в целом (6, ст. 16, п. 1). Союзы (объединения) кооперативов образуются на съездах, собраниях делегатов (уполномоченных) кооперативов. Союзы (объединения) кооперативов действуют на основе своих уставов, принимаемых съездами, собраниями делегатов (уполномоченных) кооперативов. Съезды, собрания делегатов (уполномоченных) могут принимать примерные уставы кооперативов (6, ст. 16, п. 3).

Создание совместных предприятий. В целях более эффективного использования международного разделения труда, научно-технического и производственного потенциала стран социалистического содружества, а также в целях дальнейшего развития торгово-экономического и научно-технического сотрудничества с капиталистическими и развивающимися странами на стабильной и взаимовыгодной основе создаются совместные предприятия.

Совместные предприятия с участием организаций СССР и других стран — членов СЭВ, а также организаций и фирм капиталистических и развивающихся стран создаются советскими государственными предприятиями (5, ст. 19), а также кооперативными организациями СССР (6, ст. 28).

Государственные предприятия имеют право принимать решения о создании совместных предприятий с зарубежными организациями и фирмами с согласия вышестоящего органа управления.

Производственные кооперативы создают с участием зарубежных организаций и фирм совместные предприятия с согласия соответственно Совета Министров союзной республики, крайисполкома, облисполкома, Мосгорисполкома, Ленгорисполкома по месту нахождения кооператива либо с согласия министерства (ведомства), при предприятии, организации, учреждении которого образован кооператив (18, п. 35).

Участниками совместного предприятия могут быть одно или несколько советских предприятий, являющихся юридическими лицами, и одна или несколько зарубежных организаций и фирм. Совместные предприятия признаются юридическими лицами.

Срок деятельности совместного предприятия согласовывается участниками в учредительных документах. Созданные на территории СССР совместные предприятия после вступления в силу документов об их создании регистрируются в Министерстве финансов СССР и приобретают права юридического лица с момента регистрации. Сообщение о создании совместных предприятий публикуется в печати. Совместные предприятия, созданные на территории СССР, могут открывать филиалы и представительства, если такое право предоставлено им учредительными документами. Филиалы совместных предприятий, созданных с участием советских организаций на территории других стран, открываются на территории СССР в порядке, установленном для создания совместных предприятий (16, пп. 6, 7, 9, 14; 17, пп. 6, 8, 9, 19).

Открытие счетов. Предприятиям, объединениям, организациям, состоящим на хозяйственном расчете, наделенным собственными оборотными средствами и имеющим самостоятельный баланс, открываются расчетные счета.

Расчетные счета открываются также кооперативам (в том числе колхозам), союзам (объединениям) кооперативов. Кооперативам по их усмотрению по месту реализации продукции (оказанию услуг) могут открываться субрасчетные или текущие счета для зачисления выручки и оплаты товаров и услуг, а также совершения платежей по другим операциям. Кооператив самостоятельно выбирает банк для открытия счетов. Расчетный счет открывается кооперативу в одном из учреждений банка по месту его нахождения (35, пп. 1.3, 1.8).

Каждое предприятие, объединение, организация или учреждение может иметь в банке только один расчетный счет, за исключением случаев, предусмотренных указаниями Правления Госбанка СССР (35, п. 1.9).

Расчетные счета открываются по месту нахождения владельца счета. Объединениям счета открываются, как правило, по месту нахождения головной структурной единицы (головного предприятия). В этом случае счет головной единице (головному предприятию) не открывается (35, п. 1.8).

Структурной единице объединения, состоящей на отдельном балансе, открывается текущий счет, а по ходатайству объединения ей может быть открыт расчетный счет (35, п. 1.4[1]). Текущие счета открываются производствам, цехам, отделениям, участкам, лабораториям и другим подразделениям предприятий, расположенным вне их места нахождения (35, п. 1.6).

Для оформления открытия расчетных и текущих счетов в учреждение банка представляются заявление на открытие счета, подписанное руководителем и главным бухгалтером (при отсутствии в штате должности главного бухгалтера — только руководителем), решение (распоряжение, постановление, приказ) о создании предприятия того органа, которому по законодательству предоставлено такое право (если для создания предприятия необходимо согласование с соответствующими организациями, в банк представляются копии писем о согласовании на создание предприятия), копия надлежаще утвержденного устава, карточка с образцами подписей и оттиска печати. Совместные предприятия представляют в банк нотариально заверенную справку о регистрации, выданную Минфином СССР.

Структурная единица для открытия счета представляет приказ вышестоящего по отношению к объединению органа о вхождении ее в состав объединения; производства, цеха, отделения, участки, лаборатории и другие подразделения предприятия представляют приказ руководителя предприятия о вхождении их в состав предприятия.

Колхозы, кооперативы представляют в банк копии уставов, зарегистрированных в исполкомах районных Советов народных депутатов.

Копия устава совместного предприятия, утвержденного сторонами учредительных документов, заверяется нотариально (35, п. 2).

2. Присвоение предприятию наименования

Создаваемое предприятие должно иметь наименование, которое дается в установленном порядке. Так, названия государственным предприятиям союзного подчинения присваиваются министерствами, государственными комитетами и ведомствами СССР при решении вопроса об их создании (9, п. 5).

В РСФСР названия государственным предприятиям присваиваются при решении в установленном порядке вопроса о их создании:

объектам республиканского (РСФСР) подчинения — соответствующими министерствами и ведомствами РСФСР; объектам местного подчинения — соответствующими Советами Министров автономных республик, край(обл)исполкомами, Московским и Ленинградским горисполкомами.

Наименование объектов, создаваемых решениями Правительства РСФСР, присваивается Советом Министров РСФСР (26, п. 10).

Названия должны, как правило, отражать место нахождения предприятия, предмет деятельности и подведомственность. Предприятиям могут присваиваться сокращенные и условные названия (26, п. 3). Не допускается присвоение названий, которые уже даны другим предприятиям (независимо от их подчиненности), расположенным на территории области, края, автономной республики или республики, не имеющей областного деления. Названия предприятий, присваиваемые союзно-республиканскими и республиканскими министерствами (ведомствами) РСФСР, подлежат согласованию с Советами Министров автономных республик, обл(край)исполкомами, Московским и Ленинградским горисполкомами, на территории которых расположены эти объекты (26, п. 6).

Согласования с обл(край)исполкомами или Советами Министров автономных республик не требуется при наименовании эксплуатационных организаций железнодорожного транспорта и других организаций, деятельность которых связана с частой передислокацией (9, п. 7).

Имена особо выдающихся государственных и общественных политических деятелей, защитников Родины, героев труда, деятелей науки и культуры присваиваются посмертно в целях увековечения памяти о них и лишь в исключительных случаях (7, ст. 2).

Переименование предприятий допускается в связи с их реорганизацией, перебазированием в другую местность, изменением предмета деятельности или подведомственности, в других исключительных случаях и осуществляется по правилам присвоения названий (9, п. 12; 26, п. 13). При переименовании, отражающем только изменение подведомственности предприятия или изменения названия населенного пункта, в котором расположено предприятие, согласования с указанными выше органами не требуется.

Внешнеторговая фирма имеет свое название, в котором должно быть указано и наименование объединения, в состав которого она входит (15, п. 3).

3. Устав (положение) предприятия, организации

Устав (положение). Предприятие, организация, наделенные статусом юридического лица, действуют на основании устава (положения) (2, ст. 25). Уставы (положения) вновь создаваемых государственных предприятий, организаций утверждаются вышестоящим органом (5, ст. 23, п. 3). Проект устава разрабатывается самим предприятием. Положения о структурных единицах объединений утверждаются объединением (5, ст. 5, п. 5). Уставы кооперативов принимаются общими собраниями граждан, желающих учредить кооператив, и подлежат регистрации в исполкоме районного, городского, районного в городе Совета народных депутатов по месту нахождения кооператива. Устав кооператива рассматривается исполкомом соответствующего Совета народных депутатов в месячный срок со дня его представления на регистрацию (6, ст. 11, пп. 1, 2, 4). Уставы совместных предприятий и объединений утверждаются сторонами учредительных документов (16, п. 8), его участниками (17, п. 7).

Устав государственной организации должен включать в себя:

наименование (номер, сокращенное название, условное название) организации, место нахождения (почтовый адрес), реквизиты счетов в учреждениях банков;

наименование органа, которому непосредственно подчинена (вышестоящий орган);

предмет и цель деятельности;

указание на то, что она имеет уставный фонд;

указание на то, что организация является юридическим лицом, а также на нормативный акт, на основе которого данная организация действует (Закон о предприятии и др.);

наименование должностного лица, возглавляющего организацию (директор, генеральный директор, управляющий и др.);

перечень структурных единиц и иных подразделений, филиалов (отделений), фирм, иных обособленных (самостоятельных) подразделений с указанием места нахождения каждой из них, наименование головной структурной единицы, а при наличии у них счетов в учреждениях банков — реквизиты этих счетов.

В уставе кооператива определяются:

наименование кооператива, его место нахождения;

предмет и цели деятельности;

порядок вступления и выхода из него;

права и обязанности членов кооператива;

органы управления и контроля и их компетенция;

порядок образования имущества и распределения доходов (прибыли);

основания и порядок исключения из кооператива;

условия реорганизации и прекращения деятельности кооператива (6, ст. 11, п. 5).

В устав государственного предприятия и в устав кооператива могут быть включены номер и дата документа об образовании предприятия (кооператива), а также другие не противоречащие законодательству положения, связанные с особенностями деятельности предприятия или кооператива.

Уставы союзов (объединений) кооперативов принимаются съездами, собраниями делегатов (уполномоченных) и регистрации в государственных органах не подлежат (6, ст. 16, п. 3).

Устав совместного предприятия определяет предмет и цели деятельности, его место нахождения, состав участников, размер уставного фонда, размер долей участников, порядок формирования уставного фонда (в том числе в иностранной валюте), структуру, состав и компетенцию органов управления предприятием, порядок принятия решений и круг вопросов, решение которых требует единогласия, а также порядок ликвидации предприятия. В устав могут быть включены и другие положения, не противоречащие советскому законодательству и относящиеся к особенностям деятельности совместных предприятий (16, п. 8; 17, п. 7).

Правоспособность государственного предприятия возникает с момента утверждения его устава (положения), а в случаях, когда оно должно действовать на основании общего положения об организациях данного вида, — с момента издания компетентным органом постановления о его образовании (5, ст. 23, п. 3; 6, ст. 16).

Правоспособность кооператива возникает с момента регистрации его устава (2, ст. 26). Если кооператив создается при предприятии, организации или учреждении, для регистрации его устава требуется согласие данного предприятия, организации, учреждения (6, ст. 11, п. 2).

Союз (объединение) кооперативов считается созданным и признается юридическим лицом с момента принятия устава (6, ст. 16, п. 3).

Совместные предприятия на территории СССР после вступления в силу документов об их создании регистрируются в Министерстве финансов СССР и приобретают права юридического лица с момента регистрации (16, п. 9; 17, п. 9).

4. Порядок реорганизации предприятий

Реорганизация (слияние, присоединение, разделение, выделение, преобразование) государственных предприятий производится по решению того органа, который правомочен создавать соответствующие предприятия (5, ст. 23, п. 1) и в том же порядке, который установлен для их создания (12, п. 12). Общее собрание (конференция) трудового коллектива, совет трудового коллектива государственных предприятий, решая вопросы совершенствования управления и организационной структуры предприятий, рассматривают также вопросы их реорганизации (5, ст. 6, п. 5; ст. 7, п. 1).

Реорганизация объединений и прекращение их деятельности производится по решению входящих в них структурных единиц и предприятий.

Входящие в объединение структурные единицы и самостоятельные предприятия вправе по решению их трудовых коллективов выйти из состава объединения с соблюдением договорного порядка и обязательств, установленных при образовании объединения.

Предприятия, объединения и организации при переходе на арендные отношения имеют право выхода из подчинения отраслевым и территориальным органам государственного управления; при этом взаимоотношения между ними регулируются договором аренды.

Реорганизация (слияние, присоединение, разделение, выделение, преобразование) кооперативов производится по решению их общих собраний (6, ст. 15, п. 1).

Переход прав и обязанностей (правопреемство). При слиянии к вновь созданной хозяйственной организации переходят имущество, задания (заказы) и лимиты, иные права и обязанности объединившихся предприятий (2, ст. 37). Созданное хозяйственное подразделение, независимо от размера принятого от слившихся предприятий имущества, принимает на себя все обязательства этих предприятий и приобретает права требования от их контрагентов выполнения обязательств. При присоединении также переходят все права и обязанности на указанных выше началах. Слияние и присоединение оформляются передаточными балансами. Если иное не указано в законодательстве или решении о реорганизации, переход прав и обязанностей связывается с моментом подписания передаточного баланса.

При разделении имущественные права и обязанности реорганизуемого предприятия переходят к вновь создаваемым предприятиям (2, ст. 37). При разделении составляется разделительный акт, в котором указывается, какие структурные подразделения (структурные единицы, цехи, производства, службы и др.) переходят к каждому вновь создаваемому предприятию, какие и в каком объеме задания (заказы), договорные и другие обязательства переходят к каждому новому предприятию. Аналогичный порядок действует при реорганизации в виде выделения.

Права и обязанности к вновь возникающим при разделении и выделении предприятиям переходят в момент подписания разделительного баланса, если иное не предусмотрено законодательством или решением о реорганизации.

Кооперативные организации реорганизуются путем слияния, присоединения, разделения, выделения и преобразования. Реорганизуется кооператив по решению его общего собрания (6, ст. 15, п. 1). При слиянии и присоединении общее собрание каждого из объединяющихся кооперативов должно принять решение о слиянии (присоединении), выработать и утвердить соглашение, на основе которого соединяются кооперативы, принять устав вновь образуемого кооператива (4, ст.ст. 34, 35).

Разделение осуществляется также на основании постановления общего собрания кооператива. В постановлении о разделении должно быть указано, каким образом распределяются актив и пассив делящейся кооперативной организации между вновь образуемыми кооперативами, а также какие члены реорганизуемого кооператива в какие вновь создаваемые кооперативы вступают. Вновь возникшие кооперативы принимают на общих собраниях уставы, которые подлежат регистрации в соответствующих исполкомах местных Советов народных депутатов (6, ст. 11, п. 2). Со дня регистрации устава вновь возникшая организация становится самостоятельным кооперативом.

Межколхозные, государственно-колхозные, иные межхозяйственные организации реорганизуются по решению собраний уполномоченных представителей хозяйств-участников после рассмотрения вопроса в исполкоме местного

Совета и в органе, который правомочен утверждать решение о создании такой организации (10, п. 50; 5, ст. 21, п. 2).

5. Ликвидация предприятий

Государственные предприятия и организации ликвидируются решением того органа, который правомочен создавать соответствующие предприятия и организации (5, ст. 23, п. 1; 2, ст. 38; 12, п. 13; 33, п. 5). Порядок и срок проведения ликвидации устанавливаются органом, принявшим решение о ликвидации, либо вышестоящим органом. Деятельность предприятия может быть прекращена, если отпала необходимость в его дальнейшей работе и оно не может быть реорганизовано, при передаче имущества предприятия в целом организации арендаторов или кооперативу и др.

Предприятие может быть прекращено при длительной убыточности и неплатежеспособности, отсутствии спроса на его продукцию и в случае, когда принятые предприятием и вышестоящим органом меры по обеспечению рентабельности работы не дали результатов (5, ст. 23, п. 1).

Кооперативные организации прекращают деятельность по решению общего собрания. Деятельность кооператива может быть прекращена также по решению исполнительного комитета Совета народных депутатов при убыточности и неплатежеспособности кооператива и в случаях, когда кооператив, несмотря на вынесенное предупреждение, неоднократно или грубо нарушает законодательство. Решение о прекращении деятельности кооператива может быть в трехмесячный срок обжаловано в исполком вышестоящего Совета народных депутатов, Совет Министров автономной республики, Совет Министров союзной республики, не имеющей областного деления, или в суд (6, ст. 15, п. 2).

Кооперативы ликвидируются также при нарушении устава кооператива, уменьшении числа членов кооператива менее трех, невозможности осуществления деятельности на принципах самоокупаемости и самофинансирования, а также при ликвидации органа управления, объединения (предприятия), организации, при которых созданы кооперативы, если в течение двух месяцев не будет определен орган управления, объединение (предприятие), организация, при которых они станут осуществлять свою деятельность (19, п. 38; 20, п. 40).

Кооператив по заготовке и переработке вторичного сырья ликвидируется также при систематическом невыполнении условий и обязательств, вытекающих из договора, заключенного с предприятием, организацией, где образуется, заготавливается или используется вторичное сырье; при уменьшении количества членов кооператива менее 5 человек, если это количество не будет пополнено в течение месячного срока (14, п. 37).

Межколхозные, государственно-колхозные, другие межхозяйственные организации ликвидируются по решению собрания уполномоченных представителей хозяйств-участников после рассмотрения вопроса в исполкоме местного Совета и в органе, который правомочен утверждать решение о создании организации (10, п. 50).

Ликвидация совместных предприятий. Совместное предприятие может быть ликвидировано в случаях и в порядке, предусмотренных учредительными документами, а также по решению Совета Министров СССР, если его деятельность не соответствует целям и задачам, предусмотренным в этих документах. Сообщение о ликвидации совместного предприятия публикуется в печати.

Иностранный участник при ликвидации совместного предприятия или выбытии из него получает право на возврат своего вклада в денежной или товарной форме по остаточной стоимости вклада на момент ликвидации предприятия после погашения обязательств перед советскими участниками и третьими лицами.

Ликвидация совместного предприятия регистрируется в Минфине СССР (16, пп. 61—63; 17, пп. 51—53).

Создание ликвидационной комиссии (ликвидкома). Решение о ликвидации должно содержать указание на то, будет ли создан для проведения ликвидации ликвидком или эту работу выполнит непосредственно руководитель ликвидируемого предприятия. В решении определяются задачи ликвидкома, в частности, об удовлетворении требований кредиторов, выявлении дебиторской задолженности, урегулировании других не решенных на момент ликвидации вопросов, составлении ликвидационного баланса. Ликвидком осуществляет свою деятельность под контролем вышестоящей организации.

При ликвидации кооператива ликвидком назначается общим собранием, а при ликвидации по решению исполкома местного Совета — исполкомом.

Порядок исполнения обязательств ликвидируемого предприятия. Ликвидация связана с фактическим прекращением производственно-хозяйственной деятельности предприятий (выпуском продукции, выполнением работ, оказанием услуг), прекращением сложившихся на основе заключенных договоров хозяйственных связей. Поэтому орган, к компетенции которого отнесено установление порядка и сроков ликвидации, должен, без ущерба для выполнения государственных заданий, разрешить все вопросы, связанные с порядком дальнейшего исполнения заключенных договоров ликвидируемого предприятия. Если ликвидируемое предприятие не сможет выполнить в течение срока, отведенного для завершения его деятельности, обязательств по заключенным договорам, их дальнейшее исполнение может быть возложено на другое предприятие, подведомственное органу, который принимает решение о ликвидации. При ликвидации предприятий правопреемства не происходит.

Срок для заявления кредиторами претензий к ликвидируемому предприятию устанавливается органом, принявшим решение о ликвидации. Этот срок не может быть меньше срока, указанного в законодательстве.

Срок для заявления претензий кредиторами исчисляется со дня публикации извещения о ликвидации предприятия в официальном органе печати либо с того дня, когда кредитор был извещен письменным сообщением о ликвидации.

Полномочия ликвидационной комиссии и пределы ее распорядительной деятельности должны быть определены тем органом управления, который создает комиссию. Ликвидком по решению названного органа может иметь свою печать.

Если ликвидацию осуществляет ликвидком, то на его имя в учреждении банка переоформляется счет ликвидируемого предприятия. Для переоформления счета на имя ликвидкома в учреждение банка должны быть представлены: документ о ликвидации предприятия с указанием в нем срока действия ликвидкома; заверенная карточка с образцами подписей членов ликвидкома, наделенных правом подписи по счету; оттиск печати ликвидкома, а в случае отсутствия печати — с оттиском печати той организации, которая создала ликвидком (35, разд. 5, п. 5.2). С образованием ликвидкома право распоряжения денежными средствами счета ликвидируемого предприятия переходит к ликвидкому.

Объявление о ликвидации предприятия публикуется ликвидационной комиссией (руководителем предприятия) в официальном областном, краевом, республиканском органе печати по месту нахождения ликвидируемого предприятия с указанием срока заявления кредиторами своих претензий. Независимо от публикации ликвидационная комиссия (руководитель предприятия) обязана по имеющимся у нее материалам выявить все претензии кредиторов ликвидируемого предприятия и известить их о ликвидации.

Претензии к ликвидируемому предприятию удовлетворяются за счет того имущества, на которое по закону может быть обращено взыскание. Претензии кредиторов удовлетворяются прежде всего за счет денежных средств ликвидируемого предприятия, которые находятся на счетах в учреждениях банка (31, п. 298). Ликвидком может направить в учреждение банка, где находится счет предприятия, заявление о прекращении списания средств без согласия ликвидкома (31, п. 299). Все расчетные документы в этом случае банк должен передавать ликвидкому. Без согласия ликвидкома списываются также средства в случаях, когда в исполнительном документе указано, что задолженность связана с деятельностью самого ликвидкома и взыскивается во внеликвидационном порядке.

При отсутствии денежных средств взыскание может быть обращено на имущество ликвидируемого предприятия, на которое по закону может быть обращено такое взыскание.

Использование имущества, оставшегося после ликвидации кооперативной или государственно-кооперативной организации. Имущество, оставшееся после удовлетворения требований всех кредиторов ликвидированной кооперативной организации, используется, если иное не установлено законом, для возврата паевых или иных подлежащих возврату взносов. Оставшаяся часть передается вышестоящей кооперативной организации, а при отсутствии ее — соответствующему государственному органу. Имущество, оставшееся после удовлетворения требований всех кредиторов ликвидированной межколхозной, государственно-колхозной, иной государственно-кооперативной организации, распределяется между ее участниками пропорционально их взносам (2, ст. 40; 6, ст. 45, п. 5).

При ликвидации кооперативов в сферах производства и услуг здания, сооружения, машины, оборудование, оснастка, запасы сырья, материалов, остатки нереализованной готовой продукции и другое имущество, являющееся собственностью кооператива, распродается предприятиям, организациям, учреждениям, а также гражданам по договорным ценам.

Выручка от распродажи имущества и имеющиеся у кооператива денежные средства после расчетов по оплате труда с лицами, работающими в кооперативе по трудовому договору, и выполнения обязательств перед бюджетом, банками, другими кредиторами распределяются между членами кооператива в порядке и на условиях, предусмотренных уставом (6, ст. 44).

Требования к ликвидируемому предприятию, связанные с причинением увечья, повреждением здоровья и причинением смерти гражданину, регулируются специальными правилами.

Суммы в возмещение ущерба в связи с причинением увечья, повреждением здоровья и причинением смерти выплачиваются организацией, ответственной за причиненный ущерб. В случае реорганизации или ликвидации организации суммы в возмещение ущерба рабочим и служащим выплачиваются правопреемником или вышестоящей организацией (34, п. 34). Доставка и пересылка сумм в возмещение ущерба по почте производятся за счет предприятия. Суммы в возмещение ущерба выплачиваются ежемесячно в день, установленный для выплаты заработной платы за вторую половину месяца (13, п. 22; 34, п. 44).

Не предъявленные по уважительным причинам до окончания ликвидации предприятия претензии и иски граждан о возмещении вреда, связанного с повреждением здоровья или причинением смерти, могут быть предъявлены впоследствии в общем порядке к вышестоящему по отношению к ликвидированному предприятию органу. Такие претензии и иски могут быть заявлены как самими рабочими и служащими, которые получили увечье или иное повреждение здоровья в связи с исполнением ими трудовых (служебных) обязанностей, так и другими лицами, имеющими по закону право на возмещение вреда, если потерпевший в связи с несчастным случаем умер (2, ст. 460; 34, п. 8). Право предъявлять претензии и иски имеют и те граждане, которые получили повреждение здоровья (а в случае их смерти — указанные в законе лица) не в связи с исполнением трудовых (служебных) обязанностей перед ликвидированным предприятием (2, ст.ст. 461, 462). При определении размера возмещения в случаях, когда вред причинен организацией, не обязанной уплачивать за потерпевшего взносы по государственному социальному страхованию, применяется такой же порядок, который установлен для определения размера возмещения вреда, причиненного рабочему и служащему на производстве (1, ст. 92; 2, ст. 461; 13).

Предъявление гражданами иных претензий и исков, не заявленных своевременно по уважительным причинам к ликвидированному предприятию или к ликвидкому. Имущественные требования граждан, не заявленные своевременно (либо отклоненные в период ликвидации и не оформленные в исковом порядке после отклонения), хотя и не связанные с возмещением вреда, причиненного жизни и здоровью, а вытекающие из других оснований (из заключенных с ликвидированным предприятием договоров, из задолженности по зарплате и др.), могут быть заявлены в общем порядке к вышестоящему по отношению к ликвидированной организации органу. Этот орган должен рассмотреть не только само требование по существу, но и оценить уважительность причин, которые помешали гражданину своевременно предъявить требования к самому предприятию или к ликвидкому в период ликвидации. В случае отказа удовлетворить требование гражданин вправе обратиться с иском в суд.

Названный орган может возложить удовлетворение признанного им или удовлетворенного судом требования гражданина на ту подчиненную организацию, которой было передано имущество ликвидированного предприятия.

6. Передача предприятий

Государственные предприятия передаются из союзного подчинения в республиканское и местное подчинение Советом Министров СССР по предложениям Советов Министров союзных республик, согласованным с соответствующим министерством (госкомитетом, ведомством) СССР, с Госпланом

СССР и Минфином СССР. Если указанные подразделения передаются в системе одного министерства (ведомства, госкомитета) СССР, передача осуществляется соответствующим министерством (госкомитетом, ведомством) СССР по согласованию с Советом Министров соответствующей союзной республики (или, по его поручению, с иным государственным органом республики), с последующим сообщением Госплану СССР, Минфину СССР и Госкомстату СССР. Иной порядок установлен для передачи предприятий торговли, общественного питания, коммунального хозяйства и бытового обслуживания населения, лечебных и культурно-просветительных учреждений, дошкольных и внешкольных и других детских учреждений и общеобразовательных школ. Они передаются министерствами (госкомитетами, ведомствами) СССР по согласованию с Советом Министров соответствующей республики (или, по его поручению, с иным государственным органом республики), с последующим сообщением Госплану СССР, Минфину СССР и Госкомстату СССР (11, п. 1).

Из республиканского и местного подчинения в союзное государственные предприятия передаются Президиумом Верховного Совета СССР по представлению Совета Министров СССР, а опытные (экспериментальные) предприятия — Советом Министров СССР (8, ст. 1; 11, п. 1). Организации и учреждения передаются Советом Министров СССР.

В связи с совершенствованием организации деятельности республиканских и местных органов управления народным хозяйством осуществляется передача предприятий и объединений союзного подчинения, выпускающих товары, потребляемые в основном внутри республики, в республиканское подчинение, а также части предприятий и объединений республиканского подчинения — в местное подчинение (21, п. 8).

Предложения о передаче предприятий, организаций и учреждений из республиканского и местного подчинения в союзное вносятся в Совет Министров СССР союзными министерствами и ведомствами по согласованию с Советом Министров соответствующей союзной республики, Госпланом СССР и Минфином СССР. Лечебные и культурно-просветительные учреждения, дошкольные, внешкольные и другие детские учреждения и общеобразовательные школы передаются из республиканского и местного подчинения в союзное Советом Министров соответствующей республики (или, по его поручению, иным государственным органом союзной республики) по согласованию с заинтересованными союзными министерствами и ведомствами, с последующим сообщением Госплану СССР, Минфину СССР и Госкомстату СССР.

Предприятия, организации и учреждения передаются **из подчинения одного союзного министерства (ведомства) в другое союзное министерство (ведомство)** по решению этих министерств (ведомств) с последующим сообщением Госплану СССР, Минфину СССР, Госкомстату СССР и Совету Министров соответствующей союзной республики. Если передача происходит из ведения одного государственного органа в ведение другого государственного органа, находящегося в подчинении того же союзного министерства (ведомства), решение принимает это союзное министерство (ведомство).

Структурные подразделения (структурные единицы, цехи, участки, филиалы, отделения и т. п.) одних государственных предприятий другим государственным предприятиям передаются по тем же правилам, которые установлены для передачи самих предприятий (11, п. 2), кроме передачи структурных подразделений из республиканского и местного подчинения в союзное, на что требуется решение Совета Министров СССР. Структурные подразделения государственных предприятий торговли, общественного питания, коммунального хозяйства и бытового обслуживания населения передаются из республиканского и местного подчинения в союзное Советом Министров соответствующей союзной республики (или, по его поручению, иным государственным органом республики) по согласованию с заинтересованными союзными министерствами (ведомствами), с последующим сообщением Госплану СССР, Минфину СССР и Госкомстату СССР.

Вопросы совершенствования управления и организационной структуры предприятия, объединения решаются советом трудового коллектива, общим собранием (конференцией) трудового коллектива (5, ст. 7, п. 1; ст. 6, п. 5).

Предприятия и учреждения передаются государственными органами одной союзной республики государственным органам другой союзной республики по решению Советов Министров союзных республик с сообщением о передаче Госплану СССР, Минфину СССР и Госкомстату СССР. Решения о передаче предприятий, входящих в систему союзно-республиканского министерства (ведомства) союзной республики, в подчинение иного государственного органа одной и той же союзной республики или другой союзной республики предварительно согласовываются с соответствующим министерством (ведомством) СССР (11, п. 4).

Порядок передачи предприятий одними государственными органами другим государственным органам одной и той же союзной республики определяется законодательством союзной республики (11, п. 4). В РСФСР он установлен постановлением Совета Министров РСФСР от 22 апреля 1980 г. № 210 (27).

Передача государственных предприятий кооперативным и другим общественным организациям. Министерства, государственные комитеты, ведомства и исполкомы местных Советов народных депутатов передают кооперативным и другим общественным организациям по согласованию с центральными органами этих организаций и принимают от них предприятия с разрешения Совета Министров СССР или Совета Министров союзной республики в зависимости от подчиненности участвующего в передаче госоргана (11, п. 7).

Расчеты, связанные с передачей предприятий. При передаче государственного предприятия из ведения одного государственного органа в ведение другого все имущество предприятия передается безвозмездно (11, п. 5; 32, п. 3). Для передачи составляется передаточный баланс. Передаются предприятия со всеми активами и пассивами (включая прибыль и убытки текущего года, полученные до установления срока передачи), с утвержденными для них планами производства, капитального строительства, материально-технического снабжения, развития науки и техники, планами по труду, с финансовыми планами, а также с другими установленными лимитами, заданиями и нормативами, а при передаче не законченных строительством объектов — и с проектно-сметной документацией (11, п. 6). Убытки, выявленные в текущем году, но относящиеся к операциям прошлых лет, отражаются в передаточном балансе в составе убытков текущего года (32, п. 4).

При передаче предприятия, состоящего на хозрасчете, его оборотные средства передаются по передаточному балансу в размерах, предусмотренных техпромфинпланом (хозфинпланом, стройфинпланом и т. п.) на тот квартал, в котором, согласно решению о передаче, предприятие должно быть передано.

После вынесения решения о передаче организация не вправе изымать основные и оборотные средства передаваемого предприятия, а также вносить изменения в норматив оборотных средств, предусмотренный техпромфинпланом (хозфинпланом и т. п). Основные и оборотные средства, изъятые в нарушение действующего порядка после вынесения решения о передаче, должны быть возвращены принимающей организации (32, п. 5).

Платежи передаваемого предприятия в бюджет. На балансе передаваемого предприятия, состоящего на хозрасчете, наряду с прочей кредиторской задолженностью, показываются также не законченные ко дню передачи расчеты по платежам в бюджет за время до срока передачи. В тех случаях, когда платежи в бюджет вносились централизованно вышестоящей (по отношению к передаваемой) организацией, то вышестоящая организация обязана передать на баланс передаваемого предприятия внесенные в текущем году за ее счет платежи; не законченные к установленному сроку передачи расчеты с бюджетом также включаются в баланс передаваемого предприятия (32, п. 6).

Текущие расчеты между передаваемым предприятием, состоящим на хозрасчете, и вышестоящей организацией по операциям, для которых предусмотрено обязательное возмещение или перечисление средств (расчеты по состоянию на установленный срок передачи по прибыли, амортизационным отчислениям, товарные и прочие расчеты), производятся в общем порядке ликвидации дебиторской и кредиторской задолженности.

Выделение на передаточный баланс подлежащих передаче отдельных структурных подразделений. При передаче отдельных частей предприятия (структурных единиц, цехов, участков, филиалов и др.), которые не имеют самостоятельного баланса и учитываются в общем балансе, передающая организация должна выделить эти подразделения из общего баланса на передаточный баланс. В него включаются те статьи (их части) общего баланса, которые имеют прямое отношение к деятельности передаваемых структурных подразделений (прибыли и убытки, источники финансирования работ, расчеты с бюджетом, фонд развития и другие фонды).

Инвентаризация имущества. При передаче предприятий и их структурных подразделений должна проводиться инвентаризация основных фондов, товарно-материальных ценностей, денежных средств и расчетов и составляется бухгалтерский отчет. Инвентаризация может не проводиться в случае передачи предприятия внутри одного министерства (ведомства) по решению этого министерства (ведомства) или при передаче предприятия из одного министерства (ведомства) в другое по их совместному решению. Инвентаризация во всех случаях обязательна при передаче структурных подразделений. Результаты инвентаризации отражаются в передаточном балансе (32, п. 12). Передаточный баланс должен быть утвержден вышестоящей организацией и после утверждения согласован с принимающей организацией в десятидневный срок.

Оформление акта о передаче. Передача хозяйственных организаций или их структурных подразделений должна быть приурочена к первому числу месяца и оформляется путем составления акта, который подписывается представителями передающей и принимающей организаций. К нему прилагаются передаточный баланс, бухгалтерский отчет, а также документы, содержащие передаваемые плановые показатели (32, п. 12).

Расчеты между государственными органами и кооперативными и общественными организациями. При передаче хозяйственных организаций государственными органами кооперативным и иным общественным организациям или этими организациями государственным органам все имущество передаваемой организации передается за плату, если законодательством Союза ССР не установлен иной порядок (11, п. 8; 32, п. 16). Безвозмездно передается лишь то имущество, которое ранее было приобретено кооперативными (общественными) организациями за счет собственных средств, а затем было безвозмездно передано государственным органам и вновь возвращается этим кооперативным (общественным) организациям. Имущество, передаваемое кооперативными (общественными) организациями государственным органам, оплачивается последними лишь в той части, которая создана (приобретена) названными организациями за счет собственных средств (11, п. 8; 32, п. 16).

Сроки оплаты. Стоимость относящегося к основным средствам имущества передаваемого государственного предприятия оплачивается в годичный срок со дня передачи. Советы Министров союзных республик могут допускать на срок до 5 лет рассрочку оплаты стоимости основных средств передаваемых предприятий республиканского и местного подчинения (11, п. 9; 32, п. 17).

Стоимость основных средств, передаваемых кооперативными (общественными) организациями государственным органам, оплачивается в пятилетний срок, если соглашением госорганов с центральными органами названных организаций не установлен более короткий срок. При этом выплаты начинают производиться по истечении года со дня фактической передачи равными частями поквартально за счет ассигнований на капитальные вложения, предусмотренных планами финансирования на эти цели (11, п. 9; 32, пп. 18—19). Товарно-материальные ценности, относящиеся к оборотным средствам передаваемых предприятий, во всех случаях оплачиваются в месячный срок со дня фактической передачи (11, п. 9; 32, п. 20). Госорганы оплачивают указанные ценности за счет ассигнований на финансирование прироста собственных оборотных средств (32, п. 21).

Инвентаризация имущества при передаче предприятия госорганом кооперативным (общественным) организациям и этими организациями госорганам обязательна и проводится совместно передающей и принимающей организациями (32, п. 22). Акт о передаче предприятия подписывается представителями передающей и принимающей организаций и в пятидневный срок после подписания передается в копии в финансовые органы и в учреждения банков. К акту прилагаются инвентарная опись с оценкой передаваемого имущества отдельно по основным и оборотным средствам (32, п. 23).

Переоформление счетов предприятий при изменении их подчиненности осуществляется по заявлениям владельца и с представлением копии нового устава или копии соответствующего приказа (распоряжения, постановления, решения) органа, утвердившего устав (положение). Указанные документы представляются в учреждение банка в течение месяца со дня изменения подчиненности. Новая карточка с образцами подписей представляется при замене печати, но не позднее двух месяцев со дня изменения подчиненности (35, разд. 5, п. 5.1).

Руководителям учреждений банков предоставляется право освобождать владельца счета от представления документов для переоформления счета и производить переоформление собственным распоряжением, если изменение подчиненности или изменение наименования вытекают из законов СССР и союзных республик, а также из решений Совета Министров СССР и Советов Министров союзных республик и общеизвестны. При передаче счета в другое учреждение банка одновременно передаются по описи все документы по оформлению счета (35, разд. 5, пп. 5.1, 5.3).

Изменения в трудовых книжках рабочих и служащих в связи с изменением подчиненности организации. Передача организации из подчинения одного органа в подчинение другого сама по себе не прекращает действия трудового договора, если сохраняются все его условия, оговоренные при приеме на работу (3, ст. 29, п. 7). Поскольку при последующем увольнении все записи в трудовой книжке скрепляются печатью организации, в которой значится не только ее наименование, но и наименование вышестоящей организации, то в трудовой книжке следует указать, что организация передана в подчинение такой-то организации.

Примечания к разделу 1

1. Основы гражданского законодательства.
2. ГК РСФСР.
3. КЗоТ РСФСР.
4. Положение о порядке прекращения кооперативных организаций при их ликвидации, соединении и разделении. Утверждено постановлением ЦИК и СНК СССР от 15 июня 1927 г. — СЗ СССР, 1927, № 37, ст. 372.
5. Закон о государственном предприятии.
6. Закон о кооперации.
7. Об упорядочении дела присвоения имен государственных и общественных деятелей административно-территориальным единицам, населенным пунктам, предприятиям, учреждениям, организациям и другим объектам. Указ Президиума Верховного Совета СССР от 11 сентября 1957 г. — Ведомости Верховного Совета СССР, 1957, № 19, ст. 494; 1980, № 34, ст. 691.
8. О порядке передачи предприятий и объединений из республиканского и местного подчинения в союзное. Указ Президиума Верховного Совета СССР от 8 июня 1978 г. — Ведомости Верховного Совета СССР, 1978, № 24, ст. 382.
9. Положение о порядке наименования и переименования государственных объектов союзного подчинения и физико-географических объектов. Утверждено постановлением Совета Министров СССР от 29 ноября 1966 г. № 914. — СП СССР, 1966, № 24, ст. 215.
10. Общее положение о межхозяйственном предприятии (организации) в сельском хозяйстве. Утверждено постановле-

нием Совета Министров СССР от 14 апреля 1977 г. № 291. — СП СССР, 1977, № 13, ст. 80.

11. Положение о порядке передачи предприятий, объединений, организаций, учреждений, зданий и сооружений. Утверждено постановлением Совета Министров СССР от 16 октября 1979 г. № 940. — СП СССР, 1979, № 26, ст. 172.

12. Положение о порядке создания, реорганизации и ликвидации предприятий, объединений, организаций и учреждений. Утверждено постановлением Совета Министров СССР от 2 сентября 1982 г. № 816. — СП СССР, 1982, отд. 1, № 25, ст. 130.

13. Правила возмещения предприятиями, учреждениями, организациями ущерба, причиненного рабочим и служащим увечьем либо иным повреждением здоровья, связанным с исполнением ими трудовых обязанностей. Утверждены постановлением Совета Министров СССР от 3 июля 1984 г. № 690. — СП СССР, 1984, отд. 1, № 24, ст. 128.

14. О регулировании отдельных видов деятельности кооперативов в соответствии с Законом о кооперации в СССР. Постановление Совета Министров СССР от 29 декабря 1988 г. — СП СССР, 1989, отд. 1, № 4, ст. 12.

15. Типовое положение о хозрасчетной внешнеторговой фирме научно-производственного, производственного объединения, предприятия, организации. Утверждено постановлением Совета Министров СССР от 22 декабря 1986 г. № 1526. — СП СССР, 1987, отд. 1, № 6, ст. 24.

16. О порядке создания на территории СССР и деятельности совместных предприятий, международных объединений и организаций СССР и других стран — членов СЭВ. Постановление Совета Министров СССР от 13 января 1987 г. № 48. — СП СССР, 1987, отд. 1, № 8, ст. 38; № 40, ст. 129; № 41, ст. 136.

17. О порядке создания на территории СССР и деятельности совместных предприятий с участием советских организаций и фирм капиталистических и развивающихся стран. Постановление Совета Министров СССР от 13 января 1987 г. № 49. — СП СССР, 1987, отд. 1, № 9, ст. 40.

18. О дальнейшем развитии внешнеэкономической деятельности государственных, кооперативных и иных общественных предприятий, объединений и организаций. Постановление Совета Министров СССР от 2 декабря 1988 г. — Эконом. газ., 1988, № 51.

19. О подоходном налоге с кооперативов. Указ Президиума Верховного Совета СССР от 23 февраля 1989 г. — Ведомости Верховного Совета СССР, 1989, № 9, ст. 62.

20. О мерах по устранению недостатков в сложившейся практике ценообразования. Постановление Совета Министров СССР от 5 января 1989 г. № 26. — СП СССР, 1989, отд. 1, № 8, ст. 25.

21. О совершенствовании деятельности республиканских

органов управления. Постановление ЦК КПСС и Совета Министров СССР от 17 июля 1987 г. № 824. — СП СССР, 1987, отд. 1, № 39, ст. 124.

22. Перечень видов деятельности, которыми не вправе заниматься кооперативы. Приложение № 1 к постановлению Совета Министров СССР от 29 декабря 1988 г. № 1468. — СП СССР, 1989, отд. 1, № 4, ст. 12.

23. Перечень видов деятельности, которыми кооперативы вправе заниматься только на основе договоров, заключаемых с предприятиями, организациями и учреждениями, для которых эти виды деятельности являются основными. Приложение № 2 к постановлению Совета Министров СССР от 29 декабря 1988 г. № 1468. — СП СССР, 1989, отд. 1, № 4, ст. 12.

24. О дополнительных мерах по обеспечению сохранности земельных ресурсов и оздоровлению экологической обстановки в Московской области. Постановление Совета Министров СССР от 22 марта 1988 г. № 360. — СП СССР, 1988, отд. 1, № 14, ст. 38.

25. Вопросы формирования государственных производственных объединений. Постановление Совета Министров СССР от 2 апреля 1988 г. № 400. — СП СССР, 1988, отд. 1, № 17, ст. 46.

26. Положение о порядке наименования и переименования государственных предприятий, учреждений, организаций и иных объектов республиканского (РСФСР и АССР) и местного подчинения, а также колхозов и других кооперативных организаций. Утверждено постановлением Совета Министров РСФСР от 14 февраля 1968 г. № 91 (в редакции постановления Совета Министров РСФСР от 19 января 1983 г. № 26). — СП РСФСР, 1983, № 3, ст. 17.

27. О порядке передачи предприятий, объединений, организаций, учреждений, зданий и сооружений. Постановление Совета Министров РСФСР от 22 апреля 1980 г. № 210. — СП РСФСР, 1980, № 11, ст. 85.

28. О порядке создания, реорганизации и ликвидации предприятий, объединений, организаций и учреждений республиканского и местного подчинения. Постановление Совета Министров РСФСР от 10 июня 1983 г. № 307. — СП РСФСР, 1983, № 15, ст. 88.

29. О взыскании с ликвидкомов. Инструктивные указания Государственного арбитража СССР от 18 декабря 1962 г. № И-1-40. — Систематизированный сборник, с. 291.

30. Положение о заказчике-застройщике (едином заказчике, дирекции строящегося предприятия) и техническом надзоре. Утверждено постановлением Госстроя СССР от 2 февраля 1988 г. № 16. — БНА, 1988, № 7, с. 24—35.

31. Правила безналичных расчетов в народном хозяйстве. Утверждены Госбанком СССР 30 сентября 1987 г. № 2.

32. Инструкция о порядке расчетов за передаваемые предприятия, объединения, организации, учреждения, здания и

сооружения. Утверждена Минфином СССР и Госпланом СССР 16 апреля 1980 г. № 75. — БНА, 1981, № 1, с. 32.

33. Инструкция по применению Положения о порядке создания, реорганизации и ликвидации предприятий, объединений, организаций и учреждений. Утверждена Минфином СССР, Минюстом СССР, Госпланом СССР, Госбанком СССР и ЦСУ СССР 17 марта 1983 г. № 37. — БНА, 1983, № 11, с. 3—7.

34. Инструкция о порядке применения Правил возмещения предприятиями, учреждениями, организациями ущерба, причиненного рабочим и служащим увечьем либо иным повреждением здоровья, связанным с исполнением ими трудовых обязанностей. Утверждена постановлением Госкомтруда СССР и Президиума ВЦСПС от 13 февраля 1985 г. № 50/П-2. — БНА, 1985, № 11, с. 18—33.

35. О расчетных, текущих и бюджетных счетах, открываемых в учреждениях Госбанка СССР. Инструкция Госбанка СССР № 28 от 30 октября 1986 г. — М., 1986 (изменения и дополнения от 26 августа 1988 г.)

Раздел 2
ИМУЩЕСТВО ПРЕДПРИЯТИЙ

1. Принадлежность имущества предприятиям

Имущество предприятия составляют основные фонды и оборотные средства, а также иные материальные ценности и финансовые ресурсы, которыми оно обладает как обособленной частью общенародной собственности. Предприятие осуществляет права владения, пользования и распоряжения этим имуществом (3, ст. 1, п. 2; ст. 4, п. 1).

Здания, сооружения, оборудование и другое имущество, относящиеся к основным средствам государственных предприятий, не могут быть предметом залога и на них не может быть обращено взыскание по претензиям кредиторов. Взыскание может быть обращено на прочее имущество за изъятиями, установленными законодательством союзных республик, а в отношении денежных средств — законодательством Союза ССР (1, ст. 22).

Имущество ликвидированного государственного предприятия, оставшееся после удовлетворения требований кредиторов, переходит в ведение государственного органа, принявшего решение о ликвидации предприятия, либо иного органа, указанного в этом решении.

Имущество кооператива принадлежит ему на праве собственности и состоит из средств производства и иного имущества, необходимых для осуществления уставных задач. Кооперативу могут принадлежать здания, сооружения, машины, оборудование, транспортные средства, продуктивный и рабочий скот, произведенная продукция, денежные средства и иное имущество в соответствии с целями его деятельности (4, ст. 7, п. 1).

Кооператив несет самостоятельную ответственность по обязательствам всем принадлежащим ему имуществом, включая основные средства (4, ст. 8, п. 4).

Имущество совместных предприятий, созданных в установленном порядке путем объединения на долевых началах финансовых, трудовых и материальных ресурсов государственных предприятий, кооперативных или иных общественных организаций, состоит в оперативном управлении этих совместных предприятий, которые осуществляют права владения, пользования и распоряжения имуществом в соответствии с целями и условиями их деятельности, определенными законом, уставом совместного предприятия и договором, заключенным между предприятиями — участниками (учредителями) совместного предприятия.

В зависимости от состава участников (учредителей) совместного предприятия его имущество является: при участии в нем только государственных предприятий — государственной собственностью; при участии только кооперативов — общей собственностью этих кооперативов либо собственностью их союза (объединения); при участии государственных, кооперативных и иных общественных организаций — общей собственностью государства и соответствующих кооперативных и общественных организаций.

Совместное предприятие несет самостоятельную ответственность по обязательствам закрепленным за ним имуществом, на которое согласно законодательству может быть обращено взыскание. Предприятия — участники (учредители) совместного предприятия не несут ответственности по его обязательствам, если иной порядок не установлен законом или договором об образовании совместного предприятия.

При прекращении совместного предприятия или выхода из его состава предприятию-участнику возвращается причитающаяся ему доля в общем имуществе, если иной порядок не предусмотрен законом или договором об образовании совместного предприятия (3, ст. 21, пп. 1, 2; 4, ст. 7, п. 3; ст. 10, п. 3; ст. 33, пп. 7—8; 1, ст. ст. 26—26[1]).

Самостоятельный баланс. Имущество, закрепленное за государственными предприятиями либо принадлежащее кооперативам, отражается на их самостоятельных балансах.

Порядок составления балансов и отражения на них основных средств капитальных вложений и средств в обороте определяется Положением о бухгалтерских отчетах и балансах, утвержденным Советом Министров СССР. Особенности применения Положения в колхозах определяются Союзным советом колхозов по согласованию с Госкомстатом СССР (13, пп. 1—2).

Закрепление имущества за структурными единицами. Производственные, научно-производственные и другие государственные объединения закрепляют за структурными единицами необходимые основные фонды и оборотные средства, определяют порядок осуществления внутрихозяйственных отношений и разрешения споров между структурными единицами, а также ответственность за невыполнение ими своих обязанностей. Структурная единица в пределах предоставленных ей законодательством и объединением прав распоряжается закрепленным за нею имуществом и заключает от имени объединения хозяйственные договоры с другими организациями.

Объединение может предоставить структурной единице право заключать хозяйственные договоры от имени структурной единицы и нести по ним ответственность закрепленным за нею имуществом. При его недостаточности ответственность по обязательствам структурной единицы несет объединение.

Структурная единица формирует фонды материального поощрения и социального развития в порядке, определяемом объединением, и в зависимости от результатов ее деятельности. Средства этих фондов не могут быть изъяты объединением без согласия трудового коллектива структурной единицы. Объединение имеет право выделять в распоряжение структурной единицы часть фонда развития производства, науки и техники, а также других фондов (3, ст. 5, п. 5).

Закрепление имущества за подразделениями кооператива. В составе кооператива могут создаваться подразделения (включая территориально обособленные): отделения, цехи, фермы, мастерские, ателье, магазины и другие, действующие, как правило, на началах коллективного, семейного или индивидуального подряда, в том числе с арендой имущества. Кооператив имеет право открывать свои филиалы и представительства (4, ст. 5, п. 4). Порядок использования имущества, закрепленного за структурными подразделениями, определяется внутренними актами кооператива, принимаемыми его общим собранием (4, ст. 14, п. 3).

Отдельный баланс. Структурная единица объединения может иметь отдельный баланс. Предприятия могут в порядке, предусмотренном законодательством, выделять на отдельный баланс свои производства и хозяйства (подсобное сельское хозяйство, подсобные промыслы, жилищно-коммунальное хозяйство и др.).

Активы и пассивы отдельных балансов включаются в общий баланс по основной деятельности соответствующих объединений, предприятий, организаций (13, п. 6).

2. Права предприятия по распоряжению материальными ценностями

Предприятие и кооператив имеют право:
передавать другим предприятиям и организациям, продавать, обменивать, сдавать в аренду, предоставлять бесплатно во временное пользование либо взаймы здания, сооружения, оборудование, транспортные средства, инвентарь, сырье и другие материальные ценности, а также списывать их с баланса, если они изношены или морально устарели;

передавать материальные и денежные ресурсы, в том числе с согласия трудового коллектива средства фондов экономического стимулирования, другим предприятиям и организациям, выполняющим работы или услуги для предприятия (3, ст. 4, п. 4; 4, ст. 8, п. 3).

Выручка от реализации неиспользуемого имущества и арендная плата (если сдача имущества в аренду не является основной деятельностью предприятия) в указанных случаях направляются в фонд развития производства, науки и техники, а возникающие при передаче другим предприятиям и организациям, а также при продаже и списании имущества убытки покрываются предприятием за счет соответствующих фондов экономического стимулирования предприятия (3, ст. 4, п. 4).

Права распоряжения материальными ценностями принадлежат самому предприятию и не могут быть ограничены его вышестоящим и другими органами управления путем перераспределения ими этих ценностей, установления запретов на их реализацию определенным организациям или за пределы определенной территории, введением порядка, предусматривающего получение предприятием разрешений на передачу, и т. п.

Особенности применения правил о распоряжении материальными ценностями в отдельных отраслях народного хозяйства и к отдельным видам предприятий в соответствии со ст. 25 Закона о предприятии определяются Советом Министров СССР.

Условия передачи материальных ценностей, их продажи, обмена, предоставления в пользование либо взаймы определяются в договорах, заключаемых между предприятиями в соответствии с законодательством о поставках, купле-продаже, имущественном найме и других договорных обязательствах.

Комиссионная продажа. Специализированные и универсальные объединения, управления, предприятия по поставкам, оптовые и комиссионные магазины и другие хозрасчетные организации госснабов союзных республик и главных территориальных управлений Госснаба СССР организуют и осуществляют реализацию на комиссионных началах неиспользуемых государственными предприятиями и кооперативами сырья, материалов, изделий, оборудования и других материальных ценностей, в том числе бывших в эксплуатации, но пригодных для использования, а также отходов производства и готовой продукции (в том числе некондиционной), не имеющей сбыта.

Договорные отношения по сдаче-приемке неиспользуемых ценностей на комиссию оформляются комиссионным соглашением, заключаемым в порядке и на условиях, предусмотренных Положением о комиссионной торговле неиспользуемыми товарно-материальными ценностями (30).

Оплата материальных ценностей, реализуемых одним государственным предприятием другому, производится, если законодательством не предусмотрено иное, по согласованным сторонами ценам, которые не должны превышать оптовые цены, а по продукции, реализуемой по розничным ценам, — розничные цены за вычетом торговой скидки. При этом цена на материальные ценности, бывшие в употреблении, а также потерявшие товарный вид или первоначальное качество, определяется с учетом их фактического износа и качества.

На таких же условиях, но без вычета торговой скидки реализуются материальные ценности кооперативам, специализирующимся на выпуске продукции производственно-технического назначения и оказании услуг государственным предприятиям и организациям.

Кооперативам, изготавливающим товары народного потребления и оказывающим услуги населению, материальные ценности продаются по оптовым ценам с повышающими коэффициентами или по розничным ценам, а при их отсутствии — по договорным ценам, определяемым применительно к уровню розничных цен на аналогичную продукцию (4, ст. 27, п. 5; 29).

Безвозмездная передача имущества. Предприятие может бесплатно выделять помещения, предоставлять в бесплатное пользование и безвозмездно реализовывать оборудование, транспорт, инвентарь и другие материальные ценности школам, лечебным и учебным заведениям, домам престарелых и инвалидов, детским домам, домам ребенка и другим организациям для целей, связанных прежде всего с развитием материальной базы социального развития трудового коллектива предприятия (3, ст. 13; 4, ст. 24).

Поскольку убытки, возникающие при безвозмездной передаче имущества другим предприятиям и организациям, покрываются предприятием за счет соответствующих фондов экономического стимулирования (3, ст. 4, п. 4), решение о такой передаче и использовании хозрасчетного дохода на эти цели должно приниматься на предприятии с участием совета трудового коллектива (3, ст. 7, п. 1).

Предоставление имущества и услуг предприятиям общественного питания. Государственные предприятия обязаны предоставлять бесплатно государственным и кооперативным предприятиям общественного питания III категории, обслуживающим коллективы их работников, помещения (с освещением и отоплением), горячую и холодную воду, топливо для приготовления пищи и силовую электроэнергию с отнесением связанных с этим расходов за счет издержек производства или обращения и средств хозрасчетных фондов. Предприятия приобретают за счет выделенных на капитальное строительство средств, нецентрализованных источников финансирования мебель, торговое, технологическое, холодильное и другое оборудование, предоставляют его бесплатно указанным предприятиям общественного питания и учитывают имущество на своих балансах; осуществляют за свой счет капитальный и текущий ремонт предоставляемых этим предприятиям помещений, оборудования и мебели (6, п. 9).

Руководители предприятий вправе по согласованию с советом трудового коллектива выделять бесплатно предприятиям общественного питания III категории, обслуживающим коллективы их работников, необходимый автомобильный и гужевой транспорт или возмещать фактические расходы по перевозке продуктов и готовой пищи, а также расходы, связанные с обслуживанием рабочих и служащих в ночные смены и по доставке пищи на рабочие места и ее раздаче, с отнесением расходов за счет средств фонда социального развития.

3. Правовой режим готовой продукции

Готовая продукция — изделия предприятия, которые полностью укомплектованы и точно соответствуют ГОСТам, а при их отсутствии — техническим условиям, утвержденным в надлежащем порядке, приняты отделом технического контроля (ОТК), сданы на склад готовой продукции и снабжены сертификатом или другим документом, удостоверяющим качество готовой продукции.

Изделия, подлежащие государственной приемке, включаются в объем продукции после того, как они приняты ОТК предприятия и органом Государственной приемки.

Для отдельных видов изделий предусмотрен порядок включения их в состав готовой продукции с момента приемки на месте (представителями заказчика, министерства, которому подчинено предприятие) или момента отгрузки продукции (32, п. 28).

Не включаются в состав готовой продукции и в отчетные показатели о ее объеме изделия (их стоимость), не соответствующие стандартам (техническим условиям), даже если они реализованы на сторону (32, п. 34).

Реализация продукции. Предприятие реализует свою продукцию в соответствии с хозяйственными договорами с потребителями, предприятиями торговли и материально-технического снабжения или через собственную сеть по продаже продукции (3, ст. 16, п. 1).

Распределяемая продукция производственно-технического назначения реализуется предприятием-изготовителем по договорам поставки, заключаемым с покупателями (потребителями), которым выделены лимиты (фонды) на эту продукцию (21, пп. 11—16, 22).

Товары народного потребления, предусмотренные государственным заказом, реализуются изготовителем по договорам, заключаемым с покупателями (потребителями) на основе решений органов, участвующих в формировании хозяйственных связей (22, пп. 11, 13, 14, 18).

Продукция, не распределяемая централизованно, и товары, не включенные в состав государственного заказа, реализуются изготовителем по своему усмотрению.

Продукция, произведенная сверх объемов, предусмотренных договорами. Предприятие имеет право использовать на собственные нужды, реализовать другим предприятиям, организациям и населению или обменивать с другими предприятиями продукцию при условии выполнения договорных обязательств и если от нее отказались заключившие договор на поставку потребитель и органы материально-технического снабжения. Законодательством могут быть определены отдельные виды продукции, на которую данный порядок не распространяется (3, ст. 16, п. 2).

4. Регулирование запасов материальных ресурсов

Уровень и нормы запасов. Материально-техническое обеспечение предприятия осуществляется исходя из необходимости его эффективной и ритмичной работы, экономного использования материальных ресурсов при минимально требуемом уровне их запасов (3, ст. 15, п. 1).

В целях поддержания запасов на надлежащем уровне на предприятиях применяются нормы запасов, определяющие средний в течение года запас каждого вида ресурсов на конец планируемого периода.

Нормативы предельного уровня запасов товарно-материальных ценностей утверждаются для министерств и ведомств СССР по промышленной, подрядной, снабженческо-сбытовой деятельности, основной деятельности предприятий транспорта, а также для Советов Министров союзных республик по подведомственному им хозяйству. Для предприятий предельный уровень запасов утверждается вышестоящими органами в числе стабильных экономических нормативов.

За превышение утвержденных нормативов предельного уровня запасов предприятия вносят в доход бюджета дополнительную плату в размере 3% стоимости сверхплановых запасов (15). Суммы дополнительной платы относятся к непланируемым расходам предприятия и относятся на его хозрасчетный доход.

Кредитование материальных запасов осуществляется учреждениями банков в меру их фактического накопления на срок оборачиваемости товарно-материальных ценностей, но не более 12 мес. Товарно-материальные ценности, завезенные (произведенные) сверх годовой потребности, хранящиеся без движения более года, либо других периодов кредитования, к кредитованию не принимаются (26, пп. 5, 10).

При наличии сверхплановых запасов учреждение банка совместно с предприятием рассматривает причины, вызвавшие их накопление, и меры по снижению до планового уровня в течение одного — трех месяцев (26, п. 22). Ставка за кредиты, предоставленные под сверхнормативные остатки товарно-материальных ценностей, взимается в размере 15%. Такая же процентная ставка установлена на кредиты под сверхнормативные запасы неустановленного оборудования.

Нормативы переходящих запасов оборудования в капитальном строительстве утверждаются Госпланом СССР по министерствам (ведомствам) СССР и союзным республикам. Руководителям предприятий-заказчиков (покупателей) запрещено заключать договоры на поставку оборудования в объемах, превышающих плановые объемы сдачи оборудования в монтаж, а также нормативы переходящих запасов оборудования, обеспеченных кредитами.

Счета за поставляемое отечественное и импортное оборудование оплачиваются учреждениями банка при условии, что объемы поставок оборудования не превышают плановых объемов сдачи его в монтаж и нормативов переходящих запасов оборудования.

5. Реализация предприятием материальных ценностей населению

Общие основания и условия реализации. Отпуск (продажа) предприятием материальных ценностей непосредственно своим работникам и другим гражданам, минуя систему государственной и кооперативной торговли, осуществляется в случаях и на условиях, предусмотренных законодательством. Отпуск производится возмездно в порядке продажи материальных ценностей по розничным ценам, а при отсутствии розничных цен — по оптовым ценам с повышающими коэффициентами.

Безвозмездный отпуск материальных ценностей, их продажа по себестоимости, по оптовым ценам без повышающих коэффициентов и другим ценам ниже розничных цен может осуществляться предприятием своим работникам и другим гражданам только в случаях, прямо предусмотренных законодательством.

Материальные ценности, относящиеся к основным фондам государственных предприятий, не подлежат отчуждению гражданам, кроме отдельных видов имущества, продажа которого гражданам допускается законодательством Союза ССР и союзных республик (1, ст. 22).

В целях создания необходимых условий для развития индивидуальной трудовой деятельности, личных подсобных хозяйств, садоводства и огородничества, индивидуального жилищного строительства, технического творчества граждан законодательством предусмотрена возможность приобретения ими в личную собственность широкого круга предметов производственного назначения и разрешена их продажа гражданам непосредственно предприятиями.

Гражданам, занимающимся индивидуальной трудовой деятельностью, предприятия могут продавать сырье, материалы, оборудование, изделия и другие материальные ценности (в том числе бывшие в эксплуатации), но не нужные предприятиям, а также отходы производства и потребления.

Неиспользуемые материальные ценности продаются гражданам предприятиями по розничным ценам, а при отсутствии розничных цен — по оптовым ценам с применением коэффициентов, утвержденных Госкомцен СССР или его органами в установленном порядке.

Цены на неиспользуемые материальные ценности, бывшие в употреблении, а также потерявшие товарный вид или первоначальное качество, определяются с учетом их фактического износа и качества комиссией, назначаемой руководителем предприятия.

В состав комиссии включаются представители общественных организаций. Решения комиссии оформляются актом, утвержденным руководителем предприятия.

Отходы производства, некондиционные материалы и изделия продаются предприятиями населению и гражданам, занимающимся индивидуальной трудовой деятельностью, за наличный расчет по установленным ценам, а при отсутствии их — по ценам, определяемым самими предприятиями. Объемы отходов, некондиционных материалов и изделий, реализуемых предприятиями непосредственно потребителям, засчитываются в выполнение заданий по реализации платных услуг населению, а также в выполнение планов сдачи лома черных и цветных металлов и других видов вторичного сырья и заданий по их использованию (19, п. 2).

Продажа строительных материалов и изделий. Предприятиям разрешено продавать непосредственно на предприятиях бетонные и железобетонные изделия, лесные, строительные и отделочные материалы, инструмент, инженерное, санитарно-техническое оборудование, трубы, кабельно-проводниковую продукцию, столярные и скобяные изделия, детали и комплекты стандартных деревянных домов и другие изделия, материалы для строительства и ремонта жилья, садовых домиков и обустройства приусадебных участков с оплатой через кассу предприятия по розничным ценам, а при отсутствии их — по оптовым ценам с применением коэффициентов, устанавливаемых Госкомцен СССР. Стоимость проданных предприятиями материалов и изделий собственного производства включается в объем выполненных заданий по производству товаров народного потребления (16, пп. 1, 2).

Строительные и отделочные материалы, инструменты, столярные и скобяные изделия, отдельные детали для строительства индивидуальных жилых домов предприятие продает своим работникам по розничным ценам, а если они не установлены — по оптовым ценам или ценам согласно договоренности с включением стоимости проданных материалов и изделий в объем платных услуг населению (10, п. 17).

Продажа лошадей и другого рабочего скота. Совхозам и другим государственным сельскохозяйственным предприятиям разрешено и рекомендовано колхозам продавать гражданам лошадей и другой рабочий скот с правом их содержания и использования на работах в личных подсобных хозяйствах и выполнения работ по договорам (9, п. 3).

Продажа средств производства гражданам-арендаторам. С развитием индивидуального и семейного подряда в сельскохозяйственном производстве предусмотрена и рекомендована к распространению практика продажи арендаторам тракторов, сельскохозяйственных машин, автомобилей, производственных построек, оборудования и других материальных ценностей, необходимых для выпуска сельскохозяйственной продукции. Госагропром СССР рекомендовал сельскохозяйственным предприятиям-арендодателям продавать своим работникам-арендаторам эти материальные ценности по ценам, установленным для колхозов и совхозов. Арендаторы, не являющиеся работниками хозяйств-арендодателей, согласно этим рекомендациям могут приобретать материальные ресурсы у предприятий и организаций агропрома по оптовым ценам, а у других организаций — по договорным ценам (36).

6. Формирование финансовых средств предприятий

Финансовые ресурсы государственного предприятия формируются за счет средств уставного фонда, выделенных предприятию при его образовании, выручки от реализации продукции (работ, услуг), амортизационных и других отчислений предприятию по установленным нормативам, а также за счет **кредитов**.

На проведение крупномасштабных мероприятий по реконструкции и расширению действующего производства, а также на строительство объектов социального назначения в особых случаях предприятию выделяются централизованные финансовые средства. Перечень соответствующих предприятий и объектов утверждается в государственном плане (3, ст. 12, п. 2).

При временной плановой убыточности предприятие финансируется вышестоящим органом за счет централизованных фондов и резервов в пределах лимита дотации, устанавливаемого в пятилетнем плане с прогрессивным сокращением. Оно обязано разрабатывать мероприятия по укреплению финансового положения, ликвидации в основном в 1990 году убыточности производства продукции (работ, услуг) и обеспечению прибыльной работы (3, ст. 17, п. 4).

За счет централизованных фондов и резервов министерств (ведомств) предприятиям может быть оказана временная финансовая помощь. Средства централизованных фондов и резервов министерства (ведомства) могут выделяться предприятиям на возвратной основе, в том числе и для расчетов за продукцию (работы, услуги) при отсутствии у них средств и права на получение кредита.

В порядке, предусмотренном законодательством, предприятие имеет право выступать на рынке ценных бумаг и выпускать для мобилизации дополнительных финансовых ресурсов акции, осуществлять целевые займы.

Финансовые ресурсы кооператива формируются за счет выручки от реализации продукции (работ, услуг), амортизационных отчислений, паевых и иных взносов индивидуальных и коллективных членов кооператива, других предприятий и организаций, лиц, работающих в кооперативе по трудовому договору, а также за счет кредитов и средств, полученных от продажи ценных бумаг (акций).

Государство, оказывая финансовую поддержку кооперативу, может в необходимых случаях выделять средства из бюджета на капитальное строительство объектов производственного и непроизводственного назначения, в том числе на условиях возврата средств (4, ст. 22, пп. 1—2).

Кредит учреждений банков СССР. Предприятия и кооперативы пользуются банковским кредитом, предоставляемым учреждениями банков СССР на условиях строгого соблюдения принципов кредитования: целевой характер, обеспеченность, срочность возврата и платность кредитов.

Все вопросы планирования, выдачи и погашения кредитов предприятие решает в учреждениях банков, в которых им открыты счета, на основе кредитных договоров, определяющих взаимные обязательства и экономическую ответственность сторон.

Государственные предприятия в отдельных случаях могут пользоваться кредитом под гарантию вышестоящего органа, а кооператив в виде исключения может кредитоваться под гарантию предприятия (организации), при которой он создан, или кооперативного органа (3, ст. 18, п. 1; 4, ст. 23, пп. 1—3).

Денежные средства коммерческих, акционерных и кооперативных банков предоставляются предприятиям и кооперативам на условиях, определяемых уставами этих банков и соглашениями сторон. Уставы указанных банков подлежат регистрации в Госбанке СССР, что служит разрешением на их открытие (4, ст. 23, п. 5).

Взаимное финансирование и кредитование. Предприятия имеют право передавать денежные ресурсы, в том числе с согласия трудового коллектива — средства фондов экономического стимулирования, другим предприятиям и организациям, выполняющим работы и услуги для предприятия (3, ст. 4, п. 4).

Кооператив может предоставлять за счет своих денежных средств другим предприятиям и организациям кредит на условиях, определяемых соглашением сторон, включая договоренность о размере процента за пользование им (4, ст. 23, п. 4).

Предприятие использует финансовые ресурсы в соответствии с разработанными и утвержденными им финансовыми планами, в которых определяются плановые пропорции распределения прибыли и доходов, а также объемы расходов, включая платежи бюджету и вышестоящей организации.

Оборотные денежные средства, хозрасчетный доход и другие денежные фонды, находящиеся в распоряжении предприятия, должны использоваться в соответствии с их целевым назначением, предусмотренным законом, финансовыми планами предприятия, а также разработанными и утвержденными на предприятии в установленном порядке сметами расходования денежных фондов (средств).

Кооператив использует свои финансовые ресурсы на производственное и социальное развитие по своему усмотрению без ограничений, независимо от источников их образования.

Валовый доход используется кооперативом для расчетов по обязательствам перед бюджетом и банками, направляется на расширение производства, осуществление социальных мероприятий и оплату труда.

Распределение валового дохода на производственно-социальное развитие, а также оплату труда является исключительным правом общего собрания кооператива. Кооператив самостоятельно определяет виды, размеры и порядок формирования фондов и резервов. Государственные и кооперативные органы нормативы образования фондов кооперативу не устанавливают (4, ст. 20, п. 1; ст. 22, п. 2).

Ограничения на расходование денежных средств устанавливаются для государственных предприятий в целях обеспечения экономии финансовых ресурсов и предупреждения излишеств в использовании денежных средств. Действуют нормы и порядок расходования предприятиями наличных денег (25; 27; 31). Регламентированы источники, размеры и порядок возмещения отдельных затрат, непосредственно не связанных с производственным и социальным развитием предприятий.

Затраты на приобретение служебных легковых автомобилей, расходы на их содержание, включая амортизационные отчисления, заработную плату водителей, автомобильное топливо, проведение ремонта и другие эксплуатационные расходы, а также прочие затраты, связанные с использованием легковых автомобилей для служебных поездок работников, должны осуществляться за счет средств фонда социального развития или другого фонда аналогичного назначения. Конкретные размеры средств, направляемых на указанные цели, определяются советом трудового коллектива, советом представителей (собранием уполномоченных) трудовых коллективов. Кооперативным и общественным организациям рекомендовано упорядочить использование служебных легковых автомобилей на указанных условиях. Установлено, что приобретение предприятиями, включая кооперативные и общественные, новых легковых автомобилей для служебных поездок осуществляется по государственным розничным ценам (17, пп. 1—3).

Расходы на выписку газет и журналов могут производиться предприятием для приобретения строго ограниченного количества периодических изданий, необходимых для предприятия по характеру его работы.

Органы «Союзпечати» при оформлении подписки, как правило, исходят из недопустимости увеличения предприятиям лимита расходов на подписку по сравнению с уровнем расходов предшествующего года.

Расходы на приемы и банкеты возможны лишь в исключительных случаях и по разрешению Советов Министров союзных республик, а для центральных организаций и ведомств — с разрешения Совета Министров СССР. На приемы должно приглашаться небольшое количество лиц и лишь те, кто действительно нужен для приема; не допускается подача на банкетах и приемах алкогольных напитков. Средства на прием и обслуживание иностранных делегаций министерствами, ведомствами СССР и подчиненными им предприятиями и организациями расходуются в особом порядке. Выявленные при проверке смет учреждений, предприятий и организаций незаконные ассигнования на устройство приемов и банкетов подлежат изъятию в бюджет.

7. Выпуск акций и использование средств от их реализации

Виды и значение акций. Предприятия, переведенные на полный хозяйственный расчет и самофинансирование, могут выпускать два вида акций:

акции трудового коллектива, распространяемые среди членов своего коллектива;

акции предприятий, распространяемые среди других предприятий и организаций, добровольных обществ, банков, а также кооперативных предприятий и организаций. Акции предприятий могут выпускать также коммерческие банки (23, п. 1).

Кооперативы и их союзы (объединения) могут выпускать акции для продажи членам кооператива, лицам, работающим в нем по трудовому договору, и предприятиям (организациям) (4, ст. 22, п. 4).

Выпуск акций трудового коллектива и акций предприятий является формой мобилизации денежных средств и не меняет статус предприятий и организаций (23, п. 12). Держатели акций не приобретают каких-либо специальных прав в решении вопросов организации и деятельности предприятия, выпустившего акции.

Средства от реализации акций направляются на развитие и расширение производства, внедрение достижений научно-технического прогресса, организацию выпуска новых видов продукции (работ, услуг), товаров народного потребления (4, ст. 22, п. 4; 23, п. 1).

Часть средств от продажи акций трудового коллектива разрешается направлять также на финансирование капитальных вложений, обеспечивающих социальное развитие коллектива (23, п. 1).

Акции трудового коллектива выпускаются по решению собрания (конференции) трудового коллектива или конференции представителей трудового коллектива. Условия и порядок выпуска акций трудового коллектива отражаются в коллективном договоре. Приобретаются эти акции членами трудового коллектива исключительно на добровольной основе.

Доходы (дивиденды) по акциям трудового коллектива выплачиваются один раз в год за счет средств фонда материального поощрения (фонда оплаты труда). Не допускается выплата дивидендов по акциям за счет средств фонда материального поощрения (фонда оплаты труда), не подлежащих расходованию в связи с нарушением нормативного соотношения между приростом средней заработной платы и приростом производительности труда (23, пп. 6, 7).

Акции предприятия выпускаются по решению администрации предприятия, согласованному с советом трудового коллектива. Разрешение на выпуск акций предприятия и их свободную продажу выдается республиканским (в союзных республиках, не имеющих областного деления), областным, краевым или республиканским (АССР) учреждением Госбанка СССР с участием учреждения специализированного банка, обслуживающего это предприятие (23, пп. 2—4).

Акции предприятий, поступающие в свободную продажу, приобретаются государственными предприятиями, организациями и банками за счет средств их фондов экономического стимулирования, а кооперативами и добровольными обществами — за счет всех свободных средств, находящихся в их распоряжении.

Доходы (дивиденды) по акциям предприятия выплачиваются им один раз в год за счет фонда развития производства, науки и техники. Предприятия, организации, банки и кооперативы дивиденды по приобретенным акциям включают в общую сумму их прибыли (дохода). Выручка от перепродажи акций предприятий зачисляется в те фонды экономического стимулирования, за счет которых они были приобретены (23, пп. 6, 8).

Акции, выпускаемые кооперативом или союзом (объединением) кооперативов, обеспечиваются всем их имуществом. Общая стоимость акций не должна, как правило, превышать размера валового дохода за год. Преимущественным правом приобретения акций пользуются члены кооператива. Кооператив или союз (объединение) кооперативов устанавливает неизменные на весь период обращения акций их номинальную стоимость и порядок выплаты на акции годового дохода. Ставка годового дохода может корректироваться общим собранием кооператива с участием держателей акций в зависимости от уровня доходности и задач кооператива.

Разрешение на выпуск акций дается кооперативу или союзу (объединению) кооперативов соответствующим финансовым органом по согласованию с учреждением банка СССР после проверки его платежеспособности. В случае отказа указанный финансовый орган представляет кооперативу или союзу (объединению) мотивированное объяснение. Решение об отказе может быть обжаловано в вышестоящий финансовый орган (4, ст. 22, п. 4).

Контроль за выпуском акций. Минфин СССР и его органы на местах регистрируют выпуск акций, контролируют выпуск акций и их движение в целом по народному хозяйству.

Госбанк СССР утверждает документы, содержащие требования и условия выдачи разрешения на выпуск акций, а банки СССР определяют порядок и осуществляют учет движения акций, продаваемых предприятиями и организациями, включая их дальнейшую перепродажу (23, пп. 3, 5).

8. Распоряжение денежными средствами, хранящимися на счетах предприятий в банках

Банки, обслуживающие предприятия. Денежные средства государственных предприятий подлежат хранению в учреждениях специализированных банков СССР: Промстройбанка СССР, Агропромбанка СССР, Жилсоцбанка СССР и в необходимых случаях — Сберегательного банка СССР.

Счета для хранения денежных средств и кредитно-расчетного обслуживания открываются предприятию в учреждении банка, специализирующегося на обслуживании соответствующего народнохозяйственного комплекса. При отсутствии на местах учреждений специализированного банка обслуживание производится учреждениями других банков на основе корреспондентских отношений или через уполномоченных (1, ст. 83; 8, пп. 4, 8; 24, пп. 1.1, 1.8).

Кооператив самостоятельно выбирает банк для хранения денежных средств и совершения кредитно-расчетных операций (4, ст. 23, п. 1; 24, п. 1.8).

Средства валютных отчислений (валютного фонда) предприятий подлежат хранению во Внешэкономбанке СССР.

Банковские счета предприятий. Предприятиям, состоящим на хозяйственном расчете, наделенным собственными оборотными средствами и имеющими самостоятельный баланс, а также кооперативам (в том числе колхозам), союзам (объединениям) кооперативов открываются расчетные счета (24, п. 1.3).

Расчетный счет государственному предприятию открывается в учреждении специализированного банка по месту нахождения предприятия. Объединениям счета открываются, как правило, по месту нахождения головной структурной единицы (головного предприятия). В этом случае счет головной единице (головному предприятию) не открывается (24, п. 1.8).

Расчетный счет кооперативу открывается по его выбору в одном из учреждений банков по месту его нахождения. Садоводческим товариществам счета могут быть открыты по месту нахождения правления товарищества либо по месту нахождения земельного участка (4, ст. 23, п. 1; 24, п. 1.8).

Предприятию, имеющему отдельные нехозрасчетные подразделения (магазины, склады, филиалы и т. п.) вне своего места нахождения, по его ходатайству могут быть открыты расчетные субсчета для зачисления выручки и расчетов по месту нахождения этих подразделений. Объединению, структурной единице которого открыт текущий счет, может быть открыт расчетный субсчет для расчетов по месту нахождения этой единицы (24, пп. 1.4, 1.4[1]).

Кооперативам по их усмотрению по месту реализации

продукции (оказанию услуг) могут открываться субрасчетные или текущие счета для зачисления выручки и оплаты товаров и услуг, а также платежей по другим операциям. Кооперативам открываются также текущие счета по месту нахождения их филиалов и представительств (4, ст. 23, п. 1; 24, пп. 1.4², 1.6¹).

Для хранения средств, предназначенных на капитальные вложения, и других специальных средств предприятиям открываются счета финансирования капитальных вложений, отдельные и другие специальные счета. Заемные средства (ссуды банка) хранятся на ссудных счетах.

Банковские счета структурных единиц. Структурной единице объединения, состоящей на отдельном балансе, открывается текущий счет, а по ходатайству объединения ей может быть открыт расчетный счет (3, ст. 5, п. 5; 24, п. 1.6).

Банковские счета подразделений и хозрасчетных коллективов предприятий. Производствам, цехам, отделениям, участкам, лабораториям и другим подразделениям предприятий, расположенных вне места их нахождения, открываются текущие счета (24, п. 1.6).

Хозрасчетным коллективам, создаваемым в колхозах и других сельскохозяйственных предприятиях на условиях коллективного или семейного подряда, а также аренды земельных участков и основных фондов, могут быть открыты текущие счета (4, ст. 33, п. 4; 24, п. 1.6¹).

Платежи со счетов предприятия. Денежные средства предприятия (кроме кооперативов), находящиеся на его счете в банке, могут списываться только с его согласия или по его поручению. Без согласия предприятия списание средств со счета допускается лишь в случаях, предусмотренных законодательством Союза ССР (1, ст. 84; 25, п. 3).

При расчетах в порядке акцепта платежных требований согласие предприятия-плательщика (кроме кооперативов) на оплату считается полученным, если оно в течение срока, установленного Правилами безналичных расчетов в народном хозяйстве, не заявит полный или частичный отказ от акцепта (25, пп. 17—19).

Платежи со счетов кооперативов. Средства со счетов кооператива, кроме задолженности по платежам в бюджет, списываются только по его указанию, а также по решению суда или арбитража (4, ст. 23, п. 2).

Платежные требования на имя кооперативов, включая колхозы и потребительскую кооперацию, считаются акцептованными и оплачиваются лишь в случае поступления от них в срок, установленный Правилами безналичных расчетов, сообщения в письменной форме о согласии на оплату этих требований. Иной способ акцепта (согласия) может быть установлен по инициативе кооператива, о чем он сообщает учреждению банка в письменной форме (25, п. 21).

Бесспорное списание средств со счетов предприятий (кроме кооперативов) производится:

при взыскании недоимок по платежам в бюджет, штрафов и в других случаях, для которых установлен бесспорный порядок (без согласия плательщика) списания средств, по распоряжениям взыскателей;

по исполнительным и приравненным к ним документам (25, п. 279).

Платежи в бюджет списываются в бесспорном порядке, если для этих платежей законодательством Союза ССР не установлен иной порядок взыскания, по распоряжениям финансовых органов или других государственных органов, которым действующим законодательством предоставлено право взыскания этих платежей либо на которые возложено исчисление соответствующих платежей или контроль за его уплатой.

Приравненными к исполнительным документам признаются:

платежные требования кредиторов, оплачиваемые согласно действующему законодательству без акцепта (согласия) плательщика и, в частности: требования за газ, воду, электрическую и тепловую энергию, выписанные на основании показаний измерительных приборов и действующих тарифов; требования о взыскании сумм, излишне уплаченных за продукцию (товары) ненадлежащего качества или некомплектную, а также штрафов за поставку такой продукции (21, пп. 54, 69; 22, пп. 46, 60; 25, пп. 25—26);

распоряжения кредиторов на списание в бесспорном порядке признанной должником претензии (в соответствии с п. 17 Положения о порядке предъявления и рассмотрения претензий предприятиями, организациями и учреждениями и урегулирования разногласий по хозяйственным договорам, утвержденного постановлением Совета Министров СССР от 17 октября 1973 г. № 758);

другие документы (решения, распоряжения, поручения), приравненные к исполнительным согласно действующему законодательству и указанные в Правилах о безналичных расчетах в народном хозяйстве (25, п. 282).

Бесспорное списание средств со счетов кооперативов, включая колхозы и потребкооперацию, производится на основании: приказов органов арбитража; исполнительных листов, выданных судами (4, ст. 23, п. 2; 25, п. 279).

В случаях, предусмотренных законодательством Союза ССР, бесспорное взыскание средств с кооперативов может производиться по решению других органов.

Суммы подоходного налога, а также сокрытые доходы и штраф за сокрытие дохода, не внесенные в бюджет в установленные сроки, взыскиваются с производственного кооператива (кроме колхозов) в бесспорном порядке по распоряжению финансового органа (5, п. 6).

Списание задолженности по банковской ссуде при наступлении срока или просрочке погашения, а также в случаях, предусмотренных банковскими правилами, досрочно может осуществляться учреждением банка со счета предприятий (кроме кооперативов) в бесспорном порядке. При недостаточности средств на счете предприятия соответствующая часть задолженности переносится на счет просроченных ссуд.

Задолженность по ссуде может погашаться со счета кооператива банком при наличии поручения кооператива на списание средств. При непредоставлении кооперативом поручения на погашение задолженности непогашенная ссуда переносится на счет просроченных ссуд. В случае отказа кооператива удовлетворить претензию о погашении задолженности учреждение банка взыскивает ссуду в судебном или арбитражном порядке.

9. Порядок хранения и использования наличных денег предприятиями

Общие положения. Денежные средства государственных и кооперативных предприятий хранятся в учреждениях банков, за исключением сумм выручки, расходование которых допускается в установленном порядке, и переходящих остатков денег в их кассах.

Наличные деньги, полученные предприятиями из учреждений банков СССР, должны расходоваться строго по целевому назначению (25, п. 2; 27, пп. 1—2).

Лимит остатка наличных денег в кассе и нормы использования денег из выручки устанавливаются для государственных предприятий в следующем порядке: для торговых, транспортных, зрелищных, бытовых и других предприятий, имеющих по роду работы постоянную денежную выручку, — учреждениями банков СССР с участием руководителей соответствующих предприятий; для всех других предприятий — руководителями этих предприятий по согласованию с соответствующим учреждением банка СССР.

Сверх указанных лимитов и норм государственные предприятия имеют право хранить наличные деньги в кассах и расходовать деньги из выручки в случаях, предусмотренных Правилами ведения кассовых операций в народном хозяйстве СССР (27, пп. 3—6, 8).

Кооператив самостоятельно определяет предельный размер наличных денежных средств на текущие расходы, постоянно находящиеся в его кассе, и осуществляет расчеты наличными деньгами без ограничения суммы платежей (4, ст. 23, п. 2). В этой связи порядок установления лимитов остатков наличных денег в кассе и норм расходования денег из выручки, предусмотренный Правилами ведения кассовых операций, на кооперативы не распространяется.

Сдача денег в банк. Всю денежную наличность сверх лимитов остатка наличных денег в кассе государственные предприятия обязаны сдавать для зачисления на счета в порядке и в сроки, устанавливаемые учреждениями банков СССР. Наличные деньги подлежат сдаче: а) в дневные и вечерние кассы учреждений банков СССР; б) инкассаторам Госбанка СССР; в) в объединенные кассы при предприятиях для последующей сдачи в учреждения банков СССР; г) предприятиям связи для перечисления на счета в учреждения банков СССР.

Кооперативные организации могут сдавать наличные деньги для зачисления на счета в порядке и сроки, определяемые учреждениями банков по согласованию с кооперативными организациями (27, п. 7).

Обеспечение сохранности денежных средств на предприятии. Руководители предприятий обязаны обеспечить сохранность денег в кассе, при доставке их из учреждения банка СССР и сдаче в учреждение банка СССР и несут ответственность в тех случаях, когда по их вине не были созданы условия, обеспечивающие сохранность денежных средств.

Помещение кассы должно быть изолировано, а двери в кассу во время совершения операций — заперты с внутренней стороны. Доступ в помещение кассы лицам, не имеющим отношения к ее работе, воспрещается.

Все наличные деньги и ценные бумаги на предприятии хранятся, как правило, в сейфах (несгораемых шкафах), а в отдельных случаях — в железных шкафах, которые по окончании работы закрываются ключом и опечатываются сургучной печатью кассира. Ключи от сейфов (шкафов) хранятся у кассиров, а дубликаты ключей в опечатанных кассирами пакетах, шкатулках и др. — у руководителей предприятий. Хранение в кассе наличных денег и других ценностей, не принадлежащих предприятию, запрещается (27, пп. 29—30).

Кассир предприятия несет полную материальную ответственность за сохранность всех принятых им ценностей и за всякий ущерб, причиненный предприятию как в результате умышленных действий, так и в результате небрежного или недобросовестного отношения к обязанностям. С ним заключается договор о полной индивидуальной материальной ответственности. Кассиру запрещается передоверять выполнение порученной ему работы другим лицам (27, пп. 32—34).

Возложение обязанностей по совершению кассовых операций на других, кроме кассира, лиц допускается на предприятиях, имеющих большое количество подразделений или обслуживаемых централизованными бухгалтериями, в целях обеспечения выплаты заработной платы, пособий по временной нетрудоспособности, стипендий, пенсий и премий. Эти обязанности возлагаются на соответствующих работников по письменному приказу руководителя предприятия. Указанные работники заключают договор о полной материальной ответственности, и на них распространяются все права и обязанности кассира. В таком же порядке обязанности по совершению кассовых операций возлагаются на других работников предприятий, где по штатному расписанию не предусмотрена должность кассира (27, п. 36).

Прием и выдача наличных денег кассами предприятий производятся соответственно по приходным кассовым ордерам и по расходным кассовым ордерам или надлежаще оформленным другим документам (платежным ведомостям, заявлениям на выдачу денег, счетам и др.) с наложением на этих документах штампа с реквизитами расходного кассового ордера.

В приходных и расходных кассовых ордерах указывается основание для их составления и перечисляются прилагаемые к ним документы.

Выдача приходных и расходных кассовых ордеров или заменяющих их документов на руки лицам, вносящим или получающим деньги, запрещается.

Прием и выдача денег по кассовым ордерам могут производиться только в день их составления (27, пп. 12—13, 19).

Выдача денег из кассы, не подтвержденная распиской получателя в расходном кассовом ордере или другом, заменяющем его документе, в оправдание остатка наличных денег в кассе не принимается. Эта сумма считается недостачей и взыскивается с кассира (27, п. 27).

Наличные деньги, не оправданные приходными кассовыми ордерами, считаются излишком кассы и зачисляются в доход бюджета, а в кооперативных организациях, в том числе и в колхозах, — в их доходы (27, п. 27).

Приобретение за наличные деньги товаров рыночного фонда. Государственным предприятиям непродовольственные товары могут продаваться магазинами, торгующими этими товарами, без зачета в установленный для предприятий лимит мелкого опта, с выдачей получателям копии товарного чека или погашенного кассового чека, но на сумму не более 100 руб. единовременно. Продажа предприятию товаров в указанном порядке из одного магазина более одного раза в течение дня запрещена.

Запрещается отпуск непродовольственных товаров рыночного фонда предприятиям (кроме кооперативов) по мелкому опту в качестве источника материально-технического снабжения и для производственной деятельности (18, пп. 1, 4; 31, пп. 4, 5).

Кооператив вправе приобретать в розничной торговой сети за наличные деньги непродовольственные и продовольственные товары для обеспечения его деятельности. При этом исполкомы Советов народных депутатов могут устанавливать перечень продовольственных и иных товаров, не подлежащих продаже кооперативам в государственной и кооперативной розничной сети. В случае приобретения кооперативом в розничной сети таких товаров и производства из них продукции (работ, услуг) все доходы, полученные от ее реализации, подлежат изъятию в местный бюджет (4, ст. 27, п. 1).

10. Списание с баланса имущества предприятия

Списание материальных ценностей. Предприятия, переведенные на полный хозяйственный расчет и самофинансирование, имеют право списывать с баланса здания, сооружения, оборудование, транспортные средства, инвентарь, сырье и другие материальные ценности, если они изношены или морально устарели (3, ст. 4, п. 4; 13, п. 34).

Имущество, относящееся к основным средствам, подлежит списанию лишь в тех случаях, когда восстановить его невозможно или экономически нецелесообразно, а также когда оно не может быть в установленном порядке реализовано или передано другим предприятиям, организациям, учреждениям (33, п. 1).

Акты на списание основных средств составляются по типовым междуведомственным формам: № ОС-4 «Акт о ликвидации основных средств» и № ОС-4а «Акт о ликвидации автотранспортных средств».

В актах на списание указываются следующие данные об объектах основных средств: год изготовления или постройки объекта, дата его поступления на предприятие, время ввода в эксплуатацию, первоначальная стоимость объекта (для переоцененных — восстановительная), сумма начисленного износа, количество капитальных ремонтов. Подробно освещаются причины выбытия объекта, состояние его основных частей, деталей, узлов, конструктивных элементов. При списании автотранспортных средств, кроме того, указывается пробег автомобиля и дается техническая характеристика агрегатов и деталей автомобиля и возможности их использования после разборки.

При списании основных средств, выбывших вследствие аварии, к акту списания прилагается копия акта об аварии, поясняются причины аварии и указываются меры, принятые в отношении виновных лиц.

Акты на списание утверждаются руководителем предприятия (33, пп. 5—7).

Акты на списание малоценных и быстроизнашивающихся предметов составляются по формам, установленным министерствами и ведомствами. Списываются эти предметы на основе актов выбытия имущества, которые составляются в структурных подразделениях предприятия на каждый испорченный или утраченный малоценный или быстроизнашивающийся предмет с указанием причин и виновников порчи или утраты. Акты выбытия имущества прикладываются к акту на списание.

Ликвидация и использование списанного имущества. Разборка и демонтаж оборудования и ликвидация других материальных ценностей до утверждения акта на списание не допускаются. Все детали, узлы и агрегаты разобранного и демонтированного оборудования, пригодные для ремонта других машин, а также материалы, полученные от ликвидации имущества, приходуются по соответствующим счетам, в которых учитываются указанные ценности, а непригодные детали и материалы приходуются как вторичное сырье (33, п. 8).

Непригодные для дальнейшего использования малоценные и быстроизнашивающиеся предметы сдаются в специальную кладовую для утилизации на основании и по мере поступления утвержденных актов на списание.

Материальные ценности, оставшиеся от списанного имущества и ненужные предприятию, могут быть реализованы им другим предприятиям или гражданам.

Списание недостач и потерь от порчи. На предприятиях, переведенных на полный хозяйственный расчет и самофинансирование, недостача ценностей сверх норм убыли и потери от порчи ценностей, могут быть списаны самим предприятием с возмещением за счет хозрасчетного дохода коллектива (13, п. 37).

Убыль ценностей в пределах норм списывается по распоряжению руководителя предприятия на издержки производства или обращения. Нормы убыли могут применяться лишь в случаях выявления фактических недостач. Списание материальных ценностей в пределах норм убыли до выявления факта недостачи запрещается. При этом убыль ценностей в пределах норм определяется после зачета недостач ценностей излишками по пересортице. В том случае, если после зачета по пересортице, проведенного в надлежащем порядке, все же оказалась недостача ценностей, то нормы естественной убыли должны применяться только по тому наименованию ценностей, по которому обнаружена недостача. При отсутствии утвержденных норм убыль рассматривается как недостача сверх норм (13, п. 37; 35, п. 13.3).

Недостачи ценностей сверх норм убыли, а также потери от порчи ценностей относятся на виновных лиц. При недостаче и потерях, явившихся следствием злоупотреблений, соответствующие материалы в течение пяти дней после установления недостач и потерь подлежат передаче в следственные органы, а на сумму выявленных недостач и потерь предъявляется гражданский иск (13, п. 37).

В документах, представляемых для оформления списания недостач ценностей сверх норм убыли и потерь от порчи ценностей, должны быть указаны меры, принятые по предотвращению таких недостач и потерь (13, п. 37).

Списание долгов. На предприятиях, переведенных на полный хозяйственный расчет и самофинансирование, списываются с баланса по распоряжению их руководителей и с возмещением за счет хозрасчетного дохода коллектива следующие долги и дебиторской задолженность: долги по недостачам ценностей, во взыскании которых отказано судом вследствие необоснованности иска; присужденные долги, по которым возвращены исполнительные документы с утвержденным судом актом о несостоятельности должника и невозможности обращения взыскания на его имущество; прочие долги, признанные предприятиями безнадежными к получению; дебиторская задолженность, по которой истек срок исковой давности.

Списание долга вследствие неплатежеспособности должника не является аннулированием задолженности. Эта задолженность должна отражаться за балансом в течение пяти лет с момента списания для наблюдения за возможностью ее взыскания в случае изменения имущественного положения должника (13, п. 38).

Обеспечение обоснованности списания имущества. Списание с баланса материальных ценностей, недостач, потерь от порчи ценностей, долгов и дебиторской задолженности должно проводиться после проверки с участием общественных организаций оснований списания, причин убытков и потерь, выявления виновных в этом лиц и принятия необходимых мер к возмещению причиненного ущерба (13, п. 43).

Для определения непригодности основных средств, невозможности или неэффективности их восстановительного ремонта, для оформления документации на списание основных средств на предприятиях приказом руководителя создаются постоянно действующие комиссии (33, п. 4). Такие комиссии создаются на предприятиях также для установления оснований списания малоценных и быстроизнашивающихся предметов и оформления документации на их списание.

Если недостачи и потери от порчи ценностей выявлены во время инвентаризации, инвентаризационная комиссия должна указывать в протоколах по результатам инвентаризации подробные сведения о причинах и виновниках недостач и потерь; указывать, какие меры приняты к виновным лицам; давать предложения по регулированию расхождений фактического наличия ценностей по сравнению с данными бухгалтерского учета (35, п. 13.2).

Бухгалтерский контроль за списанием имущества с баланса. Главный (старший) бухгалтер совместно с руководителями соответствующих подразделений и служб обязан тщательно контролировать законность списания с бухгалтерских балансов недостач, дебиторской задолженности и других потерь. Главный бухгалтер несет ответственность в случаях нарушения порядка списания с баланса долгов, недостач, дебиторской задолженности и других потерь (12, пп. 11, 22).

Главный (старший) бухгалтер включается в состав постоянно действующей комиссии по списанию основных средств (33, п. 4). В состав постоянно действующей инвентаризационной комиссии включается главный (старший) бухгалтер, а на предприятиях, где выделены учетно-контрольные группы, — руководитель группы (35, п. 3.1).

Юридическая служба проверяет соответствие требованиям законодательства представляемых на утверждение руководителю предприятия материалов на списание имущества с бухгалтерского баланса. Результаты проверки юридическая служба оформляет письменным заключением.

Санкции за нарушение порядка списания. Стоимость необоснованно списанных продукции и товаров перечисляется предприятиями в доход союзного бюджета в 10-дневный срок со дня списания. В случае несвоевременного перечисления эти суммы изымаются в бесспорном порядке финансовыми органами (14, п. 4).

Имущество кооператива списывается с баланса в порядке, установленном кооперативом.

Примечания к разделу 2

1. Основы гражданского законодательства.
2. Закон об индивидуальной трудовой деятельности.
3. Закон о государственном предприятии.
4. Закон о кооперации.
5. О подоходном налоге с кооперативов. Указ Президиума Верховного Совета СССР от 23 февраля 1989 г. — Ведомости Верховного Совета СССР, 1989, № 9, ст. 62.
6. О мерах по дальнейшему развитию и улучшению общественного питания. Постановление ЦК КПСС и Совета Министров СССР от 7 марта 1967 г. № 198. — СП СССР, 1967, № 7, ст. 31.
7. О перестройке финансового механизма и повышении роли Министерства финансов СССР в новых условиях хозяйствования. Постановление ЦК КПСС и Совета Министров СССР от 17 июля 1987 г. № 819. — СП СССР, 1987, отд. 1, № 36, ст. 119.
8. О совершенствовании системы банков в стране и усилении их воздействия на повышение эффективности экономики. Постановление ЦК КПСС и Совета Министров СССР от 17 июля 1987 г. № 821. — СП СССР, 1987, отд. 1, № 37, ст. 121.
9. О дополнительных мерах по развитию личных подсобных хозяйств граждан, коллективного садоводства и огородничества. Постановление ЦК КПСС и Совета Министров СССР от 19 сентября 1987 г. № 1079. — СП СССР, 1987, отд. 1, № 46, ст. 153.

10. О мерах по ускорению развития индивидуального жилищного строительства. Постановление ЦК КПСС и Совета Министров СССР от 11 февраля 1988 г. № 197. — СП СССР, 1988, отд. 1, № 11, ст. 28.

11. Основные положения о нормировании оборотных средств государственных предприятий и организаций. Утверждены постановлением Совета Министров СССР от 30 января 1962 г. № 85. — СП СССР, 1962, № 2, ст. 18.

12. Положение о главных бухгалтерах. Утверждено постановлением Совета Министров СССР от 24 января 1980 г. № 59. — СП СССР, 1980, № 6, ст. 43.

13. Положение о бухгалтерских отчетах и балансах. Утверждено постановлением Совета Министров СССР от 29 июня 1979 г. № 633. — СП СССР, 1979, № 19, ст. 121; 1985, отд. 1, № 13, ст. 54.

14. Об усилении ответственности за нерациональное использование материальных ресурсов. Постановление Совета Министров СССР от 4 мая 1984 г. № 404. — СП СССР, 1984, отд. 1, № 16, ст. 93.

15. О мерах по сокращению запасов товарно-материальных ценностей в народном хозяйстве. Постановление Совета Министров СССР от 28 ноября 1986 г. — Решения партии и правительства по хозяйственным вопросам. Т. 46, ч. II. М., 1988, с. 505.

16. О дополнительных мерах по обеспечению населения строительными материалами и изделиями и оказанию ему платных услуг. Постановление Совета Министров СССР от 11 августа 1987 г. № 913. — СП СССР, 1987, отд. 1, № 42, ст. 138.

17. Об упорядочении использования служебных легковых автомобилей. Постановление Совета Министров СССР от 23 января 1988 г. № 96. — СП СССР, 1988, отд. 1, № 7, ст. 19.

18. О совершенствовании порядка продажи по мелкому опту товаров рыночного фонда учреждениям, организациям и предприятиям. Постановление Совета Министров СССР от 5 февраля 1988 г. № 155. — СП СССР, 1988, отд. 1, № 8, ст. 21.

19. О дополнительных мерах по расширению продажи населению, кооперативам и лицам, занимающимся индивидуальной трудовой деятельностью, отходов производства, некондиционных материалов и изделий. Постановление Совета Министров СССР от 17 февраля 1988 г. № 225. — СП СССР, 1988, отд. 1, № 12, ст. 31.

20. О порядке передачи, продажи, обмена, сдачи в аренду, предоставления бесплатно во временное пользование либо взаймы, а также списания с баланса железнодорожного подвижного состава и контейнеров предприятиями (объединениями) Министерства путей сообщения СССР. Постановление Совета Министров СССР от 19 мая 1988 г. № 632. — СП СССР, 1988, отд. 1, № 21, ст. 63.

21. Положение о поставках продукции.

22. Положение о поставках товаров.

23. О выпуске предприятиями и организациями ценных бумаг. Постановление Совета Министров СССР от 15 октября 1988 г. № 1195. — СП СССР, 1988, отд. 1, № 35, ст. 100.

24. О расчетных, текущих и бюджетных счетах, открываемых в учреждениях Госбанка СССР. Инструкция Госбанка СССР от 30 октября 1986 г. № 28.

25. Правила безналичных расчетов в народном хозяйстве Госбанка СССР от 30 сентября 1987 г. № 2.

26. Правила кредитования материальных запасов и производственных затрат № 1 от 30 октября 1987 г. — БНА, 1988, № 6, с. 11.

27. Правила ведения кассовых операций в народном хозяйстве. Утверждены приказом Госбанка СССР от 30 ноября 1987 г. № 345. — БНА, 1988, № 5, с. 17.

28. Порядок обеспечения граждан, занимающихся индивидуальной трудовой деятельностью, продукцией производственно-технического назначения и приобретения этими гражданами излишних и неиспользуемых материальных ценностей и отходов производства и потребления у предприятий и организаций. Утвержден постановлением Госснаба СССР от 10 марта 1987 г. № 26. — БНА, 1987, № 6, с. 38.

29. О порядке оплаты продукции и услуг кооперативами и гражданами, занимающимися индивидуальной трудовой деятельностью. Письмо Госкомцен СССР от 24 апреля 1987 г. № 10-17/1096-12. — БНА, 1987, № 8, с. 11.

30. Положение о комиссионной торговле неиспользуемыми товарно-материальными ценностями. Утверждено постановлением Госснаба СССР от 30 апреля 1987 г. № 55. — БНА, 1987, № 8, с. 5.

31. Правила продажи по мелкому опту товаров рыночного фонда учреждениям, организациям и предприятиям. Утверждены приказом Минторга СССР от 21 марта 1988 г. № 68. — БНА, 1988, № 9, с. 4.

32. Типовая инструкция к составлению отчетов промышленных предприятий (объединений) по продукции. Утверждена Госкомстатом СССР 23 сентября 1987 г. № 17-04/0371. — М., 1988.

33. Типовая инструкция о порядке списания пришедших в негодность зданий, сооружений, машин, оборудования, транспортных средств и другого имущества, относящегося к основным средствам (фондам). Утверждена Минфином СССР и Госпланом СССР 1 июля 1985 г. № 100. — БНА, 1986, № 1, с. 12.

34. Положение по бухгалтерскому учету малоценных и быстроизнашивающихся предметов. Утверждено Минфином СССР 18 октября 1979 г. № 166. — БНА, 1980, № 8, с. 32.

35. Основные положения по инвентаризации основных средств, товарно-материальных ценностей, денежных

средств и расчетов. Утверждены Минфином СССР 30 декабря 1982 г. № 179. — БНА, 1983, № 8, с. 8.

36. Рекомендации по организации арендных отношений в сельскохозяйственном производстве. Утверждены приказом Госагропрома СССР от 25 августа 1988 г. № 572. — БНА, 1989, № 1, с. 3.

Раздел 3
ПОЛНЫЙ ХОЗЯЙСТВЕННЫЙ РАСЧЕТ И САМОФИНАНСИРОВАНИЕ

1. Хозрасчетный доход. Формы хозрасчета

Общие положения. Предприятие, действующее на принципах полного хозяйственного расчета и самофинансирования, осуществляет производственную, социальную деятельность и оплачивает труд за счет заработанных трудовым коллективом средств. Предприятие из выручки, полученной от реализации продукции (работ, услуг), возмещает свои материальные затраты. Прибыль или доход является обобщающим показателем хозяйственной деятельности предприятия. Часть прибыли (дохода) должна использоваться предприятием для выполнения обязательств перед бюджетом, банками и вышестоящим органом. Другая часть поступает в его полное распоряжение и вместе со средствами на оплату труда образует хозрасчетный доход коллектива — источник жизнедеятельности предприятия (1, ст. 2, п. 2).

На полный хозяйственный расчет и самофинансирование предприятия переводятся в порядке и сроки, установленные Советом Министров СССР.

На предприятие, переведенное на полный хозрасчет и самофинансирование, распространяют действие все положения Закона о предприятии.

Хозрасчетный доход — источник производственного и социального развития предприятия, оплаты труда, находится в распоряжении предприятия, используется самостоятельно и изъятию не подлежит (1, ст. 3, п. 1).

Распределение хозрасчетного дохода. В составе хозрасчетного дохода образуются: фонд заработной платы и фонд материального поощрения либо вместо них — фонд (единый фонд) оплаты труда; фонд развития производства, науки и техники и фонд социального развития либо другие фонды аналогичного назначения. В случаях, предусмотренных законодательством (11, п. 2; 20, п. 3), средства хозрасчетного дохода, предназначенные на развитие производства, науки и техники и социальное развитие, направляются на образование единого фонда производственного и социального развития. Часть средств хозрасчетного дохода предприятие может направлять на образование финансового резерва.

Предприятие с согласия трудового коллектива имеет право направлять в фонд социального развития часть средств фонда материального поощрения (фонда оплаты труда) и на цели жилищного строительства — часть средств фонда развития производства, науки и техники в пределах, установленных законодательством (1, ст. 3, п. 5).

Первая форма хозрасчета. Предприятия, которые используют форму хозрасчета, основанную на нормативном распределении прибыли, образуют и распределяют хозрасчетный доход коллектива в следующем порядке.

Из прибыли производятся расчеты с бюджетом и вышестоящим органом, выплачиваются проценты за кредит. Образовавшаяся после этих расчетов остаточная прибыль поступает в распоряжение трудового коллектива. Из остаточной прибыли по нормативам формируются фонды: развития производства, науки и техники; социального развития; материального поощрения или другие фонды аналогичного назначения. Фонд заработной платы может образовываться по нормативу к чистой продукции или другим измерителям продукции. В этом случае хозрасчетный доход коллектива складывается из фонда заработной платы и остаточной прибыли (1, ст. 3, п. 1).

Вторая форма хозрасчета. Предприятия, которые используют форму хозяйственного расчета, основанную на нормативном распределении дохода, полученного после возмещения из выручки материальных затрат, образуют и распределяют хозрасчетный доход коллектива в следующем порядке.

Из дохода производятся расчеты с бюджетом и вышестоящим органом, выплачиваются проценты за кредит, после чего образуется хозрасчетный доход коллектива. Единый фонд оплаты труда образуется как остаток хозрасчетного дохода коллектива после образования из него фондов: развития производства, науки и техники; социального развития или других фондов аналогичного назначения, определяемых по нормативам к хозрасчетному доходу (1, ст. 3, п. 1).

Аренда имущества предприятия. Коллектив государственного предприятия, структурной единицы объединения вправе с согласия вышестоящего органа этого предприятия образовать организацию арендаторов как самостоятельное юридическое лицо для аренды имущества предприятия в целом и осуществления на его базе хозяйственной деятельности. Общее собрание арендаторов избирает совет (правление), который заключает договор аренды с вышестоящим органом предприятия.

Имущество, переданное в аренду, остается собственностью государства. Продукция, произведенная организацией арендаторов, является ее собственностью.

Из выручки, полученной организацией арендаторов от реализации продукции, в первую очередь вносится арендная плата, возмещаются материальные и приравненные к ним затраты. Из оставшейся выручки вносятся налоги и другие платежи в бюджет, а также платятся проценты за кредит. Хозрасчетный доход, остающийся в распоряжении организации арендаторов, используется в ее собственных интересах.

В договоре аренды фиксируется (с разбивкой по годам) в абсолютной сумме размер арендной платы. В арендную плату включаются амортизационные отчисления на полное восстановление основных фондов и средства ремонтного фонда в соответствующей доле, а также отчисления в централизованные фонды и резервы арендодателя.

Выбор формы хозрасчета (первой или второй) производится по усмотрению предприятия. Предприятие вправе самостоятельно использовать другие формы хозрасчета, а также арендные отношения, предусмотренные законодательством СССР и решениями Правительства СССР.

Предложения о введении на предприятии соответствующей формы хозрасчета следует рассматривать на собрании (конференции) трудового коллектива.

Хозрасчетный доход уменьшается (увеличивается) на суммы непланируемых доходов, расходов и потерь предприятия. Возмещение предприятием убытков, причиненных другим организациям и государству, уплата штрафов, неустоек и иных санкций, установленных законодательством, производятся за счет хозрасчетного дохода коллектива. Полученные предприятием суммы возмещения ущерба и санкций направляются на увеличение хозрасчетного дохода коллектива (1, ст. 17, п. 5).

При применении на предприятии формы хозрасчета, основанной на нормативном распределении прибыли, непланируемые доходы, расходы и потери относятся на фактическую прибыль, остающуюся в распоряжении предприятия, до ее распределения в фонды развития производства, науки и техники, фонд социального развития, фонд материального поощрения (32, п. 10).

При применении на предприятии формы хозрасчета, основанной на нормативном распределении дохода, а также при передаче предприятия в аренду трудовому коллективу непланируемые доходы, расходы и потери относятся на фактический хозрасчетный доход предприятия до его распределения в фонды развития производства, науки и техники, фонд социального развития и единый фонд оплаты труда (31, п. 9; 39).

Внутренний хозрасчет и подряд подразделений. Предприятие состоит из действующих на началах внутреннего хозяйственного расчета или коллективного подряда подразделений: производств, цехов, отделений, участков, ферм, бригад, звеньев, бюро, лабораторий и др.

Подразделениям предприятия могут выделяться в порядке, устанавливаемом предприятием, части фонда материального поощрения и фонда социального развития, размеры которых зависят от результатов деятельности этих подразделений.

В объединении его структурные единицы формируют фонды материального поощрения и социального развития в порядке, определяемом объединением, и в зависимости от результатов их деятельности. Средства этих фондов не могут быть изъяты объединением без согласия трудового коллектива структурной единицы. Объединение имеет право выделять в распоряжение структурной единицы часть фонда развития производства, науки и техники, а также других фондов (1, ст. 5, пп. 4—5).

В целях повышения эффективности труда, усиления коллективной заинтересованности и ответственности за результаты работы, формирования у работников хозяйского отношения к использованию средств производства предприятие широко использует новые прогрессивные методы социалистического хозяйствования, в частности, коллективный подряд, арендные отношения, кооперативные формы.

При необходимости переводит на указанные методы участки, цехи и другие подразделения. Работа таких подразделений организуется по договору между коллективом и администрацией с закреплением необходимого имущества за соответствующим подразделением и оплатой труда по долговременным нормативам (1, ст. 14, п. 3).

Перечни форм внутрихозяйственного (внутрипроизводственного) расчета и подряда, приведенные в нормативных актах, не являются исчерпывающими и не ограничивают предприятия и трудовые коллективы в выборе и применении систем внутрихозяйственных отношений, соответствующих особенностям производства, обеспечивающих эффективность труда и активное участие трудовых коллективов и отдельных работников в организации деятельности предприятия. Администрацией и трудовым коллективом предприятия должны приниматься предложения коллективов подразделений и отдельных работников об их переводе на подрядные и арендные формы организации и стимулирования труда.

2. Фонды заработной платы и материального поощрения

Средства на оплату труда, заработанные трудовым коллективом предприятия, поступают в его хозрасчетный доход. Предприятия, использующие форму хозрасчета, основанную на нормативном распределении прибыли, образуют: а) фонд заработной платы, который используется на оплату труда работников в зависимости от их трудового вклада; б) фонд материального поощрения, который расходуется на выплату премий, вознаграждений, иные формы поощрения за труд, материальную помощь. Предприятие может вместо фонда заработной платы и фонда материального поощрения образовывать фонд оплаты труда, который служит единым источником всех выплат работникам за результаты труда. На предприятиях, использующих форму хозяйственного расчета, основанную на нормативном распределении дохода, полученного после возмещения из выручки материальных затрат, образуется единый фонд оплаты труда.

Средства на оплату труда и материальное поощрение за труд, относящиеся к хозрасчетному доходу коллектива, находятся в распоряжении предприятия, используются самостоятельно и изъятию не подлежат (1, ст. 3, п. 1; ст. 3, пп. 1—2).

Фонд заработной платы предприятия образуется по нормативу к чистой продукции или другим измерителям продукции (работ, услуг), устанавливаемым министерством (ведомством) для исчисления производительности труда.

Предприятие с разрешения министерства (ведомства) может использовать следующие методы образования фонда заработной платы:

по нормативу заработной платы на единицу продукции (работ, услуг) в натуральном выражении или на рубль объема продукции (работ, услуг). Общий фонд заработной платы предприятия формируется как произведение норматива и величины объема продукции (работ, услуг);

по нормативу за каждый процент прироста объема продукции (работ, услуг). При этом общий фонд заработной платы предприятия формируется из базового общего фонда заработной платы (фонда заработной платы за отчетный год) и суммы увеличения (уменьшения) фонда, исчисленной по нормативу.

Фонд заработной платы планируется и образуется поквартально.

Сверх фонда заработной платы, исчисленного по нормативу, предприятия используют средства на оплату труда, предусмотренные в сметах работ, услуг, осуществляемых работниками предприятия. Источниками финансирования таких средств являются фонд развития производства науки и техники, фонд социального развития, другие специальные фонды, а также централизованные фонды и резервы министерства, ведомства (28; 35).

Фонд материального поощрения предприятия образуется по стабильным нормативам от прибыли, остающейся в его распоряжении, являющейся фондообразующим показателем. Фондообразующим показателем для малорентабельных предприятий служит сумма прибыли и прогрессивно снижающейся дотации, для планово-убыточных — сумма экономии от снижения убытков и прогрессивно снижающейся дотации.

Стабильные нормативы образования фонда материального поощрения предприятий утверждаются министерствами (ведомствами) по согласованию с соответствующими комитетами профсоюзов.

Фонд материального поощрения определяется предприятием в плане и фактически путем умножения норматива образования фонда на величину фондообразующего показателя, исчисленного нарастающим итогом с начала года. Фонд планируется и образуется поквартально. Фонд дополнительно увеличивается (уменьшается) в зависимости от выполнения предприятием заказов и договоров. Размеры увеличения (уменьшения) фонда по этому показателю устанавливаются Советом Министров СССР применительно к особенностям отдельных отраслей народного хозяйства (14, п. 10; 17, п. 9; 18, п. 8; 16, п. 11; 15, п. 7).

Размер фонда, рассчитанный по нормативу, может быть повышен за счет резерва по фонду материального поощрения министерства (ведомства) в целях обеспечения выпуска новой техники и новых товаров народного потребления и освоения на предприятии новых производственных мощностей. Фонд материального поощрения увеличивается также за счет средств, которые согласно действующему законодательству дополнительно направляются на материальное поощрение. В фонд материального поощрения в конце года могут быть перечислены средства, образуемые за счет неиспользуемой экономии по фонду заработной платы, полученной сверх норматива.

Предприятия могут с согласия трудового коллектива направлять средства фонда материального поощрения на выплату заработной платы при превышении фактического фонда заработной платы над нормативным (плановым) (29; 36).

Единый фонд оплаты труда предприятия образуется как сумма фонда оплаты труда, формируемого как остаток хозрасчетного дохода коллектива после образования из него по нормативам фондов развития производства, науки и техники и социального развития, и средств на оплату труда, предусмотренных в сметах работ, услуг, осуществляемых работниками предприятия, и сметах на содержание непроизводственных подразделений предприятия, источниками финансирования которых являются фонды экономического стимулирования и другие фонды, а также бюджетные ассигнования на капитальное строительство, осуществляемое хозяйственным способом.

Средства фактического остатка хозрасчетного дохода, образовавшегося за период с начала года после отчислений из него средств в соответствующие фонды экономического стимулирования, перечисляются в единый фонд оплаты труда предприятиями ежемесячно с последующим перерасчетом по фактическим результатам работы в целом за отчетный квартал (нарастающим итогом с начала года).

Предприятию могут быть выделены средства за счет резерва по фонду оплаты труда в централизованном фонде развития производства, науки и техники министерства (ведомства).

Средства из резерва по фонду оплаты труда могут быть выделены предприятию на увеличение их фонда оплаты труда в период освоения вновь вводимых в действие объектов, новой высокоэффективной техники и новых товаров народного потребления, в связи со структурными сдвигами в производстве, обусловленными выполнением заданий в соответствии с государственными заказами, стихийными бедствиями, а также резкими изменениями природно-климатических условий работы.

Министерства (ведомства) могут выделять предприятиям средства из резерва по фонду оплаты труда на возвратной основе (30; 35).

Единый фонд оплаты труда дополнительно увеличивается (уменьшается) в зависимости от выполнения предприятием заказов и договоров. Размеры увеличения (уменьшения) фонда по этому показателю устанавливаются Советом Министров СССР применительно к особенностям отдельных отраслей народного хозяйства (14, п. 10; 17, п. 9; 18, п. 8; 16, п. 11; 15, п. 7).

Передача средств фондов заработной платы (фонда оплаты труда) может производиться предприятием другим предприятиям и организациям, выполняющим работы и услуги для предприятия. Средства единого фонда оплаты труда передаются другим предприятиям с согласия трудового коллектива (1, ст. 4, п. 4).

Предприятия, передающие другим предприятиям (принимающие от других предприятий) средства на оплату труда, представляют в обслуживающие их учреждения банков СССР протоколы приема (передачи) средств. Учреждение банка выдает предприятию средства на оплату труда с учетом переданных (принятых) им фондов (37, п. 1.6).

Распределение средств на оплату труда. В пределах образованного фонда заработной платы (оплаты труда) предприятие самостоятельно с учетом специфики производства и стоящих перед ним задач устанавливает фонд заработной платы по отдельным категориям работников: конструкторов, технологов, научных работников, работников служб технического контроля. Предприятие обязано обеспечивать относительное сокращение численности управленческого персонала и доли средств, направляемых на его содержание (1, ст. 14, п. 4).

Средства фонда материального поощрения (единого фонда оплаты труда) расходуются по смете. Проект сметы расходования указанного фонда выносится на обсуждение трудового коллектива предприятия и после его одобрения утверждается совместным решением администрации, совета трудового коллектива и профсоюзного комитета и прилагается к коллективному договору. Об исполнении указанной сметы администрация и профсоюзный комитет информируют трудовой коллектив (29; 30).

Налогообложение фондов. Предприятие формирует фонд заработной платы и фонд материального поощрения (фонд оплаты труда) в зависимости от конечных результатов работы. Рациональное соотношение доли средств хозрасчетного дохода коллектива, направляемой на воспроизводство, и доли средств на оплату труда регулируется системой налогообложения.

Независимо от применяемых форм хозрасчета с прироста средств, направляемых на оплату труда сверх 3%, предприятия уплачивают в государственный бюджет налог за счет средств фонда оплаты труда (фонда материального поощрения) в следующих размерах. При приросте средств, направляемых на оплату труда, свыше 3% до 5% на каждый рубль прироста оплаты труда уплачивается налог 1 руб., при приросте свыше 5% до 7% — 2 руб. и свыше 7% — 3 руб. за каждый рубль прироста.

Указанный порядок налогообложения не применяется в отношении прироста средств, направляемых на оплату труда, вызванного увеличением производства товаров народного потребления и реализации услуг населению.

Особенности образования и распределения средств на оплату труда определены законодательством применительно к отдельным видам деятельности и специальным источникам, из которых эти средства поступают предприятию. В частности:

а) фонд заработной платы работников, занятых производством товаров народного потребления на предприятиях, для которых производство не является основным, может образовываться по отдельному нормативу, стимулирующему дополнительный рост выпуска этих товаров (27);

б) для предприятий, для которых оказание платных услуг населению не относится к основной деятельности, вся выручка от предоставления этих услуг служит дополнительным источником средств на развитие предприятия и оплату труда. Обеспечиваются такие работы (услуги) сверх фонда заработной платы, образованного по нормативу (26);

в) перечисление в фонд заработной платы (оплаты труда)

средств на оплату труда работникам предприятия за работы и услуги, источником финансирования которых являются фонды экономического стимулирования и другие фонды, а также бюджетные ассигнования на капитальное строительство, осуществляемое хозяйственным способом, производится в соответствии со сроками проведения этих работ, услуг, и их сумма не должна превышать предусмотренные сметами затраты по заработной плате на выполнение работ, услуг (с учетом пересчета за фактически выполненный объем) (30, п. 2).

3. Фонд развития производства, науки и техники

Фонд развития производства, науки и техники предприятие использует на финансирование научно-исследовательских работ и опытно-конструкторских работ, обновление и расширение основных фондов на современной технической основе, прирост собственных оборотных средств, а также на другие цели производственного развития (1, ст. 3, п. 3).

Средства фонда развития производства, науки и техники расходуются по смете. Проект сметы расходования выносится на обсуждение трудового коллектива предприятия и после его одобрения утверждается совместным решением администрации, совета трудового коллектива и профсоюзного комитета и прилагается к коллективному договору. Об исполнении указанной сметы администрация и профсоюзный комитет информируют трудовой коллектив (1, ст. 6, п. 5; ст. 7, п. 1; 33, п. 8).

Объединение имеет право выделять в распоряжение структурной единицы часть фонда развития производства, науки и техники (1, ст. 5, п. 5). Предприятие имеет право передавать с согласия трудового коллектива средства фондов экономического стимулирования другим предприятиям и организациям, выполняющим работы или услуги для предприятия (1, ст. 4, п. 4).

Образование фонда. Фонд развития производства, науки и техники образуется на предприятиях за счет:

отчислений от прибыли, остающейся в распоряжении предприятий (дохода) по нормативам, установленным в процентах к ней;

амортизационных отчислений, предназначенных для полного восстановления основных фондов, по нормативам, установленным в процентах к этим амортизационным отчислениям (33, п. 1);

выручки от реализации неиспользуемого имущества и арендной платы (если сдача имущества в аренду не является основной деятельностью предприятия) (1, ст. 4, п. 4);

других плановых источников, предусмотренных действующим законодательством (33, пп. 2, 6).

На образование фонда развития производства, науки и техники планово-убыточных и малорентабельных предприятий могут направляться средства централизованного фонда развития производства, науки и техники министерства (ведомства, государственного производственного объединения) (33, п. 5).

Фонд развития производства, науки и техники образуется на основе долговременных экономических нормативов, стабильных в течение всей пятилетки и обеспечивающих тесную увязку общегосударственных интересов с хозрасчетными интересами предприятий (6, п. 6 «в»). Стабильные нормативы образования фонда развития производства, науки и техники предприятий утверждаются министерством (ведомством) по согласованию с соответствующим комитетом профсоюза (33, п. 4).

Абсолютные размеры фонда развития производства, науки и техники предусматриваются предприятиями в плане. Фонд определяется по утвержденным нормативам поквартально (33, п. 6).

Строительно-монтажные организации при определении размеров фонда развития производства, науки и техники также учитывают отчисления от экономии средств, получаемых в результате снижения сметной стоимости строительства по сравнению с договорной ценой (по стройкам, по которым на момент составления проекта плана суммы этой экономии известны) и направляемых на развитие производственной базы и покрытие повышенных издержек производства организаций, связанных с внедрением прогрессивных проектных решений; средства, намеченные к получению от заказчика за сокращение сроков ввода в действие производственных мощностей против утвержденных норм, по стройкам, по которым на момент составления проекта плана размер этих средств известен; средства, передаваемые подрядчику заказчиком на компенсацию дополнительных затрат по развитию производственной базы в связи с организацией строительства во вновь создаваемых районах и осуществлением работ высокими темпами; средства на строительство временных зданий и сооружений, предусмотренных в сметах (33, п. 7).

По системе легкой промышленности СССР установлено, что 45% сумм надбавки к розничным ценам на новые товары улучшенного качества, выпускаемые предприятиями (объединениями) системы Минлегпрома СССР, вносятся в бюджет; до 15% направляется на премирование, а остальная часть (за вычетом средств, используемых на возмещение дополнительных затрат на выпуск указанных товаров), — в фонд развития производства, науки и техники, фонд социального развития и в резерв предприятий (объединений) (17, п. 11).

В агропромышленном комплексе нормативы образования фондов экономического стимулирования устанавливаются советом районного агропромышленного объединения или другим вышестоящим органом, которому непосредственно подчинены предприятия и организации. Советам Министров союзных республик предоставлено право разрешать агропромышленным объединениям и другим формированиям утверждать предприятиям и организациям, в виде исключения, нормативы образования единого фонда производственного и социального развития (11, п. 2).

По системе государственной торговли основным источником средств предприятий (объединений) и организаций для решения производственных и социальных вопросов является фонд производственного и социального развития, образуемый по утвержденным нормативам. В указанный фонд направляются в установленном порядке также амортизационные отчисления, предназначенные на полное восстановление основных фондов (20, п. 4).

По научным организациям, непосредственно подчиненным министерствам и ведомствам, утверждаются экономические нормативы образования фонда научно-технического и социального развития (10, п. 17).

Использование средств фонда развития производства, науки и техники. Средства фонда развития производства, науки и техники используются на финансирование научно-исследовательских и опытно-конструкторских работ, обновление и расширение основных фондов, прирост собственных оборотных средств, а также на другие цели производственного развития (1, ст. 3, п. 3). Средства фонда, в частности, могут быть направлены:

а) на финансирование затрат по техническому перевооружению, реконструкции и расширению действующего производства; строительство новых объектов собственных производственных баз строительных организаций;

б) на финансирование затрат по подготовке и освоению: новой и модернизированной продукции, конструкций и материалов; финансирование изготовления опытных образцов; строительства новых типов зданий, сооружений; прогрессивных технологических процессов;

в) на проведение научно-исследовательских, опытно-конструкторских и проектных работ (включая приобретение лицензий), на финансирование затрат на приобретение оборудования, приборов и других товарно-материальных ценностей для этих работ;

г) на компенсацию повышенных затрат на производство новой продукции в период ее освоения;

д) на финансирование прироста собственных оборотных средств, а также на возмещение их недостатка;

е) на финансирование затрат по участию в строительстве,

реконструкции, ремонте и содержании местных автомобильных дорог;

ж) на организацию и развитие подсобного сельского хозяйства;

з) на создание и расширение мощностей по производству товаров народного потребления и оказанию услуг населению;

и) на погашение предоставленных предприятию долгосрочных кредитов банков, которые в соответствии с действующим законодательством погашаются за счет средств фонда развития производства, науки и техники, а также на уплату процентов по ним;

к) на частичное возмещение затрат по подготовке молодых специалистов;

л) на природоохранительные мероприятия;

м) на строительство временных зданий и сооружений, предусмотренных в сметах (для строительных организаций);

н) на приобретение машин, механизмов и оборудования, не входящих в сметы строек;

о) на покрытие убытков, возникающих у предприятия при передаче имущества другим предприятиям, при его продаже или списании, а также на покрытие затрат по основным средствам, сданным в аренду;

п) в фонд социального развития на строительство жилых домов (в размерах, установленных законодательством);

р) на финансирование других производственных нужд (33, п. 9).

Передача средств фонда другим предприятиям и исполкомам местных Советов народных депутатов. Предприятия вправе по согласованию с трудовым коллективом передавать часть средств фонда другим предприятиям или исполкомам местных Советов на финансирование:

совместно выполняемых работ, связанных с техническим перевооружением и реконструкцией производства, ускорением научно-технического прогресса, повышением качества продукции, развитием производства товаров народного потребления и оказанием услуг населению;

создаваемых в установленном порядке межотраслевых производств, вычислительных центров коллективного пользования, научных, проектных, конструкторских, ремонтных, строительных и других совместных предприятий и объединений;

строительства и эксплуатации объектов производственной инфраструктуры, подсобных сельских хозяйств, природоохранных сооружений и других объектов производственного назначения совместного пользования;

организации подготовки специалистов и создания (совместно с учебными заведениями) учебно-производственных предприятий (7, п. 9; 33, п. 10).

4. Фонд социального развития

Фонд социального развития образуется по стабильным нормативам от прибыли (дохода), остающейся в распоряжении предприятий, являющейся фондообразующим показателем (34, п. 1). Фондообразующим показателем для малорентабельных предприятий служит прибыль (доход) и прогрессивно снижающаяся сумма дотации, для планово-убыточных предприятий — сумма экономии от снижения убытков и прогрессивно снижающаяся сумма дотации (34, п. 3).

Долговременные экономические нормативы стабильны в течение всей пятилетки, утверждаются предприятиям (объединениям) министерствами (ведомствами) по согласованию с соответствующими комитетами профсоюзов (34, п. 4).

Фонд социального развития определяется по утвержденным нормативам поквартально. По планово-прибыльным предприятиям, в плане которых на отдельные кварталы планируются убытки, отчисления в фонд производятся в планово-прибыльных кварталах исходя из планируемой годовой суммы прибыли (дохода) (34, п. 6).

Размер фонда социального развития может быть повышен за счет средств резерва по фонду социального развития министерства (ведомства) за увеличение выпуска новой высокоэффективной техники. За счет средств резерва по фонду социального развития министерства (ведомства) создается также фонд социального развития для вновь вводимых в действие предприятий и объектов (34, п. 7).

Фонд социального развития предприятий в течение года увеличивается на сумму средств, полученных в счет погашения задолженности по ссудам, выданным на улучшение жилищных условий или обзаведение домашним хозяйством (34, п. 8).

Предприятие с согласия трудового коллектива имеет право направлять в фонд социального развития часть средств фонда материального поощрения (фонда оплаты труда) и часть средств фонда развития производства, науки и техники в пределах, определенных законодательством, — на цели жилищного строительства (1, ст. 3, п. 5).

В случае нарушения предприятиями (объединениями) установленного по годам пятилетки нормативного соотношения между приростом средней заработной платы и приростом производительности труда соответствующая часть фонда материального поощрения (фонда оплаты труда) резервируется для ее использования при достижении нормативного соотношения или перечисляется в фонд социального развития на финансирование капитальных вложений.

Неиспользованные остатки средств фонда социального развития изъятию не подлежат и используются в последующие годы в общем порядке в соответствии с утвержденной сметой его расходования (1, ст. 17, п. 3; 34, п. 12).

Смета расходования средств фонда. Средства фонда социального развития расходуются по смете. Проект сметы расходования средств фонда выносится на обсуждение трудового коллектива предприятия и после его одобрения утверждается совместным решением администрации, совета трудового коллектива и профсоюзного комитета и прилагается к коллективного договору. Об исполнении сметы администрация и профсоюзный комитет информируют трудовой коллектив (1, ст. 6, п. 5; ст. 7, п. 1; 34, п. 9).

При составлении сметы предприятие направляет основную часть средств фонда социального развития на строительство жилых домов, детских учреждений и других объектов социального назначения (1, ст. 13, п. 4; 34, п. 10).

Фонд социального развития структурной единицы. Структурная единица формирует фонд социального развития в порядке, определяемом объединением, и в зависимости от результатов ее деятельности. Средства фонда социального развития структурной единицы не могут быть изъяты объединением без согласия трудового коллектива структурной единицы (1, ст. 5, п. 5).

Передача средств фонда другим предприятиям. Предприятие имеет право с согласия трудового коллектива передавать средства фондов экономического стимулирования другим предприятиям и организациям, выполняющим работы или услуги для предприятия (1, ст. 4, п. 4).

Цели использования средств фонда социального развития. Трудовые коллективы самостоятельно определяют конкретные направления использования средств фонда социального развития (1, ст. 6, п. 5; ст. 7, п. 1; 34, п. 10). По решению трудового коллектива средства фонда социального развития могут использоваться, в частности, на:

жилищное строительство;

укрепление материально-технической базы социально-культурной сферы, содержание ее объектов;

проведение оздоровительных, культурно-массовых мероприятий и удовлетворение других социальных потребностей, в том числе приобретение медикаментов для лечебно-профилактических учреждений, находящихся на балансе предприятий, путевок на отдых и лечение, на экскурсии и путешествия по местным маршрутам выходного дня (путевки предоставляются прежде всего передовикам производства по решению администрации и профсоюзного комитета);

проведение культурно-просветительных и физкультурных мероприятий;

удешевление стоимости питания в столовых (буфетах) работников предприятий, и в первую очередь работающих в ночную смену; на усиление питания работников, проходящих курс лечения в профилакториях, и детей, находящихся в детских садах, яслях, пионерских и оздоровительных лагерях предприятий;

расходы по благоустройству коллективных садов;

предоставление безвозмездной материальной помощи для первоначального взноса собственных средств на кооперативное и индивидуальное жилищное строительство, а также на частичное погашение кредита, предоставленного на кооперативное и индивидуальное жилищное строительство (13, пп. 10, 11; 12, пп. 9—12);

предоставление молодым семьям беспроцентной ссуды на улучшение жилищных условий или обзаведение домашним хозяйством;

выплату разницы между закупочными и розничными ценами на сельскохозяйственную продукцию, отпускаемую подсобными хозяйствами для общественного питания, а также на выплату разницы в ценах на топливо и покупную теплоэнергию;

приобретение и содержание служебных легковых автомобилей (21).

Предприятие самостоятельно устанавливает для своих работников дополнительные социальные льготы в пределах заработанных средств.

5. Валютная самоокупаемость предприятий

Общие положения. Предприятия осуществляют экспортно-импортные операции, руководствуясь достижениями наилучших условий экспорта и импорта, валютной самоокупаемости и самофинансирования и исходя из того, что государство по их обязательствам не отвечает. Удовлетворение импортных потребностей предприятий должно зависеть от их непосредственной деятельности по развитию экспорта. Предприятие может приобретать по импорту машины, оборудование, материалы и другие товары для нужд технического перевооружения и реконструкции производства, проведения научно-исследовательских, опытно-конструкторских и других работ только за счет собственных или заемных валютных средств.

Для обеспечения валютной самоокупаемости и повышения экономической заинтересованности и ответственности предприятия за эффективность внешнеэкономических связей и рациональное использование валютных средств ему предоставлено право создавать фонд валютных отчислений (валютный фонд) и получать в банке кредиты в иностранной валюте для создания и развития экспортных производств с условием погашения кредитов за счет валютной выручки от экспорта продукции (1, ст. 19, пп. 1, 5—7; 4, пп. 21—22; 8, п. 16; 24, пп. 2, 8).

Валютный фонд предприятия формируется за счет отчи-

слений по стабильным долгосрочным нормативам от выручки, полученной при реализации на экспорт готовой продукции (работ, услуг), а также всей валютной выручки по кооперированным поставкам и продажи лицензий (1, ст. 19, п. 5).

Предприятия, поставляющие готовую продукцию на экспорт, отчисляют часть средств валютного фонда предприятиям, организациям-субпоставщикам. Размеры этих отчислений определяются на договорной основе с учетом вклада участников в производство экспортируемой продукции (24, п. 22).

Министерствам, ведомствам СССР и Советам Министров союзных республик разрешено за счет части валютных средств предприятий формировать централизованные валютные фонды для решения общеотраслевых и общерегиональных социально-экономических задач (4, п. 21; 24, п. 8).

Предприятия, входящие в систему общесоюзных и союзно-республиканских министерств и ведомств СССР, отчисляют 5% своих валютных фондов Мосгорисполкому, Ленгорисполкому, крайисполкомам, облисполкомам, Советам Министров автономных республик, не имеющих областного деления, на территории которых эти предприятия находятся (24, п. 23).

Порядок перевода средств в иностранной валюте на счета предприятий определяется Внешэкономбанком СССР по согласованию с Минфином СССР. Отчисления в валютные фонды предприятий от выручки за экспорт товаров (работ, услуг) производятся на их счета, открытые во Внешэкономбанке СССР, по мере поступления платежей от иностранного покупателя. На счета субпоставщиков валютные средства переводятся после получения платежей от иностранного покупателя (24, пп. 14, 22).

Распоряжение валютным фондом. Средства фонда валютных отчислений (валютного фонда) предприятия изъятию не подлежат и могут накапливаться для использования в последующие годы (1, ст. 19, п. 6).

Предприятия могут объединять средства своих валютных фондов, передавать их другим предприятиям, банкам на взаимовыгодных условиях, включая выплату соответствующих процентов, а с согласия министерств и ведомств СССР — инвестировать их за рубеж (8, п. 17).

Предприятия вправе осуществлять свободный обмен средствами валютных фондов, продажу и покупку этих средств за советские рубли по договорным ценам на валютных аукционах, организуемых Внешэкономбанком СССР (24, п. 16).

Направления использования валютного фонда. Для технического перевооружения и реконструкции производства, проведения научно-исследовательских, опытно-конструкторских и других работ предприятие импортирует продукцию за счет и в пределах фонда валютных отчислений или заемных средств. Оно имеет право также приобретать в странах — членах СЭВ для нужд своих трудовых коллективов медицинскую технику, культурно-бытовые, спортивные и другие товары, не включаемые в планы государственного распределения (1, ст. 19, п. 6).

Предприятия могут импортировать для своих нужд за счет собственных или заемных средств сырье, материалы, комплектующие изделия, машины и оборудование, запасные части, иные товары и услуги, необходимые для технического перевооружения, реконструкции и расширения производства, охраны окружающей среды, проведения научно-исследовательских, опытно-конструкторских работ и иных целей, предусмотренных действующим законодательством.

Совет Министров СССР определяет перечень продукции (работ, услуг), импорт которой запрещается.

За счет собственных валютных средств разрешается также командировать в установленном порядке специалистов и иных работников для участия в переговорах по научно-техническим, производственным, коммерческим вопросам, в международных выставках, ярмарках, для обмена опытом и обучения и осуществлять иную деятельность в соответствии с действующим законодательством.

Предприятиям разрешено расходовать по решению трудовых коллективов имеющиеся средства в переводных рублях и национальных валютах стран — членов СЭВ полностью и до 25% (до 15% для предприятий, объединений и организаций Дальневосточного экономического района) средств в других видах валют, включая свободно конвертируемую валюту, на приобретение товаров народного потребления, медикаментов и медицинской техники, укрепление материально-технической базы социально-культурной сферы (24, п. 4).

За счет средств валютных фондов в переводных рублях предприятия могут приобретать в порядке оптовой торговли промышленную продукцию, медицинскую технику, культурно-бытовые, спортивные и другие товары отечественного производства в целях технического развития, внедрения новой техники, а также для нужд трудовых коллективов.

Закупка по импорту товаров за счет валютного фонда производится внешнеторговыми организациями по заказам предприятий в первоочередном порядке при наличии на счетах предприятия средств, соответствующих по их категории валютным средствам страны, в которой должна проводиться закупка. Закупка товаров за счет имеющейся в валютном фонде предприятия свободно конвертируемой валюты возможна в любой стране.

6. Доходы и самоокупаемость кооперативов

Доходы кооператива формируются за счет выручки от реализации продукции (работ, услуг). Из выручки от реализации продукции (работ, услуг) кооператива возмещаются материальные затраты. Валовый доход используется кооперативом для расчетов по обязательствам перед бюджетом и банками, направляется на расширение производства, социальные мероприятия и оплату труда (2, ст. 20).

Государство, оказывая финансовую поддержку кооперативу, может в необходимых случаях выделять средства из бюджета на капитальное строительство объектов производственного и непроизводственного назначения, в том числе на условиях возврата средств (2, ст. 22). Распределение валового дохода на производственно-социальное развитие, а также оплату труда — исключительное право общего собрания членов кооператива. При этом особое внимание должно уделяться экономически обоснованному соотношению между средствами, направляемыми на развитие производства и оплату труда.

Фонды кооператива. Кооператив самостоятельно определяет виды, размер и порядок формирования и использования фондов и резервов. Государственные и кооперативные органы нормативы образования фондов кооперативу не устанавливают (2, ст. 20, п. 1).

Отчисления в централизованные фонды и резервы союзов (объединений) кооперативов производятся по долговременным стабильным нормативам. Нормативы отчислений устанавливаются на демократической основе собраниями представителей кооперативов. Они же определяют порядок и направления использования средств указанных фондов и резервов.

Валютные средства кооператива. В целях повышения экономической заинтересованности и ответственности, расширения самостоятельности в экспортно-импортных операциях выручка в иностранной валюте, полученная кооперативами и их союзами (объединениями) в результате экспорта товаров (работ, услуг), после отчислений государству по нормативам, устанавливаемым Советом Министров СССР, поступает в их распоряжение, изъятию не подлежит и может накапливаться для использования в последующие годы.

В случае, если право непосредственного осуществления экспортно-импортных операций предоставлено союзу (объединению) кооперативов, то валютная выручка от внешнеэкономической деятельности за вычетом отчислений государству распределяется пропорционально вкладу каждого кооператива в получение валютных средств. По общему согласию кооперативов, входящих в союз (объединение), часть заработанных ими валютных средств может отчисляться в централизованный фонд данного союза (объединения) (2, ст. 28, п. 3).

Выручка в иностранной валюте после отчислений государству по установленным нормативам переводится на счета производственных кооперативов по мере поступления платежей от иностранного получателя (24, п. 14).

Кооперативы могут формировать свои валютные средства за счет взносов в иностранной валюте, находящейся на счетах членов кооператива (24, п. 15).

Средства в иностранной валюте, полученные от экспорта товаров (работ, услуг), кооперативы и их союзы (объединения) могут использовать на импорт оборудования, сырья, материалов, других товаров (работ, услуг), необходимых для развития производства и увеличения товарооборота, и на укрепление материальной базы социально-культурной сферы (2, ст. 28, п. 3).

Производственные кооперативы вправе осуществлять свободный обмен валютными средствами, продажу и покупку этих средств за советские рубли по договорным ценам на валютных аукционах, организуемых Внешэкономбанком СССР (24, п. 16).

Внешэкономбанку СССР разрешено выдавать производственным кооперативам банковские кредиты в иностранной валюте с погашением кредита за счет использования всей валютной выручки от экспорта товаров (работ, услуг), произведенных в результате выполнения прокредитованных мероприятий (24, п. 17).

Налогообложение доходов кооперативов. Производственные кооперативы (кроме колхозов), а также их союзы и объединения, получающие доходы от хозяйственной деятельности, уплачивают в бюджет налог из выручки от реализации продукции (работ, услуг) и других поступлений за вычетом стоимости израсходованных материалов и сырья, платы за услуги сторонних организаций, транспортных расходов, амортизационных отчислений, сумм арендной платы за основные фонды, процентов за пользование краткосрочным кредитом банка и других расходов (кроме расходов на оплату труда), связанных с производством и реализацией продукции (работ, услуг), а также взносов на государственное социальное страхование.

Размеры ставок налога на доходы этих производственных кооперативов определяются законодательством союзных республик. Исполком местного Совета народных депутатов, регистрирующий устав кооператива, может на определенный срок понижать ставки налога или освобождать отдельные кооперативы от обложения налогом (23). Доход (прибыль) кооператива облагается налогом по твердым ставкам, устанавливаемым не менее чем на пять лет.

Декларация о доходах. Кооператив ежеквартально представляет финансовому органу декларацию о доходах — основной финансовый документ, определяющий его взаимоотношения с финансовыми и банковскими органами. Декларация фиксирует величину доходов кооперативов, личные доходы его членов, а также граждан, работающих в нем по трудовому договору. Единая форма декларации о доходах установлена Минфином СССР.

Кооператив обязан строго соблюдать налоговую дисциплину. В случае сокрытия или занижения доходов, подлежащих налогообложению, с кооператива взыскивается в местный бюджет вся сумма сокрытого дохода, а с производственного кооператива в этих случаях взимается также штраф в размере сокрытого дохода. При повторном сокрытии (занижении) кооперативом своего дохода соответствующий финансовый орган вправе поставить перед исполнительным комитетом местного Совета народных депутатов вопрос о прекращении деятельности кооператива (2, ст. 21; 23, пп. 4, 5).

Налог с доходов кооперативов зачисляется в бюджет района или города, исполком Совета народных депутатов которого регистрировал устав кооператива.

Примечания к разделу 3

1. Закон о государственном предприятии.
2. Закон о кооперации.
3. О совершенствовании организации заработной платы и введении новых тарифных ставок и должностных окладов работников производственных отраслей народного хозяйства. Постановление ЦК КПСС, Совета Министров СССР и ВЦСПС от 17 сентября 1986 г. № 1115. — СП СССР, 1986, отд. 1, № 34, ст. 179.
4. О мерах по совершенствованию управления внешнеэкономическими связями. Постановление ЦК КПСС и Совета Министров СССР от 19 августа 1986 г. № 991. — Механизм внешнеэкономической деятельности. Сборник документов. М., 1988, с. 5.
5. О мерах по совершенствованию управления экономическим и научно-техническим сотрудничеством с социалистическими странами. Постановление ЦК КПСС и Совета Министров СССР от 19 августа 1986 г. № 992. — Механизм внешнеэкономической деятельности, с. 11.
6. О перестройке планирования и повышении роли Госплана СССР в новых условиях хозяйствования. Постановление ЦК КПСС и Совета Министров СССР от 17 июля 1987 г. № 816. — СП СССР, 1987, отд. 1, № 33, ст. 115.
7. О совершенствовании деятельности республиканских органов управления. Постановление ЦК КПСС и Совета Министров СССР от 17 июля 1987 г. № 824. — СП СССР, 1987, отд. 1, № 39, ст. 124.
8. О дополнительных мерах по совершенствованию внешнеэкономической деятельности в новых условиях хозяйствования. Постановление ЦК КПСС и Совета Министров СССР от 17 сентября 1987 г. № 1074. — Механизм внешнеэкономической деятельности, с. 52.
9. О переводе объединений, предприятий и организаций отраслей народного хозяйства на полный хозяйственный ра-

счет и самофинансирование. Постановление ЦК КПСС и Совета Министров СССР от 11 июня 1987 г. № 665. — Полный хозяйственный расчет и самофинансирование. Сборник документов. М., 1988, с. 37.

10. О переводе научных организаций на полный хозяйственный расчет и самофинансирование. Постановление ЦК КПСС и Совета Министров СССР от 30 сентября 1987 г. № 1102. — СП СССР, 1987, отд. 1, № 48, ст. 158.

11. О переводе предприятий и организаций системы Госагропрома СССР на полный хозяйственный расчет и самофинансирование. Постановление ЦК КПСС и Совета Министров СССР от 18 декабря 1987 г. № 1428. — Полный хозяйственный расчет и самофинансирование, с. 52.

12. О мерах по ускорению развития индивидуального жилищного строительства. Постановление ЦК КПСС и Совета Министров СССР от 11 февраля 1988 г. № 197. — СП СССР, 1988, отд. 1, № 11, ст. 28.

13. О мерах по ускорению развития жилищной кооперации. Постановление ЦК КПСС и Совета Министров СССР от 31 марта 1988 г. № 406. — СП СССР, 1988, отд. 1, № 16, ст. 43.

14. О переводе предприятий, объединений и организаций Министерства станкостроительной и инструментальной промышленности СССР на полный хозяйственный расчет и самофинансирование. Постановление Совета Министров СССР от 1 августа 1987 г. № 874. — Полный хозяйственный расчет и самофинансирование, с. 42.

15. О переводе предприятий связи и производственно-технических управлений связи (объединений) системы Министерства связи СССР на полный хозяйственный расчет и самофинансирование. Постановление Совета Министров СССР от 19 августа 1987 г. № 956. — Полный хозяйственный расчет и самофинансирование, с. 77.

16. О переводе железных дорог, предприятий (объединений) и организаций Министерства путей сообщения СССР на полный хозяйственный расчет и самофинансирование. Постановление Совета Министров СССР от 22 августа 1987 г. № 971. — Полный хозяйственный расчет и самофинансирование, с. 71.

17. О приведении условий хозяйствования объединений, предприятий и организаций системы Министерства легкой промышленности СССР, переведенных на полный хозяйственный расчет и самофинансирование, в соответствие с Законом СССР о государственном предприятии (объединении). Постановление Совета Министров СССР от 10 ноября 1987 г. № 1264. — Полный хозяйственный расчет и самофинансирование, с. 47.

18. О переводе строительных, монтажных и ремонтно-строительных организаций и предприятий (объединений) на полный хозяйственный расчет и самофинансирование. Постановление Совета Министров СССР от 16 ноября 1987 г.

№ 1287. — Полный хозяйственный расчет и самофинансирование, с. 65.

19. О порядке и сроках применения Закона СССР «О государственном предприятии (объединении)» к предприятиям, объединениям и организациям, не переведенным на полный хозяйственный расчет и самофинансирование, а также к организациям непроизводственной сферы. Постановление Совета Министров СССР от 26 декабря 1987 г. № 1471. — СП СССР, 1988, отд. 1, № 4, ст. 10.

20. О приведении условий хозяйствования предприятий, объединений и организаций государственной торговли в соответствие с Законом СССР о государственном предприятии (объединении). Постановление Совета Министров СССР от 6 января 1988 г. № 17. — Полный хозяйственный расчет и самофинансирование, с. 82.

21. Об упорядочении использования служебных легковых автомобилей. Постановление Совета Министров СССР от 23 января 1988 г. № 96. — СП СССР, 1988, отд. 1, № 7, ст. 19.

22. Об организации оптовой торговли продукцией производственно-технического назначения за переводные рубли. Постановление Совета Министров СССР от 4 февраля 1988 г. № 167. — Механизм внешнеэкономической деятельности, с. 86.

23. О подоходном налоге с кооперативов. Указ Президиума Верховного Совета СССР от 23 февраля 1989 г. — Ведомости Верховного Совета СССР, 1989, № 9, ст. 62.

24. О дальнейшем развитии внешнеэкономической деятельности государственных, кооперативных и иных общественных предприятий, объединений и организаций. Постановление Совета Министров СССР от 2 декабря 1988 г. № 1405. — СП СССР, 1989, отд. 1, № 2, ст. 7.

25. Основные условия регулирования договорных отношений при осуществлении экспортно-импортных операций. Утверждены постановлением Совета Министров СССР от 25 июля 1988 г. № 888. — СП СССР, 1988, отд. 1, № 24—25, ст. 70.

26. О мерах по коренной перестройке сферы платных услуг населению. Постановление Совета Министров СССР от 5 августа 1988 г. — Правда, 1988, 24 авг.

27. О дополнительных мерах по повышению экономической заинтересованности предприятий и объединений тяжелой индустрии, оборонных и других отраслей народного хозяйства в увеличении производства непродовольственных товаров народного потребления. Постановление Совета Министров СССР от 30 сентября 1988 г. — Эконом. газ., 1988, № 41.

28. Типовое положение об образовании фонда заработной платы на 1988—1990 годы для предприятий, объединений и организаций, переведенных на полный хозяйственный расчет и самофинансирование. Одобрено решением Комиссии по совершенствованию управления, планирования и хозяйствен-

ного механизма от 3 ноября 1987 г. (протокол № 89). — Полный хозяйственный расчет и самофинансирование, с. 250.

29. Типовое положение о порядке образования и использования в 1988—1990 годах фонда материального поощрения предприятий, объединений и организаций, переведенных на полный хозяйственный расчет и самофинансирование. Одобрено решением Комиссии по совершенствованию управления, планирования и хозяйственного механизма от 29 сентября 1987 г. (протокол № 84). — Полный хозяйственный расчет и самофинансирование, с. 270.

30. Типовое положение об образовании единого фонда оплаты труда на 1988—1990 годы для предприятий, объединений и организаций, переведенных на полный хозяйственный расчет и самофинансирование. Одобрено решением Комиссии по совершенствованию управления, планирования и хозяйственного механизма от 22 декабря 1987 г. (протокол № 97). — Полный хозяйственный расчет и самофинансирование, с. 254.

31. Типовое положение о нормативном методе распределения дохода на 1988—1990 годы по объединениям, предприятиям и организациям, переведенным на полный хозяйственный расчет и самофинансирование. Одобрено решением Комиссии по совершенствованию управления, планирования и хозяйственного механизма от 22 декабря 1987 г. (протокол № 97). — Полный хозяйственный расчет и самофинансирование, с. 241.

32. Типовое положение о нормативном методе распределения прибыли на 1988—1990 годы по объединениям, предприятиям и организациям, переведенным на полный хозяйственный расчет и самофинансирование. Одобрено решением Комиссии по совершенствованию управления, планирования и хозяйственного механизма от 29 сентября 1987 г. (протокол № 84). — Полный хозяйственный расчет и самофинансирование, с. 245.

33. Типовое положение о порядке образования и использования в 1988—1990 годах фонда развития производства, науки и техники предприятий, объединений и организаций, переведенных на полный хозяйственный расчет и самофинансирование. Одобрено решением Комиссии по совершенствованию управления, планирования и хозяйственного механизма от 29 сентября 1987 г. (протокол № 84). — Полный хозяйственный расчет и самофинансирование, с. 257.

34. Типовое положение о порядке образования и использования в 1988—1990 годах фонда социального развития предприятий, объединений и организаций, переведенных на полный хозяйственный расчет и самофинансирование. Одобрено решением Комиссии по совершенствованию управления, планирования и хозяйственного механизма от 29 сентября 1987 г. (протокол № 84). — Полный хозяйственный расчет и самофинансирование, с. 264.

35. Типовое положение об образовании и использовании в 1988—1990 годах централизованного фонда развития производства, науки и техники и резервов министерств, объединения, предприятия и организации которых переведены на полный хозяйственный расчет и самофинансирование. Одобрены решением Комиссии по совершенствованию управления, планирования и хозяйственного механизма от 29 сентября 1987 г. (протокол № 84). — Полный хозяйственный расчет и самофинансирование, с. 277.

36. Положение о порядке образования и использования в 1988—1990 годах фонда материального поощрения строительных организаций, переведенных на полный хозяйственный расчет и самофинансирование. Одобрено решением Комиссии по совершенствованию управления, планирования и хозяйственного механизма от 19 октября 1987 г. (протокол № 86). — Полный хозяйственный расчет и самофинансирование, с. 356.

37. О порядке выдачи средств на заработную плату предприятиям (объединениям) и организациям, переведенным на полный хозяйственный расчет и самофинансирование. Одобрено решением Комиссии по совершенствованию управления, планирования и хозяйственного механизма от 2 февраля 1988 г. (протокол № 104). — Полный хозяйственный расчет и самофинансирование, с. 314.

38. Инструкция о порядке расчетов с бюджетом по отчислениям от прибыли объединений, предприятий и организаций, переведенных на полный хозяйственный расчет и самофинансирование с 1 января 1988 г. Утверждена Минфином СССР 20 ноября 1987 г. — Полный хозяйственный расчет и самофинансирование, с. 320.

39. Общие методические положения по аренде государственного предприятия трудовым коллективом. Одобрены Комиссией по совершенствованию управления, планирования и хозяйственного механизма. — Эконом. газ., 1988, № 36.

Раздел 4
ПЛАНИРОВАНИЕ ЭКОНОМИЧЕСКОГО И СОЦИАЛЬНОГО РАЗВИТИЯ ПРЕДПРИЯТИЙ

1. Установление исходных данных планирования

Исходные данные планирования. Деятельность предприятия строится на основе государственного плана экономического и социального развития (1, ст. 2, п. 1).

Предприятию устанавливаются контрольные цифры, государственные заказы, долговременные экономические нормативы и лимиты. Исходные данные планирования не позднее чем за год до начала очередной пятилетки доводятся Госпланом СССР до министерств (ведомств) СССР и Советов Министров союзных республик, которые доводят эти данные в месячный срок до предприятий (1, ст. 9, п. 1; ст. 10, п. 3; 6, п. 6).

В период освоения нового хозяйственного механизма до предприятий доводится ряд исходных данных для формирования их годовых планов. Предприятиям, в частности, устанавливаются и должны быть сообщены не позднее 1 сентября года, предшествующего планируемому, государственные заказы, объемы производства продукции (работ, услуг) и лимиты централизованно распределяемых ресурсов (17, разд. II).

Перечень контрольных цифр, экономических нормативов и лимитов, устанавливаемых предприятию, утверждается Советом Министров СССР. Вышестоящий орган не имеет права доводить до предприятий контрольные цифры, экономические нормативы и лимиты сверх утвержденного перечня (1, ст. 9, п. 1; 6, п. 6).

Контрольные цифры не носят директивного характера, не должны сковывать трудовой коллектив при разработке плана, а оставлять ему широкий простор для выбора решений и партнеров при заключении хозяйственных договоров. Контрольные цифры включают показатель производства продукции (работ, услуг) в стоимостном выражении (расчетно) для заключения договоров, прибыль (доход) валютную выручку, наиболее важные общие показатели научно-технического прогресса и показатели развития социальной сферы. В период освоения нового хозяйственного механизма и завершения перехода на полный хозяйственный расчет, самоокупаемость и самофинансирование в состав контрольных цифр могут включаться также показатели производительности труда и материалоемкости продукции (1, ст. 10, п. 3; 6, п. 6).

Государственные заказы выражают требования государства по поставке предприятиями продукции (выполнению работ, услуг) для удовлетворения первоочередных общественных потребностей. Они охватывают, как правило, часть производственной программы и устанавливаются на ввод в действие производственных мощностей и объектов социальной сферы за счет государственных централизованных капитальных вложений, а также на поставку некоторых видов продукции, необходимых прежде всего для решения общегосударственных, социальных задач, выполнения научно-технических программ, укрепления обороноспособности и обеспечения экономической независимости страны, поставки сельскохозяйственной продукции. Эти заказы обязательны для включения в планы предприятий.

Состав государственных заказов формируется на плановый период Госпланом СССР совместно с Госснабом СССР с учетом результатов рассмотрения предложений министерств, ведомств СССР, Советов Министров союзных республик и межотраслевых государственных объединений и утверждается Госпланом СССР.

По предприятиям, подведомственным республиканским министерствам и ведомствам, а также по товарам народного потребления и платным услугам (кроме государственных заказов Госплана СССР) состав государственного заказа утверждается Советом Министров союзной республики.

На продукцию производственно-технического назначения государственный заказ не должен устанавливаться в размере 100%. Разногласия, возникающие между предприятиями и вышестоящими органами по поводу порядка размещения государственного заказа, рассматриваются органами государственного арбитража.

Обеспечение государственного заказа. Министерства, ведомства и межотраслевые комплексы при размещении по предприятиям государственных заказов несут ответственность за: обеспечение предприятий лимитами важнейших материально-технических ресурсов, строительно-монтажных и подрядных работ; решение вопросов сбыта продукции и своевременную организацию работы по заключению хозяйственных договоров.

Предприятия обязаны: включать государственный заказ в план и заключать в полном соответствии с объемом государственного заказа хозяйственные договоры с потребителями; обеспечивать своевременное и качественное выполнение государственного заказа в строгом соответствии с заключенными договорами; предусматривать развитие производственных мощностей, необходимых для выполнения государственного заказа; обеспечивать производство продукции по государственному заказу материально-техническими ресурсами как по выделенным лимитам, так и приобретаемым в порядке оптовой торговли, по прямым связям с поставщиками (17, разд. IV).

Возмещение ущерба, вызванного изменением государственного заказа, если он изменен по предложениям министерств и ведомств, производится за счет централизованных фондов и резервов соответствующих министерств, ведомств. В случаях, когда государственный заказ изменен по предложениям Госплана СССР, Госснаба СССР или Советов Министров союзных республик, суммы ущерба компенсируются за счет союзного или республиканского бюджета (17, разд. IV).

Долговременные экономические нормативы стабильны в течение всей пятилетки и обеспечивают тесную увязку общегосударственных интересов с хозрасчетными интересами предприятия и заинтересованностью работников. Экономические нормативы определяют взаимоотношения с бюджетом, формирование фонда оплаты труда, фондов экономического стимулирования и другие стороны хозяйственной деятельности предприятия и устанавливаются с учетом региональных особенностей.

Несовместимы с новым хозяйственным механизмом попытки установления экономических нормативов по исходной базе, дробление по годам и статьям расходов, подмена заданиями по объему.

Экономические нормативы утверждаются предприятиям вышестоящими органами заблаговременно, до начала разработки пятилетнего плана (1, ст. 10, п. 3; 6 п. 6; 8, пп. 2, 4).

Лимиты устанавливают предельный размер государственных централизованных капитальных вложений для развития межотраслевых производств, нового строительства и решения особо важных задач в соответствии с перечнем предприятий и объектов, включенных в государственный план, объемов строительно-монтажных и подрядных работ, централизованно распределяемых материальных ресурсов для обеспечения потребности производства и строительства (1, ст. 10, п. 3; 6, п. 6).

Лимиты (фонды) централизованно выделяемых материальных ресурсов распределяются министерствами, ведомствами СССР, Советами Министров союзных республик и другими органами-фондодержателями устанавливаются для предприятий-потребителей на пятилетний период (с распределением по годам) в сроки, предусмотренные для доведения до предприятий контрольных цифр и государственных заказов. О распределении сообщается органам материально-технического снабжения, на которые возложено формирование хозяйственных связей. Уточнения в установленные на пятилетний период лимиты (фонды) могут вноситься соответствующими органами не позднее 1 сентября года, предшествующего планируемому. В этот же срок предприятиям сообщаются годовые лимиты на продукцию, распределяемую Госпланом СССР и Госснабом СССР. Потребители в соответствии с выделенными им лимитами (фондами) устанавливают с изготовителями хозяйственные связи на поставку продукции.

2. Формирование и оценка выполнения планов предприятий

Пятилетний план. Главной формой планирования и организации деятельности предприятий является пятилетний план экономического и социального развития (с распределением по годам). Предприятие самостоятельно разрабатывает и утверждает пятилетний план. Оно использует исходные данные планирования: контрольные цифры, государственные заказы, долговременные экономические нормативы и лимиты, а также прямые заказы потребителей и органов снабжения на продукцию (работы, услуги).

Выполнение пятилетнего плана на всех уровнях хозяйственного руководства оценивается нарастающим итогом с начала пятилетки (6, п. 7).

Годовые планы разрабатываются и утверждаются предприятием самостоятельно исходя из его пятилетнего плана и заключаемых хозяйственных договоров. При этом предприятие планирует выпуск продукции (работ, услуг) и другие показатели экономического и социального развития, конкретизируя задания пятилетнего плана; с соответствующими организациями и предприятиями решает вопросы материально-технического обеспечения ресурсами и подрядными строительно-монтажными работами (1, ст. 2, п. 1; ст. 10, пп. 3—4).

Работа по заключению договоров, определяющих конкретные показатели производственной программы предприятия и условия его материально-технического обеспечения, должна завершаться до рассмотрения и утверждения на предприятии соответствующих планов. Министерства, ведомства СССР и Советы Министров союзных республик должны обеспечивать организацию работы по заключению договоров поставки продукции по государственным заказам, лимитам потребления, а также по прямым заказам потребителей и органов материально-технического снабжения, завершая ее не позднее 15 октября года, предшествующего планируемому (16, п. 7).

Согласование проектов планов. Предприятие союзного (республиканского) подчинения обязано согласовывать проекты своих планов с Советом Министров соответствующей союзной (без областного деления), автономной республики, исполнительным комитетом местного Совета народных депутатов по вопросам развития социальной сферы, обслуживания населения, производства товаров народного потребления, строительства, численности работников, использования трудовых ресурсов, местных видов сырья и материалов, вторичных ресурсов, охраны природы, земле-, водо- и лесопользования. В проектах планов предприятия учитываются мероприятия по реализации принятых к исполнению наказов избирателей (1, ст. 10, п. 6).

Организация согласования проектов планов предприятий союзного и республиканского подчинения возложена на главные производственно-экономические управления исполкомов краевых (областных) Советов народных депутатов (ГлавПЭУ). Они подготавливают предложения по разногласиям, выявившимся в ходе согласования с предприятиями проектов их планов по вопросам развития социальной сферы и другим вопросам, относящимся к компетенции местных Советов народных депутатов. Указанные предложения рассматриваются и представляются исполкомом краевого (областного) Совета народных депутатов в Совет Министров союзной республики и госплан союзной республики, соответствующие министерства и ведомства.

Участие трудового коллектива в планировании. Планы экономического и социального развития предприятия подлежат рассмотрению и утверждению общим собранием (конференцией) трудового коллектива предприятия (1, ст. 6, п. 5).

3. Планирование производства и поставок продукции

Контрольные цифры по производству продукции. Промышленным предприятиям в составе контрольных цифр сообщается показатель производства промышленной продукции в стоимостном выражении для заключения договоров. В составе общего объема производства выделяются объемы выпуска ее важнейших видов по укрупненным позициям в стоимостном или натуральном выражении в качестве расчетных для работы над проектами планов и заключения хозяйственных договоров. При этом принятые предприятиями в планах объемы производства конкретных видов продукции в стоимостном и натуральном выражении в дальнейшем используются только для заключения хозяйственных договоров и как база для разработки расчетных материальных балансов и планов распределения, которые не входят в состав государственного плана (17, разд. I — II).

Контрольные цифры и лимиты потребления. В период становления оптовой торговли потребление отдельных видов продукции межотраслевого потребления, не охватываемых государственным заказом, регулируется посредством лимитов потребления. Они определяются на основе принятых предприятиями объемов производства продукции исходя из контрольных цифр, доведенных до предприятий в качестве расчетного ориентира. Указанные лимиты являются основой для заключения хозяйственных договоров между изготовителями и потребителями соответствующей продукции (16, п. 6; № 17, разд. I — II). Предприятие, исходя из объемов производства, под которые установлены и распределены лимиты потребления, обязано принимать и включать в свой план производства и поставок заказы потребителей, соответствующие выданным лимитам.

Номенклатура государственного заказа определяется с учетом отраслевой специализации производства и народнохозяйственной значимости продукции. Государственные заказы могут устанавливаться как по объему производства и поставок отдельных видов продукции, так и по конкретной номенклатуре. Внутригрупповую номенклатуру производства предприятия формируют самостоятельно на основе предложений потребителей и органов снабжения.

Особенности формирования состава государственных заказов на поставку продукции отдельных народнохозяйственных комплексов определены Временным положением о порядке формирования государственных заказов на 1988—1990 гг. (17, разд III).

В государственные заказы не включается продукция:
производственно-технического назначения серийного и массового выпуска;

внутриминистерского потребления, а также продукция, используемая в пределах одного народнохозяйственного комплекса;

для собственных технологических нужд предприятия;

узкоспециализированного назначения, которая выпускается в основном одним изготовителем и потребляется ограниченным количеством предприятий;

совместных предприятий СССР и других стран — членов СЭВ, а также совместных предприятий СССР с фирмами капиталистических и развивающихся стран (17, разд. II).

Заказы потребителей и заключенные в соответствии с ними хозяйственные договоры составляют основу для формирования предприятием планов производства и поставок продукции, предусматривающих развернутую номенклатуру (ассортимент) выпускаемой продукции, сроки ее изготовления и поставки. При этом по продукции, не включенной в государственный заказ и не распределяемой по лимитам (фондам), производство и поставка планируются предприятием самостоятельно в соответствии с прямыми безлимитными заказами потребителей и безлимитными заказами организаций снабжения.

Планы производства и поставок продукции на год, квартал, месяц или иной период предприятие составляет самостоятельно, имея в виду, что оно должно полностью выполнять обязательства, вытекающие из договоров по количеству, номенклатуре (ассортименту), срокам, качеству продукции и другим условиям. При этом в планах производства и поставок должны быть отражены все договорные обязательства предприятия независимо от того, установлены ли они на основе государственного заказа, лимитов (фондов) или безлимитных заказов потребителей.

В целях улучшения организации и повышения ритмичности работы народного хозяйства Совет Министров СССР установил на 1988—1990 гг. следующий порядок формирования месячных заданий предприятиями:

на основе и с учетом сообщенных вышестоящей организацией исходных данных предприятия самостоятельно формируют объемы производства промышленной продукции в стоимостном выражении по месяцам;

месячные планы поставки продукции по номенклатуре государственного заказа разрабатываются и утверждаются предприятиями самостоятельно, исходя из заданий на соответствующий квартал и заключенных договоров с потребителями.

При формировании месячных планов предприятия исходят из необходимости равномерной разбивки и ритмичной поставки продукции потребителям.

Месячные внутриквартальные планы по производству промышленной продукции в стоимостном выражении предприятия сообщают министерствам и ведомствам не позднее чем за 20 дней до начала соответствующего квартала. В отдельных случаях, когда по требованию потребителей изменяются договорные обязательства, соответствующие изменения вносятся в месячные планы предприятиями не позднее чем за 15 дней до окончания месяца с сообщением министерствам, ведомствам и органам государственной статистики, за исключением случаев, когда действующим законодательством установлены иные сроки изменения месячных планов.

Оценка и стимулирование выполнения планов поставок. Главнейшим критерием оценки деятельности предприятий промышленности и материального стимулирования их трудовых коллективов является выполнение договоров и заказов на поставку продукции.

Стимулы выполнения государственного заказа на поставку продукции. Предприятия обрабатывающих отраслей промышленности, на которых размещен государственный заказ на поставку продукции производственно-технического назначения (кроме продукции специального назначения), получают в 1989—1990 гг. дополнительные экономические льготы по платежам из прибыли (дохода) в государственный бюджет. Взносы в бюджет уменьшаются таким образом, чтобы обеспечить увеличение прибыли, оставляемой в распоряжении предприятий, в размере до 10% (для предприятий, использующих форму хозяйственного расчета, основанную на нормативном распределении дохода, — до 3% хозрасчетного дохода) в зависимости от удельного веса государственного заказа в общем объеме производства продукции (выполнения работ, услуг) в стоимостном выражении. Порядок и шкалу для определения размера поощрения по отдельным министерствам, ведомствам устанавливает Минфин СССР совместно с Госпланом СССР.

Указанная льгота применяется для промышленных предприятий при выполнении договорных обязательств по поставкам продукции, предусмотренной в государственном заказе, и только при заключении договоров на весь объем государственного заказа (17, разд. IV; 12).

В таком же размере и порядке предоставляется льгота по платежам в бюджет предприятиям легкой промышленности и других отраслей народного хозяйства, на которых размещен заказ на поставку непродовольственных товаров народного потребления (12; 20).

В отношении предприятий топливно-сырьевых отраслей

промышленности, взявших на себя обязательство произвести продукцию сверх государственного заказа, установленного на уровне заданий пятилетнего плана, действует дополнительное экономическое стимулирование.

4. Планирование и стимулирование выпуска непродовольственных товаров

Государственный заказ по непродовольственным товарам устанавливается для предприятий всех отраслей народного хозяйства (кроме предприятий системы Минлегпрома СССР) на 1989 и 1990 годы в полном объеме их производства в розничных ценах. В его составе выделяются отдельные виды товаров, имеющих особую социальную значимость, а также технически сложные изделия длительного пользования по групповой номенклатуре (17).

Ассортимент товаров народного потребления определяется предприятиями самостоятельно на основе результатов оптовых ярмарок и в соответствии с заключенными договорами с торгующими организациями, а также с учетом предложений Советов Министров союзных республик и местных органов (17).

Объем товаров, производимых кооперативами, включается в отчет о выполнении плана предприятия, при котором создан кооператив.

Стимулы планового роста выпуска товаров. Предприятиям тяжелой индустрии, оборонных и других отраслей народного хозяйства, выпускающим непродовольственные товары народного потребления, для которых производство таких товаров не является основной деятельностью, разрешено оставлять в 1989—1990 гг. в своем распоряжении всю прибыль (доход) от реализации непродовольственных товаров народного потребления, выпущенных сверх достигнутого уровня за предыдущий год, если этот уровень соответствует заданию пятилетнего плана или превышает его. Прибыль (доход) используется в качестве дополнительного источника производственного и социального развития трудовых коллективов, а также материального поощрения работников.

Предприятиям при увеличении производства товаров по сравнению с указанным уровнем предоставлено право направлять 30% налога с оборота от реализации непродовольственных товаров в фонд развития производства, науки и техники или другой фонд аналогичного назначения для наращивания специализированных мощностей по выпуску товаров, а также в соответствующие фонды предприятий-смежников для стимулирования увеличения выпуска комплектующих изделий, новых видов сырья и материалов и развития связей по кооперации.

Предприятиям, использующим форму хозяйственного расчета, основанную на нормативном распределении прибыли, разрешено образовывать в 1989—1990 годах фонд заработной платы работников, занятых производством непродовольственных товаров, по отдельному нормативу, стимулирующему дополнительный рост их производства по сравнению с достигнутым уровнем за предыдущий год, если этот уровень соответствует заданию пятилетнего плана или превышает его. Министерства, ведомства СССР и Советы Министров союзных республик обязаны утверждать по согласованию с Госпланом СССР указанные нормативы с учетом более высокой трудоемкости изготовления непродовольственных товаров народного потребления по сравнению с продукцией производственно-технического назначения (20).

Освобождение от платы за фонды. Предприятия, выпускающие непродовольственные товары народного потребления на новых специализированных мощностях, введенных в действие за счет средств фонда развития производства, науки и техники или другого фонда аналогичного назначения и кредитов банка, освобождаются от платы за вновь вводимые мощности на период нормативного срока освоения мощностей. Высвобождаемые средства направляются в фонд развития производства, науки и техники или другого фонда аналогичного назначения и распределяются по указанным фондам по решению трудового коллектива (20).

5. Планирование и стимулирование платных услуг населению

Руководство развитием сферы платных услуг. Советы Министров союзных и автономных республик, исполкомы местных Советов народных депутатов обеспечивают комплексное развитие сферы услуг на подведомственной территории и несут всю ответственность за полное и качественное удовлетворение потребностей населения в платных услугах. Они направляют и координируют работу по оказанию платных услуг населению, проводимую республиканскими и местными органами управления, а также всеми расположенными на соответствующей территории предприятиями союзного подчинения (14).

Исходные данные для планирования платных услуг как основы для формирования планов предприятий доводятся Советами Министров союзных республик (или в порядке, ими установленном) до предприятий, расположенных на территории республики (за исключением предприятий, до которых в соответствии с утвержденным Госпланом СССР перечнем эти исходные данные доводят министерства и ведомства СССР).

Государственные заказы на реализацию платных услуг населению устанавливаются министерствам, ведомствам СССР и Советам Министров союзных республик на общий объем этих услуг. При формировании государственного заказа учитываются предложения местных органов (17). Государственные заказы доводятся до предприятий Советами Министров союзных и автономных республик, исполкомами местных Советов народных депутатов или министерствами (ведомствами) в составе исходных данных для планирования платных услуг.

Объем бытовых услуг, оказанных кооперативами по бытовому обслуживанию населения, включается в отчет о выполнении плана предприятием, при котором создан кооператив.

Объем услуг, оказываемых гражданами, занимающимися индивидуальной трудовой деятельностью в сфере обслуживания с использованием оборудования, инструментов и материальных ресурсов предприятия, разрешается включать в отчеты данного предприятия о выполнении им государственных заказов по реализации платных услуг (14).

Стимулы развития платных услуг. Для предприятий, для которых оказание платных услуг не является основной деятельностью, выручка от предоставления этих услуг служит дополнительным источником средств на производственное и социальное развитие коллективов и оплату труда. Порядок использования выручки на эти цели определяется руководителем предприятия по согласованию с советом трудового коллектива.

Выполненные работы (услуги), не включаемые в объем продукции (работ, услуг) по основной деятельности указанных предприятий, должны оплачиваться сверх фонда заработной платы, образованного по нормативу, а по предприятиям, не переведенным на нормативный метод образования фонда заработной платы, — сверх установленного им плана по труду. Исполкомам местных Советов народных депутатов предоставлено право: а) разрешать предприятиям, оказывающим платные услуги населению, устанавливать на срок до двух лет цены (тарифы) на новые виды услуг; б) устанавливать надбавки и скидки к действующим ценам (тарифам) на услуги в зависимости от сезона, времени суток, а также от качества предоставляемых услуг (14).

6. Финансовое планирование на предприятии

Финансовые планы. Предприятие осуществляет финансовую деятельность в соответствии с пятилетними и годовыми финансовыми планами. Оно несет ответственность за своевременное выполнение своих обязательств перед бюджетом, банками и вышестоящим органом, поставщиками, подрядчиками и другими организациями. Предприятие обязано добиваться высокой эффективности использования остающихся в его распоряжении средств (1, ст. 17, п. 2).

Финансовые пятилетние планы с распределением по годам содержат укрупненные показатели финансово-хозяйственной деятельности, составляются на основе контрольных цифр, государственных заказов, лимитов и долговременных экономических нормативов и служат для увязки общего объема финансовых ресурсов с их источниками и направлениями расходования. Финансовые планы на год с поквартальной разбивкой разрабатываются и утверждаются предприятием с определением в них плановых пропорций распределения прибыли и доходов, а также объемы расходов, включая платежи в бюджет и вышестоящему органу.

Предприятия сообщают указанные финансовые планы министерствам и ведомствам. Финансовым органам по месту своего нахождения предприятия сообщают справкой установленной формы размеры прибыли (дохода), нормативы и суммы платежей в бюджет, предусмотренные финансовым планом предприятия на год (8, пп. 3—4; 25, п. 4).

Показатель прибыли (дохода) устанавливается предприятию вышестоящим органом в составе контрольных цифр (1, ст. 10, п. 3; 6, п. 6). Предприятие, ориентируясь на контрольные цифры, самостоятельно определяет и утверждает в плане общую сумму прибыли (дохода) и направления ее расходования, применяя установленные для него долгосрочные экономические нормативы.

Показатели прибыли и ее распределения устанавливаются в финансовых планах предприятий, использующих форму хозрасчета, основанную на нормативном распределении прибыли. При этом применяются следующие показатели прибыли: а) сумма прибыли от реализации продукции, работ и услуг и других финансовых результатов, учитываемых при планировании прибыли; б) расчетная прибыль (прибыль от реализации продукции и других финансовых результатов за вычетом платы за производственные фонды и процентов за краткосрочный кредит); в) прибыль, остающаяся в распоряжении предприятия после отчислений от расчетной прибыли в бюджет и министерству.

Показатели дохода и его распределения устанавливаются в финансовых планах предприятий, использующих форму хозрасчета, основанную на нормативном распределении дохода, полученного после возмещения из выручки материальных затрат. При этом применяются следующие показатели дохода: а) общая сумма дохода; б) расчетный доход; в) хозрасчетный доход.

Ответственность за укрытие доходов. В случае преднамеренного укрытия доходов или их занижения в результате отнесения на издержки производства и обращения не связанных с ними затрат предприятия, включая планово-убыточные и малорентабельные, уплачивают в бюджет всю сумму заниженной прибыли. Суммы заниженной прибыли, выявленной финансовым органом в результате счетной проверки годовых бухгалтерских отчетов и балансов, перечисляются в бюджет в 5-дневный срок со дня подписания акта проверки за счет прибыли, остающейся в распоряжении предприятия, или хозрасчетного дохода. При этом исправления в бухгалтерский учет и отчетность по финансовым результатам деятельности за прошлый год не вносятся, а отражаются в текущем году как прибыль прошлых лет, выявленная в отчетном периоде (8, п. 7; 25, п. 19).

Финансовые отношения предприятия с государственным бюджетом строятся на основе долговременных экономических нормативов. Предприятие вносит в бюджет плату за находящиеся в его распоряжении ресурсы, часть прибыли (дохода), а также иные предусмотренные законодательством платежи и отчисления, в том числе в местный бюджет, по установленным нормативам.

Закон о предприятии предусматривает внесение предприятиями в бюджет платы за производственные фонды, трудовые и природные ресурсы, а также применение механизма налогообложения прибыли (дохода) предприятий, остающейся после платежей за ресурсы и уплаты процентов за кредит (1, ст. 17, п. 3; 8, п. 4). Введение и применение нормативов платы за природные ресурсы предусмотрено начиная с 1991 года. Механизм налогообложения прибыли (дохода) также не был разработан и не применяется в текущей пятилетке. От прибыли (дохода), оставшейся после платежей за ресурсы и уплаты процентов (расчетной прибыли (дохода), предприятия производят по дифференцированным (для предприятия, отрасли) нормативам отчисления в бюджет и централизованные фонды министерств и ведомств (23; 24).

Плата за производственные фонды вносится, как правило, по единой для всех предприятий норме (1, ст. 17, п. 3).

Норма платы за производственные фонды в условиях освоения нового хозяйственного механизма устанавливается по предприятиям в размере 2, 4, 6 или 8% к среднегодовой стоимости основных производственных фондов и нормируемых оборотных средств. Допускается возможность ее временной отмены или снижения для убыточных и малорентабельных отраслей. Решениями Совета Министров СССР ряд природоохранных и других объектов предприятий освобождены от платы за производственные фонды.

Плановая сумма платы за производственные фонды на год и соответствующий период года определяется предприятием самостоятельно, исходя из нормы платы за фонды и их средней плановой стоимости. Фактическая сумма платежей за производственные фонды исчисляется по установленной норме в процентах к стоимости: а) фактических производственных основных фондов по балансовой стоимости (без вычета износа); б) сверхнормативных (сверхплановых) запасов неустановленного оборудования; в) фактически не прокредитованных банком нормируемых оборотных средств (8, п. 4; 26).

Норматив платы за трудовые ресурсы устанавливается предприятиям на год в размере 300 руб. на одного работающего среднесписочного состава, а по отдельным трудоизбыточным районам — 200 руб. Плата за трудовые ресурсы, касающиеся работников аппарата управления, составляет 600 руб. в год.

Плановая сумма платы в бюджет за трудовые ресурсы на год и соответствующий период года определяется предприятием самостоятельно, исходя из утвержденного министерством (ведомством) норматива платы за трудовые ресурсы и плановой среднесписочной численности работающих. Сумма платы за трудовые ресурсы исчисляется исходя из фактической среднесписочной численности работающих и норматива платы на соответствующий период (8, п. 4; 26).

Отчисления от расчетной прибыли (дохода) производятся предприятиями в бюджет (в том числе в местный) и в централизованный фонд развития производства, науки и техники и резервы министерства, ведомства (23; 24; 25). Нормативы отчислений в бюджет, а также фонды и резервы министерства (ведомства) на практике устанавливаются предприятиям вышестоящими органами в процентах к расчетной прибыли (доходу), дифференцированным по отдельным предприятиям или их группам.

Отчисления от прибыли (дохода) в местный бюджет производятся предприятиями союзного и республиканского подчинения по нормативу, установленному в процентах к сумме расчетной прибыли (дохода) предприятия. Норматив отчислений в местные бюджеты определяется с участием Советов Министров союзных республик и утверждается предприятию вышестоящим органом на пятилетку в составе норматива отчислений от расчетной прибыли (дохода) в бюджет: союзный (республиканский), местный.

Советы Министров союзных (без областного деления) и автономных республик, исполнительные комитеты краевых, областных, окружных, городских (городов с районным делением) Советов народных депутатов определяют для каждого находящегося на их территории предприятия союзного подчинения, в финансовых планах которых предусмотрены отчисления в местные бюджеты, конкретный бюджет (республиканский, АССР, краевой, областной, окружной, районный), в который зачисляются эти отчисления (8, п. 9).

Признано необходимым, чтобы предприятия всех министерств и ведомств — общесоюзных, союзно-республиканских и республиканских вносили в местные бюджеты по долговременным экономическим нормативам часть платы за используемые трудовые и природные ресурсы, а также всю сумму штрафов за загрязнение окружающей среды (8, пп. 9—11; 10, п. 5).

7. Планирование внешнеэкономической деятельности предприятия

Исходные данные планирования внешнеэкономической деятельности устанавливаются предприятию в составе контрольных цифр, государственных заказов, долгосрочных экономических нормативов и лимитов.

В составе контрольных цифр определяется валютная выручка, в том числе в переводных рублях, в свободно конвертируемой валюте и в валютах стран, расчеты с которыми осуществляются по клирингу (17, разд. III).

Государственные заказы и лимиты устанавливаются исходя из необходимости безусловного выполнения международных обязательств советской стороны.

Признано, что в проектах планов и материальных балансах в полном объеме следует учитывать результаты договоренности о поставках на экспорт в капиталистические страны, имея в виду максимально возможное увеличение экспорта на свободно конвертируемую валюту.

Поставка важнейших видов продукции в страны — члены СЭВ, а также по межправительственным соглашениям учитывается при определении конкретных объемов государственных заказов и лимитов потребления по отраслям. Кроме того, в государственный заказ включается строительство важнейших объектов за рубежом.

Поставка продукции, не включенной в состав государственного заказа, в страны — члены СЭВ по межправительственным соглашениям, а также для сооружения важнейших объектов за рубежом учитывается в балансах и планах распределения продукции (9, п. 11; 16, п. 6; 17, разд. III). На эту продукцию могут быть установлены лимиты потребления, являющиеся основой для заключения договоров между предприятиями-поставщиками и внешнеэкономическими организациями.

Нормативы валютных отчислений от выручки за экспорт продукции и оказание услуг предусматриваются по отраслям народного хозяйства и союзным республикам. Министерства, ведомства и Советы Министров союзных республик устанавливают подведомственным предприятиям долгосрочные дифференцированные нормативы в пределах нормативов валютных отчислений по соответствующим отраслям и союзным республикам.

Валютные отчисления от экспортных операций по кооперативным поставкам производятся в размере всей валютной выручки.

Министерства и ведомства СССР могут централизовать до 10% средств валютных отчислений. Советам Министров союзных республик в целях повышения их заинтересованности в изыскании для экспорта местных ресурсов, развития приграничной и прибрежной торговли начиная с 1988 года увеличены размеры валютных средств, оставляемых в их распоряжении. Вся выручка от экспорта в рамках приграничной и прибрежной торговли направляется на закупку товаров народного потребления для удовлетворения потребностей населения приграничных районов, а также машин и оборудования и других товаров (4, п. 21; 9, п. 18; 11, п. 26).

Действующие нормативы валютных отчислений определены на 1987—1990 годы. Начиная с 1991 года намечено перейти к установлению стабильных на пятилетний период нормативов отчислений государству от выручки в иностранной валюте, фактически получаемой предприятиями за экспорт их товаров (11, п. 8).

Содержание планов предприятий по внешнеэкономическим связям. В целях укрепления плановых основ внешнеэкономической деятельности предприятий определено, что в составе их планов в разделах по внешнеэкономическим связям предусматриваются на основе показателей государственного плана экономического и социального развития мероприятия и задания по развитию экспортной базы, увеличению производства конкурентоспособной на внешних рынках продукции, развитию социалистической интеграции, включая реализацию заданий Комплексной программы научно-технического прогресса стран — членов СЭВ, по обеспечению экономного расходования валютных средств, углублению международной кооперации производства и обеспечению деятельности совместных предприятий, международных объединений и организаций.

Постоянные органы Совета Министров СССР осуществляют методическое руководство и контроль за составлением и реализацией указанных разделов плана (9, п. 12).

Приоритеты во внешнеэкономической деятельности. Предприятие обеспечивает поставку товаров на экспорт в первую очередь. В таком же порядке поставляются комплектующие изделия, сырье и материалы, необходимые для поставки товаров на экспорт (1, ст. 19, п. 1; 19, п. 12).

Госплан СССР, Госснаб СССР, министерства, ведомства СССР должны выделять фонды для экспорта распределяемой ими продукции в первую очередь и в полном объеме.

Предприятиям разрешено до выделения в установленном порядке товаров для экспорта заключать контракты и договоры на поставку машинно-технической продукции для экспорта в планируемый и последующие годы в объемах до 100%, а на остальные виды продукции — до 80% количеств, определенных плановыми заданиями на год, предшествующий планируемому (11, п. 9).

В целях стимулирования принятия напряженных планов по производству и поставкам продукции для экспорта на все плановые поставки на эти нужды распространены дополнительные экономические льготы, предусмотренные Временным положением о порядке формирования государственных заказов на 1989 и 1990 годы (11, п. 21; 17, разд. IV).

Выполнение обязательств Советского Союза, предусмотренных межгосударственными и межправительственными соглашениями, по поставке оборудования и материалов и оказанию инженерно-технических услуг, в том числе на условиях долгосрочных государственных кредитов и безвозмездной основе, обеспечивается путем выделения лимитов на материальные ресурсы в первоочередном порядке и в полном объеме, а заявки генеральных поставщиков (подрядчиков) на изготовление продукции и выполнение работ и услуг принимаются предприятиями и организациями к исполнению на условиях государственного заказа (11, п. 27).

Приоритетное значение во внешнеэкономической деятельности предприятия имеют сотрудничество с предприятиями социалистических стран, расширение и углубление социалистической экономической интеграции и развитие эффективной кооперации (1, ст. 19, п. 2).

Предприятие имеет право закупать продукцию за счет имеющихся средств валютных фондов без какого-либо согласования через соответствующие внешнеторговые объединения и внешнеторговые фирмы объединений, предприятий и организаций. Такие закупки осуществляются в первоочередном порядке и учитываются при выполнении планов внешнеторговых организаций (9, п. 15).

Планирование и организация прямых связей с предприятиями и организациями стран — членов СЭВ ведутся предприятиями СССР в следующем порядке.

Предприятия вступают в прямые связи с согласия соответствующих министерств и ведомств СССР и союзных республик. В прямых связях участвуют также: предприятия, которым предоставлено право непосредственного выполнения экспортно-импортных операций; организации, утвержденные головными по проблемам Комплексной программы научно-технического прогресса стран — членов СЭВ до 2000 года; предприятия — участники совместных предприятий, международных объединений и организаций (с этими предприятиями, объединениями и организациями и их иностранными участниками).

Предложения об установлении прямых связей направляются предприятиями СССР непосредственно партнерам по сотрудничеству.

Предприятиям разрешено при прямых связях самостоятельно решать все вопросы кооперации, в том числе:

а) определять направления и конкретные цели сотрудничества, выбирать предприятия и организации стран — членов СЭВ, с которыми целесообразно устанавливать прямые связи, согласовывать с ними номенклатуру и объемы взаимных поставок, связанных с кооперацией;

б) производить взаимные поставки кооперированной продукции, образцов изделий, приборов, оснастки, инструмента, материалов, отдельных машин и оборудования и обмениваться необходимыми услугами в связи с осуществлением кооперации и развитием производства (в том числе для предприятий-смежников в СССР); предоставлять и получать в аренду приборы, машины и оборудование; размещать разовые заказы на изготовление и поставку в СССР продукции с передачей для этих целей соответствующих материальных ресурсов и технической документации, а также принимать такие заказы;

в) проводить с организациями стран — членов СЭВ научно-исследовательские, проектно-конструкторские и экспериментальные работы, создавать для этих целей совместные коллективы ученых и специалистов, обмениваться на взаимно согласованных условиях научно-технической документацией, не содержащей открытий, оказывать взаимное содействие в обучении кадров;

г) согласовывать цены на кооперируемые комплектующие изделия и предоставляемые услуги. Цены на эти изделия увязывать с ценой на конечную продукцию, определяемой в соответствии с действующими в торговле между странами — членами СЭВ принципами ценообразования;

д) заключать от своего имени с сотрудничающими предприятиями и организациями хозяйственные договоры и контракты для осуществления деятельности по прямым связям. При необходимости оперативного обмена могут заключаться годовые контракты на согласованную сумму без указания конкретной номенклатуры взаимопоставляемой продукции и цен на нее с окончательными расчетами до конца года.

Единственным ограничением объемов импорта товаров и услуг является наличие у предприятия средств валютного фонда, а также заемных средств.

Для предприятий, вступающих в прямые связи, задания по развитию международной производственной и научно-технической кооперации не устанавливаются.

Предприятия включают показатели развития кооперации и при необходимости других видов деятельности, осуществляемых по прямым связям, в свои планы и учитывают обязательства, вытекающие из хозяйственных договоров и контрактов при разработке своих производственных программ.

Предложения, выработанные в результате договоренностей в рамках прямых связей, включаются в полном объеме в соответствующие разделы планов экономического и социального развития министерств, ведомств СССР и Советов Министров союзных республик. Продукция, предназначенная на экспорт в рамках прямых связей, не должна направляться вышестоящими органами на другие цели (5, пп. 6, 8—13; 27).

8. Выполнение заданий, не предусмотренных планом

Общие положения. Не предусмотренные планом объемы работ или услуг по заданиям вышестоящего органа и решениям Совета народных депутатов выполняются предприятием на основе хозяйственных договоров с возмещением затрат теми предприятиями и организациями, для которых они выполнены (кроме работ по ликвидации стихийных бедствий и аварий) (1, ст. 9, п. 5).

Задания по производству продукции сверх государственного заказа. Постоянным органам Совета Министров СССР, Госплану СССР, Госснабу СССР, министерствам и ведомствам СССР и Советам Министров союзных республик при подготовке проектов постановлений Правительства СССР, определяющих развитие отдельных народнохозяйственных комплексов отраслей и регионов страны, предложено исходить из того, что в проектах постановлений могут предусматриваться обязательные для министерств, ведомств СССР, Советов Министров союзных республик и межотраслевых государственных объединений задания лишь по производству продукции (выполнению работ, услуг), включенной в состав государственных заказов. Задания по производству и поставкам другой продукции могут предусматриваться в указанных проектах постановлений в исключительных случаях и только по согласованию с предприятиями — изготовителями этой продукции или органами материально-технического снабжения (16, п. 10).

Задания местных Советов. В целях обеспечения решения экономических и социальных проблем на подведомственных территориях местным Советам народных депутатов и их органам, наряду с полномочиями в области планирования, предоставлены права по привлечению предприятий к выполнению работ (услуг) для местных нужд. В частности, Советам Министров автономных республик, исполкомам краевых и областных Советов народных депутатов предоставлено право: а) включать в планы расположенных на их территории научно-исследовательских, проектных и конструкторских организаций, независимо от их ведомственной подчиненности, соответствующие их профилю задания по выполнению научно-исследовательских, проектно-изыскательских и конструкторских работ для решения местных проблем в размере до 1% от общего годового объема работ указанных организаций; б) устанавливать с учетом наличия производственных возможностей предприятиям, независимо от их ведомственной подчиненности, задания по изготовлению нестандартизированного оборудования для нужд местного хозяйства в размере до 1% годового выпуска продукции этих объединений; в) устанавливать на основе изыскания местных и вторичных ресурсов, сверхплановой экономии сырья и материалов, более полного использования производственных мощностей задания предприятиям по дополнительному выпуску пользующихся спросом товаров народного потребления (3, пп. 5, 12).

В соответствии с решениями Совета Министров СССР и Советов Министров союзных республик исполкомы краевых, областных, районных, городских Советов народных депутатов привлекают рабочих и служащих предприятий к выполнению сельскохозяйственных работ. Местные Советы народных депутатов должны в случае принятия решений, обязывающих расположенные на территории предприятия выполнять работы (услуги), не предусмотренные планом, обеспечивать заключение хозяйственных договоров и возмещение затрат теми предприятиями, объединениями и организациями, для которых выполняются эти работы (10, п. 7).

Хозяйственные договоры на выполнение работ (услуг), не предусмотренных планом, заключаются в порядке, установленном для оформления соответствующих договорных обязательств (договоров поставки, подряда, договоров на создание (передачу) научно-технической продукции и т. д.). При заключении договоров на выполнение работ и оказание услуг, условия которых не определены специальными правилами, следует руководствоваться общими положениями гражданского законодательства об обязательствах. К таким услугам относится, в частности, оказываемая предприятиями совхозам, колхозам, строительным и другим организациям помощь по обеспечению выполнения соответствующих работ трудовыми ресурсами. В договорах на оказание этой помощи рекомендуется предусматривать обязанности предприятия по подбору и направлению своих работников для выполнения в согласованные сроки определенных работ и обязанности другой стороны по организации работ, обеспечению для работников предприятия необходимых условий труда и быта, а также обязанность возместить предприятию все затраты, связанные с отвлечением его работников от основного производства.

Затраты предприятия на выполнение работ (услуг), не предусмотренных планом, при наличии утвержденных цен (тарифов) на соответствующие работы (услуги) определяются в договоре по этим ценам (тарифам). Расходы предприятий, связанные с направлением своих работников в хозяйства или другие организации, определяются сторонами при заключении договора. В эти расходы входят прежде всего суммы заработной платы, сохраняемой за работниками на предприятии, и транспортные расходы предприятия.

9. Планирование производственно-финансовой деятельности кооперативов

Кооператив самостоятельно планирует свою производственно-финансовую деятельность и социальное развитие коллектива. Планы (или сметы доходов и расходов) утверждаются общим собранием членов кооператива.

Основу планов составляют договоры, заключенные с потребителями продукции (работ, услуг) и поставщиками материально-технических ресурсов (2, ст. 18, п. 1).

Заключение договоров является исключительной компетенцией кооператива и соответствующих предприятий, организаций и граждан. Вмешательство органов управления и должностных лиц в установление и осуществление договорных отношений между кооперативом и другими предприятиями, организациями и гражданами не допускается (2, ст. 17, п. 3).

Совет Министров СССР определил отдельные виды деятельности, которые кооперативы могут осуществлять только на основе договоров, заключенных с государственными предприятиями и организациями (13).

Колхозы и другие сельскохозяйственные кооперативы, входящие на добровольных началах в агропромышленные объединения, комбинаты, агрофирмы, производственные и научно-производственные системы агропромышленного комплекса, заключают договоры с потребителями своей продукции с учетом целей и задач, стоящих перед этими формированиями (2, ст. 34, п. 5).

Кооперативы в сферах производства и услуг реализуют изготовленную ими продукцию населению, государственным и кооперативным предприятиям и организациям самостоятельно, а также на основе договоров через магазины государственной и кооперативной розничной торговли как по месту изготовления изделий, так и в других городах и районах.

В случаях реализации продукции населению через розничную сеть государственной и кооперативной торговли, а также государственным и кооперативным предприятиям, организациям и учреждениям кооперативы несут ответственность за выполнение обязательств по заключенным договорам в порядке и на условиях, предусмотренных действующим законодательством (2, ст. 42, пп. 1—2).

Выполнение государственных заказов. Кооператив имеет право добровольно принимать на себя исполнение государственных заказов, в том числе на условиях конкурса с государственными, кооперативными и иными общественными предприятиями и организациями. Для исполнения государственного заказа заключаются хозяйственные договоры с соответствующими потребителями продукции (работ, услуг) и с поставщиками материально-технических ресурсов (2, ст. 18, п. 2).

Агропромышленные объединения, агрокомбинаты и другие агропромышленные формирования, предприятия и организации осуществляют меры по стимулированию продажи колхозами и другими сельскохозяйственными кооперативами продукции по договорам в счет выдаваемого этим объединениям, предприятиям и организациям государственного заказа системой цен, обеспечением гарантированного сбыта продукции, выделением в необходимых объемах материально-технических ресурсов и другими экономическими методами (2, ст. 34, п. 2).

Применение экономических нормативов. При разработке своих планов кооператив использует установленные государством долговременные экономические нормативы: уровни цен (тарифов) на продукцию (работы, услуги), производимую и реализуемую по договорам на исполнение государственного заказа, ставки налоговых платежей, проценты по ссудам банков, нормативы платы за природные ресурсы, платы за выбросы загрязняющих веществ в окружающую среду, нормативы отчислений в государственный фонд социального страхования. Какие-либо другие экономические нормативы или иные исходные данные для планирования кооперативам не устанавливаются (2, ст. 18, п. 3).

Нормативы отчислений государству от выручки кооперативов в иностранной валюте устанавливаются Советом Министров СССР (2, ст. 28, п. 3).

Производственным кооперативам, действующим на самостоятельных началах, установлены на 1988—1990 гг. нормативы отчислений государству, включая отчисления Советам Министров союзных республик, от выручки в иностранной валюте исходя из нормативов, предусмотренных для предприятий, объединений и организаций местной промышленности и республиканских министерств и ведомств по отчислению средств в их валютные фонды.

В тех случаях, когда кооперативы организуются при государственных, кооперативных или иных общественных предприятиях, организациях и учреждениях, отчисления от выручки кооперативов в иностранной валюте государству, включая отчисления министерствам, ведомствам СССР или

Советам Министров союзных республик, которым подведомственны предприятия, организации и учреждения, производятся исходя из нормативов, установленных для указанных предприятий, организаций и учреждений по отчислению средств в их валютные фонды (11, п. 15).

Организация внешнеэкономических связей. Производственные кооперативы могут осуществлять экспортно-импортные операции непосредственно или на договорной основе через другие внешнеэкономические организации. Право непосредственного ведения экспортно-импортных операций предоставляется всем кооперативам, продукция (работы, услуги) которых обладает конкурентоспособностью на внешнем рынке. Кооперативы, имеющие право прямого выхода на внешний рынок, подлежат регистрации в надлежащем порядке (2, ст. 28, п. 2; 11, п. 2).

Прямые производственные и научно-технические связи с предприятиями и организациями социалистических стран, а также прибрежная и приграничная торговля с соответствующими странами осуществляются производственными кооперативами с разрешения и в порядке, определяемом Советом Министров союзной республики, не имеющей областного деления, Советом Министров автономной республики, крайисполкомом, облисполкомом, Мосгорисполкомом, Ленгорисполкомом (по месту нахождения кооператива) с учетом действующих положений о таких связях (11, п. 35).

Регулирование количества работающих в кооперативах лиц путем установления государственными органами норм и лимитов численности членов кооператива и лиц, работающих в нем по трудовому договору, законодательством не предусмотрено. Исключение сделано для кооперативов в сферах производства и услуг: членство в этих кооперативах обусловлено обязательным трудовым участием граждан в его деятельности. За трудовые ресурсы, касающиеся работников аппарата управления, кооперативы вносят в бюджет плату в размере 600 руб. в год за одного работающего.

Соотношение количества лиц, привлекаемых к работе в кооперативе по трудовому договору, и числа членов кооператива определяется исполнительным комитетом местного Совета народных депутатов с учетом общественной потребности и вида деятельности кооператива (2, ст. 40, п. 2).

Согласование планов с органами управления. По вопросам природопользования и охраны окружающей среды кооперативы согласовывают свои планы с исполнительными комитетами местных Советов народных депутатов.

В целях обеспечения комплексности при разработке планов производства продукции (работ, услуг), координации деятельности кооперативов с другими предприятиями и организациями на территории или в отрасли кооператив сообщает соответствующему органу управления или предприятию (организации, учреждению), при котором он создан, намечаемые им объемы производства и реализации продукции (работ, услуг), размеры доходов и расходов (2, ст. 18, пп. 3—4).

Примечания к разделу 4

1. Закон о государственном предприятии.
2. Закон о кооперации.
3. О мерах по дальнейшему повышению роли и усилению ответственности Советов народных депутатов за ускорение социально-экономического развития в свете решений XXVII съезда КПСС. Постановление ЦК КПСС, Президиума Верховного Совета СССР и Совета Министров СССР от 25 июля 1986 г. № 876. — Ведомости Верховного Совета СССР, 1986, № 31, ст. 593; СП СССР, 1986, отд. 1, № 27, ст. 151.
4. О мерах по совершенствованию управления внешнеэкономическими связями. Постановление ЦК КПСС и Совета Министров СССР от 19 августа 1986 г. № 991. — Механизм внешнеэкономической деятельности. Сборник документов. М., 1988, с. 5.
5. О мерах по совершенствованию управления экономическим и научно-техническим сотрудничеством с социалистическими странами. Постановление ЦК КПСС и Совета Министров СССР от 19 августа 1986 г. № 992. — Механизм внешнеэкономической деятельности, с. 11.
6. О перестройке планирования и повышении роли Госплана СССР в новых условиях хозяйствования. Постановление ЦК КПСС и Совета Министров СССР от 17 июля 1987 г. № 816. — СП СССР, 1987, отд. 1, № 33, ст. 115.
7. О перестройке материально-технического обеспечения и деятельности Госснаба СССР в новых условиях хозяйствования. Постановление ЦК КПСС и Совета Министров СССР от 17 июля 1987 г. № 818. — СП СССР, 1987, отд. 1, № 35, ст. 118.
8. О перестройке финансового механизма и повышении роли Министерства финансов СССР в новых условиях хозяйствования. Постановление ЦК КПСС и Совета Министров СССР от 17 июля 1987 г. № 819. — СП СССР, 1987, отд. 1, № 36, ст. 119.
9. О дополнительных мерах по совершенствованию внешнеэкономической деятельности в новых условиях хозяйствования. Постановление ЦК КПСС и Совета Министров СССР от 17 сентября 1987 г. № 1074. — Механизм внешнеэкономической деятельности, с. 52.
10. О совершенствовании деятельности республиканских

органов управления. Постановление ЦК КПСС и Совета Министров СССР от 17 июля 1987 г. № 824. — СП СССР, 1987, отд. 1, № 39, ст. 124.

11. О дальнейшем развитии внешнеэкономической деятельности государственных, кооперативных и иных общественных предприятий, объединений и организаций. Постановление Совета Министров СССР от 2 декабря 1988 г. — Эконом. газ., 1988, № 51.

12. О мерах по устранению недостатков в сложившейся практике ценообразования. Постановление Совета Министров СССР от 5 января 1989 г. № 26. — СП СССР, 1989, отд. 1, № 8, ст. 25.

13. О регулировании отдельных видов деятельности кооперативов в соответствии с Законом СССР о кооперации в СССР. Постановление Совета Министров СССР от 29 декабря 1988 г. — СП СССР, 1989, отд. 1, № 4, ст. 12.

14. О мерах по коренной перестройке сферы платных услуг населению. Постановление Совета Министров СССР от 5 августа 1988 г. — Правда, 1988, 24 авг.

15. О формах и методах организации работы по обеспечению выполнения предприятиями и объединениями месячных плановых заданий в новых условиях хозяйствования. Постановление Совета Министров СССР от 10 декабря 1987 г. № 1409. — СП СССР, 1988, отд. 1, № 4, ст. 9.

16. О порядке формирования государственных заказов на 1989 и 1990 годы. Постановление Совета Министров СССР от 25 июля 1988 г. № 889. — СП СССР, 1988, отд. 1, № 26, ст. 71.

17. Временное положение о порядке формирования государственных заказов на 1989 и 1990 годы. Утверждено постановлением Совета Министров СССР от 25 июля 1988 г. № 889. — СП СССР, 1988, отд. 1, № 26, ст. 71.

18. Положение о поставках продукции.

19. Основные условия регулирования договорных отношений при осуществлении экспортно-импортных операций. Утверждены постановлением Совета Министров СССР от 25 июля 1988 г. № 888. — СП СССР, 1988, отд. 1, № 24—25, ст. 70.

20. О дополнительных мерах по повышению экономической заинтересованности предприятий и объединений тяжелой индустрии, оборонных и других отраслей народного хозяйства в увеличении производства непродовольственных товаров народного потребления. Постановление Совета Министров СССР от 30 сентября 1988 г. — Эконом. газ., 1988, № 41, с. 7.

21. Типовое положение о порядке образования и использования в 1988—1990 годах фонда материального поощрения предприятий, объединений и организаций, переведенных на полный хозяйственный расчет и самофинансирование. Одобрено решением Комиссии по совершенствованию управления, планирования и хозяйственного механизма от 29 сен-

тября 1987 г. (протокол № 84). Полный хозяйственный расчет и самофинансирование. Сборник документов. М., 1988, с. 270.

22. Типовое положение об образовании единого фонда оплаты труда на 1988—1990 годы для предприятий, объединений и организаций, переведенных на полный хозяйственный расчет и самофинансирование. Одобрено решением Комиссии по совершенствованию управления, планирования и хозяйственного механизма от 22 декабря 1987 г. (протокол № 97). — Полный хозяйственный расчет и самофинансирование, с. 254.

23. Типовое положение о нормативном методе распределения дохода на 1988—1990 годы по объединениям, предприятиям и организациям, переведенным на полный хозяйственный расчет и самофинансирование. Одобрено решением Комиссии по совершенствованию управления, планирования и хозяйственного механизма от 22 декабря 1987 г. (протокол № 97). — Полный хозяйственный расчет и самофинансирование, с. 241.

24. Типовое положение о нормативном методе распределения прибыли на 1988—1990 годы по объединениям, предприятиям и организациям, переведенным на полный хозяйственный расчет и самофинансирование. Одобрено решением Комиссии по совершенствованию управления, планирования и хозяйственного механизма от 29 сентября 1987 г. (протокол № 84). — Полный хозяйственный расчет и самофинансирование, с. 245.

25. Инструкция о порядке расчетов с бюджетом по отчислениям от прибыли объединений, предприятий и организаций, переведенных на полный хозяйственный расчет и самофинансирование с 1 января 1988 г. Утверждена Минфином СССР 20 ноября 1987 г. — Полный хозяйственный расчет и самофинансирование, с. 320.

26. Инструкция о порядке взимания в бюджет платы за производственные основные фонды и нормируемые оборотные средства (платы за производственные фонды) и платы за трудовые ресурсы с объединений, предприятий и организаций, переведенных на полный хозяйственный расчет и самофинансирование с 1 января 1988 г. Утверждена Минфином СССР и Госпланом СССР 5 ноября 1987 г. — Полный хозяйственный расчет и самофинансирование, с. 326.

27. Порядок осуществления объединениями, предприятиями и организациями СССР прямых производственных и научно-технических связей с предприятиями и организациями других стран — членов СЭВ. Утвержден Государственной внешнеэкономической комиссией Совета Министров СССР 30 декабря 1986 г. — Механизм внешнеэкономической деятельности, с. 91.

Раздел 5
РЕГУЛИРОВАНИЕ ПРИРОДООХРАННОЙ ДЕЯТЕЛЬНОСТИ

1. Организация природоохранной деятельности на предприятии

Обязанности предприятия в области природопользования и охраны окружающей среды. Предприятие обеспечивает эффективное использование и воспроизводство природных ресурсов, бережно пользуется ими в соответствии с целями, для которых они ему предоставлены, охраняет окружающую среду от загрязнения и других вредных воздействий, организует производство на базе безотходных технологий как главного направления сохранности природной среды.

Предприятие обеспечивает комплексное использование полезных ископаемых и других природных ресурсов; должно рационально пользоваться сельскохозяйственными угодьями, проводить рекультивацию земель и другие мероприятия по охране окружающей среды.

Природоохранные мероприятия предприятия должны полностью компенсировать отрицательное воздействие производства на природную среду.

В проектах по расширению, реконструкции и техническому перевооружению производства предприятие предусматривает природоохранные сооружения и установки, строит их и налаживает эффективную и бесперебойную эксплуатацию (1, ст. 20).

Плата за пользование природными ресурсами и за выбросы загрязняющих веществ в природную среду. За пользование природными ресурсами как частью национального достояния предприятие вносит платежи. Предприятие возмещает ущерб, причиненный загрязнением окружающей среды и нерациональным использованием природных ресурсов.

Нормативы платы за использование природных ресурсов, а также нормативы платы за выбросы загрязняющих веществ в природную среду доводятся до предприятий в составе долговременных экономических нормативов. Источником платежей по последнему нормативу является прибыль (доход) предприятия (1, ст. 20; 9, п. 15).

Природоохранные мероприятия предприятие финансирует в основном за счет собственных средств и кредитов банка. На финансирование крупных природоохранных мероприятий могут использоваться в установленном порядке государственные централизованные капитальные вложения (1, ст. 20; 9, п. 16).

Управление охраной окружающей среды — важнейшая

часть системы управления предприятием. Его цель — обеспечение выполнения норм и требований к процессам производства и выпускаемой продукции в направлении их воздействия на окружающую среду: рациональное использование природных ресурсов, их восстановление и воспроизводство.

Направляющую деятельность по охране окружающей среды осуществляет руководитель предприятия. В решении задач управления охраной окружающей среды должны участвовать все подразделения предприятия в соответствии с возложенными на них обязанностями.

Координация деятельности подразделений и методическое руководство охраной окружающей среды должны выполняться специальным подразделением (управлением, отделом, бюро, группой) или отдельным специалистом, определяемым руководителем предприятия.

Контроль за работой предприятия по охране природы. В своей работе по охране окружающей среды и использованию природных ресурсов предприятие подконтрольно местному Совету народных депутатов и другим органам, осуществляющим государственный контроль в области охраны природы и использования природных ресурсов (1, ст. 20, п. 3).

Предприятия союзного (республиканского) подчинения обязаны согласовывать проекты своих планов по вопросам охраны природы, земле-, водо- и лесопользования с Советом Министров соответствующей союзной (без областного деления), автономной республики, исполнительным комитетом местного Совета народных депутатов (1, ст. 10, п. 6).

Государственный контроль за использованием и охраной земель, поверхностных и подземных вод, атмосферного воздуха, растительного (в том числе лесов) и животного мира (в том числе рыбных запасов), морской среды и природных ресурсов территориальных вод СССР, континентального шельфа и экономической зоны СССР, а также общераспространенных полезных ископаемых осуществляют Госкомитет СССР по охране природы (Госкомприрода СССР) и его органы на местах (9, пп. 7, 9).

Экологическая экспертиза проектов хозяйственной деятельности. На Госкомприроду СССР возложен контроль за соблюдением экологических норм при разработке новой техники, технологии, материалов и веществ, а также проектов на строительство (реконструкцию) предприятий и иных объектов, воздействующих на состояние окружающей среды и природных ресурсов.

Государственная экологическая экспертиза проводится Главной государственной экологической экспертизой или другими органами системы Госкомприроды СССР.

Государственные и кооперативные предприятия, организации-заказчики при разработке технико-экономических обоснований (расчетов), проектов и другой документации обеспечивают подготовку экологического обоснования предполагаемой хозяйственной деятельности, оценивают воздействие планируемого вида этой деятельности на состояние окружающей среды. Заключение по оценке воздействия является неотъемлемой частью раздела «Охрана окружающей среды» схемы, ТЭО, проекта и другой документации.

По результатам рассмотрения представленных материалов орган Госкомприроды СССР выдает в течение 45 календарных дней заключение экологической экспертизы, выводы и рекомендации которой обязательны для государственных и кооперативных предприятий и организаций.

2. Использование и охрана земель

Права и обязанности землепользователей. Землепользователи имеют право и обязаны пользоваться земельными участками в тех целях, для которых они им предоставлены.

В зависимости от целевого назначения каждого земельного участка, предоставленного в пользование, землепользователи имеют право в установленном порядке: возводить жилые, производственные, культурно-бытовые и иные строения и сооружения; сеять сельскохозяйственные культуры, сажать лесные, плодовые, декоративные и другие насаждения, пользоваться сенокосами, пастбищами и другими угодьями; использовать для нужд хозяйства имеющиеся на земельном участке общераспространенные полезные ископаемые, торф и водные объекты, эксплуатировать другие полезные свойства земли (2, ст. 11).

Землепользователи должны проводить эффективные меры по повышению плодородия почв, осуществлять комплекс организационно-хозяйственных, агротехнических, лесомелиоративных и гидротехнических мероприятий по предотвращению ветровой и водной эрозии почв, не допускать засоления, заболачивания, загрязнения земель, зарастания их сорняками, других процессов, ухудшающих состояние почв (2, ст. 13).

Сельскохозяйственные предприятия обязаны обеспечивать получение высокой отдачи от действующих и вновь вводимых орошаемых и осушенных угодий (10, с. 49).

Предприятия, разрабатывающие месторождения полезных ископаемых и торфа, а также проводящие другие работы, отрицательно воздействующие на сельскохозяйственные, лесные и другие угодья за пределами предоставленных в их пользование земельных участков, обязаны предусматривать и осуществлять мероприятия по предотвращению или максимально возможному ограничению указанных отрицательных воздействий (2, ст. 11).

Обязанности землепользователей по рекультивации земель. Предприятия, разрабатывающие месторождения полезных ископаемых и торфа, проводящие геологоразведочные, изыскательские, строительные и иные работы на предоставленных им в пользование сельскохозяйственных землях или лесных угодьях, обязаны по миновании надобности в этих землях за свой счет приводить их в состояние, пригодное для использования в сельском хозяйстве, лесном или рыбном хозяйстве, а при выполнении указанных работ на других землях — в состояние, пригодное для использования по назначению. Земельные участки приводятся в пригодное состояние в ходе работ, а при невозможности этого — после их завершения в сроки, устанавливаемые органами, предоставляющими земельные участки в пользование, в соответствии с утвержденными в надлежащем порядке проектами.

Предприятия, осуществляющие промышленное или иное строительство, разрабатывающие месторождения полезных ископаемых, выполняющие другие работы, связанные с нарушением почвенного покрова, обязаны снимать, хранить и наносить плодородный слой почвы на рекультивируемые земли или на малопродуктивные угодья (2, ст. 11).

Работы по рекультивации земель предусматриваются в планах предприятий и включают в себя мероприятия по техническому этапу рекультивации и восстановлению плодородия рекультивируемых земель.

Технический этап рекультивации земель является частью общего технологического процесса горных или земляных работ и выполняется в ходе капитального строительства предприятий, разработки месторождений полезных ископаемых и торфа, проведения геологоразведочных, изыскательских, строительных и других работ, связанных с нарушением почвенного покрова.

Мероприятия по восстановлению плодородия рекультивируемых земель выполняются землепользователями, которым передаются (возвращаются) рекультивируемые земли, в соответствии с планами рекультивации.

Возмещение убытков землепользователям и потерь сельскохозяйственного производства. Возмещению подлежат убытки, причиненные землепользователям изъятием земельных участков для государственных или общественных нужд либо их временным занятием (2, ст. 18). Помимо убытков, причиненных землепользователям, предприятия, которым отводятся для строительства и иных нужд земельные участки, занятые сельскохозяйственными угодьями, возмещают потери сельскохозяйственного производства, связанные с изъятием участков (2, ст. 19).

Убытки землепользователей и потери сельскохозяйственного производства, связанные с изъятием земельных участков или временным их занятием, определяются оценочной комиссией, образуемой исполнительным комитетом районного (городского) Совета народных депутатов (13, п. 6).

По результатам работы комиссии составляется акт с указанием размера подлежащих возмещению убытков землепользователей и потерь сельскохозяйственного производства, который рассматривается и утверждается исполкомом районного (городского) Совета народных депутатов.

Решение исполнительного комитета районного (городского) Совета народных депутатов по указанному вопросу может быть обжаловано в 10-дневный срок в исполнительный комитет областного, краевого, городского (в городах с районным делением) Совета народных депутатов, в Совет Министров автономной республики, а в союзных республиках, не имеющих областного деления, — в Совет Министров союзной республики. Решения указанных органов окончательны (13, п. 6; 25).

В случае неперечисления соответствующих сумм в добровольном порядке они взыскиваются через арбитраж. Срок исковой давности исчисляется с момента составления акта.

3. Использование и охрана вод

Общее и специальное водопользование. Различается общее водопользование, без применения сооружений или технических устройств, влияющих на состояние вод, и специальное — с применением таких сооружений или устройств. К специальному водопользованию в отдельных случаях может быть также отнесено пользование водными объектами без применения сооружений или технических устройств, но влияющее на состояние вод (3, ст. 14).

Перечень видов специального водопользования устанавливается органами по регулированию использования и охране вод. Оно осуществляется на основании соответствующего разрешения (3, ст. 15).

Подземные воды (пресные, минеральные, термальные), не отнесенные к категории питьевых или лечебных, могут в действующем порядке использоваться для технологического водоснабжения, извлечения содержащихся в них химических элементов, получения тепловой энергии и других производственных нужд с соблюдением требований рационального использования и охраны вод (3, ст. 24).

Разрешения на специальное водопользование выдаются:

Госкомитетом СССР по охране природы, если специальное водопользование осуществляется на водных объектах, регулирование пользования которыми отнесено к компетенции Союза ССР;

республиканскими и местными органами системы Госкомприроды СССР при специальном водопользовании на водных объектах, регулирование пользования которыми не отнесено к компетенции Союза ССР, если указанные водные объекты используются в качестве источника для централизованного водоснабжения, отнесены к категории судоходных водных путей либо используются для добычи подземных вод с принудительным понижением уровня воды для сброса сточных вод.

В остальных случаях разрешения на специальное водопользование выдаются исполкомами местных Советов народных депутатов в порядке, определяемом Советами Министров союзных республик (19, п. 1).

Специальное водопользование согласуется предприятием:

с органами государственного санитарного надзора;

с органами Госкомприроды — при выдаче разрешений на пользование рыбохозяйственными водоемами, подземными водами, на сброс сточных вод в подземные водоносные горизонты, если указанный сброс допускается действующим законодательством;

с органами государственного горного надзора — при выдаче разрешений на пользование гидроминеральными ресурсами;

с органами государственной ветеринарной службы — при выдаче разрешений на забор для нужд животноводства, рыболовства и предприятий по переработке и хранению продуктов и сырья животного происхождения.

Вопрос о согласованности условий водопользования, выдаче разрешений на него должен быть рассмотрен каждым правомочным на это органом в двухнедельный срок.

Разногласия, возникающие при согласовании условий специального водопользования, разрешения на которое выдаются органами Госкомприроды, рассматриваются министерствами и ведомствами, в подчинении которых находятся указанные водопользователи, и соответствующими органами государственного надзора.

Разногласия между водопользователями и органами государственного надзора, возникающие при согласовании условий специального водопользования, разрешения на которые выдаются исполкомами местных Советов народных депутатов, рассматриваются в порядке, определяемом Советами Министров союзных республик (19, п. 3).

Разрешения на специальное водопользование отменяются в случаях:

а) минования надобности в водопользовании или отказа от него;

б) истечения срока водопользования;

в) возникновения необходимости изъятия водного объекта, предоставленного для специального водопользования, из обособленного пользования.

Разрешение на специальное водопользование (кроме пользования водами для питьевых и бытовых нужд населения) может быть также аннулировано в случаях несоблюдения водопользователем условий водопользования, установленных в разрешении, и иного нарушения правил рационального использования и охраны вод. В этих случаях разрешения аннулируются после невыполнения водопользователем письменного предписания, выданного соответствующим органом по регулированию использования и охране вод, об устранении указанных нарушений. Разрешения на специальное водопользование аннулируются по решению органа, выдавшего разрешение.

Водопользователи обязаны: рационально использовать водные объекты, заботиться об экономном расходовании воды, восстановлении и улучшении качества вод; принимать меры к полному прекращению сброса в водные объекты сточных вод, содержащих загрязняющие вещества; не допускать нарушения прав, предоставленных другим водопользователям, а также нанесения ущерба хозяйственным природным объектам (землям, лесам, животному миру, полезным ископаемым и др.); содержать в исправном состоянии очистные и другие водохозяйственные сооружения и технические устройства, влияющие на состояние вод, улучшать их эксплуатационные качества (3, ст. 17).

Охрана водных объектов. Все водные объекты подлежат охране от загрязнения, засорения и истощения, которые могут причинить вред здоровью населения, повлечь уменьшение рыбных запасов, ухудшение условий водоснабжения и другие неблагоприятные явления.

Предприятия, деятельность которых влияет на состояние вод, обязаны проводить согласованные с органами по регулированию использования и охране вод, исполнительными комитетами Советов народных депутатов, органами, осуществляющими государственный санитарный надзор, охрану рыбных запасов, и другими заинтересованными государственными органами или по их предписаниям технологические, гидротехнические, санитарные и другие мероприятия, обеспечивающие охрану вод от загрязнения, засорения и истощения, улучшение состояния и режима вод. Мероприятия по охране вод предусматриваются в государственных планах экономического и социального развития (3, ст. ст. 37—40).

Учет использования вод предприятиями. Государственные предприятия, осуществляющие водопользование:

а) ведут первичный учет забираемых из водных объектов и сбрасываемых в них вод по формам, в порядке и сроки, утвержденные Госкомитетом СССР по охране природы;

б) устанавливают на всех водозаборных и водосбросных сооружениях гидрометрическое оборудование для измерения количества забираемой и сбрасываемой воды (расходомеры, уровнемеры и другое гидрометрическое оборудование) и аппаратуру для определения качества сточных вод.

При отсутствии указанного оборудования и аппаратуры бассейновые (территориальные) управления и инспекции по регулированию использования и охране вод или другие местные органы системы Госкомприроды СССР разрешают предприятиям временно, до установки контрольно-измерительных приборов, учитывать количество забираемых и сбрасываемых вод приближенно по характеристикам протарированного технологического оборудования и с использованием других возможных методов измерения;

в) обеспечивают определение химического состава сбрасываемых вод в собственных химических лабораториях или лабораториях других предприятий, учреждений, организаций;

г) представляют отчетность об использовании вод по формам и в соответствии с инструкцией, которые утверждаются Госкомстатом СССР;

д) передают местным органам Госкомприроды СССР, Минздрава СССР экстренную информацию об аварийных сбросах загрязняющих веществ, о нарушении режима забора из водных объектов и сброса в них вод (18).

Государственный контроль за использованием и охраной вод осуществляется Советами народных депутатов, их исполнительными и распорядительными органами, а также специально уполномоченными на то государственными органами (в соответствии с их компетенцией): Госкомприродой СССР, Минздравом СССР.

Государственные инспектора по регулированию использования и охране вод обеспечиваются предприятиями, на которых проверяется состояние использования и охрана вод, автомобильным транспортом, плавучими средствами и в необходимых случаях — воздушным транспортом для выполнения служебных функций и обеспечения проведения лабораторных анализов (20).

Убытки, причиненные предприятиям проведением водохозяйственных мероприятий (гидротехнических работ и т. п.), прекращением или изменением условий водопользования, подлежат возмещению в случаях и порядке, устанавливаемых Советом Министров СССР (3, ст. 20; 15).

4. Охрана атмосферного воздуха

Предприятия, деятельность которых связана с выбросами загрязняющих веществ в атмосферу, обязаны проводить организационно-хозяйственные, технические и иные мероприятия для обеспечения выполнения условий и требований, предусмотренных в разрешении на выброс, принимать меры по снижению выбросов загрязняющих веществ, обеспечивать бесперебойную эффективную работу и поддержание в исправном состоянии сооружений, оборудования и аппаратуры для очистки выбросов и контроля за ними (4, ст. 10).

Проекты планов по охране атмосферного воздуха, разрабатываемые предприятиями, согласовываются с органами государственного контроля за охраной атмосферного воздуха в порядке, определяемом законодательством (4, ст. 6).

Оценка состояния атмосферного воздуха обеспечивается установлением нормативов допустимых концентраций загрязняющих веществ и уровней вредных физических воздействий на атмосферу. Они едины для всей территории СССР. В необходимых случаях для отдельных районов устанавливаются более строгие нормативы предельно допустимых концентраций загрязняющих веществ в атмосферном воздухе. Указанные нормативы и методы их определения утверждаются и вводятся в действие в порядке, предусмотренном Советом Министров СССР (4, ст. 8).

Нормативы предельно допустимых выбросов загрязняющих веществ стационарными и передвижными источниками загрязнения, а также нормативы предельно допустимых вредных физических воздействий устанавливаются для каждого стационарного источника выбросов и иного вредного воздействия на атмосферный воздух, для каждой модели транспортных и иных передвижных средств и установок (4, ст. 9).

Нормативы предельно допустимых выбросов загрязняющих веществ в атмосферу, разработку которых для подведомственных предприятий обеспечивают министерства и ведомства СССР и Советы Министров союзных республик, утверждаются органами Госкомприроды СССР и Минздрава СССР (17, п. 1).

На период реализации мероприятий, обеспечивающих соблюдение нормативов предельно допустимых выбросов загрязняющих веществ в атмосферу, предприятия, имеющие стационарные источники загрязнения атмосферного воздуха, должны разрабатывать, согласовывать с исполнительным комитетом местных Советов народных депутатов и представлять на утверждение в органы Госкомприроды СССР и Минздрава СССР проекты нормативов временно согласованных выбросов и планы поэтапного снижения выбросов до установленных норм (17, п. 1).

Разрешения на выброс загрязняющих веществ в атмосферу выдаются действующим предприятиям на основании утвержденных нормативов предельно допустимых или временно согласованных выбросов в трехмесячный срок со дня утверждения (17, п. 4). Разрешения на выброс загрязняющих веществ в атмосферу вновь строящимся, расширяемым и реконструируемым предприятиям и другим объектам со стационарными источниками загрязнения атмосферного воздуха выдаются на основании заключения органов Госкомприроды СССР и Минздрава СССР по проектным решениям на строительство, расширение и реконструкцию объектов (17, п. 5).

Вредные воздействия на атмосферный воздух, для которых не установлены соответствующие нормативы, могут допускаться в исключительных случаях по разрешениям, выдаваемым на определенный срок специально уполномоченными на то государственными органами. В течение этого срока должен быть установлен соответствующий норматив предельно допустимого вредного воздействия и проведены мероприятия по охране атмосферного воздуха (4, ст. 18).

Регулирование потребления атмосферного воздуха для производственных целей. При проектировании предприятий, сооружений и других объектов, при создании и совершенствовании технологических процессов и оборудования должны предусматриваться меры, обеспечивающие минимально необходимое потребление атмосферного воздуха для производственных нужд.

Потребление воздуха для производственных нужд может быть ограничено, приостановлено или запрещено органами, осуществляющими государственный контроль за охраной атмосферного воздуха, когда это приводит к изменениям состояния атмосферного воздуха, оказывающим вредное воздействие на здоровье людей, растительный и животный мир (4, ст. 19).

Учет загрязняющих веществ, выбрасываемых в атмосферу. Предприятия, объекты которых оказывают вредное воздействие на атмосферный воздух:

а) ведут первичный учет видов и количества вредных веществ, выбрасываемых в атмосферу, видов и размеров вредных физических воздействий на нее в порядке и в сроки, утверждаемые Госкомстатом СССР по согласованию с Госкомприродой СССР и Минздравом СССР;

б) инструментально определяют виды и количество вредных веществ, выбрасываемых в атмосферу, видов и размеров вредных физических воздействий на нее.

При отсутствии оборудования и аппаратуры для инструментального определения видов и количества вредных веществ, выбрасываемых в атмосферу, органы Госкомприроды СССР могут разрешать предприятиям временно учитывать такие выбросы с использованием других возможных методов, в том числе расчетных;

в) представляют отчетность о вредных воздействиях на атмосферный воздух по формам, утвержденным Госкомстатом СССР;

г) передают органам Госкомприроды СССР и Минздрава СССР (по вредным физическим воздействиям на атмосферный воздух, отрицательно влияющим на здоровье людей) экстренную информацию о превышении в результате аварийных ситуаций нормативов вредных воздействий на атмосферный воздух (21, п. 8).

Государственный контроль за охраной атмосферного воздуха осуществляется Советами народных депутатов, их исполнительными и распорядительными органами, а также специально уполномоченными на то государственными органами: Государственной инспекцией по охране атмосферного воздуха при Госкомприроде СССР, санитарно-эпидемиологической службой Минздрава СССР, ГАИ МВД СССР (22, п. 2).

5. Ответственность за нарушение законодательства об охране природы

Общие положения. Должностные лица, виновные в нарушении земельного, водного, лесного законодательства, законодательства об охране атмосферного воздуха, несут административную или иную ответственность в соответствии с законодательством (2, ст. 50; 3, ст. 46; 4, ст. 28; 6; 7; 8).

Предприятия обязаны возместить вред, причиненный нарушением указанного выше законодательства, в установленных размерах и порядке (2, ст. 50; 3, ст. 46; 4, ст. 29; 25; 26; 27).

Ущерб, причиненный порчей сельскохозяйственных и других земель, в том числе загрязнением их производственными и иными отходами, сточными водами, исчисляется с учетом всех вынужденных расходов по восстановлению плодородных качеств земли, а также доходов, которые были бы получены землепользователем за время до приведения этих земель в состояние, пригодное для использования по назначению (24, п. 21).

Предприятие возмещает убытки, причиненные нарушением законодательства о природопользовании, в размере фактически причиненного ущерба и принимает меры к устранению допущенных нарушений и их отрицательных последствий, если законодательством не установлена более высокая ответственность за конкретные виды таких нарушений (11, п. 14).

Иски о возмещении ущерба, причиненного государству загрязнением окружающей среды и нерациональным использованием природных ресурсов, предъявляются к предприятиям, советским гражданам и иностранным гражданам и юридическим лицам Госкомитетом СССР по охране окружающей среды и его органами на местах (в пределах их компетенции).

Признано необходимым, чтобы органы системы этого Госкомитета рассматривали дела об административной ответственности за правонарушения в области охраны природы и использования природных ресурсов (9, п. 12).

Материальная ответственность за лесонарушения наступает в случаях:

а) рубки растущего леса предприятиями, организациями и учреждениями на участках, не переданных для рубки;

б) повреждения растущих деревьев и кустарников до степени прекращения роста;

в) присвоения срубленных с корня, а также буреломных и ветровальных деревьев или самовольной рубки сухостойных деревьев;

г) уничтожения или повреждения леса в результате поджога или небрежного обращения с огнем;

д) повреждения леса сточными водами, химическими веществами, промышленными и коммунально-бытовыми выбросами, отходами и отбросами, влекущего его усыхание;

е) использования участков земель государственного лесного фонда для раскорчевки, возведения построек, переработки древесины, устройства складов и т. п. без надлежащего разрешения на использование этих участков;

ж) уничтожения или повреждения лесных культур, сеянцев и саженцев в лесных питомниках и на плантациях, а также молодняков естественного происхождения и самосева на площадях, предназначенных под лесовозобновление;

з) самовольного сенокошения или пастьбы скота в лесах и на землях государственного лесного фонда, не покрытых лесом.

Ущерб, причиненный лесонарушениями, перечисленными в подп. «а» и «б», возмещается предприятиями в десятикратном размере действующих такс на древесину, отпускаемую на корню, по первому разряду во всех лесотаксовых поясах, без применения норм снижения такс. В случаях, предусмотренных в подп. «в», ущерб возмещается предприятиями в двукратном размере по указанным таксам.

Ущерб, причиненный действиями, упомянутыми в подп. «г» и «д», возмещается лесонарушителями в размере стоимости: потерь товарной ценности леса, исчисляемых по действующим в данной местности таксам на древесину, отпускаемую на корню; выращивания новых лесных культур или молодняков естественного происхождения взамен погибших; работ по очистке территории.

При уничтожении или повреждении леса в результате поджога или небрежного обращения с огнем в сумму ущерба включаются все расходы по тушению пожара.

Ущерб, причиненный лесонарушителями, указанными в подп. «е», возмещаются в размере стоимости работ по приведению территории в состояние, пригодное для использования в лесном хозяйстве (12).

По таксам, утвержденным Советами Министров союзных республик, исчисляется ущерб за следующие лесонарушения: повреждение деревьев и кустарников, не влекущее прекращение роста; уничтожение или повреждение лесных культур, молодняка естественного происхождения и самосева на площадях, предназначенных под лесовосстановление;

уничтожение или повреждение сеянцев либо саженцев в лесных питомниках и на плантациях; самовольное сенокошение и пастьба скота в лесах и на землях государственного лесного фонда, не покрытых лесом; уничтожение или повреждение муравейников в лесах; повреждение сенокосов и пастбищных угодий на землях государственного лесного фонда; уничтожение или повреждение лесоосушительных каналов, дренажных систем и дорог на землях государственного лесного фонда.

За несоблюдение Правил отпуска древесины на корню в лесах СССР предприятия несут ответственность, предусмотренную этими Правилами или другими актами законодательства (12, п. 7; 23, пп. 67—75).

Примечания к разделу 5

1. Закон о государственном предприятии.
2. Основы земельного законодательства Союза ССР и союзных республик. Утверждены Верховным Советом СССР 13 декабря 1968 г. — Ведомости Верховного Совета СССР, 1968, № 51, ст. 485; 1980, № 3, ст. 42.
3. Основы водного законодательства Союза ССР и союзных республик. Утверждены Верховным Советом СССР 10 декабря 1970 г. — Ведомости Верховного Совета СССР, 1970, № 50, ст. 566; 1980, № 3, ст. 43; 1987, № 49, ст. 791.
4. Закон СССР об охране атмосферного воздуха от 25 июня 1980 г. — Ведомости Верховного Совета СССР, 1980, № 27, ст. 528.
5. О дальнейшем повышении роли Советов народных депутатов в хозяйственном строительстве. Постановление ЦК КПСС, Президиума Верховного Совета СССР и Совета Министров СССР от 19 марта 1981 г. № 292. — СП СССР, 1981, отд. 1, № 13, ст. 78.
6. Об административной ответственности за нарушение земельного законодательства. Указ Президиума Верховного Совета СССР от 14 мая 1970 г. — Ведомости Верховного Совета СССР, 1970, № 20, ст. 165.
7. Об административной ответственности за нарушение лесного законодательства. Указ Президиума Верховного Совета СССР от 6 августа 1980 г. — Ведомости Верховного Совета СССР, 1980, № 33, ст. 677.
8. Об административной ответственности за нарушение водного законодательства. Указ Президиума Верховного Совета СССР от 1 октября 1980 г. — Ведомости Верховного Совета СССР, 1980, № 41, ст. 845.
9. О коренной перестройке дела охраны природы в стране. Постановление ЦК КПСС и Совета Министров СССР от 7 января 1988 г. № 32. — СП СССР, 1988, отд. 1, № 6, ст. 14.
10. О долговременной программе мелиорации, повышении

эффективности использования мелиорированных земель в целях устойчивого наращивания продовольственного фонда страны. Постановление ЦК КПСС и Совета Министров СССР от 23 октября 1984 г. — Материалы Пленума ЦК КПСС 23 октября 1984 г. М., 1984, с. 49.

11. Об упорядочении системы экономических (имущественных) санкций, применяемых к предприятиям, объединениям и организациям. Постановление Совета Министров СССР от 30 июля 1988 г. № 929. — СП СССР, 1988, отд. 1, № 28, ст. 77.

12. О порядке и размерах материальной ответственности за ущерб, причиненный лесному хозяйству. Постановление Совета Министров СССР от 21 августа 1968 г. № 641. — СП СССР, 1968, № 16, ст. 111; 1982, отд. 1, № 9, ст. 49.

13. О возмещении убытков землепользователям и потерь сельскохозяйственного производства при отводе земель для государственных или общественных нужд. Постановление Совета Министров СССР от 9 августа 1974 г. № 636. — СП СССР, 1974, № 17, ст. 97.

14. О рекультивации земель, сохранении и рациональном использовании плодородного слоя почвы при разработке месторождений полезных ископаемых и торфа, проведении геологоразведочных, строительных и других работ. Постановление Совета Министров СССР от 2 июня 1976 г. № 407. — СП СССР, 1976, № 11, ст. 52.

15. О возмещении убытков, причиненных проведением водохозяйственных мероприятий, прекращением или изменением условий водопользования. Постановление Совета Министров СССР от 5 апреля 1978 г. № 259. — СП СССР, 1978, № 10, ст. 69.

16. О возмещении убытков, причиненных государству нарушением водного законодательства. Постановление Совета Министров СССР от 30 декабря 1980 г. № 1226. — СП СССР, 1981, отд. 1, № 4, ст. 13.

17. О нормативах предельно допустимых выбросов загрязняющих веществ в атмосферу и вредных физических воздействий на нее. Постановление Совета Министров СССР от 16 декабря 1981 г. № 1180. — СП СССР, 1982, отд. 1, № 4, ст. 18.

18. Положение о государственном учете вод и их использовании. Утверждено постановлением Совета Министров СССР от 10 марта 1975 г. № 197. — СП СССР, 1975, № 8, ст. 46.

19. О порядке согласования и выдачи разрешений на специальное водопользование. Постановление Совета Министров СССР от 10 июня 1977 г. № 500. — СП СССР, 1977, № 19, ст. 118; 1982, отд. 1, № 7, ст. 38.

20. Положение о государственном контроле за использованием и охраной вод. Утверждено постановлением Совета Министров СССР от 22 июня 1979 г. № 591. — СП СССР, 1979, № 17, ст. 114.

21. Положение о государственном учете вредных воздействий на атмосферный воздух. Утверждено постановлением Совета Министров СССР от 12 августа 1982 г. № 746. — СП СССР, 1982, отд. 1, № 22, ст. 115.

22. Положение о государственном контроле за охраной атмосферного воздуха. Утверждено постановлением Совета Министров СССР от 19 августа 1982 г. № 764. — СП СССР, 1982, отд. 1, № 23, ст. 119.

23. Правила отпуска древесины на корню в лесах СССР. Утверждены постановлением Совета Министров СССР от 30 октября 1981 г. № 1045. — СП СССР, 1981, отд. 1, № 33, ст. 184; 1988, отд. 1, № 28, ст. 77.

24. О практике применения судами законодательства об охране природы. Постановление № 4 Пленума Верховного Суда СССР от 7 июля 1983 г. — Бюллетень Верховного Суда СССР, 1983, № 4, с. 7; 1986, № 2, с. 17—18.

25. О применении государственными арбитражами законодательства об охране природы и рациональном использовании природных ресурсов. Инструктивные указания Государственного арбитража СССР от 29 июня 1973 г. № И-1-25. — Систематизированный сборник, с. 264.

26. О некоторых вопросах практики разрешения споров, связанных с нарушением законодательства об охране природы. Инструктивные указания Государственного арбитража СССР от 30 января 1976 г. № И-1-3. — Систематизированный сборник, с. 267.

27. О некоторых вопросах разрешения споров, связанных с лесонарушениями. Инструктивные указания Государственного арбитража СССР от 30 сентября 1982 г. № И-1-5. — Систематизированный сборник, с. 271.

Раздел 6
СТАНДАРТИЗАЦИЯ, МЕТРОЛОГИЯ И УПРАВЛЕНИЕ КАЧЕСТВОМ ПРОДУКЦИИ

1. Государственная система стандартизации

Стандартизация — деятельность, заключающаяся в нахождении решений для повторяющихся задач в сфере науки, техники и экономики, направленная на достижение оптимальной степени упорядочения в определенной области (20, ГОСТ 1.0 — 85, п. 1.2).

Объектами стандартизации являются: продукция; правила, обеспечивающие ее разработку, производство и применение; иные объекты, определяемые Советом Министров СССР.

Применяются следующие категории нормативно-технической документации, определяющие требования к объектам стандартизации в СССР: государственные стандарты (ГОСТ); отраслевые стандарты (ОСТ); республиканские стандарты (РСТ); технические условия (ТУ).

Стандарт — нормативно-технический документ, устанавливающий требования к группам однородной продукции и в необходимых случаях требования к конкретной продукции; правила, обеспечивающие ее разработку, производство и применение, а также требования к иным объектам стандартизации, устанавливаемым Советом Министров СССР.

Технические условия — нормативно-технический документ, устанавливающий требования к конкретной продукции (моделям, маркам) (20, ГОСТ 1.0 — 85, п. 1.4).

Стандарты и ТУ подлежат разработке на основе высших достижений отечественной и зарубежной науки и техники и передового опыта и должны предусматривать решения, оптимальные для экономического и социального развития страны (14, пп. 1, 2).

Стандарты СЭВ применяются в качестве государственных стандартов СССР без изменений и переоформлений (7, п. 1).

Госстандарту СССР поручено обеспечить в течение 1988 — 1990 годов переход к широкому прямому применению в народном хозяйстве международных стандартов.

Обязательность стандартов и ТУ. Предприятие обязано обеспечить строгое соблюдение технологической дисциплины, стандартов, технических условий, надежность, безотказность и безопасность в эксплуатации выпускаемой им техники (2, ст. 11).

Кооператив обязан обеспечить строгое соблюдение государственных стандартов и других норм, защищающих интересы государства и потребителей, и прежде всего требований, гарантирующих безопасность, охрану здоровья людей и защиту окружающей среды (3, ст. 26).

Производимая и реализуемая в СССР продукция должна соответствовать требованиям стандартов и ТУ.

Разработка, изготовление, поставка (реализация), хранение, транспортировка, использование (эксплуатация) и ремонт продукции с нарушением стандартов и ТУ запрещается.

Должностные лица, допустившие нарушение стандартов и ТУ, несут ответственность по действующему законодательству (14, пп. 18, 19).

Утверждение государственных стандартов. Госстандарт СССР и Госстрой СССР (по закрепленной за ним номенклатуре) обеспечивают в срок не более трех месяцев рассмотрение представляемых министерствами и ведомствами проектов государственных стандартов (с технико-экономическими обоснованиями) и проектов планов основных организационно-технических мероприятий по их внедрению, а также проведение силами научно-исследовательских институтов этих

Комитетов государственной экспертизы указанных проектов (14, п. 5).

Госстандарт СССР утверждает разработанные министерствами и ведомствами государственные стандарты, устанавливает (с учетом предложений министерств и ведомств) порядок и сроки введения их в действие (6, п. 3 «к»).

Госстрой СССР утверждает нормативные документы и государственные стандарты в области проектирования и строительства, в том числе по вопросам обеспечения безопасности работ (17, п. 3 «о»).

Стандарты предприятий (СТП) разрабатывают предприятия (организации).

Стандарты предприятий устанавливают:

порядок проведения работ в области управления производством, в том числе управления качеством продукции (работ);

технологические процессы, технологические нормы и требования;

требования к технологической оснастке и инструменту, производимым и применяемым только на данном предприятии.

На поставляемую продукцию стандарты предприятий не утверждаются, и в конструкторской документации основного производства не допускаются ссылки на стандарты предприятий.

СТП утверждает руководитель (заместитель руководителя) предприятия (организации). СТП вводят в действие приказом. Тем же приказом устанавливают дату введения стандарта в действие и утверждают (при необходимости) план организационно-технических мероприятий по внедрению стандарта (20, ГОСТ 1.4 — 85, пп. 1—3).

Периодичность пересмотра стандартов и ТУ. Компетентные государственные органы и предприятия обязаны в течение каждой следующей пятилетки пересмотреть и обновить, как правило, все действующие стандарты и ТУ в целях замены в них устаревших показателей и своевременного отражения в стандартах и технических условиях требований народного хозяйства, населения и экспорта (5, п. 1).

Государственная регистрация стандартов и ТУ. Стандарты, ТУ и изменения к ним, а также решения об их отмене подлежат обязательной государственной регистрации в органах Госстандарта СССР.

Стандарты, ТУ и изменения к ним, не прошедшие государственную регистрацию, недействительны (14, п. 13).

Хранение и издание стандартов и ТУ. Постоянное государственное хранение государственных, отраслевых и республиканских стандартов и ТУ, стандартов СЭВ, стандартов и рекомендаций по стандартизации международных организаций, национальных стандартов зарубежных стран, а также информации о них осуществляют Центральный фонд стандартов и технических условий Госстандарта СССР и его отделения в союзных республиках.

Исключительное право издания и переиздания государственных стандартов, стандартов СЭВ, стандартов и рекомендаций по стандартизации международных организаций принадлежит Госстандарту СССР.

Издание и переиздание отраслевых и республиканских стандартов и ТУ осуществляют органы, их утвердившие (14, пп. 14, 15).

Обеспечение стандартами и ТУ. Заинтересованные предприятия, организации и учреждения обеспечиваются государственными стандартами, стандартами СЭВ, стандартами и рекомендациями по стандартизации международных организаций Госстандартом СССР.

Отраслевыми и республиканскими стандартами и ТУ заинтересованные предприятия, организации и учреждения независимо от ведомственной подчиненности обеспечиваются утвердившими их органами (14, п. 16).

Внедрение стандартов — осуществление организационно-технических мероприятий, обеспечивающих соблюдение стандарта.

Дата введения стандарта в действие — дата, с которой стандарт приобретает юридическую силу и наступает обязательность его соблюдения.

Возможно введение стандарта на продукцию в действие досрочно, что должно быть согласовано с основным потребителем (заказчиком), а по стандартам технических условий — и с органами ценообразования.

Организационно-технические мероприятия по внедрению стандарта. Предприятие (организация) включает работы, связанные с материально-технической и организационной подготовкой производства и выпуском продукции по внедряемому стандарту, в соответствующие разделы плана предприятия и организации (производства, научно-технического развития, материально-технического снабжения и в другие разделы), а также заключает договоры поставки и другие хозяйственные договоры, необходимые для внедрения стандарта, организует производство запасных деталей для изделий, находящихся в эксплуатации и невзаимозаменяемых с деталями для изделий по внедряемому стандарту, определяет технико-экономическую эффективность от внедрения стандарта и проводит другие необходимые работы.

При внедрении стандартов работы осуществляют:

по вновь разрабатываемой (модернизируемой) продукции — предприятия (организации) — разработчики этой продукции;

по производимой продукции — предприятия (организации) — разработчики продукции совместно с предприятиями — изготовителями этой продукции, если подлинники технической документации на нее не переданы предприятиям-изготовителям, или предприятия — изготовители продукции, если подлинники технической документации им переданы (20, ГОСТ 1.20 — 85, пп. 3.2—3.3).

Завершение работ по внедрению стандарта (или группы взаимосвязанных стандартов) оформляют актом о внедрении стандарта, утверждаемым руководителем (заместителем руководителя) предприятия (организации). В работе комиссии участвуют представители предприятия (организации), внедряющего стандарт, а также представитель заказчика (основного потребителя) по согласованию с ним (20, ГОСТ 1.20 — 85, п. 3.4).

Учет, отчетность и информация о внедрении стандартов. Предприятия (организации) ведут учет внедрения стандартов и представляют министерствам (ведомствам) или, по их указанию, базовым (головным) организациям по стандартизации отчеты (оперативную информацию) о внедрении стандартов.

2. Метрологическое обеспечение

Метрологическое обеспечение — установление и применение научных и организационных основ, технических средств, правил и норм, необходимых для достижения единства и требуемой точности измерений.

Техническими основами метрологического обеспечения являются: система государственных эталонов единиц физических величин, обеспечивающих воспроизведение единиц с наивысшей точностью; система передачи размеров единиц физических величин от эталонов всем средствам измерений с помощью образцовых средств измерений и других средств поверки; система разработки, постановки на производство и выпуска в обращение рабочих средств измерений; система государственных испытаний и метрологической аттестации средств измерений; система государственной и ведомственной поверки средств измерений; система стандартных образцов состава и свойств веществ и материалов; система стандартных справочных данных о физических константах и свойствах веществ и материалов.

Обеспечение единства измерений. Результаты измерений с использованием технических средств выражаются в СССР в единицах физических величин, определяемых Госстандартом СССР, и используются при условии оценки их погрешности с необходимой точностью.

Единство измерений обеспечивается государственной метрологической службой, возглавляемой Госстандартом СССР, и метрологическими службами министерств и ведомств. Порядок выполнения работ по обеспечению единства измерений устанавливается Госстандартом СССР.

Работы по обеспечению единства измерений, проводимые

на предприятиях, в организациях и учреждениях, относятся к основным видам работ (11, пп. 1, 2).

Средство измерений — средство, предназначенное для измерений, вырабатывающее сигнал (показание), несущий информацию о значении измеряемой величины, или воспроизводящее величину заданного (известного) размера.

Средства измерений, предназначенные для серийного производства или импортируемые партиями, подлежат государственным испытаниям (11, п. 12).

Типы средств измерений, утвержденные Госстандартом СССР, подлежат внесению в Государственный реестр средств измерений, прошедших государственные испытания (далее — *Государственный реестр*).

На средства измерений, изготовленные в СССР и внесенные в Государственный реестр, на эксплуатационные документы, прилагаемые к каждому образцу средств измерений, предприятие-изготовитель должно наносить знак Государственного реестра, размер и форма которого установлены Госстандартом СССР.

Государственным контрольным испытаниям подлежат средства измерений, внесенные в Государственный реестр. Такие испытания проводятся не реже одного раза в три года и при передаче производства средств измерений другому предприятию-изготовителю.

При отрицательных результатах государственных контрольных испытаний территориальные органы Госстандарта СССР запрещают производство и выпуск средств измерений в обращение в СССР (22, ГОСТ 8.383 — 80, пп. 2.1.1, 2.1.2).

Государственным приемочным испытаниям подлежат опытные образцы средств измерений новых типов, предназначенных для серийного производства, а также образцы средств измерений, подлежащих ввозу из-за границы партиями.

Положительные результаты государственных приемочных испытаний являются основанием для утверждения типа средств измерений Госстандартом СССР и выдачи разрешения на производство (ввоз) и выпуск в обращение средств измерений.

Выпуск в обращение средств измерений, не прошедших государственные испытания или метрологическую аттестацию, запрещается. Должностные лица, виновные в этих нарушениях, несут ответственность в соответствии с действующим законодательством.

Поверка средств измерений. Средства измерений, выпускаемые вновь и из ремонта, приобретаемые за границей, а также находящиеся в эксплуатации, подвергаются государственной или ведомственной поверке, которая удостоверяется клеймением средств измерений, выдачей свидетельства о поверке или отметкой в паспорте средства измерений.

Государственная и ведомственная поверки осуществляются лицами, аттестованными в качестве государственных или ведомственных поверителей в порядке, устанавливаемом Госстандартом СССР.

Государственной поверке органами Госстандарта СССР подвергаются средства измерений, включенные в утверждаемый этим Комитетом перечень средств измерений, подлежащих обязательной государственной поверке.

Поверка средств измерений, не включенных в перечень средств измерений, подлежащих обязательной государственной поверке, ведется на основе разрешения органов Госстандарта СССР, как правило, метрологическими службами предприятий, организаций и учреждений министерств и ведомств (ведомственная поверка).

Средства измерений, поверка которых не может быть обеспечена министерствами и ведомствами, представляются на поверку в органы Госстандарта СССР или на предприятия, в организации и учреждения других министерств и ведомств, которым это право предоставлено органами Госстандарта СССР.

В случае государственной поверки передвижной поверочной лабораторией Госстандарта СССР исполнительные комитеты районных Советов народных депутатов обеспечивают своевременное представление на поверку средств измерений, принадлежащих предприятиям, организациям и учреждениям, расположенным на территории соответствующего района и не относящимся к режимным предприятиям (11, пп. 6—9, 11).

3. Органы и службы стандартизации и метрологии

Госстандарт СССР имеет в союзных республиках республиканские управления Госстандарта СССР, в непосредственном подчинении которых находятся республиканские центры метрологии и стандартизации, республиканские, межобластные и областные (краевые) лаборатории государственного надзора за стандартами и измерительной техникой (ЛГН).

Госстандарт СССР обязан обеспечить координацию работ по стандартизации, метрологии и контролю качества продукции в соответствии с требованиями радикальной экономической реформы управления народным хозяйством и Закона СССР о государственном предприятии (объединении).

Госстрой СССР отвечает за усиление роли стандартизации и решение задач научно-технического прогресса в строительстве и промышленности строительных материалов, за научно-технический уровень и технико-экономическую обоснованность утверждаемых им государственных стандартов.

Министерства и ведомства СССР и Советы Министров союзных республик отвечают за организацию и состояние работы по стандартизации и унификации в соответствующей сфере управления и обеспечение оптимального уровня стандартизации и унификации продукции, за выполнение планов стандартизации, научно-технический уровень и технико-экономическую обоснованность разрабатываемых и утверждаемых ими стандартов и технических условий и за своевременное внедрение и строгое соблюдение стандартов и ТУ на подведомственных предприятиях, в организациях и учреждениях.

Министерства и ведомства должны совместно с Госстандартом СССР разрабатывать пятилетние программы метрологического оснащения, предусматривающие создание и выпуск высокоточных средств измерений на базе современных технологий с использованием передовых отечественных и зарубежных достижений.

Ответственность за организацию и выполнение работ по стандартизации на предприятиях, в организациях и учреждениях несут непосредственно их руководители, а также соответствующие подразделения (службы) стандартизации, создаваемые в установленном порядке там, где это необходимо.

Службы стандартизации на предприятиях. Подразделения (службы) стандартизации (конструкторско-технологический или научно-исследовательский отдел, лаборатория, бюро) осуществляют организационно-методическое и научно-техническое руководство работами по стандартизации на предприятии (в организации, учреждении), выполняют научно-исследовательские и опытно-конструкторские работы по стандартизации и унификации продукции, участвуют в работах по стандартизации и унификации других подразделений предприятия (организации, учреждения).

Ведомственные метрологические службы. Для выполнения работ и обеспечения единства измерений в системе министерств и ведомств утверждаются головные и базовые организации метрологической службы, а на предприятиях, в организациях и учреждениях создаются в установленном порядке, где это необходимо, соответствующие подразделения (службы).

Для непосредственного руководства работами по обеспечению единства измерений в центральном аппарате министерств и ведомств создаются в надлежащих случаях отделы (службы) главного метролога в пределах численности работников центрального аппарата (11, п. 4).

Головная организация метрологической службы осуществляет координацию и методическое руководство базовыми организациями метрологической службы и метрологическими службами объединений и предприятий по вопросам метрологического обеспечения исследований, разработки, производства, испытаний и эксплуатации продукции или иных, закрепленных за министерством (ведомством) областей деятельности.

Базовая организация метрологической службы осуществляет координацию и методическое руководство метрологическими службами прикрепленных объединений и предприятий и выполняет работы по обеспечению единства измерений и метрологическому обеспечению исследований, разработки, производства, испытаний и эксплуатации закрепленных за ней групп продукции или областей деятельности.

Базовые организации могут назначаться по территориальному принципу с прикреплением к ним объединений и предприятий определенного региона (в частности, для выполнения работ по поверке и ремонту средств измерений).

Метрологическая служба промышленного предприятия, научно-исследовательской, проектно-конструкторской и технологической организации включает отдел (службу) главного метролога и (или) другие структурные подразделения и создается для выполнения задач по обеспечению единства измерений и метрологическому обеспечению исследований, разработки, испытаний и эксплуатации продукции или иных областей деятельности предприятия (20, ГОСТ 1.0 — 85, п. 1.1.18).

4. Государственная приемка продукции

Введение Государственной приемки. В целях коренного повышения качества выпускаемой продукции, осуществления приемки готовых изделий и контроля за деятельностью объединений и предприятий по вопросам качества создан специальный орган вневедомственного контроля — Государственная приемка. Указанный орган подчинен Госстандарту СССР.

Перечень объединений и предприятий, на которых вводится Государственная приемка, утверждается Советом Министров СССР по представлению Госстандарта СССР, согласованному с соответствующими министерствами и ведомствами. Государственная приемка введена в объединениях и на предприятиях, выпускающих важнейшую народнохозяйственную продукцию, товары народного потребления, а также основные комплектующие изделия и материалы для них.

Осуществление Государственной приемки не снимает ответственности с руководителей объединений и предприятий, служб технического контроля за качество продукции (15, п. 22).

Организация работы Государственной приемки. Государственная приемка осуществляет:

контроль качества и приемку продукции на любой стадии изготовления, проверку соответствия ее требованиям стандартов, технических условий, утвержденным образцам (эталонам), проектно-конструкторской и технологической документации, условиям поставки и договоров;

в случае необходимости выборочную проверку, разработку и испытания отдельных узлов, агрегатов и изделий. Объемы контроля и номенклатура проверяемых изделий определяются руководителем Государственной приемки по согласованию с руководителем предприятия;

окончательную приемку готовой и полностью укомплектованной продукции в соответствии с установленными требованиями.

Порядок проведения Государственной приемки продукции устанавливается Госстандартом СССР.

Не принятая Государственной приемкой продукция не может быть отгружена с предприятия (16, пп. 1, 7, 8).

Обязанности Государственной приемки:

а) контролировать качество изготовления, соблюдения технологических процессов и проведения испытаний узлов, агрегатов и изделий, а также соответствие качества получаемых комплектующих изделий, полуфабрикатов, материалов и сырья, применяемых для изготовления продукции, установленным требованиям;

б) контролировать своевременное внедрение и соблюдение стандартов и технических условий, техническое состояние и своевременное проведение поверок контрольно-измерительного инструмента, оборудования, приборов, приспособлений и испытательных установок, применяемых при приемке и испытаниях продукции;

в) контролировать выполнение предприятием решений Правительства СССР, других компетентных органов по вопросам повышения качества, надежности и ресурсов выпускаемой продукции;

г) анализировать совместно с руководителем предприятия поступающие от потребителей рекламации на продукцию с целью изучения характера дефектов и принятия мер к их ликвидации в продукции, находящейся как в стадии производства, так и у потребителей; участвовать в оформлении рекламаций на недоброкачественную и некомплектную продукцию, получаемую от поставщиков;

д) контролировать реализацию мероприятий, направленных на повышение качества продукции;

е) участвовать в государственной аттестации продукции;

ж) участвовать в проведении периодических, типовых и других испытаний продукции с целью проверки ее качества и надежности и давать заключения по результатам испытаний;

з) контролировать качество технической документации на принимаемую продукцию и периодически проверять состояние ее подлинников;

и) сообщать министерству или ведомству-изготовителю, а также Государственному комитету СССР по стандартам о случаях, когда на предприятии создаются условия, которые могут привести к выпуску недоброкачественной продукции, а меры, принимаемые руководителем предприятия к устранению выявленных недостатков, неэффективны.

Руководитель Государственной приемки принимает продукцию, а при необходимости приостанавливает ее отгрузку:

а) при несоответствии изготовленной продукции действующим требованиям;

б) при отрицательных результатах испытаний продукции;

в) при неоднократном нарушении технологического процесса производства, предусмотренного установленными требованиями;

г) при обнаружении в процессе эксплуатации продукции дефектов, вызывающих аварии (выход из строя), если эти дефекты имеются также в продукции, находящейся в производстве.

Приемка продукции возобновляется после проведения согласованных с Государственной приемкой мероприятий по устранению выявленных недостатков.

Руководитель Государственной приемки несет персональную ответственность за необоснованную задержку приемки продукции (16, пп. 5, 6).

Взаимодействие Государственной приемки и предприятия. Предприятие контролирует качество продукции, укрепляет собственные службы контроля качества и содействует работе службы Государственной приемки (2, ст. 11).

Продукция, предъявляемая Государственной приемке, должна быть принята службой технического контроля предприятия и соответствовать предъявляемым требованиям.

Руководитель предприятия обязан:

а) своевременно предъявлять продукцию к приемке;

б) своевременно принимать меры к устранению недостатков и дефектов в продукции, выявленных Государственной приемкой при изготовлении, испытаниях, контроле, приемке, а также обнаруженных потребителями в процессе эксплуатации, уделяя особое внимание принятию безотлагательных мер к устранению замечаний по эксплуатируемой продукции;

в) принимать меры к равномерному предъявлению продукции на приемку;

г) предоставлять Государственной приемке все материалы и техническую документацию, относящиеся к ее деятельности;

д) обеспечивать сохранность, должное техническое состояние и своевременное проведение надлежащего технического обслуживания продукции, принятой на ответственное хранение, соблюдение правил консервации, упаковки и хранения продукции.

Должностные лица, осуществляющие Государственную приемку продукции, несут установленную законодательством ответственность за невыполнение возложенных на них обязанностей и неправильное использование предоставленных им прав.

Для создания нормальных условий работы Государственной приемки руководитель предприятия обеспечивает ее:

а) контрольно-измерительным инструментом, оборудованием, приборами, приспособлениями и испытательными установками;

б) производственным персоналом для проведения испытаний и работ, связанных с приемкой продукции;

в) оборудованными служебными помещениями, необходимыми средствами связи и транспорта, канцелярскими принадлежностями и услугами по делопроизводству;

г) жилой площадью и всеми видами социально-бытового и медицинского обслуживания наравне с работниками данного предприятия;

д) необходимой научно-технической информацией и литературой.

Должностные лица Государственной приемки не имеют права вмешиваться в служебную деятельность администрации предприятия, а администрация предприятия — в служебную деятельность Государственной приемки.

Работники Государственной приемки в установленном порядке допускаются на предприятии к работам и документам, а также обеспечиваются пропусками в служебные и производственные помещения.

Государственная приемка организует свою работу с учетом правил внутреннего трудового распорядка, действующего на предприятии.

Разногласия, возникшие между предприятием и Государственной приемкой по вопросам, связанным с оценкой качества продукции, а также по другим вопросам деятельности Государственной приемки, разрешаются Госстандартом СССР совместно с соответствующим министерством (ведомством).

Руководители Государственной приемки организуют совместно с руководителями предприятий систематическое информирование трудовых коллективов о состоянии дел с качеством выпускаемой продукции, оказывают активное содействие администрации, партийным, профсоюзным и комсомольским организациям предприятий в проводимой в коллективах работе по укреплению технологической дисциплины, повышению ответственности за результаты выполняемых работ, пропаганде опыта передовых предприятий, коллективов и работников по обеспечению высокого качества продукции (16, пп. 10—19).

Ответственность за отгрузку продукции, не принятой Государственной приемкой. При получении от органов Государственной приемки предписаний в связи с фактами отгрузки продукции, не принятой Государственной приемкой, учреждения банков не принимают от предприятий-изготовителей платежные требования, реестры счетов по аккредитивам, чеки из лимитированных чековых книжек за такую продукцию. Указанная санкция снимается по соответствующим предписаниям органов Госприемки (21, п. 316).

Органы Госприемки направляют предприятию (объединению) и органу государственной статистики по месту его нахождения предписание об исключении из отчета о выполнении плана продукции, не предъявленной Госприемке (20).

Неисполнение должностными лицами объединений, предприятий и организаций предписаний органов Государственной приемки о прекращении отгрузки продукции, не соответствующей стандартам и ТУ, и включение такой продукции в отчеты о выполнении плановых заданий и договорных обязательств рассматриваются как искажение государственной статистической отчетности со всеми вытекающими из этого последствиями (15, п. 16).

5. Государственный надзор и контроль за стандартами и средствами измерений

Государственный надзор за стандартами и средствами измерений в СССР осуществляется: Госстандартом СССР, республиканскими управлениями Госстандарта СССР в союзных республиках; центрами стандартизации и метрологии, лабораториями государственного надзора за стандартами и измерительной техникой Госстандарта СССР.

Главные государственные инспектора и их заместители, государственные инспектора по надзору за стандартами и средствами измерений имеют право:

получить от предприятий, министерств и ведомств сведения и материалы по вопросам внедрения и соблюдения стандартов и метрологических правил;

привлекать специалистов предприятий по согласованию с их руководителями для проверок и экспертиз, связанных с осуществлением государственного надзора за стандартами и средствами измерений, а также для контроля за устранением выявленных нарушений стандартов и метрологических правил;

беспрепятственно посещать при предъявлении служебного удостоверения предприятия с учетом режима работы для выполнения возложенных обязанностей;

отбирать образцы продукции для проверки соответствия

ее стандартам в порядке, устанавливаемом Госстандартом СССР по согласованию с Минфином СССР;

задерживать выпуск в обращение и приостанавливать применение средств измерений, не прошедших государственные испытания, метрологическую аттестацию, неповеренных или неисправных, давать обязательные для предприятий предписания об изъятии из обращения таких средств, а в случае необходимости непосредственно изымать их из обращения;

запрещать передачу заказчику (в производство) и применение конструкторской, технологической и проектной документации, не соответствующей требованиям стандартов и метрологических правил, если это может повлечь снижение технического уровня и качества изделий;

запрещать выпуск (в том числе из ремонта), реализацию, транспортирование, хранение и использование продукции, оказание услуг в сфере бытового обслуживания с нарушением стандартов и метрологических правил;

вносить в соответствующие министерства и ведомства, а также представлять руководителям предприятий предложения о привлечении к ответственности должностных лиц, виновных в нарушении стандартов и метрологических правил, вплоть до освобождения от занимаемой должности;

давать обязательные для предприятий предписания об устранении нарушений стандартов и метрологических правил и причин, порождающих эти нарушения;

давать предписания о применении экономических санкций к предприятиям в случае нарушения ими стандартов;

вводить на предприятиях в порядке, установленном Госстандартом СССР, особый режим приемки готовой продукции в случаях систематического нарушения стандартов при ее выпуске;

аннулировать регистрационное удостоверение на право изготовления, ремонта и поверки средств измерений или исключать из регистрационных удостоверений отдельные виды работ в случаях, если предприятиями, выполняющими эти работы, нарушены стандарты и метрологические правила;

назначать сплошную единовременную поверку и определять сокращенные межповерочные интервалы для средств измерений, находящихся в эксплуатации на предприятиях, нарушивших правила поверки; запрещать использовать результаты измерений, погрешность которых не оценена с надлежащей точностью;

давать должностным лицам предприятий обязательные для исполнения предписания о прекращении производства продукции при нарушении на этих предприятиях стандартов и метрологических правил до устранения нарушений (13, пп. 1, 2, 5).

Госстандарту СССР предоставлено право:

принимать решение об отмене, ограничении срока действия или пересмотре нормативно-технической документации отраслевого и республиканского значения по вопросам стандартизации и метрологии, не отвечающей требованиям повышения качества продукции или противоречащей действующим государственным стандартам;

лишать предприятия права применять государственный Знак качества в случае нарушения условий государственной аттестации качества продукции, а также при ухудшении качества выпускаемой продукции, имеющей государственный Знак качества.

Ведомственный контроль за качеством продукции, своевременностью внедрения и соблюдения стандартов, ТУ и метрологических правил, а также за средствами измерений на предприятиях, в научно-исследовательских, конструкторских и других организациях осуществляют министерства (ведомства).

Другие контрольно-надзорные органы выполняют контроль (надзор) за соблюдением стандартов, ТУ и метрологических правил в порученной им сфере управления в соответствии с компетенцией, установленной действующим законодательством (20, ГОСТ 1.0 — 85, пп. 6.3—6.4).

Экономические санкции. В случае реализации предприятиями продукции, изготовленной с отступлением от стандартов и ТУ, вся сумма полученной предприятиями прибыли за эту продукцию изымается в доход бюджета и не включается в отчетные данные предприятий о выполнении плана по реализации продукции и прибыли (18, п. 4).

В целях повышения ответственности за разработку, изготовление и реализацию некачественной продукции, ненадлежащую сохранность продукции экономические санкции распространены на следующие организации:

проектно-конструкторские, научно-исследовательские и предприятия-разработчики — при разработке и производстве продукции;

сельскохозяйственные, заготовительные, снабженческо-сбытовые, оптовые и розничные торговые организации и предприятия — при реализации продукции и ее хранении;

транспортные предприятия — при перевозке продукции;

предприятия и учреждения сферы обслуживания (10, с. 521).

Экономические санкции применяются за следующие нарушения:

реализацию предприятиями продукции (в том числе отремонтированной), не соответствующей требованиям действующих стандартов и ТУ на эту продукцию по качеству и комплектности;

реализацию предприятиями экспортных товаров, не соответствующих по качеству требованиям заказов-нарядов, если указанные товары не могут быть использованы по назначению;

реализацию предприятиями продукции, не соответствующей требованиям действующих стандартов и ТУ по таре, упаковке и маркировке, если эти нарушения требований стандартов и ТУ повлекли за собой ухудшение качества продукции;

передачу заказчику либо в производство конструкторской, технической и проектной документации, не соответствующей требованиям стандартов и ТУ по качеству продукции и технологическим процессам;

несоблюдение стандартов и ТУ при транспортировании продукции, если это повлекло ухудшение ее качества, порчу или сверхнормативные потери;

реализацию средств измерений, не прошедших государственные испытания в соответствии с требованиями стандартов;

оказание предприятиями по бытовому обслуживанию населения услуг производственного характера, не отвечающих требованиям стандартов и ТУ по качеству услуг (18, п. 2).

Предприятия обязаны внести в доход союзного бюджета всю сумму фактически полученной прибыли (экономии) в случае реализации продукции, ее перевозки, передачи заказчику либо в производство конструкторской и технологический документации, оказания услуг с перечисленными нарушениями.

Указанная сумма прибыли вносится в бюджет не позднее 20-го числа месяца, следующего за месяцем, в котором было допущено нарушение и перечисляется на разд. 12 § 27 «Поступление прибыли от реализации продукции, изготовленной с отступлением от стандартов и технических условий» (символ отчетности Госбанка-40).

Предприятия, допустившие перечисленные нарушения, не должны включать продукцию, работы и услуги, не соответствующие стандартам и ТУ в натуральном и стоимостном выражении, в отчеты о выполнении плана по: научно-исследовательским и опытно-конструкторским работам, проектной документации; продукции; оптовому (розничному) товарообороту и заготовкам; перевозке грузов (в том числе по номенклатурным группам грузов) и грузооборота; реализации бытовых услуг населению.

Предписания контролирующих органов. Госстандарт СССР, министерства, ведомства и их органы, которым в установленном порядке предоставлено право проверки соблюдения стандартов, ТУ и качества продукции, во всех случаях выявления фактов неисполнения указанной обязанности по внесению прибыли в доход союзного бюджета и исправлению отчетов о выполнении плана выдают предприятию, а также финансовому органу и органу государственной статистики по месту нахождения предприятия обязательные для исполнения предписания об изъятии в доход бюджета прибыли и внесения исправлений в отчеты о выполнении плана. Предприятие не позднее 10 дней после этого направляет в территориальный орган Госстандарта и в министерство соответствующую справку, а в случае, если исправления в отчеты внесены на основании предписания, то указанная справка направляется также в контролирующий орган, выдавший предписание.

Контроль за исполнением предписаний. Министерство (ведомство), в систему которого входит предприятие, нарушающее требование стандартов и технических условий, и контролирующие органы, выдавшие предписание, ежеквартально контролируют исполнение предписаний в части внесения исправлений в отчеты о выполнении плана. В эти же сроки органы государственной статистики по месту нахождения предприятия, получившего предписание, обязаны информировать контролирующие органы об исполнении (неисполнении) этим предприятием выданного ему предписания в части внесения исправления в отчеты о выполнении плана (18, п. 16).

6. Аттестация промышленной продукции

Категория качества. Аттестация промышленной продукции проводится по двум категориям качества — высшей и первой. Изделия, не аттестованные по этим категориям, подлежат снятию с производства. Госплан СССР имеет право разрешать, в виде исключения, производство указанной продукции в течение не более двух лет (12, с. 423).

Аттестация вновь осваиваемой продукции должна проводиться не позднее одного года, а продукции особой сложности — не позднее двух лет с начала несерийного производства. Госстандарт имеет право в отдельных случаях увеличивать этот срок. До аттестации в указанные сроки такая продукция должна учитываться как не подлежащая аттестации.

Высшая категория качества. К высшей категории качества относится продукция, которая по показателям технического уровня и качества превосходит лучшие отечественные и зарубежные достижения или соответствует им, определяет технический прогресс в народном хозяйстве, обеспечивает значительное повышение производительности труда, экономию материалов, топлива и электроэнергии, удовлетворение потребностей населения страны и конкурентоспособна на внешнем рынке.

Эта продукция должна характеризоваться стабильностью показателей технического уровня и качества, основанной на строгом соблюдении технологической дисциплины и высокой культуре производства. На продукцию высшей категории качества изготовителем должны обеспечиваться, как правило, повышенные гарантии надежности, долговечности и других показателей качества.

Промышленная продукция относится к высшей категории качества на срок от одного года до трех лет. В отдельных случаях особо сложная продукция производственно-технического назначения с длительным циклом изготовления и монтажа относится к высшей категории качества на срок до пяти лет.

Государственный Знак качества. Промышленная продукция высшей категории качества обозначается государственным Знаком качества в порядке, установленном Госстандартом СССР (8, пп. 2—4). Государственный Знак качества предназначается для обозначения продукции, аттестованной по высшей категории качества.

Государственный Знак качества наносят непосредственно на продукцию, а также проставляют в эксплуатационной или товаросопроводительной документации, удостоверяющей качество продукции (паспорте, ярлыке, сертификате, этикетке и др.). При невозможности нанесения государственного Знака качества непосредственно на продукцию его проставляют на ее таре (упаковке). В обоснованных случаях по разрешению Госстандарта СССР государственный Знак качества на продукцию, ее тару (упаковку) и в документацию не проставляют.

Первая категория качества. К первой категории качества должна относиться продукция, по технико-экономическим показателям находящаяся на уровне современных требований народного хозяйства и населения страны и отвечающая нормативно-техническим документам, по которым она выпускается. Такая продукция должна характеризоваться стабильностью показателей качества.

Государственные аттестационные комиссии, образуемые министерствами (ведомствами) — изготовителями аттестуемой продукции, аттестуют продукцию и устанавливают срок действия категорий качества. Если продукция, представленная к аттестации, не соответствует требованиям, предъявляемым к высшей или первой категории качества, государственная аттестационная комиссия принимает решение об отказе в аттестации такой продукции.

Состав государственных аттестационных комиссий утверждается руководителем министерства (ведомства)-изготовителя или его заместителем.

Председателями государственных аттестационных комиссий по продукции, имеющей важнейшее народнохозяйственное значение, назначаются представители ГКНТ, а по остальной продукции — министерств (ведомств)-заказчиков (основных потребителей). Представители предприятий — изготовителей продукции в состав государственных аттестационных комиссий не включаются.

Решение государственной аттестационной комиссии об отказе в аттестации продукции направляется предприятию-изготовителю и территориальному органу Госстандарта, регистрирующему аттестационную продукцию, и вступает в силу с даты его принятия. С этой же даты продукция относится к неаттестованной и считается подлежащей снятию с производства (19, п. 1.11).

Продукция, подлежащая аттестации, но не представленная государственной аттестационной комиссии для ее проведения в установленный срок, также относится к неаттестованной и считается подлежащей снятию с производства.

Предприятие-изготовитель ежемесячно направляет перечень неаттестованной продукции министерству (ведомству)-изготовителю. Копии таких перечней направляются также территориальным органам Госстандарта, министерству (ведомству) — головному (ведущему) в производстве продукции, министерству (ведомству)-заказчику (основному потребителю) и территориальному органу Госстандарта, регистрирующему решения государственных аттестационных комиссий (19, п. 1.11).

Отдел технического контроля участвует в работах по подготовке продукции к аттестации и по техническому обеспечению проведения аттестации, контролирует соблюдение условий аттестации в процессе производства продукции (9, п. 5 «к»).

Примечания к разделу 6

1. О Совете Министров СССР. Закон СССР от 5 июля 1978 г. — Ведомости Верховного Совета СССР, 1978, № 28, ст. 436.
2. Закон о государственном предприятии.
3. Закон о кооперации.
4. Об административной ответственности за нарушение правил по стандартизации и качеству продукции, выпуска в обращение и содержания средств измерений и пользования ими. Указ Президиума Верховного Совета СССР от 18 мая 1984 г. — Ведомости Верховного Совета СССР, 1984, № 21, ст. 368.
5. О повышении роли стандартов в улучшении качества выпускаемой продукции. Постановление ЦК КПСС и Совета Министров СССР от 10 ноября 1970 г. № 937. — СП СССР, 1970, № 20, ст. 154.
6. Положение о Государственном комитете стандартов Совета Министров СССР. Утверждено постановлением Совета Министров СССР от 17 сентября 1973 г. № 677. — СП СССР, 1973, № 21, ст. 117.
7. О мерах по обеспечению выполнения обязательств Советской Стороны, вытекающих из Конвенции о применении

стандартов Совета Экономической Взаимопомощи. Постановление Совета Министров СССР от 21 марта 1975 г. № 238. — СП СССР, 1975, № 10, ст. 51; 1985, отд. 1, № 4, ст. 18.

8. О дальнейшем усилении роли аттестации промышленной продукции и повышении ее технического уровня и качества. Постановление Совета Министров СССР от 11 декабря 1979 г. № 1093. — СП СССР, 1980, № 2, ст. 11; 1985, отд. 1, № 8, ст. 29.

9. Типовое положение об отделе (управлении) технического контроля промышленного предприятия (объединения). Утверждено постановлением Совета Министров СССР от 11 декабря 1979 г. № 1094. — СП СССР, 1980, № 2, ст. 12.

10. Об усилении работы по экономии и рациональному использованию сырьевых, топливно-энергетических и других материальных ресурсов. Постановление ЦК КПСС и Совета Министров СССР от 30 июня 1981 г. № 612. — СП СССР, 1981, отд. 1, № 20, с. 515—527.

11. Об обеспечении единства измерений в стране. Постановление Совета Министров СССР от 4 апреля 1983 г. № 273. — СП СССР, 1983, отд. 1, № 10, ст. 50.

12. О мерах по ускорению научно-технического прогресса в народном хозяйстве. Постановление ЦК КПСС и Совета Министров СССР от 18 августа 1983 г. № 814. — СП СССР, 1983, отд. 1, № 24, с. 419—425.

13. Положение о государственном надзоре за стандартами и средствами измерений в СССР. Утверждено постановлением Совета Министров СССР от 28 сентября 1983 г. № 936. — СП СССР, 1983, отд. 1, № 28, ст. 157.

14. Об организации работы по стандартизации в СССР. Постановление Совета Министров СССР от 7 января 1985 г. № 13. — СП СССР, 1985, отд. 1, № 4, ст. 18.

15. О мерах по коренному повышению качества продукции. Постановление ЦК КПСС и Совета Министров СССР от 12 мая 1986 г. № 540. — СП СССР, 1986, отд. 1, № 24, ст. 139.

16. Положение о Государственной приемке продукции в объединениях и на предприятиях. Утверждено постановлением Совета Министров СССР от 12 мая 1986 г. № 542. — СП СССР, 1986, отд. 1, № 25, ст. 141.

17. Положение о Государственном строительном комитете СССР. Утверждено постановлением Совета Министров СССР от 22 декабря 1986 г. № 1510. — СП СССР, 1987, отд. 1, № 3, ст. 15; 1988, отд. 1, № 8, ст. 22.

18. Положение о порядке применения экономических санкций за нарушение стандартов и технических условий. Утверждено постановлением ГКНТ СССР, Минфина СССР, ЦСУ СССР, Госстандарта СССР и Госкомцен СССР от 12 июля 1983 г. № 94. — БНА, 1984, № 1, с. 3—8.

19. Порядок аттестации промышленной продукции по двум категориям качества. Утвержден постановлением Гос-

стандарта СССР, ГКНТ, Госплана СССР и Госкомцен СССР от 17 февраля 1984 г. № 13/49/36/141. — БНА, 1984, № 8, с. 4—13.

20. Государственная система стандартизации. Комплекс стандартов ГСС. Государственный комитет СССР по стандартам. М., 1986.

21. Правила безналичных расчетов в народном хозяйстве. Утверждены Госбанком СССР 30 сентября 1987 г. М., 1987.

22. Основополагающие стандарты в области метрологии. М., 1986.

Раздел 7
РЕГУЛИРОВАНИЕ СВЯЗЕЙ ПО СОЗДАНИЮ И ВНЕДРЕНИЮ НОВОЙ ТЕХНИКИ

1. Договоры на создание (передачу) научно-технической продукции

Отношения сторон на проведение научно-технических работ оформляются путем заключения договора (7, пп. 10—12, 18—20). Проект договора может быть разработан и выслан другой стороне как исполнителем работ, так и заказчиком. Заключению договора может предшествовать получение от заказчика заявки на предстоящую работу. По сложившейся практике проект договора высылает, как правило, исполнитель.

По научно-техническим работам, не включенным в государственный заказ по развитию науки и техники, направление контрагенту проекта договора является предложением заключить договор. При отсутствии возражений по условиям договора сторона, получившая проект договора, в 20-дневный срок с момента его отправки направляет другой стороне подписанный договор. При наличии возражений по условиям договора стороны в 10-дневный срок по получении проекта договора принимают меры к их урегулированию. Договор считается заключенным по достижении сторонами соглашения по спорным пунктам.

Договор может быть изменен или расторгнут по соглашению сторон, в том числе в случае, когда в ходе выполнения работы выявилась неизбежность получения отрицательного результата. Сторона по договору вправе в одностороннем порядке расторгнуть договор, если другой стороной нарушены договорные обязательства.

По договорам, заключаемым в соответствии с государственным заказом по развитию науки и техники, сторона, получившая проект договора, обязана:

при отсутствии возражений по условиям договора возвратить подписанный договор другой стороне в 20-дневный срок с момента получения проекта;

при наличии возражений по условиям договора возвратить подписанный договор с протоколом разногласий другой стороне в 10-дневный срок с момента его получения и в тот же срок сообщить о возражениях по договору своему вышестоящему органу. Если стороны сами не сумели урегулировать спорных вопросов, то сторона, получившая протокол разногласий, передает спор на рассмотрение вышестоящих органов сторон.

Договор подлежит расторжению или изменению, когда решением, обязательным для обеих сторон, соответствующий государственный заказ по науке и технике аннулирован или в него внесены изменения. В том же порядке расторгается договор при выявлении в процессе работы неизбежности получения отрицательного результата или нецелесообразности дальнейшего продолжения работы.

Предметом договора является создание, внедрение научно-технической продукции, а также передача созданной ранее научно-технической продукции (7, пп. 4, 5). К научно-технической продукции относятся выполненные по договору и принятые заказчиком законченные научно-исследовательские, конструкторские, технологические, проектные и другие работы (услуги) научно-технического характера, а также изготовленные опытные, опытно-промышленные образцы и опытные партии изделий. Договоры по созданию научно-технической продукции могут заключаться на весь комплекс работ от научных исследований до освоения и внедрения результатов в производство, а также по дальнейшему техническому сопровождению (обслуживанию) новой техники (технологии).

Под освоением новой техники понимается отработка технологического процесса и выпуска в заданном объеме продукции в промышленных условиях со стабильными технико-экономическими показателями, предусмотренными в техническом задании. Освоение является завершающим этапом постановки продукции на производство, и за ним непосредственно следует стадия внедрения.

При внедрении новой техники (технологии) осуществляется массовое, серийное производство новых изделий либо эксплуатация нового отлаженного технологического процесса либо выпуск по отработанной технологии продукции мелкосерийного и индивидуального производства. На стадии внедрения экономический эффект, заложенный в новой технике, должен уже окупать связанные с ней затраты и расходы по освоению нового производства. Разработка считается внедренной, когда достигнуты технико-экономические показатели, оговоренные в техническом задании и договоре.

По договору на передачу созданной научно-технической продукции заказчик получает от исполнителя образцы новой техники, новую технологию либо частные технические решения и соответствующую техническую документацию. Может также передаваться и одна техническая документация, переработанная применительно к требованиям (условиям) заимствующей стороны. В предмет этого договора включается, как правило, помощь передающей стороны в освоении и внедрении новой техники в производство заказчика.

2. Оценка технического уровня и качества разработки. Порядок приемки работ

Техническое задание содержит технические и экономические показатели научно-технической продукции, которая создается исполнителем по заключенному договору. Требования к техзаданию, как и форма заявки заказчика, определяются сторонами по договору. Разработчик техзадания отвечает за соответствие указанных показателей мировому уровню. Техзадание разрабатывается, как правило, исполнителем, согласовывается им с заказчиком и утверждается в порядке, определенном министерством исполнителя. Техническое задание на разработку изделий единичного производства составляется, как правило, заказчиком и утверждается им по согласованию с исполнителем и изготовителем. Заключение о соответствии техзадания мировому уровню на новые виды изделий до его утверждения выдается головной организацией по виду продукции, а если она является исполнителем по договору, то заключение выдается организацией, определяемой ГКНТ СССР. По комплектующим и составным частям научно-технической продукции техзадание утверждается головным исполнителем работ (5, п. 3).

Оценка и приемка научно-технической продукции производятся в соответствии с показателями, предусмотренными техническим заданием и договором (7, приложение № 1, пп. 1.2, 1.5, 3.1—3.7). Перечень работ и научно-технической документации и сроки сдачи их заказчику на отдельных этапах выполнения и по окончании договора определяются в календарном плане работ, подписанном сторонами и приложенном к договору. Исполнитель извещает заказчика о выполнении каждого этапа, что подтверждается сторонами двусторонним актом. Сдача-приемка работ, выполненных досрочно, осуществляется по готовности этих работ, если иное не оговорено сторонами в договоре.

В тех случаях, когда по условиям договора опытный образец не изготовляется, стороны определяют порядок проверки (оценки) технической документации, составленной исполнителем. Если исполнителем изготовляется опытный образец, то порядок его испытаний также оговаривается в договоре. При установлении в ходе оценки техдокументации и испытаний опытного, опытно-промышленного образца их несоответствия показателям техзадания исполнитель обязан за свой счет и в установленный сторонами или соответствующей комиссией срок устранить имевшие место по его вине недостатки.

При завершении научно-технической работы исполнитель представляет заказчику акт сдачи-приемки с приложением откорректированной технической документации и других документов, предусмотренных договором (протокол комиссии по приемке опытных образцов, копия протокола научно-технического совета исполнителя с заключением по данной работе и др.). В срок, согласованный в договоре, заказчик обязан подписать приемо-сдаточный акт или направить мотивированный отказ от приемки работ. В последнем случае стороны составляют двусторонний акт с указанием перечня недоработок и сроков их устранения.

Использование научно-технической продукции осуществляется заказчиком. Сторонам рекомендуется оговаривать в договоре срок завершения освоения разработки (он же срок начала внедрения), объемы внедрения по годам и место внедрения. Следует также предусмотреть в договоре срок высылки и форму документа, которым заказчик удостоверяет внедрение научно-технической продукции в производстве. На тот случай, если при внедрении не будут достигнуты требуемые технико-экономические показатели, целесообразно в договоре определить порядок составления об этом по инициативе заказчика двустороннего акта.

3. Цена на научно-техническую продукцию

Цена на научно-техническую продукцию определяется в договоре по соглашению сторон. Договорная цена должна отражать общественно необходимые затраты по созданию (передаче) продукции, ее потребительские свойства и платежеспособный спрос. Уровень договорных цен устанавливается в зависимости от требуемых эффективности, качества, конкурентоспособности научно-технической продукции и других факторов ее применения, а также от сроков выполнения работы (1, ст. 17, п. 6; 4, п. 4; 7, п. 14).

Экономия, полученная в ходе исполнения работы за счет сокращения сроков ее выполнения и уменьшения других затрат, остается у исполнителя, а превышение затрат, допущенное исполнителем, компенсируется им за счет собственных средств. Договором сторон определяется судьба оборудования, приборов, инструментов и материалов, изготовленных, приобретенных исполнителем либо переданных ему заказчиком для проведения работ. Стороны могут установить, что указанные оборудование и материалы либо передаются исполнителем заказчику по завершении разработки, либо остаются у исполнителя. В последнем случае сторонам следует оговорить в договоре, обязан ли исполнитель возместить заказчику стоимость этого оборудования за вычетом амортизации или оно остается у исполнителя безвозмездно.

Договорная цена оформляется протоколом соглашения сторон, прилагаемым к договору. Она может быть изменена лишь по дополнительному соглашению. Стоимость по видам и этапам работ, в том числе на стадии освоения (внедрения) разработки в производство, указывается в календарном плане в абсолютных цифрах и в процентах к общей величине договорной цены. Рекомендуемые формы календарного плана, как и протокола соглашения о договорной цене, приведены в Положении о договорах на создание (передачу) научно-технической продукции (7, приложения № 2, 3). Если работа выполняется в течение двух и более лет, стороны могут, определив договорную цену за всю разработку, согласовать календарный план лишь на первый календарный год, указав в договоре стоимость работ по этому году и ориентировочную стоимость работ в последующие годы. В данном случае в договоре следует оговорить порядок и сроки согласования (оформления) календарных планов на последующие периоды.

Доплаты и скидки к договорной цене за превышение (недостижение) конкретных технико-экономических показателей, предусмотренных в договоре и техническом задании, оговариваются в протоколе согласования договорной цены в процентах к ее общей величине. Доплаты (скидки) за изменение технико-экономических, социальных, экономических параметров научно-технической продукции могут устанавливаться за каждый показатель в отдельности в абсолютном размере или в относительном выражении. Доплаты к договорной цене предусматриваются за улучшение технико-экономических параметров разработки и повышение экспортных возможностей заказчика от внедрения научно-технической продукции, а также за проведение исполнителем вариантных исследований, экспериментов и работ по дизайну с целью удовлетворения специальных требований. Скидки к договорной цене могут устанавливаться за недостижение технико-экономических параметров, превышение договорного срока выполнения работ, несоответствие формы научно-технической продукции требованиям государственных стандартов. В этом случае стороны определяют предельное значение указанных выше параметров, при недостижении которых работа считается невыполненной.

Ориентирами при согласовании договорных цен служат: 1) экономический эффект использования научно-технической продукции; 2) себестоимость продукции; 3) уровень рентабельности продукции; 4) платежеспособный спрос потребителей; 5) стимулирующая роль цены за создание высококачественной продукции. При согласовании договорных цен рекомендуется исходить из следующих положений по каждому из названных компонентов цены.

1) **Экономический эффект от внедрения** научно-технической продукции рассчитывается как разность между стоимостным результатом ее использования за расчетный период и совокупными затратами по всему циклу разработки: наука — производство — использование. Величина экономического эффекта определяется путем приведения разновременных затрат и результатов к одному моменту времени — расчетному году с помощью соответствующих коэффициентов. Норматив приведения разновременных затрат и результатов установлен в размере 0,1, т. е. численно равняется нормативу эффективности капитальных вложений (9, пп. 1.5, 2.2—2.4).

Предприятия-исполнители обязаны обеспечить опережающий рост народнохозяйственного эффекта по сравнению с затратами, относительное удешевление научно-технической продукции для потребителя (1, ст. 17, п. 6). Базой для сравнения на стадии заключения договора служит лимитная цена на новую технику, создаваемую по результатам научно-технической разработки, а на стадии освоения (внедрения) разработки в производство — оптовая договорная цена на новую продукцию производственно-технического назначения. Таким путем ценам придается противозатратный характер, поскольку чем ниже цена на конечную продукцию, тем выше экономический эффект.

2) **Себестоимость научно-технической работы** определяется сметными расчетами (калькуляциями), в которые включаются прямые и накладные расходы исполнителя. Размеры расходов основываются на действующих прогрессивных нормах и нормативах материальных и трудовых затрат. При этом в калькуляциях не должны учитываться повышенные затраты, вызванные технической отсталостью, а также недостатками в организации работ.

3) **Рентабельность** по конкретной научно-технической продукции предусматривается сторонами в договорной цене. В зависимости от технико-экономических показателей конкретной разработки и сроков выполнения ее рентабельность может быть выше или ниже среднего уровня, принятого у данного исполнителя. По работам, включенным в государственный заказ по развитию науки и техники, рентабельность, как правило, определяется выше средней. По работам, содержанием которых является передача ранее созданной научно-технической продукции, рентабельность устанавливается, как правило, ниже среднего уровня. Рентабельность по научно-технической продукции, результаты использования которой не могут быть выражены в стоимостной форме,

определяется исходя из равной отдачи на единицу затрат, т. е., как правило, на среднем уровне.

4) **Платежеспособный спрос на научно-техническую продукцию** выявляется в условиях состязательности предприятий и научных организаций за полное удовлетворение требований потребителей на высококачественные разработки с наименьшими затратами. В целях выбора наиболее эффективного решения научно-технической проблемы проводятся конкурсы, параллельные разработки, создаются временные научные коллективы.

5) **Стимулирование исполнителей за создание научно-технической продукции на уровне мировых достижений и за внедрение** ее в производство осуществляется путем установления на нее более высоких договорных цен (1, ст. 11, п. 2). В свою очередь предприятия — изготовители новой техники также стимулируются не по специальным положениям о стимулировании, а путем учета эффективности новой продукции в оптовых ценах. При этом поощрительные надбавки к оптовым ценам на новую продукцию не устанавливаются. По новой технике, соответствующей требованиям высшей категории качества, часть экономического эффекта, которая ранее учитывалась в поощрительной надбавке, включается непосредственно в оптовую цену (4, п. 4). По ранее освоенным изделиям высшей категории качества ранее утвержденные поощрительные надбавки не отменяются. Если изделиям вновь присваивается Знак качества, то вместо продления поощрительных надбавок утверждаются новые оптовые цены, рассчитанные как сумма действующей оптовой цены и поощрительной надбавки без изменения ее размера. Нормативы чистой продукции не пересматриваются.

Исходя из изложенных положений, стороны включают в договорную цену на научно-техническую продукцию часть расчетного экономического или иного полезного эффекта с учетом долевого участия в нем исполнителя разработки и изготовителя новой техники. Стимулирование исполнителя по фактически полученному экономическому эффекту производится на условиях, установленных сторонами в договоре. Такое стимулирование осуществляется путем применения оговоренных в договоре доплат: тех из них, которые могут быть исчислены на стадии внедрения научно-технической разработки в производство.

4. Расчеты за научно-техническую продукцию

Расчеты за научно-техническую продукцию ведутся по выполнении исполнителем договорных обязательств исходя из сроков и сумм платежей, оговоренных условиями договора и приложенным к нему календарным планом. Стороны могут предусмотреть в договоре единовременную оплату научно-технической продукции в установленный ими срок по подписании акта сдачи-приемки работы или по каждому этапу работы по срокам, указанным в календарном плане (7, пп. 14, 15). Работы оплачиваются по предъявленным исполнителем счетам в соответствии с актами, подтверждающими выполнение этих работ. В таком же порядке оплачиваются выполненные досрочно и принятые заказчиком работы. При неправомерном уклонении заказчика от подписания акта приемки работ основанием для предъявления счета является акт, составленный исполнителем в одностороннем порядке.

Порядок расчетов по доплатам (скидкам) к договорной цене за улучшение (снижение) технико-экономических показателей устанавливается в договоре. В нем стороны указывают пункты доплат (скидок), по которому ведется расчет: а) после внедрения научно-технической продукции в производство; б) одновременно с оплатой стоимости завершенной разработки, т. е. при сдаче заказчику откорректированной технической документации по результатам испытаний. По первым из названных доплат (скидок) расчет осуществляется с учетом фактически полученного экономического эффекта от использования новой техники, а по вторым — по расчетному (ожидаемому) эффекту, уточненному по результатам приемки завершенной научно-технической продукции.

Условия авансирования работ уточняются в договоре. По краткосрочным (менее одного года) договорам, а также по договорам, предметом которых является передача ранее созданной научно-технической продукции, стороны могут не предусматривать выдачу аванса. По договорам на создание научно-технической продукции размер аванса определяется обычно не более 25% от договорной цены, а срок его уплаты — до начала первого этапа работы. Если срок выполнения разработки превышает один год, то аванс, как правило, вносится до начала каждого календарного года. В этом случае аванс исчисляется от цены работ текущего, а затем каждого последующего календарного года.

В договоре оговаривается порядок зачета аванса при оплате заказчиком счетов исполнителя за поэтапное выполнение работы. Если аванс дается на каждый календарный год, то рекомендуется погашать его в том же году.

Если работа прекращена по вине заказчика, она оплачивается им по фактическим затратам с уровнем рентабельности, предусмотренным в цене на данную работу (2, п. 8). При прекращении работы ввиду нецелесообразности дальнейшего ее продолжения или неизбежности получения отрицательного результата заказчик, если иное не предусмотрено договором, возмещает исполнителю стоимость фактически выполненных работ.

При прекращении работы по вине исполнителя ввиду невыполнения договорных обязательств заказчик не обязан оплачивать работу. В этом случае исполнитель должен возвратить деньги, полученные от заказчика в счет данного договора (2, п. 7).

5. Ответственность сторон

Условия об ответственности сторон за невыполнение либо ненадлежащее выполнение обязательств предусматриваются в договоре исходя из действующего законодательства. Определена неустойка за неустранение либо несвоевременное устранение исполнителем конструктивных дефектов в опытном образце, а также допущенных по вине исполнителя дефектов в технической документации, в том числе обнаруженных на стадии освоения и эксплуатации новых изделий. Неустойка установлена в размере 4% от стоимости (цены) работ, подлежащих исправлению. Кроме уплаты неустойки, исполнитель возмещает заказчику фактические убытки, причиненные ненадлежащим качеством разработки, в сумме, не покрытой неустойкой, но не более договорной стоимости (цены) этих работ (8, пп. 20, 21).

Неустойку за ненадлежащее качество разработки, как и ответственность за неисполнение других обязательств, санкции за нарушение которых в законодательстве не предусмотрены, стороны оговаривают в договоре. Так, стороны определяют величину и порядок уплаты неустойки за нарушение сроков выполнения работы. Неустойка может применяться за невыполнение в срок как всей работы, так и каждого этапа в отдельности согласно календарному плану. В последнем случае она исчисляется от цены конкретного этапа без прибавления стоимости (цены) несданных предыдущих этапов.

В договор целесообразно включать условия об уплате неустойки и за такие нарушения, как непредставление заказчиком в срок документа о внедрении научно-технической продукции в производство; необоснованный отказ от акцепта счета; несвоевременное подписание акта о сдаче-приемке работ. В общей форме следует предусмотреть, что помимо неустойки виновная сторона возмещает другой стороне фактические убытки, не покрытые неустойкой, но не более цены работ, определенной в договоре.

Права заказчика по использованию и распоряжению научно-технической продукцией следует оговаривать в договоре, чтобы не допустить нарушения имущественных и иных интересов исполнителя как автора разработки — создателя технического новшества. Основной вопрос здесь сводится к предоставлению заказчику права передавать научно-техническую продукцию другим организациям для последующего ее использования, а также определению условий такой (последующей) передачи.

Примечания к разделу 7

1. Закон о государственном предприятии.
2. О переводе научных организаций на полный хозяйственный расчет и самофинансирование. Постановление ЦК КПСС и Совета Министров СССР от 30 сентября 1987 г. № 1102. — СП СССР, 1987, отд. 1, № 48, ст. 158.
3. О мерах по коренному повышению качества продукции. Постановление ЦК КПСС и Совета Министров СССР от 12 мая 1986 г. № 540. — СП СССР, 1986, отд. 1, № 24, ст. 139.
4. Об основных направлениях перестройки системы ценообразования в условиях нового хозяйственного механизма. Постановление ЦК КПСС и Совета Министров СССР от 17 июля 1987 г. № 820. — СП СССР, 1987, отд. 1, № 36, ст. 120.
5. Порядок разработки и согласования технической документации при создании и постановке на производство новой (модернизированной) продукции машиностроения. Утвержден постановлением Совета Министров СССР от 14 января 1986 г. № 65. — СП СССР, 1986, отд. 1, № 13, ст. 83.
6. Типовое положение о проведении конкурсов на разработку и проектирование продукции машиностроения. Утверждено постановлением ГКНТ СССР от 23 июня 1987 г. № 194. — БНА, 1987, № 11, с. 3.
7. Положение о договорах на создание (передачу) научно-технической продукции. Утверждено постановлением ГКНТ СССР от 19 ноября 1987 г. № 435. — БНА, 1988, № 5, с. 8.
8. О практике рассмотрения споров, связанных с заключением и исполнением договоров на научно-исследовательские, опытно-конструкторские и технологические работы. Инструктивные указания Государственного арбитража СССР от 22 августа 1974 г. № И-1-29. — Систематизированный сборник, с. 276.
9. Методические рекомендации по комплексной оценке эффективности мероприятий, направленных на ускорение научно-технического прогресса. Утверждены постановлением ГКНТ и Президиума АН СССР от 3 марта 1988 г. № 60/52. — БНА, 1988, № 7, с. 10.

Раздел 8
УСТАНОВЛЕНИЕ И ПРИМЕНЕНИЕ ЦЕН

1. Система цен и тарифов

Виды цен. В связи с развитием экономических методов управления и в соответствии с новым хозяйственным механизмом признано необходимым применять следующие цены и тарифы: централизованно устанавливаемые; договорные; самостоятельно устанавливаемые предприятиями и организациями (3, п. 10).

Для расчетов между предприятиями за реализуемую продукцию, выполняемые работы и услуги устанавливаются и применяются оптовые цены на продукцию промышленности и тарифы на грузовые перевозки и другие услуги, оказываемые народному хозяйству; закупочные цены на сельскохозяйственную продукцию, сметные цены и расценки на объекты и работы в капитальном строительстве. В случаях, предусмотренных законодательством, для расчетов между предприятиями применяются розничные цены (тарифы). Предприятия реализуют продукцию (работы, услуги) населению, если иное не установлено законодательством, по розничным ценам (тарифам).

Цены, применяемые государственными предприятиями. Права и обязанности в области ценообразования осуществляются предприятием в соответствии с основными принципами государственного управления и регулирования цен. Цены должны отражать общественно необходимые затраты на производство и реализацию продукции, ее потребительские свойства, качество и платежеспособный спрос. Предприятие обязано обеспечить экономическую обоснованность цен, их проектов или расчетов к ним, опережающий рост народнохозяйственного эффекта по сравнению с затратами, относительное удешевление продукции для потребителя.

Цены, применяемые кооперативами. Кооператив реализует продукцию и товары собственного производства, выполняет работы и предоставляет услуги по ценам и тарифам, устанавливаемым им по договоренности с потребителями или самостоятельно.

Продукция (работы, услуги), произведенная в соответствии с заключенными договорами на исполнение государственного заказа, а также изготовленная из сырья или материалов, поставленных кооперативу из государственных ресурсов, реализуется заготовительным, другим предприятиям (организациям) и гражданам по ценам (тарифам), определяемым централизованно, а в случаях, когда это разрешено государственным предприятиям, — по договорным ценам (тарифам). В таком же порядке определяются розничные цены на товары, выделяемые кооперативам для реализации населению из государственных рыночных фондов, цены и наценки на реализуемые кооперативами товары, приобретенные ими в государственной и кооперативной розничной торговой сети (2, ст. 19, п. 3).

Расчеты кооператива, изготавливающего товары народного потребления и оказывающего услуги населению, за материально-технические ресурсы осуществляются по оптовым ценам с повышающими коэффициентами или по розничным ценам, а при их отсутствии — по договорным ценам.

Кооператив, специализирующийся на выпуске продукции производственно-технического назначения и оказании услуг государственным предприятиям и организациям, закупает необходимые ему сырье, материалы, инструмент, оборудование и изделия по оптовым или договорным ценам (2, ст. 27, п. 5).

Цены на товары внешнеторгового оборота, реализуемые и закупаемые предприятиями, устанавливаются исходя из фактических контрактных цен (внешнеторговых цен экспортируемых и импортируемых товаров, выраженных в валютных рублях), пересчитанных в советские рубли с применением дифференцированных валютных коэффициентов (6, п. 20).

В целях повышения реальности оценки эффективности экспорта и импорта, а также упрощения расчетов государственных предприятий при осуществлении ими экспортно-импортной деятельности признано необходимым перейти начиная с 1 января 1991 г. к использованию в расчетах по внешнеэкономическим операциям нового валютного курса, постепенно отказываясь от применения при пересчете фактических контрактных цен на советские рубли дифференцированных валютных коэффициентов. До перехода на новый порядок расчетов начиная с 1 января 1990 г. будет применяться 100-процентная надбавка к курсовому соотношению свободно конвертируемой валюты к рублю (11, пп. 12—13).

Цены, применяемые на советском рынке совместными предприятиями. Если созданные на территории СССР совместные предприятия с участием организаций стран — членов СЭВ включаются в систему материально-технического снабжения СССР, они получают и реализуют продукцию и услуги по оптовым или договорным ценам в порядке, установленном в СССР. При снабжении через внешнеторговые организации СССР эти предприятия получают и реализуют продукцию по внешнеторговым ценам.

Созданные на территории СССР совместные предприятия с участием фирм капиталистических и развивающихся стран определяют по согласованию с советскими предприятиями и организациями вид валюты при расчетах за реализуемую продукцию и закупаемые товары, а также порядок реализации своей продукции на советском рынке и поставок товаров с этого рынка (7, п. 8), т. е. самостоятельно определяют виды цен, применяемых ими на советском рынке.

Расчетные цены. Для предприятий отдельных отраслей промышленности министерства (ведомства) СССР и Советы Министров союзных республик имеют право утверждать расчетные цены на продукцию, обеспечивающие возмещение этим предприятиям индивидуальных затрат на ее производство и необходимые условия хозрасчетной деятельности. При этом устанавливается порядок регулирования разницы между расчетной и оптовой ценами в пределах отрасли, без изменения платежей в бюджет и расчетов с потребителями (9, пп. 6 «д», 8«д»).

Госагропромам союзных республик, краевым, областным агропромышленным комитетам, районным агропромышленным объединениям (по решению совета объединения) предоставлено право устанавливать расчетные цены на реализуемую подведомственным перерабатывающим и торговым предприятиям и организациям сельскохозяйственную продукцию, исходя из действующих оптовых и розничных цен на соответствующую конечную продукцию агропромышленного комплекса. При определении уровня расчетных цен должны учитываться реальный вклад и мера участия предприятий и организаций в производстве, переработке и реализации сельскохозяйственной продукции (10, п. 16).

Расчетные цены могут устанавливаться органами управления для предприятий только в указанных и других случаях, предусмотренных законодательством.

Объединения и предприятия могут самостоятельно определять расчетные цены для урегулирования хозрасчетных отношений между своими структурными единицами и другими подразделениями. Предприятия, осуществляющие совместную хозяйственную деятельность (1, ст. 21, п. 1), могут согласовывать расчетные цены для оценки их вклада (доли) в эту деятельность.

Лимитные цены определяют максимально допустимый уровень цен (или отдельных её параметров) на новую продукцию (работы). Действующие нормативные документы предусматривают установление лимитных цен на новую продукцию производственно-технического назначения и на капитальный ремонт машин и оборудования (9, п. 3; 15, пп. 2.1—2.7; 16, п. 2.6). Лимитные цены используются для обоснования целесообразности проектирования и производства продукции (работ), других технико-экономических расчетов и определения предельного уровня соответствующих прейскурантных или договорных цен. Для расчетов за продукцию (работы) лимитные цены не применяются.

2. Централизованно устанавливаемые цены и тарифы

Компетенция государственных органов по установлению цен. Централизованно устанавливаемые цены и тарифы на продукцию, товары и услуги утверждаются в зависимости от их народнохозяйственной и социальной значимости Советом Министров СССР, Госкомцен СССР, министерствами и ведомствами, Советами Министров союзных и автономных республик, исполкомами местных Советов народных депутатов (3, п. 10).

Совет Министров СССР определил круг цен и тарифов, утверждение которых входит только в его ведение (9, п. 1 и приложение № 1), и определил перечни продукции, работ и услуг, цены (тарифы) на которые утверждают: Госкомцен СССР (9, пп. 3, 4, 29, 39, 40, 42, 46, приложения № 2, 3, 4); Советы Министров союзных республик (9, пп. 5, 6, 30, 37, 43, 47); министерства и ведомства СССР (9, пп. 8, 9, 10, 14, 35, 45, 48, 49, приложения № 5—7). Непосредственно Советом Министров СССР определены также полномочия госагропромов союзных и автономных республик, агропромышленных комитетов областей и краев и районных агропромышленных объединений по установлению цен и тарифов на отдельные виды сельскохозяйственной продукции, работ и услуг (4, пп. 10—11).

Советы Министров союзных республик в пределах их полномочий в области цен могут поручать утверждение цен и тарифов госкомцен союзных республик и республиканским министерствам и ведомствам, а также определяют по согласованию с Госкомцен СССР перечни продукции, работ и услуг, цены и тарифы на которые утверждаются Советами Министров автономных республик, исполкомами краевых, областных и городских (городов республиканского подчинения) Советов народных депутатов (9, пп. 6, 7, 31, 33, 44, 47).

Разработка и представление проектов цен. Объем материалов, обосновывающих проекты цен и требования к их оформлению, регламентируются инструкциями, методическими указаниями и другими нормативными документами по ценам, изданными Госкомцен СССР (14; 15; 16). По прейскурантам, утверждаемым министерствами и ведомствами СССР, объем материалов и требования к их оформлению определяются соответствующими министерствами (ведомствами) применительно к нормативным документам Госкомцен СССР.

Разработка проектов оптовых и розничных цен на промышленную и сельскохозяйственную продукцию должна увязываться с разработкой стандартов, технических условий и другой нормативно-технической документации на продукцию. Цены, стандарты и технические условия на новые виды продукции должны утверждаться до начала производства этой продукции и вводиться в действие одновременно (9, п. 54).

Предприятия представляют разработанные ими проекты цен в министерства (ведомства), управления исполкомов Советов народных депутатов по подчиненности для рассмотрения и передачи в Госкомцен СССР и другие органы ценообразования, либо (в случаях, предусмотренных нормативными документами по ценам) представляют проекты цен непосредственно в госкомцен союзных и автономных республик (отделы цен Советов Министров АССР), отделы цен краевых, областных, городских Советов народных депутатов по номенклатуре продукции, цены на которые утверждаются госкомцен союзных республик и соответствующими исполкомами. Порядок прохождения проектов цен и обосновывающих их материалов в системе министерства (ведомства) определяется соответствующим министерством (ведомством).

Реформа цен. Положениями о коренной перестройке управления экономики страны предусмотрено проведение в 1989—1991 годах радикальной реформы цен (3, пп. 1—9).

В условиях проведения реформы цен порядок их разработки, согласования, утверждения и введение в действие определяется постановлениями Совета Министров СССР по вопросам пересмотра оптовых цен в промышленности, тарифов на грузовые перевозки, сметных цен и расценок в капитальном строительстве, розничных цен и тарифов.

Обеспечение предприятий прейскурантами. Органы ценообразования, министерства (ведомства) и другие органы, которые утверждают цены и тарифы, обязаны своевременно издавать и доводить прейскуранты и дополнения к ним до организаций и предприятий (9, пп. 5, 8).

Заявки на прейскуранты подаются в органы, устанавливающие цены, министерствами, ведомствами и центральными органами кооперативных и общественных организаций с учетом обеспечения подведомственных предприятий прейскурантами на выпускаемую (реализуемую) продукцию и основную потребляемую продукцию. Заявки на прейскуранты, утверждаемые Госкомцен СССР, подаются непосредственно в Прейскурантиздат.

Предприятия получают прейскуранты через вышестоящие организации. Рассылаются прейскуранты (сборники закупочных цен) по разнарядкам, составляемым Госкомцен СССР и госкомцен союзных республик с участием заинтересованных министерств и ведомств.

3. Договорные цены (тарифы)

Понятие договорной цены. Договорными ценами согласно Закону о предприятии являются цены (тарифы), которые определяются предприятиями-изготовителями (поставщиками, подрядчиками) по согласованию с предприятиями-потребителями (покупателями, заказчиками) (1, ст. 17, п. 10). Договорными в ряде нормативных актов названы также цены (тарифы), устанавливаемые по согласованию между министерствами (ведомствами) предприятий-изготовителей и потребителей (3, п. 10; 15, п. 2.8.1).

Предприятие имеет право применять договорные цены на

продукцию производственно-технического назначения, изготовляемую по разовым и индивидуальным заказам, новую или впервые осваиваемую продукцию и новые непродовольственные товары народного потребления, а также отдельные виды продовольственных товаров, реализуемые по согласованию с торгующими организациями, на срок до 2 лет по действующему перечню; конечную продукцию научно-исследовательских и проектно-конструкторских организаций; сельскохозяйственную продукцию, закупаемую совхозами и другими государственными сельскохозяйственными предприятиями у населения; продукцию, закупаемую и реализуемую кооперативными организациями; другие виды продукции (работ, услуг), предусмотренные законодательством (1, ст. 17, п. 10).

Методика и порядок определения договорных цен на отдельные виды продукции (работ, услуг) устанавливаются Госкомцен СССР. Если нормативными документами Госкомцен СССР показатели для расчета договорной цены не предусмотрены, они определяются самими предприятиями, исходя из особенностей продукции (работ, услуг), ее потребительских свойств, качества и платежеспособного спроса.

Договорные оптовые цены на продукцию и услуги производственного характера определяются в порядке, предусмотренном Госкомцен СССР (14; 15; 16).

Предприятия устанавливают договорные оптовые цены и тарифы на следующую продукцию производственно-технического назначения и услуги производственного характера:

на новую или впервые осваиваемую (принципиально новую) продукцию, предназначенную для серийного или массового производства по перечню Госкомцен СССР;

на новые машины и оборудование, изготовляемые по индивидуальным заказам;

на продукцию, изготовляемую по разовым заказам;

на услуги производственного характера (работы промышленного характера), если они не подлежат утверждению в соответствии с действующим законодательством государственными органами ценообразования или министерствами (ведомствами);

на заготовки, узлы, детали и комплектующие изделия, выпускаемые по техническим описаниям, к несложным товарам народного потребления;

доплаты (скидки) к централизованно установленным оптовым ценам за выполнение дополнительных требований заказчика по изменению потребительских свойств и комплектации продукции, а также в других случаях, оговоренных в прейскурантах или предусмотренных законодательством;

на продукцию производственно-технического назначения, изготовляемую только для поставки на экспорт, при отсутствии на нее утвержденных в надлежащем порядке оптовых цен или дифференцированных валютных коэффициентов;

на новые виды вторичного сырья;

на другие виды продукции (услуг), право установления договорных оптовых цен (тарифов) на которые предоставлено законодательством предприятиям.

Расчет договорных оптовых цен на продукцию, изготовляемую по разовым заказам; на заготовки, узлы, детали и комплектующие изделия к несложным товарам народного потребления и на другие виды продукции (услуг), для которых не предусмотрены специальные порядок или методики определения цен, производится исходя из экономически обоснованных затрат на изготовление и реализацию продукции и рентабельности и себестоимости в размере не выше планового уровня ее на текущий год в целом по предприятию. Приведенное правило не распространяется на основные виды договорных оптовых цен. Договорные цены на новую продукцию производственно-технического назначения, договорные тарифы на перевозку грузов должны определяться в соответствии со специальными правилами, принятыми Госкомцен СССР.

В частности, договорные цены на новую машиностроительную продукцию и на не имеющую прямых аналогов новую продукцию сырьевых отраслей тяжелой промышленности устанавливаются в пределах лимитных цен. Лимитная цена и на ее основе — договорная цена согласно утвержденной методике определяются прежде всего исходя из цены базовой продукции, принимаемой в качестве аналога, и размера полезного эффекта от использования новой продукции (15; 16).

Договорная оптовая цена оформляется протоколом и вводится в действие с момента подписания протокола руководителем предприятия-изготовителя, если не оговорены иные условия введения ее в действие.

Протокол подписывается руководителем предприятия-изготовителя после согласования его с предприятием (организацией)-потребителем (заказчиком). В протоколе обязательно указываются качественные показатели, характеризующие потребительские свойства продукции (услуг).

При незначительных суммах заказа по продукции (услугам) единовременного характера изготовления (выполнения) согласование может быть оформлено без протокола. В этом случае на документе, которым оформляется заказ на изготовление продукции (выполнение услуг), заказчиком указывается, что оплата гарантируется.

При изготовлении продукции (выполнении услуг) нескольким предприятиям (организациям)-заказчикам договорная оптовая цена согласовывается с основным заказчиком и протокол направляется остальным заказчикам. Если отдельные заказчики возражают против этой цены, с ними может быть согласован другой уровень цены (14, п. 3.3).

Ответственность за обоснованность договорных оптовых цен. Договорные цены подлежат снижению по требованию потребителя, если из-за конструктивных или технологических недостатков новой продукции, допущенных изготовителем, не достигнуты основные технико-экономические, социальные, экологические параметры, принятые для обоснования уровня договорных цен. При снижении договорной цены изготовитель возмещает потребителю разницу в ценах за весь объем поставленной по этим ценам продукции. Если параметры новой продукции не достигаются по вине организаций-разработчиков, изготовитель вправе взыскать с разработчика продукции сумму потерь от этого снижения цен (12).

Сроки действия договорных оптовых цен. На новую или впервые осваиваемую продукцию, предназначенную к серийному или массовому производству, по утвержденному Госкомцен СССР перечню договорные оптовые цены устанавливаются на срок до 2 лет. Предприятия обязаны своевременно (не позднее чем за 3 месяца до окончания срока действия договорной оптовой цены) представить материалы для утверждения постоянных оптовых цен в соответствии с надлежащим порядком.

На новые машины и оборудование, изготовляемые по индивидуальным заказам, а также на продукцию, изготовляемую по разовым заказам, договорные оптовые цены действуют в течение срока выполнения заказа.

На новые виды вторичного сырья, постоянные цены на которые утверждаются централизованно, договорные оптовые цены устанавливаются сроком до 2 лет.

В остальных случаях срок действия договорных оптовых цен определяется сторонами.

По договорным оптовым ценам с ограниченным сроком действия в протоколе указывается окончание срока их действия (14, п. 3.4).

Договорные тарифы на перевозки грузов и другие услуги железнодорожного транспорта устанавливаются в соответствии с Порядком применения этих тарифов, утвержденным МПС СССР 16 марта 1988 г. по согласованию с Госкомцен СССР.

По согласованию между железной дорогой и предприятиями-грузоотправителями могут определяться договорные тарифы (сборы) на перевозки грузов: а) с согласованием сокращенных сроков доставки по сравнению с нормативами Правил перевозки грузов; б) в кольцевых маршрутах с согласованным временем отправления и прибытия; в) в специализированных вагонах, не применявшихся ранее; г) в принадлежащих предприятиям и организациям вагонах, требующих ограничений по скорости или весу поездов при обращении их по общей сети железных дорог СССР; д) в случаях, когда груз транспортируется на особых условиях, учитывающих дополнительные требования грузоотправителей и грузополучателей.

Договорные сборы могут устанавливаться на погрузочно-разгрузочные работы, выполняемые силами и средствами железных дорог в случаях, когда в соответствии с УЖД и Правилами перевозок грузов эти работы возложены на грузоотправителей и грузополучателей, а также работы, осуществляемые с выполнением дополнительных требований грузоотправителей и грузополучателей к погрузочно-разгрузочным работам, не предусмотренным прейскурантом.

Договорные тарифы на перевозку грузов с сокращением сроков доставки, согласованным временем отправления и прибытия, в специализированных вагонах определяются на базе действующих тарифов с повышением платы в пределах экономического эффекта, образующегося у грузоотправителей и грузополучателей.

Договорные тарифы (сборы) на другие работы и услуги определяются исходя из экономически обоснованных дополнительных затрат на их выполнение и среднесетевой рентабельности перевозок грузов.

Договорные тарифы (сборы) оформляются протоколом, подписываемым руководителем организации-грузоотправителя (заказчика услуг) и руководителем железной дороги или начальником отделения дороги, а при выполнении погрузочно-разгрузочных работ и других услуг — начальником механизированной дистанции погрузочно-разгрузочных работ. Условия применения договорных тарифов грузоотправитель согласовывает с грузополучателем или другими организациями, на которых относятся расходы по перевозке грузов.

Договорные доплаты (скидки) за услуги при поставках продукции определяются в соответствии с Положением о поставках продукции (п. 47) и Порядком установления складских наценок, оплаты услуг снабженческо-сбытовых организаций системы Госснаба СССР и установлении коммерческих цен на продукцию производственно-технического назначения, утвержденным в апреле 1988 года Госкомцен СССР и Госснабом СССР.

Стороны по договору поставки продукции вправе предусмотреть в нем доплаты (надбавки) к централизованно установленной цене за выполнение дополнительных требований по изменению потребительских свойств и комплектации продукции, срочное исполнение заказов, изготовление продукции в количестве менее минимальных норм заказа, поставку продукции с более продолжительными гарантийными сроками, если такие доплаты (надбавки) не предусмотрены прейскурантами.

Снабженческо-сбытовые организации системы Госснаба СССР начиная с 1989 года могут по соглашению с потребителями предусматривать доплаты за: а) выполнение заказов на поставку продукции со срочным исполнением (не позднее 10 дней со дня представления заказов); б) организацию централизованной доставки грузов и по согласованным графикам; в) комплексное снабжение; г) комплектные поставки продукции; д) услуги по подготовке продукции к производственному потреблению; е) поставку мелких партий продукции черной металлургии (в размерах, фактически уплаченных поставщикам металлопродукции). Предприятия-изготовители предоставляют этим организациям договорную скидку за услуги по сбыту продукции. По соглашению с потребителями и снабженческо-сбытовыми организациями определяется стоимость коммерческо-информационных, посреднических услуг, услуг по реализации неиспользуемой продукции и других аналогичных услуг.

Коммерческие цены на продукцию являются видом договорных цен, порядок определения и сфера применения которых регламентированы в нормативных документах. Коммерческие цены устанавливаются с целью создания заинтересованности предприятий-изготовителей в удовлетворении спроса в дефицитной продукции и побуждения потребителей к ее экономному использованию.

Основу коммерческой цены составляют действующая оптовая цена и предельный коэффициент ее увеличения. Предельные коэффициенты утверждаются Госкомцен СССР на продукцию по перечню, ежегодно формируемому Госснабом СССР.

По коммерческим ценам территориальные органы Госснаба СССР закупают и реализуют продукцию, изготавливаемую предприятиями сверх государственного заказа и принятых к исполнению прямых заказов потребителей. Территориальные органы Госснаба имеют исключительное право на применение коммерческих цен. Конкретный размер коммерческой цены (в пределах действующего коэффициента) и размер скидки за услуги по реализации определяются в договорах, заключаемых организациями Госснаба СССР с предприятиями — изготовителями продукции.

Договорные цены на непродовольственные товары. По соглашению между предприятиями промышленности и торговыми организациями устанавливаются надбавки к розничным ценам на первые опытные партии непродовольственных товаров и особо модные изделия.

Временные надбавки к ценам на товары улучшенного качества с индексом «н» (кроме изделий детского ассортимента, а также включаемых в госзаказ изделий для лиц старшего возраста), производимые предприятиями систем Минлегпрома СССР, Миннефтехимпрома СССР и Минлеспрома СССР, утверждаются изготовителями, а на продукцию, производимую предприятиями других министерств, — органами ценообразования при обязательном согласии представителей органов торговли. Надбавки устанавливаются в размере не выше 15% к постоянной розничной цене на срок до одного года (по мебели — до двух лет).

Предприятия легкой промышленности и торговые организации могут определять договорные розничные цены на особо модные товары при их продаже на оптовых ярмарках с учетом потребительских свойств товаров, спроса и предложения, если цены на эти товары не были определены в надлежащем порядке (5, п. 31).

На товары детского ассортимента, а также на изделия для лиц старшего возраста по перечню, предусмотренному в государственном заказе, договорные цены не устанавливаются.

Договорные цены на сельскохозяйственную продукцию. Картофель, столовый виноград, плодоовощная продукция, а также продукты их переработки, включая консервы, реализуются по ценам, определяемым поставщиками и потребителями по договоренности сторон, в том числе при поставках в общесоюзный и республиканские фонды.

Договорные цены на научно-техническую продукцию. Цены на научно-исследовательские, проектные, конструкторские и технологические разработки, опытную продукцию, научно-технические услуги и другие виды работ согласовываются научной организацией с заказчиком до начала работ в зависимости от требуемых эффективности, качества и сроков выполнения работ (8, п. 8).

Процесс согласования договорных цен на научно-техническую продукцию в настоящее время не регламентирован методикой их определения.

Исполнители и заказчики при согласовании цен на научно-техническую продукцию не связаны какими-либо утвержденными ценами, расценками, нормативами. Заказчик наряду с научной, конструкторской, технологической и проектной организацией-исполнителем несет полную ответственность за обоснованность уровня договорных цен на научно-техническую продукцию, опытно-конструкторские разработки и проектно-сметную документацию, контролирует при заключении договора и приемке выполненных работ соответствие расходов экономическому эффекту от их применения. В этих целях следует предусматривать в договоре взаимную ответственность сторон за достижение экономического эффекта, а по проектно-конструкторским работам — также за достижение параметров и технического уровня, принятых при расчете лимитных цен (12).

Договорные цены на проектные работы для строительства приходится в настоящее время устанавливать на основе не согласованных между собой, но фактически действующих нормативных документов. Проектные (для строительства) работы рассматриваются как разновидность научно-технических разработок и подлежат оплате по договорным ценам. Госстрой СССР, однако, указал, что договорные цены на проектную продукцию должны устанавливаться в соответствии с Общими указаниями по применению Сборника цен на проектные работы для строительства, утвержденными постановлением Госстроя СССР от 2 февраля 1987 г. № 21 (13). Предприятиям следует применять названный Сборник цен на проектные работы при расчетах договорных цен. Вместе с тем в договорную цену могут быть включены доплаты и надбавки за выполнение при проектировании требований, не предусмотренных Сборником (повышенное качество работ, сокращение их сроков против норм продолжительности проектирования и др.).

4. Применение цен и тарифов кооперативами в сферах производства и услуг

Применение централизованно устанавливаемых цен при расчетах с кооперативами за реализуемую или приобретаемую ими продукцию обязательно в случаях, предусмотренных п. 3 ст. 19 и п. 5 ст. 27 Закона о кооперации. Вместе с тем обязанность кооператива применять такие цены может быть установлена его уставом или заключенными им договорами.

Порядок применения кооперативами централизованно установленных цен определен Советом Министров СССР (12). Следует также руководствоваться Указаниями Госкомцен СССР «О некоторых вопросах ценообразования в связи с введением в действие Закона СССР «О кооперации в СССР» (письмо Госкомцен СССР от 31 августа 1988 г. № 01-17/2218-13).

О наценках на товары. Кооперативы могут реализовать населению товары народного потребления, выделяемые из государственных рыночных фондов или закупленные в торговой сети, без их кулинарной и технологической обработки по ценам приобретения (государственным розничным ценам или договорным розничным ценам) с наценкой в следующих размерах.

Безалкогольные напитки, минеральные воды и соки — не выше 10 коп. за бутылку. С такой же наценкой реализуется пиво (при наличии разрешения на его продажу). Другие продовольственные товары и все непродовольственные товары — до 10% их стоимости. Табачные изделия реализуются по государственным розничным ценам без наценок.

Наценки на продукцию общественного питания. Кооперативы, изготовляющие продукцию общественного питания из сырья, выделяемого им из государственных розничных фондов и закупаемого в торговой сети по государственным розничным ценам, реализуют указанную продукцию по самостоятельно устанавливаемым или договорным ценам, определенным исходя из стоимости этого сырья и предельных наценок на продукцию общественного питания. Предельные наценки на продукцию кооперативов устанавливаются исполкомами Советов народных депутатов с учетом уровня обслуживания применительно к размерам наценок, действующих в государственных предприятиях соответствующих категорий, но не выше установленных для ресторанов высшей категории.

При выработке кооперативами хлебобулочных изделий, входящих в номенклатуру продукции массового производства предприятий хлебопекарной промышленности, цены на них не должны превышать уровень государственных розничных цен.

Цена излишних материальных ресурсов. Оборудование, транспортные средства, инвентарь, сырье и другие материальные ценности, принадлежащие кооперативам, могут быть ими реализованы предприятиям, организациям и кооперативам по договорным ценам, но не выше цен приобретения (розничных, оптовых или оптовых с повышающими коэффициентами).

Оплата материально-технических средств. Кооперативы, специализирующиеся на выпуске продукции производственно-технического назначения и оказании услуг государственным предприятиям и организациям и рассчитывающиеся с покупателями (заказчиками) по централизованно установленным ценам, закупают необходимые им сырье, материалы, оборудование и изделия по оптовым, а в предусмотренных случаях — по договорным ценам.

Государственные предприятия и организации отпускают кооперативам, изготовляющим для них продукцию (оказывающим услуги), материально-технические ресурсы по действующим нормам и контролируют их расходование. Материально-технические ресурсы в этих случаях могут также предоставляться на давальческих началах.

Все другие кооперативы закупают необходимые им ресурсы по розничным или оптовым ценам с повышающими коэффициентами, установленными Госкомцен СССР.

Стоимость ремонта оборудования. При ремонте транспортных средств и оборудования, принадлежащих всем кооперативам, расчеты с ними производятся по действующим ценам, а при их отсутствии — по договорным ценам.

Стоимость используемых деталей, изделий, запасных частей и других материалов оплачивается кооперативами по розничным ценам, а при их отсутствии — по оптовым ценам с учетом коэффициентов.

Ставки арендной платы. Арендуемое у предприятий и организаций оборудование, транспортные средства и другое имущество оплачивается кооперативами в размерах, определяемых по соглашению сторон, исходя из сумм амортизационных отчислений с учетом условий его эксплуатации, прибыли, приходящейся на стоимость этого имущества, и платы за фонды. Имущество, арендуемое у граждан, оплачивается по соглашению сторон.

Аренда помещений оплачивается кооперативами по установленным ставкам, а в случае их отсутствия — по соглашению сторон.

За пользование электрической и тепловой энергией, газом, водой и коммунальными услугами кооперативы рассчитываются по тарифам, установленным для предприятий, при которых они созданы. Кооперативы, действующие на самостоятельных началах, оплачивают электрическую и тепловую энергию по тарифам для соответствующих групп потребителей, а другие виды коммунальных услуг — как государственные предприятия.

Повышающие коэффициенты к оптовым ценам для отпуска сырья, материалов, товаров народного потребления и продукции производственно-технического назначения кооперативам и гражданам, занимающимся индивидуальной трудовой деятельностью, определяются Госкомцен СССР по продукции и товарам, на которые отсутствуют утвержденные розничные цены. По мере утверждения розничных цен на соответствующие виды продукции и изменения соотношения уровней оптовых и розничных цен Госкомцен СССР вносит изменения в перечень повышающих коэффициентов, утвержденный 24 апреля 1987 г. (18).

В случае отсутствия утвержденных розничных цен или коэффициентов к оптовым ценам на сырье, материалы и другую продукцию расчеты за нее с кооперативами должны производиться с применением повышающего коэффициента 1,5.

5. Применение цен при заключении и исполнении хозяйственных договоров

Цена является существенным условием договоров поставки и ряда других хозяйственных договоров. При отсутствии в соответствующих договорах условия о цене они считаются незаключенными. В договоре должна быть указана цена. Если установление цены действующим законодательством отнесено к компетенции сторон, в договоре должна быть указана согласованная цена. В том случае, когда при разрешении спора об оплате продукции (работ, услуг) будет выявлено, что покупатель (заказчик) отказался от ее оплаты вследствие отсутствия утвержденной или согласованной в надлежащем порядке цены, предъявленный иск не подлежит удовлетворению.

Если при рассмотрении преддоговорного или имущественного спора арбитраж выявит, что условие о цене определено неточно, неполно или противоречит действующему законодательству, он должен признать такие условия недействительными, внести в договор соответствующие изменения и основывать решение на надлежаще утвержденных ценах (17, п. 16).

Обоснование цены в платежном требовании или другом расчетном (товарном) документе должно включать указание на прейскурант или иной акт, которым утверждена цена, конкретную позицию, а также данные о наценках, скидках и надбавках, включенных в платежное требование. При отсутствии в требовании обоснования цен на отгруженные или сданные товары плательщик вправе полностью отказаться от акцепта платежного требования.

Обозначение розничных цен на товарах народного потребления. В целях обеспечения контроля со стороны покупателей за соблюдением розничных цен и повышения культуры торговли на всех товарах народного потребления, выпускаемых в таре и упаковке, а также в технических паспортах на все товары культурно-бытового назначения и хозяйственного обихода, реализуемые с такими паспортами, должны обозначаться розничные цены. Цены обозначаются, кроме того, на товарах, выпускаемых без тары и упаковки, по номенклатуре, определяемой Госкомцен СССР с участием Минторга СССР и других заинтересованных министерств и ведомств.

В случае, когда поставщик, в нарушение действующих правил, не указал розничную цену на таре или упаковке либо на товаре, выпускаемом без тары и упаковки, соответствующие тара, упаковка или непосредственно товар рассматриваются как ненадлежаще маркированные (17, п. 31).

Излишне полученные суммы в связи с нарушением поставщиком (подрядчиком) действующего порядка утверждения или применения цен и тарифов возвращаются поставщиком (подрядчиком) по требованию покупателя (заказчика).

Ссылки поставщиков и организаций, оказывающих услуги, на изъятие финансовым органом в доход бюджета сумм незаконно полученной ими выручки не являются основанием для отказа покупателю (заказчику) в иске, заявленном в пределах срока исковой давности.

В том случае, когда покупатель ошибочно оплатил стоимость продукции, на которую нет утвержденной или согласованной в надлежащем порядке цены, иск покупателя о возврате поставщиком ошибочно уплаченных ему сумм подлежит удовлетворению при условии, что продукция не использована и принята на ответственное хранение (17, п. 19).

6. Ответственность за нарушение дисциплины цен

Предприятие несет ответственность за строгое соблюдение дисциплины цен и обязано не допускать их завышения. Необоснованно полученная предприятием прибыль в результате нарушений государственной дисциплины цен, несоблюдения стандартов и технических условий подлежит изъятию в бюджет (за счет хозрасчетного дохода коллектива) и исключается из отчетных данных о выполнении плана.

Предприятие, допустившее завышение цен и получение необоснованной прибыли, дополнительно уплачивает в бюджет штраф в размере незаконно полученной прибыли за счет хозрасчетного дохода коллектива. При завышении производителем цены на продукцию (работы, услуги) потребитель имеет право расторгнуть заключенный договор на ее поставку (1, ст. 17, п. 8).

Кооператив несет ответственность за соблюдение цен (тарифов), когда продукция (работы, услуги) реализуется предприятиям и организациям по договору на исполнение государственного заказа либо изготавливается из сырья или материалов, поставленных кооперативу из государственных ресурсов, а также при продаже кооперативом товаров, выделяемых из государственных рыночных фондов или приобретенных им в розничной торговой сети. При завышении кооперативом в этих случаях цен (тарифов) на продукцию (работы, услуги) необоснованно полученный в результате этого доход изымается в бюджет. Кооператив, завысивший цены (тарифы), уплачивает также в бюджет штраф в размере незаконно полученного дополнительного дохода. При завышении кооперативом цен (тарифов) на продукцию (работы, услуги) потребитель вправе расторгнуть заключенный с кооперативом договор (2, ст. 19, п. 4).

Государственный контроль за соблюдением цен осуществляет Госкомцен СССР и его органы на местах. В условиях усиления значения ценообразования в новом хозяйственном механизме перед ними поставлена задача:

усилить контроль за соблюдением розничных цен и тарифов на услуги для населения;

отменять экономически необоснованные цены, утвержденные министерствами и ведомствами, объединениями и предприятиями, применять установленные Законом о государственном предприятии экономические санкции в случае нарушения государственной дисциплины цен (3, п. 13).

В целях усиления контроля за ценами в государственных комитетах автономных республик, отделах цен (главных производственно-экономических управлениях) исполкомов краевых, областных и городских (городов республиканского подчинения) Советов народных депутатов образуются инспекции цен. В городских, районных и районных в городах исполкомах с численностью населения в городах и районах свыше 50 тыс. человек вводятся должности инспекторов по контролю за ценами.

Необоснованно полученная прибыль и штраф за завышение цен взимаются с государственных и общественных предприятий в доход соответствующего бюджета финансовыми органами на основании решений главных управлений (управлений), государственных инспекций (секторов) контроля цен органов ценообразования, а также министерств и ведомств по результатам ведомственных проверок. При этом при изъятии в бюджет по решениям государственных инспекций (секторов) контроля цен местных органов ценообразования необоснованно полученной прибыли у предприятий республиканского и союзного подчинения 25% изымаемой суммы направляются в доход местного бюджета.

При выявлении нарушений цен в кооперативах незаконно полученный доход вносится в местный бюджет. В случае, если кооператив отказывается от уплаты незаконно полученных сумм, их изъятие производится по решению суда или арбитража. При систематическом нарушении кооперативом дисциплины цен его деятельность может быть прекращена в установленном порядке (12).

Право потребителя расторгнуть договор с производителем, завысившим цены на продукцию (работы, услуги), предусмотренное Законом о предприятии (1, ст. 17, п. 8) и Законом о кооперации (2, ст. 19, п. 4), может быть реализовано независимо от того, какой договор заключен между сторонами (поставка, купля-продажа, подряд). Положениями о поставках продукции и товаров предусмотрено, что о расторжении договора по данному основанию покупатель извещает поставщика за месяц до прекращения договорных отношений.

Завышение цен, за которое производитель несет ответственность, имеет место в случаях представления производителем необоснованных расчетов для определения договорных цен или цен, утверждаемых его министерством (ведомством), а также неправильного применения централизованно установленных цен. При этом закон не обусловливает ответственность производителя за завышение цен и осуществление потребителем права на расторжение договора с наличием вины работников предприятия-производителя или какими-либо другими обстоятельствами.

При завышении цены потребитель имеет право либо расторгнуть договор, либо потребовать ее уменьшения и расчетов по надлежаще определенной цене.

Примечания к разделу 8

1. Закон о государственном предприятии.
2. Закон о кооперации.
3. Об основных направлениях перестройки системы ценообразования в условиях нового хозяйственного механизма. Постановление ЦК КПСС и Совета Министров СССР от 17 июля 1987 г. № 820. — СП СССР, 1987, отд. 1, № 36, ст. 120.
4. О дальнейшем совершенствовании экономического механизма хозяйствования в агропромышленном комплексе страны. Постановление ЦК КПСС и Совета Министров СССР от 20 марта 1986 г. № 358. — СП СССР, 1986, отд. 1, № 17, ст. 90.
5. Об улучшении планирования, экономического стимулирования и совершенствовании управления производством товаров народного потребления в легкой промышленности. Постановление ЦК КПСС и Совета Министров СССР от 24 апреля 1986 г. № 489. — СП СССР, 1986, отд. 1, № 20, ст. 108.
6. О мерах по совершенствованию управления внешнеэкономическими связями. Постановление ЦК КПСС и Совета Министров СССР от 19 августа 1986 г. № 991. — Свод законов СССР, т. 9, с. 48—3.
7. О дополнительных мерах по совершенствованию внешнеэкономической деятельности в новых условиях хозяйствования. Постановление ЦК КПСС и Совета Министров СССР от 17 сентября 1987 г. № 1074. — Механизм внешнеэкономической деятельности. Сборник документов. М., 1988, с. 52.
8. О переводе научных организаций на полный хозяйственный расчет и самофинансирование. Постановление ЦК КПСС и Совета Министров СССР от 30 сентября 1987 г. № 1102. — СП СССР, 1987, отд. 1, № 48, ст. 158.
9. О дальнейшем совершенствовании порядка установления и применения цен на промышленную и сельскохозяйственную продукцию, а также тарифов на перевозки и другие услуги, оказываемые народному хозяйству и населению. Постановление Совета Министров СССР от 10 августа 1972 г. № 630. — Свод законов СССР, т. 5, с. 327.
10. О переводе предприятий и организаций системы Госагропрома СССР на полный хозяйственный расчет и самофинансирование. Постановление ЦК КПСС и Совета Министров СССР от 18 декабря 1987 г. № 1428. — Полный хозяйственный расчет и самофинансирование. Сборник документов. М., 1988, с. 52—63.
11. О дальнейшем развитии внешнеэкономической деятельности государственных, кооперативных и иных общественных предприятий, объединений и организаций. Постановление Совета Министров СССР от 2 декабря 1988 г. — Эконом. газ., 1988, № 51.
12. О мерах по устранению недостатков в сложившейся

практике ценообразования. — СП СССР, 1989, отд. 1, № 8, ст. 25.

13. Общие указания по применению Сборника цен на проектные работы для строительства. Утверждены постановлением Госстроя СССР от 2 февраля 1987 г. № 21. — Законодательство о капитальном строительстве. Дополнения и изменения. Ч. 1, кн. 2. М., 1987, с. 282—296.

14. Положение о порядке установления предприятиями договорных оптовых цен на продукцию производственно-технического назначения и услуги производственного характера. Утверждено постановлением Госкомцен СССР от 29 декабря 1987 г. № 882. — Эконом. газ., 1988, № 5, с. 23.

15. Методика определения оптовых цен на новую машиностроительную продукцию производственно-технического назначения (временная). Утверждена постановлением Госкомцен СССР от 30 октября 1987 г. № 760. — Эконом. газ., 1987, № 51.

16. Методика определения оптовых цен на продукцию производственно-технического назначения сырьевых отраслей тяжелой промышленности. Утверждена постановлением Госкомцен СССР от 16 декабря 1987 г. № 858. — Эконом. газ., 1988, № 3, с. 19.

17. О рассмотрении арбитражами споров, связанных с установлением и применением цен на продукцию и товары, а также тарифов на перевозки и другие услуги, оказываемые народному хозяйству. Инструктивные указания Госарбитража СССР от 18 июня 1975 г. № И-1-21. — Систематизированный сборник, с. 167.

18. О порядке оплаты продукции и услуг кооперативами и гражданами, занимающимися индивидуальной трудовой деятельностью. Письмо Госкомцен СССР от 24 апреля 1987 г. № 10-17/1096-12. — БНА, 1987, № 8, с. 11.

Раздел 9
ПОРЯДОК КРЕДИТОВАНИЯ ПРЕДПРИЯТИЙ

1. Организация банковского кредитования

Государственный банк СССР определяет совместно со специализированными банками СССР на единой методологической основе обязательные для всех учреждений банков состав объектов кредитования, условия выдачи и погашения кредитов, льготы при кредитовании, меры кредитного воздействия на ссудозаемщиков и условия их применения (2, п. 6; 3, п. 3).

Все вопросы, связанные с кредитованием, предприятие

решает в кредитных учреждениях по месту открытия расчетного счета или счета по финансированию капитальных вложений. Предприятие несет ответственность за эффективное использование кредитов (1, ст. 18, п. 1).

Краткосрочный кредит выдается банком предприятию на цели текущей деятельности по укрупненным объектам кредитования (1, ст. 18, п. 1).

Правила кредитования материальных запасов и производственных затрат утверждены Госбанком СССР 30 октября 1987 г. В соответствии с этими Правилами на кредитование по совокупности материальных и производственных запасов переведены предприятия промышленности, транспорта, связи, строительства, местного хозяйства и заготовительные организации (4, п. 4). Особенности кредитования торговых и снабженческо-сбытовых организаций, колхозов, совхозов и других сельскохозяйственных предприятий, киностудий, научно-исследовательских, проектно-изыскательских, подрядных строительно-монтажных и ремонтно-строительных организаций по незавершенному производству работ, предоставления кредита предприятиям для выдачи авансов артелям старателей, кооперативам и гражданам, занимающимся индивидуальной трудовой деятельностью, определены другими нормативными документами (4, п. 16).

Кредитный договор. Все вопросы, связанные с планированием, выдачей и погашением кредитов, уменьшением или увеличением процентных ставок, предприятия решают в местных учреждениях банков на основе кредитных договоров, определяющих взаимные обязательства и экономическую ответственность сторон (2, п. 9; 4, п. 2).

Кредитный договор между учреждением банка и предприятием заключается на год или более длительный срок, если предприятие пользуется кредитом постоянно, и на более короткий срок — при временной потребности в кредите либо при выдаче отдельной ссуды (4, п. 2).

В кредитном договоре могут предусматриваться: объекты кредитования; плановый размер кредита; условия выдачи и погашения ссуд, их влияние на улучшение деятельности предприятия; процентные ставки за кредит, понижение и повышение их; обязательство предприятия по залогу кредитуемых ценностей; размер собственных оборотных средств в покрытии материальных запасов и производственных затрат; перечень расчетов и сведений, необходимых для кредитования, сроки их представления предприятием и другие условия.

Плановость кредита. Учреждение банка предоставляет кредиты в пределах выделенных ему по кредитному плану ресурсов.

Использование кредита для покрытия длительных финансовых прорывов, бесхозяйственности и убытков предприятий не допускается (4, п. 3).

Выдаются ссуды в пределах планового размера кредита, который определяется учреждением банка совместно с предприятием на основе изучения потребности в накоплении материальных запасов и необходимости ускорения их оборота, проведения затрат исходя из плановых объемов производства и реализации продукции, капитального строительства, грузооборота, товарооборота, заготовок сельскохозяйственной продукции и других заданий. Кредиты предоставляются в меру фактического накопления запасов товарно-материальных ценностей и роста затрат производства с учетом осуществления мер по ресурсосбережению (4, п. 5).

Объекты кредитования. Кредиты могут предоставляться предприятиям на цели текущей деятельности по укрупненным объектам кредитования. Такими объектами являются для:

предприятий промышленности, транспорта, связи строительства, местного хозяйства, заготовительных — совокупность материальных запасов и производственных затрат;

колхозов, совхозов и других сельскохозяйственных предприятий — материальные ценности и затраты производства с учетом совокупного норматива собственных оборотных средств;

торговых и снабженческо-сбытовых организаций — совокупность товаров текущей реализации, сезонного и временного накопления, других товарно-материальных ценностей.

Объектами кредитования, кроме того, могут быть:

экспортные и импортные товары и затраты по внешнеэкономической деятельности;

обязательства по натуральным ссудам;

затраты на формирование основного стада;

затраты по незавершенному строительному производству;

затраты по незавершенному производству научно-исследовательских и проектно-изыскательских работ;

сырье, материалы, инструменты и иное имущество, приобретаемое гражданами, занимающимися индивидуальной трудовой деятельностью;

сырье, материалы, инструменты и другое имущество, приобретаемое кооперативами;

залогово-ссудные операции ломбардов;

сезонный разрыв между доходами и расходами театров, парков культуры и отдыха, затраты на производство кинофильмов и др.

Сроки, на которые выдаются ссуды. Кредиты предоставляются на срок оборачиваемости товарно-материальных ценностей, но не более 12 мес. (4, п. 5).

На более длительные сроки к кредитованию могут приниматься затраты, связанные с разработкой, подготовкой, освоением производства и изготовлением новых видов машин и оборудования, — на срок до 5 лет; затраты на пусконаладочные работы, предметы проката — на срок до 3 лет; на товары и материалы, проданные (отпущенные) в кредит, — на сроки, установленные для продажи (отпуска) ценностей в кредит; затраты незавершенного производства научно-исследовательских и проектно-изыскательских работ — до сдачи работ заказчику; затраты на формирование основного стада — до 2 лет; затраты на горно-подготовительные и вскрышные работы — до отнесения затрат на себестоимость продукции или возмещения их за счет других источников, но не более 5 лет (4, п. 6).

Обеспечение ссуд. Кредиты под товарно-материальные ценности и на затраты производства обеспечиваются залогом этих ценностей или продукцией по мере ее выпуска, а также гарантиями вышестоящих органов.

Кредиты на затраты по незавершенному производству научно-исследовательских и проектно-изыскательских работ, залогово-ссудные операции ломбардов, сезонный разрыв между доходами и расходами театров, парков культуры и отдыха, затраты на производство кинофильмов, министерствам, ведомствам и другим органам хозяйственного управления при недостаточности централизованных фондов и резервов предоставляются без залога материальных ценностей (4, п. 7).

Размер обеспечения ссуд определяется стоимостью остатков кредитуемых товарно-материальных ценностей и затрат производства, из которой исключаются:

товарно-материальные ценности и затраты производства, не подлежащие кредитованию в соответствии с Правилами кредитования материальных запасов и производственных затрат и другими нормативными указаниями;

норматив собственных оборотных средств;

кредиторская задолженность по всем формам расчетов, относящаяся к кредитуемым объектам, сверх сумм, учтенных в устойчивых пассивах (4, п. 8).

Товарно-материальные ценности и затраты производства принимаются к кредитованию в балансовой оценке. Стоимость товарно-материальных ценностей уменьшается на сумму резерва предстоящих расходов или потерь, износа малоценных и быстроизнашивающихся предметов, торговой наценки (скидки, накидки) и других регулирующих статей. Остатки незавершенного производства, готовой продукции, а также отгруженных товаров принимаются по фактической стоимости, но не выше плановой. Размер сверхплановых затрат определяется по проценту удорожания производственной себестоимости товарной продукции за истекший период с начала года (4, п. 9).

Размеры процентных ставок за пользование кредитами устанавливаются Госбанком СССР с участием специализированных банков и по согласованию с Госпланом СССР и Министерством финансов СССР (2, п. 6; 3, п. 3).

Некредитуемые объекты.
Не принимаются к кредитованию:

сверхнормативные остатки готовой продукции, кроме сезонных остатков или остатков, образовавшихся в связи с задержкой отгрузки продукции из-за транспортных затруднений или прекращения отгрузки неаккуратным плательщикам;

сверхнормативные остатки незавершенного производства, кроме сезонных остатков или остатков, накопление которых вызвано плановой остановкой производства на время ремонта оборудования, или другими подобными причинами;

товарно-материальные ценности, завезенные (произведенные) сверх годовой потребности производства, хранящиеся без движения более года, либо других периодов, установленных для кредитования; излишние и неиспользуемые товарно-материальные ценности;

товарно-материальные ценности, условия хранения которых не соответствуют требованиям ГОСТа или технических условий, отраслевых ведомственных и межведомственных указаний, что приводило или может привести к порче или гибели ценностей.

Кредиты, связанные с расчетами. Материальные ценности (товары) в пути принимаются к кредитованию на сроки, предусмотренные в кредитных договорах.

Отгруженные товары и сданные работы, по которым расчетные документы не сданы в банк на инкассо (неоформленные отгрузки), если они учитываются в составе кредитуемых ценностей, принимаются в обеспечение кредита в пределах сроков, необходимых для оформления платежных требований и представления их в банк. Эти сроки устанавливаются по согласованию с предприятием в кредитном договоре (4, п. 12).

Отгруженные товары и сданные работы по переданным в банк на инкассо расчетным документам, сроки оплаты которых не наступили, принимаются в обеспечение кредита на нормальные сроки документооборота, т. е. на сроки до фактического поступления платежа на счет поставщика, отказа плательщика от акцепта требования либо извещения о причине неоплаты (отсутствие средств, непоступление требования, мотивы финансового контроля, возврат требования в установленных случаях), но не более 30 дней после отгрузки (отпуска) товара, оказания услуг, при расчетах за выполненные работы — от даты подписания актов (справок).

В тех случаях, когда условиями расчетов не предусматривается представление в банк на инкассо платежных требований, отгруженные товары и сданные работы принимаются к кредитованию в пределах сроков, согласованных между предприятием и учреждением банка, но не более 30 дней (4, п. 13).

Ссудный счет. Для осуществления операций по кредитованию учреждения банков открывают предприятиям ссудные счета. Выдается ссуда путем оплаты расчетно-денежных документов либо под оплаченные запасы и затраты (излишек обеспечения) с направлением средств на погашение просроченной задолженности по ссудам, а в оставшейся части — на расчетный счет. По желанию предприятия излишек обеспечения на расчетный счет может не зачисляться (4, п. 14).

Задолженность по ссудам погашается в сроки, оговоренные банком с предприятием. Погашение может осуществляться:

путем зачисления на ссудный счет свободного остатка денежных средств на расчетном счете, оставшихся после совершения всех платежей (при кредитовании по совокупности запасов и затрат);

путем взыскания в бесспорном порядке с расчетного счета предприятия задолженности по ссудам по наступившим срокам или при просрочке платежа, а также досрочно при недостатке обеспечения и в других случаях, предусмотренных названными выше Правилами и другими нормативными указаниями. Кредит погашается в порядке календарной очередности платежей по распоряжению учреждения банка либо согласно срочному обязательству предприятия. При недостаточности средств на расчетном счете соответствующая часть задолженности переносится на счет просроченных ссуд (4, п. 14).

Кредит на выплату заработной платы. Учреждения банка в отдельных случаях могут выдавать предприятиям ссуды на выплату заработной платы при временном недостатке средств по причинам, не зависящим от их работы, в пределах фонда заработной платы, определенного исходя из установленного норматива и фактических результатов работы предприятия. Ссуда выдается на срок до 10 дней с отдельного ссудного счета и оформляется срочными обязательствами (4, п. 28).

2. Особенности выдачи кредита по совокупности запасов и затрат

Состав объекта кредитования. В составе объекта по совокупности материальных запасов и производственных затрат кредитуются: запасы и затраты, включаемые в нормируемые оборотные средства, отгруженные товары и сданные работы, сроки оплаты которых не наступили; товары и материалы, проданные (отпущенные) в кредит; затраты на открытие аккредитивов и покупку лимитированных чековых книжек для расчетов за кредитуемые материальные ценности и услуги. У строительно-монтажных и ремонтно-строительных организаций в состав объекта по совокупности запасов и затрат не включаются затраты по незавершенному строительному производству.

Кредитование осуществляется в пределах планового размера кредита, определяемого учреждением банка по расчету предприятия исходя из остатка плановых запасов и затрат, уменьшенного на сумму имеющихся у предприятия ресурсов: собственных оборотных средств в размере норматива и кредиторской задолженности, относящейся к нормируемым активам, сверх сумм, учтенных в устойчивых пассивах (4, п. 17).

На основе расчета предприятие может включать указанные затраты в состав плановых остатков (приложение № 1) сверх сумм, исчисленных исходя из темпов роста объема реализации продукции (кроме сезонных затрат) (4, п. 19).

Затраты, превышающие смету расходов и не отнесенные на себестоимость продукции (либо не возмещенные за счет текущих доходов и других источников) в плановые сроки, к кредитованию не принимаются. Эти затраты показываются в сведениях по установленной форме отдельной строкой. При кредитовании затрат на пусконаладочные работы предварительно проверяется наличие утвержденной в надлежащем порядке сметы. Выявленные затраты, не относящиеся к пусконаладочным работам, предусмотренным в Основных положениях по планированию, учету и калькулированию себестоимости продукции на промышленных предприятиях, а также отраслевыми указаниями, исключаются из обеспечения кредита. Не подлежат также кредитованию пусконаладочные работы, выполненные после сдачи предприятия (объекта) в эксплуатацию.

Платежный кредит. Ссуда выдается при отсутствии средств на расчетном счете на оплату расчетно-денежных документов за товарно-материальные ценности и услуги, на открытие аккредитивов и приобретение лимитированных чековых книжек в пределах суммы свободного остатка планового размера кредита, который определяется ежедневно на начало операционного дня с учетом задолженности по ссудам (4, п. 21).

Сверхплановые кредиты. При наличии сверхплановых запасов учреждение банка при получении сведений по форме приложения № 3 совместно с предприятием рассматривает причины, вызвавшие их накопление, и намечает меры по снижению допланового уровня в течение одного — трех месяцев.

По результатам рассмотрения учреждение банка может принять решение о допустимом размере превышения задолженности по ссуде над плановым размером кредита на сверхплановые материальные запасы и производственные затраты на одну — три месячные даты. Ставка за кредиты, предоставленные под сверхнормативные товарно-материальные ценности, взимается в размере 15% . В таком же размере взимаются проценты на кредиты под сверхнормативные запасы неустановленного оборудования.

Ссудный субсчет. Объединениям (предприятиям) при необходимости открываются ссудные субсчета по месту нахождения структурных единиц и нехозрасчетных звеньев.

Порядок осуществления операций по ссудным субсчетам и отдебетования задолженности определяется объединением (предприятием) и обслуживающим его учреждением банка с условием предоставления кредита в пределах его планового размера по объединению (предприятию) в целом. Сообщение о порядке операций по ссудным субсчетам учреждение банка, обслуживающее объединение (предприятие), направляет учреждению банка по месту нахождения структурной единицы или нехозрасчетного звена (4, п. 23).

3. Кредитование предприятий их вышестоящими органами. Взаимное кредитование предприятий

Выдача краткосрочных ссуд вышестоящими органами. При отсутствии у объединений, предприятий и организаций собственных средств для расчетов за продукцию (услуги, работы) и права на получение кредита банка вышестоящий орган выделяет им средства за счет соответствующих централизованных фондов и резервов на условиях возвратности (2, п. 13).

Средства централизованного фонда и резервов министерства (ведомства) могут выделять предприятиям на возвратной основе и на другие цели (5, п. 6; 6, п. 5). Министерства (ведомства) могут выделять предприятиям средства из резерва по фонду оплаты труда на возвратной основе (7, п. 3).

Министерствам, ведомствам и другим органам хозяйственного управления может предоставляться кредит при недостаточности централизованных фондов и резервов для выделения средств предприятиям, у которых отсутствуют собственные средства для расчетов за продукцию (услуги, работы) и право на получение кредита банка. Выданные кредиты по целевым переводам направляются предприятиям и используются ими по прямому назначению — для расчетов за продукцию (работы, услуги). Сроки погашения указанных кредитов устанавливаются банками по согласованию со ссудозаемщиками, но не более 3—4 мес. (4, п. 29). Вышестоящие органы не вправе взыскивать с предприятий проценты за пользование ссудой из централизованных фондов и резервов.

Взаимные ссуды предприятий допускаются в порядке оказания финансового содействия друг другу в рамках договоров на поставку продукции, выполнения работ и оказания услуг, а также договоров о совместной хозяйственной деятельности.

Предприятие имеет право передавать материальные и денежные ресурсы, в том числе с согласия трудового коллектива — средства фондов экономического стимулирования, другим предприятиям и организациям, выполняющим работы или услуги для предприятия (1, ст. 4, п. 4).

Предприятия, состоящие друг с другом в прямых длительных хозяйственных связях, имеют право на взаимную передачу на основе заключенных договоров материальных и финансовых ресурсов (8, п. 16).

Законодательство не наделяет предприятия правом заниматься кредитованием хозяйственных организаций как особым видом коммерческой деятельности. Указанные выше ссуды могут предусматриваться лишь в качестве дополнительного обязательства в хозяйственных договорах.

4. Контроль и меры воздействия при кредитовании

Льготный режим кредитования. Предприятиям, не имеющим сверхплановых запасов товарно-материальных ценностей и просроченной задолженности по ссудам, может устанавливаться льготный режим кредитования, при котором оплата расчетных документов за счет ссуды при исчерпании планового размера кредита не приостанавливается либо производится в пределах установленного учреждением банка допустимого уровня превышения (4, п. 66).

Кредитные санкции. К предприятиям, нарушающим условия кредитования, применяются санкции. При систематическом нарушении сроков погашения ссуд предприятие теряет право на новый кредит; в отдельных случаях оно может пользоваться им под гарантию вышестоящего органа (1, ст. 18, п. 1).

При наличии просроченной задолженности по ссудам длительностью свыше 30 дней выдача новых кредитов прекращается. При досрочном взыскании задолженности по ссудам, а также при наличии у предприятий длительной просроченной задолженности банку (свыше 30 дней) и невозможности ликвидировать ее в короткий срок обычным путем из-за отсутствия на счете должника средств для погашения задолженности, банк вправе в соответствии с законодательством реализовать (продать) заложенные товарно-материальные ценности и получить удовлетворение из стоимости заложенного имущества преимущественно перед другими кредиторами (4, п. 65).

Кредитование под гарантию вышестоящего органа. Предприятия, не сохраняющие собственные оборотные средства и отвлекающие оборотные средства на внеплановые цели, в отдельных случаях могут пользоваться кредитом под гарантию вышестоящего органа (4, п. 67).

Кредитование под гарантию вышестоящего органа допускается и в других случаях, предусмотренных законодательством.

Требование о представлении гарантии предъявляется учреждением банка непосредственно кредитуемому предприятию. Гарантийное письмо представляется в банк по установленной форме по месту нахождения счета гаранта. Кредитование под гарантию производится после поступления извещения о получении гарантии от учреждения банка, обслуживающего гаранта. В извещении указываются наименование организации, выдавшей гарантию, номер ее счета, вид кредита, который будет предоставляться под гарантию, сумма (либо без ограничения суммой) и срок действия гарантии. При непоступлении в установленный банком срок извещения о получении гарантии выдача новых ссуд прекращается (4, п. 73).

Объявление предприятия неплатежеспособным. Предприятия, которые систематически допускают убытки, несвоевременно рассчитываются с бюджетом, банком и поставщиками, банк объявляет неплатежеспособными и сообщает об этом основным поставщикам товарно-материальных ценностей, его вышестоящему органу и в печати (1, ст. 18; 2, п. 13; 4, п. 68).

Вопрос об объявлении предприятия неплатежеспособным решается в каждом случае в зависимости от реальности разрабатываемых и принимаемых мер по улучшению работы и финансового состояния предприятия в период не более 6 мес. (4, п. 68).

Перевод неплатежеспособных предприятий на особый режим кредитования. Предприятия, объявленные неплатежеспособными, переводятся на особый режим кредитования и расчетов. Выданные кредиты предъявляются к досрочному взысканию и прекращается выдача новых ссуд. Очередность платежей по обязательствам таких предприятий (после удовлетворения неотложных нужд) определяется руководителем учреждения банка. При этом банк имеет право (после удовлетворения неотложных нужд) направлять непосредственно на погашение просроченной задолженности по ссудам поступающую выручку от реализации продукции в соответствии с залоговым правом банка (2, п. 13; 4, п. 68).

Ликвидация, реорганизация неплатежеспособного предприятия. В тех случаях, когда учреждение банка признает целесообразным ликвидацию или реорганизацию предприятия, объявленного неплатежеспособным, оно совместно с финансовым органом высылает материалы анализа хозяйственно-финансовой деятельности предприятия соответствующему Правлению банка СССР и Министерству финансов СССР для решения этого вопроса с министерством, ведомством СССР, Советом Министров союзной республики.

Банки СССР совместно с Министерством финансов СССР вносят при необходимости на рассмотрение министерств, ведомств СССР и Советов Министров союзных республик предложения о ликвидации или реорганизации в установленном порядке предприятий, не устраняющих длительное время указанные нарушения (2, п. 13; 4, пп. 68, 69).

Предприятие, объявленное ранее неплатежеспособным, восстанавливается в кредитовании руководителем учреждения банка по мере улучшения показателей работы и его финансового состояния. Об отмене санкции извещаются поставщики, которым ранее сообщалось о ее применении.

Примечания к разделу 9

1. Закон о государственном предприятии.
2. О совершенствовании системы банков в стране и усилении их воздействия на повышение эффективности экономики. Постановление ЦК КПСС и Совета Министров СССР от 17 июля 1987 г. № 821. — СП СССР, 1987, отд. 1, № 37, ст. 121.
3. Устав Государственного банка СССР. Утвержден постановлением Совета Министров СССР от 1 сентября 1988 г. № 1061. — СП СССР, 1988, отд. 1, № 32, ст. 91.
4. Правила кредитования материальных запасов и производственных затрат. Утверждены Госбанком СССР 30 октября 1987 г. — Полный хозяйственный расчет и самофинансирование. Сборник документов. М., 1988, с. 295.
5. Типовое положение об образовании и использовании в 1988—1990 годах централизованного фонда развития производства, науки и техники и резервов министерств, объединения, предприятия и организации которых переведены на полный хозяйственный расчет и самофинансирование. Одобрено решением Комиссии по совершенствованию управления, планирования и хозяйственного механизма от 29 сентября 1987 г. (протокол № 84) — Полный хозяйственный расчет и самофинансирование, с. 277.
6. Типовое положение о порядке образования и использования в 1988—1990 годах централизованного фонда производственного и социального развития и резерва министерств, объединения, предприятия и организации которых переведены на полный хозяйственный расчет и самофинансирование. Одобрено решением Комиссии по совершенствованию управления, планирования и хозяйственного механизма от 31 марта 1988 г. (протокол № 110). — Полный хозяйственный расчет и самофинансирование, с. 280.
7. Типовое положение об образовании единого фонда оплаты труда на 1988—1990 годы для предприятий, объединений и организаций, переведенных на полный хозяйственный

расчет и самофинансирование. Одобрено решением Комиссии по совершенствованию управления, планирования и хозяйственного механизма от 22 декабря 1987 г. (протокол № 97). — Полный хозяйственный расчет и самофинансирование, с. 254.

8. О перестройке материально-технического обеспечения и деятельности Госснаба СССР в новых условиях хозяйствования. Постановление ЦК КПСС и Совета Министров СССР от 17 июля 1987 г. № 818. — СП СССР, 1987, отд. 1, № 35, ст. 118.

Раздел 10
РЕГУЛИРОВАНИЕ БЕЗНАЛИЧНЫХ РАСЧЕТОВ

1. Организация безналичных расчетов

Расчеты через учреждения банка. Госбанк СССР является главным банком страны, единым эмиссионным центром, организатором кредитных и расчетных отношений в народном хозяйстве (3, п. 1). Госбанку СССР предоставлено право издавать обязательные для всех специализированных, коммерческих, акционерных, кооперативных банков и других кредитных учреждений, а также их клиентуры правила по кредитованию и расчетам (3, п. 4).

Кредитное и расчетное обслуживание предприятий осуществляется специализированными и другими банками. Специализированными банками СССР являются Внешэкономбанк СССР, Промстройбанк СССР, Агропромбанк СССР, Жилсоцбанк СССР, Сбербанк СССР.

Внешэкономбанк СССР обеспечивает организацию и проведение расчетов по экспортно-импортным и неторговым операциям. Промстройбанк осуществляет расчеты в промышленности, строительстве, на транспорте и связи в системе Госснаба СССР. Агропромбанк ведет расчеты объединений, предприятий и организаций, министерств и ведомств агропромышленного комплекса страны и потребительской кооперации. Жилсоцбанк осуществляет расчеты в непроизводственной сфере, государственной торговле, легкой и местной промышленности, жилищно-коммунальном хозяйстве, бытовом обслуживании, социально-культурном строительстве, в хозяйстве, подведомственном местным Советам народных депутатов, а также в сфере кооперативной и индивидуальной трудовой деятельности. Сберегательный банк обеспечивает организацию безналичных расчетов и кассового обслуживания граждан, а в необходимых случаях — организаций и учреждений (2, п. 4).

Правила безналичных расчетов в народном хозяйстве утверждены Госбанком СССР 30 сентября 1987 г. № 2. Эти Правила являются единым нормативным актом, регулирующим на общей методологической основе все расчеты в народном хозяйстве (8, с. 3), и обязательны для банков СССР, всех объединений, предприятий, организаций и учреждений, осуществляющих расчеты (8, п. 1).

Расчеты между предприятиями производятся, как правило, в безналичном порядке путем перечисления средств со счета плательщика на счет получателя в учреждении банка (8, п. 2).

Предприятие обязано своевременно рассчитываться по своим обязательствам (1, ст. 18, п. 2).

Общие правила расчетов. Предприятия, а также учреждения банков осуществляют расчеты при соблюдении следующих условий: после отгрузки товарно-материальных ценностей, выполнения работ, оказания услуг или одновременно с ними. Предварительная оплата (авансовые платежи) допускается лишь в случаях, предусмотренных законодательством СССР, за счет собственных средств плательщика, а в отдельных случаях — за счет кредита банка; на счет получателя средства зачисляются лишь после списания сумм со счета плательщика, за исключением тех случаев, когда расчеты производятся чеками из нелимитированных чековых книжек и за перевозку грузов — сводными требованиями (8, п. 3).

Банковские счета предприятий. Все государственные, кооперативные и общественные предприятия, объединения, организации и учреждения обязаны хранить свои денежные средства в учреждениях банков СССР (8, п. 2; 9, п. 1).

Для хранения денежных средств и расчетов банки открывают предприятиям в зависимости от характера их деятельности и источников финансирования расчетные, текущие и другие счета.

Все открываемые предприятиям, учреждениям и организациям счета и субсчета регистрируются в специальной книге. При регистрации каждому клиенту присваивается порядковый номер, который затем используется для нумерации всех открываемых ему лицевых счетов (10, п. 2).

При оформлении открытия расчетного, текущего или бюджетного счета главный бухгалтер учреждения банка или его заместитель принимает представляемые клиентом документы, проверяет их соответствие установленным правилам и передает руководителю учреждения банка для разрешения открытия счета. После открытия счета карточки образцов подписей и оттиска печати клиента передаются соответствующим работникам банка (10, п. 64).

Кредитование, связанное с расчетами. Для расчетных операций учреждения банков могут предоставлять предприятиям кредиты в соответствии с правилами кредитования материальных запасов и производственных затрат (8, п. 4).

При отсутствии у предприятий собственных средств для расчетов за продукцию (услуги, работы) и права на получение кредита вышестоящий орган выделяет им средства за счет соответствующих централизованных фондов и резервов на условиях возвратности. При недостатке указанных средств этим органам хозяйственного управления могут быть предоставлены кредиты банка (2, п. 13; 8, п. 4).

Порядок и форма расчетов определяются в договоре между сторонами (8, п. 5).

Безналичные расчеты между предприятиями производятся: а) платежными требованиями с акцептом и без акцепта плательщиков; б) аккредитивами; в) платежными поручениями, включая переводы через предприятия Министерства связи; г) чеками, сводными требованиями; е) инкассовыми поручениями (распоряжениями на бесспорное списание средств). При равномерных и постоянных поставках расчеты могут производиться в порядке плановых платежей (8, п. 5).

Календарная очередность платежей. Все платежи со счетов предприятий, включая отчисления в бюджет и выплату заработной платы, осуществляются в порядке календарной очередности поступления в банк расчетных документов (наступления сроков платежа). Очередность платежей по обязательствам предприятий, объявленных банками неплатежеспособными, определяется руководителем учреждения банка — управляющим отделением банка или начальником городского управления (1, ст. 18, п. 3; 2, п. 13; 8, п. 7).

Расчетные документы. Расчетные, кассовые, кредитные и другие денежные операции совершаются в учреждениях банка на основании расчетно-денежных документов, оформленных в соответствии с требованиями, изложенными в Положении о расчетных документах (10, п. 74).

Основными расчетными документами являются платежные требования, платежные поручения и расчетные чеки (11, п. 1). Бланки расчетно-денежных документов (кроме чековых книжек) приобретаются предприятиями через Всесоюзное государственное объединение «Союзучетиздат» или изготовляются ими по установленным Госбанком СССР формам самостоятельно. Допускается составление расчетных документов посредством распечатки на ЭВМ (8, с. 14).

Владелец счета обязан указывать в тексте расчетных документов, а также на обороте денежных чеков назначение сумм. Учреждение банка отказывает в приеме чека или платежного поручения и не несет ответственности за этот отказ, если документ, подписи, оттиск печати или надписи на нем будут признаны учреждением банка сомнительными (10, п. 75).

Документы с исправлениями таких реквизитов, как сумма, наименования клиентов и номера их счетов, хотя бы и оговоренными, недействительны и не подлежат приему банком к исполнению. Ошибки, допущенные клиентами при заполнении текста поручения (кроме приведенных выше реквизитов) и оборотной стороны чека, могут быть исправлены с соответствующей оговоркой за подписями тех же лиц, которыми подписан документ (10, п. 82).

Средства со счета плательщика в банке могут списываться только на основании первого экземпляра расчетного документа, за исключением случаев, оговоренных Правилами банков СССР (11, п. 18).

Документы, служащие основанием для выписки расчетных документов. Расчетные документы оформляются на основании документов первичного учета движения товарно-материальных ценностей (счетов-фактур) или товарно-транспортных накладных, актов сдачи приемки и других документов, предусмотренных законодательством. В Правилах о безналичных расчетах в народном хозяйстве определены случаи, когда обязательна ссылка на указанные документы в платежном требовании (ином расчетном документе).

Информация об операциях по счету осуществляется путем выдачи клиентам выписок со счета. В качестве такой выписки служит второй экземпляр лицевого счета клиентов, который печатается на бланке установленной формы. Записи на лицевых счетах делаются только на основании надлежаще оформленных расчетно-денежных документов. В лицевой счет заносятся сведения о дате операции, номере документа и номере корреспондирующего счета, условном цифровом обозначении вида операций, сумме операций, а также об общей сумме оборотов по дебету или кредиту за день и суммах входящего и исходящего остатков (10, п. 3).

Выписки из лицевых счетов, предназначенные для выдачи клиентам, оформляются штампом и подписью ответственного исполнителя учреждения банка (10, п. 4). Выписки выдаются под расписку в лицевом счете лицам, имеющим право первой или второй подписи по данному счету, или их представителям по доверенности, а по заявлению клиента — через абонентские ящики (10, п. 7).

Владелец счета обязан в течение 20 дней после вручения ему выписок письменно сообщить учреждению банка о суммах, ошибочно зачисленных в кредит или дебет счета. При непоступлении от клиента в указанные сроки возражений совершенные операции и остаток средств на счете считаются подтвержденными. В необходимых случаях учреждения банка могут давать владельцам счетов, их вышестоящим организациям, финансовым и страховым органам устные справки об операциях и остатках по счетам. Письменные справки выдаются только по письменным требованиям вышестоящих по отношению к владельцам счетов организаций, органов народного контроля, органов дознания и следствия, судебных и финансовых органов (10, п. 8).

Оспаривание правильности списания средств. Плательщик может оспаривать списание средств путем непосредственного обращения к взыскателю либо к его вышестоящим органам, а в соответствующих случаях — путем предъявления иска.

Претензии к банку, связанные с расчетами, направляются предприятием в обслуживающее его учреждение банка. В случае нарушения учреждениями банков правил совершения расчетных операций взыскатель и плательщик вправе обжаловать их действия в вышестоящие учреждения банков. Подача жалобы или предъявление иска не приостанавливают списание средств.

2. Расчеты путем акцепта платежных требований

Платежное требование. При расчетах платежными требованиями (именуемыми в дальнейшем требования) получатель средств представляет в обслуживающий его банк расчетный документ, содержащий требование к плательщику об уплате получателю определенной суммы через банк за товарно-материальные ценности, выполненные работы и оказанные услуги (8, п. 9).

Расчеты требованиями с акцептом и без акцепта плательщиков применяются между предприятиями за отгруженные (отпущенные) товары, выполненные работы и оказанные услуги, а по другим платежам — лишь в случаях, предусмотренных действующим законодательством, с обязательной ссылкой в требовании на соответствующий нормативный документ, которым предусмотрена эта форма расчетов.

Оформление требований. Платежное требование составляется на бланках установленной формы. Если требование не совмещено со спецификацией, к нему должны прикладываться товарно-транспортные либо заменяющие их документы. Других приложений банк не принимает, за исключением случаев, предусмотренных Правилами безналичных расчетов в народном хозяйстве. При расчетах за импортные и экспортные товары и услуги внешнеторговые объединения и соответственно поставщики выписывают счета-платежные требования, по формам, установленным Министерством внешнеэкономических связей и согласованным с Госбанком СССР (8, пп. 28, 29).

Поставщик обязан указывать в требованиях:

а) дату и номер договора. Ссылка на дату и номер договора необязательна в требованиях колхозов по расчетам с предприятиями или хозяйственными организациями. По поставкам продукции по договорам контрактации в соответствующей графе платежного требования необходимо указать: «договор контрактации»;

б) дату отгрузки (отпуска) товаров и номера товарно-транспортных или приемо-сдаточных документов и вид транспорта, а при отправлении товаров посылками через предприятия связи — номера почтовых квитанций;

в) номера и даты справок об объеме и стоимости законченных технологических этапов и комплексов работ, актов приемки работ или заменяющих их документов — при расчетах за выполненные работы и оказанные услуги;

г) другие реквизиты, предусмотренные формой требования (8, п. 31).

Выставление платежных требований на инкассо*. Требования предъявляются в банк при иногородних расчетах — в 3-х экземплярах, при одногородних — в 4-х экземплярах (8, п. 33). Требования сдаются на инкассо за отгрузкой товара или оказанием услуг, но не позднее срока исковой давности (8, п. 36). Требования, выписанные за товары, оставляемые на ответственное хранение у поставщика, банком на инкассо не принимаются, за исключением случаев, перечисленных в п. 34 Правил безналичных расчетов в народном хозяйстве.

Требования на инкассо принимаются от поставщиков в течение всего рабочего дня банка. Выдача на руки поставщикам принятых банком документов для доставки или пересылки учреждениям банков запрещается (8, п. 40). Обязательной отсылке в банк плательщика в тот же день подлежат платежные требования, сданные в банк не позднее чем за 2 часа до окончания рабочего дня банка. Платежные требования, принятые на инкассо в последние 2 часа рабочего дня, могут отсылаться в банк плательщика на следующий день. При этом дата платежных требований не исправляется (10, п. 50).

Отказ банком поставщика в приеме платежных требований. Требования, не отвечающие правилам, установленным для представления в банк, на инкассо не принимаются, вычеркиваются из реестров с исправлением итогов и возвращаются поставщикам вместе с приложениями (8, п. 41).

Основания возврата требования банком плательщика. Требования, принятые по истечении срока исковой давности; требования за продукцию, реализация которой запрещена; требования по нетоварным операциям и на безакцептное списание, оформленные с нарушением установленных банком правил, подлежат возврату без исполнения. Если требование за товары и услуги не может быть предъявлено к платежу в связи с нарушением правил их оформления, банк выясняет у плательщика возможность его оплаты в срок, уста-

---

* Инкассо — банковская операция, при которой банк по поручению своего клиента получает причитающиеся ему суммы от других предприятий на основании расчетных документов и зачисляет в установленном порядке на счет получателя средств.

новленный для заявления предварительного отказа от акцепта.

При получении письменного возражения плательщика оплатить требование оно возвращается (с указанием характера нарушения) без исполнения в банк поставщика (8, п. 49).

Согласие плательщика на оплату (акцепт). Платежные требования при акцептной форме расчетов оплачиваются только с согласия (акцепта) плательщика (8, п. 3).

Формы выражения согласия. Акцепт требований может быть предварительным и последующим (8, п. 12).

Предварительным и последующим акцептом признается, как правило, молчание (незаявление отказа от акцепта) плательщика в установленные Правилами сроки (отрицательный акцепт).

За плательщиком сохраняется право заявить полный или частичный отказ от акцепта. Об отказе от акцепта плательщик обязан в установленный срок сообщить банку и поставщику с указанием мотивов (8, п. 12).

Требования на имя партийных и комсомольских органов, сельских и поселковых Советов народных депутатов считаются акцептованными и оплачиваются лишь при условии поступления от них в письменной форме согласия на оплату этих требований (положительный акцепт). В случае неполучения банком согласия (акцепта) в течение 15 дней такие требования возвращаются учреждению банка поставщика с указанием, что документ не акцептован (8, п. 21).

Предварительный акцепт. При расчетах в порядке предварительного акцепта требование оплачивается на следующий день после истечения срока акцепта. Плательщик имеет право заявить обслуживающему его учреждению банка отказ от акцепта по иногородним расчетам в течение двух рабочих дней после получения требования этим учреждением банка, не считая дня поступления требования (8, п. 19).

Сфера применения предварительного акцепта. В порядке предварительного акцепта оплачиваются одногородние и иногородние требования по расчетам:

если такой порядок предусмотрен договором;

внешнеторговых организаций Министерства внешнеэкономических связей и других министерств и ведомств, имеющих право осуществлять внешнеторговые операции;

заказчиков с научными и проектными организациями; колхозов с их поставщиками и покупателями;

сельских и поселковых Советов народных депутатов, партийных и комсомольских органов;

предприятий, в отношении которых банком перевод на предварительный акцепт применен как мера воздействия;

в других случаях, перечисленных в п. 12 Правил безналичных расчетов в народном хозяйстве.

Последующий акцепт и сфера его применения. При расчетах в порядке последующего акцепта требования оплачиваются в течение операционного дня по мере их поступления в банк плательщика. Банк принимает последующие отказы от акцепта иногородних и одногородних требований в течение трех рабочих дней после поступления требования в банк плательщика. День поступления требования в учреждение банка в расчет не принимается. В день получения заявления об отказе от акцепта сумма отказа восстанавливается на том счете плательщика, с которого было оплачено требование (8, п. 17).

При последующем отказе от акцепта сумма отказа списывается с того счета поставщика, на который были зачислены средства по оплаченному требованию. При недостаточности средств на расчетном счете, а также отсутствии права на получение кредита сумма последующего отказа от акцепта относится на счет просроченных ссуд (8, п. 18).

Требования оплачиваются в порядке последующего акцепта, если иное не предусмотрено договором или законодательством.

Продление сроков акцепта. При необходимости руководитель учреждения банка может увеличить сроки акцепта требований до 10 дней.

Основания полного отказа от акцепта. Плательщик имеет право полностью отказаться от акцепта требований в случаях:

а) предъявления требования на незаказанные (не предусмотренные договором) товары или услуги;

б) отгрузки товаров по ненадлежащему адресу;

в) досрочной поставки товаров или оказания услуг без согласия покупателя (заказчика);

г) документально установленной до истечения срока для акцепта недоброкачественности или некомплектности всех товаров;

д) документально установленной до истечения срока для акцепта пониженной сортности (качества) товаров по сравнению с сортностью (качеством) товаров, указанной в документе, удостоверяющем качество товаров, если покупатель (получатель) отказался от принятия данной продукции;

е) документально установленной до истечения срока для акцепта поставки немаркированных или ненадлежаще маркированных товаров, если в связи с этим товары не могут быть использованы или реализованы покупателем (получателем) и последний не имеет возможности замаркировать их или внести изменения в маркировку;

ж) отсутствия утвержденной или согласованной в надлежащем порядке цены на товары или услуги;

з) предъявления поставщиком требования на ранее оплаченные товары или услуги;

и) предъявления поставщиком бестоварного требования, т. е. требования на товары, фактически не отгруженные или не сданные получателю; за услуги, фактически не оказанные;

к) переадресования товаров поставщиком в пути следования;

л) отсутствия указания в требовании или товарно-транспортном документе обоснования цен на отгруженные или сданные товары (8, п. 13).

Основания частичного отказа от акцепта. Плательщик имеет право частично отказаться от акцепта в случаях:

а) отгрузки, наряду с заказанными товарами, товаров, которые не заказаны; отгрузки товаров в количестве, превышающем заказанное, либо оказания, наряду с заказанными, услуг, которые не заказаны, а также если объем услуг превышает заказанный;

б) документально установленной до истечения срока для акцепта недоброкачественности или некомплектности части товаров, недоброкачественности тары, пониженной сортности (качества) товаров по сравнению с сортностью (качеством), указанной в товарно-транспортном документе;

в) документально установленной до истечения срока для акцепта поставки частично немаркированных или ненадлежаще маркированных товаров, если товары в связи с этим не могут быть использованы или реализованы покупателем (получателем) и последний не имеет возможности замаркировать их или внести изменения в маркировку;

г) отсутствия утвержденной или согласованной в надлежащем порядке цены на часть товаров или услуг;

д) превышения в платежном требовании действующих цен на товар или тару либо наценок, а также включения в требование неустановленных наценок;

е) обнаружения арифметической ошибки в требовании или в товарно-транспортном документе;

ж) предъявления требования на товары или услуги, частично ранеее оплаченные;

з) предъявления поставщиком частично бестоварного требования, в которое включена стоимость товаров, не значащихся отгруженными (сданными) по транспортным, сопроводительным либо приемо-сдаточным документам, или стоимость услуг, не включенных в документ, подтверждающий оказание этих услуг;

и) документально установленной до истечения срока для акцепта требования недостачи товаров при приемке их от представителя поставщика (отправителя).

Во всех случаях обнаружения недостачи товаров плательщики не вправе частично отказываться от акцепта требования и могут предъявлять претензии органам транспорта и поставщикам в действующем порядке;

к) отсутствия указания в требовании или в товарно-транспортном документе обоснования цен на часть товаров (8, п. 14).

Другие основания отказа от акцепта. Плательщик вправе отказаться от акцепта требования полностью или частично также по другим основаниям, предусмотренным договором. В этом случае в заявлении об отказе должна содержаться ссылка на соответствующий пункт договора, которым предоставлено право заявления отказа от акцепта, с указанием мотива отказа.

Отказы от акцепта по импортным и экспортным товарам принимаются в соответствии с указаниями по осуществлению расчетов по импортным и экспортным операциям.

Плательщик вправе отказаться от акцепта требования за возвратную тару только по основаниям, предусмотренным в договоре.

При совершении расчетов по договорам контрактации сельхозпродукции плательщик вправе заявить отказы от акцепта только по мотивам, предусмотренным в договоре сторон (8, п. 15).

Порядок заявления отказов от акцепта. В случае отказа от акцепта требования, оплачиваемого в порядке последующего акцепта, плательщик до истечения установленного срока представляет в банк заявление в унифицированной форме. Первый экземпляр заявления подписывается лицами, имеющими право подписывать распоряжения по счету предприятия. Для проверки совершенности представления отказа от акцепта плательщик представляет банку вместе с заявлением полученный от банка экземпляр требования, который после принятия отказа от акцепта возвращается плательщику (8, п. 65).

При полном или частичном предварительном отказе от акцепта плательщик обязан представить банку телеграмму, составленную в соответствии с телеграфным кодом банка. Телеграммы представляются в банк в четырех экземплярах, из которых третий экземпляр должен быть подписан лицами, имеющими право подписывать распоряжения по счету (8, п. 68).

Прием и обработка отказов от акцепта. Круг должностных лиц, которым предоставлено право приема отказов от акцепта, определяется руководителем учреждения банка. Отказ от акцепта не принимается банком к исполнению, если он не мотивирован или мотив его противоречит Правилам безналичных расчетов в народном хозяйстве.

Банк не принимает полного отказа от акцепта по мотиву, могущему служить поводом только для частичного отказа от акцепта, по мотиву **бестоварности требования** в случае, если банком поставщика осуществлен предварительный контроль за его товарностью и на требовании имеется соответствующий штамп или подпись.

Банк проверяет соответствуют ли мотивы полного или частичного отказа от акцепта Правилам безналичных расчетов в народном хозяйстве, но не проверяет (кроме арифметической ошибки), были ли в действительности допущены поставщиком те нарушения, на которые ссылается плательщик. Банк не рассматривает споры по существу отказов от акцепта (8, п. 22).

Требования, по которым приняты от плательщиков полные отказы от акцепта, в тот же день изымаются из картотеки № 1* и вместе с копиями телеграмм и товарно-транспортными документами направляются банку поставщика для возврата последнему (8, п. 73).

Отказы от акцепта требований (дебетовые авизо**), принятые по основаниям, не предусмотренным Правилами безналичных расчетов в народном хозяйстве, подлежат возврату банку плательщика. В банке плательщика сумма указанного авизо списывается с того счета плательщика, на который были зачислены средства по этому отказу от акцепта. При отсутствии на расчетном счете плательщика необходимых для этого средств, а также права на получение кредита недостающая сумма относится на счет просроченных ссуд (8, п. 47).

Ответственное хранение неоплаченных товаров. Если покупатель отказался от акцепта требования, то прибывшие по этому требованию товары (за исключением скоропортящихся) поступают на ответственное хранение покупателя. При частичном отказе от акцепта товар остается на ответственном хранении покупателя в той его части, от оплаты которой он отказался.

Плательщик, получивший товары и использовавший их до истечения срока акцепта, имеет право отказаться от акцепта лишь частично на сумму, равную стоимости неиспользованной части товарно-материальных ценностей (8, п. 23).

Сохранность товаров, принятых покупателем на ответственное хранение, проверяется банком по просьбе поставщика (8, п. 25).

Запросы о причинах неоплаты требований поставщик направляет непосредственно плательщику или в банк плательщика.

Картотека № 2 (картотека к внебалансовым счетам, на которых учитываются расчетные документы, не оплаченные в срок из-за отсутствия средств у плательщиков). Требования, подлежащие оплате с последующим акцептом или без ак-

---

* В картотеку № 1 помещаются расчетные документы, срок оплаты которых не наступил. Платежные требования, находящиеся в картотеке № 1, должны оформляться накануне срока платежа в конце рабочего дня (10, с. 62).

** Термин «авизо» в банковских правилах, принятых в нашей стране, употребляется для обозначения распоряжения одного учреждения банка другому о зачислении на счет клиента или списании с его счета определенной денежной суммы.

цепта, поступившие в течение операционного дня, оплачиваются в тот же день, а при отсутствии или недостаточности средств на счетах плательщика и невозможности предоставления кредита для их оплаты, помещаются в неоплаченной сумме в картотеку № 2 (8, п. 53).

При недостаточности средств на расчетном счете требование может оплачиваться частично (8, п. 55).

Одновременно с передачей в картотеку № 2 не оплаченных за день срочных требований должны быть составлены и в тот же день посланы банкам поставщиков извещения о причинах неоплаты (8, п. 54).

По требованию, помещенному в картотеку № 2, до истечения срока последующего акцепта, за плательщиком сохраняется право заявления соответствующего отказа от акцепта. Если последующие отказы относятся к неоплаченным требованиям, находящимся в картотеке № 2 банка плательщика, то из полученных от него банком поставщика без авизо двух экземпляров заявления об отказе от акцепта с условным знаком «К-2» один передается поставщику, а другой используется для учета отказов от акцепта (8, п. 44).

Требования, акцептованные покупателем, но не оплаченные им в срок, оплачиваются по мере поступления средств на счет плательщика (8, п. 56). Документы из картотеки № 2 должны оформляться ежедневно утром до 10 час. (10, с. 62).

Банк обязан начислять и взыскивать с плательщиков (кроме сельских и поселковых Советов) в пользу получателей средств пеню по неоплаченным в срок требованиям с суммы просроченных платежей за каждый день просрочки в установленном законодательством размере (8, п. 57). Если требование акцептовано частично, то пеня взимается только с акцептованной плательщиком суммы (8, п. 59).

Не оплаченные в срок платежные требования, акцептованные плательщиком, признаются исполнительным документом, на основании которого списываются средства (8, п. 281).

3. Порядок безакцептной оплаты платежных требований

Пределы применения расчетов платежными требованиями, оплачиваемыми без акцепта (согласия) поставщиков. Со счетов плательщиков, кроме сельских и поселковых Советов народных депутатов и кооперативов, в соответствии с законодательством СССР оплачиваются без акцепта:

а) требования за газ, воду, электрическую и тепловую энергию, выписанные на основании показаний измерительных приборов и действующих тарифов; за канализацию, пользование телефоном, включая плату за междугородные телефонные разговоры по установленным тарифам; за почтово-телеграфные услуги, оказываемые предприятиями связи;

б) требования по расходам, включенным в перевозочные документы для расчетов между железными дорогами, пароходствами и автотранспортными предприятиями при перевозках грузов в прямом смешанном сообщении;

в) в других случаях, предусмотренных законодательством СССР (8, п. 25).

Обоснование безакцептного списания. В требовании на безакцептное списание средств указывается назначение платежа и законодательный акт, предусматривающий право безакцептного списания этих платежей (его дата, номер и соответствующий пункт).

При списании излишне уплаченных сумм и штрафов в требовании указываются также дата и номер соответствующего акта о нарушении нормативно-технической документации и договорных обязательств (или справки — по товарам со скрытыми производственными недостатками, возвращенными населением или другими организациями торговым организациям), а при возврате продукции — номера товарно-транспортных документов.

К требованию на списание в безакцептном порядке излишне уплаченных сумм и штрафов обязательно прилагаются копии указанных документов. При этом банк проверяет только соответствие приложенных документов их реквизитам, указанным в требовании, но не несет ответственности за их содержание и утерю документов. Ответственность за обоснованность безакцептного списания средств несет взыскатель (8, п. 25).

На лицевой стороне всех экземпляров требований, подлежащих оплате без акцепта, вверху на полях ставится штамп «Без акцепта». При отсутствии указанной надписи требования подлежат акцепту и оплате на общих основаниях (8, п. 26).

Платежные требования, оплачиваемые в безакцептном порядке, приравниваются к исполнительным документам (8, п. 282).

4. Расчеты по аккредитивам

Аккредитив. При расчетах аккредитивами плательщик поручает обслуживающему его банку произвести за счет своих средств или ссуды, депонированных в банке плательщика, оплату товарно-материальных ценностей и оказанных услуг по месту нахождения получателя средств на условиях, предусмотренных плательщиком в заявлении на выставление аккредитива (8, п. 75).

Сфера использования аккредитивной формы расчетов. Аккредитивная форма расчетов применяется в случаях, когда: эта форма расчетов установлена договором; поставщик переводит покупателя на аккредитивную форму расчетов в соответствии с Положениями о поставках продукции и товаров (8, п. 75).

Открытие (выставление) аккредитива производится за счет собственных средств покупателя или кредитов банка, депонируемых в сумме аккредитива в банке покупателя. Открытие аккредитива частично за счет собственных средств покупателя и частично за счет кредита банка не допускается (8, п. 76). Каждый аккредитив предназначается для расчетов только с одним поставщиком и не может быть переадресован.

Срок действия аккредитива в банке поставщика определяется в пределах до 15 дней со дня открытия. Руководитель учреждения банка имеет право разрешать в необходимых случаях устанавливать иные сроки действия аккредитива, если это вызывается условиями поставки и отгрузки. Срок действия аккредитивов, открываемых за счет бюджетных средств и со счетов по финансированию (долгосрочному кредитованию) капитальных вложений, источники финансирования по которым закрываются в конце года, не может выходить за пределы бюджетного года, т. е. 31 декабря (8, п. 78).

Выплаты по аккредитиву производятся в течение срока действия в банке поставщика в полной сумме аккредитива или частями. Банк поставщика производит выплату по аккредитиву против представленных поставщиком реестров счетов и транспортных или приемосдаточных документов, удостоверяющих отгрузку товара. Реестры счетов должны сдаваться поставщиком в обслуживающее его учреждение банка, как правило, на следующий день после отгрузки (отпуска) товаров (8, п. 79).

Покупатель может распорядиться о досрочном закрытии аккредитива и об изменении его условий, включая срок действия. Все распоряжения об этих изменениях (как почтовые, так и телеграфные) покупатель может давать только через обслуживающее его учреждение банка. Банк поставщика не имеет права исполнять распоряжения, полученные им непосредственно от покупателя (8, п. 81).

Обязательные и дополнительные условия аккредитива. Для открытия аккредитива покупатель представляет обслуживающему его банку заявление на бланках, в котором покупатель обязан указать:

    а) номер договора, по которому открывается аккредитив;

    б) срок действия аккредитива (число и месяц закрытия аккредитива в банке поставщика);

    в) наименование поставщика;

    г) наименование документа, против которых производится платеж;

д) порядок оплаты реестров счетов с акцептом уполномоченного покупателя или без акцепта;

е) общее наименование товаров или услуг;

ж) сумму аккредитива.

При отсутствии хотя бы одного из этих условий аккредитив не открывается (8, п. 82).

Если средства по аккредитиву должны быть выплачены против реестра счетов без акцепта уполномоченного покупателя, разрешается включать в заявление на аккредитив дополнительные условия, указанные в Правилах безналичных расчетов в народном хозяйстве (8, п. 83).

Закрытие аккредитива. Аккредитивы в банке покупателя закрываются по истечении срока аккредитива в банке поставщика с добавлением времени почтового пробега документов от банка поставщика до банка покупателя и дополнительных пяти дней.

Иной порядок закрытия установлен для следующих аккредитивов: а) аккредитивы, от использования которых поставщики отказываются до истечения срока, закрываются на основании надписи поставщика об отказе от дальнейшего использования аккредитива; б) аккредитивы, открытые с условием сообщения по телеграфу не использованного по истечении срока остатка, закрываются по получении такого сообщения (8, п. 87).

При закрытии аккредитива сумма его остатка перечисляется на тот счет покупателя, с которого аккредитив был открыт (8, п. 88).

5. Расчеты платежными поручениями

Платежное поручение представляет собой указание предприятия обслуживающему его учреждению банка о перечислении определенной суммы со своего расчетного счета на счет другого предприятия в том же или другом одногороднем или иногороднем учреждении банка (8, п. 100).

Сфера использования платежных поручений. Поручениями могут производиться:

а) расчеты за полученные товары и оказанные услуги при условии ссылки в поручении на номер и дату товарно-транспортного или другого документа, подтверждающего отпуск товара или оказания услуг;

б) расчеты по нетоварным операциям;

в) предварительная оплата товаров и мелких услуг, как правило, по одногородним поставкам; предстоящих перевозок автотранспортными организациями и связанных с ними других работ, а также в случаях, предусмотренных законодательством или правилами банка;

г) авансовые платежи в случаях, предусмотренных законодательством СССР. В этих случаях делается ссылка на соответствующий законодательный акт (8, п. 100).

Порядок оформления и оплаты поручений. Платежные поручения составляются на бланках установленной формы. Поручения действительны в течение 10 дней со дня выписки (день выписки в расчет не принимается). В поручении указывается общее наименование товара, а при предварительной оплате — также указание об этом.

При расчетах за товары, длительность транспортировки которых до потребителя не превышает одних суток и расчеты поручениями предусмотрены договором, должна указываться дата приемки по количеству от органов транспорта плательщиком (грузополучателем) оплачиваемых товаров (8, п. 103).

Поручения по расчетам за товары и услуги, кроме поручений по предварительной оплате и перечислению авансов, принимаются банком к исполнению в день их предъявления независимо от наличия средств на счете плательщика. В случае отсутствия или недостаточности средств, а также прав на оплату за счет кредита такие поручения помещаются в картотеку № 2 с начислением пени за просрочку платежа (8, п. 101).

Суммы принятых к исполнению поручений списываются с указанных в поручениях счетов плательщиков. При недостаточности средств на счетах плательщиков для оплаты поручений они оплачиваются частично (8, п. 106).

Акцептованные банком поручения применяются:

а) при одногородних расчетах бюджетных организаций за полученные товары и оказанные услуги, а также при возврате финорганами доходов бюджета через предприятия министерств связи;

б) при расчетах с предприятиями министерств связи за переводы, совершаемые через почту, за пересылку почтовых посылок и в оплату наложенных платежей;

в) при разовых расчетах с транспортными организациями за перевозки грузов и групповые перевозки пассажиров и их багажа (8, п. 107).

Поручения акцептуются банком при условии депонирования суммы поручения на отдельном балансовом счете. На сумму акцептованного учреждением банка поручения не может быть наложен арест и обращено взыскание по претензиям к плательщику, выписавшему поручение (8, п. 108).

Акцептованное поручение может быть принято к платежу только в полной сумме. Получение сдачи с суммы акцептованного поручения наличными деньгами и обмен их на наличные деньги не допускается (8, п. 109).

6. Расчеты чеками

Расчетный чек. При расчетах между предприятиями чеками владелец счета (чекодатель) дает письменное поручение обслуживающему его банку на перечисление определенной суммы денег с его счета на счет получателя средств (чекодержателя).

Расчетные чеки (в дальнейшем именуемые чеками) подразделяются на следующие виды: чеки расчетные для возврата финорганами доходов бюджета; чеки из лимитированных книжек; чеки из нелимитированных книжек.

Бланки всех названных видов чеков изготовляются Госбанком СССР. Бланки чековых книжек являются документами строгой отчетности (8, пп. 128, 129).

Чеки действительны в течение 10 дней, не считая дня их выписки (8, п. 131). Чеки подписываются лицами, имеющими право подписывать распоряжения по расчетному, текущему или бюджетному счету, и должны иметь оттиск печати владельца книжки (8, п. 132).

Сроки действия чековых книжек. Нелимитированные чековые книжки выдаются сроком действия до 1 года со дня выдачи. Срок действия лимитированных чековых книжек ограничивается шестью месяцами. Организациям и учреждениям, состоящим на бюджете, а также стройкам срок действия книжки устанавливается не далее 31 декабря. Чеки, выписанные после указанного срока, недействительны и предприятиями-поставщиками, а также кассами транспорта и связи не принимаются.

Предприятие должно получать чековые книжки с таким количеством чеков, чтобы они были полностью использованы для платежей в течение срока действия книжки (8, п. 130).

Сфера использования расчетных чеков. Чеки из лимитированных и нелимитированных книжек применяются при расчетах за принятые покупателями по приемосдаточным документам товары, если они фактически вывезены покупателем или доставлены ему, и оказанные услуги.

Чеки из лимитированных и нелимитированных книжек не применяются при расчетах:

за товары, отгружаемые иногородними поставщиками железнодорожным, водным и воздушным транспортом;

за товары, приобретаемые в розничной торговой сети в порядке мелкого опта;

за товары, оставленные на ответственном хранении у поставщиков;

за выполненные строительно-монтажные, монтажные, научно-исследовательские, проектно-конструкторские, буровые, геологоразведочные и технологические работы;

по штрафам, за всякого рода аренду;

по предварительной оплате товаров и услуг, кроме услуг транспорта и связи и единых талонов на нефтепродукты и сжиженный газ (8, п. 136).

Выдача чековых книжек. Для получения лимитированной или нелимитированной чековой книжки предприятие представляет в банк заявление. В заявлении и талоне к нему указывается номер счета, с которого будут оплачиваться чеки из этой книжки: на выдачу лимитированной книжки — счет «Лимитированные книжки и лимитированные справки», на выдачу нелимитированной книжки — номер ссудного счета (8, п. 137). Вместе с заявлением о выдаче лимитированной книжки представляется платежное поручение для депонирования средств на счете чекодателя (8, п. 139).

Лимит чековой книжки обозначает общую предельную сумму, на которую могут быть выписаны чекодателем и подлежат оплате банком чеки из лимитированной книжки. Чеки, выписанные после исчерпания лимита, недействительны. Лимит чековой книжки не должен быть менее 100 руб., но не должен превышать, как правило, месячной потребности в средствах для оплаты товаров и услуг (8, п. 138).

Порядок приема расчетных чеков банком. Чеки, поступившие в платеж за товары и услуги, должны сдаваться чекодержателем в обслуживающее его учреждение банка, как правило, на следующий рабочий день со дня их выписки (8, п. 142).

Чеки из лимитированных и нелимитированных книжек представляются чекодержателем в банк при реестре счетов на бланке в двух экземплярах, если счета чекодателя и получателя средств (чекодержателя) ведутся в одном и том же учреждении банка. В тех случаях, когда счета покупателей-чекодателей ведутся в других учреждениях банка, реестр представляется на каждое учреждение банка в трех экземплярах (8, п. 143).

При приеме от предприятий полученных ими в платеж чеков банк проверяет правильность составления реестров, наличие в них указания должности лица, подписавшего реестр, реквизиты чеков и соблюдение сроков их действия (8, п. 145).

7. Ответственность за нарушение расчетной дисциплины

Меры воздействия и ответственность. К предприятиям, нарушающим правила расчетов, с разрешения руководителя учреждения банка могут применяться меры воздействия, предусмотренные Правилами безналичных расчетов в народном хозяйстве. Учреждения банка должны также обеспечивать соблюдение утвержденного Советом Министров СССР

Положения о штрафах за нарушение правил совершения расчетных операций (8, п. 312).

Перевод поставщика на оплату в порядке предварительного акцепта. В отношении предприятий, нарушающих договорную дисциплину и получающих значительное число отказов от акцепта, требований на безакцептное списание излишне уплаченных сумм за некачественную продукцию, может применяться мера воздействия в виде установления на срок до устранения причин, вызывающих частые отказы от акцепта требований, порядка расчетов с покупателями лишь с предварительным акцептом. О введении такого порядка расчетов учреждение банка извещает поставщика (8, п. 313).

Перевод поставщика на акцепт товара. В тех случаях, когда при систематических (не менее трех раз подряд) отгрузках недоброкачественной и некомплектной продукции покупатель не переводит поставщика на оплату продукции после приемки ее по качеству, такой порядок может осуществляться учреждением банка.

Ответственность получателя средств перед банком за предъявление к оплате бестоварных расчетных документов. За предъявление к оплате через банки платежного поручения, реестра товарно-транспортных документов при аккредитивной форме расчетов или другого расчетного документа, выписанного поставщиком (грузоотправителем), при полном или частичном отсутствии реальной отгрузки (отпуска) товарно-материальных ценностей или фактического оказания услуг поставщик (грузоотправитель, организация, оказывающая услуги) уплачивает в пользу банка штраф в размере 4% той суммы документа, в которой он неправильно предъявлен (4, п. 1). Одновременно банк взыскивает в пользу покупателя сумму оплаченного бестоварного документа, если на момент проверки расчеты еще не завершены (8, п. 317).

Кроме того, банк принимает меры воздействия, предусмотренные Правилами безналичных расчетов в народном хозяйстве.

Ответственность плательщика перед банком за предъявление к оплате бестоварных расчетных документов. За выдачу платежного поручения или чека на оплату товарно-материальных ценностей или оказанных услуг (кроме платежного поручения на предварительную оплату в предусмотренных правилами банка случаях) при полном или частичном отсутствии реальной отгрузки (отпуска) товарно-материальных ценностей или фактического оказания услуг плательщик (чекодатель) уплачивает в пользу банка штраф в размере 4% той суммы платежного поручения или чека, в которой они неправильно выданы.

В случае, когда указанное поручение или чек выданы на основании неправильного (бестоварного) счета поставщика (грузоотправителя), штраф взыскивается поровну с плательщика и поставщика (4, п. 1).

Ответственность подрядчиков и заказчиков перед банком за завышение объемов и стоимости работ. За завышение объемов и стоимости выполненных строительно-монтажных работ (в том числе стоимости оборудования, включенного в объем капитальных вложений, но фактически не сданного в монтаж), проектно-изыскательских, буровых, геологоразведочных, ремонтно-строительных и пусконаладочных работ в документах, служащих основанием для получения денежных средств, строительные, монтажные и другие организации, выполняющие указанные работы, выплачивают банку штраф в размере 7% сумм завышений.

При выполнении работ подрядным способом указанный штраф взыскивается поровну с заказчика и подрядчика (4, п. 2).

Штрафы, уплачиваемые банками предприятиям. За несвоевременное (позднее следующего дня после получения соответствующего документа) или неправильное списание средств со счета владельца, несвоевременное или неправильное зачисление банком сумм, причитающихся владельцу счета, банк уплачивает в пользу владельца счета штраф в размере 0,5% несвоевременно или неправильно зачисленной (списанной) суммы за каждый день задержки (4, п. 7).

В случае неоплаты банком расчетных документов по капитальному строительству, капитальному ремонту, буровым, геологоразведочным и проектно-изыскательским работам на следующий день после истечения срока оплаты, если у заказчика имеется свободный лимит финансирования и указанные в документах работы, товарно-материальные ценности или оказанные услуги подлежат оплате в соответствии с законодательством о финансировании и кредитовании строительства, банк уплачивает в пользу подрядчика (поставщика) штраф в размере 0,3% суммы расчетного документа за каждый день просрочки (4, п. 9).

Порядок взыскания штрафов с учреждений банка. Требования об уплате за нарушения учреждениями банков правил совершения расчетных операций предприятия предъявляют к обслуживающему их учреждению банка. Учреждение банка, получившее от обслуживаемого им предприятия заявление об уплате штрафа, обязано рассмотреть заявление в 10-дневный срок. По признанным требованиям уплачивается установленный штраф, по непризнанным требованиям банк сообщает клиенту мотивы отклонения требования.

Порядок взыскания банками штрафов с предприятий. Учреждения банков взыскивают штрафы с предприятий (кроме кооперативов) в бесспорном порядке путем списания сумм штрафов со счетов этих предприятий.

Взаимная ответственность плательщиков и получателей средств за нарушение расчетной дисциплины. По просроченным платежам за поставленные товарно-материальные ценности, оказанные услуги и выполненные работы предприятия-плательщики уплачивают пеню в размере 0,04%, а колхозы — 0,03% предприятиям-получателям средств, если иное не предусмотрено законодательством. В таких же размерах взыскивается пеня с грузополучателя за задержку представления им в банк платежного поручения при расчетах за товарно-материальные ценности, длительность транспортировки которых не превышает одних суток (5, п. 2).

Указанная пеня начисляется и взыскивается учреждениями банка одновременно при погашении основной задолженности за товары и услуги (8, п. 57). Взыскиваемая пеня списывается банком с того счета плательщика, с которого оплачена основная сумма просроченного платежа, и зачисляется на тот счет поставщика, на который должна быть зачислена основная сумма расчетного документа (8, п. 60).

Пеня за просрочку платежа, если она не была взыскана банком, может взыскиваться получателем средств в претензионно-исковом порядке.

Примечания к разделу 10

1. Закон о государственном предприятии.
2. О совершенствовании системы банков в стране и усилении их воздействия на повышение эффективности экономики. Постановление ЦК КПСС и Совета Министров СССР от 17 июля 1987 г. № 821. — СП СССР, 1987, отд. 1, № 37, ст. 121.
3. Устав Государственного банка СССР. Утвержден постановлением Совета Министров СССР от 1 сентября 1988 г. № 1061. — СП СССР, 1988, отд. 1, № 32, ст. 91.
4. Положение о штрафах за нарушение правил совершения расчетных операций. Утверждено постановлением Совета Министров СССР от 16 сентября 1983 г. № 911. — СП СССР, 1983, отд. 1, № 27, ст. 155; 1988, отд. 1, № 28, ст. 77.
5. О процентных ставках за пользование банковским кредитом. Постановление Совета Министров СССР от 21 апреля 1980 г. № 323. — СП СССР, 1980, № 13, ст. 89; 1983, отд. 1, № 27, ст. 155; 1986, отд. 1, № 35, ст. 181; 1988, отд. 1, № 24—25, ст. 70.
6. Об упорядочении системы экономических (имущественных) санкций, применяемых к предприятиям, объединениям и организациям. Постановление Совета Министров СССР от 30 июля 1988 г. № 929. — СП СССР, 1988, отд. 1, № 28, ст. 77.
7. Правила кредитования материальных запасов и производственных затрат. Утверждены Госбанком СССР от 30 октября 1987 г. № 1. — М., 1987.
8. Правила безналичных расчетов в народном хозяйстве. Утверждены Госбанком СССР 30 сентября 1987 г. № 2. — М., 1987.
9. Правила ведения кассовых операций в народном хозяй-

стве. Утверждены приказом Госбанка СССР от 30 ноября 1987 г. № 345. — БНА, 1988, № 5, с. 17.

10. Правила ведения бухгалтерского учета и отчетности в учреждениях банков СССР. Утверждены Госбанком СССР 30 сентября 1987 г. № 7. — М., 1987.

11. Положение о расчетных документах. Утверждено приказами Госбанка СССР и Стройбанка СССР от 22 января 1985 г. № 11/32. — М., 1985.

Раздел 11
РЕГУЛИРОВАНИЕ СВЯЗЕЙ СОВЕТСКИХ ПРЕДПРИЯТИЙ ПО ПОСТАВКАМ ЭКСПОРТНЫХ И ИМПОРТНЫХ ТОВАРОВ

1. Права предприятий в сфере реализации товаров для экспорта и обеспечения импортной продукцией

Право непосредственного осуществления экспортно-импортных операций (включая рынки капиталистических и развивающихся стран) имеют все предприятия, объединения, производственные кооперативы и иные организации, продукция (работы, услуги) которых обладают конкурентоспособностью на внешнем рынке (4, п. 1). Возможности предприятий по выходу на зарубежный рынок товаров зависят от того, осуществляются ли экспортно-импортные операции в исполнение централизованных планов или по инициативе самого предприятия в рамках собственной компетенции.

Предприятие приобретает конкретные правомочия по прямому выходу на внешний рынок по лицензируемым и квотируемым товарам после оформления права путем регистрации в органах МВЭС.

Все желающие воспользоваться правом непосредственного выхода на внешний рынок должны зарегистрироваться в МВЭС СССР, в том числе через аппарат его уполномоченных на местах. Регистрация включает: представление заполненной по установленной форме регистрационной карточки; присвоение регистрационного номера; занесение в официально публикуемый Государственный реестр участников внешнеэкономических связей и выдачу Свидетельства о регистрации.

Предприятия могут осуществлять экспортно-импортные операции непосредственно, создавая для этого при необходимости хозрасчетные внешнеторговые фирмы, или на договорной основе через другие внешнеэкономические организации (4, п. 1).

Создаваемые в составе объединений, предприятий и организаций внешнеторговые фирмы действуют на основе Типового положения о хозрасчетной внешнеторговой фирме научно-производственного, производственного объединения, предприятия, организации, утвержденного постановлением Совета Министров СССР от 22 декабря 1986 г. № 1526 (5). Внешнеторговая фирма осуществляет от имени и по поручению объединения (предприятия) экспортно-импортные операции по закрепленной номенклатуре продукции (5, пп. 1, 5). Внешнеторговая фирма по поручению объединения и от его имени может заключать с другими объединениями, предприятиями и организациями СССР хозяйственные договоры на осуществление экспортных и импортных операций по поставке продукции и оказанию услуг в рамках определенного положением о внешнеторговой фирме предмета своей деятельности, получая за это комиссионные.

Порядок экспорта и импорта. Правительством СССР утверждены перечни продукции, экспорт и импорт которой осуществляется предприятиями, производственными кооперативами и иными организациями по лицензиям, выдаваемым соответствующими министерствами и ведомствами СССР и Советами Министров союзных республик. Этот порядок применяется также при любых сделках купли-продажи данной продукции с иностранными фирмами и организациями на территории СССР. Государственной внешнеэкономической комиссии Совета Министров СССР разрешено вносить отдельные изменения в утвержденные перечни продукции.

Совместные предприятия, международные объединения и организации, созданные на территории СССР, могут экспортировать только производимую ими продукцию и импортировать продукцию только для собственных нужд. Для проведения посреднических операций требуется разрешение МВЭС СССР.

Производственные кооперативы, их союзы (объединения) могут экспортировать только самостоятельно производимую ими продукцию. Они не вправе заниматься скупкой товаров в целях их перепродажи на экспорт, импортом товаров для последующей перепродажи на внутреннем рынке СССР и посредничеством во внешнеэкономических операциях как видом деятельности.

Другие участники внешнеэкономических связей также не могут заниматься скупкой товаров в целях их перепродажи на экспорт и импортом товаров для последующей перепродажи на внутреннем рынке СССР, если иное не предусмотрено действующими положениями.

Предприятия — участники прямых связей с предприятиями стран — членов СЭВ. Советским предприятиям предоставлено право устанавливать прямые связи с предприятиями и организациями других стран — членов СЭВ и самостоятельно решать вопросы производственной и научно-технической кооперации, включая подписание хозяйственных договоров и контрактов на поставку продукции и оказание услуг, связанных с кооперацией и развитием производства, определением экономических условий сотрудничества (1, п. 11).

Предприятия — участники прямых связей заключают контракты непосредственно с зарубежными партнерами без участия посредников — специализированных внешнеторговых организаций на взаимные поставки кооперированной продукции, образцов изделий, приборов, оснастки, инструмента, материалов, отдельных машин и оборудования, на размещение разовых заказов на изготовление и поставку в СССР продукции с передачей для этих целей соответствующих материальных ресурсов и технической документации, а также на принятие таких заказов (2, п. 9). Остальные внешнеторговые операции, включая закупки в странах — членах СЭВ за счет средств своего валютного фонда предприятием — участником прямых связей промышленной продукции, медицинской техники, культурно-бытовых, спортивных и других товаров, не включаемых в планы централизованного распределения, для нужд своих трудовых коллективов, осуществляются через внешнеторговые объединения Министерства внешнеэкономических связей (МВЭС) и других министерств и ведомств по закрепленной за этими объединениями номенклатуре или через внешнеторговые фирмы.

Предприятия вступают в прямые связи с предприятиями и организациями стран — членов СЭВ с согласия соответствующих министерств и ведомств СССР и союзных республик. В прямых связях участвуют также объединения, предприятия и организации, которым предоставлено право непосредственного осуществления экспортно-импортных операций; организации, утвержденные головными по проблемам Комплексной программы научно-технического прогресса стран — членов СЭВ до 2000 года; объединения, предприятия и организации — участники совместных предприятий и организаций — с этими предприятиями и объединениями и организациями с их иностранными участниками (7, п. 2).

Организации Академии наук СССР и академий наук союзных республик, объединения, предприятия и организации, подведомственные Мосгорисполкому, Ленгорисполкому и республиканским министерствам, осуществляют прямые связи с разрешения соответствующих академий наук, исполкомов и министерств (7, п. 18).

Порядок осуществления объединениями, предприятиями и организациями СССР прямых производственных и научно-технических связей с предприятиями и организациями других стран — членов СЭВ утвержден Государственной внешнеэкономической комиссией (ГВК) Совета Министров СССР 30 декабря 1986 г. с изменениями от 10 июля 1987 г. (7).

Прямые связи советских предприятий с предприятиями и организациями социалистических стран, не являющихся членами СЭВ, осуществляются в соответствии с названным выше Порядком. Особенности его применения к отношениям с указанными странами определяются ГВК Совета Министров СССР (7, п. 19).

Разовые поставки продукции советских предприятий предприятиям и организациям социалистических стран. Независимо от наличия договоров и протоколов о прямых связях советские предприятия в целях развития производства и налаживания кооперации вправе заключать контракты на разовые поставки продукции, образцов изделий, приборов, оснастки, инструмента, вторичных ресурсов, высвобождающихся в процессе производства материалов, машин и оборудования (3, п. 3).

Совместные предприятия, международные объединения и организации, создаваемые на территории СССР с участием советских и иностранных организаций, фирм и органов управления, наделены правом непосредственного ведения экспортно-импортных операций, необходимых для их хозяйственной деятельности (9, п. 24; 10, пп. 33, 54—55). Порядок материально-технического снабжения совместных предприятий и сбыта их продукции в соответствии с законодательством СССР определен Госснабом СССР (11, пп. 1—5; 12, с. 386).

Законодательством СССР разрешено создание совместных предприятий с фирмами капиталистических и развивающихся стран, продукцию которых целесообразно полностью реализовать на советском рынке, когда ее выпуск совместным предприятием экономически для СССР более выгоден, чем закупки на мировом рынке. Выплата части прибыли и иных средств, переводимых участниками совместных предприятий за границу, производится соответствующей валютой или товарами по согласованному с ними списку.

Экспортно-импортные операции в рамках приграничной и прибрежной торговли осуществляются Советами Министров союзных республик, Мосгорисполкомом, Мособлисполкомом, Ленгорисполкомом, Леноблисполкомом (а также теми Советами Министров автономных республик, крайисполкомами и облисполкомами, расположенными на территории РСФСР, которые решениями Правительства РСФСР наделены правом на ведение такой торговли) на условиях, определенных законодательством Союза ССР и союзных республик.

Прибрежная и приграничная торговля осуществляется за счет местных ресурсов, товаров, выделяемых союзных республикам по рыночному фонду, а также сырья и материалов, сэкономленных на предприятиях, в объединениях и организациях, непосредственно участвующих в этой торговле, в соответствии с условиями, установленными законодательством. Вся выручка от экспорта направляется на закупку товаров народного потребления для удовлетворения потребностей населения приграничных районов, а также машин, оборудования, материалов, других товаров (3, п. 18; 4, п. 26).

При прямых связях с социалистическими странами в сфере приграничной торговли применяется Порядок осуществления объединениями, предприятиями и организациями прямых производственных и научно-технических связей с предприятиями и организациями других стран — членов СЭВ, утвержденный ГВК Совета Министров СССР (7, п. 19).

Снабжение импортной продукцией, реализуемой в порядке оптовой торговли за переводные рубли. Предприятия вправе приобретать за счет имеющихся средств валютных фондов в переводных рублях промышленную продукцию, медицинскую технику, культурно-бытовые, спортивные и другие товары, реализуемые в порядке оптовой торговли за переводные рубли.

Ресурсы для такой торговли выделяются Госпланом СССР и Госснабом СССР за счет части продукции, импортируемой из стран — членов СЭВ (3, п. 19), а также некоторой продукции отечественного производства, прежде всего выделенной для экспорта, но не реализованной на внешнем рынке и возвращенной в народное хозяйство (15, пп. 3, 5). Предприятия, объединения и организации могут реализовать через оптовую торговлю продукцию производственно-технического назначения, произведенную сверх государственного заказа и обязательств по хозяйственным договорам (15, п. 5).

Оптовая торговля продукцией осуществляется внешнеторговым объединением «Внешпромтехобмен» Госснаба СССР. При заключении договоров на продажу продукции за переводные рубли между «Внешпромтехобменом» и покупателями стороны руководствуются Положением о поставках продукции и соответствующими решениями Правительства СССР (15, п. 7). Оптовая торговля продукцией за переводные рубли осуществляется на организуемых Госснабом СССР общесоюзных и региональных ярмарках. В период между ярмарками оптовая торговля продукцией за переводные рубли ведется путем оперативного установления отношений по поставкам между В/О «Внешпромтехобмен» и покупателями (15, п. 8).

Всесоюзные внешнеторговые организации на хозяйственном расчете созданы при тех министерствах и ведомствах СССР, которым предоставлено право непосредственного выполнения экспортно-импортных операций, включая рынки капиталистических стран (1, п. 11; приложение № 1). Эти организации действуют на основании Положения о всесоюзной хозрасчетной внешнеторговой организации (объединении)* министерства, ведомства (6, пп. 1—39). Внешнеторговое объединение осуществляет экспортные и импортные операции по закрепленной номенклатуре товаров и услуг обеспечивая в первую очередь выполнение обязательств по международным договорам, заключает с предприятиями СССР хозяйственные договоры на поставку экспортной и импортной продукции в рамках уставного предмета деятельности, реализует заявки министерств, ведомств, Советов Министров союзных республик и предприятий по импорту товаров за счет имеющихся у них валютных фондов независимо от включения таких закупок в план импорта (6, п. 12).

Республиканские хозрасчетные внешнеторговые объединения создаются Советами Министров союзных республик и действуют на основании утвержденных ими положения и устава. Эти объединения осуществляют внешнеторговые операции для предприятий и организаций республиканских министерств, ведомств и местного подчинения (4). В Российской Федерации создано Всероссийское хозрасчетное внешнеторговое объединение при Совете Министров РСФСР (13, пп. 1—48; 14, пп. 1—24).

Наряду с содействием выполнению централизованных планов экспорта и импорта, основанных на международных обязательствах СССР, республиканские внешнеторговые объединения призваны активно осуществлять экспортные и импортные операции по приграничной и прибрежной торговле, товарообменные операции, в том числе на условиях бартерных сделок, и выступают посредниками при других формах малой торговли.

Всесоюзные внешнеторговые объединения, входящие в систему Министерства внешнеэкономических связей. Входящие в систему МВЭС всесоюзные внешнеторговые объединения непосредственно выполняют экспортно-импортные операции по торговле сырьем, продовольствием, отдельными видами машин и оборудования, другими товарами общегосударственного назначения (1, п. 13). Указанные объединения выполняют экспортные и импортные операции по закрепленной за ними номенклатуре товаров, обеспечивая в первую очередь исполнение обязательств по международным договорам. Всесоюзные объединения системы МВЭС заключают с советскими предприятиями хозяйственные договоры на поставку экспортной и импортной продукции в соответствии с определенным уставом предметом деятельности. Сбыт и приобретение отдельных видов продукции в рамках внешнеэкономических связей возможны только через внешнеторговые объединения системы МВЭС независимо от наличия у

---

* Далее — внешнеторговое объединение.

предприятия или министерства права прямого выхода на внешний рынок.

Порядок подписания внешнеторговых сделок. В качестве стороны внешнеторговых сделок (контракта по экспорту, контракта по импорту, бартерного (товарообменного) контракта и др.), заключаемых советскими организациями с зарубежными партнерами, могут выступать внешнеторговые объединения и предприятия, наделенные правом непосредственного осуществления экспортно-импортных операций, предприятия — участники прямых хозяйственных связей с организациями и фирмами зарубежных стран, а также в других случаях, рассмотренных выше.

Внешнеторговые сделки, заключаемые советскими организациями, правомочными совершать внешеторговые операции, должны подписываться двумя лицами. Право подписи таких сделок имеют руководитель и заместители руководителя указанной организации, руководители фирм, входящих в состав этой организации, а также лица, уполномоченные доверенностями, подписанными руководителем единолично, если уставом (положением) организации не предусматривается иное. Имена и фамилии лиц, имеющих по должности право подписи внешнеторговых сделок, а также векселей и других денежных обязательств, публикуются в печатном органе МВЭС или печатном органе министерства (ведомства), в составе которого находится соответствующая организация (16, п. 1).

Внешнеторговые сделки, заключаемые на аукционах и биржах советскими организациями, правомочными совершать внешнеторговые операции, совершаются по правилам, действующим на аукционах и биржах (15).

Централизованное планирование поставок товаров для экспорта. Поставка важнейших видов продукции в страны — члены СЭВ, а также по межправительственным соглашениям учитывается при определении конкретных объемов государственных заказов и лимитов потребления по отраслям. Кроме того, в государственный заказ включается строительство важнейших объектов за рубежом.

Поставка продукции, не включенной в состав государственного заказа, в страны — члены СЭВ, по межправительственным соглашениям, а также для сооружений важнейших объектов за рубежом, предусматривается Госпланом СССР, Госснабом СССР, министерствами и ведомствами СССР и Советами Министров союзных республик в балансах и планах распределения продукции (17, разд. III).

Задания по поставкам экспортных товаров в централизованных планах доводятся до предприятий в форме государственных заказов, лимитов на поставку товаров для экспорта, других показателей плана экономического и социального развития, а также отдельных решений компетентных органов.

РЕГУЛИРОВАНИЕ ЭКСПОРТА И ИМПОРТА

Продукция, включенная в централизованные планы экспорта, реализуется, как правило, через внешнеторговые объединения МВЭС, других министерств и ведомств, Советов Министров союзных республик.

Инициативные поставки товаров для экспорта. Предприятия имеют право в целях использования благоприятных изменений в конъюнктуре мирового рынка и развития прямых связей и других эффективных форм хозяйственного взаимодействия направлять на экспорт машиностроительную и другую готовую продукцию, изготовленную сверх заданий государственного заказа и обязательств по хозяйственным договорам (3, п. 11).

При использовании указанного права следует иметь в виду, что согласно решениям правительства установлен перечень продукции, которая не может быть реализована предприятием в соответствии с порядком, предусмотренным ст. 16 Закона о государственном предприятии (см. разд. 12 книги). Указанная продукция не может быть направлена предприятием по своему усмотрению на экспорт. Кроме того, ряд видов продукции может быть реализован только по решению компетентных органов управления.

Предприятия, наделенные правом выхода на внешний рынок, самостоятельно заключают внешнеторговые сделки с зарубежными партнерами и непосредственно осуществляют инициативные поставки. Предприятия, не обладающие таким правом, реализуют свою продукцию для экспорта через внешнеторговые объединения, внешнеторговые фирмы предприятий, наделенных правом выполнения экспортно-импортных операций, а также в рамках прямых связей с социалистическими странами или через механизмы приграничной и прибрежной торговли.

Расходование валютных средств. Государственным предприятиям и организациям разрешено расходовать по решению трудовых коллективов на приобретение в 1989—1990 годах товаров народного потребления имеющиеся средства в свободно конвертируемой валюте в размере до 25% вместо до 10% (15% для предприятий и организаций Дальневосточного экономического района).

Государственным предприятиям и объединениям рекомендовано закупать товары народного потребления через В/О «Разноэкспорт» Минторга СССР и внешнеэкономические организации Советов Министров союзных республик.

Закупленные товары народного потребления реализуются работникам соответствующих предприятий и организаций по розничным ценам, а образующиеся при этом таможенные доходы подлежат перечислению в доход союзного бюджета.

Порядок планирования поставок импортной продукции дифференцирован в зависимости от того, приобретаются импортные товары за счет инвалютных фондов предприятия или централизованных валютных ассигнований.

В условиях валютной самоокупаемости импорт машин, оборудования, материалов и других товаров осуществляется предприятиями за счет собственных или заемных валютных средств. Предприятия в пределах имеющихся валютных средств вправе закупать импортную продукцию самостоятельно или через внешнеторговые организации. Указанные закупки по заявкам предприятий включаются в план импорта в полном объеме и реализуются в первоочередном порядке (1, п. 22). За счет имеющихся у предприятий средств валютных фондов продукция закупается без какого-либо согласования через соответствующие внешнеторговые объединения МВЭС, отраслевых министерств и ведомств, Советов Министров союзных республик, внешнеторговые фирмы предприятий, объединений, организаций. Такие закупки выполняются в первоочередном порядке и учитываются при выполнении планов внешнеторговых организаций (3, п. 15). Таким образом, закупка продукции за счет валютных фондов предприятия производится независимо от их предварительного включения в план импорта.

Закупки за счет централизованных валютных ассигнований включаются в план импорта, разрабатываемый МВЭС совместно с Госпланом СССР и другими ведомствами.

Распределяется закупаемая импортная продукция через систему государственных заказов и лимитов в порядке, аналогичном планированию материально-технического снабжения и распределения товаров народного потребления. Порядок заказа, распределения и реализации импортной продукции по номенклатуре, распределяемой Госснабом СССР, определен его постановлением от 17 февраля 1988 г. № 15 (19, пп. 1—4; 20, пп. 1—4)

Ограничение внешнеэкономических связей. В целях сбалансированного развития внешнеэкономических связей и совершенствования инструментов реализации внешнеэкономической политики страны в особых случаях могут применяться **меры оперативного регулирования внешнеэкономических связей** — ограничения экспорта и импорта и приостановление операций участников внешнеэкономических связей.

Ограничения экспорта и импорта вводятся на определенные периоды времени по отдельным товарам, странам и группам стран в тех случаях, когда этого требуют состояние платежных отношений, иные экономические и политические условия.

Указанные ограничения экспорта и импорта производятся ГВК Совета Министров СССР по представлению МВЭС СССР совместно с компетентными государственными органами **в виде количественных или стоимостных квот на импорт или экспорт.** Сделки, осуществляемые в рамках заполнения таких квот, подлежат лицензированию.

Квотирование не распространяется на ввоз в СССР товаров в счет погашения советских кредитов и для объектов, сооружаемых на территории СССР. Оно не применяется к экспорту собственной продукции совместных предприятий, международных объединений и организаций, созданных на территории СССР, и импорту для их собственных нужд.

2. Организация договорных отношений при экспортно-импортных операциях

Законодательство о договорных отношениях по поставкам (реализации) экспортной и импортной продукции. Хозяйственные связи между государственными, кооперативными и иными общественными предприятиями, поставляющими товары для экспорта или являющимися заказчиками импортных товаров*, и внешнеэкономическими организациями** регламентируются Основными условиями регулирования договорных отношений при осуществлении экспортно-импортных операций***.

Действие Основных условий распространяется также на отношения, связанные с экспортом и импортом услуг производственного характера (включая услуги по техническому обслуживанию, выполнению проектных, монтажных, шефмонтажных, ремонтных и других работ) и результатов научно-технической деятельности.

По вопросам, не урегулированным Основными условиями, стороны руководствуются соответствующими нормами Положения о поставках продукции и Положения о поставках товаров.

Поставка товаров советскими организациями при сооружении и эксплуатации объектов и выполнении других работ в зарубежных странах, а также строительство на территории СССР предприятий и других объектов с участием зарубежных организаций производятся в порядке, устанавливаемом Советом Министров СССР.

Отношения с предприятиями при экспорте и заказчиками при импорте отдельных видов товаров по линии экономического и технического сотрудничества СССР с зарубежными

---

* В дальнейшем — заказчики.

** Под внешнеэкономическими организациями в последующем понимаются внешнеэкономические объединения независимо от ведомственной подчиненности, а также предприятия, получившие право непосредственного выполнения экспортно-импортных операций, когда они вступают в договорные отношения с другими предприятиями, поставляющими товары для экспорта, или заказчиками импортных товаров.

*** Далее — Основные условия.

странами оформляются в порядке, определяемом Советом Министров СССР (21, п. 1).

Договоры в отношениях по экспорту и импорту товаров. Отношения между предприятием и внешнеэкономической организацией при экспорте товаров оформляются, как правило, договором комиссии, если стороны не договорились о применении договора поставки. При экспорте товаров, по которым валютные фонды не образуются, отношения сторон оформляются договором поставки, если стороны не договорились о применении договора комиссии. Отношения между заказчиком и внешнеэкономической организацией при импорте товаров оформляются договором комиссии (21, п. 2).

Предприятия, которым предоставлено право непосредственного осуществления экспортно-импортных операций, могут поручать внешнеэкономическим организациям заключать от их имени контракты с иностранными покупателями и иностранными поставщиками на поставку и закупку товаров. При этом между предприятием (заказчиком) и внешнеэкономической организацией заключается договор поручения с выплатой внешнеэкономической организации вознаграждения в установленном размере, а при его отсутствии — в согласованном размере.

Предприятия (заказчики) могут заключать с внешнеэкономическими организациями договоры на оказание услуг консультационного и информационного характера, а также на проработку возможности поставки (закупки) товаров на внешнем рынке (21, п. 3).

В соответствии с поручением ГВК Совета Министров СССР Минюстом СССР и МВЭС СССР утверждены примерные договоры на поставку товаров для экспорта, комиссии при экспорте, комиссии при импорте, а также примерный договор поручения, применяемые при экспортно-импортных операциях. Эти примерные договоры рекомендованы для использования в работе объединений, предприятий и организаций, а также исполкомов местных Советов при заключении конкретных договоров (22, с. 1).

Предпосылки заключения договоров при экспорте и импорте. Договорные отношения между предприятиями (заказчиками) и внешнеэкономическими организациями устанавливаются с учетом доводимых до них контрольных цифр и исходя из государственных заказов, централизованных валютных ассигнований, других показателей плана экономического и социального развития, а также на основании отдельных решений компетентных органов или по инициативе сторон (21, п. 4).

При централизованно планируемых поставках непосредственным основанием заключения договора выступают государственные заказы, а также лимиты на поставку товаров для экспорта и лимиты на закупку товаров по импорту.

Условия договоров поставки и комиссии. В договоре

должны определяться номенклатура (ассортимент), количество и качество товаров, сроки их поставки (сдачи заказчику) и цена, если она известна в момент заключения договора. При отсутствии этих условий договор считается незаключенным.

В договоре комиссии указывается размер комиссионного вознаграждения, а в договоре поставки — размер отчислений в пользу внешнеэкономической организации, определяемые в установленном порядке.

В договоре по требованию предприятия (заказчика) предусматривается допустимый минимальный (максимальный) уровень контрактных цен, а также могут оговариваться другие условия, которые необходимо учитывать при заключении контрактов с иностранными покупателями (поставщиками). В договоре может быть предусмотрено, что внешнеэкономическая организация предварительно выясняет на внешнем рынке условия, на которых товар может быть продан (приобретен), после чего условия договора окончательно согласовываются сторонами.

При определении содержания договора стороны должны учитывать требования и возможности внешнего рынка, обязательства по международным договорам СССР, в частности по межправительственным соглашениям и протоколам о товарообороте и платежах с зарубежными странами, соглашениям по экономическому и техническому сотрудничеству, нормативные предписания действующих между СССР и соответствующим государством Общих условий поставок и других соглашений (21, п. 5).

Обязанность внешнеторговой организации действовать в интересах предприятия. При заключении контрактов с иностранным покупателем (поставщиком) внешнеэкономическая организация должна действовать в интересах предприятия (заказчика). По усмотрению предприятия (заказчика) его представители участвуют в переговорах и подготовке контракта, а также в отборе товаров по полученным из-за границы образцам. В договоре может быть предусмотрено визирование проекта контракта предприятием (заказчиком).

Внешнеэкономическая организация привлекает представителей предприятия (заказчика) к участию в переговорах при согласовании технических характеристик товаров и других условий, для определения которых необходимы специальные знания.

В случае, когда в ходе переговоров с иностранным покупателем (поставщиком) выявляется невозможность заключения контракта на условиях, предусмотренных договором, внешнеэкономическая организация обязана в 10-дневный срок информировать об этом предприятие (заказчика) и сообщить ему свои предложения об изменении или расторжении договора. Если предприятие (заказчик) в установленный срок не сообщит свое заключение, внешнеэкономическая организация вправе отказаться от исполнения договора (21, п. 6).

Информирование предприятия о внешнеторговом контракте. При поступлении уведомления иностранного покупателя (поставщика) о принятии предложения на поставку (заказа) или получении от него контракта внешнеэкономическая организация при договоре комиссии обязана направить предприятию (заказчику) копию контракта. При договоре поставки копия контракта или выписка из его условий направляется предприятию по его требованию (21, п. 7).

Если предприятие (заказчик) обнаружит несоответствие контракта условиям договора или какие-либо неточности, оно обязано в 10-дневный срок со дня получения указанного документа письменно сообщить об этом внешнеэкономической организации, которая должна в 10-дневный срок принять меры к устранению допущенного несоответствия, неточности (21, п. 8).

3. Общие условия ответственности сторон

Освобождение сторон от ответственности за невыполнение обязательств. Стороны освобождают от имущественной ответственности (полностью или частично), если невыполнение или ненадлежащее выполнение обязательств произошло вследствие непреодолимой силы, запретительных мер советского или иностранного государства, а также в случаях, когда в соответствии с международными договорами или нормами применимого национального права иностранный покупатель (поставщик), по вине которого возникли убытки, освобожден от ответственности или несет ограниченную ответственность (21, п. 9).

Пределы ответственности внешнеэкономической организации. При договоре комиссии при экспорте и импорте товаров в случае, когда неисполнение или ненадлежащее исполнение обязательств внешнеэкономической организацией имело место вследствие нарушения, допущенного иностранным покупателем (поставщиком), или по другим причинам, не зависящим от внешнеэкономической организации, указанная организация несет перед предприятием (заказчиком) имущественную ответственность в той валюте и в пределах тех сумм, которые получены от иностранного покупателя (поставщика), судовладельца или других организаций, в том числе страховых. Если по вине внешнеэкономической организации была утрачена возможность получения соответствующих сумм, она несет ответственность в той валюте и в пределах тех сумм, которые могли быть получены от иностранного покупателя (поставщика), судовладельца или других организаций, включая страховые (21, п. 10)

Порядок отнесения валютных и рублевых потерь от санкций на фонды. Неустойки (штрафы, пени) и убытки, которые выплачены (возмещены) внешнеэкономической организацией иностранному покупателю (поставщику) в иностранной валюте, относятся за счет валютных средств предприятия (заказчика), если обязательство нарушено по его вине и если в соответствии с законодательством у этого предприятия (заказчика) образуется валютный фонд.

В случае нарушения обязательства по вине внешнеэкономической организации неустойки (штафы, пени) и убытки, которые должны быть выплачены (возмещены) иностранному покупателю (поставщику) в иностранной валюте, относятся за счет валютного фонда этой организации.

При отсутствии у предприятия (заказчика), внешнеэкономической организации валютных средств министерство (ведомство), в систему которого они входят, а в соответствующих случаях — Совет Министров союзной республики выделяют им средства за счет централизованного валютного фонда.

Рублевый эквивалент сумм уплаченных неустоек (штрафов, пени) и возмещенных убытков относится на результаты хозяйственной деятельности стороны по договору, по вине которой выплачены соответствующие суммы в иностранной валюте (21, п. 11).

4. Особенности взаимоотношений сторон при экспорте товаров

Приоритетность выполнения обязательств по экспорту. Предприятие обеспечивает поставку товаров на экспорт в первую очередь. В таком же порядке поставляются комплектующие изделия, сырье и материалы, необходимые для поставки товаров на экспорт (21, п. 12).

Заключение договоров[*] **до получения плановых заданий.** Договоры могут быть заключены до получения предприятиями и внешнеэкономическими организациями установленных показателей. При этом по включенной в государственный заказ продукции машиностроения договоры заключаются в пределах до 80%, а по остальным товарам — до 50% такой продукции, подлежащей поставке на экспорт в год, предшествующий планируемому (21, п. 13).

Централизованные поставщики. По товарам, включенным в государственный заказ, могут быть определены централи-

---

[*] Под словом «договор» в данном подразделе понимаются как договор комиссии, так и договор поставки. В тех случаях, когда подразумевается один из этих договоров, указывается его название.

зованные поставщики. В качестве централизованных поставщиков выступают хозрасчетные организации, являющиеся юридическими лицами, определяемые соответствующими министерствами и ведомствами СССР или Советами Министров союзных республик (21, п. 15).

Заключение договоров на реализацию распределяемых товаров. При заключении договора по товарам, включенным в государственный заказ, предприятие не позднее 20 дней после доведения до него необходимых показателей направляет внешнеэкономической организации подписанный проект договора с приложением к нему документов, требуемых для заключения контракта с иностранным покупателем.

Внешнеэкономическая организация после заключения контракта с иностранным покупателем направляет предприятию уведомление об отгрузке товаров с указанием данных, необходимых для отгрузки (21, п. 16).

При невозможности реализации на внешнем рынке товаров, включенных в государственный заказ, и незаключении в связи с этим договора внешнеэкономическая организация информирует об этом предприятие и орган, распределяющий (реализующий) эти товары, в сроки, обеспечивающие перераспределение фондов на указанные товары и их реализацию на внутреннем рынке (21, п. 14).

Требования к качеству товара. В договоре указываются требования к качеству товаров с учетом запроса иностранного покупателя.

Если при заключении контракта внешнеэкономическая организация должна руководствоваться предусмотренными международными договорами СССР гарантийными сроками и порядком их исчисления, они устанавливаются в договоре.

Стороны с учетом требований иностранного покупателя могут установить в договоре более продолжительные гарантийные сроки эксплуатации, годности, хранения и иной порядок их исчисления по сравнению со стандартами и техническими условиями СССР.

Гарантийные обязательства поставщика. Предприятие несет ответственность за изменение качества товара и недостачу его после момента сдачи товара, если изменение качества товара или недостача произошли по зависящей от него причине. Если изменение качества товара или недостача его установлены за границей, основанием для возмещения предприятием внешнеэкономической организации убытков, а в соответствующих случаях и для взыскания с него штрафа служат документы, составленные с участием представителя соответствующей советской организации за границей либо иностранной компетентной организации (21, п. 19).

Предприятие обязано безвозмездно исправить недостатки товара, на который установлен гарантийный срок, или заменить его, если не докажет, что недостатки возникли по вине внешнеэкономической организации или иностранного покупателя в результате ненадлежащего хранения или использования товара с нарушением инструкции изготовителя.

По требованию предприятия внешнеэкономическая организация обязана принять меры для возврата дефектных изделий или их частей.

При устранении внешнеэкономической организацией или иностранным покупателем дефектов в поставленных товарах своими средствами предприятие обязано по требованию внешнеэкономической организации возместить понесенные ею расходы (включая расходы в иностранной валюте), если дефекты товара возникли по причинам, за которые предприятие отвечает (21, п. 21).

Техническая и товаросопроводительная документация составляется, оформляется и рассылается в порядке, устанавливаемом МВЭС СССР (21, п. 22).

Ответственное хранение товаров, предназначенных для экспорта. Предприятие по запросу внешнеэкономической организации принимает на ответственное хранение готовые к поставке товары при наступлении срока поставки и невозможности их поставки по причинам, не зависящим от предприятия, если иное не предусмотрено договором. Размер и порядок оплаты товаров и расходов по их хранению определяются по соглашению сторон (21, п. 27).

Порядок восполнения недопоставки. Количество товаров, недопоставленное в одном периоде поставки, подлежит восполнению в следующем периоде независимо от срока действия договора. В таком же порядке восполняется недопоставка комплектующих изделий, сырья и материалов, необходимых для поставки товаров на экспорт. По соглашению сторон может быть установлен иной порядок восполнения недопоставленных товаров. В случае отказа иностранного покупателя от принятия не поставленного в срок товара он не восполняется (21, п. 17).

За просрочку поставки и недопоставку товаров по договору комиссии предприятие уплачивает неустойку в размере 8% стоимости не поставленных в срок товаров по отдельным наименованиям номенклатуры и ассортимента (21, п. 30).

За указанное нарушение обязательства при договоре поставки предприятие несет ответственность в соответствии с Положениями о поставках продукции и товаров.

Обязанность субпоставщиков по возмещению санкций в инвалюте. Если предприятие уплатило неустойку (штрафы, пени) и возместило убытки в иностранной валюте по вине предприятий, поставляющих комплектующие изделия, сырье и материалы, последние обязаны возместить предприятию, поставляющему товары для экспорта, соответствующие суммы за счет имеющихся у них валютных средств (21, п. 31).

5. Особенности взаимоотношений сторон при импорте товаров

Централизованные заказчики импортируемых товаров. По товарам, приобретаемым за счет централизованных валютных ассигнований, могут быть определены централизованные заказчики. В качестве централизованных заказчиков выступают хозрасчетные организации, являющиеся юридическими лицами, определяемые соответствующими министерствами и ведомствами СССР или Советами Министров союзных республик.

Отношения этих организаций с внешнеэкономическими организациями оформляются в порядке, предусмотренном Основными условиями регулирования договорных отношений при осуществлении экспортно-импортных операций, а с предприятиями, которым предназначены эти товары, — в соответствии с законодательством о поставках (21, п. 32).

Заказчики импортных товаров. Заказчиками по товарам, приобретаемым за счет имеющихся у предприятий, объединений и организаций средств валютных фондов и предоставленных им валютных кредитов, являются эти предприятия, объединения и организации (21, п. 32).

Высылка проекта договора на закупку товаров за счет централизованных валютных ассигнований. При заключении договора по товарам, приобретаемым за счет централизованных валютных ассигнований, заказчик не позднее 20 дней, а при заказе комплектного оборудования предприятий (объектов), уникального оборудования, железнодорожного подвижного состава и судов — не позднее 40 дней после получения им указанных ассигнований направляет внешнеэкономической организации подписанный проект договора с приложением к нему документов, необходимых для заключения контракта с иностранным поставщиком (21, п. 33).

Экологические и другие требования к импортируемому оборудованию. Закупаемое оборудование должно удовлетворять требованиям действующих в СССР нормативных актов по охране окружающей среды, охране труда и технике безопасности. Заказчик должен информировать внешнеэкономическую организацию об этих требованиях для включения их в контракт. Отступления в некоторых случаях от установленных требований должны быть согласованы до заключения договора с соответствующими органами, осуществляющими надзор за соблюдением указанных требований (21, п. 34).

Встречные обязанности заказчика. При заказе за границей оборудования и машин, требующих отладки и испытаний с использованием сырья или заготовок, предоставляемых заказчиком, последний обязан отгрузить за границу сырье или заготовки по заявке внешнеэкономической организации в количестве и в сроки, предусмотренные договором (21, п. 35).

Техдокументация на монтаж оборудования. Внешнеэкономическая организация обязана обеспечить высылку технической документации на комплектное оборудование, требующее монтажа, не позднее чем за 2 мес. до его поступления в СССР, если иной срок не указан в договоре.

Запасные части, приспособления и инструменты. При закупке комплектного оборудования внешнеэкономическая организация по требованию заказчика обеспечивает закупку запасных частей для бесперебойной эксплуатации указанного оборудования в течение определенного срока, специальных приспособлений и инструмента для монтажа технологического оборудования, а также рабочих чертежей для изготовления запасных частей на советских предприятиях (21, п. 36).

Момент исполнения обязательства внешнеэкономической организации перед заказчиком определяется в соответствии с п. 37 Основных условий.

Отказ от товара при просрочке исполнения. При нарушении сроков поставки товаров иностранным поставщиком вопрос о возможности отказа от такого товара решается с учетом условий контракта с иностранным поставщиком и международных договоров СССР (21, п. 38).

Порядок и сроки приемки товаров по количеству и качеству, составления и направления рекламационных актов устанавливаются Госарбитражем СССР по согласованию с Госснабом СССР, МВЭС СССР и Минторгом СССР (21, п. 39).

Предъявление претензий к иностранному поставщику, иностранному судовладельцу, а также к страховой организации производится внешнеэкономической организацией по требованию заказчика, а при наличии на то оснований — независимо от требования заказчика (21, п. 40).

Делькредере. Если внешнеэкономическая организация по договору с заказчиком принимает на себя ручательство за надлежащее исполнение иностранным поставщиком тех или иных обязательств (делькредере), то она несет непосредственную имущественную ответственность перед заказчиком в тех пределах, в которых такую ответственность должен был бы нести иностранный поставщик (21, п. 42).

Централизованные плательщики. В отдельных случаях заказчик может по согласованию с соответствующими внешнеэкономическими организациями передать функции централизованного плательщика другой организации, не являющейся заказчиком (21, п. 41).

Ответственность за просрочку сдачи товара. За несвоевременную сдачу товаров заказчику внешнеэкономическая организация уплачивает неустойку в размере 8% стоимости не сданных в срок товаров по отдельным наименованиям номенклатуры или ассортимента (21, п. 43).

6. Порядок расчетов при экспорте и импорте товаров

Условия о цене и расчетах указываются в договорах. Расчеты между предприятиями и внешнеторговыми организациями производятся путем акцепта платежных требований. Предприятие не позднее 2 рабочих дней после отгрузки товара направляет внешнеэкономической организации счета-платежные требования и другие документы, предусмотренные договором (21, п. 29).

При совершении экспортно-импортных операций расчеты между предприятиями и внешнеторговыми объединениями преимущественно осуществляются с применением дифференцированных валютных коэффициентов*. При реализации товара на экспорт на расчетный счет предприятия зачисляется рублевый эквивалент стоимости продукции, а на счет по учету средств валютных фондов во Внешэкономбанке поступают валютные отчисления — в соответствии с нормативами по группам валют. По отдельным видам экспортных товаров валютные фонды не образуются.

При покупке импортируемой продукции предприятие-заказчик оплачивает ее в рублях со своих счетов в учреждениях специализированных банков и, если товар закупается за счет валютных фондов, одновременно списывается инвалютный эквивалент со счета по учету средств указанных фондов. В случае приобретения импортной продукции за счет централизованных валютных ассигнований валютное покрытие импорта обеспечивается из централизованных источников.

Прямые расчеты в иностранной валюте или в переводных рублях (без пересчета на советские рубли) допускаются в случаях, прямо предусмотренных законодательством, через балансовые валютные счета во Внешэкономбанке СССР.

Порядок расчетов по экспорту товаров с применением дифференцированных валютных коэффициентов. Внешнеторговое объединение в договоре с предприятием на экспорт товара наряду с другими реквизитами указывает конкретную

---

* Советом Министров СССР признано необходимым упростить действующую систему расчетов при экспортно-импортной деятельности государственных предприятий, объединений и организаций, постепенно отказываясь от использования при пересчете фактических контрактных цен в советские рубли дифференцированных валютных коэффициентов.

До перехода на расчеты с использованием нового валютного курса будет применяться начиная с 1 января 1990 г. 100-процентная надбавка к курсовому соотношению свободно конвертируемой валюты к рублю (4, п. 13).

цену и утвержденный валютный коэффициент ее перерасчета на советские рубли. В случае отсутствия цены по контракту в момент заключения договора конкретная цена сообщается предприятию-поставщику (одновременно с коэффициентом) перед началом отгрузки товаров инопокупателю.

Предприятие-поставщик, отгрузив товар на экспорт, выписывает внешнеторговому объединению счет на его оплату по контрактной цене с применением валютного коэффициента.

Если товар не запродан и отгружается в порт на консигнацию для продажи с аукциона, предприятие-поставщик выписывает счет-платежное требование внешнеторговому объединению по внутренним оптовым ценам. После отгрузки товара и выписки счета на иностранного покупателя внешнеторговое объединение производит перерасчет с предприятием-поставщиком экспортной продукции по контрактным ценам с валютным коэффициентом (27, п. 1).

С советскими заказчиками импортной продукции внешнеторговое объединение рассчитывается по импортной стоимости с применением валютных коэффициентов с учетом процентов за кредит. Под импортной стоимостью понимается фактурная стоимость, указанная в счете иностранного поставщика (27, п. 2). Использование средств валютных фондов и списание со счетов по их учету во Внешэкономбанке производятся в порядке, определенном специальными правилами.

Особенности расчетов через текущие балансовые валютные счета. Указанные счета открываются Внешэкономбанком СССР предприятиям, имеющим внебалансовые валютные счета по учету средств валютных фондов (30, п. 6). Текущие балансовые валютные счета открываются Внешэкономбанком СССР в иностранной валюте, в рублях со свободной конверсией, в переводных рублях, а также в валютах клиринговых расчетов (30, п. 7). Наряду с расчетами с внешнеторговыми организациями с текущих балансовых валютных счетов средства могут быть использованы для перевода за границу в оплату товаров и услуг, для прямых производственных и научно-технических связей, для оплаты командировочных расходов и других платежей неторгового характера. Все платежи с внебалансовых счетов и с текущих балансовых валютных счетов осуществляются в пределах остатков средств на счетах.

Внешэкономбанк СССР имеет право требовать от внешнеторговых и других советских организаций, совершающих платежи за границу в иностранной валюте, информацию и документы, подтверждающие законность таких платежей, а также поступлений, и соответствие их задачам и целям деятельности этих организаций (30, п. 10).

Открытие рассматриваемого текущего балансового валютного счета не порождает у предприятия — владельца счета права на непосредственное (прямое) распоряжение валютой. И в данной ситуации сохраняется принцип опосредствованного использования валютных средств через советские рубли с использованием дифференцированных валютных коэффициентов, а при их отсутствии — через иные формы пересчета валюты в рубли и наоборот. Поэтому текущий балансовый валютный счет открывается при условии перечисления во Внешэкономбанк предприятием рублевого покрытия со своего расчетного счета в обслуживающем основную деятельность учреждении специализированного банка (30, п. 6). Текущие балансовые валютные счета, сохраняя незыблемой сложившуюся форму валютной монополии, технически ускоряют и облегчают проведение расчетов, поскольку операции как с иностранной валютой, так и их рублевым эквивалентом производятся в одном учреждении Внешэкономбанка через единый текущий балансовый валютный счет.

Непосредственные расчеты в валюте (без участия рублевого эквивалента) осуществляются советскими предприятиями только в рамках прямых связей советских предприятий с организациями стран — членов СЭВ с использованием особого балансового валютного счета, открываемого в установленном порядке советским предприятиям-участникам прямых связей во Внешэкономбанке СССР.

Особенности расчетов и кредитования при прямых связях со странами — членами СЭВ определены нормативным актом, принятым Госбанком СССР, Минфином СССР и Внешторгбанком СССР (26, пп. I — IV).

Расчеты по экспорту и импорту в условиях прямых связей ведутся в аналогичном изложенному выше порядке с использованием валютных счетов в переводных рублях.

В отдельных случаях по договоренности с Внешэкономбанком СССР участнику прямых связей может быть открыт во Внешэкономбанке балансовый валютный счет для учета всех или части поступлений и платежей валютного фонда. В этом случае валютная выручка от экспорта по прямым связям зачисляется на указанный счет (без перечисления советских рублей на счета в учреждении Промстройбанка или Агропромбанка). Средства по импорту списываются также непосредственно с указанного валютного счета учета поступлений и платежей валютного фонда (без списания рублевого эквивалента со счета в учреждении Промстройбанка или Агропромбанка).

Особенности расчетов предприятий, наделенных правом непосредственного осуществления экспортно-импортных операций, изложены в письме Госбанка СССР от 4 июня 1987 г. № 16065 (27, п. 1). Расчеты ведутся с использованием отдельных ссудных счетов, открываемых фирмам этих предприятий по экспортно-импортным операциям.

После отгрузки товара за границу фирма от имени предприятия оформляет расчеты и коммерческие документы в соответствии с условиями и требованиями контракта и представляет их в учреждение банка для направления иностранному покупателю. Одновременно предприятие выписывает счет за отгруженный товар по контрактной цене с применением дифференцированных валютных коэффициентов (по отпускным ценам СССР без налога с оборота с применением надбавок по товарам, по которым валютные коэффициенты не установлены) и предъявляет его своей внешнеторговой фирме. При получении выручки от иностранного покупателя Внешэкономбанк перечисляет эквивалент полученной суммы в рублях по курсу Госбанка СССР, действующему на дату перечисления средств, на ссудный счет по экспортно-импортным операциям внешнеторговой фирмы предприятия.

Для расчетов в соответствии с заключенными контрактами на импорт товаров внешнеторговая фирма предприятия получает кредит по ссудному счету для экспортно-импортных операций и перечисляет определенную контрактом сумму в рублях (по курсу Госбанка СССР на день перечисления) на счет во Внешэкономбанк СССР для перевода иностранной валюты фирме-поставщику. По получении товара внешнеторговая фирма выписывает счет предприятию по контрактным ценам с применением дифференцированного валютного коэффициента или по действующим внутренним ценам, по которым валютные коэффициенты не установлены.

В аналогичном порядке ведутся расчеты по экспортно-импортным операциям по фирмам объединений, предприятий, которым по решениям министерств предоставлен статус юридического лица.

Особенности расчетов при реализации продукции в порядке оптовой торговли за переводные рубли определены специальным нормативным актом (29, пп. 1—2).

7. Порядок вывоза и ввоза товаров

Декларирование товаров. Товары и иное имущество, перемещаемые через государственную границу СССР, подлежат обязательному декларированию путем представления органам государственного таможенного контроля СССР грузовой таможенной декларации установленного образца.

Декларирование производится участниками внешнеэкономических связей самостоятельно или на договорной основе через В/О «Союзвнештранс» МВЭС СССР либо другие организации, определяемые органами государственного таможенного контроля СССР. Товары и иное имущество без представления грузовой таможенной декларации либо с нарушением установленного порядка декларирования пропуску за границу или в СССР не подлежат. Указание в таможенной декларации заведомо ложных сведений влечет за собой ответственность в соответствии с законодательством.

Порядок декларирования определяется Главным управлением государственного таможенного контроля при Совете Министров СССР. Органами государственного таможенного контроля СССР за проведение таможенных процедур взимается установленная плата, включающая платежи в валюте расчета с контрагентом.

Сведения, содержащиеся в грузовой таможенной декларации, являются официальными исходными данными для ведения государственной статистики внешнеэкономической деятельности.

Отгрузка товара железнодорожным транспортом. Товары отгружаются предприятием по железной дороге в соответствии с нормами отгрузки. При закупке иностранным покупателем товара в количестве менее указанных норм он отгружается без уплаты штрафа за недогруз подвижного состава.

Если иное не предусмотрено договором, предприятие извещает не позднее дня, следующего за днем отгрузки товара, внешнеэкономическую организацию о дате отгрузки, наименовании и количестве товара, номере договора, пункте назначения (21, п. 28).

Примечания к разделу 11

1. О мерах по совершенствованию управления внешнеэкономическими связями. Постановление ЦК КПСС и Совета Министров СССР от 19 августа 1986 г. № 991. — Свод законов СССР, т. 9, с. 48—3.

2. О мерах по совершенствованию управления экономическим и научно-техническим сотрудничеством с социалистическими странами. Постановление ЦК КПСС и Совета Министров СССР от 19 августа 1986 г. № 992 — Свод законов СССР, т. 9, с. 50—1.

3. О дополнительных мерах по совершенствованию внешнеэкономической деятельности в новых условиях хозяйствования. Постановление ЦК КПСС и Совета Министров СССР от 17 сентября 1987 г. № 1074. — Механизм внешнеэкономической деятельности. Сборник документов. М., 1988, с. 52.

4. О дальнейшем развитии внешнеэкономической деятельности государственных, кооперативных и иных общественных предприятий, объединений и организаций. Постановление Совета Министров СССР от 2 декабря 1988 г. № 1405. — Эконом. газ., 1988, № 51, с. 17.

5. Типовое положение о хозрасчетной внешнеторговой фирме научно-производственного, призводственного объединения, предприятия, организации. Утверждено постановлением Совета Министров СССР от 22 декабря 1986 г. № 1526. — СП СССР, 1987, отд. 1, № 6, ст. 24.

6. Положение о всесоюзной хозрасчетной внешнеторговой организации (объединении) министерства, ведомства. Утверждено постановлением Совета Министров СССР от 22 декабря 1986 г. № 1526. — СП СССР, 1987, отд. 1, № 6, ст. 24.

7. Порядок осуществления объединениями, предприятиями и организациями СССР прямых производственных и научно-технических связей с предприятиями и организациями других стран — членов СЭВ. Утвержден ГВК Совета Министров СССР 30 декабря 1986 г. с изменениями от 10 июля 1987 г. — Механизм внешнеэкономической деятельности, с. 91.

8. Порядок осуществления объединениями, предприятиями и организациями СССР прямых производственных и научно-технических связей с корпорациями и фирмами Индии. Утвержден ГВК Совета Министров СССР 19 декабря 1987 г. — М., МВЭС, 1988.

9. О порядке создания на территории СССР и деятельности совместных предприятий с участием советских организаций и фирм капиталистических и развивающихся стран. Постановление Совета Министров СССР от 13 января 1987 г. № 49. — СП СССР, 1987, отд. 1, № 9, ст. 40 (с учетом изменений от 17 марта 1988 г.).

10. О порядке создания на территории СССР и деятельности совместных предприятий, международных объединений и организаций СССР и других стран — членов СЭВ. Постановление Совета Министров СССР от 13 января 1987 г. № 48. — СП СССР, 1987, отд. 1, № 8, ст. 38 (с учетом изменений от 17 марта 1988 г.).

11. Порядок материально-технического снабжения совместных предприятий, создаваемых на территории СССР с участием других стран и зарубежных фирм, и сбыта их продукции. Утвержден постановлением Госснаба СССР от 4 июня 1987 г. № 74. — Механизм внешнеэкономической деятельности, с. 150.

12. О дополнении Порядка материально-технического снабжения совместных предприятий, создаваемых на территории СССР с участием других стран и зарубежных фирм, и сбыта их продукции. Постановление Госснаба СССР от 4 ноября 1987 г. № 139. — Совместные предприятия, международные объединения и организации на территории СССР. Нормативные акты и комментарии. М., 1988, с. 386.

13. Положение о Всероссийском хозрасчетном внешнеторговом объединении при Совете Министров РСФСР (В/О «Роснешторг»). Утверждено постановлением Совета Министров РСФСР от 21 декабря 1987 г. № 496. — СП РСФСР, 1988, № 2, ст. 9.

14. Устав Всероссийского хозрасчетного внешнеторгового объединения при Совете Министров РСФСР (В/О «Роснешторг»). Утвержден постановлением Совета Министров

РСФСР от 22 декабря 1987 г. № 499. — СП РСФСР, 1988, № 3, ст. 11.

15. Об организации оптовой торговли продукцией производственно-технического назначения за переводные рубли. Постановление Совета Министров СССР от 4 февраля 1988 г. № 167. — Механизм внешнеэкономической деятельности, с. 86.

16. О порядке подписания внешнеторговых сделок. Постановление Совета Министров СССР от 14 февраля 1978 г. № 122. — СП СССР, 1978, № 6, ст. 35.

17. Временное положение о порядке формирования государственных заказов на 1989 и 1990 годы. Утверждено постановлением Совета Министров СССР от 25 июля 1988 г. № 889. — СП СССР, 1988, отд. 1, № 26, ст. 71.

18. О перестройке планирования и повышении роли Госплана СССР в новых условиях хозяйствования. Постановление ЦК КПСС и Совета Министров СССР от 17 июля 1987 г. № 816. — СП СССР, 1987, отд. 1, № 33, ст. 115.

19. О порядке заказа и реализации продукции, поступающей по импорту. Постановление Госснаба СССР от 17 февраля 1988 г. № 15. — БНА, 1988, № 6, с. 3.

20. Порядок заказа, распределения и реализации продукции, поступающей по импорту. Утвержден постановлением Госснаба СССР от 17 февраля 1988 г. № 15. — БНА, 1988, № 6, с. 4.

21. Основные условия регулирования договорных отношений при осуществлении экспортно-импортных операций. Утверждены постановлением Совета Министров СССР от 25 июля 1988 г. № 888. — СП СССР, 1988, отд. 1, № 24—25, ст. 70.

22. Письмо Министерства юстиции СССР и Министерства внешних экономических связей СССР от 29 сентября 1988 г. № 1609-К-3/40131/3810.— М., 1988.

23. Инструкция о порядке выдачи разрешений на ввоз в СССР и вывоз из СССР товаров и иного имущества и на реэкспорт товаров. Утверждена 26 февраля 1987 г. Минвнешторгом СССР и ГКЭС СССР по согласованию с Министерством юстиции СССР, ГУГТК СССР: новые возможности для бизнеса. Справочник для бизнесменов и менеджеров. ч. 1. М., 1988, с. 459.

24. О порядке пропуска через государственную границу СССР товаров и иного имущества при осуществлении прямых связей объединений, предприятий и организаций СССР с предприятиями и организациями других социалистических стран и деятельности совместных предприятий, международных объединений и организаций СССР и этих стран. Постановление Совета Министров СССР от 27 июня 1987 г. № 718. — СП СССР, 1987, отд. 1, № 40, ст. 129.

25. Инструкция о порядке пропуска товаров и иного имущества через государственную границу СССР. Утверждена

приказом Главного управления государственного таможенного контроля при Совете Министров СССР от 23 июня 1987 г. № 70. — Справочник для бизнесменов и менеджеров. ч. 1, с. 459.

26. Порядок кредитования объединений, предприятий и организаций и ведения валютных счетов для осуществления прямых связей со странами — членами СЭВ. Утвержден Госбанком СССР, Минфином СССР, Внешторгбанком СССР 18 сентября 1986 г. № 879. — Памятка по вопросам прямых производственных и научно-технических связей объединений, предприятий и организаций СССР с партнерами из других стран — членов СЭВ. — М., 1987, с. 45.

27. Порядок расчетов по экспорту и импорту с применением дифференцированных валютных коэффициентов. Утвержден Минфином СССР, Госбанком СССР, Внешторгбанком СССР, Минвнешторгом СССР 31 декабря 1986 г № 26-140. — М., 1987.

28. О порядке кредитования производственных объединений, предприятий, получивших право непосредственного осуществления экспортных и импортных операций. Письмо Госбанка СССР от 4 июня 1987 г. — Механизм внешнеэкономической деятельности, с. 146.

29. Порядок кредитования и расчетов за продукцию производственно-технического назначения, реализуемую посредством оптовой торговли за переводные рубли. Утвержден Внешэкономбанком СССР и Промстройбанком СССР 3 марта 1988 г. — Механизм внешнеэкономической деятельности, с. 170.

30. Порядок открытия и ведения Внешэкономбанком СССР валютных счетов, учета и использования средств валютных фондов объединений, предприятий и организаций. Утвержден приказом Внешэкономбанка СССР по согласованию с Минфином СССР от 26 февраля 1988 г. № 3. — М., 1988.

Раздел 12
РЕГУЛИРОВАНИЕ ХОЗЯЙСТВЕННЫХ СВЯЗЕЙ ПО СНАБЖЕНИЮ

1. Права и обязанности предприятий в сфере снабжения и сбыта

Материально-техническое обеспечение предприятия осуществляется исходя из необходимости его эффективной и ритмичной работы, экономного использования материальных ресурсов при минимально необходимом уровне их запасов.

В соответствии со своими планами экономического и социального развития предприятие определяет потребность в ресурсах и приобретает их в порядке оптовой торговли или в централизованном порядке (1, ст. 15, п. 1).

Реализация (сбыт) продукции и товаров. Предприятие реализует свою продукцию в соответствии с хозяйственными договорами предприятиям торговли и материально-технического снабжения, иным потребителям или через собственную сеть по продаже продукции. Выполнение заказов и договоров служит главнейшим критерием оценки деятельности предприятий и материального стимулирования трудовых коллективов. Предприятие обязано изучать спрос и осуществлять мероприятия по рекламе.

Предприятие имеет право использовать на собственные нужды, реализовывать другим предприятиям, организациям и населению или обменивать с другими предприятиями продукцию при условии выполнения договорных обязательств и продукцию, от которой отказались заключившие договор на поставку потребитель и органы материально-технического снабжения (1, ст. 16, пп. 1, 2). На отдельные виды продукции, перечень которых определяется Советом Министров СССР, данный порядок не распространяется.

Перечень продукции, использование которой на собственные нужды, реализация и обмен не могут осуществляться в порядке, предусмотренном ст. 16 Закона о предприятии, охватывает драгоценные металлы, сплавы и изделия из них, драгоценные камни и изделия из них, цветные металлы (алюминий, медь, цинк, свинец, никель, олово, молибден, вольфрам, кадмий, кобальт), сплавы и прокат из них; яды; нефть и нефтепродукты (нефть, газовый конденсат, автомобильный бензин, топливо для реактивных двигателей, дизельное топливо, парафин твердый); газ естественный, уголь для коксования; зерно, заготовленное в государственные ресурсы; спирт этиловый; винно-водочные изделия; сахар; масло растительное из сырья государственных ресурсов; взрывчатые вещества и некоторые виды другой продукции.

Цветные металлы, сплавы и прокат из них, нефть, автомобильный бензин, дизельное топливо, газ естественный предприятия могут реализовать самостоятельно до 20% продукции, произведенной сверх объемов, предусмотренных договорами.

Предприятиям предоставлено также право реализовывать самостоятельно легковые автомобили, мотоциклы тяжелого типа, холодильники и морозильники бытовые, телевизоры цветного изображения, произведенные сверх объемов, предусмотренных договорами. При этом до 50% указанной продукции выделяется предприятиям-смежникам, участвующим в обеспечении ее производства. Конкретные объемы поставок определяются по взаимной договоренности сторон.

Отношения по поставкам продукции производственно-технического назначения и товаров народного потребления регулируются соответственно Положением о поставках продукции и Положением о поставках товаров (4, п. 1; 5, п. 1).

Действие Положения о поставках продукции распространяется на отношения между государственными, кооперативными и иными общественными предприятиями по поставкам продукции (включая поставку импортной продукции на внутреннем рынке, если иное не предусмотрено законодательством), кроме сельскохозяйственной продукции, реализуемой по договорам контрактации.

При поставках внутри страны продукции, изготовленной совместными предприятиями, созданными на территории СССР советскими организациями с участием иностранных партнеров, применяются нормы Положения о поставках продукции, кроме случаев, когда иное предусмотрено законодательством о порядке деятельности этих предприятий, межгосударственными и межправительственными договорами СССР.

Продукция по рыночному назначению, а также товары народного потребления по внерыночному назначению поставляются в соответствии с Положением о поставках товаров народного потребления.

Продукция специального назначения поставляется военным организациям в соответствии с утвержденными Советом Министров СССР Основными условиями поставки продукции для военных организаций, а продукция общего назначения — на основании Положения о поставках продукции с учетом Основных условий поставки продукции для военных организаций.

В государственный резерв и из государственного резерва продукция поставляется в порядке, устанавливаемом Советом Министров СССР (4; 5, п. 1).

Договорные отношения предприятий с внешнеэкономическими организациями при экспорте и импорте продукции регулируются утвержденными Советом Министров СССР Основными условиями регулирования договорных отношений при осуществлении экспортно-импортных операций, а по вопросам, не предусмотренным ими, применяются соответствующие нормы Положения о поставках продукции (4, п. 2).

Особенности применения Положения о поставках продукции при поставке лесопродукции, нефтепродуктов и угля могут определяться Госснабом СССР по согласованию с Госарбитражем СССР, а при поставке организациями материально-технического снабжения агропрома колхозам, совхозам и другим сельскохозяйственным предприятиям сельскохозяйственной техники и иной продукции — соответствующим органом по согласованию с Госарбитражем СССР.

Указанные особенности разрабатываются с участием заинтересованных министерств и ведомств (4, п. 76).

Договорные отношения предприятий с внешнеэкономическими организациями при экспорте и импорте продукции и товаров регулируются утвержденными Советом Министров СССР Основными условиями регулирования договорных отношений при осуществлении экспортно-импортных операций (6, п. 1), а по вопросам, не предусмотренным ими, применяются соответствующие нормы Положения о поставках продукции и Положения о поставках товаров (4, п. 2; 5, п. 2).

Поставка продукции и товаров производится по договорам. Договор является основным документом, определяющим права и обязанности сторон по поставке всех видов продукции и товаров (4, п. 3; 5, п. 3).

Примерные договоры, отражающие специфику поставки отдельных видов продукции и товаров или хозяйственных связей, разрабатываются соответственно Госснабом СССР и Минторгом СССР с участием министерств и ведомств. Стороны вправе руководствоваться при заключении договоров поставки указанными примерными договорами (4, п. 4; 5, п. 5). Примерные договоры носят рекомендательный (методический) характер и могут изменяться и дополняться сторонами.

2. Система снабжения и сбыта

Оптовая торговля средствами производства как перспективная и прогрессивная форма материально-технического обеспечения осуществляется по заказам потребителей без лимитов и фондов.

В централизованном порядке распределяется продукция, имеющая первостепенное значение для формирования темпов и пропорций общественного производства, решения ключевых задач развития экономики и роста народного благосостояния. Распределяется эта продукция по лимитам (фондам).

По прямым связям материально-техническое обеспечение предприятий осуществляется ими самостоятельно по прямым безлимитным заказам, а также по централизованно распределяемой продукции (3, п. 2).

Государственные заказы и лимиты потребления. Объем производства и поставки централизованно распределяемой продукции и товаров планируется через систему государственных заказов, а по продукции производственно-технического назначения, кроме того, — через доведенные на их основе лимиты (фонды) и выдаваемые извещения о прикреплении покупателей к поставщикам.

Предприятия, получившие государственный заказ, обязаны обеспечивать производство продукции (выполнение работ, услуг) по государственному заказу материально-техническими ресурсами, получаемыми как по выделенным лимитам и фондам, так и приобретаемыми в порядке оптовой торговли, по прямым связям с предприятиями-поставщиками (8, разд. IV).

Централизованное распределение продукции, выпускаемой по государственным заказам, осуществляется Госпланом СССР и Госснабом СССР (8, разд. II).

На период становления оптовой торговли в соответствии с принятыми предприятиями объемами производства исходя из контрольных цифр, доведенных до них в качестве расчетного ориентира, устанавливаются лимиты потребления такой продукции (7, п. 6). Лимиты потребления выдаются на продукцию, имеющую особо важное значение для народнохозяйственного сбалансирования и экспорта, с учетом предложений предприятий-поставщиков и потребителей и доводятся Госпланом СССР и Госснабом СССР до министерств, ведомств в СССР, Советов Министров союзных республик, межотраслевых государственных объединений, а также территориальных органов Госснаба СССР. Указанные лимиты сообщаются предприятиям соответствующими министерствами, ведомствами и межотраслевыми государственными объединениями и вместе с извещениями о прикреплении являются основой для заключения хозяйственных договоров между изготовителями и потребителями продукции (8, разд. II).

Обеспечение продукцией, не включаемой в государственные заказы и не распределяемой по лимитам потребления, а также не переданной на реализацию в порядке оптовой торговли через снабженческие организации, осуществляется предприятиями самостоятельно по прямым безлимитным заказам на основе хозяйственных договоров. При этом предприятия сохраняют, как правило, сложившиеся хозяйственные связи, укрепляют и совершенствуют их, не допуская необоснованного одностороннего прекращения.

Вопросы, возникающие в ходе регулирования снабжения, сбалансирования производства и потребности в продукции, не включаемой в государственные заказы, а также не распределяемой по лимитам потребления, рассматриваются и решаются:

по продукции внутриминистерского применения — соответствующими министерствами и ведомствами;

по продукции, выпускаемой и используемой внутри народнохозяйственных комплексов, — соответствующими органами Госплана СССР, Госснаба СССР и Государственного комитета СССР по науке и технике, а также постоянными органами Совета Министров СССР, Госстроем СССР и Госагропромом СССР;

по продукции межкомплексного применения — соответствующими министерствами, ведомствами СССР, Советами

Министров союзных республик, постоянными органами Совета Министров СССР совместно с Госпланом СССР и Госснабом СССР (8, разд. II).

Снабжение продукцией, реализуемой изготовителями по своему усмотрению, осуществляется только на основе договоров, заключаемых поставщиками с покупателями с соблюдением требований ст. 16 Закона о государственном предприятии.

Ответственность изготовителя (поставщика) за нарушение порядка централизованного распределения продукции. За отгрузку (отпуск) распределяемой продукции потребителям, которым она не выделена, при невыполнении договорных обязательств по поставкам изготовитель (поставщик) уплачивает по заявлению органа материально-технического снабжения в доход соответствующего бюджета штраф в размере 20% стоимости этой продукции. По отдельным видам продукции, определяемым законодательством, штраф за указанные нарушения взыскивается с изготовителя (поставщика) независимо от выполнения им договорных обязательств.

Структура хозяйственных связей и формы доставки продукции. Потребители и изготовители с участием в необходимых случаях территориальных органов Госснаба СССР или других органов материально-технического снабжения определяют, как правило, до начала пятилетки экономически целесообразные хозяйственные связи. Потребители и организации материально-технического снабжения имеют преимущественное право на сохранение и расширение прямых длительных и длительных хозяйственных связей с изготовителями (1, ст. 15; 4, п. 4). По прямым связям материально-техническое обеспечение предприятий осуществляется ими самостоятельно по продукции, реализуемой по прямым безлимитным заказам, а также по централизованно распределяемой продукции (1, ст. 15; 3, п. 2).

Сложившиеся хозяйственные связи (действующие не менее двух лет) не могут быть нарушены поставщиком в одностороннем порядке. Органам материально-технического снабжения запрещается произвольно пересматривать сложившиеся прямые долговременные связи предприятий (2, ст. 15).

Потребителю предоставляется право выбора поставщика и формы доставки (непосредственно изготовителем или через организацию материально-технического снабжения) с учетом схем нормальных направлений грузопотоков, а также минимальных норм отгрузки.

Договор на поставку продукции в количестве ниже минимальной нормы отгрузки, как правило, заключается изготовителем с организацией материально-технического снабжения. Договор между потребителем и изготовителем может быть заключен в этих случаях с согласия изготовителя (4, п. 4).

3. Поставка продукции в порядке оптовой торговли и по прямым безлимитным заказам

Снабжение предприятий продукцией в порядке оптовой торговли. Потребители приобретают продукцию без лимитов и фондов в порядке оптовой торговли у организаций материально-технического снабжения (4, п. 6). В указанном порядке снабжаются все потребители по тем видам распределяемой продукции, которая передана для оптовой торговли органам снабжения.

Отдельные потребители, перечень которых определен Советом Министров СССР, снабжаются в порядке оптовой торговли всеми распределяемыми ресурсами для производственных и ремонтно-эксплуатационных нужд (за исключением отдельных специфических видов сырья, материалов и изделий по перечню, утверждаемому Госснабом СССР по согласованию с соответствующими министерствами и ведомствами, а также именникового и импортного оборудования и уникальных приборов) на основе долгосрочных договоров с территориальными органами Госснаба СССР (9, п. 2).

Заказы на продукцию, реализуемую в порядке оптовой торговли. Организация материально-технического снабжения обязана принимать заказы потребителей на поставку продукции, выделяемой ей для реализации в порядке оптовой торговли, а продукции, не распределяемой централизованно, — при наличии сложившихся хозяйственных связей. При отказе организации снабжения принять заказ (полностью или частично) потребитель вправе передать спор на разрешение арбитража, а в случаях, предусмотренных законодательством, — суда.

Организация снабжения вправе в необходимых случаях проверить обоснованность заказа потребителя (4, п. 8).

Заказы потребителей на поставку продукции представляются организациями материально-технического снабжения: при поставках со складов организаций снабжения — не позднее 30 дней до начала периода, на который выдается заказ; при транзитных поставках — не позднее 60 дней до начала периода, на который выдается заказ. Сторонами могут быть согласованы иные сроки представления заказов. Сроки поставки продукции, которая должна быть специально заказана у изготовителя, или продукции с длительным циклом изготовления определяются с учетом этих условий.

При возникновении в ходе выполнения планов непредвиденных нужд покупатель вправе представить организации материально-технического снабжения заказ на поставку продукции со срочным исполнением, который должен выполняться в оперативном порядке в согласованные сторонами сроки (4, п. 9).

Заказы представляются на бланках унифицированных форм, утвержденных Госснабом СССР. В условиях оптовой торговли заказ представляется в специфицированной (развернутой) номенклатуре с указанием в качестве основания его направления: «Оптовая торговля» (10, с. 18). Заказ покупателя, принятый поставщиком, приобретает силу договора. От поставщика в этом случае не требуется письменного уведомления покупателя о принятии его заказа.

Договоры на организацию снабжения путем оптовой торговли. Потребители могут заключать с организациями материально-технического снабжения долгосрочные договоры на организацию снабжения путем оптовой торговли (4, п. 10).

Прямой заказ на продукцию, не распределяемую в централизованном порядке. Потребители вправе приобретать по прямым безлимитным заказам непосредственно у изготовителей нераспределяемую продукцию, а также распределяемую продукцию, реализуемую предприятиями в соответствии со ст. 16 Закона о государственном предприятии.

Изготовители могут по своему усмотрению реализовывать распределяемую продукцию (за исключением отдельных видов продукции, перечень которой определен законодательством) при условии выполнения договорных обязательств и продукцию, от которой отказались заключившие договоры на поставку потребители и организации снабжения.

Территориальные органы снабжения по запросам потребителей информируют их о предприятиях-изготовителях, реализующих продукцию без лимитов (фондов) на основе прямых заказов, а также об условиях ее поставки, участвуют в формировании рациональных прямых хозяйственных связей по поставкам этой продукции (4, п. 6).

Изготовители обязаны удовлетворять заказы потребителей и организаций снабжения, если они соответствуют специализации и профилю изготовителя и представлены с учетом времени, необходимого для формирования плана производства и его материального обеспечения.

При отсутствии сложившихся хозяйственных связей и отказе изготовителя от заключения договора на поставку продукции по безлимитному заказу вопрос об удовлетворении требований потребителей и организаций снабжения рассматривается и решается министерством-изготовителем совместно с министерством-потребителем (при необходимости — с участием Госснаба СССР) в 10-дневный срок после сообщения об отказе (4, п. 7).

Заказ представляется по форме, определенной Госснабом СССР, с указанием условий, предусмотренных п. 21 Положения о поставках продукции.

4. Договорные отношения по выделенным лимитам (фондам)

Порядок и сроки выделения лимитов (фондов). Министерства и ведомства СССР, Советы Министров союзных республик и другие органы-фондодержатели распределяют выделенные им лимиты (фонды) на материальные ресурсы по подведомственным предприятиям на пятилетний период (с распределением по годам) в укрупненной номенклатуре в сроки, установленные для доведения до предприятий контрольных цифр и государственных заказов, и сообщают о распределении предприятиям-потребителям, а также органам снабжения, на которые возложено формирование хозяйственных связей.

Лимиты (фонды) на продукцию номенклатуры Госснаба СССР, распределяемую по потребителям его территориальным и органами, доводятся до потребителей этими органами в те же сроки 4, п. 11).

Лимиты (фонды) доводятся до потребителей в форме «Извещения о выделении лимитов (фондов) предприятию (объединению) на поставку продукции». По данной форме территориальные органы системы Госснаба СССР сообщают предприятиям-покупателям лимиты (фонды) с указанием рекомендуемых поставщиков. По этой же форме министерства (ведомства)-фондодержатели сообщают подведомственным предприятиям-покупателям выделенные им лимиты. Извещение составляется в балансовой номенклатуре и высылается в адрес предприятия, которому выделяются фонды (лимиты) на продукцию производственно-технического назначения (10, п. 12).

Отделы балансов и оптовой торговли Госснаба СССР и другие органы, регулирующие хозяйственные связи, по установленным формам сообщают поставщику объемы распределенных лимитов (фондов) с указанием покупателей, рекомендованных для прикрепления к данному поставщику (10, с. 6).

Уточнения в утвержденные на пятилетний период лимиты (фонды) могут вноситься соответствующими органами не позднее 1 сентября года, предшествующего планируемому. В этот же срок предприятиям сообщаются годовые лимиты на продукцию, распределяемую Госпланом СССР и Госснабом СССР. Лимиты (фонды) на продукцию, выделяемую за счет резерва Совета Министров СССР, а также на продукцию, выделяемую Госснабом СССР за счет нераспределенного резерва, должны выдаваться в сроки, необходимые для обеспечения выполнения заданий, предусмотренных в решениях о выделении материальных ресурсов (4, п. 11).

Прямые длительные хозяйственные связи на поставку распределяемой продукции. Потребители в соответствии с выделенными им лимитами (фондами) устанавливают прямые длительные хозяйственные связи с изготовителями по стабильно производимой и потребляемой продукции, как правило, на период действия пятилетних планов или на более длительный период.

Потребитель не позднее 5 мес. до начала планируемого пятилетия направляет изготовителю заказ на поставку продукции по прямым длительным хозяйственным связям с указанием объема поставки (с распределением по годам) в необходимой номенклатуре. Одновременно потребитель направляет копию заказа органу материально-технического снабжения, формирующему хозяйственные связи.

При согласии изготовителя на прямые длительные хозяйственные связи он направляет потребителю проект договора не позднее 4 мес. до начала периода, на который заключается договор.

Последствия отказа от установления прямых длительных хозяйственных связей. При отказе от установления прямых длительных хозяйственных связей изготовитель не позднее 20 дней после получения заказа направляет потребителю и органу материально-технического снабжения мотивированные возражения.

Орган материально-технического снабжения не позднее 20 дней после получения возражений при принятии отказа изготовителя по согласованию с потребителем прикрепляет его к другому поставщику, а при признании возражений необоснованными выдает извещение о прикреплении потребителя к изготовителю с указанием объема продукции, подлежащей поставке (4, п. 13).

Хозяйственные связи при поставке распределяемой продукции на год или более короткий срок устанавливаются на основе заказов потребителей и организаций снабжения. Заказы представляются в соответствующий орган материально-технического снабжения для прикрепления к поставщикам не позднее 15 сентября года, предшествующего планируемому, с указанием предполагаемого поставщика, объема и формы поставки и других данных.

Для заключения договора орган снабжения направляет сторонам извещение о прикреплении покупателя к поставщику не позднее 1 октября года, предшествующего планируемому. К извещению о прикреплении, направленному поставщику, прилагается заказ покупателя. В извещении о прикреплении указывается объем подлежащей поставке продукции в укрупненной номенклатуре на весь период поставки.

При наличии в заказе всех данных для осуществления поставки (количество, развернутая номенклатура или ассортимент, качество продукции, срок поставки, цена) договорные отношения могут быть установлены путем принятия заказа к исполнению в порядке, предусмотренном пп. 21 и 22 Положения о поставках продукции (4, п. 14).Таким способом целесообразно устанавливать отношения при разовых поставках.

В случае невозможности прикрепления покупателя к указанному им поставщику вопрос о прикреплении покупателя к иному поставщику рассматривается и решается соответствующим органом снабжения совместно с покупателем.

По отдельным видам продукции Госснабом СССР могут быть установлены иные порядок и сроки прикрепления покупателей к поставщикам (4, п. 14).

Извещение о прикреплении выдается по форме, утвержденной Госснабом СССР, органами системы Госснаба СССР и в отдельных случаях — отделами балансов и оптовой торговли Госснаба СССР. Данная форма используется также министерствами (ведомствами), самостоятельно организующими хозяйственные связи между подведомственными предприятиями-покупателями и предприятиями-поставщиками (10, с. 25).

Оспаривание поставщиком извещения о прикреплении. При несогласии поставщика с извещением о прикреплении (полностью или частично) по мотиву несоответствия продукции, указанной в извещении о прикреплении, специализации и профилю поставщика или в случае, когда количество продукции превышает объем, предусмотренный в государственном заказе, а также по мотиву нарушения порядка и сроков выдачи извещения о прикреплении он должен в течение 10 дней после получения извещения сообщить об этом покупателю и органу снабжения, который оформил прикрепление покупателя к поставщику.

Орган снабжения решает вопрос о прикреплении покупателя к другому поставщику с определением одновременно иного покупателя для первоначального поставщика либо отклоняет возражения поставщика в порядке и сроки, предусмотренные п. 13 Положения о поставках продукции. Если в указанные сроки орган снабжения не сообщит поставщику о своем решении, отказ считается принятым (4, п. 15).

Последствия отказа покупателя от выделенной продукции. Покупатель вправе отказаться (полностью или частично) от выделенной продукции и от заключения договора на поставку ее с сообщением об этом не позднее 20 дней после получения извещения о выделении лимитов (фондов) или извещения о прикреплении органу снабжения, на который возложена выдача извещений о прикреплении, а также поставщику (если прикрепление к нему уже произведено).

Если указанный орган в течение 20 дней после получения отказа покупателя не прикрепит к поставщику другого покупателя, поставщик вправе реализовать продукцию самостоятельно (4, п. 16).

Договор на организацию комплексного снабжения. Потребитель вправе заключить с территориальным органом Госснаба СССР или другим органом снабжения договор на организацию комплексного снабжения (4, п. 17). В договоре предусматривается организация комплексного снабжения потребителей как продукцией, реализуемой в порядке оптовой торговли, так и продукцией, выделенной потребителю в соответствии с лимитами (фондами).

5. Организация связей по поставкам товаров

Оптовые ярмарки. Основным способом формирования хозяйственных связей по реализации товаров является заключение договоров в результате свободной продажи товаров на оптовых ярмарках, которые служат базой для планирования объемов производства ассортимента, повышения качества товаров и показателей, определяющих производственное и социальное развитие предприятий. Порядок организации и проведения ярмарок определяется Советом Министров СССР (5, п. 7).

Реализация товаров по усмотрению изготовителя. Предприятия вправе по своему усмотрению реализовывать при условии выполнения договорных обязательств товары: не включаемые в состав государственного заказа; не закупленные на оптовых ярмарках; изготовленные сверх объемов, определенных государственным заказом; от получения которых отказались или которые не выбрали в срок заключившие договор на поставку потребитель и покупатель, или товары, на оплату которых не выставлен аккредитив в течение срока (периода) поставки. Законодательством определены отдельные виды товаров, на которые данный порядок не распространяется (5, п. 8).

Выбор поставщика и формы доставки. Потребителю предоставляется право выбора поставщика и формы доставки (непосредственно изготовителем или через оптовое торговое предприятие (организацию), организацию снабжения) с учетом схем нормальных направлений грузопотоков, а также минимальных норм отгрузки.

Договор на поставку товаров в количестве ниже минимальной нормы отгрузки, как правило, заключается изготовителем с оптовым торговым предприятием (организацией) или организацией снабжения. Договор между потребителем и изготовителем может быть заключен в этих случаях с согласия изготовителя (5, п. 9).

Прямые длительные и длительные хозяйственные связи. Между изготовителями и покупателями (потребителями) могут быть прямые длительные и длительные хозяйственные связи по поставкам товаров, как правило, на период пятилетних планов или на более длительный период.

Прямые длительные связи действуют непосредственно между изготовителями и потребителями товаров. Длительные связи устанавливаются изготовителями и потребителями также с оптовыми торговыми предприятиями (организациями), организациями снабжения, которые в этих случаях выступают соответственно в качестве покупателей и поставщиков товаров.

В целях содействия налаживанию прямых длительных связей оптовые торговые предприятия (организации) и организации снабжения обеспечивают предприятия информацией о возможных поставщиках и потребителях определенных видов товаров с учетом рациональной территориально-производственной кооперации, а также оказывают им другую необходимую помощь.

Предложение об установлении прямых длительных и длительных хозяйственных связей может исходить от любой из сторон (5, п. 10).

Покупатели (потребители) имеют преимущественное право на сохранение и расширение прямых длительных и длительных хозяйственных связей с изготовителями (поставщиками).

Сложившиеся хозяйственные связи (действующие не менее двух лет) не могут быть нарушены поставщиком в одностороннем порядке. При уклонении изготовителя (поставщика) от заключения договора при наличии сложившихся хозяйственных связей спор может быть передан покупателем (потребителем) на рассмотрение арбитража, а в случаях, предусмотренных законодательством, — суда (5, п. 10).

Хозяйственные связи на год или более короткий срок устанавливаются на основе решений органов, участвующих в формировании хозяйственных связей, или заказов покупателей (5, п. 11).

Заказы и заявки на товары. Изготовители обязаны удовлетворять заказы покупателей (потребителей), если они соответствуют специализации и профилю изготовителя и представлены с учетом времени, необходимого для формирования плана производства и его материального обеспечения.

При отсутствии сложившихся хозяйственных связей и отказе изготовителя от заключения договора на поставку товаров, не предусмотренных государственным заказом, вопрос об удовлетворении требований покупателя (потребителя) рассматривается и решается ярмарочным комитетом, а вне ярмарок — вышестоящими органами сторон в 10-дневный срок после сообщения об отказе (5, п. 12).

По товарам, на которые выдается государственный заказ, органы, участвующие в формировании хозяйственных связей, не позднее 15 марта года, предшествующего планируемому, сообщают покупателям (потребителям) перечень поставщиков, с которыми могут быть заключены договоры на поставку товаров.

Покупатели (потребители) в 10-дневный срок после получения такой информации представляют этим органам заявки с указанием конкретных поставщиков, от которых они хотели бы получать товары, а также наиболее рациональной для них формы доставки этих товаров (5, п. 13).

Порядок и сроки формирования хозяйственных связей, представления заявок и заказов для заключения договоров на поставку товаров, не предусмотренные Положением о поставках товаров, определяются Минторгом СССР с участием министерств и ведомств СССР-поставщиков и по согласованию с Госпланом СССР, а по тканям и другим текстильным товарам — Минлегпромом СССР с участием министерств и ведомств СССР-покупателей и по согласованию с Госпланом СССР.

6. Порядок заключения, изменения и расторжения договоров поставки

Способы заключения договора. Договоры заключаются путем составления одного документа, подписываемого сторонами, или путем принятия поставщиком заказа покупателя к исполнению. Договорные отношения могут быть установлены также путем обмена письмами, телеграммами, телетайпограммами, телефонограммами, радиограммами.

При заключении договоров применяются унифицированные формы заказов, извещений о прикреплении, протоколов разногласий, удовлетворяющие требованиям машинной обработки. Указанные формы утверждаются по продукции — Госснабом СССР, по товарам — Минторгом СССР (4, п. 18; 5, п. 15).

Существенные условия договора. В договоре должны определяться номенклатура (ассортимент, а по товарам — развернутый ассортимент), количество и качество продукции, сроки поставки и цена, а в долгосрочном договоре по прямым длительным и длительным хозяйственным связям — наименование, групповая номенклатура (ассортимент) и количество продукции, порядок и сроки согласования и представления спецификаций. При отсутствии этих условий договор считается незаключенным (4, п. 19; 5, п. 16).

Долгосрочные договоры на организацию снабжения путем оптовой торговли и на организацию комплексного снабжения. Проекты таких договоров высылаются покупателю в двух экземплярах не позднее 4 мес. до начала периода, на который заключается договор (4, п. 20).

Краткосрочные договоры на поставку нераспределяемой продукции. Если договор на поставку нераспределяемой продукции заключается на год или более короткий период, покупатель направляет поставщику заказ в двух экземплярах с указанием количества, развернутой номенклатуры (ассортимента) или технической характеристики, качества продукции, сроков поставки, цены и других данных (4, п. 21).

Заказ на поставку товаров, реализуемых вне ярмарок. При заключении договора на поставку товаров вне оптовых ярмарок покупатель (потребитель) направляет поставщику заказ в двух экземплярах с указанием количества, развернутого ассортимента, качества товаров, сроков поставки, цены и других данных (5, п. 17).

Заключение договора путем принятия заказа к исполнению. Заказ считается принятым к исполнению и приобретает силу договора, если в течение 20 дней после его получения поставщик не сообщит покупателю об отклонении заказа либо о возражениях по отдельным его условиям. Возражения по отдельным условиям заказа и их мотивы поставщик указывает в подписанном заказе.

При необходимости согласования дополнительных условий, не предусмотренных заказом, поставщик в тот же срок направляет покупателю проект договора в двух экземплярах.

По требованию любой из сторон отношения по поставкам продукции и товаров оформляются путем заключения договора, подписываемого поставщиком и покупателем (4, п. 21; 5, п. 17). При этом проект договора может направляться стороной, требующей заключения договора таким способом.

Заключение договора путем составления одного документа. Сторона не позднее 20 дней после получения проекта договора подписывает его и один экземпляр договора возвращает другой стороне.

Если при получении проекта договора на поставку распределяемой продукции или товаров, предусмотренных государственным заказом, а также на поставку продукции и товаров по сложившимся хозяйственным связям у стороны по договору возникнут возражения по его условиям, то она не позднее 20 дней после получения проекта составляет протокол разногласий и направляет его в двух экземплярах другой стороне вместе с подписанным договором, оговорив наличие разногласий в договоре.

Сторона, получившая протокол разногласий, обязана не позднее 20 дней со дня получения рассмотреть его (в необходимых случаях совместно с другой стороной), включить в договор все принятые предложения, а спорные вопросы передать в тот же срок на разрешение арбитража, а в случаях, предусмотренных законодательством, — суда. При получении покупателем заказа с возражениями поставщика покупатель передает в тот же срок неурегулированные разногласия на разрешение соответственно арбитража или суда.

Если сторона, получившая протокол разногласий или заказ с возражениями, в 20-дневный срок не передаст оставшиеся неурегулированными разногласия на разрешение соответственно арбитража или суда, то предложения другой стороны считаются принятыми.

До разрешения разногласий по договору (заказу) поставщик поставляет продукцию и товары в количестве и номенклатуре (ассортименте), согласованных с покупателем (4, п. 22; 5, п. 18).

Понуждение заключить договор. При уклонении поставщика от заключения договора на поставку распределяемой продукции или товаров, предусмотренных государственным заказом, а также договора на поставку продукции или товаров при сложившихся хозяйственных связях или возникновении разногласий по условиям такого договора покупатель вправе передать спор на разрешение соответствующего арбитража или суда (4, п. 22; 5, п. 18).

Изменение и расторжение договора. Договор может быть изменен или расторгнут только по соглашению сторон, если иное не предусмотрено законодательством. Стороны вправе продлить действие договора на новый срок.

Изменение, расторжение или продление срока действия договора оформляются дополнительным соглашением, подписываемым сторонами, либо путем обмена письмами, телеграммами, телетайпограммами, телефонограммами, радиограммами.

Сторона, получившая предложение об изменении или о расторжении договора либо о продлении срока действия договора, обязана дать ответ другой стороне не позднее 10 дней после получения предложения. При недостижении сторонами соглашения спор между сторонами разрешается по заявлению заинтересованной стороны арбитражем, а в случаях, предусмотренных законодательством, — судом (4, п. 24; 5, п. 19).

Односторонний отказ от исполнения договора (полностью или частично) допускается:

при поставке продукции и товаров с отступлением по качеству от стандартов, технических условий, иной документации, а также образцов (эталонов). В этом случае по просьбе покупателя орган, участвующий в формировании хозяйственных связей, прикрепляет покупателя к другому поставщику;

при объявлении банком покупателя неплатежеспособным;

при завышении поставщиком цены на продукцию и товары;

в других случаях, предусмотренных законодательством.

Покупатель вправе также отказаться (полностью или частично) от предусмотренной договором продукции при условии полного возмещения им поставщику возникших в связи с этим убытков.

В случае расторжения договора сторона должна предупредить об этом другую сторону не позднее чем за 1 мес. (4, п. 24; 5, п. 19).

7. Количество, номенклатура, сроки и порядок поставки продукции

Количество и номенклатура продукции. Количество подлежащей поставке продукции при реализации ее в порядке оптовой торговли определяется в договоре на основе заказа покупателя. Количество подлежащей поставке распределяемой продукции определяется в договоре в соответствии с выделенным покупателю лимитом (фондом) и извещением о прикреплении, выданными в соответствии с настоящим Положением.

Развернутая номенклатура (ассортимент) подлежащей поставке продукции определяется в договоре на основе заказа покупателя. Поставщик обязан удовлетворять обоснованные требования покупателя по номенклатуре (ассортименту), если они соответствуют специализации и профилю поставщика.

Заказы на поставку отдельных видов продукции по перечню, определяемому Госснабом СССР, могут представляться потребителем при наличии разрешения соответствующих компетентных органов на применение этой продукции (4, п. 25).

Количество и ассортимент товаров. Количество подлежащих поставке товаров, не предусмотренных государственным заказом, определяется в договоре на основе заказа покупателя.

Количество подлежащих поставке товаров, включенных в государственный заказ, определяется в договоре в соответствии с выделенным покупателю лимитом (фондом).

Развернутый ассортимент подлежащих поставке товаров определяется в договоре на основе заказа покупателя (5, п. 20).

Обязанность изготовителей по обеспечению запасными частями. Изготовители обязаны в течение 10 лет после снятия с производства отдельных видов продукции и товаров, если иное не предусмотрено обязательными правилами или договором, принимать к исполнению заказы покупателей на поставку запасных частей к этим продукции и товарам (4, п. 26; 5, п. 21).

Сроки (периоды) поставки продукции и товаров определяются сторонами в договоре с учетом необходимости обеспечения ритмичности поставки, особенностей производства и бесперебойного снабжения товарами покупателей.

Сроки поставки продукции и товаров для районов Крайнего Севера и других районов досрочного завоза определяются в соответствии с установленными сроками доставки продукции и товаров к перевалочным базам и складам.

Досрочная поставка продукции и товаров может производиться с согласия покупателя. Продукция и товары, поставленные досрочно и принятые покупателем оплачиваются и засчитываются в счет количества товаров, подлежащих поставке в следующем периоде (4, п. 27; 5, п. 22). Право на досрочную поставку может быть обусловлено в самом тексте договора или в специальном (разовом) соглашении, заключенном путем обмена письмами, телеграммами и др.

При разрешении спора о внутримесячных сроках поставки арбитражи принимают решения в каждом случае с учетом всех материалов и обстоятельств дела после проверки и оценки доказательств, представленных сторонами. Покупатель должен доказать, что его требования соответствуют размерам запасов сырья и материалов, установленных для промышленного предприятия, или нормативам запасов у торговых организаций и т. п., а поставщик — отсутствие у него возможности удовлетворить требования покупателя (например, вследствие несоответствия предлагаемых покупателем сроков технологическим циклам или графикам производства соответствующей продукции и т. п.). Учитываются также минимальные нормы отгрузки и сроки поставки продукции в прошлые периоды.

Графики отгрузки (доставки) продукции. При поставках отдельных видов продукции и товаров стороны предусматривают в договорах отгрузку (доставку) продукции по графикам. Порядок и сроки согласования графиков устанавливаются в договоре. В графиках определяются объемы (количества) продукции и расписание ее отгрузки по дням или часам в пределах периода (срока) поставки, обусловленного в договоре. Указанные графики могут определять также очередность отгрузки отдельных узлов и деталей крупных и сложных машин и оборудования, требующих сборки и монтажа у покупателя (комплектных технологических линий и установок, сложного и крупного оборудования и др.).

За несоблюдение графиков ответственность по товарам определена Положением о поставках товаров, а по продукции может устанавливаться в договоре.

Момент исполнения обязательства. Днем исполнения поставщиком обязательства по поставке продукции и товаров считается дата сдачи продукции и товаров органу транспорта или связи при отгрузке иногороднему получателю, а при сдаче на складе получателя или поставщика (изготовителя) — дата приемо-сдаточного акта или расписки в получении продукции и товаров. По соглашению сторон в договоре может быть определен иной момент исполнения обязательства (4, п. 28; 5, п. 23).

В договоре на поставку распределяемой продукции, заключенном покупателем с организацией снабжения, может быть предусмотрена поставка продукции по требованию покупателя. В этом случае поставка осуществляется на основе представляемых покупателем заказов по мере возникновения потребности, а в договоре указываются порядок и сроки представления и исполнения таких заказов (4, п. 28).

Организация учета исполнения договоров на предприятии должна обеспечивать своевременное выявление и предупреждение нарушения договорных обязательств, а также получение данных, необходимых для расчета показателя выполнения плана поставок.

Оперативный учет осуществляется путем ведения журнала (картотеки), в котором отражаются реквизиты покупателя (получателя); номера, даты договоров и спецификаций, заказов; объем продукции, подлежащей поставке, и сроки поставки; наименование отгруженной продукции и дата отгрузки; номера транспортных и платежных документов и другие сведения. В настоящее время распространен учет исполнения договоров на ЭВМ по специально разработанным программам.

Отгрузочные разнарядки. Если отгрузка продукции и товаров производится не покупателю по договору, а получателю, не состоящему в договорных отношениях с поставщиком, покупатель высылает поставщику отгрузочные разнарядки, копии которых направляются получателю. Содержание отгрузочных разнарядок, порядок и сроки их высылки, а также порядок и сроки внесения в них изменений предусматриваются в договоре.

В случае непредставления покупателем отгрузочной разнарядки в установленный договором срок либо представления ее с нарушением условий, предусмотренных Положениями о поставках продукции и товаров и договором, поставщик вправе потребовать от него оплаты стоимости подготовленных к отгрузке продукции и товаров, представив гарантии их наличия, либо перенести срок поставки на следующий период, уведомив об этом покупателя (4, п. 29; 5, п. 24).

Поставка с условием сдачи покупателем поставщику отработанной продукции. Отгрузка (отпуск) поставщиком продукции, которая поставляется согласно действующему порядку после сдачи покупателем отработанной аналогичной продукции, производится при условии соблюдения покупателем этого порядка. Если в установленный срок отработанная продукция не сдана, поставка новой продукции переносится на следующий период (4, п. 30).

Порядок восполнения недопоставленной продукции. Количество продукции, недопоставленное поставщиком в одном периоде поставки, подлежит восполнению в следующем периоде в пределах срока действия договора (по распределяемой продукции — с учетом срока действия лимита (фонда). Недопоставленное количество продукции восполняется в номенклатуре (ассортименте), установленной для того периода, в котором допущена недопоставка, если иная номенклатура (ассортимент) не будет согласована между сторонами. В договоре могут быть определены иные порядок и сроки восполнения поставщиком недопоставленного количества продукции.

Покупатель вправе, уведомив поставщика, отказаться от принятия продукции, поставка которой просрочена, если в договоре не предусмотрено иное. Продукцию, отгруженную поставщиком до получения уведомления, покупатель обязан принять и оплатить.

Поставленная продукция одного наименования, входящего в данную номенклатуру (ассортимент), не засчитывается в покрытие недопоставки продукции другого наименования, кроме случаев, когда поставка продукции произведена с предварительного письменного согласия покупателя или когда покупатель принял продукцию для использования. В указанных случаях недопоставленная продукция восполнению не подлежит.

Продукция, поставленная одному получателю сверх количества, предусмотренного на данный период в договоре или в выданной во исполнение договора отгрузочной разнарядке, а также продукция, поставленная не тому получателю, который указан в отгрузочной разнарядке, не засчитывается в покрытие недопоставки продукции другим получателям, если иное не предусмотрено договором (4, п. 31).

Порядок восполнения недопоставленных или невыбранных товаров. Количество товаров, недопоставленное поставщиком или не выбранное покупателем в одном периоде поставки, подлежит восполнению (выборке) в следующем периоде в пределах срока действия договора, а по товарам, включенным в государственный заказ, — с учетом срока действия лимита (фонда).

Недопоставленное количество товаров восполняется в ассортименте, установленном для того периода, в котором восполняется недопоставка, если покупатель не потребует восполнения в ассортименте того периода, в котором допущена недопоставка. Невыбранное количество товаров восполняется в ассортименте, установленном для того периода, в котором покупатель (получатель) не выбрал товары.

В договоре могут быть предусмотрены иные порядок и сроки восполнения поставщиком или выборки покупателем соответственно недопоставленного или невыбранного количества товаров.

Покупатель вправе, уведомив поставщика, отказаться от принятия товаров, поставка которых просрочена, если в договоре не предусмотрено иное. Товары, отгруженные поставщиком до получения уведомления, покупатель обязан принять и оплатить.

Поставленные товары одного наименования, входящего в данный ассортимент, не засчитываются в покрытие недопоставки товаров другого наименования, кроме случаев, когда товары поставлены с предварительного письменного согласия покупателя или покупатель принял товары для использования. В указанных случаях недопоставленные товары восполнению не подлежат.

Товары, поставленные одному получателю сверх количества, предусмотренного на данный период в договоре или в выданной во исполнение договора отгрузочной разнарядке, а также товары, поставленные не тому получателю, который указан в отгрузочной разнарядке, не засчитываются в покрытие недопоставки товаров другим получателям, если иное не установлено договором.

Если эти товары приняты для реализации на комиссионных началах, покупатель вправе не засчитывать их в счет исполнения договора, сообщив об этом поставщику в срок, указанный в договоре (5, п. 25).

В договорах на поставку товаров (особенно сезонных и скоропортящихся) целесообразно определить порядок восполнения недопоставки по отдельным наименованиям ассортимента. В частности, условие о том, что недопоставка восполняется в ассортименте, определяемом в спецификациях на следующие периоды. Полезно закрепить также право покупателя корректировать ассортимент на следующие периоды с учетом результатов выполнения обязательств в предыдущих периодах поставки.

Порядок отгрузки продукции и товаров. Продукция и товары поставляются поставщиком: а) иногородним получателям — путем отгрузки железнодорожным или водным транспортом грузовой скоростью, а в случаях, предусмотренных соответствующими правилами, — автомобильным транспортом; б) одногородним получателям — как правило, в порядке централизованной доставки автомобильным транспортом.

В договоре может быть оговорена отгрузка продукции и товаров любым видом транспорта или их выборка покупателем (получателем) со склада поставщика (изготовителя).

Получателям, находящимся в труднодоступных районах, для которых нет иного способа доставки продукции и товаров, кроме воздушного транспорта, груз поставляется этим видом транспорта (4, п. 33; 5, п. 26).

Автомобильным транспортом товары доставляются централизованно иногородним получателям в случаях, предусмотренных соответствующими правилами или договором.

При доставке (вывозе) товаров автомобильным транспортом погрузка товаров и выгрузка возвратной тары производятся силами и средствами поставщика и за его счет, а выгрузка товаров и погрузка возвратной тары на складе получателя — силами и средствами получателя и за его счет.

В случае необходимости Советом Министров союзной республики может быть установлен иной порядок выгрузки товаров и погрузки возвратной тары на предприятиях и в организациях розничной торговли и общественного питания, а также распределения связанных с этим расходов.

Транспортные расходы относятся на поставщика или покупателя в соответствии с прейскурантом на продукцию или иными обязательными правилами, а при их отсутствии — в соответствии с договором. Дополнительные расходы, связанные с отправкой продукции по требованию покупателя ускоренным способом, относятся на покупателя.

В тех случаях, когда в соответствии с обязательными правилами или договором продукция отгружается автомобильным или воздушным транспортом вместо железнодорожного (водного), разница в стоимости перевозки распределяется между поставщиком и покупателем по согласованию сторон, если иное не предусмотрено прейскурантом, а при отсутствии соглашения — поровну между сторонами (4, п. 34; 5, п. 27).

Минимальные нормы отгрузки. Продукция и товары отгружаются получателю в соответствии с минимальными нормами отгрузки. Минимальной нормой отгрузки является вагон или контейнер. По отдельным видам продукции (товаров) соответственно Госснабом СССР или Минторгом СССР либо соглашением сторон могут устанавливаться иные минимальные нормы.

Порядок поставки продукции и товаров в количестве ниже минимальных норм отгрузки и порядок отправки товаров почтовыми посылками устанавливаются в договоре.

В тех случаях, когда получателем продукции и товаров является оптовое торговое предприятие (организация) или организация снабжения и количество товаров, подлежащих поставке получателю в течение квартала, меньше минимальной нормы отгрузки, изготовитель (поставщик) обязан отгружать товары в адрес получателя в количестве ниже минимальной нормы отгрузки (единовременно все количество товаров, предусмотренное на квартал).

Оптовые торговые предприятия (организации) и организации снабжения отгружают (отпускают) товары в любом необходимом получателю количестве ниже минимальной нормы отгрузки (4, п. 35; 5, п. 28).

Информация об отгрузках. В договорах целесообразно устанавливать обязанность поставщиков информировать получателей телеграммами, телетайпограммами или по телефону о намечаемых и произведенных отгрузках больших партий товаров (в особенности скоропортящихся).

Последствия поставки незаказанной продукции и товаров. Поставленная без согласия покупателя продукция, не указанная в договоре, или продукция, поставленная с нарушением условий договора либо при отсутствии договора, если покупатель (получатель) отказался от принятия ее для использования, принимается им на ответственное хранение, за исключением случаев, когда в соответствии с законодательством покупатель (получатель) вправе отказаться от приемки такой продукции от органов транспорта (4, п. 36; 5, п. 29).

Тара и упаковка продукции и товаров должны соответствовать требованиям стандартов и технических условий. Номера и индексы стандартов и технических условий на тару указываются в договоре.

Изготовитель (поставщик) обязан при поставке продукции применять средства пакетирования и специализированные контейнеры в случаях, предусмотренных действующими правилами или договором.

Тара, упаковочные и увязочные материалы многократного использования, средства пакетирования, специализированные контейнеры и тара-оборудование подлежат возврату изготовителю (поставщику), иному предприятию-тарополучателю или сдаче таросбирающим организациям. Порядок их применения, обращения и возврата определяется правилами, разрабатываемыми Госснабом СССР с участием Минторга СССР и других заинтересованных министерств и ведомств и утверждаемыми Госснабом СССР по согласованию с Государственным арбитражем СССР (4, п. 37; 5, п. 30).

8. Качество и комплектность продукции и товаров

Требования к качеству и гарантии. Поставляемая продукция должна соответствовать по качеству стандартам, техническим условиям, иной документации, устанавливающей требования к качеству продукции, образцам (эталонам).

Номера и индексы стандартов, технических условий, иной документации указываются в договоре.

В договоре могут быть оговорены более высокие требования к качеству продукции по сравнению со стандартами, техническими условиями, иной документацией, образцами (эталонами).

Изготовитель (поставщик) удостоверяет качество поставляемой продукции соответствующим документом о качестве. Виды и форма документов утверждаются Госстандартом СССР. Указанные документы высылаются вместе с продукцией, если иное не предусмотрено обязательными правилами или договором.

Гарантийные сроки на продукцию устанавливаются в стандартах и технических условиях.

Если в стандартах или технических условиях гарантийные сроки не определены, они могут быть предусмотрены в договоре. Стороны могут установить в договоре гарантийные сроки более продолжительные по сравнению со сроками стандартов или технических условий.

Изготовитель (поставщик) гарантирует качество продукции в целом, включая составные части и комплектующие изделия. Гарантийный срок на комплектующие изделия и составные части считается равным гарантийному сроку на основное изделие и истекает одновременно с истечением гарантийного срока на это изделие, если иное не предусмотрено стандартом или техническими условиями на основное изделие (4, пп. 39—40; 5, пп. 32—33).

Начало течения гарантийных сроков по продукции. Гарантийный срок эксплуатации исчисляется со дня ввода изделий в эксплуатацию, но не позднее 6 мес. для действующих и 9 мес. для строящихся предприятий, а по изделиям, используемым на предприятиях с сезонным характером работ, и по запасным частям, — не позднее года со дня поступления их на предприятие, если иное не установлено стандартами, техническими условиями или договорами (4, п. 40).

Начало течения гарантийных сроков по товарам. Гарантийный срок эксплуатации исчисляется со дня розничной продажи товара, а по товарам, поставляемым для внерыночного потребления, — с момента получения товара покупателем (получателем), если иное не оговорено стандартами, техническими условиями или договором (5, п. 33).

Последствия обнаружения дефектов в продукции и товарах в течение гарантийного срока эксплуатации. Изготовитель (поставщик) обязан за свой счет устранить дефекты, выявленные в продукции в течение гарантийного срока, или заменить продукцию, если не докажет, что дефекты возникли в результате нарушения покупателем (получателем) правил эксплуатации продукции или ее хранения. Устранение дефектов или замена продукции производится в 20-дневный срок после получения сообщения покупателя (получателя) о выявленных дефектах, если иной срок не определен стандартами, техническими условиями, иной документацией или соглашением сторон.

В случае устранения дефектов в продукции, на которую установлен гарантийный срок эксплуатации, этот срок продлевается на время, в течение которого продукция не использовалась из-за обнаруженных дефектов. При замене изделия в целом гарантийный срок исчисляется заново со дня замены (4, п. 40; 5, п. 33).

Гарантийные сроки годности и хранения исчисляются со дня изготовления продукции (4, п. 40; 5, п. 33).

Последствия поставки продукции и товаров ненадлежащего качества. Если качество продукции окажется не соответствующим стандартам, техническим условиям, образцам (эталонам) или условиям договора, покупатель (получатель) вправе отказаться от принятия и оплаты продукции, а если она уже оплачена, потребовать в надлежащем порядке возврата уплаченных сумм и замены продукции. Покупатель (получатель) вправе принять указанную продукцию по договорным ценам или для реализации на комиссионных началах. В этом случае продукция не засчитывается в выполнение обязательств по договору поставки, если покупатель не использовал ее по целевому назначению.

При поставке продукции более низкого сорта (качества), чем указано в документе, удостоверяющем качество продукции, но соответствующей стандартам, техническим условиям, иной документации или образцам (эталонам), покупатель (получатель) имеет право принять продукцию по цене, предусмотренной для продукции соответствующего сорта (качества), или отказаться от принятия и оплаты продукции. Отказ не допускается, если фактическое качество продукции соответствует условиям договора.

Если покупатель (получатель) отказался от принятия продукции, не соответствующей по качеству стандартам, техническим условиям, иной документации, образцам (эталонам) или условиям договора, изготовитель (поставщик) обязан распорядиться этой продукцией в 10-дневный срок, а по скоропортящейся продукции — в 24 часа с момента получения извещения покупателя (получателя) об отказе. Если изготовитель (поставщик) в указанные сроки не распорядится продукцией, покупатель (получатель) вправе реализовать ее на месте или возвратить изготовителю (поставщику). Скоропортящаяся продукция во всех случаях подлежит реализации на месте.

В случае поставки продукции с дефектами, возникшими по вине изготовителя (поставщика), которые могут быть устранены на месте, изготовитель (поставщик) обязан по требованию покупателя (получателя) устранить дефекты избранным им способом (в том числе путем замены) в течение 20 дней после получения требования покупателя (получателя), если иной срок не предусмотрен стандартами, техническими условиями, иной документацией или соглашением сторон, либо возместить расходы, понесенные покупателем (получателем) при устранении им дефектов своими средствами.

Впредь до устранения дефектов в продукции покупатель (получатель) вправе отказаться от ее оплаты, а если продукция уже оплачена, потребовать в установленном порядке возврата уплаченных сумм (4, п. 41; 5, п. 34).

Требования к комплектности продукции и товаров. Продукция должна поставляться комплектно, в соответствии с требованиями стандартов, технических условий или прейскурантов. Если комплектность продукции не определена стандартами, техническими условиями или прейскурантами, она может определяться в договоре. В договоре может быть предусмотрена поставка продукции с дополнительными к комплекту изделиями (частями) или без отдельных ненужных покупателю изделий (частей), входящих в комплект.

В случае поставки некомплектной продукции изготовитель (поставщик) обязан по требованию покупателя (получателя) доукомплектовать продукцию или заменить ее комплектной продукцией в 20-дневный срок после получения требования, если иной срок не установлен соглашением сторон. Впредь до укомплектования продукции или ее замены покупатель (получатель) вправе отказаться от ее оплаты, а если продукция уже оплачена, потребовать возврата уплаченных сумм. Если изготовитель (поставщик) в установленный срок не укомплектует продукцию или не заменит ее комплектной, покупатель (получатель) вправе отказаться от продукции (4, п. 42; 5, п. 35).

Отгрузка продукции отдельными частями комплекта. В договоре могут быть предусмотрены поставка продукции отдельными частями комплекта, отгрузка отдельных частей комплекта непосредственно с заводов-изготовителей и сроки (графики) их отгрузки (4, п. 42).

Маркировка продукции и товаров. Товарный знак. Поставляемая продукция подлежит маркировке в соответствии с требованиями стандартов или технических условий. Стороны вправе оговорить в договоре требования к маркировке, не установленные стандартами или техническими условиями.

На поставляемой продукции или ее упаковке должны быть помещены товарные знаки, зарегистрированные в надлежащем порядке. Товарные знаки не помещаются на продукции, которая в соответствии со стандартами или техническими условиями не подлежит маркировке.

При поставке немаркированной или ненадлежаще маркированной продукции покупатель (получатель) вправе, если иное не предусмотрено договором, замаркировать ее (изменить маркировку) за счет изготовителя (поставщика) или потребовать, чтобы маркировку (изменение маркировки) произвел изготовитель (поставщик), либо отказаться от принятия продукции (4, п. 44; 5, п. 37).

Порядок и сроки приемки продукции и товаров по качеству определяются Госарбитражем СССР (4, п. 45; 5, п. 38; 12).

9. Цены и порядок расчетов

Порядок применения цен на продукцию и товары. При заключении и исполнении договора применяются цены, определенные централизованно, а в случаях, предусмотренных законодательством, — договорные цены и цены, утверждаемые изготовителем (поставщиком) самостоятельно.

При поставке продукции, на которую применяются централизованно установленные цены, в договоре называется конкретная цена с указанием номера прейскуранта или иного акта, которым утверждена цена, даты утверждения, а также органа, утвердившего его, либо ссылка на акт, которым она установлена.

Соглашением сторон могут определяться более низкие по сравнению с централизованно установленными цены на продукцию, которая перестала пользоваться спросом (4, п. 46; 5, п. 39).

Если в обязательных правилах указано, что при поставке товаров через оптовые торговые предприятия (организации) или организации материально-технического снабжения эти предприятия (организации) соответственно удерживают с покупателей часть торговой скидки или взимают наценку, то в договоре указывается размер скидки (наценки) со ссылкой па акт, которым она утверждена (5, п. 39).

Последствия изменения централизованно установленных цен на продукцию и товары. В случае изменения таких цен в течение срока действия договора поставщик обязан немедленно после того, как ему стало известно об изменении цены, сообщить об этом покупателю. Продукция, отгруженная (сданная) до изменения цены, оплачивается по цене, действовавшей в момент отгрузки (сдачи), если иное не определено актом об изменении цены (4, п. 48; 5, п. 40).

Договорные надбавки к цене продукции. Стороны вправе предусмотреть в договоре доплаты (надбавки) к централизованно установленной цене за выполнение дополнительных требований по изменению потребительских свойств, комплектации продукции, срочное исполнение заказов, изготовление продукции в количестве менее минимальных норм заказа, поставку продукции с более продолжительными гарантийными сроками, если таких доплат (надбавок) нет в прейскуранте.

Дополнительные скидки к цене товаров на возмещение расходов розничных торговых организаций. При поставке оптовым торговым предприятиям (организациям), кроме райпотребсоюзов, товаров по цене франко-вагон (судно) станция (порт, пристань) назначения поставщики возмещают покупателям за свой счет транспортные расходы по дальнейшей отправке товаров железнодорожным (водным) транспортом розничным торговым предприятиям (организациям), в том числе райпотребсоюзам и районным потребительским обществам, путем предоставления в надлежащем порядке дополнительной скидки (сверх торговой скидки) в размерах, предусмотренных обязательными правилами, а если размер скидок в них не оговорен, — соглашением сторон.

Дополнительная скидка предоставляется и в тех случаях, когда покупатель, связанный с розничным торговым предприятием (организацией), в том числе с райпотребсоюзом и районным потребительским обществом, железнодорожным (водным) транспортом, фактически переотправляет им товары иным видом транспорта. Размер дополнительной скидки при поставке любым видом транспорта определяется исходя из стоимости доставки товаров железнодорожным (водным) транспортом (5, п. 41).

Последствия неопределенности условия о цене в договорах на поставку продукции. При отсутствии в договоре (кроме долгосрочных договоров по прямым длительным и длительным хозяйственным связям) условия о цене договор считается незаключенным. Отсутствие ссылки в договоре на конкретный прейскурант, ошибочная и неточная формулировка этой ссылки сами по себе не являются основанием для признания договора незаключенным. Если исходя из характеристики предмета поставки (наименования, ассортимента и условий о качестве продукции) можно однозначно определить прейскурантную цену изделия, договор может быть признан заключенным.

Условия о порядке расчетов. Порядок и форма расчетов определяются в договоре в соответствии с правилами, утвержденными Госбанком СССР. Централизованные расчеты допускаются в случаях, предусмотренных законодательством (4, п. 49; 5, п. 42; 13, пп. 1, 5).

Наиболее распространена на практике акцептная форма расчетов. При этом следует иметь в виду, что порядок предварительного или последующего акцепта предусматривается в договоре. В случае отсутствия такого условия в договоре платежные требования оплачиваются в порядке последующего акцепта.

Правила безналичных расчетов не содержат ограничения в выборе форм расчетов. В частности, стороны вправе установить в договоре как акцептную, так и аккредитивную форму расчетов. В законодательстве нет указания на преимущество какой-либо формы расчетов.

Оплата продукции, поставляемой частями комплекта. В тех случаях, когда в договоре указана поставка оборудования и машин отдельными частями комплекта, а также отгрузка отдельных частей комплекта непосредственно с заводов-изготовителей, расчеты за комплект производятся после отгрузки всех его частей, если иной порядок оплаты не предусмотрен в договоре (4, п. 53).

Права в сфере расчетов предприятий, не являющихся стороной по договору. В тех случаях, когда предприятие, не являющееся стороной по договору, в соответствии с действующими правилами участвует в расчетах за продукцию и товары, оно в части расчетов пользуется правами и несет обязанности стороны по договору (4, п. 49; 5, п. 42).

Перевод неисправного плательщика на аккредитивную форму расчетов. При нарушении расчетной дисциплины поставщик вправе перевести на срок до 3 мес. неисправного плательщика на аккредитивную форму расчетов или на предварительную оплату продукции с извещением об этом покупателя.

При аккредитивной форме расчетов поставщик не несет ответственности за просрочку поставки продукции, вызванную несвоевременным выставлением аккредитива. Если в течение срока (периода) поставки не будет выставлен аккредитив покупателем-плательщиком, поставщик вправе реализовать продукцию по своему усмотрению.

При невыставлении аккредитива или неоплате продукции платежным поручением плательщиком, не являющимся покупателем, поставщик вправе потребовать от покупателя оплаты стоимости подготовленной к поставке продукции, представив гарантии ее наличия (4, п. 50; 5, п. 43).

Для перевода на аккредитивную форму расчетов не требуется систематического нарушения расчетной дисциплины. Достаточным основанием такого перевода служит необоснованный отказ от оплаты платежного требования.

Банкам не предоставлено право переводить неисправных плательщиков на аккредитивную форму расчетов.

Отказ от оплаты продукции и товаров. Плательщик (в том числе не являющийся получателем) имеет право отказаться от оплаты продукции в случаях, предусмотренных в нормативных актах, а также в договоре (4, п. 51; 5, п. 44; 13, пп. 13—15).

Если покупатель не является плательщиком, то при неосновательном отказе плательщика от акцепта платежного требования, а также при просрочке оплаты продукции свыше 20 дней поставщик вправе потребовать оплаты продукции покупателем в порядке, предусмотренном правилами, утвержденными Госбанком СССР. В этих случаях покупатель уплачивает кроме стоимости продукции штраф за неосновательный отказ от акцепта платежного требования или уклонение от оплаты продукции и пеню за просрочку платежа (4, п. 52; 5, п. 45).

Не допускаются отказ от акцепта платежных требований и уклонение от оплаты в иной форме по мотиву нарушения условий договора, если эти нарушения прямо не указаны в нормативных актах или в самом тексте договора в качестве оснований для отказа от оплаты. В частности, плательщик не вправе задерживать оплату или отказываться от оплаты по мотиву непоступления продукции на момент получения расчетных документов поставщика либо обнаружения недостачи продукции по сравнению с данными, указанными в сопроводительных и товарно-транспортных документах.

Безакцептное списание уплаченных сумм за продукцию и товары ненадлежащего качества и некомплектные. В случае оплаты продукции, не соответствующей по качеству или комплектности стандартам, техническим условиям, иной документации, образцам (эталонам) или условиям договора, покупатель (получатель) вправе в течение 2 мес. после составления в установленные сроки акта о ненадлежащем качестве либо некомплектности продукции взыскать в безакцептном порядке со счета изготовителя (поставщика) излишне уплаченные суммы.

Указанный порядок безакцептного списания со счета изготовителя (поставщика) излишне уплаченных сумм за продукцию применяется и в тех случаях, когда такая продукция получена от организаций снабжения и от оптовых торговых предприятий (организаций) в ненарушенной упаковке изготовителя (4, п. 54; 5, п. 46).

По реализованным розничным торговым предприятием товарам, на которые установлены гарантийные сроки, 2-месячный срок исчисляется с момента возмещения гражданам стоимости возвращенных товаров или замены их доброкачественными на основании документа, заменяющего акт (5, п. 46).

Оплата продукции и товаров после их приемки. В случае отгрузки поставщиком продукции, не соответствующей по качеству стандартам, техническим условиям, иной документации, образцам (эталонам) или условиям договора, если договор не расторгнут покупателем, он вправе оплачивать стоимость продукции после приемки ее по качеству (в пределах сроков приемки). Такой порядок расчетов может вводиться на срок до 6 мес. (4, п. 55; 5, п. 47).

При переводе покупателем поставщика на оплату полученной продукции после приемки ее по качеству покупатель обязан предварительно известить обслуживающее его учреждение банка и одновременно поставщика (грузоотправителя), а также обслуживающее его учреждение банка. В извещениях должны содержаться: полное наименование покупателя, поставщика (грузоотправителя), срок действия вводимого порядка (в пределах 6 мес.) и основание его применения (ссылка на акты приемки товара, не соответствующего по качеству и сортности условиям договора). Через три дня после получения извещения банк поставщика прекращает прием на инкассо требований, выписанных на данного покупателя (13, п. 43).

В тех случаях, когда при систематических (не менее трех раз подряд) отгрузках недоброкачественной и некомплектной продукции покупатель не переводит поставщика на оплату приемки ее по качеству, такой перевод может осуществляться учреждением банка (13, п. 314).

10. Имущественная ответственность

Право предприятия по применению санкций. Предприятия должны принимать все необходимые меры к выполнению договоров. В этих целях стороны вправе применять имущественные санкции. Санкции применяются без взаимных зачетов (4, п. 56; 5, п. 48). Следует учесть, что санкции, предусмотренные законодательством и договором, применяются по усмотрению предприятия, по отношению к которому были нарушены обязательства.

В договоре при наличии согласия обеих сторон могут быть предусмотрены санкции за неисполнение или ненадлежащее исполнение обязательств, за нарушение которых законодательством санкции не определены, а также увеличены размеры санкций за нарушение условий договора, установленные Положениями о поставках продукции и товаров (4, п. 71; 5, п. 62).

Предприятиям рекомендовано шире использовать предоставленные им права для регулирования вопросов имущественной ответственности за нарушение обязательств непосредственно в заключаемых договорах на поставку продукции, с предъявлением в соответствующих случаях требований о возмещении убытков, причиняемых указанными нарушениями (14, п. 2).

За просрочку поставки или недопоставку продукции поставщик уплачивает покупателю неустойку, установленную Положениями о поставках продукции и товаров по отдельным наименованиям номенклатуры (ассортимента).

Указанная неустойка взыскивается однократно. Объем недопоставленной продукции не учитывается при определении размера неустойки, подлежащей взысканию в следующих сдаточных периодах. В случае восполнения в следующих сдаточных периодах года недопоставленного количества продукции при условии полного выполнения обязательств по поставкам в периоде, в котором недопоставка восполнена, размер подлежащей взысканию неустойки за просрочку поставки и недопоставку снижается на 50%.

В тех случаях, когда развернутая номенклатура (ассортимент) продукции в договоре не предусмотрена, неустойка взыскивается с общей стоимости не поставленной в срок продукции (4, п. 57; 5, п. 49).

Если с поставщика — оптового торгового предприятия (организации) или организации снабжения подлежит взысканию неустойка в полуторном размере по вине изготовителя товаров, изготовитель несет имущественную ответственность перед оптовым торговым предприятием (организацией) или организацией материально-технического снабжения в таком же размере и тогда, когда они находятся в пределах одной союзной республики.

За просрочку поставки или недопоставку товаров неустойка может взыскиваться с поставщика по каждому пункту назначения или по каждому получателю в отдельности (5, п. 49).

Невыделение централизованно распределяемых фондов на специальное сырье и комплектующие изделия может служить основанием для освобождения поставщика от ответственности за недопоставку продукции лишь в том случае, когда он представит доказательства того, что им приняты все меры для получения указанных фондов и определения в договоре количества подлежащей поставке продукции в соответствии с имеющимися ресурсами. Обстоятельства, обязанность устранения которых лежит на поставщике (нехватка рабочей силы, оборудования и др.), не являются основаниями освобождения его от ответственности за недопоставку.

На поставщика не может быть возложена ответственность за недопоставку, если она вызвана неправомерными действиями покупателя (непредставлением спецификации либо отгрузочной разнарядки, невыставлением аккредитива в случаях, когда такая форма расчетов в соответствии с законодательством предусмотрена в договоре, и. т. п.). При этом поставщик вправе принять меры воздействия к неисправному покупателю.

Если покупатель принял для использования продукцию, поставленную без его предварительного письменного согласия с нарушением номенклатуры (ассортимента), и поставка предусмотренной договором продукции по общей стоимости выполнена, поставщик уплачивает покупателю штраф в размерах, предусмотренных п. 57 Положения о поставках продукции и п. 49 Положения о поставках товаров (4, п. 58; 5, п. 51).

Ответственность за нарушение графика отгрузки (доставки) товаров. За каждый случай нарушения согласованного графика отгрузки (доставки) товаров сторона, нарушившая график, уплачивает другой стороне штраф в размере 1% стоимости не отгруженных (не доставленных) или не принятых в срок товаров. Указанный штраф уплачивается независимо от неустойки за просрочку поставки или недопоставку товаров (5, п. 50).

Ответственность за поставку продукции и товаров ненадлежащего качества. Если поставленные продукция и товары не соответствуют по качеству стандартам, техническим условиям, иной документации, образцам (эталонам) или условиям договора, а также если поставлены некомплектные продукция и товары, изготовитель (поставщик) уплачивает покупателю (получателю) штраф в размере 20%, а по ювелирным изделиям и часам из драгоценных металлов — 5% стоимости товаров ненадлежащего качества или некомплектных. Указанный штраф взыскивается с изготовителя, а в случаях, предусмотренных в договоре, — с поставщика.

Когда продукция соответствует стандартам, техническим условиям, иной документации, образцам (эталонам), но не отвечает повышенным требованиям к качеству, предусмотренным договором, штраф за поставку такой продукции устанавливается в договоре. Если изготовитель (поставщик) в срок устранил дефекты в поставленной продукции (доукомплектовал ее), штраф не взыскивается (4, п. 59; 5, п. 52).

Принятие покупателем продукции, не соответствующей стандартам, техническим условиям, иной документации, образцам (эталонам) или условиям договора, не освобождает изготовителя (поставщика) от уплаты указанных штрафов (4, п. 43; 5, п. 36).

Ответственность поставщика продукции за нарушение требований к таре и упаковке. За поставку вопреки требованиям стандартов, технических условий или договора продукции без тары или упаковки либо в ненадлежащей таре или упаковке, а также за поставку продукции без применения средств пакетирования в тех случаях, когда поставщик в соответствии с действующими правилами или договором обязан отгружать продукцию с применением этих средств, поставщик уплачивает покупателю штраф в размере 5% стоимости такой продукции (4, п. 60).

Ответственность поставщика товаров за нарушение требований к таре и упаковке. За поставку вопреки требованиям стандартов, технических условий или договора немаркированных либо ненадлежаще маркированных товаров и товаров без тары или упаковки, либо в ненадлежащей таре или упаковке, либо в немаркированной или ненадлежаще маркированной таре или упаковке, а также за поставку товаров без применения средств пакетирования или тары-оборудования в тех случаях, когда поставщик в соответствии с действующими правилами или договором обязан отгружать товары с применением этих средств, поставщик уплачивает покупателю штраф в размере 5% стоимости таких товаров (5, п. 53).

Порядок безакцептного списания излишне уплаченных сумм и штрафов при поставках недоброкачественных и некомплектных продукций и товаров. Излишне уплаченные за указанную продукцию суммы (п. 54 Положения о поставках продукции, п. 46 Положения о поставках товаров), а также штрафы, предусмотренные п. 59 Положения о поставках продукции и п. 52 Положения о поставках товаров, могут быть взысканы в безакцептном порядке в 2-месячный срок после возникновения права требования (4, п. 69; 5, п. 60).

В платежном требовании на безакцептное списание указываются: назначение платежа, соответствующий пункт Положения о поставках, номер и дата соответствующего акта о нарушении нормативно-технической документации и договорных обязательств (или справки — по товарам со скрытыми производственными недостатками, возвращенным населением торговым организациям), а при возврате продукции — номера товарно-транспортных документов.

К платежному требованию на списание в безакцептном порядке излишне уплаченных сумм и штрафов обязательно прилагаются копии указанных документов. При этом банк проверяет только соответствие приложенных документов их реквизитам, указанным в требовании, но не несет ответственности за их содержание и утерю документов (13, п. 25). Безакцептное списание излишне уплаченных сумм и штрафов может быть оспорено путем предъявления иска в установленном порядке.

Безакцептный порядок списания средств, предусмотренный Положениями о поставках продукции и товаров, не применяется в отношении кооперативных предприятий (4, п. 69; 5, п. 60).

Ответственность за нарушение приоритетов отгрузки продукции. За нарушение приоритетов отгрузки (п. 32 Положения о поставках продукции) изготовитель (поставщик) уплачивает по заявлению органа материально-технического снабжения в доход соответствующего бюджета штраф в размере 20% стоимости продукции, отгруженной с нарушением этих приоритетов (4, п. 63).

Ответственность изготовителей (поставщиков) за нарушение правил Государственной приемки. За отгрузку продукции, не принятой органами Государственной приемки, либо отгрузку вопреки запрещению органов, осуществляющих надзор и контроль за качеством продукции, изготовитель (поставщик) уплачивает по предписанию указанных органов в доход соответствующего бюджета штраф в размере 50% стоимости этой продукции (4, п. 64; 5, п. 55).

За необоснованное уклонение от заключения или задержку заключения договора на поставку продукции или товаров, включенных в государственный заказ, а также договора на поставку по сложившимся хозяйственным связям изготовитель (поставщик) уплачивает другой стороне штраф в размере 100 руб. за каждый день просрочки, но не более 1000 руб. (4, п. 65; 5, п. 56).

Законодательство не предусматривает штрафную ответственность покупателя за просрочку или уклонение от заключения других договоров.

Несвоевременное представление или непредставление спецификаций, высылаемых во исполнение заключенного договора, не рассматривается как просрочка заключения договора. За указанное нарушение ответственность целесообразно предусмотреть в договоре.

Ответственность покупателя за отказ и уклонение от оплаты продукции и товаров. За неосновательный отказ от акцепта платежного требования (полностью или частично), а также за уклонение от оплаты при других формах расчетов покупатель (плательщик) уплачивает поставщику штраф в размере 5% суммы, от уплаты которой он отказался или уклонился. Штраф взыскивается лишь при наличии заключенного договора поставки.

При несвоевременной оплате поставленной продукции покупатель (плательщик) уплачивает поставщику пеню в размере 0,04% суммы просроченного платежа за каждый день просрочки. В том случае, когда покупателем (плательщиком) является колхоз, указанная пеня уплачивается в размере 0,03% (4, п. 66; 5, п. 57).

Банк обязан начислять и взыскивать с плательщиков в пользу покупателей пеню по неоплаченным платежным требованиям. При расчетах за возвратную тару, по требованиям на списание излишне уплаченных сумм за продукцию ненадлежащего качества пеня за просрочку платежа не начисляется. Если платежное требование акцептовано частично, то пеня взимается только с акцептованной плательщиком суммы (13, пп. 57, 59).

Ответственность стороны за неосновательное пользование денежными средствами другой стороны. За пользование неосновательно полученными поставщиком или покупателем денежными суммами при расчетах за продукцию виновная сторона уплачивает другой стороне за все время пользования 5% годовых. Годовые за пользование чужим имуществом (не деньгами) не начисляются.

По претензиям и искам в связи с уплатой неустойки (штрафа, пени) проценты не начисляются (4, п. 67; 5, п. 58).

Ответственность за неосновательное безакцептное списание средств. За неосновательное безакцептное списание средств со счета виновная сторона уплачивает другой стороне штраф в размере 10% суммы, неосновательно списанной в безакцептном порядке (4, п. 70; 5, п. 61).

Цены, по которым исчисляется неустойка (штраф, пеня). Санкции, предусмотренные Положением о поставках продукции, исчисляются исходя из цен, по которым производятся расчеты за продукцию с потребителями. Санкции, предусмотренные Положением о поставках товаров, исчисляются исходя из розничных цен на товары за вычетом торговой скидки. В договоре может быть предусмотрен иной порядок исчисления санкций за нарушение обязательств по поставкам картофеля, плодоовощной продукции и медикаментов.

Санкции могут исчисляться исходя из средних цен на продукцию, утвержденных министерством, ведомством — основным поставщиком по согласованию с соответствующими органами материально-технического снабжения, а по товарам — по согласованию с Минторгом СССР. Если средние цены не утверждены в указанном порядке, они могут быть предусмотрены в договоре (4, п. 73; 5, п. 64).

Возмещение убытков. Независимо от неуплаты неустойки (штрафа, пени) сторона, нарушившая договор, возмещает другой стороне причиненные в результате этого убытки в части, не покрытой неустойкой (штрафом, пеней).

В случае недопоставки или просрочки поставки продукции и товаров, а также поставки продукции и товаров ненадлежащего качества или некомплектных изготовитель (поставщик) уплачивает покупателю (получателю) неустойку (штраф) и, кроме того, возмещает причиненные такой поставкой убытки без зачета неустойки (штрафа) (4, п. 74; 5, п. 65).

Определение размера убытков в договоре поставки. Стороны могут предусмотреть в договоре возможность возмещения убытков в твердой сумме, которая подлежит взысканию в случае ненадлежащего исполнения обязательства по договору (4, п. 74; 5, п. 65).

Примечания к разделу 12

1. Закон о государственном предприятии.
2. О перестройке планирования и повышении роли Госплана СССР в новых условиях хозяйствования. Постановление ЦК КПСС и Совета Министров СССР от 17 июля 1987 г. № 816. — СП СССР, 1987, отд. 1, № 33, ст. 115.
3. О перестройке материально-технического обеспечения и деятельности Госснаба СССР в новых условиях хозяйствования. Постановление ЦК КПСС и Совета Министров СССР от 17 июля 1987 г. № 818. — СП СССР, 1987, отд. 1, № 35, ст. 118.
4. Положение о поставках продукции.
5. Положение о поставках товаров.
6. Основные условия регулирования договорных отношений при осуществлении экспортно-импортных операций. Утверждены постановлением Совета Министров СССР от 25 июля 1988 г. № 888. — СП СССР, 1988, отд. 1, № 24—25, ст. 70.
7. О порядке формирования государственных заказов на 1989—1990 годы. Постановление Совета Министров СССР от 25 июля 1988 г. № 889. — СП СССР, 1988, отд. 1, № 26, ст. 71.
8. Временное положение о порядке формирования государственных заказов на 1989 и 1990 годы. Утверждено постановлением Совета Министров СССР от 25 июля 1988 г. № 889. — СП СССР, 1988, отд. 1, № 26, ст. 71.
9. О переводе объединений, предприятий и организаций отдельных министерств и ведомств на материально-техническое снабжение в порядке оптовой торговли. Постановление Совета Министров СССР от 27 марта 1986 г. № 398. — СП СССР, 1986, отд. 1, № 18, ст. 94.
10. Об утверждении унифицированных форм документов по материально-техническому обеспечению. Постановление Госснаба СССР от 29 июля 1988 г. № 50.
11. Инструкция о порядке приемки продукции производственно-технического назначения и товаров народного потребления по количеству. Утверждена постановлением Госарбитража СССР от 15 июня 1965 г. № П-6. — БНА, 1975, № 2, с. 23.
12. Инструкция о порядке приемки продукции производственно-технического назначения и товаров народного потребления по качеству. Утверждена постановлением Госарбитража СССР от 25 апреля 1966 г. № П-7 (с дополнениями и изменениями, внесенными постановлениями Госарбитража СССР от 29 декабря 1973 г. № 81 и от 14 ноября 1974 г. № 98). — БНА, 1975, № 2, с. 33—44; № 3, с. 48.

13. Правила безналичных расчетов в народном хозяйстве № 2. Утверждены Госбанком СССР 30 сентября 1987 г. № 156-87.

14. Об упорядочении системы экономических (имущественных) санкций, применяемых к предприятиям, объединениям и организациям. Постановление Совета Министров СССР от 30 июля 1988 г. № 929. — СП СССР, 1988, отд. 1, № 28, ст. 77.

15. Положение об оптовой торговле продукцией производственно-технического назначения. Утверждено постановлением Госснаба СССР от 13 июля 1986 г. № 85.

Раздел 13
ПОРЯДОК КОНТРАКТАЦИИ СЕЛЬСКОХОЗЯЙСТВЕННОЙ ПРОДУКЦИИ*

1. Права сельскохозяйственных предприятий по реализации продукции

Реализация сельскохозяйственной продукции колхозами, другими сельскохозяйственными кооперативами, совхозами и государственными сельскохозяйственными предприятиями**, межхозяйственными предприятиями и объединениями осуществляется на началах, установленных законодательством о государственных закупках и децентрализованных заготовках.

Колхозы, совхозы и другие сельскохозяйственные предприятия реализуют выращенную (произведенную) продукцию в счет выполнения государственных заказов, доведенных до районных агропромышленных объединений, агрокомбинатов и других агропромышленных формирований, а также до предприятий, уполномоченных вести государственные закупки.

Хозяйства вправе продавать организациям потребительской кооперации и на колхозных рынках с зачетом в выполнение плана (государственного заказа) по ценам согласно договоренности до 30% планового объема закупок картофеля, овощей, бахчевых культур, плодов и ягод, столового винограда, а также сверхплановую сельскохозяйственную продукцию. Сверхплановая сельскохозяйственная продукция

---

* В дальнейшем употребляется, как правило, термин «продукция».

** В дальнейшем — «хозяйства».

может использоваться хозяйствами по их усмотрению и на другие нужды (3, п. 12). Кроме того, хозяйства вправе продавать организациям потребительской кооперации и на колхозных рынках по ценам согласно договоренности цитрусовые плоды, прудовую рыбу и продукты ее переработки, грибы, картофель, плодоовощную продукцию в переработанном виде, продукцию цветоводства, пчеловодства, а также семенной и посадочный материал плодово-ягодных и овощных культур (4, п. 15).

Колхозы и другие сельскохозяйственные кооперативы в соответствии с Законом о кооперации в СССР могут на добровольных началах заключать с предприятиями и организациями, заготавливающими и перерабатывающими сельскохозяйственную продукцию, договоры на ее продажу, а также реализовать по собственному усмотрению любым другим потребителям и на колхозных рынках.

Агропромышленные объединения, агрокомбинаты и другие агропромышленные формирования, предприятия и организации осуществляют меры по стимулированию продажи кооперативами продукции по договорам в счет выдаваемого этим объединениям, предприятиям и организациям государственного заказа системой цен, обеспечением гарантированного сбыта продукции, выделением в необходимых объемах материально-технических ресурсов и другими экономическими методами (2, ст. 34, п. 2).

Продукция, реализуемая колхозом и другим сельскохозяйственным кооперативом предприятиям и организациям по договору на исполнение государственного заказа, оплачивается по централизованно устанавливаемым ценам.

Цены на остальную продукцию, реализуемую кооперативом, определяются по договоренности сторон или самостоятельно хозяйством (2, ст. 34, п. 3).

Реализация продукции хозяйствами, включенными в агропромышленные формирования. Колхозы и другие сельскохозяйственные кооперативы, входящие на добровольных началах в агропромышленные объединения, комбинаты, агрофирмы, производственные и научно-производственные системы агропромышленного комплекса, заключают договоры с потребителями своей продукции с учетом заданий, установленных этим формированиям (2, ст. 34, п. 5).

Совхозы и другие государственные сельскохозяйственные предприятия с 1 января 1988 г. переведены на полный хозяйственный расчет и самофинансирование (4, п. 1, приложение № 1) и реализуют свою продукцию в соответствии с Законом о государственном предприятии с учетом законодательных актов, регулирующих деятельность предприятий агропромышленного комплекса.

Указанные законодательные акты устанавливают в целом единый порядок реализации сельскохозяйственной продукции.

2. Государственный заказ на сельскохозяйственную продукцию

Государственный заказ на сельскохозяйственную продукцию. Законодательством предусмотрены два вида государственного заказа на производство и продажу сельхозпродукции: государственный заказ на сельхозпродукцию и государственный заказ на поставку сельхозпродукции в общесоюзный или республиканский фонды.

Первый из государственных заказов выполняет те же функции, что и прежние планы закупок (продажи) сельхозпродукции, на основе которых заключались договоры контрактации; второй заменил собой устанавливаемые ранее планы поставок сельхозпродукции в общесоюзный и республиканские фонды, служившие предпосылкой заключения договоров поставки.

До Советов Министров союзных республик, министерств и ведомств СССР в разрезе союзных республик государственные заказы на сельскохозяйственную продукцию доводятся в виде заданий по закупкам сельскохозяйственных продуктов и сырья и заданий по поставкам продукции в общесоюзный фонд.

Порядок доведения государственных заказов. Совет Министров СССР по закрепленной за ним номенклатуре устанавливает государственные заказы на сельскохозяйственную продукцию Советам Министров союзных республик. Советы Министров союзных республик обеспечивают доведение государственного заказа до агрокомбинатов, агрофирм, других агропромышленных формирований и агропромышленных объединений (в республиках с областным делением — через Советы Министров автономных республик, исполкомы краевых и областных Советов народных депутатов).

Исходя из доведенного заказа, агрокомбинаты, агрофирмы, другие агропромышленные формирования организуют работу по заключению договоров на реализацию продукции колхозами, совхозами, другими сельскохозяйственными предприятиями, включая продукцию, не вошедшую в государственный заказ и реализуемую ими самостоятельно (5, разд. III; 4, п. 2). Районным агропромышленным формированиям предоставлено право выполнять функции заготовительных организаций сельскохозяйственной продукции и заключать договоры контрактации с хозяйствами. Выполнение этих функций и сбыт закупаемой продукции районное агропромышленное формирование может возложить на отдельные предприятия и организации, входящие в его состав (4, п. 18).

Принцип добровольности размещения государственных заказов в хозяйствах. Доведение государственных заказов до колхозов, совхозов и других аграрных предприятий в виде плановых заданий законодательством не предусмотрено. Включение хозяйств в исполнение государственных заказов должно обеспечиваться через систему контрактационных договоров, заключаемых хозяйствами с заготовительными и другими организациями, выполняющими заготовительные функции, до которых государственные заказы доведены в качестве обязательного планового задания.

Учитывая, что заключение договоров колхозами, совхозами и другими сельскохозяйственными предприятиями на реализацию продукции в счет доведенных до агрокомбинатов, агрофирм, других агропромышленных формирований государственных заказов производится на добровольных началах, указанные объединения, комбинаты и другие формирования осуществляют меры по стимулированию продажи с помощью действующей системы закупочных цен и надбавок к ним, обеспечения гарантированного сбыта продукции, выделения материально-технических ресурсов, лимитов подрядных работ и других экономических рычагов (5, разд. IV).

Методика определения объема закупаемой продукции по государственному заказу установлена специальным нормативным актом, утвержденным Госагропромом и Госпланом СССР (7, с. 9—15).

3. Договор контрактации

Сфера использования договора контрактации. Колхозы, совхозы и другие предприятия-производители сельхозпродукции заключают договор контрактации с уполномоченными вести государственные заготовки организациями, до которых доведены государственные заказы на сельскохозяйственную продукцию. В указанных договорах определяется также количество продукции, закупаемое сверх объемов, предусмотренных государственным заказом, и продукции, не включенной в состав государственных заказов.

По договору контрактации закупается сельхозпродукция в сыром виде или прошедшая первичную обработку. Произведенные из сельскохозяйственного сырья продовольственные и промышленные товары реализуются на основе договоров поставки.

Договор контрактации является основным документом, определяющим права и обязанности сторон.

Нормативное регулирование контрактационных отношений. Контрактация сельскохозяйственной продукции осуществляется в соответствии с Положением о порядке заключения и исполнения договоров контрактации сельскохозяйственной продукции, утвержденным Госагропромом СССР по согласованию с Минфином СССР, Минюстом СССР, Верховным Судом СССР и Госарбитражем СССР (12, п. 1). Положения о поставках продукции и товаров на отношения по контрактации сельскохозяйственной продукции не распространяются (9, п. 1; 10, п. 1).

Установленный названным Положением порядок заключения и исполнения договоров контрактации сельхозпродукции распространяется на государственные закупки всех видов сельскохозяйственных продуктов и сырья.

Формирование хозяйственных связей по контрактации сельскохозяйственной продукции. Определение сырьевой зоны и перечня хозяйств для заключения заготовителем договоров контрактации сельскохозяйственной продукции осуществляются органами управления агропромышленного комплекса с учетом пожеланий хозяйств и заготовителей не позднее двух месяцев до начала планируемого года (12, п. 7).

4. Порядок и сроки заключения договоров контрактации

Заключение договоров с выездом представителей заготовителя в хозяйство. Заготовители не позднее 1 января планируемого года обязаны заключить с хозяйствами договоры контрактации по каждому виду закупаемой продукции. Заключение договоров должно производиться непосредственно в хозяйстве, куда заготовитель направляет уполномоченного представителя (12, п. 9). Обязанность по подготовке проекта договора, принятию мер по непосредственному урегулированию возникающих разногласий и передаче преддоговорного спора в арбитраж или суд лежат на заготовителе.

Заключение договора путем высылки его проекта по почте. Проекты договоров контрактации шерсти, пушнины, каракуля, сычугов, пантов, хмеля и плодоовощной продукции заготовитель вправе направить хозяйствам по почте, если они находятся в разных областях, краях и республиках. Хозяйство, если оно согласно заключить договор, обязано не позднее 5 дней с момента получения по почте проекта договора подписать его и возвратить заготовителю (12, п. 9).

В хозяйственной практике заключение договоров через почту получило более широкое распространение, чем это предусмотрено абз. 1 п. 9 Положения о контрактации. Заключение договора путем высылки проекта через почту вместо оформления договора с выездом в хозяйство не является основанием для признания договора контрактации недействительным. Однако хозяйство вправе настаивать на приезде представителя и не подписывать полученный по почте проект, если договор должен заключаться непосредственно в хозяйстве.

Протокол разногласий. Если у хозяйства возникнут возражения по условиям договора, то оно в пятидневный срок составляет протокол разногласий и подписанный договор вместе с протоколом разногласий направляет заготовителю. При этом в договоре контрактации указывается, что он подписан с разногласиями (12, п. 9).

Урегулирование разногласий и передача спора в арбитраж (суд). Заготовитель, получив протокол разногласий, обязан в течение 10 дней рассмотреть его (в необходимых случаях совместно с другой стороной и представителем районного агропромышленного объединения, иного агропромышленного формирования), включить в договор все принятые предложения. Оставшиеся неурегулированными спорные вопросы могут быть переданы на рассмотрение суда или арбитра в соответствии с законодательством.

Если заготовитель, получив протокол разногласий, в течение 10-дневного срока не передаст оставшиеся неурегулированными разногласия по договору, связанному с исполнением госзаказа, на разрешение суда или арбитража, предложения хозяйства считаются принятыми (12, п. 9).

Регистрация договоров. Договор составляется и подписывается в трех экземплярах. Подписанный сторонами договор хозяйство представляет в Государственную инспекцию по заготовкам и качеству продукции районного агропромышленного объединения для регистрации. Один экземпляр договора остается в хозяйстве, второй передается (высылается) заготовителю, третий — остается в Государственной инспекции по заготовкам и качеству продукции районного агропромышленного объединения (12, п. 9).

Арбитражная и судебная практика исходит из основанного на гражданском законодательстве положения о том, что нерегистрация договора не служит основанием для признания договора контрактации незаключенным или недействительным.

Информационные обязанности заготовителя. Заготовитель обязан приложить к договору стандарты, технические условия, правила (инструкции), регламентирующие порядок закупки отдельных видов продукции, приемки и оценки качества закупаемой продукции, расчетов за нее, и другие нормативные акты, если они ранее не представлялись хозяйству, не позднее чем за месяц до начала заготовок продукции, ознакомить хозяйство с изменениями, внесенными за истекший год в эти акты, а также оперативно извещать его о дальнейших изменениях в законодательстве и нормативных актах по вопросам заготовок сельскохозяйственной продукции и по просьбе хозяйства проводить инструктаж и консультации работников по вопросам применения указанных актов (12, п. 10).

Срок, на который заключается договор. Объемы закупок сельскохозяйственной продукции предусматриваются в договорах, заключаемых на 5 лет (с разбивкой по годам) и на один год (12, п. 12).

Изменение и расторжение договора. Односторонний отказ от выполнения договора и одностороннее изменение его условий не допускаются, за исключением случаев, предусмотренных законодательством. Сторона, получившая предложение о расторжении договора или изменении его условий, обязана дать ответ не позднее 10 дней после получения предложения. Если сторона не дала ответ в течение 10 дней, то предложение считается принятым. При недостижении сторонами соглашения о расторжении договора или изменении его условий спор передается на разрешение суда или арбитража.

5. Содержание договоров контрактации

Количество и ассортимент сельскохозяйственной продукции устанавливаются в договорах по взаимному соглашению хозяйства и заготовителя. Стороны могут определять ассортимент по укрупненным или развернутым позициям в зависимости от вида продукции, спроса на нее и требований конечных потребителей.

В хозяйственной практике развернутый ассортимент по некоторым видам продукции согласовывается перед началом заготовительного сезона с учетом видов на урожай и рыночную конъюнктуру. Порядок и сроки согласования спецификаций или иного документа, устанавливающего развернутый ассортимент, а таких случаях должен быть зафиксирован в тексте договора контрактации. Целесообразно приурочивать момент согласования спецификации ко времени согласования графиков доставки продукции.

Обязанность заготовителя принимать продукцию сверх объемов, установленных договором. Заготовитель обязан принять от хозяйства всю продукцию, предъявленную им сверх объемов, указанных в договоре, на тех же условиях.

Нестандартную плодоовощную и другую скоропортящуюся продукцию, пригодную для использования в свежем или переработанном виде, и стандартную скоропортящуюся продукцию, сдаваемую сверх объемов договора, заготовитель принимает на условиях и по ценам согласно договоренности сторон.

Хозяйство обязано своевременно (а по сезонной продукции не позднее чем за 15 дней до начала заготовок) известить заготовителя о количестве и сроках сдачи продукции, предлагаемой к продаже сверх объемов, предусмотренных в договоре, и согласовать календарный (суточный) график ее сдачи (12, п. 15).

Товаросопроводительная документация. Отгружаемая (доставляемая) хозяйством заготовителю продукция должна сопровождаться документами установленной формы, а при приемке заготовителем продукции непосредственно в хозяйстве составляется приемо-сдаточный документ надлежащей формы (12, п. 16).

Качество продукции, продаваемой хозяйством заготовителю, должно определяться в соответствии со стандартами, техническими условиями, требованиями правил ветеринарного и санитарного надзора (12, п. 16).

Сроки продажи продукции государству предусматриваются в договорах с учетом времени созревания культур, условий производства, переработки и их хранения. Переработанная в хозяйстве продукция принимается с зачетом в выполнение договора контрактации по утвержденным эквивалентам (коэффициентам) (12, п. 17). Виды переработанной продукции, принимаемой в таком порядке, следует указывать в договоре.

Место исполнения обязательства по сдаче продукции. В договоре контрактации предусматривается объем сельскохозяйственной продукции, которая принимается заготовителем непосредственно в хозяйстве, а также объем продукции, доставляемой хозяйством розничным торговым предприятиям.

Остальная часть продукции принимается заготовителем на приемных пунктах, расположенных в пределах административного района по месту нахождения хозяйства или в другом районе этой же области, края, автономной республики.

В случае необходимости отгрузки продукции в другие области, края, республики заготовитель принимает ее непосредственно в хозяйстве, оформляет отгрузочные документы от своего имени и несет полную ответственность за ее сохранность (12, п. 18). Стороны вправе предусмотреть в договоре возможность отгрузки хозяйством продукции получателям в другие районы и области без предъявления ее заготовителю.

Погрузка и выгрузка продукции. Погрузка продукции на транспортные средства при отправке на заготовительные пункты и разгрузка возвращаемой тары производятся силами, средствами и за счет хозяйства, а выгрузка продукции и погрузка тары для отправки в хозяйство в пункте сдачи продукции — силами, средствами и за счет заготовителя.

Если одна из сторон выполнила погрузочные или разгрузочные работы, возложенные на другую сторону, то последняя возмещает другой стороне стоимость выполненных работ по действующим в союзной республике тарифам на погрузочно-разгрузочные работы (12, п. 19).

Использование заготовителем транспортных средств хозяйства. В порядке оказания помощи заготовителям для доставки принятой продукции на его ближайший пункт или предприятие может быть при возможности использован транспорт сельскохозяйственных предприятий на условиях, согласованных сторонами, с указанием в договоре контрактации количества продукции, вывозимой таким путем. В этих случаях доставка оплачивается заготовителем одновременно с оплатой продукции (12, п. 19).

Графики сдачи продукции. Сдача продукции заготовителю или приемка ее непосредственно в хозяйстве производятся по согласованным между сторонами графикам, которые являются неотъемлемой частью договора.

Порядок составления, согласования и изменения графиков доставки (сдачи) продукции, а также случаи, когда графики не составляются, предусматриваются правилами, регламентирующими закупки отдельных видов продукции. Стороны вправе по взаимному соглашению изменять в процессе исполнения договора график и пункт доставки продукции (12, п. 20).

Информация об отгрузках продукции. Хозяйство обязано уведомить телеграфно заготовителя о времени отгрузки продукции (12, п. 20).

Досрочная сдача продукции. Хозяйство по согласованию с заготовителем может досрочно сдать продукцию с зачетом ее в счет количества продукции, подлежащей сдаче по договору контрактации в следующем сдаточном периоде (12, п. 21).

Момент, с которого обязательство считается выполненным. Днем исполнения хозяйством обязательств по договору считается дата составления приемо-сдаточного документа при сдаче продукции в хозяйстве или на приемо-сдаточном пункте заготовителя, а при отгрузке ее получателю — день сдачи продукции органу транспорта.

Днем исполнения заготовителем обязательств по оплате продукции считается дата, указанная в штампе учреждения банка на расчетном документе (12, п. 22).

Обязанности заготовителя по приемке продукции. Заготовитель обязан принять доставленную на приемный пункт (предприятие) продукцию, не допуская простоя транспортных средств. Заготовитель и хозяйство обязаны отмечать в товарно-транспортной накладной время прибытия транспорта и время окончания погрузки (выгрузки) продукции (12, п. 23).

Сроки и порядок приемки предъявленной к сдаче продукции. Сроки приемки продукции по количеству и качеству устанавливаются обязательными для сторон правилами и инструкциями.

Спорные вопросы, возникающие между сторонами, независимо от их ведомственной подчиненности, при оценке качества и определении количества закупаемой сельскохозяйственной продукции, разрешаются Государственной инспекцией по заготовкам и качеству продукции.

При отказе от приемки продукции заготовитель обязан заявить хозяйству о факте отказа в письменном виде (отметки на товарно-транспортной накладной, телеграфно и т. д.).

Если заготовитель уклоняется от письменного заявления об отказе от приемки продукции, то хозяйство составляет акт с участием Государственного инспектора по заготовкам и качеству продукции или другого представителя районного агропромышленного объединения (соответствующего агропромышленного комитета), либо представителя другой незаинтересованной организации, удостоверяющих факт отказа.

В случае отказа заготовителя от приемки скоропортящейся продукции, предъявленной заготовителю в соответствии с договором контрактации и согласованным графиком сдачи-приемки, хозяйство может реализовать эту продукцию государственным, кооперативным организациям и на колхозном рынке, как в своей области, крае, республике, так и за их пределами по ценам, определяемым по соглашению сторон, с включением указанной продукции в выполнение плана продажи государству при наличии документа об отказе в ее приемке.

При этом заготовительные организации не освобождаются от имущественной ответственности, предусмотренной Положением о контрактации и договором за отказ от приемки продукции (12, п. 23).

Порядок восполнения недосданной в срок продукции. Количество продукции, несданной хозяйством в установленные договором периоды (сроки), подлежит сдаче в сроки, согласованные сторонами, и зачету в период ее фактической сдачи, за исключением тех видов продукции, производство которых носит сезонный характер и восполнение несданного количества их невозможно (12, п. 25).

Расходы по транспортировке, экспедированию и разгрузке продукции несет заготовитель. При доставке продукции транспортом хозяйства заготовитель возмещает ему расходы по ее транспортировке по фактической массе (включая тару), а не по массе, зачтенной в выполнение плана продажи продукции государству. Расходы по транспортировке продукции возмещаются за все расстояние от места отправки продукции из хозяйства (сортировочный пункт, бригада, отделение, животноводческая ферма, отгонное пастбище, центральный склад, центральная усадьба хозяйства и т. п.) до приемного пункта (предприятия), предусмотренного договором.

Расходы по транспортировке и разгрузке определяются по нормам и тарифам, действующим по месту нахождения хозяйства для того вида транспорта, которым доставлялась продукция.

Заготовитель возмещает хозяйствам расходы по приемке сельскохозяйственных продуктов и сырья от хозяйств колхозников и других граждан, а также по доставке этой продукции на заготовительные пункты в порядке и размерах, установленных Советами Министров союзных республик.

Расходы по доставке продукции автомобильным транспортом общего пользования и тракторами с прицепами оплачиваются заготовителем непосредственно транспортной организации по действующим в союзной республике тарифам на перевозку грузов автомобильным транспортом и тракторами с прицепами. Расходы по доставке продукции железнодорожным, водным, воздушным транспортом либо в смешанном сообщении возмещаются по действующим тарифам на перевозку грузов соответствующими видами транспорта (включая сборы и другие расходы). Расходы, связанные с отправкой сельскохозяйственной продукции с соблюдением дополнительных требований заготовителя, оплачиваются за его счет (12, п. 28).

В случае изменения закупочных цен в период действия договора продукция оплачивается по той цене, которая действовала в момент сдачи продукции (12, п. 29).

Порядок расчетов. Расчеты между хозяйствами и заготовителями производятся, как правило, путем перечисления заготовителем платежными поручениями, оплаты чеками стоимости сданной хозяйством продукции на его расчетный, специальный расчетный или специальный ссудный счет, указанный в договоре. Расчеты должны осуществляться не позднее пяти календарных дней после приемки продукции, если иное не предусмотрено в инструкциях по вопросам закупок сельскохозяйственной продукции. Стоимость доставки продукции их транспортом оплачивается хозяйством одновременно с оплатой стоимости сданной продукции.

Стороны вправе предусмотреть в договоре другие формы и порядок расчетов за закупаемую продукцию, не противоречащие законодательству (12, п. 30). В хозяйственной практике, особенно при закупках плодоовощной продукции, доставляемой в розничную сеть, а также при отгрузках продукции транзитом непосредственно потребителям, имеется опыт использования акцептной формы расчетов.

6. Имущественная ответственность

Ответственность хозяйства за просрочку сдачи и за несдачу продукции. За несдачу зерновых, масличных и технических культур, травяной муки и сена, продукции животноводства в сроки, предусмотренные в договоре, хозяйство уплачивает заготовителю штраф в размере 3%, а картофеля, овощей, бахчевых культур, плодов и ягод, винограда, цитрусовых, сухофруктов, ореха, меда — 5% от стоимости несданной продукции. Штраф начисляется исходя из средней фактически сложившейся цены продукции за истекший период (месяц, квартал, год) без учета выплаты надбавок к закупочным ценам.

Штрафы взыскиваются с хозяйства за несдачу заготовителю продукции по отдельным видам и ассортименту, установленным в договоре, а по продукции животноводства — по общему объему.

Штраф за несдачу хозяйством продукции исчисляется исходя из стоимости продукции, несданной в соответствующем периоде, без прибавления стоимости продукции, несданной в предыдущем периоде (12, п. 31).

Ответственность заготовителя за отказ от приемки продукции. За невыполнение договорных обязательств по приемке непосредственно в хозяйстве картофеля, овощей, бахчевых культур, плодов, ягод, винограда, цитрусовых, сухофруктов, орехов и меда, а также за каждый случай отказа от приемки этой продукции, предъявленной хозяйством в пункте сдачи заготовителя в соответствии с договором или согласованным графиком, заготовитель уплачивает хозяйству штраф в размере 5%, а по другой продукции — 3% от стоимости непринятой продукции, исключая установленные надбавки и скидки.

Заготовитель помимо штрафа возмещает хозяйству причиненные ему убытки, а по скоропортящейся продукции — полную ее стоимость. При необоснованном отказе от приемки продукции, доставленной в места сдачи-приемки, заготовитель возмещает хозяйству также расходы по ее доставке в оба конца.

В случае, когда хозяйство не подготовило продукцию к сдаче-приемке на месте и не предупредило об этом заготовителя, оно возмещает заготовителю понесенные им убытки (12, п. 32). Предупреждение хозяйства о неподготовке продукции к сдаче не освобождает хозяйство от ответственности за просрочку продажи продукции, предусмотренной п. 31 Положения о порядке заключения и исполнения договоров контрактации.

Ответственность заготовителя за обсчет хозяйства. В случае неправильного определения качества, количества и неправильной оплаты принятой сельскохозяйственной продукции заготовитель перечисляет хозяйству недоплаченную сумму и уплачивает штраф в размере 10%, а по шерсти и пушнине — 5% недоплаченной суммы. Указанный штраф не взыскивается, если хозяйство отгружает шерсть и пушнину по предварительной оценке хозяйства с последующим перерасчетом по результатам сдачи-приемки.

За отгрузку шерсти с наличием метки, нанесенной несмываемой краской (кип, в которых найдены шерсть «тавро» или посторонние примеси с распространением в процентном отношении веса этих кип на весь сортимент принятой шерсти) или засоренной посторонними примесями (обрезками ниток, веревок, ткани), хозяйство уплачивает штраф в размере 5% стоимости такой шерсти (12, п. 33).

Ответственность заготовителя за нарушение порядка и сроков оплаты сданной продукции. За необоснованное уклонение от оплаты продукции, сданной (отгруженной) в соответствии с договором (несвоевременное перечисление причитающихся хозяйству сумм, включая установленные надбавки, а при акцептной форме расчетов — необоснованный отказ от акцепта платежного требования), заготовитель уплачивает хозяйству недоплаченную сумму и штраф в размере 5% суммы, от уплаты которой он отказался (уклонился). Помимо этого штрафа, заготовитель уплачивает хозяйству пеню за каждый день просрочки 0,04% суммы, не уплаченной в срок (12, п. 34).

Ответственность сторон за просрочку заключения договора. За просрочку заключения или необоснованное уклонение от заключения договора контрактации (если договор подлежит заключению в соответствии с доведенным в установленном порядке государственным заказом на продажу продукции) виновная сторона уплачивает другой стороне штраф в размере 50 руб. за каждый день просрочки, но не более 500 руб. (12, п. 43).

Примечания к разделу 13

1. Закон о государственном предприятии.
2. Закон о кооперации.
3. О дальнейшем совершенствовании экономического механизма хозяйствования в агропромышленном комплексе страны. Постановление ЦК КПСС и Совета Министров СССР от 20 марта 1986 г. № 358. — СП СССР, 1986, отд. 1, № 17, ст. 90.
4. О переводе предприятий и организаций системы Госагропрома СССР на полный хозяйственный расчет и самофинансирование. Постановление ЦК КПСС и Совета Министров СССР от 18 декабря 1987 г. № 1428. — Полный хозрасчет и самофинансирование. Сборник документов. М., 1988, с. 52.
5. Временное положение о порядке формирования государственных заказов на 1989 и 1990 годы. Утверждено постановлением Совета Министров СССР от 25 июля 1988 г. № 889. — СП СССР, 1988, отд. 1, № 26, ст. 71.
6. Положение о порядке планирования развития агропромышленного комплекса страны. Утверждено постановлением Госплана СССР от 10 июня 1986 г. — Совершенствование управления и экономического механизма хозяйствования в агропромышленном комплексе страны. Нормативные документы. М., 1987, с. 3.
7. Методика расчета контрольных цифр по закупкам сельскохозяйственной продукции, доводимых до районов и хозяйств исходя из нормативов, учитывающих экономическую оценку земли, обеспеченность основными производственными фондами, трудовыми и другими ресурсами. Утверждена Госагропромом СССР и Госпланом СССР 6 июня

1986 г. — Совершенствование управления и экономического механизма в агропромышленном комплексе страны, с. 9.

8. Положение о Государственном агропромышленном комитете СССР. Утверждено постановлением Совета Министров СССР от 18 марта 1986 г. № 335. — СП СССР, 1986, отд. 1, № 14, ст. 87.

9. Положение о поставках продукции.

10. Положение о поставках товаров.

11. Об упорядочении системы экономических (имущественных) санкций, применяемых к предприятиям, объединениям и организациям. Постановление Совета Министров СССР от 30 июля 1988 г. № 929. — СП СССР, 1988, отд. 1, № 28, ст. 77.

12. Положение о порядке заключения и исполнения договоров контрактации сельскохозяйственной продукции. Утверждено приказом Госагропрома СССР от 15 апреля 1987 г. № 300. — БНА, 1988, № 2, с. 25 (с учетом изменений, внесенных приказом Госагропрома СССР от 27 декабря 1988 г. № 880).

Раздел 14
РЕГУЛИРОВАНИЕ ГРУЗОВЫХ ПЕРЕВОЗОК

1. План грузовых перевозок и ответственность за его невыполнение

Правовые (юридические) требования к планированию грузовых перевозок. Перевозки грузов всеми видами транспорта осуществляются по планам, утверждаемым в установленном порядке (ст. 18 УЖД, ст. 53 УВВТ, ст. 106 КТМ, ст. 84 ВК, ст. 30 УАТ РСФСР), а также во внеплановом порядке (по грузам, перевозимым в объемах сверх утвержденного отправителю плана или без плана вообще), согласно заявкам грузоотправителей.

В основе планов грузовых перевозок лежат государственные заказы, т. е. доведенные через транспортные министерства и ведомства до перевозчиков и обязательные к исполнению ими требования государства об оказании транспортных услуг промышленным, сельскохозяйственным, строительным, торговым и другим предприятиям, объединениям, организациям (4). В государственных заказах предусматривается: на железнодорожном транспорте — объем перевозок (отправления) грузов по сумме установленных номенклатурных групп, на морском — объем перевозок (отправление) грузов в каботажном плавании На воздушном, внутренневодном и автомобильном транспорте государственный заказ на перевозку грузов не предусмотрен.

Общий объем перевозок (отправления) грузов (в том числе в установленных случаях по важнейшей номенклатуре грузов) доводится до транспортных предприятий лишь в составе контрольных цифр в качестве исходной основы для формирования планов и расчетов для заключения в предусмотренных законодательством случаях договоров на перевозку. Планы по общему объему перевозки грузов разрабатываются транспортными предприятиями самостоятельно исходя из государственных заказов на перевозку грузов, заявок грузоотправителей, заключенных с ними договоров на перевозку грузов и необходимого резерва для осуществления перевозок, не предусмотренных государственными заказами и заявками (договорами на перевозки). Выполнение государственных заказов и договоров — важнейший критерий оценки деятельности транспортных предприятий.

При разработке планов должны быть соблюдены правовые требования, касающиеся обеспечения комплексного развития транспортной системы страны, наиболее эффективного использования транспортных средств, повышения качества транспортного обслуживания предприятий и др.

Перевозки грузов планируются в соответствии со схемами нормальных направлений грузопотоков, разрабатываемых на основе материальных балансов и балансовых расчетов по транспорту (2, п. 5). Схемы нормальных направлений грузопотоков обязательны для грузоотправителей и транспортных предприятий. Отклонения от схем нормальных направлений грузопотоков могут разрешаться в исключительных случаях организациями, их утвердившими (2, п. 5).

Предприятия обязаны не допускать при планировании нерационального использования транспортных средств, в частности, на железнодорожном транспорте: встречных перевозок, т. е. перевозок грузов в направлениях, встречных основному потоку однородных (взаимозаменяемых) грузов; излишне дальних — перевозок за пределы зон, установленных схемами нормальных направлений грузопотоков; повторных перевозок однородных (взаимозаменяемых) грузов; перевозок, которые целесообразно выполнять водным, автомобильным, трубопроводным транспортом или в смешанном сообщении (ст. 25 УЖД).

Грузоотправители и грузополучатели обязаны повсеместно содействовать развитию **централизованных перевозок** грузов автомобильным транспортом (ст. 7 УАТ). Централизованные перевозки — основной метод работы автопредприятий. К централизованным относятся перевозки, при которых одно предприятие автомобильного транспорта общего пользования своим подвижным составом или, осуществляя единое оперативное руководство перевозками, подвижным составом других автопредприятий обеспечивает доставку грузов (с транспортно-экспедиционным обслуживанием) от одного грузоотправителя всем грузополучателям или одному грузополучателю от всех грузоотправителей; к централизованным относятся также перевозки, осуществляемые автомобильным транспортом общего пользования по завозу (вывозу) грузов на станции железных дорог, в порты (пристани), аэропорты, и регулярные междугородные перевозки.

Порядок планирования грузовых перевозок. Порядок разработки и утверждения планов перевозок грузов определяют Основные положения о годовом и квартальном планировании перевозок грузов (2), транспортные уставы и кодексы (разд. III УЖД, разд. IV УВВТ, гл. VII ВК, гл. VII КТМ, разд. III УАТ), изданные в их развитие правила планирования перевозок грузов и другие нормативные акты.

По плану, утвержденному в установленном порядке (2, разд. IV), принимаются к перевозке и грузы в **прямом смешанном сообщении** (под перевозками грузов в прямом смешанном сообщении понимаются перевозки по единому транспортному документу, составленному на весь путь следования, не менее чем двумя различными видами транспорта, кроме перевозок грузов по единому документу внутренневодным и морским транспортом, которые образуют перевозки в прямом водном сообщении). Транспортные министерства и ведомства могут по согласованию между собой принимать грузы к перевозке в прямом смешанном сообщении сверх плана (2, п. 71).

Перевозки грузов планируются на основе годовых и квартальных **заявок**, разрабатываемых и представляемых в порядке, установленном Основными положениями (2, пп. 3, 6—10, 18, 20—24, 32, 33, 36, 37, 40—45, 48, 49).

Перевозки грузов в **контейнерах и пакетированном виде** планируются на основе заявок по номенклатурным группам грузов, перевозимых: в универсальных контейнерах, специализированных контейнерах, в пакетированном виде. В план перевозок грузов в контейнерах и пакетированном виде автомобильным транспортом не включается завоз (вывоз) грузов со станций железных дорог, портов (пристаней), аэропортов (8, п. 5). Контейнерные и пакетные перевозки осуществляются в счет общих планов перевозок грузов (8, п. 6).

Действуют **организационно-правовые формы выполнения утвержденных годовых планов и согласованных объемов перевозок**: при **железнодорожных** перевозках — развернутые месячные планы перевозок и декадные заявки; при **внутренневодных** — декадные заявки или графики подачи судов; при **морских** — месячные графики подачи судов или уведомления о подаче судов (при перевозках в большом и малом каботаже) или месячные графики расстановки советских и арендованных иностранных судов и грузовые списки на перевозку грузов линейными судами (при перевозках экспортных и импортных грузов); при **автомобильных** — месячные и декадные задания, графики подачи транспортных средств.

Развернутые месячные планы перевозок представляются грузоотправителями в управления железных дорог не позднее чем за 14 дней до планируемого месяца по утвержденной МПС форме, в установленной номенклатуре грузов с распределением по родам грузов, станциям отправления и железным дорогам назначения, а по грузам, перевозимым в пределах одной железной дороги, — с указанием станции назначения (ст. 22 УЖД).

Непредставление грузоотправителем развернутого месячного плана в срок рассматривается как отказ от предусмотренных планом перевозок (что влечет за собой ответственность грузоотправителя за невыполнение плана перевозок), за исключением случаев, когда позднее представление плана произошло по вине железной дороги (9, разд. I, § 29).

Декадные заявки представляются грузоотправителями за три дня до наступления декады начальнику отделения дороги через начальника станции. Начальник отделения дороги совместно с грузоотправителем может согласовать порядок подачи заявок и на более длительный срок (ст. 28 УЖД).

В заявках предусматриваются календарное расписание размеров погрузки по дням декады с указанием на каждое число декады точного наименования груза, числа вагонов и рода подвижного состава, количества тонн груза (если перевозки планируются в тоннах и вагонах), дороги назначения, а при маршрутных перевозках — количества отправительских маршрутов и станции назначения (распыления) маршрута.

Непредставление заявок либо представление их позднее установленных сроков рассматривается как отказ от выполнения плана перевозок и влечет за собой ответственность грузоотправителя. В случае приема железной дорогой к исполнению декадной заявки, поданной грузоотправителем с опозданием, т. е. при учете этой заявки в декадном задании начальника отделения железной дороги, ответственность как железной дороги, так и грузоотправителя за невыполнение плана перевозок определяется на общих основаниях (23, п. 18).

При внутренневодных перевозках **декадные заявки** подаются не позднее пяти дней до начала декады с указанием в них точного наименования груза, его количества, пунктов отправления и назначения и дней предъявления груза (ст. 61 УВВТ).

Календарные графики составляются при перевозках грузов с устойчивым, постоянным грузопотоком пароходством по соглашению с грузоотправителем. Стороны на основании заявки не позднее чем за два дня до наступления соответствующей декады или пятидневки согласовывают графики погрузки судов. В графиках указываются: наименование и количество груза по пунктам отправления и назначения, дни и часы предъявления груза, подачи тоннажа (ст. 61 УВВТ; 10, разд. 5, § 1). Уменьшение декадными или пятидневными календарными графиками количества тоннажа по сравнению с месячным планом считается невыполнением плана (ст. 181 УВВТ).

На морском транспорте при перевозках в каботаже составляются **месячные графики** подачи судов под погрузку. Графики составляются пароходствами и сообщаются отправителю за 5 дней до начала месяца, а при перевозках массовых грузов — согласовываются с грузоотправителями (3, п. 2). Если график подачи судов не был составлен, то подача тоннажа и предъявление груза к перевозке производятся в соответствии с направляемым перевозчиком отправителю **уведомлением** о дате подачи тоннажа (3, п. 3).

При автомобильных перевозках на основании и в пределах согласованного в годовом договоре квартального объема перевозок автопредприятие и грузоотправитель за 10 дней до начала квартала согласовывают месячные объемы и определяют декадные задания на перевозку грузов на первый месяц квартала. За 10 дней до начала соответствующего месяца устанавливаются в таком же порядке декадные задания на второй и третий месяцы планируемого квартала (ст. 36 УАТ РСФСР).

Автопредприятие и грузоотправитель, не установившие месячных и декадных заданий, не имеют права предъявлять друг другу каких-либо претензий. Однако в случаях, когда отсутствие декадных заданий связано с тем, что одна из сторон уклонялась от их согласования, заявитель должен представить доказательства того, что им в надлежащие сроки направлялись другой стороне предложения по размерам декадных заданий, которые были оставлены без ответа. В этом случае ответственность определяется, исходя из дававшихся заявителем предложений, основанных на согласованном месячном объеме (29, п. 13).

В соответствии с месячными и декадными заданиями грузоотправители подают в автопредприятие заявки по форме, установленной Типовым годовым договором на перевозку грузов автомобильным транспортом (ст. 40 УАТ; 20, приложение № 3). Заявки подаются в письменном виде или передаются по телефону не позднее 14 час. дня, предшествующего дню перевозки, а при междугородных перевозках — не позднее чем за 48 час. до дня перевозки. К заявке прилагается согласованный сторонами график подачи автомобилей в пункты погрузки с указанием суточного или среднесуточного объема перевозок (16, разд. 1, приложение № 1, п. 6).

Внеплановые и сверхплановые перевозки. В предусмотренных законодательством случаях, даже когда перевозка планируется, грузы могут приниматься к перевозке вне плана, по предъявлению (например, овощи, фрукты и другие сельскохозяйственные продукты, отгружаемые заготовительными организациями и организациями потребительской кооперации, — ст. 21 УЖД, ст. 35 УАТ; товары народного потребления мелкими отправками — ст. 59 УВВТ). Во всех случаях принимаются к перевозке транспортными предприятиями по предъявлению средства пакетирования и контейнеры без груза (8). В прямом смешанном сообщении прием к перевозке и отгрузка с пунктов перевалки грузов, перевозимых мелкими отправками, производятся по предъявлению (2, п. 71).

Для погрузки груза **вне плана и сверх плана** грузоотправителями представляются:

при **железнодорожных** перевозках — заявки начальнику дороги или отделения дороги не позднее чем за 5 дней до наступления дня погрузки (ст. 33 УЖД);

при **внутренневодных** перевозках — декадные заявки за 5 дней до начала декады (ст. 58 УВВТ);

при **автомобильных** перевозках — разовые заказы (ст. 40 УАТ).

Восполнение недогруза. Железные дороги и морские (в каботажном плавании) пароходства в случае неподачи по их **вине** перевозочных средств для выполнения месячного плана перевозок грузов обязаны по **требованию грузоотправителя** выделить перевозочные средства для восполнения недогруза в течение **следующего месяца** данного квартала. Перевозочные средства, не поданные в последнем месяце квартала, должны быть выделены в первом месяце следующего, квартала. На морском транспорте недогруз восполняется в пределах навигационного периода. Требование о восполнении недогруза заявляется не позднее 2-го числа месяца, следующего за тем, в котором допущено нарушение.

Порядок выделения перевозочных средств для восполнения недогруза устанавливается по согласованию между транспортной организацией и грузоотправителем. При нарушении согласованного порядка транспортная организация за неподачу перевозочных средств и грузоотправитель за непредъявление грузов к перевозке несут ответственность за невыполнение плана перевозок грузов (ст. 30 УЖД).

Указанный порядок восполнения недогруза применяется и к перевозкам, не планируемым в составе государственного заказа: речные пароходства, авто- и авиапредприятия также обязаны восполнить неподанные по их вине перевозочные средства для выполнения согласованного месячного объема перевозок (на речном транспорте — в период навигации) и несут ответственность за невыполнение этой обязанности (ст. 61 УВВТ, ст. 86 ВК, ст. 44 УАТ).

Учет выполнения плана перевозок. Выполнение плана (согласованного объема) перевозок на железнодорожном, внутренневодном и автомобильном транспорте грузов учитывается в **учетных карточках** (ст. 29 УЖД, ст. 186 УВВТ, ст. 127 УАТ), форма и правила составления которых утверждены соответственно МПС (9, разд. 2), Минречфлотом (10, разд. 5—6) и Минавтотрансом РСФСР (16, приложение № 4 к разд. 1).

Учет ведется отдельно по каждому грузоотправителю, а при железнодорожных перевозках, в частности, также отдельно по каждому грузу номенклатуры плана (9, разд. 2, § 2) и отдельно по грузам, отгружаемым сверх плана и вне плана (9, разд. 2, § 16). Учетные карточки подписываются работниками транспортного предприятия (начальником станции, порта, пристани, ответственным представителем автотранспортного предприятия) и грузоотправителя.

При отказе грузоотправителя от подписи учетной карточки составляются: при железнодорожных перевозках — **акты общей формы** (9, разд. 2, § 2); при автомобильных — **акты установленной формы** (16, приложение № 4 к разд. 1, п. 3). При отсутствии в учетной карточке подписи грузоотправителя и оспаривании последним факта подачи вагонов для выполнения плана перевозок железная дорога требования об уплате штрафа за невыполнение плана перевозок может обосновывать данными учетной карточки при условии, если докажет, что грузоотправитель уклонился от подписания учетной карточки, о чем составлен акт общей формы (23, п. 20). В акте грузоотправителю необходимо указывать причины отказа от подписи и фактические данные о выполнении плана.

По окончании месяца, но не позднее 10-го числа следующего месяца, станция (порт, пристань, пароходство, автопредприятие) сообщают грузоотправителю расчет по причитающимся железной дороге, пароходству, автопредприятию и грузоотправителю суммам штрафа за невыполнение плана (согласованного объема) перевозок. Указанные суммы подлежат уплате в пятидневный срок (ст. 147 УЖД, ст. 186 УВВТ, ст. 127 УАТ).

Ответственность за невыполнение плана (согласованного объема) перевозок. За неподачу во исполнение плана (согласованного объема) перевозок транспортных средств (вагонов, судов, автомобилей) перевозчик уплачивает:

на железнодорожном транспорте — штраф за каждую тонну невывезенного груза (по грузам, перевозка которых планируется в тоннах и вагонах), либо за неподанный вагон (по грузам, перевозка которых планируется только в вагонах); штрафы за неподачу рефрижераторов и других специализированных вагонов (также в зависимости от способа планирования — в тоннах и вагонах или только в вагонах; размер указанного штрафа увеличен в 1988 году в два раза (6, п. 7); штраф за необеспечение погрузки маршрута (сверх штрафа за невыполнение плана перевозок) (ст. 144 УЖД);

на внутренневодном транспорте — штраф за все невывезенное, но подготовленное к погрузке количество груза; штраф начисляется в итоге за месяц — при работе по декадным заявкам; по каждому судну, предусмотренному графиком, — при работе по календарным графикам (ст. 180 УВВТ);

на морском транспорте — за неподачу тоннажа, а также подачу его в меньшем количестве, чем предусмотрено графиком подачи судов или уведомлением, при принятии этого тоннажа отправителем — штраф в размере 100% провозной платы за непринятое количество груза, подготовленного к отправке на судне (3, п. 6); если перевозка груза должна была быть осуществлена в соответствии с графиком подачи судов, штрафы исчисляются по каждому судну, указанному в графике, а если график не составлялся, то исходя из количества неподанного тоннажа за месяц (3, п. 16);

на воздушном транспорте — штраф в размере 25% провозной платы за все невывезенное, но подготовленное к погрузке количество груза (ст. 86 ВК);

на автомобильном транспорте — штраф за невывоз груза в количестве, согласованном в декадном задании или принятом к исполнению разовом заказе, — в размере 20% стоимости перевозки невывезенного груза (ст. 127 УАТ); за непредоставление автомобилей, работа которых оплачивается по повременному тарифу, в количестве, предусмотренном в годовом договоре на перевозку грузов автомобильным транспортом, или принятом к исполнению разовом заказе, — штраф в размере 10% стоимости пользования автомобилями, исходя из времени пользования, указанного в договоре (ст. 130 УАТ);

за непредоставление грузоотправителю контейнеров, предусмотренных декадным заданием, — штраф в зависимости от массы брутто контейнера (ст. 144 УЖД, ст. 182 УВВТ, ст. 127[1] УАТ).

К неподаче транспортных средств приравнивается подача вагонов, судов, автомобилей, контейнеров, от которых грузоотправитель отказался вследствие их **непригодности** для перевозки данного груза (ст.ст. 46, 161 УЖД; ст. 180 УВВТ; 3, п. 6; ст. 44 УАТ).

Перевозчик на всех видах транспорта освобождается от ответственности за невыполнение плана (согласованного объема) перевозок, если это произошло: вследствие явлений стихийного характера; запрещения, прекращения или ограничения перевозок в установленном порядке.

Кроме того, перевозчик освобождается от ответственности в силу других, предусмотренных законодательством, обстоятельств (в частности, задержка грузоотправителем вагонов (контейнеров), судов под выгрузкой: в этом случае железная дорога, пароходство освобождаются от уплаты штрафа за неподачу грузоотправителю того количества вагонов (контейнеров), судов, которое было задержано им под выгрузкой или не могло быть подано под погрузку по этой причине) и др. — пп. «в», «г», «д» ст. 146 УЖД; п. «в» ст. 184 УВВТ; 3, подп. «а» и «в» п. 15; 11, разд. I, п. 125; ст. 131 УАТ).

Уплатой штрафа исчерпывается имущественная ответственность транспортного предприятия за невыполнение плана (согласованного объема) перевозок.

Грузоотправитель отвечает за невыполнение плана (согласованного объема) перевозок, т. е. непредъявление груза к перевозке, неиспользование поданных транспортных средств, отказ от транспортных средств, уплачивая перевозчику на всех видах транспорта штраф в тех же размерах, в которых установлена ответственность перевозчика перед грузоотправителем (ст. 144 УЖД, ст.ст. 180—182 УВВТ, ст. 86 ВК; 3, п. 12; ст.ст. 127—127¹, 130 УАТ). При железнодорожных перевозках отправитель отвечает также за невыполнение плана по дорогам назначения и необеспечение погрузки маршрута (ст. 144 УЖД).

К непредъявлению груза приравнивается предъявление отправителем грузов в состоянии, не соответствующем действующим правилам перевозки, если они не были своевременно приведены в надлежащее состояние в срок, обеспечивающий своевременную отправку (погрузку) груза.

Грузоотправитель на всех видах транспорта освобождается от ответственности за невыполнение плана (согласованного объема) перевозок, если оно произошло вследствие: явлений стихийного характера; при запрещении, ограничении или прекращении перевозок (погрузки) в установленном порядке; аварий на предприятиях грузоотправителя, вызвавших прекращение производства на срок не менее трех суток (ст. 145 УЖД, ст. 183 УВВТ; 3, п. 15; ст. 87 ВК, ст. 131 УАТ).

Кроме того, грузоотправитель освобождается от ответственности при наличии других, предусмотренных законодательством обстоятельств (пп. «в» и «е» ст. 145 УЖД; пп. «в» и «д» ст. 183 УВВТ).

Размер штрафа, взыскиваемого с грузоотправителя, уменьшается, если он в надлежащие сроки предупредит перевозчика о неиспользовании транспортных средств (вагонов, контейнеров, судов) (ст. 145 УЖД; 3, п. 12; 12, п. 8.7.7).

Ответственность транспортного предприятия и грузоотправителя за невыполнение принятых ими обязательств по внеплановым и сверхплановым перевозкам наступает в тех же размерах и по тем же основаниям, что и ответственность за невыполнение плана (ст. 73 Основ гражданского законодательства).

2. Транспортные договоры при перевозках грузов

Договор перевозки груза. В соответствии с законодательством перевозка груза, предъявленного отправителем транспортному предприятию для доставки в пункт назначения, осуществляется по договору перевозки (ст. 72 Основ гражданского законодательства).

Договор перевозки груза оформляется: **накладной** — при железнодорожных и внутренневодных перевозках (ст. 38 УЖД, ст. 67 УВВТ); **грузовой накладной** — при воздушных (ст. 88 ВК); **товарно-транспортной накладной** — при автомобильных (ст. 47 УАТ); **коносаментом** — при морских перевозках груза в каботаже; **накладной** — при перевозках в прямом смешанном железнодорожно-водном и прямом водном сообщении (11, разд. I, п. 26). Накладная составляется на имя определенного грузополучателя, сопровождает груз на всем пути его следования и выдается грузополучателю в пункте назначения с грузом.

Договоры на организацию перевозки. Наряду с договорами перевозки законодательство предусматривает заключение грузоотправителями (грузополучателями) с предприятиями транспорта особых договоров на организацию перевозок; основная цель договоров — согласование объемов перевозок и регулирование взаимоотношений сторон по созданию необходимых условий для предстоящих перевозок. Заключение указанных договоров (они именуются также «договорами на перевозку») не снимает с транспортного предприятия и грузоотправителя обязанности оформить перевозку конкретного груза договором перевозки в соответствии с указанными выше требованиями.

К числу договоров на организацию перевозок относятся: **годовой договор** на перевозку груза — на автомобильном транспорте (ст. 36 УАТ), **годовой (навигационный)** — на речном транспорте (ст. 60 УВВТ), **долгосрочный договор** на перевозку — на морском транспорте (ст. 107 КТМ), **специальный договор** — на воздушном транспорте (ст. 85 ВК). При устойчивых, постоянных хозяйственных связях договоры на организацию перевозок могут заключаться в предусмотренных случаях и на более длительный, чем год, период (17, § 6).

В указанных договорах определяются объемы перевозок и условия перевозки, не предусмотренные транспортными уставами и кодексами, правилами; условия, вытекающие из местных обстоятельств и специфических особенностей транспортировки грузов конкретных отправителей.

Так, в годовом договоре на автомобильную перевозку грузов устанавливаются объемы и условия перевозок, порядок расчетов, рациональные маршруты и схемы грузопотоков (ст. 36 УАТ). В договоре определяются также режим работы по приему и выдаче грузов, условия обеспечения сохранности грузов, подготовка грузов к перевозке, порядок выполнения погрузочно-разгрузочных работ, содержания подъездных путей и устройств; другие условия, направленные на повышение эффективности транспортной деятельности и качества обслуживания предприятий (16, пп. 7—8, 10 приложения № 1 к разд. 1). При перевозках грузов в контейнерах в годовом договоре дополнительно согласовываются объемы перевозок в контейнерах каждого типа, условия об организации у грузоотправителя обменного пункта контейнеров, сроки оборота контейнеров и другие данные (16, разд. 14, п. 10), а при перевозках грузов пакетами — объем перевозок пакетированных грузов, типы и параметры поддонов (пакетов), порядок и сроки возврата или обмена поддонов и др. (16, разд. 15, п. 13).

Предприятия речного транспорта и грузоотправители (грузополучатели) заключают договоры на перевозку грузов на год с распределением по кварталам; при этом возможны уточнения объемов перевозок на основе квартальных заявок грузоотправителей (грузополучателей) с оформлением соответствующих дополнений к договорам. С постоянной клиентурой договоры на организацию перевозок грузов могут заключаться сроком до 5 лет с ежегодным уточнением объемов перевозок (17, § 6).

В указанных договорах определяются: порядок работы по предъявлению груза и выделению флота по декадным заявкам или календарным графикам; условия приема, перевозки, выдачи, погрузки-разгрузки, складирования и хранения грузов, не урегулированные УВВТ и соответствующими правилами; режим работы, время и условия завоза грузов в порты; способ уведомления сторон о готовности груза к отправлению и подаче флота, времени прибытия груженых судов в пункты назначения и иные условия (17, § 8). Стороны могут по согласованию определять повышенные размеры санкций за невыполнение обязательств по объемам перевозок (17, § 13).

Договоры на организацию перевозок заключаются в соответствии с утвержденными формами типовых договоров.

В условиях функционирования предприятий транспорта и их клиентуры на полном хозрасчете и самофинансировании и резкого сокращения объема перевозок грузов на основе централизованно устанавливаемых по государственному заказу плановых заданий значение договоров на организацию перевозок существенно возрастает. При перевозках грузов, не планируемых в централизованном порядке по государственному заказу, такие договоры на автомобильном, воздушном и внутренневодном транспорте становятся основным документом, определяющим объемы перевозок грузов и права и обязанности сторон по организации их выполнения.

Транспортные договоры, определяющие особые способы перевозок грузов. Такие договоры заключаются на воздушном, морском и внутренневодном транспорте и предусматривают предоставление грузоотправителю (фрахтователю) для перевозки всего или части судна. Подобные договоры получили наименование «договора чартера» (ст. 134 ВК, ст. 120 КТМ).

В договоре чартера предусматриваются: наименование

сторон, обозначение (тип) судна, объем перевозимого груза, место отправления (погрузки), место назначения (направления) судна, размер платы (фрахта) за перевозку и иные необходимые условия (ст. 134 ВК, ст. 122 КТМ). На авиатранспорте грузы перевозятся заказными (чартерными) рейсами в соответствии с условиями договора заказного рейса (договора чартера), заключаемого авиапредприятием (фрахтовщиком) с заказчиком (фрахтователем) на определенный период времени (12, п. 6.5.1); такие рейсы могут выполняться также по разовым письменным заявкам (с разрешения управления гражданской авиации) (12, п. 6.5.1).

Договоры об использовании средств пакетирования. Грузы, входящие в утвержденную Госснабом СССР номенклатуру продукции, которая отгружается с применением средств пакетирования, а также если такая обязанность предусмотрена сторонами в договоре поставки, должны отгружаться с использованием данных средств (15, п. 3). В этом случае в целях наиболее эффективной организации перевозок грузов с применением средств пакетирования транспортные предприятия и грузоотправители (грузополучатели) могут заключать специальные договоры. В них предусматриваются: объемы перевозок грузов с использованием средств пакетирования; порядок формирования пакетов на складах отправителей и условия их предъявления к перевозке; порядок предоставления поддонов транспортными предприятиями отправителям (получателям), в том числе на условиях равночисленного обмена; порядок и сроки возврата средств пакетирования и ответственность за их нарушение; условия об ответственности за повреждение и утрату средств пакетирования и др. (11, разд. 49).

3. Прием груза к перевозке и выдача его получателям

Обязанности грузоотправителя по надлежащей подготовке груза к перевозке. При сдаче груза к перевозке на грузоотправителя возлагаются обязанности:

грузы, нуждающиеся в таре или упаковке для предохранения от утраты, недостачи или повреждения, порчи, следует **предъявлять к перевозке в исправной таре или упаковке**, соответствующей государственным стандартам, а грузы, на тару и упаковку которых стандарты не установлены, — в исправной таре, обеспечивающей их полную сохранность при перевозке и перегрузке; груз, который был предъявлен грузоотправителем в состоянии, не соответствующем правилам перевозки, и не был приведен им в надлежащее состояние в срок, обеспечивающий своевременную отправку, считается непредъявленным со всеми вытекающими отсюда последствиями для выполнения плана (договора) на перевозку;

замаркировать груз согласно правилам перевозок (9, разд. 3, §18; ст. 72 УВВТ, ст. 89 ВК, ст. 52 УАТ) и в соответствии с требованиями законодательства о поставках (5, п. 44);

подготовить проводников, если по условиям перевозки груз должен сопровождаться проводниками грузоотправителей (или грузополучателей) (9, разд. 21; ст. 102 УЖД; 12, пп. 5.11.1–5.11.14; ст. 49 УАТ);

подготовить для погрузки и транспортировки **приспособления** и вспомогательные **материалы** (прокладки, стойки, козлы, подкладки, щитовые ограждения и т. п.);

объявить ценность груза в случаях, когда это обязательно по правилам перевозок (ст. 43 УЖД, ст. 70 УВВТ, ст. 46 УАТ); объявленная ценность не должна превышать действительной стоимости груза;

своевременно подготовить необходимые **транспортные документы** и иные документы, относящиеся к грузу;

выполнить иные, предусмотренные законодательством обязанности: предварительно согласовать с перевозчиком, если это предусмотрено правилами, условия приема груза к перевозке (в частности, при воздушных перевозках до сдачи груза к перевозке сообщить перевозчику все сведения относительно груза, поскольку возможность приема груза к перевозке воздушными судами определяется самим перевозчиком — 12, пп. 5.3.7–5.3.8); предварительно согласовать (предусмотреть в договоре поставки) условия отгрузки с грузополучателем (в частности, при погрузке сыпучих грузов в специальные вагоны — цементовозы, минераловозы и др.), поскольку перевозка таких грузов в специальном подвижном составе требует соответствующих устройств разгрузки у грузополучателя (9, разд. 19, приложение № 1).

Оплата перевозки. Грузоотправитель обязан оплатить перевозку при приеме груза транспортным предприятием. Перевозка груза и другие транспортные услуги оплачиваются согласно тарифам (ставкам сборов), утвержденным в надлежащем порядке, и в соответствии с правилами их применения (исчисления).

В предусмотренных законодательством случаях допускается по согласованию транспортного предприятия с грузоотправителем установление ставок провозных платежей (в частности, стороны при заключении годовых договоров могут согласовать средние ставки провозной платы за централизованные городские и пригородные перевозки грузов автомобильным транспортом с учетом среднего расстояния перевозки, среднего класса грузов, средней массы отправок — 22, п. 5)

Плата за перевозку должна быть внесена отправителем до сдачи груза перевозчику. Причитающиеся транспортному предприятию платежи за перевозку груза вносятся в пункте отправления чеками Госбанка СССР или платежными поручениями, акцептованными банком, а в предусмотренных правилами Госбанка случаях — наличными деньгами (ст. 75 УЖД, ст. 87 УВВТ, ст. 103 УАТ; 12, п. 5.3.5.).

В особом порядке — сводными требованиями осуществляются централизованные расчеты за перевозки грузов по железным дорогам через узловые расчетные товарные конторы (расчетные товарные конторы) автотранспортными предприятиями общего пользования с заказчиками за фактически оказанные услуги, а также за перевозку грузов и транспортно-экспедиционные услуги между железными дорогами и автотранспортными предприятиями, между последними и грузоотправителями (грузополучателями). При автомобильных перевозках грузов в годовых договорах стороны вправе согласовать условие о расчетах плановыми платежами (ст. 103 УАТ).

В случае невнесения грузоотправителем платежей при сдаче груза к перевозке отправление груза может быть задержано до внесения платежей. При автомобильных перевозках, в виде исключения, до внесения провозной платы грузы могут быть приняты к перевозке автотранспортным предприятием по разрешению вышестоящего по отношению к нему органа (ст. 103 УАТ).

При централизованных перевозках грузов все расчеты с автотранспортным предприятием за перевозку, экспедирование и другие связанные с перевозкой операции и услуги производятся грузоотправителем (грузополучателем), с которым заключен договор на перевозку грузов (ст. 102 УАТ).

Плата за перевозку грузов в прямом смешанном сообщении взыскивается:

по отправкам с железной дороги: на станции отправления — за протяжение железнодорожного пути всех железных дорог, участвующих в перевозке, и в пункте назначения — за протяжение всего водного и автомобильного пути;

по отправкам из портов (пристаней) и с автотранспортных предприятий: в пункте отправления — за протяжение всего водного и автомобильного пути и в пункте назначения — за протяжение железнодорожного пути.

Причитающиеся автотранспортному предприятию провозная плата и другие сборы в перевозочные документы не включаются и взыскиваются с грузоотправителя или грузополучателя непосредственно по счетам автотранспортных предприятий и организаций (ст. 114 УЖД, ст. 177 УВВТ, ст. 123 УАТ).

Требования, предъявляемые к подвижному составу. Перевозчик обязан подавать под погрузку транспортные средства (вагоны, автомобили, суда, контейнеры):

технически исправные (при морских перевозках — в мореходном состоянии);

пригодные для перевозки данного конкретного груза;

отвечающие санитарным требованиям — очищенные, в необходимых случаях промытые и продезинфицированные (ст. 46 УЖД, ст. 80 УВВТ, ст. 129 КТМ, ст. 44 УАТ).

Под **технической исправностью** подвижного состава понимается его соответствие правилам технической эксплуатации, а также иным нормам, определяющим порядок технического содержания подвижного состава. Неисправности и недостатки, при которых эксплуатация подвижного состава запрещается, перечислены в правилах технической эксплуатации.

Пригодность подвижного состава для перевозки данного груза именуется пригодностью в **коммерческом отношении** (коммерческой пригодностью); под нею понимается такое техническое и физическое состояние подвижного состава, от которого зависит обеспечение сохранности груза при перевозке (23, п. 35).

На железнодорожном транспорте пригодность подвижного состава для перевозки данного груза в коммерческом отношении определяется в следующем порядке: вагонов — грузоотправителем, если погрузка производится его средствами, или железной дорогой; контейнеров, цистерн и бункерных полувагонов — грузоотправителем (ст. 46 УЖД). При автомобильных перевозках пригодность автомашин и контейнеров в коммерческом отношении для перевозки данного груза определяется отправителем (16, разд. 1, подп. «г» п. 8 приложения № 1; разд. 14, п. 11).

На воздушном транспорте пригодность контейнеров (а также средств пакетирования) определяется перевозчиком и отправителем на основании стандартных технических требований к каждому типу контейнеров и условий перевозки; на перевозчика возложена обязанность по контролю за техническим состоянием контейнеров (и средств пакетирования) отправителей при приеме груза к перевозке (12, пп. 5.12.8. — 5.12.9.). Специальные контейнеры грузоотправителей могут использоваться для перевозки грузов на воздушном транспорте только с предварительного согласия перевозчика; с ним же согласовываются типы и размеры контейнеров (12, п. 5.12.6.).

Наличие у транспортного предприятия (железной дороги, автопредприятия) обязанности подавать под погрузку подвижной состав (контейнеры), пригодный для перевозки данного вида груза, не снимает с грузоотправителя обязанности проверять перед погрузкой пригодность в коммерческом отношении подвижного состава (контейнеров) для перевозки данного груза. Грузоотправитель не имеет права загружать груз в подвижной состав (контейнеры), не пригодный в коммерческом отношении для перевозки, и обязан отказаться от него (23, п. 35; 16, разд. 14, п. 15).

Нормы загрузки транспортных средств. При железнодорожных и внутренневодных перевозках грузоотправители обязаны загружать вагоны, суда, контейнеры не ниже технических норм загрузки, а грузы, по которым эти нормы не установлены, — до полного использования вместимости вагонов (габаритов открытого подвижного состава), судов, контейнеров, но не свыше грузоподъемности (ст. 47 УЖД, ст. 79 УВВТ); при автомобильных перевозках — до полного использования вместимости подвижного состава (контейнеров), но не свыше грузоподъемности (ст. 61 УАТ; 16, разд. 14, п. 13).

Сроки погрузки и выгрузки грузов. В тех случаях, когда погрузка и выгрузка грузов производятся грузоотправителем (грузополучателем), они обязаны сделать это в надлежащие сроки. Указанные сроки предусмотрены в нормативном порядке и определяются по отдельным наименованиям груза: на железнодорожном и автомобильном транспорте — в зависимости от способа погрузки (механизированного или немеханизированного) и некоторых других условий соответственно правил перевозок (9, разд. 13) и Правил применения единых тарифов (22, разд. IV); на внутреннем водном транспорте — по судо-часовым нормам (ст. 85 УВВТ; 10, разд. 13); на морском — по нормам обработки судов (ст. 112 КТМ).

В случаях, предусмотренных законодательством, сроки погрузки и выгрузки определяются соглашением транспортного предприятия и отправителя: на автомобильном транспорте при погрузке и выгрузке с подачей автомобиля (автопоезда) к нескольким секциям складов или отдельным складским помещениям на территории складских баз предприятий в целях упрощения расчетов с заказчиками стороны согласовывают в договорах средние комплексные нормы нахождения автомобилей под погрузочно-разгрузочными работами и дополнительными операциями, исходя из установленных норм и фактического количества выполняемых операций (22, п. 47).

Сроки выполнения операций с контейнерами. Нормы времени на выполнение погрузочно-разгрузочных работ с контейнерами на железных дорогах включают в себя время на оформление грузоотправителем (грузополучателем) документов, завоз (вывоз) своими средствами контейнера, погрузку (выгрузку) груза и возврат контейнера. Они устанавливаются начальником станции в зависимости от местных условий, но не могут превышать 12 час. с момента посылки уведомления грузоотправителю (грузополучателю) о прибывшем грузе или выдачи порожнего контейнера под погрузку. Указанные нормы объявляются грузоотправителям (грузополучателям) (9, разд. 25, § 17).

Нормы времени нахождения контейнеров на прирельсовых контейнерных площадках необщего пользования предусматриваются в договорах на эксплуатацию железнодорожных подъездных путей или в договорах на подачу и уборку вагонов (9, разд. 25, § 18).

При автомобильных перевозках нормы времени на механизированную погрузку (разгрузку) контейнеров определяются в минутах в зависимости от массы брутто контейнера (22, п. 43).

Сроки оборота транспортных средств. Наряду со сроками погрузки и выгрузки определяются сроки оборота транспортных средств (вагонов, контейнеров, автомобильных прицепов и полуприцепов).

Сроки оборота вагонов предусматриваются в договорах на эксплуатацию железнодорожных подъездных путей. Норму оборота контейнеров на обменных контейнерных пунктах грузоотправителей (грузополучателей) в случаях, когда в установленном порядке они открыты на их складах, определяет начальник станции, но не свыше 12 час. (9, разд. 25, § 27).

При автомобильных перевозках в случае создания обменных контейнерных пунктов у грузоотправителей (грузополучателей) нормы времени на возврат груженых и порожних обменных автомобильных контейнеров и полуприцепов (прицепов) устанавливаются в годовых договорах между грузоотправителями (грузополучателями) и автотранспортными предприятиями (16, разд. 14, п. 10). Они определяются в пределах продолжительности оборота одного контейнера и полуприцепа (прицепа), но не более предусмотренных соответствующими Правилами (22, п. 45).

Исчисление сроков погрузки и выгрузки. Время нахождения транспортных средств (вагонов, судов, автомобилей, контейнеров) под погрузкой (выгрузкой) исчисляется:

на **железнодорожном** транспорте — с момента подачи вагонов под погрузку (выгрузку) и до момента получения станцией уведомления грузоотправителя (грузополучателя) о готовности к уборке всей одновременно поданной партии вагонов (9, разд. 13, § 5); вагоны, поданные под погрузку (выгрузку) с нарушением сроков подачи, предусмотренных расписанием (когда подача производится по действующим интервалам времени между подачами) или без уведомления (когда подача производится по уведомлениям), считаются поданными: при подаче ранее срока — с момента его наступления; при подаче с опозданием или без уведомления — по истечении 2 час. с момента фактической подачи вагонов (9, разд. 3, § 26; разд. 4, § 5);

на **внутренневодном** транспорте — с момента подачи судна к причалу (швартовки) или с момента постановки на рейд (если грузовые работы ведутся на рейде) и до момента окончания всех работ, связанных с погрузкой-разгрузкой, включая оформление транспортных документов (ст. 86 УВВТ; 10, разд. 13, § 5); при подаче судна без извещения или с нарушениями срока извещения грузоотправителю (грузополучателю) предоставляется дополнительное время на подготовку к работе (ст. 86 УВВТ);

при **автомобильных** перевозках — с момента предъявления шофером путевого листа в пункте погрузки (товарно-транспортной накладной в пункте разгрузки) и до момента вручения шоферу надлежаще оформленных товарно-транспортных документов на погруженный (выгруженный) груз; в случае прибытия автомобиля под погрузку ранее согласованного времени автомобиль считается прибывшим под погрузку в согласованное, время, если грузоотправитель не примет его под погрузку с момента фактического прибытия (ст. 53 УАТ).

Документами, на основании которых исчисляется время простоя, являются: при железнодорожных перевозках — памятки весовщика и уведомления грузоотправителей (грузополучателей) о готовности вагонов к уборке; при автомобильных — товарно-транспортные накладные с отметками грузоотправителей (грузополучателей) о времени прибытия и убытия автомобилей (16, разд. 6, п. 8). Если грузополучатель (грузоотправитель) неправильно указывает время прибытия автомобиля под погрузку (выгрузку), водитель обязан во всех экземплярах накладной указать, что время проставлено неправильно. В этом случае грузоотправитель (грузополучатель) должен совместно с водителем составить акт (16, разд. 6, п. 8).

Режим работы пунктов погрузки и выгрузки грузоотправителей (грузополучателей) при автомобильных перевозках грузов. Грузоотправители (грузополучатели) при автомобильных перевозках грузов обязаны установить такой режим работы пунктов погрузки-выгрузки, при котором была бы обеспечена бесперебойная и равномерная погрузка и выгрузка грузов в течение всех дней недели, включая субботние, выходные и праздничные дни (при перевозках строительных и других грузов в массовых количествах — не менее чем в две смены; ст. 55 УАТ), без перерыва на обед.

Порядок приема груза к перевозке. При сдаче грузоотправителем и приеме транспортным предприятием грузов, перевозимых навалом, насыпью, наливом, в контейнерах и пакетах, должен быть определен и указан в накладной вес этих грузов.

Тарные и штучные грузы принимаются к перевозке с указанием в транспортной накладной веса груза и количества грузовых мест. Вес тарных и штучных грузов определяется грузоотправителем до предъявления их к перевозке и указывается на грузовых местах. Общий вес груза определяется взвешиванием на весах или подсчетом веса на грузовых местах по трафарету или стандарту. Для отдельных грузов вес может определяться расчетным путем — по обмеру, объемному весу (осадке судна) или условно.

Запись в транспортной накладной о весе груза с указанием способа его определения вносится грузоотправителем (ст. 53 УЖД, ст. 65 УВВТ, ст. 62 УАТ).

Вес груза по трафарету, стандарту, расчетным путем или

условно определяется грузоотправителем (ст. 54 УЖД, ст. 65 УВВТ, ст. 62 УАТ).

Вес грузов, перевозимых в контейнерах и в пакетах, определяется грузоотправителем с указанием в накладной, кроме данных, предусмотренных Правилами перевозок, количества средств пакетирования и контейнеров (15, п. 8).

При воздушных перевозках груз подлежит обязательному взвешиванию в присутствии представителя отправителя с указанием его массы во всех экземплярах грузовой накладной, если иное не предусмотрено Правилами перевозок (12, пп. 5.5.1. — 5.5.2); авиапредприятие вправе проверить также вес груза, доставленного транспортно-экспедиционным предприятием (12, п. 5.5.4).

За **пломбами** грузоотправителей принимаются к перевозке грузы, погруженные грузоотправителем в крытые железнодорожные вагоны (п. «б» ст. 55 УЖД) и трюмы судов (п. «б» ст. 74 УВВТ); при автомобильных перевозках — грузы, перевозимые в крытых автомобилях и прицепах, отдельных секциях автомобилей и цистернах с назначением одному грузополучателю (мелкоштучные товары, находящиеся в ящиках, коробках и другой таре, должны быть опломбированы или обандеролены) (ст. 64 УАТ); грузы, перевозимые в контейнерах (ст. 67 УЖД, ст. 65 УВВТ, ст. 64 УАТ).

Оформление накладной при приеме груза к перевозке. Все реквизиты накладной, составляемой по установленной форме, должны заполняться точно и полно. Грузоотправитель (грузополучатель) несет ответственность за все последствия неправильности, неточности или неполноты сведений, указанных им в накладной. Перевозчик вправе проверять правильность этих сведений (ст. 39 УЖД, ст. 123 КТМ, ст. 88 ВК, ст. 47 УАТ; 12, п. 5.4.4). Одновременно с накладной грузоотправителем должны быть переданы все документы, требуемые санитарными, таможенными, карантинными и иными правилами.

Товарно-транспортные накладные. Грузы перевозятся автомобильным транспортом в городском, пригородном и междугородном сообщениях только при наличии оформленной товарно-транспортной накладной утвержденной формы № 1-т (14, приложение № 1). Предприятия, перевозящие грузы для нужд своего производства на собственных и арендуемых автомобилях, также обязаны оформлять товарно-транспортные накладные формы № 1-т.

Перевозка грузов в междугородном сообщении, выполняемая с участием грузовых автостанций или других предприятий автомобильного транспорта общего пользования, на которые возложена организация междугородных перевозок грузов, оформляется товарно-транспортной накладной утвержденной формы № 2-тм (14, приложение № 2).

Не оформляются товарно-транспортными накладными перевозки грузов нетоварного характера, по которым не ведется складской учет, а также использование автомобилей для обслуживания линий связи и электропередач, нефтегазопроводов, киносъемок, перевозки почты и периодической печати, при научно-изыскательских, геологических работах, сборе вторичного сырья предприятиями и организациями Госснаба СССР (14, п. 5.).

Товарно-транспортная накладная является единственным документом, служащим для списания товарно-материальных ценностей у грузоотправителей и оприходования их у грузополучателей, а также для складского, оперативного и бухгалтерского учета (14, п. 6). В тех случаях, когда в товарно-транспортной накладной в разделе «Сведения о грузе» нет возможности перечислить все наименования и характеристики отпускаемых товарно-материальных ценностей, к товарно-транспортной накладной должны прилагаться как неотъемлемая ее часть специализированные формы (товарная накладная или другие формы), утвержденные в надлежащем порядке.

Товарно-транспортная накладная на перевозку грузов автомобильным транспортом составляется грузоотправителем на каждую поездку автомобиля для каждого грузополучателя в отдельности с обязательным заполнением всех реквизитов, необходимых для полноты и правильности проведения расчетов за работу автотранспорта, для списания и оприходования товарно-материальных ценностей (14, п. 10).

Перевозки однородных грузов от одного грузоотправителя в адрес одного грузополучателя на одно и то же расстояние при условии обеспечения сохранности груза могут оформляться одной товарно-транспортной накладной суммарно на всю работу, выполненную автомобилем в течение смены (ст. 48 УАТ).

Особенности приема к перевозке грузов в прямом смешанном сообщении. Не принимаются к перевозке в прямом смешанном сообщении грузы, перевозимые наливом; лес, следующий по водным путям в плотах, а также взрывчатые вещества и сильнодействующие ядовитые вещества (ст. 102 УЖД, ст. 158 УВВТ, ст. 111 УАТ). Тарно-упаковочные и штучные грузы принимаются к перевозке по количеству мест и стандартному весу или по весу, указанному на грузовых местах; грузы, перевозимые насыпью или навалом, — по весу.

При сдаче груза к перевозке в прямом смешанном железнодорожно-водном сообщении грузоотправитель обязан вручить станции или порту (пристани) отправления накладную установленной формы (10, разд. 17, приложение № 5) с указанием в ней пункта перевалки.

Выдача доставленного в пункт назначения груза. В пункте назначения перевозчик обязан выдать, а грузополучатель принять и вывезти со станции железной дороги, из порта (с пристани), аэропорта доставленный в его адрес груз (ст. 62 УЖД, ст. 96 УВВТ, ст. 94 ВК, ст. 72 УАТ).

Указанную обязанность несут грузополучатели и в том случае, когда прибыл незаказанный груз, т. е. груз, поставка (получение) которого не предусматривалась договором, заказом или иным обязательным для сторон документом. Такой груз принимается получателем на ответственное хранение (ст. 63 УЖД, ст. 96 УВВТ, ст. 95 ВК, ст. 72 УАТ). В исключение из этого общего правила при городских и пригородных перевозках автомобильным транспортом в случае отказа грузополучателя принять груз по причинам, не зависящим от перевозчика, груз переадресовывается грузоотправителем в порядке, установленном соответствующими Правилами, другому грузополучателю или возвращается грузоотправителю. В этих случаях стоимость перевозки груза в оба конца, а также штраф за простой автомобиля оплачиваются грузоотправителем (ст. 72 УАТ).

При железнодорожных перевозках грузополучатель может отказаться от принятия груза лишь в том случае, когда качество груза вследствие порчи или повреждения изменилось настолько, что исключается возможность полного или частичного использования груза (ст. 63 УЖД).

При внутренневодных, воздушных и автомобильных перевозках такое право принадлежит грузополучателю в случае, когда качество груза вследствие порчи или повреждения (при автомобильных перевозках — по причинам, не зависящим от автотранспортного предприятия) изменилось настолько, что исключается возможность его полного или частичного использования по первоначальному назначению (ст. 96 УВВТ, ст. 94 ВК, ст. 72 УАТ).

Вопрос о возможности полного или частичного использования груза решается экспертизой. Если экспертиза признает, что ремонт груза возможен, грузополучатель обязан принять и вывезти груз и тогда, когда его ремонт может быть выполнен грузоотправителем или другой организацией (23, п. 29).

Хранение грузов. Прибывшие в пункт назначения грузы хранятся на станциях железных дорог, в речном порту (пристани), на складах грузовых автостанций при междугородных и межреспубликанских перевозках бесплатно в течение одних суток (ст. 62 УЖД, ст. 97 УВВТ; 22, п. 36). За хранение груза сверх указанного срока взыскивается плата в размере, устанавливаемом тарифами.

Порядок выдачи перевозчиком груза получателю. В пункте назначения при железнодорожных, внутренневодных и автомобильных перевозках перевозчик обязан проверить вес, количество мест и состояние груза в случаях:

прибытия груза в неисправном транспортном средстве (неисправном вагоне, а также в вагоне с повреждёнными пломбами или пломбами попутных станций; неисправном судне или в судне с неисправными пломбами; в неисправном кузове подвижного состава или в исправном кузове, но с повреждёнными пломбами или с пломбами попутной грузовой автостанции);

прибытия груза с признаками недостачи, порчи или повреждения при перевозке на открытом подвижном железнодорожном составе или в крытых вагонах без пломб, когда такая перевозка предусмотрена соответствующими Правилами, или на палубе судна или в беспалубном судне;

прибытия скоропортящегося груза в вагонах, автомобилях с нарушением срока доставки этого груза или установленного правилами температурного режима;

прибытия груза, погруженного железной дорогой, в исправных вагонах с неповрежденными пломбами станции отправления, а также без признаков недостачи, порчи или повреждения при перевозке на открытом подвижном составе или в крытых вагонах без пломб, когда такая перевозка предусмотрена соответствующими Правилами; прибытия груза, погруженного автотранспортным предприятием или со склада грузовой автостанции;

выдачи груза с мест общего пользования, выгруженных железной дорогой (ст. 65 УЖД, ст. 100 УВВТ, ст. 66 УАТ).

Тарные и штучные грузы выдаются счетом мест; их состояние и вес проверяются только в поврежденных местах.

При воздушных перевозках авиапредприятие обязано по требованию получателя проверить количество мест и массу прибывшего груза; по тарно-упаковочным грузам проверяется состояние только нарушенных мест (12, п. 5.15.9).

Грузы, прибывшие в исправных транспортных средствах (исправных вагонах, судах, загруженных грузоотправителем, автомобилях, прицепах, отдельных секциях автомобиля и цистернах), контейнерах с неповрежденными пломбами грузоотправителя, выдаются грузополучателю без проверки веса и состояния груза и количества грузовых мест (ст.ст. 65, 67 УЖД, ст. 100 УВВТ, ст. 65 УАТ), о чем делаются соответствующие отметки в транспортных накладных о выдаче груза без проверки. Пакетированные грузы, прибывшие без нарушения крепления и контрольных знаков, выдаются получателю по количеству пакетов без их разборки, проверки состояния и веса.

В случаях, предусмотренных ст. 65 УЖД, ст. 66 УВВТ, выдаются с проверкой веса грузы, поступившие в исправных транспортных средствах за исправными пломбами, без признаков несохранности.

Определение веса груза в пункте назначения. Вес (масса) груза при железнодорожных перевозках считается правильным, если разница в массе, определенной на станции отправления, по сравнению с массой, оказавшейся при проверке в пути следования или на станции назначения, не превышает: при недостаче массы — нормы естественной убыли и предельного расхождения в результатах определения массы нетто; при излишке массы — предельного расхождения в результатах определения массы нетто (9, разд. 4, § 21). **Размеры предельных расхождений и порядок расчета (измерений) определяются в приложениях № 1, 2, 3 к Правилам выдачи грузов** (9, разд. 4). В таком же порядке определяется правильность веса (массы) и при других перевозках (ст. 100 УВВТ, ст. 66 УАТ).

Нормы естественной убыли при перевозках действуют лишь в случаях, когда при выдаче груза выявляется фактическая недостача веса груза. Поэтому не допускается покрытие недостачи целых мест и недостачи веса в отдельных поврежденных местах за счет нормы естественной убыли груза, исчисленной от всего перевезенного груза. Исчисление нормы убыли от веса исправных мест, который не проверялся, и недостача не устанавливалась, вообще не должно иметь места.

Если при выдаче проверяется вес всего груза, норму естественной убыли следует исчислять от веса груза в поврежденных местах отдельно от веса груза в исправных местах (23, п. 24).

Оформление выдачи груза при несохранной перевозке. Для удостоверения выявившейся в пункте назначения в момент сдачи груза несохранности — недостачи, порчи или повреждения груза, а также несоответствия между наименованием груза в натуре и данными перевозочного документа, обнаружении груза без документов и документов без груза должен быть составлен (кроме автомобильных перевозок) **коммерческий акт** (ст. 168 УЖД, ст. 215 УВВТ, ст. 293 КТМ, ст. 105 ВК). Перевозчик обязан составить коммерческий акт, если он сам обнаружил перечисленные выше обстоятельства или когда на наличие хотя бы одного из этих обстоятельств указал получатель или отправитель груза (ст. 168 УЖД, ст. 216 УВВТ).

Коммерческий акт составляется и подписывается в порядке, установленном Правилами. На железной дороге коммерческий акт подписывает начальник станции (его заместитель), заведующий грузовым двором (пакгаузом, контейнерным отделением, контейнерной площадкой, сортировочной платформой); старший приемосдатчик и приемосдатчик станции, а также грузополучатель, если он участвовал в проверке; при необходимости к проверке груза и подписанию акта могут быть привлечены и другие работники железной дороги (9, разд. 37, § 10). При отказе перевозчика в составлении акта или несогласии с его содержанием клиент подает письменное заявление руководителю транспортного предприятия (на железной дороге — начальнику отделения дороги) до вывоза груза. Надлежаще поданное заявление приравнивается к коммерческому акту.

При авиаперевозках к составлению коммерческого акта привлекаются: лицо, обнаружившее неисправность груза; лицо, на ответственности которого находится актируемый груз; получатель; акт подписывают начальник аэропорта (уполномоченное им должностное лицо) и лица, участвовавшие в удостоверении установленного факта при проверке груза (12, п. 9.1.2).

В тех случаях, когда со ссылкой на ст. ст. 65 и 67 УЖД железная дорога выдает груз без проверки, а после вскрытия вагона (контейнера) будут обнаружены неисправность вагона (контейнера), имеющая скрытый характер, и одновременно утрата, недостача, порча или повреждение груза, происшедшие по причинам, зависящим от этой неисправности вагона (контейнера), грузополучатель в соответствии со ст.ст. 65 и 168 УЖД вправе потребовать от железной дороги выдачи груза с проверкой и оформления такой выдачи коммерческим актом, поскольку первоначальная выдача груза без проверки не соответствовала фактическим обстоятельствам и требованиям УЖД (23, п. 22).

При автомобильных перевозках обстоятельства, свидетельствующие о несохранной перевозке, удостоверяются записями в товарно-транспортных накладных (ст. 157 УАТ). Указанные записи в товарно-транспортных документах заверяются подписями грузоотправителя (грузополучателя) и шофера. Односторонние записи грузополучателей (грузоотправителей) и шофера недействительны (16, разд. 10, п. 3.).

Акты составляются в случаях, когда между автотранспортным предприятием и грузополучателем (грузоотправителем) возникают разногласия, а также в случаях, когда требуется подробное описание обстоятельств, что не может быть сделано в товарно-транспортных документах (ст. 157 УАТ; 16, разд. 10, п. 4). Ни одна из сторон не имеет права отказываться от составления акта. При несогласии с его содержанием каждая сторона вправе изложить свое мнение в нем. О составлении акта делается отметка в товарно-транспортной накладной (16, разд. 10, п. 5).

Определение размера ущерба при несохранности груза. При обнаружении в пункте назначения недостачи, порчи или повреждения груза или если эти обстоятельства установлены коммерческим актом, составленным в пути следования, перевозчик обязан определить размер фактической недостачи, порчи или повреждения груза (ст. 66 УЖД, ст. 101 УВВТ, ст. 68 УАТ). При необходимости проводится экспертиза по инициативе перевозчика или по требованию грузополучателя.

На железной дороге экспертиза проводится с участием начальника станции (его заместителя, заведующего грузовым двором, заведующего: контейнерным отделением, контейнерной площадкой, сортировочной платформой, пакгаузом), иначе она считается недействительной (9, разд. 4, § 25). Акты экспертизы, составленные без участия соответствующих представителей железной дороги, могут быть приняты во внимание, если грузополучатель представит доказательства своевременного предъявления начальнику станции или его заместителю требования о назначении экспертизы и необоснованного отклонения железной дорогой этого требования (23, п. 30).

Грузополучатель имеет право участвовать в экспертизе прибывшего в его адрес груза. Станция, вызывая эксперта, обязана одновременно уведомить об этом грузополучателя (9, разд. 4, § 25).

Особенности выдачи грузов, прибывших в прямом смешанном сообщении. Грузы в пункте назначения выдаются по Правилам, действующим на том виде транспорта, чьи предприятия являются конечным перевозчиком.

При перевалке грузов, следующих в прямом смешанном сообщении, транспортные организации, участвующие в такой перевозке, имеют доступ к грузу. Поэтому грузополучатель вправе требовать от транспортной организации выдачи груза в конечном пункте перевозки с проверкой его веса, количества мест, состояния (27, п. 16). При этом тарные и штучные грузы, принятые к перевозке по стандартному весу или весу, указанному грузоотправителем на каждом грузовом месте, и прибывшие в пункт назначения в исправной таре, сдаются грузополучателю в пункте назначения по счету мест без взвешивания (ст. 103 УЖД, ст. 156 УВВТ, ст. 112 УАТ). С проверкой веса и содержимого выдаются грузы в поврежденной таре (упаковке) либо с явными признаками недостачи или повреждения (27, п. 16). При обнаружении недостачи, порчи или повреждения груза составляется коммерческий акт на общих основаниях.

Коммерческие акты на недостачу или излишки грузов, составленные в пунктах перевалки, выдаются грузополучателям только в случае, если эти недостачи или излишки подтверждаются при выдаче груза получателю и если недостача превышает нормы естественной убыли и предельного расхождения в результатах определения массы нетто для данной партии груза по совокупности перевозки всеми видами транспорта на всем протяжении пути, включая нормы убыли, установленные для перевалки (10, разд. 17, § 52).

Составляемые в пунктах назначения по требованию грузополучателей коммерческие акты должны сопоставляться с содержанием актов, оформленных в пункте перевалки. Если при таком сравнении будет установлено, что новой недостачи, порчи, повреждения груза не обнаружено, то коммерческий акт, составленный в пункте назначения, пересылается в дополнение к коммерческому акту пункта перевалки сдающей стороне. Ей же передаются претензии получателей для непосредственного рассмотрения и разрешения их без участия стороны, выдавшей груз получателю. Сторона, выдавшая груз получателю, ответственности перед ним не несет (10, разд. 17, § 53).

Оформление расчетов за перевозку грузов в пункте назначения. При железнодорожных перевозках окончательные расчеты между железными дорогами и грузополучателями по перевозкам производятся на станции назначения. После выдачи груза переборы и недоборы по провозной плате и сборам грузоотправителям и грузополучателям — предприятиям, организациям, учреждениям, а также железной дороге не возмещаются (ст. 75 УЖД).

Споры между железными дорогами и грузоотправителями и грузополучателями о переборах и недоборах по провозной плате и сборам, возникшие после выдачи груза, в органах арбитража рассмотрению не подлежат. В тех случаях, когда споры между железной дорогой и грузополучателем (грузоотправителем) о доплате или возврате излишне взысканной провозной платы и сборов возникли до или при оформлении выдачи груза, то такой спор, как не подпадающий под действие ст. 75 УЖД, рассматривается органами арбитража на общих основаниях. Доказательством, подтверждающим возникновение такого спора до или при оформлении выдачи груза, могут служить акт общей формы, надпись на платежном документе о неправомерности требований дороги о доплате сумм и другие документы (23, п. 3).

Если выявление переплаты по провозной плате и сборам имело место при расчетах через расчетные товарные конторы, грузополучатель может предъявить соответствующие требования к железной дороге независимо от срока выдачи груза, но в пределах срока на предъявление претензии (23, п. 3). Аналогично решается вопрос и в отношении споров о переборах и недоборах провозных платежей на станции назначения при перевозках грузов в прямом смешанном железнодорожно-водном сообщении (2, п. 6).

Споры о возврате перебора провозных платежей при внутренневодных перевозках разрешаются управлением пароходства и не подлежат рассмотрению в органах арбитража (ст. 231 УВВТ). Споры между морскими пароходствами и грузополучателями (грузоотправителями) о переборах и недоборах провозных плат и сборов рассматриваются в органах арбитража на общих основаниях (27, п. 6).

В случаях, когда транспортные предприятия (станции, порты, пристани и др.) осуществляют погрузку в подвижной состав, они должны возместить грузоотправителям (грузополучателям) суммы провозных платежей, излишне полученных ими вследствие загрузки транспортных средств с нарушением грузоподъемности (вместимости), т. е. произвести корректировку этих сумм в зависимости от выполнения технических норм загрузки вагонов (контейнеров); при отсутствии таких норм указанные суммы корректируются в зависимости от фактического использования грузоподъемности или вместимости вагона (контейнера) (13, п. 3).

При автомобильных перевозках окончательный расчет за перевозку грузов производится грузоотправителем или грузополучателем на основании счета автотранспортного предприятия или организации. Основанием для выписки счета за перевозку служат товарно-транспортные накладные либо акты замера или акты взвешивания груза, а за пользование автомобилями, оплачиваемыми по повременному тарифу, — данные путевых листов, заверенных грузоотправителем или грузополучателем (ст. 103 УАТ; 16, разд. 9, п. 6).

В целях усиления контроля за работой автотранспортных средств, рациональным расходованием горюче-смазочных материалов, правильным оформлением товарно-транспортных документов и борьбы с приписками установлена обязанность грузоотправителей (грузополучателей) и автотранспортных предприятий не реже одного раза в квартал сверять данные, на основании которых автотранспортные предприятия выписывают счета на оплату перевозок грузов, с данными фактически перевезенного количества груза (14, п. 18). Предусмотрен специальный порядок проведения сверки выполненных объемов перевозок грузов автомобильным транспортом (14, приложение № 8).

Выявленные в ходе сверки ошибки, неточности по сумме предъявленного счета за работу автотранспорта, не являющиеся следствием приписок объемов выполненных перевозок грузов и расстояния этих перевозок, учитываются при взаиморасчетах автотранспортного предприятия с заказчиками, оформляемыми через учреждения банков (14, приложение № 8, п. 6). В случае выявления приписок веса (массы) перевозимого груза, количества грузовых мест, расстояния перевозки и класса перевозимого груза автотранспортные предприятия всю сумму незаконно полученной платы за перевозки должны в пятидневный срок со дня подписания акта внести в доход союзного бюджета (14, п. 19). Кроме того, автотранспортные предприятия, неправильно указавшие в товарно-транспортных документах расстояние перевозки и класс перевозимого груза, возвращают грузоотправителю (грузополучателю) излишне полученную провозную плату, а грузоотправители (грузополучатели), неправильно указавшие в товарно-транспортных документах вес (массу) перевозимого груза и количество грузовых мест, возмещают автотранспортным предприятиям излишне выплаченные в связи с этим заработную плату, премии и стоимость списанных горюче-смазочных материалов (1).

4. Ответственность по обязательствам, вытекающим из перевозки

Общие пределы ответственности сторон. За невыполнение или ненадлежащее исполнение обязательств, вытекающих из перевозки грузов, транспортные предприятия, грузоотправители и грузополучатели несут имущественную ответственность на основании и в размерах, определяемых транспортными уставами и кодексами.

Соглашения перевозчика с грузоотправителями и грузополучателями, имеющие целью изменить или устранить ответственность, установленную для них транспортными уставами и кодексами, признаются недействительными, а отметки об этом в транспортных документах, не предусмотренные транспортными уставами, кодексами и правилами перевозок, не имеют силы.

Условия ответственности перевозчика за несохранность перевозимых грузов. Перевозчик несет ответственность за сохранность груза с момента принятия его к перевозке и до выдачи получателю или до передачи, согласно действующим правилам, другому предприятию. Указанная ответственность наступает лишь при наличии **вины** перевозчика в утрате, недостаче, порче или повреждении принятого к перевозке груза (ст. 74 Основ гражданского законодательства).

Транспортные уставы и кодексы предусматривают случаи, когда перевозчик предполагается виновным в несохранности груза, и случаи, когда перевозчик считается невиновным в этом, пока заявитель претензии или иска не докажет вины перевозчика.

Перевозчик несет ответственность, если не докажет, что утрата, недостача, порча или повреждение груза произошли вследствие обстоятельств, которые он не мог предотвратить или устранение которых от него не зависело, в частности, вследствие: вины грузоотправителя или грузополучателя; особых естественных свойств перевозимого груза; недостатков тары или упаковки, которые не могли быть замечены по наружному виду при приеме груза к перевозке; сдачи груза к перевозке без указания в транспортном документе их особых свойств, требующих специальных условий или мер предосторожности для сохранения при перевозке и хранении; сдачи к перевозке груза, влажность которого превышает установленную норму; иных обстоятельств, предусмотренных законодательством.

Транспортное предприятие для освобождения себя от ответственности должно доказать, что утрата, недостача, порча или повреждение груза произошли именно вследствие указанных выше обстоятельств. Приведенный перечень обстоятельств является примерным.

Перевозчик освобождается от ответственности за утрату, недостачу, порчу или повреждение принятого к перевозке груза, если:

груз прибыл: в исправном вагоне, контейнере за исправными пломбами отправителя или на исправном открытом подвижном составе без перегрузки в пути, с исправной защитной маркировкой либо исправной увязкой или при наличии других признаков, свидетельствующих о сохранности груза, — при железнодорожных перевозках; в исправном судне, без перегрузки в пути, с исправной защитной маркировкой, исправной увязкой или при наличии других признаков, свидетельствующих о сохранности груза, — в случаях, когда груз был погружен средствами грузоотправителя и прибыл в исправном судне, с исправными пломбами порта (пристани) отправления или грузоотправителя или за двумя пломбами (грузоотправителя и пароходства) — при внутренневодных перевозках; в исправных грузовых помещениях за исправными пломбами отправителя, в целой исправной таре без следов вскрытия в пути — при морских перевозках; в исправном автомобиле (контейнере) за исправными пломбами грузоотправителя, а штучный груз — с исправной защитной маркировкой, исправными бандеролями, пломбами грузоотправителя или изготовителя — при автомобильных перевозках; в исправной таре, упаковке или контейнере и с исправными пломбами отправителя — при воздушных перевозках;

недостача, порча или повреждение произошли вследствие естественных причин, связанных с перевозкой груза на открытом подвижном составе, — вагоне, автомобиле либо на палубе или в беспалубном судне, если такая перевозка допущена правилами; груз перевозился в сопровождении проводников грузоотправителя или грузополучателя;

недостача груза не превышает норм естественной убыли;

имели место иные, предусмотренные законодательством обстоятельства.

Если утрата, недостача, порча или повреждение груза могли произойти вследствие одной или нескольких из указанных выше причин, то предполагается, что они произошли от этих причин, пока предъявитель претензии или иска не докажет иного.

Доказательства несохранности груза при перевозке и их оценка арбитражем. Обстоятельства, являющиеся основанием ответственности перевозчика, грузоотправителей и грузополучателей за утрату, порчу, недостачу или повреждение груза, удостоверяются коммерческими актами (записями в товарно-транспортных накладных и актами — при автомобильных перевозках). При неосновательном отказе перевозчика от составления названных актов должны быть представлены документы об обжаловании этого отказа и о приемке груза в соответствии с Инструкциями о порядке приемки продукции производственно-технического назначения и товаров народного потребления по количеству и качеству.

Коммерческие акты — одно из доказательств, которые необходимо рассматривать в совокупности со всеми другими доказательствами, представляемыми сторонами, например, актами контрольных отгрузок и др. (24, п. 5).

При разрешении споров, связанных с утратой, недостачей, порчей или повреждением груза, происшедшими вследствие технической неисправности подвижного состава или непригодности его в коммерческом отношении для перевозки данного груза, госарбитражи исходят из следующих критериев:

в тех случаях, когда поданный под погрузку вагон или контейнер по техническому состоянию или в коммерческом отношении не обеспечивает сохранность груза при перевозке, грузоотправитель обязан отказаться от погрузки груза в такой подвижной состав; при несоблюдении грузоотправителем такого условия ответственность за несохранность груза, происшедшую в результате этого, возлагается на отправителя (23, п. 35); при этом перевозчик должен доказать, что неисправность имелась на момент проверки и могла быть обнаружена отправителем;

если техническая неисправность подвижного состава носит скрытый характер или возникла при перевозке груза, то при утрате, недостаче, порче или повреждении груза, происшедших только по этой причине, ответственность должна возлагаться на железную дорогу;

если ущерб возник вследствие того, что вагон или контейнер наряду со скрытыми неисправностями и неисправностями, возникшими при перевозке груза, имел и иные неисправности, которые могли быть выявлены до погрузки, ответственность может возлагаться и на железную дорогу и на грузоотправителя (23, п. 35).

Если при перевозке груза ущерб возникает в результате нарушения действующих на транспорте правил, допущенных как железной дорогой, так и грузоотправителем (грузополучателем), госарбитраж вправе вынести решение о возложении ответственности за нанесенный ущерб на обе стороны, т. е. на перевозчика и грузоотправителя (грузополучателя). Размер ущерба, возлагаемого на перевозчика и грузоотправителя (грузополучателя), определяется в зависимости от нарушений, допущенных каждой из сторон договора перевозки (23, п. 33).

Если утрата, недостача, порча и повреждение груза при автомобильных перевозках произошли вследствие того, что укладка и крепление его на подвижном составе не отвечали требованиям безопасности движения и обеспечения сохранности подвижного состава, ответственность за причиненный ущерб возлагается на автопредприятие; если же причиной несохранности груза явилась неправильная укладка или крепление его грузоотправителем на подвижном составе, при которых, однако, не были нарушены требования безопасности движения и сохранности подвижного состава, ответственность должна возлагаться на грузоотправителя (29, п. 21).

Размер ответственности перевозчика за несохранность груза. Транспортное предприятие возмещает ущерб, причиненный при перевозке груза, в следующих размерах:

за утрату или недостачу груза — в размере **действительной стоимости** утраченного или недостающего груза;

за утрату груза, сданного к перевозке с объявленной ценностью, — в размере **объявленной ценности**, а в случае, если перевозчик докажет, что объявленная ценность превышает действительную стоимость, — в размере **действительной стоимости** (при автомобильных перевозках — в размере объявленной ценности, если не будет доказано, что она ниже действительной стоимости — п. «в» ст. 135 УАТ);

за порчу и повреждение груза — в размере той суммы, на которую **понизилась его стоимость** (ст. 151 УЖД, ст. 195 УВВТ, ст. 163 КТМ, ст. 100 ВК, ст. 135 УАТ).

Наряду с возмещением стоимости утраченного или недостающего груза, а также сумм, на которые понизилась стоимость испорченного или поврежденного груза, транспортное предприятие возвращает также провозную плату (фрахт), взысканную за перевозку утраченного, недостающего, испорченного или поврежденного груза, при условии, что эта плата не входит в цену груза.

В случае использования железной дорогой, пароходством, автопредприятием перевозимого груза для своих нужд они уплачивают двойную стоимость груза (ст. 151 УЖД, ст. 195 УВВТ, ст. 135 УАТ).

Сроки для предъявления требований к перевозчику по поводу утраты груза. Грузоотправитель или грузополучатель имеет право **считать груз утраченным** и потребовать возмещение за утрату груза, если груз не был выдан грузополучателю по его требованию в течение: 30 дней по истечении срока доставки — при железнодорожных, внутренневодных и междугородных автомобильных перевозках; 10 дней по истечении срока доставки — при воздушных и 10 дней со дня приема груза — городских и пригородных автомобильных перевозках, а также по истечении 4 мес. со дня приема груза к перевозке — при перевозке груза в прямом смешанном сообщении (ст. 154 УЖД, ст. 190 УВВТ, ст. 101 ВК, ст. 139 УАТ).

Если груз прибыл по истечении указанных выше сроков, грузополучатель обязан принять груз и возвратить уплаченную перевозчиком сумму за утрату груза (ст. 154 УЖД, ст. 190 УВВТ, ст. 101 ВК). При автомобильных перевозках грузополучатель (грузоотправитель) вправе потребовать выдачи груза, возвратив суммы, полученные за его утрату или недостачу (ст. 140 УАТ).

Ответственность перевозчика за просрочку доставки груза. За просрочку в доставке груза по своей вине перевозчик уплачивает штраф (ст. 153 УЖД, ст. 188 УВВТ, ст. 115 КТМ, ст. 101 ВК, ст. 137 УАТ). При автомобильных перевозках ответственность наступает только за просрочку доставки груза при междугородных и межреспубликанских перевозках. Размер штрафа исчисляется в процентах к провозной плате. В 1988 году он был повышен (6, п. 7).

Речные пароходства освобождаются от уплаты штрафа за

просрочку доставки груза, если получатель в течение 24 час. с момента прибытия судна не принял его под разгрузку (п. «г» ст. 189 УВВТ).

Ответственность перевозчика за утрату и повреждение подвижного состава, принадлежащего предприятию. Дорога обязана предоставить предприятию утраченный подвижной состав во временное бесплатное пользование, а по истечении 3-х мес. передать подвижной состав взамен утраченного. При отсутствии соответствующего подвижного состава она обязана возместить стоимость утраченного подвижного состава

При **повреждении** железной дорогой подвижного состава и контейнеров, принадлежащих предприятиям или арендованных ими, железная дорога обязана их отремонтировать и уплатить владельцу подвижного состава и контейнеров штраф в размере пятикратной стоимости поврежденных (утраченных) частей подвижного состава или контейнеров, а также возместить убытки, понесенные им вследствие повреждения подвижного состава и контейнеров, перегруза неправильной погрузки, упаковки или неправильного крепления груза (ст. 163 УЖД).

Ответственность перевозчика за иные нарушения. При самовольном занятии железной дорогой вагонов и контейнеров, принадлежащих предприятиям, организациям или учреждениям или арендованных ими, железная дорога уплачивает штраф (ст. 163 УЖД). Перевозчик несет ответственность также за нарушение графика (опоздание) подачи транспортных средств, подачу неочищенного состава и другие нарушения.

Ответственность грузоотправителей (грузополучателей) за простой транспортных средств и задержку контейнеров. За простой транспортных средств, т. е. задержку свыше установленных сроков вагонов, судов, автомобилей, поданных под погрузку, выгрузку или перегрузку средствами грузоотправителя (грузополучателя), с грузоотправителя (грузополучателя) взыскивается штраф в размерах, предусмотренных транспортными уставами и кодексами и тарифами (ст.ст. 156, 156^1, 156^2 УЖД; ст. 200 УВВТ, ст. 113 КТМ, ст. 141 УАТ).

При железнодорожных перевозках указанный штраф взыскивается также за простой вагонов на станции назначения в ожидании подачи их под выгрузку, перегрузку по причинам, зависящим от грузополучателя (ст. 156 УЖД); при автомобильных — за простой автомобиля по вине грузоотправителя (грузополучателя) в гараже автопредприятия и в пути следования (ст. 141 УАТ).

При систематических (неоднократных) простоях судов под погрузкой или выгрузкой по вине одного и того же грузополучателя или грузоотправителя, а также в случае возникновения затруднений на станции в связи с несвоевременной выгрузкой грузов и вывозом их грузополучателями, размер штрафа за простой может быть в надлежащем порядке увеличен до двукратного размера (ст. 200 УВВТ, ст. 113 КТМ, ст. 52 УЖД).

За задержку контейнеров под погрузкой или разгрузкой и их несвоевременный возврат грузоотправители и грузополучатели уплачивают штраф в зависимости от массы брутто контейнера (ст. 157 УЖД, ст. 197 УВВТ, ст. 142 УАТ).

Штраф за простой транспортных средств и задержку контейнеров взыскивается независимо от штрафа за невыполнение плана перевозок (ст. ст. 156—157 УЖД, ст. 200 УВВТ ст. 113 КТМ, ст. ст. 141—142 УАТ).

Ответственность грузоотправителей за недогруз транспортных средств. За недогруз вагонов и контейнеров массой брутто 10, 20 и 30 тонн до технической нормы или полной грузоподъемности (вместимости) грузоотправитель уплачивает железной дороге, пароходству, автопредприятию штраф в размере, предусмотренном в тарифах; штраф не взыскивается, если грузоотправитель догрузил вагон или контейнер (ст. 159^1 УЖД, ст. 197^1 УВВТ, ст. 144^1 УАТ).

Ответственность грузоотправителей (грузополучателей) за предъявление груза, запрещенного к перевозке. Грузоотправитель за предъявление при железнодорожных и автомобильных перевозках груза, запрещенного к перевозке, или груза, требующего при перевозке особых мер предосторожности, с неправильным указанием наименования или свойства груза, помимо взыскания причиненных перевозчику убытков, уплачивает штраф в размере пятикратной провозной платы (ст. 155 УЖД, ст. 145 УАТ).

Ответственность грузоотправителей (грузополучателей) за повреждение транспортных средств, принадлежащих перевозчику. За повреждение вагонов или контейнеров, повреждение или утрату предоставленных железной дорогой съемных перевозочных приспособлений (поддонов, стропов, стяжек, хлебных щитов, печей и др.) грузоотправитель, грузополучатель уплачивают железной дороге штраф в размере пятикратной стоимости поврежденных (утраченных) частей вагона или контейнера или съемных приспособлений по расценочной ведомости, утверждаемой МПС (ст. 162 УЖД).

Для удостоверения факта повреждения вагонов, контейнеров, повреждения (утраты) съемных приспособлений должны быть составлены акты общей формы, а также акты о повреждении вагона или контейнера, подтверждающие характер повреждений и стоимость поврежденных частей вагона и контейнера (25, пп. 3, 8—9).

На внутренневодном транспорте за повреждение частей судна или контейнера при погрузке или разгрузке средствами грузоотправителя или грузополучателя последние уплачивают штраф в размере трехкратной стоимости ремонта поврежденных частей судна (ст. 203 УВВТ), а также возмещают пароходству возникшие вследствие повреждения судна при погрузке и разгрузке, неправильной погрузки, упаковки или неправильного крепления груза убытки (ст. 204 УВВТ).

При железнодорожных и автомобильных перевозках грузоотправитель и грузополучатель обязаны возместить транспортному предприятию убытки, происшедшие по их вине вследствие перегруза, повреждения подвижного состава при погрузке или разгрузке, неправильной погрузки, упаковки или неправильного крепления груза (ст. 162 УЖД, ст. 150 УАТ).

За использование **без разрешения** железной дороги грузоотправителем, грузополучателем вагонов и контейнеров общесетевого парка для внутренних перевозок грузоотправитель и грузополучатель уплачивают железной дороге штраф; он взыскивается независимо от штрафа за простой вагонов и задержку контейнеров (ст. 155[1] УЖД).

5. Централизованный завоз (вывоз) грузов на станции железных дорог, порты (пристани), аэропорты

Правовое регулирование централизованного завоза (вывоза) грузов. При централизованном завозе (вывозе) грузов транспортно-экспедиционное обслуживание грузоотправителей и грузополучателей организуется предприятиями автомобильного (а также железнодорожного) транспорта в порядке, установленном Советом Министров СССР. Основной формой обслуживания является организация централизованного завоза (вывоза) грузов автомобильным транспортом.

Автотранспортные предприятия вступают в отношения двоякого рода: с грузоотправителями и грузополучателями они заключают договоры на централизованную перевозку грузов со станций железных дорог, портов (пристаней), аэропортов и на станции железных дорог, в порты (на пристани) и аэропорты (19; 20); с предприятиями же железнодорожного, морского, речного и воздушного транспорта заключаются договоры на централизованный завоз (вывоз) грузов (18).

Договор на централизованную перевозку заключается автотранспортным предприятием с грузоотправителем (грузополучателем) в соответствии с Типовым годовым договором на централизованную перевозку грузов (20) в порядке и сроки, установленные для заключения годовых договоров на перевозку грузов в прямом автомобильном сообщении (19, § 8). Централизованный завоз (вывоз) грузов для грузоотправителей и грузополучателей, отправляющих и получающих грузы в разовом порядке (в небольших объемах), осуществляется по разовым заказам (19, § 15).

Автотранспортное предприятие принимает на себя по договору выполнение централизованных перевозок с осуществлением транспортно-экспедиционного обслуживания при завозе (вывозе) грузов только на места общего пользования соответствующей железнодорожной станции, порта (пристани), аэропорта.

Объем перевозок и виды оказываемых услуг. В договоре стороны предусматривают годовой объем централизованного завоза (вывоза) грузов с распределением по кварталам, а в пределах квартального объема — месячные объемы и определяют декадные задания на завоз (вывоз) грузов на соответствующий месяц квартала и среднесуточный объем завоза (вывоза) грузов (20, п. 2).

Предусматриваются виды услуг, оказываемых автотранспортным предприятием по отправлению и прибытию груза, в пределах перечня обязательных услуг (19, § 7; 20, п. 5), а также согласовываются дополнительные услуги с учетом местных условий и возможностей (19, § 9).

Порядок приема и передачи груза. От отправителя грузы принимаются автотранспортным предприятием к перевозке по правилам, действующим на автомобильном транспорте, и передаются железной дороге, порту (пристани), аэропорту по правилам, действующим на соответствующем виде транспорта, но с проверкой количества мест, веса и состояния груза. При этом тарные и штучные грузы проверяются только при наличии признаков повреждения (ст. 62 УАТ; 19, § 12; 20, п. 9); это же положение касается и перевозок грузов в контейнерах и пакетах.

Выдача груза получателю. Получение прибывшего груза от станции железной дороги, порта (пристани), аэропорта — обязанность автотранспортного предприятия по договору, которое во взаимоотношениях с железнодорожным, морским, речным и воздушным транспортом выступает как представитель обслуживаемых им грузоотправителей и грузополучателей; оно пользуется правами, несет обязанности и ответственность за выполнение принятых на себя обязательств в пределах, предусмотренных уставами (кодексами) соответствующих видов транспорта для грузоотправителей и грузополучателей.

В случаях прибытия грузов с повреждением, порчей или недостачей, а также в контейнерах с неисправными пломбами или без пломб автопредприятие обязано потребовать от станции железной дороги, порта (пристани), аэропорта составления коммерческих актов, а при отказе в их составлении обжаловать отказ в установленном порядке. Если при составлении актов или в других случаях требуются специальные знания, связанные с определением качества и состояния грузов, автопредприятие обязано информировать об этом грузополучателя, который не позднее 24 час. с момента получения информации для иногородних и 4 час. для одногородних обязан направить своего представителя для участия в приеме указанных грузов (20, п. 10).

При сдаче груза получателю автотранспортные предприятия обязаны проверить вес, количество мест и состояние груза. Если будут обнаружены недостача, повреждение или порча груза, не подтвержденные коммерческими и другими актами станций железных дорог, порта (пристаней), аэропорта, грузополучатель должен потребовать от автотранспортного предприятия удостоверения этих обстоятельств в товарно-транспортной накладной или составления акта о несохранной перевозке (30, п. 7).

Получатели обязаны принять прибывший в их адрес груз от автотранспортного предприятия в сроки, установленные транспортными уставами (кодексами) соответствующих видов транспорта и изданными на их основании правилами (ст. 55 УАТ). Такая обязанность не снимается с грузополучателя и в том случае, когда согласно договору автотранспортное предприятие должно информировать получателя о прибытии в его адрес груза. Отсутствие у грузополучателей (грузоотправителей) указанной информации не освобождает их от возмещения автотранспортным предприятием убытков от уплаты сборов за хранение грузов и штрафов соответствующим транспортным организациям, поскольку они обязаны выгружать (погружать) грузы независимо от режима работы их баз и складов. Вместе с тем в этом случае не подлежат взысканию с заказчиков штраф за простой автомобилей, стоимость прогона автомобилей, а также другие убытки автомобильного транспорта, вызванные доставкой груза или подачей автомобилей под погрузку в нерабочее время (30, п. 4).

Ответственность сторон по договору. Автотранспортное предприятие и грузоотправитель (грузополучатель) в случае неисполнения или ненадлежащего исполнения обязательств, вытекающих из договора на централизованную перевозку, несут взаимную ответственность на основании и в размерах, предусмотренных УАТ для перевозок грузов в прямом автомобильном сообщении: автотранспортное предприятие — согласно ст. ст. 127, 128[1], 129, 132—133, 145[1] УАТ; грузоотправитель (грузополучатель) — согласно ст. ст. 127, 141, 142, 145, 147, 150, 151 УАТ. При невывозе по вине автопредприятия со станции железной дороги, порта (пристани), аэропорта грузов и контейнеров в размере среднесуточного объема, установленного договором, а также при невозврате в срок указанных контейнеров станции железной дороги, порту (пристани) уплаченные соответствующему транспортному предприятию плата за хранение грузов и штраф за задержку контейнеров относятся на автопредприятие (20, п. 15).

При несвоевременном прибытии представителя грузополучателя на станцию железной дороги, в порт (на пристань), аэропорт для участия в приеме груза в случае, когда это необходимо согласно договору, санкции, уплаченные за задержку вывоза грузов (контейнеров) соответствующему транспортному предприятию, относятся на грузополучателя (20, п. 16).

Договоры на централизованный завоз (вывоз) грузов на станции железных дорог. Взаимоотношения предприятий автомобильного и соответственно железнодорожного, внутреннеподного, морского и воздушного транспорта при централизованном завозе (вывозе) грузов на станции железных дорог, в порты (пристани), аэропорты определяются договорами на централизованный завоз (вывоз) грузов. Договоры различаются в зависимости от того, выполняются ли транспортно-экспедиционные операции автомобильным или железнодорожным транспортом (18, п. 5). Основным является договор первого вида.

Права и обязанности сторон по договору. В соответствии с заключенным договором стороны принимают на себя обязанности:

автопредприятие — обеспечить в пределах сроков бесплатного хранения вывоз всех грузов, прибывающих на места общего пользования на данной станции, а также завоз грузов, отправляемых через склады указанной станции (кроме опасных грузов, грузов, перевозимых наливом в цистернах, а также запрещенных к перевозке на автомобильных дорогах согласно ст. 18 УАТ);

станция железной дороги — принимать (выдавать) грузы от автопредприятия, осуществляющего транспортно-экспедиционное обслуживание грузоотправителей и грузополучателей, выполнять погрузку (выгрузку) грузов (18, приложение № 1).

Порядок передачи грузов. Выдача грузов станцией автопредприятию, а также прием грузов станцией от автопредприятия производятся по правилам, действующим на железнодорожном транспорте для мест общего пользования с проверкой массы и количества мест, а также состояния груза (18, п. 18). Тарные и штучные грузы выдаются с проверкой веса и состояния только в поврежденных местах.

Станция железной дороги обязана при установлении недостачи, порчи или повреждения груза составить коммерческий акт и выдать его автопредприятию; при отказе станции от выдачи груза с проверкой веса и состояния груза или в составлении коммерческого акта автопредприятие должно обжаловать такой отказ в порядке, установленном УЖД.

Ответственность сторон по договору на централизованный завоз (вывоз) грузов. Предприятия железнодорожного и автомобильного транспорта отвечают за невыполнение суточных объемов перевозок (18, п. 26) и другие указанные в правилах нарушения (простой вагонов, несвоевременный вывоз грузов со станции и др.).

Автопредприятие обязано уплатить железной дороге сборы за хранение грузов сверх срока бесплатного хранения независимо от выполнения объема вывоза грузов. Станции железных дорог не вправе списывать сборы за хранение грузов в безакцептном порядке с автопредприятий, а также предъявлять требования об уплате таких сборов к предприятиям, учреждениям и организациям, в адрес которых поступают грузы. В тех случаях, когда сбор за хранение уплачен автопредприятием по причине невыполнения им суточного объема вывоза грузов, автопредприятие не вправе взыскивать эти сборы с грузополучателя (28, п. 5).

Автопредприятие отвечает за сохранность груза с момента принятия его к перевозке от грузоотправителя или предприятия железнодорожного транспорта и до сдачи грузополучателю или предприятию железнодорожного транспорта (18, п. 25); оно отвечает также за повреждение контейнеров, повреждение или утрату съемных перевозочных приспособлений, хотя бы эти нарушения были допущены обслуживаемыми предприятиями (25, п. 4).

6. Транспортно-экспедиционное обслуживание межотраслевыми предприятиями промышленного железнодорожного транспорта

Межотраслевые предприятия промышленного железнодорожного транспорта (МППЖТ) — специально созданные в системе МПС хозрасчетные транспортные организации. Они функционируют как самостоятельные государственные социалистические производственные предприятия и обеспечивают, с одной стороны, транспортное обслуживание предприятий и организаций (грузоотправителей, грузополучателей), а с другой — взаимодействие со станциями железных дорог.

МППЖТ осуществляют перевозку грузов в железнодорожных вагонах, а также перемещение порожних железнодорожных вагонов от приемно-сдаточных путей до погрузочно-разгрузочных фронтов грузоотправителей (грузополучателей) или от погрузочно-разгрузочных фронтов до приемо-сдаточных путей; расстановку и перемещение вагонов по фронтам погрузки-выгрузки; технологические перевозки грузов в пределах предприятий и между различными тарифными пунктами, в вагонах, принадлежащих МППЖТ; механизированную погрузку и выгрузку грузов из железнодорожных вагонов и контейнеров; экспедиционные операции по прибытию и отправлению грузов; складские операции и иные работы (7, п. 3).

Договоры МППЖТ с обслуживаемыми предприятиями. Заключаются два вида договоров: на транспортно-экспедиционное обслуживание (если перевозятся грузы, выполняются погрузочно-разгрузочные операции силами и средствами МППЖТ, а также иные транспортно-экспедиционные операции); на подачу и уборку вагонов (при перевозках грузов между станциями железных дорог и фронтами погрузки и выгрузки или приемно-сдаточными путями предприятий) (7, п. 14). Договоры заключаются по типовым формам (7, приложения № 1 и 2), в порядке, предусмотренном соответствующими Правилами (7, п. 16).

Договор на обслуживание заключается сроком на 3 года; при постоянных хозяйственных связях стороны могут продлить действие договора на следующий срок.

Объем перевозок и другие условия договора. В договоре на обслуживание предусматриваются:

годовой объем перевозок грузов промышленным транспортом и погрузочно-разгрузочных работ с разбивкой по кварталам; указанные объемы перевозок и работ определяются МППЖТ на основе заявок, представляемых предприятиями по установленной форме (7, приложение № 8);

суточные (среднесуточные) объемы перевозок и погрузочно-разгрузочных работ;

условия о круглосуточной организации работы, включая выходные и праздничные дни; порядке подачи, перемещения и уборки вагонов по фронтам погрузки и выгрузки и размере фронтов; сроках возврата контейнеров; порядке оформления и раскредитования перевозочных документов и производства расчетов, приема и передачи грузов, обеспечения сохранности грузов, вагонов и безопасности движения поездов; передачи информации о предстоящей подаче вагонов под грузовые операции и об окончании грузовых операций;

обязательства сторон по развитию транспортной схемы, складского хозяйства и совершенствованию механизации погрузочно-разгрузочных работ и другие обязательства, направленные на обеспечение согласованной, ритмичной, круглосуточной работы во все дни недели (7, п. 15) и другие условия.

Порядок перевозки грузов, выполнения погрузочно-разгрузочных и иных работ. МППЖТ выполняет для предприятий обусловленные договором перевозки и погрузочно-разгрузочные работы, кроме погрузки и выгрузки: скоропортящихся, негабаритных и тяжеловесных грузов; грузов, контакт с которыми требует соблюдения специальных правил по условиям безопасности, кроме случаев, предусмотренных договором; грузов, прибывших в подвижном составе, не предназначенном для перевозки данного рода груза, либо если выгрузка (погрузка) производится в местах, не обусловленных договором (7, п. 17).

В случаях прибытия грузов в количествах, превышающих установленный договором по каждому роду груза среднесуточный объем более чем на 20% , а также в случае поступления смерзшихся грузов, предприятие для обеспечения своевременной выгрузки вагонов обязано выделить в распоряжение МППЖТ необходимое количество рабочих (7, п. 22).

Погрузочно-разгрузочные работы, выполняемые МППЖТ, оформляются заказом-нарядом, который составляется по типовой форме, подписывается ответственными представителями сторон и является основным документом, подтверждающим выполненные объемы работ (7, п. 24, приложение № 7).

Если погрузочно-разгрузочные работы выполняются силами предприятий-отправителей (получателей), то о предстоящей перевозке грузов или подаче вагонов под грузовые операции МППЖТ уведомляет предприятие. Последнее в свою очередь уведомляет МППЖТ об окончании грузовых операций и готовности к уборке одновременно поданных к фронту вагонов. Способ и порядок передачи уведомлений согласовываются в договоре (7, п. 20).

Время нахождения вагонов под погрузкой (выгрузкой), в том случае, когда погрузочно-разгрузочные операции выполняются силами и средствами предприятия, исчисляется с момента постановки вагонов под погрузку (выгрузку) до момента извещения предприятием МППЖТ об окончании грузовых операций (7, п. 22).

Документами, на основании которых МППЖТ осуществляет подачу и уборку вагонов, перевозку грузов в пределах МППЖТ или обслуживаемого предприятия, ведет учет простоя вагонов, служат ведомость подачи и уборки вагонов и памятка приемосдатчика установленных типовых форм (7, п. 23, приложения № 5 и 6).

Ответственность сторон за невыполнение обязательств по договору на транспортно-экспедиционное обслуживание. МППЖТ и обслуживаемые предприятия в случае неисполнения или ненадлежащего исполнения обязательств несут материальную ответственность в пределах, предусмотренных соответствующими Правилами. Всякие соглашения сторон, имеющие целью изменить или устранить ответственность, возложенную на них законодательством, считаются недействительными и всякие отметки об этом в документах, не предусмотренные соответствующими Правилами, не имеют силы (7, п. 49).

МППЖТ отвечает:

за утрату, недостачу, порчу или повреждение по его вине перевозимого груза — с момента принятия груза к перевозке от грузоотправителя и до сдачи станции железной дороги, или с момента приема груза от станции железной дороги и до сдачи грузополучателю (7, п. 52); ответственность наступает в размерах, аналогичных размерам ответственности железной дороги перед грузоотправителем (7, пп. 54—55);

за использование для своих нужд какого-либо груза, принятого к перевозке, — в размере двойной стоимости груза (7, п. 57);

за самовольное занятие вагонов или контейнеров, принадлежащих предприятиям или арендованных ими, а также за их повреждение или утрату — по правилам ст. 163 УЖД (7, п. 58);

за задержку по своей вине уборки вагонов с мест погрузки и выгрузки, а также задержку подачи вагонов под погрузку и выгрузку (7, п. 60);

за повреждение по вине МППЖТ вагонов, принадлежащих предприятию, — МППЖТ обязано их отремонтировать или возместить предприятию прямой действительный ущерб (7, п. 63).

Предприятие отвечает:

за задержку свыше установленных сроков по своей вине вагонов, поданных под погрузку или разгрузку (простой вагонов), — в размерах, предусмотренных ст. 156 УЖД (7, п. 59), и за задержку по своей вине контейнеров сверх установленных норм — в размерах, предусмотренных ст. 157 УЖД (7, п. 61);

за повреждение вагона (контейнера) железной дороги, а также за повреждение или утрату предоставленных железной дорогой съемных перевозочных приспособлений — в размерах, предусмотренных ст. 162 УЖД (7, п. 63), причем, непосредственно перед МППЖТ, а не перед железной дорогой (25, п. 5);

за повреждение вагона, принадлежащего МППЖТ или арендованного им, при погрузке или выгрузке средствами предприятия, а также за повреждение или утрату предоставленных МППЖТ съемных перевозочных приспособлений, — в размере прямого действительного ущерба (7, п. 63).

Предприятие возмещает МППЖТ убытки, вызванные уплатой железной дороге штрафа за сверхнормативный простой железнодорожных вагонов со смерзшимся грузом, а также несет расходы, связанные с восстановлением сыпучести смерзшихся грузов (7, п. 22).

Составление актов. Обязательства, которые могут служить основанием для ответственности сторон при перевозках, выполнении погрузочно-разгрузочных и складских работ, удостоверяются актами установленной формы (7, п. 66, приложение № 4).

Акты составляются для удостоверения: отказа или уклонения от подписи документов о выполнении работ или документов о простое вагонов по вине предприятий; порчи и повреждения груза; утраты документов, приложенных грузоотправителем к накладной; простоя вагонов на станции назначения и на путях МППЖТ в ожидании подачи под выгрузку по причинам, зависящим от предприятия; поступления под выгрузку смерзшихся грузов и в других случаях, предусмотренных соответствующими правилами (7, п. 66).

Акт подписывается представителями сторон и лицами, участвующими в удостоверении соответствующих обстоятельств, но не менее чем двумя лицами. При неявке представителя одной из сторон акт составляется другой в одностороннем порядке с указанием номера телефонограммы о вызове представителя; второй экземпляр акта не позднее следующего дня направляется руководителю предприятия неявившейся стороны. Стороны вправе сделать в акте оговорки при несогласии с какими-либо изложенными в нем обстоятельствами (7, п. 66).

7. Эксплуатация железнодорожных подъездных путей

Железнодорожными подъездными путями признаются пути, предназначенные для обслуживания отдельных предприятий, организаций, учреждений, связанные с общей сетью железных дорог СССР непрерывной рельсовой колеей и принадлежащие предприятиям, организациям, учреждениям или железным дорогам (ст. 79 УЖД). Отношения, возникающие при эксплуатации железнодорожных подъездных путей, регулируются разд. IV УЖД и Правилами (9, разд. 12).

Договоры, заключаемые при работе на подъездных путях. В процессе транспортной деятельности на подъездных путях заключаются:

договоры на эксплуатацию железнодорожного подъездного пути (двух видов — в зависимости от того, обслуживается ли железнодорожный путь локомотивом его владельца или локомотивом железной дороги) — для урегулирования взаимоотношений железной дороги с ветвевладельцем, т. е. предприятием, имеющим подъездные пути (ст. 87 УЖД);

договор на подачу и уборку вагонов — для урегулирования взаимоотношений железной дороги с предприятием, имеющим свои прирельсовые склады и погрузочно-разгрузочные площадки на подъездных путях, принадлежащих железной дороге (ст. 90 УЖД);

договор железнодорожного обслуживания — между ветвевладельцем и контрагентом, т. е. предприятием, имеющим в пределах железнодорожного подъездного пути ветвевладельца свои склады или примыкающие к нему железнодорожные пути (ст. 89 УЖД);

договор на подачу и уборку вагонов — между железной дорогой и контрагентом при обслуживании подъездного пути локомотивом железной дороги (ст. 89 УЖД).

Порядок заключения договоров на эксплуатацию железнодорожных подъездных путей и на подачу и уборку вагонов. Указанные договоры заключаются сроком на три года (ст. 94 УЖД) по утвержденным типовым формам (9, разд. 12, приложения № 2—5). Договоры разрабатываются с учетом технологии работы подъездного пути и станции примыкания, а в соответствующих случаях — с учетом единых технологических процессов (ст. 91 УЖД; 9, разд. 12, § 7).

До заключения нового договора железная дорога совместно с предприятием, организацией или учреждением обследует подъездной путь и его техническую вооруженность для определения условий договора. Результаты обследования оформляются актом (9, разд. 12, приложение № 6), в котором указываются все данные, необходимые для разработки проекта договора, а также указываются мероприятия по ускорению оборота вагонов. Акт обследования подписывают уполномоченные на это представители железной дороги и предприятия (9, разд. 12, § 9).

Порядок заключения договоров определен ст. 94 УЖД и соответствующими Правилами (9, разд. 12, § 11).

Договор на эксплуатацию железнодорожного подъездного пути (при обслуживании локомотивом ветвевладельца). По данному договору железная дорога принимает на себя обязательство по подаче вагонов на приемо-сдаточные пути ветвевладельца и уборки их с приемо-сдаточных путей. Продвижение вагонов с приемо-сдаточных путей до погрузочно-разгрузочных пунктов, маневровые работы, расстановка вагонов под погрузку (выгрузку), уборка их на приемо-сдаточные пути производятся самим ветвевладельцем (9, разд. 12, приложение № 2).

В договоре определяются приемо-сдаточные пути и предусматриваются: порядок подачи вагонов на подъездные пути и их возврата с подъездных путей; количество вагонов в одновременно подаваемой партии (передаче); сроки уборки вагонов с приемо-сдаточного пути; сроки оборота вагонов; порядок учета оборота вагонов; мероприятия по сокращению простоя вагонов, усилению механизации погрузочно-разгрузочных работ, обеспечению сохранности вагонов и другие условия (9, разд. 12, § 4—12 приложения № 2).

Сдача и прием вагонов по данному договору осуществляются на приемо-сдаточных путях (9, разд. 12, § 29).

Сроки оборота вагонов (время с момента приема вагонов ветвевладельцем от железной дороги до момента приема их железной дорогой от ветвевладельца) устанавливаются: для вагонов с одной операцией (погрузка или выгрузка); для вагонов с двумя операциями (выгрузка и погрузка); для погрузки и разгрузки маршрутов; общий (единый) срок оборота для всех вагонов независимо от операций, выполняемых с ними на подъездном пути; единая норма простоя вагонов для станции и подъездного пути (9, разд. 12, § 8 приложения № 2).

При наличии на подъездном пути контрагентов срок оборота вагонов определяется с учетом работы таких контрагентов (9, разд. 12, § 37).

На подъездных путях, принадлежащих ветвевладельцам и обслуживаемых их локомотивом, при среднесуточном грузообороте 50 вагонов и более разрабатывается **единый технологический процесс (ЕТП)** подъездного пути и станции примыкания.

ЕТП разрабатывается комиссией в составе работников железной дороги и предприятия-ветвевладельца под руководством главного инженера отделения дороги. Разработанный проект ЕТП направляется предприятию, которое не позднее чем в месячный срок обязано рассмотреть и подписать его, а при наличии разногласий — составить в тот же срок протокол разногласий и вместе с подписанным проектом возвратить его в отделение дороги. Если в указанный срок подписанный ЕТП не будет возвращен или возвращен без подписи и протокола разногласий, ЕТП вступает в силу в редакции дороги. При наличии протокола разногласий возникшие спорные вопросы рассматриваются сторонами и, если их не удалось согласовать, передаются отделением дороги на окончательное разрешение в управление дороги в порядке, установленном соответствующими Правилами (9, разд. 12, § 20).

Договор на эксплуатацию железнодорожного подъездного пути (при обслуживании локомотивом железной дороги). По данному договору железная дорога принимает на себя обязательство подавать своим локомотивом вагоны на подъездной путь с расстановкой непосредственно по фронтам погрузки и выгрузки и убирать их с фронтов погрузки и выгрузки после выполнения соответствующих операций (9, разд. 12, § 2 и 4 приложения № 3).

В договоре определяются: порядок подачи и уборки вагонов, сроки уборки вагонов железной дорогой, сроки погрузки и выгрузки грузов предприятием, фронт погрузки и выгрузки, размер одновременной подачи вагонов и другие условия (9, разд. 12, § 2—12 приложения № 3).

Сдача и прием вагонов производятся по данному договору непосредственно в местах погрузки и выгрузки (9, разд. 12, § 29).

Сроки погрузки и выгрузки грузов установлены МПС (9, разд. 13). Сторонам по договору не предоставлено право самим устанавливать иные сроки погрузки и выгрузки. Споры о применении тех или иных установленных сроков погрузки и выгрузки грузов разрешаются органами арбитража (26, п. 12).

Фронт погрузки и выгрузки немеханизированным способом определяется количеством вагонов, устанавливаемых по полезной длине складского (погрузочно-разгрузочного) пути, которая может быть использована для одновременной погрузки и выгрузки однородных грузов (ст. 91 УЖД). Размер фронта погрузки и выгрузки зависит от того, является ли склад крытым или открытым.

Размер фронта механизированной погрузки и выгрузки

устанавливается исходя из количества и перерабатывающей способности механизмов (ст. 91 УЖД). Погрузочно-разгрузочные фронты на железнодорожных подъездных путях предприятий и организаций могут сокращаться только по согласованию с Министерством путей сообщения или по его поручению с начальником железной дороги (9, разд. 12, § 33).

При обслуживании подъездного пути локомотивом железной дороги возникают споры о количестве одновременной подачи вагонов в случаях, когда железная дорога требует предоставить ей право подавать вагоны в количестве, превышающем фронт. Если у ветвевладельца имеются пути, на которых могут быть установлены вагоны сверх фронта и средства для перестановки вагонов, требование дороги о включении в договор условия о количестве одновременно подаваемых вагонов удовлетворяется. Поданные сверх фронта вагоны засчитываются за ветвевладельцем по истечении времени, предусмотренного договором на погрузку или выгрузку вагонов, поданных по фронту, и времени, необходимого на маневровые операции по перестановке вагонов (26, п. 23).

Подача и уборка вагонов и маневровая работа оплачиваются предприятием железной дороге по тарифам.

Договор на подачу и уборку вагонов на подъездной путь, принадлежащий железной дороге. По договору железная дорога принимает обязательства по подаче вагонов непосредственно к местам погрузки и выгрузки предприятиям, имеющим прирельсовые склады и погрузочно-разгрузочные площадки на подъездных путях, принадлежащих железной дороге, с расстановкой вагонов по фронтам погрузки и выгрузки и по уборке вагонов с мест погрузки (выгрузки) после выполнения соответствующих операций (ст. 90 УЖД; 9, разд. 12, § 2 и 4 приложения № 5).

Условия данного договора аналогичны условиям договора на эксплуатацию железнодорожного подъездного пути, когда последний обслуживается локомотивом железной дороги.

Договор на подачу и уборку вагонов между железной дорогой и контрагентом. По данному договору железная дорога берет на себя обязательства по подаче своим локомотивом вагонов и расстановке их по фронту погрузки и выгрузки контрагента ветвевладельца и уборке вагонов после выполнения соответствующих операций (ст. 89 УЖД; 9, разд. 12, § 2 и 4 приложения № 4).

Условия данного договора аналогичны условиям договора на эксплуатацию железнодорожного подъездного пути при обслуживании последнего локомотивом дороги.

Порядок подачи вагонов под погрузку (выгрузку) и их уборки. Вагоны подаются на подъездные пути по уведомлениям, через установленные интервалы времени и по расписанию. Порядок подачи вагонов указывается в договорах на эксплуатацию подъездного пути и на подачу и уборку вагонов (9, разд. 12, § 23).

Уведомление о времени подачи вагонов должно передаваться станцией не позднее чем за 2 часа до подачи вагонов. Уведомления о времени подачи вагонов передаются круглосуточно. Уведомление о времени подачи порожних вагонов под погрузку не требуется, если погрузка обеспечивается вагонами, освобождающимися из-под выгрузки на этом подъездном пути. Порядок и сроки передачи уведомлений о времени подачи вагонов должны предусматриваться в договоре на эксплуатацию подъездных путей и в договорах на подачу и уборку вагонов (9, разд. 12, § 24).

При среднесуточной погрузке или выгрузке более 50 вагонов подача вагонов на подъездной путь и возврат их с подъездного пути могут устанавливаться по расписанию или с соблюдением интервала времени между подачами; в этом случае уведомление не требуется (9, разд. 12, § 25—26).

В договорах на эксплуатацию подъездных путей и на подачу и уборку вагонов устанавливается срок на уборку вагонов. При уборке (сдаче) вагонов по уведомлению ветвевладелец обязан предварительно (в сроки, предусмотренные договором) сообщить железной дороге о времени готовности вагонов к уборке (сдаче). В этом случае срок уборки (сдачи) исчисляется с момента передачи уведомления. При уборке (сдаче) вагонов по расписанию или через интервалы сроком уборки (сдачи) считается время, предусмотренное расписанием или интервалом.

Порядок учета простоя вагонов. Время простоя вагонов под погрузкой и выгрузкой при обслуживании железнодорожного подъездного пути локомотивом железной дороги исчисляется с момента фактической подачи вагонов к месту погрузки или выгрузки до момента получения станцией от предприятия уведомления о готовности вагонов к уборке. Время простоя вагонов на железнодорожных подъездных путях, обслуживаемых локомотивами ветвевладельцев, исчисляется с момента передачи вагонов на выставочных путях (ст. 92 УЖД).

Время нахождения вагонов на железнодорожном подъездном пути учитывается: по номерному способу — при среднесуточном вагонообороте менее 50 вагонов; по безномерному способу — при среднесуточном вагонообороте 50 вагонов и более. Начальником железной дороги по соглашению с предприятием, организацией, учреждением могут предусматриваться исключения из указанного порядка.

При номерном способе учет ведется по каждому вагону в отдельности, при безномерном — по общему количеству поданных и убранных вагонов.

Срок простоя вагонов исчисляется при подаче: по расписанию — **не ранее** срока, предусмотренного расписанием; по **интервалам** — не ранее истечения интервала времени после предыдущей подачи; по уведомлениям — не ранее срока, указанного в уведомлении.

При подаче вагонов без уведомления, когда оно требуется, поданные вагоны засчитываются за предприятием и время их простоя исчисляется по истечении срока на уведомление. При подаче вагонов с опозданием против срока, указанного в уведомлении, срок простоя исчисляется с момента фактической подачи, если опоздание не превышает двух часов. При опоздании свыше двух часов вагоны засчитываются как поданные без уведомления (9, разд. 12, § 55).

Вагоны, возвращаемые с подъездного пути в порядке, определенном договором, снимаются с учета простоя:

при обслуживании локомотивом дороги — с момента получения станцией уведомления предприятия, организации или учреждения о готовности вагона к уборке;

при обслуживании подъездного пути локомотивом ветвевладельцев — с момента приема вагонов дорогой на приемо-сдаточных путях (но не позднее чем через 30 мин, с момента предъявления вагонов к передаче) (9, разд. 12, § 56).

Учет простоя вагонов. Время оборота и время простоя вагонов под погрузкой и выгрузкой на подъездных путях учитывается по ведомостям подачи и уборки вагонов — при номерном способе учета и по ведомостям безномерного учета — при безномерном способе учета.

Ведомости подачи и уборки вагонов на станциях с большим объемом грузовой работы (по списку дороги), а также ведомости безномерного учета составляются в товарной конторе на основании памяток весовщика, натурных листов и уведомлений предприятий (9, разд. 12, § 44).

Ведомости подачи и уборки вагонов в случае, когда ведутся памятки приемосдатчика, и ведомости безномерного учета простоя вагонов должны подписываться представителями станции и предприятия ежедневно, но не позднее 10 час. утра следующих суток.

Ведомости подачи и уборки вагонов, где не ведутся памятки приемосдатчика, подписываются представителями станции и предприятия в момент передачи вагонов. При несогласии с данными ведомости представитель предприятия обязан подписать ведомость и сделать в ней свои замечания (9, разд. 12, § 47).

При уклонении представителей предприятий от подписи ведомостей работники станции должны составить об этом акт общей формы и сделать соответствующую отметку в ведомостях. В акте клиенту необходимо указать причины отказа от подписи. При рассмотрении иска предприятия об обратном взыскании списанных дорогой штрафов за простой вагонов (контейнеров) следует учитывать, что железная дорога не вправе списывать штраф по ведомостям, не подписанным представителем предприятия, если не был составлен акт общей формы об уклонении предприятия от подписи ведомостей (26, п. 28).

Ответственность сторон по договорам на эксплуатацию железнодорожных подъездных путей и на подачу и уборку вагонов. Железная дорога отвечает за задержку по своей вине свыше 15 мин. подачи вагонов под погрузку и выгрузку против сроков, предусмотренных договором (ст. 50 УЖД), а также за задержку уборки вагонов с мест погрузки и выгрузки на железнодорожных подъездных путях в случае, когда подача и уборка вагонов производятся локомотивом железной дороги, или задержку приема вагонов с железнодорожных подъездных путей (ст. 92 УЖД).

Ветвевладелец, грузоотправитель, грузополучатель отвечает за простой вагонов и задержку контейнеров сверх установленных сроков. При этом ответственность перед железной дорогой за простой вагонов у контрагентов, когда последние обслуживаются ветвевладельцем, несет ветвевладелец (ст. 89 УЖД). Он вправе списанную с него дорогой сумму штрафа взыскать в бесспорном порядке с виновного контрагента.

Стороны взаимно отвечают за использование подвижного состава и контейнеров без разрешения другой стороны, за повреждение подвижного состава и контейнеров.

Примечания к разделу 14

1. О повышении эффективности использования автотранспортных средств в народном хозяйстве, усилении борьбы с приписками при перевозках грузов автомобильным транспортом и обеспечении сохранности горюче-смазочных материалов. Постановление ЦК КПСС и Совета Министров СССР от 5 августа 1983 г. № 759. — СП СССР, 1984, отд. 1, № 2, ст. 7

2. Основные положения о годовом и квартальном планировании перевозок грузов. Утверждены постановлением Совета Министров СССР от 4 января 1970 г. — Решения партии и правительства по хозяйственным вопросам. Т. 8, М. 1972, с. 7—40.

3. Положение о взаимной имущественной ответственности предприятий морского транспорта Министерства морского флота и отправителей за невыполнение плана перевозок грузов в каботаже. Утверждено постановлением Совета Министров СССР от 20 мая 1982 г. № 428. — СП СССР, 1982, отд. 1, № 16, ст. 83.

4. Временное положение о порядке формирования государственных заказов на 1989 и 1990 годы. Утверждено постановлением Совета Министров СССР от 25 июля 1988 г. № 889. — СП СССР, 1988, отд. 1, № 26, ст. 71.

5. Положение о поставках продукции производственно-технического назначения. Утверждено постановлением

Совета Министров СССР от 25 июля 1988 г. № 888. — СП СССР, 1988, отд. 1, № 24—25, ст. 70.

6. Об упорядочении системы экономических (имущественных) санкций, применяемых к предприятиям, объединениям и организациям. Постановление Совета Министров СССР от 30 июля 1988 г. № 929. — СП СССР, 1988, отд. 1, № 28, ст. 77.

7. Правила транспортного обслуживания предприятий и организаций межотраслевым промышленным железнодорожным транспортом Министерства путей сообщения. Утверждены МПС СССР 29 декабря 1983 г. по согласованию с Госарбитражем СССР. — Сборник правил перевозок и тарифов железнодорожного транспорта Союза ССР, 1984, № 307.

8. Положение о годовом и квартальном планировании контейнерных и пакетных перевозок грузов всеми видами транспорта, включая перевозки внешнеторговых грузов и грузов, следующих в прямых смешанных сообщениях. Утверждено постановлением Госплана СССР и Госснаба СССР от 4 апреля 1983 г. № 87/29. — БНА, 1983, № 9, с. 3—15; 1987, № 4, с. 47.

9. Правила перевозок грузов. Ч. I (изданы в соответствии с УЖД СССР). М., 1985.

10. Правила перевозок грузов. Ч. I (изданы в соответствии с УВВТ СССР). М., 1979.

11. Общие и специальные правила перевозки грузов. 4-М. М., 1979.

12. Правила перевозки пассажиров, багажа и грузов на воздушных линиях Союза ССР. Утверждены Министерством гражданской авиации СССР 16 января 1985 г. М., 1985.

13. Порядок корректировки сумм провозных платежей. Утвержден постановлением Госкомцен СССР от 12 августа 1980 г. № 650. — БНА, 1981, № 4, с. 39—40.

14. Инструкция о порядке расчетов за перевозки грузов автомобильным транспортом. Утверждена Минфином СССР, Госбанком СССР, ЦСУ СССР и Минавтотрансом РСФСР 30 ноября 1983 г. — БНА, 1986, № 11, с. 4—20.

15. Положение о порядке обращения многооборотных средств пакетирования и специализированных контейнеров в народном хозяйстве. Утверждено постановлением Госснаба СССР и Госарбитража СССР от 26 декабря 1986 г. № 178/11. — БНА, 1987, № 9, с. 23—30.

16. Правила перевозок грузов автомобильным транспортом. — М., 1979 (разд. 1—22).

17. Правила заключения договоров на организацию перевозок грузов. Утверждены Минречфлотом РСФСР 2 января 1986 г. — Сборник правил перевозок и тарифов Минречфлота РСФСР, 1986, № 2.

18. Правила централизованного завоза (вывоза) грузов автомобильным транспортом общего пользования на станции железных дорог, расположенные на территории РСФСР. Ут-

верждены МПС и Минавтотрансом РСФСР 26 апреля — 22 мая 1976 г. — Правила перевозок грузов автомобильным транспортом, с. 98—113.

19. Правила транспортно-экспедиционного обслуживания предприятий, организаций и учреждений в РСФСР. Утверждены Минавтотрансом РСФСР 6 февраля 1981 г. по согласованию с Госпланом РСФСР и Госарбитражем РСФСР. — М., 1981.

20. Типовой годовой договор на централизованную перевозку грузов со станций железных дорог, портов (пристаней), аэропортов и на станции железных дорог, в порты (на пристани) и аэропорты. Утвержден Минавтотрансом РСФСР 6 февраля 1981 г. по согласованию с Госпланом РСФСР и Госарбитражем РСФСР. — Правила транспортно-экспедиционного обслуживания предприятий, организаций и учреждений в РСФСР. — М., 1981, с. 5—10.

21. Единые тарифы на перевозку грузов автомобильным транспортом, погрузочно-разгрузочные работы, экспедиционные операции и другие услуги (Прейскурант № 13-01-01). Утверждены постановлением Госкомцен РСФСР от 27 февраля 1981 г. — М., 1981.

22. Правила применения Единых тарифов на перевозку грузов автомобильным транспортом, погрузочно-разгрузочные работы, экспедиционные операции и другие услуги. Утверждены Минавтотрансом РСФСР по согласованию с Госкомцен РСФСР и Минфином РСФСР. — Приложение № 3 к Единым тарифам (Прейскурант № 13-01-01).

23. О практике разрешения споров, возникающих из перевозок грузов по железной дороге. Инструктивные указания Госарбитража СССР от 29 марта 1968 г. № И-1-9. — Систематизированный сборник, с. 212.

24. О некоторых вопросах арбитражной практики, возникающих при рассмотрении споров, связанных с перевозками грузов железнодорожным транспортом. Инструктивные указания Госарбитража СССР от 12 мая 1971 г. № И-1-14. — Систематизированный сборник, с. 225.

25. О практике разрешения споров, связанных с повреждением вагонов, контейнеров и съемных перевозочных приспособлений, принадлежащих железным дорогам. Инструктивные указания Госарбитража СССР от 14 февраля 1975 г. № И-1-6. — Систематизированный сборник, с. 261.

26. О практике разрешения споров, возникающих при заключении и исполнении договоров на эксплуатацию железнодорожных подъездных путей и на подачу и уборку вагонов. Инструктивные указания Госарбитража СССР от 31 мая 1976 г. № И-1-14. — Систематизированный сборник, с. 244.

27. О практике разрешения споров, возникающих из перевозок грузов в прямом смешанном железнодорожно-водном и водном сообщении. Инструктивные указания Госарбитра-

жа СССР от 30 июля 1976 г. № И-1-23. — Систематизированный сборник, с. 229.

28. О рассмотрении споров, возникающих при заключении и исполнении договоров на централизованный завоз и вывоз грузов между автомобильным транспортом общего пользования и станциями железных дорог, портами (пристанями), аэропортами. Инструктивные указания Госарбитража СССР от 18 июня 1982 г. № И-1-1. — Систематизированный сборник, с. 238.

29. О некоторых вопросах практики разрешения имущественных споров, вытекающих из перевозок грузов автомобильным транспортом. Инструктивные указания Госарбитража РСФСР от 30 мая 1977 г. № И-2/22.

30. О рассмотрении споров, связанных с транспортно-экспедиционным обслуживанием грузоотправителей и грузополучателей автомобильным транспортом. Инструктивные указания Госарбитража РСФСР от 20 октября 1983 г. № И-2/7.

Раздел 15
НАЕМ И ПРОКАТ ИМУЩЕСТВА. ПРЕДОСТАВЛЕНИЕ ИМУЩЕСТВА В БЕЗВОЗМЕЗДНОЕ ПОЛЬЗОВАНИЕ

1. Договор имущественного найма (аренды, проката)

Предмет договора. Государственные предприятия имеют право сдавать в аренду другим предприятиям и организациям здания, сооружения, оборудование, транспортные средства, инвентарь и другие материальные ценности (2, ст. 4, п. 4). Предприятия (объединения) МПС СССР сдают в аренду локомотивы, грузовые и пассажирские вагоны, контейнеры, путевые машины и мотор-вагонный подвижной состав другим предприятиям и организациям по согласованию с МПС СССР (4, п. 1). Территориальные органы Госснаба СССР предоставляют на прокат предприятиям приборы, оборудование, другие технические средства.

Кооператив как полноправный хозяин принадлежащего ему на праве собственности имущества имеет право сдавать в аренду другим предприятиям и организациям здания, сооружения, оборудование, транспортные средства, инвентарь, другие материальные ценности (3, ст. 8, п. 3). Колхозы или другие сельскохозяйственные кооперативы в целях более эффективного использования земельных угодий и иных природных ресурсов при необходимости имеют право по решению общего собрания арендовать или передавать земельные участки в аренду другим кооперативам, государственным предприятиям и организациям, а также гражданам на основе заключаемых договоров (3, ст. 35, п. 2).

Наймодатель обязан предоставить арендатору имущество в состоянии, соответствующем условиям договора. Он не отвечает за недостатки имущества, которые были им оговорены при заключении договора (1, ст. 281). Наниматель обязан поддерживать арендованное имущество в исправном состоянии, производить за свой счет текущий ремонт, если иное не установлено законом (договором) он несет расходы по содержанию имущества.

Срок договора. Срок заключаемого организациями договора найма строения или нежилого помещения не должен превышать пяти лет, а найма оборудования и иного имущества — одного года. Если договор заключен на более длительный срок, чем указано выше, то договор считается заключенным соответственно на пять лет или на один год (1, ст. 277). Сроки и условия аренды земельных участков определяются соглашением сторон (3, ст. 35, п. 2).

При отсутствии в договоре указания о сроке он считается заключенным на неопределенный срок и каждая из сторон вправе отказаться от договора в любое время, предупредив об этом другую сторону за один месяц, а при найме строений и нежилых помещений — за три месяца. Если ни одна из сторон не откажется от договора, он считается прекращенным по истечении пяти лет или одного года. Фактическое пользование арендатором нанятым имуществом после истечения срока договора без его перезаключения не означает возобновления договора на новый срок.

Договор найма (аренды) сохраняет силу при переходе права собственности на сданное внаем имущество от наймодателя к другому лицу (1, ст. 288).

Форма договора. Сдача имущества внаем (аренду) независимо от срока и суммы договора должна оформляться письменным договором (1, ст. 44) с подробным указанием всех его условий.

Плата за пользование нанятым имуществом. Наниматель обязан своевременно вносить плату за пользование имуществом. Размер платежей определяется соответствующими нормативными актами. Так, плата за аренду зданий, сооружений и помещений вносится по ставкам, действующим в местности, где они расположены, а за аренду других объектов, относящихся к основным фондам, — в размере не свыше сумм амортизационных отчислений и платы за фонды по данному виду имущества. Эти правила применяются во всех случаях, когда наймодателем является государственное предприятие.

Конкретный размер платы устанавливается соглашением сторон при заключении договора. Арендная плата за пользование земельными участками и иными природными ресурсами определяется договором и может вноситься как деньгами, так и натурой (3, ст. 35, п. 2).

Сроки платежей определяются в соответствии с правилами (типовыми договорами) найма отдельных видов имущества. В случаях, прямо предусмотренных законодательством, арендные платежи вносятся за месяц (или иной период) вперед.

Платежи вносятся независимо от фактического пользования нанятым имуществом. Если невозможность пользования имуществом вызвана обстоятельствами, за которые наниматель не отвечает, плата вноситься не должна. Наниматель вправе требовать уменьшения арендной платы, если в силу обстоятельств, за которые он не отвечает, условия пользования или состояние имущества существенно ухудшились (1, ст. 286).

За просрочку внесения платы наниматель платит пеню в размере 0,04% (колхоз — 0,03%) за каждый день просрочки (5, п. 2), если специальными актами на аренду отдельных видов имущества не установлены иные санкции.

Невнесение платы дает наймодателю право взыскать ее принудительно, а при систематической просрочке (в течение трех и более месяцев), — расторгнуть договор (1, ст. 289).

2. Аренда нежилых помещений

Заключение договора. Договор аренды заключается, как правило, в соответствии с Типовым договором на аренду нежилых помещений (строений) в домах местных Советов, государственных, кооперативных и общественных организаций (6).

Торговые и конторские помещения во всех домах города или промышленного пункта предоставляются в пользование государственным, общественным и кооперативным организациям, не являющимся владельцами этих домов, по распоряжению (ордеру) местного Совета.

Распоряжение (ордер) рассматривается в качестве основания для заключения договора. В ордере указываются тип и размер площади, срок пользования, назначение помещения и др. Данные, включенные компетентным органом в ордер, обязательны для сторон. На основе ордера заключается договор аренды, условия которого формируются сторонами в соответствии с ордером. В договоре стороны могут конкретизировать условия названного Типового договора, а также дополнить заключаемый договор новыми условиями (7, п. 2).

Арендатор не вправе фактически занять и использовать помещение лишь на основании ордера без заключения договора. Наличие ордера дает арендатору право обратиться с иском в арбитраж о понуждении наймодателя заключить договор, если последний уклоняется от его заключения.

Разногласия, возникающие при заключении договора аренды, не основанного на ордере, могут разрешаться арбитражем, если это специально предусмотрено законом либо оговорено соглашением сторон.

Понятие нежилой площади. Под нежилой следует понимать площадь торговых, складских, конторских, производственных и культурно-бытовых помещений, включая расположенную в них площадь вспомогательных помещений (вестибюли, коридоры, лестничные клетки, кубовые, душевые, туалетные, гардеробные), а также подвальные помещения при магазинах, не используемые под торговые залы. Не включаются в площадь нежилых помещений всякого рода служебные постройки при основных строениях: сараи, погреба, гаражи, дровяники, будки и т. п., если эти помещения не сдаются в аренду (7, п. 10).

Арендуемое помещение передается арендатору по приемо-сдаточному акту, в котором должно быть подробно указано техническое состояние и назначение помещения на момент сдачи в аренду.

Срок аренды. Срок договора не может превышать пяти лет. Если в ордере указан более короткий срок, договор заключается на новый срок. Если стороны не определили срок действия договора, то по истечении пятилетнего срока договор должен признаваться прекращенным (7, п. 8). При фактическом пользовании нежилым помещением после истечения срока договора ни одна из сторон не вправе предъявлять контрагенту требования о выполнении соответствующих договорных обязательств либо уплате санкций. Однако арендная плата, а также стоимость отпущенной арендатору воды, газа, электроэнергии, тепла и оказанных услуг по приему сточных вод подлежит возмещению.

Арендная плата. Ставки арендной платы за нежилые помещения в соответствии с их типом и назначением устанавливаются постановлениями Советов Министров союзных республик.

Арендная плата взимается со дня передачи помещения арендатору по приемо-сдаточному акту, подписанному сторонами. При отсутствии такого акта день начала начисления арендной платы за пользование нежилым помещением должен определяться сторонами в договоре (7, п. 14). В случаях, когда имущество не используется по обстоятельствам, за которые наниматель не отвечает, арендная плата не подлежит уплате, в частности, за время просрочки в предоставлении имущества арендодателем.

Арендатор обязан вносить арендную плату за время проведения арендодателем общего капитального ремонта дома. Если арендодатель без достаточных оснований затратит на капитальный ремонт больше времени, нежели необходимо для ремонта, чем лишит арендатора возможности пользоваться помещением, арендатор вправе ставить вопрос об освобождении от уплаты арендной платы за время, превышающее нужное для ремонта.

Помещения, занимаемые под общежития, являются жилой площадью, и арендная плата за пользование ими вносится в виде квартирной платы. От арендной платы за занимаемые нежилые помещения освобождаются партийные и комсомольские организации, профсоюзные органы на предприятиях, в организациях и учреждениях.

Арендная плата по договору вносится за каждый квартал вперед, с оплатой 1-го числа первого месяца каждого квартала. Задолженность по каждой арендной плате за нежилые помещения взыскивается в бесспорном порядке на основании исполнительных надписей нотариальных органов.

Оплата центрального отопления и коммунальных услуг. Арендатор, кроме того, оплачивает по установленным ставкам и тарифам центральное отопление и оказываемые ему коммунальные услуги по расчету, согласованному им с арендодателем и прилагаемому к договору. Расчет является неотъемлемой частью договора. Оплата центрального отопления осуществляется вперед помесячно 1-го числа каждого месяца, а коммунальных услуг — в 10-дневный срок за прошедший месяц. Окончательный расчет по всем платежам производится по истечении года на основании данных о фактических расходах арендодателя.

Арендатор вправе ознакомиться с годовыми отчетами арендодателя.

Участие арендатора в эксплуатационных расходах. Арендаторы нежилых помещений, расположенных в жилых домах, участвуют в общих для всего домовладения расходах по управлению, эксплуатации, текущему ремонту жилищного фонда пропорционально площади занимаемых помещений (8, п. 4 «е»). Арендатор не обязан участвовать в общих эксплуатационных расходах при аренде нежилых помещений у предприятий, организаций и учреждений, не являющихся жилищно-эксплуатационными организациями. Участие арендатора в общих для всего домовладения расходах по управлению, эксплуатации и текущему ремонту стороны могут оговорить в договоре (7, п. 24). Не должны участвовать в названных расходах наниматели помещений, используемых под общежития.

При определении размеров участия арендаторов в общих для всего домовладения расходах следует исходить из того, что арендаторы обязаны участвовать во всех расходах, за исключением прямо определенных в нормативном порядке: отчисления в фонд амортизаций; отчисления от арендной платы, направляемые на капитальный ремонт основных фондов, отчисления на подготовку кадров. Не относятся к общим для всего домовладения расходам затраты на внутриквартирный ремонт, целевые расходы, содержание пионерских лагерей. Они финансируются в особом порядке.

Затраты арендодателя на культурно-массовые мероприятия, оплату услуг Сбербанка, освещение, содержание паспортисток и другие входят в общие расходы. Расходы по техобслуживанию инженерного оборудования, находящегося внутри зданий, возмещаются жилищно-эксплуатационным организациям теми предприятиями, которые получают доходы от эксплуатации этого оборудования (8, п. 4 «в»).

Расходы арендодателя по уборке территории домовладения относятся к общим. В тех случаях, когда арендаторы нежилых помещений — предприятия торговли и общественного питания в связи с особыми условиями их деятельности загрязняют территорию домовладения, в договорах может быть предусмотрена дополнительная плата с таким расчетом, чтобы она возмещала соответствующие затраты арендодателя. Заключение арендодателем договора со спецавтохозяйством на уборку территории, прилегающей к арендуемому помещению, не освобождает его от участия в расходах по уборке остальной части территории.

Капитальный ремонт нежилых помещений, занимаемых арендатором, связанный с общим капитальным ремонтом дома, производит арендодатель за счет собственных средств (1, ст. 284). Капитальный ремонт, связанный с деятельностью арендатора, осуществляется за его счет. Предприятиям торговли и общественного питания предоставлено право проводить в необходимых случаях капитальный ремонт арендуемых торгово-складских помещений за счет средств, предназначенных для оплаты арендуемых помещений, в размере до 50% причитающейся с них арендной платы. Объем работ по капитальному ремонту торгово-складских помещений в этих случаях и срок выполнения ремонта должны предусматриваться в договоре или дополнительном соглашении к нему. Если капитальный ремонт в счет арендной платы не проводился, плата должна вноситься полностью. При частичном выполнении работ с нанимателя взыскивается соответствующая часть неиспользованных средств, предназначенных для оплаты торгово-складских помещений (7, п. 13).

Текущий ремонт проводится арендатором за свой счет, если специальным законом или договором не предусмотрено иное (1, ст. 285). При отсутствии у арендатора специальных ремонтно-эксплуатационных служб профилактическое обслуживание и текущий ремонт инженерно-технических коммуникаций в арендуемых помещениях выполняются арендодателем по договору с арендатором за его счет.

3. Прокат технических средств

Организация проката. Прокат технических средств осуществляют пункты (отделения) проката, входящие в состав объединений и управлений по поставкам продукции системы Госснаба СССР. Пункты (отделения) проката предоставляют технические средства заказчикам, находящимся в районе их деятельности. В зависимости от номенклатуры и стоимости эксплуатации технические средства могут предоставляться заказчикам с обслуживающим персоналом. Укрупненная номенклатура технических средств, предоставляемых заказчикам на условиях проката, и перечень технических средств, предоставляемых заказчиком с обслуживающим персоналом, устанавливаются Госснабом СССР (9, пп. 3—5).

Договоры проката технических средств заключаются пунктами (отделениями) проката от имени объединения (управления) по поставкам продукции с заказчиками и, как правило, на период действия пятилетнего плана. К долгосрочному договору прилагается перечень технических средств, предоставляемых в пользование. Количество, техническая характеристика, сроки получения технических средств в прокат и пользование ими, а также способ доставки и порядок расчетов определяются в заказах, представляемых заказчиком пункту (отделению) проката по мере возникновения потребности в технических средствах, предусмотренных договором. По соглашению сторон может быть принят к исполнению заказ на технические средства, не указанные в перечне средств, приложенном к договору (9, пп. 15—19).

Если у заказчиков возникает разовая потребность в получении технических средств, договорные отношения могут устанавливаться на основе их заказов без заключения долгосрочного договора.

Отношения сторон по договору проката технических средств регулируются помимо общих норм договорного права также Положением об организации и планировании проката технических средств в территориальных органах Госснаба СССР и Примерным договором проката технических средств, осуществляемого территориальными органами системы Госснаба СССР (9).

Посреднический прокат. Временно неиспользуемые их владельцами приборы, оборудование и другие технические средства могут вовлекаться в хозяйственное использование путем сдачи внаем на условиях посреднического проката, организуемого территориальными органами системы Госснаба СССР. Посредник — пункт (отделение) проката получает предметы проката от владельца во временное пользование на весь срок проката с правом их последующего проката путем заключения договоров как с владельцем имущества, так и с заказчиком. Пункты (отделения) проката могут также предоставлять посреднические услуги в подыскании владельцев имущества и заказчика и в установлении между ними договорных отношений по прокату (10).

4. Предоставление имущества в безвозмездное пользование

По договору безвозмездного пользования имуществом одна сторона обязуется передать или передает имущество в безвозмездное временное пользование другой стороне, а последняя обязуется вернуть то же имущество (1, ст. 342).

Предмет договора. Предприятие имеет право передавать другим предприятиям и организациям бесплатно во временное пользование здания, сооружения, оборудование, транспортные средства, инвентарь и другие материальные ценности (2, ст. 4, п. 4).

Предприятия (объединения) МПС СССР предоставляют бесплатно во временное пользование другим предприятиям и организациям локомотивы, грузовые и пассажирские вагоны, контейнеры, путевые машины и мотор-вагонный подвижной состав по согласованию с МПС СССР (4, п. 1).

Кооператив имеет право передавать другим предприятиям, организациям, учреждениям и гражданам в бесплатное временное пользование здания, сооружения, оборудование, транспортные средства, инвентарь и другие материальные ценности (3, ст. 8, п. 3).

Срок договора безвозмездного пользования имуществом, заключенного между социалистическими организациями, не должен превышать одного года, если законодательством Союза ССР или РСФСР не определено иное. Если договор заключен на более длительный срок, он считается заключенным на один год или на иной установленный законом предельный срок.

Если договор заключен без указания срока, он считается заключенным на неопределенный срок, и каждая из сторон вправе отказаться от договора во всякое время, предупредив другую сторону за один месяц, а по найму строений и нежилых помещений — за три месяца. Договор по строениям и нежилым помещениям, заключенный без указания срока, если ни одна из сторон не отказалась от него, считается прекращенным по истечении пяти лет, а по оборудованию и иному имуществу — одного года (1, ст. 342, ст. 278).

Форма договора. Договор о предоставлении имущества бесплатно во временное пользование должен быть оформлен письменно (1, ст. 44).

Обязанности по содержанию имущества. Организация,

получившая безвозмездно во временное пользование имущество, обязана поддерживать его в исправном состоянии, проводить за свой счет текущий ремонт, если иное не установлено законом или договором и нести расходы по содержанию имущества (1, ст. 285, ст. 342). Она может предоставить имущество в пользование третьему лицу лишь с согласия передавшего имущество, оставаясь ответственным перед ним (1, ст. 346).

Примечания к разделу 15

1. ГК РСФСР.
2. Закон о государственном предприятии.
3. Закон о кооперации.
4. О порядке передачи, продажи, обмена, сдачи в аренду, предоставления бесплатно во временное пользование либо взаймы, а также списания с баланса железнодорожного подвижного состава и контейнеров предприятиями (объединениями) Министерства путей сообщения СССР. Постановление Совета Министров СССР от 19 мая 1988 г. № 632. — СП СССР, 1988, отд. 1, № 21, ст. 63.
5. О процентных ставках за пользование банковским кредитом. Постановление Совета Министров СССР от 21 апреля 1980 г. № 323. — СП СССР, 1980, № 13, ст. 89.
6. Типовой договор на аренду нежилых помещений (строений) в домах местных Советов, государственных, кооперативных и общественных организаций. Утвержден приказом по Министерству коммунального хозяйства РСФСР от 9 октября 1965 г. № 281. — Законодательство о жилищно-коммунальном хозяйстве, т. 1. М., 1972, с. 771.
7. О практике рассмотрения споров, связанных с заключением и исполнением договоров найма нежилых помещений. Инструктивные указания Госарбитража РСФСР от 25 декабря 1974 г. № И-2/31.
8. О мерах по улучшению эксплуатации жилищного фонда и объектов коммунального хозяйства. Постановление Совета Министров СССР от 26 августа 1967 г. № 807. — СП СССР, 1967, № 22, ст. 156.
9. Положение об организации и планировании проката технических средств в территориальных органах системы Госснаба СССР. Утверждено постановлением Госснаба СССР и Государственного арбитража СССР от 2 сентября 1986 г. № 119/6. — БНА, 1987, № 3, с. 21—31.
10. Порядок организации на посреднических условиях проката временно неиспользуемых приборов, оборудования и других технических средств. Утвержден постановлением Госснаба СССР от 3 июня 1981 г. № 50. — БНА, 1982, № 1, с. 47.

Раздел 16
РЕГУЛИРОВАНИЕ КАПИТАЛЬНОГО СТРОИТЕЛЬСТВА

1. Способы и основные участники строительства

Подрядный и хозяйственный способы строительства. Предприятие осуществляет техническое перевооружение, реконструкцию и расширение производства, строительство объектов социального назначения, рационально сочетая хозяйственный и подрядный способы строительства (5, ст. 12, п. 4; ст. 13, п. 4).

Предприятие самостоятельно выбирает способ строительства, исходя из особенностей строящегося объекта и имеющихся у него возможностей для использования в строительстве собственных сил либо сил подрядных организаций.

Органы управления строительством должны наряду с подрядной формой строительства, как основной, предусматривать в планах необходимое расширение хозяйственного способа строительства для выполнения работ по техническому перевооружению, реконструкции и расширению действующих предприятий, а также развитию материальной базы их социальной сферы (9, п. 20; 12, п. 24).

Подрядный способ. Для выполнения строительно-монтажных работ подрядным способом предприятие заключает договор подряда на весь период строительства.

Предприятие-подрядчик обеспечивает совместно с заказчиком и субподрядными организациями ввод в действие объектов строительства в установленные сроки и несет ответственность за их качество (5, ст. 12, п. 4).

Укрепление договорных отношений между организациями-заказчиками и подрядчиками является важнейшим направлением совершенствования хозяйственного механизма в строительстве. Предусматриваемые в договорах обязательства должны быть направлены на безусловное выполнение заданий по вводу в действие производственных мощностей и объектов социального назначения в нормативные сроки. Экономические взаимоотношения между подрядными организациями и заказчиками должны осуществляться на основе договорных цен на строительство объектов (10, п. 1).

Хозяйственный способ. Материальные, финансовые и трудовые ресурсы, необходимые для строительства хозяйственным способом, предусматриваются в планах экономического и социального развития СССР, союзных республик, министерств (ведомств) и предприятий. Производство работ хозяйственным способом должно вестись предприятием главным образом за счет средств фонда развития производства, науки и техники, фонда социального развития или аналогичных фондов экономического стимулирования (9, пп. 20, 25; 12, п. 24).

В целях обеспечения развития строительства хозяйственным способом:

а) строительные и другие министерства СССР, имеющие собственную строительную базу, обязаны предусматривать без ущерба для выполнения установленных им планов подрядных работ: изготовление и поставку предприятиям, выполняющим работы хозяйственным способом, по их заказам металлических, сборных железобетонных и бетонных конструкций, товарного бетона и раствора, деревянных и других строительных изделий при условии передачи им заказчиками необходимых для этого материалов; предоставление этим предприятиям в аренду строительных машин и механизмов, а также осуществление отдельных видов механизированных работ по прямым договорам с ними с включением этих работ в объем подрядных работ. Строительным министерствам СССР и Минэнерго СССР разрешено также выполнять специализированные и строительные работы на объектах, не предусмотренных в планах подрядных организаций, по прямым договорам с предприятиями, ведущими строительство хозяйственным способом, и включать указанные работы в объем выполнения подрядных работ без увеличения плана по этим организациям (9, пп. 21, 26);

б) Советы Министров союзных и автономных республик, исполкомы Советов народных депутатов должны выделять предприятиям местные строительные материалы и изделия из них для выполнения работ хозяйственным способом (9, п. 21);

в) предприятиям, выполняющим работы по техническому перевооружению и реконструкции действующих производств хозяйственным способом, предоставлено право сохранять за работниками, временно направляемыми на эти работы, среднемесячную заработную плату, получаемую по основному месту работы, при условии выполнения ими установленных заданий (9, п. 27).

При строительстве хозяйственным способом выполненные работы, поставленные материалы и оборудование и другие затраты оплачиваются предприятием с его счета финансирования капитальных вложений в учреждении банка. В необходимых случаях для этих целей предприятию (ОКСу, УКСу) может открываться расчетный счет по строительству (34, п. 14; 51, пп. 91—95).

Предприятие-заказчик (застройщик): планирует и обеспечивает совместно с другими участниками строительства ввод в действие производственных мощностей и объектов; обеспечивает финансирование строительства за счет собственных средств или выделенных ему централизованных ассигнований; организует обеспечение стройки проектно-сметной документацией, заключает со строительно-монтажными организациями договоры подряда на капитальное строительство и исполняет предусмотренные этими договорами обязанности, осуществляет контроль и технический надзор за ходом и качеством строительства, участвует в приемке в эксплуатацию законченных строительством объектов, ведет учет и представляет бухгалтерскую и статистическую отчетность по строительству.

При расширении, реконструкции и техническом перевооружении действующего предприятия и строительстве на нем отдельных объектов функции заказчика выполняет данное предприятие.

Предприятия имеют право объединять на долевых началах финансовые, трудовые и материальные ресурсы для совместного строительства и использования объектов производственного и непроизводственного назначения (5, ст. 21; 6, ст. 10, п. 3). При этом в договоре о совместной деятельности ее участники решают вопросы распределения между ними функций заказчика (застройщика). Для организации строительства новых предприятий, зданий и сооружений в случаях, предусмотренных законодательством, создаются службы единого заказчика в городах и на территориях, дирекции строящихся предприятий, объединенные дирекции (головные застройщики) для строительства групп предприятий или объектов, общих для групп предприятий (27; 46).

Единый заказчик по строительству подрядным способом жилых домов объектов социально-культурной сферы и коммунального хозяйства создается в столицах союзных и автономных республик, административных центрах краев и областей, в городах с населением более 100 тыс. чел., а также на территориях автономных республик, краев и областей.

Права и обязанности единого заказчика возлагаются на управления (отделы) капитального строительства Советов Министров автономных республик, исполкомов краевых, областных, городских Советов народных депутатов или на предприятие (с его согласия), осуществляющие основные объемы строительства объектов производственного и непроизводственного назначения на данной территории.

Предприятия независимо от их ведомственной подчиненности передают единому заказчику в порядке долевого участия капитальные вложения на строительство соответствующих объектов.

В установленных законодательством случаях при наличии в городе единого заказчика по строительству жилых домов, объектов культурно-бытового назначения и коммунального хозяйства функции заказчиков по строительству таких объектов могут выполнять отдельные предприятия.

Исполкомы Советов народных депутатов и предприятия, выполняющие функции единого заказчика, обязаны учитывать предложения предприятий (организаций), передающих капитальные вложения единому заказчику, о строительстве для них жилых домов и других объектов в соответствии с их потребностью (жилые дома квартирного типа, дома для малосемейных, общежития и т. п.), размещении этих объектов вблизи от предприятий (организаций) или в районах, имеющих удобные транспортные связи, а также выделять в течение планируемого года предприятиям (организациям) жилую площадь для заселения и места в детских дошкольных и других учреждениях в размерах пропорционально переданным капитальным вложениям.

Освобождающиеся места в детских дошкольных учреждениях, построенных на указанных условиях, предоставляются в первую очередь для детей работников этих предприятий (27, пп. 1—3).

Жилые помещения, освобождающиеся в домах, построенных с привлечением в порядке долевого участия средств предприятий, заселяются в первую очередь нуждающимися в улучшении жилищных условий работниками этих предприятий. Указанный порядок заселения применяется независимо от времени передачи или окончания строительства жилого дома (4, ст. 24).

Государственные подрядные организации выполняют по договорам подряда на капитальное строительство строительно-монтажные работы на закрепленной за этими организациями территории и в соответствии с их специализацией.

Основным хозрасчетным звеном управления строительным производством является строительно-монтажный трест (производственное строительно-монтажное объединение или другая приравненная к тресту организация). Трест — генеральный подрядчик — обязан обеспечивать координацию деятельности всех участников строительства и его решения по вопросам, связанным с выполнением утвержденных планов и графиков работ, обязательны для всех участников строительства, независимо от их ведомственной подчиненности (8, п. 10).

Кооперативы могут создаваться и действовать в сфере строительства, выполнять подрядные работы на объектах производственного, дорожного, жилищно-гражданского назначения (6, ст. 3). Отношения кооператива, выполняющего подрядные строительно-монтажные работы, с организациями-заказчиками осуществляются на основе хозяйственного договора, заключаемого и исполняемого в соответствии с Правилами о договорах подряда на капитальное строительство. Требования к качеству работ кооператива, необходимые меры по его обеспечению должны соответствовать законодательству Союза ССР и союзных республик о качестве продукции, работ, услуг (6, ст. 26, п. 4).

Генеральные подрядчики и субподрядчики. Заказчик заключает договор подряда, как правило, с одной строительно-монтажной организацией — генеральным подрядчиком.

По совместному решению министерств (ведомств)-заказчиков, исполкомов местных Советов народных депутатов по подведомственным им объектам и министерств (ведомств)-подрядчиков заключение заказчиком договоров подряда на строительство крупных производственных, жилых и социально-культурных комплексов допускается, в виде исключения, с двумя и более строительно-монтажными организациями — генеральными подрядчиками.

Заказчик вправе заключать договоры подряда с несколькими строительно-монтажными организациями при работах по техническому перевооружению и реконструкции действующих предприятий.

Генеральный подрядчик вправе заключить договор субподряда на выполнение отдельных видов и комплексов работ с общестроительными и специализированными организациями. При заключении и исполнении договора субподряда стороны руководствуются Правилами о договорах подряда на капитальное строительство, Положением о взаимоотношениях организаций-генеральных подрядчиков с субподрядными организациями.

Выполнение обязанностей заказчика по работам, на которые заключен договор субподряда, возлагается на генерального подрядчика, а обязанностей подрядчика — на субподрядчика.

Генеральный подрядчик несет перед заказчиком ответственность за выполнение им и субподрядчиками всех работ Субподрядчики несут ответственность перед генеральным подрядчиком за выполнение видов и комплексов работ в объемах и в сроки, определенные в договорах субподряда в соответствии с графиками строительно-монтажных работ.

С согласия генерального подрядчика заказчик вправе заключать договоры подряда на монтажные или иные специальные работы с монтажными или иными специализированными строительными организациями, а также с машиностроительными предприятиями и объединениями, осуществляющими пусконаладочные работы, доведение оборудования до проектной мощности и сдачу его в установленном порядке заказчику. В этом случае сроки начала и окончания монтажа оборудования согласовываются с генеральным подрядчиком.

Заключение договоров на шеф-монтаж оборудования и вызов персонала для шеф-монтажа являются обязанностью стороны, заключившей договор с поставщиком (изготовителем) оборудования.

Организации, осуществляющие по договорам монтаж основного технологического и энергетического оборудования, обязаны совместно с заказчиком и генеральным подрядчиком обеспечить ввод в действие мощностей и объектов в надлежащие сроки (1, ст. 68, 33, п. 14).

Разработчики проектно-сметной документации. Проектирование нового строительства, расширения предприятий и сложных объектов производственного и социального назначения выполняют, как правило, государственные проектные организации.

Предприятия, переведенные на полный хозяйственный расчет и самофинансирование, имеют право разрабатывать собственными силами и на договорных началах проектно-сметную документацию на работы по техническому перевооружению, реконструкции и расширению действующего производства, а также на строительство объектов непроизводственного назначения (5, ст. 12, п. 3).

По заказам этих предприятий разрабатывать проектно-сметную документацию могут не только специализированные проектные институты, но и так называемые непроектные организации (научно-исследовательские, проектно-конструкторские организации, предприятия и объединения, имеющие в составе проектные отделы, бюро, группы). С вступлением в действие Закона о предприятии утратили силу ранее принятые правила, ограничивавшие право предприятия разрабатывать проектно-сметную документацию своими силами или силами «непроектных организаций».

Государство всемерно поощряет создание и содействует развитию кооперативов в сфере проектных услуг (6, ст. 40, п. 3). Проектно-сметная документация, разработанная кооперативом с соблюдением норм и правил проектирования, после ее утверждения в установленном порядке может быть использована в строительстве наравне с документацией, разрабатываемой государственными проектными организациями.

2. Правовые основания для начала и осуществления строительства

Общие положения. Предприятия строят объекты, включенные в его план экономического и социального развития, обеспеченные финансированием и проектно-сметной документацией. Строительство объектов подрядным способом ведется на основании договора, заключенного между подрядчиком и заказчиком. В случаях, предусмотренных законодательством, заказчик должен получить разрешение на строительство объектов или ведения на них отдельных видов работ. Не допускаются работы и затраты по объектам, строительство которых запрещено законодательством.

Плановые и финансовые предпосылки строительства существенно различаются в зависимости от того, за счет каких средств предприятие его ведет. Техническое перевооружение, реконструкция и расширение осуществляются предприятием за счет фонда развития производства, науки и техники, фонда социального развития и других аналогичных фондов, кредитов банка и обеспечиваются в первоочередном порядке необходимыми ресурсами и подрядными работами.

При строительстве объектов за счет хозрасчетного дохода предприятие самостоятельно организует разработку планов технического перевооружения и реконструкции действующего производства, а также развития материальной базы социальной сферы (5, ст. 12, п. 2; 12, п. 19).

На проведение крупномасштабных мероприятий по реконструкции и расширению действующего производства, на строительство объектов социального назначения в особых случаях предприятию выделяются централизованные финансовые средства. Перечень соответствующих предприятий и объектов утверждается в государственном плане (5, ст. 12, п. 2).

При строительстве объектов за счет централизованных ассигнований показатели плана предприятия по строительству устанавливаются на основе государственного заказа и лимитов централизованных капитальных вложений, установленных в государственном плане экономического и социального развития.

Наличие проектно-сметной документации. Строительство должно вестись на основе и в соответствии с надлежаще согласованной и утвержденной проектно-сметной документацией. Беспроектное строительство не допускается.

Наличие утвержденной комплектной проектно-сметной документации проверяется банком при принятии стройки к финансированию. Объекты и затраты, не обеспеченные проектно-сметной документацией, не финансируются (34, п. 19).

Договоры подряда на капитальное строительство заключаются по стройкам, обеспеченным проектно-сметной документацией в объеме, необходимом для начала и выполнения строительства. Подрядчик обязан выполнять все строительно-монтажные работы в соответствии с проектно-сметной документацией, передаваемой заказчиком подрядчику в сроки, установленные законодательством (33, пп. 3, 4, 17, 18).

Отвод земель для строительства. Предприятия, заинтересованные в изъятии земельных участков для несельскохозяйственных нужд, обязаны до начала проектных работ предварительно согласовать с землепользователем и органами, осуществляющими государственный контроль за использованием и охраной земель, место расположения объекта и примерные размеры намечаемой к изъятию площади (2, ст. 16).

До начала строительно-монтажных работ по объектам, находящимся за пределами границ участка, ранее отведенного заказчику (застройщику), должны быть оформлены: 1) государственный акт на право пользования землей по единой для Союза ССР форме (24) или (в случае предоставления земельного участка во временное пользование) документ, удостоверяющий право временного землепользования, по форме, предусмотренной законодательством союзной республики; 2) акт об установлении границ участка в натуре (на местности), выдаваемый землеустроительными организациями.

Приступать к пользованию земельным участком до установления соответствующими землеустроительными органами границ участка в натуре (на местности) и выдачи документа, удостоверяющего право пользования землей, запрещается (2, ст. 10).

Копию документов на право пользования землей заказчик обязан передать подрядчику для составления договора подряда на капитальное строительство (33, п. 18).

Договор подряда на капитальное строительство является основным документом, регламентирующим взаимоотношения заказчиков и подрядчиков и определяющим их экономическую ответственность за невыполнение договорных обязательств (33, п. 1). Учреждения банков СССР оформляют финансирование капитальных вложений и ведут расчеты в строительстве при условии представления заказчиком в банк договора подряда (34, п. 17).

Разрешение на строительно-монтажные работы по объектам жилищно-гражданского назначения выдается заказчику органом госархстройконтроля. Заказчик не вправе начинать, а учреждения банков финансировать строительство соответствующих объектов до получения указанного разрешения.

Разрешение на строительные работы по застройке сельских населенных пунктов выдается заказчику в случае и порядке, установленных законодательством союзных республик. В РСФСР любой вид строительства в сельском населенном пункте допускается при наличии у застройщика разрешения на строительные работы. Государственным, кооперативным и другим общественным предприятиям, учреждениям и организациям, индивидуальным застройщикам разрешения выдаются районными инженерами-инспекторами госархстройконтроля или районными архитекторами.

Разрешения органов технического надзора (Гостехнадзора СССР, Госатомэнергонадзора СССР, Мингазпрома СССР) выдаются предприятиям на право вести строительство или специальные виды работ на объектах, подконтрольных этим органам.

Разрешение на строительные работы в охранных зонах линейных сооружений и местах прохождения коммуникаций. Работы в зоне воздушных линий электропередачи и линий связи, проезжей части городских дорог, эксплуатируемых участков железных дорог или в полосе отвода железных и автомобильных дорог, вскрытие дорожных покрытий, работы в местах прохождения подземных коммуникаций (кабельных, газопроводных, водопроводных, канализационных и других) возможны лишь при наличии разрешения (письменного согласия) организаций, в ведении которых находятся соответствующие линии и коммуникации.

Заказчик обязан после заключения договора подряда на капитальное строительство передать указанные разрешения подрядчику (33, п. 7).

Разрешение на вырубку леса. Лесорубочные билеты. При изъятии земельных участков для строительства, органы, принимающие решения об изъятии, одновременно решают вопрос о сохранении или вырубке леса и о порядке использования получаемой при этом древесины. Использование и расчистка лесных площадей, отведенных для строительства, допускается только на основании лесорубочного билета (ордера) или лесного билета.

Для рубки леса под трассы железных дорог, трубопроводов и других магистралей лесопользователи должны получить лесорубочные билеты (ордера). Разрешение лесопользователям вырубки леса при оформлении отвода земель без получения лесорубочных билетов не освобождает их от ответственности за нарушение правил отпуска древесины на корню.

Лесорубочные билеты выдаются заказчику по строительству. При выполнении работ подрядным способом заказчик предоставляет подрядчику в сроки, установленные договором, разрешение на вырубку леса. Права по лесорубочному билету могут передаваться подрядчику органом, выдавшим этот документ, при наличии соглашения сторон (29, пп. 11, 14, 15).

Разрешение на специальное водопользование для вновь строящихся предприятий, сооружений и других объектов выдается заказчикам проектов в процессе проектирования объектов до утверждения проектов. Если в процессе проектирования или утверждения проектов возникает необходимость отступления от условий, указанных в выданном разрешении, заказчик проекта должен получить новое разрешение на специальное водопользование.

Утверждение проектов, а также финансирование строительства предприятий, сооружений и других объектов, влияющих на состояние вод, или их реконструкции, связанной с увеличением потребления воды, сброса сточных вод или ухудшением их качественного состава, осуществляются лишь при наличии разрешений на специальное водопользование, выдаваемых органам Госкомприроды СССР, а в случаях, предусмотренных законодательством, — исполкомами Советов народных депутатов (17, п. 7; 26, пп. 1—8).

Разрешение на снос и перенос с площадки строительства строений и сооружений заказчик обязан получить от соответствующих организаций до начала работ по освобождению площадки строительства. Жилые дома сносятся по решению Совета Министров автономной республики, исполкома краевого, областного Совета народных депутатов, Совета народных депутатов автономной области, автономного округа, исполкома районного (в союзных республиках, не имеющих областного деления), городского (города республиканского подчинения) Совета народных депутатов (4, ст. 6).

Запреты на строительство. Запрещено расширение действующих и строительство новых предприятий (кроме предприятий, выпускающих продукцию для населения и городского хозяйства) в Москве, Ленинграде, Киеве и других городах, согласно действующему перечню. В порядке исключения такое строительство может быть разрешено органом, установившим запрет, или по его поручению другим компетентным органом.

Запрещено, как правило, строительство на курортах новых и расширение действующих промышленных предприятий и других объектов, не связанных непосредственно с удовлетворением нужд населения и отдыхающих и нужд санаторно-курортного и жилищно-гражданского строительства. В виде исключения строительство таких объектов может осуществляться на курортах общесоюзного значения — с разрешения в каждом случае Совета Министров СССР; на курортах республиканского и местного значения — в порядке, устанавливаемом Советами Министров союзных республик и ВЦСПС. Признано также нецелесообразным строительство на курортах страны санаториев, пансионатов и других учреждений отдыха отдельными государственными предприятиями и колхозами (21, пп. 4, 8).

Государственному комитету СССР по охране природы, государственным комитетам союзных республик по охране природы и их органам на местах (в пределах их компетенции) предоставлено право запрещать строительство, реконструкцию или расширение объектов промышленного и иного назначения, осуществляемых с нарушением природоохранительного законодательства (17, п. 12).

3. Порядок планирования и финансирования строительства

Планы строительства предприятий-заказчиков включают в качестве основных показателей: ввод в действие производственных мощностей и объектов материальной базы социальной сферы; объемы капитальных вложений, строительно-монтажных и подрядных работ на планируемый период; источники и объемы финансирования строительства.

По строительству за счет централизованных финансовых средств, а в предусмотренных законодательством случаях — по строительству за счет хозрасчетного дохода коллектива и других источников финансирования, предприятие формирует планы строительства, исходя из доведенных до него вышестоящим органом государственных заказов и заданий на ввод в действие производственных мощностей и объектов и выделенных ему лимитов государственных централизованных капитальных вложений, объемов строительно-монтажных и подрядных работ.

Утвержденные предприятиям лимиты государственных капитальных вложений и показатели ввода в действие производственных мощностей и объектов за счет этих капитальных вложений указываются в годовых планах капитального строительства, которые соответствующие органы хозяйственного руководства оформляют и представляют в учреждения банков СССР в сроки, установленные для доведения планов до подведомственных предприятий (34, п. 17; 51, пп. 7—8, 11, 15, приложение № 1).

Показатели ввода в действие и обеспечения капитальными вложениями, строительно-монтажными и подрядными работами объектов, создаваемых за счет хозрасчетного дохода и не предусмотренных государственными заказами и другими обязательными для него заданиями, предприятие разрабатывает самостоятельно, исходя из объема имеющихся у него собственных средств и договоров, заключенных с подрядчиками.

Планы подрядных работ формируются строительными организациями, исходя из доводимого до них в составе контрольных цифр показателя по общему объему подрядных строительно-монтажных работ и установленных им государственных заказов и заданий по вводу в действие производственных мощностей и объектов. Программа подрядных работ, не предусмотренных государственными заказами и другими плановыми заданиями, формируется строительными организациями на основе прямых договоров, заключенных с заказчиками. Строительные организации в 1989 году формируют не менее 10% своей производственной программы по прямым договорам с заказчиками, а в 1990 году — не менее 25% (12, п. 22; 35, п. 2; 37, разд. III).

Государственный заказ в капитальном строительстве устанавливается заказчикам и подрядчикам на ввод в действие важнейших производственных мощностей и объектов материальной базы социальной сферы (жилых домов, дошкольных учреждений, школ, больниц, амбулаторно-поликлинических учреждений и других объектов) за счет государственных централизованных капитальных вложений, а также по предложениям предприятий, местных Советов народных депутатов, министерств и ведомств — за счет их средств и других источников финансирования.

Строительные организации при формировании планов подрядных работ обязаны в первоочередном порядке включать в них объемы работ по созданию производственных мощностей и сооружению объектов, предусмотренных государственным заказом (12, п. 22; 37, разд. III).

Сводные планы ввода в действие жилых домов и объектов социального назначения (с выделением государственного заказа), строящихся за счет средств всех источников финансирования, разрабатываются и утверждаются Советами Министров союзных республик в составе комплексного плана экономического и социального развития союзной республики.

Задания указанных сводных планов, в том числе государственный заказ, доводятся вышестоящими органами до подведомственных предприятий-заказчиков и подрядчиков (37, разд. III).

Лимит государственных централизованных капитальных вложений доводится до предприятия-заказчика вышестоящим органом и устанавливает предельный размер централизованных средств, которые могут быть использованы для строительства объектов, включенных в государственный план (государственный заказ).

Лимиты капитальных вложений определяются отдельно по строительству объектов производственного и непроизводственного назначения с выделением затрат на жилищное строительство и другие цели. Изменение целевого назначения капитальных вложений в пределах их общего лимита допускается в случаях, установленных Советом Министров СССР. Так, начиная с 1989 года разрешено расходовать на строительство предприятий розничной торговли и общественного питания, размещаемых как в первых этажах жилых домов, так и в отдельно стоящих зданиях, до 7% капитальных вложений, выделяемых Советам Министров союзных республик, министерствам, ведомствам СССР на жилищное строительство.

Выделенный предприятию лимит централизованных капитальных вложений служит ресурсным показателем, в пределах которого предприятие может использовать централизованные средства на выполнение доведенных до него в государственном заказе заданий по вводу в действие производственных мощностей и объектов. Однако наличие этого лимита не является юридическим препятствием для осуществления предприятием любого строительства за счет хозрасчетного дохода коллектива. По отношению к предприятиям, переведенным на полный хозяйственный расчет и самофинансирование, не применяются ограничения на выполнение работ сверх лимита капитальных вложений и запреты на работы и затраты по объектам, не включенным в утвержденный предприятию план капитального строительства.

Титульный список стройки — плановый документ, в котором конкретизируются по каждой вновь начинаемой стройке и доводятся непосредственно до исполнителей плановые задания, предусмотренные в планах капитального строительства. Титульный список утверждается на весь период строительства.

В титульном списке указываются: наименование и место нахождения стройки, данные о проектно-сметной документации

тации, общие сроки строительства и задания по вводу в действие производственных мощностей и объектов, объем капитальных вложений на весь период строительства, а также ряд других основных показателей стройки. Форма титула вновь начинаемой стройки приведена в Инструкции о финансировании и кредитовании строительства (51, приложение № 2).

В соответствии с титульным списком финансируется строительство, осуществляется его материально-техническое обеспечение и заключается договор подряда на капитальное строительство между заказчиком и генеральным подрядчиком (33, п. 2, 4, 15, 18; 34, пп. 2, 17).

Титульные списки не разрабатываются на техническое перевооружение действующих предприятий, показатели которого устанавливаются в планах технического перевооружения.

Разработка и утверждение титульных списков. Проекты титульных списков разрабатываются предприятиями-заказчиками.

Предприятие согласовывает с соответствующим Советом Министров союзной республики (без областного деления), автономной республики, исполкомом местного Совета народных депутатов технико-экономические обоснования и расчеты на строительство объектов, титульные списки строек по установленным показателям (5, ст. 9, п. 4).

Предприятие, переведенное на полный хозяйственный расчет и самофинансирование, имеет право утверждать проектно-сметную документацию и титульные списки на объекты производственного и непроизводственного назначения, строительство которых ведется за счет хозрасчетного дохода коллектива предприятия и кредитов банка (5, ст. 12, п. 3).

По объектам, строительство которых осуществляется за счет централизованных финансовых средств, титульные списки строек утверждаются в зависимости от назначения, сметной стоимости и источников финансирования строительства министерствами, ведомствами СССР, Советами Министров союзных республик, центральными органами общественных организаций (в предусмотренных случаях по согласованию с Госпланом СССР), либо в порядке, ими определяемом.

План технического перевооружения разрабатывается предприятием и устанавливает в числе показателей повышения технико-экономического уровня производства ввод в действие (прирост) производственных мощностей и основных фондов, объем капитальных вложений на техническое перевооружение с распределением по годам. При разработке планов технического перевооружения предприятия используют принятые министерствами (ведомствами) отраслевые методики по планированию технического перевооружения. Для открытия финансирования или кредитования затрат на техническое перевооружение в учреждение банка представляется выписка из плана технического перевооружения по форме, предусмотренной в Инструкции о финансировании и кредитовании строительства (51, приложение № 7).

Показатели ввода в действие (прироста) производственных мощностей и основных фондов, объемы капитальных вложений, а также другие показатели технического перевооружения за счет фонда развития производства, науки и техники или другого аналогичного фонда предприятие устанавливает в плане самостоятельно (12, п. 19).

План технического перевооружения сообщается предприятием вышестоящей организации для учета предусмотренных в нем мероприятий в планах министерств (ведомств) и решения вопросов о выделении предприятию на обеспечение технического перевооружения лимитов строительно-монтажных и подрядных работ, а в необходимых случаях — и государственных централизованных капитальных вложений.

Внутрипостроечный титульный список разрабатывается и утверждается предприятием-заказчиком на каждый планируемый год строительства. В этом плановом документе по предприятию (стройке) в целом и отдельным пусковым комплексам, очередям и объектам производственного назначения, объектам социального назначения и видам затрат указываются: месяц и годы начала и окончания строительства (в сравнении со сроком строительства по нормам его продолжительности), данные о вводе в действие в текущем году производственных мощностей и основных фондов; сметная стоимость строительства и ее остаток к началу года, объем (лимиты) капитальных вложений на планируемый год.

Внутрипостроечный титульный список является документом, который предприятие обязано составлять и оформлять в соответствии с требованиями, установленными Правилами финансирования и кредитования строительства (34, п. 17; 51, пп. 15, 17, 21, 38, приложение № 4). На практике предприятия разрабатывают и используют внутрипостроечные титульные списки в качестве документов, которые устанавливают на планируемый год основные показатели строительства, осуществляемого предприятием за счет всех источников его финансирования.

Общие требования к актам планирования строительства. В планы капитального строительства, планы подрядных работ, титульные списки строек, планы технического перевооружения, внутрипостроечные титульные списки включаются только те стройки и объекты, по которым обеспечены:

разработка и утверждение в необходимом объеме проектно-сметной документации. В планы могут включаться только объекты строительства, проектные и технико-экономические характеристики которых соответствуют высшим современным и прогнозируемым научно-техническим и экономическим достижениям (12, п. 20). При отсутствии проектно-сметной документации учреждения банков прекращают финансирование и кредитование строительства (51, п. 101), а строительная организация вправе не заключать с заказчиком договор подряда на капитальное строительство (33, п. 13);

соблюдение норм продолжительности строительства. Эти нормы утверждаются Госстроем СССР и Госпланом СССР и должны использоваться при определении в актах планирования капитального строительства, составляемых и утверждаемых на всех уровнях управления, сроков ввода в действие производственных мощностей и объектов, размеров строительных заделов на планируемый период, объемов капитальных вложений и строительно-монтажных работ. Учреждения банков СССР не принимают к финансированию и не кредитуют строительство объектов, по которым в планах капитальные вложения и объемы строительно-монтажных работ выделены в меньших размерах, чем это необходимо для их строительства в нормативные сроки (9, пп. 2—5; 34, п. 1; 51, пп. 8, 103; 39, пп. 1—5);

согласованное развитие производственной и социальной сфер. При формировании планов на всех уровнях управления должны в приоритетном порядке выделяться средства на решение задач социального развития, ликвидацию отставания в жилищном и социально-культурном строительстве. На развитие материально-технической базы социальной сферы предприятия могут использовать высвобожденные капитальные вложения, предназначенные для сооружения производственных объектов (15, п. 5). С согласия трудового коллектива часть фонда развития производства, науки и техники может быть направлена в фонд социального развития для финансирования жилищного строительства (5, ст. 3, п. 5).

Для обеспечения выполнения в 1988—1990 годах строительства объектов социального назначения Советам Министров союзных республик, министерствам, ведомствам СССР предложено направлять дополнительно на строительство жилых домов и других объектов социально-культурного развития не менее 10% капитальных вложений (на строительно-монтажные работы), предназначенных на строительство объектов производственного назначения (11, п. 5).

По заказчикам, осуществляющим в комплексе производственное строительство и строительство жилья, детских дошкольных учреждений и других объектов социального назначения, должна обеспечиваться увязка сроков ввода в действие этих объектов со сроками ввода в действие производственных мощностей. Планы, составляемые с отступлением от этих требований, не принимаются к финансированию (51, п. 11);

соответствие между показателями актов планирования строительства. Устанавливаемые в планах предприятий, министерств и ведомств показатели ввода в действие производственных мощностей и объектов, создаваемых за счет централизованных средств, должны соответствовать заданиям государственных планов экономического и социального развития (государственным заказам). По конкретным стройкам показатели, предусмотренные в планах строительства, должны соответствовать утвержденным титульным спискам. Министерствам, ведомствам, предприятиям запрещено согласовывать планы подрядных работ, если они не соответствуют титульным спискам строек (9, п. 3). Учреждения банков контролируют сбалансированность объемов строительства с финансовыми ресурсами. Если общая сумма источников финансирования меньше предусмотренной планами строительства, финансирование капитальных вложений не производится до полного приведения в соответствие планов финансирования и планов строительства (51, пп. 14, 103).

Открытие финансирования стройки. Предприятия, ведущие строительство за счет средств фонда развития производства, науки и техники, фонда социального развития и других аналогичных фондов, представляют учреждению банка для оформления финансирования и кредитования капитальных вложений:

по реконструкции и расширению действующих производств — титульные списки строек (при продолжительности строительства более одного года), внутрипостроечные титульные списки, копии сводных сметных расчетов стоимости строительства, договоры подряда (при подрядном способе ведения работ), расчет экономической эффективности намечаемых мероприятий (в случае получения долгосрочного кредита банка);

по техническому перевооружению действующих производств — выписки из планов технического перевооружения, сметы на отдельные виды работ и затрат, договоры подряда (при подрядном способе ведения работ), а в случае получения кредита, кроме того, — расчет экономической эффективности намеченных мероприятий;

по строительству объектов непроизводственного назначения — титульные списки строек (при продолжительности строительства более одного года), внутрипострочные титульные списки, копии сводного сметного расчета стоимости строительства, договоры подряда (при подрядном способе ведения работ), заявление-обязательство с указанием сроков погашения кредита (при строительстве объектов с привлечением долгосрочного кредита банка).

Для финансирования и кредитования государственных централизованных капитальных вложений министерства, ведомства и их организации с управленческими функциями представляют банкам годовые планы капитального строительства, планы финансирования капитальных вложений и титульные списки вновь начинаемых строек в сроки, установленные для доведения планов до подведомственных предприятий. Кроме того, заказчики для оформления финансирования представляют до 1 января планируемого года в учреждения банков договоры подряда, внутрипостроечные титульные списки и копии сводных сметных расчетов стоимости строительства. По переходящим стройкам финансирование и кредитование продолжаются непрерывно на основании титульных списков на весь период строительства и договоров подряда при получении учреждениями банка планов капитального строительства, планов финансирования капитальных вложений и внутрипостроечных титульных списков на планируемый год (34, п. 17; 51, пп. 15, 21).

Заключение о принятии к финансированию стройки (объекта, комплекса мероприятий) составляется учреждением банка по форме, установленной Инструкцией о финансировании и кредитовании строительства (51, приложение № 5) после проверки соответствия всех документов, представленных для оформления финансирования, предъявляемым требованиям. Основания для отказа в принятии стройки к финансированию указываются в заключении, сообщаются заказчику и, при необходимости, генеральному подрядчику (51, пп. 8—20, 21).

Долгосрочный кредит на капитальные вложения учреждения банков представляют предприятию при недостатке у него средств фонда развития производства, науки и техники, фонда социального развития или других аналогичных фондов. Для оформления кредита предприятие представляет учреждению банка документы, на основании которых открывается финансирование капитальных вложений за счет средств указанных фондов.

При необходимости получения кредита следует иметь в виду, что в новых условиях хозяйствования все вопросы, связанные с планированием, выдачей и погашением кредитов, уменьшением или увеличением процентных ставок, предприятия решают в местных учреждениях банков на основе кредитных договоров, определяющих взаимные обязательства и экономическую ответственность сторон (13, п. 9).

4. Разработка, согласование, утверждение и передача подрядчику проектно-сметной документации

<u>Проект, рабочий проект, сметная и рабочая документация.</u> На новое строительство, расширение, реконструкцию и техническое перевооружение предприятий, зданий, сооружений составляются:

<u>при двухстадийном проектировании</u> — проект со сводным сметным расчетом стоимости строительства и рабочая документация со сметами;

при одностадийном проектировании — <u>рабочий проект со сводным сметным расчетом стоимости строительства</u>. Рабочая документация со сметами разрабатывается в составе рабочего проекта и параллельно с его другими материалами.

Проект (рабочий проект) со сводным сметным расчетом подлежит утверждению в установленном порядке. Материалы проекта представляются на утверждение в полном составе. В состав утверждаемых материалов рабочего проекта не включается рабочая документация (со сметами, составленными по рабочим чертежам), если иного не требуют инструкции и правила по проектированию.

Рабочая документация применяется в строительстве после ее проверки и принятия заказчиком от проектной организации.

При строительстве подрядным способом проектно-сметная документация в объеме и составе, предусмотренных законодательством, подлежит до ее утверждения или применения согласованию с подрядчиком (7, пп. 13, 16; 40).

Совмещение проектирования и строительства. По общему правилу, рабочая документация может разрабатываться и выдаваться заказчику после составления и утверждения проекта (рабочего проекта), а строительство начинаться при наличии утвержденного проекта (рабочего проекта) и рабочей документации на объем работ, подлежащий выполнению <u>в планируемом году</u> (33, пп. 13, 17; 40, п. 3.5).

В целях сокращения <u>инвестиционного цикла</u> из указанного правила сделаны исключения:

а) проектно-промышленно-строительным (проектно-строительным) объединениям, всем строительным, строительно-монтажным и другим организациям, возводящим жилые дома и другие объекты социального назначения (кроме крупных общественных зданий и сооружений), предоставлено право разрабатывать и передавать в <u>производство рабочую документацию в объемах и сроки, учитывающие технологическую последовательность и конкретные условия строительства</u>. Разрабатывается рабочая документация в таких случаях на основании утвержденных проектов застройки микрорайонов, кварталов и градостроительных комплексов, а для отдельных зданий и сооружений, которые строятся по типовым и повторно применяемым проектам, — на основании технико-экономических расчетов (36, пп. 1—2);

б) предприятиям, выполняющим за счет собственных средств работы по техническому перевооружению и реконструкции действующих производств хозяйственным способом, предоставлено право самостоятельно устанавливать сроки разработки и выдачи проектно-сметной документации в зависимости от конкретных условий производства работ (9, п. 24);

в) по крупным стройкам с длительным сроком проектирования в исключительных случаях с разрешения министерства и ведомства СССР или Совета Министров союзной республики рабочая документация может разрабатываться на объем первого года строительства предприятия (сооружения) до утверждения проекта, а подготовительные и строительно-монтажные работы по ней выполняются в объемах, согласованных с Госпланом СССР (40, п. 1.6).

Разработка и выдача в строительное производство проектно-сметной документации до составления и утверждения проекта (рабочего проекта) допускается также в ряде других случаев, предусмотренных решениями Правительства СССР.

ТЭО И ТЭР. Решения о проектировании строительства объектов принимаются и проекты разрабатываются: по крупным и сложным предприятиям и сооружениям, определяемым Госпланом СССР и Госстроем СССР, — на основании технико-экономических обоснований (ТЭО); по другим предприятиям, зданиям и сооружениям—на основании технико-экономических расчетов (ТЭР), обосновывающих хозяйственную необходимость и экономическую целесообразность их строительства; по важнейшим народнохозяйственным объектам — на основании решений Правительства СССР.

В ТЭО (ТЭР) устанавливается стадийность разработки проектно-сметной документации:в две стадии — проект и рабочая документация или в одну стадию — рабочий проект (32, п. 5).

Состав, порядок разработки и утверждения ТЭО и ТЭР определяются указаниями, утвержденными Госпланом СССР и Госстроем СССР.

Задание на проектирование предприятий, зданий и сооружений составляется заказчиком проекта с участием проектной организации на основании утвержденных ТЭО (ТЭР). Задания на проектирование утверждаются в порядке, определяемом министерствами (ведомствами) СССР и Советами Министров союзных республик (40, п. 1.17).

По объектам, строительство которых осуществляется предприятиями, переведенными на полный хозрасчет и самофинансирование, за счет хозрасчетного дохода или кредитов банка, задания на проектирование утверждаются этими предприятиями.

Способы проектирования. Предприятие, переведенное на полный хозрасчет и самофинансирование, имеет право разрабатывать собственными силами или на договорных началах проектно-сметную документацию на работы по техническому перевооружению, реконструкции и расширению действующего производства, а также на строительство объектов непроизводственного назначения (5, ст. 12, п. 3).

Проектно-изыскательские работы финансируются за счет средств централизованных капитальных вложений или фондов предприятий. В составе лимита централизованных капитальных вложений, доводимого до предприятия, лимит проектно-изыскательских работ не выделяется. За счет фонда развития производства, науки и техники, фонда социального развития и других аналогичных фондов предприятие может финансировать разработку ТЭО, ТЭР, проектных и изыскательских работ в пределах имеющихся у него на счетах соответствующих средств (53).

Открытие финансирования разработки ТЭО, ТЭР, проектных и изыскательских работ за счет средств централизованных капитальных вложений осуществляется учреждениями банков на основании документов, подтверждающих выделение предприятию соответствующих лимита капитальных вложений и финансовых средств (плана капитального строительства и плана финансирования), а также договора на выполнение этих работ.

Финансирование и расчеты по договорам на разработку проектно-сметной документации за счет фондов предприятий ведутся учреждениями банков:

при техническом перевооружении — на основании платежных документов;

при реконструкции, расширении действующих предприятий, а также строительстве объектов непроизводственного назначения — на основании договора (53).

Договоры на проектирование заключаются государственными проектно-изыскательскими и другими организациями-подрядчиками (исполнителями) с государственными, кооперативными и общественными организациями (предприятиями)-заказчиками проектно-сметной документации. Договоры, исполнителями по которым являются организации, переведенные на полный хозяйственный расчет и самофинансирование, заключаются и исполняются сторонами в соответствии с порядком, установленным Положением о договорах на создание (передачу) научно-технической продукции (45). В приложениях к данному Положению приведены Примерный договор на создание (передачу) научно-технической продукции, календарный план работ, протокол соглашения о договорной цене, акт сдачи-приемки научно-технической продукции. Исполнители и заказчики проектной продукции могут использовать эти документы при оформлении договорных отношений, учитывая, что требования к проектной продукции, продолжительность проектирования, стоимость работы и другие условия договоров должны соответствовать нормам, правилам, инструкциям по проектированию.

Сроки проектирования устанавливаются в договоре в соответствии с нормами продолжительности проектирования с учетом необходимости обеспечить разработку проекта (рабочего проекта), его утверждение и выдачу рабочей документации на годовой объем строительно-монтажных работ генеральному подрядчику по строительству не позднее 1 июня года, предшествующего планируемому (33, п. 17).

Указанные требования не применяются в тех случаях,

когда законодательством допускаются разработка и передача в производство проектно-сметной документации в объемах и сроки, самостоятельно установленные предприятиями с учетом технологической последовательности и конкретных условий строительства, и, в частности: при совмещении проектирования и строительства жилых домов и других объектов социального назначения (36); при осуществлении предприятиями за счет собственных средств работ по техническому перевооружению и реконструкции действующих производств хозяйственным способом (9, п. 24).

Договорная цена проектной продукции определяется исполнителем и заказчиком проектно-сметной документации на основании Сборника цен на проектные работы для строительства, состоящего из Общих указаний по применению Сборника цен на проектные работы для строительства, утвержденных Госстроем СССР, и разделов Сборника, утверждаемых соответствующими министерствами и ведомствами по согласованию с Госстроем СССР (47). В состав договорной цены могут быть включены не предусмотренные Сборником дополнительные приплаты (отчисления из средств заказчика) за срочность исполнения работ, совершенствование проектных решений и т. д.

Договорная цена устанавливается сторонами на стадии заключения договора и может быть изменена только по соглашению сторон. Работы оплачиваются по договорной цене и в случаях, когда исполнитель снизил фактические затраты на выполнение работ без ухудшения их качества. Превышение затрат по сравнению с договорной ценой, допущенное исполнителем без согласования с заказчиком, компенсируется им за счет собственных средств (16, п. 8; 45, п. 14).

Порядок сдачи и приемки работ определяется исполнителем и заказчиком проектно-сметной документацией в договоре. Сторонами могут быть использованы рекомендации о порядке сдачи и приемки работ, содержащиеся в Примерном договоре на создание (передачу) научно-технической продукции, и формы актов сдачи-приемки научно-технической продукции, приведенные в приложении к Положению о договорах на создание (передачу) научно-технической продукции (45, приложения № 1 и 4).

Все материалы рабочего проекта (за исключением рабочей документации) и проекта передаются заказчику проектной организацией — генеральным проектировщиком в четырех экземплярах, а субподрядной проектной организацией — генеральному проектировщику в пяти экземплярах.

Рабочие чертежи зданий и сооружений, ведомости объемов строительных и монтажных работ, ведомости и сводные ведомости потребности в материалах передаются заказчику в трех экземплярах, а объектные и локальные сметы, сборники спецификаций оборудования, чертежи металлических конструкций (КМ), технологических трубопроводов, воздуховодов, а также проектно-сметная документация на строительство зданий и сооружений, входящих в состав пускового комплекса, — в четырех экземплярах. Кроме указанного числа экземпляров рабочих чертежей, ведомостей объемов строительных и монтажных работ и смет, проектно-сметная документация выдается на отдельные виды строительных и монтажных работ, выполняемых субподрядными специализированными строительными и монтажными организациями, из расчета, чтобы каждая из этих организаций имела по два экземпляра чертежей по видам выполняемых ею работ, а также по одному экземпляру объектных и локальных смет.

Рабочие чертежи типового проекта, по которому на одной площадке должно осуществляться строительство нескольких одинаковых зданий или сооружений, выдаются в полном числе экземпляров только для одного из этих зданий и сооружений, а для остальных — по два экземпляра.

По согласованию со строительно-монтажными организациями число экземпляров выдаваемых рабочих чертежей может быть сокращено.

Субподрядная специализированная проектная организация должна выдавать генеральному проектировщику рабочую документацию на один экземпляр больше установленного выше числа экземпляров.

При наличии технической возможности проектные организации выдают по просьбе подрядной строительно-монтажной организации сметную документацию на магнитных носителях, а по просьбе заказчика — дополнительное число экземпляров рабочей документации (40, пп. 2.1 и 3.6).

Порядок расчетов за проектную продукцию определяется сторонами в договоре. Они могут предусмотреть единовременную оплату проектной продукции в установленный ими срок со дня подписания акта сдачи-приемки и оплату проектной продукции в виде платежей по согласованным срокам (по этапам выполнения работ, за работы, выполненные в течение месяца, квартала, иного периода и т. п.).

Договором может быть предусмотрена выплата исполнителю аванса в размерах и сроки, определяемые соглашением сторон (45, пп. 15—17).

На практике стороны обычно оплачивают работы путем акцепта заказчиком платежного требования, выставленного исполнителем в учреждение банка на основании документа, являющегося основанием для расчетов (акта сдачи-приемки работ; актов (справок) о выполненных объемах работ). Сумма аванса перечисляется исполнителю на основании платежного поручения заказчика.

Согласование проектно-сметной документации с органами государственного надзора. Проектно-сметная документация, разработанная в соответствии с нормами, правилами, инструкциями и стандартами (что должно быть удостоверено соответствующей записью главного инженера проекта в материалах проекта), не подлежит согласованию с органами государственного надзора.

Рабочие чертежи, разработанные в соответствии с утвержденным проектом (рабочим проектом), согласованию не подлежат.

Документация, выполненная с обоснованными отступлениями от действующих норм, правил государственных стандартов и инструкций, подлежит согласованию в части этих отступлений с органами государственного надзора и организациями, утвердившими их.

Согласование должно проводиться только в одной инстанции данного органа (организации). Документация должна быть рассмотрена (с оформлением необходимого заключения) в срок до 15 дней и в отдельных случаях до 30 дней, а при разногласиях — передана на совместное рассмотрение заинтересованным министерствам, ведомствам и соответствующим союзным или республиканским органам государственного надзора, которые должны в недельный срок принять соответствующее решение. При наличии разногласий между министерствами, ведомствами и указанными органами окончательное решение принимают соответственно Госстрой СССР или госстрой союзной республики в недельный срок после представления проектной документации (7, п. 17; 25; 40, п. 5.1).

Согласование проектно-сметной документации с генеральной подрядной строительно-монтажной организацией осуществляется заказчиком. Согласованию подлежат раздел проекта (рабочего проекта) по организации строительства, а также сметы, составленные по рабочим чертежам.

Генеральная подрядная строительно-монтажная организация рассматривает с привлечением субподрядных организаций указанные материалы проекта и сметы и представляет заказчику замечания в срок не более 45 дней со дня получения материалов. При неполучении замечаний в этот срок документация считается согласованной и может быть утверждена заказчиком.

Конструктивные решения зданий и сооружений и сводный сметный расчет стоимости строительства представляются заказчиком подрядной организации на заключение.

По поручению заказчика генеральный проектировщик вносит в проектно-сметную документацию изменения, вытекающие из принятых заказчиком замечаний генеральной подрядной строительно-монтажной организации, в месячный срок с момента поручения заказчика (7, п. 16; 40, п. 5.3).

Порядок экспертизы проектов и смет на объекты производственного и непроизводственного назначения, которые строятся за счет собственных средств предприятий, переведенных на полный хозяйственный расчет и самофинансирование, а также за счет кредитов банка, определяется этими предприятиями. Органы государственной экспертизы проектов и смет могут привлекаться предприятиями для выполнения соответствующих работ и оказания методологической помощи на взаимно согласованных условиях с оплатой работ (услуг) за счет хозрасчетного дохода предприятия.

Проекты и сметы на строительство (реконструкцию) объектов за счет государственных централизованных капитальных вложений до их утверждения подвергаются государственной экспертизе в следующем порядке (кроме случаев, когда решениями Правительства СССР установлен иной порядок): а) проекты и сметы на строительство (реконструкцию) объектов сметной стоимостью 4 млн. руб. и выше подвергаются экспертизе министерствами и ведомствами СССР (по всем входящим в их систему стройкам) и госстроями союзных республик (проекты и сметы, подлежащие утверждению Советами Министров союзных республик); б) проекты и сметы на строительство (реконструкцию) объектов сметной стоимостью до 4 млн. руб. (а в отдельных случаях, установленных решениями Правительства СССР, и выше) подвергаются экспертизе в порядке, установленном по подведомственным им стройкам министерствами и ведомствами СССР или Советами Министров союзных республик (23, п. 2).

Заключение экспертизы направляется органом, осуществившим экспертизу, инстанции, утверждающей проект, организациям, разработавшим и представившим проект на экспертизу, а также в их вышестоящие организации.

Утверждение проектно-сметной документации. Предприятия, переведенные на полный хозяйственный расчет и самофинансирование, имеют право утверждать проектно-сметную документацию на объекты производственного и непроизводственного назначения, строящиеся за счет хозрасчетного дохода коллектива предприятия и кредитов банка (5, ст. 12, п. 3).

Проекты на строительство предприятий, зданий и сооружений (кроме случаев, когда решениями Правительства СССР установлен иной порядок) утверждаются:

по стройкам сметной стоимостью на полное развитие 4 млн. руб. и выше (в том числе осуществляемым предприятиями, переведенными на полный хозяйственный расчет и самофинансирование, за счет государственных централизованных капитальных вложений) — министерствами и ведомствами СССР (по всем входящим в их систему стройкам), а также Советами Министров союзных республик;

по стройкам сметной стоимостью на полное развитие менее 4 млн. руб. (в том числе осуществляемым предприятиями, переведенными на полный хозяйственный расчет и самофинансирование, за счет государственных централизованных капитальных вложений) — в порядке, устанавливаемом министерствами и ведомствами СССР, а также Советами Министров союзных республик (7, п. 19).

Передача подрядчику проектно-сметной документации. Заказчик передает генеральному подрядчику не позднее 1 июня года, предшествующего планируемому:

по вновь начинаемым стройкам утвержденную проектно-сметную документацию, в составе которой определена договорная цена, — в двух экземплярах;

рабочую документацию на объем работ, подлежащий выполнению в планируемом году, в составе, установленном нормативными документами по проектированию, — в двух экземплярах. Объектные и локальные сметы, чертежи металлических конструкций, технологических трубопроводов и воздуховодов, проектно-сметная документация пусковых комплексов передаются в трех экземплярах. Для каждой субподрядной организации, независимо от ведомственной подчиненности, заказчик передает по два экземпляра рабочих чертежей и одному экземпляру объектных и локальных смет на выполняемые ими работы;

материалы обследований действующих предприятий, зданий и сооружений, подлежащих расширению, реконструкции и техническому перевооружению, — в одном экземпляре.

При разработке строительной части рабочей документации генеральным подрядчиком последний обязан передать заказчику в указанный срок один экземпляр документации.

При строительстве двумя и более строительными организациями — генеральными подрядчиками заказчик обязан передать каждому генеральному подрядчику проектно-сметную документацию, в части выполняемых ими работ с указанием их доли, определенной в договорной цене.

В случае, когда в переданную генеральному подрядчику рабочую документацию заказчик вносит изменения в установленном порядке, он обязан не позднее чем за 45 дней до начала работ по измененной документации передать генеральному подрядчику уточненную документацию в указанном выше количестве экземпляров, а также возместить генеральному подрядчику все затраты и убытки, понесенные в связи с внесением изменений в рабочую документацию, и уточнить по согласованию с генеральным подрядчиком договорную цену.

Техническая документация, составленная на иностранном языке, передается генеральному подрядчику переведенной на русский язык (33, п. 17).

Ответственность разработчика за качество проекта. Проектная организация обязана по требованию заказчика устранить своими силами и средствами и за свой счет в кратчайший, согласованный с заказчиком технически возможный срок, допущенные по ее вине дефекты в проектной документации. В случае неустранения указанных дефектов в срок, согласованный сторонами, проектная организация уплачивает заказчику неустойку в размере 4% стоимости проектных работ, подлежащих исправлению. Уплата неустойки не освобождает проектную организацию от устранения дефектов (20, п. 26).

Предприятие вправе не принимать у разработчиков проектной документации устаревшие проекты (5, ст. 12, п. 3).

При передаче предприятию некачественной проектной документации оно имеет право расторгнуть в одностороннем порядке договор с разработчиком и потребовать возмещения убытков, возникших в результате расторжения договора (5, ст. 15, п. 4).

За завышение объемов и стоимости проектных работ в документах, служащих основанием для получения денежных средств, организации, выполняющие эти работы, уплачивают банку штраф в размере 7% сумм завышений. При выполнении работ подрядным способом он взыскивается поровну с заказчика и подрядчика (30, п. 2).

Со счетов государственных организаций сумма штрафа списывается банком в бесспорном порядке. Штрафы с кооперативов учреждения банка взыскивают с их письменного согласия, либо через суд или арбитраж.

Ответственность за неиспользование проектно-сметной документации применяется в случаях, когда документация, затраты на разработку которой произведены за счет государственных централизованных капитальных вложений, не использована в строительстве в плановый срок. Срок использования документации считается нарушенным, если проектируемый объект не включен в план капитального строительства, установленный на период, в котором должна была применяться документация. При неиспользовании документации в плановый срок затраты на ее разработку возмещаются в союзный бюджет по новому строительству — за счет средств министерств и ведомств (по стройкам исполкомов местных Советов народных депутатов — за счет средств превышения доходов над расходами по соответствующим бюджетам), по строительству на действующих предприятиях — за счет результатов их хозяйственной деятельности. Контролируют внесение в бюджет указанных средств учреждения банков, обслуживающие заказчиков (32, п. 17).

Ответственность за задержку передачи проектно-сметной документации. Заказчик уплачивает подрядчику за задержку передачи проектно-сметной документации, указанной в п. 17 Правил о договорах подряда на капитальное строительство, штраф в размере 250 руб. за каждый день просрочки.

За нарушение сроков передачи строительной части рабочей документации, предусмотренной п. 17 Правил о договорах подряда на капитальное строительство, подрядчик уплачивает заказчику штраф в размере 250 руб за каждый день просрочки (33, п. 32).

Ответственность за непредоставление документации, указанной в п. 17 Правил о договорах подряда на капитальное строительство, наступает независимо от того, заключен ли к моменту рассмотрения спора договор между сторонами. Претензии за задержку передачи документации предъявляются на основании титульных списков, утвержденных на весь период строительства, а в случае их отсутствия — на основании иных документов, определяющих стороны по договору.

Представление ненадлежаще оформленной документации (не согласованной или не утвержденной в надлежащем порядке и др.) должно приравниваться к непредставлению документации и влечет за собой ответственность. Санкции взыскиваются не только в случаях, когда не представлена или представлена с нарушением срока вся документация, но и когда хотя бы один из документов не представлен или представлен несвоевременно.

5. Заключение договоров подряда на капитальное строительство

Договоры подряда и субподряда. Договор подряда заключается заказчиком с генеральным подрядчиком (строительно-монтажным трестом, проектно-строительным объединением или другой приравненной к тресту организацией) на весь период нового строительства, расширения, реконструкции и технического перевооружения предприятий, зданий, сооружений или их очередей (33, пп. 2, 13).

Договоры субподряда заключаются генеральным подрядчиком с субподрядными организациями (субподрядчиками) на выполнение отдельных видов и комплексов работ для обеспечения ввода в действие производственных мощностей, объектов и сооружений, жилых домов и других объектов социального назначения (44, пп. 1—3).

Типовые договоры и особые условия к договору. Типовой договор подряда на капитальное строительство утвержден Госстроем СССР, Стройбанком СССР и Госбанком СССР (42). Типовой договор субподряда на выполнение отдельных видов и комплексов работ утвержден Госстроем СССР и Госпланом СССР (44, приложение № 1).

Договоры подряда (субподряда), заключаемые сторонами, должны соответствовать указанным типовым договорам. Особенности взаимоотношений сторон могут предусматриваться в особых условиях к договору.

В тексте договоров не должны содержаться пункты, противоречащие законодательству, а также не относящиеся к взаимоотношениям сторон по договору и повторяющие текст Правил о договорах подряда на капитальное строительство и других нормативных актов.

Общий срок заключения договора. Правилами о договорах подряда на капитальное строительство предусмотрено, что эти договоры должны заключаться не позднее 60 дней после утверждения Государственного плана экономического и социального развития СССР на соответствующий год (33, пп. 13, 18). Этими Правилами следует руководствоваться, если Правительством СССР на соответствующий плановый период не установлены иные сроки заключения договоров. В целях обеспечения заключения договоров подряда на капитальное строительство до утверждения Верховным Советом СССР государственного плана на соответствующий год Совет Министров СССР принимал решения о заключении этих договоров не позднее конкретной даты (15 октября, 15 ноября) года, предшествующего планируемому. В таких случаях соответственно уточнялся и срок, начиная с которого заказчик и подрядчик обязаны совершать действия, необходимые для заключения договора.

Порядок заключения договора. Для составления генеральным подрядчиком проекта договора подряда заказчик обязан в 15-дневный срок со дня принятия Государственного плана экономического и социального развития СССР на соответствующий год передать генеральному подрядчику следующую документацию:

утвержденный в установленном порядке титульный список вновь начинаемой стройки;

график передачи на первый год строительства оборудования, материалов и изделий, обеспечение которыми возложено на заказчика, с указанием помесячного срока передачи. Этот график составляется на основе планов поставок, представляемых заказчику министерствами и ведомствами, комплектующими организациями и органами снабжения, и строго увязывается со сроками выполнения строительно-монтажных работ и ввода в действие производственных мощностей и объектов;

график выполнения пусконаладочных работ в случае ввода в действие объекта строительства в планируемом году;

график совмещения строительно-монтажных работ и производственных процессов основной деятельности предприятия, разработанный заказчиком в соответствии с титульным списком, с указанием в необходимых случаях сроков временной остановки предприятия (производства) для создания безопасных условий производства работ по расширению, реконструкции и техническому перевооружению действующих предприятий;

копию государственного акта на право пользования землей, решения об отводе мест для складирования излишнего грунта и строительного мусора, карьеров для добычи недостающего грунта, мест для складирования резерва грунта и плодородного слоя почвы, необходимых для рекультивации земель.

На каждый последующий год графики передаются в сроки, предусмотренные в особых условиях к договору подряда.

При строительстве двумя и более строительными организациями — генеральными подрядчиками заказчик обязан передать для составления проекта договора подряда каждому генеральному подрядчику на выполняемый им объем работ выписки из предусмотренных настоящим пунктом документов или их копии.

Генеральный подрядчик обязан в 20-дневный срок со дня получения указанной документации рассмотреть ее совместно с субподрядчиками и представить заказчику проект договора подряда с графиком строительно-монтажных работ по стройке в целом с учетом нормативных сроков продолжительности строительства и с определенными по кварталам на планируемый год заданиями по пусковым комплексам, технологическим этапам, отдельным объектам и сооружениям.

На каждый последующий год квартальные задания передаются в сроки, предусмотренные в особых условиях к договору подряда.

Заказчик обязан в 10-дневный срок со дня получения от генерального подрядчика проекта договора подряда подписать его и возвратить генеральному подрядчику. При наличии возражений заказчик обязан составить протокол разногласий и направить его в этот же срок генеральному подрядчику вместе с подписанным договором подряда (33, пп. 18—19).

Урегулирование разногласий по договору. Генеральный подрядчик обязан в 15-дневный срок со дня получения от заказчика подписанного договора подряда с протоколом разногласий урегулировать с заказчиком разногласия, а при недостижении согласия передать споры по графикам совмещения строительно-монтажных работ и производственных процессов основной деятельности предприятия, графикам передачи оборудования, материалов и изделий, обеспечение которыми возложено на заказчика, графикам выполнения пусконаладочных и строительно-монтажных работ на разрешение вышестоящих организаций, а по другим вопросам — в арбитраж или суд.

Если разногласия не переданы на рассмотрение указанным органам в срок, то предложения заказчика считаются принятыми.

Спорные вопросы разрешаются вышестоящими организациями в 15-дневный срок (33, п. 19).

Понуждение к заключению договора. Если подрядчик или заказчик необоснованно отказался или уклоняется от заключения договора на строительство объектов, предусмотренных государственным заказом, другая сторона вправе обратиться в арбитраж или другой орган, которому подведомствен спор, с заявлением о понуждении заключить договор. Заявление заказчика об обязании подрядчика заключить договор не подлежит удовлетворению, если заказчик не передал подрядчику нужную для составления проекта договора документацию или часть ее.

Ответственность за нарушение сроков заключения договоров. При нарушении общего срока заключения договоров, установленного п. 13 Правил о договорах подряда на капитальное строительство, виновная сторона уплачивает другой стороне ежедневно (до заключения договора) пеню в размере 0,05% от стоимости годового объема строительно-монтажных работ, но не более 1000 руб. в день (33, п. 32).

Вина заказчика или подрядчика в срыве срока заключения договора может быть выражена в задержке одной из сторон другой стороне документации необходимой для составления и рассмотрения проекта договора.

За задержку передачи заказчиком подрядчику документации для составления проекта договора, задержку подрядчиком направления заказчику проекта договора подряда, задержку направления заказчиком подрядчику подписанного договора подряда виновная сторона уплачивает другой стороне штраф в размере 250 руб. за каждый день просрочки (33, п. 32).

Санкции за нарушение общего срока заключения договора подряда или задержку передачи соответствующей договорной документации взимаются с виновной стороны за весь период просрочки в оформлении договора. Следует учитывать, что к требованиям о взыскании этих санкций применяется шестимесячный срок исковой давности, который исчисляется отдельно по каждому дню просрочки.

Изменение договора. Стороны могут заключать дополнительные соглашения к договору подряда в случае пересмотра в действующем порядке проектной документации и титульного списка стройки. Заключение дополнительного соглашения и исполнение обязательств по нему осуществляются в порядке, установленном для договора подряда. Особые условия к договору подряда могут уточняться ежегодно (33, п. 16).

Для оформления дополнительных соглашений должны применяться Типовое дополнительное соглашение к договору подряда на капитальное строительство (42) и Типовое дополнительное соглашение к договору субподряда на выполнение отдельных видов и комплексов работ (44, приложение № 2). Соглашение сторон об уточнении особых условий может оформляться путем составления документов, подписываемых обеими сторонами, обмена письмами, телеграммами, телетайпограммами.

6. Распределение обязанностей по договору между заказчиком и подрядчиком

По договору подряда на капитальное строительство организация-подрядчик обязуется своими силами и средствами построить и сдать организации-заказчику предусмотренный планом объект в соответствии с утвержденной проектно-сметной документацией и в установленный срок, а заказчик — предоставить подрядчику строительную площадку, передать ему утвержденную проектно-сметную документацию, обеспечить своевременное финансирование строительства, принять законченные строительством объекты и оплатить их (1, ст. 67).

Заказчик обязан:

предоставить генеральному подрядчику площадку (трассу) для строительства предприятия, здания, сооружения и передать ему утвержденную в надлежащем порядке проектно-сметную документацию, обеспечить своевременное открытие и непрерывность финансирования строительства и оплату выполненных строительно-монтажных работ;

осуществить комплектную передачу генеральному подрядчику оборудования, материалов и изделий, поставка которых возложена на заказчика, в соответствии с графиками их передачи, строго увязанными со сроками выполнения строительно-монтажных работ и ввода в действие мощностей и объектов;

обеспечить в согласованные с генеральным подрядчиком сроки выполнения работ по договорам, заключенным заказчиком непосредственно с монтажными или иными специализированными строительными организациями, машиностроительными предприятиями и объединениями, а также пусконаладочными организациями;

своевременно укомплектовать подлежащие вводу в действие объекты эксплуатационными кадрами, обеспечить эти объекты сырьем и энергоресурсами, провести комплексное опробование их оборудования, принять от генерального подрядчика по акту рабочей комиссии законченные объекты строительства, совместно с генеральным подрядчиком и субподрядными организациями ввести их в действие в установленные сроки и рассчитаться за них;

обеспечить присоединение вновь проложенных сетей водо-, газо- и паропровода, канализации, железнодорожных путей, кабельных линий и других коммуникаций к действующим сетям и линиям (33, п. 3).

Заказчик осуществляет контроль и технический надзор за соответствием объема и стоимости выполненных работ проектам, сметам и строительным нормам и правилам, а материалов, изделий и конструкций — государственным стандартам и техническим условиям, не вмешиваясь в оперативно-хозяйственную деятельность подрядчика. При отклонениях от утвержденной проектно-сметной документации, а также от рабочей документации, строительных норм и правил заказчик выдает предписание подрядчику об устранении допущенных отклонений, а в необходимых случаях о приостановлении работ и не оплачивает эти работы до устранения отклонений (33, п. 3).

Генеральный подрядчик обязан построить предусмотренные планом и титульным списком объекты строительства согласно утвержденной в установленном порядке проектно-сметной документации; обеспечить выполнение строительно-монтажных работ в соответствии со строительными нормами и правилами; произвести индивидуальное испытание смонтированного им оборудования; участвовать в комплексном опробовании оборудования; сдать рабочей комиссии законченные объекты строительства, подготовленные к выпуску продукции или оказанию услуг, и обеспечить совместно с заказчиком и субподрядными организациями ввод их в действие в установленные сроки (33, п. 4).

Строительство объектов «под ключ» осуществляется в соответствии с Правилами о договорах подряда на капитальное строительство с учетом особенностей их применения, предусмотренных для этой формы подряда. При строительстве объектов «под ключ» ряд обязанностей, выполняемых, как правило, заказчиком, возлагается на подрядчика с целью усиления его ответственности за производство конечной строительной продукции — полностью законченных строительством и готовых к эксплуатации жилых домов, детских учреждений, школ, а также подготовленных к выпуску продукции или оказанию услуг технически несложных, часто повторяющихся объектов производственного назначения.

По договору подряда на строительство «под ключ» генподрядчик: обеспечивает разработку рабочей документации силами проектно-изыскательских организаций, подведомственных строительным министерствам и ведомствам, или по заказу — проектно-изыскательскими организациями других министерств и ведомств; комплектует строительство объектов оборудованием и материалами поставки заказчика; осуществляет с участием заказчика и субподрядчиков пусконаладочные работы; обеспечивает ввод в действие объектов «под ключ» в надлежащие сроки.

Строительство «под ключ» жилых домов, детских учреждений, школ, других объектов непроизводственного назначения ведется на основе перечней, определяемых и утверждаемых организациями-заказчиками совместно с генеральными подрядными строительно-монтажными организациями.

Переход на строительство объектов жилищно-гражданского назначения «под ключ» должен осуществляться прежде всего в городах и регионах, где сформирована служба единого заказчика.

По объектам производственного назначения перечни объектов определяются и утверждаются министерствами и ведомствами-заказчиками совместно с министерствами и ведомствами-подрядчиками.

Перечни объектов составляются и утверждаются за год до формирования плана капитального строительства (10, п. 16; 43).

7. Обеспечение заказчиком условий для производства работ и социально-бытового обслуживания работников подрядчика

Предоставление подрядчику стройплощадки (фронта работ). Переселение лиц, проживающих в зданиях, подлежащих сносу, переносу или реконструкции, получение разрешения от соответствующих организаций на перенос с площадки строительства зданий, сооружений, инженерных коммуникаций, препятствующих строительству, а также обеспечение выполнения работ по демонтажу оборудования, аппаратуры, механизмов и устройств, отключение действующих инженерных коммуникаций на объектах, подлежащих сносу, переносу или реконструкции, являются обязанностью заказчика и выполняются в сроки, предусмотренные в особых условиях к договору подряда.

По соглашению заказчика с генеральным подрядчиком работы по демонтажу оборудования, аппаратуры, механизмов и устройств на указанных объектах могут быть поручены генеральному подрядчику.

Строительно-монтажные работы, которые связаны с освобождением площадки строительства и стоимость которых включена в договорную цену, выполняются генеральным подрядчиком.

Заказчик обязан привлечь для работ, связанных с вскрытием подземных коммуникаций, эксплуатационную организацию, а при выполнении этих работ подрядной организацией (с ее согласия) — получить разрешение эксплуатационной организации и обеспечить ее надзор за указанными работами.

При реконструкции и техническом перевооружении действующих предприятий заказчик обязан, в случае невозможности изолировать строительную площадку, предоставить генеральному подрядчику фронт работ и осуществить за свой счет мероприятия общего характера по технике безопасности и пожарно-сторожевую охрану.

Порядок и сроки освобождения заказчиком площадей и мест работы от всех сооружений и предметов, препятствующих работе, предусматриваются сторонами в особых условиях к договору подряда (33, пп. 8—9).

Документы о разрешении выполнения работ, выдаваемые соответствующими органами, заказчик обязан после заключения договора передать подрядчику в сроки, предусмотренные в особых условиях к договору (33, п. 7).

Предоставление подрядчику производственных и жилых помещений. Заказчик передает подрядчику на условиях аренды здания и сооружения, которые числятся в составе основных фондов заказчика и могут быть использованы для нужд строительства, а также предоставляет подрядчику возможность пользования услугами своих мастерских и других подсобных производств.

При недостаточности жилищного фонда у подрядчика заказчик предоставляет ему (с учетом потребности субподрядчиков) жилые помещения в своих домах на период строительства. При отсутствии возможности предоставить жилые помещения заказчик может разрешить подрядчику арендовать в отдельных случаях у граждан для указанных целей жилые помещения с доплатой к ставкам квартирной платы в установленном размере.

Условия и порядок предоставления заказчиком жилых помещений подрядчику оговариваются в особых условиях к договору подряда (33, п. 5).

Социально-бытовое обслуживание работников подрядных организаций клубами, столовыми, медпунктами, пионерскими лагерями, детскими дошкольными и прочими учреждениями обеспечивается заказчиком наравне со своими работниками. Подрядчик возмещает заказчику расходы, связанные с этим обслуживанием, в порядке, предусмотренном особыми условиями к договору подряда. Дополнительные затраты по предоставлению заказчиком бесплатных услуг предприятиям общественного питания возмещаются подрядчиком пропорционально количеству работников, обслуживаемому этими предприятиями (33, п. 6).

Передача подрядчику жилой площади в домах, построенных для заказчика. Заказчики, независимо от их ведомственной принадлежности, должны передавать подрядным строительным организациям для заселения строителями 10% введенной в эксплуатацию жилой площади в домах, построенных этими подрядными организациями, за исключением площади в общежитиях предприятий, организаций и учебных заведений, в домах для престарелых и инвалидов и для линейного эксплуатационного персонала, в домах организаций и предприятий системы Минмонтажспецстроя СССР, жилищно-строительных кооперативов, а также в домах, построенных за счет средств предприятий и организаций и за счет других нецентрализованных источников финансирования. Выделенная подрядчиком в указанном порядке жилая площадь закрепляется за этими подрядными организациями (18).

По требованию подрядчика заказчик обязан передавать ему капитальные вложения на жилищное строительство взамен 10% вводимой в эксплуатацию жилой площади. В особых условиях к договору следует решать вопрос не только о праве подрядчика на получение вводимой в эксплуатацию жилой площади, но и о том, какие квартиры (однокомнатные, двухкомнатные и т. п.) и на каком этаже подлежат передаче подрядчику.

В целях стимулирования трудовых коллективов строительно-монтажных организаций к расширению и ускорению жилищного строительства в ряде регионов страны проводятся эксперименты, в соответствии с которыми предприятия-заказчики обязуются передавать подрядчикам, перевыполняющим планы жилищного строительства, определенную часть жилой площади, сданной в эксплуатацию сверх пл ана. Такая практика не противоречит законодательству. Однако при решении вопроса о включении соответствующих условий в договоры подряда сторонам следует учитывать, что передача другим организациям жилой площади в домах, построенных предприятиями за счет средств хозрасчетного дохода, возможна только с согласия трудового коллектива предприятия.

8. Сроки строительства

Сроки начала строительства и ввода в действие объекта строительства и его производственных мощностей (пусковых комплексов) устанавливаются в договоре подряда в соответствии с титульным списком (33, п. 15), а по техническому перевооружению действующих предприятий — в соответствии с планом технического перевооружения. В договоре при этом указываются месяц и год начала строительства, а также месяц и год ввода в действие каждого объекта (производственной мощности, пускового комплекса), на строительство которого заключается договор (420; 44). При пересмотре проектов и изменении титульных списков соответствующие показатели устанавливаются в дополнительных соглашениях к договору (42; 44).

График строительно-монтажных работ устанавливает распределение объемов работ по годам строительства с учетом нормативных сроков его продолжительности. График составляется подрядчиком по утвержденной типовой форме (42) и прилагается к проекту договора подряда, направляемого подрядчиком для согласования заказчику (33, п. 19).

Генеральный подрядчик обеспечивает выполнение строительно-монтажных работ в соответствии с графиком их производства, согласованным с заказчиком и субподрядными организациями. Решение генерального подрядчика по вопросам, связанным с выполнением утвержденных планов и графиков строительно-монтажных работ, обязательны для всех участников строительства, независимо от их ведомственной подчиненности (33, п. 4).

Квартальные задания строительно-монтажных работ определяют объемы работ на каждый планируемый год по кварталам нарастающим итогом. Квартальные задания составляются подрядчиком по утвержденной форме (42). Задания на первый год строительства прилагаются к проекту договора подряда, направляемого подрядчиком для согласования заказчику. На каждый последующий год квартальные задания передаются в сроки, предусмотренные в особых условиях к договору подряда (33, п. 19).

Месячные объемы работ. Для обеспечения ежемесячной оплаты выполненных строительно-монтажных работ и прочих затрат квартальные задания разбиваются на технологические этапы и комплексы работ, выполнение которых планируется в соответствующем месяце (49).

Перенос сроков выполнения отдельных видов работ. При плановом вводе в эксплуатацию объектов жилищно-гражданского назначения в I и IV кварталах, а для северной зоны РСФСР и в апреле месяце и соблюдении нормативных сроков строительства государственная приемочная комиссия может принять решение о переносе на ближайший благоприятный для строительства период срока выполнения отдельных видов работ (по озеленению, устройству верхнего покрытия подъездных дорог к зданиям, тротуаров, хозяйственных, игровых и спортивных площадок, отделке элементов фасадов). При этом под объектами жилищно-гражданского назначения понимаются жилые дома, общежития, гостиницы, учреждения здравоохранения, физкультуры, социального обеспечения, просвещения, культуры, искусства, предприятия бытового обслуживания населения (производственных и непроизводственных видов), предприятия торговли и общественного питания. Перенос срока выполнения работ при вводе в действие объектов производственного назначения, кроме указанных выше, не допускается.

Установлены предельные сроки выполнения названных видов работ: 1 сентября ближайшего благоприятного периода, следующего за вводом в действие объекта в эксплуатацию — для северной зоны РСФСР, к 1 июля — для всех других республик, зон, районов, в которых допускается перенос сроков выполнения работ (41, п. 1.8, приложения № 6 и 7).

9. Приемка в эксплуатацию законченных строительством объектов

Основные требования, предъявляемые к объектам, вводимым в действие. В эксплуатацию принимаются законченные строительством объекты:

а) производственного назначения — только в том случае, если они подготовлены к эксплуатации (укомплектованы эксплуатационными кадрами, обеспечены энергоресурсами, сырьем и др.), на них устранены недоделки и на оборудовании начат выпуск продукции (оказание услуг), предусмотренной проектом в объеме, соответствующем нормам освоения проектных мощностей в начальный период;

б) жилищно-гражданского назначения — только после выполнения всех строительно-монтажных работ и благоустройства территории, при условии обеспеченности объектов оборудованием и инвентарем в полном соответствии с утвержденными проектами, а также после устранения недоделок.

Жилые дома, имеющие встроенные и пристроенные помещения для предприятий и учреждений торговли, общественного питания, бытового обслуживания населения и нужд непромышленного характера, предъявляются к приемке в эксплуатацию после выполнения всех строительно-монтажных работ, включая работы по указанным помещениям (28, п. 6; 41, пп. 1.7—1.9).

Органы, осуществляющие приемку. Объекты, законченные строительством (реконструкцией, расширением) в соответствии с утвержденным проектом и подготовленные к эксплуатации, предъявляются заказчиком (застройщиком) к приемке **государственным приемочным комиссиям.** Законченные строительством объекты, сдаваемые «под ключ», предъявляются к приемке государственным приемочным комиссиям подрядчиком совместно с заказчиком.

До предъявления объектов государственным приемочным комиссиям рабочие комиссии, назначаемые заказчиком (застройщиком), должны проверить соответствие проектам объектов и смонтированного оборудования, результаты испытаний и комплексного опробования оборудования, подготовленность объектов к нормальной эксплуатации и выпуску продукции (оказанию услуг), включая выполнение мероприятий по обеспечению здоровья и безопасных условий труда и защите природной среды, качество строительно-монтажных работ, и принять эти объекты.

Законченные строительством отдельно стоящие здания и сооружения, встроенные или пристроенные помещения производственного и вспомогательного назначения, входящие в состав объекта, при необходимости ввода их в действие в процессе строительства объекта принимаются в эксплуатацию рабочими комиссиями по мере их готовности с последующим предъявлением государственной приемочной комиссии, принимающей объект в целом (28, пп. 1, 2, 5; 41, пп. 1.4—1.6).

Рабочие комиссии назначаются решением (приказом, постановлением и др.) организации-заказчика (застройщика). Порядок и продолжительность работы рабочих комиссий определяются заказчиком (застройщиком) по согласованию с генеральным подрядчиком.

В состав рабочей комиссии включаются представители заказчика (застройщика) — председатель комиссии, генерального подрядчика, субподрядных организаций, эксплуатационной организации, генерального проектировщика, органов государственного санитарного надзора, органов государственного пожарного надзора, технической инспекции труда соответствующего ЦК или совета профсоюзов, профсоюзной организации заказчика или эксплуатационной организации, а также (в случаях, предусмотренных законодательством) представители других заинтересованных организаций и органов надзора.

Рабочие комиссии создаются не позднее чем в пятидневный срок после получения письменного извещения генерального подрядчика о готовности объекта или оборудования к сдаче (28, п. 5; 41, пп. 3.1—3.3).

Акт рабочей комиссии о готовности законченного строительством здания или сооружения составляется по установленной форме и оформляет решение комиссии считать объект принятым от генерального подрядчика и готовым для предъявления государственной приемочной комиссии. Акт с прилагаемыми к нему материалами входит в состав документации, подлежащей предъявлению заказчиком государственной приемочной комиссии (41, п. 3.4, приложение № 3).

Сроки устранения недоделок, выявленных рабочей комиссией, устанавливаются в приложениях к составляемым ею актам. Эти сроки должны определяться с учетом необходимости устранения недоделок к моменту предъявления объекта государственной приемочной комиссии. В состав документов, предъявляемых заказчиком государственной приемочной комиссии, входит справка об устранении недоделок, выявленных рабочей комиссией. Государственная приемочная комиссия обязана проверить устранение этих недоделок (41, пп. 4.17—4.19).

Акты государственной приемочной комиссии. Приемка в эксплуатацию законченных строительством объектов государственными приемочными комиссиями оформляется актами.

Приемка государственными приемочными комиссиями в эксплуатацию объектов производственного назначения не допускается без наличия в акте приемки подписей членов комиссии, являющихся представителями органов государственного санитарного надзора, технической инспекции труда соответствующего ЦК и совета профсоюзов, а также профсоюзной организации заказчика (застройщика) или эксплуатационной организации.

Акты о приемке в эксплуатацию объектов подписываются председателем и всеми членами комиссии. Возражения отдельных членов комиссии должны быть рассмотрены с участием органов, представителями которых являются эти члены комиссии, до утверждения акта о приемке. Председатель государственной приемочной комиссии должен представить акт о приемке с приложением необходимых документов в орган, назначивший комиссию.

Рассмотрение актов о приемке в эксплуатацию объектов, принятие решений по результатам рассмотрения возражений отдельных членов комиссии и утверждение актов органами, назначившими комиссии, осуществляются по объектам производственного назначения в срок не более месяца, а по объектам жилищно-гражданского назначения в срок не более 7 дней после подписания актов. Объекты, по которым указанные сроки истекли, считаются непринятыми в эксплуатацию, и по ним назначаются государственные приемочные комиссии повторно.

Если по мнению государственной приемочной комиссии объект не может быть принят в эксплуатацию, она представляет мотивированное заключение об этом в орган, назначивший комиссию, и в копии — заказчику (застройщику) и генеральному подрядчику (28, п. 8; 41, пп. 4.21—4.28, приложение № 5).

Дата ввода объекта в эксплуатацию определяется датой подписания акта государственной приемочной комиссией. Датой ввода в эксплуатацию объекта, принимаемого в установленном порядке в эксплуатацию рабочей комиссией, считается дата подписания акта рабочей комиссией.

В отчетность о выполнении плана ввода в действие мощностей и основных фондов включаются только те объекты, акты о приемке которых в эксплуатацию утверждены органом, назначившим комиссию (28, п. 8).

Последствия нарушения порядка приемки. При выявлении нарушений правил приемки в эксплуатацию объекта он должен быть исключен из отчетности о выполнении плана ввода в действие мощностей и объектов. Акты государственных приемочных комиссий не принимаются учреждениями банка в качестве основания для оплаты законченных строительством объектов социальной сферы, принятых по этим актам в эксплуатацию с недоделками (54, п. 1.11.5; 51, п. 48).

За нарушение правил приемки в эксплуатацию законченных строительством объектов председатели и члены комиссии, а также лица, понуждающие к приемке в эксплуатацию объектов с нарушением действующих правил, подлежат привлечению к административной, дисциплинарной и иной ответственности в соответствии с законодательством (28, п. 12).

Особенности приемки в эксплуатацию установлены для объектов, строящихся по иностранным лицензиям на базе комплектного импортного оборудования, на основе компенсационных соглашений и контрактов с иностранными фирмами, а также объектов, сооружаемых на базе сложного отечественного оборудования. Эти объекты принимаются в эксплуатацию рабочими приемными комиссиями после окончания строительства в соответствии с проектом, устранения недоделок и начала выпуска продукции на установленном оборудовании. Акт рабочей комиссии утверждается министерством (ведомством)-заказчиком, является основанием для включения в государственную отчетность введенных в действие производственных мощностей и основных фондов по принятым объектам. После принятия объекта рабочей комиссией в надлежащие сроки отрабатывается технологический процесс, осваиваются проектные мощности. Приемка указанных объектов государственными приемочными комиссиями производится: по объектам, сооружаемым с привлечением иностранных фирм-поставщиков, после подписания с ними протоколов о выполнении обязательств, предусмотренных контрактами; по объектам, сооружаемым на базе сложного отечественного оборудования, — при достижении на них устойчивой работы по выпуску продукции в объеме, соответствующем нормам освоения проектных мощностей в начальный период (19, пп. 1—3; 41, пп. 5.1—5.7, 6.1—6.6).

Государственная приемка создается в городах и регионах страны для усиления вневедомственного контроля за приемкой в эксплуатацию объектов жилищно-гражданского назначения. До предъявления Государственной приемке объекты принимаются приемочными комиссиями, назначаемыми заказчиком. Законченные строительством объекты после их приемки приемочными комиссиями в пятидневный срок предъявляются заказчикам совместно с генеральным подрядчиком Государственной приемке. Объекты, принятые Государственной приемкой, включаются в государственную отчетность после утверждения акта о приемке их в эксплуатацию исполкомом местного Совета народных депутатов. Акт приемки объекта должен быть утвержден не позднее 7 дней после его подписания Государственной приемкой. При пропуске этого срока, назначается новая приемка объекта (41, разд. 7, приложение № 9).

10. Договорная цена и расчеты в строительстве

Договорные цены на объекты строительства, согласованные между заказчиками и подрядчиками, используются для определения объемов строительно-монтажных работ в титульных списках строек, планирования подрядных работ и материально-технических ресурсов, а также расчетов между заказчиками и подрядчиками и не подлежат изменению в течение всего периода строительства. При внесении в надлежащем порядке заказчиком в проектную документацию поправок, изменяющих объем и состав строительно-монтажных работ, договорная цена подлежит уточнению по согласованию с подрядчиком. В случае, если фактическая стоимость строительства превысит договорную цену, разница между ними относится на результаты хозяйственной деятельности соответствующих подрядных и субподрядных организаций-исполнителей (10, пп. 6, 9). Договорная цена не уменьшается, если подрядчиком были разработаны и реализованы предложения по совершению проектных решений, обеспечившие экономию затрат против этой цены.

Определяется договорная цена заказчиком и подрядчиком с участием генеральной проектной организации и субподрядных организаций в 45-дневный срок со дня передачи проектно-сметной документации подрядчику в соответствии с действующими нормативными документами по определению сметной или расчетной стоимости строительства.

Договорные цены определяются на основе проектно-сметной документации, прошедшей ведомственную или государственную экспертизу и откорректированной по замечаниям всех участников инвестиционного цикла:

при двухстадийном и одностадийном проектировании объектов, нормативная продолжительность строительства которых свыше 2 лет, — на основе сводных сметных расчетов стоимости строительства. По решению заказчиков, подрядчиков и генеральных проектных организаций договорные цены могут определяться на основе расчетов стоимости строительства, приводимых в составе ТЭО и ТЭР;

при одностадийном проектировании объектов, нормативная продолжительность строительства которых до двух лет, — на основе расчетов стоимости строительства, приводимых в составе ТЭР.

По стройкам, по которым имеются рабочие чертежи и сметы на отдельные объекты, утвержденные в установленном порядке, — договорные цены определяются с учетом этих смет.

По стройкам, для которых разрешено финансирование по проектам и сметам на отдельные объекты, договорные цены могут определяться на эти объекты. После завершения разработки проекта договорные цены определяются по стройке в целом.

При строительстве объектов за счет собственных средств предприятий и сокращении нормативного срока их возведения заказчик по согласованию с подрядчиком учитывает в договорной цене связанные с этим дополнительные затраты подрядчика (48, пп. 2.3—2.7, 2.11).

Разногласия по договорной цене между заказчиком и генеральной подрядной организацией разрешаются в 20-дневный срок руководителями министерства-заказчика и по согласованию с руководителями министерства-подрядчика.

По несогласованным вопросам окончательные решения принимаются Госстроем СССР, а по стройкам, подведомственным организациям союзных республик, — госстроями союзных республик (48, п. 2.8).

Оплачиваются выполненные подрядные работы заказчиком ежемесячно на основании подписанных заказчиком и подрядчиком справок об объеме и стоимости законченных технологических этапов и комплексов работ с учетом экономии по договорной цене. Оплата работ по объекту в целом производится в пределах 95% их сметной стоимости. Окончательный расчет за выполненные работы между заказчиком и подрядной организацией осуществляется после завершения строительства и предъявления заказчиком в банк утвержденного акта государственной приемочной комиссии (рабочей комиссии) о вводе его в эксплуатацию.

В таком же порядке ведутся расчеты с субподрядными организациями, которым установлен в плане показатель по вводу в действие производственных мощностей и объектов (10, п. 12; 34, п. 12; 51, п. 44).

При невыполнении квартальных планов работ (нарастающим итогом с начала года) по технологическим этапам и комплексам работ на соответствующих объектах заказчик (генподрядчик) выполненные за последний месяц квартала работы не оплачивает, и они не включаются в отчетность о выполнении плана подрядных работ до восполнения допущенного отставания. В последующем заказчик (генподрядчик) выполненные работы по технологическим этапам и комплексам работ, включая не оплаченные ранее, оплачивает в том месяце, когда полностью восполнено допущенное отставание.

На покрытие затрат по незавершенному производству строительно-монтажных работ, не оплаченных заказчиками в связи с невыполнением квартальных планов работ, учреждения банка могут предоставить подрядным организациям кредит на временные нужды в установленном порядке.

При невыполнении подрядчиком квартального плана работ по объекту из-за несвоевременной поставки заказчиком оборудования, материалов или задержки решения других вопросов, входящих в его обязанность, заказчик компенсирует подрядчику затраты по оплате процентов за кредит, а также другие прямые дополнительные затраты, возникшие по указанным причинам (10, п. 12; 34, п. 12; 51, п. 45).

Резервирование банком средств заказчика для оплаты работ. Заказчики перечисляют предусмотренные планами финансирования капитальных вложений средства и средства хозрасчетных фондов, высвобождающиеся в связи с временной неоплатой части выполненных работ по объектам, по которым допущено отставание, а также по незаконченным строительством объектам сверх 95% их сметной стоимости, на специальные счета.

По объектам, на которых допущено отставание в выполнении плановых заданий, средства перечисляются в размере не оплаченного заказчиками объема выполненных строительно-монтажных работ.

По объектам, на которых работы выполняются сверх 95%, средства на специальные счета перечисляются в размере затрат по строительно-монтажным работам, но не оплаченных заказчиками (до 5% сметной стоимости).

Расчетные документы за выполненные работы по сданным в эксплуатацию объектам (в окончательный расчет) оплачиваются со специальных счетов, а в недостающей части — со счетов финансирования (51, п. 49).

Расчеты с подрядчиком при строительстве объектов «под ключ» производятся заказчиком по договорной цене за полностью законченные и сданные объекты после утверждения акта государственной приемочной комиссии (рабочей комиссии) о вводе объекта в эксплуатацию. Затраты генподрядной организации по незавершенным строительно-монтажным работам в части, не покрываемой собственными оборотными средствами генподрядчика, а также на оплату оборудования, других работ и затрат, предусмотренных в договоре подряда, покрываются за счет средств заказчика на финансирование капитальных вложений, которые он передает генподрядной организации во временное пользование в виде аванса. Затраты подрядных организаций покрываются непрерывно и в полном объеме.

Передача заказчиком средств во временное пользование генподрядной организации на указанные цели осуществляется, исходя из полной стоимости работ и затрат по договору подряда.

Размер средств, подлежащих передаче генподрядной организации в виде авансов во временное пользование, сроки их перечисления (ежемесячно, ежеквартально и т. п.) и другие условия финансирования предусматриваются в договоре подряда (34, п. 12; 43, п. 4.1; 51, п. 46).

Возврат банком без оплаты расчетных документов за выполненные работы производится: по объектам, не включенным в план капитального строительства (при строительстве за счет государственных централизованных капитальных вложений); по объектам, не принятым к финансированию в связи с отсутствием проектно-сметной документации и несоблюдением норм продолжительности строительства; в случае невыполнения квартальных планов работ по технологическим этапам и комплексам работ; по объектам, не законченным строительством, работы на которых выполнены сверх 95% их сметной стоимости; по жилым домам и объектам культурно-бытового назначения, сданным в эксплуатацию, по которым проверками были выявлены строительные недоделки и некачественно выполненные работы; при наличии других оснований отказа в оплате выполненных работ по мотивам финансового контроля, предусмотренным законодательством (51, п. 48).

Расчеты за материалы и изделия, передаваемые заказчиком подрядчику, осуществляются по утвержденным в установленном порядке ценам с учетом расходов заказчика по заготовке, транспортировке и хранению материалов и изделий, но не выше сметных цен.

При передаче заказчиком подрядчику материалов, изделий и оборудования заказчик передает подрядчику на покрытие расходов по их приемке и хранению 30% средств, предусмотренных на заготовительно-складские расходы по материалам и изделиям, и 20% средств на заготовительно-складские расходы по оборудованию.

При передаче оборудования в зоне монтажа заказчик передает подрядчику (субподрядчику) на покрытие расходов по приемке и хранению 15% средств на заготовительно-складские расходы по оборудованию.

Перечисляются указанные средства на заготовительно-складские расходы заказчиком одновременно с передачей подрядчику (субподрядчику) оборудования, материалов и изделий.

При передаче подрядчику (субподрядчику), с его согласия, реализации фондов на оборудование, материалы и изделия заказчик обязан:

оплачивать поступающее оборудование, транспортные расходы по его доставке до приобъектного склада или монтажной зоны, а также затраты по погрузке и разгрузке;

перечислять на расчетный счет подрядчика (субподрядчика), по мере поступления оборудования, материалов и изделий, средства на заготовительно-складские расходы в полном размере, по нормам на эти цели (33, п. 30).

Расчеты между заказчиком и подрядчиком за передаваемые материальные ценности производятся через банк по мере отпуска материалов. При отсутствии на счетах подрядных организаций средств для оплаты материалов и изделий стоимость их удерживается учреждениями банков по поручению заказчиков при оплате счетов подрядных организаций за выполненные работы (51, п. 89).

Расчеты при консервации объектов. Заказчик обязан в 2-месячный срок со дня принятия решения о консервировании строительства предприятий (объектов) рассчитаться с подрядчиком за выполненные до принятия этого решения объемы строительно-монтажных работ, возместить убытки подрядчику, понесенные им в связи с расторжением или изменением договоров на поставку материалов и конструкций, и расходы, связанные с перевозкой материальных ценностей на другие объекты (52, п. 4). Заказчик должен возместить подрядчику в указанный срок расходы и убытки, независимо от оформления решения о консервации соответствующими приказом (распоряжением) и дополнительным соглашением сторон.

11. Экономическое стимулирование участников строительства

Стимулирование выполнения обязательств по вводу в действие объектов. Критерием оценки деятельности строительных организаций и предприятий является выполнение обязательств по вводу в действие производственных мощностей, объектов и сооружений, жилых домов и других объектов социального назначения по договорам с учетом обеспечения плановых сроков строительства, обязательств по поставкам продукции и услугам. При выполнении указанных обязательств на 100% фонд материального поощрения увеличивается на 15%, а в организациях и на предприятиях, применяющих форму хозяйственного расчета, основанную на нормативном распределении доходов, фонд оплаты труда увеличивается на 1,5%.

Фонд материального поощрения (фонд оплаты труда) увеличивается за счет хозрасчетного дохода организаций и предприятий или централизованного фонда и резервов вышестоящей организации (35, п. 8).

Премии руководящим работникам за достигнутые основные результаты хозяйственной деятельности выплачиваются лишь при 100% выполнении заданий по вводу в действие производственных мощностей и объектов строительства. При невыполнении этих заданий 50% премий, начисленных за другие основные результаты хозяйственной деятельности, резервируется и выплачивается при условии восполнения отставания по вводу в действие объектов до конца текущего года (31, п. 10).

Премии за ввод в действие производственных мощностей и объектов выплачиваются работникам строительно-монтажных организаций, а также строек, осуществляемых как подрядным, так и хозяйственным способом, организаций заказчиков (застройщиков) и проектных организаций.

Суммы средств на премирование в предусмотренных размерах включаются в сметы на строительство и не могут быть использованы на другие цели. Общая сумма средств на премирование распределяется между участниками строительства в размерах, определяемых заказчиком совместно с генеральным подрядчиком на основе нормативно установленных пропорций такого распределения. Перечисляются средства на премирование при условии ввода в действие объектов в сроки, первоначально определенные в плане и договоре. При вводе в действие в срок и досрочно производственных мощностей и объектов строительства средства на премирование должны перечисляться заказчиком в месячный срок после утверждения в надлежащем порядке актов приемки мощностей и объектов в эксплуатацию. В необходимых случаях месячный срок перечисления этих средств может быть продлен заказчиком по согласованию с генеральным подрядчиком.

При сокращении сроков ввода в действие производственных мощностей и объектов строительства по сравнению с нормами продолжительности строительства не менее чем на 30% общая сумма средств на премирование повышается на 50%, при сокращении сроков на 20% — на 25% и при сокращении сроков на 10% — на 10%. Указанные средства перечисляются на премирование в пределах утвержденного сводного сметного расчета стоимости строительства.

Средства на премирование за ввод в действие объектов выплачиваются сверх фонда заработной платы и независимо от выполнения других показателей работы (31, п. 11; 50).

Экономия от совершенствования проектных решений, исчисленная как разница между договорной ценой и сметой, составленной по рабочим чертежам, в размере 25% направляется в доход бюджета. Оставшаяся часть экономии в размере 75% распределяется генеральным подрядчиком между строительными, монтажными, проектными организациями, предприятиями и организациями-заказчиками и другими участниками строительства с учетом вклада каждого из них в снижение стоимости строительства.

Подрядные организации направляют полученную ими долю средств в фонды экономического стимулирования, в том числе: до 10% — в фонд материального поощрения (оплаты труда); оставшуюся сумму — на мероприятия по внедрению достижений научно-технического прогресса, развитие производственной базы, строительство жилых домов и других объектов социального назначения.

Распределение экономии от совершенствования проектных решений, полученной проектными организациями, предприятиями-заказчиками и другими участниками строительства и включение ее в соответствующие фонды экономического стимулирования производятся по решениям трудовых коллективов организаций.

Платежи в государственный бюджет в установленном размере вносятся из 60% общей суммы экономии по мере накопления средств. Оставшаяся часть экономии может быть израсходована на указанные цели. 40% общей суммы экономии распределяются только после утверждения актов государственных комиссий (рабочих комиссий) о вводе мощностей и объектов в эксплуатацию, исходя из фактически полученной экономии (10, п. 9; 48, пп. 4.1—4.5).

Стимулирование мероприятий, снижающих стоимость работ. Наряду с частью экономии, исчисленной как разница между договорной ценой и сметой, составленной по рабочим чертежам, подрядчики оставляют в своем распоряжении экономию, полученную в результате проведения ими мероприятий, снижающих стоимость выполненных строительно-монтажных работ по сравнению со сметами по рабочим чертежам.

К этим мероприятиям относятся предложения подрядчика по изменению в процессе строительства технологии и методов производства работ, а также конструктивных решений, предусмотренных рабочими чертежами, без ухудшения технических характеристик зданий и сооружений и их эксплуатационных качеств.

Мероприятия до начала их проведения подлежат согласованию с заказчиком. Подтверждением согласования являются совместный протокол, подписанный сторонами, письма или другие документы. Мероприятия по изменению методов работ во всех случаях осуществляются без согласования с заказчиком.

Оплачиваются выполненные работы по сметам, составленным по рабочим чертежам, а разница между сметной стоимостью и стоимостью работ, выполненных с учетом мероприятий, засчитывается в объем выполненных работ, снижение себестоимости (выполнение плана прибыли) и не показывается в справке, служащей основанием для расчетов между подрядчиком и заказчиком.

Дополнительные объемы работ, вызывающие удорожание строительства вследствие изменения рабочих чертежей по предложениям подрядчика, оплате не подлежат.

Субподрядные организации выполняют мероприятия, снижающие стоимость строительно-монтажных работ в порядке, установленном для генерального подрядчика. Они получают согласие на проведение мероприятий от генерального подрядчика, который в свою очередь согласовывает указанные мероприятия с заказчиком.

При осуществлении генподрядчиком и субподрядчиком совместных мероприятий полученная экономия остается в их распоряжении и распределяется в зависимости от вклада, внесенного каждым из них (55).

Стимулирование работ по техническому перевооружению и реконструкции производства. Предприятиям и проектным организациям при составлении сметной документации на техническое перевооружение и реконструкцию действующих производств разрешается: а) применять индивидуальные сметные нормы, расценки и калькуляции или повышающие коэффициенты к сметной стоимости строительно-монтажных работ и накладные расходы по повышенным нормам; б) включать в сводные сметные расчеты стоимости строительства резерв средств на непредвиденные работы и затраты в размерах, предусмотренных законодательством; в) предусматривать средства на премирование за ввод в действие в срок и досрочно производственных мощностей и объектов по нормативам, увеличенным до 50% по сравнению с действующими (9, п. 14, приложение).

12. Ответственность сторон по договору

Меры имущественной ответственности, предусмотренные законодательством за нарушения обязательств по договорам подряда на капитальное строительство, применяются к заказчикам и подрядчикам только при сооружении объектов, включенных в государственный заказ (38, п. 4).

Заказчик, согласно Правилам о договорах подряда на капитальное строительство, уплачивает подрядчику неустойку (штраф, пеню) за следующие нарушения договорных обязательств: просрочку передачи оборудования для монтажа, материалов и изделий; передачу в монтаж некомплектного оборудования; задержку начала приемки объектов; задержку расчетов за выполненные строительно-монтажные работы при консервации объектов и приемки законсервированных объектов и материальных ценностей; необеспечение в согласованные с подрядчиком сроки выполнения работ по договорам подряда, заключаемым непосредственно с монтажными или иными специализированными строительными организациями, машиностроительными предприятиями, а также с пусконаладочными организациями (33, п. 33).

Подрядчик, согласно Правилам о договорах подряда на капитальное строительство, уплачивает заказчику неустойку (пеню, штраф) за следующие нарушения: несвоевременное окончание строительства объектов; просрочку сдачи площадей под монтаж оборудования, осуществляемого предприятиями и организациями по договорам подряда, заключенным непосредственно с заказчиком; задержку устранения дефектов в работах и конструкциях по сравнению со сроками, предусмотренными актом сторон (33, пп. 34, 36).

Договорные санкции. Меры ответственности за нарушение обязательств при строительстве объектов, не включенных в государственный заказ, определяются заказчиками и подрядчиками в заключаемых ими договорах (38, п. 4). По соглашению сторон в договоре может быть предусмотрено, что при нарушении обязательств применяются санкции, установленные Правилами о договорах подряда на капитальное строительство.

При заключении договора подряда на строительство объектов, включенных в государственный заказ, сторонами могут быть предусмотрены санкции за неисполнение таких обязательств, за нарушение которых действующим законодательством санкции не установлены.

Возмещение убытков. Сторона, нарушившая договор подряда на капитальное строительство, возмещает другой стороне в сумме, не покрытой неустойкой (штрафом, пеней), убытки, выразившиеся в произведенных другой стороной расходах, утрате или повреждении ее имущества (1, ст. 70).

В случаях, когда убытки причинены нарушением таких

обязательств, за неисполнение которых законодательством или договором санкции не установлены, такие убытки при доказанности исковых требований взыскиваются в полной сумме (включая неполученные доходы).

К убыткам, подлежащим возмещению по договору подряда на капитальное строительство, следует относить расходы, которые одна из сторон была вынуждена понести в результате нарушений, совершенных другой стороной (штрафы за лесонарушения, уплаченные заказчиком по вине подрядчика, нарушившего правила лесопользования при выполнении работ; расходы подрядчика на уплату повышенного процента за пользование кредитом ввиду срыва выполнения квартальных заданий по вине заказчика и т. п.).

Ответственность в виде возмещения убытков применяется независимо от того, включен или не включен строящийся объект в государственный заказ.

Штраф за завышение объемов и стоимости строительно-монтажных работ в документах, служащих основанием для получения денежных средств, платится банку в размере 7% сумм завышений и взыскивается поровну с заказчика и подрядчика. Суммы завышений выявляются банком по результатам контрольных обмеров строительно-монтажных работ и проверки документов, служащих основанием для оплаты (30, п. 2). Штраф взыскивается учреждением банка с государственных организаций в бесспорном порядке, а с кооперативов — по их поручению или решению арбитража либо суда.

Плата за срыв ввода в действие производственных объектов взимается в доход государственного бюджета с подрядных организаций в размере до 3% стоимости строительно-монтажных работ по не введенным в действие в плановый срок объектам, сооружаемым за счет государственных централизованных капитальных вложений. С заказчиков соответственно взимается плата в размере до 3% стоимости не введенных в действие производственных фондов. Размер указанной платы дифференцирован в зависимости от сроков задержки ввода в действие мощностей и объектов: при задержке ввода свыше одного месяца взимается 1%, более трех месяцев — 2% и свыше шести месяцев — 3%.

Расходы подрядных организаций, вызванные невыполнением планов ввода в действие мощностей и объектов, относятся на результаты их хозяйственной деятельности. Расходы заказчиков, связанные со взиманием указанной платы, а также с компенсацией возникших по их вине дополнительных затрат подрядчика, относятся по действующим предприятиям на результаты хозяйственной деятельности, а по новому строительству — за счет средств централизованных фондов и резервов вышестоящей организации.

Указанные санкции не применяются при строительстве производственных объектов за счет хозрасчетного дохода предприятий и иных нецентрализованных источников капитальных вложений, а также при строительстве объектов непроизводственного назначения (38, п. 4).

Примечания к разделу 16

1. Основы гражданского законодательства.
2. Основы земельного законодательства Союза ССР и союзных республик. Утверждены Законом СССР от 13 декабря 1968 г. — Ведомости Верховного Совета СССР, 1968, № 51, ст. 485.
3. Основы водного законодательства Союза ССР и союзных республик. Утверждены Законом СССР от 10 декабря 1970 г. — Ведомости Верховного Совета СССР, 1970, № 50, ст. 566.
4. Основы жилищного законодательства.
5. Закон о государственном предприятии.
6. Закон о кооперации.
7. О мерах по дальнейшему улучшению проектно-сметного дела. Постановление ЦК КПСС и Совета Министров СССР от 30 марта 1981 г. № 312. — СП СССР, 1981, отд. 1, № 14, ст. 84.
8. Об улучшении планирования, организации и управления капитальным строительством. Постановление ЦК КПСС и Совета Министров СССР от 29 апреля 1984 г. № 387. — СП СССР, 1984, отд. 1, № 15, ст. 91.
9. О дополнительных мерах по совершенствованию капитального строительства в целях ускорения научно-технического прогресса в народном хозяйстве страны. Постановление ЦК КПСС и Совета Министров СССР от 13 марта 1986 г. № 328. — СП СССР, 1986, отд. 1, № 11, ст. 67.
10. О мерах по совершенствованию хозяйственного механизма в строительстве. Постановление ЦК КПСС и Совета Министров СССР от 14 августа 1986 г. № 971. — СП СССР, 1986, отд. 1, № 30, ст. 161.
11. О мерах по обеспечению выполнения утвержденных на двенадцатую пятилетку заданий по развитию материально-технической базы социально-культурной сферы. Постановление ЦК КПСС и Совета Министров СССР от 10 апреля 1987 г. № 429. — СП СССР, 1987, отд. 1, № 28, ст. 96.
12. О перестройке планирования и повышении роли Госплана СССР в новых условиях хозяйствования. Постановление ЦК КПСС и Совета Министров СССР от 17 июля 1987 г. № 816. — СП СССР, 1987, отд. 1, № 33, ст. 115.
13. О совершенствовании системы банков в стране и усилении их воздействия на повышение эффективности экономики. Постановление ЦК КПСС и Совета Министров СССР от 17 июля 1987 г. № 821. — СП СССР, 1987, отд. 1, № 37, ст. 121.
14. О совершенствовании деятельности республиканских

органов управления. Постановление ЦК КПСС и Совета Министров СССР от 17 июля 1987 г. № 824. — СП СССР, 1987, отд. 1, № 39, ст. 124.

15. Об усилении работы по реализации активной социальной политики и повышении роли Государственного комитета СССР по труду и социальным вопросам. Постановление ЦК КПСС, Совета Министров СССР и ВЦСПС от 17 июля 1987 г. № 825. — СП СССР, 1987, отд. 1, № 38, ст. 123.

16. О переводе научных организаций на полный хозяйственный расчет и самофинансирование. Постановление ЦК КПСС и Совета Министров СССР от 30 сентября 1987 г. № 1102. — СП СССР, 1987, отд. 1, № 48, ст. 158.

17. О коренной перестройке дела охраны природы в стране. Постановление ЦК КПСС и Совета Министров СССР от 7 января 1988 г. № 32. — СП СССР, 1988, отд. 1, № 6, ст. 14.

18. О передаче заказчиками подрядным строительным организациям 10 процентов вводимой в эксплуатацию жилой площади. Постановление Совета Министров СССР от 10 мая 1967 г. № 405. — СП СССР, 1967, № 11, ст. 69.

19. Об уточнении порядка приемки в эксплуатацию предприятий, сооружаемых на базе сложного отечественного оборудования. Постановление Совета Министров СССР от 16 июля 1985 г. № 666. — СП СССР, 1985, отд. 1, № 23, ст. 117.

20. О материальной ответственности предприятий и организаций за невыполнение заданий и обязательств. Постановление Совета Министров СССР от 27 октября 1967 г. № 988. — СП СССР, 1967, № 26, ст. 186.

21. О мерах по упорядочению застройки территорий курортов и зон отдыха и строительства санаторно-курортных учреждений и учреждений отдыха. Постановление Совета Министров СССР от 28 августа 1970 г. № 723. — СП СССР, 1970, № 16, ст. 126.

22. Положение о порядке обеспечения капитального строительства материалами, изделиями и оборудованием. Постановление Совета Министров СССР от 28 сентября 1970 г. № 810. — СП СССР, 1970, № 18, ст. 141.

23. Об улучшении экспертизы проектов и смет на строительство (реконструкцию) предприятий, зданий и сооружений. Постановление Совета Министров СССР от 4 мая 1973 г. № 291. — СП СССР, 1973, № 11, ст. 56.

24. О выдаче землепользователям государственных актов на право пользования землей. Постановление Совета Министров СССР от 6 марта 1975 г. № 199. — СП СССР, 1975, № 8, ст. 42.

25. О сроках согласования проектов на строительство предприятий, зданий и сооружений. Постановление Совета Министров СССР от 18 сентября 1975 г. № 811. — СП СССР, 1975, № 20, ст. 136.

26. О порядке согласования и выдачи разрешений на специальное водопользование. Постановление Совета Мини-

стров СССР от 10 июня 1977 г. № 500. — СП СССР, 1977, № 19, ст. 118.

27. О мерах по расширению в городах практики комплексного поточного строительства жилых домов, объектов культурно-бытового назначения и коммунального хозяйства. Постановление Совета Министров СССР от 1 марта 1978 г. № 173. — СП СССР, 1978, № 6, ст. 36.

28. О приемке в эксплуатацию законченных строительством объектов. Постановление Совета Министров СССР от 23 января 1981 г. № 105. — СП СССР, 1981, отд. 1, № 7, ст. 43.

29. Правила отпуска древесины на корню в лесах СССР. Утверждены постановлением Совета Министров СССР от 30 октября 1981 г. № 1045. — СП СССР, 1981, отд. 1, № 33, ст. 184.

30. Положение о штрафах за нарушение правил совершения расчетных операций. Утверждено постановлением Совета Министров СССР от 16 сентября 1983 г. № 911. — СП СССР, 1983, отд. 1, № 27, ст. 155.

31. О совершенствовании организации, системы оплаты и стимулирования труда в строительстве. Постановление Совета Министров СССР и ВЦСПС от 24 января 1985 г. № 87. — СП СССР, 1985, отд. 1, № 12, ст. 48.

32. О дальнейшем совершенствовании проектно-сметного дела и повышении роли экспертизы и авторского надзора в строительстве. Постановление Совета Министров СССР от 28 января 1985 г. № 96. — СП СССР, 1985, отд. 1, № 7, ст. 26.

33. Правила о договорах подряда на капитальное строительство. Утверждены постановлением Совета Министров СССР от 26 декабря 1986 г. № 1550. — СП СССР, 1987, отд. 1, № 4, ст. 19.

34. Правила финансирования и кредитования строительства. Утверждены постановлением Совета Министров СССР от 10 января 1987 г. № 39. — СП СССР, 1987, отд. 1, № 7, ст. 31.

35. О переводе строительных, монтажных и ремонтно-строительных организаций и предприятий (объединений) на полный хозяйственный расчет и самофинансирование. Постановление Совета Министров СССР от 16 ноября 1987 г. № 1287. — СП СССР, 1988, отд. 1, № 1, ст. 2.

36. О совмещении проектирования и строительства жилых домов и других объектов социального назначения. Постановление Совета Министров СССР от 16 апреля 1988 г. № 476. — СП СССР, 1988, отд. 1, № 18, ст. 53.

37. Временное положение о порядке формирования государственных заказов на 1989 и 1990 годы. Утверждено постановлением Совета Министров СССР от 25 июля 1988 г. № 889. — СП СССР, 1988, отд. 1, № 26, ст. 71.

38. Об упорядочении системы экономических (имущественных) санкций, применяемых к предприятиям, объединениям и организациям. Постановление Совета Министров

СССР от 30 июля 1988 г. № 929 — СП СССР, 1988, отд. 1, № 28, ст. 77.

39. СНиП 1.04.03-85. Нормы продолжительности строительства и задела в строительстве предприятий, зданий и сооружений. Утверждены постановлением Госстроя СССР и Госплана СССР от 17 апреля 1985 г. № 51/90. — М., 1986.

40. СНиП 1.02.01-85. Инструкция о составе, порядке разработки, согласования и утверждения проектно-сметной документации на строительство предприятий, зданий и сооружений. Утверждена постановлением Госстроя СССР от 23 декабря 1985 г. № 253. — Законодательство о капитальном строительстве. Дополнения и изменения. Ч. 1, кн. 2. — М., 1987, с. 196.

41. СНиП 3.01.04-87. Приемка в эксплуатацию законченных строительством объектов. Основные положения. Утверждены постановлением Госстроя СССР от 21 апреля 1987 г. № 84. — Законодательство о капитальном строительстве. Дополнения и изменения. ч. 4, кн. 1. — М., 1988, с. 186; ч. 4, кн. 2, с. 545.

42. Об утверждении типового договора подряда на капитальное строительство, типового дополнительного соглашения к договору подряда на капитальное строительство, типовых форм графика производства строительно-монтажных работ, квартальных заданий на производство строительно-монтажных работ. Постановление Госстроя СССР, Стройбанка СССР и Госбанка СССР от 23 января 1987 г. № 13. — БНА, 1987, № 6, с. 35.

43. Положение об организации строительства объектов «под ключ». Утверждено Госстроем СССР, Госпланом СССР и Госснабом СССР 3 февраля 1987 г. № 3-Д. — БНА, 1987, № 6, с. 18.

44. Положение о взаимоотношениях организаций-генеральных подрядчиков с субподрядными организациями. Утверждено постановлением Госстроя СССР и Госплана СССР от 3 июля 1987 г. № 132/109. — БНА, 1988, № 2, с. 12.

45. Положение о договорах на создание (передачу) научно-технической продукции. Утверждено ГКНТ СССР 19 ноября 1987 г. № 435. — БНА, 1988, № 5, с. 8.

46. Положение о заказчике-застройщике (едином заказчике, дирекции строящегося предприятия) и техническом надзоре. Утверждено постановлением Госстроя СССР от 2 февраля 1988 г. № 16. — БНА, 1988, № 7, с. 24.

47. Общие указания по применению сборника цен на проектные работы для строительства. Утверждены постановлением Госстроя СССР от 2 февраля 1987 г. № 21. — Законодательство о капитальном строительстве. Дополнения и изменения. Ч. 1, кн. 2, с. 282.

48. Методические указания по определению и применению договорных цен в строительстве. Утверждены постано-

влением Госстроя СССР от 13 мая 1988 г. № 80. — Бюллетень строительной техники, 1988, № 9.

49. О технологических этапах и комплексах работ, составляемых для расчетов между заказчиками и подрядчиками. Письмо Госстроя СССР от 2 октября 1986 г. № 4-Д. — Законодательство о капитальном строительстве. Дополнения и изменения. Ч. 4, кн. 1, с. 134.

50. Порядок образования и распределения средств на премирование за ввод в действие производственных мощностей и объектов строительства. Утвержден постановлением Госкомтруда СССР, Госстроя СССР и Президиума ВЦСПС от 9 февраля 1987 г. № 82/27/П-1. — Бюллетень Госкомтруда СССР, 1987, № 10, с. 6.

51. О финансировании и кредитовании капитального строительства. Инструкция Госбанка СССР и Стройбанка СССР от 25 апреля 1987 г. № 21/1. — БНА, 1988, № 10, с. 9.

52. О порядке проведения работ по консервации строительства объектов. Письмо Госстроя СССР, Госплана СССР, Министерства финансов СССР, Стройбанка СССР и Госбанка СССР от 18 августа 1986 г. № 61-Д. — Законодательство о капитальном строительстве. Дополнения и изменения. Ч. 4, кн. 1, с. 122.

53. О порядке финансирования проектно-изыскательских работ. Письмо Стройбанка СССР от 24 февраля 1987 г. № 76. — Законодательство о капитальном строительстве. Дополнения и изменения. Ч. 3. — М., 1988, с. 404.

54. Инструкция о порядке составления статистической отчетности по капитальному строительству. Утверждена Госкомстатом СССР 3 сентября 1987 г. № 17-06-0369. — Законодательство о капитальном строительстве. Дополнения и изменения. Ч. 4, кн. 2, с. 270—275.

55. О порядке оплаты выполненных строительно-монтажных работ при осуществлении подрядными строительными организациями мероприятий, снижающих стоимость этих работ, против смет по рабочим чертежам. Письмо Госстроя СССР от 16 февраля 1988 г. № ЛБ-596-1. — Законодательство о капитальном строительстве. Дополнения и изменения. Ч. 4, кн. 2, с. 544.

Раздел 17
ОБЯЗАТЕЛЬСТВА ПО ВОЗВРАТУ И СДАЧЕ ТАРЫ

1. Общие вопросы

Обязанность сдачи (возврата) тары. Тара, упаковочные и увязочные материалы многократного использования, средства пакетирования, специализированные контейнеры и тара-оборудование, в которых получены продукция или товары* по договору поставки, подлежат возврату изготовителю (поставщику), иному предприятию-тарополучателю или сдаче таросбирающим организациям. Порядок их применения, обращения и возврата определяется Правилами, разрабатываемыми Госснабом СССР с участием заинтересованных министерств и ведомств и утверждаемыми Госснабом СССР по согласованию с Госарбитражем СССР (2, п. 37; 3, п. 30).

Обязанность возврата (сдачи) тары и других вспомогательных средств для повторного использования распространяется на государственные, кооперативные и иные общественные предприятия за изъятиями, установленными обязательными для сторон Правилами.

Если порядок возврата какого-либо вида тары не установлен нормативными актами, он может быть предусмотрен в договоре между сторонами.

Порядок сдачи многооборотной тары сверх количества, полученного с продукцией, а также когда сдающая организация не получает продукцию в таре, определяется договором между сторонами на сдачу тары. В договоре должны, в частности, устанавливаться объемы и сроки сдачи тары. Положения о поставках продукции и товаров на данные отношения не распространяются и определяют лишь размеры ответственности за несдачу тары (2, п. 68; 3, п. 59).

В тех случаях, когда продукция поставлена без договора, к получателю могут быть применены санкции за невозврат тары из-под продукции, принятой им для использования, если порядок возврата тары определен обязательными для сторон Правилами. Штраф за невозврат тары взыскивается в размерах, установленных Положениями о поставках продукции и товаров (2, п. 68; 3, п. 59).

Порядок возврата тары. Тара, полученная с продукцией от предприятия-изготовителя либо от снабженческой, оптовой торговой организации, в установленных случаях возвращается согласно выписанному поставщиком сертификату. Потребители, получающие продукцию от снабженческих или оптовых торговых организаций мелкими партиями, вправе возвращать тару на склады этих организаций, если иной порядок возврата тары не предусмотрен договором.

Перечень специальных районов. Предприятия-покупатели, находящиеся в районах Крайнего Севера, а также в местностях, приравненных к ним, и в других районах досрочного завоза, освобождаются от обязательного возврата некоторых видов тары.

---

* Далее, как правило, употребляется один термин — «продукция»

При определении районов Крайнего Севера и местностей, приравненных к ним, где таросдатчики освобождаются от обязательного возврата тары, следует руководствоваться Перечнем, приложенным к Инструкции о порядке сдачи, возврата и повторного использования деревянной и картонной тары (5, приложение № 2).

Индивидуализация возвратной тары. Законодательство не устанавливает необходимости возврата получателями поставщикам только тех ящиков или иной тары, в которой последними была отгружена продукция. Однако стороны могут оговорить в договоре условие о возврате тары, только имеющей маркировку (товарный знак) предприятия — поставщика продукции, поскольку это не противоречит нормативным актам.

Порядок приемки возвращаемой тары по количеству и качеству, если он не определен нормативными актами, стороны вправе предусмотреть в договоре, в том числе применительно к установленному Инструкциями о порядке приемки продукции производственно-технического назначения и товаров народного потребления по количеству и качеству, утвержденными Госарбитражем СССР.

Если при выдаче железной дорогой груза будет повреждена или испорчена тара, станция обязана составить коммерческий акт и в том случае, когда продукция, находящаяся в этой таре, порчи или повреждения не имеет. При уклонении станции от составления коммерческого акта грузополучателю следует руководствоваться порядком, указанным в Уставе железных дорог и Правилах составления актов МПС.

Сверка данных о сдаче тары. Обязательными Правилами или договором может предусматриваться обязанность периодической проверки сторонами данных о движении тары и составление актов сверки. Остатки тары на начало проверяемого периода подлежат включению в общий расчет движения тары за проверяемый период с учетом срока исковой давности.

Порядок зачета возвращаемой тары. В тех случаях, когда порядок зачета возвращаемой тары не определен соответствующими Правилами, возвращенная тара засчитывается в первую очередь в погашение текущих (непросроченных) обязательств покупателя по данному сдаточному периоду. Тара, возвращенная в количестве, превышающем обязательства покупателя по данному сдаточному периоду, засчитывается при наличии задолженности в счет погашения ее в пределах срока исковой давности, а при отсутствии задолженности — в счет последующих обязательств покупателя (14, п. 1).

Отказ от оплаты стоимости тары под продукцией. Правилами Госбанка СССР предоставляется плательщику право частично отказаться от акцепта платежного требования в случае поступления продукции в недоброкачественной таре (4, п. 14). Поэтому если получатель документально удостоверит недоброкачественность тары, в которой поступила продукция, он вправе отказаться от акцепта платежного требования до истечения срока для акцепта. Согласно практике органов арбитража, такой отказ возможен в отношении стоимости тары, признанной непригодной для использования и не подлежащей ремонту.

В случае поступления продукции в таре, обеспечившей сохранность груза, но признанной непригодной для дальнейшего использования вследствие естественного износа, стоимость тары подлежит оплате получателем. Разница между стоимостью такой тары, уплаченной поставщику, и стоимостью, по которой эта тара сдается на тароремонтные предприятия, должна списываться на издержки обращения торгующих организаций.

Недоброкачественной тарой, от оплаты стоимости которой получатель отказался, отправитель (поставщик), получив уведомление об этом, обязан распорядиться. Если отправитель (поставщик) в установленный срок не распорядится забракованной тарой, получатель вправе реализовать ее на месте.

Отказ от оплаты стоимости возвращенной тары. Плательщик вправе отказаться от акцепта платежного требования на стоимость возвращенной ему тары только по основаниям, оговоренным в договоре (4, п. 15). Такие основания могут предусматриваться в договорах на поставку продукции в возвратной таре, договорах на сдачу (возврат) тары.

Стоимость недоброкачественной тары под продукцией и штраф за поставку продукции в ненадлежащей таре не могут быть взысканы в безакцептном порядке. Если получатель (покупатель) не отказался в установленном порядке от оплаты стоимости недоброкачественной тары, в которой поступила продукция, он должен взыскивать ее стоимость в претензионном и исковом порядке (16, с. 84—85).

Возмещение расходов по ремонту тары. В случае возврата поврежденной многооборотной тары (железные бочки, фляги, бидоны, металлические, деревянные и полиэтиленовые ящики и корзины и др.), признанной в процессе приемки пригодной для дальнейшего использования, расходы по ее ремонту возмещаются таросдатчиками в размерах, согласованных сторонами. Требования о возмещении расходов по ремонту тары должны заявляться в претензионном и исковом порядке (18, с. 83—84).

За просрочку возврата (сдачи) тары, средств пакетирования, специализированных контейнеров или тары-оборудования до 15 дней покупатель (получатель) уплачивает изготовителю (поставщику), иному предприятию-получателю или тарособирающей организации штраф в размере 150% стоимости не возвращенных (не сданных) в срок тары, средств пакетирования, специализированных контейнеров или тары-оборудования, а свыше 15 дней — 300% с зачетом ранее уплаченных сумм санкций (2, п. 68; 3, п. 59).

Указанные штрафы могут быть взысканы в безакцептном порядке в 2-месячный срок после возникновения права требования. По истечении 2-месячного срока для безакцептного списания штрафы могут быть взысканы в претензионном и исковом порядке с учетом срока исковой давности. Право на взыскание штрафа принадлежит изготовителю (поставщику), иному предприятию-тарополучателю или таросоюирающей организации в зависимости от того, кому из них согласно обязательным Правилам или договору должна быть возвращена (сдана) тара.

Денежные средства со счетов кооператива могут списываться только по его указанию, а также по решению суда или арбитража (1, ст. 23, п. 2). Поэтому с кооперативных организаций штраф за просрочку возврата тары должен взыскиваться в претензионном и исковом порядке.

Право поставщика требовать возврата тары в натуре. Уплата штрафа за просрочку возврата (сдачи) тары, средств пакетирования, специализированных контейнеров или тары-оборудования не освобождает получателя продукции от обязанности их возврата (сдачи).

При невозврате тары получателем поставщик, иное предприятие-тарополучатель или таросоюирающая организация вправе потребовать возврата тары в натуре, а в случае уклонения потребителя от выполнения такого требования — предъявить иск о возврате тары в натуре (14, п. 2). Признав исковое требование обоснованным, арбитраж своим решением обязывает потребителя отгрузить (передать) имеющееся у него количество тары заявителю.

Исковая давность. Для исков таросдатчиков о взыскании с поставщиков (тарополучателей) стоимости возвращенной тары, от оплаты которой последний отказался по мотиву недоброкачественности тары, применяется годичный срок исковой давности (ст. 78 ГК РСФСР).

2. Сдача, возврат и повторное использование деревянной и картонной тары

Взаимоотношения таросдатчиков, тароремонтных предприятий и потребителей по вопросам сдачи, возврата и повторного использования деревянной и картонной транспортной тары из-под отечественной и импортной продукции и товаров регулируются Инструкцией, утвержденной Госснабом СССР (5). Действие Инструкции не распространяется на отношения по сдаче и возврату многооборотной тары, а также некоторых видов специализированной тары (5, п. 1).

Таросдатчики — государственные, кооперативные и общественные предприятия, организации и стройки, у которых освобождается деревянная и картонная тара из-под продукции.

Органами, организующими повторное использование деревянной и картонной тары, являются производственные объединения по таре и тароремонтные (тарные) предприятия системы Госснаба СССР*.

Направления использования тары. Таросдатчики обязаны:

а) в первую очередь обеспечить использование освобождающейся тары на упаковку выпускаемой продукции в счет фондов (лимитов) на тару, установленных территориальными органами Госснаба СССР или вышестоящими органами;

б) при невозможности использовать тару для упаковки выпускаемой продукции возвратить освободившуюся тару поставщику (предприятию-изготовителю) продукции;

в) при необязательности возврата тары поставщику (предприятию-изготовителю) продукции сдать ее другому потребителю согласно извещению о прикреплении, выданному тароремонтным предприятием, а при отсутствии извещения — сдать (отгрузить) тару ближайшему тароремонтному предприятию, расположенному от таросдатчика в радиусе 80 км.

Предприятия, организации и стройки, находящиеся от тароремонтного предприятия и от станций железных дорог (пристаней) общего пользования, когда тара должна отгружаться железнодорожным или водным транспортом, на расстоянии, превышающем 80 км, вправе реализовать (использовать) деревянную и картонную тару по своему усмотрению.

Обязанность возврата неиспользуемой тары поставщику (предприятию-изготовителю) должна предусматриваться в договорах на поставку продукции между поставщиком и покупателем с учетом планов повторного использования и выделенных получателям фондов (лимитов) на тару (5, п. 10). В случае возникновения между поставщиком и покупателем спора относительно необходимости возврата тары арбитраж может при наличии соответствующих оснований признать такой возврат нецелесообразным.

При поступлении продукции, отгруженной без договора, получатель обязан возвратить поставщику (предприятию-изготовителю) освободившуюся тару, если к платежному требованию был приложен сертификат на возврат тары.

Возвратная отечественная и импортная деревянная и картонная тара сдается таросдатчиками на тароремонтные предприятия без заключения договоров (5, п. 13).

Освобождаются от обязательного возврата тары получа-

---

* В дальнейшем — «тароремонтные предприятия».

тели продукции и товаров в районах Крайнего Севера, а также в местностях, по условиям возврата тары приравненных к районам Крайнего Севера, кроме получателей, расположенных в населенных пунктах, в которых имеются тароремонтные предприятия, или связанных с этими пунктами постоянными путями сообщения.

В местностях, по условиям возврата тары приравненных к районам Крайнего Севера, территориальные органы Госснаба СССР могут устанавливать таросдатчикам фонды (лимиты) на повторное использование освобождающейся тары в данной местности, а торговым предприятиям указывать местного потребителя с выдачей извещений о прикреплении.

Тара используется потребителями на упаковку выпускаемой продукции, возвращается непосредственно поставщикам (предприятиям-изготовителям) продукции, передается другим потребителям в следующих объемах: деревянная — не менее 85%; картонная — не менее 75% при одногородних поставках, не менее 65% при иногородних поставках (в сельской местности — не менее 60%). В зависимости от назначения картонной тары и нормативов оборачиваемости в договорах между поставщиками и получателями продукции может предусматриваться возврат тары в объемах до 100%.

Деревянная и картонная тара, которая не используется таросдатчиком на упаковку выпускаемой продукции и не возвращается поставщикам или другим потребителям, подлежит сдаче на тароремонтные предприятия в размере 100% поступившего количества и ассортимента; при этом таросдатчики обязаны обеспечить возврат (сдачу) картонных ящиков, пригодных для повторного использования по прямому назначению в объемах, указанных в предыдущем абзаце (5, п. 8).

Картонная тара, не пригодная для повторного использования по прямому назначению и ремонта, но пригодная для переработки на вспомогательные упаковочные средства (прокладки, перегородки, решетки и др.), обязательно сдается на тароремонтные предприятия как картонный материал.

Сроки сдачи (возврата) тары. Деревянная и картонная тара сдается на тароремонтные предприятия или возвращается поставщикам продукции по мере освобождения у таросдатчиков и накопления ее до нормы загрузки на автомашину, контейнер, вагон, баржу, но не позднее чем в 30-дневный срок со дня получения продукции, а из-под свежей плодоовощной продукции — не позднее чем в 10-дневный срок со дня получения продукции. Этот срок не распространяется на оптовые торговые, снабженческие и сбытовые базы и склады, а также на общетоварные склады потребительской кооперации, переотправляющие продукцию в таре конечным получателям. С разрешения территориальных органов Госснаба СССР в исключительных случаях срок возврата тары для отдельных таросдатчиков может быть увеличен (5, п. 9).

Сертификаты на возврат тары. Если тара подлежит возврату непосредственно предприятию — поставщику продукции, последний выписывает сертификат по установленной форме (5, приложение № 4) в двух экземплярах, один из которых остается у поставщика, другой высылается грузополучателю вместе с платежным требованием на продукцию.

В тех случаях, когда снабженческо-сбытовая организация переотправляет продукцию потребителю, а тара должна быть возвращена непосредственно поставщику (предприятию-изготовителю) продукции, снабженческо-сбытовая организация выписывает и высылает потребителю и поставщику (предприятию-изготовителю) свой сертификат, присвоив ему номер сертификата поставщика и указав отгрузочные, почтовые и расчетные реквизиты потребителя (получателя) продукции и предприятия — изготовителя продукции, которому следует возвратить тару, и срок ее возврата.

Учет тары получателями. Предприятия и организации обязаны брать на материальный учет всю поступающую с продукцией деревянную и картонную тару отечественного и импортного производства независимо от оплаты ее стоимости поставщику продукции.

Доставка возвращаемой тары. При централизованной доставке продукции потребителям поставщики (предприятия-изготовители) обязаны тем же транспортом или специальными рейсами вывозить освобождающуюся тару для повторного использования, минуя тароремонтные предприятия.

На тароремонтные предприятия Госснаба СССР тара доставляется силами, средствами таросдатчиков и за их счет, если иное не установлено обязательными правилами. Стоимость доставки тары на расстояние, превышающее 80 км, распределяется между таросдатчиком и тароремонтным предприятием по соглашению сторон. При недостижении соглашения эти расходы распределяются поровну между сторонами (5, п. 53).

Тароремонтные предприятия могут заключать договоры с таросдатчиками на централизованный вывоз тары с учетом их обеспечения автотранспортом (5, п. 9).

Приемка тары. По количеству и качеству тара принимается тароремонтными предприятиями на основании накладных (спецификаций) таросдатчика, по которым составляется приемо-сдаточный акт (5, приложение № 6). При несоответствии количества и качества принимаемой тары данным, указанным в накладных (спецификации) таросдатчика, составляются акты и производится приемка в соответствии с требованиями Инструкций о порядке приемки продукции производственно-технического назначения и товаров народного потребления по количеству и качеству, утвержденных Госарбитражем СССР.

Количество и качество тары, возвращаемой таросдатчиками, проверяются предприятиями-поставщиками и другими получателями в порядке, определяемом договором. Если договором порядок приемки не определен, то органы арбитража признают допустимым проведение приемки применительно к требованиям, установленным названными Инструкциями Госарбитража СССР.

Тара, имеющая предусмотренные отступления от нормативно-технической документации, немаркированная должна использоваться до полного износа и подлежит приемке и оплате всеми потребителями и тароремонтными предприятиями на общих основаниях (5, п. 52).

Возврат таросдатчиками деревянной тары поставщику (предприятию-изготовителю) продукции, минуя тароремонтные предприятия, осуществляется в отремонтированном виде.

Зачет недоброкачественной тары. Тара, которая не пригодна к использованию в качестве тароматериала, а также загрязненная, не пригодная для повторного использования по прямому назначению или для упаковки других товаров, не подлежит сдаче на тароремонтные предприятия. Указанная тара засчитывается таросдатчикам в погашение обязательств по сдаче (возврату) ее при представлении надлежаще оформленного акта о качественном состоянии тары (5, п. 12).

Картонная тара, не пригодная для повторного использования по прямому назначению и ремонта, но пригодная для переработки на вспомогательные упаковочные средства (прокладки, перегородки, решетки и др.), подлежит обязательной сдаче на тароремонтные предприятия как картонный материал (5, п. 8).

В случаях утраты тары вследствие пожара или других стихийных бедствий таросдатчик обязан в надлежаще оформленном акте указать количество утраченной тары. На основании этого акта таросдатчик освобождается от ответственности за невозврат утраченной тары (5, п. 15).

Цены и расчеты за тару. Возвратная тара в зависимости от ее качества оплачивается по действующим оптовым ценам и в порядке, предусмотренном прейскурантами на соответствующие виды тары.

Расчеты с одногородними таросдатчиками ведутся на основании приемо-сдаточных актов, подписанных таросдатчиками, путем перечисления тароремонтными предприятиями причитающихся сумм таросдатчикам с расчетного или спецссудного счета по мере приемки тары в пределах сроков, установленных для представления в банк расчетных документов при обычном и механизированном бухгалтерском учете, а по предприятиям, имеющим незначительный оборот по операциям с тарой, — не реже двух раз в месяц.

Расчеты с иногородними таросдатчиками производятся путем оплаты тароремонтными предприятиями предъявляемых на инкассо платежных требований таросдатчика, составленных в соответствии с накладными, которые высылаются тароремонтным предприятиям, минуя учреждения банка.

В таком же порядке осуществляются расчеты при возврате тары таросдатчиками непосредственно предприятиям — изготовителям продукции (5, п. 54).

Ответственность за несдачу тары. За несдачу тароремонтным предприятиям тары, не подлежащей использованию для упаковки выпускаемой продукции или возврату непосредственно поставщику (предприятию-изготовителю), тароремонтные предприятия, в том числе тарные базы и склады потребительской кооперации, взыскивают с таросдатчика штраф в размере 150% стоимости тары при просрочке до 15 дней, а свыше 15 дней — 300% с зачетом ранее уплаченных сумм санкций (2, п. 68; 3, п. 59).

Штраф взыскивается на основании акта проверки движения тары с учетом остатков на начало проверяемого периода. Таросдатчики освобождаются от уплаты штрафа в случае погашения ими задолженности по таре в пределах срока (периода) ее сдачи, предусмотренного договором.

Ответственность тароремонтного предприятия. При отказе тароремонтного предприятия от приемки тары, не подлежащей использованию для упаковки выпускаемой продукции и возврату непосредственно поставщику (предприятию-изготовителю), таросдатчик взыскивает с тароремонтного предприятия штраф в размере, определяемом договором между сторонами, исходя из цен на новую тару по действующим прейскурантам.

Тароремонтное предприятие при отказе от приемки возвратной тары обязано сделать надпись на обороте накладной таросдатчика о причинах отказа в приемке доставленной таросдатчиком тары. При отказе тароремонтного предприятия сделать надпись таросдатчик делает об этом отметку на накладной. Штраф с тароремонтного предприятия взыскивается на основании накладной таросдатчика с отметками, оформленными в указанном порядке.

Если в течение пяти дней после отказа тароремонтное предприятие примет или вывезет от таросдатчика тару, от приемки которой оно ранее отказалось, штраф не взыскивается, но стоимость повторной доставки возвратной тары в двукратном размере относится на тароремонтное предприятие. Указанный порядок должен предусматриваться в договоре.

За невозврат тары потребителями непосредственно поставщикам (предприятиям-изготовителям) поставщик (предприятие-изготовитель) взыскивает с таросдатчика штраф в размере 150% стоимости невозвращенной в срок тары при просрочке до 15 дней, а свыше 15 дней — 300% с зачетом ранее уплаченных сумм санкций (2, п. 68; 3, п. 59).

С потребителя продукции (таросдатчика) штраф взыскивается на основании копии сертификата на тару, отгруженную с продукцией, или копии счета на оплату продукции и тары. При отгрузках продукции снабженческо-сбытовым организациям для переотправки потребителям мелкими партиями основанием для взыскания штрафа с потребителей продукции-таросдатчиков за невозврат тары служит сертификат снабженческо-сбытовой организации. Если при переотправке продукции потребителю снабженческо-сбытовая организация не вышлет поставщику (предприятию-изготовителю) в установленном порядке своего сертификата, ответственность перед поставщиком за невозврат тары несет снабженческо-сбытовая организация.

За отказ от приема тары из-под продукции производственно-технического назначения, возвращенной непосредственно поставщику (предприятию-изготовителю) таросдатчиком в соответствии с требованиями Инструкции, таросдатчик взыскивает с поставщика (предприятия-изготовителя) штраф в размере, определяемом договором между сторонами.

За отказ от приема тары из-под товаров народного потребления, возвращенной таросдатчиком непосредственно поставщику (предприятию-изготовителю), с поставщика (предприятия-изготовителя) таросдатчиком взыскивается штраф в размере, определяемом договором между сторонами.

С поставщика (предприятия-изготовителя) штраф взыскивается на основании документа, по которому возвращена тара, и платежного требования, от оплаты которого поставщик отказался (5, п. 61).

Порядок начисления и взыскания штрафов. Размеры штрафов определяются, исходя из цен на новую тару по действующим прейскурантам. В случае их отсутствия договором может быть установлено, что штрафы взыскиваются в размере 200 руб. за 1 куб. м древесины в чистоте по деревянной таре, а по картонной таре — 50 коп. за каждый ящик.

Штрафы за просрочку возврата (сдачи) тары взыскиваются через соответствующие учреждения банка в бесспорном порядке (5, п. 65). С кооперативов штрафы взыскиваются в претензионном и исковом порядке.

Штрафные санкции за невозврат тары из-под продукции непосредственно поставщикам (предприятиям-изготовителям) этой продукции, а также за отказ последних от приема возвращенной им тары могут быть применены независимо от наличия договорных отношений непосредственно между таросдатчиком и поставщиком (предприятием-изготовителем) продукции.

Взыскание штрафов не освобождает таросдатчиков от сдачи (возврата) тары, а тароремонтные предприятия и поставщиков — от приема ее (5, п. 67).

3. Обращение многооборотных средств пакетирования

Применение средств пакетирования. Изготовитель (поставщик) обязан при поставках продукции применять средства пакетирования и специализированные контейнеры в случаях, предусмотренных обязательными для сторон правилами или договором (2, п. 37; 3, п. 30).

Порядок обращения многооборотных средств пакетирования и специализированных контейнеров*, используемых предприятиями и организациями независимо от их ведомственной подчиненности, определяется Положением о порядке обращения многооборотных средств пакетирования и специализированных контейнеров в народном хозяйстве (7). Особенности применения средств пакетирования и контейнеров для отдельных видов продукции могут предусматриваться в договорах (7, п. 4).

Под средствами пакетирования и контейнерами, режим обращения которых регулируется в указанном порядке, понимаются технические средства, названные в государственном стандарте «Средства пакетирования. Термины и определения» и применяемые для грузов, упакованных в транспортную или потребительскую тару, а также для штучных грузов без упаковки; производственная тара грузоподъемностью от 0,25 т, соответствующая государственному стандарту «Тара производственная и стеллажи. Термины и определения»; транспортно-технологическая оснастка; специализированные контейнеры, предусмотренные в государственном стандарте «Контейнеры грузовые. Термины и определения» и предназначенные для отгрузки отдельных видов продукции.

Применение средств пакетирования и контейнеров, не соответствующих утвержденным стандартам и техническим условиям, не допускается (7, п. 2).

Номенклатура продукции, которая отгружается с применением средств пакетирования и в контейнерах, разрабатывается министерствами и ведомствами-поставщиками и утверждается Госснабом СССР. В договорах на поставку продукции может предусматриваться применение средств пакетирования и контейнеров для продукции, не указанной в утвержденной номенклатуре. В этих случаях отношения сторон также регулируются названным выше Положением (7, п. 3).

---

* В дальнейшем именуются — «средства пакетирования», «контейнеры» либо «технические средства».

Пакетированные грузы и грузы в контейнерах принимаются к перевозке транспортными организациями и выдаются грузополучателям без расформирования пакетов и вскрытия контейнеров. В таком же порядке выдаются пакетированные грузы и грузы в контейнерах при доставке их предприятиям и организациям-получателям транспортными средствами поставщика, если иное не оговорено в договоре.

При предъявлении транспортным организациям пакетированных грузов и грузов в контейнерах грузоотправитель в перевозочных документах кроме данных, предусмотренных правилами перевозок грузов, указывает количество средств пакетирования и контейнеров с продукцией.

Прибывшие поврежденными пакеты или контейнеры выдаются транспортной организацией получателю в порядке, действующем на соответствующем виде транспорта.

Обращение средств пакетирования и контейнеров производится в порядке:

а) срочного возврата, при котором средства пакетирования и контейнеры возвращаются грузополучателем грузоотправителю в надлежащие сроки.

В тех случаях, когда продукция доставляется через склады и базы снабженческо-сбытовых или оптовых торговых организаций, средства пакетирования и контейнеры (кроме металлических ящичных поддонов и специализированных контейнеров нескладывающихся конструкций) возвращаются предприятиями и организациями-потребителями непосредственно в адрес предприятий-изготовителей, которым принадлежат эти средства. В договоре может быть предусмотрен иной порядок возврата;

б) равночисленного обезличенного обмена стандартными плоскими поддонами, при котором транспортная организация передает грузоотправителю стандартные плоские поддоны в количестве, равном полученному от него с пакетированным грузом, предъявленным к перевозке, а грузополучатель передает транспортной организации поддоны в количестве, равном полученному им вместе с пакетированным грузом.

Сроки возврата. Грузополучатели должны возвращать средства пакетирования и контейнеры не позднее 30 суток со дня отгрузки продукции с применением этих средств или контейнеров, если иные сроки не установлены договором. Для грузополучателей, находящихся на расстоянии свыше 500 км от грузоотправителей, сроки возврата средств пакетирования и контейнеров удлиняются на одни сутки на каждые 250 км (7, п. 15).

При поставке продукции в пакетированном виде или в контейнерах в районы Крайнего Севера и другие районы досрочного завоза, не имеющие постоянного железнодорожного, водного сообщения с пунктами, куда должны возвращаться средства пакетирования и контейнеры, сроки возврата их определяются в договоре, исходя из того, что возврат должен быть произведен не позднее начала следующей навигации или открытия иного транспортного сообщения с этими районами.

В тех случаях, когда указанные сроки в договоре поставки не установлены, грузоотправитель не вправе применять ответственность, предусмотренную Положением за несвоевременный возврат средств пакетирования и спецконтейнеров. Однако это не освобождает грузополучателя от обязанности возвратить средства пакетирования с открытием транспортного сообщения с указанными районами. В этих случаях грузоотправитель вправе предъявить грузополучателю, которому выписан сертификат, требование о возврате технических средств в натуре либо оплате их стоимости.

Для снабженческо-сбытовых и оптовых торговых организаций, поставляющих продукцию потребителям с применением средств пакетирования или в контейнерах со своих складов и баз, сроки возврата удлиняются на 30 дней. Эта льгота предоставляется только той снабженческо-сбытовой, оптовой торговой организации (независимо от их ведомственной подчиненности), которая получила продукцию с применением средств пакетирования или в контейнерах непосредственно от предприятия-изготовителя.

При поставке продукции с применением средств пакетирования или в контейнерах через снабженческо-сбытовые, оптовые торговые организации эти организации должны производить отгрузку (отпуск) продукции потребителям с таким расчетом, чтобы у потребителя оставалось не менее 30 дней для возврата средств пакетирования или контейнеров предприятиям-изготовителям.

Если продукция в пакетированном виде или в контейнерах отгружена досрочно без согласия покупателя (получателя), срок возврата исчисляется с момента наступления срока поставки.

Сертификаты на возврат технических средств. При отгрузке продукции с применением средств пакетирования и контейнеров, подлежащих возврату, грузоотправитель выписывает сертификат по установленной форме (7, приложение) в двух экземплярах, один из которых высылается грузополучателю почтой не позднее двух дней после отгрузки продукции. В тех случаях, когда расчеты за продукцию производятся не между грузоотправителем и грузополучателем, копия сертификата одновременно высылается плательщику.

Снабженческо-сбытовые и оптовые торговые организации при переотправке продукции с применением средств пакетирования или в контейнерах выписывают и высылают потребителям свои сертификаты по установленной форме (7, приложение). Копия такого сертификата направляется предприятию-изготовителю (первоначальному грузоотправителю). Сертификату присваивается номер, в числителе которого снабженческо-сбытовая или оптовая торговая организация указывает свой номер, а в знаменателе повторяется номер сертификата предприятия — изготовителя продукции.

Отсутствие сертификата на средства пакетирования или контейнеры не освобождает получателя от обязанности возврата технических средств в срок.

В случае переадресовки грузов в установленном порядке организация, производящая переадресовку, обязана сообщить об этом грузоотправителю и фактическому грузополучателю с указанием необходимых реквизитов для возврата средств пакетирования или контейнеров. В этом случае основанием для возврата средств пакетирования и контейнеров являтся извещение о переадресовке груза; срок для возврата средств пакетирования или контейнеров исчисляется с учетом фактического расстояния перевозки груза после переадресовки.

Возврат технических средств. При доставке продукции с применением средств пакетирования или в контейнерах транспортом поставщика или покупателя средства пакетирования и контейнеры возвращаются тем же транспортом, если иное не предусмотрено в договоре (7, п. 9).

Средства пакетирования и контейнеры без груза принимаются транспортными организациями к перевозке по предъявлению, в том числе повагонными и мелкими отправками, а также в универсальных контейнерах (7, п. 7).

Грузополучатель должен возвращать грузоотправителю средства пакетирования сформированными в пакеты. Каждая грузовая единица должна содержать средства пакетирования одного типа и иметь ярлык с указанием типа и количества средств пакетирования. Возвращаются пакетирующие стропы комплектами (короткого и длинного поясов), увязанными в связки по 20 штук, о чем делается отметка в сопроводительных документах.

Учет возврата технических средств. При возврате грузоотправителю средств пакетирования и контейнеров грузополучатель указывает в перевозочных документах количество и тип этих средств и контейнеров, а также номер сертификата, по которому они возвращаются.

Если грузополучатель при возврате средств пакетирования и контейнеров не сообщит грузоотправителю номер сертификата, в счет которого им возвращаются средства пакетирования и контейнеры, то грузоотправитель засчитывает их в погашение первого выписанного грузополучателю сертификата (в пределах годичного срока исковой давности), по которому не выполнено обязательство по возврату.

Средства пакетирования и контейнеров принимаются по количеству и качеству в соответствии с требованиями Инструкций о порядке приемки продукции производственно-технического назначения и товаров народного потребления по количеству и качеству, утвержденных Госарбитражем СССР.

Расчеты между сторонами. При поставке продукции в пакетированном виде грузополучатели производят за это доплату грузоотправителям, если такая доплата установлена органом, утвердившим цену на соответствующую продукцию.

В процессе обращения средств пакетирования и контейнеров в народном хозяйстве как с грузом, так и без груза стоимость этих средств пакетирования и контейнеров не подлежит оплате, кроме установленных случаев (7, п. 24).

Транспортные расходы по возврату средств пакетирования и контейнеров относятся на получателя.

Состояние возвращаемых технических средств. Средства пакетирования и контейнеры подлежат возврату в пригодном для повторного использования состоянии. В случае, если повреждение средств пакетирования и контейнеров произошло по вине грузополучателя, последний обязан их отремонтировать и вернуть в исправном состоянии. При возврате средств пакетирования и контейнеров в неотремонтированном виде поставщик (грузоотправитель) вправе отнести на грузополучателя стоимость их ремонта.

В тех случаях, когда средства пакетирования и контейнеры, принадлежащие грузополучателю, пришли в непригодное для дальнейшего использования состояние по вине грузоотправителя, последний обязан отремонтировать их. Расходы по ремонту этих средств или контейнеров относятся на грузоотправителя (7, п. 26).

За просрочку возврата средств пакетирования и контейнеров до 15 дней грузополучатель уплачивает грузоотправителю штраф в размере 150% стоимости не возвращенных в срок технических средств, а при просрочке свыше 15 дней — 300%. Если взыскан штраф за просрочку возврата средств пакетирования и контейнеров до 15 дней, то при взыскании штрафа за просрочку свыше 15 дней из суммы этого штрафа вычитается ранее взысканная сумма.

При невысылке грузополучателю сертификата на подлежащие возврату средства пакетирования и контейнеры штраф за просрочку возврата взысканию не подлежит (7, п. 27).

Уплата штрафа за просрочку возврата средств пакетирования и контейнеров не освобождает получателя продукции от обязанности их возврата. В случае утраты средств пакетирования или контейнеров получатель помимо уплаты штрафа возмещает отправителю их стоимость. Штрафы за просрочку возврата технических средств, а также стоимость утраченных средств пакетирования и контейнеров могут быть взысканы в безакцептном порядке в 2-месячный срок после возникновения права требования (2, п. 69; 3, п. 60).

4. Порядок возврата и повторного использования тары из-под продукции, реализуемой по договорам контрактации

Регулирование возврата (сдачи) тары. Особенности обеспечения и использования тары и упаковочных материалов, предназначенных для отдельных видов продукции, а также порядок и сроки их возврата предусматриваются инструкциями, правилами, регламентирующими закупки соответствующих видов продукции, или заключенными договорами (6, п. 26).

Порядок сдачи, возврата и повторного использования ящиков для плодоовощной продукции, реализуемой по договорам контрактации сельскохозяйственной продукции, регулируется Инструкцией, утвержденной Госснабом СССР (5, пп. 29—32).

Плодоовощные ящики, переданные хозяйствам консервными предприятиями, иными заготовительными организациями для затаривания плодоовощной продукции, не подлежат сдаче на тароремонтные предприятия, приемке и учету этими предприятиями в счет фондов на возвратную тару (5, пп. 12, 24).

Ящики из-под плодоовощной продукции, поступающей в заготовительные организации или непосредственно розничным торговым предприятиям от хозяйств в пределах одной области, края, автономной или союзной республики (не имеющей областного деления), возвращаются после освобождения заготовительным организациям или по их указанию — хозяйствам, с которыми заключены договоры контрактации плодоовощной продукции (5, п. 29).

Прямой возврат и сдача плодоовощных ящиков. Заготовительные организации обязаны обеспечить сохранность ящиков для плодоовощной продукции, прямой возврат внутри области, края, республики (без областного деления) и их повторное использование.

Плодоовощные ящики, освобождающиеся у таросдатчиков из-под плодоовощной продукции, за исключением ящиков, оборачивающихся по прямому возврату, подлежат обязательной сдаче на тароремонтные предприятия системы Госснаба СССР или отгрузке непосредственно потребителям (5, п. 31).

Оплата стоимости тары. Получаемая хозяйствами от заготовителей и заготовителями от хозяйств тара оплачивается сторонами в соответствии с действующими прейскурантами и используется только по прямому назначению (6, п. 26).

Ответственность сторон. За необеспечение хозяйства тарой и упаковочными материалами в количестве и сроки, установленные в инструкциях и правилах, регламентирующих закупки соответствующих видов продукции, или в договоре, заготовитель уплачивает хозяйству штраф в размере 100% стоимости неотпущенной тары и упаковочных материалов по прейскурантным ценам.

За невозврат тары, предоставленной заготовителем хозяйству, по окончании срока действия годового договора контрактации хозяйство уплачивает заготовителю штраф в размере 100% стоимости невозвращенной тары.

При использовании тары хозяйства заготовитель также уплачивает хозяйству штраф в размере 100% стоимости невозвращенной им тары, полученной от хозяйства (6, п. 38).

Примечания к разделу 17

1. Закон о кооперации.
2. Положение о поставках продукции.
3. Положение о поставках товаров.
4. Правила безналичных расчетов в народном хозяйстве. Утверждены Госбанком СССР 30 сентября 1987 г. № 2. — М., 1987.
5. Инструкция о порядке сдачи, возврата и повторного использования деревянной и картонной тары. Утверждена постановлением Госснаба СССР от 5 июня 1987 г. № 77. — БНА, 1988, № 1, с. 21—43.
6. Положение о порядке заключения и исполнения договоров контрактации сельскохозяйственной продукции. Утверждено приказом Госагропрома СССР от 15 апреля 1987 г. № 300. — БНА, 1988, № 2, с. 25—38.
7. Положение о порядке обращения многооборотных средств пакетирования и специализированных контейнеров в народном хозяйстве. Утверждено постановлением Госснаба СССР и Госарбитража СССР от 26 декабря 1986 г. № 178/11. — БНА, 1987, № 9, с. 23—30.
8. Порядок возврата, сбора и повторного использования тканевых мешков, высвобождающихся из-под импортной пищевой продукции. Утвержден постановлением Госснаба СССР от 24 июня 1983 г. № 67. — БНА, 1984, № 1, с. 28—29.
9. Инструкция о порядке приемки, использования, возврата и оплаты мешков сетчатых для перевозки картофеля и овощей. Утверждена Центросоюзом 29 октября 1982 г.
10. Инструкция о порядке сдачи и приемки полиэтиленовой пленки и мешков из-под удобрений, использованных в сельском хозяйстве, и отпуска новой полиэтиленовой пленки. Утверждена Госснабом СССР, Минсельхозом СССР и Центросоюзом 2—5 июля 1980 г. — БНА, 1982, № 2, с. 45—46.
11. Инструкция о порядке использования тканевых мешков из-под хлебопродуктов и семян сельскохозяйственных культур. Утверждена приказом Минзага СССР от 17 декабря 1976 г. № 400. — БНА, 1978, № 12, с. 21—31.

12. Инструкция о порядке приемки, использования и возврата тканевых мешков из-под сахара. Утверждена Минпищепромом СССР 9 августа 1976 г. № ИН-2. — БНА, 1978, № 6, с. 40—47.

13. Правила перевозок грузов в транспортных пакетах. Утверждены МПС 16 мая 1975 г. — Правила перевозок грузов. М., 1983, с. 312—316.

14. О разрешении споров, связанных с использованием тары. Инструктивные указания Госарбитража СССР от 14 сентября 1963 г. № И-1-47. — Систематизированный сборник, с. 178—180.

15. Практика Госарбитража СССР. — Хозяйство и право, 1987, № 9, с. 85.

16. Практика Госарбитража СССР. — Хозяйство и право, 1983, № 5, с. 84—85.

17. Практика Госарбитража СССР. — Хозяйство и право, 1983, № 6, с. 85—87.

18. Практика Госарбитража СССР. — Хозяйство и право, 1980, № 10, с. 82—84.

Раздел 18
ПРИЕМКА ПРОДУКЦИИ ПО КОЛИЧЕСТВУ И КАЧЕСТВУ

1. Общие вопросы

Правовое регулирование приемки. Продукция (товары)* принимается от органов транспорта и связи в соответствии с порядком, установленным законодательством и правилами, действующими на соответствующем виде транспорта и в органах связи.

Порядок и сроки приемки по количеству и качеству продукции, реализуемой на основании договоров поставки, определяются Инструкциями, утверждаемыми Госарбитражем СССР (2, пп. 38, 45; 3, пп. 31, 38). Порядок и сроки приемки продукции, реализуемой на основании договоров контрактации сельскохозяйственной продукции, устанавливаются нормативными актами, регулирующими отношения по государственным закупкам этой продукции (6, пп. 22, 23).

Если порядок приемки передаваемых материальных ценностей не установлен нормативными актами, он должен предусматриваться в заключаемых сторонами договорах.

---

* В дальнейшем, как правило, употребляется один термин — «продукция».

Документальное оформление и учет операций, связанных с поступлением материальных ценностей, а также их запасов на складе, осуществляются в соответствии с Положениями по учету материалов на предприятиях и стройках, утверждаемыми Минфином СССР, и издаваемыми на их основе отраслевыми инструкциями министерств и ведомств (16).

Документы, служащие основанием для приемки и выдачи товарно-материальных ценностей, подписываются руководителем предприятия и главным бухгалтером или лицами, ими на то уполномоченными. Предоставление права подписания документов этим лицам должно быть оформлено приказом по предприятию (4, п. 14).

Главный бухгалтер, осуществляя организацию бухгалтерского учета на основе правил его ведения, обязан обеспечить, в частности, полный учет поступающих товарно-материальных ценностей и основных средств, участие в работе юридических служб по оформлению материалов по недостачам и хищениям товарно-материальных ценностей и контроль за передачей в надлежащих случаях этих материалов в судебные и следственные органы, а при отсутствии юридических служб — непосредственное выполнение этих функций (4, п. 10).

Главный бухгалтер совместно с руководителями соответствующих подразделений обязан тщательно контролировать соблюдение правил оформления приемки и отпуска товарно-материальных ценностей, законность списания с бухгалтерских балансов недостач, дебиторской задолженности и других потерь (4, п. 11).

На предприятии должны быть регламентированы вопросы снижения и предупреждения непроизводительных расходов. В частности, важно обеспечить надлежащее правовое регулирование приемки поступающей продукции и товаров, хранения и учета движения со склада в производство материальных ценностей, выпуска и отпуска готовой продукции (10, п. 2.5).

В издаваемых предприятием локальных документах (приказах, положениях, инструкциях, СТП) должен быть определен порядок проведения комиссионных (контрольных) отгрузок продукции, служебных проверок, оформления документов при обнаружении недостач, хищений, порчи материальных ценностей и передачи материалов следственным органам, народному или товарищескому суду. В указанных документах целесообразно определять порядок и сроки проведения служебных проверок, права и обязанности должностных лиц (проверяющих), ответственных за подготовку материалов о хищениях, недостачах, потерях, порче материальных ценностей и передаче их в следственные органы, народный или товарищеский суд, порядок и формы участия юридической, бухгалтерской, финансовой, снабженческо-сбытовой и других служб в этой работе (10, п. 1.2).

2. Приемка продукции от органа транспорта

При приемке груза от органа транспорта предприятие-получатель в соответствии с уставами, кодексами и действующими на транспорте правилами обязано проверить, обеспечена ли сохранность груза при перевозке, в частности:

а) в случаях, предусмотренных в указанных правилах, — наличие на транспортных средствах (вагоне, цистерне, барже, трюме судна, автофургоне и т. п.) или на контейнере пломб отправителя или пункта отправления (станции, пристани, порта), исправность пломб, оттиски на них, состояние вагона, иных транспортных средств или контейнера, наличие защитной маркировки, а также исправность тары;

б) соответствие наименования груза и транспортной маркировки на нем данным, указаным в транспортном документе;

в) были ли соблюдены правила перевозки, обеспечивающие предохранение груза от повреждения и порчи (укладка груза, порядок вентилирования, температурный режим и др.), сроки доставки, а также осмотреть груз;

г) потребовать от органа транспорта выдачи груза с проверкой количества мест, веса и состояния во всех случаях, когда такая обязанность возложена на него Правилами, действующими на транспорте, и другими нормативными актами.

В случае выдачи груза без проверки его количества и состояния получатель в порядке, установленном правилами оформления выдачи грузов, обязан потребовать от органов транспорта, чтобы на транспортном документе была сделана соответствующая отметка.

При разрешении споров, связанных с недостачами продукции, когда в накладной отсутствует надлежащая отметка о том, в каком состоянии получен груз от органов транспорта, ответственность за недостачу не может возлагаться на отправителя (поставщика), поскольку недостача могла произойти вследствие несохранной перевозки. Исключением могут быть только случаи, когда получателем обнаружена недостача внутри исправных мест (14, п. 10).

Последствия несоставления актов. Коммерческие акты и акты о несохранной перевозке составляются в подтверждение обстоятельств, которые могут служить основанием материальной ответственности как органов транспорта, так и грузоотправителей и грузополучателей. В тех случаях, когда в коммерческом акте или акте о несохранной перевозке точно определен размер ущерба от недостачи груза, арбитражи не вправе отказывать в иске к отправителю (поставщику) только по той причине, что грузополучателем не составлен акт приемки в соответствии с Инструкцией о порядке приемки продукции производственно-технического назначения и товаров народного потребления по количеству, если обязательными для сторон Правилами не определено иное (14, п. 13).

3. Приемка поставленной продукции по количеству

Порядок приемки продукции по количеству определяется Инструкцией о порядке приемки продукции производственно-технического назначения и товаров народного потребления по количеству, утвержденной Госарбитражем СССР (13).

Названная Инструкция применяется во всех случаях, когда стандартами, техническими условиями, основными условиями поставки или иными обязательными правилами не установлен иной порядок приемки продукции по количеству. Если соответствующими актами определены лишь отдельные особенности порядка приемки, то в не урегулированных ими вопросах надлежит руководствоваться Инструкцией.

Стороны могут предусмотреть в договоре дополнительные условия порядка приемки, направленные на обеспечение сохранности поставляемой продукции. Разногласия по этим условиям подлежат рассмотрению органами арбитража на общих основаниях (15, п. 6).

Место приемки. Продукция, поставляемая без тары, в открытой таре, а также по весу брутто и количеству мест в таре принимается: а) на складе получателя — при доставке продукции поставщиком; б) на складе поставщика — при вывозе продукции получателем; в) в месте вскрытия опломбированных или в месте разгрузки неопломбированных транспортных средств и контейнеров или на складе органа транспорта — при доставке и выдаче продукции органом железнодорожного, водного, воздушного или автомобильного транспорта.

При доставке поставщиком продукции в таре на склад получателя последний, кроме проверки веса брутто и количества мест, может потребовать вскрытия тары и проверки веса нетто и количества единиц продукции в каждом месте.

Продукция, поступившая в исправной таре, по весу нетто и количеству товарных единиц в каждом месте принимается, как правило, на складе конечного получателя.

Покупатели — базы сбытовых, снабженческих, заготовительных организаций, оптовых и розничных торговых предприятий, переотправляющие продукцию в таре или упаковке первоначального отправителя (изготовителя), должны принимать продукцию по количеству внутри тарных мест лишь в случаях, предусмотренных обязательными Правилами или договором, и при несоответствии фактического веса весу брутто, указанному в сопроводительных документах. Такой порядок применяется также при приемке обандероленных или опломбированных пачек (связок) в тех случаях, когда без нарушения целостности бандероли или упаковки либо без снятия пломбы невозможно изъять продукцию из пачки (связки).

Если продукция поступила в поврежденной таре, то по весу нетто и количеству товарных единиц в каждом тарном месте продукция принимается получателями там, где продукция должна приниматься по весу брутто и количеству мест (13).

Сроки приемки. Продукция принимается в следующие сроки:

а) поступившая без тары, в открытой таре и в поврежденной таре — в момент получения ее от поставщика или со склада органа транспорта либо в момент вскрытия опломбированных и разгрузки неопломбированных транспортных средств и контейнеров, но не позднее сроков, установленных для их разгрузки;

б) поступившая в исправной таре:

по весу брутто и количеству мест — в сроки, указанные в подп. «а»;

по весу нетто и количеству товарных единиц в каждом месте — одновременно со вскрытием тары, но не позднее 10 дней, а по скоропортящейся продукции не позднее 24 час. с момента получения продукции — при доставке продукции поставщиком или при вывозке ее получателем со склада поставщика и с момента выдачи груза органом транспорта — во всех остальных случаях.

В районах Крайнего Севера, отдаленных районах и других районах досрочного завоза продукция принимается не позднее 30 дней с момента поступления ее на склад получателя. В указанных районах промышленные товары народного потребления принимаются не позднее 60 дней; продовольственные товары (за исключением скоропортящихся) — не позднее 40 дней, а скоропортящиеся товары — не позднее 48 час. с момента поступления их на склад получателя.

Приемка считается своевременной, если количество продукции проверено в установленные сроки.

Продукция принимается лицами, уполномоченными на то руководителем или заместителем руководителя предприятия-получателя. Эти лица несут ответственность за строгое соблюдение правил приемки продукции.

В соответствии со сложившейся практикой начинать приемку должны, как правило, не менее двух лиц. На складе поставщика продукция обычно принимается с участием одного представителя предприятия-получателя. Уполномочие на приемку может предусматриваться в приказе, должностной инструкции работника или выдаваемой доверенности (удостоверении).

Количество продукции проверяется по транспортным и сопроводительным документам (счету-фактуре, спецификации, описи, упаковочным ярлыкам и др.) отправителя (изготовителя). Отсутствие указанных документов или некоторых из них не приостанавливает приемки продукции. В этом случае составляется акт о фактическом наличии продукции и в акте указывается, какие документы отсутствуют.

При одновременном получении продукции в нескольких вагонах, контейнерах или автофургонах, стоимость которой оплачивается по одному расчетному документу, получатель обязан проверить количество поступившей продукции во всех вагонах, контейнерах или автофургонах, если обязательными для сторон Правилами или договором не предусмотрена возможность частичной (выборочной) проверки.

В акте приемки должно быть указано количество поступившей продукции раздельно в каждом вагоне, контейнере или автофургоне. Количество поступившей продукции при ее приемке должно определяться в тех же единицах измерения, что и в сопроводительных документах. Если в этих документах отправитель указал вес продукции и количество мест, то получатель при приемке продукции также обязан проверить ее вес и количество мест (13, п. 13). Грузоотправителям рекомендуется указывать в сопроводительных документах вес тарных мест в целях усиления контроля за правильностью приемки.

Вес нетто проверяется в порядке, установленном стандартами, техническими условиями и иными обязательными для сторон Правилами. При невозможности перевески продукции без тары вес нетто определяется путем проверки веса брутто в момент получения продукции и веса тары после освобождения ее из-под продукции. Результаты проверки оформляются актами.

Акт о весе тары должен быть составлен не позднее 10 дней после ее освобождения, а о весе тары из-под влажной продукции — немедленно по освобождении тары из-под продукции, если иные сроки не установлены договором. В акте о результатах проверки веса тары указывается также вес нетто продукции, исчисленный путем вычитания из веса брутто веса тары.

Определение веса нетто путем вычета веса тары из веса брутто по данным сопроводительных и транспортных документов без проверки фактического веса брутто и веса тары не допускается. Вес тары в остальных случаях проверяется одновременно с весом нетто.

Выборочная (частичная) проверка количества продукции с распространением результатов проверки какой-либо части продукции на всю партию допускается, когда это предусмотрено стандартами, техническими условиями, иными обязательными Правилами или договором. Споры об установлении в договоре выборочной (частичной) проверки с распространением ее результатов на всю партию рассматриваются арбитражами на общих основаниях.

Если при приемке будет обнаружена **недостача,** то получатель обязан приостановить дальнейшую приемку, обеспечить сохранность продукции, а также принять меры к предотвращению ее смешения с другой однородной продукцией. О выявленной недостаче продукции составляется акт за подписями лиц, принимавших продукцию (13, п. 16). Указанный акт фиксирует результаты первого этапа приемки. В акте должны быть подробно описаны состояние перевозочного средства, пломб, тары, обстоятельства обнаружения несохранности.

В случае, когда при приемке продукции выявлено несоответствие веса брутто отдельных мест весу, указанному в транспортных или сопроводительных документах либо на трафарете, получатель не должен вскрывать тару и упаковку. Дальнейшая проверка должна проводиться комиссионно.

Если при правильности веса брутто недостача продукции устанавливается при проверке веса нетто или количества товарных единиц в отдельных местах, то получатель обязан приостановить приемку остальных мест, сохранить и предъявить представителю, вызванному для участия в дальнейшей приемке, тару и упаковку вскрытых мест и продукцию, находившуюся внутри этих мест (13, п. 16).

Вызов представителя. Одновременно с приостановлением приемки получатель обязан вызвать для участия в продолжении приемки продукции и составлении двустороннего акта соответствующего представителя. Представитель иногороднего отправителя либо изготовителя (когда продукция поступила в оригинальной упаковке или ненарушенной таре изготовителя) вызывается в случаях, предусмотренных обязательными для сторон Правилами или договором. В этих случаях иногородний отправитель (изготовитель) обязан не позднее чем на следующий день после поступления вызова получателя сообщить телеграммой или по телефону, будет ли им направлен представитель для участия в проверке количества продукции. Неполучение ответа на вызов в указанный срок дает право получателю принять продукцию до истечения срока, установленного для явки представителя отправителя (изготовителя).

Представитель иногороднего отправителя (изготовителя) обязан явиться не позднее чем в трехдневный срок после получения вызова, не считая времени для проезда, если другой срок не предусмотрен в обязательных Правилах или в договоре.

Вызов для участия в продолжении приемки одногороднего отправителя (изготовителя) обязателен. Представитель одногороднего отправителя (изготовителя) должен явиться не позднее чем на следующий день после получения вызова, если в нем не указан иной срок явки, а по скоропортящейся продукции — в течение 4 час. после получения вызова.

Представитель отправителя (изготовителя) должен иметь

удостоверение на право участия в приемке продукции у получателя. Отправитель (изготовитель) может уполномочить на участие в приемке продукции предприятие, находящееся в месте получения продукции. В этом случае удостоверение представителю выдается предприятием, выделившим его. В удостоверении должна быть сделана ссылка на документ, которым отправитель уполномочил данное предприятие участвовать в приемке продукции.

При неявке представителя отправителя (изготовителя) по вызову получателя, а также в случаях, когда вызов представителя иногороднего отправителя (изготовителя) не обязателен, дальнейшая приемка продукции по количеству и составление акта о недостаче производятся:

а) с участием представителя другого предприятия (организации), выделенного руководителем или заместителем руководителя этого предприятия (организации), либо

б) с участием представителя общественности предприятия-получателя, назначенного руководителем или заместителем руководителя предприятия из числа лиц, утвержденных решением комитета профсоюза этого предприятия, либо

в) односторонне предприятием-получателем, если отправитель (изготовитель) дал согласие на одностороннюю приемку продукции.

В качестве представителей для участия в приемке продукции должны выделяться лица, компетентные в вопросах определения количества подлежащей приемке продукции.

Материально ответственные и подчиненные им лица, а также лица, связанные с учетом, хранением, приемкой и отпуском материальных ценностей, в качестве представителей общественности предприятия-получателя выделяться не должны. В частности, не могут выделяться в качестве таких представителей руководители предприятий и их заместители (и в тех случаях, когда они не относятся к материально ответственным лицам), работники отдела технического контроля, бухгалтеры, товароведы, связанные с учетом, хранением, отпуском и приемкой материальных ценностей, работники юридической службы этих предприятий, претензионисты. При возникновении сомнений или разногласий о том, является ли представитель общественности предприятия-получателя материально ответственным лицом или лицом, связанным с учетом, хранением и отпуском материальных ценностей, следует запрашивать должностные инструкции этого представителя (14, п. 15).

Учреждения или организации, осуществляющие в соответствии с Положениями о них функции контроля за деятельностью других предприятий и организаций, не должны выделять своих представителей для участия в приемке по количеству продукции, поступающей к подконтрольным предприятиям и организациям (14, п. 16).

Исполкомы местных Советов народных депутатов вправе

выделять для участия в приемке продукции по количеству не только работников аппарата исполкома, но и подчиненных управлений и отделов.

Представителю, выделенному для участия в приемке продукции по количеству, выдается надлежаще оформленное и заверенное печатью предприятия разовое удостоверение за подписью руководителя предприятия или его заместителя.

В удостоверении на право участия в приемке должны быть указаны: дата выдачи удостоверения и его номер; фамилия, имя и отчество, место работы и должность лица, которому выдано удостоверение; на участие в приемке какой именно продукции уполномочен представитель. Если для участия в приемке продукции выделяется представитель общественности, то в удостоверении указываются также дата и номер решения комитета профсоюза, которым предприятию выделен данный представитель.

Удостоверение выдается на право участия в приемке конкретной партии продукции. Выдача удостоверения на какой-либо период (декаду, месяц и др.) не допускается.

Для приемки продукции в выходные или праздничные дни удостоверение может быть выдано в последний предвыходной или предпраздничный день за каждый день в отдельности без указания конкретной партии продукции. В этом случае в удостоверении должно быть указано, что представитель уполномочен участвовать в приемке продукции, которая поступит к получателю в такой-то период времени (17, с. 84).

Удостоверение, выданное с нарушением указанных правил, недействительно.

Лица, принимающие продукцию по количеству, вправе удостоверять своей подписью только те факты, которые были установлены с их участием. За подписание акта о приемке продукции по количеству, содержащего не соответствующие действительности данные, лица, участвующие в приемке продукции по количеству, несут ответственность.

Представители других предприятий и организаций, выделенные для участия в приемке продукции, не вправе получать у предприятия-получателя вознаграждение за участие в приемке продукции.

Акт приемки. Если при приемке продукции с участием представителя будет выявлена недостача продукции по сравнению с данными, указанными в транспортных и сопроводительных документах (счете-фактуре, спецификации, описи, упаковочных ярлыках и др.), то результаты приемки продукции по количеству оформляются актом. Акт должен быть составлен в тот же день, когда недостача выявлена.

В акте о недостаче должны быть указаны все требуемые сведения (13, п. 25), а также другие данные, которые, по мнению лиц, участвующих в приемке, необходимы для подтверждения недостачи.

Если при приемке продукции одновременно будут выявлены не только недостача, но и излишки по сравнению с транспортными и сопроводительными документами отправителя (изготовителя), то в акте следует отразить точные данные об этих излишках. Акт подписывается всеми лицами, участвовавшими в приемке продукции по количеству. Лицо, не согласное с содержанием акта, обязано подписать акт с оговоркой о несогласии и изложить свое мнение.

В акте перед подписью лиц, участвовавших в приемке, должно быть отмечено, что эти лица предупреждены о том, что они несут ответственность за подписание акта, содержащего данные, не соответствующие действительности.

Установленные нормы естественной убыли при перевозках могут применяться лишь в случаях, когда при приемке продукции выявляется фактическая недостача веса продукции.

Не допускается покрытие недостачи целых мест и веса в отдельных поврежденных местах за счет нормы естественной убыли продукции, исчисленной от всего веса продукции. При проверке веса всей продукции норму естественной убыли следует исчислять от веса продукции в поврежденных местах отдельно от веса продукции в исправных местах. Нормы точности взвешивания не включают естественную убыль, которая должна применяться в соответствии с установленными для отдельных видов продукции нормами (14, п. 17).

Акт не составляется, если при приемке будут выявлены излишки, а не недостача продукции. Излишне полученное количество продукции оприходуется получателем в действующем порядке.

Если поступившее количество продукции соответствует данным транспортных и сопроводительных документов, но менее, чем указано в платежном требовании или других расчетных документах, выписанных поставщиком (грузоотправителем), акт о недостаче также не составляется.

Акт приемки утверждается руководителем или заместителем руководителя предприятия-получателя не позднее чем на следующий день после составления.

В случаях, когда по результатам приемки выявляются факты злоупотреблений или хищений продукции, руководитель или заместитель руководителя предприятия-получателя обязан немедленно сообщить об этом органам МВД или прокуратуры и направить им соответствующие документы (13, п. 26).

К акту приемки должны быть приложены необходимые документы и доказательства (13, п. 27). Акты приемки продукции по количеству регистрируются и хранятся в порядке, установленном на предприятии-получателе.

Заявление претензии. При недостаче продукции, полученной в оригинальной упаковке либо в ненарушенной таре изготовителя, претензия и обосновывающие ее документы должны направляться поставщику (отправителю), а также изготовителю продукции. Если изготовитель и его место нахождения получателю неизвестны, претензия в двух экземплярах посылается поставщику (отправителю), который немедленно после ее получения обязан направить один экземпляр претензии изготовителю, известив об этом получателя.

К претензии о недостаче продукции должен быть приложен акт о недостаче с соответствующими документами и доказательствами, если их нет у поставщика (изготовителя).

Служебная проверка. По получении претензии о недостаче продукции руководитель или заместитель руководителя предприятия-отправителя (изготовителя) назначает служебную проверку по материалам претензии. Материалы проверки рассматриваются и утверждаются руководителем или заместителем руководителя предприятия-отправителя (изготовителя).

В случаях, когда по результатам проверки выявляются факты злоупотреблений или хищений продукции, руководитель предприятия-отправителя обязан немедленно сообщить об этом органам МВД или прокуратуры и направить им соответствующие документы.

Обязанность заявления претензии перевозчику. Если по действующему законодательству имеются основания для возложения ответственности за недостачу груза на органы транспорта, получатель обязан в установленном порядке предъявить претензию соответствующему органу транспорта (13, п. 33). В случае, когда продукция поставлена без договора или ее стоимость правомерно не оплачена получателем, он вправе переуступить грузоотправителю право на предъявление претензии и иска к перевозчику. Переуступка права оформляется соответствующей надписью на подлиннике транспортного документа. Согласие грузоотправителя на передачу ему права на предъявление претензии и иска к органу транспорта в указанных случаях не требуется.

4. Приемка поставленной продукции по качеству

Порядок проверки качества поставленной продукции определяется Инструкцией о порядке приемки продукции производственно-технического назначения и товаров народного потребления по качеству, утвержденной Госарбитражем СССР (12).

Названная Инструкция применяется во всех случаях, когда стандартами, техническими условиями или другими обязательными для сторон Правилами не установлен иной порядок приемки продукции по качеству и комплектности, а также тары под продукцией. Если соответствующими актами определены отдельные особенности приемки, то в не урегулированных ими вопросах надлежит руководствоваться Инструкцией.

В договорах поставки могут быть предусмотрены особенности проверки качества и комплектности отдельных видов продукции, не противоречащие обязательным для сторон Правилам.

Место приемки. Продукция, поступившая в исправной таре, принимается по качеству и комплектности, как правило, на складе конечного получателя.

Базы снабженческих, сбытовых, заготовительных организаций, оптовых и розничных торговых предприятий и другие покупатели, переотправляющие продукцию в таре или упаковке первоначального изготовителя (отправителя), должны принимать продукцию по качеству и комплектности в случаях, установленных обязательными Правилами или договором, а также при получении продукции в поврежденной, открытой или немаркированной таре, в таре с поврежденной пломбой или при наличии признаков порчи (течь, бой и т. п.). Указанные предприятия обязаны хранить продукцию, подлежащую переотправке, в условиях, обеспечивающих сохранность качества и ее комплектность (12, п. 5).

Проверка качества и комплектности продукции без тары, в открытой или поврежденной таре, а также качества самой тары в части дефектов, которые могли образовываться при транспортировке, погрузке или выгрузке (т. е. непроизводственного характера), в соответствии с принятой практикой должна проводиться в месте получения продукции и тары от органа транспорта не позднее сроков, установленных для выгрузки.

На складе поставщика продукция принимается по качеству и комплектности в случаях, предусмотренных в договоре (12, п. 7). Проведение приемки на складе поставщика не лишает получателя права перепроверить качество и комплектность продукции на своем складе.

Сроки приемки. Продукция по качеству и комплектности принимается на складе получателя в следующие сроки:

а) при иногородней поставке — не позднее 20 дней, а скоропортящейся продукции — не позднее 24 час. после выдачи продукции органом транспорта или поступления ее на склад получателя при доставке продукции поставщиком или при вывозке продукции получателем;

б) при одногородней поставке — не позднее 10 дней, а скоропортящейся продукции — 24 час. после поступления продукции на склад получателя.

В районах Крайнего Севера, отдаленных районах и других районах досрочного завоза продукция производственно-технического назначения принимается при вскрытии тары, но не позднее 30 дней, а скоропортящаяся продукция — не позднее 48 час. после поступления продукции на склад получателя. В указанных районах промышленные товары народного потребления принимаются не позднее 60 дней, продовольственные товары (за исключением скоропортящихся) — не позднее 40 дней, а скоропортящиеся товары — не позднее 48 час. после поступления их на склад получателя.

Качество и комплектность продукции, поступившей в таре, проверяются при вскрытии тары, но не позднее указанных выше сроков, если иные сроки не предусмотрены в договоре в связи с особенностями поставляемой продукции.

Машины, оборудование, приборы и другая продукция, поступившая в таре и имеющая гарантийные сроки службы или хранения, проверяются по качеству и комплектности при вскрытии тары, но не позднее гарантийных сроков.

Одновременно с приемкой продукции по качеству проверяются комплектность продукции, а также соответствие тары, упаковки, маркировки требованиям стандартов, технических условий, других обязательных для сторон Правил или договора, чертежам, образцам (эталонам).

Торговые организации имеют право, независимо от проверки качества товаров, проведенной ими в указанные выше сроки, актировать производственные недостатки, если они будут обнаружены при подготовке товаров к розничной продаже или при розничной продаже в течение четырех месяцев после получения товаров (12, п. 8). Такое право предоставлено лишь розничным (не оптовым) торговым организациям.

Акт о скрытых недостатках продукции должен быть составлен в течение 5 дней после обнаружения недостатков, однако не позднее четырех месяцев со дня поступления продукции на склад получателя, обнаружившего скрытые недостатки, если иные сроки не установлены обязательными для сторон Правилами.

Акт о скрытых недостатках, обнаруженных в продукции с гарантийными сроками службы или хранения, должен быть составлен в течение 5 дней по обнаружении недостатков, но в пределах гарантийного срока. Если для участия в составлении акта вызывается представитель изготовителя (отправителя), то к пятидневному сроку добавляется время, необходимое для его приезда.

Акт о скрытых недостатках товаров, гарантийный срок на которые исчисляется с момента их розничной продажи, может быть составлен также в период хранения до продажи, независимо от времени получения товаров.

Скрытыми признаются недостатки, которые не могли быть обнаружены при обычной для данного вида продукции проверке и выявлены лишь в ходе обработки, подготовки к монтажу, в процессе монтажа, испытания, использования и хранения продукции.

Качество и комплектность продукции проверяются в точном соответствии со стандартами, техническими условиями, другими обязательными для сторон Правилами, а также по сопроводительным документам, удостоверяющим качество и комплектность поставляемой продукции (сертификат, качественное удостоверение, технический паспорт и т. п.). Отсутствие указанных сопроводительных документов или некоторых из них не приостанавливает приемку продукции. В этом случае составляется акт о фактическом качестве и комплектности поступившей продукции и в акте указывается, какие документы отсутствуют.

Выборочная (частичная) проверка качества продукции с распространением результатов проверки качества какой-либо части продукции на всю партию допускается в случаях, когда это предусмотрено стандартами, техническими условиями, другими обязательными Правилами или договором. Приемка признается надлежащей, если обязательными правилами или договором оговорена выборочная проверка качества продукции, но покупатель провел стопроцентную проверку.

При обнаружении несоответствия качества, комплектности, маркировки поступившей продукции, тары или упаковки требованиям стандартов, технических условий, чертежам, образцам (эталонам), договору либо данным, указанным в маркировке и сопроводительных документах, удостоверяющих качество продукции, получатель приостанавливает дальнейшую приемку продукции и составляет акт. Данный акт фиксирует результаты первого этапа приемки. В нем указываются обстоятельства обнаружения недоброкачественности (некомплектности), количество осмотренной продукции и характер выявленных при приемке дефектов.

Получатель обязан обеспечить хранение продукции ненадлежащего качества или некомплектной в условиях, предотвращающих ухудшение ее качества и смешение с другой однородной продукцией.

Вызов представителя изготовителя (отправителя). Получатель обязан вызвать для участия в продолжении приемки продукции и составлении двустороннего акта представителя иногороднего изготовителя (отправителя), если это предусмотрено обязательными для сторон Правилами или договором.

При одногородней поставке вызов представителя изготовителя (отправителя) и его явка для участия в проверке качества, комплектности продукции и составления акта обязательны. Уведомление о вызове представителя изготовителя (отправителя) должно быть направлено в установленные сроки и содержать необходимые данные (12, пп. 17—19).

При неявке представителя изготовителя (отправителя) по вызову получателя в установленный срок и в случаях, когда вызов представителя иногороднего изготовителя (отправителя) необязателен, качество продукции проверяется представителем соответствующей отраслевой инспекции по качеству продукции, а качество товаров — экспертом бюро товарных экспертиз либо представителем соответствующей инспекции по качеству.

При отсутствии соответствующей инспекции по качеству или бюро товарных экспертиз в месте нахождения получателя (покупателя), при их отказе выделить представителя или неявке его по вызову получателя (покупателя) приемка проводится:

а) с участием компетентного представителя другого предприятия, выделенного руководителем или заместителем руководителя этого предприятия, либо

б) с участием компетентного представителя общественности предприятия-получателя, назначенного руководителем предприятия из числа лиц, утвержденных решением комитета профсоюза этого предприятия, либо

в) односторонне предприятием-получателем, если изготовитель (отправитель) дал согласие на одностороннюю приемку продукции.

Для участия в приемке должны выделяться лица, компетентные по роду работы, образованию, опыту трудовой деятельности в вопросах определения качества и комплектности подлежащей приемке продукции. Материально ответственные и подчиненные им лица, а также лица, осуществляющие учет, хранение, приемку и отпуск материальных ценностей, в качестве представителей общественности предприятия-получателя выделяться не должны (12, п. 22).

Лица, принимающие продукцию по качеству и комплектности, обязаны строго соблюдать правила приемки продукции и удостоверять своей подписью только факты, установленные с их участием.

Удостоверение представителя. Представителю, уполномоченному для участия в приемке продукции по качеству и комплектности, выдается надлежаще оформленное и заверенное печатью предприятия разовое удостоверение за подписью руководителя предприятия или его заместителя. В удостоверении должны быть указаны необходимые данные (12, п. 23). Удостоверение, выданное с нарушением действующих Правил, недействительно.

Отбор образцов (проб). Во всех случаях, когда стандартами, техническими условиями, другими обязательными Правилами или договором для определения качества продукции предусмотрен отбор образцов (проб), лица, участвующие в приемке продукции по качеству, обязаны отобрать образцы (пробы) этой продукции. Образцы (пробы) отбираются в точном соответствии с требованиями названных нормативных актов. Отобранные образцы (пробы) опечатываются либо опломбируются и снабжаются этикетками, подписанными лицами, участвующими в отборе.

Об отборе образцов (проб) составляется акт, подписываемый всеми участвующими в этом лицами. В акте должно быть, в частности, указано:

а) что образцы (пробы) отобраны в порядке, предусмотренном стандартами, техническими условиями, другими обязательными Правилами и договором, со ссылкой на их номер и дату;

б) снабжены ли отобранные образцы (пробы) этикетками, содержащими данные, предусмотренные стандартами или техническими условиями;

в) опечатаны ли или опломбированы образцы (пробы), чьей печатью или пломбой, содержание оттисков на пломбах;

г) другие данные, которые лица, участвующие в отборе образцов (проб), найдут необходимым включить в акт для более подробной характеристики образцов (проб).

Анализ и хранение образцов. Из отобранных образцов (проб) один остается у получателя, второй направляется изготовителю (отправителю) продукции. Во всех случаях, когда это предусмотрено стандартами, техническими условиями, другими обязательными Правилами и договором, отбираются дополнительные образцы (пробы) для сдачи на анализ или испытание в лаборатории или научно-исследовательские институты. О сдаче образцов (проб) на анализ или испытание делаются соответствующие отметки в акте отбора образцов (проб).

Акт приемки по качеству. По результатам приемки продукции по качеству и комплектности с участием представителей составляется акт о фактическом качестве и комплектности полученной продукции. Акт должен быть составлен в день окончания приемки продукции по качеству и комплектности.

В акте должны указываться необходимые данные (12, п. 29), в частности:

а) условия хранения продукции на складе получателя до составления акта;

б) состояние тары и упаковки в момент осмотра продукции, содержание наружной маркировки тары и другие данные, на основании которых можно сделать вывод о том, в чьей упаковке предъявлена продукция — изготовителя или отправителя; дата вскрытия тары и упаковки. Недостатки маркировки, тары и упаковки, а также количество продукции, в которой выявлен каждый из таких недостатков;

в) за чьими пломбами (отправителя или органа транспорта) отгружена и получена продукция, исправность пломб, оттиски на них; транспортная и отправительская маркировка мест (по документам и фактически), наличие или отсутствие упаковочных ярлыков, пломб на отдельных местах;

г) количество (вес), полное наименование и перечисление предъявленной к осмотру и фактически проверенной продукции с выделением продукции забракованной, подлежащей исправлению у изготовителя или на месте, в том числе путем замены отдельных частей или деталей, а также продукции, сорт которой не соответствует сорту, указанному в документе, удостоверяющем ее качество. Подробное описание выявленных недостатков и их характер;

д) основания, по которым продукция переводится в более низкий сорт, со ссылкой на стандарт, технические условия, другие обязательные правила;

е) заключение о характере выявленных дефектов в продукции и причинах их возникновения.

В акте перед подписью лиц, участвовавших в приемке, должно быть указано, что эти лица предупреждены о том, что они несут ответственность за подписание акта, содержащего данные, не соответствующие действительности. К акту должны быть приложены требуемые документы (12, п. 31).

Повторная проверка и экспертиза. Если между представителем изготовителя (отправителя), участвующим в приемке, и получателем возникнут разногласия о характере выявленных дефектов и причинах их возникновения, то для определения качества продукции получатель обязан пригласить эксперта бюро товарных экспертиз, представителя соответствующей инспекции по качеству или другой компетентной организации (12, п. 30).

Изготовитель (отправитель) или получатель (покупатель) при наличии оснований вправе опротестовать заключение инспекции по качеству, бюро товарных экспертиз или научно-исследовательского института (лаборатории) в их вышестоящую организацию. Копия этого заявления направляется другой стороне. Если соответствующая вышестоящая организация признает доводы изготовителя (отправителя) или получателя (покупателя) обоснованными, то назначается повторная экспертиза. Повторная экспертиза качества продукции может быть проведена также по поручению арбитража или судебно-следственных органов (12, п. 35).

Изготовитель (отправитель, поставщик) вправе перепроверить качество продукции, забракованной и возвращенной получателем (покупателем) в порядке и в случаях, предусмотренных обязательными для сторон Правилами или договором.

Установление недоброкачественности проданных товаров. В отношении товаров, ненадлежащее качество которых обнаружено потребителем после покупки их в магазинах, получатель (покупатель) вместо акта приемки должен представить изготовителю (отправителю) следующие документы: а) заявление потребителя об отмене товара и заключение магазина с указанием наименования товара, его изготовителя (отправителя) и поставщика, цены товара, характера недостатков и причин их возникновения, времени продажи, обмена, ремонта товаров или возврата их стоимости; б) документы, предусмотренные Правилами обмена промышленных товаров, купленных в розничной торговой сети, подтверждающие ненадлежащее качество товаров; в) расписку потребителя об обмене товара или получении его стоимости.

Перемаркировка и уценка продукции. В случае принятия получателем (покупателем) продукции, переведенной в более низкий сорт, эта продукция в соответствии с актом о результатах приемки перемаркировывается за счет изготовителя (отправителя). В договоре должно быть предусмотрено, кем производится перемаркировка: изготовителем (отправителем) или получателем (покупателем).

К претензии должны быть приложены документы, подтверждающие реализацию скоропортящейся продукции по указанию органов санитарного надзора, если продукция к моменту предъявления претензии реализована (12, п. 40). В соответствии с существующей практикой к претензии должны прилагаться также акт об уничтожении скоропортящейся продукции по указанию органов санитарного надзора, акт о сдаче продукции в металлолом и иные документы об использовании продукции на месте в соответствии с фактическим качеством.

При предъявлении претензии о возмещении разницы в стоимости продукции (уценки) в связи с переводом в более низкий сорт получатель обязан приложить к претензии документы, подтверждающие оприходование продукции фактически полученным сортом. Торговые организации обязаны представить подписанную руководителем организации или его заместителем и главным бухгалтером справку о реализации продукции по цене того сорта, в который она переведена, или о переоценке, если продукция еще не реализована, а также справку за подписями тех же должностных лиц о перемаркировке продукции. Соответствующие документы представляются получателем (покупателем) также в случае принятия им недоброкачественной продукции для использования с уценкой или для реализации на комиссионных началах.

В случае непредставления получателем (покупателем) документов, подтверждающих реализацию либо использование продукции с уценкой, сумма, на которую понизилась стоимость продукции, взыскивается арбитражем в доход бюджета, а не в пользу получателя (покупателя).

5. Приемка продукции, реализуемой по договорам контрактации

Обязанности хозяйства по подготовке продукции к сдаче определяются Правилами и инструкциями, регулирующими вопросы проведения государственных закупок отдельных видов сельскохозяйственной продукции, стандартами, другими обязательными Правилами и договорами между сторонами. В соответствии с требованиями названных актов хозяйство обязано проводить сортировку, очистку, классировку, калибровку продукции, ее затаривание, навешивание бирок, маркировку и др.

Отгружаемая (доставляемая) хозяйством заготовителю продукция должна сопровождаться документами установленной формы (6, п. 16), в которых хозяйство указывает данные о количестве, качестве, сортности сдаваемой продукции и т. д. В случаях, предусмотренных обязательными Правилами, сельскохозяйственная продукция должна быть осмотрена ветеринарным врачом или другим специалистом и засвидетельствована документами органов ветеринарного, санитарного и карантинного надзора.

Место приемки сельскохозяйственной продукции определяется в зависимости от порядка исполнения обязательства, установленного договором контрактации.

В договоре определяется объем сельскохозяйственной продукции, приемка которой осуществляется заготовителем непосредственно в хозяйстве. В этом случае в договоре целесообразно конкретно определять приемо-сдаточный пункт: центральная усадьба, отделение, склад и др.

Остальная часть продукции принимается заготовителем на приемных пунктах, расположенных в пределах административного района по месту нахождения хозяйства или в другом районе (6, п. 18). Стороны согласовывают также объемы продукции, доставляемой хозяйством непосредственно розничным торговым предприятиям.

В случае необходимости отгрузки продукции в другие области, края, республики заготовитель принимает ее непосредственно в хозяйстве, оформляет отгрузочные документы от своего имени и несет полную ответственность за ее сохранность (6, п. 18). По соглашению между сторонами может быть предусмотрено, что в другие области, края, республики продукция отгружается непосредственно хозяйством от своего имени без предъявления заготовителю.

Конкретный порядок приемки сельскохозяйственной продукции и оформления приемных документов в существенной степени различаются в зависимости от установленного обязательными Правилами и договором места сдачи-приемки и способа доставки продукции.

В случаях, не урегулированных названными актами, стороны должны исходить из Правил и инструкций, регулирующих закупки соответствующих видов продукции, стандартов, других обязательных Правил и договоров.

Оформление результатов приемки в хозяйстве. При приемке заготовителем продукции непосредственно в хозяйстве составляется приемо-сдаточный документ установленной формы (6, п. 16). Указанный документ (приемная квитанция, акт и т. п.) удостоверяет количество и качество переданной продукции и служит основанием для расчетов за нее. В Правилах и инструкциях, регулирующих закупки отдельных видов продукции, могут предусматриваться особенности ее сдачи и составления приемных документов.

Приемка на приемо-сдаточных пунктах. Сельскохозяйственная продукция сдается на приемо-сдаточном пункте уполномоченным представителем хозяйства, а принимается работником заготовительной организации, управомоченным на это и имеющим соответствующую квалификацию.

Продукция, отгружаемая без сопровождения представителя хозяйства, принимается заготовителем (получателем) по товарно-транспортным и сопроводительным документам. Заготовитель обязан принять доставленную на приемный пункт или непосредственно на предприятие продукцию, не допуская простоя транспортных средств сверх сроков, и обеспечить правильное определение ее количества и качества.

При отгрузке хозяйством продукции по разнарядкам заготовительной организации ее количество и качество должны проверяться в соответствии с нормативными актами, регулирующими отношения получателя с организацией, выдавшей разнарядку хозяйству. Вместе с тем заготовительная организация обязана обеспечить соблюдение получателем при приемке также требований нормативных актов, регулирующих закупки соответствующей продукции.

Сроки приемки продукции по количеству и качеству устанавливаются обязательными для сторон Правилами и инструкциями (6, п. 23). Если такие сроки не определены Правилами, их следует согласовывать в договоре.

Мясокомбинаты, птицекомбинаты и приемные пункты обязаны принять доставленные хозяйством в сроки, предусмотренные договором и графиком, скот, птицу и кроликов, в течение двух часов с момента прибытия животных и птицы, не считая времени подгона от железнодорожных и водных станций до мясокомбинатов, не имеющих подъездных железнодорожных путей для выгрузки скота. Скот, птица и кролики, доставленные железнодорожным транспортом, принимаются мясокомбинатами и птицекомбинатами круглосуточно.

При отгрузках хозяйствами яиц за пределы района (области, края, республики) железнодорожным и водным транспортом получатели должны принимать их по количеству и качеству в течение 24 час. с момента подачи перевозочного средства под выгрузку. При доставке яиц автомобильным транспортом сдача и приемка их по количеству и качеству должны проводиться в течение двух часов с момента прибытия транспорта на приемный пункт (7, п. 2.3).

Спорные вопросы, возникающие между сторонами, независимо от их ведомственной подчиненности, при оценке качества и определении количества закупаемой сельскохозяйственной продукции, **разрешаются** госинспекцией по заготовкам и качеству продукции (6, п. 23).

При отсутствии инспектора в пункте назначения или неявке его по вызову для участия в оценке качества сдаваемой продукции заготовителю следует пригласить компетентного представителя другой организации и составить акт в соответствии с требованиями инструкций о закупках соответствующих видов продукции, стандартов, других обязательных Правил или договора.

6. Приемка импортных товаров

Составление рекламационных актов. Рекламационные акты составляются первыми грузополучателями, а в случаях, когда недостача, несоответствие ассортимента, некомплектность или недоброкачественность, повреждение или порча товара могут быть обнаружены только после вскрытия тары, — грузополучателем, вскрывающим тары (18).

При обнаружении недостачи, несоответствия ассортимента, некомплектности, недоброкачественности, повреждения или порчи товара грузополучатель обязан надлежаще оформить рекламационный акт и все необходимые для заявления претензии иностранному поставщику, иностранному судовладельцу, а также страховой организации документы, включая расчеты убытков.

Рекламационный акт составляется в форме: акта государственной экспертизы, или акта Управления товарных экспертиз Торгово-промышленной палаты СССР, или аварийного сертификата Госстраха СССР либо Ингосстраха.

При невозможности составления акта или сертификата госэкспертизой, Управлением товарных экспертиз либо аварийным комиссаром рекламационный акт составляется грузополучателем с привлечением компетентных представителей незаинтересованной организации (торгового отдела исполкома местного Совета народных депутатов, а при отсутствии торгового отдела — представителя исполкома; научно-исследовательского института и других организаций, не входящих в ту же систему, что и грузополучатель).

Рекламационный акт печатается на пишущей машинке, скрепляется печатью организации, его составившей, а в том случае, когда рекламационный акт составляется грузополучателем с участием компетентных представителей незаинтересованной организации, акт скрепляется печатью грузополучателя.

Помарки и подчистки в акте не допускаются. Внесенные в акт исправления должны быть специально оговорены и подтверждены подписями составителей акта.

Содержание рекламационного акта. Рекламационные акты составляются отдельно по каждому иностранному поставщику на каждую партию товара, поступившую по одному транспортному документу.

В рекламационном акте указываются:

а) номер контракта, транса, места партии, название и адрес иностранного поставщика, наименование товара, дата получения товара грузополучателем, номера коносамента, железнодорожной накладной, а также других документов, выданных соответствующими транспортными организациями в подтверждение принятия груза к перевозке;

б) наименование грузополучателя;

в) количество товара, указанное в упаковочном листе, спецификации, в коносаменте, железнодорожной накладной (при ее отсутствии — в дубликате) и в других документах, выданных соответствующими транспортными организациями в подтверждение принятия груза к перевозке; фактическое количество, установленное составителями акта, недостача товара по количеству по сравнению с указанным в названных документах;

г) некомплектность, недостижение обусловленных контрактом гарантийных показателей работы завода или установки, несоответствие качества или ассортимента товара условиям контракта, заключенного внешнеторговым объединением с иностранным поставщиком;

д) состояние тары и упаковки; если состояние тары и упаковки могло повлиять на недостачу товара, его повреждение или порчу, дается подробное описание тары, наружной и внутренней упаковки;

е) маркировка на таре и, если это возможно, — на товаре;

ж) заключение составителей акта;

з) время и место составления акта.

В необходимых случаях вместо наименования и места нахождения предприятий и организаций указываются только соответствующие внешнеторговые объединения.

Заключение составителей акта. В заключении составителей рекламационного акта должны быть, в частности, указаны:

а) при недостаче товара, несоответствии ассортимента, некомплектности — данные о фактической недостаче, несоответствии ассортимента или некомплектности в единицах измерения, предусмотренных в транспортных документах или в упаковочном листе, спецификации;

б) при несоответствии товара по качеству — фактическое количество товара, не соответствующего условиям контракта, и процент, на который уменьшается стоимость товара в связи с обнаруженным несоответствием качества;

в) когда это возможно, — причины, вызвавшие недостачу товара или его дефект (производственный брак, повреждение в пути и т. д.).

Указание цены и стоимости импортного товара, каких-либо требований в денежном исчислении не допускается.

Приложения к акту. К рекламационному акту должны прилагаться подлинные транспортные документы, коммерческие акты, акты о вскрытии контейнеров (в случае предъявления претензии органам транспорта — копии), расчеты и другие документы, подтверждающие обоснованность претензии, в частности фотографии и эскизы рекламируемого товара, опечатанные образцы вместе с актом об изъятии образцов, анализы нейтральной лаборатории, материалы о результатах осмотра и испытания товаров, предусмотренные нормативными актами и контрактами.

Сроки высылки актов. Рекламационный акт и другие документы, подтверждающие обоснованность претензии, грузополучатель направляет в четырех экземплярах заказчику в 7-дневный срок со дня прибытия к нему товаров.

В случае, когда из имеющихся документов неясно, кто должен нести ответственность за количественные или качественные недостатки товара (иностранный поставщик или перевозчик) или возможна смешанная ответственность и заявляется претензия к перевозчику заказчик обязан сообщить внешнеторговому объединению о заявленной претензии к перевозчику, приложив к сообщению копию претензии и обосновывающих ее документов. Если документы направляются органу транспорта грузополучателем, то последний должен также сообщить о заявленной претензии внешнеторговому объединению с приложением копий материалов.

Обязанность составления акта. Грузополучатели, снабженческо-сбытовые, оптовые торговые организации и иные поставщики, переотправляющие импортный товар в таре инопоставщика другим организациям, обязаны провести внутритарную приемку импортного товара и составить рекламационный акт в установленных случаях, в частности, при получении товаров в открытой таре, поврежденной таре, таре с поврежденной пломбой, а также когда истекает срок на предъявление претензии к инопоставщику.

Если грузополучатели, снабженческо-сбытовые, оптовые торговые организации и другие поставщики не приняли импортные товары в надлежащие порядок и сроки, в результате чего была утрачена возможность получения компенсации от инопоставщика, они обязаны возместить вызванные этим убытки.

При получении импортных товаров, отгруженных со складов заказчиков, снабженческо-сбытовых, оптовых торговых организаций и других поставщиков в ненарушенной таре (упаковке) инопоставщика, грузополучатели должны принимать товары, составлять рекламационные акты и направлять их этим заказчикам или организациям-поставщикам в течение 7 дней со дня прибытия товара, но не позднее чем за

40 дней до окончания срока на предъявление претензии инопоставщику.

Количество и качество импортных товаров, отгруженных со складов заказчиков, указанных организаций-поставщиков в отечественной таре (упаковке) либо в открытой таре, поврежденной таре, таре с поврежденной пломбой инопоставщика проверяются и приемка осуществляется в соответствии с инструкциями о порядке приемки продукции производственно-технического назначения и товаров народного потребления по количеству и качеству, утвержденными Госарбитражем СССР, если иное не предусмотрено специальными Правилами.

Импортные товары с производственными и конструктивными дефектами инопоставщика во всех случаях принимаются по специальной инструкции с учетом изложенных в настоящем разделе требований.

Примечания к разделу 18

1. Закон о государственном предприятии.
2. Положение о поставках продукции.
3. Положение о поставках товаров.
4. Положение о главных бухгалтерах. Утверждено постановлением Совета Министров СССР от 24 января 1980 г. № 59. — СП СССР, 1980, № 6, ст. 43.
5. О мерах по совершенствованию организации бухгалтерского учета и повышении его роли в рациональном и экономном использовании материальных, трудовых и финансовых ресурсов. Постановление Совета Министров СССР от 24 января 1980 г. № 59. — СП СССР, 1980, № 6, ст. 43.
6. Положение о порядке заключения и исполнения договоров контрактации сельскохозяйственной продукции. Утверждено приказом Госагропрома СССР от 15 апреля 1987 г. № 300. — БНА, 1988, № 2, с. 25—38.
7. Инструкция о порядке проведения государственных закупок (сдачи и приемки) яиц и яйцепродуктов. Утверждена приказом Госагропрома СССР от 11 ноября 1987 г. № 851. — БНА, 1988, № 9, с. 34—42.
8. Методические указания по определению качества плодоовощной продукции и картофеля. Утверждены приказом Госагропрома СССР от 7 апреля 1988 г. № 242.
9. Положение по организации работы Государственной приемки. Утверждено постановлением Госстандарта СССР от 28 июля 1986 г. № 2258. — БНА, 1987, № 2, с. 6—28; 1988, № 1, с. 4—7.
10. Методические рекомендации об участии юридических служб предприятий, объединений и организаций в работе по обеспечению сохранности социалистической собственности

и борьбе с бесхозяйственностью. Письмо Минюста СССР от 9 ноября 1988 г. № К-13-615. — БНА, 1989, № 4, с. 38—46.

11. Инструкция о порядке приемки сельскохозяйственной продукции от межхозяйственных предприятий (организаций) по прямым связям и непосредственно в местах производства. Утверждена приказом Минзага СССР и Минсельхоза СССР от 22 мая 1979 г. № 156/154.

12. Инструкция о порядке приемки продукции производственно-технического назначения и товаров народного потребления по качеству. Утверждена постановлением Госарбитража СССР от 25 апреля 1966 г. № П-7. — БНА, 1975, № 2, с. 33—44; № 3, с. 48.

13. Инструкция о порядке приемки продукции производственно-технического назначения и товаров народного потребления по количеству. Утверждена постановлением Госарбитража СССР от 15 июня 1965 г. № П-6. — БНА, 1975, № 2, с. 23—32; № 3, с. 48.

14. О рассмотрении споров, связанных с недостачами продукции и товаров при поставках. Инструктивные указания Госарбитража СССР от 31 декабря 1982 г. № И-1-6. — Систематизированный сборник, с. 134—140.

15. О работе органов арбитража по разрешению споров, возникающих при заключении, изменении и расторжении договора на поставку продукции и товаров. Инструктивные указания Госарбитража СССР от 31 октября 1975 г. № И-1-26. — Систематизированный сборник, с. 88—106.

16. Основные положения по инвентаризации основных средств, товарно-материальных ценностей, денежных средств и расчетов. Письмо Минфина СССР от 30 декабря 1982 г. № 179. — БНА, 1983, № 8, с. 8—29.

17. Практика Госарбитража СССР. — Хозяйство и право, 1982, № 6, с. 84.

18. К а ч а л о в С. М. Приемка импортных товаров. — М., 1980.

Раздел 19
ЮРИДИЧЕСКАЯ СЛУЖБА В НАРОДНОМ ХОЗЯЙСТВЕ

Правовая работа в народном хозяйстве. В условиях хозяйственной реформы, внедрения хозрасчета, самоуправления и самофинансирования возникает потребность укрепить юридические службы в Советах народных депутатов, министерствах и ведомствах, хозяйственных организациях (1, с. 147). Возрастает значение правовой работы в народном хозяйстве (7).

Правовая работа представляет собой осуществляемую в масштабах народного хозяйства, отрасли, региона или отдельного предприятия систему мер по обеспечению социалистической законности и активному использованию правовых средств для решения экономических и социальных задач.

Руководство правовой работой. Совет Министров СССР определяет основные направления правовой работы в органах государственного управления, на предприятиях, в объединениях, других организациях и учреждениях (4, ст. 13, п. 3).

Всю свою деятельность министерства и ведомства осуществляют на основе социалистической законности, принимают меры по ее укреплению (5, п. 5). Вышестоящий орган обязан контролировать соблюдение законодательства предприятием (3, ст. 9, п. 3).

Министерства и ведомства СССР, Советы Министров союзных и автономных республик, исполкомы краевых и областных Советов народных депутатов обязаны принять меры к повышению уровня правовой работы, строгому соблюдению социалистической законности в деятельности предприятий, широкому использованию правовых средств для успешного решения задач по повышению экономической эффективности общественного производства, для укрепления государственной дисциплины, выполнения плановых заданий и договорных обязательств (7).

Минюст СССР, осуществляя методическое руководство правовой работой в народном хозяйстве, знакомится с состоянием этой работы в министерствах, ведомствах, на предприятиях, изучает и обобщает практику постановки правовой работы, ее эффективность и дает рекомендации по улучшению правовой работы в народном хозяйстве (7, п. 6).

Хозяйственные руководители обеспечивают развитие и совершенствование правовой работы на предприятиях, несут ответственность за ее состояние (2).

Юридическая служба выступает одним из ведущих исполнителей обязанностей по правовой работе в народном хозяйстве. Под руководством администрации предприятия она выполняет также некоторые функции по организации данной работы.

Предприятие должно повышать роль и ответственность юридической службы за соблюдение законности, договорной, финансовой дисциплины и качества продукции (3, ст. 22, п. 1).

Структура юридической службы. В зависимости от объема, характера и сложности правовой работы на предприятиях создается юридический отдел (бюро) или вводятся должности юрисконсульта, главного (старшего) юрисконсульта (6, п. 1). При численности более одного человека юридическая служба может быть образована как юридический отдел или бюро. Юридическая служба создается как на самостоятельных предприятиях (в объединениях), так и в их структурных подразделениях.

При определении штатной численности юридической службы надлежит учитывать Нормативы численности юридической службы для предприятий и производственных (научно-производственных) объединений промышленных отраслей народного хозяйства (10).

Конкретная структура юридической службы определяется руководителем предприятия с учетом мнения трудового коллектива или его совета, а также действующих в отрасли примерных (типовых) структур. При создании юридических отделов (бюро) в их состав наряду с юрисконсультами могут включаться экономисты, бухгалтеры и другие специалисты, ведущие претензионную и иную работу (10).

Правовое обслуживание предприятий адвокатурой. Правовое обслуживание предприятий может осуществляться юридическими консультациями коллегий адвокатов по договорам, заключаемым с предприятиями. Договоры заключаются в соответствии с Примерным договором о правовом обслуживании предприятий, учреждений и организаций (кроме колхозов) юридическими консультациями коллегий адвокатов (13) и Примерным договором о правовом обслуживании колхозов коллегиями адвокатов (14).

Конкретные обязанности консультации (коллегии) по юридическому обслуживанию доверителя предусматриваются сторонами исходя из условий деятельности через прикрепленного адвоката. Договором определяется размер вознаграждения, перечисляемого предприятием юридической консультации. Договор может быть расторгнут по инициативе любой из сторон с предупреждением другой стороны за месяц.

Основные задачи, права и обязанности юридических служб определяются Общим положением о юридическом отделе (бюро), главном (старшем) юрисконсульте, юрисконсульте министерства, ведомства, исполнительного комитета Совета депутатов трудящихся*, предприятия, организации, учреждения (6). Министерства и ведомства СССР с учетом особенностей правовой работы в отрасли принимают положения о юридической службе подведомственных им предприятий.

Возложение на юридический отдел, юрисконсульта обязанностей, не предусмотренных названным Общим положением и не относящихся к правовой работе, не допускается (6, п. 15).

Основными задачами юридического отдела, юрисконсульта являются: а) укрепление социалистической законности в деятельности предприятия; б) активное использование правовых средств для укрепления хозяйственного расчета, борь-

---

* В настоящее время — Совета народных депутатов.

бы с бесхозяйственностью, улучшения экономических показателей работы предприятий; в) обеспечение правовыми средствами сохранности социалистической собственности, повышения качества выпускаемой продукции, выполнения заданий, обязательств по поставкам, договорам подряда на капитальное строительство и другим договорам; г) защита прав и законных интересов предприятий и граждан; д) пропаганда советского законодательства.

Юридический отдел, юрисконсульт должны активно участвовать в разработке и осуществлении мер, направленных на соблюдение государственной плановой и договорной дисциплины, укрепление хозяйственного расчета, а также на организацию борьбы с хищениями, выпуском недоброкачественной продукции, непроизводительными потерями, нарушениями хозяйственного, трудового и другого законодательства, норм советской демократии (6, п. 3).

Юридический отдел, юрисконсульт предприятия вправе: а) проверять соблюдение законности в деятельности структурных подразделений предприятия; б) получать от должностных лиц в порядке, установленном на предприятии, документы, справки, расчеты и другие сведения, необходимые для выполнения своих обязанностей; в) привлекать с согласия руководителя структурного подразделения предприятия работников для подготовки проектов нормативных актов и других документов, для разработки и осуществления мероприятий, проводимых юридической службой в соответствии с возложенными на нее обязанностями (6, п. 10).

В целях обеспечения социалистической законности в деятельности предприятия начальник юридического отдела, юрисконсульт участвуют в подготовке либо проверяют и визируют проекты приказов, инструкций, положений, постановлений, распоряжений и других документов правового характера. В соответствии с планом проводятся проверки законности актов правового характера, издаваемых руководителями структурных подразделений предприятия.

Начальник юридического отдела, юрисконсульт предприятия несут ответственность за соответствие законодательству визируемых ими проектов приказов, инструкций и других правовых документов.

При обнаружении нарушений законности в работе предприятия или их должностных лиц начальник юридического отдела, юрисконсульт обязаны доложить руководителю предприятия об этих нарушениях для принятия необходимых мер по их устранению (6, п. 13).

В случае несоответствия действующему законодательству представляемых на подпись руководителю предприятия проектов приказов, инструкций и других правовых документов начальник юридического отдела, юрисконсульт, не визируя проекты этих документов, дают соответствующее заключение с предложением о законном порядке разрешения рассматриваемых вопросов. При подписании указанных документов руководителем предприятия вопреки заключению начальника юридического отдела, юрисконсульта последний сообщает об этом вышестоящей организации. Начальник юридического отдела, юрисконсульт предприятия, не принявшие мер к устранению нарушений законности, несут ответственность наряду с руководителем предприятия (6, п. 14).

Договорная работа. Юридическая служба предприятия должна организовывать совместно с другими подразделениями работу по заключению хозяйственных договоров, участвовать в подготовке проектов договоров, визировать их (12; 15, п. 1.4.2). Юридическая служба участвует в организации исполнения договорных обязательств на предприятии и контроле за их исполнением (12).

Степень участия юридической службы в договорной работе определяется приказом, инструкцией или иным документом о порядке ведения этой работы, который должен соответствовать требованиям Общего положения о юридическом отделе, юрисконсульте (6). В случае отсутствия такого правового документа следует внести предложения руководству предприятия о его разработке (16).

В процессе заключения договоров юридический отдел, юрисконсульт оказывают постоянную методическую помощь подразделениям и лицам, выполняющим договорную работу, дают разъяснения и консультации по вопросам применения законодательства.

Договорные документы надлежит визировать юридическому отделу или юрисконсульту только при наличии виз всех заинтересованных подразделений и при условии, что эти документы составлены правильно по существу и по форме. При визировании договора следует обращать внимание на отражение в нем всех существенных условий, необходимых для надлежащего выполнения обязательств по договору, полноту и четкость изложения текста договора, а также своевременность оформления проекта договора.

Только после того как проект договора будет завизирован юридическим отделом или юрисконсультом, он передается руководству предприятия на подпись в установленном порядке (12, п. 4.3).

Претензионная работа ведется на предприятии юридической службой либо другими подразделениями в зависимости от конкретных условий на предприятии (15, п. 1.4.3.1).

Если претензионная работа возложена на юридическую службу, следует вести учет претензий и связанных с ними документов по единой, утвержденной у руководства предприятия форме. Следует также разработать и представить на утверждение специальную форму учета исполнения контрагентами обязательств, в соответствии с которой структурные подразделения в установленный срок должны передавать юридическому отделу, юрисконсульту сведения для предъявления претензии (15, п. 1.4.3.2).

В случаях, когда претензионная работа возложена на другие структурные подразделения, юридическому отделу, юрисконсульту нужно изучать состояние этой работы и давать предложения по ее улучшению (6, п. 9). При выявлении упущений в данной работе следует вносить соответствующие предложения руководству предприятия.

Исковая работа осуществляется с участием юридического отдела, юрисконсульта. По каждому исковому производству рекомендуется иметь отдельное дело, в котором находились бы: копии исковых заявлений и приложений к ним, отзывы на исковые заявления, определения и повестки о вызове на заседание арбитража (суда) и другие документы.

Юридическая служба представляет в установленном порядке интересы предприятия в суде, арбитраже, а также в других органах при рассмотрении правовых вопросов (6, п. 9 «и»). При решении вопроса о представительстве в заседании арбитража и суда следует исходить из характера разрешаемого спора. В ряде случаев целесообразно участие в заседаниях арбитража и суда помимо юрисконсульта также других специалистов, компетентных в решении производственных, экономических и иных вопросов.

Юридический отдел, юрисконсульт должны обеспечивать своевременное получение копий решений, определений и других документов, принимаемых судом или арбитражем по делу, имеющему отношение к предприятию. Если, по мнению юридической службы, решение или определение необоснованно, следует внести руководству предприятия предложения о его обжаловании.

Обеспечение качества продукции правовыми средствами. Юридическому отделу, юрисконсульту при разработке и осуществлении мероприятий по обеспечению качества продукции правовыми средствами надлежит использовать Рекомендации о формах и методах организации правового обеспечения комплексных систем управления качеством продукции (КС УКП) в объединениях, на предприятиях промышленности и участии в этом юридических служб (9), а также другие Методические рекомендации Минюста СССР (11; 15).

Названные и другие рекомендации подлежат учету при разработке стандартов предприятия (СТП), регламентирующих ведение договорной работы, при определении в договорах условий о качестве продукции, в деле организации приемки продукции, при проведении аттестации продукции, разработке и применении факторов, стимулирующих выпуск продукции высокого качества, в том числе поощрения и ответственность работников, при применении системы экономических и административных санкций за выпуск продукции, не соответствующей стандартам.

Работа по обеспечению сохранности социалистической собственности. Юридическому отделу, юрисконсульту необходимо участвовать в разработке правовых документов, касающихся вопросов обеспечения сохранности социалистической собственности, в том числе инструкций и правил, устанавливающих порядок поступления и приемки на предприятиях материальных ценностей, учета их движения со складов в производство, учета выпуска и отпуска готовой продукции.

Юридический отдел, юрисконсульт участвует в рассмотрении вопросов о числящейся на балансе предприятия дебиторской и кредиторской задолженностях и принимают совместно с другими подразделениями меры к ликвидации этих задолженностей (6, п. 9 «ж»); в разработке предложений комиссии по рассмотрению итогов финансово-хозяйственной деятельности предприятия.

Юридические службы с другими подразделениями готовят материалы о хищениях, растратах, недостачах, выпуске нестандартной и некомплектной продукции и об иных правонарушениях для передачи следственным, судебным органам и товарищеским судам, а также принимают меры к возмещению ущерба, причиненного предприятию.

Конкретные формы и методы участия юридических служб в обеспечении сохранности социалистической собственности определяются методическими рекомендациями Минюста СССР (8, 15), приказами и указаниями экономических ведомств и органов хозяйственного управления.

Примечания к разделу 19

1. Резолюция XIX Всесоюзной конференции КПСС «О правовой реформе». — Материалы XIX Всесоюзной конференции Коммунистической партии Советского Союза, 28 июня — 1 июля 1988 г. М., 1988, с. 145—148.
2. О работе партийных и советских органов Иркутской области по повышению роли правовой службы на предприятиях промышленности, сельского хозяйства и строительства в свете решений XXV съезда КПСС. Постановление ЦК КПСС от 5 апреля 1977 г. — Справочник партийного работника. М., 1978, вып. 18, с. 282—286.
3. Закон о государственном предприятии.
4. О Совете Министров СССР. Закон СССР от 5 июля 1978 г. — Ведомости Верховного Совета СССР, 1978, № 28, ст. 436.
5. О перестройке деятельности министерств и ведомств сферы материального производства в новых условиях хозяйствования. Постановление ЦК КПСС и Совета Министров СССР от 17 июля 1987 г. № 823. — СП СССР, 1987, отд. 1, № 38, ст. 122.
6. Общее положение о юридическом отделе (бюро), глав-

ном (старшем) юрисконсульте, юрисконсульте министерства, ведомства, исполнительного комитета Совета депутатов трудящихся, предприятия, организации, учреждения. Утверждено постановлением Совета Министров СССР от 22 июня 1972 г. № 467. — СП СССР, 1972, № 13, ст. 70.

7. Об улучшении правовой работы в народном хозяйстве. Постановление ЦК КПСС и Совета Министров СССР от 23 декабря 1970 г. № 1025. — СП СССР, 1971, № 1, ст. 1.

8. Методические рекомендации об участии юридических служб производственных объединений, предприятий и организаций в работе по обеспечению сохранности социалистической собственности и борьбе с бесхозяйственностью. Письмо Минюста СССР от 3 ноября 1986 г. № К-14-726. — БНА, 1987, № 3, с. 39—46.

9. Рекомендации о формах и методах организации правового обеспечения комплексных систем управления качеством продукции (КС УКП) в объединениях, на предприятиях промышленности и участии в этом юридических служб. Письмо Минюста СССР и Госстандарта СССР от 15 августа 1986 г. № К-7-569/30-20-92. — БНА, 1987, № 5, с. 17—46.

10. Нормативы численности работников юридической службы. Утверждены постановлением Госкомтруда СССР, Минюста СССР и Секретариата ВЦСПС от 11 декабря 1981 г. — БНА, 1984, № 2, с. 4—28.

11. Методические рекомендации об организации работы юридических служб производственных объединений и предприятий по использованию правовых средств в целях обеспечения выпуска продукции высокого качества. Письмо Минюста СССР от 14 февраля 1978 г. № К-18-130. — БНА, 1978, № 8, с. 41—46.

12. Методические рекомендации об участии юридических служб в организации договорной работы на предприятиях, в производственных объединениях и организациях. Письмо Минюста СССР от 29 сентября 1978 г. № К-8-524. — БНА, 1979, № 3, с. 38—47.

13. Примерный договор о правовом обслуживании предприятий, учреждений и организаций (кроме колхозов) юридическими консультациями коллегий адвокатов. Одобрен постановлением коллегии Минюста СССР 8 декабря 1972 г. — БНА, 1973, № 5, с. 47—48.

14. Примерный договор о правовом обслуживании колхозов коллегиями адвокатов. Одобрен постановлением коллегии Минюста СССР от 31 августа 1973 г. — БНА, 1974, № 1, с. 38—41.

15. Методические рекомендации об организации работы юридической службы на предприятии и в производственном объединении (комбинате). Письмо Минюста СССР от 19 февраля 1976 г. № К-18-103. — БНА, 1976, № 5, с. 34—48.

16. Методические рекомендации об участии юридических служб объединений, предприятий и организаций в

обеспечении выполнения обязательств по поставкам продукции в соответствии с заключенными договорами. Утверждены Минюстом СССР 10 октября 1982 г. № К-14-568. — БНА, 1983, № 1, с. 39—47.

Раздел 20
ПРЕТЕНЗИОННЫЙ ПОРЯДОК УРЕГУЛИРОВАНИЯ ХОЗЯЙСТВЕННЫХ СПОРОВ

1. Общий претензионный порядок

Доарбитражное урегулирование хозяйственных споров. До предъявления иска, вытекающего из отношений между организациями, обязательно предъявление претензий (1, ст. 6). Доарбитражное урегулирование включает в себя, кроме предъявления претензий и иных требований другой стороне, также рассмотрение, добровольное удовлетворение законных и обоснованных претензий должником, направление письменных ответов кредитору о принятом решении. Юридический отдел (юрисконсульт) предприятия организует и ведет претензионную работу, осуществляет методическое руководство этой работой, если она ведется другими подразделениями предприятия.

Общий порядок доарбитражного урегулирования споров предусматривается Положением о порядке предъявления и рассмотрения претензий предприятиями, организациями и учреждениями и урегулирования разногласий по хозяйственным договорам (3). Положение определяет порядок предъявления и рассмотрения предприятиями претензий, возникающих при исполнении договоров на поставку продукции и товаров, капитальное строительство, выполнение научно-исследовательских, опытно-конструкторских и других работ; на оказание услуг; претензий, вытекающих из причинения вреда и по ряду других оснований.

Положение обязательно для государственных, кооперативных и иных общественных предприятий и организаций, независимо от их ведомственной подчиненности. Положение не распространяется на претензии к предприятиям транспорта и связи, вытекающие из перевозок грузов и операций по оказанию услуг связи. Претензии органов транспорта к предприятиям предъявляются и рассматриваются в порядке, установленном названным Положением.

Оно не распространяется также на: а) претензии заказчиков (внешнеторговых объединений и других организаций) и поставщиков товаров для экспорта, заказчиков и других грузополучателей импортных товаров и внешнеторговых объединений, выполняющих заказы на импорт товаров; б) претензии, вытекающие из отношений по перевозкам в заграничном сообщении и по иностранному страхованию; в) требования, вытекающие из отношений колхозов и межколхозных организаций между собой и с участием государственных, кооперативных и иных общественных организаций; г) претензии организаций Госагропрома, связанные с возмещением затрат на произведенный ремонт ими тракторов и сельскохозяйственных машин, приобретенных колхозами, совхозами и другими сельскохозяйственными предприятиями и вышедших из строя по вине заводов-изготовителей до истечения гарантийного срока (3, п. 2).

При урегулировании разногласий, возникающих при заключении, изменении и расторжении хозяйственных договоров, предприятия руководствуются правилами, определяющими порядок такого урегулирования. В случае, когда обязательными для предприятий правилами не предусмотрены порядок и сроки урегулирования разногласий, возникающих при заключении, изменении и расторжении хозяйственных договоров, разногласия должны быть урегулированы сторонами в порядке, установленном разд. IV Положения о порядке предъявления и рассмотрения претензий.

При наличии возражений по условиям договора сторона, получившая проект договора, составляет протокол разногласий, о чем делает оговорку в договоре, и в 10-дневный срок направляет другой стороне протокол разногласий в двух экземплярах вместе с подписанным договором. Другая сторона обязана в течение 20 дней рассмотреть протокол разногласий (в необходимых случаях совместно с первой стороной), включить в договор все принятые предложения, а оставшиеся неурегулированными разногласия передать в этот же срок на рассмотрение арбитража. Если разногласия в течение указанного срока не будут переданы на разрешение арбитража, предложения другой стороны по договору считаются принятыми (3, п. 22).

Содержание претензии. Претензия предъявляется в письменной форме. В претензии указываются: а) наименование предприятия и организации, предъявивших претензию, и предприятия и организации, к которым предъявляется претензия; дата предъявления и номер претензий; б) обстоятельства, являющиеся основанием для претензий; доказательства, подтверждающие изложенные в претензии обстоятельства; ссылка на соответствующие нормативные акты; в) требования заявителя; г) сумма претензии и ее расчет, если претензия подлежит денежной оценке; платежные и почтовые реквизиты заявителя претензии; д) перечень прилагаемых к претензии документов, а также другие доказательства.

К претензии прилагаются подлинные документы, подтверждающие требования заявителя, или надлежащие заверенные копии данных документов. Копии документов составляют сами предприятия.

К претензии могут не прилагаться документы, которые имеются у другой стороны, о чем указывается в претензии.

Претензия подписывается руководителем или заместителем руководителя предприятия, если иное не предусмотрено соответствующими правилами.

Установлены правила отсылки претензий должникам. Претензия отправляется заказным или ценным письмом либо вручается должнику под расписку. Претензия может быть передана по телеграфу, телетайпу или по радио. При направлении претензии или ответа на нее по телеграфу арбитражу должна быть представлена выданная органом связи квитанция о приеме телеграммы, а если претензия направлялась по телетайпу или по радио, — выписка из журнала записей, заверенная истцом.

Сроки предъявления претензий зависят от содержания претензий и места нахождения сторон (3, п. 9). Претензии о возмещении стоимости недостающей продукции (товаров), а также вытекающие из поставки продукции (товаров) ненадлежащего качества или некомплектной, в том числе об уплате штрафа за поставку такой продукции (товаров), предъявляются в течение одного месяца, а претензии, вытекающие из других оснований, — в течение двух месяцев.

Для предъявления претензий, вытекающих из отношений по заготовке и реализации сельскохозяйственной продукции; претензий предприятий и организаций, расположенных в районах Крайнего Севера и приравненных к ним местностях, установлены следующие сроки: два месяца — для предъявления претензий, связанных с возмещением стоимости недостающей продукции (товаров), с поставкой продукции (товаров) ненадлежащего качества или некомплектной, в том числе об уплате штрафа за поставку такой продукции (товаров); три месяца — для претензий, возникающих по другим основаниям.

Претензии, связанные с недостачей, ненадлежащим качеством или некомплектностью продукции, поставляемой в соответствии с основными условиями поставки продукции для военных организаций, предъявляются в сроки, установленные этими основными условиями.

Начальный момент течения сроков для предъявления претензий исчисляется со дня, когда предприятие узнало или должно было узнать о нарушении своего права.

Если действующими правилами предусмотрено составление акта о нарушении задания или обязательства, то срок на предъявление претензии исчисляется со дня составления акта. В случае, если акт составлен несвоевременно, срок начинает течь со дня, когда он должен был быть составлен. В таком порядке, в частности, следует исчислять начальный момент течения сроков для предъявления претензий, связанных с недостачами продукции и товаров, поставкой продукции (товаров) ненадлежащего качества или некомплектной.

Срок на предъявление претензии о возврате штрафа и иных денежных сумм, взысканных в безакцептном (бесспорном) порядке, исчисляется со дня получения предприятием соответствующего платежного документа или извещения банка о взыскании.

Сроки для рассмотрения претензий зависят от содержания претензии и места нахождения должника (3, п. 13). Претензии о возмещении стоимости недостающей продукции, а также претензии, вытекающие из поставки продукции ненадлежащего качества или некомплектной, в том числе об уплате штрафа за поставку такой продукции, подлежат рассмотрению в течение одного месяца, а претензии, возникающие по другим основаниям, — двух месяцев со дня получения. В тех случаях, когда обязательными для сторон правилами или договором предусмотрено право перепроверки забракованной продукции предприятием-изготовителем, претензии по качеству и комплектности поставленной продукции, в том числе об уплате штрафа за поставку продукции ненадлежащего качества или некомплектной, рассматриваются в течение двух месяцев.

Для рассмотрения претензий, вытекающих из отношений по заготовке и реализации сельскохозяйственной продукции, а также для рассмотрения претензий предприятиями и организациями, расположенными в районах Крайнего Севера и приравненных к ним местностях, установлены следующие сроки: два месяца — для претензий, связанных с возмещением стоимости недостающей продукции, ненадлежащего качества или некомплектной, в том числе об уплате штрафа за поставку такой продукции; три месяца — для претензий, возникающих по другим основаниям.

Проверка законности и обоснованности претензии. Предприятие, получившее претензию, обязано проверить законность предъявленного требования и его обоснованность (3, п. 15).

Если к претензии не приложены документы, необходимые для ее рассмотрения, то они запрашиваются у заявителя с указанием срока их представления. Минимальный срок, который дается для этой цели заявителю претензии, составляет пять дней с прибавлением к ним времени нахождения почтового отправления в пути. При неполучении затребованных документов к указанному должником сроку претензия рассматривается им по имеющимся документам. Положение обязывает предприятие в необходимых случаях проводить совместную выверку расчетов, экспертизу (например, бухгалтерскую, товароведческую, техническую) и другие действия (в частности, осмотр продукции), обеспечивающие урегулирование спора в претензионном порядке.

Предприятие обязано удовлетворить обоснованные требования заявителя. Кроме того, заявителю должно быть в письменной форме сообщено о результатах рассмотрения претензии. В ответе на претензию должны быть указаны: а) наименование предприятия, дающего ответ; предприятия, которым направляется ответ; дата и номер ответа; дата и номер претензии, на которую дается ответ; б) при полном или частичном удовлетворении претензии — признанная сумма, номер и дата платежного поручения на перечисление этой суммы или срок и способ удовлетворения претензии, если она не подлежит денежной оценке; в) при полном или частичном отказе в удовлетворении претензии — мотивы отказа со ссылкой на соответствующие нормативные акты и документы, обосновывающие его; г) перечень прилагаемых к ответу на претензию документов, а также других доказательств.

При полном или частичном отказе в удовлетворении претензии заявителю возвращаются подлинные документы, которые были приложены к претензии; направляются документы, обосновывающие отказ, если их нет у заявителя претензии. Ответ на претензию должен подписываться руководителем или заместителем руководителя предприятия или организации, если иное не предусмотрено установленными правилами.

Ответы на претензии отправляются заказным либо ценным письмом или вручаются под расписку. Они могут быть переданы по телеграфу, телетайпу, радио. Представляемые должниками почтовые квитанции, заверенные копии реестров (списков) отправлений ответов на претензии заказными письмами или выписки из этих реестров служат доказательством соблюдения порядка отсылки ответов на претензии. Доказательством соблюдения такого порядка в соответствующих случаях являются квитанция органа связи о приеме телеграммы, выписка из журнала записей при направлении ответа на претензию по телетайпу или радио.

Если в ответе о признании претензии не сообщается о перечислении претензионной суммы, заявитель претензии вправе по истечении 20 дней после получения ответа предъявить в банк распоряжение на списание в бесспорном порядке признанной должником суммы с начислением в случаях, установленных законодательством, пени за просрочку платежа.

За неосновательное списание в бесспорном порядке средств со счета виновная сторона уплачивает другой стороне штраф в размере 5% суммы, неосновательно списанной в бесспорном порядке (3, п. 17).

2. Предъявление и рассмотрение претензий, вытекающих из перевозки грузов

До предъявления к перевозчику иска, вытекающего из перевозки, обязательно предъявление к нему претензии (1, ст. 76). Эта обязанность относится как к претензиям, основанным на договоре, так и к требованиям, основанным на плане перевозок.

Субъекты, имеющие право на предъявление претензии по поводу несохранности груза, определены законодательством. В случае недостачи, порчи или повреждения груза, а также при просрочке доставки или задержке в выдаче груза (т. е. при любом нарушении транспортной организацией договора перевозки) им является грузополучатель, а при утрате груза — наравне с грузополучателем и грузоотправитель. Претензии по другим основаниям заявляются лицом, право которого нарушено.

Подразделение перевозчика, к которому предъявляется претензия. Претензии, возникающие из перевозки грузов, предъявляются к управлению дороги назначения, за исключением претензий грузоотправителей о штрафах, которые предъявляются к управлению железной дороги отправления (например, претензия о возврате штрафа за простой вагонов под погрузкой, взысканного в бесспорном порядке, должна быть предъявлена к управлению дороги отправления (ст. 170 УЖД). Претензии об уплате штрафов за невыполнение плана перевозок и необеспечение погрузки маршрутов предъявляются к отделению дороги отправления и рассматриваются этим отделением.

Претензии, вытекающие из воздушной перевозки груза, предъявляются к авиационному предприятию места отправления или места назначения по усмотрению заявителя претензии (ст. 107 ВК).

Претензии, вытекающие из несохранности перевозки грузов автомобильным транспортом, предъявляются к автотранспортному предприятию, выдавшему груз, а в случае полной утраты груза — к автотранспортному предприятию, принявшему груз к перевозке (ст. 159 УАТ).

Общий срок для предъявления претензий к перевозчику, вытекающих из перевозки грузов, составляет шесть месяцев. Претензии об уплате штрафов и премий предъявляются в течение 45 дней (1, ст. 76).

По претензиям о возмещении за порчу, повреждение или недостачу груза срок предъявления исчисляется со дня выдачи груза; по претензиям о возмещении за утрату груза органами железнодорожного, морского и речного транспорта — по истечении 30 суток со дня окончания срока доставки, воздушно-транспортными предприятиями — по прошествии 10 суток после истечении срока доставки, автотранспортными предприятиями — 30 суток со дня окончания срока доставки груза при междугородных перевозках и 10 суток со дня приема груза при городских и пригородных перевозках, а при перевозках в прямом смешанном сообщении — по истечении четырех месяцев со дня приема груза к перевозке.

Сроки на предъявление претензий о просрочке в доставке груза исчисляются со дня выдачи груза. Сроки на предъявление претензий о возврате штрафа за простой вагонов, судов или автомобилей и задержку контейнеров, взысканного в бесспорном порядке органом железнодорожного, морского, речного и автомобильного транспорта, исчисляются со дня получения заявителем претензий копии платежного требования (счета) дороги, пароходства или автотранспортного предприятия о начислении штрафа.

Переуступка права на предъявление требования перевозчику допускается лишь при передаче такого права грузоотправителем грузополучателю или грузополучателем грузоотправителю, а также грузоотправителем или грузополучателем — вышестоящей или транспортно-экспедиционной организации (ст. 172 УЖД).

На воздушном и внутренневодном транспорте допускается передача права на предъявление претензий и исков грузоотправителем грузополучателю, грузополучателем грузоотправителю, грузоотправителем и грузополучателем вышестоящей или нижестоящей организации (ст. 109 ВК, ст. 221 УВВТ). На морском транспорте установлена возможность передачи права на предъявление претензий и исков получателем или отправителем также страховщику (ст. 297 КТМ).

Передача права на предъявление претензии и иска удостоверяется переуступочной надписью на документе. Передаточная надпись учиняется на подлиннике соответствующего документа (грузовой квитанции, накладной и др). и имеет следующее содержание: «Право на предъявление претензии и иска передано» (приводится наименование организации). Переуступочная надпись удостоверяется подписями руководителя и главного бухгалтера предприятия и заверяется печатью.

Перевозчик обязан рассмотреть заявленную претензию и уведомить заявителя об удовлетворении или отклонении ее в течение трех месяцев, а по претензиям, возникшим из перевозок в прямом смешанном сообщении, в течение шести месяцев и по претензиям об уплате штрафов и премий — в течение 45 дней (1, ст. 76).

Сроки для рассмотрения претензий исчисляются со дня получения претензии перевозчиком, а не предъявления ее. При исчислении сроков на рассмотрение претензий должно учитываться время для доставки претензии органами связи.

Одновременно с уведомлением о полном или частичном удовлетворении претензии перевозчик должен перечислить заявителю ту сумму, в которой претензия удовлетворена. При частичном удовлетворении или отклонении претензии в уведомлении перевозчика указывается основание принятого решения.

Приложенные к претензии документы подлежат возврату заявителю. В случае удовлетворения претензии в полной сумме приложенные к претензии документы не возвращаются и остаются в делах перевозчика.

Если претензия отклонена или ответ на нее не получен в срок, заявителю предоставляется право на предъявление иска в течение двух месяцев со дня получения ответа или истечения срока для ответа.

В тех случаях, когда железная дорога, пароходство, автотранспортная организация признали претензию, но фактически ее не удовлетворили, заявитель претензии вправе обратиться в нотариальную контору за получением исполнительной надписи на списание в бесспорном порядке через учреждение банка признанной суммы. Для получения исполнительной надписи представляется подлинное извещение, посланное клиенту, с указанием суммы признанной претензии.

3. Претензии по перевозкам грузов в международном сообщении

Претензии советских получателей грузов по перевозкам в международном железнодорожном сообщении предъявляются и рассматриваются в порядке, установленном Правилами, утвержденными быв. Минвнешторгом СССР, МПС СССР и Минфином СССР (4).

Предъявление претензий. Претензии о возмещении ущерба от полной или частичной утраты, повреждения или порчи груза, о возврате перебора провозной платы за перевозку груза по железным дорогам назначения груза и транзитным железным дорогам, если эти платежи были внесены, а также о взыскании штрафа за просрочку в доставке груза предъявляются получателями груза в управление железной дороги СССР назначения груза.

К претензионным заявлениям грузополучатели должны приложить в качестве обоснования претензии нужные документы (железнодорожные накладные, дубликаты накладных, коммерческие акты, счета поставщика или заверенные выписки из них, расчеты сумм по претензии и т. п.).

Рассмотрение претензий управлением железной дороги. Управление железной дороги, получив претензию, должно установить право на предъявление претензии, наличие всех необходимых документов и проверить соблюдение срока давности на предъявление претензии. Это же управление обязано выяснить вопрос о том, какие железные дороги (советские или иностранные) должны нести ответственность в случае основательности претензии.

Если в результате такого предварительного рассмотрения претензий управлением железной дороги будет установлено, что ответственность иностранных железных дорог исключается, претензия должна быть разрешена управлением. Вопрос о наличии или отсутствии ответственности иностранных железных дорог должен быть выяснен управлением в течение 30 дней. Если управление железной дороги задержит выяснение данного вопроса на больший срок, то возможные последствия от такой задержки возлагаются на управление.

Предъявлением претензии к управлению железной дороги течение срока давности приостанавливается по отправкам, за неисправность перевозки которых ответственны железные дороги СССР.

В случае, когда управление железной дороги оставило претензию у себя для окончательного разрешения, течение срока давности приостанавливается на период времени со дня заявления претензии до ответа на нее или, если претензия оставлена без ответа, — до дня истечения срока на ответ по условиям соответствующего соглашения. Течение срока давности продолжается с того дня, когда заявитель, согласно почтовому штемпелю на конверте, получил ответ от управления железной дороги об отклонении претензии, а в случае оставления претензии без ответа — со дня истечения срока на ответ по условиям соответствующего соглашения.

В том случае, когда в результате предварительного рассмотрения претензии управлением железной дороги будет установлена ответственность иностранных дорог или смешанная ответственность иностранных и советских железных дорог, или смешанная ответственность иностранных дорог и иностранного отправителя, такая претензия в 30-дневный срок должна быть возвращена заявителю для направления претензии заявителем заказчику груза на оформление.

Управления железных дорог назначения груза не должны возвращать претензии заявителям для оформления претензий иностранным дорогам в случаях смешанной ответственности иностранных и советских железных дорог без удовлетворения претензий в части, в которой ответственность несет советская железная дорога. В случае установления смешанной ответственности иностранных железных дорог и иностранных отправителей управления железных дорог назначения груза должны отклонять такие претензии в части, относящейся к ответственности отправителя. В части, относящейся к ответственности иностранных дорог, управления железных дорог назначения груза должны рекомендовать оформление претензии для последующего предъявления управлению входной для данного груза пограничной железной дороги СССР.

Оформление претензии заказчиком груза. Грузополучатель, заявивший претензию, получив ее обратно от управления железной дороги, обязан в трехдневный срок по получении претензии направить ее заказчику данного груза для предъявления пограничной железной дороге.

Заказчик груза по получении претензии от грузополучателя обязан в трехдневный срок со времени получения претензии истребовать от соответствующего внешнеторгового объединения копию счета или выписку из счета иностранного поставщика груза. При истребовании счета иностранного поставщика заказчик должен указать номер и дату счета, по которому им оплачена данная партия товара, номер и дату железнодорожной накладной, наименование и количество импортного груза, цену на данный груз, проставленную во внутреннем счете, и сумму заявленной претензии.

По получении от объединения копии счета или выписки из счета иностранного поставщика заказчик должен определить размер возмещения ущерба в соответствии со счетом иностранного поставщика и в десятидневный срок предъявить самостоятельно, от своего имени, претензию в управление входной для данного груза пограничной железной дороги.

Такие претензии предъявляются заказчиком груза в управление пограничной железной дороги без доверенности первоначального заявителя. Если впоследствии по обстоятельствам дела окажется необходимым представление доверенности заявителя, она должна быть дополнительно послана в виде письма или телеграммы грузополучателя заказчиком груза в управление пограничной железной дороги в пятидневный срок с момента получения требования об этом. В доверенности должно быть указано, что заказчику передается право не только на предъявление претензии, но и на получение суммы возмещения ущерба.

Претензия подлежит оформлению только в той части и в том размере, которые относятся к ответственности иностранных железных дорог. Та часть претензий, по которой должны нести ответственность железные дороги СССР, оформлению не подлежит.

Рассмотрение претензий управлением пограничной железной дороги. Полученную от заказчика груза в оформленном виде претензию управление пограничной железной дороги проверяет и направляет в установленный срок иностранным железным дорогам на рассмотрение с одновременным извещением об этом заказчика груза, а ту часть претензии, которая относится к ответственности железных дорог СССР, разрешает управление железной дороги назначения груза.

Если иностранные железные дороги по рассмотрении направленной им претензии признают свою ответственность, управление возмещает заказчику груза сумму в том размере, в каком ее признали иностранные железные дороги. Указанные суммы перечисляются заказчику груза в течение пятидневного срока по получении от иностранных железных дорог.

Перечисление сумм по удовлетворенным претензиям подтверждается уведомлением управления пограничной железной дороги, направляемым одновременно заказчику груза и внешнеторговому объединению не позднее трех дней после перечисления сумм. Это уведомление служит основанием для перечисления разницы между суммой, полученной от управления, и стоимостью груза по внутренним ценам.

Обязанности заказчика и внешнеторгового объединения. Внешнеторговое объединение по требованию заказчика груза обязано в пятидневный срок по получении требования направить заказчику копию счета или выписку из счета иностранного поставщика.

Если по вине заявителя претензии, заказчика груза или внешнеторгового объединения, которые не выполнят в установленные сроки обязанности по оформлению и предъявлению пересоставленной претензии, будет пропущен срок на обращение к иностранным железным дорогам, то вопрос о возможных последствиях за такие нарушения должен быть урегулирован непосредственно между заявителем претензии, заказчиком груза и внешнеторговым объединением.

Заказчик груза в трехдневный срок по получении возмещения от управления железной дороги определяет разницу между возмещением и стоимостью груза по внутренним ценам СССР и сообщает об этом внешнеторговому объединению. Последнее обязано в пятидневный срок по получении сообщения от заказчика груза перечислить заказчику сумму разницы в ценах.

Заказчик груза, получив от внешнеторгового объединения сумму разницы в ценах, присоединяет ее к возмещению, полученному от управления железной дороги, и общую сумму претензии, предъявленной первоначальным заявителем, перечисляет последнему не позднее пятидневного срока по получении разницы от внешнеторгового объединения.

В случае отклонения претензии иностранными железными дорогами полностью или частично управление железной дороги уведомляет об этом заказчика груза и возвращает ему представленные с претензией документы.

Судебные иски могут быть предъявлены только заказчиком груза, предъявившим претензию, и исключительно к управлению пограничной железной дороги в соответствующем народном суде по месту нахождения ответчика.

4. Претензии, вытекающие из операций по оказанию услуг связи

Право на предъявление претензии имеют отправитель или адресат. Претензии о возмещении ущерба, связанного с утратой, а также недостачей или повреждением почтового отправления, должны предъявляться предприятиям связи в течение 6 мес. со дня подачи на предприятие связи отправления. К претензионному заявлению должна быть приложена квитанция, выданная предприятием связи при приеме отправления.

Претензия предъявляется предприятию связи, принявшему отправление, либо предприятию связи по месту назначения по усмотрению заявителя.

Предприятия связи обязаны рассмотреть претензию и возместить ущерб или уведомить об отклонении претензии по иногородним почтовым отправлениям в течение 2 мес., по местным почтовым отправлениям — в течение 5 дней (2, ст. 104). При частичном удовлетворении или отклонении претензии предприятие связи должно в уведомлении указать основание такого решения со ссылкой на соответствующие статьи Устава связи Союза ССР.

Если претензия отклонена полностью или частично либо от предприятия связи не получен ответ в течение указанных выше сроков, заявитель имеет право в двухмесячный срок со дня получения ответа или истечения сроков, установленных для ответа на претензию, предъявить иск в арбитраж (2, ст. 105).

Примечание к разделу 20

1. Основы гражданского законодательства.
2. Устав связи Союза ССР. Утвержден постановлением Совета Министров СССР от 27 мая 1971 г. № 316. — СП СССР, 1971, № 10, ст. 83.
3. Положение о порядке предъявления и рассмотрения претензий предприятиями, организациями и учреждениями и урегулирования разногласий по хозяйственным договорам. Утверждено постановлением Совета Министров СССР от 17 октября 1973 г. № 758. — СП СССР, 1973, № 23, ст. 128.
4. Правила предъявления и рассмотрения претензий по перевозкам грузов в международном сообщении. Утверждены Минвнешторгом СССР 25 сентября 1957 г., МПС СССР 26 сентября 1957 г., Минфином СССР 30 сентября 1957 г. — Сборник инструктивных указаний Государственного арбитража при Совете Министров СССР, вып. 15. М., 1961, с. 67—71 (с изменениями).

Раздел 21
ПРЕДЪЯВЛЕНИЕ ИСКОВ В АРБИТРАЖ

1. Подведомственность хозяйственных споров

Органы государственного арбитража рассматривают споры между государственными, кооперативными и другими общественными предприятиями, учреждениями и организациями, совместными предприятиями, международными объединениями и организациями СССР и других стран — членов СЭВ, возникающие при заключении, изменении, расторжении и исполнении хозяйственных договоров либо по другим основаниям.

Не подлежат разрешению в органах государственного арбитража:

1) споры колхозов, межколхозных и государственно-колхозных предприятий, организаций и их объединений с государственными, кооперативными и иными общественными предприятиями, учреждениями и организациями, а также между собой;

2) споры, возникающие при заключении договоров, не основанных на обязательно для обеих сторон плановом задании, если иное специально не предусмотрено законодательством или соглашением сторон;

3) споры по налогам и неналоговым платежам, взыскиваемым в государственный бюджет в соответствии с Положением о взыскании не внесённых в срок налогов и неналоговых платежей;

4) споры на сумму менее 100 руб.;

5) споры между предприятиями, учреждениями и организациями, с одной стороны, и органами железнодорожного или воздушного транспорта — с другой, возникающие из договоров перевозки грузов в прямом международном железнодорожном и воздушном грузовом сообщении, которые разрешаются судами в соответствии с международными соглашениями;

6) споры между предприятиями, учреждениями и организациями одного министерства, государственного комитета, ведомства, кооперативной системы или иной общественной организации, за исключением случаев, предусмотренных законодательством Союза ССР;

7) споры между предприятиями, учреждениями и организациями, возникающие в связи с осуществлением банками финансового контроля за использованием средств на капитальные вложения (исключая подлежащие рассмотрению в органах арбитража споры об оплате стоимости поставлен-

ных по договору оборудования, машин и других материальных ценностей, относящихся к основным фондам);

8) споры, возникающие при согласовании стандартов и технических условий;

9) споры об установлении цен на продукцию, подлежащую поставке, а также тарифов на оказываемые услуги, если эти цены и тарифы, согласно действующему законодательству, не могут устанавливаться соглашением сторон;

10) другие споры, разрешение которых законодательством Союза ССР отнесено к ведению иных органов (5, ст. 9).

Органы государственного арбитража рассматривают споры между государственными предприятиями (объединениями) и организациями и их вышестоящими органами о возмещении убытков, причиненных предприятиям (объединениям) и организациям в результате выполнения указаний вышестоящих органов, нарушивших права предприятий (объединений) и организаций, а также вследствие ненадлежащего осуществления вышестоящими органами своих обязанностей по отношению к предприятиям и организациям.

Государственные арбитражи рассматривают также споры между кооперативами и государственными и кооперативными органами о возмещении убытков, причиненных коооперативам в результате выполнения указаний государственных и кооперативных органов, нарушивших права кооперативов, а также вследствие ненадлежащего выполнения кооперативными органами обязанностей по отношению к кооперативам.

Споры между государственными, кооперативными (кроме колхозов) и другими общественными организациями на сумму до 100 руб. разрешаются вышестоящими по отношению к должникам органами (1).

Разногласия, возникшие при заключении договора, не основанного на обязательном для обеих сторон государственном заказе, могут разрешаться арбитражем, если это специально предусмотрено законом или соглашением сторон (2, ст. 34).

Стороной в арбитражном деле, имеющей процессуальные права и обязанности, может быть юридическое лицо. Поэтому госарбитраж не рассматривает исковые заявления, если они поданы не юридическим лицом либо иск заявлен не к юридическому лицу.

Структурная единица объединения, поскольку она не является юридическим лицом, может участвовать в арбитражном процессе от имени объединения по спорам, возникающим при заключении этой единицей хозяйственных договоров в пределах прав, предоставленных ей законодательством и объединением, а также при изменении, расторжении и исполнении таких договоров. В этих случаях стороной в арбитражном процессе выступает объединение. Структурная единица может участвовать в арбитражном процессе от своего имени по спорам, возникающим при заключении структурной единицей хозяйственных договоров в соответствии с предоставленным ей объединением правом, а также при изменении, расторжении и исполнении таких договоров. При этом стороной в арбитражном процессе является структурная единица (5, ст. 19).

Повторное рассмотрение дела по тождественному спору недопустимо. Если при принятии иска устанавливается тождественность данного спора ранее разрешенному, повторный иск к рассмотрению в госарбитраже не принимается.

В момент поступления искового заявления в госарбитраж дело по тождественному спору может находиться в производстве суда, арбитража, третейского суда или ярмарочного комитета. В этом случае повторный иск также не должен приниматься к рассмотрению в госарбитраже.

Разграничение подведомственности споров между органами арбитража. Госарбитраж СССР разрешает: 1) споры между сторонами, находящимися на территории разных союзных республик, возникающие при заключении, изменении и расторжении хозяйственных договоров на сумму свыше 5 млн. руб., а также при исполнении договоров и по другим основаниям при цене иска свыше 50 тыс. руб.; 2) другие споры, отнесенные к ведению Государственного арбитража СССР законодательством СССР.

Государственный арбитраж СССР вправе в пределах подведомственности споров органам госарбитража принять к производству и разрешить любой спор либо возбудить дело по своей инициативе (5, ст. 10).

Госарбитраж союзной республики, не имеющий в подчинении органов госарбитража, разрешает все подведомственные органам госарбитража споры, кроме споров, отнесенных к ведению Госарбитража СССР.

Госарбитраж союзной республики, имеющий в подчинении органы госарбитража, разрешает: 1) споры между сторонами, находящимися на территории разных союзных республик, возникающие при заключении, изменении и расторжении договоров на сумму свыше 2 млн. руб., но не более 5 млн. руб., а также при исполнении договоров и по другим основаниям при цене иска свыше 20 тыс. руб., но не более 50 тыс. руб.; 2) споры между сторонами, находящимися на территории разных автономных республик, краев, областей данной республики, возникающие при заключении, изменении и расторжении хозяйственных договоров на сумму свыше 2 млн. руб., а также при исполнении договоров и по другим основаниям при цене иска свыше 20 тыс. руб.; 3) другие споры, отнесенные к ведению госарбитража союзной республики законодательством СССР.

Если госарбитраж союзной республики имеет в подчинении только госарбитражи автономных республик и автономных областей, то в случаях, когда предприятия и их вышестоящие органы — ответчики, поставщики, подрядчики или оказывающие услуги (выполняющие работы) находятся в районе или городе, не входящем в автономную республику или автономную область, споры разрешаются госарбитражем данной союзной республики (кроме споров, отнесенных к ведению Госарбитража СССР).

Госарбитраж союзной республики вправе в пределах подведомственности споров органам госарбитража данной республики принять к производству и разрешить любой спор либо возбудить дело по своей инициативе (5, ст. 11).

Госарбитраж автономной республики, края, области, города, автономной области и автономного округа разрешает все подведомственные органам госарбитража споры, кроме споров, отнесенных к ведению Госарбитража СССР и госарбитража союзной республики.

Если предприятия и их вышестоящие органы — ответчики, поставщики, подрядчики или оказывающие услуги (выполняющие работы) находятся в городе республиканского (союзной республики) подчинения, споры при отсутствии госарбитража города разрешаются госарбитражем области, на территории которой расположен город, кроме споров, отнесенных к ведению Госарбитража СССР и госарбитражей союзных республик.

Госарбитраж автономной республики, края, области, города, автономной области и автономного округа вправе в пределах подведомственности споров данному арбитражу возбудить дело по своей инициативе (5, ст. 12).

Учет суммы спора. Подведомственность споров, возникающих при изменении и расторжении договоров, устанавливается с учетом суммы, на которую договор был заключен. Оставшаяся неисполненной сумма договора, как и сумма, на которую он изменяется, для определения подведомственности спора значения не имеет.

Правилами определена подведомственность споров между внешнеторговыми объединениями и заказчиками, связанных с выполнением заказов на импорт товаров и поставкой товаров для экспорта, в которых одной из сторон является внешнеторговая организация, в том числе споров, вытекающих из договора перевозки. Эти споры разрешаются: при цене иска свыше 50 тыс. руб. — Государственным арбитражем СССР; при цене иска свыше 20 тыс. руб., но не более 50 тыс. руб., — Государственным арбитражем РСФСР, при цене иска не более 20 тыс. руб. — Государственным арбитражем Московской области (5, ст. 14).

Учет места нахождения сторон. При решении вопроса о том, в какой госарбитраж следует направлять заявления по спорам, необходимо учитывать территориальную подведомственность. Так, споры, возникающие при заключении, изменении и расторжении хозяйственных договоров, рассматриваются госарбитражем по месту нахождения предприятия — поставщика, подрядчика или оказывающего услуги.

Споры, возникающие при исполнении договоров и по другим основаниям, рассматриваются по месту нахождения ответчика.

Исходя из этой подведомственности, определяется территориальная подведомственность споров с участием структурных единиц объединения. Такие споры рассматриваются в госарбитраже в зависимости от места нахождения структурной единицы, а не объединения.

Если в деле участвуют ответчики, находящиеся на территории разных союзных республик, краев, областей, городов республиканского подчинения, автономных областей и автономных округов, спор рассматривается госарбитражем по месту нахождения одного из ответчиков по выбору истца (5, ст. 13).

Исключительная подведомственность. Законодательством СССР могут быть установлены изъятия из общих правил подведомственности.

Они касаются отдельных категорий споров. Так, споры, связанные с поставкой продукции ненадлежащего качества или некомплектной, в которых участвуют несколько ответчиков, рассматриваются госарбитражем по месту нахождения ответчика — изготовителя продукции, а если поставленная продукция произведена несколькими изготовителями, — по месту нахождения ответчика-поставщика.

Споры, связанные с недостачей продукции, в которых участвуют несколько ответчиков, рассматриваются госарбитражем по месту нахождения отправителя. Споры, связанные с недостачей продукции, переотправленной отправителем без вскрытия тары и упаковки изготовителя, рассматриваются по месту нахождения изготовителя, а в случаях переотправки продукции нескольких изготовителей — по месту нахождения отправителя, от которого получена продукция.

Споры, возникающие из договоров перевозки грузов, в которых одним из ответчиков является орган транспорта, рассматриваются госарбитражем по месту нахождения органа транспорта.

Споры, возникающие при заключении, изменении, расторжении и исполнении договоров при экспорте и импорте товаров (в том числе споры, вытекающие из договора перевозки), если одной из сторон является внешнеторговая организация, рассматриваются госарбитражем по месту нахождения внешнеторговой организации. Если внешнеторговая организация находится в Москве или Московской области, споры рассматриваются Госарбитражем Московской области, кроме споров, подведомственных Госарбитражу СССР и Госарбитражу РСФСР.

Споры о возмещении убытков государственным предприятиям (объединениям) и организациям их вышестоящими органами союзного и республиканского (союзной или автономной республики) подчинения рассматриваются соответственно Госарбитражем СССР, госарбитражем союзной или автономной республики; споры о возмещении убытков вышестоящими органами местного подчинения рассматриваются госарбитражем края, области, города, автономной области и автономного округа (5, ст. 14).

Направление госарбитражем материалов по подведомственности. В тех случаях, когда госарбитраж при поступлении исковых материалов устанавливает, что спор подведомствен другому госарбитражу, он не вправе возвращать эти материалы истцу, а обязан направить их в соответствующий госарбитраж по подведомственности. Иногда неподведомственность спора данному госарбитражу устанавливается уже в процессе рассмотрения дела. Такое положение может возникнуть при ошибочном принятии искового заявления госарбитражем, а также когда после возбуждения дела изменилась его подведомственность в связи с увеличением цены иска, изменением основания иска, предъявлением встречного иска, привлечением другого истца или ответчика либо заменой стороны. Госарбитраж в этих случаях выносит определение о передаче дела в другой госарбитраж по подведомственности.

Исковые материалы или дела должны направляться по подведомственности не позднее пяти дней после поступления искового заявления или вынесения определения о передаче дела. В случае уменьшения истцом размера исковых требований спор разрешается данным госарбитражем. Из этого следует, что уменьшение истцом размера исковых требований не меняет подведомственности спора. Он рассматривается по существу в данном госарбитраже исходя из первоначально заявленной суммы.

2. Возбуждение дел в арбитраже

Дела в арбитраже возбуждаются: 1) по заявлениям заинтересованных предприятий, обращающихся в арбитраж за защитой нарушенных либо оспариваемых прав или охраняемых законом интересов; 2) по заявлениям вышестоящих органов, обращающихся в арбитраж в интересах входящих в их систему предприятий; 3) по заявлениям других государственных органов управления, обращающихся в арбитраж в случаях, предусмотренных законодательством; 4) по заявлениям прокуроров, направляющих заявления в арбитраж в интересах государственных, кооперативных и других общественных предприятий, учреждений, организаций; 5) по инициативе арбитража.

Вышестоящий орган, предъявляющий иск в интересах подчиненного предприятия, пользуется процессуальными правами и несет обязанности истца. Истцом по такому делу признается то предприятие, в интересах которого возбужден иск.

Орган государственного управления может предъявить иск в интересах государства, когда такое право предоставлено ему законодательством. Например, предъявление на основании действующего законодательства исков органами рыбоохраны о взыскании в доход государства средств в возмещение ущерба, нанесенного рыбному хозяйству в результате нарушений правил рыболовства и охраны рыбных запасов, а также исков органов по регулированию использования и охране вод системы Минводхоза СССР о взыскании в доход государства средств в возмещение убытков, причиненных государству нарушением водного законодательства.

Арбитражам предоставлено право возбуждать дела по своей инициативе при наличии данных о нарушениях государственной плановой и договорной дисциплины и других нарушениях в хозяйственной деятельности. Возбуждаются дела независимо от соблюдения предприятиями порядка непосредственного урегулирования споров.

Обращение в арбитраж оформляется исковым заявлением в письменной форме. Оно обязательно подписывается руководителем или заместителем руководителя предприятия либо структурной единицы объединения, если она подает заявление. Другие должностные лица вправе подписать исковое заявление вместе с руководителем или его заместителем в соответствии с порядком, действующим на данном предприятии.

В исковом заявлении излагаются сведения, необходимые для принятия и рассмотрения искового заявления. В нем должны быть указаны: наименование органа арбитража, в который подается заявление; дата подписания и номер искового заявления; наименование и подчиненность сторон; почтовые адреса, наименование и номер счета, с которого может быть произведено взыскание; наименование и номер счета, на который должна быть зачислена взыскиваемая сумма; наименование и место нахождения кредитных учреждений, в которых находятся счета сторон; цена иска, если иск подлежит оценке; сумма договора (по спорам, возникающим при заключении, изменении и расторжении договоров). В заявлении указываются обстоятельства, на которых истец основывает свое требование, и доказательства, подтверждающие изложенные в заявлении обстоятельства, обоснованный расчет взыскиваемой или оспариваемой суммы; законодательство, на основании которого предъявляется иск (5, ст. 55).

Истец, указывая право, которое, по его мнению, ответчик нарушил и за защитой которого он обращается в арбитраж, обязан сослаться в исковом заявлении на тот нормативный акт, в соответствии с которым его права и интересы подлежат защите.

ПРЕДЪЯВЛЕНИЕ ИСКОВ В АРБИТРАЖ

Исковое заявление должно содержать сведения о принятии мер к непосредственному урегулированию спора и дату отправления другой стороне предложения об этом, а также получения ответа от нее; мотивы, по которым отклоняются доводы, изложенные в ответе, протоколе разногласий или других документах.

Исковое заявление завершается требованием истца. Если иск предъявлен к нескольким ответчикам, требование должно быть определено в отношении каждого из них.

К заявлению прилагаются документы, подверждающие обстоятельства, на которых истец основывает свое требование. Их перечень приводится в заявлении. В случае, когда заявление подает структурная единица объединения, к заявлению прилагаются документы, подтверждающие ее полномочия на участие в арбитражном процессе.

Истец обязан приложить к заявлению доказательства, которые подтверждают принятие им мер к непосредственному урегулированию спора с каждым из ответчиков. По спорам, возникающим при заключении, изменении и расторжении договоров, такими доказательствами соответственно являются: договор, проект договора; письмо, содержащее требование о заключении, изменении или расторжении договора; протокол разногласий, документы, удостоверяющие дату его получения; сведения о предложениях одной стороны и рассмотрении их в установленном порядке; ответ другой стороны, если он получен, и иные документы. По спорам, возникающим при исполнении договоров и по другим основаниям, к исковому заявлению прилагаются копия претензии, доказательства направления ее ответчику, копия ответа на претензию, если ответ получен.

К исковому заявлению должны быть приложены также документы, подтверждающие уплату государственной пошлины.

Государственная пошлина платится предприятиями и организациями, выступающими сторонами в арбитражном деле. При подаче искового заявления в госарбитраж вышестоящим по отношению к стороне органом пошлина может быть уплачена этим органом. Государственная пошлина поступает в доход государства. Ставки и порядок уплаты государственной пошлины определены законодательством (3, 4, 6).

Освобождены от уплаты государственной пошлины по делам, рассматриваемым в органах госарбитража:

а) истцы — органы социального страхования и органы социального обеспечения — по регрессным искам о взыскании с причинителя вреда сумм пособий и пенсий, выплаченных потерпевшему;

б) истцы — по делам о взыскании сумм лесного дохода (включая убытки и неустойки за нарушение правил отпуска леса на корню, а также штрафы за самовольную порубку леса, сенокошение и пастьбу скота);

в) истцы и ответчики — один из банков СССР и Управление драгоценных металлов Минфина СССР со всеми их учреждениями — по всем делам и документам (на хозрасчетные предприятия и организации банков и Управления драгоценных металлов Минфина СССР эта льгота не распространяется);

г) истцы и ответчики — органы государственного страхования — по всем делам, связанным с операциями добровольного и обязательного страхования.

Дополнительные льготы по государственной пошлине по делам, рассматриваемым в госарбитраже, могут быть установлены Советом Министров СССР, министерствами финансов союзных и автономных республик, краевыми, областными и окружными финансовыми отделами, а также финансовыми отделами городов республиканского (союзных республик) подчинения как для отдельных плательщиков, так и для групп плательщиков и районными и городскими финансовыми отделами — для отдельных плательщиков.

Льготы отдельным плательщикам могут быть предоставлены только по их заявлениям, подаваемым в те органы, которые вправе принять решение по этому вопросу. Заявления, подаваемые в финансовые органы, могут быть рассмотрены и в тех случаях, когда в отношении конкретных плательщиков имеется решение государственного арбитража об уплате или взыскании сумм пошлины в доход бюджета.

Государственная пошлина делится на два вида: простую и пропорциональную. Простая пошлина взимается в твердых ставках (в рублях), а пропорциональная — в процентном отношении к цене иска.

Цена иска, по которой исчисляется государственная пошлина, определяется истцом исходя из взыскиваемой суммы либо из суммы, оспариваемой истцом по исполнительному документу или иному документу, по которому взыскание производится в бесспорном (безакцептном) порядке. Цена иска по спорам об истребовании имущества определяется исходя из стоимости этого имущества. В цену включаются также указанные в исковом заявлении суммы неустойки (штрафа, пени), а если они не указаны, — их суммы определенные в решении госарбитража. В случаях неправильного указания истцом цены иска или возбуждения дела по инициативе госарбитража цена иска определяется госарбитражем. Цена иска, состоящего из нескольких самостоятельных требований, определяется суммой всех требований.

При предъявлении иска совместно несколькими истцами к одному или нескольким ответчикам пошлина исчисляется из общей суммы иска и уплачивается истцами пропорционально доле заявленных ими требований.

Пошлина взимается с исковых заявлений имущественного характера по спорам, возникающим при исполнении хозяйственных договоров либо по другим основаниям, в размере

4% цены иска. С исковых заявлений по таким спорам, когда они не имеют имущественного характера, взимается пошлина в размере 25 руб. К ним относятся заявления, не подлежащие стоимостной оценке, например об освобождении самовольно занятых помещений, о предоставлении площади в натуре.

С заявлений по спорам, возникающим при заключении, изменении и расторжении договоров, государственная пошлина взимается в следующих размерах: с исковых заявлений, подлежащих рассмотрению в Госарбитраже СССР, — 100 руб., в государственных арбитражах союзных республик — 50 руб., в других органах государственного арбитража — 25 руб.

Исковые заявления о понуждении заключить договор либо разрешении разногласий по условиям договора, когда в заявления включены также требования о взыскании штрафа за уклонение от заключения договора или просрочку в его заключении, оплачиваются пошлиной по ставкам, установленным для исковых заявлений по спорам, возникающим при заключении договора, и исковых заявлений имущественного характера, т. е. соответственно 100, 50, 25 +4% суммы взыскиваемого штрафа.

Порядок уплаты пошлины. Государственная пошлина при сумме до 10 руб. включительно платится пошлинными марками, а при сумме свыше 10 руб. — наличными деньгами путем их взноса в кредитные учреждения либо перечисления со счета плательщика в кредитном учреждении.

При взимании пропорциональной пошлины ее сумма округляется до 10 коп., при этом сумма менее 5 коп. отбрасывается, а сумма 5—9 коп. принимается за 10 коп.

При уплате пошлины наличными деньгами к соответствующему заявлению, подаваемому в госарбитраж, прилагается подлинная квитанция кредитного учреждения, принявшего платеж, а при перечислении пошлины со счета плательщика — последний экземпляр платежного поручения с надписью кредитного учреждения на лицевой или оборотной стороне следующего содержания: «Зачислено в доход бюджета.....руб. (прописью)». Эта надпись скрепляется подписями соответствующих должностных лиц и оттиском гербовой печати кредитного учреждения с проставлением даты выполнения платежного поручения.

В случае, когда пошлина перечисляется с имеющегося в сберегательном банке счета вкладчика, к соответствующему заявлению прилагается справка по установленной для сберегательного банка форме, подписанная контролером, подпись которого скрепляется печатью сберегательного банка. Пошлинные марки в указанных выше случаях наклеиваются на заявления, подаваемые в госарбитраж, и погашаются подписью должностного лица, принимающего заявление, либо наложением штемпеля или печати госарбитража с указанием даты погашения.

К исковому заявлению прилагаются документы, подтверждающие направление ответчику копии искового заявления и приложенных к нему документов (почтовая квитанция, опись ценного письма, выписка из реестра почтовых отправлений и т. п.). Копия искового заявления направляется истцом каждому из ответчиков непосредственно (а не через госарбитраж).

Отзыв на иск. Ответчик обязан в 5-дневный срок с момента получения копии искового заявления выслать в арбитраж отзыв на исковое заявление. В отзыве указываются: наименование органа арбитража, в котором рассматривается спор; дата подписания и номер отзыва, наименование истца; содержание ответа на предложение о непосредственном урегулировании спора, если в исковом заявлении отмечено, что ответ истцом не получен (в этом случае к отзыву прилагаются копия ответа на предложение о непосредственном урегулировании спора и доказательства направления его истцу); размер и расчет признанной суммы, а если она перечислена, — номер и дата выписки соответствующего платежного поручения и доказательства принятия его кредитным учреждением к исполнению. При полном или частичном отклонении требований истца в отзыве приводятся мотивы отклонения со ссылкой на законодательство, а также доказательства, обосновывающие отклонение исковых требований. В отзыве указывается также перечень прилагаемых к нему документов. В необходимых случаях в отзыве ответчик может ходатайствовать о привлечении к делу в качестве другого ответчика предприятия, не привлеченного истцом, назначении экспертизы и т. п.

Отзыв на исковое заявление и все нужные для разрешения спора документы должны быть направлены заказным или ценным письмом или вручены под расписку. Невысылка в срок отзыва может повлечь за собой взыскание арбитражем штрафа в размере до 100 руб. (5, ст. 79, п. 6).

Отзыв на исковое заявление подписывается руководителем предприятия или его заместителем либо структурной единицы, если она участвует в процессе. Вместе с этими лицами отзыв может быть подписан и другими работниками, уполномоченными на совершение таких действий.

Истец вправе соединить в одном исковом заявлении несколько требований в случаях, когда они связаны между собой по основаниям возникновения или представленным доказательствам, а также в других случаях, когда законодательством допускается соединение исковых требований (5, ст. 58).

Истец вправе соединить в одном исковом заявлении несколько требований на сумму менее 100 руб. в порядке, установленном Госарбитражем СССР. Так в соответствии с его указаниями госарбитражи принимают исковые заявления, основанные на одном акте приемки продукции по количеству и качеству, когда акт составлен по нескольким счетам и сумма требований по каждому счету менее 100 руб., при условии, что общая сумма иска по акту не менее 100 руб. Допускается соединение в одном исковом заявлении требований, основанных на счетах, по которым сумма требований, хотя и менее 100 руб., но счета объединены с другими счетами, по которым сумма требований не менее 100 руб., если все требования заявлены к одному ответчику и вытекают из одного и того же основания.

Принятие искового заявления. Принимая исковое заявление, арбитр не позднее пяти дней после его поступления выносит и направляет заинтересованным предприятиям определение о возбуждении дела, в котором указывается о принятии искового заявления, назначении дела к рассмотрению в заседании, времени и месте его проведения, необходимых действиях по подготовке дела к рассмотрению в заседании. Определение направляется также другим организациям в случаях, когда от них истребуются документы, сведения и заключения либо их должностные лица вызываются в госарбитраж.

3. Основания, по которым арбитраж не принимает исковые заявления

Перечень оснований к отказу в принятии исковых заявлений и их возвращению без рассмотрения определен законодательством (5, ст. ст. 62, 63).

Государственный арбитр отказывает в принятии искового заявления, если: 1) заявление не подлежит рассмотрению в органах государственного арбитража; 2) имеется решение суда, арбитража, третейского суда или ярмарочного комитета по спору между теми же сторонами, о том же предмете и по тем же основаниям; 3) в производстве суда, арбитража, третейского суда или ярмарочного комитета имеется дело по спору между теми же сторонами, о том же предмете и по тем же основаниям; 4) иск предъявлен к предприятиям, которые в соответствии с законодательством не могут быть ответчиками по такому спору.

Если разрешение данной категории споров входит в компетенцию других органов (судебных, административных, арбитражей министерств и ведомств и т. п.), госарбитраж не вправе рассматривать такие заявления и обязан отказать в их принятии. Отказ в принятии искового заявления оформляется определением, которое направляется заинтересованным предприятиям не позднее пяти дней после поступления заявления. К определению, направляемому заявителю, прилагаются исковые материалы. Определение об отказе в принятии искового заявления может быть пересмотрено в порядке надзора. В случае отмены этого определения исковое заявление считается поданным в день первоначального обращения в госарбитраж.

На практике встречаются случаи, когда арбитраж уже после возбуждения дел устанавливает, что исковое заявление не следовало принимать. В этом случае спор не может быть разрешен по существу и производство по делу прекращается либо иск оставляется без рассмотрения. Арбитраж прекращает производство по делу, если: спор не подлежит рассмотрению в органах госарбитража; имеется решение суда, арбитража, третейского суда или ярмарочного комитета по спору между теми же сторонами, о том же предмете и по тем же основаниям; иск предъявлен к организациям, которые в соответствии с законодательством не могут быть ответчиками по такому спору. При нахождении в производстве суда, арбитража, третейского суда или ярмарочного комитета дела по спору между теми же сторонами, о том же предмете и по тем же основаниям иск оставляется без рассмотрения (5, ст. 75).

Основания возвращения искового заявления. Невыполнение предъявленных к исковому заявлению определенных требований влечет за собой его возвращение заявителю. Госарбитраж возвращает исковое заявление и приложенные к нему документы без рассмотрения, если исковое заявление подписано лицом, не имеющим права подписывать его, либо лицом, должностное положение которого не указано. Исковые материалы возвращаются, если исковое заявление имеет существенные дефекты: нет наименования и подчиненности сторон, структурных единиц объединений, их почтовых адресов, наименования и места кредитных учреждений, в которых находятся счета сторон, а также не указаны обстоятельства, на которых истец основывает свое требование; доказательства, подтверждающие изложенные в заявлении обстоятельства; обоснованный расчет взыскиваемой или оспариваемой суммы (5, ст. 63, пп. 2, 3).

Непредставление истцом доказательств направления ответчику копии искового заявления и приложенных к нему документов или доказательств уплаты государственной пошлины в установленных порядке и размере также влечет возвращение исковых материалов истцу. Исключение сделано для заявлений по спорам, возникающим при заключении договоров. В этих случаях госарбитраж принимает заявление и требует от истца представления ко дню заседания доказательств уплаты пошлины. Если они не будут представлены, пошлина взыскивается при разрешении спора по существу.

Исковые материалы возвращаются истцу, если он нарушил правила соединения исковых требований или соединил в одном исковом заявлении несколько требований к одному или нескольким ответчикам и совместное рассмотрение этих требований препятствует выяснению прав и взаимоотношений сторон, либо существенно осложнит или затянет рассмотрение спора.

Арбитраж обязан возвратить исковые материалы, если истец не представил доказательств принятия надлежащих мер к непосредственному урегулированию спора в установленном порядке. Арбитр возвращает исковые материалы, если истец не представил доказательств обращения в банк за получением с ответчика задолженности, когда она, согласно законодательству, должна быть получена через банк.

Если до вынесения определения о возбуждении дела от истца поступило заявление об урегулировании спора, исковое заявление также возвращается.

Возвращение искового заявления не препятствует вторичному обращению в арбитраж после устранения допущенного нарушения (5, ст. 63). При повторном обращении в арбитраж срок давности исчисляется на общих основаниях со дня, когда, согласно законодательству, у истца возникло право на иск.

Обстоятельства, по которым исковое заявление должно быть возвращено, выявляются порой после возбуждения дела в госарбитраже. В таких случаях иск оставляется без рассмотрения, если исковое заявление подписано лицом, не имеющим права подписывать его, либо лицом, должностное положение которого не указано, или если истец не обращался в банк за получением с ответчика задолженности, когда она, согласно законодательству, должна быть получена через банк.

Если истец не принял мер к непосредственному урегулированию спора, то иск оставляется арбитражем без рассмотрения, когда возможность такого урегулирования не утрачена. Если же эта возможность утрачена, то арбитраж должен прекратить производство по делу (5, ст. 74).

4. Порядок разрешения споров в госарбитраже

Споры рассматриваются госарбитражем в составе председательствующего — государственного арбитра или главного государственного арбитра, либо его заместителя — и представителей сторон. Для рассмотрения сложных споров главный государственный арбитр или его заместитель могут вводить в состав арбитража письменным указанием дополнительно двух арбитров, назначив председательствующего в заседании.

В соответствии с порядком, определенным госарбитром,

заслушиваются представители истца и ответчика, эксперт и другие лица, участвующие в заседании (5, ст. 68).

Представителями сторон в госарбитраже являются руководители или заместители руководителей предприятий и вышестоящих по отношению к ним органов, а также структурных единиц объединений, участвующих в арбитражном процессе. Полномочия указанных лиц подтверждаются документами, удостоверяющими их служебное положение. Представителями сторон могут быть также другие лица; их полномочия подтверждаются надлежаще оформленной доверенностью.

При неявке в заседание госарбитража представителей истца или ответчика либо обеих сторон спор может быть рассмотрен в их отсутствие, если неявка, по мнению арбитра, не препятствует разрешению спора. Если материалы дела позволяют разрешить спор в отсутствие представителей сторон, госарбитр может по ходатайствам сторон или по своей инициативе признать явку их представителей в заседание госарбитража необязательной, а также разрешить спор без вызова представителей сторон.

Госарбитраж рассматривает споры, имеющие важное общественное значение, непосредственно на предприятиях. Руководители предприятий обязаны в этом случае содействовать арбитру в организации арбитражного процесса.

Права сторон. Стороны в арбитражном процессе обладают правами и несут обязанности. Каждая из сторон пользуется при рассмотрении хозяйственных споров в госарбитраже равными процессуальными правами. Они имеют право знакомиться с материалами дела, делать выписки из них, снимать копии, представлять доказательства, участвовать в осмотре и исследовании доказательств, заявлять ходатайства, давать объяснения, приводить доводы по всем возникающим в ходе рассмотрения споров вопросам, возражать против ходатайств и доводов других участников арбитражного процесса, вступать в основанные на законе соглашения по спору с другой стороной, участвовать в принятии решения, подавать заявления о пересмотре решения, а также пользоваться другими предоставляемыми им правами.

Стороны обязаны добросовестно пользоваться принадлежащими им процессуальными правами, уважая права и законные интересы другой стороны, принимать меры к всестороннему, полному и объективному исследованию всех обстоятельств дела (5, ст. 17).

Участие в процессе других лиц. В арбитражном процессе могут участвовать должностные лица сторон и других предприятий, когда они вызваны для объяснений по существу спора. Эти лица имеют право знакомиться с материалами дела, давать объяснения, представлять доказательства, участвовать в осмотре и исследовании доказательств и обязаны добросовестно пользоваться принадлежащими им процессуальными правами. Указанные лица должны явиться в госарбитраж по его вызову, сообщить известные им сведения и обстоятельства по делу, представить по требованию госарбитража объяснения в письменном виде.

К участию в рассмотрении споров госарбитражем допускаются представители общественных организаций и трудовых коллективов предприятий, являющихся стороной по делу, для изложения госарбитражу мнения уполномочивших их организаций и коллективов по поводу рассматриваемого спора. Полномочия представителей общественных организаций и трудовых коллективов удостоверяются выпиской из постановления общего собрания трудового коллектива или выборного органа общественной организации, принятого в связи с рассматриваемым госарбитражем спором (5, ст. 26).

Решение по спору принимается госарбитром и участвующими в деле представителями сторон по результатам обсуждения всех обстоятельств дела в заседании госарбитража. При этом госарбитр способствует достижению соглашения между сторонами. В случаях, когда между представителями сторон не достигнуто соглашение, либо соглашение сторон не соответствует требованиям закона или материалам дела, либо спор рассматривается без участия представителей обеих сторон или одной из них, решение принимается госарбитром, а при рассмотрении спора тремя госарбитрами — большинством голосов арбитров.

Решение госарбитража должно быть законным и обоснованным. Если решение противоречит законодательству или не соответствует фактическим обстоятельствам и материалам дела, оно подлежит изменению или отмене.

Решение госарбитража может быть пересмотрено в порядке надзора по заявлению стороны или вышестоящего по отношению к ней органа, а также по ходатайству министерства, государственного комитета, ведомства, протесту прокурора или по инициативе госарбитража. Решение пересматривается главным государственным арбитром или заместителем главного арбитра арбитража, принявшего решение, а также вышестоящего арбитража.

Если хозяйственный спор разрешен заместителем главного государственного арбитра или под его председательством, решение пересматривается главным государственным арбитром арбитража, принявшего решение. В случае, когда спор разрешен главным государственным арбитром или под его председательством, решение пересматривается главным государственным арбитром или заместителем главного государственного арбитра вышестоящего арбитража.

Решение, принятое в порядке надзора главным государственным арбитром или заместителем главного государственного арбитра автономной республики, края, области, города, автономной области и автономного округа, пересматривается главным государственным арбитром или заместителем главного государственного арбитра союзной республики. Решение, принятое в порядке надзора главным государственным арбитром или заместителем главного государственного арбитра союзной республики по спору, разрешенному государственным арбитражем союзной республики, пересматривается Государственным арбитражем СССР.

Госарбитраж СССР по ходатайству министерства, государственного комитета, ведомства вправе пересмотреть решение, принятое в порядке надзора главным государственным арбитром союзной республики или его заместителем по спору, рассмотренному государственным арбитражем автономной республики, края, области, города, автономной области и автономного округа.

Главный государственный арбитр СССР и главный государственный арбитр союзной республики или их заместители вправе пересмотреть по своей инициативе любое решение нижестоящего государственного арбитража (5, ст. 88).

Заявление и ходатайство о пересмотре решения подаются в письменной форме и должны содержать: наименование органа госарбитража, принявшего решение, номер дела, дату принятия решения, наименование сторон, цену иска, требование заявителя, а также основания, по которым поставлен вопрос о пересмотре решения, со ссылкой на законодательство и материалы дела. Заявление о пересмотре решения подписывается руководителем или заместителем руководителя предприятия либо производственной или структурной единицы объединения (комбината), участвующей в деле.

Ходатайство о пересмотре решения подписывается руководителем или заместителем руководителя министерства, государственного комитета, ведомства, подающего ходатайство (5, ст. 89).

Заявление о пересмотре решения подается: главному государственному арбитру арбитража, принявшего решение; главному государственному арбитру вышестоящего арбитража через госарбитраж, принявший решение. В этом случае заявление вместе с делом направляется в вышестоящий госарбитраж не позднее пяти дней после поступления заявления.

Заявитель обязан направить другой стороне копию заявления. К заявлению прилагаются документы, подтверждающие направление другой стороне копии заявления (почтовая квитанция, опись ценного письма, выписка из реестра почтовых отправлений и т. п.) и уплату государственной пошлины.

Оплата заявлений государственной пошлиной. С заявлений о пересмотре решений госарбитража взимается 50% <u>ставки</u> государственной пошлины, <u>подлежащей уплате при подаче искового заявления</u>, а <u>по имущественным спорам — ставки</u>, исчисленной исходя из оспариваемой суммы.

При этом не имеет значения, ставится ли в заявлении вопрос о пересмотре решения в целом или в части. Заявление о пересмотре решения по спору неимущественного характера всегда оплачивается в сумме 12 р. 50 к. (50% от 25 руб.). Если в заявлении ставится вопрос о пересмотре решения лишь в какой-то части исковой суммы, пошлина взимается только с той суммы, которая оспаривается заявителем.

Заявления о пересмотре решений госарбитража в части взыскания государственной пошлины подлежат оплате пошлиной на общих основаниях исходя из оспариваемой суммы. По заявлениям о пересмотре решений в части, касающейся как основной суммы иска, так и суммы государственной пошлины, пошлина исчисляется из основной суммы иска, которая оспаривается заявителем.

Ограничения права на подачу заявления. Подача заявления о пересмотре решения, принятого в порядке надзора главным государственным арбитром или заместителем главного государственного арбитра союзной или автономной республики, края, области, города, автономной области и автономного округа, не допускается, если оспариваемая сумма менее 500 руб.

Решение госарбитража может быть пересмотрено в порядке надзора не позднее года со дня принятия решения (5, ст. 90).

Заявление о пересмотре решения может быть подано не позднее одного месяца после принятия этого решения. Подача заявления о пересмотре решения не приостанавливает его исполнения.

Отзыв на заявление о пересмотре решения. Сторона, получившая копию поданного в госарбитраж заявления о пересмотре решения, вправе направить отзыв на заявление органу госарбитража, которому оно подано, не позднее пяти дней после получения копии заявления. Отзыв подписывается руководителем или заместителем руководителя предприятия, либо производственной или структурной единицы объединения (комбината), если она участвует в арбитражном процессе. Решение может быть пересмотрено при отсутствии отзыва другой стороны на заявление о пересмотре решения.

Заявление о пересмотре решения не принимается к рассмотрению и возвращается госарбитражем, принявшим решение, если: 1) заявление подписано лицом, не имеющим права подписывать его, либо лицом, должностное положение которого не указано; 2) к заявлению не приложены доказательства уплаты государственной пошлины в установленном размере или направления копии заявления сторонам; 3) оспариваемая сумма менее 500 руб. — при подаче заявления о пересмотре решения, принятого в порядке надзора главным государственным арбитром или заместителем главного государственного арбитра союзной или автономной республики, края, области, города, автономной области и автономного округа; 4) заявление подано по истечении срока, установленного для его подачи, без ходатайства о восстановлении этого срока; 5) если заявление отозвано заявителем до начала производства в порядке надзора.

Главный государственный арбитр или заместитель главного государственного арбитра арбитража, правомочного рассмотреть заявление по существу, по ходатайству заявителя может восстановить срок на подачу заявления, если признает, что он пропущен по уважительной причине.

5. Рассмотрение заявлений предприятий и организаций о признании недействительными актов вышестоящих органов

Заявления предприятий о признании недействительными затрагивающих права и охраняемые законом интересы этих предприятий актов их вышестоящих органов, не соответствующих компетенции указанных органов либо изданных с нарушением требований законодательства, рассматриваются органами госарбитража по месту нахождения вышестоящих органов предприятий.

В соответствии со ст. 10 Закона о кооперации в СССР в случае издания органом государственного управления или кооперативным органом акта, не соответствующего его компетенции или с нарушением требований законодательства, кооператив вправе обратиться в суд или государственный арбитраж с заявлением о признании такого акта недействительным полностью или частично. Заявления рассматриваются госарбитражами по месту нахождения органа государственного управления или кооперативного органа, издавшего оспариваемый акт.

Заявления о признании недействительными актов органов союзного и республиканского (союзной или автономной республики) подчинения рассматриваются соответственно Госарбитражем СССР, госарбитражем союзной или автономной республики. Заявления о признании недействительными актов органов местного подчинения рассматриваются госарбитражем края, области, города, автономной области и автономного округа.

Заявления о признании недействительным акта вышестоящего органа предприятия, изданного в связи с`актом органа более высокого уровня, рассматриваются органом госарбитража той же подчиненности, что и орган, издавший первоначальный акт (5, ст. 115).

Заявление подается в письменной форме и подписывается руководителем предприятия. Копия заявления направляется соответствующему органу, издавшему оспариваемый акт. В заявлении указывается, какое конкретно требование законодательства нарушено оспариваемым актом или в какой именно части оспариваемый акт не соответствует компетенции издавшего его органа. К заявлению прилагаются копия оспариваемого акта или заверенная выписка из него и другие необходимые документы (5, ст. 116).

Такие заявления рассматриваются главным государственным арбитром или его заместителем. Принятое ими постановление вступает в силу немедленно.

Обжалуется постановление в месячный срок через арбитраж, принявший постановление, который обязан направить жалобу вместе с имеющимися у него материалами в вышестоящий орган госарбитража не позднее трех дней после ее поступления. Копия жалобы направляется другой стороне. Постановление по результатам рассмотрения жалобы должно быть принято в 15-дневный срок после получения жалобы (5, ст. 119).

Постановление по жалобе окончательно и вступает в силу немедленно после принятия. Оно направляется не позднее следующего дня после принятия предприятию и его вышестоящему органу, а также арбитражу, решение которого обжаловалось (5, ст. 120).

Примечания к разделу 21

1. Об изъятии из ведения народных судов дел по спорам между государственными, кооперативными (кроме колхозов) и другими общественными организациями на сумму до ста рублей. Указ Президиума Верховного Совета СССР от 14 марта 1955 г. — Ведомости Верховного Совета СССР, 1955, № 5, ст. 116; 1979, № 42, ст. 697.

2. Основы гражданского законодательства.

3. О государственной пошлине. Указ Президиума Верховного Совета СССР от 29 июня 1979 г. — Ведомости Верховного Совета СССР, 1979, № 28, ст. 477.

4. О ставках государственной пошлины. Постановление Совета Министров СССР от 29 июня 1979 г. № 648. — СП СССР, 1979, № 20, ст. 122.

5. Правила рассмотрения хозяйственных споров государственными арбитражами. Утверждены постановлением Совета Министров СССР от 16 апреля 1988 г. № 490. — СП СССР, 1988, отд. 1, № 19—20, ст. 59.

6. Инструкция о государственной пошлине. Утверждена Минфином СССР 28 декабря 1979 г. № 217. — БНА, 1980, № 12, с. 12—41.

Раздел 22
ОТВЕТСТВЕННОСТЬ ЗА ХОЗЯЙСТВЕННЫЕ ПРЕСТУПЛЕНИЯ И АДМИНИСТРАТИВНЫЕ ПРАВОНАРУШЕНИЯ

1. Ответственность за хозяйственные преступления

Выпуск недоброкачественной, нестандартной или некомплектной продукции. Неоднократный или в крупных размерах выпуск из промышленного предприятия недоброкачественной, или не соответствующей стандартам либо техническим условиям, или некомплектной продукции директором, главным инженером или начальником отдела технического контроля, а также лицами, занимающими другие должности, но выполняющими обязанности указанных лиц, наказывается лишением свободы на срок до трех лет, или исправительными работами на срок до двух лет, или увольнением от должности (4, ст. 152).

Продукцией признаются созданные предприятием изделия, предназначенные для использования в соответствии с их целевым назначением. Требования к качеству устанавливаются стандартами (ГОСТ, ОСТ, РСТ), техническими условиями либо образцами (эталонами), утвержденными в надлежащем порядке. Нестандартной считается продукция, выпущенная с отступлением от утвержденных в установленном порядке стандартов, технических условий и образцов (эталонов) независимо от того, может ли она быть использована по назначению (7).

Выпуск недоброкачественной, нестандартной или некомплектной продукции означает передачу или отгрузку ее покупателю (получателю), а равно принятие ее отделом технического контроля с оформлением документов, удостоверяющих качество продукции. Уголовная ответственность применяется и в случаях выпуска недоброкачественно отремонтированного оборудования, машин и механизмов, а также выпуска продукции, изготовленной с использованием недоброкачественного сырья, материалов или комплектующих изделий (7, п. 4).

Ответственность наступает, если выпуск продукции был допущен неоднократно, т. е. два или более раза либо в крупных размерах. При оценке размера суды исходят из общего количества продукции, ее стоимости и размера причиненного нарушением ущерба.

К промышленным предприятиям относятся предприятия, выпускающие продукцию, промышленные и продовольственные товары. Сюда относятся также подсобные и перерабатывающие предприятия, принадлежащие сельскохозяйственным, кооперативным и общественным организациям, если на них возложена обязанность самостоятельного выпуска продукции (7).

Выпуск в продажу недоброкачественных, нестандартных или некомплектных товаров. Неоднократный или в крупных размерах выпуск в продажу в торговых предприятиях заведомо недоброкачественных, нестандартных или некомплектных товаров заведующим магазином, базой, складом, секцией, а равно товароведом или бракером наказывается лишением свободы на срок до двух лет, или исправительными работами на тот же срок, или штрафом до 300 руб., или лишением права занимать указанные должности (4, ст. 157).

Предметом продажи могут быть промышленные, а равно продовольственные товары. Они могут поступить ненадлежащего качества от предприятия-изготовителя либо испортиться в самих магазинах, на базах, складах, в секциях (7, п. 7). Выпуск в продажу означает отпуск с баз, со складов, секций торговых предприятий товаров ненадлежащего качества или некомплектных для реализации в розничной торговле. Ведомственная принадлежность магазинов, баз, складов и т. п. при этом не имеет значения. Ответственность наступает безотносительно к тому, предназначался ли товар для продажи отдельным гражданам или социалистическим организациям.

Приписки и другие искажения отчетности. Приписки в государственной отчетности и представление других умышленно искаженных отчетных данных о выполнении планов, как противогосударственные действия, наносящие вред народному хозяйству СССР, наказываются лишением свободы на срок до трех лет, или исправительными работами на срок до двух лет, или штрафом до 300 руб. с лишением права занимать определенные должности или заниматься определенной деятельностью или без такового (4, ст. 152^1).

Различаются два вида отчетности: статистическая и бухгалтерская. Формы отчетности должны быть утверждены в установленном порядке и связаны с выполнением планов экономического и социального развития (8, п. 2). Представление искаженных данных означает их направление, сообщение по телеграфу, вручение и т. д. в соответствующие органы. Ответственность наступает за приписки и другие искажения отчетности о выполнении планов не только в сфере материального производства, но и в сфере снабжения, сбыта, торговли, транспорта, бытового обслуживания населения и других отраслях народного хозяйства.

Не рассматриваются как приписки искажение сведений об объеме и стоимости выполненных работ в документах первичного учета: нарядах, актах сдачи-приемки работ и материальных ценностей, накладных на расходование материалов и др. Должностные лица, умышленно исказившие данные в таких документах первичного учета, подлежат ответственности за должностной подлог, если в их действиях отсутствуют признаки иного преступления (12, п. 7).

Частнопредпринимательская деятельность и коммерческое посредничество. Частнопредпринимательская деятельность с использованием государственных, кооперативных или иных общественных форм наказывается лишением свободы на срок до пяти лет с конфискацией имущества, или ссылкой на срок до пяти лет с конфискацией имущества, или штрафом от 200 до 1000 руб. Коммерческое посредничество, осуществляемое частными лицами в виде промысла или в целях обогащения, наказывается лишением свободы до пяти лет с конфискацией имущества, или ссылкой на срок до трех лет с конфискацией имущества, или штрафом до 700 руб. Частнопредпринимательская деятельность или коммерческое посредничество при обогащении в особо крупных размерах наказываются лишением свободы на срок до десяти лет с конфискацией имущества (4, ст. 153).

Частнопредпринимательская деятельность означает создание самостоятельного частного предприятия (филиала, цеха, мастерской, бригады и т. п.), действующего под прикрытием формы социалистической организации. Лицо или группа лиц, работающих в такой организации, используют ее технику, оборудование, материалы, электроэнергию, банковские счета для целей личного обогащения. Частнопредпринимательская деятельность признается преступлением, если она осуществляется систематически, т. е. совершается три раза и более, либо в значительных размерах (10, п. 3). Наказанию подлежат должностные и частные лица, участвующие в извлечении наживы, нетрудового дохода (10, п. 4).

Коммерческое посредничество составляют действия частных лиц по оказанию услуг либо выполнению обязанностей при приобретении товарно-материальных ценностей для социалистических организаций и граждан, при реализации произведенной ими продукции или совершении иных сделок коммерческого характера. Частное лицо может способствовать совершению хозяйственных сделок либо непосредственно совершать их на основании полученной от социалистической организации доверенности. При этом в ходе выполнения посреднических операций оно действует от своего имени. Деятельность посредника осуществляется в виде промысла или в целях обогащения.

Обман покупателей и заказчиков. Обмеривание, обвешивание, обсчет, превышение розничных цен, а также цен и тарифов на бытовые и коммунальные услуги, оказываемые населению, или иной обман покупателей и заказчиков в магазинах и иных торговых предприятиях или в предприятиях общественного питания, бытового обслуживания населения и коммунального хозяйства, наказывается исправительными работами на срок до двух лет, или штрафом до 400 руб. или лишением права занимать должности в торговых предприятиях или предприятиях общественного питания, бытового обслуживания населения и коммуниального хозяйства на срок от двух до пяти лет. Те же действия, совершенные по предварительному сговору группой лиц, или в крупных размерах, или лицами, ранее судимыми за те же преступления, наказываются лишением свободы на срок от двух до семи лет с конфискацией имущества или без таковой, с лишением права занимать должности в торговых предприятиях или предприятиях общественного питания, бытового обслуживания населения и коммунального хозяйства на срок от двух до пяти лет (4, ст. 156).

Под обманом понимаются любые действия виновного лица, направленные на получение от граждан сумм, превышающих стоимость приобретенного товара или оказанной услуги: продажа товаров низшего сорта по цене высшего, продажа фальсифицированных товаров, завышение сложности и объема фактически выполненных работ, оформление обычного заказа как срочного и т. п. Обманом покупателей является отпуск товара в меньшем количестве, чем то, за которое заплачено, неправильный подсчет продавцом стоимости товара или суммы заказа, обсчет при расчетах, более низкое качество исполнения заказа по сравнению с оплаченным и др. (11, п. 7).

Субъектом преступления при обмане покупателей и заказчиков может быть работник предприятия торговли, общественного питания, бытового обслуживания и коммунального хозяйства. Ответственность за обман несут как постоянные, так и временные работники указанных предприятий, а также лица, обслуживающие покупателей по договоренности с администрацией или сотрудниками этих предприятий. Лица, продающие продукцию по поручению колхоза или иной кооперативной организации, несут ответственность за обман покупателей по ст. 156 УК РСФСР.

Незаконное пользование товарными знаками. Незаконное пользование чужим товарным знаком наказывается исправительными работами на срок до шести месяцев или штрафом до 300 руб. (4, ст. 155).

Характеристика товарного знака дана в Положении о товарных знаках, утвержденном Госкомизобретений СССР 8 января 1974 г. (6). Товарными знаками признаются зарегистрированные в установленном порядке обозначения, служащие для отличия товаров одних предприятий от однородных товаров других предприятий. Все товарные знаки подлежат обязательной регистрации в Госкомизобретений СССР на срок до 10 лет. Заявителю выдается свидетельство на товарный знак (6, п. 24^1).

Незаконное пользование товарным знаком может состоять в проставлении его на товаре, упаковке, сопроводительной и иной деловой документации не тем предприятием (организацией), на имя которой зарегистрирован товарный знак.

Пользование чужим товарным знаком признается незаконным с момента регистрации его надлежащим владельцем и до окончания срока, на который он зарегистрирован.

Нарушение ветеринарных правил, повлекшее распространение эпизоотии или иные тяжкие последствия, наказывается лишением свободы на срок до трех лет или исправительными работами на срок до двух лет (4, ст. 160).

Ветеринарные правила изложены в Ветеринарном уставе Союза ССР (5) и других нормативных актах. В зависимости от их содержания нарушения могут состоять в несоблюдении требований карантинного режима и лечения больного скота, продаже больного скота, выгоне его в общее стадо и др. Ответственность применяется при наступлении последствия в виде распространения эпизоотии, т. е. массового заразного заболевания скота или птицы на соответствующей территории либо иных тяжких последствий.

Нарушение правил борьбы с болезнями и вредителями растений, повлекшее тяжкие последствия, наказывается лишением свободы на срок до одного года или исправительными работами на тот же срок (4, ст. 161).

Правила борьбы с болезнями и вредителями растений устанавливаются нормативными актами. Нарушения этих правил выражаются преимущественно в несоблюдении условий и порядка применения специальных средств, предназначенных для ликвидации вредителей и болезней растений, а также требований карантина растений. Тяжкие последствия нарушений могут состоять в заражении семенного фонда, гибели посевов сельскохозяйственных культур, снижении урожая на значительной площади.

Производство лесосплава или взрывных работ с нарушением правил охраны рыбных запасов. Производство лесосплава или взрывных работ с нарушением правил, установленных в целях охраны рыбных запасов, наказывается исправительными работами на срок до шести месяцев или штрафом до 200 руб. (4, ст. 165).

Правила охраны рыбных запасов установлены Основами водного законодательства Союза ССР и союзных республик (1, ст. 37), водными кодексами союзных республик (3, ст. 67) и другими нормативными актами. Местом совершения преступления являются рыбохозяйственные водоемы, которые используются для добычи рыбы или имеют значение для воспроизводства промысловых запасов. Субъектами преступления признаются должностные лица, отвечающие за организацию и проведение лесосплава или взрывных работ, а также лица, которые непосредственно производили лесосплав или взрывные работы и нарушили при этом правила охраны рыбных запасов.

Незаконная порубка леса в полезащитных, почвозащитных, берегозащитных лесах, в государственных заповедниках, курортных лесах, лесопарках, лесах зеленой зоны вокруг городов и промышленных предприятий, если ущерб превышает 100 руб., а в остальных лесах, относящихся к первой группе, — 200 руб. по таксе, установленной для исчисления размера взысканий за ущерб, причиненный незаконной порубкой или повреждением леса, либо незаконная порубка леса в других лесах, если ущерб превышает 300 руб. по той же таксе, а равно порубка леса в указанных лесах, повлекшая причинение ущерба в меньшем размере, но совершенная повторно, наказывается лишением свободы на срок до одного года, или исправительными работами на тот же срок, или штрафом до 300 руб. с конфискацией незаконно добытого.

Незаконная порубка леса в каких бы то ни было лесах, совершенная в виде промысла или хотя бы впервые, но причинившая крупный ущерб, наказывается лишением свободы на срок до трех лет, или исправительными работами на срок от одного года до двух лет, или штрафом до 300 руб. с конфискацией незаконно добытого, а при корыстной заинтересованности — штрафом до 1000 руб. с конфискацией незаконно добытого (4, ст. 169).

Объектом порубки признаются деревья и кустарники на корню как растущие, так и сухостойные. Порубка считается незаконной, если она в нарушение ст. 22 Основ лесного законодательства Союза ССР и союзных республик произведена при отсутствии лесорубочного ордера или лесного билета, либо не на отведенном участке, не в том количестве и не тех пород, которые указаны в билете (ордере).

Установленную ответственность несут при наличии указанных в законе оснований должностные лица, по распоряжению которых произведена незаконная порубка леса сверх количества, указанного в лесорубочном ордере (билете), при лесозаготовках, а также при прокладке трасс для трубопроводов, линий электропередачи, геологоразведочных, строительных и других работах (9).

Нарушение правил пожарной безопасности лицом, ответственным за их выполнение, если оно повлекло возникновение пожара, причинившего вред здоровью людей или крупный ущерб, — наказывается лишением свободы на срок до трех лет или исправительными работами на срок до двух лет. То же нарушение, повлекшее гибель людей или иные тяжкие последствия, — наказывается лишением свободы на срок до пяти лет (4, ст. 215^1).

2. Ответственность за административные правонарушения

Административным правонарушением (проступком) **признается** посягающее на государственный или общественный порядок, социалистическую собственность, права и свободы граждан, на порядок управления противоправное, виновное (умышленное или неосторожное) действие либо бездействие, за которое законодательством предусмотрена административная ответственность (2, ст. 10).

Административная ответственность за правонарушения наступает, если эти нарушения по характеру не влекут за собой в соответствии с действующим законодательством уголовной ответственности.

Ответственность должностных лиц. Должностные лица подлежат административной ответственности за административные правонарушения, связанные с несоблюдением правил в сфере охраны порядка управления, государственного и общественного порядка, природы, здоровья населения и других правил, обеспечение выполнения которых входит в их служебные обязанности (2, ст. 15).

Виды административных взысканий. За совершение административных правонарушений к должностным лицам могут применяться следующие административные взыскания:

1) **предупреждение** как административное взыскание выносится в письменной форме, если иное не установлено законодательством;

2) **штраф,** налагаемый на должностных лиц, не может превышать 50 руб. При необходимости повышения ответственности за отдельные виды административных правонарушений штраф в отношении должностных лиц может быть установлен до 300 руб., а в исключительных случаях — в большем размере;

3) **возмездное изъятие** либо **конфискация** предмета, явившегося орудием совершения или непосредственным объектом административного правонарушения.

Если в результате совершения административного правонарушения причинен имущественный ущерб гражданину, предприятию, учреждению или организации, то административная комиссия, исполнительный комитет поселкового, сельского Совета народных депутатов, комиссия по делам несовершеннолетних, народный судья при решении вопроса о наложении взыскания за административное правонарушение вправе одновременно решить вопрос о возмещении виновным имущественного ущерба, если его сумма не превышает 50 руб., а районный (городской) народный суд — независимо от размера ущерба.

В других случаях вопрос о возмещении имущественного ущерба, причиненного административным правонарушением, решается в порядке гражданского судопроизводства (2, ст.ст. 24—40).

Сроки наложения административного взыскания. Административное взыскание может быть наложено не позднее двух месяцев со дня совершения правонарушения, а при длящемся правонарушении — двух месяцев со дня его обнаружения (2, ст. 38).

ХОЗЯЙСТВЕННЫЕ И АДМИНИСТРАТИВНЫЕ ПРЕСТУПЛЕНИЯ

Если лицо, подвергнутое административному взысканию, в течение года со дня окончания исполнения взыскания не совершило нового административного правонарушения, то это лицо считается не подвергавшимся административному взысканию (2, ст. 39).

Дела об административных правонарушениях рассматриваются:

1) административными комиссиями при исполнительных комитетах районных, городских, районных в городах, поселковых, сельских Советов народных депутатов;

2) исполнительными комитетами поселковых, сельских Советов народных депутатов;

3) районными (городскими), районными в городах комиссиями по делам несовершеннолетних;

4) районными (городскими) народными судами (народными судьями);

5) органами внутренних дел, органами государственных инспекций и другими органами (должностными лицами), уполномоченными на то законодательными актами СССР (2, ст. 194).

Подведомственность дел об административных правонарушениях соответствующим органам и должностным лицам определяется законодательством (2, гл. 16).

Доказательствами по делу об административном правонарушении являются любые фактические данные, на основе которых в определенном законом порядке органы (должностные лица) устанавливают наличие или отсутствие административного правонарушения, виновность данного лица в его совершении и иные обстоятельства, имеющие значение для правильного разрешения дела, протокол об административном правонарушении, объяснения лица, привлекаемого к административной ответственности, показания потерпевшего, свидетелей, заключение эксперта, вещественные доказательства, протокол об изъятии вещей и документов, а также иные документы.

Порядок рассмотрения дела. Рассмотрение дела начинается с объявления состава коллегиального органа или представления должностного лица, рассматривающего данное дело.

Председательствующий в заседании коллегиального органа или должностное лицо, рассматривающее дело, объявляет, какое дело подлежит рассмотрению, кто привлекается к административной ответственности, разъясняет лицам, участвующим в рассмотрении дела, их права и обязанности. После этого оглашается протокол об административном правонарушении. На заседании заслушиваются лица, участвующие в рассмотрении дела, исследуются доказательства и разрешаются ходатайства. В случае участия в рассмотрении дела прокурора заслушивается его заключение (2, ст. 258).

Постановление по делу. Рассмотрев дело об административном правонарушении, орган (должностное лицо) выносит постановление по делу. Постановление исполнительного комитета поселкового, сельского Совета народных депутатов по делу об административном правонарушении принимается в форме решения.

Если при решении вопроса о наложении взыскания за административное правонарушение соответствующими органами (должностными лицами) одновременно решается вопрос о возмещении виновным имущественного ущерба, то в постановлении по делу указываются размер ущерба, подлежащего взысканию, срок и порядок его возмещения.

Постановление по делу об административном правонарушении подписывается должностным лицом, рассматривающим дело, а постановление коллегиального органа — председательствующим и секретарем (2, ст. 261). Постановление объявляется немедленно по окончании рассмотрения дела. Копия постановления в течение трех дней вручается или высылается лицу, в отношении которого оно вынесено, а также потерпевшему по его просьбе. Копия постановления вручается под расписку. В случае, если копия постановления высылается, об этом делается соответствующая запись в деле.

Порядок обжалования постановления. Постановление по делу об административном правонарушении может быть обжаловано:

1) постановление административной комиссии — в исполнительный комитет соответствующего Совета народных депутатов или в районный (городской) народный суд, решение которого окончательно;

2) решение исполнительного комитета поселкового, сельского Совета народных депутатов — в исполнительный комитет районного, городского, районного в городе Совета народных депутатов или в районный (городской) народный суд, решение которого окончательно;

3) постановление иного органа (должностного лица):

о наложении административного взыскания в виде штрафа — в вышестоящий орган (вышестоящему должностному лицу) или в районный (городской) народный суд, решение которого окончательно;

о наложении иного административного взыскания — в вышестоящий орган (вышестоящему должностному лицу), после чего жалоба может быть подана в районный (городской) народный суд, решение которого окончательно;

4) постановление органа внутренних дел (должностного лица) о наложении административного взыскания в виде предупреждения, зафиксированного на месте совершения правонарушения без составления протокола, — в вышестоящий орган (вышестоящему должностному лицу).

Жалоба направляется в орган (должностному лицу), вынесший постановление по делу об административном правонарушении, если иное не установлено законодательством СССР. Поступившая жалоба в течение трех суток направляется вместе с делом в орган (должностному лицу), правомочный ее рассматривать и которому она адресована (2 ст. 267).

Срок обжалования постановления. Жалоба на постановление по делу об административном правонарушении может быть подана в течение десяти дней со дня вынесения постановления. В случае пропуска указанного срока по уважительной причине этот срок по заявлению лица, в отношении которого вынесено постановление, может быть восстановлен органом (должностным лицом), правомочным рассматривать жалобу (2, ст. 268).

Правонарушения в области охраны труда и здоровья населения. Нарушение должностными лицами законодательства о труде и правил по охране труда влечет наложение штрафа в размере до 50 руб.

Нарушение санитарно-гигиенических и санитарно-противоэпидемических правил и норм (кроме правил и норм по охране атмосферного воздуха) влечет наложение штрафа на должностных лиц в размере до 50 руб.

Нарушение установленных на железнодорожном, воздушном, морском и речном транспорте санитарно-гигиенических и санитарно-противоэпидемических правил влечет наложение штрафа на должностных лиц в размере от 10 до 50 руб. (2, ст.ст. 41—43).

Правонарушения, посягающие на социалистическую собственность. Самовольное пользование недрами, совершение сделок, в прямой или скрытой форме нарушающих право государственной собственности на недра, влечет наложение штрафа на должностных лиц в размере до 100 руб.

Самовольный захват водных объектов, самовольное водопользование, переуступка права водопользования, а также совершение других сделок, в прямой или скрытой форме нарушающих право государственной собственности на воды, влечет наложение штрафа на должностных лиц в размере до 100 руб.

Самовольная переуступка права лесопользования, а также совершение других сделок, в прямой или скрытой форме нарушающих право государственной собственности на леса, влечет наложение штрафа на должностных лиц в размере до 100 руб.

Мелкое хищение государственного или общественного имущества путем кражи, присвоения, растраты, злоупотребления служебным положением или мошенничества влечет наложение штрафа в размере от 20 до 200 руб. или исправительные работы на срок от одного до двух месяцев с удержанием 20% заработка. Хищение государственного или общественного имущества признается мелким, если стоимость похищенного не превышает 50 руб. При этом кроме стоимости похищенного учитывается также количество похищенных предметов в натуре (вес, объем) и значимость их для народного хозяйства (2, ст.ст. 46—49).

Правонарушения в области охраны окружающей природной среды, памятников истории и культуры. Бесхозяйственное использование земель, невыполнение обязательных мероприятий по улучшению земель и охране почв от ветровой, водной эрозии и других процессов, ухудшающих состояние почв, использование земельных участков не в соответствии с теми целями, для которых он предоставлены, влечет наложение штрафа на должностных лиц в размере до 100 руб.

Порча сельскохозяйственных и других земель, загрязнение их производственными и иными отходами и сточными водами влечет наложение штрафа на должностных лиц в размере до 100 руб.

Несвоевременный возврат временно занимаемых земель или невыполнение обязанностей по приведению их в состояние, пригодное для использования по назначению, влечет наложение штрафа на должностных лиц в размере до 50 руб.

Самовольная застройка площадей залегания полезных ископаемых, невыполнение правил охраны недр и требований по охране окружающей природной среды, зданий и сооружений от вредного влияния работ, связанных с пользованием недрами, уничтожение или повреждение наблюдательных режимных скважин на подземные воды, а также маркшейдерских и геодезических знаков влечет наложение штрафа на должностных лиц в размере до 100 руб.

Загрязнение и засорение вод, нарушение водоохранного режима на водосборах, вызывающие их загрязнение, водную эрозию почв и другие вредные явления, влечет наложение штрафа на должностных лиц в размере до 100 руб. Ввод в эксплуатацию предприятий, коммунальных и других объектов без сооружений и устройств, предотвращающих загрязнение и засорение вод или их вредное воздействие, влечет наложение штрафа на должностных лиц в размере до 100 руб.

Забор воды с нарушением планов водопользования, самовольное производство гидротехнических работ, бесхозяйственное использование воды (добытой или отведенной из водных объектов), нарушение правил ведения первичного учета количества забираемых из водных объектов и сбрасываемых в них вод и определения количества сбрасываемых вод влечет наложение штрафа на должностных лиц в размере до 100 руб.

Повреждение водохозяйственных сооружений и устройств влечет наложение штрафа на должностных лиц в размере до 100 руб. Нарушение правил эксплуатации водохозяйственных сооружений и устройств влечет наложение штрафа на должностных лиц в размере до 100 руб.

Использование участков земель государственного лесного фонда для раскорчевки, возведения построек, переработки древесины, устройства складов и т. п. без надлежащего разрешения на использование этих участков влечет наложение штрафа на должностных лиц в размере до 100 руб.

Незаконная порубка и повреждение деревьев и кустарников, уничтожение или повреждение лесных культур, сеянцев либо саженцев в лесных питомниках и на плантациях, а также молодняка естественного происхождения и самосева на площадях, предназначенных под лесовосстановление, влечет наложение штрафа на должностных лиц в размере до 100 руб.

Повреждение сенокосов и пастбищных угодий на землях государственного лесного фонда влечет наложение штрафа на должностных лиц в размере до 50 руб.

Ввод в эксплуатацию новых и реконструированных предприятий, цехов, агрегатов, транспортных путей, коммунальных и других объектов, не обеспеченных устройствами, предотвращающими вредное воздействие на состояние и воспроизводство лесов, влечет наложение штрафа на должностных лиц в размере до 50 руб.

Повреждение леса сточными водами, химическими веществами, промышленными и коммунально-бытовыми выбросами, отходами и отбросами, влекущее его усыхание или заболевание, влечет наложение штрафа на должностных лиц в размере до 100 руб. Засорение лесов бытовыми отходами и отбросами влечет наложение штрафа на должностных лиц в размере до 50 руб.

Нарушение требований пожарной безопасности в лесах влечет наложение штрафа на должностных лиц в размере до 50 руб. Уничтожение или повреждение леса в результате поджога или небрежного обращения с огнем, а также нарушение требований пожарной безопасности в лесах, повлекшее возникновение лесного пожара либо распространение его на значительной площади, влечет наложение штрафа на должностных лиц в размере до 100 руб.

Превышение нормативов предельно допустимых выбросов или временно согласованных выбросов загрязняющих веществ в атмосферу; превышение нормативов предельно допустимых вредных физических воздействий на атмосферный воздух; выброс загрязняющих веществ в атмосферу без разрешения специально уполномоченных на то государственных органов; вредное физическое воздействие на атмосферный воздух без разрешения специально уполномоченных на то государственных органов в случаях, когда получение такого разрешения необходимо в соответствии с законодательством Союза ССР, влечет предупреждение или наложение штрафа на должностных лиц в размере до 100 руб.

Выпуск в эксплуатацию автомобилей, самолетов, судов и других передвижных средств и установок, у которых содержание загрязняющих веществ в выбросах, а также уровень шума, производимого ими при работе, превышают нормативы, влечет предупреждение или наложение штрафа на должностных лиц в размере до 100 руб.

Невыполнение предписаний органов, осуществляющих государственный контроль за охраной атмосферного воздуха, об устранении нарушений правил по охране атмосферного воздуха влечет предупреждение или наложение штрафа на должностных лиц в размере до 50 руб.

Нарушение правил охоты, рыболовства и охраны рыбных запасов, а также правил других видов пользования животным миром влечет предупреждение или наложение штрафа на должностных лиц в размере до 100 руб. Грубое нарушение правил охоты (охота без надлежащего на то разрешения, или в запрещенных местах, либо в запрещенные сроки, запрещенными орудия или способами), а также систематическое нарушение других правил охоты влечет наложение штрафа на должностных лиц в размере до 100 руб. либо лишение права охоты на срок до трех лет с конфискацией ружей и других орудий охоты или без конфискации.

Нарушение правил охраны и использования памятников истории и культуры влечет предупреждение или наложение штрафа на должностных лиц в размере до 100 руб. (2, гл. 7)

Правонарушения в области промышленности, использования тепловой и электрической энергии. Неоднократное нарушение должностными лицами правил, норм и инструкций по безопасному ведению работ в отраслях промышленности и на объектах, подконтрольных органам госгортехнадзора, влечет наложение штрафа в размере до 50 руб. Нарушение правил, норм и инструкций по безопасному ведению работ на объектах, подконтрольных органам Госатомэнергонадзора, влечет предупреждение или наложение штрафа на должностных лиц в размере до 100 руб.

Нарушение должностными лицами правил, норм и инструкций по хранению, использованию и учету взрывчатых материалов в отраслях промышленности и на объектах, подконтрольных органам Госгортехнадзора, влечет наложение штрафа в размере до 100 руб.

Расточительное расходование электрической и тепловой энергии, т. е. систематическая, без производственной необходимости недогрузка или использование на холостом ходу электродвигателей, электропечей и другого электро- и теплооборудования; систематическая прямая потеря сжатого воздуха, воды и тепла, вызванная неисправностью арматуры, трубопроводов, теплоизоляции трубопроводов, печей и теплоизолирующего оборудования; использование без разрешения энергоснабжающей организации электрической энергии для отопления служебных и других помещений, а также для не предусмотренных производственным процессом целей; бесхозяйственное использование электрической энергии для освещения влечет предупреждение или наложение штрафа на руководителей предприятий, учреждений, организаций, главных инженеров, главных энергетиков (главных механиков) предприятий, начальников цехов, руководителей административно-хозяйственных служб учреждений и организаций в размере до 50 руб.

Эксплуатация газоиспользующих установок без учета расхода газа или без учета тепловой энергии и продукции, вырабатываемых с применением газа, либо отсутствие (неисправность) предусмотренных проектом газоиспользующей установки средств автоматического регулирования процессов горения газа, или приборов теплотехнического контроля, или теплоутилизационного оборудования, обеспечивающих рациональное и эффективное использование газа, влечет предупреждение или наложение штрафа на руководителей, заместителей руководителей, главных энергетиков (главных механиков), начальников цехов и служб предприятий, объединений, учреждений и организаций в размере до 100 руб. (2, гл. 8).

Правонарушения в сельском хозяйстве. Потрава посевов, порча, уничтожение находящегося в поле собранного урожая сельскохозяйственных культур, повреждение насаждений колхозов, совхозов и других государственных и общественных хозяйств скотом или птицей влечет наложение штрафа на должностных лиц в размере до 50 руб.

Повторное совершение указанных действий в течение года после наложения штрафа за такое же правонарушение влечет наложение штрафа на должностных лиц в размере до 100 руб.

Проезд по посевам или насаждениям на автомобиле, тракторе, комбайне или другой машине влечет наложение штрафа в размере до 10 руб.

Нарушение правил по борьбе с карантинными вредителями, болезнями растений и сорняками влечет наложение штрафа на должностных лиц в размере до 30 руб.

Непринятие землепользователями мер по борьбе с сорняками влечет предупреждение. Непринятие мер по борьбе с сорняками в течение года после предупреждения влечет наложение штрафа на должностных лиц в размере от 20 до 30 руб. Злостное непринятие мер по борьбе с сорняками влечет наложение штрафа на должностных лиц в размере от 40 до 50 руб.

Нарушение правил по карантину животных и других ветеринарно-санитарных правил, предусмотренных Ветеринарным уставом Союза ССР, а также решений местных Советов народных депутатов и их исполнительных комитетов по вопросам борьбы с эпизоотиями влечет наложение штрафа на должностных лиц в размере до 50 руб. (2, ст.ст. 96, 97, 99, 101).

Правонарушения на транспорте, в области дорожного хозяйства и связи. Выпуск на линию транспортных средств, имеющих неисправности, с которыми запрещена их эксплуатация, или переоборудованных без соответствующего разрешения, или не зарегистрированных в установленном порядке, или не прошедших государственного технического осмотра, влечет наложение штрафа на должностных лиц, ответственных за техническое состояние и эксплуатацию транспортных средств, в размере от 10 до 30 руб. Повторное в течение года совершение нарушения из числа названных влечет наложение штрафа на должностных лиц, ответственных за техническое состояние и эксплуатацию транспортных средств, в размере от 20 до 50 руб.

Повреждение подвижного состава, контейнеров, плавучих и других транспортных средств, предназначенных для перевозки грузов, а также перевозочных приспособлений влечет наложение штрафа в размере до 50 руб.

Нарушение правил содержания дорог, железнодорожных переездов и других дорожных сооружений в безопасном для движения состоянии или непринятие мер к своевременному запрещению или ограничению движения на отдельных участках дорог, когда пользование ими угрожает безопасности движения, влечет наложение штрафа на должностных лиц, ответственных за состояние дорог, железнодрожных переездов и других дорожных сооружений, в размере от 30 до 100 руб.

Нарушение правил охраны линий и сооружений связи, а также порча линейных и кабельных сооружений связи влечет наложение штрафа на должностных лиц в размере до 50 руб (2, ст.ст. 123, 129, 134, 139).

Правонарушения в области жилищно-коммунального хозяйства и благоустройства. Нарушение должностными лицами правил постановки на учет граждан, нуждающихся в улучшении жилищных условий, снятия с учета и предоставления гражданам жилых помещений, несоблюдение сроков заселения жилых домов и жилых помещений влечет наложение штрафа в размере до 100 руб.

Нарушение правил пользования жилыми помещениями, санитарного содержания мест общего пользования, лестничных клеток, лифтов, подъездов, придомовых территорий, нарушение правил эксплуатации жилых домов, жилых помещений и инженерного оборудования, бесхозяйственное их содержание, а также самовольное переоборудование и перепланировка жилых домов и жилых помещений, использование их не по назначению, порча жилых домов, жилых помещений, их оборудования и объектов благоустройства влечет предупреждение или наложение штрафа на должностных лиц в размере до 50 руб.

Нарушение правил благоустройства территорий городов и других населенных пунктов, а также несоблюдение правил по обеспечению чистоты и порядка в городах и других населеных пунктах влечет предупреждение или наложение штрафа на должностных лиц в размере до 50 руб.

Всякое повреждение зеленых насаждений, их самовольная, без разрешения исполнительного комитета городского, районного в городе Совета народных депутатов вырубка или перенесение в другие места, допущенные при застройке отдельных участков, а также непринятие должностными лицами мер к охране находящихся в их ведении зеленых насаждений, небрежное к ним отношение влечет предупреждение или наложение штрафа на должностных лиц в размере до 50 руб. (2, ст.ст. 141, 142, 144, 145).

Правонарушения в области торговли и финансов. Нарушение работниками предприятий торговли и общественного питания правил торговли влечет наложение штрафа в размере до 30 руб. Продажа товаров со складов, баз, из подсобных помещений предприятий (организаций) торговли или общественного питания, а равно сокрытие товаров от покупателей работниками предприятий (организаций) торговли или общественного питания влечет наложение штрафа на должностных лиц от 50 до 100 руб. Нарушение работниками предприятий торговли и общественного питания правил торговли водкой и другими спиртными напитками влечет наложение штрафа в размере от 50 до 100 руб.

Нарушение правил торговли на колхозных рынках влечет предупреждение или наложение штрафа на должностных лиц в размере до 50 руб.

Уклонение от подачи декларации о доходах от занятия кустарно-ремесленным промыслом, другой индивидуальной трудовой деятельностью либо об иных доходах, облагаемых подоходным налогом, и в других случаях, когда подача декларации предусмотрена законодательством, либо несвоевременная подача декларации или включение в нее заведомо искаженных данных влечет предупреждение или наложение штрафа в размере от 50 до 100 руб. (2, ст.ст. 146, 147, 149, 156[4]).

Правонарушения, посягающие на установленный порядок управления. Самоуправство, т. е. самовольное, с нарушением установленного законом порядка, осуществление своего действительного или предполагаемого права, не причинившее существенного вреда гражданам либо государственным или общественным организациям, влечет предупреждение или наложение штрафа на должностных лиц в размере до 50 руб.

Нарушение или невыполнение правил пожарной безопасности на предприятиях, в учреждениях, организациях, колхозах, общественных местах, складских помещениях, в общежитиях и жилых домах, а также при проектировании и строительстве соответствующих объектов, или нарушение правил использования и содержания противопожарного инвентаря, оборудования, автоматических средств обнаружения и тушения пожаров влечет предупреждение или наложение штрафа на должностных лиц в размере до 100 руб.

Нарушение правил по стандартизации и качеству продукции, выпуска в обращение и содержания средств измерений и пользования ими:

1) выпуск (в том числе из ремонта) или поставка (реализация) продукции, не соответствующей требованиям стандартов, технических условий и образцов (эталонов) по качеству, комплектности и упаковке (за исключением случаев, предусмотренных законодательством СССР);

2) выпуск в продажу в розничных торговых предприятиях (организациях) продукции, не соответствующей требованиям стандартов, технических условий и образцов (эталонов) по качеству, комплектности и упаковке;

3) передача заказчику либо в производство конструкторской, технологической и проектной документации, не соответствующей требованиям стандартов и технических условий по качеству продукции или требованиям стандартов на технологические процессы;

4) несоблюдение стандартов и технических условий при транспортировании, хранении и использовании (эксплуатации) продукции, если это повлекло снижение качества, порчу или сверхнормативные потери продукции;

5) выпуск в обращение средств измерений, не прошедших государственных испытаний или метрологической аттестации, а также неповеренных;

6) изготовление, ремонт и поверка средств измерений предприятиями, организациями и учреждениями, не получившими соответствующего разрешения, а также нарушение методов и правил поверки;

7) нарушение правил пользования средствами измерений —

влечет предупреждение или наложение штрафа на должностных лиц в размере до 100 руб.

Нарушение правил использования, учета и хранения полиграфического оборудования, множительных аппаратов, шрифтов и матриц лицами, ответственными за соблюдение этих правил, влечет наложение штрафа в размере до 50 руб.

Прием должностными лицами предприятий, учреждений и организаций на работу граждан без паспортов или с недействительными паспортами, а также граждан, проживающих без прописки, влечет наложение штрафа в размере до 10 руб. То же нарушение, допущенное должностным лицом после применения к нему в течение года меры административного взыскания за такие действия, влечет наложение штрафа в размере до 50 руб. (2, ст.ст. 166, 169, 170, 171, 181).

Примечания к разделу 22

1. Основы водного законодательства Союза ССР и союзных республик. Утверждены Законом СССР от 10 декабря

1970 г. — Ведомости Верховного Совета СССР, 1970, № 50, ст. 566.

2. Кодекс РСФСР об административных правонарушениях. Принят Верховным Советом РСФСР 20 июня 1984 г. — Ведомости Верховного Совета РСФСР, 1984, № 27, ст. 909 (с последующими изменениями и дополнениями).

3. Водный кодекс РСФСР. Утвержден Законом РСФСР от 30 июня 1972 г. — Ведомости Верховного Совета РСФСР, 1972, № 27, ст. 692 (с последующими изменениями и дополнениями).

4. Уголовный кодекс РСФСР. Принят Верховным Советом РСФСР 27 октября 1960 г. — Ведомости Верховного Совета РСФСР, 1960, № 40, ст. 591 (с последующими изменениями и дополнениями).

5. Ветеринарный устав Союза ССР. Утвержден постановлением Совета Министров СССР от 22 декабря 1967 г. № 1142. — СП СССР, 1968, № 1, ст. 2; 1983, отд. 1, № 6, ст. 28.

6. Положение о товарных знаках. Утверждено Госкомизобретений СССР 8 января 1974 г. — БНА, 1988, № 1, с. 11—20.

7. О практике применения судами законодательства об ответственности за выпуск из промышленных предприятий недоброкачественной, нестандартной или некомплектной продукции и за выпуск в продажу таких товаров в торговых предприятиях. Постановление № 1 Пленума Верховного Суда СССР от 5 апреля 1985 г. — Бюллетень Верховного Суда СССР, 1985, № 3, с. 13—18.

8. О практике применения судами законодательства по делам о приписках и других искажениях отчетности о выполнении планов. Постановление № 7 Пленума Верховного Суда СССР от 21 июня 1985 г. — Бюллетень Верховного Суда СССР, 1985, № 4, с. 10—13; 1988, № 1, с. 21.

9. О практике применения судами законодательства об охране природы. Постановление № 4 Пленума Верховного Суда СССР от 7 июля 1983 г. — Бюллетень Верховного Суда СССР, 1983, № 4, с. 7; 1986, № 2, с. 14.

10. О практике применения судами законодательства об ответственности за частнопредпринимательскую деятельность и коммерческое посредничество. Постановление № 7 Пленума Верховного Суда СССР от 25 июня 1976 г. — Сборник постановлений Пленума Верховного Суда СССР, 1924—1986. М., 1987, с. 643.

11. О судебной практике по делам об обмане покупателей и заказчиков. Постановление № 2 Пленума Верховного Суда СССР от 14 марта 1975 г. — Сборник постановлений Пленума Верховного Суда СССР, 1924—1986. М., 1987, с. 639.

12. О судебной практике по делам о приписках и других искажениях отчетности о выполнении планов в отраслях строительства. Постановление № 2 Пленума Верховного Суда РСФСР от 27 июля 1983 г. — Бюллетень Верховного Суда РСФСР, 1983, № 10, с. 4—8.

Часть II
ЗАКОНОДАТЕЛЬСТВО О ТРУДЕ

ТРУДОВОЙ ДОГОВОР

ПОДГОТОВКА КАДРОВ И ПОВЫШЕНИЕ ИХ КВАЛИФИКАЦИИ

РАБОЧЕЕ ВРЕМЯ И ВРЕМЯ ОТДЫХА

ПРАВОВЫЕ ВОПРОСЫ ЗАРАБОТНОЙ ПЛАТЫ

ГАРАНТИИ И КОМПЕНСАЦИИ

ТРУДОВАЯ ДИСЦИПЛИНА

МАТЕРИАЛЬНАЯ ОТВЕТСТВЕННОСТЬ РАБОЧИХ И СЛУЖАЩИХ

ОХРАНА ТРУДА

РАССМОТРЕНИЕ ТРУДОВЫХ СПОРОВ

ТРУДОВОЙ КОЛЛЕКТИВ

ПРАВОВЫЕ ВОПРОСЫ ГОСУДАРСТВЕННОГО СОЦИАЛЬНОГО ОБЕСПЕЧЕНИЯ

Раздел 1
ТРУДОВОЙ ДОГОВОР

1. Порядок и условия приема на работу

Общие положения. Конституция СССР (ст. 40) предоставляет советским гражданам право на труд, — т. е. на получение гарантированной работы с оплатой труда в соответствии с его количеством и качеством и не ниже установленного государством минимального размера, — включая право на выбор профессии, рода занятий и работы в соответствии с призванием, способностями, профессиональной подготовкой, образованием и с учетом общественных потребностей.

Рабочие и служащие реализуют право на труд путем заключения трудового договора о работе на предприятии (ст. 2 Основ, ст. 2 КЗоТ*).

Понятие и содержание трудового договора. Трудовой договор есть соглашение между трудящимся и предприятием, по которому трудящийся обязуется выполнять работу по определенной специальности, квалификации или должности с подчинением внутреннему трудовому распорядку, а предприятие обязуется выплачивать трудящемуся заработную плату и обеспечивать условия труда, предусмотренные законодательством о труде, коллективным договором и соглашением сторон.

При заключении трудового договора стороны должны договориться о том, на какую работу принимается работник (определение профессии, специальности и квалификации для рабочих и должности для специалистов и служащих), и установить время (дату), когда работник должен приступить к работе.

Условия договоров о труде, ухудшающие положение рабочих и служащих по сравнению с законодательством Союза ССР и союзных республик о труде, являются недействительными.

Администрация предприятия совместно с советом трудового коллектива и профсоюзным комитетом вправе устанавливать за счет собственных средств дополнительные по сравнению с законодательством трудовые и социально-бытовые льготы для работников коллектива или отдельных категорий рабочих и служащих (ст. 5 Основ).

Это могут быть дополнительные материальные поощре-

---

* Здесь и в дальнейшем имеется в виду КЗоТ РСФСР и аналогичные статьи кодексов законов о труде других союзных республик (далее — КЗоТ).

ния за длительную безупречную работу на одном предприятии, бесплатное питание на производстве, дополнительные отпуска ветеранам труда, ссуды передовым работникам для жилищного строительства и приобретения предметов домашнего обихода. Такие дополнительные по сравнению с законодательством льготы могут быть включены в содержание коллективного договора.

Право приема на работу. Право приема трудящихся на работу принадлежит руководителю предприятия.

Руководитель предприятия может передавать предоставленное ему право приема на работу трудящихся, как правило, только тем должностным лицам из числа администрации, сфера руководящей деятельности которых распространяется на все предприятие в целом.

В производственных и научно-производственных объединениях правом приема на работу работников в пределах установленной по объединению номенклатуре пользуется генеральный директор (директор) объединения. Правом приема на работу трудящихся по установленной номенклатуре структурных единиц объединений обладает начальник (директор) соответствующей единицы.

На предприятии осуществляется выборность руководителей (как правило, на конкурсной основе), обеспечивающая улучшение качественного состава руководящих кадров и усиление их ответственности за результаты деятельности. Принцип выборности применяется в отношении руководителей предприятий, структурных единиц объединений, производств, цехов, отделений, участков, ферм, звеньев и других аналогичных подразделений, а также мастеров и бригадиров (п. 2 ст. 6 Закона о предприятии; ст. 99^4 Основ).

Руководитель предприятия, структурной единицы объединения избирается общим собранием (конференцией) трудового коллектива тайным или открытым голосованием (по усмотрению собрания или конференции) сроком на 5 лет и утверждается вышестоящим органом. Если кандидатура, избранная трудовым коллективом, не утверждена вышестоящим органом, проводятся новые выборы. При этом вышестоящий орган обязан объяснить трудовому коллективу причины отказа в утверждении результатов выборов.

Избранный трудовым коллективом руководитель головной структурной единицы (головного предприятия) утверждается вышестоящим органом в должности руководителя объединения. В случае, когда управление объединением осуществляется обособленным аппаратом, выборы руководителя объединения проводятся на конференции представителей трудовых коллективов его структурных единиц и предприятий.

Руководители подразделений — производств, цехов, отделений, участков, ферм, звеньев и других аналогичных подразделений, а также мастера и бригадиры избираются соответствующими коллективами тайным или открытым голосованием на срок до 5 лет и утверждаются руководителем предприятия (п. 3 ст. 6 Закона о предприятии). При избрании названных лиц и утверждении их в должности должен быть указан срок, на который они избраны.

В Законе о предприятии (п. 3 ст. 6) указано на то, что заместители руководителя, руководители юридической и бухгалтерской служб и службы контроля качества предприятия назначаются на должность и освобождаются его руководителем в установленном порядке.

Главные бухгалтеры назначаются на должность и освобождаются от должности руководителями предприятий, объединений, организаций и учреждений с последующим утверждением вышестоящим органом.

Начальник юридического отдела, юрисконсульт предприятия, организации, учреждения назначается на должность и освобождается от должности руководителем предприятия, организации, учреждения с последующим утверждением вышестоящим органом.

Органы хозяйственного управления (министерства, ведомства, объединения) определяют порядок назначения на должность заместителей руководителя и руководителей службы контроля качества предприятия.

Назначение работников на руководящие хозяйственные должности предприятия, если они не подлежат замещению путем выборов, производится администрацией с учетом мнения профкома предприятия (ст. 7 Положения о правах профсоюзного комитета; ч. 3 ст. 230 КЗоТ).

С целью повышения объективности отбора высококвалифицированных специалистов на должности, где особое значение имеют профессиональные качества работников, рекомендуется применять конкурсную систему подбора и замещения вакантных должностей.

На основе проведения конкурсов могут замещаться должности главных специалистов, специалистов, а также руководителей, не предусмотренных к избранию. Руководитель предприятия совместно с советом трудового коллектива принимает решение о том, какие вакантные должности замещаются по конкурсу (25, п. 26)*.

Для проведения конкурса решением руководителя предприятия (структурной единицы объединения) создаются конкурсные комиссии. В состав комиссий включаются представители советов коллективов, администрации, партийных,

---

* Этот порядок проведения конкурсов не затрагивает порядка и условий проведения конкурсов на замещение должностей, установленных отдельными решениями Правительства СССР.

профсоюзных и других общественных организаций, высококвалифицированные специалисты соответствующего профиля.

Основная задача конкурсной комиссии — дать рекомендации руководителю предприятия о назначении на должность конкретного лица из числа претендентов, участвовавших в конкурсе (25, п. 27).

Объявления о проведении конкурсов, сроках подачи заявлений, требованиях к профессионально-квалификационным и другим качествам кандидатов рекомендуется публиковать в отраслевой и местной печати, ход конкурса и его итоги широко освещать средствами массовой информации предприятия (25, п. 28).

Выдвигать кандидатов на должности, замещаемые на конкурсной основе, могут, с согласия самих кандидатов, партийные и общественные организации, совет трудового коллектива и коллективы подразделений, а также администрация предприятия. Свою кандидатуру для участия в конкурсе вправе предложить любой трудящийся, отвечающий по своим профессионально-квалификационным и другим качествам требованиям, предъявляемым к той или иной должности (25, п. 29).

На основании собеседований, а также представленных документов комиссия производит оценку кандидатов на замещение должности с точки зрения наличия у них необходимого опыта работы, уровня образования, соответствия их специальности и квалификации предъявляемым требованиям по данной должности, а также с учетом мнения трудового коллектива о кандидатах. Кандидатам, которые отвечают этим условиям, комиссия вправе предложить разработать рефераты по проблемам, связанным с их будущей работой, в целях выявления их компетентности как специалистов (25, п. 30). В результате изучения деловых качеств претендентов конкурсная комиссия принимает решение путем открытого или тайного голосования большинством голосов о рекомендации того или иного лица на замещение вакантной должности, по которой был объявлен конкурс. При равенстве голосов принимается решение, за которое проголосовал председатель конкурсной комиссии (25, п. 31).

Назначение по результатам конкурсов производится руководителем предприятия (структурной единицы объединения) с учетом решения конкурсной комиссии (25, п. 32).

Возраст, с которого допускается прием на работу. Не допускается прием на работу лиц моложе 16 лет. В исключительных случаях, по согласованию с профсоюзным комитетом, могут приниматься на работу лица, достигшие 15 лет* (ст. 74 Основ, ст. 173 КЗоТ).

Для всех предприятий устанавливается броня приема на работу и на профессиональное обучение молодежи, окончившей общеобразовательные школы, профессионально-технические училища, а также других лиц моложе 18 лет (ст. 80 Основ, ст. 181 КЗоТ).

Предприятиям броня устанавливается дифференцированно в размерах от 0,5 до 10% общей численности рабочих и служащих предприятия (16, п. 11).

Районные, городские Советы народных депутатов утверждают планы трудоустройства молодежи и доводят их до сведения предприятий, независимо от их ведомственной подчиненности. Планы трудоустройства молодежи устанавливаются предприятиям в пределах утвержденной для них брони рабочих мест.

Предприятия не вправе отказывать в приеме на работу юношам и девушкам, направленным на работу в счет брони рабочих мест комиссиями по трудоустройству молодежи и комиссиями по делам несовершеннолетних, создаваемыми при районных, городских Советах народных депутатов.

Запрещается применение труда лиц моложе 18 лет на тяжелых работах и на работах с вредными или опасными условиями труда, а также на подземных работах (ст. 75 Основ, ст. 175 КЗоТ).

Постановлением Госкомтруда СССР и Президиума ВЦСПС от 10 сентября 1980 г. № 283/П-9 утвержден Список производств, профессий и работ с тяжелыми и вредными условиями труда, на которых запрещается применение труда лиц моложе 18 лет (64). В него постановлением Госкомтруда СССР и Президиума ВЦСПС от 21 июня 1985 г. № 198/П-6 были внесены изменения (84, 1985, № 12). В результате этих изменений более 25 наименований профессий и видов работ из Списка были исключены, а по некоторым профессиям и видам работ, указанным в Списке, предусмотрен допуск к работе лиц с 17 лет.

Установлено, что выпускники средних профессионально-технических училищ и средних специальных учебных заведений, закончившие профессиональную подготовку со сроком обучения не менее трех лет по профессиям, включенным в Список, и не достигшие 18-летнего возраста, могут допускаться к работе по этим профессиям под руководством опытных рабочих-наставников при условии строгого соблюдения в этих производствах и на работах действующих правил и норм по охране труда.

---

* О порядке привлечения на временную работу к посильному труду в народном хозяйстве учащихся общеобразовательной и профессиональной школы в свободное от учебы время см. с. 517—519.

Министры и руководители ведомств СССР, Советы Министров союзных республик в случаях устранения на подведомственных предприятиях вредностей в производствах, профессиях и на работах, включенных в Список, могут по согласованию с Госкомтрудом СССР, ВЦСПС и Минздравом СССР применять труд лиц моложе 18 лет в этих производствах, профессиях и на работах.

Запрещается принимать несовершеннолетних на работу, связанную с производством, хранением и торговлей спиртными напитками (15, ст. 11).

Работы, на которых запрещается применение труда женщин. Запрещается применение труда женщин на тяжелых работах и на работах с вредными условиями труда, а также на подземных работах, кроме некоторых подземных работ (нефизических работ или работ по санитарному и бытовому обслуживанию) (ст. 68 Основ, ст. 160 КЗоТ).

Постановлением Госкомтруда СССР и Президиума ВЦСПС от 25 июля 1978 г. утвержден Список производств, профессий и работ с тяжелыми и вредными условиями труда, на которых запрещается применение труда женщин, а также определен порядок и условия применения этого Списка (84, 1978, № 12; 1988, № 3).

Ограничение совместной службы родственников. Совместная служба на одном и том же предприятии лиц, состоящих между собой в близком родстве или свойстве (родители, супруги, братья, сестры, сыновья, дочери, а также братья, сестры, родители и дети супругов), запрещается, если их служба связана с непосредственной подчиненностью или подконтрольностью одного из них другому.

В необходимых случаях исключения из этого правила могут устанавливаться Советом Министров РСФСР (ст. 20 КЗоТ).

Установленное ограничение совместной службы родственников распространяется только на тех работников, которые занимают должности инженерно-технических работников и служащих. На рабочих и младший обслуживающий персонал это ограничение не распространяется.

Вопрос о непосредственной подчиненности или подконтрольности одного из близких родственников другому решается исходя из структуры предприятия, определенной в его Уставе или Положении, и занимаемых работниками должностей.

Советом Министров РСФСР утвержден Перечень работников предприятий, в отношении которых могут допускаться исключения из правила об ограничении совместной службы родственников, предусмотренного ст. 20 КЗоТ (50).

Подобные перечни утверждены Советами Министров других союзных республик.

Ограничения в приеме на материально ответственные должности. Запрещается принимать на материально ответственные должности лиц, ранее судимых за хищения, взяточничество и иные корыстные преступления, если судимость не снята или не погашена (85, 1987, № 3, с. 41).

Гарантии при приеме на работу. Запрещается необоснованный отказ в приеме на работу (ст. 9 Основ, ст. 16 КЗоТ).

В соответствии с Конституцией СССР какое бы то ни было прямое или косвенное ограничение прав или установление прямых или косвенных преимуществ при приеме на работу в зависимости от пола, расы, национальной принадлежности и отношения к религии не допускается.

В случае отказа гражданину в приеме на работу администрация обязана сообщить работнику причину отказа. При этом администрация вправе обосновать свой отказ ссылкой на отсутствие у работника необходимых деловых качеств. Обоснованным считается отказ в приеме на работу при отсутствии у поступающего на работу необходимых документов. Законным признается отказ администрации заключить трудовой договор в тех случаях, когда по закону для определенной категории граждан устанавливаются ограничения в приеме на работу (например, для лишенных по приговору суда права занимать определенные должности или заниматься определенной деятельностью*; для лиц, имеющих судимости за хищение, взяточничество и иные корыстные преступления, — на материально ответственные должности; в других случаях, прямо установленных законодательством).

Гражданин вправе обратиться в народный суд с жалобой, если считает, что ему было незаконно отказано в приеме на работу (13; 88, 1988, № 4).

Работнику, приглашенному на работу в порядке перевода из другого предприятия по согласованию между руководителями предприятий, не может быть отказано в заключении трудового договора (ч. 4 ст. 18 КЗоТ).

Если такому работнику будет отказано в заключении трудового договора, он вправе обратиться с жалобой в комиссию по трудовым спорам того предприятия, в котором ему было отказано в приеме на работу.

Запрещается отказывать женщинам в приеме на работу по мотивам, связанным с беременностью или кормлением ребенка (ст. 73 Основ). Такой отказ является преступлением и влечет за собой уголовную ответственность по ст. 139 УК РСФСР.

Срок трудового договора. Трудовые договоры заключаются: 1) на неопределенный срок; 2) на определенный срок не

---

* Согласно ст. 188² УК РСФСР, неисполнение приговора суда о лишении права занимать определенные должности или заниматься определенной деятельностью должностным лицом, пользующимся правом приема на работу и увольнения, — наказывается штрафом до 300 руб. или увольнением от должности.

более трех лет; 3) на время выполнения определенной работы (ст. 10 Основ).

Заключение трудового договора на определенный срок имеет место, когда законодательством устанавливается возможность приема трудящихся на работу только путем заключения срочного трудового договора. Так, в порядке организованного набора трудовые договоры о работе на предприятии (стройке) заключаются преимущественно на два года, но не менее чем на один год.

Трудовой договор заключается на определенный срок также и тогда, когда это предусмотрено нормативными актами, в частности с работниками, прибывшими на работу в районы Крайнего Севера и в местности, приравненные к районам Крайнего Севера.

Работникам, переводимым, направляемым или приглашаемым на работу в районы Крайнего Севера и в местности, приравненные к районам Крайнего Севера, из других местностей страны (при условии заключения ими трудовых договоров о работе в этих районах на срок три года, а на островах Северного Ледовитого океана — два года), предоставляются, кроме основных, еще и дополнительные льготы (4, п. 5).

Трудовые договоры на определенный срок могут заключаться с принимаемыми на обучение и последующую работу строительными рабочими (17), водителями автотранспорта и городского пассажирского электрического транспорта (31) и в некоторых других случаях, предусмотренных в законодательстве.

Трудовые договоры на определенный срок могут заключаться и в тех случаях, когда работа носит непостоянный характер (заключение трудового договора на время отопительного сезона или полевых работ, для замены временно отсутствующего работника, например для замены постоянного работника, заболевшего туберкулезом, за которым сохраняется место работы в течение 12 месяцев болезни, либо другим длительным заболеванием — на все время болезни; для замещения женщины, ушедшей в отпуск по беременности и родам, а затем в отпуск до достижения ребенком возраста трех лет). При этом день выхода на работу женщины из такого отпуска является последним днем работы (днем увольнения) работника, с которым был заключен срочный трудовой договор.

В последние годы заметно увеличилось число трудовых договоров, заключаемых на определенный срок. Внедрение в практику хозяйственной деятельности хозрасчета расширяет базу для заключения срочных трудовых договоров.

Характерной особенностью срочного трудового договора является то, что администрация вправе уволить работника по истечении срока трудового договора без указания каких бы то ни было причин. Работник же в течение этого времени не может уволиться по собственному желанию без уважительных причин. Он вправе требовать увольнения до истечения срока трудового договора в случаях, предусмотренных в ст. 32 КЗоТ*.

Если по истечении срока трудового договора трудовые отношения фактически продолжаются и ни одна из сторон не потребовала их прекращения, действие договора считается продолженным на неопределенный срок (ст. 30 КЗоТ).

Прием на работу временных рабочих и служащих. Временными признаются рабочие и служащие, принятые на работу на срок до двух месяцев, а для замещения временно отсутствующих работников, за которыми сохраняется их место работы (должность), — до четырех месяцев (8, ст. 1).

Лица, принимаемые на работу в качестве временных рабочих и служащих, должны быть предупреждены об этом при заключении трудового договора. В приказе (распоряжении) о приеме на работу указывается, что данный работник принимается на временную работу, или указывается срок его работы (8, ст. 3).

При приеме на работу в качестве временных рабочих и служащих испытание с целью проверки соответствия рабочего или служащего поручаемой ему работе не устанавливается (8, ст. 4).

Трудовой договор с временными рабочими и служащими считается продолженным на неопределенный срок и на них не распространяется действие законодательства о временных рабочих и служащих в следующих случаях:

а) когда временный рабочий или служащий проработал соответственно свыше двух или четырех месяцев, и ни одна из сторон не потребовала прекращения трудовых отношений;

б) когда уволенный временный рабочий или служащий вновь принят на работу на то же предприятие после перерыва, не превышающего одной недели, если при этом срок работы до и после перерыва в общей сложности соответственно превышает два или четыре месяца.

В указанных случаях рабочие и служащие не считаются временными со дня первоначального заключения трудового договора (8, ст. 11).

Прием рабочих и служащих на сезонные работы. Сезонными признаются работы, которые в силу природных и климатических условий выполняются не круглый год, а в течение определенного периода (сезона), не превышающего шести месяцев.

Перечни сезонных работ утверждаются Госкомтрудом

---

* Более подробно об увольнении рабочих и служащих по окончании срока трудового договора см. с. 528—529.

СССР совместно с ВЦСПС по представлению министерств, государственных комитетов, ведомств и Советов Министров союзных республик (7, ст. 1). В настоящее время действует Перечень сезонных работ в редакции постановления НКТ СССР от 11 октября 1932 г. № 185, с последующими изменениями (90, ч. 3, с. 387—390). Перечень сезонных работ в лесной промышленности и лесном хозяйстве утвержден постановлением Госкомтруда СССР и Президиума ВЦСПС от 29 октября 1980 г. № 330/П-12 (90, ч. 3, с. 407).

Лица, принимаемые на сезонные работы, должны быть предупреждены об этом при заключении трудового договора. В приказе (распоряжении) о приеме на работу должно быть указано, что работник принимается на сезонную работу (7, ст. 3).

Рабочим и служащим, занятым на сезонных работах, в случаях, предусмотренных законодательством, стаж работы на данном предприятии суммируется и считается непрерывным, если они проработали сезон полностью, заключили трудовой договор на следующий сезон и возвратились на работу в установленный срок. Время межсезонного перерыва не засчитывается в непрерывный стаж (7, ст. 11).

Суммирование периодов сезонной работы при исчислении непрерывного трудового стажа рабочих и служащих при назначении пособий по государственному социальному страхованию производится для работников, занятых на сезонных работах: в пищевой, мясной, молочной и рыбной промышленности; в совхозах и других государственных сельскохозяйственных предприятиях; в торфяной промышленности; в производстве строительного кирпича; в котельных и тепловых сетях жилищно-коммунального хозяйства; на туристских базах системы Центрального совета по туризму и экскурсиям ВЦСПС и Министерства обороны, в пансионатах, домах отдыха и санаториях, которые функционируют неполный год или в которых увеличивается количество мест в летний период (для инструкторов по культурно-массовой работе, массовиков-культорганизаторов, инструкторов по туризму, работников столовых и младшего обслуживающего персонала) (41).

Испытание при приеме на работу. При заключении трудового договора может быть обусловлено соглашением сторон испытание с целью проверки соответствия рабочего или служащего поручаемой ему работе. Предельные сроки испытания устанавливаются законодательством (ст. 11 Основ, ст. 22 КЗоТ).

Лицо не может быть освобождено от работы как не выдержавшее срока испытания, если отсутствуют доказательства соглашения сторон об испытании при заключении трудового договора (87, 1975, № 8, с. 3).

Срок испытания, если иное не установлено законодательством Союза ССР и союзных республик, не может превышать трех месяцев, а в отдельных случаях, по согласованию с соответствующим комитетом профсоюза, — шести месяцев (ст. 11 Основ, ст. 22 КЗоТ).

В испытательный срок не засчитывается период временной нетрудоспособности и другие периоды, когда работник отсутствовал на работе по уважительным причинам (ст. 22 КЗоТ).

Удлинение испытательного срока недопустимо даже по соглашению с работником (87, 1967, № 2, с. 1). Недопустимо искусственное удлинение испытательного срока путем зачисления работника вначале на временную работу.

Испытание не устанавливается при приеме на работу лиц, не достигших 18 лет; молодых рабочих по окончании профессионально-технических учебных заведений; молодых специалистов* по окончании высших и средних специальных учебных заведений; инвалидов Отечественной войны, направленных на работу в счет брони. Испытание не устанавливается также при приеме на работу в другую местность и при переводе на работу на другое предприятие (ч. 3 ст. 21 КЗоТ).

Испытательный срок не устанавливается при приеме на работу беременных женщин и женщин, имеющих детей в возрасте до полутора лет, так как, согласно ч. 2 ст. 73 Основ (ч. 2 ст. 170 КЗоТ), они не могут быть уволены по инициативе администрации.

Испытание не устанавливается при приеме рабочих и служащих на сезонную работу (7, ст. 5) и при приеме временных рабочих и служащих (8, ст. 4).

Если срок испытания истек, а рабочий или служащий продолжает работу, он считается выдержавшим испытание, и последующее расторжение трудового договора допускается только на общих основаниях (ч. 1 ст. 23 КЗоТ).

При неудовлетворительном результате испытания освобождение работника от работы производится администрацией предприятия без согласования с профсоюзным комитетом и без выплаты выходного пособия. Такое освобождение от работы рабочий или служащий вправе обжаловать в районный (городской) народный суд, а лица, занимающие должности, предусмотренные в Перечне № 1 Приложения № 1 к Положению о порядке рассмотрения трудовых споров, — в вышестоящий в порядке подчиненности орган (ч. 2 ст. 23 КЗоТ).

---

* Молодыми специалистами в течение трех лет после окончания учебного заведения считаются выпускники высшего и среднего специального учебного заведения, закончившие полный курс обучения и защитившие дипломный проект (работу), сдавшие государственные экзамены и направленные на работу комиссией по персональному распределению (63, п. 3).

В трудовой книжке работника записывается «Освобожден от работы, как не выдержавший испытания, ст. 23 КЗоТ РСФСР».

Документы, необходимые для поступления на работу. При приеме на работу запрещается требовать от трудящихся документы помимо предусмотренных законодательством (ст. 19 КЗоТ).

При приеме на работу администрация предприятия обязана потребовать от поступающего:

а) представления трудовой книжки, оформленной в установленном порядке, а если лицо поступает на работу в качестве рабочего или служащего впервые — справки о последнем занятии, выданной по месту жительства соответствующей жилищно-эксплуатационной организацией, поселковым или сельским Советом народных депутатов, уличным комитетом (справка, выданная уличным комитетом должна быть заверена исполнительным комитетом соответствующего Совета народных депутатов), а уволенные из рядов Вооруженных Сил СССР обязаны предъявить администрации военный билет;

б) предъявления паспорта в соответствии с законодательством о паспортах.

Прием на работу без предъявления указанных документов не допускается (п. 6 Типовых правил внутреннего трудового распорядка).

При приеме на работу, требующую специальных знаний, администрация предприятия вправе потребовать от работника предъявления диплома или иного документа о полученном образовании или профессиональной подготовке.

Если законодательство связывает возможность приема на работу с наличием определенного образования или профессиональной подготовки, администрация не только имеет право, но и обязана потребовать от поступающего на работу предъявления соответствующего документа.

Требовать при приеме на работу характеристику администрация вправе лишь в случаях, прямо предусмотренных законодательством.

Предварительные при поступлении на работу медицинские осмотры рабочих и служащих некоторых категорий. Рабочие и служащие, занятые на тяжелых работах и на работах с вредными или опасными условиями труда (в том числе на подземных работах), а также на работах, связанных с движением транспорта, проходят обязательные предварительные при поступлении на работу и периодические (лица в возрасте до 21 года — ежегодные) медицинские осмотры для определения пригодности их к поручаемой работе и предупреждения профессиональных заболеваний.

Работники предприятий пищевой промышленности, общественного питания и торговли, водопроводных сооружений, лечебно-профилактических и детских учреждений, а также некоторых других предприятий проходят указанные медицинские осмотры в целях охраны здоровья населения (ст. 65 Основ, ст. 154 КЗоТ).

Список профессий и производств, для работы в которых обязательны медицинские осмотры, и порядок проведения этих осмотров устанавливаются Министерством здравоохранения СССР по согласованию с ВЦСПС.

Приказом министра здравоохранения СССР по согласованию с ВЦСПС от 19 июня 1984 г. № 700[*] утверждены Перечень опасных, вредных веществ и неблагоприятных производственных факторов, при работе с которыми проводятся обязательные медицинские осмотры, перечень работ, для выполнения которых требуется такой осмотр и Инструкция по проведению обязательных предварительных при поступлении на работу и периодических медицинских осмотров трудящихся.

Медицинские осмотры трудящихся проводятся медико-санитарными частями и поликлиниками при промышленных предприятиях, а при их отсутствии — территориальными лечебно-профилактическими учреждениями, расположенными в районе деятельности предприятий.

Все лица моложе 18 лет принимаются на работу лишь после предварительного медицинского осмотра и в дальнейшем, до достижения 18 лет, ежегодно подлежат обязательному медицинскому осмотру (ст. 76 Основ, ст. 176 КЗоТ).

Администрация не имеет права требовать от лиц, поступающих на работу, прохождения медицинского осмотра, если это не предусмотрено законодательством.

Форма трудового договора. Трудовой договор может быть заключен в устной или письменной форме (ч. 1 ст. 18 КЗоТ).

При приеме на работу в порядке организованного набора трудовые договоры должны обязательно заключаться в письменной форме. Письменная форма обязательна также и тогда, когда с работниками, приглашаемыми, переводимыми и направляемыми на работу в районы Крайнего Севера и в местности, приравненные к районам Крайнего Севера, заключаются трудовые договоры на определенный срок.

Заключение трудового договора в письменной форме (в тех случаях, когда такая форма не обязательна) позволяет более четко определить условия, о которых стороны договорились при его заключении, что способствует более быстрому и правильному рассмотрению трудовых споров в случае их возникновения.

Оформление приема на работу. Прием на работу оформляется приказом (распоряжением) администрации предприя-

---

[*] Отдельное издание. М., 1984.

тия. Приказ (распоряжение) объявляется работнику под расписку (ч. 2 ст. 18 КЗоТ).

Фактическое допущение к работе соответствующим должностным лицом считается заключением трудового договора независимо от того, был ли прием на работу надлежащим образом оформлен (абз. 8 п. 6 Типовых правил внутреннего трудового распорядка).

Трудовой договор считается заключенным, если выполнение работы без издания приказа (распоряжения) поручено соответствующим должностным лицом (абз. 6 п. 6 Типовых правил внутреннего трудового распорядка).

Типовая междуведомственная форма приказа (распоряжения) о приеме на работу (форма № Т-1) утверждена приказом ЦСУ СССР* от 9 сентября 1980 г. № 443.

Приказ (распоряжение) о приеме на работу подписывается руководителем предприятия или его заместителем, которому предоставлено такое право.

При приеме трудящегося на работу администрация обязана ознакомить его с порученной работой, условиями и оплатой труда, разъяснить его права и обязанности; ознакомить с правилами внутреннего трудового распорядка и коллективным договором; проинструктировать по технике безопасности, производственной санитарии, гигиене труда, противопожарной охране и другим правилам по охране труда (п. 7 Типовых правил внутреннего трудового распорядка).

Администрация предприятия так должна организовать работу по приему новых работников, чтобы их оформление проводилось в максимально сжатые сроки, так как это делается, например, в производственном объединении «Челябинский тракторный завод имени В. И. Ленина». На этом предприятии все формальности, связанные с приемом, сведены до минимума — они занимают одни, максимум — двое суток (82, 1987, 13 февр.).

Прием на работу в порядке организованного набора**.

Лицо, уполномоченное местным органом государственного комитета союзной республики по труду, действующее от имени предприятия или стройки, заключает с гражданином трудовой договор.

---

* Здесь и далее необходимо учитывать, что ЦСУ СССР переименовано в Госкомстат СССР.

** Более подробно см. постановление ЦК КПСС и Совета Министров СССР от 27 сентября 1984 г. «О мерах по дальнейшему совершенствованию организованного набора рабочих и общественного призыва молодежи» и Инструкцию о порядке планирования и проведения организованного набора рабочих, утвержденную Госкомтрудом СССР 30 мая 1985 г. (61; 90, ч. 3, с. 462—470; 84, 1985, № 9).

Трудовые договоры заключаются с гражданами в возрасте от 18 до 55 лет (мужчины) и от 18 до 50 лет (женщины).

Трудовые договоры для постоянной работы на предприятиях заключаются на сроки, указанные в постановлении ЦК КПСС и Совета Министров СССР от 27 сентября 1984 г. № 1013 (61).

Заключению трудового договора предшествует обязательное медицинское освидетельствование всех лиц, изъявивших желание заключить договор, в порядке, установленном Минздравом СССР (84, 1985, № 9, п. 24).

Не разрешается заключать трудовые договоры с лицами, не имеющими соответствующих документов либо имеющими отрицательное медицинское заключение (84, 1985, № 9, п. 25).

Рабочим, заключившим трудовые договоры о работе в другой местности, выплачивается единовременное безвозвратное пособие и возмещаются расходы, связанные с переездом к новому месту работы.

Порядок приема на работу лиц, окончивших профессионально-технические учебные заведения. Молодые рабочие, окончившие профессионально-технические училища, обеспечиваются работой в соответствии с полученной специальностью и квалификацией (ст. 81 Основ, ст. 182 КЗоТ).

Выпускники средних профессионально-технических училищ с дневной формой обучения обязаны проработать не менее двух лет на предприятиях, куда они направлены после окончания училища (43, п. 42).

Руководителям предприятий запрещается в течение этого срока принимать молодых рабочих — выпускников профессионально-технических училищ на работу без соответствующего направления учебного заведения (43, п. 42).

Предприятия предоставляют выпускникам дневных профессионально-технических училищ, обучавшимся один год и более, перед началом работы отпуск с оплатой его из расчета тарифной ставки по присвоенному выпускнику квалификационному разряду (классу, категории) или соответствующего должностного оклада с учетом действующего в данной местности районного коэффициента.

Выпускникам в возрасте до 18 лет до начала работы предоставляется отпуск продолжительностью один календарный месяц, а остальным выпускникам — продолжительностью, установленной для работников данной профессии и вида производства на предприятиях.

Выпускникам дневных профессионально-технических училищ, обучавшимся менее одного года, время обучения засчитывается в трудовой стаж, дающий право на очередной отпуск (43, п. 44).

Молодым рабочим, окончившим дневные профессионально-технические училища и направленным на работу вне места их постоянного жительства, возмещаются расходы, связанные с проездом к месту работы, предоставляется жилье и другие льготы, предусмотренные действующим законодательством.

Порядок приема на работу лиц, окончивших дневные высшие и средние специальные учебные заведения. Молодые специалисты, окончившие высшие и средние специальные учебные заведения, обеспечиваются работой в соответствии с полученной специальностью и квалификацией (ст. 81 Основ).

Молодые специалисты с высшим и средним специальным образованием обязаны проработать после окончания учебного заведения в соответствии с назначением комиссии по персональному распределению и направлением министерства, ведомства не менее трех лет (кроме тех специалистов, для которых решениями Правительства СССР установлены другие сроки).

Обязательный срок работы молодого специалиста исчисляется со дня заключения им трудового договора с администрацией предприятия, на которое он направлен по распределению.

Время пребывания в Вооруженных Силах СССР, стажировки засчитывается в срок обязательной работы по назначению после окончания учебного заведения. Время обучения в интернатуре в срок обязательной работы не включается (63, п. 32).

Выпускники средних специальных учебных заведений могут быть направлены с их согласия на работу в качестве рабочих, которым по уровню квалификации требуется среднее специальное образование, в соответствии с Единым тарифно-квалификационным справочником работ и профессий рабочих (63, п. 13).

В течение обязательного срока отработки молодой специалист не подлежит аттестации (83, 1984, 4 июля).

Основанием для заключения трудового договора с молодыми специалистами является удостоверение о направлении на работу, которое вручается одновременно с дипломом не позднее чем через пять дней после окончания ими учебного заведения (63, п. 28).

С молодыми специалистами, как правило, заключаются трудовые договоры на неопределенный срок. Законодательство о труде допускает заключение трудового договора на определенный срок (три года), например, с молодыми специалистами, направленными на работу в районы Крайнего Севера и в местности, приравненные к ним.

Выпускники обязаны прибыть к месту назначения в срок, указанный в их удостоверении о направлении на работу. В случае прибытия к месту назначения выпускника позже этого срока без уважительных причин министерство, предприятие может изменить условия, предусмотренные в удостоверении о направлении на работу (место работы, должность, размер заработной платы), с учетом приобретенной специальности (63, п. 31).

Выпускникам, направленным на работу по окончании учебного заведения, предоставляется отпуск продолжительностью в один календарный месяц независимо от того, когда они имели последние каникулы в учебном заведении. За время отпуска молодым специалистам-стипендиатам выплачивается пособие в размере месячной стипендии за счет предприятия, в которое они направляются на работу. Выпускникам высших и средних специальных учебных заведений, получившим возможность поступать на работу самостоятельно, пособие за время отпуска не выплачивается.

Молодым специалистам, направляемым после окончания учебного заведения на работу в другую местность (в другой населенный пункт по существующему административно-территориальному делению) выплачиваются компенсации и предоставляются гарантии.

Право на получение компенсационных сумм, связанных с переездом к месту работы, приобретают те молодые специалисты, постоянное место жительства которых не совпадает с местом их учебы*.

Лицам, направленным после окончания учебного заведения на работу в другую местность по отношению к месту прежнего постоянного жительства:

а) оплачивается стоимость проезда выпускника и членов его семьи (кроме случаев, когда администрация предоставляет соответствующие средства передвижения);

б) оплачиваются расходы по провозу имущества железнодорожным, водным и автомобильным транспортом (общего пользования) в количестве до 500 кг на самого выпускника и до 150 кг на каждого переезжающего члена семьи. По соглашению сторон могут быть оплачены фактические расходы по провозу имущества в большем количестве. При отсутствии указанных видов транспорта могут быть оплачены расходы по провозу этого имущества воздушным транспортом от ближайшей к месту работы железнодорожной станции или от ближайшего морского либо речного порта, открытого для навигации в данное время;

в) за каждый день нахождения в пути выплачиваются суточные в размере 3 руб. 50 коп., а при следовании в районы Крайнего Севера и в местности, приравненные к этим районам, а также в Хабаровский и Приморский края и в Амурскую область — в размере 4 руб. 50 коп.;

г) выплачивается единовременное пособие на самого выпускника в размере его месячного должностного оклада (та-

---

* Местом жительства признается место, где гражданин постоянно или преимущественно проживает (ст. 17 Гражданского кодекса РСФСР).

рифной ставки) по новому месту работы и на каждого переезжающего члена семьи — в размере четверти пособия самого специалиста. Выпускникам, направленным на работу в районы Крайнего Севера и в местности, приравненные к этим районам, из других районов страны по окончании высших и средних специальных учебных заведений, единовременное пособие выплачивается в размере двух должностных окладов (тарифных ставок) по новому месту работы, а членам их семей — в половинном размере;

д) выплачивается заработная плата, исходя из должностного оклада (тарифной ставки) по новому месту работы за дни сбора в дорогу и устройства на новом месте жительства, но не более 6 дней, а также за время нахождения в пути (63, п. 40).

К членам семьи выпускника, на которых выплачиваются компенсации, относятся муж (жена), а также дети и родители обоих супругов, находящиеся на иждивении и проживающие вместе с ним.

Стоимость проезда членов семьи и провоза их имущества, а также единовременное пособие на них выплачиваются в том случае, если они переезжают на новое место жительства выпускника до истечения одного года со дня фактического предоставления жилого помещения (63, п. 42).

Если молодой специалист направлен на работу в город, где он окончил высшее или среднее специальное учебное заведение, а до поступления на учебу проживал в другом населенном пункте, то ему должны быть выплачены единовременное пособие и другие компенсационные суммы в полном объеме.

Вместе с тем молодой специалист при направлении на работу к месту своего прежнего жительства, где за ним сохраняется жилая площадь, не имеет права на получение единовременного пособия. Что же касается расходов по проезду и провозу багажа, то они возмещаются на общих основаниях.

Не выплачивается единовременное пособие также молодым специалистам, которые обучались в высшем или среднем специальном учебном заведении по направлению предприятий, если они по окончании учебного заведения возвращаются для работы на эти предприятия. В этих случаях им возмещаются расходы по проезду и провозу багажа по установленным нормам. Тем из них, которые проживали до учебы в общежитии или на арендованной жилой площади, компенсации выплачиваются полностью (63, п. 43).

Должности по штатному расписанию, на которые в текущем году должны быть приняты по направлениям комиссии по персональному распределению выпускники высших учебных заведений, не подлежат замещению другими работниками. В случае производственной необходимости на эти должности могут быть приняты работники на срок до назначения на них молодых специалистов (22, абз. 3 п. 23).

Лицам, окончившим с отличием высшие учебные заведения, выплачивается в пределах схемы должностных окладов более высокая заработная плата, которая сохраняется до первого изменения должностного оклада в соответствии с решением аттестационной комиссии. Если должностные оклады и ставки заработной платы зависят от стажа работы по специальности (врачи, провизоры, учителя, тренеры-преподаватели, библиотекари и др.), этим работникам должностные оклады устанавливаются в размерах, предусмотренных по следующей для каждого из них стажевой группе, и сохраняются до наступления права на установление в связи с увеличением стажа более высоких окладов (63, п. 49).

Работникам, которые направляются в порядке распределения на работу в другую местность, и членам их семей предприятия, учреждения и организации, а в случаях, предусмотренных действующим законодательством, — исполкомы местных Советов народных депутатов обязаны по приезде предоставить вне очереди жилое помещение (п. 3 постановления Совета Министров СССР от 15 июля 1981 г. № 677 «О гарантиях и компенсациях при переезде на работу в другую местность». — СП СССР, 1981, отд. 1, № 21, ст. 123).

Лица, окончившие высшие учебные заведения и направленные на работу в другую местность на предприятия, в учреждения и организации, не имеющие собственного жилищного фонда и не осуществляющие жилищного строительства, а также не принимающие долевого участия в жилищном строительстве, обеспечиваются жилой площадью исполкомами местных Советов народных депутатов по ходатайствам соответствующих предприятий в порядке, предусмотренном пунктом 3 постановления Совета Министров СССР от 15 июля 1981 г. № 677 (22, абз. 5 п. 23).

Предприятия, учреждения и организации (кроме совхозов и других государственных сельскохозяйственных предприятий), а также исполкомы местных Советов народных депутатов при недостаточности собственного жилищного фонда или временном затруднении во внеочередном предоставлении жилого помещения могут арендовать у граждан жилые помещения для предоставления их выпускникам учебных заведений, прибывшим на работу по персональному распределению, с доплатой к установленным предельным ставкам квартирной платы, но не более 10 руб. в месяц на одного работника (22, абз. 6 п. 23). Предприятия и организации могут выдавать в необходимых случаях молодым специалистам ссуды из своих фондов на вступление в жилищно-строительные кооперативы (22, абз. 7, п. 23).

Выпускники, которые по какой-либо причине не были обеспечены по приезде обусловленной в удостоверении о направлении на работу жилой площадью и продолжают работать на тех же предприятиях, сохраняют право на ее получение вне очереди, независимо от срока работы на данном предприятии (63, п. 44).

Выпускник обязан вернуть полностью средства, выплаченные ему в связи с переездом на работу в другую местность, в следующих случаях: если он не явился на работу или отказался приступить к работе без уважительной причины; если он до окончания обязательного срока работы был уволен за виновные действия, которые в соответствии с законодательством явились основанием прекращения трудового договора.

Выпускник, который не явился на работу или отказался приступить к работе по уважительной причине, обязан вернуть выплаченные ему средства за вычетом понесенных уже путевых расходов (63, п. 43).

В случае неявки на работу или отказа приступить к работе по месту персонального распределения без уважительных причин, а также увольнения до истечения установленного срока работы за нарушение трудовой дисциплины или увольнения без уважительных причин выпускники учебных заведений возмещают предприятиям расходы, связанные с выплатой им стипендии за время обучения за счет средств этих предприятий (22, абз. 8 п. 23; 63, п. 37).

Если молодой специалист по какой-либо причине не может быть использован по специальности на предприятии, куда он направлен комиссией по персональному распределению, или предприятие не обеспечивает выполнение условий, зафиксированных в удостоверении о направлении на работу, министерство, в ведении которого находится данное предприятие, обязано предоставить молодому специалисту с его согласия в своей системе другую работу или направить его в распоряжение другого министерства (в порядке перевода) по согласованию с этим министерством.

При переводе на работу в системе того же министерства или в распоряжение другого министерства ему выдается новое удостоверение о направлении на работу.

За молодыми специалистами, переведенными на работу на другие предприятия, сохраняются права и обязанности, включая и право на льготное обеспечение жилой площадью (за исключением перевода по месту прежнего жительства).

Молодые специалисты, окончившие высшие учебные заведения, после трех лет работы по месту распределения проходят специальную аттестацию. По ее результатам им вручается квалификационный аттестат. Подлежат также аттестации выпускники, которым предоставлена возможность самостоятельного трудоустройства по специальности (63, п. 33). Аттестацию проводят комиссии на предприятиях, на которых работают молодые специалисты.

Прием на работу по совместительству. Совместительство — это одновременное занятие помимо основной другой платной должности, а равно выполнение другой регулярной платной работы на том же или на другом предприятии в свободное от основной работы время.

Совместительство допускается только на одном предприятии. Занятие двух руководящих должностей при этом не разрешается.

Для работы по совместительству согласия администрации и профсоюзного комитета по месту основной работы теперь не требуется. Руководителями предприятий совместно с профсоюзными комитетами могут вводиться ограничения на совместительство в отношении работников отдельных профессий и должностей с особыми условиями и режимом труда, дополнительная работа которых может повлечь за собой последствия, отражающиеся на состоянии их здоровья и безопасности производства. Ограничения также распространяются на лиц, не достигших 18 лет, и беременных женщин (27, п. 1).

Продолжительность работы по совместительству не может превышать четырех часов в день и полного рабочего дня в выходной день. Общая продолжительность работы по совместительству в течение месяца не должна превышать половины месячной нормы рабочего времени.

Оплата труда совместителей производится за фактически выполненную работу (27, п. 2). Это значит, что сдельщику оплата производится по сдельным расценкам за фактическую выработку, а повременщику — за фактически отработанное время.

Прием на работу по конкурсу. Замещение вакантных должностей заведующих научными отделами, лабораториями, секторами, старших и младших научных сотрудников научно-исследовательских учреждений Академии наук СССР, академий наук союзных республик, отраслевых академий, высших учебных заведений, министерств и ведомств, независимо от их ведомственной подчиненности, производится по конкурсу.

Порядок замещения вакантных должностей научных работников научно-исследовательских учреждений определен Инструкцией, утвержденной постановлением Президиума Академии наук СССР 14 декабря 1962 г. (52).

Конкурс может проводиться только на вакантные (никем не занятые) должности. На занятые должности проводить конкурс нельзя. Должность считается вакантной не только тогда, когда она является свободной, но и тогда, когда исполнение обязанностей по ней временно возложено на лицо, занимающее другую должность в данном научном учреждении.

Перечень должностей, которые замещаются по конкурсу, строго ограничен.

В порядке исключения из общего правила без проведения конкурса могут приниматься научные работники для замещения должностей работников, направленных в длительные командировки за границу. В этих случаях с научными работниками, принятыми без конкурса, заключается срочный трудовой договор (57).

Если на вакантную должность, подлежащую замещению по конкурсу, принят научный работник без конкурса, то трудовой договор считается заключенным. Должность, на которую принят работник с нарушением действующего порядка замещения должностей, не является вакантной, а поэтому на эту должность нельзя объявлять конкурс. В таких случаях время переизбрания лиц, принятых на работу без конкурса, может устанавливаться администрацией научного учреждения до истечения пяти лет (для младших научных сотрудников — трех лет) со дня приема на работу.

Избрание работника по конкурсу оформляется приказом о его зачислении на работу.

Заведующие научными отделами, лабораториями, секторами и старшие научные сотрудники, избранные по конкурсу, через каждые пять лет, а младшие научные сотрудники — через каждые три года должны избираться на должность на новый срок советом научного учреждения, высшего учебного заведения (52, п. 11).

Прием на работу инвалидов. Предприятия и учреждения обязаны предоставлять рабочим и служащим, частично утратившим трудоспособность, другую работу в том же предприятии соответственно их трудоспособности согласно заключению врачебно-трудовой экспертной комиссии.

Для приема на работу инвалидов Отечественной войны устанавливается броня в пределах 2% общей численности рабочих и служащих. Броня устанавливается Советом Министров союзной республики, министерствами и ведомствами дифференцированно для каждой отрасли народного хозяйства (28, п. 1).

Направления на работу инвалидов в счет брони выдаются районными (городскими) органами по труду или органами социального обеспечения и обязательны для предприятия.

Для инвалидов Отечественной войны, направленных на работу в счет брони, при приеме на работу испытание не устанавливается (ст. 21 КЗоТ).

Врачебно-трудовые экспертные комиссии устанавливают для инвалидов условия и характер труда, доступные им по состоянию здоровья. Заключения ВТЭК об условиях и характере труда инвалидов являются обязательными для администрации предприятий (п. 4 Типового положения о ВТЭК, утвержденного постановлением Совета Министров СССР от 21 декабря 1984 г. № 1255*).

Прием на работу надомников. Надомниками считаются

---

* СП СССР, 1985, отд. 1, № 1, ст. 4.

лица, заключившие трудовой договор с предприятием о выполнении работы на дому личным трудом из материалов и с использованием орудий и средств труда, выделяемых предприятием, либо приобретаемых за счет средств этого предприятия. Администрация может разрешать надомникам изготовление изделий для предприятия из собственных материалов и с использованием личных механизмов и инструментов (65, п. 1).

Труд надомников должен быть направлен, как правило, на производство товаров народного потребления, оказание отдельных видов услуг гражданам и предприятиям (через ателье и приемные пункты системы бытового обслуживания). Задания могут выполняться при участии членов семьи надомника.

Администрация может использовать труд надомников и для изготовления (выполнения) других видов изделий (работ), если по характеру и технологии производства это возможно в надомных условиях и экономически целесообразно (65, п. 3).

Преимущественное право на заключение трудового договора о работе на дому предоставляется: женщинам, имеющим детей в возрасте до 15 лет; инвалидам и пенсионерам (независимо от вида назначенной пенсии); лицам, достигшим пенсионного возраста, но не получающим пенсию; лицам с пониженной трудоспособностью, которым в установленном порядке рекомендован труд в надомных условиях; лицам, осуществляющим уход за инвалидами или длительно болеющими членами семьи, которые по состоянию здоровья нуждаются в уходе; лицам, занятым на работах с сезонным характером производства (в межсезонный период), а также обучающимся в очных учебных заведениях; лицам, которые по объективным причинам не могут быть заняты непосредственно на производстве в данной местности (65, п. 4).

Лица, владеющие мастерством изготовления изделий народных художественных промыслов, сувенирных изделий или оригинальной упаковки для них, могут быть приняты на работу в качестве надомников независимо от рода их деятельности и работы на других предприятиях (65, п. 5).

Трудовой договор о работе на дому заключается, как правило, в письменной форме. В трудовом договоре с надомниками должны быть изложены основные и дополнительные условия, определяющие взаимные обязательства сторон. На надомников, ранее не работавших в общественном производстве, заводятся трудовые книжки после сдачи ими первого выполненного задания (65, пп. 7—8).

На надомников распространяется действие законодательства о труде с особенностями, установленными Положением об условиях труда надомников. Труд надомников регулируется также отраслевыми инструкциями, коллективным и трудовым договором (65, п. 2).

Прием на работу студентов высших и учащихся средних специальных учебных заведений. Трудоустройство студентов дневных отделений высших и учащихся средних специальных учебных заведений, желающих совмещать учебу с общественно полезным трудом, осуществляется строго на добровольных началах и может производиться как индивидуально, так и в составе студенческих отрядов, работающих на условиях неполного рабочего дня и недели (53, п. 1).

В случае направления на работу студентов (учащихся) в составе студенческого отряда основанием для приема на работу служит список отряда, утвержденный комитетом комсомола и согласованный с администрацией учебного заведения.

Указанный порядок не исключает возможности самостоятельного трудоустройства студентов и учащихся в свободное от учебы время в соответствии с действующим законодательством (53, п. 2).

В период работы на студентов и учащихся распространяются действующие на предприятии правила внутреннего трудового распорядка, положения об оплате труда и премировании рабочих и служащих, и, кроме того, за ними сохраняется получаемая по месту обучения стипендия. Заработную плату каждый студент и учащийся получает в кассе предприятия лично.

На предприятиях, где установлены пониженные нормы выработки для молодых рабочих, они могут применяться для членов отрядов.

Все члены отряда, включая его руководителей, зачисляются на работу приказом (распоряжением) администрации.

Студенты и учащиеся приступают к работе только после выпуска приказа (распоряжения) о приеме на работу, прохождения соответствующих инструктажей, установленных для предполагаемых видов работ (53, п. 4).

Работа студентов и учащихся в свободное от учебы время не считается совместительством.

Порядок приема на работу учащихся. Учащиеся общеобразовательных школ, профессионально-технических и средних специальных учебных заведений[*], достигшие 14-летнего возраста, могут по их желанию и с согласия одного из родителей или лица, заменяющего его, приниматься на работу на государственные и кооперативные предприятия для выполнения в свободное от учебы время легкого труда, не причиняющего вреда их здоровью, нормальному развитию и не наносящего ущерба посещаемости учебного заведения.

На учащихся, принятых на работу в свободное от учебы время, распространяется действие законодательства Союза

---

[*] В дальнейшем именуются учащиеся.

ССР и союзных республик о труде с особенностями, предусмотренными Положением о порядке и условиях добровольного труда учащихся общеобразовательной и профессиональной школы в свободное от учебы время (70).

Прием учащихся на работу осуществляется при содействии органов по труду и социальным вопросам, учебных заведений и комитетов комсомола, а также при непосредственном обращении на предприятие (70, п. 20).

Учащиеся, изъявившие желание поступить на работу, подают личное заявление с согласием на нем одного из родителей или лица, заменяющего его, предъявляют справку с места жительства и свидетельство о рождении или паспорт, а также справку медицинского учреждения о состоянии здоровья (70, п. 6).

Трудовой договор с учащимися заключается в письменной форме с согласия профкома. В договоре должны быть наиболее полно изложены взаимные обязательства сторон (70, п. 7).

Запрещается принимать учащихся на работу с вредными и опасными условиями труда, а также на подземные работы.

Учащиеся не должны допускаться к выполнению работ, предусмотренных Списком производств, профессий и работ с тяжелыми и вредными условиями труда, на которых запрещается применение труда лиц моложе 18 лет (64). Они не должны привлекаться к работам в ночное время, в выходные дни, а также к работам сверх рабочего времени, обусловленного трудовым договором (70, п. 11).

При приеме учащихся на работу администрация обязана ознакомить их с характером работы, условиями труда, разъяснить их права и обязанности, ознакомить с правилами внутреннего распорядка, подробно проинструктировать по технике безопасности, производственной санитарии и другим правилам по охране труда и пожарной безопасности (70, п. 8).

Учащиеся, принятые на работу, в списочный состав работников предприятия не включаются. На одном рабочем месте могут работать несколько учащихся (70, абз. 2 п. 5).

По просьбе учащихся им может предоставляться работа на условиях неполной рабочей недели, по гибкому графику, а также на дому с возможными перерывами в дни напряженных учебных занятий (70, абз. 3 п. 12).

Оплата труда учащихся, работающих на предприятиях в свободное от учебы время, производится пропорционально отработанному времени или в зависимости от выработки.

Предприятие в пределах предоставленных ему прав может устанавливать учащимся доплаты к заработной плате, а также предоставлять им иные льготы и преимущества (70, п. 16).

Заработанные учащимися денежные суммы выплачиваются им полностью в сроки, установленные для выплат заработной платы на данном предприятии (70, п. 17).

На учащихся, занятых общественно полезным трудом на предприятиях или в кооперативах, распространяется государственное социальное страхование (70, п. 19).

Учащимся, освоившим в процессе трудовой деятельности знания и умения по данной профессии или специальности в соответствии с квалификационными характеристиками, присваивается начальный квалификационный разряд (класс, категория) в соответствии с требованиями по подготовке кадров на производстве (70, п. 4).

Предприятия в установленные сроки представляют в органы по труду и социальным вопросам сведения о наличии свободных рабочих мест и вакантных должностей для устройства учащихся на работу (70, п. 23).

2. Перевод на другую работу

Понятие перевода на другую работу. Администрация не вправе требовать от рабочего или служащего выполнения работы, не обусловленной трудовым договором (ст. 12 Основ, ст. 24 КЗоТ). Поручение работнику выполнения работы, не обусловленной трудовым договором, является переводом на другую работу.

Перевод на другую работу на том же предприятии, а также перевод на работу на другое предприятие либо в другую местность, хотя бы вместе с предприятием, допускается только с согласия рабочего или служащего, за исключением случаев, предусмотренных в ст. ст. 14 и 56 Основ (ст. ст. 26, 27 и 135 КЗоТ).

Переводом на другую работу считается также поручение рабочему или служащему работы, являющейся другой по отношению к фактически выполняемой. Например, работница была принята на работу рабочей кухни, а фактически с первого дня работы выполняла обязанности повара. В дальнейшем администрация потребовала от нее выполнения обязанностей рабочей кухни. Такое требование следует считать переводом на другую работу (87, 1975, № 5).

Не считается переводом на другую работу и не требует согласия работника перемещение его на том же предприятии на другое рабочее место, в другое структурное подразделение в той же местности, поручение работы на другом механизме или агрегате в пределах специальности, квалификации или должности, обусловленной трудовым договором. Администрация не вправе перемещать рабочего или служащего на работу, противопоказанную ему по состоянию здоровья (ч. 2 ст. 13 Основ, ч. 2 ст. 25 КЗоТ).

В тех случаях, когда в результате перемещения рабочего

или служащего уменьшается заработок по независящим от него причинам, производится доплата до прежнего среднего заработка в течение двух месяцев со дня перемещения (ч. 2 ст. 44 Основ, ч. 2 ст. 95 КЗоТ). При перемещении администрация обязана сохранить льготы, преимущества и другие существенные условия труда.

В связи с изменениями в организации производства и труда допускается изменение существенных условий труда при продолжении работы по той же специальности, квалификации или должности. Об изменении существенных условий труда — систем и размеров оплаты труда, льгот, режима работы, установлении или отмене неполного рабочего времени, совмещения профессий и других — работник должен быть поставлен в известность не позднее чем за два месяца (ч. 3 ст. 13 Основ, ч. 3 ст. 25 КЗоТ).

Если прежние существенные условия труда не могут быть сохранены, а работник не согласен на продолжение работы на новых условиях, то трудовой договор прекращается по пункту 6 ст. 29 КЗоТ (ч. 4 ст. 13 Основ, ч. 4 ст. 25 КЗоТ).

Не считается переводом изменение условий труда по постановлению Правительства, по решению вышестоящих органов государственного и хозяйственного управления или в результате совместных решений администрации и профсоюзного комитета предприятия по вопросам, отнесенным к их компетенции.

Не требуется согласия работника для продолжения работы в случае изменения ведомственной подчиненности предприятия, а также при изменении наименования должности для приведения ее в соответствие с фактически выполняемой работой или в связи с введением новой номенклатуры должностей.

Согласие работника о переводе на другую работу должно быть выражено им до фактического перевода, причем в такой форме, чтобы администрация могла в последующем, в случае необходимости, доказать, что работник был переведен на другую работу с его согласия.

В случае спора наличие согласия на перевод подтверждается любыми средствами доказывания, перечисленными в ст. 49 ГПК РСФСР (80, абз. 2 п. 5).

До получения согласия администрация должна ознакомить рабочего или служащего с новыми условиями труда.

Факт перехода на другую работу во исполнение приказа (распоряжения) администрации о переводе сам по себе не означает, что работник согласился с переводом (87, 1973, № 1, с. 3). Поэтому прежде чем издать приказ (распоряжение) о переводе работника на другую работу, администрация должна в устной или письменной форме (предпочтительнее в письменной) получить согласие работника.

Исполнение другой работы в течение длительного времени в судебной практике рассматривается как согласие на перевод, если рабочий или служащий не принял мер, свидетельствующих о его несогласии с переводом (87, 1974, № 8, с. 2 — 3).

Отказ работника от перевода на другую постоянную работу не может рассматриваться как нарушение трудовой дисциплины.

Если трудящийся был переведен с его согласия на другую постоянную работу, то перевести его на прежнюю работу, на которую он был первоначально принят, без его согласия нельзя.

Перевод на другую работу оформляется приказом (распоряжением) по предприятию. ЦСУ СССР 9 сентября 1980 г. утверждена Типовая междуведомственная форма (Т-5) приказа (распоряжения) о переводе на другую работу. При оформлении перевода должны указываться конкретные, данные о прежней и новой работе (цех, отдел, специальность и др.). С приказом о переводе на другую работу работник должен быть ознакомлен под расписку.

В порядке исключения из общего правила администрации предоставлено право в случаях, предусмотренных законодательством, перевести рабочего или служащего на другую работу на определенный срок и без его согласия. Такой перевод допускается в случае производственной необходимости; для замены временно отсутствующего работника; в случае простоя; в качестве меры дисциплинарного взыскания.

Отказ работника от выполнения работы при переводе на законных основаниях признается нарушением трудовой дисциплины, а невыход на работу — прогулом (79, п. 24).

Временный перевод на другую работу в связи с производственной необходимостью. В случае производственной необходимости для предприятия администрация имеет право перевести рабочих и служащих на срок до одного месяца на не обусловленную трудовым договором работу на том же предприятии либо на другом предприятии, но в той же местности с оплатой труда по выполняемой работе, но не ниже среднего заработка по прежней работе (ст. 14 Основ, ст. 26 КЗоТ).

Рабочие и служащие лесной промышленности и лесного хозяйства в случае производственной необходимости могут быть переведены на другую работу в пределах одного предприятия на срок до трех месяцев (9).

В ст. 14 Основ (ст. 26 КЗоТ) указано, что перевод в случае производственной необходимости допускается для предотвращения или ликвидации стихийного бедствия, производственной аварии или немедленного устранения их последствий; для предотвращения несчастных случаев, простоя, гибели или порчи государственного или общественного имущества и в других исключительных случаях.

Производственная необходимость предполагает обстоятельства чрезвычайного порядка, необходимость выполнения таких работ, которые заранее не представлялось возможности предвидеть и планировать, однако от своевременного их выполнения зависит в дальнейшем нормальная работа предприятия. Такой перевод в пределах месячного срока может иметь место неоднократно (столько, сколько раз возникнут обстоятельства, указывающие на наличие производственной необходимости).

Ненадлежащая организация работы, а также другие недостатки в организации труда не могут служить основанием для перевода на другую работу вследствие производственной необходимости (86, 1980, № 6, с. 8).

В случае производственной необходимости временный перевод (на срок до одного месяца) может иметь место без учета квалификации и специальности работника и не требует его согласия. Однако такой перевод недопустим, если он противопоказан по состоянию здоровья работника (80, п. 6).

Право перевода работника на другую работу по производственной необходимости предоставлено только руководителю предприятия (производственной единицы) (86, 1980, № 6, с. 8).

Временный перевод на другую работу для замены отсутствующего рабочего или служащего. Администрация может перевести рабочего или служащего на другую работу на том же предприятии, либо на другое предприятие в данной местности для замены отсутствующего рабочего или служащего на срок не более одного месяца в календарном году (ст. 14 Основ, ст. 26 КЗоТ).

Временный перевод рабочего или служащего без его согласия для замещения работника может иметь место в случаях, когда работник отсутствует на работе в связи с болезнью, нахождением в отпуске, в командировке и т. п. Временный перевод на работу по вакантной должности может быть произведен лишь с согласия работника, кроме случаев, когда такой перевод вызван производственной необходимостью (79, п. 24).

В случае временного замещения отсутствующего работника не допускается перевод квалифицированных рабочих и служащих на неквалифицированные работы (ст. 28 КЗоТ). К квалифицированным относятся рабочие, тарифицируемые по третьему и более высокому разряду при шестиразрядной тарифной сетке, четвертому и более высокому разряду при семиразрядной тарифной сетке (51). Квалифицированными служащими считаются те, которые занимают должности, отнесенные в Квалификационном справочнике должностей руководителей, специалистов и служащих к категории руководителей и специалистов.

В случае временного перевода на другую работу для замены отсутствующего рабочего или служащего труд переведенного работника оплачивается по выполняемой работе, но не ниже среднего заработка по прежней работе (ст. 14 Основ, ст. 26 КЗоТ)*.

Временный перевод рабочих и служащих в случае простоя. От перевода на другую работу в случае производственной необходимости следует отличать перевод в связи с простоем. При простое работник, находящийся в цехе или на участке, где имеет место простой, фактически не может выполнять порученную ему работу, так как для ее выполнения отсутствуют необходимые условия (прекратилась подача электроэнергии, поломался станок и т. д.).

В случае простоя рабочие и служащие переводятся с учетом их специальности и квалификации на другую работу на том же предприятии на все время простоя либо на другое предприятие, но в той же местности на срок до одного месяца (ст. 14 Основ, ст. 27 КЗоТ).

На практике под другой работой, учитывающей специальность и квалификацию работника, понимается такая работа, которая не отличается существенным образом от работы, выполняемой им до перевода. Это может быть работа по специальности и квалификации, обусловленной трудовым договором, выполнение которой производится в иных условиях.

Если администрация не может обеспечить работника на данном предприятии другой работой с учетом его специальности и квалификации, она имеет право перевести его на другое предприятие данной местности на срок до одного месяца.

При переводе на нижеоплачиваемую работу вследствие простоя за рабочими и служащими, выполняющими нормы выработки, сохраняется средний заработок по прежней работе, а за рабочими и служащими, не выполняющими нормы или переведенными на повременно оплачиваемую работу, сохраняется их тарифная ставка (оклад), т. е. та тарифная ставка, по которой оплачивался их труд перед переводом (ст. 14 Основ, ст. 27 КЗоТ).

При простое не допускается перевод квалифицированных рабочих на неквалифицированные работы (ст. 28 КЗоТ).

В случае простоя администрация обязана всех работников, оказавшихся в состоянии простоя, перевести на другую работу. При отказе от перевода на другую работу время простоя не оплачивается, а отказ от перевода рассматривается как нарушение трудовой дисциплины.

Временный перевод на другую работу за нарушение трудовой дисциплины. За нарушение трудовой дисциплины администрация предприятия может перевести рабочего или служащего на нижеоплачиваемую работу на срок до трех месяцев или сместить на низшую должность на тот же срок

---

* Об оплате труда при временном заместительстве см. с. 644—645.

(абз. 1 п. 4 ст. 56 Основ, абз. 1 п. 4 ст. 135 КЗоТ). За систематическое нарушение трудовой дисциплины, прогул без уважительных причин или появление на работе в нетрезвом состоянии, в состоянии наркотического или токсического опьянения рабочий или служащий может быть переведен на другую нижеоплачиваемую работу или смещен на другую низшую должность на срок до трех месяцев (абз. 2 п. 4 ст. 56 Основ, абз. 2 п. 4 ст. 135 КЗоТ).

Под другой нижеоплачиваемой работой или низшей должностью, на которые рабочие и служащие могут быть переведены за систематическое нарушение трудовой дисциплины, прогул без уважительных причин, появление на работе в нетрезвом состоянии, в состоянии наркотического или токсического опьянения, понимается работа или должность, не обусловленные трудовым договором, независимо от профессии и специальности работника.

Не допускается перевод на такую работу, которая противопоказана работнику по состоянию здоровья (69, п. 3.3).

Систематически нарушающими трудовую дисциплину считаются рабочие и служащие, имеющие дисциплинарное или общественное взыскание за нарушение трудовой дисциплины и нарушившие ее вновь (69, п. 3.2).

Работники, несущие дисциплинарную ответственность в порядке подчиненности, могут быть смещены на низшую должность на срок до одного года (1, п. 7).

Работники учреждений и управленческого персонала хозяйственных органов за нарушение правил общей и противопожарной охраны служебных зданий и помещений, правил хранения служебных документов также могут быть смещены на низшую должность сроком до одного года (2, п. 1).

Перевод на другую работу в качестве дисциплинарного взыскания допускается только в пределах той же местности (87, 1972, № 7, с. 13).

Рабочий или служащий, переведенный по приказу администрации за нарушение трудовой дисциплины на нижеоплачиваемую работу или смещенный на низшую должность и впоследствии уволенный до истечения срока выполнения этих работ, в случае восстановления его на работе обязан выполнить распоряжение администрации о переводе, если он признан судом обоснованным и срок перевода, согласно приказу, до вынесения решения еще не истек (80, п. 7).

Временный перевод на другую работу в связи с реконструкцией действующих производств. Руководители производственных объединений, предприятий и других организаций, выполняющих работы по техническому перевооружению и реконструкции действующих производств хозяйственным способом, вправе сохранять за работниками, временно направляемыми на эти работы, среднемесячную заработную плату, получаемую по основному месту работы, при условии выполнения ими установленных заданий (20, п. 27).

Временное понижение квалификационных разрядов за грубое нарушение технологической дисциплины. Руководители предприятий имеют право понижать на один разряд квалификационные разряды (классы, категории) рабочим за грубое нарушение технологической дисциплины, а также за другие серьезные нарушения, повлекшие ухудшение качества изготавливаемой ими продукции. При этом восстановление разряда (класса, категории) производится в порядке, установленном для присвоения разрядов (классов, категорий), но не ранее чем через три месяца после его снижения (21, п. 34).

Перевод на более легкую работу. Рабочих и служащих, нуждающихся по состоянию здоровья в предоставлении более легкой работы, администрация обязана перевести, с их согласия, на такую работу в соответствии с медицинским заключением временно или без ограничения срока.

При переводе по состоянию здоровья на более легкую нижеоплачиваемую работу за рабочими и служащими сохраняется прежний средний заработок в течение двух недель со дня перевода, а в случаях, предусмотренных законодательством, прежний средний заработок сохраняется на все время выполнения нижеоплачиваемой работы или производится выплата пособия по государственному социальному страхованию (ст. 66 Основ, ст. 156 КЗоТ).

Рабочим и служащим, временно переведенным на другую нижеоплачиваемую работу в связи с заболеванием туберкулезом или профессиональным заболеванием, выдается за время перевода, но не более чем за два месяца, пособие по больничному листку в таком размере, чтобы вместе с заработком по новой работе оно не превышало полного фактического заработка по прежней работе. Если другая работа не была предоставлена администрацией в срок, указанный в больничном листке, то за пропущенные вследствие этого дни пособие выплачивается на общих основаниях (ч. 2 ст. 156 КЗоТ).

Рабочим и служащим, временно переведенным на нижеоплачиваемую работу в связи с увечьем или иным повреждением здоровья, связанным с исполнением ими трудовых обязанностей, предприятие, ответственное за повреждение здоровья, выплачивает разницу между прежним заработком и заработком по новой работе. Такая разница выплачивается до восстановления трудоспособности или установления стойкой утраты трудоспособности либо инвалидности (ч. 3 ст. 156 КЗоТ).

Перевод на более легкую работу беременных женщин и женщин, имеющих детей в возрасте до полутора лет. Беременные женщины в соответствии с врачебным заключением переводятся на время беременности на другую, более легкую работу с сохранением среднего заработка по прежней работе (ст. 70 Основ, ст. 164 КЗоТ). Другой может быть работа на прежнем рабочем месте, но со снижением норм выработки, освобождением от выполнения некоторых операций, запрещением подъема тяжестей и т. п.

Женщины, имеющие детей в возрасте до полутора лет, в случае невозможности выполнения прежней работы переводятся на другую работу с сохранением среднего заработка по прежней работе до достижения ребенком возраста полутора лет (ч. 2 ст. 70 Основ, ч. 2 ст. 164 КЗоТ).

Исчисление среднего заработка, сохраняемого беременным женщинам и женщинам, имеющим детей в возрасте до полутора лет, в связи с переводом их на другую работу, производится из расчета последних шести месяцев перед переводом, не считая времени отпуска по беременности и родам (58).

Перевод на другое предприятие. Переводом на другую работу считается также перевод на другое предприятие. Такой перевод допускается только с согласия рабочего или служащего, за исключением временного перевода по производственной необходимости либо в связи с простоем (ст. 13 Основ, ст. 25 КЗоТ).

Другое предприятие — это, как правило, самостоятельное предприятие, осуществляющее прием и увольнение рабочих и служащих. К другим предприятиям относятся также структурные единицы производственных или научно-производственных объединений.

В случае реорганизации предприятия (слияния, разделения или присоединения) продолжение трудовых отношений может иметь место только с согласия работника (ч. 2 ст. 29 КЗоТ). Если работник такого согласия не дал, то администрация вправе уволить его применительно к п. 1 ст. 33 КЗоТ (83, 1981, 11 марта), при условии сокращения численности или штата работников.

Когда одно предприятие передает цех или участок другому, перевод рабочих и служащих на работу в другое предприятие может быть осуществлен только с их согласия, даже если условия труда и размер заработной платы остаются прежними. Отказ работника от перевода на другое предприятие не является нарушением трудовой дисциплины, и администрация не вправе за это уволить работника.

При наличии согласия работника на перевод на другое предприятие он может осуществляться либо по распоряжению вышестоящей организации, которой подчинены эти предприятия, либо по согласованию между руководителями предприятий, независимо от их ведомственной подчиненности. При переводе работника по согласованию между руководителями предприятий трудовой договор по новому месту работы должен быть заключен с первого рабочего дня, следующего за днем увольнения с предыдущей работы, если соглашением сторон не предусмотрено иное (87, 1977, № 12, с. 6).

Перевод на работу в другую местность. Переводом работника на другую работу считается перевод на работу в другую местность, хотя бы и вместе с предприятием. Для такого перевода необходимо согласие рабочего или служащего (ст. 13 Основ, ст. 25 КЗоТ). Под другой местностью понимается другой населенный пункт (город, поселок, село и т. п.).

Наличие автобусного сообщения между районами, отнесенными по территориальному делению к различным населенным пунктам, не служит основанием для признания их расположенными в одной и той же местности (87, 1972, № 7).

От перевода на работу в другую местность нужно отличать направление работника в служебную командировку. Распоряжение администрации о выезде в командировку для работника обязательно.

Перевод на другую работу по просьбе военкомата. В целях обеспечения военной подготовки без отрыва от производства рабочие и служащие могут быть по просьбе военкомата временно переведены на другую работу с сохранением среднего заработка (67, п. 9).

Особенности перевода некоторых категорий работников. Рабочие и служащие, избранные в состав профсоюзного комитета предприятия, учреждения, организации, цехового комитета профессионального союза и не освобожденные от своей производственной работы, не могут быть переведены на другую работу без предварительного согласия профсоюзного комитета предприятия, а председатели этих комитетов и профсоюзные организаторы — без предварительного согласия вышестоящего профсоюзного органа.

Члены совета трудового коллектива не могут быть по инициативе администрации переведены на другую работу без согласия совета трудового коллектива (ст. 99 Основ, ст. 235 КЗоТ).

Депутат не может быть переведен в порядке дисциплинарного взыскания на нижеоплачиваемую работу без предварительного согласия Совета, а в период между сессиями — без предварительного согласия соответственно исполнительного комитета Совета или Президиума Верховного Совета (5, ст. 32).

Председатель группы народного контроля предприятия, колхоза, учреждения, организации не может быть по инициативе администрации переведен в порядке дисциплинарного взыскания на нижеоплачиваемую работу, помимо соблюдения общего порядка, без предварительного согласия районного, городского, районного в городе комитета народного контроля (10, ст. 29).

Руководителям предприятий и организаций не разрешается переводить на работу, не связанную с полученной профессией и квалификацией, выпускников профессионально-технических учебных заведений в течение двух лет после окончания ими учебного заведения без разрешения министерства (ведомства), которому подчинено предприятие, организация, а также государственного комитета союзной республики по профессионально-техническому образованию (не имеющей областного деления) или республиканского (АССР), краевого, областного, главного и городского управления профессионально-технического образования (68, п. 3.5)*.

3. Прекращение трудового договора

Основания прекращения трудового договора. Прекращение трудового договора возможно только в случаях, предусмотренных законодательством. Основания прекращения трудового договора перечислены в ст. 15 Основ (ст. 29 КЗоТ), ст. 254 КЗоТ и некоторых других нормативных актах.

Прекращение трудового договора по соглашению сторон (п. 1 ст. 29 КЗоТ). Для прекращения трудового договора по этому основанию необходимо взаимное согласие сторон. При этом не имеет значения, кому (работнику или администрации) принадлежит инициатива прекращения трудового договора.

На практике по п. 1 ст. 29 КЗоТ прекращаются в основном срочные трудовые договоры.

При достижении договоренности между работником и администрацией на прекращение трудового договора работник увольняется в срок, определенный сторонами. Изменение такой договоренности может иметь место лишь при взаимном согласии администрации и работника (79, п. 8).

Прекращение трудового договора в связи с истечением срока (п. 2 ст. 29 КЗоТ). Срочный трудовой договор прекращается по истечении срока, кроме случаев, когда трудовые отношения фактически продолжаются и ни одна из сторон не потребовала их прекращения (п. 2 ст. 29 КЗоТ). Если по истечении срока трудового договора трудовые отношения фактически продолжаются и ни одна из сторон не потребовала их прекращения, то действие договора считается продолженным на неопределенный срок (ст. 30 КЗоТ).

Срочный трудовой договор подлежит расторжению досрочно по требованию работника в случае его болезни или

---

* Здесь необходимо учитывать изменения в системе органов народного образования.

инвалидности, препятствующих выполнению работы по договору, нарушения администрацией законодательства о труде, коллективного или трудового договора и по другим уважительным причинам (ст. 32 КЗоТ).

По этим же причинам по требованию работника может быть досрочно расторгнут трудовой договор с лицами, направленными на работу по окончании высшего или среднего специального учебного заведения, профессионально-технического училища, и с работниками, прошедшими обучение новым профессиям и обязанными проработать на производстве установленный срок (79, п. 7 «в»).

Уважительными причинами для досрочного расторжения срочного трудового договора являются, например, перевод мужа или жены на работу в другую местность, зачисление на обучение в высшее или среднее специальное учебное заведение с дневной формой обучения.

По окончании срочного трудового договора увольнение беременных женщин и женщин, имеющих детей в возрасте до полутора лет, допускается с обязательным трудоустройством (ст. 73 Основ, ст. 170 КЗоТ).

В районах Крайнего Севера и приравненных к ним местностях администрация предприятия не вправе без согласия профсоюзного комитета отказать рабочему или служащему по истечении срока договора в заключении договора на новый или неопределенный срок, если численность или штат работников не сокращается (ст. 106 Основ, ст. 250 КЗоТ).

Прекращение трудового договора в связи с призывом или поступлением рабочего или служащего на военную службу (п. 3 ст. 29 КЗоТ). По этому основанию администрация обязана уволить рабочего или служащего с работы в случае призыва на военную службу, поступления на учебу в военное учебное заведение, а также зачисления в кадры Вооруженных Сил СССР.

Расторжение трудового договора по инициативе рабочего или служащего, по инициативе администрации либо по требованию профсоюзного органа (п. 4 ст. 29 КЗоТ). Пункт 4 ст. 29 КЗоТ содержит три самостоятельных основания прекращения трудового договора: расторжение трудового договора по инициативе работника (ст. ст. 31 и 32 КЗоТ), расторжение трудового договора по инициативе администрации (ст. 33 КЗоТ) и увольнение работника по требованию профсоюзного органа (ст. 37 КЗоТ).

Прекращение трудового договора в связи с переводом работника, с его согласия, на другое предприятие, в учреждение, организацию или переход на выборную должность (п. 5 ст. 29 КЗоТ). Перевод работника на работу в другое предприятие, а также переход на освобожденную выборную должность прекращает действие прежнего трудового договора.

Прекращение трудового договора в связи с отказом рабочего или служащего от перевода на работу в другую местность вместе с предприятием, учреждением, организацией (п. 6 ст. 29 КЗоТ). По этому основанию увольняются рабочий или служащий в случае отказа от перевода в другую местность, если туда переезжает предприятие, в котором он работает, а также в случае отказа от продолжения работы в связи с изменением существенных условий труда.

Прекращение трудового договора в случае вступления в законную силу приговора суда, которым рабочий или служащий осужден (кроме случаев условного осуждения и отсрочки исполнения приговора) к лишению свободы, исправительным работам не по месту работы либо к иному наказанию, исключающему возможность продолжения данной работы (п. 7 ст. 29 КЗоТ). Для прекращения трудового договора по этому основанию необходимо, чтобы к работнику, привлеченному к уголовной ответственности, было применено такое наказание, которое исключает возможность продолжения данной работы. Такими наказаниями, в частности, являются: лишение свободы, исправительные работы не по месту работы, лишение права занимать определенные должности или заниматься определенной деятельностью, увольнение от должности.

Приказ об увольнении издается лишь после вступления в законную силу приговора суда (87, 1972, № 5, с. 1).

В случае заключения работника под стражу или отстранения от работы до вступления в законную силу приговора суда днем увольнения считается последний день работы перед заключением под стражу или отстранением от работы.

Прекращение трудового договора при нарушении установленных правил приема на работу (ч. 2 ст. 254 КЗоТ). Прекращение трудового договора может иметь место также в случаях нарушения установленных правил приема на работу. К таким случаям, в частности, относятся: прием на работу лиц, лишенных приговором суда права занимать определенные должности или заниматься определенной деятельностью в течение назначенного судом срока; прием на работу, связанную с материальной ответственностью лиц, ранее судимых за хищения, взяточничество и иные корыстные преступления, если судимость не снята и не погашена; прием на работу служащих, состоящих между собой в близком родстве или свойстве, если их служба связана с непосредственной подчиненностью или подконтрольностью одного из них другому, кроме случаев, когда согласно законодательству наличие близкого родства или свойства не является препятствием к заключению трудового договора; заключение трудового договора с молодыми специалистами или молодыми рабочими после окончания ими учебных заведений с нарушением установленного порядка направления их на работу (79, п. 20).

4. Расторжение трудового договора, заключенного на неопределенный срок, по инициативе рабочего или служащего

Общие положения. Рабочие и служащие имеют право расторгнуть трудовой договор, заключенный на неопределенный срок, предупредив об этом администрацию письменно за два месяца. При расторжении трудового договора по уважительным причинам* рабочие и служащие предупреждают об этом администрацию письменно за один месяц.

Время выполнения работ, на которые рабочий или служащий переведен за нарушение трудовой дисциплины (п. 4 ст. 135 КЗоТ), в срок предупреждения об увольнении не засчитывается.

По истечении срока предупреждения об увольнении рабочий или служащий вправе прекратить работу, а администрация предприятия, учреждения, организации обязана выдать работнику трудовую книжку и произвести с ним расчет.

По договоренности между работником и администрацией трудовой договор может быть расторгнут и до истечения срока предупреждения об увольнении (ст. 31 КЗоТ).

Если работник просит о расторжении трудового договора по собственному желанию с определенной даты, то при недостижении об этом договоренности администрация не вправе без согласия работника уволить его по истечении общего срока предупреждения (два месяца) (87, 1987, № 4, с. 1).

Администрация с учетом интересов производства может по договоренности с работником расторгнуть трудовой договор и до истечения срока выполнения работ, на которые рабочий или служащий переведен за нарушение трудовой дисциплины, но увольнение в этом случае производится по ст. 31 КЗоТ, а не по соглашению сторон (69, п. 3.4).

В случаях когда заявление об увольнении по собственному желанию по уважительным причинам обусловлено невозможностью для работника продолжать работу (зачисление в учебное заведение, переезд в другую местность, переход на пенсию и др.), администрация расторгает трудовой договор в срок, о котором просит работник (69, п. 7.2).

При уходе работника на пенсию впервые администрация расторгает трудовой договор с ним в тот срок, о котором он просит. В последующем пенсионер, желающий оставить работу, должен предупредить администрацию за один месяц.

Срок предупреждения об увольнении исчисляется со сле-

---

* Перечень уважительных причин изложен на с. 533.

дующего дня после подачи заявления. Если последний день предупреждения приходится на нерабочий день (выходной или праздничный день), то днем увольнения следует считать ближайший следующий за ним рабочий день (ст. 222 КЗоТ).

В этот день с работником должен быть произведен расчет и выдана трудовая книжка.

Работник вправе подать заявление об увольнении не только во время работы, но и во время выполнения государственных и общественных обязанностей, в период командировки, перед уходом в отпуск или во время отпуска, болезни.

Сезонные и временные работники при увольнении по собственному желанию до истечения срока работы предупреждают об этом администрацию за три дня (7, п. 6; 8, п. 5).

Если по истечении срока предупреждения трудовой договор не был расторгнут и работник не настаивает на увольнении, заявление, предупреждающее об увольнении по собственному желанию, утрачивает юридическую силу и действие трудового договора считается продолженным.

Работник, предупредивший администрацию об увольнении по собственному желанию, может быть уволен с работы в течение срока предупреждения по другим основаниям, предусмотренным в законе.

Закон не возлагает на работника, подавшего заявление об увольнении по собственному желанию, обязанности по передаче этого заявления от лица, обладающего правом увольнения, в отдел кадров. Обязанность оформить увольнение лежит на администрации (87, 1985, № 2, с. 10).

Увольнение по собственному желанию лиц, осужденных к исправительным работам по месту работы. Лица, осужденные по приговору суда к исправительным работам по месту работы, в течение срока отбывания наказания могут уволиться по собственному желанию лишь с разрешения органов, ведающих исполнением этого вида наказания (ст. 44 Основ исправительно-трудового законодательства Союза ССР и союзных республик).

Особенности увольнения по собственному желанию несовершеннолетних. Во всех случаях подачи несовершеннолетним заявления об увольнении по собственному желанию администрация предприятия обязана в трехдневный срок сообщить об этом в комиссию по делам несовершеннолетних с тем, чтобы комиссия в установленный законом срок могла разобраться в действительных причинах подачи заявления об уходе и принять меры к оставлению несовершеннолетнего на прежней работе либо к его трудоустройству в другом предприятии.

Право работника отозвать заявление об увольнении. Работник, предупредивший администрацию о расторжении трудового договора, заключенного на неопределенный срок, вправе до истечения срока предупреждения отозвать свое заявление, и увольнение в таком случае не производится, если на его место не приглашен другой работник, которому в соответствии с законом не может быть отказано в заключении трудового договора, и в иных случаях, предусмотренных законодательством (79, п. 7 «б»).

Стаж непрерывной работы при увольнении по собственному желанию. При увольнении после 1 сентября 1983 г. по собственному желанию без уважительных причин непрерывный трудовой стаж сохраняется при условии, что перерыв в работе не превысил трех недель (21 календарного дня).

При увольнении по собственному желанию по уважительным причинам непрерывный стаж сохраняется при условии, что перерыв в работе не превысил одного месяца, если законодательством не установлены более длительные сроки сохранения непрерывного трудового стажа. Причины, признаваемые уважительными при увольнении по собственному желанию, определяются Госкомтрудом СССР и ВЦСПС.

При решении вопроса о том, является ли причина увольнения по собственному желанию уважительной, следует руководствоваться разъяснениями Госкомтруда СССР и Секретариата ВЦСПС от 9 июля 1980 г. № 5/12-21; 25 октября 1983 г. № 8/22-31; постановлением от 28 апреля 1984 г. № 127/8-50 (62).

Причина увольнения считается уважительной, если трудовой договор расторгнут вследствие: перевода мужа или жены на работу в другую местность; направления мужа или жены на работу либо для прохождения службы за границу; переезда в другую местность; болезни, препятствующей продолжению работы или проживанию в данной местности (согласно медицинскому заключению, вынесенному в установленном порядке); необходимости ухода за больными членами семьи (при наличии медицинского заключения) или инвалидами I группы; переезда в другую местность в порядке организованного набора рабочих, сельскохозяйственного переселения, общественного призыва, а также в других случаях, когда в соответствии с решениями Правительства СССР администрация обязана беспрепятственно отпускать рабочих и служащих для работы на предприятиях и в организациях отдельных отраслей народного хозяйства; избрания на должности, замещаемые по конкурсу; зачисления в высшее, среднее специальное или иное учебное заведение, в аспирантуру либо клиническую ординатуру; нарушения администрацией коллективного или трудового договора. Уважительным также признается повторное увольнение по собственному желанию инвалидов, пенсионеров по старости, беременных женщин, а также матерей, имеющих детей в возрасте до 8 лет; рабочих и служащих, имеющих на своем иждивении трех и более детей, не достигших 16 (учащихся — 18) лет.

Непрерывный трудовой стаж не сохраняется при поступлении на работу в случае повторного увольнения после 13 декабря 1979 г. по собственному желанию без уважительных причин, если со дня предшествующего увольнения по такому же основанию не прошло 12 месяцев (32, п. 7 «и»).

Запись в трудовой книжке увольнения по собственному желанию. При увольнении по собственному желанию в трудовой книжке работника делается запись «Уволен по собственному желанию, ст. 31 КЗоТ РСФСР». Если увольнение по собственному желанию вызвано уважительными причинами, с которыми законодательство связывает предоставление определенных льгот и преимуществ, запись об увольнении вносится в трудовую книжку с указанием причины увольнения. Например: «Уволена по собственному желанию (в связи с переводом мужа на работу в другую местность), ст. 31 КЗоТ РСФСР».

5. Расторжение трудового договора по инициативе администрации

Основания для увольнения по инициативе администрации. Увольнение рабочих и служащих по инициативе администрации допускается лишь в случаях, указанных в ст. 17 Основ (ст. 33 КЗоТ), ст. 254 КЗоТ и в некоторых других законодательных актах.

Согласие профсоюзного комитета. Расторжение трудового договора по инициативе администрации предприятия не допускается без согласия профсоюзного комитета, за исключением случаев, предусмотренных законодательством Союза ССР (ст. 18 Основ, ст. 35 КЗоТ).

На предприятиях и в организациях, где профсоюзным комитетам крупных первичных профсоюзных организаций предоставлены права районного комитета профсоюза, увольнение рабочих и служащих по инициативе администрации производится с согласия цехового комитета профсоюзов (профбюро), если такое право передано ему решением профкома, или с согласия президиума профкома в отношении работников цехов и отделов, профсоюзным комитетам которых право дачи согласия на увольнение передано не было.

Обращаться в надлежащий профсоюзный комитет с представлением о даче согласия на увольнение работника может должностное лицо, пользующееся правом приема и увольнения.

В соответствии со ст. 26 Устава профессиональных союзов СССР при обсуждении представления администрации предприятия об увольнении работника по ее инициативе правомочным считается заседание профсоюзного комитета, в котором принимало участие более половины членов комитета. Это требование должно соблюдаться и в тех случаях, когда некоторые члены комитета находятся в отпуске, больны и временно отсутствуют по другим причинам.

Неявка заинтересованного работника на заседание профсоюзного комитета без уважительных причин, если он был своевременно приглашен на это заседание, не исключает возможности рассмотрения вопроса на заседании профсоюзного комитета и принятия им соответствующего решения.

Постановление профсоюзного комитета о даче согласия на увольнение работника по инициативе администрации, вынесенное при отсутствии необходимого кворума, рассматривается как несостоявшееся, а приказ администрации об увольнении — как незаконный (87, 1980, № 12, с. 9).

Профсоюзный комитет должен рассматривать вопрос об увольнении молодежи с участием представителя комитета комсомола соответствующего предприятия (п. 25 Положения о правах профсоюзного комитета).

Не требуется согласия профсоюзного комитета для увольнения: работников, должности которых предусмотрены в Перечне № 1 Приложения № 1 к Положению о порядке рассмотрения трудовых споров; лиц, занимающих должности, замещаемые по конкурсу, если они освобождаются от работы в связи с неизбранием на новый срок или признанием их в установленном порядке не соответствующими занимаемой должности, независимо от того, приняты они по конкурсу или временно замещают должности без прохождения конкурса; увольняемых по уставам о дисциплине, если уставом не предусмотрено согласование увольнения с комитетом профсоюза; работающих по совместительству — с совмещаемой должности или работы; рабочих и служащих, заключивших срочные трудовые договоры, если причиной их увольнения является окончание срока работы; временных и сезонных работников — по окончании срока работы; работников, принятых на работу с испытательным сроком, при неудовлетворительных результатах испытания. Не требуется согласия профкома при прекращении трудового договора в связи с осуждением работника к наказанию, исключающему возможность продолжения данной работы (3).

Администрация вправе расторгнуть трудовой договор не позднее одного месяца со дня получения согласия профсоюзного комитета, а при увольнении по основаниям, указанным в пп. 3, 4 и 7 ст. 33 КЗоТ, — в пределах одного месяца со дня обнаружения проступка, в п. 8 ст 33 КЗоТ, — в пределах одного месяца со дня вступления в законную силу приговора суда или вынесения постановления органа, в компетенцию которого входит наложение административного взыскания или применение мер общественного воздействия (ч. 2 ст. 35 КЗоТ).

При увольнении работника по основаниям, указанным в пп. 3, 4, 7, 8 ст. 33 КЗоТ, в месячный срок, в течение которого администрация вправе расторгнуть трудовой договор, не включается время болезни или пребывания его в отпуске (ст. 136 КЗоТ).

Течение срока начинается со дня, следующего за днем получения согласия профсоюзного комитета на увольнение. Если последний день срока приходится на нерабочий день, днем окончания срока считается ближайший следующий за ним рабочий день (ст. 222 КЗоТ).

Товарищеский суд вправе поставить перед руководителем предприятия вопрос об увольнении работника, выполняющего воспитательные функции или работу, связанную с непосредственным обслуживанием денежных или товарных ценностей, если товарищеский суд с учетом характера совершенных этим лицом проступков сочтет невозможным доверить ему эту работу в дальнейшем (14, ст. 16). Такая постановка вопроса не освобождает администрацию от необходимости получения согласия профсоюзного комитета на увольнение работника.

Трудовые коллективы вправе ставить вопросы об увольнении нарушителей трудовой дисциплины. Увольнение по инициативе администрации работника с учетом решения общего собрания трудового коллектива может быть допущено только с согласия профкома (80, п. 18).

Если увольнение работника произведено без согласия профсоюзного комитета предприятия, орган, рассматривающий трудовой спор, должен отложить его разрешение до рассмотрения профсоюзным комитетом вопроса о даче согласия на расторжение трудового договора с работником. В случае отказа в даче согласия на увольнение работника профсоюзный комитет принимает решение о восстановлении его на работе (ч. 2 ст. 91 Основ, ч. 2 ст. 213 КЗоТ).

Предусмотренный в ст. 17 Основ (ст. 33 КЗоТ) перечень общих оснований для расторжения трудового договора по инициативе администрации является исчерпывающим. Администрация не вправе дополнять его или вносить какие-либо изменения.

Дополнительные гарантии при увольнении по инициативе администрации. Увольнение не освобожденных от основной работы председателя и членов профсоюзного комитета может иметь место, помимо соблюдения общего порядка увольнения, лишь с согласия вышестоящего профсоюзного органа (президиума краевого, областного, окружного, городского, районного и другого приравненного к ним комитета профсоюза) (ч. 2 ст. 99 Основ, ч. 2 ст. 235 КЗоТ).

Увольнение членов совета трудового коллектива по инициативе администрации, помимо соблюдения общего порядка увольнения, допускается лишь с согласия совета трудового коллектива (ч. 3 ст. 99 Основ, ч. 3 ст. 235 КЗоТ).

При увольнении по инициативе администрации председателя или члена профсоюзного комитета, не освобожденного от основной работы и занимающего должность, включенную в Перечень № 1 в Приложении № 1 к Положению о порядке рассмотрения трудовых споров, требуется только согласие вышестоящего профсоюзного органа. Такое же требование предъявляется при увольнении профсоюзного организатора.

Депутат не может быть уволен по инициативе администрации без предварительного согласия Совета, а в период между сессиями — исполнительного комитета Совета или Президиума Верховного Совета (5, ст. 32).

Увольнение председателя группы народного контроля предприятия по инициативе администрации возможно только при наличии согласия районного, городского (районного в городе) комитета народного контроля (10, ст. 29).

Увольнение материально ответственных лиц производится по согласованию с главным бухгалтером предприятия (36, п. 18).

Увольнение рабочих и служащих моложе 18 лет допускается лишь с согласия профсоюзного комитета и районной (городской) комиссии по делам несовершеннолетних (ст. 183 КЗоТ).

Руководителям предприятий в течение трех лет запрещается увольнять с работы молодых специалистов без разрешения министерства или ведомства, которому подчинено данное предприятие, за исключением случаев: перехода на выборную работу (партийную, советскую, профсоюзную и комсомольскую); перевода супруга (супруги) военнослужащего офицерского и начальствующего состава, а также прапорщиков, мичманов и военнослужащих сверхсрочной службы Вооруженных Сил СССР, органов КГБ СССР и МВД СССР на новое место службы (работы); выезда молодого специалиста к родителям — инвалидам I — II группы, к супругу (супруге) — инвалиду I — II группы; потери трудоспособности молодыми специалистами (инвалидность I — II группы); вступления в брак молодых специалистов, один из которых работает на предприятии, расположенном в другой местности. При увольнении молодых специалистов по указанным причинам руководитель предприятия в 10-дневный срок ставит в известность министерство, ведомство, направившее молодого специалиста на работу (63, п. 35).

Руководителям предприятий не разрешается увольнять выпускников профессионально-технических учебных заведений в течение двух лет после окончания ими учебного заведения без разрешения министерства (ведомства), которому подчинено предприятие, а также государственного комитета союзной республики по профессионально-техническому образованию (не имеющей областного деления) или республиканского (АССР), краевого, областного, главного и городского управления профессионально-технического образования (68, п. 3.5)*.

---

* См. сноску на с. 528.

Руководитель предприятия, структурной единицы объединения может досрочно освобождаться от должности вышестоящим органом на основании решения общего собрания (конференции) трудового коллектива или по его уполномочию — совета трудового коллектива.

Руководители подразделений — производств, цехов, отделений, участков, ферм и звеньев, а также мастера и бригадиры могут досрочно освобождаться от занимаемой должности руководителем предприятия на основании решения коллектива соответствующего подразделения (ст. 6 Закона о предприятии).

Увольнение в случае ликвидации предприятия, учреждения, организации, сокращения численности или штата работников (п. 1 ст. 33 КЗоТ). Ускорение научно-технического прогресса, переход к интенсивной экономике на основе полного хозяйственного расчета и самофинансирования объективно приводят к высвобождению излишней численности рабочих и служащих предприятий и организаций.

Наряду с этим поставлена задача в результате совершенствования управления народным хозяйством, пересмотра организационной структуры министерств и ведомств существенно уменьшить численность разросшегося аппарата управления.

В этих условиях соблюдение законности при применении п. 1 ст. 33 КЗоТ приобретает особую актуальность.

В соответствии с законодательством право на труд высвобождаемым работникам гарантируется:

предоставлением другой работы на том же предприятии;

предоставлением работы на другом предприятии по прежней профессии, специальности, квалификации, а при ее отсутствии — другой работы с учетом индивидуальных пожеланий и общественных потребностей;

предоставлением возможности обучения новым профессиям (специальностям) с предоставлением соответствующей работы (ст.20^1 Основ; ст. 40^1 КЗоТ; 77).

Кандидатуры работников, подлежащих высвобождению, определяются администрацией предприятия, профсоюзным комитетом совместно с советом трудового коллектива на основе широкой гласности. Каждая кандидатура рассматривается в отдельности с учетом мнения трудового коллектива подразделения, в котором работает высвобождаемый работник (24, п. 11; 77, п. 2).

О предстоящем высвобождении в связи с сокращением численности (штата), либо реорганизацией или ликвидацией предприятия работники персонально предупреждаются не позднее чем за два месяца письменным распоряжением администрации, которое объявляется им под расписку. При этом разъясняются возможности и порядок дальнейшего трудоустройства, переподготовки и обучения новым профессиям, специальностям, действующие льготы и компенсации.

До истечения двухмесячного срока увольнение работников по инициативе администрации по п. 1 ст. 33 КЗоТ без их согласия не допускается. В течение этого срока работники должны выполнять свои трудовые обязанности, соблюдать правила внутреннего трудового распорядка (77, п. 3).

При высвобождении работников в связи с сокращением численности или штата преимущественное право на оставление на работе предоставляется рабочим и служащим с более высокой производительностью труда и квалификацией (ст. 34 КЗоТ). Одним из доказательств более высокой квалификации может быть наличие длительного стажа работы по данной профессии и специальности, в данной отрасли или на данном предприятии. Назначение экспертизы для сравнения квалификации уволенного и квалификации оставленных на работе недопустимо.

При равной производительности труда и квалификации предпочтение в оставлении на работе отдается: семейным — при наличии двух или более иждивенцев; лицам, в семье которых нет других работников с самостоятельным заработком; работникам, имеющим длительный стаж непрерывной работы на данном предприятии; работникам, получившим на данном предприятии трудовое увечье или профессиональное заболевание; работникам, повышающим свою квалификацию без отрыва от производства в высших и средних специальных учебных заведениях; инвалидам войны и членам семей военнослужащих и партизан, погибших или пропавших без вести при защите СССР (ст. 34 КЗоТ).

Членами семей военнослужащих и партизан считаются те из них, которым, как их иждивенцам, выплачивается пенсия в связи с гибелью военнослужащего или партизана, а также родители и их супруги (не вступившие в другой брак), независимо от получения пенсии.

Правом преимущественного оставления на работе пользуются рабочие и служащие из числа уволенных в запас или в отставку военнослужащих сверхсрочной службы, прапорщиков, мичманов и лиц офицерского состава. Рабочие и служащие из числа указанных военнослужащих пользуются этими льготами только на той постоянной работе, на которую они поступили впервые после увольнения с действительной военной службы (37, п. 79).

При высвобождении работников в связи с сокращением численности или штата учитываются также отношение к работе, дисциплинированность и предпенсионный возраст (77, п. 3).

Одновременно с предупреждением об увольнении администрация представляет в органы по трудоустройству сведения о высвобождаемых работниках с указанием их фамилии, профессии, специальности, квалификации, занимаемой должности, размера заработной платы и даты предстоящего увольнения.

В целях перераспределения высвобождаемых работников непосредственно на предприятиях отрасли аналогичные сведения целесообразно направлять и в вышестоящие органы. Для обеспечения координации работы по трудоустройству предприятия и органы по трудоустройству обмениваются информацией об изменениях в занятости работников (77, п. 4).

До расторжения трудового договора с высвобождаемым работником ему предварительно подбирается новое место работы прежде всего непосредственно на предприятии. С этой целью организуются работы во вторую и третью смены, создаются подразделения, ведущие работы хозяйственным способом по реконструкции и техническому перевооружению производства, строительству жилья и объектов социально-культурного назначения, для увеличения производства товаров народного потребления, расширения платных услуг для работников данного предприятия и населения, расширяются подсобные хозяйства, при предприятиях создаются кооперативы.

Администрация предлагает работнику работу по его профессии, специальности, квалификации, а при ее отсутствии — другую работу на данном предприятии, в том числе с предварительным переобучением или повышением квалификации.

Особое внимание должно уделяться трудоустройству женщин, имеющих детей, молодежи, лиц, в семье которых нет других работников с самостоятельным заработком, а также лиц с ограниченной трудоспособностью.

Администрация предприятия использует все возможности для организации работы женщин, имеющих детей, и лиц с ограниченной трудоспособностью, по их желанию, на условиях неполного рабочего дня (недели), по гибкому графику или на дому. В этом случае по просьбе женщин, имеющих детей до восьми лет, администрация предоставляет им работу с неполным рабочим временем. При этом допускается использование труда двух работников с их согласия на одной работе (должности) с неполным рабочим днем (неделей) с оплатой труда пропорционально отработанному времени или в зависимости от выработки.

Специалистам с высшим образованием, переведенным с их согласия на отдельные наиболее сложные, требующие высокой квалификации и специальной подготовки, уникальные и ответственные виды работ, в качестве рабочих, присваивается соответствующий квалификационный разряд (77, п. 5).

При отсутствии работы по соответствующей профессии или специальности, а также в случае отказа рабочего или служащего от перевода на другую работу на том же предприятии работник, по своему усмотрению, обращается за содействием в орган по трудоустройству либо трудоустраивается самостоятельно (ст. 20^2 Основ, ст. 40^2 КЗоТ).

Расторжение трудового договора с работниками, высвобождаемыми в связи с сокращением численности или штата, либо ликвидацией предприятия, производится по п. 1 ст. 33 КЗоТ с соблюдением порядка увольнения, установленного законодательством. При этом для увольнения работников в связи с ликвидацией предприятия согласия профсоюзного комитета не требуется.

При реорганизации предприятия (слияние, присоединение, разделение, выделение, преобразование) трудовые отношения с согласия работника продолжаются. Прекращение трудового договора по инициативе администрации допускается, если в результате реорганизации имело место сокращение численности или штата работников. В этом случае увольнение также производится по п. 1 ст. 33 КЗоТ (77, п. 8).

Судебная практика исходит из того, что изменение в штатном расписании наименования должности не может служить поводом к увольнению работника, если у него сохраняется прежний круг обязанностей (86, 1961, № 5, с. 13).

Будет законным увольнение по п. 1 ст. 33 КЗоТ работников в тех случаях, когда предприятию необходимо сократить работников одной профессии (специальности), а на их место принять работников другой профессии (специальности). Однако для признания такого увольнения законным необходимо, чтобы изменился характер работы, влекущий за собой изменение численного состава работников определенной профессии (специальности).

Передача предприятия, учреждения, организации из подчинения одного органа в подчинение другого не является основанием для прекращения действия трудового договора. Равным образом в случае реорганизации предприятий путем слияния, присоединения или разделения нет оснований к увольнению занятых на них рабочих и служащих, если в результате не сокращается численность и штат работников (87, 1973, № 11, с. 3).

Поскольку сокращение численности или штата работников должно быть использовано для укомплектования предприятия наиболее квалифицированными кадрами, администрация вправе в пределах однородных профессий и должностей произвести перестановку (перегруппировку) работников и перевести более квалифицированного работника, должность которого сокращается, с его согласия, на другую должность, уволив с нее по указанному основанию менее квалифицированного работника. Если администрация этим правом не воспользовалась, суд не должен входить в обсуждение вопроса о целесообразности такой перестановки (перегруппировки) (79, абз. 3 п. 12).

Проводимые на предприятиях мероприятия по рационализации рабочих мест имеют своей целью, в частности, сокращение рабочих мест с неблагоприятными условиями труда и ликвидацию малоэффективных рабочих мест (46), что в свою очередь может привести к сокращению численности работников и увольнению по п. 1 ст. 33 КЗоТ.

Прежде чем поставить вопрос перед профсоюзным комитетом о даче согласия на увольнение работника по сокращению численности или штата работников, администрация обязана предложить ему перевод на другую работу (ч. 2 ст. 33 КЗоТ). Поэтому, разрешая иски о восстановлении на работе лиц, уволенных в связи с сокращением численности или штата работников, суд обязан истребовать от администрации доказательства, свидетельствующие о том, что работник отказался от перевода на другую работу, либо о том, что она не имела возможности перевести работника, с его согласия, на другую работу на том же предприятии (79, п. 12).

Обязанность администрации по трудоустройству работника нельзя считать выполненной, если он отказался от предложенной работы по состоянию здоровья, а ту, которую он может выполнять, ему не предложили (87, 1981, № 8, с. 6).

В трудовой книжке работника, уволенного с работы в связи с сокращением численности или штата, должна быть сделана соответствующая запись. Причина увольнения должна указываться в точном соответствии с формулировками действующего законодательства и со ссылкой на соответствующую статью, пункт закона.

Примеры записей в трудовой книжке:

а) Уволен в связи с сокращением численности (штата) работников (п. 1 ст. 33 КЗоТ);

б) Уволен в связи с реорганизацией (ликвидацией) предприятия (п. 1 ст. 33 КЗоТ);

в) Уволен в связи с переводом на такое-то предприятие (п. 5 ст. 29 КЗоТ) с предоставлением льгот, установленных постановлением ЦК КПСС, Совета Министров СССР и ВЦСПС от 22 декабря 1987 г. № 1457.

Работникам, увольняемым с предприятий в связи с сокращением численности или штата:

а) выплачивается выходное пособие в размере среднего месячного заработка;

б) сохраняется средняя заработная плата на период трудоустройства в течение второго месяца со дня увольнения;

в) сохраняется средняя заработная плата на период трудоустройства, в порядке исключения, и в течение третьего месяца со дня увольнения по решению органа по трудоустройству при условии, если работник обратился в этот орган в 2-недельный срок после увольнения и не был им трудоустроен в данной местности в соответствии с его профессией, специальностью, квалификацией в 2-месячный срок со дня увольнения. Двухнедельный срок для обращения в орган по трудоустройству продлевается в случае болезни работника или наличия других не зависящих от него уважительных причин.

В соответствии с принятым решением орган по трудоустройству выдает работнику справку, которая является основанием сохранения за ним средней заработной платы за третий месяц со дня увольнения.

Если работник отказался от работы в данной местности по его профессии, специальности, квалификации, то заработная плата за третий месяц трудоустройства не сохраняется.

При реорганизации и ликвидации предприятия за высвобожденными работниками сохраняется на период трудоустройства, но не более чем на три месяца, средняя заработная плата с учетом месячного выходного пособия (ст. 20³ Основ; ст. 40³ КЗоТ).

Выходное пособие выплачивается предприятием при увольнении работника. Выплата сохраняемого среднего заработка на период трудоустройства производится после увольнения работника по прежнему месту его работы в дни выдачи на данном предприятии заработной платы по предъявлению паспорта и трудовой книжки, а за третий месяц со дня увольнения — и справки органа по трудоустройству (кроме лиц, уволенных в связи с реорганизацией или ликвидацией предприятия).

Орган, по решению которого произведена реорганизация или ликвидация предприятия, должен обеспечить выплату уволенным работникам сохраняемой заработной платы на период трудоустройства по месту нахождения ликвидированного (реорганизованного) предприятия, а в необходимых случаях — определить правопреемника, на которого возлагается обязанность производить эти выплаты (77, п. 12).

Работникам, уволенным в связи с переводом на другую работу (п. 5 ст. 29 КЗоТ), по собственному желанию (ст. 31 КЗоТ) или по соглашению сторон (п. 1 ст. 29 КЗоТ), выходное пособие не выплачивается и средняя заработная плата на период трудоустройства не сохраняется (77, п. 13).

При переобучении или повышении квалификации с отрывом от производства за высвобождаемыми рабочими и служащими сохраняется средняя заработная плата, исчисленная исходя из заработка по прежнему месту работы, или доплачивается разница до среднего заработка при переподготовке без отрыва от производства на весь период согласно установленным срокам обучения.

Рабочим (включая специалистов с высшим образованием, переведенных на рабочие места), приступившим к работе по новой или смежной профессии, может производиться по решению администрации, согласованному с профсоюзным комитетом, доплата до среднего заработка, сложившегося по прежнему месту работы, на период до трех месяцев. Доплата отменяется, если рабочий нарушает трудовую и производственную дисциплину.

Расходы по сохранению среднего заработка высвобождаемым работникам при переобучении или повышении квалификации с отрывом от производства или без отрыва от производства, а также приступившим к выполнению работы по новой или смежной профессии несет предприятие, заключившее с ними трудовой договор (77, п. 14).

За работниками, уволенными по сокращению численности или штата, либо в связи с реорганизацией или ликвидацией предприятия, сохраняется непрерывный трудовой стаж для назначения пособий по государственному социальному страхованию и надбавок к пенсии, если перерыв в работе после увольнения не превышает трех месяцев. За ними сохраняется также непрерывный стаж работы для получения единовременного вознаграждения за выслугу лет (процентных надбавок к заработной плате), а также другие льготы и выплаты, связанные со стажем работы, если они действуют по новому месту работы.

П р и м е р: В 1970 году инженер был переведен с завода, где он получал единовременное вознаграждение за выслугу лет с учетом 10-летнего непрерывного стажа, в министерство, где проработал по 15 февраля 1988 г., после чего в связи с его упразднением (ликвидацией) переведен на завод другой системы, где выплачивается вознаграждение за выслугу лет. В этом примере инженеру должно выплачиваться вознаграждение с учетом 10-летнего стажа, который он имел до перехода в министерство. Если в министерстве такое вознаграждение выплачивалось, то в стаж засчитывается и время работы в министерстве.

Таким работникам при наличии непрерывного трудового стажа ежегодный отпуск за первый рабочий год предоставляется независимо от продолжительности работы на новом месте (24, п. 13; 77, п. 15).

Увольнение в случае достижения работником пенсионного возраста при наличии права на полную пенсию по старости (п. 1[1] ст. 33 КЗоТ). В целях дальнейшего совершенствования подбора, расстановки и обновления кадров, правильного сочетания опытных и молодых работников ЦК КПСС, Совет Министров СССР и ВЦСПС в постановлении от 22 декабря 1987 г. № 1457 указали на необходимость улучшения использования труда рабочих и служащих, достигших пенсионного возраста, на предприятиях, в организациях, учреждениях, министерствах, ведомствах и других органах управления (24, п. 10).

Увольнение лиц, достигших пенсионного возраста, производится в порядке и на условиях, устанавливаемых законодательством Союза ССР и союзных республик.

Согласно ст. 18[1] КЗоТ, администрация предприятия имеет право совместно с профсоюзным комитетом сохранять трудовые отношения с рабочими и служащими, достигшими пенсионного возраста, если они работают добросовестно, с полной отдачей, имеют высокие результаты труда и пользуются заслуженным авторитетом в коллективе. Издание администрацией дополнительного приказа (распоряжения) о сохранении трудовых отношений в этих случаях не требуется.

С другими работниками, достигшими пенсионного возраста и имеющими необходимый стаж для назначения полной пенсии, трудовые отношения продолжаются по соглашению сторон путем заключения (перезаключения) срочного трудового договора (на срок до двух лет) либо прекращаются по инициативе администрации с согласия профсоюзного комитета по п. 1^1 ст. 33 КЗоТ. Вопрос о продлении трудовых отношений путем заключения (перезаключения) срочного трудового договора решает администрация совместно с профсоюзным комитетом (77, п. 7).

Настоящий порядок увольнения лиц, достигших пенсионного возраста, не распространяется на работников, избранных на должности трудовым коллективом, а также на лиц, в отношении которых законодательством установлен иной порядок освобождения от работы по возрасту.

С работниками, получающими пенсию по инвалидности, за выслугу лет или по старости на льготных условиях, трудовой договор по п. 1^1 ст. 33 КЗоТ не может быть расторгнут до достижения ими возраста 60 лет — для мужчин и 55 лет — для женщин и если у них отсутствует право на полную пенсию по старости.

Увольнение в связи с обнаружившимся несоответствием рабочего или служащего занимаемой должности или выполняемой работе вследствие недостаточной квалификации либо состояния здоровья, препятствующих продолжению данной работы (п. 2 ст. 33 КЗоТ). Признаками несоответствия вследствие недостаточной квалификации могут быть систематические ошибки при выполнении порученной работнику работы, невыполнение нормы выработки, брак и т. п. Расторжение трудового договора в случаях, предусмотренных в п. 2 ст. 33 КЗоТ, недопустимо с работниками, не имеющими необходимого опыта работы в связи с непродолжительностью трудового стажа, а также по мотиву отсутствия специального образования, если оно, согласно закону, не является обязательным условием при заключении трудового договора (79, п. 11).

Отсутствие у работника необходимой квалификации только тогда служит основанием для увольнения по п. 2 ст. 33 КЗоТ, когда администрация располагает конкретными фактами, указывающими на несоответствие его занимаемой должности или выполняемой работе (актами о выпуске брака, справками о невыполнении норм выработки и т. п.).

Если в соответствии с действующим законодательством

для выполнения определенной работы необходимы специальные права (например, на вождение транспортного средства), то лишение таких прав дает администрации основание для увольнения работника по п. 2 ст. 33 КЗоТ. Разумеется, что увольнение работника по этому основанию в таких случаях оправданно тогда, когда не представляется возможным уволить работника за совершенное им правонарушение, повлекшее за собой лишение его специальных прав, по пп. 3, 4 и 7 ст. 33 КЗоТ.

В случае возникновения спора несоответствие работника выполняемой работе (занимаемой должности) вследствие недостаточной квалификации должно доказываться администрацией. При этом могут быть использованы любые доказательства, в том числе заключения экспертов. Утверждение о несоответствии деловых качеств лица выполняемой работе или занимаемой должности, выраженное в общей форме, без ссылки на конкретные и достоверно установленные фактические обстоятельства, не может служить основанием для увольнения по п. 2 ст. 33 КЗоТ (87, 1974, № 7, с. 11).

В качестве доказательства несоответствия работника занимаемой должности могут служить материалы аттестации. Периодическая аттестация введена для руководящих, инженерно-технических работников и других специалистов предприятий и организаций промышленности, строительства, сельского хозяйства, транспорта и связи (34). Аттестация введена также для руководящих, инженерно-технических работников и других специалистов предприятий и организаций Минвуза, жилищно-коммунального хозяйства и бытового обслуживания населения, Госкоминтуриста, государственной торговли, системы Госснаба СССР, Госкомгидромета СССР.

Типовой перечень должностей работников, подлежащих аттестации, утвержден постановлением ГКНТ и Госкомтруда СССР по согласованию с ВЦСПС от 22 октября 1979 г. Этот перечень может быть расширен министерствами и ведомствами (60).

Постановлением ГКНТ и Госкомтруда СССР от 5 октября 1973 г. (с последующими изменениями) утверждено Положение о порядке проведения аттестации (56). Аттестация руководящих работников и специалистов производственных отраслей народного хозяйства проводится периодически не реже одного раза в три года (мастеров, начальников участков и цехов предприятий промышленности — не реже одного раза в два года). Аттестация работников проводится аттестационными комиссиями, назначенными руководителями предприятий из числа руководящих работников и высококвалифицированных специалистов. В состав аттестационных комиссий входят также представители партийных, профсоюзных и комсомольских организаций. В ходе аттестации учитывается личный вклад работника в выполнение государственных планов, особенно заданий по внедрению новой техники и технологии, соблюдение государственной и производственной дисциплины, квалификация, выполнение обязательств по социалистическому соревнованию и участие в общественной жизни.

Лица, признанные по результатам аттестации не соответствующими занимаемой должности, переводятся с их согласия на другую работу, а в случае невозможности или отказа от перевода в срок не более двух месяцев со дня аттестации увольняются по п. 2 ст. 33 КЗоТ.

Трудовые споры по вопросам увольнения и восстановления в должности работников, признанных по результатам аттестации не соответствующими занимаемой должности и на этом основании уволенных с работы, рассматриваются в соответствии с действующим законодательством о порядке рассмотрения трудовых споров. При разрешении указанных дел суд вправе подвергнуть проверке и оценке выводы аттестационной комиссии в совокупности с другими доказательствами (87, 1986, № 2, с. 11). Наряду с этим суд, рассматривая дело о восстановлении на работе лица, уволенного по результатам аттестации, должен выяснить, включена ли занимаемая истцом должность в перечень должностей, по которым проводится аттестация (87, 1985, № 9, с. 1).

При разрешении трудового спора об увольнении работника, признанного аттестационной комиссией не соответствующим занимаемой должности, суд обязан выяснить, соблюдены ли правила проведения аттестации (87, 1982, № 9, с. 10).

В соответствии с постановлением Совета Министров СССР и ВЦСПС от 10 декабря 1985 г. № 1220 введена аттестация мастеров, начальников участков и цехов предприятий промышленности как действенное средство повышения их профессионального уровня и воспитания ответственного отношения к порученному делу.

Аттестация проводится не реже одного раза в два года. По результатам аттестации может быть принято решение о продвижении в должности, присвоении классного звания, повышении должностных окладов, установлении надбавок к ним, а при необходимости — о снижении должностных окладов отдельным работникам в пределах минимально установленных размеров по данной должности или об освобождении от должности по п. 2 ст. 33 КЗоТ (47).

Мастера, начальники участков и цехов, уволенные с работы по результатам аттестации, могут обжаловать увольнение в вышестоящий ведомственный орган в порядке подчиненности.

Руководящие, научные, инженерно-технические работники и специалисты научно-исследовательских учреждений, конструкторских, технологических, проектных, изыскательских и других организаций науки, подлежащие аттестации, также могут быть уволены в случае отрицательных результатов аттестации в срок не более двух месяцев со дня аттестации. Однако в этих случаях увольнение указанных лиц рассматривается в качестве самостоятельного основания прекращения трудового договора и в трудовой книжке работника делается запись: «Освобожден от работы по результатам аттестации» (74). Обжалование увольнения — в порядке подчиненности.

Расторжение трудового договора вследствие несоответствия работника выполняемой работе может иметь место при стойком снижении трудоспособности, препятствующем надлежащему исполнению трудовых обязанностей, либо если исполнение трудовых обязанностей, учитывая состояние здоровья работника, ему противопоказано или опасно для членов трудового коллектива или обслуживаемых им граждан (79, п. 11).

Степень утраты работником трудоспособности может носить различный характер. При значительной утрате трудоспособности работнику устанавливается инвалидность. Врачебно-трудовые экспертные комиссии (ВТЭК) при переводе работника на инвалидность могут при определенных обстоятельствах указать на подходящие по состоянию здоровья инвалида виды работы и условия труда. Заключение ВТЭК об условиях труда инвалида является обязательным для администрации предприятия, и поэтому она должна подобрать для него соответствующую работу или создать соответствующие условия труда (п. 4 Типового положения о ВТЭК).

Частичная утрата работником трудоспособности не является основанием для увольнения вследствие несоответствия занимаемой должности или выполняемой работе, если работник надлежащим образом выполняет свои трудовые обязанности и данная работа по состоянию здоровья ему не противопоказана.

В ряде случаев основанием для увольнения по п. 2 ст. 33 КЗоТ является невозможность дальнейшего оставления работника на прежней работе. Это может быть вызвано обстоятельствами, не зависящими от работника. Например, администрация увольняет работника общественного питания в связи с заболеванием (по специальному перечню болезней), исключающим выполнение работы, связанной с пищевыми продуктами (обстоятельства, не зависящие от работника).

Увольнение по п. 2 ст. 33 КЗоТ допускается, если невозможно перевести работника, с его согласия, на другую работу (ч. 2 ст. 33 КЗоТ).

При рассмотрении дел о восстановлении на работе лиц, трудовой договор с которыми расторгнут по п. 2 ст. 33 КЗоТ, суд обязан истребовать от администрации доказательства, свидетельствующие о том, что работник отказался от перевода на другую работу, либо о том, что администрация не имела возможности перевести работника с его согласия на другую работу на том же предприятии (79, п. 12).

Увольнение вследствие систематического неисполнения рабочим или служащим без уважительных причин обязанностей, возложенных на него трудовым договором или правилами внутреннего трудового распорядка, если к рабочему или служащему ранее применялись меры дисциплинарного или общественного взыскания (п. 3 ст. 33 КЗоТ). Увольнение по п. 3 ст. 33 КЗоТ допускается лишь в случае систематического неисполнения трудовых обязанностей. В порядке исключения из общего правила за однократное грубое нарушение трудовых обязанностей могут быть уволены работники, несущие дисциплинарную ответственность в порядке подчиненности (руководители предприятий, учреждений, организаций, их заместители и помощники, главные специалисты и другие работники, занимающие должности, перечисленные в Перечне № 1 Приложения № 1 к Положению о порядке рассмотрения трудовых споров).

Нарушением трудовой дисциплины является неисполнение или ненадлежащее исполнение по вине работника возложенных на него трудовых обязанностей (нарушение правил внутреннего трудового распорядка, должностных инструкций, положений, приказов администрации, технических правил и т. п.).

К таким нарушениям, в частности, относятся:

а) отсутствие работника без уважительных причин на работе в пределах трех часов в течение рабочего дня, а также нахождение без уважительных причин не на своем рабочем месте, а в помещении другого или того же цеха, отдела и т. п. либо на территории предприятия или объекта, где он должен был выполнять трудовые функции, в том числе и более трех часов в течение рабочего дня;

б) отказ работника без уважительных причин от выполнения трудовых обязанностей в связи с изменением в установленном порядке норм труда (ст. 103 КЗоТ), так как в силу трудового договора работник обязан выполнять обусловленную работу с подчинением правилам внутреннего трудового распорядка (ст. 15 КЗоТ). При этом следует иметь в виду, что отказ от продолжения работы в связи с изменением существенных условий труда не является нарушением трудовой дисциплины, а служит основанием для прекращения трудового договора по п. 6 ст. 29 КЗоТ с соблюдением порядка, предусмотренного ч. 3 ст. 25 КЗоТ;

в) нарушение работником торгового предприятия или предприятия общественного питания правил торговли спиртными напитками, независимо от того, применялись ли к нему за это в соответствии со ст. 12 Указа Президиума Верховного Совета РСФСР от 16 мая 1985 г. «О мерах по усилению борьбы против пьянства и алкоголизма, искоренению самогоноварения» меры административного взыскания в виде штрафа, поскольку указанное правонарушение связано с ненадлежащим исполнением работником трудовых функций;

г) отказ или уклонение без уважительных причин от медицинского освидетельствования работников некоторых профессий, а также отказ работника от прохождения в рабочее время специального обучения и сдачи экзаменов по технике безопасности и правилам эксплуатации, если это является обязательным условием допуска к работе;

д) отказ работника от продолжения работы в связи со снижением разряда или должностного оклада на основании ч. 3 ст. 80 и ч. 2 ст. 81 КЗоТ (80, п. 11).

Систематически нарушающими трудовую дисциплину считаются рабочие и служащие, которые имеют дисциплинарное или общественное взыскание за нарушение трудовой дисциплины и нарушили ее вновь (69, п. 3.2).

Под мерами общественного взыскания следует понимать взыскания за неисполнение трудовых обязанностей, примененные к работнику трудовым коллективом (ст. 9 Закона о трудовых коллективах), товарищеским судом, комиссией по борьбе с пьянством, общественными организациями в соответствии с положениями и уставами, определяющими их деятельность. Принимаются во внимание лишь общественные взыскания, со дня наложения которых до издания приказа (распоряжения) об увольнении прошло не более одного года, если они не сняты досрочно (79, п. 13).

Если неисполнение или ненадлежащее исполнение по вине работника возложенных на него трудовых обязанностей продолжалось, несмотря на наложение дисциплинарного или общественного взыскания, допустимо не только применение нового дисциплинарного или общественного взыскания, но и увольнение по п. 3 ст. 33 КЗоТ (80, п. 13).

Увольнение в случае прогула (в том числе отсутствия на работе более трех часов в течение рабочего дня) без уважительных причин (п. 4 ст. 33 КЗоТ). Администрация вправе с соблюдением установленного порядка уволить работника за прогул и при однократном совершении такого нарушения трудовой дисциплины. Могут быть уволены работники в случае их отсутствия на работе без уважительных причин в течение всего рабочего дня либо более трех часов в течение рабочего дня непрерывно или суммарно (79, п. 14).

Прогулом следует считать также самовольный, без разрешения администрации, уход работника в очередной отпуск; самовольное использование дней отгула; оставление работы до истечения действия срочного трудового договора; оставление работы лицом, направленным на эту работу по окончании высшего или среднего специального учебного заведения, профессионально-технического училища либо прошедшим обучение новой профессии и обязанным проработать на производстве установленный срок (79, абз. 2 п. 14).

Увольнение по п. 4 ст. 33 КЗоТ может быть произведено

и за: оставление работы лицом, заключившим трудовой договор и на неопределенный срок, без предупреждения администрации о расторжении договора, а равно и до истечения двухмесячного срока предупреждения или месячного срока предупреждения при расторжении трудового договора по уважительным причинам; нахождение работника без уважительных причин более трех часов в течение рабочего дня вне территории предприятия либо вне территории объекта, где он в соответствии с трудовыми обязанностями должен выполнять порученную работу (80, п. 14).

Судебная практика признает невыход работника на работу в связи с помещением в медицинский вытрезвитель прогулом без уважительных причин (87, 1977, № 6, с. 15).

В случае длительного прогула (более одного дня) действие трудового договора прекращается с первого дня невыхода на работу. В трудовой книжке такого работника днем увольнения необходимо считать последний день его работы (89, 1981, № 23, с. 3).

Увольнение в связи с длительной неявкой на работу вследствие временной нетрудоспособности (п. 5 ст. 33 КЗоТ). Администрация может в случае производственной необходимости обратиться в комитет профсоюза с просьбой дать согласие на увольнение работника, отсутствующего на работе вследствие временной утраты трудоспособности более четырех месяцев подряд, если законодательством не установлен более длительный срок сохранения места работы (должности) при определенном заболевании (например, за рабочими и служащими, временно утратившими трудоспособность вследствие заболевания туберкулезом, место работы сохраняется на срок до 12 месяцев).

За рабочими и служащими, утратившими трудоспособность в связи с трудовым увечьем или профессиональным заболеванием, место работы (должность) сохраняется до восстановления трудоспособности или установления инвалидности.

Увольнение длительно болеющего работника возможно лишь в том случае, когда нетрудоспособность его продолжается непрерывно более четырех месяцев. Если работник периодически отсутствует на работе по болезни (например, вследствие хронического заболевания), то администрация не вправе уволить его по п. 5 ст. 33 КЗоТ, поскольку в каждый из этих периодов болезнь продолжалась подряд менее четырех месяцев. В этих случаях увольнение работника возможно по п. 2 ст. 33 КЗоТ при соответствующем заключении медицинских органов.

Увольнение работника в связи с неявкой на работу в течение более четырех месяцев оправдано только в случае, когда длительное отсутствие его на работе отрицательно сказывается на ходе производственного процесса. Если же работник, длительное время не посещающий работу вследствие болезни, может быть заменен штатным сотрудником данного предприятия или учреждения в порядке совмещения профессий (должностей), временного заместительства или путем приглашения временного работника, то увольнение длительно болеющего работника нельзя оправдать производственной необходимостью.

Работники, уволенные в связи с продолжительной болезнью, сохраняют право на пособие по временной нетрудоспособности до выздоровления или до установления врачебно-трудовой экспертной комиссией (ВТЭК) инвалидности.

Увольнение работника в случае восстановления на работе рабочего или служащего, ранее выполнявшего эту работу (п. 6 ст. 33 КЗоТ). В случае восстановления на работе в установленном законом порядке рабочего или служащего, ранее выполнявшего данную работу, принятый на его место работник может быть уволен.

Увольнение по п. 6 ст. 33 КЗоТ допускается также и в тех случаях, когда администрация по закону обязана предоставить работнику прежнюю работу. Так, если работник, призванный в Вооруженные Силы СССР, был затем в течение первых трех месяцев со дня призыва, не считая времени переезда к месту постоянного жительства, освобожден от военной службы и возвратился на прежнюю работу, то принятый на его место работник может быть уволен по п. 6 ст. 33 КЗоТ.

Трудовой договор, заключенный с рабочим или служащим на неопределенный срок, не может быть расторгнут по инициативе администрации по п. 6 ст. 33 КЗоТ по тем основаниям, что на эту работу претендует выборный работник, срок полномочий которого по выборной должности окончился. Освобожденному от выборной должности работнику в этих случаях должна быть предоставлена равноценная работа (должность) на том же или, с его согласия, на другом предприятии.

Увольнение по п. 6 ст. 33 КЗоТ допускается, если невозможно перевести работника, с его согласия, на другую работу (ч. 2 ст. 33 КЗоТ).

Увольнение работника в случае появления на работе в нетрезвом состоянии, в состоянии наркотического и токсического опьянения (п. 7 ст. 33 КЗоТ). Появление на работе в нетрезвом состоянии, состоянии наркотического и токсического опьянения является основанием для увольнения работника, независимо от того, когда это имело место — в начале, середине или в конце смены. Для установления нетрезвого состояния необязательно направлять работника на медицинское освидетельствование.

Факт нахождения работника на работе в нетрезвом состоянии, в состоянии наркотического или токсического опьянения оформляется протоколом, который составляется администрацией, работниками, осуществляющими охрану предприятий, работниками органов внутренних дел (милиции), народными дружинниками (15). Нахождение работника на работе в нетрезвом состоянии, в состоянии наркотического или токсического опьянения может быть подтверждено и другими видами доказательств, которые, в случае судебного разбирательства, соответственно будут оценены судом (79, абз. 2 п. 15).

По этому основанию могут быть уволены работники, находившиеся в рабочее время в месте выполнения трудовых обязанностей в нетрезвом состоянии, в состоянии наркотического или токсического опьянения. При этом не имеет значения, отстранялся ли работник от работы в связи с его нетрезвым состоянием или состоянием наркотического или токсического опьянения. Для работника, рабочий день которого не нормирован, время нахождения на работе сверх установленной общей продолжительности является рабочим (79, абз. 1 п. 15).

Под местом выполнения трудовых обязанностей следует понимать не только непосредственно место работы рабочего или служащего, находящегося в нетрезвом состоянии, но также помещение (территорию) предприятия или того объекта, куда он был направлен по служебному заданию, либо место командировки.

Увольнение работника в случае совершения по месту работы хищения (в том числе мелкого) государственного или общественного имущества, установленного вступившим в законную силу приговором суда или постановлением органа, в компетенцию которого входит наложение административного взыскания или применение мер общественного воздействия (п. 8 ст. 33 КЗоТ). По этому основанию могут быть уволены работники, вина которых установлена вступившим в законную силу приговором суда либо в отношении которых состоялось постановление компетентного органа о наложении административного взыскания или решение трудового коллектива, товарищеского суда, общественной организации о применении меры общественного воздействия (79, п. 16¹).

6. Дополнительные основания для прекращения трудового договора некоторых категорий рабочих и служащих при определенных условиях

Прекращение трудового договора в случае однократного грубого нарушения трудовых обязанностей работником, несущим дисциплинарную ответственность в порядке подчиненности (п. 1 ст. 254 КЗоТ). По этому основанию может быть прекращен трудовой договор с работниками, занимающими должности, предусмотренные в Перечне № 1 Приложения № 1 к Положению о порядке рассмотрения трудовых споров. Указанные работники могут быть уволены за однократное грубое нарушение трудовых обязанностей. Вопрос о том, какое нарушение трудовых обязанностей относится к грубым, решает администрация.

Для увольнения работника по п. 1 ст. 254 КЗоТ согласия комитета профсоюза не требуется.

Прекращение трудового договора в случае совершения виновных действий работником, непосредственно обслуживающим денежные или товарные ценности, если эти действия дают основание для утраты доверия к нему со стороны администрации (п. 2 ст. 254 КЗоТ). В связи с утратой доверия могут быть уволены работники, непосредственно обслуживающие денежные или товарные ценности (занятые приемом, хранением, транспортировкой и распределением этих ценностей), совершившие виновные действия, которые дают основание администрации для утраты доверия к ним. К таким действиям могут быть, в частности, отнесены: получение оплаты за услуги без соответствующих документов, продажа товаров непосредственно со склада, из подсобных помещений, обмеривание, обвешивание, обсчет, сокрытие товаров от покупателей, нарушение правил продажи спиртных напитков или выдачи наркотических лекарственных средств.

При установлении в предусмотренном законом порядке факта совершения хищения, взяточничества и иных корыстных правонарушений эти работники могут быть уволены по основанию утраты к ним доверия и в том случае, когда указанные действия не связаны с их работой (79, п. 17).

Как правило, по п. 2 ст. 254 КЗоТ могут быть уволены работники, которые относятся к категории тех, кто несет полную материальную ответственность за вверенные им денежные или товарные ценности на основании специальных законов или особых письменных договоров*. В отдельных случаях в связи с утратой доверия могут быть уволены работники, которые не относятся к категории тех, кто несет полную материальную ответственность.

Не могут быть уволены по мотивам утраты доверия счетоводы, бухгалтеры, контролеры, маркировщики и другие работники, деятельность которых непосредственно не связана с обслуживанием денежных и товарных ценностей.

В связи с утратой доверия работник может быть уволен только в случае совершения виновных действий, свидетельствующих о том, что администрация впредь не может дове-

---

* О полной материальной ответственности см. с. 734—738.

рять ему работу по обслуживанию денежных и товарных ценностей. При этом не имеет значения, относится ли обслуживание денежных и товарных ценностей к основным или дополнительным трудовым обязанностям. Так, законным следует признать увольнение шофера такси за провоз пассажиров без включения счетчика. В связи с утратой доверия допускается увольнение грузчиков, поскольку они занимаются транспортировкой товарных ценностей.

Утрата доверия должна быть обоснована конкретными фактами совершения работником виновных действий, послуживших основанием его увольнения с работы (87, 1981, № 10, с. 9).

Для увольнения по п. 2 ст. 254 КЗоТ необходимо обязательно получить согласие комитета профсоюза (за исключением тех случаев, когда работник занимает должность, предусмотренную в Перечне № 1 Приложения № 1 к Положению о порядке рассмотрения трудовых споров).

Прекращение трудового договора в случае совершения работником, выполняющим воспитательные функции, аморального проступка, несовместимого с продолжением данной работы (п. 3 ст. 254 КЗоТ). К работникам, выполняющим воспитательные функции, относятся, например, учителя, преподаватели учебных заведений, мастера производственного обучения, воспитатели детских учреждений (79, п. 18).

Аморальным проступком можно считать всякое нарушение моральных норм. Аморальные проступки лиц, выполняющих воспитательные функции, в одинаковой степени могут служить основанием для их увольнения, если они совершены как на работе, так и в быту.

Увольнение за совершение аморального проступка может иметь место тогда, когда совершенный работником проступок несовместим с продолжением им данной работы (появление на работе и в общественных местах в нетрезвом состоянии, мелкое хулиганство, сквернословие, драки, скандалы дома или на работе и другие действия, дискредитирующие работника).

Руководители предприятий, а также руководители структурных подразделений не могут быть уволены по п. 3 ст. 254 КЗоТ, так как обязанность по воспитанию подчиненных им работников является лишь частью их общей функции по руководству предприятием, структурным подразделением.

Работник может быть уволен по п. 3 ст. 254 КЗоТ только с согласия профсоюзного комитета.

Увольнение в связи с утратой доверия к работнику (п. 2 ст. 254 КЗоТ), а также в связи с совершением аморального проступка работником, выполняющим воспитательные функции (п. 3 ст. 254 КЗоТ), не является в силу ст. 135 КЗоТ мерой дисциплинарного взыскания, применение которой обусловлено сроками, установленными законом. Вместе с тем следует принимать во внимание время, истекшее с момента совершения аморального проступка и виновных действий работника, к которому утрачено доверие администрации. его последующее поведение и другие конкретные обстоятельства, имеющие значение для правильного разрешения спора (79, п. 19).

Прекращение трудового договора в связи с направлением работника по постановлению суда в лечебно-трудовой профилакторий (п. 4 ст. 254 КЗоТ). Направление злостных пьяниц (алкоголиков) и наркоманов в лечебно-трудовой профилакторий для принудительного лечения и трудового перевоспитания производится по постановлению районного (городского) суда на срок от одного года до двух лет при наличии медицинского заключения по ходатайству общественных организаций, трудовых коллективов, государственных органов, а также членов семьи или близких родственников.

Получив постановление суда о направлении работника в лечебно-трудовой профилакторий, администрация должна прекратить с ним трудовой договор. Для увольнения работника по этому основанию согласия профсоюзного комитета не требуется.

7. Расторжение трудового договора по требованию профсоюзного органа

Условия расторжения трудового договора (ст. 37 КЗоТ). По требованию профсоюзного органа (не ниже районного) администрация обязана расторгнуть трудовой договор с руководящим работником или сместить его с занимаемой должности, если он нарушает законодательство о труде, не выполняет обязательств по коллективному договору, проявляет бюрократизм, допускает волокиту. Руководящий работник, избранный на должность трудовым коллективом, освобождается по требованию профсоюзного органа (не ниже районного) на основании решения общего собрания (конференции) соответствующего трудового коллектива или по его уполномочию — совета трудового коллектива.

Требование профсоюзного органа может быть вынесено только в отношении руководителей, их заместителей, главных специалистов предприятий, а также руководителей структурных подразделений предприятий, их заместителей (55, п. 2).

Рассмотрение требования о расторжении трудового договора или смещении с занимаемой должности производится профсоюзным органом в присутствии работника, в отношении которого выносится это требование.

Работник, в отношении которого профсоюзным органом предъявлено требование, или администрация могут в течение семи дней со дня извещения об этом требовании подать заявление о его пересмотре в вышестоящий профсоюзный орган, решение которого является окончательным.

Профсоюзные комитеты предприятий и организаций, в том числе и те, которым предоставлены права райкомов профсоюзов, не могут предъявлять требования о расторжении трудового договора с руководящими работниками.

Профсоюзный комитет в случае необходимости может на основании п. 7 Положения о правах профсоюзного комитета поставить перед соответствующими органами вопрос о смещении или наказании руководящих работников, которые допускают указанные выше проступки.

8. Отстранение от работы

Понятие отстранения от работы. Отстранение рабочего или служащего от работы (должности) с приостановкой выплаты заработной платы может производиться только по предложению уполномоченных на это органов в случаях, предусмотренных законодательством (ст. 38 КЗоТ).

Отстранение от работы не означает увольнения работника. Последующее прекращение трудового договора допустимо лишь по основаниям, предусмотренным законом.

Отстранение от работы в случае появления на работе в нетрезвом состоянии. Работника, появившегося на работе в нетрезвом состоянии, в состоянии наркотического или токсического опьянения, администрация предприятия не допускает к работе в этот день (ч. 2 ст. 38 КЗоТ).

Мастера, начальники участков, смен, цехов и другие руководители, участвовавшие в распитии с подчиненными им работниками спиртных напитков на производстве или не принявшие мер к отстранению от работы лиц, находящихся в нетрезвом состоянии, либо скрывшие случаи распития спиртных напитков или появления на работе в нетрезвом состоянии подчиненных им работников, подвергаются административному взысканию в виде штрафа в размере от 50 до 100 руб. (15, ст. 4).

Отстранение от работы по требованию органов санитарного надзора. Органы государственного санитарного надзора имеют право временно отстранить от работы лиц, являющихся бактерионосителями и могущих быть источником распространения инфекционных болезней в связи с особенностями производства, в котором они заняты. В случае отстранения от работы лицу выдается пособие по государственному социальному страхованию, как и при общем заболевании (33, п. 9 «и»).

Отстранение от работы по требованию Госгортехнадзора и Госатомэнергонадзора. Госгортехнадзору СССР и Госатомэнергонадзору СССР предоставлено право делать представления руководителям министерств, ведомств, предприятий об освобождении в установленном порядке и случаях лиц от занимаемых должностей или о лишении на срок до одного года права технического руководства работами (39, п. 7 «з»; 48, п. 4 «к»).

Отстранение от работы по требованию Госавтоинспекции. Госавтоинспекция имеет право отстранить от управления транспортными средствами работников автотранспортных предприятий, находящихся в состоянии опьянения, или не имеющих прав на управление данным видом транспортного средства, либо грубо нарушивших правила дорожного движения (35, п. 7 «н»).

Отстранение от работы по требованию отдела (бюро) охраны труда предприятия. Отдел (бюро) охраны труда и техники безопасности предприятия имеет право требовать от руководителей подразделений отстранения от работы лиц, не имеющих допуска к выполнению данной работы или грубо нарушающих правила и нормы по охране труда, инструкции по технике безопасности. Эти требования подлежат обязательному исполнению (66, п. 6.5).

Другие случаи отстранения от работы. Уставы о дисциплине, действующие в некоторых отраслях народного хозяйства, предусматривают отстранение от работы работников при совершении ими определенных видов проступков (45).

Должностные лица могут быть отстранены от должности (работы) по постановлению комитета народного контроля (10, ст. 22).

Коллектив производственной бригады вправе требовать от администрации освобождения работника от обязанностей бригадира, если он не оправдал доверия коллектива (ст. 18 Закона СССР о трудовых коллективах). Это означает, что по требованию бригады такой работник должен быть отстранен от бригадирских обязанностей, а затем переведен, с его согласия, на другую работу или даже уволен (82, 1987, 9 июля).

Статья 153 УПК РСФСР предоставляет право следователю отстранить от должности в случае необходимости должностное лицо, привлекаемое в качестве обвиняемого.

Оформление отстранения от работы и порядок возмещения ущерба в случае необоснованного отстранения. Отстранение от работы оформляется приказом (распоряжением) по предприятию. В трудовую книжку запись об отстранении не заносится; заносится лишь запись о переводе или увольнении, последовавших после отстранения.

Если работник отстранен от работы администрацией без законных оснований, то он имеет право требовать выплаты ему среднего заработка за время отстранения от работы, но не более чем за один год (6, п. 49).

В том случае, когда рабочий или служащий не работал вследствие отстранения от должности (работы) в связи с незаконным привлечением к уголовной ответственности, его требования о возмещении заработка, которого он лишился в результате незаконных действий органов дознания, предварительного следствия, прокуратуры и суда, подлежат удовлетворению за все время отстранения (11, ст. 3).

9. Оформление увольнения и производство расчета

Оформление увольнения. Увольнение с работы оформляется приказом или распоряжением администрации предприятия. Формулировка увольнения записывается в трудовую книжку работника.

Записи о причинах увольнения в трудовую книжку должны производиться в точном соответствии с формулировками действующего законодательства и со ссылкой на соответствующую статью, пункт закона.

При расторжении трудового договора по инициативе рабочего или служащего в связи с болезнью, инвалидностью, уходом на пенсию по возрасту, с зачислением в высшее или среднее специальное учебное заведение либо в аспирантуру и по другим причинам, с которыми законодательство связывает предоставление определенных льгот и преимуществ, запись об увольнении в трудовую книжку вносится с указанием этих причин (ч. 4 ст. 39 КЗоТ).

При переводе работника из одного предприятия в другое на основании распоряжения вышестоящих органов, по согласованию между руководителями предприятий либо по решению соответствующих партийных, советских, профсоюзных и других органов в трудовой книжке по прежнему месту работы указывается, в каком порядке произведен перевод на другое предприятие. На новом месте работы издается приказ (распоряжение) о зачислении данного работника в порядке перевода и производится соответствующая запись в его трудовой книжке.

При увольнении трудовая книжка выдается рабочему или служащему в день увольнения (ч. 5 ст. 39 КЗоТ).

Заполнение так называемого обходного листка при увольнении законодательством не предусмотрено. Отсюда следует, что отказ работника от оформления и представления обходного листка не может служить основанием к задержке расчета или трудовой книжки. Стоимость материальных ценностей, за которые работник не отчитался ко дню увольнения, должна быть с него взыскана в установленном порядке.

Выходное пособие[*]. Рабочим и служащим выплачива-

---

[*] О выплате выходного пособия в случае увольнения по п. 1 ст. 33 КЗоТ см. с. 542—543.

ется выходное пособие в размере двухнедельного среднего заработка при прекращении трудового договора в следующих случаях: при призыве или поступлении рабочего или служащего на военную службу (п. 3 ст. 29 КЗоТ), отказе рабочего или служащего от перевода на другую работу в другую местность вместе с предприятием, а также отказе от продолжения работы в связи с изменением существенных условий труда (п. 6 ст. 29 КЗоТ), в связи с достижением пенсионного возраста (п. 1^1 ст. 33 КЗоТ), обнаружившемся несоответствии рабочего или служащего занимаемой должности или выполняемой работе (п. 2 ст. 33 КЗоТ), восстановлении на работе рабочего или служащего, ранее выполнявшего эту работу (п. 6 ст. 33 КЗоТ), вследствие нарушения администрацией законодательства о труде, коллективного или трудового договора (ст. 32 КЗоТ).

Выходное пособие выплачивается также работнику, освобожденному от работы по результатам аттестации.

Помимо общих оснований, предусмотренных ст. 36 КЗоТ, рабочим и служащим, занятым на сезонных работах, выходное пособие выплачивается также при расторжении трудового договора в связи с приостановкой работ на предприятии на срок более двух недель по причинам производственного характера или сокращения объема работ (7, абз. 1 п. 8), а временным рабочим и служащим — при расторжении трудового договора в связи с приостановкой работы на предприятии на срок более одной недели по причинам производственного характера или сокращения работы в них (8, абз. 1 п. 7).

Сезонным работникам выходное пособие выплачивается в размере недельного среднего заработка, а временным — трехдневного среднего заработка.

В случае призыва или поступления на военную службу выходное пособие сезонным и временным работникам выплачивается в размере двухнедельного среднего заработка (7, абз. 2 п. 8; 8, абз. 2 п. 7).

Замена выплаты выходного пособия предупреждением об увольнении не допускается.

Производство расчета. Выплата всех сумм, причитающихся работнику при увольнении, должна быть произведена в день увольнения. Если работник в день увольнения не работал, то расчет должен быть с ним произведен не позднее следующего дня после предъявления им требования о расчете (ст. 98 КЗоТ).

При задержке выдачи трудовой книжки по вине администрации работнику выплачивается средний заработок за все время вынужденного прогула (ст. 99 КЗоТ).

Днем увольнения в этом случае считается день выдачи трудовой книжки. О новом дне увольнения издается приказ и вносится запись в трудовую книжку работника. Ранее внесенная запись о дне увольнения признается недействительной (71, п. 4.1).

Если работник отсутствует на работе в день увольнения, то администрация предприятия в этот же день направляет ему почтовое уведомление с указанием о необходимости получения трудовой книжки.

Пересылка трудовой книжки почтой с доставкой по указанному адресу допускается только с согласия рабочего или служащего (71, п. 4.2).

Если работник при увольнении отказался от получения трудовой книжки или, несмотря на уведомление, не явился за ней и не выразил согласия на пересылку ее по почте, то такие случаи не считаются задержкой трудовой книжки по вине администрации, а дни, в течение которых трудовая книжка не была получена, оплате не подлежат (78, абз. 4 п. 13).

Порядок обжалования увольнения по инициативе администрации. Рабочие и служащие, уволенные по инициативе администрации предприятия, имеют право обратиться с иском о восстановлении на работе или об изменении формулировки причин их увольнения в течение месячного срока со дня вручения приказа об увольнении непосредственно в районный (городской) народный суд (ст.ст. 210 и 211 КЗоТ).

Трудовые споры работников, занимающих должности, предусмотренные в Перечне № 1 Приложения № 1 к Положению о порядке рассмотрения трудовых споров, по вопросам увольнения и изменения формулировки причин увольнения рассматриваются вышестоящими в порядке подчиненности органами (ст. 220 КЗоТ). Аналогичным образом рассматриваются трудовые споры по вопросам увольнения или изменения формулировки причин увольнения работников, перечисленных в Перечне № 2 Приложения № 1 к Положению о порядке рассмотрения трудовых споров, если увольнение связано с признанием их в установленном порядке не соответствующими занимаемой должности или с неизбранием на новый срок.

В случае признания органом по рассмотрению трудовых споров незаконным расторжения трудового договора по просьбе работника ему выдается дубликат трудовой книжки без внесения в нее записи, признанной недействительной органом по рассмотрению трудовых споров.

Выдача дубликата производится администрацией по последнему месту работы. Прежняя трудовая книжка возвращается владельцу для представления впоследствии в органы социального обеспечения для документального подтверждения трудового стажа до поступления на работу на предприятие, где выдан дубликат (71, п. 2.9).

Рабочему или служащему, незаконно уволенному с работы и восстановленному на прежней работе, выплачивается по решению суда средний заработок за время вынужденного прогула со дня увольнения, но не более чем за три месяца. В таком же размере по решению суда производится оплата за время вынужденного прогула в тех случаях, когда неправильная формулировка причины увольнения в трудовой книжке препятствовала поступлению рабочего или служащего на новую работу.

Средний заработок за время вынужденного прогула, но не более чем за три месяца, может быть выплачен работнику также по решению комиссии по трудовым спорам, постановлению профкома предприятия.

Рабочему или служащему, незаконно переведенному на другую работу и восстановленному на прежней работе, выплачивается по решению или постановлению органа по рассмотрению трудовых споров средний заработок за время вынужденного прогула или разница в заработке за время выполнения нижеоплачиваемой работы, но не более чем за три месяца.

Оплата за время вынужденного прогула при незаконном увольнении или переводе, а также выплата разницы в заработке за время нижеоплачиваемой работы может быть произведена администрацией предприятия (ст. 214 КЗоТ).

В случае незаконного осуждения, повлекшего за собой увольнение работника по п. 7 ст. 29 КЗоТ, заработная плата выплачивается работнику за все время вынужденного прогула (11, ст. 2).

Примечания к разд. 1

1. Об основах дисциплинарного законодательства Союза ССР и союзных республик. Постановление ЦИК и СНК СССР от 13 октября 1929 г. — СЗ СССР, 1929, № 71, ст. 670.

2. Об ответственности работников учреждений и управленческого аппарата хозяйственных органов за нарушение правил общей и противопожарной охраны служебных зданий и помещений и правил хранения служебных документов. Постановление ЦИК и СНК СССР от 7 июля 1932 г.; 3 сентября 1956 г. — СЗ СССР, 1932, № 53, ст. 319; Ведомости Верховного Совета СССР, 1956, № 18, ст. 391.

3. О порядке применения статьи 10 Положения о правах фабричного, заводского, местного комитета профессионального союза*. Постановление Президиума Верховного Совета СССР от 30 сентября 1965 г. — Ведомости Верховного Совета СССР, 1965, № 40, ст. 587.

4. Об упорядочении льгот для лиц, работающих в районах Крайнего Севера и в местностях, приравненных к районам Крайнего Севера. Указ Президиума Верховного Совета СССР

---

* В настоящее время — профсоюзный комитет.

от 10 февраля 1960 г.; 26 сентября 1967 г. — Ведомости Верховного Совета СССР, 1960, № 7, ст. 45; 1967, № 39, ст. 519.

5. Закон СССР «О статусе народных депутатов в СССР» от 20 сентября 1972 г.; 19 апреля 1979 г. — Ведомости Верховного Совета СССР, 1979, № 17, ст. 277.

6. Положение о порядке рассмотрения трудовых споров. Утверждено Указом Президиума Верховного Совета СССР от 20 мая 1974 г. — Ведомости Верховного Совета СССР, 1974, № 22, ст. 325; 1983, № 5, ст. 74; № 33, ст. 507.

7. Об условиях труда рабочих и служащих, занятых на сезонных работах. Указ Президиума Верховного Совета СССР от 24 сентября 1974 г. — Ведомости Верховного Совета СССР 1974, № 40, ст. 661.

8. Об условиях труда временных рабочих и служащих. Указ Президиума Верховного Совета СССР от 24 сентября 1974 г. — Ведомости Верховного Совета СССР, 1974, № 40, ст. 662.

9. Об условиях труда рабочих и служащих, занятых на работах в лесной промышленности и лесном хозяйстве. Указ Президиума Верховного Совета СССР от 13 ноября 1979 г. — Ведомости Верховного Совета СССР, 1979, № 47, ст. 785.

10. Закон СССР «О народном контроле в СССР» от 30 ноября 1979 г. — Ведомости Верховного Совета СССР, 1979, № 49, ст. 840.

11. Положение о порядке возмещения ущерба, причиненного гражданину незаконными действиями органов дознания, предварительного следствия, прокуратуры и суда. Утверждено Указом Президиума Верховного Совета СССР от 18 мая 1981 г. — Ведомости Верховного Совета СССР, 1981, № 21, ст. 741.

12. Об усилении борьбы с пьянством. Указ Президиума Верховного Совета СССР от 16 мая 1985 г. — Ведомости Верховного Совета СССР, 1985, № 21, ст. 369.

13. О порядке обжалования в суд неправомерных действий должностных лиц, ущемляющих права граждан. Закон СССР от 30 июня 1987 г. — Ведомости Верховного Совета СССР, 1987, № 26, ст. 388.

14. Положение о товарищеских судах. Утверждено Указом Президиума Верховного Совета РСФСР от 11 марта 1977 г. — Ведомости Верховного Совета РСФСР, 1977, № 12, ст. 254; 1982, № 49, ст. 1822; 1985, № 40, ст. 1401.

15. О мерах по усилению борьбы против пьянства и алкоголизма, искоренению самогоноварения. Указ Президиума Верховного Совета РСФСР от 16 мая 1985 г. — Ведомости Верховного Совета РСФСР, 1985, № 21, ст. 738; 1987, № 24, ст. 839.

16. О мероприятиях по расширению обучения и устройству на работу в народное хозяйство молодежи, оканчивающей общеобразовательные школы в 1966 году. Постановле-

ние ЦК КПСС и Совета Министров СССР от 2 февраля 1966 г. № 83. — СП СССР, 1966, № 3, ст. 26.

17. О мерах по обеспечению капитального строительства кадрами. Постановление ЦК КПСС и Совета Министров СССР от 12 января 1968 г. — Решения партии и правительства по хозяйственным вопросам. Т. 6. М., 1968, с. 655.

18. О мероприятиях по повышению эффективности работы научных организаций и ускорению использования в народном хозяйстве достижений науки и техники. Постановление ЦК КПСС и Совета Министров СССР от 24 сентября 1968 г. № 760. — СП СССР, 1968, № 18, ст. 122.

19. Об усилении работы по укреплению социалистической дисциплины труда. Постановление ЦК КПСС, Совета Министров СССР и ВЦСПС от 28 июля 1983 г. № 744. — СП СССР, 1983, отд. 1, № 21, ст. 115.

20. О дополнительных мерах по совершенствованию капитального строительства в целях ускорения научно-технического прогресса в народном хозяйстве страны. Постановление ЦК КПСС и Совета Министров СССР от 13 марта 1986 г. № 328. — СП СССР, 1986, отд. 1, № 11, ст. 67.

21. О мерах по коренному повышению качества продукции. Постановление ЦК КПСС и Совета Министров СССР от 12 мая 1986 г. № 540. — СП СССР, 1986, отд. 1, № 24, ст. 139.

22. О мерах по коренному улучшению качества подготовки и использования специалистов с высшим образованием в народном хозяйстве. Постановление ЦК КПСС и Совета Министров СССР от 13 марта 1987 г. № 325. — СП СССР, 1987, отд. 1, № 23, ст. 82.

23. О мерах по дальнейшему совершенствованию работы жилищно-коммунального хозяйства в стране. Постановление ЦК КПСС и Совета Министров СССР от 8 апреля 1987 г. № 427. — СП СССР, 1987, отд. 1, № 27, ст. 92.

24. Об обеспечении эффективной занятости населения, совершенствовании системы трудоустройства и усилении социальных гарантий для трудящихся. Постановление ЦК КПСС, Совета Министров СССР и ВЦСПС от 22 декабря 1987 г. № 1457. — СП СССР, 1988, отд. 1, № 5, ст. 13.

25. Рекомендации о порядке избрания советов трудовых коллективов, проведения выборов руководителей и конкурсов на замещение должностей специалистов государственных предприятий (объединений). Утверждены Госкомтрудом СССР и ВЦСПС и одобрены постановлением ЦК КПСС, Совета Министров СССР и ВЦСПС от 8 февраля 1988 г. № 174. — СП СССР, 1988, отд. 1, № 9, ст. 24.

26. О переводе научных организаций на полный хозяйственный расчет и самофинансирование. Постановление ЦК КПСС и Совета Министров СССР от 30 сентября 1987 г. № 1102. — СП СССР, 1987, отд. 1, № 48, ст. 158.

27. О работе по совместительству. Постановление Совета

Министров СССР от 22 сентября 1988 г. № 1111. — СП СССР, 1988, отд. 1, № 33, ст. 93.

28. О расширении льгот инвалидам Отечественной войны и членам семей военнослужащих, погибших в Великую Отечественную войну. Постановление Совета Министров СССР от 6 марта 1965 г. № 140. — СП СССР, 1965, № 4, ст. 22.

29. Положение об условиях работы по совместительству. Утверждено постановлением Госкомтруда СССР, ВЦСПС и Минюста СССР от 9 марта 1989 г. — См.: Труд, 1989, 15 марта.

30. Общее положение о юридическом отделе (бюро), главном (старшем) юрисконсульте, юрисконсульте министерства, ведомства, исполнительного комитета Совета народных депутатов, предприятия, организации, учреждения. Утверждено постановлением Совета Министров СССР от 22 июня 1972 г. № 467. — СП СССР, 1972, № 13, ст. 70.

31. О мерах по улучшению работы городского пассажирского транспорта. Постановление Совета Министров СССР от 25 декабря 1972 г. № 884. — СП СССР, 1973, № 1, ст. 3.

32. Правила исчисления непрерывного трудового стажа рабочих и служащих при назначении пособий по государственному социальному страхованию. Утверждены постановлением Совета Министров СССР от 13 апреля 1973 г. № 252; 27 декабря 1983 г. № 1225. — СП СССР, 1973, № 10, ст. 51; 1984, отд. 1, № 4, ст. 19.

33. Положение о государственном санитарном надзоре в СССР. Утверждено постановлением Совета Министров СССР от 31 мая 1973 г. № 361. — СП СССР, 1973, № 16, ст. 86.

34. О введении аттестации руководящих, инженерно-технических работников и других специалистов предприятий и организаций промышленности, строительства, сельского хозяйства, транспорта и связи. Постановление Совета Министров СССР от 26 июля 1973 г. № 531. — СП СССР, 1973, № 18, ст. 103.

35. Положение о Государственной автомобильной инспекции. Утверждено постановлением Совета Министров СССР от 10 августа 1978 г. № 685. — СП СССР, 1978, № 20, ст. 124.

36. Положение о главных бухгалтерах. Утверждено постановлением Совета Министров СССР от 24 января 1980 г. № 59. — СП СССР, 1980, № 6, ст. 43.

37. Положение о льготах для военнослужащих, военнообязанных, лиц, уволенных с воинской службы в отставку, и их семей. Утверждено постановлением Совета Министров СССР от 17 февраля 1981 г. № 193. — СП СССР, 1981, отд. 1, № 11, ст. 64.

38. Положение о льготах для инвалидов Отечественной войны и семей погибших военнослужащих. Утверждено постановлением Совета Министров СССР от 23 февраля 1981 г. № 209. — СП СССР, 1981, отд. 1, № 12, ст. 71.

39. Положение о Государственном комитете СССР по надзору за безопасным ведением работ в промышленности и

горному надзору. Утверждено постановлением Совета Министров СССР от 25 марта 1982 г. № 232. — СП СССР, 1982, отд. 1, № 11, ст. 64.

40. Положение о порядке создания, реорганизации и ликвидации предприятий, объединений, организаций и учреждений. Утверждено постановлением Совета Министров СССР от 2 сентября 1982 г. № 816. — СП СССР, 1982, отд. 1, № 25, ст. 130.

41. О суммировании периодов сезонной работы при исчислении непрерывного трудового стажа. Постановление Совета Министров СССР от 12 августа 1983 г. № 784. — СП СССР, 1983, отд. 1, № 22, ст. 118.

42. О мерах по обеспечению деятельности временных коллективов, создаваемых для проведения работ по решению перспективных научно-технических проблем межотраслевого характера. Постановление Совета Министров СССР от 23 января 1984 г. № 86. — СП СССР, 1984, отд. 1, № 6, ст. 31.

43. Положение о среднем профессионально-техническом училище. Утверждено постановлением Совета Министров СССР от 22 февраля 1985 г. № 177. — СП СССР, 1985, № 10, ст. 41.

44. О мерах по расширению платных услуг населению, предоставляемых предприятиями и организациями, для которых оказание этих услуг не является основной деятельностью. Постановление Совета Министров СССР от 31 июля 1985 г. № 716. — СП СССР, 1985, отд. 1, № 25, ст. 128.

45. Об утверждении Устава о дисциплине работников железнодорожного транспорта СССР. Постановление Совета Министров СССР от 7 августа 1985 г. № 748. — СП СССР, 1985, отд. 1, № 24, ст. 123.

46. О широком проведении аттестации рабочих мест и их рационализации в промышленности и других отраслях народного хозяйства. Постановление Совета Министров СССР и ВЦСПС от 15 августа 1985 г. № 783. — СП СССР, 1985, отд. 1, № 28, ст. 141.

47. О дальнейшем повышении роли мастеров, начальников участков и цехов объединений, предприятий и организаций промышленности и об усилении стимулирования их труда. Постановление Совета Министров СССР и ВЦСПС от 10 декабря 1985 г. № 1220. — СП СССР, 1986, отд. 1, № 1, ст. 1.

48. Положение о Государственном комитете СССР по надзору за безопасным ведением работ в атомной энергетике. Утверждено постановлением Совета Министров СССР от 23 февраля 1987 г. № 228. — СП СССР, 1987, отд. 1, № 17, ст. 63.

49. О дополнительных льготах по переселению и мерах по дальнейшему совершенствованию практики общественного призыва молодежи в сельское хозяйство. Постановление Совета Министров СССР от 5 августа 1988 г. № 979. — СП СССР, 1988, отд. 1, № 29, ст. 82.

50. Об изъятиях из правила об ограничении совместной службы родственников. Постановление Совета Министров РСФСР от 21 августа 1972 г. № 510; 23 октября 1972 г. № 661; 23 марта 1973 г. № 155; 10 мая 1973 г. № 243. — СП РСФСР, 1972, № 19, ст. 119; № 22, ст. 153; 1973, № 11, ст. 51; № 13, ст. 75.

51. О порядке оплаты квалифицированных рабочих при переводе их на другую нижеоплачиваемую работу вследствие простоя, а также о порядке предоставления других гарантий и льгот, установленных этой категории рабочих. Разъяснение Госкомтруда СССР и Секретариата ВЦСПС от 18 июля 1962 г. № 13/18. — Бюллетень Госкомтруда СССР, 1962, № 8, с. 9.

52. Инструкция о порядке замещения должностей научных работников научно-исследовательских учреждений. Утверждена постановлением Президиума Академии наук СССР 14 декабря 1962 г. — Сборник законодательных актов о труде. М., 1977, с. 120.

53. О порядке трудоустройства студентов высших и учащихся средних специальных учебных заведений, желающих совмещать учебу с общественно полезным трудом, комплектовании и организации деятельности студенческих отрядов на условиях неполного рабочего дня и недели. Инструктивное письмо Секретариата ЦК ВЛКСМ, Минвуза СССР и Госкомтруда СССР от 4 января 1988 г. № 01/4/1/1-ИГ. — Бюллетень Минвуза СССР, 1988, № 4.

54. Положение о распределении лиц, оканчивающих аспирантуру с отрывом от производства. Утверждено постановлением ГКНТ от 20 февраля 1970 г. № 41. — Бюллетень Министерства высшего и среднего специального образования СССР*, 1970, № 9, с. 11.

55. О порядке применения статьи 20 Основ законодательства Союза ССР и союзных республик о труде. Разъяснение Госкомтруда СССР и Президиума ВЦСПС от 23 июня 1971 г. — Бюллетень Госкомтруда СССР, 1972, № 2, с. 4.

56. Положение о порядке проведения аттестации руководящих, инженерно-технических работников и других специалистов предприятий и организаций промышленности, строительства, сельского хозяйства, транспорта и связи. Утверждено постановлением ГКНТ и Госкомтруда СССР от 5 октября 1973 г.; 22 октября 1979 г. — БНА, 1974, № 1; 1980, № 8; 1987, № 2.

57. О порядке замещения должностей преподавателей и научных сотрудников, находящихся в длительных командировках за границей. Инструктивное письмо Минвуза СССР* от 29 апреля 1974 г. № 27. — Высшая школа. Сбор-

---

* В настоящее время — Гособразование СССР.

ник основных постановлений, приказов и инструкций. Ч. 2. М., 1978, с. 9.

58. О порядке исчисления среднего заработка, сохраняемого беременным женщинам и матерям, имеющим грудных детей, в связи с переводом их на другую работу. Разъяснение Госкомтруда СССР и Секретариата ВЦСПС от 15 мая 1975 г. — Бюллетень Госкомтруда СССР, 1975, № 8, с. 20.

59. Об утверждении Списка производств, профессий и работ с тяжелыми и вредными условиями труда, на которых запрещается применение труда женщин. Постановление Госкомтруда СССР и Президиума ВЦСПС от 25 июля 1978 г. — Бюллетень Госкомтруда СССР, 1978, № 12, с. 3; 1988, № 3, с. 34.

60. Типовой перечень должностей руководящих, инженерно-технических работников и других специалистов промышленности, строительства, сельского хозяйства, транспорта и связи и других отраслей народного хозяйства, подлежащих аттестации в соответствии с постановлением Совета Министров СССР от 26 июля 1973 г. № 531. Утвержден постановлением ГКНТ и Госкомтруда СССР по согласованию с ВЦСПС от 22 октября 1979 г. — БНА, 1980, № 8, с. 26.

61. О мерах по дальнейшему совершенствованию организованного набора рабочих и общественного призыва молодежи. Постановление ЦК КПСС и Совета Министров СССР от 27 сентября 1984 г. — СП СССР, 1984, отд. 1, № 35, ст. 190.

62. О порядке применения пункта 16 постановления ЦК КПСС, Совета Министров СССР и ВЦСПС от 13 декабря 1979 г. № 1117 «О дальнейшем укреплении трудовой дисциплины и сокращении текучести кадров в народном хозяйстве». Разъяснение Госкомтруда СССР и Секретариата ВЦСПС от 9 июля 1980 г. — Бюллетень Госкомтруда СССР, 1980, № 10, с. 45; 1984, № 8, с. 9.

63. Положение о распределении и использовании в народном хозяйстве выпускников высших и средних специальных учебных заведений. Утверждено Гособразованием СССР, Госпланом СССР, Госкомтрудом СССР, Минфином СССР, Минюстом СССР по согласованию с ВЦСПС 1 августа 1988 г. — Бюллетень Государственного комитета СССР по народному образованию. Серия: Высшее и среднее специальное образование, 1988, № 11.

64. О списке производств, профессий и работ с тяжелыми и вредными условиями труда, на которых запрещается применение труда лиц моложе восемнадцати лет. Постановление Госкомтруда СССР и Президиума ВЦСПС от 10 сентября 1980 г. № 283/П-9. — Бюллетень Госкомтруда СССР, 1981, № 3—7; 1983, № 12.

65. Положение об условиях труда надомников. Утверждено постановлением Госкомтруда СССР и Секретариата

ВЦСПС от 29 сентября 1981 г. № 275/17-99. — Бюллетень Госкомтруда СССР, 1982, № 1, с. 14.

66. Типовое положение об отделе (бюро) охраны труда и техники безопасности предприятия, организации. Утверждено постановлением Госкомтруда СССР и Президиума ВЦСПС от 22 апреля 1982 г. № 90/П-4. — Бюллетень Госкомтруда СССР, 1982, № 9, с. 29.

67. Инструкция о порядке материального обеспечения граждан СССР при призыве на действительную военную службу и прохождении службы в запасе. Утверждена постановлением Госкомтруда СССР и Секретариата ВЦСПС от 22 апреля 1982 г. № 95/4-132. — Бюллетень Госкомтруда СССР, 1982, № 8, с. 9.

68. Положение о распределении выпускников профессионально-технических учебных заведений СССР. Утверждено приказом Государственного комитета СССР по профессионально-техническому образованию* от 29 марта 1983 г. № 40. — БНА, 1983, № 7, с. 43.

69. О некоторых вопросах, связанных с применением законодательства об укреплении трудовой дисциплины. Разъяснение Госкомтруда СССР и Секретариата ВЦСПС от 25 октября 1983 г. № 8/22-31. Утверждено постановлением Госкомтруда СССР и Секретариата ВЦСПС от 25 октября 1983 г. № 240/22-31. — Бюллетень Госкомтруда СССР, 1984, № 1, с. 3.

70. Положение о порядке и условиях добровольного труда учащихся общеобразовательной и профессиональной школы в свободное от учебы время. Утверждено постановлением Госкомтруда СССР, Гособразования СССР, Секретариата ВЦСПС и Секретариата ЦК ВЛКСМ от 3 июня 1988 г. № 343/90-01-490/25-01/17-30/43/34-а. — Бюллетень Госкомтруда СССР, 1988, № 10.

71. О внесении изменений и дополнений в Инструкцию о порядке ведения трудовых книжек на предприятиях, в учреждениях и организациях, утвержденную постановлением Госкомтруда от 20 июня 1974 г. № 162. Постановление Госкомтруда СССР от 2 августа 1985 г. № 252 (с изменениями от 31 марта 1987 г.). — Бюллетень Госкомтруда СССР, 1986, № 1; 1987, № 12.

72. Типовое положение об организации подбора и аттестации бригадиров в производственных объединениях и на предприятиях. Утверждено постановлением Госкомтруда СССР и Секретариата ВЦСПС от 12 августа 1985 г. № 270/17-2. — Бюллетень Госкомтруда СССР, 1986, № 2.

73. О порядке предоставления работы лицам, освобож-

---

* В настоящее время — Гособразование СССР.

денным от выборной должности на предприятии, и основаниях увольнения при невозможности их трудоустройства. Разъяснение Госкомтруда СССР и Секретариата ВЦСПС от 29 апреля 1988 г. № 15/13-41. Утверждено постановлением Госкомтруда СССР и Секретариата ВЦСПС от 29 апреля 1988 г. № 270/13-41. — Бюллетень Госкомтруда СССР, 1988, № 8.

74. Об утверждении Положения о порядке проведения аттестации руководящих, научных, инженерно-технических работников и специалистов научно-исследовательских учреждений, конструкторских, технологических, проектных, изыскательских и других организаций науки. Постановление ГКНТ, Госстроя СССР и Госкомтруда СССР от 17 февраля 1986 г. № 38/20/50. — БНА, 1986, № 5.

75. Положение о подготовке научно-педагогических и научных кадров в системе непрерывного образования. Утверждено приказом Минвуза СССР и ВАК СССР от 15 сентября 1987 г. № 637/63. — Бюллетень Министерства высшего и среднего специального образования СССР, 1987, № 12.

76. Типовое Положение о городском центре по трудоустройству, переобучению и профориентации населения. Утверждено постановлением Госкомтруда СССР и Секретариата ВЦСПС от 21 апреля 1988 г. № 240/12-83. — Бюллетень Госкомтруда СССР, 1988, № 8.

77. Положение о порядке высвобождения, трудоустройства рабочих и служащих и предоставления им льгот и компенсаций. Утверждено постановлением Госкомтруда СССР и Секретариата ВЦСПС от 2 марта 1988 г. — Бюллетень Госкомтруда СССР, 1988, № 6.

78. О применении судами законодательства, регулирующего оплату труда рабочих и служащих. Постановление Пленума Верховного Суда СССР от 24 ноября 1978 г. № 10. — Бюллетень Верховного Суда СССР, 1979, № 1, с. 12.

79. О применении судами законодательства, регулирующего заключение, изменение и прекращение трудового договора. Постановление Пленума Верховного Суда СССР от 26 апреля 1984 г. № 3. — Бюллетень Верховного Суда СССР, 1984, № 3, с. 24; 1986, № 6, с. 8; 1988, № 3, с. 7.

80. О некоторых вопросах применения судами РСФСР законодательства при разрешении трудовых споров. Постановление Пленума Верховного Суда РСФСР от 16 декабря 1986 г. — Бюллетень Верховного Суда РСФСР, 1987, № 3, с. 12; 1988, № 10, с. 8.

81. Газ. «Правда».

82. Газ. «Известия».

83. Газ. «Труд».

84. Бюллетень Государственного комитета СССР по труду и социальным вопросам.

85. Бюллетень нормативных актов министерств и ведомств СССР.

86. Бюллетень Верховного Суда СССР.

87. Бюллетень Верховного Суда РСФСР.

88. Журнал «Соц. законность».

89. Журнал «Сов. юстиция».

90. Сборник нормативных актов о труде. Ч. 1. М., 1984; Ч. 2. М., 1985; Ч. 3. М., 1985.

Раздел 2
ПОДГОТОВКА КАДРОВ И ПОВЫШЕНИЕ ИХ КВАЛИФИКАЦИИ

Общие положения. Курс партии на ускорение социально-экономического развития страны, коренная перестройка управления экономикой и народного образования, демократизация всех сторон общественной жизни, реализация Закона СССР о государственном предприятии (объединении) требует качественно новых подходов к организации и содержанию профессиональной и экономической подготовки трудящихся.

Решение этих задач призвана обеспечить система повышения квалификации и переподготовки кадров, основной целью которой является постоянное приведение уровня квалификации работников в соответствие с изменяющимися производственными и социальными условиями, формирование у них высокого профессионализма, современного экономического мышления, умения работать в условиях полного хозрасчета и самофинансирования, развития демократии и самоуправления.

Постановлением ЦК КПСС и Совета Министров СССР от 6 февраля 1988 г. № 166 определены пути и конкретные меры коренной перестройки кадров в народном хозяйстве (3).

Во исполнение указанного постановления и в соответствии с постановлением ЦК КПСС от 15 сентября 1987 г. «О перестройке системы политической и экономической учебы трудящихся» Госкомтруд СССР, Гособразование СССР и Секретариат ВЦСПС постановлением от 15 июня 1988 г. утвердили разработанное с участием Академии народного хозяйства при Совете Министров СССР, заинтересованных министерств и ведомств СССР и одобренное Координационным советом по производственно-экономическому обучению трудящихся Бюро Совета Министров СССР по социальному развитию Типовое положение о непрерывном профессиональном и экономическом обучении кадров народного хозяйства (6).

Создана на новой основе единая государственная система повышения квалификации и переподготовки кадров.

Профессиональное и экономическое обучение работников в системе повышения квалификации и переподготовки кадров должно носить непрерывный характер и проводиться в течение всей их трудовой деятельности.

Непрерывность обучения обеспечивается путем рационального сочетания систематического самообразования, массовой производственно-экономической учебы, краткосрочного и периодического длительного обучения на соответствующих курсах или в учебных заведениях (подразделениях) системы повышения квалификации и переподготовки кадров.

Постоянное повышение квалификации является прямой обязанностью каждого работника. Сведения о прохождении обучения руководителями и специалистами отражаются в квалификационном аттестате единого образца, который является основным документом, удостоверяющим их профессиональный уровень.

При повышении квалификационных разрядов или при продвижении по работе должны учитываться успешное прохождение рабочими и служащими производственного обучения, общеобразовательная и профессиональная подготовка, а также получение ими высшего или среднего специального образования (ч. 3 ст. 83 Основ; ст. 188 КЗоТ).

Для осуществления непрерывного обучения кадров рекомендуется создавать на предприятиях единые подразделения — отделы (бюро, секторы) подготовки кадров или выделять работников, отвечающих за организацию этой работы. В состав этих отделов (бюро, секторов) включаются специалисты по профессиональной и экономической подготовке кадров.

Для координации всей организационной и учебно-методической работы на предприятии может создаваться на общественных началах совет по профессиональному и экономическому обучению кадров (6, абз. 11, 13 п. 1).

Предприятиям рекомендуется при активном участии профсоюзных организаций, советов трудовых коллективов разрабатывать и утверждать единые пятилетние и годовые планы подготовки, переподготовки и повышения квалификации кадров в учебных заведениях (подразделениях) непосредственно на производстве, включая массовую производственно-экономическую учебу.

Планы непрерывного обучения являются составной частью планов социального и экономического развития трудовых коллективов. Мероприятия по выполнению этих планов рекомендуется включать в коллективные договоры и социалистические обязательства.

Ответственность за выполнение планов непрерывного обучения работников возлагается на руководителей предприятия и его подразделений (6, п. 25).

Финансирование расходов на обучение кадров осуществляется из централизованных фондов министерств, ведомств, а также за счет средств фондов развития производства, науки и техники, других фондов аналогичного назначения предприятий или целевых ассигнований на подготовку кадров и за счет средств, в том числе профсоюзных, предусмотренных на проведение культурно-массовой работы (6, п. 28).

Рабочим и служащим, проходящим производственное обучение или обучающимся в учебных заведениях без отрыва от производства, администрация обязана создавать необходимые условия для совмещения работы с обучением (ст. 187 КЗоТ).

1. Непрерывное обучение рабочих

Виды обучения. На производстве организуются следующие виды обучения рабочих: подготовка новых рабочих, переподготовка (переобучение) рабочих, обучение рабочих вторым (смежным) профессиям, повышение квалификации рабочих.

Подготовка новых рабочих на производстве — это первоначальное профессиональное и экономическое обучение лиц, принятых на предприятие и ранее не имевших профессии.

Подготовка новых рабочих на производстве проводится по курсовой и индивидуальной формам обучения.

При курсовой подготовке теоретическое обучение рабочих осуществляется в учебной группе. Численность групп рекомендуется устанавливать от 10 до 30 человек. Теоретическое обучение проводится в учебных центрах, учебно-курсовых комбинатах (пунктах), технических школах и на организуемых министерствами, ведомствами постоянно действующих курсах. Теоретическое обучение может проводиться также в профессионально-технических училищах по договорам с предприятиями за счет их средств. Производственное обучение рабочих проводится, как правило, в два этапа: на первом — в учебной группе численностью не менее 10 человек под руководством мастера (инструктора) производственного обучения на специально созданной для этого учебно-материальной базе предприятия, учебного центра, учебно-курсового комбината (пункта) или технической школы; на втором этапе — на рабочих местах предприятия в учебной группе численностью не менее 10 человек под руководством мастера (инструктора) производственного обучения или индивидуально под руководством не освобожденного от основной работы квалифицированного рабочего-инструктора производственного обучения. При отсутствии необходимой учебно-материальной базы допускается, в порядке исключения, проведение производственного обучения в течение всего периода на рабочих местах предприятия.

Профессиональные умения и навыки обучающиеся должны, как правило, приобретать и совершенствовать в процессе изготовления продукции или выполнения работ с соблюдением соответствующих требований к их качеству. В этих целях каждому обучаемому с начала производственного обучения в цехах предприятия выделяется рабочее место, оснащенное необходимым оборудованием, инструментами и материалами. Подготовка новых рабочих заканчивается сдачей ими квалификационных экзаменов.

Подготовка новых рабочих, связанных с обслуживанием объектов котлонадзора и подъемных сооружений (машинисты котлов, машинисты (кочегары) котельной, машинисты кранов (крановщики), электромеханики по лифтам, стропальщики, лифтеры и т. п.), проводится в профессионально-технических училищах по договорам с предприятиями, в учебных центрах, учебно-курсовых комбинатах (пунктах), технических школах. Обучение рабочих по указанным профессиям может осуществляться также непосредственно на предприятиях по курсовой форме подготовки по согласованию с органами Госгортехнадзора СССР. Индивидуальная подготовка новых рабочих по этим профессиям не допускается (6, п. 12).

Переподготовка (переобучение) рабочих организуется с целью освоения новых профессий высвобождаемыми рабочими, которые не могут быть использованы по имеющимся у них профессиям, а также лицами, изъявившими желание сменить профессию с учетом потребности производства. Переподготовка (переобучение) рабочих заканчивается сдачей квалификационных экзаменов.

Обучение рабочих вторым (смежным) профессиям — это обучение лиц, уже имеющих профессию, с целью получения новой профессии с начальным либо более высоким уровнем квалификации.

Формы обучения рабочих вторым (смежным) профессиям, порядок разработки и утверждения учебных планов и программ, завершение обучения аналогичны применяемым при подготовке (переобучении) рабочих (6, п. 14).

Повышение квалификации рабочих может осуществляться: на производственно-экономических курсах, в школах социалистического хозяйствования, на курсах целевого назначения, в школах передовых приемов и методов труда, на курсах бригадиров (6, п. 15).

Производственно-экономические курсы создаются в целях углубления и расширения профессиональных и экономических знаний, умений и навыков рабочих для получения более высоких тарифных разрядов (классов, категорий) в соответствии с требованиями производства. На этих курсах проходят также обучение рабочие, у которых фактический уровень квалификации не в полной мере соответствует имеющемуся у них тарифному разряду (классу, категории).

Продолжительность обучения устанавливается до шести месяцев без отрыва и до трех месяцев с отрывом от работы. На теоретический курс отводится от 70 до 210 учебных часов, при этом на экономическое обучение должно отводиться от 20 до 30% учебного времени.

По профессиям, связанным с обслуживанием современной сложной техники и технологиии, сверх указанных сроков обучения предусматривается стажировка продолжительностью до трех месяцев.

Обучение на производственно-экономических курсах заканчивается сдачей квалификационных экзаменов. По профессиям, по которым предусмотрена стажировка, квалификационные экзамены проводятся после ее завершения (6, п. 16).

Школы социалистического хозяйствования создаются в целях повышения уровня экономических и профессиональных знаний работников массовых профессий по вопросам хозрасчета, прогрессивных форм организации и оплаты труда, самофинансирования и самоуправления трудовых коллективов, повышения качества продукции, экономии ресурсов, изучения новой техники, прогрессивной технологии, передового производственного опыта, правовых и других вопросов.

Занятия в школах социалистического хозяйствования проводятся с отрывом или без отрыва от работы. Продолжительность обучения и режим проведения занятий определяются администрацией предприятия совместно с профкомом и советом трудового коллектива в зависимости от конкретных условий производства. Рекомендуется третью часть всего учебного времени отводить на теоретическое обучение, из которого 65—70% использовать на изучение экономических вопросов.

Обучение рабочих в школах социалистического хозяйствования заканчивается собеседованиями (6, п. 17).

Курсы целевого назначения создаются непосредственно на предприятиях, в учебных центрах или других учебных заведениях для изучения новой техники, оборудования, материалов, технологических процессов, новых методов хозяйствования, прогрессивных форм организации труда, трудового законодательства, правил технической эксплуатации оборудования, техники безопасности, вопросов, связанных с повышением качества продукции (работ), и др.

Продолжительность обучения на курсах целевого назначения устанавливается предприятиями, исходя из цели обучения, но в объеме не менее 20 часов с отрывом или без отрыва от работы. Обучение заканчивается сдачей зачетов (6, п. 18).

Школы передовых приемов и методов труда создаются в целях массового освоения рабочими приемов и методов труда передовиков и новаторов производства, а также коллективов, добившихся высоких технико-экономических показателей. Обучаются в этих школах, как правило, рабочие одной или смежных с ними профессий.

Обучение в школах включает в себя практические занятия на рабочем месте, проводимые передовиками и новаторами производства — руководителями школ, а также теоретические занятия (консультации), проводимые специалистами. При этом особое внимание уделяется экономическому обоснованию и эффективности изучаемых методов труда.

Продолжительность обучения устанавливается предприятиями в зависимости от цели школ, но в объеме не менее 20 часов. Обучение в школах заканчивается итоговыми занятиями (6, п. 19).

Курсы бригадиров создаются в целях повышения уровня знаний бригадиров (звеньевых) в области внутрихозяйственного хозрасчета и подряда, прогрессивных форм организации и стимулирования труда, повышения эффективности производства и качества продукции, анализа результатов работы бригады, законодательства о труде, управления коллективом в условиях демократизации, а также по другим вопросам. Курсы бригадиров создаются также для подготовки резерва бригадиров (звеньевых) производственных бригад из числа передовых, наиболее квалифицированных рабочих, обладающих организаторскими способностями и пользующихся авторитетом у членов трудового коллектива.

Периодичность повышения квалификации бригадиров на курсах устанавливается министерствами и ведомствами, но не реже одного раза в пять лет. Бригадиры могут быть направлены на курсы по результатам их аттестации.

Обучение на курсах бригадиров проводится с отрывом или без отрыва от работы, включает в себя проведение теоретических и практических занятий и заканчивается сдачей зачетов или защитой рефератов (6, п. 20).

Профессиональное и экономическое обучение рабочих осуществляют преподаватели и инструкторы производственного обучения. Преподаватели назначаются из числа руководящих, инженерно-технических работников, экономистов и других специалистов, имеющих высшее или среднее специальное образование по профилю учебы. Инструкторы производственного обучения назначаются из числа квалифицированных рабочих и специалистов, имеющих стаж работы по профессии не менее трех лет, высокие производственные показатели, общее среднее или среднее специальное образование (6, абз. 4 п. 23).

2. Непрерывное обучение руководящих работников и специалистов

Общие вопросы. Непрерывное обучение руководящих работников и специалистов включает в себя повышение квалификации и переподготовку.

К повышению квалификации относится любое обучение, направленное на совершенствование и развитие знаний, умений и навыков какого-либо конкретного типа деятельности. Потребность в повышении квалификации определяется постоянным изменением стоящих перед работниками задач и условий труда, связанных как с совершенствованием средств производства, так и с должностным ростом.

Под переподготовкой понимается получение нового специального образования с целью оперативного обеспечения кадрами новейших направлений научно-технического и социального прогресса, а также перемещение кадров из устаревших сфер деятельности в современные.

Основными видами обучения в системе повышения квалификации и переподготовки руководящих работников и специалистов, обеспечивающими его непрерывность, являются:

систематическое самостоятельное обучение работника (самообразование);

обучение в производственно-экономических семинарах и университетах технико-экономических знаний;

краткосрочное обучение;

длительное периодическое обучение;

стажировка на передовых предприятиях, в ведущих научных организациях и учебных заведениях;

обучение в целевой аспирантуре, докторантуре;

переподготовка — получение новой специальности (3, п. 3; 6, п. 2).

Систематическое самостоятельное обучение работника (самообразование) осуществляется по индивидуальному плану, утверждаемому его непосредственным руководителем.

В индивидуальных планах исходя из характера труда работника должно предусматриваться изучение передового отечественного и зарубежного опыта, новейших достижений науки и техники, проблем управления, экономики, права, социологии и др.

Контроль за выполнением работником плана самообразования осуществляется его непосредственным руководителем. При необходимости вопрос о выполнении этого плана может быть рассмотрен на собрании первичного трудового коллектива (6, п. 3).

Обучение в производственно-экономических семинарах и университетах технико-экономических знаний. Производственно-экономические семинары создаются предприятиями для комплексного изучения вопросов экономики, управления трудовыми коллективами, прогрессивной техники и технологии, хозяйственного и трудового законодательства, передового опыта и других вопросов, направленных на решение конкретных производственных и экономических задач, совершенствование деятельности подразделений, в которых работают слушатели. В объединениях и на крупных предприятиях при необходимости для этой цели организуются университеты технико-экономических знаний.

Обучение в производственно-экономических семинарах и университетах технико-экономических знаний заканчивается сдачей зачетов, подготовкой и защитой слушателями рефератов, разработкой рационализаторских предложений и т. п. (6, п. 4).

Краткосрочное обучение руководителей и специалистов проводится по мере необходимости, но не реже одного раза в год по месту работы или в учебных заведениях (подразделениях) системы повышения квалификации и переподготовки кадров с целью решения внедренческих научно-технических, экономических и других задач, возникающих на уровне народного хозяйства, отрасли, предприятия.

Сроки обучения устанавливаются до трех недель. Обучение проводится с отрывом от работы.

Краткосрочное обучение заканчивается сдачей зачета, экзаменом или подготовкой и защитой реферата (6, п. 5).

Длительное периодическое обучение руководителей и специалистов проводится не реже одного раза в пять лет в учебных заведениях (подразделениях) системы повышения квалификации и переподготовки кадров для углубленного изучения и практического освоения новейших достижений науки, техники, технологии, современных методов управления производством и организации труда и других проблем по профилю их трудовой деятельности.

Сроки обучения устанавливаются для руководителей и работников аппарата управления до двух месяцев с отрывом от работы и до шести месяцев без отрыва от работы, для специалистов с высшим и средним специальным образованием — до трех месяцев с отрывом от работы и до шести месяцев без отрыва от работы.

По приоритетным направлениям науки и техники сроки обучения специалистов могут быть увеличены по согласованию с Гособразованием СССР до четырех месяцев с отрывом от работы и до десяти месяцев без отрыва от работы.

Обучение руководителей и специалистов может проводиться с частичным отрывом от работы продолжительностью до шести месяцев при общем сроке отрыва от работы до двух месяцев.

Порядок комплектования учебных групп, организация учебного процесса и подведение итогов длительного обучения руководителей и специалистов определяется Типовым положением об учебных заведениях (подразделениях) системы повышения квалификации и переподготовки руководящих работников и специалистов народного хозяйства (6, п. 6).

Стажировка руководителей и специалистов на передовых предприятиях, в ведущих научных организациях и высших учебных заведениях, в том числе за рубежом, проводится в целях освоения лучшего опыта, приобретения практических и организаторских навыков для выполнения обязанностей по занимаемой должности или на должности более высокого уровня (для резерва на выдвижение).

Продолжительность стажировки устанавливается предприятием, направляющим работника на обучение, исходя из ее целей, по согласованию с руководителем предприятия или учебного заведения, где она проводится.

По итогам стажировки работник представляет отчет своему непосредственному руководителю по месту основной работы (6, п. 7).

Обучение в целевой аспирантуре, докторантуре по темам, интересующим предприятие, предназначено для решения научных проблем и повышения уровня научно-педагогической квалификации. Оно осуществляется в порядке, предусмотренном законодательством при подготовке научных кадров (6, п. 8).

Переподготовка руководителей и специалистов с целью получения новой специальности осуществляется в академиях, институтах повышения квалификации, на специальных факультетах вузов и отделениях средних специальных учебных заведений в порядке, устанавливаемом решениями правительства (6, п. 9).

Сохранение заработной платы за время обучения. За время обучения с отрывом от работы за слушателями сохраняется средняя заработная плата по месту основной работы.

Иногородним слушателям, направленным на обучение с отрывом от работы, выплачиваются в течение первого месяца командировочные расходы, а в последующий период получающим заработную плату менее 200 руб. в месяц — стипендия в размере 40 руб. Оплата проезда слушателей к месту учебы и обратно, командировочных расходов, а также выплата стипендии осуществляются за счет министерств, ведомств, предприятий и организаций по месту основной работы (3, п. 16).

Средний заработок исчисляется из расчета двух последних календарных месяцев работы, предшествующих месяцу направления на обучение. При этом в заработке учитывается 2/3 квартальной премии и 2/12 вознаграждения по итогам работы за год (10, пп. 56 и 59).

Работникам, занятым в районах Крайнего Севера и в местностях, приравненных к районам Крайнего Севера, средний заработок исчисляется с учетом районных коэффициентов и надбавок. При этом не имеет значения, в каких районах страны находятся учебные заведения и курсы повышения квалификации.

Обеспечение слушателей общежитием. На время обучения слушатели обеспечиваются общежитием гостиничного типа с оплатой расходов за счет направляющей стороны. При отсутствии общежития возмещение расходов за проживание в гостиницах производится на условиях, установленных постановлением Совета Министров СССР от 18 марта 1988 г. № 351 «О служебных командировках в пределах СССР» (3, п. 16).

3. Льготы рабочим и служащим, совмещающим работу с обучением в учебных заведениях

Льготы в связи с обучением в средних общеобразовательных школах. Для рабочих и служащих, обучающихся без отрыва от производства в общеобразовательных и профессионально-технических учебных заведениях, устанавливается сокращенная рабочая неделя или сокращенная продолжительность ежедневной работы с сохранением заработной платы в установленном порядке; им предоставляются также и другие льготы (ст. 84 Основ, ст. ст. 189—194 КЗоТ).

Для лиц, обучающихся в средних общеобразовательных вечерних (сменных) и заочных школах, в период учебного года устанавливается сокращенная рабочая неделя: в школах рабочей молодежи — на один рабочий день или соответствующее ему количество рабочих часов (при сокращении рабочего дня в течение недели), в школах сельской молодежи — на два рабочих дня или соответствующее им количество рабочих часов (при сокращении рабочего дня в течение недели).

Указанные лица освобождаются от работы в течение учебного года не более чем на 36 рабочих дней при шестидневной рабочей неделе или на соответствующее им количество рабочих часов.

При пятидневной рабочей неделе количество свободных от работы дней изменяется в зависимости от продолжительности рабочей смены при сохранении количества свободных от работы часов. При пятидневной рабочей неделе количество свободных дней составляет 31,5 дня при восьмичасовой смене или 31 день при продолжительности смены 8 час. 12 мин.

Если по условиям производства (сезонный, подвижной характер работы и т. п.) учащиеся школ не имеют возможности регулярно пользоваться свободными днями, они могут предоставляться им в суммированном виде в межсезонный период (или в период наименьшей занятости на производстве) в пределах общего количества свободных дней (16, 1986, 23 апр.).

За время освобождения от работы указанным лицам выплачивается 50% средней заработной платы по основному месту работы, но не менее установленного минимального размера заработной платы (7, п. 7).

Руководители предприятий могут предоставлять без ущерба для производственной деятельности рабочим и служащим, обучающимся в средних общеобразовательных вечерних (сменных) и заочных школах, по их желанию, в период учебного года один-два свободных от работы дня в неделю без сохранения заработной платы. Графики предоставления сокращенного рабочего дня, сокращенной рабочей недели и свободных от работы дней утверждаются руководителями предприятий по согласованию с комитетами профсоюза, комитетами комсомола и директорами соответствующих школ (7, пп. 9—10).

Руководителям государственных сельскохозяйственных предприятий и организаций, предприятий лесозаготовительной промышленности, а также морского и речного транспорта и рыбной промышленности (для плавающего состава), геологоразведочных организаций разрешено предоставлять лицам, успешно обучающимся без отрыва от производства в общеобразовательных школах рабочей или сельской молодежи, свободные от работы дни в суммированном виде (взамен еженедельного предоставления этих дней) в межсезонный или иной период наименьшей занятости учащихся на производстве в пределах общего количества свободных от работы дней (36 рабочих дней в год).

Рабочим и служащим, обучающимся в средних общеобразовательных вечерних (сменных) и заочных школах, предоставляется на период сдачи выпускных экзаменов в XI классе дополнительный отпуск продолжительностью 20 рабочих дней, а в VIII классе — 8 рабочих дней, с сохранением заработной платы по основному месту работы из расчета тарифной ставки или оклада.

Для обучающихся без отрыва от производства в V, VI, VII, IX, X классах на время сдачи ими переводных экзаменов дается от 4 до 6 свободных от работы дней с сохранением средней заработной платы по основному месту работы за счет сокращения на 8—12 дней тех 36 свободных от работы дней, предоставление которых предусматривается в течение учебного года (7, п. 11).

Лицам, допущенным к экзаменам в порядке экстерната за восьмилетнюю школу, предоставляется дополнительный отпуск продолжительностью 15 рабочих дней, а к экзаменам на аттестат о среднем образовании — 20 рабочих дней с сохранением средней заработной платы по основному месту работы (7, п. 12).

Льготы в связи с обучением в трехгодичных школах мастеров. Льготы, установленные для учащихся IX — XI классов школ рабочей молодежи, распространяются на лиц, успешно обучающихся в трехгодичных школах мастеров. Наряду с этим предоставляется дополнительный отпуск продолжительностью 5 рабочих дней для сдачи квалификационных экзаменов с сохранением заработной платы по основному месту работы из расчета тарифной ставки или оклада (5, п. 4).

Льготы в связи с обучением в профессионально-технических учебных заведениях. Лицам, обучающимся в средних профессионально-технических училищах по вечерней (сменной) форме обучения, на вечерних (сменных) отделениях средних профессионально-технических училищ, предоставляется дополнительный отпуск для подготовки и сдачи экзаменов продолжительностью 30 рабочих дней в течение года с сохранением за ними 50% средней заработной платы по основному месту работы, но не ниже установленного минимального размера заработной платы (7, п. 13).

Льготы в связи с обучением в высших и средних специальных учебных заведениях. Рабочим и служащим, обучающимся в вечерних и заочных высших и средних специальных учебных заведениях, предоставляются оплачиваемые в установленном порядке отпуска в связи с обучением, а также другие льготы (ч. 2 ст. 85 Основ, ст. ст. 195—200 КЗоТ).

Рабочим и служащим, допущенным к вступительным экзаменам, предоставляется отпуск без сохранения заработной платы при поступлении в высшие учебные заведения продолжительностью 15 календарных дней, а в средние специальные учебные заведения — 10 календарных дней, не считая времени на проезд к месту нахождения учебного заведения и обратно (7, п. 14).

Рабочим и служащим, обучающимся без отрыва от производства на подготовительных отделениях при высших учебных заведениях, в период учебного года предоставляется, по их желанию, один свободный от работы день в неделю без сохранения заработной платы.

Для сдачи выпускных экзаменов им предоставляется дополнительный отпуск без сохранения заработной платы продолжительностью 15 календарных дней, не считая времени на проезд к месту нахождения учебного заведения и обратно (7, п. 15).

Рабочим и служащим, обучающимся по вечерней и заочной формам обучения в высших и средних специальных учебных заведениях, предоставляются дополнительные отпуска с сохранением средней заработной платы:

а) на период установочных занятий, выполнения лабораторных работ, сдачи зачетов и экзаменов для обучающихся на первом и втором курсах по вечерней форме обучения в высших учебных заведениях — 20 календарных дней, в средних специальных учебных заведениях — 10 календарных дней, а по заочной форме обучения в высших и средних специальных учебных заведениях — 30 календарных дней ежегодно;

б) на период установочных занятий, выполнения лабораторных работ, сдачи зачетов и экзаменов для обучающихся на третьем и последующих курсах по вечерней форме обучения в высших учебных заведениях — 30 календарных дней, в средних специальных учебных заведениях — 20 календарных дней, а по заочной форме обучения в высших и средних специальных учебных заведениях — 40 календарных дней ежегодно;

в) на период сдачи государственных экзаменов в высших и средних специальных учебных заведениях — 30 календарных дней;

г) на период подготовки и защиты дипломного проекта (работы) в высших учебных заведениях — четыре месяца, в средних специальных учебных заведениях — два месяца (7, п. 16).

Если учебным планом выпускного курса предусматривается теоретическое обучение в течение одного семестра, а следовательно, и проведение одной экзаменационной сессии, то предоставляется половина соответствующего отпуска.

Рабочим и служащим, обучающимся по вечерней и заочной формам обучения в высших и средних специальных учебных заведениях, в течение десяти учебных месяцев перед началом выполнения дипломного проекта (работы) или сдачи государственных экзаменов предоставляется при шестидневной рабочей неделе один свободный от работы день в неделю для подготовки к занятиям с оплатой его в размере 50% получаемой заработной платы, но не ниже установленного минимального размера заработной платы. При пятидневной рабочей неделе количество свободных от работы дней изменяется в зависимости от продолжительности рабочей смены при сохранении того же количества свободных от работы часов.

Руководители предприятий могут предоставлять в течение указанных десяти учебных месяцев студентам и учащимся, по их желанию, дополнительно еще один-два свободных дня в неделю без сохранения заработной платы (7, п. 17).

Министерством высшего и среднего специального образования СССР* установлен иной порядок предоставления

---

* В настоящее время — Гособразование СССР.

учебных отпусков студентам-заочникам, обучающимся в вузах по специальности «литературная работа» (15), в театральных, театрально-художественных вузах и Всесоюзном государственном институте кинематографии (12), студентам и учащимся, обучающимся в высших и средних специальных учебных заведениях, готовящих специалистов для рыбной промышленности (13), студентам и учащимся заочных отделений высших и средних специальных учебных заведений, обучающимся по специальности «культурно-просветительная работа» (14).

Размер среднего заработка определяется из расчета заработка за последние 12 месяцев работы перед уходом в отпуск, но не свыше 100 руб. в месяц для студентов высших учебных заведений и 80 руб. в месяц для учащихся средних специальных учебных заведений (7, п. 19).

Руководители предприятий по рекомендации соответствующих учебных заведений могут предоставлять рабочим и служащим, обучающимся на последних курсах высших и средних специальных учебных заведений, дополнительный месячный отпуск без сохранения заработной платы для ознакомления непосредственно на производстве с работой по избранной специальности и подготовки материалов к дипломному проекту.

На период указанного отпуска студенты и учащиеся зачисляются на стипендию на общих основаниях (7, п. 20).

Студентам и учащимся учебное заведение выдает справку-вызов, которая является основанием для предоставления учебного отпуска (7, п. 5). Администрация обязана предоставить учебный отпуск. В случае отказа работник вправе обжаловать незаконные действия администрации в комиссию по трудовым спорам.

Право работника на получение учебного отпуска не связано с длительностью работы на данном предприятии. Получив вызов учебного заведения, работник вправе требовать предоставления учебного отпуска, даже если он проработал на данном предприятии меньше 11 месяцев.

При совпадении ежегодного отпуска с отпуском в связи с обучением ежегодный отпуск по согласованию работника с администрацией переносится на другой срок.

Если работник заболел в период отпуска и по этой причине не сдал зачеты и экзамены, учебный отпуск продлевается на число дней болезни. Однако для этого необходимо разрешение учебного заведения на сдачу зачетов и экзаменов в это время. В подобных случаях учебное заведение может перенести сдачу зачетов и экзаменов на другой срок. За дни болезни работнику выплачивается пособие по социальному страхованию на общих основаниях. За продленные или перенесенные в этих случаях дни учебного отпуска заработная плата не выплачивается, так как она была выплачена ранее.

Учебные отпуска имеют целевое назначение. Если работник сдал зачеты и экзамены в течение учебного года, не воспользовавшись учебным отпуском, то он не имеет права требовать его предоставления с целью использования учебного отпуска для отдыха. Если работник сдал экзамены или защитил дипломный проект досрочно, он обязан приступить к работе после сдачи экзаменов или защиты дипломного проекта.

Перенос учебного отпуска по инициативе администрации или замена его денежной компенсацией не допускаются.

Учебный отпуск может быть использован работником по частям, по несколько дней на каждый экзамен, если такая система сдачи экзаменов допускается учебным заведением и соответствует пожеланиям обучающегося.

Женщина, находящаяся в отпуске по уходу за ребенком, получив справку-вызов, может прервать отпуск без выхода на работу, а администрация по заявлению работницы обязана предоставить ей оплачиваемый учебный отпуск (17, 1983, № 11).

Проезд к месту нахождения учебного заведения и обратно студентов высших и учащихся средних специальных учебных заведений, обучающихся по заочной форме обучения, на установочные занятия, для выполнения лабораторных работ, сдачи зачетов и экзаменов один раз в год оплачивается за счет предприятий, где они работают, в размере 50% стоимости проезда соответствующим видом транспорта применительно к порядку, установленному законодательством о служебных командировках.

В таком же размере оплачивается проезд для подготовки и защиты дипломного проекта (работы) или сдачи государственных экзаменов (7, п. 21).

Рабочие и служащие, обучающиеся по заочной форме обучения в высших и средних специальных учебных заведениях, обеспечиваются, по их желанию, общежитием на время подготовки и защиты дипломных проектов и сдачи государственных экзаменов.

Рабочие и служащие, принятые в вечерние или заочные высшие и средние специальные учебные заведения для получения второй специальности, пользуются льготами в связи с обучением на общих основаниях.

Лица, окончившие учебные заведения без отрыва от производства при отсутствии работы по приобретенной специальности на предприятии, где они работают, могут быть, по их желанию, направлены соответствующими министерствами, ведомствами для работы по специальности на другие предприятия в той же или другой местности в порядке, установленном трудовым законодательством.

В этом случае они приобретают права и обязанности молодых специалистов.

Льготы в связи с обучением на заводах-втузах. Студентам заводов-втузов в период обучения с отрывом от производства выпгачивается за счет предприятия стипендия в размере на 15% выше государственной стипендии, выплачиваемой студентам вузов по соответствующей специальности (7, п. 23).

Руководители предприятий могут предоставлять работникам, обучающимся на заводе-втузе, ежегодно дополнительный отпуск на 6—12 рабочих дней без сохранения заработной платы. В этом случае указанным работникам выплачивается стипендия (7, п. 24).

Студенты последних курсов заводов-втузов освобождаются от работы на четыре месяца для подготовки и защиты дипломного проекта. В течение этого срока за ними сохраняется заработная плата в размере, установленном для студентов, обучающихся без отрыва от производства (7, п. 25).

Лицам, обучающимся на заводах-втузах, время обучения с отрывом от производства засчитывается в трудовой стаж, дающий право на получение ежегодного отпуска. Средний заработок за время отпуска исчисляется из фактически отработанного на производстве в течение года времени (7, п. 26).

Примечания к разд. 2

1. О дальнейшем развитии системы профессионально-технического образования и повышении ее роли в подготовке квалифицированных рабочих кадров. Постановление ЦК КПСС и Совета Министров СССР от 12 апреля 1984 г. № 315. — СП СССР, 1984, отд. 1, № 19, ст. 104.

2. О мерах по коренному повышению качества продукции. Постановление ЦК КПСС и Совета Министров СССР от 12 мая 1986 г. № 540. — СП СССР, 1986, отд. 1, № 24, ст. 139.

3. О перестройке системы повышения квалификации и переподготовки руководящих работников и специалистов народного хозяйства. Постановление ЦК КПСС и Совета Министров СССР от 6 февраля 1988 г. № 166. — СП СССР, 1988, отд. 1, № 10, ст. 27.

4. Об оплате труда учащихся средних школ в период производственного обучения, учеников на предприятиях, рабочих за время переквалификации или обучения вторым профессиям, а также об оплате труда квалифицированных рабочих и инженерно-технических работников по обучению этих учащихся, учеников и рабочих. Постановление Совета Министров СССР от 10 декабря 1959 г. № 1369; 24 августа 1965 г. № 638. — СП СССР, 1959, № 20, ст. 165; 1965, № 17, ст. 136.

5. О дополнении постановления Совета Министров СССР от 9 ноября 1962 г. № 1143 «Об организации трехгодичных школ мастеров». Постановление Совета Министров СССР от 3 августа 1964 г. № 646. — СП СССР, 1964, № 14, ст. 95.

6. Типовое положение о непрерывном профессиональном и экономическом обучении кадров народного хозяйства. Утверждено постановлением Госкомтруда СССР, Гособразования СССР и Секретариата ВЦСПС от 15 июня 1988 г. № 369/92-14-147/20/18-22. — Бюллетень Госкомтруда СССР, 1988, № 11.

7. Положение о льготах для рабочих и служащих, совмещающих работу с обучением в учебных заведениях. Утверждено постановлением Совета Министров СССР от 24 декабря 1982 г. № 1116. — СП СССР, 1983, отд. 1, № 4, ст. 13; 1987, отд. 1, № 2, ст. 11.

8. Положение о среднем профессионально-техническом училище. Утверждено постановлением Совета Министров СССР от 22 февраля 1985 г. № 177. — СП СССР, 1985, отд. 1, № 10, ст. 41; 1987, отд. 1, № 2, ст. 11.

9. Положение о базовом предприятии (объединении, организации) среднего профессионально-технического училища. Утверждено постановлением Совета Министров СССР от 22 февраля 1985 г. № 178. — СП СССР, 1985, отд. 1, № 11, ст. 43; 1987, отд. 1, № 2, ст. 11.

10. Основные положения по учету труда и заработной платы в промышленности и строительстве. Приложение к письму Госкомтруда СССР, Минфина СССР и ЦСУ СССР от 27 апреля 1973 г. — БНА, 1973, № 10.

11. Типовое положение о производственной бригаде, совете бригады, бригадире и совете бригадиров. Приложение к постановлению Госкомтруда СССР и Секретариата ВЦСПС от 30 марта 1984 г. № 91/6-24. — Бюллетень Госкомтруда СССР, 1984, № 7.

12. О льготах для студентов-заочников театральных, театрально-художественных высших учебных заведений и Всесоюзного государственного института кинематографии. Приказ Министерства высшего и среднего специального образования СССР от 10 сентября 1985 г. № 635. — Бюллетень Министерства высшего и среднего специального образования СССР, 1985, № 11.

13. Об установлении дополнительных отпусков для студентов и учащихся, заочно обучающихся в высших и средних специальных учебных заведениях, готовящих специалистов для рыбной промышленности. Приказ Министерства высшего и среднего специального образования СССР от 10 сентября 1985 г. № 636. — Бюллетень Министерства высшего и среднего специального образования СССР, 1985, № 11.

14. О льготах для студентов и учащихся заочных отделений высших и средних специальных учебных заведений, обучающихся по специальности «культурно-просветительная работа». Приказ Министерства высшего и среднего специального образования СССР от 10 сентября 1985 г. № 637. — Бюллетень Министерства высшего и среднего специального образования СССР, 1985, № 11.

15. О льготах для студентов-заочников, обучающихся в вузах по специальности «литературная работа». Приказ Министерства высшего и среднего специального образования СССР от 27 октября 1986 г. № 728. — Бюллетень Министерства высшего и среднего специального образования СССР, 1987, № 1.

16. Газ. «Труд».

17. Журнал «Сов. профсоюзы».

Раздел 3
РАБОЧЕЕ ВРЕМЯ И ВРЕМЯ ОТДЫХА

1. Рабочее время

Понятие рабочего времени и его продолжительность. Рабочим временем называется время, в течение которого рабочий или служащий по закону обязан выполнять возложенные на него трудовые обязанности. Норма рабочего времени определяется путем установления продолжительности рабочей недели (на предприятиях с пятидневной рабочей неделей) или продолжительности рабочего дня (на предприятиях с шестидневной рабочей неделей). Нормальная продолжительность рабочего времени рабочих и служащих на предприятиях не может превышать 41 часа в неделю.

Ненормированный рабочий день. Руководящие работники, ряд категорий специалистов и служащих, труд которых не поддается точному учету во времени и оценивается по результатам работы, находятся на особом режиме рабочего времени — ненормированном рабочем дне.

Работники с ненормированным рабочим днем в случаях производственной необходимости должны выполнять возложенный на них круг трудовых обязанностей сверх нормальной продолжительности рабочего времени. Однако они не должны привлекаться к систематической работе во внеурочное время.

При всех обстоятельствах работники с ненормированным рабочим днем не могут работать меньше установленной продолжительности рабочего времени; на них полностью распространяются требования правил внутреннего трудового распорядка. В связи с этим они должны вовремя приходить на работу, полностью использовать рабочее время для служебной деятельности, на общих основаниях пользоваться выходными и праздничными днями.

В качестве компенсации за повышенную интенсивность, более ответственный характер труда и работу во внеурочное время работникам с ненормированным рабочим днем предоставляется дополнительный отпуск.

Отраслевые перечни должностей с ненормированным рабочим днем являются исчерпывающими, и администрация не вправе самостоятельно или по согласованию с комитетом профсоюза вносить в них какие-либо дополнения. Списки должностей с ненормированным рабочим днем прилагаются к коллективному договору.

Нельзя устанавливать ненормированный рабочий день рабочим, за исключением случаев, прямо предусмотренных в законе. Так, водителям легковых автомобилей (кроме такси), а также автомобилей экспедиций и изыскательских партий на геологоразведочных, топографо-геодезических и изыскательских работах в полевых условиях может быть установлен ненормированный рабочий день. Водителям с ненормированным рабочим днем в порядке компенсации за работу сверх нормальной продолжительности рабочего времени предоставляется дополнительный отпуск и производится доплата от 15 до 25% тарифной ставки за отработанное время.

Сокращенная продолжительность рабочего времени. Сокращенная продолжительность рабочего времени устанавливается:

1) для рабочих и служащих в возрасте от 16 до 18 лет — 36 часов в неделю, а лиц в возрасте от 15 до 16 лет — 24 часа в неделю; для учащихся общеобразовательной и профессиональной школы продолжительность общественно полезного производительного труда в возрасте от 14 до 15 лет — не более 4 часов и в возрасте от 16 до 18 лет — не более 6 часов в день;

2) для рабочих и служащих, занятых на работах с вредными условиями труда, — не более 36 часов в неделю.

Для рабочих, занятых на подземных работах на действующих и строящихся угольных и сланцевых шахтах с особо вредными и с тяжелыми условиями труда, установлена 30-часовая рабочая неделя, а для горных мастеров, занятых на подземных работах на этих шахтах, — 35-часовая рабочая неделя без учета времени, затрачиваемого ими на передвижение в шахтах к рабочему месту и обратно (35, 1976, № 11).

Список производств, цехов, профессий и должностей с вредными условиями труда, работа в которых дает право на дополнительный отпуск и сокращенный рабочий день, утвержден постановлением Госкомтруда СССР и Президиума ВЦСПС от 25 октября 1974 г.* с последующими изменениями и дополнениями.

Право на сокращенный рабочий день имеют рабочие,

---

* См.: Отдельное издание. М., 1977.

специалисты и служащие, профессии и должности которых предусмотрены по производствам и цехам в соответствующих разделах Списка, независимо от того, в какой отрасли народного хозяйства находятся эти производства и цеха (20, абз. 1 п. 4).

Рабочим, специалистам и служащим, профессии и должности которых предусмотрены в разделе «Общие профессии всех отраслей народного хозяйства», сокращенный рабочий день предоставляется независимо от того, в каких производствах или цехах они работают, если эти профессии и должности специально не предусмотрены в соответствующих разделах или подразделах Списка (20, абз. 1 п. 6).

Бригадирам, помощникам и подручным рабочим, профессии которых предусмотрены в Списке, сокращенный рабочий день предоставляется той же продолжительности, что и рабочим соответствующих профессий (20, абз. 1 п. 7).

Сокращенный рабочий день, согласно указанной в Списке продолжительности, устанавливается рабочим, специалистам и служащим лишь в те дни, когда они заняты во вредных условиях труда не менее половины сокращенного рабочего дня, установленного для работников данного производства, цеха, профессии или должности.

При записи в Списке «постоянно занятый» или «постоянно работающий» сокращенный рабочий день, согласно указанной в Списке продолжительности, устанавливается рабочим, специалистам и служащим лишь в те дни, когда они фактически заняты во вредных условиях труда в течение всего сокращенного рабочего дня (20, п. 19).

Рабочим, специалистам и служащим, профессии и должности которых не включены в Список, но выполняющим в отдельные дни работу в производствах, цехах, профессиях и должностях с вредными условиями труда, предусмотренных в Списке, сокращенный рабочий день устанавливается в эти дни той же продолжительности, что и работникам, постоянно занятым на этой работе (20, п. 20).

В тех случаях, когда рабочие, специалисты и служащие в течение рабочего дня были заняты на разных работах с вредными условиями труда, где установлен сокращенный рабочий день различной продолжительности, и в общей сложности проработали на этих участках более половины максимальной продолжительности сокращенного дня, их рабочий день не должен превышать шести часов (20, п. 21).

Рабочим, специалистам и служащим сторонних организаций (строительных, строительно-монтажных, ремонтно-строительных, пусконаладочных и др.) и работникам вспомогательных и подсобных цехов предприятия (механического, ремонтного, энергетического, контрольно-измерительных приборов и автоматики и др.) в дни их работы в действующих производствах, цехах и на участках с вредными условиями труда, где как для основных работников, так и для ремонтного и обслуживающего персонала этих производств, цехов и участков установлен сокращенный рабочий день, также устанавливается сокращенный рабочий день в порядке, предусмотренном пп. 19 и 21 Инструкции (20, п. 22).

Продолжительность работы накануне праздничных и выходных дней. Накануне праздничных дней продолжительность работы рабочих и служащих, кроме рабочих и служащих, для которых установлена сокращенная продолжительность рабочего времени, сокращается на один час как при пятидневной, так и при шестидневной рабочей неделе.

Накануне выходных дней продолжительность работы при шестидневной рабочей неделе не может превышать шести часов (ст. 24 Основ, ст. 47 КЗоТ).

На предприятиях, работающих по режиму пятидневной рабочей недели, продолжительность рабочей смены в предвыходные дни не сокращается, так как шестичасовой рабочий день в предвыходные дни был учтен при определении продолжительности 41-часовой рабочей недели. Однако при составлении графика работы за счет перераспределения числа часов ежедневной работы продолжительность рабочей смены в предвыходные дни может быть несколько сокращена. Например, графиком работы может быть предусмотрена следующая продолжительность ежедневной работы: четыре дня по 8 часов 15 минут и один предвыходной день 8 часов (всего 41 час).

В тех случаях, когда по условиям производства невозможно осуществить сокращение рабочей смены накануне выходных и праздничных дней, необходимо в графиках сменности предусмотреть предоставление рабочим и служащим за переработку в эти дни дополнительных дней отдыха.

Перечень производств, на которых по условиям производства не представляется возможным установить для работников сокращенный рабочий день в предвыходные дни (при шестидневной рабочей неделе) и в предпраздничный день (при пятидневной и шестидневной рабочих неделях), утверждается руководителем предприятия по согласованию с профкомом.

На отдельных сезонных работах, где дополнительные дни отдыха в период сезона представить невозможно, в виде исключения такие дни суммируются за все время сезона и предоставляются дополнительные дни отдыха в межсезонный период.

В тех случаях, когда праздничному дню предшествуют дни еженедельного отдыха, продолжительность рабочей смены не сокращается (19, п. 2).

Рабочая неделя. Для рабочих и служащих устанавливается пятидневная рабочая неделя с двумя выходными днями. При пятидневной рабочей неделе продолжительность ежедневной работы (смены) определяется правилами внутреннего трудового распорядка или графиками сменности, утверждаемыми администрацией по согласованию с профсоюзным комитетом с учетом специфики работы, мнения трудового коллектива и с соблюдением установленной продолжительности рабочей недели.

На тех предприятиях, где по характеру производства и условиям работы введение пятидневной рабочей недели нецелесообразно, устанавливается шестидневная рабочая неделя с одним выходным днем. При шестидневной рабочей неделе продолжительность ежедневной работы не может превышать 7 часов при недельной норме 41 час, 6 часов при недельной норме 36 часов и 4 часов при недельной норме 24 часа.

Пятидневная или шестидневная рабочая неделя устанавливается администрацией предприятия совместно с профсоюзным комитетом с учетом специфики работы, мнения трудового коллектива и по согласованию с местным Советом народных депутатов (ст. 23 Основ, ст. 46 КЗоТ).

Многосменный режим работы. Многосменным считается такой режим, когда на предприятии или его подразделениях (производствах, цехах, отделах, участках и т. п.) в течение суток работа организована в две и более смены, продолжительность каждой из которых не менее установленной законодательством продолжительности рабочего дня (28, абз. 2 п. 1).

На многосменном режиме работы находятся предприятия с непрерывным процессом производства.

В целях наиболее рационального использования оборудования (особенно уникального и дорогостоящего) в 1987—1988 годах предприятия промышленности, строительства, транспорта, связи, перерабатывающих отраслей агропромышленного комплекса, опытные (экспериментальные) производства, цехи, мастерские, участки и установки научно-исследовательских, конструкторских и технологических организаций производственных отраслей, а также Академии наук СССР и академий наук союзных республик, Государственного комитета СССР по народному образованию переведены на многосменный режим работы.

При переводе предприятий на многосменный режим работы должно строго соблюдаться трудовое законодательство (12, абз. 9 п. 3).

Предприятие имеет право устанавливать режим рабочего времени и времени отдыха, согласовывая его с местным Советом народных депутатов (п. 2 ст. 14 Закона о предприятии).

Нормальная продолжительность работы в дневной и вечерней сменах в условиях двух- и трехсменной работы при 5-дневной рабочей неделе не должна превышать 8 часов с соответствующей отработкой дополнительных смен, обеспечивающих в течение года соблюдение продолжительности рабочей недели, предусмотренной законодательством (**41 час**) (12, абз. 1 п. 10).

Смена, в которой не менее 50% рабочего времени приходится на ночное время, считается ночной (ночным является время с 10 часов вечера до 6 часов утра). Смена, непосредственно предшествующая ночной, считается вечерней (28, абз. 4 п. 1).

Время работы в ночной смене сокращается на один час. При этом общее количество рабочих дней в году в условиях трехсменного режима не должно превышать общего числа рабочих дней при одно- и двухсменной работе (12, абз. 2 п. 10).

Сокращение ночной смены на один час отработке не подлежит. Это значит, что если до принятия постановления ЦК КПСС, Совета Министров СССР и ВЦСПС от 12 февраля 1987 г. № 194 работающие в двухсменном режиме при восьмичасовом рабочем дне для сохранения баланса рабочего времени отрабатывали, например, 8 суббот, а работающие в трехсменном режиме — 17 суббот, то теперь и те и другие отрабатывают по 8 суббот (28, абз. 6 п. 1).

Иные режимы работы (разделение рабочего дня на части, суточные дежурства и т. п.) к многосменному режиму не относятся. Для работников, занятых в таких режимах, сохраняется установленный до принятия постановления ЦК КПСС, Совета Министров СССР и ВЦСПС от 12 февраля 1987 г. № 194 порядок дополнительной оплаты за работу в ночное время и другие компенсации в зависимости от условий труда (28, абз. 5 п. 1).

Графики сменности (работы). При многосменном и иных режимах работы время начала и окончания работы, вид смены (дневная, вечерняя, ночная), а также продолжительность и порядок предоставления перерывов для отдыха и питания определяются графиками сменности (работы).

Графики сменности в зависимости от конкретных организационно-технических условий составляются на определенный учетный период, т. е. отрезок времени, в рамках которого должна быть соблюдена (в среднем) продолжительность рабочей недели. При этом для всех категорий работников как с нормальной, так и с сокращенной продолжительностью рабочего времени должно быть обеспечено сохранение годового баланса рабочего времени, исчисленного по календарю шестидневной рабочей недели (18, абз. 3 п. 1).

Учетным периодом может быть месяц, квартал, год. Переработка или недоработка нормального рабочего времени (исчисленного по календарю шестидневной рабочей недели) в отдельном месяце не может служить основанием для пересмотра графика, если общий баланс рабочего времени соответствует установленной норме рабочих часов в течение учетного периода и календарного года (18, абз. 6 п. 1).

При составлении графиков работы во всех случаях продолжительность рабочей смены лиц в возрасте от 15 до 16 лет не должна превышать 5 часов, а несовершеннолетних в возрасте от 16 до 18 лет — 7 часов (18, абз. 4 п. 1).

Графики сменности должны доводиться до сведения рабочих и служащих за месяц до введения их в действие (ч. 4 ст. 46 КЗоТ). Всякое отступление от графика необходимо рассматривать как нарушение режима рабочего времени и времени отдыха. Самовольное изменение работником распорядка рабочего времени является нарушением правил внутреннего трудового распорядка (34, 1979, № 5, с. 5).

Время начала и окончания ежедневной работы (смены) предусматривается правилами внутреннего трудового распорядка и графиками сменности (ст. 50 КЗоТ). При сменной работе каждая группа работников трудится в течение установленной продолжительности рабочего времени. Переход из одной смены в другую происходит, как правило, через каждую неделю в часы, предусмотренные графиком сменности. Назначение работника на работу в течение двух смен подряд запрещается (ст. 51 КЗоТ).

На непрерывных работах сменщику запрещается оставлять работу до прихода сменяющего работника. В случае неявки сменяющего рабочий или служащий заявляет об этом старшему по работе, который обязан немедленно принять меры к замене сменщика другим работником (п. 16 Типовых правил внутреннего трудового распорядка).

Режим гибкого рабочего времени (ГРВ) — это форма организации рабочего времени, при которой для отдельных работников или коллективов подразделений предприятия допускается (в установленных пределах) саморегулирование начала, окончания и общей продолжительности рабочего дня. При этом требуется полная отработка установленного законом суммарного количества рабочих часов в течение принятого учетного периода (рабочего дня, недели, месяца и др.). Применение режимов ГРВ должно содействовать наиболее целесообразной организации производства и труда, повышению его дисциплины и эффективности и обеспечивать наилучшее сочетание экономических, социальных и личных интересов работников с интересами производства (27, п. 1.3).

Режимы ГРВ устанавливаются по соглашению между администрацией и работниками как при приеме их на работу, так и с уже работающими (27, п. 1.4).

Решение о применении ГРВ принимается администрацией совместно с профкомом с учетом мнения соответствующих трудовых коллективов.

Перевод на такой режим отдельных работников, групп работников и целых подразделений (цеха, участка, отдела, бригады и др.) оформляется приказом (распоряжением) руководителя предприятия с указанием конкретных элементов режима и сроков его действия (27, п. 3.2).

Составными элементами режимов и графиков ГРВ являются:

«переменное (гибкое) время» в начале и конце рабочего дня (смены), в пределах которого работник вправе начинать и заканчивать работу по своему усмотрению;

«фиксированное время» — время обязательного присутствия на работе всех работающих по режиму ГРВ в данном подразделении предприятия;

«перерыв для питания и отдыха». Фактическая его продолжительность не включается в рабочее время;

«продолжительность (тип) учетного периода», определяющая календарное время (рабочий день, неделя, месяц и т. д.), в течение которого работником должна быть отработана установленная законодательством норма рабочих часов (27, п. 2.1).

Особенности применения скользящих (гибких) графиков работы для женщин, имеющих детей, установлены постановлением Госкомтруда СССР и Секретариата ВЦСПС от 6 июня 1984 г. (26).

Разделение рабочего дня на части. Законодательством союзных республик предусмотрена возможность разделения рабочего дня на части. Так, в соответствии со ст. 53 КЗоТ на тех работах, где это необходимо вследствие особого характера труда, рабочий день может быть в порядке, предусмотренном законодательством, разделен на части с тем, чтобы общая продолжительность рабочего времени не превышала установленной продолжительности ежедневной работы.

Неполное рабочее время. Работа на условиях неполного рабочего дня или неполной рабочей недели может устанавливаться по соглашению между рабочим или служащим и администрацией как при приеме на работу, так и впоследствии (ст. 26 Основ, ст. 49 КЗоТ). Это возможно для всех категорий трудящихся и на предприятиях всех отраслей народного хозяйства.

Положением о врачебно-трудовых экспертных комиссиях (ВТЭК) предусмотрено, что ВТЭК при установлении рабочим и служащим в период работы группы инвалидности могут давать заключение о предоставлении рабочим и служащим облегченных условий труда (например, рекомендовать работу на условиях неполного рабочего дня или недели). Подобные решения ВТЭК являются обязательными для администрации предприятия (17, п. 4). На практике считаются обязательными для администрации заключения врачебно-консультационной комиссии (ВКК) о переводе работника, перенесшего болезнь, на работу с режимом неполного рабочего времени.

По просьбе беременной женщины либо женщины, имеющей ребенка до 8 лет или осуществляющей уход за больным членом семьи в соответствии с медицинским заключением, администрация обязана устанавливать ей неполный рабочий день или неполную рабочую неделю. Оплата труда в этих случаях производится пропорционально отработанному времени или в зависимости от выработки (ст. 49 КЗоТ).

Если ребенок часто болеет либо страдает хроническим заболеванием и поликлиника подтверждает своим заключением просьбу матери о работе на условиях неполного рабочего дня или неполной рабочей недели, такая возможность по просьбе работницы должна в обязательном порядке предоставляться администрацией независимо от возраста ребенка (31, 1987, 29 сент.).

Госкомтруд СССР и ВЦСПС постановлением от 29 апреля 1980 г. № 111/8-51 утвердили Положение о порядке и условиях применения труда женщин, имеющих детей и работающих неполное рабочее время (23).

Неполное рабочее время может устанавливаться по соглашению между администрацией и работницей, имеющей детей, при приеме на работу, а также администрацией и работающей женщиной, если в связи с необходимостью ухода за детьми она не может продолжать работать полное рабочее время.

В трудовой книжке факт работы с неполным рабочим временем не фиксируется.

По соглашению сторон могут быть установлены различные варианты режима труда женщин, имеющих детей, с неполным рабочим временем. Стороны могут установить: а) сокращение продолжительности ежедневной работы на определенное количество рабочих часов во все дни рабочей недели (неполный рабочий день); б) сокращение количества рабочих дней в неделю при сохранении нормальной продолжительности ежедневной работы (неполная рабочая неделя); в) сокращение продолжительности ежедневной работы на определенное количество рабочих часов при одновременном сокращении количества рабочих дней в неделю. Кроме того, возможно разделение продолжительности ежедневной работы на части.

При установлении режима труда с неполным рабочим временем продолжительность рабочего дня (смены), как правило, не должна быть менее 4 часов, а рабочей недели — менее 20—24 часов. Однако в зависимости от конкретных производственных условий могут быть определены и иные условия о продолжительности рабочего времени.

В графиках работы с неполным рабочим временем можно предусматривать работу как с предоставлением перерывов для отдыха и питания, так и без них. Если продолжительность рабочего дня (смены) составляет более 4 часов, то перерыв для отдыха и питания должен быть обязательно предусмотрен.

Время работы на условиях неполного рабочего времени засчитывается в общий, в непрерывный стаж работы и в стаж работы по специальности.

Для лучшего обслуживания населения предложено шире привлекать на предприятия и в организации службы быта пенсионеров, домохозяек, студентов на работу с неполным рабочим днем (10).

При определении фактической выработки на одного работающего число работников с неполным рабочим временем исчисляется пропорционально фактически отработанному ими времени. Полученные данные включаются в численность работников, на которую исчисляется производительность труда.

Работа в ночное время. Ночным считается время с 10 часов вечера до 6 часов утра (ст. 25 Основ, ст. 48 КЗоТ)*.

К работе в ночное время не допускаются: беременные женщины, а также женщины, имеющие детей в возрасте до двух лет; рабочие и служащие моложе 18 лет; другие категории работников в соответствии с законодательством.

Инвалиды могут привлекаться к работе в ночное время только с их согласия и при условии, если такая работа не запрещена им медицинскими рекомендациями (ч. 3 ст. 48 КЗоТ).

Учет рабочего времени. Время работы рабочих и служащих подлежит точному учету.

На непрерывно действующих предприятиях, а также в отдельных производствах, цехах, участках, отделениях и на некоторых видах работ, где по условиям производства (работы) не может быть соблюдена установленная для данной категории рабочих и служащих ежедневная или еженедельная продолжительность рабочего времени, допускается по согласованию с профсоюзным комитетом введение суммированного учета рабочего времени с тем, чтобы продолжительность рабочего времени за учетный период не превышала нормального числа рабочих часов (ст. 28 Основ, ст. 52 КЗоТ).

При суммированном учете установленная законом продолжительность рабочего дня и рабочей недели отрабатывается рабочим и служащим в среднем за учетный период. При этом запланированная по графику работа в смену, неделю хотя и может быть неодинаковой, тем не менее за учетный период она должна быть равна норме часов за этот период.

По общему правилу, при суммированном учете рабочего времени продолжительность рабочих смен, установленных в графиках работы, составляет одинаковую продолжительность, однако учет отработанного времени ведется не по сменам, а по сумме часов за учетный период. В этих случаях работа сверх установленной по графику продолжительности

---

* О продолжительности ночных смен см. с. 690-692.

рабочей смены не может компенсироваться за счет уменьшения других смен или предоставления отгулов.

В тех случаях, когда это обусловлено спецификой производства (например, у водителей, механизаторов и животноводов совхозов), применяется суммированный учет, при котором фактическая продолжительность рабочей смены в отдельные дни может не совпадать с запланированной продолжительностью по графику работы. Переработка в одни смены (в пределах максимальной ее продолжительности) погашается путем сокращения времени работы в другие дни или предоставления дополнительных дней отдыха в рамках учетного периода. Такая переработка не считается сверхурочной работой.

Для установления суммированного учета рабочего времени не требуется разрешения вышестоящих хозяйственных и профсоюзных органов. Обязательным условием введения суммированного учета является невозможность организации работы сменами нормальной продолжительности. Период для учета отработанного времени при суммированном учете рабочего времени может составлять различную продолжительность: месяц, сезон, квартал, год.

На практике администрация предприятий по согласованию с профсоюзным комитетом самостоятельно вводит суммированный учет рабочего времени с месячным, двухмесячным и трехмесячным периодами учета рабочего времени. Годовой учетный период при суммированном учете рабочего времени может вводиться только по постановлениям Совета Министров СССР.

В строительно-монтажных организациях с разрешения вышестоящих хозяйственных и профсоюзных органов может вводиться в случае производственной необходимости суммированный учет рабочего времени за календарный год. Суммированный учет рабочего времени за календарный год предусмотрен для рабочих, занятых в растениеводстве совхозов и других государственных предприятий сельского хозяйства (14, п. 1). На предприятиях общественного питания введение суммированного учета рабочего времени за годичный период допускается для буфетчиков, официантов, кассиров, кладовщиков, поваров и других работников кухни с тем, чтобы продолжительность рабочего времени в сезонный период не превышала 10 часов в день.

Рабочие и служащие обязаны вовремя приходить на работу, соблюдать установленную продолжительность рабочего времени, использовать все рабочее время для производительного труда.

Недопустимо неоправданное отвлечение рабочих и служащих в рабочее время для проведения всевозможных собраний, слетов и семинаров, спортивных соревнований, занятий художественной самодеятельностью, организации туристических поездок (11, п. 4).

Администрация должна организовать учет как отработанного, так и не отработанного времени каждым рабочим и служащим. В составе отработанного времени отдельно учитывается время командировок, повременной работы сдельщиков, сверхурочные часы (32, 1987, 28 янв.).

В рабочее время включаются периоды выполнения как основных, так и подготовительно-заключительных операций (получение наряда, инструмента, материалов, ознакомление с документацией, подготовка и уборка рабочего места, сдача готовой продукции и т. п.), предусмотренных технологией и организацией труда. Время, необходимое на дорогу от проходной до рабочего места, на переодевание и умывание перед началом и после окончания работы, на регистрацию прихода и ухода с работы, в рабочее время не включается.

Учет внутрисменных простоев ведется, как правило, начиная от 5 мин., а в отдельных производствах (конвейерах, поточных линиях и т. п.) — начиная от 1 мин. Конкретный перечень производств, где учет внутрисменных простоев ведется начиная от 1 мин., определяется министерствами и ведомствами, в отраслевых инструкциях по учету труда и заработной платы.

Сверхурочные работы. Сверхурочными считаются работы сверх установленной продолжительности рабочего времени (ст. 54 КЗоТ). Как правило, они не допускаются.

Сверхурочной считается работа, если она выполнялась по распоряжению или с ведома администрации. Если о привлечении работника к сверхурочным работам администрацией не было издано приказа, но установлено, что распоряжение администрации имелось, судебная практика признает такие работы сверхурочными (34, 1976, № 1, с. 8).

Сверхурочные работы допускаются только в исключительных случаях, предусмотренных в ст. 55 КЗоТ.

Кроме оснований, перечисленных в ст. 55 КЗоТ, сверхурочные работы допускаются в других исключительных случаях, предусмотренных законодательством. Так, для выполнения погрузочно-разгрузочных операций и связанных с ними работ на транспорте при необходимости освобождения складских помещений железнодорожного, водного и местного транспорта, а также для производства погрузки и выгрузки вагонов и судов в целях предупреждения скопления грузов в пунктах отправления и назначения и простоя подвижного состава работники могут привлекаться к работам во внеурочное время и в нерабочие дни (54, ч. 1, с. 525). К указанным работам относятся работы по выкупу грузов, разгрузке и вывозу грузов с территории станций, пристаней и портов, подвозу грузов к станциям, пристаням и портам, погрузке грузов в вагоны или на суда и составлению грузовых документов, а также непосредственно связанная с этими операциями работа на складах соответствующих предприятий.

Сверхурочные работы могут производиться лишь с разрешения профсоюзного комитета (ч. 2 ст. 27 Основ, ч. 2 ст. 54 КЗоТ). В связи с этим администрация, прежде чем привлечь трудящихся к сверхурочным работам, должна в каждом конкретном случае обосновать профсоюзному комитету необходимость выполнения указанных работ в сверхурочные часы. Обращаясь в профсоюзный комитет, администрация должна также представить расчет, обосновывающий требуемое количество сверхурочных часов, указать категории и количество работников, которых следует привлечь к сверхурочным работам.

Лишь в экстренных случаях, когда практически невозможно получить предварительное разрешение профсоюзного комитета (при неявке сменщика к моменту окончания смены на непрерывном производстве, при непредвиденных срочных погрузочно-разгрузочных работах, при стихийных бедствиях, авариях), сверхурочные работы могут производиться без предварительной санкции профсоюзного комитета, но обязательно с последующим его уведомлением.

К сверхурочным работам не допускаются: беременные женщины, а также женщины, имеющие детей в возрасте до двух лет; рабочие и служащие моложе 18 лет; другие категории работников в соответствии с законодательством (ч. 3 ст. 54 КЗоТ). К таким работникам относятся: рабочие и служащие с активной формой туберкулеза, а также освобожденные от сверхурочной работы по заключению врачебно-консультационной комиссии (ВКК) или при отсутствии ВКК — по заключению лечащего и главного врача лечебного учреждения; рабочие и служащие — инвалиды, если имеется специальное заключение ВТЭК об освобождении от сверхурочных работ.

Запрещается привлекать к сверхурочным работам в дни занятий рабочих и служащих, обучающихся без отрыва от производства в средних общеобразовательных вечерних (сменных) и заочных школах и в вечерних (сменных) профессионально-технических учебных заведениях.

Женщины, имеющие детей в возрасте от двух до восьми лет, и инвалиды могут привлекаться к сверхурочным работам только с их согласия, причем инвалиды лишь при условии, если такие работы не запрещены им медицинскими рекомендациями (ч. 4 ст. 54 КЗоТ).

Администрация предприятия, эксплуатирующего виброопасные машины, должна обеспечивать соблюдение действующих санитарных правил, обратив особое внимание на то, что проведение сверхурочных работ с виброопасными машинами не допускается.

Общее количество сверхурочных работ для каждого рабочего или служащего не должно превышать 120 часов в год, причем время, затраченное на производстве сверхурочных работ в течение двух дней подряд, не должно превышать 4 часов (ч. 3 ст. 27 Основ, ч. 1 ст. 56 КЗоТ). Администрация обязана вести точный учет сверхурочных работ, выполненных каждым работником (ч. 2 ст. 56 КЗоТ).

Сверхурочные работы должны быть отражены в расчетной книжке работника.

Отказ от сверхурочной работы является нарушением трудовой дисциплины, за что рабочий или служащий может быть привлечен к дисциплинарной ответственности.

Дежурства. От сверхурочной работы нужно отличать привлечение трудящихся к дежурствам после окончания рабочего дня (смены), а также в выходные и праздничные дни для решения неотложных вопросов и обеспечения контроля за соблюдением на предприятии или в учреждении надлежащего порядка.

В случае привлечения к дежурству после окончания рабочего дня явка на работу для работников как с нормированным, так и с ненормированным рабочим днем переносится на более позднее время. Продолжительность дежурства или работы вместе с дежурством не может превышать нормальной продолжительности рабочего дня.

Привлечение трудящихся к дежурствам может иметь место в исключительных случаях и только по согласованию с профсоюзным комитетом не чаще одного раза в месяц.

Дежурство в выходные и праздничные дни компенсируется предоставлением в течение ближайших десяти дней отгула той же продолжительности, что и дежурство. Денежная компенсация за дежурство не предусмотрена ни в каких случаях. При увольнении работника, не получившего отгула за дежурство, ему следует предоставить отгул до увольнения.

К дежурствам не привлекаются те рабочие и служащие, которым не разрешается работать в сверхурочные часы, а также матери, имеющие детей в возрасте до 12 лет.

Не следует применять правила о дежурстве к работникам в случае выполнения ими своих обычных служебных (должностных) обязанностей. При этом не имеет значения то обстоятельство, что привлечение их к выполнению этих обязанностей называется дежурством. Например, выделенный на праздничный день дежурный электромонтер, дежурный сантехник, дежурный врач и т. п. будут иметь право на денежную оплату как за работу в праздничные дни, так как они выделяются для выполнения своих трудовых обязанностей, а не специальных обязанностей.

2. Время отдыха

Понятие времени отдыха. Временем отдыха считается время, в течение которого рабочие и служащие освобождаются от выполнения трудовых обязанностей.

Перерыв для отдыха и питания. Рабочим и служащим предоставляется перерыв для отдыха и питания продолжительностью не более 2 часов. Перерыв не включается в рабочее время.

На тех работах, где по условиям производства перерыв установить нельзя, рабочему или служащему должна быть предоставлена возможность приема пищи в течение рабочего времени. Перечень таких работ, порядок и место приема пищи устанавливаются администрацией по согласованию с профсоюзным комитетом (ст. 29 Основ, ст. 57 КЗоТ).

Водителям при продолжительности рабочей смены более 8 часов могут предоставляться два перерыва для отдыха и питания общей продолжительностью не более 2 часов (22, абз. 2 п. 16).

С учетом особого режима труда работников отдельных профессий предусматривается определенная продолжительность обеденного перерыва и дополнительных перерывов для отдыха. Например, на работах с ручными машинами, вызывающими вибрацию в пределах санитарных норм, устанавливаются обеденный перерыв не менее 40 мин. и два регламентированных перерыва (для активного отдыха, проведения производственной гимнастики по специальному комплексу и лечебно-профилактических процедур): через 1—2 часа после начала смены продолжительностью 20 мин и через 2 часа после обеденного перерыва — 30 мин.

Рабочие и служащие используют перерыв для отдыха и питания по своему усмотрению. На это время им предоставляется право отлучаться с места выполнения работ (ч. 2 ст. 57 КЗоТ).

Перерыв для отдыха и питания должен предоставляться, как правило, через четыре часа после начала работы (ч. 3 ст. 57 КЗоТ).

Перерывы для обогревания. Рабочим и служащим, работающим в холодное время года на открытом воздухе или в неотапливаемом помещении, предоставляются перерывы для обогревания и отдыха, которые включаются в рабочее время. Температуру и силу ветра, при которых должны предоставляться такие перерывы, определяет исполнительный комитет местного Совета народных депутатов, а их число и продолжительность — администрация по согласованию с профкомом предприятия.

Перерывы для производственной гимнастики. Время перерывов для производственной гимнастики и их продолжительность определяются в правилах внутреннего трудового распорядка.

Междусменные перерывы. Продолжительность междудневного (междусменного) перерыва вместе с временем обеденного перерыва не может быть меньше двойной продолжительности времени, затраченного на работу в предыдущий рабочий день (смену) (13, п. 11).

Выходные дни. При пятидневной рабочей неделе рабочим и служащим предоставляются два выходных дня в неделю, а при шестидневной рабочей неделе — один выходной день (ч. 1 ст. 30 Основ, ст. 58 КЗоТ).

Продолжительность еженедельного непрерывного отдыха должна быть не менее 42 часов (ч. 2 ст. 30 Основ, ст. 59 КЗоТ).

Общим выходным днем является воскресенье. Второй выходной день при пятидневной рабочей неделе, если он не определен законодательством, устанавливается графиком работы предприятия. Оба выходных дня предоставляются, как правило, подряд (ст. 60 КЗоТ).

На предприятиях, в которых приостановка работы невозможна по производственно-техническим условиям или вследствие необходимости постоянного непрерывного обслуживания населения, а также на других предприятиях с непрерывным производством, выходные дни предоставляются в различные дни недели поочередно каждой группе рабочих и служащих по графикам сменности, утверждаемым администрацией по согласованию с профсоюзным комитетом (ст. 61 КЗоТ).

Для работников, занятых вспомогательным обслуживанием основного производства (например, выполняющих планово-предупредительный или другой ремонт оборудования), при применении графиков пятидневной рабочей недели выходные дни, исходя из интересов производства, могут предоставляться в дни рабочей недели, не совпадающие с днями отдыха для рабочих и служащих основного производства (18, абз. 3 п. 2).

Предприятия и организации (в том числе предприятия и организации автомобильного транспорта), отправляющие и получающие грузы через железнодорожные станции, порты и пристани, производят отпуск, погрузку, доставку и прием этих грузов в течение всех дней недели. Выполнение этого может обеспечиваться путем установления для работников, занятых на указанных работах, выходных дней в другие дни недели, а также привлечения их к работе в выходные дни в установленном законодательством порядке (4, п. 5).

Водителям автомобилей, которым введен суммированный учет рабочего времени, выходные дни могут устанавливаться в различные дни недели согласно графикам сменности. При этом число дней еженедельного отдыха в текущем месяце должно быть не менее числа полных недель этого месяца (22, п. 21).

На предприятиях, где работа не может прерываться в общий выходной день в связи с необходимостью обслуживания населения (магазины, предприятия бытового обслуживания, театры, музеи и др.), выходные дни устанавливаются местными Советами народных депутатов (ст. 62 КЗоТ).

Работа в выходные дни запрещается. Привлечение отдельных рабочих и служащих к работе в эти дни допускается только с разрешения профсоюзного комитета и лишь в исключительных случаях, определяемых законодательством. Работа в выходной день может компенсироваться, по соглашению сторон, предоставлением другого дня отдыха или в денежной форме в двойном размере (ч. 3 ст. 30 Основ, ч. 1 ст. 64 КЗоТ).

Привлечение отдельных рабочих и служащих к работе в выходные дни допускается в следующих случаях:

1) для предотвращения или ликвидации общественного или стихийного бедствия, производственной аварии либо немедленного устранения их последствий;

2) для предотвращения несчастных случаев, гибели или порчи государственного или общественного имущества;

3) для выполнения неотложных, заранее непредвиденных работ, от срочного выполнения которых зависит в дальнейшем нормальная работа предприятий в целом или их отдельных подразделений (ч. 3 ст. 63 КЗоТ).

Привлечение рабочих и служащих к работе в выходные дни производится по письменному приказу (распоряжению) администрации предприятия с соблюдением ограничений, установленных ст.ст. 157, 162 и 177 КЗоТ (ч. 4 ст. 63 КЗоТ). Судебная практика признает, что если лицо привлечено администрацией к работе в выходной день с нарушением условий, при которых это допускается, невыход рабочего или служащего на работу нельзя рассматривать как прогул без уважительной причины (34, 1975, № 11, с. 2).

Перенести выходной день для всех или отдельных предприятий может только Совет Министров СССР.

Привлечение рабочих и служащих к работе в выходные дни предусмотрено в ряде законодательных актов Союза ССР. Так, директорам совхозов и других государственных сельскохозяйственных предприятий по согласованию с комитетами профсоюза в период напряженных полевых работ (посев, уход за посевами, заготовка кормов, уборка урожая, вспашка зяби) в случае производственной необходимости предоставлено право привлекать рабочих, занятых в растениеводстве, к работе в установленные по графику дни отдыха с предоставлением взамен этих дней других дней отдыха по окончании каждого периода напряженных полевых работ. При этом суммирование дней отдыха может производиться за период, не превышающий двух месяцев (5).

Праздничные дни. Работа на предприятиях не производится в следующие праздничные дни: 1 января — Новый год; 8 марта — Международный женский день; 1 и 2 мая — День международной солидарности трудящихся; 9 мая — День Победы; 7 октября — День Конституции СССР; 7 и 8 ноября — годовщина Великой Октябрьской социалистической революции.

В праздничные дни допускаются работы, приостановка которых невозможна по производственно-техническим условиям (непрерывно действующие предприятия и учреждения), работы, вызываемые необходимостью обслуживания населения, а также неотложные ремонтные и погрузочно-разгрузочные работы (ст. 31 Основ, ст. 65 КЗоТ).

3. Отпуска

Право на отпуск. Всем рабочим и служащим предоставляются ежегодные отпуска с сохранением места работы (должности) и среднего заработка (ч. 1 ст. 32 Основ, ст. 66 КЗоТ). Ежегодный отпуск предоставляется один раз в течение года работы работника на данном предприятии, считая со дня поступления на работу, т. е. один раз в рабочем году.

Время, когда работник находился в отпуске без сохранения заработной платы более двух недель, в стаж, дающий право на ежегодный отпуск, не засчитывается.

Время отбывания наказания в виде исправительных работ без лишения свободы в стаж, дающий право на отпуск, не включается (ст. 44 Основ исправительно-трудового законодательства Союза ССР и союзных республик).

Продолжительность отпуска. Ежегодный отпуск предоставляется рабочим и служащим продолжительностью не менее 15 рабочих дней.

Ежегодный отпуск рабочим и служащим при пятидневной рабочей неделе предоставляется так же, как и при шестидневной рабочей неделе, на установленное законодательством число рабочих дней по календарю (а не по графику работы). За счет второго дополнительного дня отдыха при пятидневной рабочей неделе продолжительность отпуска не увеличивается.

Если окончание отпуска наступает перед выходными днями по графику, например перед субботой и воскресеньем, то работник должен выйти на работу в понедельник. В этом случае субботний день оплате не подлежит (18, п. 4). Работник этот день в дальнейшем отрабатывать не должен.

Рабочим и служащим, занятым на работах в лесной промышленности и лесном хозяйстве, в соответствии с Перечнем работ, профессий и должностей, утверждаемым Госкомтрудом СССР и ВЦСПС, предоставляется основной отпуск продолжительностью в 24 рабочих дня (2, п. 3).

Рабочим и служащим моложе 18 лет ежегодный отпуск предоставляется продолжительностью один календарный месяц (ч. 2 ст. 33 Основ, ч. 2 ст. 67 КЗоТ).

Предоставление удлиненных отпусков предусмотрено законодательными актами и для некоторых других категорий работников.

Не разрешается удлинение отпуска за счет присоединения к ежегодному отпуску неиспользованных выходных дней. Из этого правила могут быть исключения в случаях, предусмотренных нормативными актами. Так, в ряде отраслей народного хозяйства действуют Положения о рабочем времени и времени отдыха, в которых предусмотрена возможность присоединения к ежегодному отпуску неиспользованных выходных дней.

Дополнительные отпуска. Ежегодные дополнительные отпуска предоставляются:

1) рабочим и служащим, занятым на работах с вредными условиями труда;

2) рабочим и служащим, занятым в отдельных отраслях народного хозяйства и имеющим продолжительный стаж работы на одном предприятии, в организации;

3) работникам с ненормированным рабочим днем;

4) рабочим и служащим, работающим в районах Крайнего Севера и в приравненных к ним местностях;

5) в других случаях, предусмотренных законодательством (ст. 34 Основ, ст. 68 КЗоТ).

Дополнительный отпуск рабочим и служащим, занятым на работах с вредными условиями труда. За работу во вредных условиях труда трудящимся предоставляется дополнительный отпуск от 6 до 36 рабочих дней.

Полный дополнительный отпуск предоставляется рабочим, специалистам и служащим, если они в рабочем году фактически проработали в производствах, цехах, профессиях с вредными условиями не менее 11 месяцев (20, абз. 2 п. 8).

В стаж работы, дающий право на получение дополнительного отпуска за работу с вредными условиями труда, кроме времени фактической работы в указанных условиях, включаются периоды временной нетрудоспособности; время отпуска по беременности и родам и время выполнения женщинами легких работ в связи с беременностью или наличием детей в возрасте до полутора лет; время выполнения государственных и общественных обязанностей (20, абз. 3 п. 8).

В счет времени, проработанного в производствах, цехах, профессиях и должностях с вредными условиями труда, предусмотренных в Списке, засчитываются лишь те дни, в которые работник фактически был занят в этих условиях не менее половины рабочего дня, установленного для работников данного производства, цеха, профессии или должности.

При записи в Списке «постоянно занятый» или «постоянно работающий» в счет времени, проработанного на работах с вредными условиями труда, засчитываются лишь те дни, в которые работник фактически был занят в этих условиях полный рабочий день, установленный для работников данного производства, цеха, профессии или должности (20, ч. 12).

Рабочим, специалистам и служащим, профессии и должности которых не включены в Список, но выполняющим в отдельные периоды времени работу в производствах, цехах, профессиях и должностях с вредными условиями труда, предусмотренных в Списке, дополнительный отпуск предоставляется на тех же основаниях, что и работникам, профессии и должности которых предусмотрены в Списке (20, п. 13).

Дополнительный отпуск за работу во вредных условиях труда предоставляется одновременно с основным отпуском (20, абз. 1 п. 8).

В тех случаях, когда работник к моменту получения основного отпуска проработал во вредных условиях труда менее 11 месяцев, ему также одновременно с основным отпуском предоставляется дополнительный отпуск, причем если работник на момент предоставления отпуска относится к категории лиц, работающих во вредных условиях, ему следует предоставить авансом полный дополнительный отпуск.

Полный дополнительный отпуск авансом работнику должен быть предоставлен также и тогда, когда он имеет право на получение авансом ежегодного отпуска. Однако если рабочий или служащий перешел с работы, где ему полагался дополнительный отпуск с вредными условиями труда, на постоянную работу, где такой отпуск не предоставляется, то дополнительный отпуск за работу во вредных условиях труда будет предоставлен пропорционально проработанному в этих условиях времени (20, п. 9).

Работнику, имеющему право на получение дополнительного отпуска в связи с вредными условиями труда по нескольким основаниям, отпуск предоставляется по одному из этих оснований (20, п. 18).

Дополнительный отпуск за работу с вредными условиями труда присоединяется к ежегодному отпуску продолжительностью в 12 рабочих дней. Если работник имеет право на удлиненный отпуск, то дополнительный отпуск также присоединяется к 12-дневному ежегодному отпуску.

В исключение из этого правила инвалидам-слепым, работающим на предприятиях, дополнительный отпуск по вредности присоединяется к ежегодному удлиненному отпуску. Молодым рабочим и служащим (до 18 лет), допущенным в установленном порядке к работе с вредными условиями труда, дающей право на дополнительный отпуск, этот отпуск предоставляется сверх их ежегодного удлиненного отпуска продолжительностью в один месяц.

Дополнительные отпуска рабочим и служащим за продолжительный стаж работы. В целях стимулирования длительной работы на одном предприятии для рабочих и служащих основных отраслей народного хозяйства установлены дополнительные отпуска различной продолжительности.

Работникам, занятым на предприятиях промышленности,

сельского хозяйства, строительства, транспорта, связи, в геологоразведочных организациях и в организациях по гидрометеорологии и контролю природной среды, если они не имеют права на дополнительный отпуск за непрерывный стаж работы на одном предприятии на основании ранее принятых нормативных актов, установлен дополнительный отпуск продолжительностью не более трех дней (8, п. 13).

Право на этот дополнительный отпуск имеют рабочие и служащие, которые пользуются ежегодным отпуском продолжительностью 15 рабочих дней, а труд их оплачивается по условиям, установленным для работников производственных отраслей народного хозяйства.

Отпуск предоставляется в следующем порядке: за первые три года работы — один день, за каждые последующие два года работы — по одному дню. Стаж непрерывной работы исчисляется с 1 января 1980 г. Добросовестным работникам и лицам, не допускающим нарушений трудовой дисциплины, второй и третий дни отпуска предоставляются за каждый год работы (25, пп. 1.1—1.2).

Дополнительный отпуск работникам с ненормированным рабочим днем. Работникам с ненормированным рабочим днем предоставляется в качестве компенсации за напряженность труда и работу во внеурочное время дополнительный отпуск продолжительностью 6 или 12 рабочих дней.

Продолжительность дополнительного отпуска для лиц с ненормированным рабочим днем устанавливается руководителем предприятия по согласованию с профсоюзным комитетом. Изменять установленную продолжительность дополнительного отпуска за ненормированный рабочий день администрация и профсоюзный комитет могут лишь в случае изменения напряженности труда или круга обязанностей соответствующей категории работников.

Дополнительные отпуска за работу на Крайнем Севере. Рабочим и служащим, работающим в районах Крайнего Севера, предоставляется дополнительный отпуск продолжительностью 18 рабочих дней, а работающим в местностях, приравненных к районам Крайнего Севера, — 12 рабочих дней (1, ст. 2).

Одной из льгот, установленных для лиц, работающих в районах Крайнего Севера и местностях, приравненных к районам Крайнего Севера, является право работника на соединение отпусков, но не более чем за три года. При этом отпуска за каждый год работы продолжительностью не менее 6 рабочих дней должны быть использованы не позднее чем в течение одного года после наступления права на отпуск. Время, необходимое для проезда к месту использования отпуска и обратно, один раз в три года не засчитывается в срок отпуска. Стоимость проезда к месту использования отпуска и обратно один раз в три года оплачивается предприятием (п. 3 ст. 251 КЗоТ).

При соединении отпусков за два или три рабочих года общая продолжительность отпуска, предоставляемого в натуре, не должна превышать шести месяцев, включая время, необходимое для проезда к месту использования отпуска и обратно.

Дополнительные отпуска за многосменный режим работы. Рабочим и служащим предприятий промышленности и других отраслей народного хозяйства, на которые распространяется действие постановления ЦК КПСС, Совета Министров СССР и ВЦСПС от 12 февраля 1987 г. № 194*, работающим в две смены, предоставляется дополнительный отпуск из расчета по одному дню за каждые отработанные два года, но не более двух дней, а работающим в три смены — по одному дню за каждый отработанный год, но не более четырех дней. Стаж работы для предоставления этих отпусков исчисляется с 1 января 1987 г. (12, п. 9 «б»).

В стаж работы, дающий право на дополнительный отпуск, включаются лишь те годы, в которых работник отработал не менее 50% вечерних или ночных смен в рабочем году (не менее 60 вечерних или 40 ночных смен) соответственно при двухсменном или многосменном режиме труда.

В случаях, когда в течение одного рабочего года отработано менее 60 вечерних смен, а за два года в сумме отработано 120 и более таких смен, в стаж работы для предоставления дополнительного отпуска засчитываются оба рабочих года.

Если работник, пользующийся правом на дополнительный отпуск за работу в многосменном режиме, в течение рабочего года, за который предоставляется ежегодный отпуск, отработал менее 60 вечерних или 40 ночных смен, то дополнительный отпуск ему не предоставляется, независимо от причины недоработки в вечерние и ночные смены, поскольку этот отпуск предоставляется в качестве компенсации за многосменную работу.

В тех случаях, когда в течение года рабочий или служащий отработал в сумме не менее 60 вечерних и ночных смен, то он имеет право на дополнительный отпуск, предусмотренный за двухсменный режим работы (28, п. 3).

Дополнительный отпуск за работу в многосменном режиме предоставляется сверх других дополнительных отпусков. При этом общая продолжительность ежегодного отпуска не должна превышать одного календарного месяца (30 календарных дней), если законодательством не установлены отпуска большей продолжительности (12, абз. 2 п. 9 «б»).

Дополнительный отпуск женщинам, имеющим детей. Работающим женщинам, имеющим двух и более детей в воз-

---

* См. с. 593.

расте до 12 лет, предоставляется дополнительный трехдневный оплачиваемый отпуск при условии, если общая продолжительность отпуска работниц, пользующихся указанным дополнительным отпуском, не превышает 28 календарных дней, включая выходные дни, приходящиеся на период отпуска (9, п. 3 «б»).

В год достижения ребенком 12-летнего возраста указанный дополнительный отпуск предоставляется женщине независимо от того, когда ребенку исполняется 12 лет, до ухода женщины в ежегодный отпуск или после окончания этого отпуска (24, п. 2).

Правом на указанный дополнительный отпуск пользуются также отцы, имеющие двух и более детей в возрасте до 12 лет, если дети по тем или иным причинам остаются на их воспитании.

Дополнительный отпуск общественным воспитателям несовершеннолетних. Наиболее отличившимся общественным воспитателям несовершеннолетних предоставляется дополнительный отпуск (ст. 69 КЗоТ). Продолжительность такого отпуска составляет до трех рабочих дней. Он предоставляется в натуре сверх ежегодного и других видов дополнительных отпусков, связанных с трудовой деятельностью.

Порядок предоставления отпусков. Отпуск за первый год работы предоставляется рабочим и служащим по истечении 11 месяцев непрерывной работы на данном предприятии. До истечения 11 месяцев непрерывной работы отпуск по просьбе работника предоставляется: женщинам — перед отпуском по беременности и родам или непосредственно после него; рабочим и служащим моложе 18 лет; военнослужащим, уволенным в запас и направленным на работу в порядке организованного набора, — по истечении трех месяцев работы; в других случаях, предусмотренных законодательством.

Рабочим и служащим, переведенным из одного предприятия на другое, отпуск может предоставляться до истечения 11 месяцев работы после перевода. Если до перевода работник не проработал 11 месяцев на одном предприятии, то отпуск ему может быть предоставлен по истечении 11 месяцев работы до и после перевода в общей сложности (ст. 71 КЗоТ).

Рабочим и служащим, обучающимся в высших и средних специальных учебных заведениях по вечерней и заочной формам обучения, ежегодные отпуска в первый год работы могут предоставляться, по их желанию, до истечения 11 месяцев (16, абз. 3 п. 4).

Если за первый рабочий год отпуск должен предоставляться, как правило, по истечении 11 месяцев работы, то за второй и последующие годы работы отпуск может предоставляться в любое время рабочего года в соответствии с очередностью предоставления отпусков, то есть и до истечения очередных 11 месяцев. Отсюда следует, что вполне допустимо предоставление в одном календарном году двух отпусков за разные рабочие годы (32, 1986, 18 июня).

Очередность предоставления отпусков устанавливается администрацией по согласованию с профсоюзным комитетом (ч. 1 ст. 73 КЗоТ). График отпусков составляется на каждый календарный год не позднее 5 января текущего года и доводится до сведения всех рабочих и служащих (п.20 Типовых правил внутреннего трудового распорядка).

В случае неожиданной приостановки работ на предприятии или в отдельных его частях (вследствие аварии, стихийного бедствия и т. п.) по решению профсоюзного комитета отпуска могут быть предоставлены всем группам или некоторым группам работников одновременно, с отступлением от ранее установленной очередности.

Отпуска не должны приурочиваться исключительно к 1 и 15 числам каждого месяца, а должны распределяться по возможности равномерно в течение всего месяца. Отпуска могут предоставляться в любое время в течение всего года, но без нарушения нормального хода работы предприятия (ч. 2 ст. 73 КЗоТ).

При составлении графика следует по возможности учитывать пожелания рабочих и служащих. Отдельным категориям трудящихся отпуска должны предоставляться в определенное время.

Рабочим и служащим моложе 18 лет ежегодные отпуска предоставляются в летнее время или, по их желанию, в любое другое время года (ст. 178 КЗоТ).

При предоставлении рабочим и служащим, обучающимся в учебных заведениях без отрыва от производства, ежегодных отпусков администрация предприятия обязана приурочивать, по их желанию, эти отпуска ко времени* проведения установочных занятий, выполнения лабораторных работ, сдачи зачетов и экзаменов в учебном заведении.

Рабочим и служащим, обучающимся в общеобразовательных вечерних (сменных) и заочных школах, ежегодные отпуска могут предоставляться, по их желанию, с таким расчетом, чтобы они могли быть использованы до начала учебных занятий в школах (16, абз. 2 п. 4).

Женщинам, имеющим двух и более детей до 12 лет, предоставлено первоочередное право на получение ежегодного отпуска в летнее или другое удобное для них время (9, п. 3 «б»).

Участникам Великой Отечественной войны предоставлено право использовать очередные ежегодные отпуска в удобное для них время (6, п. 1 «в»).

---

* В таких случаях отпуск предоставляется **до начала** проведения указанных занятий (36, 1984, № 8, с. 31).

Отпуск должен предоставляться ежегодно в установленный срок. Ежегодный отпуск должен быть перенесен или продлен: при временной нетрудоспособности рабочего или служащего; при выполнении рабочим или служащим государственных или общественных обязанностей; в других случаях, предусмотренных законодательством.

В исключительных случаях, когда предоставление отпуска рабочему или служащему в текущем рабочем году может неблагоприятно отразиться на нормальном ходе работы предприятия, допускается с согласия работника и по согласованию с профсоюзным комитетом перенесение отпуска на следующий рабочий год. При этом отпуск за каждый рабочий год продолжительностью не менее 6 рабочих дней должен быть использован не позднее чем в течение одного года после наступления права на отпуск. Оставшаяся часть неиспользованного отпуска может быть присоединена к отпуску за следующий рабочий год.

Запрещается непредоставление ежегодного отпуска в течение двух лет подряд, а также непредоставление отпуска рабочим и служащим моложе 18 лет и работникам, имеющим право на дополнительный отпуск в связи с вредными условиями труда (ст. 74 КЗоТ).

Если причины, мешающие работнику уйти в отпуск, наступили до его начала, то новый срок отпуска определяется по соглашению администрации с работником. Если же эти причины наступили во время пребывания работника в отпуске, то срок возвращения из отпуска удлиняется на соответствующее количество дней, причем работник обязан немедленно поставить об этом в известность администрацию.

График отпусков обязателен как для администрации, так и для работников. Рабочие и служащие имеют право требовать перенесения отпуска на другой срок, если администрация своевременно (за 15 дней) не уведомила их о времени предоставления отпуска или не выплатила перед началом отпуска заработную плату за него.

В случае, если работник воспользовался своим правом пойти в отпуск в установленный графиком срок, не получив отпускных денег, срок отпуска в этом случае не продлевается на число дней задержки заработной платы.

В случае переноса отпуска новый срок отпуска устанавливается по согласованию работника с администрацией.

Отказ работника от выполнения распоряжения администрации о выходе на работу до окончания отпуска нельзя рассматривать как нарушение трудовой дисциплины (29, п. 23).

В тех случаях, когда отпуск продлевается вследствие временной нетрудоспособности, за недоиспользованные дни отпуска оплата не производится, так как за них работник уже получил заработную плату до ухода в отпуск. Боль ничный лист в этих случаях оплачивается на общих основаниях.

Отпуска без сохранения заработной платы. По семейным обстоятельствам и другим уважительным причинам рабочему или служащему, по его заявлению, может быть предоставлен администрацией кратковременный отпуск без сохранения заработной платы. В необходимых случаях по соглашению сторон этот отпуск может быть отработан рабочим или служащим в последующий период, исходя из условий и возможностей производства (ст. 35 Основ, ст. 76 КЗоТ).

Предоставление кратковременных отпусков без сохранения заработной платы должно оформляться приказом (распоряжением) администрации с обязательным указанием срока отпуска и причин, вызвавших необходимость в таком отпуске (25, п. 8.1).

Отработка отпуска без сохранения заработной платы, обусловленная соглашением сторон, и период, в течение которого она может быть произведена (в пределах трех месяцев после окончания отпуска), могут быть определены как при оформлении такого отпуска, так и впоследствии (25, п. 8.2). Отработка возможна в нерабочее время из расчета один день работы за каждый день отпуска. Оплата за время отработки производится в одинарном размере (25, п. 8.3).

Предоставление отпусков без сохранения заработной платы в ряде случаев регламентируется законодательством. Администрация обязана предоставлять такие отпуска и не обусловливать это их отработкой.

Работникам районов Крайнего Севера и местностей, приравненных к районам Крайнего Севера, не засчитывается в срок отпуска время, необходимое им для проезда к месту использования отпуска и обратно (один раз в три года работы). По своему характеру такое время является отпуском без сохранения заработной платы (п. 3 ст. 251 КЗоТ).

Работающим женщинам предоставляется дополнительный отпуск без сохранения заработной платы по уходу за ребенком до достижения им возраста трех лет (32, 1989, 23 авг.)[*]. Женщины, имеющие двух и более детей в возрасте до 12 лет, имеют право на дополнительный отпуск по уходу за детьми без сохранения заработной платы продолжительностью до двух недель по согласованию с администрацией в период, когда позволяют производственные условия (9, п. 3 «б»).

---

[*] Работающим матерям предоставляется начиная с 1 декабря 1989 г. в сроки, установленные постановлением Совета Министров СССР и ВЦСПС от 22 августа 1989 г., частично оплачиваемый отпуск по уходу за ребенком до достижения им возраста 1,5 лет. Более подробно см. с. 777.

Участникам Великой Отечественной войны предоставлено право на получение дополнительного отпуска без сохранения заработной платы сроком до двух недель в году (6, п. 1 «в»).

Указанный отпуск по желанию участника Великой Отечественной войны присоединяется к ежегодному отпуску либо предоставляется в другое время года (21, п. 3).

Отпуск без сохранения заработной платы предоставляется (по их просьбе) работникам торфопредприятий, предприятий рыбной промышленности и другим работникам в межсезонный период, если они проработали на данном предприятии предыдущий сезон полностью и заключили договор о работе в следующем сезоне.

Пенсионеры по старости и инвалиды I и II групп, работающие на предприятиях (в производственных объединениях), в цехах и на участках, предназначенных для использования труда этих лиц, имеют право на получение отпуска без сохранения заработной платы продолжительностью до двух месяцев (15, п. 6).

Руководителям предприятий разрешено предоставлять по согласованию с профсоюзными комитетами пенсионерам по старости, работающим на предприятиях и в организациях сферы материального производства (на заводах, фабриках, шахтах, в строительных организациях и т. п.) и по обслуживанию населения (в ателье, пошивочных мастерских, парикмахерских и т. п.), по их желанию, отпуск без сохранения заработной платы продолжительностью до двух месяцев (7, п. 7).

Недопустимость замены отпуска денежной компенсацией. Замена отпуска денежной компенсацией не допускается, кроме случаев увольнения рабочего или служащего, не использовавшего отпуск (ст. 75 КЗоТ).

Примечания к разд. 3

1. Об упорядочении льгот для лиц, работающих в районах Крайнего Севера и в местностях, приравненных к районам Крайнего Севера. Указ Президиума Верховного Совета СССР от 10 февраля 1960 г.; 30 июня 1962 г. — Ведомости Верховного Совета СССР, 1960, № 7, ст. 45; 1962, № 27, ст. 289.

2. Об условиях труда рабочих и служащих, занятых на работах в лесной промышленности и лесном хозяйстве. Указ Президиума Верховного Совета СССР от 13 ноября 1979 г. — Ведомости Верховного Совета СССР, 1979, № 47, ст. 785.

3. Положение об общественных воспитателях несовершеннолетних. Утверждено Указом Президиума Верховного

Совета РСФСР от 13 декабря 1967 г. — Ведомости Верховного Совета РСФСР, 1967, № 51, ст. 1239.

4. О переводе рабочих и служащих предприятий, учреждений и организаций на пятидневную рабочую неделю с двумя выходными днями. Постановление ЦК КПСС, Совета Министров СССР и ВЦСПС от 7 марта 1967 г. № 199. — СП СССР, 1967, № 7, ст. 32.

5. О порядке предоставления рабочим совхозов и других государственных сельскохозяйственных предприятий, занятым в растениеводстве, отгулов за работу в дни отдыха. Постановление ЦК КПСС и Совета Министров СССР от 28 июля 1967 г. № 741. — СП СССР, 1967, № 20, ст. 139.

6. О мерах по дальнейшему улучшению материально-бытовых условий участников Великой Отечественной войны. Постановление ЦК КПСС и Совета Министров СССР от 10 ноября 1978 г. № 907. — СП СССР, 1978, № 27, ст. 164.

7. О мероприятиях по материальному стимулированию работы пенсионеров в народном хозяйстве. Постановление ЦК КПСС и Совета Министров СССР от 11 сентября 1979 г. № 850. — СП СССР, 1979, № 24, ст. 152.

8. О дальнейшем укреплении трудовой дисциплины и сокращении текучести кадров в народном хозяйстве. Постановление ЦК КПСС, Совета Министров СССР и ВЦСПС от 13 декабря 1979 г. № 1117. — СП СССР, 1980, № 3, ст. 17.

9. О мерах по усилению государственной помощи семьям, имеющим детей. Постановление ЦК КПСС и Совета Министров СССР от 22 января 1981 г. № 235. — СП СССР, 1981, отд. 1, № 13, ст. 75.

10. О дальнейшем развитии и улучшении бытового обслуживания населения. Постановление ЦК КПСС и Совета Министров СССР от 24 марта 1983 г. № 235. — СП СССР, 1983, отд. 1, № 8.

11. Об усилении работы по укреплению социалистической дисциплины труда. Постановление ЦК КПСС, Совета Министров СССР и ВЦСПС от 28 июля 1983 г. № 744. — СП СССР, 1983, отд. 1, № 21, ст. 115.

12. О переходе объединений, предприятий и организаций промышленности и других отраслей народного хозяйства на многосменный режим работы с целью повышения эффективности производства. Постановление ЦК КПСС, Совета Министров СССР и ВЦСПС от 12 февраля 1987 г. № 194. — СП СССР, 1987, отд. 1, № 14, ст. 55.

13. О рабочем времени и времени отдыха в предприятиях и учреждениях, переходящих на непрерывную производственную неделю. Постановление СНК СССР от 24 сентября 1929 г. — СЗ СССР, 1929, № 63, ст. 586.

14. О режиме рабочего времени рабочих совхозов и других государственных предприятий сельского хозяйства. Постановление Совета Министров СССР от 24 мая 1962 г. № 475. — СП СССР, 1962, № 8, ст. 70.

15. О мерах по дальнейшему улучшению использования труда пенсионеров по старости и инвалидов в народном хозяйстве и связанных с этим дополнительных льготах. Постановление Совета Министров СССР от 14 сентября 1973 г, № 674. — СП СССР, 1973, № 21, ст. 116.

16. Положение о льготах для рабочих и служащих, совмещающих работу с обучением в учебных заведениях. Утверждено постановлением Совета Министров СССР от 24 декабря 1982 г. № 1116. — СП СССР, 1983, отд. 1, № 4, ст. 13; 1987, отд. 1, № 2, ст. 11.

17. Типовое положение о врачебно-трудовых экспертных комиссиях. Утверждено постановлением Совета Министров СССР от 21 декабря 1984 г. № 1255. — СП СССР, 1985, отд. 1, № 1, ст. 4.

18. О некоторых вопросах, связанных с переводом рабочих и служащих предприятий, учреждений и организаций на пятидневную рабочую неделю с двумя выходными днями. Разъяснение Госкомтруда СССР и Президиума ВЦСПС от 8 апреля 1967 г. № 4/П-10. — Бюллетень Госкомтруда СССР, 1967, № 6.

19. О некоторых вопросах, связанных с переводом рабочих и служащих предприятий, учреждений и организаций на пятидневную рабочую неделю с двумя выходными днями. Разъяснение Госкомтруда СССР и Президиума ВЦСПС от 12 июля 1967 г. № 6/П-18. — Бюллетень Госкомтруда СССР, 1967, № 9, с. 3.

20. Инструкция о порядке применения Списка производств, цехов, профессий и должностей с вредными условиями труда, работа в которых дает право на дополнительный отпуск и сокращенный рабочий день. Утверждена постановлением Госкомтруда СССР и Президиума ВЦСПС от 21 ноября 1975 г. № 273/П-20. — Отдельное издание. М., 1977.

21. О порядке применения постановления ЦК КПСС и Совета Министров СССР от 10 ноября 1978 г. № 907 Разъяснение Госкомтруда СССР от 14 декабря 1978 г. № 3 — Бюллетень Госкомтруда СССР, 1979, № 3, с. 3; 1984, № 10, с. 1.

22. Положение о рабочем времени и времени отдыха водителей автомобилей. Утверждено постановлением Госкомтруда СССР и Секретариата ВЦСПС от 16 августа 1977 г № 255/16, с изменениями от 11 декабря 1979 г № 501/26-52. — Бюллетень Госкомтруда СССР, 1977, № 11, с. 26; 1980, № 3.

23. Положение о порядке и условиях применения труда женщин, имеющих детей и работающих неполное рабочее время. Утверждено постановлением Госкомтруда СССР и Секретариата ВЦСПС от 29 апреля 1980 г

№ 111/8-51. — Бюллетень Госкомтруда СССР, 1980, № 8, с. 3.

24. О порядке предоставления дополнительного трехдневного оплачиваемого отпуска и двухнедельного отпуска без сохранения заработной платы женщинам, имеющим двух и более детей в возрасте до 12 лет, предусмотренных пунктом 3 постановления ЦК КПСС и Совета Министров СССР от 22 января 1981 г. № 235. Разъяснение Госкомтруда СССР и Секретариата ВЦСПС от 24 ноября 1981 г. № 11/21-41. — Бюллетень Госкомтруда СССР, 1982, № 2, с. 3.

25. О некоторых вопросах, связанных с применением законодательства об укреплении трудовой дисциплины. Разъяснение Госкомтруда СССР и Секретариата ВЦСПС от 25 октября 1983 г. № 8/22-31. — Бюллетень Госкомтруда СССР, 1984, № 1, с. 3.

26. Положение о порядке и условиях применения скользящего (гибкого) графика работы для женщин, имеющих детей. Утверждено постановлением Госкомтруда СССР и Секретариата ВЦСПС от 6 июня 1984 г. № 170/10-101 — Бюллетень Госкомтруда СССР, 1984, № 9.

27. Рекомендации по применению режимов гибкого рабочего времени на предприятиях, в учреждениях и организациях отраслей народного хозяйства. Утверждены постановлением Госкомтруда СССР и Секретариата ВЦСПС от 30 мая 1985 г. № 162/12-55. — Бюллетень Госкомтруда СССР, 1985, № 11.

28. О порядке применения доплат и предоставления дополнительных отпусков за работу в вечернюю и ночную смены, предусмотренных постановлением ЦК КПСС, Совета Министров СССР и ВЦСПС от 12 февраля 1987 г. № 194. Разъяснение Госкомтруда СССР и Секретариата ВЦСПС от 7 мая 1987 г. № 14/14-38. — Бюллетень Госкомтруда СССР, 1987, № 9.

29. О применении судами законодательства, регулирующего заключение, изменение и прекращение трудового договора. Постановление Пленума Верховного Суда СССР от 26 апреля 1984 г. № 3. — Бюллетень Верховного Суда СССР, 1984, № 3; 1986, № 6; 1988, № 3.

30. Газ. «Правда».

31. Газ. «Известия».

32. Газ. «Труд».

33. Бюллетень Государственного комитета СССР по труду и социальным вопросам.

34. Бюллетень Верховного Суда РСФСР.

35. Журнал «Соц. труд».

36. Журнал «Соц. законность».

37. Сборник нормативных актов о труде. Ч. 1. М., 1984; ч. 2, 1985; ч. 3, 1985.

Раздел 4
ПРАВОВЫЕ ВОПРОСЫ ЗАРАБОТНОЙ ПЛАТЫ

1. Правовое регулирование заработной платы

Общие положения. Закрепленное в Конституции СССР право граждан на труд включает право на оплату труда в соответствии с его количеством и качеством и не ниже установленного государством минимального размера.

Запрещается какое бы то ни было понижение размера оплаты труда в зависимости от пола, возраста, расы и национальной принадлежности (ст. 36 Основ, ст.ст. 77—78 КЗоТ).

Оплата труда рабочих и служащих производится в форме заработной платы. Нормирование заработной платы осуществляется государством с участием профессиональных союзов (ч. 1 ст. 37 Основ, ч. 1 ст. 79 КЗоТ). Наряду с государственным нормированием заработной платы применяется также локальное регулирование оплаты труда. В нормативных актах определяется круг вопросов правового регулирования труда, которые входят в компетенцию предприятий и соответствующих профсоюзных комитетов.

Заработная плата каждого работника предприятия определяется конечными результатами работы, личным трудовым вкладом работника и максимальным размером не ограничивается (абз. 4 п. 1 ст. 14 Закона о предприятии, ст. 38 Основ, ст. 83 КЗоТ).

Месячная заработная плата рабочего и служащего не может быть ниже установленного государством минимального размера (ч. 2 ст. 36 Основ, ст. 78 КЗоТ).

В соответствии с решениями XXVII съезда КПСС в годы 12 пятилетки предусматривается осуществить крупные мероприятия по радикальному совершенствованию системы оплаты труда 75 миллионов рабочих и служащих, занятых во всех отраслях производственной сферы народного хозяйства.

Во исполнение решений XXVII съезда КПСС принято постановление ЦК КПСС, Совета Министров СССР и ВЦСПС от 17 сентября 1986 г. № 1115 «О совершенствовании организации заработной платы и введении новых тарифных ставок и должностных окладов работников производственных отраслей народного хозяйства» (11).

Действие настоящего постановления распространяется на все объединения, предприятия и организации, которые в соответствии с Классификатором отраслей народного хозяйства и статистической отчетностью относятся к производственным отраслям народного хозяйства — промышленности, всем видам транспорта, связи, строительству, сельскому хозяйству и другим, для которых предусмотрены в указанном постановлении соответствующие условия оплаты труда. Новые условия оплаты труда вводятся для всех объединений, предприятий и организаций независимо от их ведомственной подчиненности.

Если в системе непроизводственных министерств и ведомств имеются самостоятельные предприятия и организации, которые по Классификатору и учету относятся к производственным (например, ремонтно-строительный трест в Минздраве СССР и др.), то действие указанного постановления распространяется на них в полном объеме.

Постановление ЦК КПСС, Совета Министров СССР и ВЦСПС от 17 сентября 1986 г. № 1115 распространяется на научно-исследовательские учреждения, конструкторские и технологические организации, входящие в состав объединений промышленности. Для конструкторов и технологов должностные оклады в этих организациях устанавливаются в соответствии с указанным постановлением. Для научных работников этих организаций должностные оклады устанавливаются на основании постановления ЦК КПСС, Совета Министров СССР и ВЦСПС от 22 мая 1985 г. № 462 (55, 1987, № 1, с. 74).

Переход на новые ставки и оклады осуществляется с разрешения министерства (ведомства), которому предприятие подчинено. Министерства и ведомства по согласованию с профсоюзными органами разрешают подведомственным предприятиям введение новых условий оплаты труда после всесторонней проверки готовности к осуществлению этого мероприятия. В связи с этим предприятия в обстановке широкой гласности должны провести необходимую подготовительную работу по мобилизации внутренних резервов, разработать графики перевода на новые условия оплаты труда. Переход на новые ставки и оклады может осуществляться одновременно в целом по объединению, предприятию, организации или по отдельным структурным подразделениям, а также по категориям и профессиям работников по мере накопления необходимых средств.

Совершенствование заработной платы является составной частью внедрения нового хозяйственного механизма, перехода на полный хозяйственный расчет и самофинансирование.

Если в предыдущие годы повышение тарифных ставок и должностных окладов проводилось в основном за счет централизованных государственных ассигнований, то реформа заработной платы, осуществляемая во исполнение решений XXVII съезда КПСС, проводится за счет средств, зарабатываемых трудовыми коллективами. Новые формы оплаты труда создают реальные условия для соблюдения на практике социалистического принципа распределения по труду и обеспечивают на этой основе социальную справедливость в оплате труда.

Осуществление комплекса мер, направленных на улучшение организации заработной платы рабочих, предусматривает:

повышение тарифных ставок рабочих в среднем на 20—25%;

усиление заинтересованности рабочих в повышении квалификации, выполнении сложных и ответственных работ при переходе в более высокие тарифные разряды на основе прогрессивного нарастания размеров тарифных ставок;

обеспечение преимущества в оплате труда рабочих, занятых на особо сложном и уникальном оборудовании, в гибких автоматизированных производствах, и рабочих, обслуживающих агрегаты, машины, механизмы и транспортные средства, позволяющие резко повысить производительность труда, коренным образом улучшить качество выпускаемой продукции и выполняемых работ, улучшить экономию топливно-энергетических и других материальных ресурсов;

обеспечение единства в оплате труда рабочих одинаковых профессий, выполняющих работы равной сложности в различных отраслях, установление сквозных условий оплаты труда (11, п. 6). Это касается работников автомобильного и железнодорожного транспорта, связи, сельского хозяйства, типографий, лесозаготовок, деревообработки и т. п. Поэтому, в какой бы производственной отрасли они ни работали, их труд всегда будет оплачиваться по единым сквозным условиям. Так, работники подсобных сельских хозяйств в составе предприятий машиностроительной промышленности должны оплачиваться по условиям, установленным для работников сельского хозяйства, работники типографий на предприятиях системы черной металлургии — по условиям работников полиграфического производства и т. д. Работники подразделений (бригад, участков) производственных предприятий, осуществляющих строительство и капитальный ремонт хозяйственным способом за счет специальных ассигнований на строительство и капитальный ремонт зданий и сооружений, оплачиваются по условиям, предусмотренным для соответствующих работников строительных организаций (55, 1987, № 1, с. 75).

Оплата труда рабочих. Заработная плата рабочих складывается из оплаты по тарифным ставкам (окладам), надбавок и доплат к тарифным ставкам (окладам) и премии.

Тарифные ставки выражают размер оплаты труда рабочих соответствующей профессии за определенную единицу рабочего времени (час, день, месяц).

Для рабочих со сдельной оплатой труда установлены часовые и дневные тарифные ставки, а труд рабочих с повременной оплатой труда оплачивается по часовым или месячным ставкам.

В ряде отраслей народного хозяйства (например, в угольной промышленности) применяются единые тарифные ставки для сдельщиков и повременщиков.

Тарифные ставки (оклады) рабочих утверждаются в централизованном порядке (ч. 2 ст. 37 Основ, ст. 80 КЗоТ).

При введении новых тарифных ставок в производственных отраслях народного хозяйства доля тарифных ставок в средней заработной плате рабочих повышается до 70—75% (до введения новых тарифных ставок она составляла в ряде отраслей народного хозяйства менее 50%).

Квалификационные разряды работ и рабочих. Квалификация рабочих определяется присвоенным им квалификационным разрядом.

Разряды рабочим присваиваются или повышаются в соответствии с Общими положениями Единого тарифно-квалификационного справочника работ и профессий рабочих народного хозяйства СССР (32).

Квалификационные разряды повышаются в первую очередь рабочим, успешно выполняющим нормы труда и добросовестно относящимся к своим трудовым обязанностям. Право на повышение разряда имеют рабочие, успешно выполняющие работы более высокого разряда не менее трех месяцев и сдавшие квалификационный экзамен (ст. 37 Основ, ст. 80 КЗоТ).

Вопрос о присвоении или повышении разряда рабочему рассматривается квалификационной комиссией предприятия на основании заявления рабочего и представления руководителя соответствующего подразделения (мастера, начальника смены и т. д. с учетом мнения совета производственной бригады).

Цеховые квалификационные комиссии создаются только в цехах, в которых организованы цеховые комитеты профсоюза (32, п. 10).

Председателем квалификационной комиссии предприятия назначается главный инженер или его заместитель, заместителем председателя — представитель профсоюзной организации, членами комиссии — начальник отдела (бюро) или инженер по производственно-техническому обучению рабочих на производстве, начальник отдела труда (организации труда) и заработной платы, инженер по охране труда и технике безопасности, руководитель соответствующего цеха (отдела), участка, председатель совета бригадиров или член совета бригадиров.

Председателем цеховой квалификационной комиссии назначается начальник цеха или его заместитель, заместителем председателя — представитель цеховой профсоюзной организации, членами комиссии — инженер по производственно-техническому обучению, инженер по охране труда и технике безопасности, мастер участка, инженер по нормированию (нормировщик), бригадир. Цеховые квалификационные комиссии работают под руководством соответствующей комиссии предприятия (32, п. 11).

Рабочий, которому присваивается или повышается квалификационный разряд, должен в соответствии с тарифно-квалификационной характеристикой соответствующего разряда устно ответить на вопросы из раздела «Должен знать» и сдать пробу, т. е. самостоятельно выполнить отдельные работы, указанные в разделах «Примеры работ» устанавливаемого разряда из числа имеющихся на данном предприятии. При сдаче пробы рабочий должен выполнить установленные нормы выработки, времени, обслуживания при обеспечении необходимого качества работ. Оценку практической подготовки рабочего на участках, где не могут быть выполнены пробные работы, дает мастер участка (32, п. 14).

Наряду с требованиями, изложенными в тарифно-квалификационных характеристиках, рабочий должен также знать:

а) рациональную организацию труда на своем рабочем месте; при бригадной форме организации труда каждый рабочий должен знать также организацию труда своей бригады;

б) технологический процесс выполняемой работы; правила технической эксплуатации и ухода за оборудованием, приспособлениями и инструментом, при помощи которых он работает или которые обслуживает, выявлять и устранять возникающие неполадки текущего характера при производстве работ;

нормы расхода горючего, энергии, сырья и материалов на выполняемые им работы;

в) требования, предъявляемые к качеству выполняемых работ, в том числе и по смежным операциям или процессам; виды брака, причины, его порождающие, и способы его предупреждения и устранения;

г) безопасные и санитарно-гигиенические методы труда, основные средства и приемы предупреждения и тушения пожаров на своем рабочем месте, участке; сигнализацию, правила управления подъемно-транспортным оборудованием и правила стропальных работ там, где это предусматривается организацией труда на рабочем месте;

д) производственную (по профессии) инструкцию и правила внутреннего трудового распорядка;

е) экономическую политику партии и особенности современного этапа развития экономики страны, задачи пятилетнего плана; основные показатели производственных планов предприятия, цеха, бригады и своего личного плана;

пути повышения эффективности производства — повышение производительности труда, качества выпускаемой продукции, экономии материальных ресурсов на участке, в бригаде, на своем рабочем месте, снижение себестоимости и трудоемкости продукции, применение хозрасчета, бригадных форм организации труда;

назначение и порядок установления тарифных ставок, норм и расценок; порядок тарификации работ, присвоения рабочим квалификационных разрядов, пересмотра норм и расценок, установления технически обоснованных норм;

основные положения и формы подготовки, переподготовки и повышения квалификации рабочих на производстве;

формы и системы заработной платы, условия оплаты труда при многостаночном обслуживании и совмещении профессий; особенности оплаты труда и распределения заработка в бригаде;

роль социалистического соревнования в борьбе за выполнение и перевыполнение производственных планов, в укреплении дисциплины; опыт работы новаторов производства и передовых коллективов, использующих достижения науки и техники;

основные полномочия трудовых коллективов и формы участия рабочих в управлении производством в соответствии с Законом о трудовых коллективах.

Рабочий должен уметь применять экономические знания в своей практической деятельности, разрабатывать лицевые счета экономии, анализировать результаты своей работы и работы бригады.

При оценке экономических знаний и навыков рабочих при присвоении рабочим разрядов (классов, категорий) квалификационные комиссии засчитывают успешное прохождение ими различных форм учебы в системе экономического образования трудящихся.

Рабочие, непосредственно занятые управлением и обслуживанием машин и механизмов, машинисты, мотористы, водители, трактористы, наладчики, крановщики, электромонтеры, ремонтники, монтажники, литейщики на машинах, аппаратчики, каландровщики и др., по условиям выполняемой работы, должны владеть слесарным делом в объеме, достаточном для того, чтобы они могли самостоятельно устранять возникающие в процессе работы оборудования неполадки текущего характера и принимать участие в его ремонте.

Рабочие, связанные с движением на железнодорожном и водном транспорте, с производством взрывных работ, хранением и применением взрывчатых материалов и ядовитых веществ, обслуживанием подъемно-транспортного оборудования, котельных установок, аппаратов и сосудов, работающих под давлением, или занятые на других работах, когда действующими правилами и инструкциями предусмотрены особые требования их выполнения, должны знать и соблюдать эти правила и инструкции и иметь в необходимых случаях соответствующий документ — единую книжку взрывника, диплом сварщика и др. (32, п. 8).

Рабочий более высокой квалификации помимо работ, перечисленных в тарифно-квалификационной характеристике присвоенного ему разряда, должен обладать знаниями, навыками и умением выполнять работы, предусмотренные тарифно-квалификационными характеристиками рабочих более низкой квалификации этой же профессии. Поэтому те работы, которые приведены в тарифно-квалификационных характеристиках более низких разрядов, в характеристиках более высоких разрядов, как правило, не указываются (32, абз. 1 п. 7).

На основе заключения квалификационной комиссии администрация предприятия или цеха по согласованию с соответствующим профсоюзным комитетом утверждает рабочему в соответствии с ЕТКС наименование профессии и квалификационный разряд, оформляя это соответствующими документами (приказом, распоряжением и др.). Присвоенный рабочему разряд и наименование профессии по основной работе заносятся в его трудовую и расчетную книжки.

На присвоенный разряд по совмещаемым профессиям рабочим выдается удостоверение (32, п. 21).

Кроме работ, предусмотренных тарифно-квалификационными характеристиками, рабочие должны также выполнять работы, связанные с приемкой и сдачей смены, своевременной подготовкой к работе и уборкой своего рабочего места, оборудования, инструментов, приспособлений и содержанием их в надлежащем состоянии; ведением установленной технической документации (32, абз. 2 п. 5).

ЕТКС содержит не только квалификационные характеристики профессий рабочих, но также и тарификацию работ, которая предусматривает отнесение различных работ, фактически выполняемых на данном предприятии, по степени сложности к определенным разрядам.

Разряды работ устанавливаются администрацией по согласованию с профсоюзным комитетом в соответствии с правилами, изложенными в Общих положениях ЕТКС.

Администрация должна предоставлять рабочим-сдельщикам выполнение работы, соответствующей присвоенному им разряду.

Труд рабочих-сдельщиков оплачивается по расценкам выполняемой работы. В тех отраслях народного хозяйства, где по характеру производства рабочим-сдельщикам поручается выполнение работ, тарифицированных ниже присвоенных им разрядов, рабочим, выполняющим такие работы, выплачивается межразрядная разница, если это предусмотрено коллективным договором. Выплата производится при выполнении рабочим норм выработки и наличии разницы в разрядах не менее чем в два разряда (ч. 2 ст. 86 КЗоТ). В таких случаях рабочему-сдельщику (при индивидуальной оплате труда) к его сдельному заработку производится доплата разницы между его тарифной ставкой и тарифной ставкой, по которой расценивается выполняемая работа.

При отсутствии у рабочего-повременщика работы, достаточной на полный рабочий день, ему может быть поручена, с его согласия, другая работа. Не подлежит дополнительной оплате работа, выполнение которой поручено администрацией работнику, с его согласия, в связи с недостаточной загруженностью этого работника в течение рабочего времени (46, п. 7).

При выполнении работ различной квалификации труд рабочих-повременщиков оплачивается по работе более высокой квалификации (ч. 1 ст. 86 КЗоТ).

Отсутствие на предприятии работы, соответствующей квалификационному разряду рабочего, обусловленному при заключении трудового договора, не может служить основанием для изменения разряда рабочего.

В тех случаях, когда работник не выполняет работу в соответствии с присвоенным ему разрядом, администрация может перевести его на другую, менее квалифицированную работу, а в случае отказа от перевода в установленном законодательством порядке уволить по п. 2 ст. 33 КЗоТ*.

Перетарификация работ, а также разрядов рабочих, как правило, возможна лишь в случаях введения нового тарифно-квалификационного справочника, в результате которого изменяется характеристика работ или число квалификационных разрядов.

При осуществлении мер по совершенствованию оплаты труда в производственных отраслях народного хозяйства одновременно с введением новых тарифных ставок проводится перетарификация работ и рабочих.

Перетарификация работ и рабочих производится в целях обеспечения соответствия тарификации работ и рабочих требованиям нового ЕТКС работ и профессий рабочих, отражающим необходимость обеспечения высокого уровня качества продукции и повышения профессионального уровня рабочих в условиях научно-технического прогресса.

Перетарификация работ и рабочих должна проводиться в обстановке широкой гласности, в строгом соответствии с ЕТКС работ и рабочих и с привлечением в составы комиссий наиболее опытных и авторитетных рабочих, бригадиров.

Вопрос о пересмотре квалификационного разряда рабочему рассматривается общезаводской или цеховой квалификационной комиссией по представлению руководителя соответствующего подразделения (мастера, начальника смены, прораба и т. д.) с учетом мнения трудового коллектива производственной бригады с обязательным приглашением рабочего на комиссию.

---

* О понижении квалификационного разряда за грубое нарушение технологической дисциплины см. с. 525.

Перетарификация должна проводиться без дополнительных экзаменов за исключением тех случаев, когда рабочий систематически не выполняет нормы выработки, выпускает некачественную продукцию или когда квалификационный разряд рабочему необоснованно завышен и он не согласен с понижением разряда, а также в тех случаях, когда рабочим присваиваются VII и VIII разряды вводимой в машиностроении восьмиразрядной тарифной сетки.

Результаты перетарификации рабочих оформляются протоколом заседания квалификационной комиссии, в который заносятся разряды и тарифные ставки в действующих и вновь вводимых тарифных условиях. В протокол квалификационной комиссии включаются все рабочие, состоящие в списочном составе предприятия (цеха, участка, отделения и т. д.) и подлежащие переводу на новые условия оплаты труда.

На основании заключения квалификационной комиссии администрация предприятия по согласованию с профсоюзным комитетом утверждает рабочему новый разряд, оформляя это соответствующим документом (приказом, распоряжением).

При несогласии рабочего с новым разрядом квалификационная комиссия проводит оценку теоретических знаний и производственных навыков рабочего в установленном порядке после сдачи им экзамена и пробы.

Просьба рабочего о предоставлении ему возможности путем сдачи экзамена и пробы подтвердить более высокий разряд только тогда может быть удовлетворена, если такой уровень квалификации предусмотрен ЕТКС и работа такой сложности имеется в цехе (участке) или на предприятии.

В случае отказа рабочего от продолжения работы по присвоенному ему новому разряду с ним может быть прекращен трудовой договор по п. 6 ст. 29 КЗоТ.

Одной из распространенных причин снижения разряда работы (рабочего) является неправильное применение ранее действовавшего квалификационного справочника в целях завышения разряда для обеспечения необходимого уровня заработной платы. В новых условиях во всех случаях оплата должна производиться строго в соответствии с требованиями нового квалификационного справочника. В то же время рабочим необходимо предоставить полную возможность подтвердить в установленном порядке, что их квалификация соответствует требованиям более высокого разряда, при условии, что такой уровень квалификации предусмотрен в новом квалификационном справочнике и на предприятии имеются работы такой сложности.

Рабочему также может быть предложено выполнение работ по данному квалификационному разряду с учетом его профессионального профиля на других участках производства.

Наименование профессии, присвоенный разряд записываются в трудовую книжку рабочего. Чтобы не допускать разнобоя в записях, рекомендуется следующая примерная формулировка: «В связи с введением новых тарифных условий оплаты труда (ЕТКС, выпуск № ..., год издания) установить (присвоить) ... разряд. Основание: приказ по предприятию об утверждении решения квалификационной комиссии (дата, номер)».

Если при перетарификации ранее установленный рабочему разряд не изменяется, в трудовой книжке делается аналогичная запись о подтверждении разряда (41, п. 3.4).

Первые результаты реформы заработной платы в производственных отраслях народного хозяйства показали, что перетарификация в соответствии с требованиями нового тарифно-квалификационного справочника во многих случаях проводится не строго индивидуально по каждому работнику и виду работ, а механически, по существу огульно.

При перетарификации следует не только пересматривать ранее завышенные разряды, но и выделять наиболее квалифицированных рабочих, работающих на особо сложной технике.

Руководители многих машиностроительных предприятий не во всех случаях используют предоставленное им право присваивать VII и VIII разряды наладчикам, инструментальщикам и другим рабочим высшей квалификации, непосредственно влияющим на ускорение научно-технического прогресса (55, 1987, № 9, с. 6).

Доплаты рабочим за условия труда. В производственных отраслях народного хозяйства при переходе на новые условия оплаты труда предусмотрены доплаты к тарифным ставкам за условия труда.

Руководители предприятий впервые получили возможность самостоятельно дифференцировать оплату труда в зависимости от реальных условий на каждом рабочем месте. Они вправе по согласованию с профсоюзным комитетом вводить с учетом опыта производственного объединения «АвтоВАЗ» для рабочих дифференцированные (по ступеням) доплаты в размере до 12% тарифной ставки (оклада) на работах с тяжелыми и вредными условиями труда и до 24% тарифной ставки (оклада) на работах с особо тяжелыми и особо вредными условиями труда (11, п. 7).

Соответствующие доплаты за условия труда устанавливаются при отклонении от нормальных[*].

---

[*] В тех отраслях и видах производства, где повышенная оплата за условия труда учтена в тарифных ставках (для рабочих угольной, химической, нефтехимической промышленности, черной и цветной металлургии и рабочих ряда других отраслей), доплаты за условия труда не устанавливаются.

Конкретные размеры доплат определяются по данным аттестации рабочих мест и оценки на них условий труда. При последующей рационализации рабочих мест и улучшении условий труда доплаты уменьшаются или отменяются полностью.

Министерства и ведомства на основе типовых перечней работ с тяжелыми и вредными, особо тяжелыми и особо вредными условиями труда, на которых могут устанавливаться доплаты рабочим за условия труда, утвержденных Госкомтрудом СССР и ВЦСПС по отраслям народного хозяйства, разрабатывают и по согласованию с ЦК профсоюза утверждают соответствующие отраслевые перечни работ (11, п. 7).

Постановлением Госкомтруда СССР и Секретариата ВЦСПС от 3 октября 1986 г. утверждено Типовое положение об оценке условий труда (50, 1987, № 2).

Министерством или ведомством на основе Типового положения об оценке условий труда утверждается отраслевое положение об оценке условий труда на рабочих местах и порядок применения отраслевого перечня работ, на которых могут устанавливаться доплаты рабочим за условия труда. Если в отрасли отсутствуют производства, где имеются вредные производственные факторы, не учтенные в Типовом положении, то отраслевое положение разрабатывать не обязательно.

Министерства и ведомства должны также довести до предприятий перечни веществ, на которые установлены величины предельно допустимых концентраций, а также нормы предельно допустимых уровней шума, вибрации и других вредных производственных факторов.

Предприятия, руководствуясь Положением об оценке условий труда, проводят инструментальные замеры и оценивают фактическое состояние условий труда на тех рабочих местах, где выполняются работы, предусмотренные отраслевым перечнем работ, на которых могут устанавливаться доплаты за условия труда.

По результатам замеров на каждое рабочее место или группу аналогичных рабочих мест составляется Карта условий труда, в которой проставляют оценки в баллах по факторам условий труда и определяют их суммарную балльную оценку (41, разд. I, абз. 7 — 9 п. 3, 5).

Предприятия с учетом отраслевого перечня работ с тяжелыми и вредными и особо тяжелыми и особо вредными условиями труда и результатов аттестации рабочих мест разрабатывают перечень рабочих мест и конкретных работ, на которых устанавливаются доплаты рабочим за условия труда. На основании отраслевого положения об оценке условий труда и с учетом суммарной балльной оценки условий труда определяются размеры таких доплат. Указанный перечень утверждается по согласованию с профсоюзным комитетом, включается в коллективный договор с мероприятиями по улучшению условий труда и ежегодно пересматривается с учетом проведенной работы по рационализации рабочих мест, механизации ручного труда, совершенствованию его организации и условий. При последующей рационализации рабочих мест и улучшении условий труда составляются новые Карты условий труда, на основании которых доплаты уменьшаются или отменяются полностью (37, 2.2).

Размеры доплат в зависимости от фактического состояния условий труда устанавливаются руководителем предприятия по согласованию с профсоюзным комитетом по следующей шкале:

На работах	X факт., баллов	Размер доплат в % к тарифной ставке (окладу)
С тяжелыми	До 2	4
и вредными	2,1—4,0	8
условиями труда	4,1—6,0	12
С особо тяжелыми	6,1—8,0	16
и особо вредными	8,1—10,0	20
условиями труда	Более 10,0	24

(37, 1.6)

Инструментальные замеры и оценка условий труда производятся силами промышленно-санитарной лаборатории предприятия. Если на предприятии нет такой лаборатории, то для этих целей с помощью местных органов по труду и профсоюзных комитетов привлекаются на основе договора или на других условиях промышленно-санитарные лаборатории других предприятий независимо от ведомственной подчиненности (41, разд. I, абз. 14 п. 3.5).

Предприятия, имеющие ограниченные возможности в проведении инструментальных замеров уровней факторов производственной среды, в порядке исключения могут при введении новых тарифных ставок и должностных окладов применять метод экспресс-оценки состояния условий труда по критериям, приведенным в Типовом положении об оценке условий труда. Однако затем необходимо организовать проведение инструментальных замеров (41, разд. I, абз. 15 п. 3.5).

Доплаты устанавливаются по конкретным рабочим местам и начисляются рабочим только за время фактической занятости на этих местах (37, п. 1.7).

Трудовые коллективы предприятий в случаях устранения на рабочих местах вредных производственных факторов или улучшения условий труда могут принимать решения о переводе соответствующих видов работ из раздела с особо тяжелыми и особо вредными в раздел с тяжелыми и вредными условиями труда, или относить их к работам с нормальными условиями труда независимо от того, что они предусмотрены в отраслевом перечне работ (37, 2.3).

Доплаты за интенсивность труда. Руководители предприятий машиностроения и легкой промышленности по согласованию с профсоюзными комитетами имеют право устанавливать рабочим, работающим на конвейерах, поточных и автоматических линиях, дифференцированные (по ступеням) доплаты за интенсивность труда в размере до 12% тарифной ставки (11, абз. 4 п. 7). Нормативные отраслевые значения показателя занятости для установления размера доплат за интенсивность труда рабочим по видам производства определяются министерствами и ЦК профсоюзов по согласованию с Госкомтрудом СССР.

Общая сумма доплат за условия и интенсивность труда не должна превышать 24% тарифной ставки. Доплаты за условия труда и интенсивность труда включаются в тарифные ставки при всех расчетах, связанных с оплатой труда (11, абз. 5 п. 7). При повременной оплате они начисляются рабочим за время их фактической работы на рабочих местах с условиями труда, отклоняющимися от нормальных. При сдельной оплате доплаты включаются в расценку и начисляются на весь объем работ, выполняемых в этих условиях (41, разд. I, абз. 17 п. 3.5).

Доплаты за профессиональное мастерство. В целях стимулирования повышения профессионального мастерства рабочих и усиления их материальной заинтересованности и ответственности за качество выпускаемой продукции (работ) и выполнение производственных заданий руководителям предприятий производственных отраслей народного хозяйства по согласованию с профсоюзным комитетом предоставлено право вводить дифференцированные надбавки к тарифным ставкам за профессиональное мастерство для рабочих III разряда в размере до 12%, IV разряда — до 16%, V разряда — до 20%, VI и более высоких разрядов — до 24% соответствующей тарифной ставки. Надбавки устанавливаются рабочим, стабильно обеспечивающим высокое качество выпускаемой продукции и выполняемых работ, освоившим новые профессии и смежные функции, и выплачиваются за счет экономии фонда заработной платы.

Указанные надбавки не выплачиваются за тот месяц, в котором выявлены случаи брака или снижения качества продукции. При выпуске некачественной продукции, невыполнении плановых (нормированных) заданий, установленных норм трудовых затрат надбавки за профессиональное мастерство полностью отменяются (11, подп. «а» п. 8).

Показатели для установления надбавок за высокое профессиональное мастерство должны учитывать: стабильное качественное выполнение работ на протяжении длительного периода (отсутствие брака в работе, возврата продукции из других цехов, сдача продукции с первого предъявления, достижение высокого уровня и др.); систематическое достижение более высоких показателей в труде по сравнению со средними показателями рабочих той же профессии; выполнение работ на особо сложном и уникальном оборудовании, участие в ремонте оборудования, его наладке; выполнение смежных операций или совмещение профессий.

Конкретные показатели высокого профессионального мастерства для различных групп рабочих разрабатываются непосредственно на предприятии. При определении размера надбавок рекомендуется предусматривать систему показателей, характеризующих профессиональное мастерство рабочего. При этом преимущество получают рабочие, имеющие право на работу с личным клеймом, рационализаторы и изобретатели, наставники, победители социалистического соревнования (41, разд. I, абз. 7 п. 3.6).

С учетом избранных предприятием критериев оценки профессионального мастерства рабочих может быть предусмотрена дифференциация размеров надбавок за высокое профессиональное мастерство. Наиболее эффективно предусматривать ступенчатую шкалу установления надбавок. Для того чтобы повышение надбавок было чувствительным и создавало соответствующую заинтересованность в повышении качества работы, такие ступени не должны быть слишком мелкими.

Практика работы передовых предприятий свидетельствует, что лучше всего последовательно повышать надбавки за профессиональное мастерство по ступеням в 4% (55, 1987, № 1, с. 76).

Рабочим, имеющим месячные оклады взамен тарифных ставок, не следует устанавливать дополнительно и надбавку за профессиональное мастерство (55, 1987, № 1, с. 77).

Выплата рабочим надбавок за профессиональное мастерство не зависит от состояния расходования фонда заработной платы, т. е. они продолжают выплачиваться всем рабочим, которым они назначены, если перерасход произошел не по их вине.

Другим рабочим надбавки не устанавливаются впредь до ликвидации перерасхода и создания новой экономии фонда заработной платы, предназначенной для выплаты рабочим.

Особый порядок установления надбавок за профессиональное мастерство предусмотрен для рабочих-контролеров. Такие надбавки им могут устанавливаться в размере до 50% тарифной ставки. Надбавки рабочим-контролерам устанавливаются за счет фонда заработной платы, выделяемого в распоряжение службы контроля качества. Порядок установления надбавок контролерам определяет заместитель директора по качеству по согласованию с профсоюзным комитетом. Критерием дифференциации этих надбавок по размерам должно быть обязательное отсутствие случаев пропуска бракованной продукции, осуществление мер по предотвращению брака и нарушений технологии, сокращению рекламаций. Размеры надбавок должны зависеть от длительности работы без пропусков недоброкачественной продукции (55, 1987, № 1, с. 76).

Для принятия объективных решений при установлении повышенных тарифных ставок (окладов), надбавок и оценке профессионального мастерства рабочих в производственных отраслях народного хозяйства эту работу рекомендуется поручить квалификационной комиссии. Комиссия рассматривает предложения руководителей цехов, служб, согласованные с профкомом (профбюро), а по работникам, включенным в состав бригад, предложения бригад.

Рекомендации комиссии об установлении, изменении размеров доплат и надбавок или их отмене утверждаются приказом руководителя предприятия по согласованию с профсоюзным комитетом (41, разд. I, абз. 3—4 п. 3.6).

Оплата труда руководителей, специалистов и служащих. Оплата труда служащих производится на основе схем должностных окладов, утверждаемых в централизованном порядке. Должностные оклады служащим устанавливаются администрацией предприятия в соответствии с должностью и квалификацией работника (ч. 4 ст. 37 Основ, ст. 81 КЗоТ).

В схемах должностных окладов по каждой должности предусматриваются максимальные и минимальные оклады.

Численность и размер должностных окладов руководителей*, специалистов** и служащих*** устанавливаются штатным расписанием.

В штатном расписании должностные наименования работников должны устанавливаться в строгом соответствии со схемой должностных окладов, Общесоюзным классификатором профессий рабочих, должностей руководителей, специалистов и служащих и требованиями, предусмотрен-

---

* К руководителям относятся такие работники, которые организуют деятельность трудовых коллективов и управляют ею. Должностные оклады руководителей зависят от масштабов управляемых ими объектов и определяются по группам оплаты труда предприятий, цехов, участков и других подразделений.

** Специалисты — это работники, для замещения должностей которых в соответствии с квалификационными требованиями необходимо наличие высшего или среднего специального образования. К ним относятся конструкторы, технологи, инженеры, экономисты, бухгалтеры, юрисконсульты и др.

*** Категорию служащих составляют технические исполнители (машинистки, стенографистки, секретари-машинистки, табельщики и др.) (55, 1987, № 5, с. 100).

ными Квалификационным справочником должностей руководителей, специалистов и служащих.

По каждой должности разрабатывается должностная инструкция в соответствии с требованиями Квалификационного справочника (41, разд. I п. 4.3).

В результате осуществления реформы заработной платы в производственных отраслях народного хозяйства в соответствии с постановлением ЦК КПСС, Совета Министров СССР и ВЦСПС от 17 сентября 1986 г. № 1115 увеличиваются должностные оклады руководителей, специалистов и служащих в среднем на 30—35%. Установлена более дифференцированная оплата труда руководителей, специалистов и служащих в зависимости от качества, эффективности труда и конечных результатов их работы.

Предприятие определяет самостоятельно общую численность работников, их профессиональный и квалификационный состав, утверждает штаты (абз. 3 п. 4 ст. 14 Закона о предприятии).

Предприятие имеет право устанавливать должностные оклады руководителям подразделений, специалистам и служащим без соблюдения средних окладов по штатному расписанию и без учета соотношений их численности (абз. 2 п. 5 ст. 14 Закона о предприятии).

Основным критерием оценки труда работников службы технического контроля является качество выпускаемой продукции. В связи с этим из общего норматива фонда заработной платы руководителей, специалистов и служащих выделяется норматив фонда заработной платы для работников службы технического контроля.

Размеры должностных окладов руководителей предприятий, цехов, и внутрицеховых подразделений определяются в зависимости от группы по оплате труда, к которой относятся предприятия и их подразделения.

Группа по оплате труда руководителей предприятий устанавливается министерством (ведомством) в соответствии с показателями, утвержденными Госкомтрудом СССР и ВЦСПС.

Группа по оплате труда руководителей цехов устанавливается руководителем предприятия на основе отраслевых показателей, разработанных министерством (ведомством), с учетом примерных показателей, рекомендованных Госкомтрудом СССР и ВЦСПС, а по строительным организациям — поправочных коэффициентов к объемам строительно-монтажных работ, утвержденным Госкомтрудом СССР и ВЦСПС.

Руководитель предприятия на основе показателей, разрабатываемых администрацией по согласованию с профсоюзным комитетом, устанавливает группу по оплате труда руководителей внутрицеховых подразделений (41, разд. I, п. 4. 11).

В целях более полного учета в должностных окладах различий в квалификации, сложности и ответственности выполняемых работ, повышения престижности труда всех специалистов и прежде всего инженеров и экономистов новыми условиями оплаты труда для них введены квалификационные категории (инженер, инженер II категории, инженер I категории, ведущий инженер; экономист, экономист II категории, экономист I категории, ведущий экономист). Одновременно увеличивается диапазон между минимальными и максимальными размерами окладов по каждой должности и квалификационной категории (11, абз. 1 п. 12).

Установленная постановлением ЦК КПСС, Совета Министров СССР и ВЦСПС от 17 сентября 1986 г. № 1115 система должностных окладов предусматривает, что каждый работник может постепенно продвигаться по уровню оклада, работая в одной и той же должности (на одном и том же рабочем месте), в пределах достаточно широкого диапазона, а также повышать свой оклад путем продвижения по квалификационным категориям (от инженера до ведущего инженера).

Квалификационная категория, присваиваемая персонально данному специалисту, является оценкой его личных успехов в труде, свидетельством высокой квалификации и результативности труда, а не должностным наименованием (41, разд. I, п. 4.4).

При уходе специалиста, которому была присвоена квалификационная категория, из того или иного отдела (цеха) открывается вакантная единица по базовой должности. На эту вакансию может быть принят специалист любой квалификационной категории (41, разд. I, абз. 4 п. 4.5).

При введении новых условий оплаты труда проводится внеочередная аттестация всех руководителей подразделений, специалистов и служащих. Им устанавливаются должностные обязанности исходя из требований квалификационного справочника должностей, а также должностные наименования этих работников в соответствии с выполняемой работой и схемами должностных окладов, утвержденными постановлением ЦК КПСС, Совета Министров СССР и ВЦСПС от 17 сентября 1986 г. № 1115.

В дальнейшем аттестация руководителей производственных подразделений и служб, специалистов и служащих проводится систематически, не реже одного раза в три года*. По результатам аттестации руководители предприятий принимают решения о повышении (понижении) в должности, в классном звании и квалификационной категории работни-

---

* Аттестация мастеров, начальников участков и цехов проводится не реже одного раза в 2 года.

ков, повышении или понижении им должностного оклада в пределах максимальных и минимальных размеров по соответствующей должности, об установлении, изменении или отмене надбавок к должностным окладам, а в необходимых случаях — об освобождении от занимаемой должности.

В период между аттестациями указанные изменения при улучшении производственных показателей, высоком качестве и своевременном выполнении порученных работ или в случаях ухудшения показателей работы, нарушений трудовой и производственной дисциплины производятся руководителем предприятия. При этом решения о понижении должностного оклада, снижении классного звания и квалификационной категории или об освобождении работника от занимаемой должности принимаются только с учетом мнения аттестационной комиссии (11, п. 13).

При установлении размеров должностных окладов специалистам в период введения новых условий оплаты следует, как правило, ориентироваться на минимальное повышение окладов, предусмотренных схемой, с тем, чтобы в последующем при проведении очередных аттестаций была возможность повышать работникам, показывающим высокие результаты труда, оклады в пределах диапазона между минимальным и максимальным окладами, учитывая при этом эффективность труда и деловые качества (41, разд. I, абз. 8 п. 4.6).

Аттестация работников осуществляется в соответствии с Положением о порядке ее проведения, утвержденным постановлением ГКНТ и Госкомтруда СССР от 5 октября 1973 г. (с изменениями, утвержденными 22 октября 1979 г. и 14 ноября 1986 г.)*.

Руководитель предприятия по результатам аттестации принимает решение о повышении (понижении) в должности, классном звании, квалификационной категории работников, как правило, на один уровень. Однако если работник и в дальнейшем не справляется с работой, руководитель предприятия по согласованию с профсоюзным комитетом и с учетом мнения аттестационной комиссии может понизить работника в должности, классном звании, квалификационной категории еще на один уровень. При этом он не освобождается от прохождения очередной аттестации на данном предприятии, по результатам которой может быть снова принято решение о дальнейшем его понижении с учетом низкого качества его работы.

Жалобы на решения о понижении категории, в классном звании, в должности рассматриваются в соответствии с дей-

---

* См. с. 546—548.

ствующим законодательством о рассмотрении трудовых споров.

При составлении отзывов (характеристик) в связи с проведением аттестации необходимо учитывать отношение аттестуемого работника к делу, его вклад в повышение эффективности производства и выполнение плановых заданий, качество руководства порученным участком работы, творческое выполнение заданий, способность принимать самостоятельные решения и т. д.

Отзывы (характеристики) составляются лично непосредственным руководителем аттестуемого с учетом мнения партийной, профсоюзной и комсомольской организаций. В подготовке характеристик на мастеров производственных участков, старших мастеров, кроме того, могут участвовать советы мастеров.

Аттестационная комиссия рассматривает представленные материалы в присутствии работника и его непосредственного руководителя.

Комиссия определяет соответствие аттестуемого занимаемой должности на основе учета результатов его труда, выполнения им должностных обязанностей, деловых, идейно-политических и моральных качеств и вносит рекомендации о присвоении квалификационной категории или классного звания, установлении размера должностного оклада в соответствии с новыми схемами должностных окладов, а также надбавок и доплат к ним (41, разд. I, абз. 4—7 п. 4.6).

Работники, назначение на должности и освобождение от должности которых производится вышестоящими органами (главные инженеры, главные экономисты, главные бухгалтеры и другие аналогичные работники) аттестации не подлежат.

Вопросы установления и изменения окладов работников, не подлежащих аттестации, решаются непосредственно руководителем предприятия с учетом результатов их труда (55, 1987, № 5, с. 98).

Доплаты цеховым специалистам за условия труда. Руководителям предприятий по согласованию с профсоюзным комитетом предоставлено право устанавливать мастерам, начальникам участков и цехов, другим цеховым специалистам и служащим при их постоянной занятости (не менее 50% рабочего времени) на участках, в цехах и на производстве, где более половины рабочих получает доплаты за вредные условия труда, аналогичные доплаты в размере до 12%, а при особо вредных условиях труда — до 24% должностного оклада. Конкретный размер доплат определяется исходя из аттестации рабочего места указанных работников по условиям труда и с учетом размеров доплат, установленных рабочим на данном участке, в цехе, производстве (11, абз. 1 п. 14). Указанные надбавки устанавливаются в отраслях, где неблагоприятные условия труда не учтены в схемах должностных окладов (41, разд. I, абз. 2 п. 4.10).

При последующей рационализации рабочих мест и улучшении условий труда доплаты могут уменьшаться или отменяться полностью.

Надбавки за высокие достижения в труде и за выполнение особо важной работы. Руководители предприятий по согласованию с профсоюзными комитетами имеют право вводить для руководителей подразделений, специалистов и служащих надбавки за высокие достижения в труде или за выполнение особо важной работы на срок ее проведения. В связи с этим отменены ранее действовавшие надбавки за высокую квалификацию. Надбавки за высокие достижения в труде и выполнение особо важных работ устанавливаются в размере до 50% должностного оклада. В строительстве надбавки за высокие достижения в труде устанавливаются в размерах и в порядке, предусмотренных п. 7 постановления Совета Министров СССР и ВЦСПС от 24 января 1985 г. № 87 (СП СССР, 1985, отд. 1, № 12, ст. 48) (11, абз. 2 п. 14).

Надбавки специалистам устанавливаются за счет и в пределах экономии по фонду заработной платы, определенному раздельно для соответствующей категории работников:

руководителям, специалистам и служащим — по нормативам образования фонда заработной платы, установленным для этих работников. При этом на установление надбавок мастерам, начальникам участков и цехов с одобрения трудового коллектива может направляться часть средств фонда материального поощрения, предусмотренных для премирования руководителей, специалистов и служащих;

конструкторам, технологам и научным работникам — по нормативам образования фонда заработной платы, установленным для этой категории работников;

мастерам и другим специалистам службы технического контроля в пределах фонда, выделенного этой службе.

Надбавки за высокие достижения в труде целесообразно устанавливать преимущественно тем категориям работников, у которых имеются показатели измерения этих достижений (план, задание и др.) и содержание их труда характеризуется большей стабильностью выполняемых заданий: мастерам, начальникам участков и цехов, специалистам линейных и функциональных подразделений, обеспечивающим стабильное выполнение планов по производству и выпуску высококачественной продукции.

При установлении этих надбавок работникам службы технического контроля критерием оценки высоких достижений в труде является осуществление мер по выявлению и предотвращению случаев брака, нарушения технологической дисциплины, сокращению рекламаций. При установлении таких надбавок работникам по организации и нормированию труда должно учитываться повышение уровня нормирования в обслуживаемых ими подразделениях: повышение удельного веса норм, рассчитанных по отраслевым и межотраслевым нормативам, и выполнение их большинством рабочих; обеспечение снижения трудоемкости продукции (изделия), равнонапряженность норм труда, рациональное использование всех трудовых и материальных ресурсов.

Достижения в труде работников, которым установлены соответствующие надбавки, оцениваются ежегодно по показателям, принятым для установления надбавок. Ухудшение этих показателей может служить основанием для уменьшения или полной отмены надбавки (41, разд. I, абз. 4—7 п. 4.8).

Надбавки за высокие достижения в труде выплачиваются работнику за его личные достижения. Их выплата не зависит от состояния расходования фонда заработной платы. Они продолжают выплачиваться всем работникам, которым они назначены, если перерасход произошел не по вине этих работников.

Другим работникам надбавки не устанавливаются впредь до ликвидации перерасхода и создания новой экономии фонда заработной платы по соответствующей категории работников.

Надбавки специалистам за высокие достижения в труде устанавливаются по результатам аттестации. Они устанавливаются на сроки до проведения следующей аттестации (49, 1987, 5 дек.).

Надбавки за выполнение особо важных работ на срок их выполнения рекомендуется устанавливать специалистам и руководителям подразделений с целью концентрации их усилий на качественном и своевременном выполнении этих работ.

Перечень особо важных работ и должностей работников, которым могут устанавливаться надбавки за их выполнение, определяется руководителем предприятия по согласованию с профсоюзным комитетом. К числу особо важных работ могут быть отнесены: создание высокопроизводительных и эффективных машин, механизмов, отвечающих по своим технико-экономическим показателям высшему мировому уровню, отдельных особо важных деталей и узлов, совершенствование и внедрение прогрессивных технологий и передовых методов организации производства и труда, а также другие работы, обеспечивающие значительную экономию трудовых, материальных и финансовых ресурсов (41, разд. I абз. 8—9 п. 4.8).

Надбавки за выполнение особо важных работ устанавливаются на плановый срок их проведения. В тех случаях, когда работа выполнена с надлежащим качеством и закончена раньше планового срока, сумма надбавки, определенная по плану, выплачивается работнику полностью, что должно повышать его заинтересованность в скорейшем завершении порученной работы.

Размер надбавки, порядок и срок ее выплаты определяются руководителем предприятия по согласованию с профсоюзным комитетом. Для одного работника, как правило, должна устанавливаться одна надбавка (либо за высокие достижения в труде либо за выполнение особо важной работы). В исключительных случаях возможно применение обеих надбавок, однако общий размер назначаемых надбавок не может превышать 50% должностного оклада работника (41, разд. I, абз. 10 п. 4.8).

Условия оплаты труда руководящих работников предприятий, предназначенных для использования труда пенсионеров. Предприятия и организации производственных отраслей, предназначенные для использования труда пенсионеров по старости и инвалидов и имеющие в списочном составе пенсионеров по старости и инвалидов более 50% общей численности работающих, могут относиться по оплате труда руководителей на одну группу выше по сравнению с группой, к которой они отнесены в соответствии с действующими показателями (45, п. 1).

Надбавки руководящим работникам и специалистам, имеющим ученую степень. Специалистам, имеющим ученую степень и работающим по своей специальности на предприятиях промышленности, транспорта, связи, сельского хозяйства, в проектно-конструкторских, технологических и конструкторских организациях, в строительно-монтажных и геологоразведочных организациях, вычислительных центрах, могут быть установлены должностные оклады, предусмотренные для научных работников научно-исследовательских институтов (3, п. 21).

Повышение оплаты труда специалистов, имеющих ученую степень, возможно, по усмотрению руководителя предприятия, и в другой форме. Они вправе устанавливать специалистам, имеющим ученые степени и работающим по своей специальности непосредственно на предприятиях промышленности, транспорта, связи, сельского хозяйства и стройках, а также в особых и специальных конструкторских бюро и центральных научно-исследовательских лабораториях, надбавку к их основному окладу: докторам наук — в размере 100 руб. в месяц и кандидатам наук — 50 руб. в месяц.

В каждом конкретном случае руководитель предприятия решает вопрос о том, устанавливать ли надбавку к основным окладам или увеличивать оклад в соответствии с постановлением ЦК КПСС и Совета Министров СССР от 24 сентября 1968 г.

Руководителям и заместителям руководителей предприятий, имеющим ученую степень, оклады устанавливаются вышестоящими органами.

В связи с переводом предприятий производственных отраслей народного хозяйства на новые условия оплаты труда в соответствии с постановлением ЦК КПСС, Совета Министров СССР и ВЦСПС от 17 сентября 1986 г. № 1115 сохраняется изложенный выше порядок установления надбавки руководящим работникам и специалистам, имеющим ученую степень.

Надбавки, установленные специалистам, имеющим ученую степень, по существу образуют новый оклад, отражающий высокую квалификацию работника. Поэтому при привлечении такого работника к выполнению особо важных работ, ему, так же как и другим специалистам, может быть установлена надбавка за особо важные работы на срок их выполнения. Кроме того, им может быть установлена надбавка за высокие достижения в труде. При этом общая сумма надбавок за высокие достижения в труде и за выполнение особо важной работы не должна превышать 50% должностного оклада (55, 1987, № 5, с. 97).

Надбавки мастерам, имеющим классные звания. Мастерам, добившимся лучших производственных показателей, могут присваиваться звания «Мастер I класса» и «Мастер II класса» (4, п. 11).

Звания «Мастер I класса» и «Мастер II класса» присваиваются мастерам производственных объединений, научно-производственных объединений, промышленных предприятий, строительных и ремонтно-строительных организаций.

На основании Положения, утвержденного постановлением Госкомтруда СССР и Секретариата ВЦСПС от 8 мая 1986 г. (31), и исходя из особенностей, установленных задач и условий работы предприятий министерства и ведомства СССР и Советы Министров союзных республик по согласованию с соответствующими профсоюзными органами разрабатывают и утверждают отраслевые положения о порядке присвоения званий «Мастер I класса», «Мастер II класса».

Звание «Мастер I класса» может быть присвоено только мастеру, имеющему стаж работы в должности мастера не менее трех лет или звание «Мастер II класса».

Впредь до введения новых тарифных условий оплаты труда предусмотренные действующими схемами должностные оклады для мастеров II класса повышаются на 10—15%, а для мастеров I класса — на 20—30%.

Надбавки работникам бухгалтерии. Работникам бухгалтерии предприятий, непосредственно занимающимся исполнением письменных поручений работников о перечислении с их заработной платы взносов по договорам добровольного страхования, выплачивается вознаграждение до 25% должностного оклада согласно инструкции, утвержденной Минфином СССР от 17 июня 1975 г. № 58.

Доплата за совмещение профессий (должностей). Рабочим и служащим, выполняющим работу по нескольким профессиям (специальностям) на одном и том же предприятии, производится доплата за совмещение профессий (специальностей) (ч. 1 ст. 87 КЗоТ).

Совмещение профессий (должностей), т. е. выполнение работником наряду со своей основной работой, обусловленной трудовым договором, дополнительной работы по другой профессии (должности), допускается на одном и том же предприятии, с согласия работника, в течение установленной законодательством продолжительности рабочего дня (рабочей смены), если это экономически целесообразно и не ведет к ухудшению качества продукции, выполняемых работ, обслуживания населения (16, п. 2).

Соглашение о совмещении профессий (должностей) может заключаться на определенный срок и без указания срока (16, п. 4).

Порядок и условия совмещения профессий применяются также при расширении зон обслуживания или увеличении объема выполняемых работ (16, п. 5).

Соглашение о совмещении профессий (должностей) оформляется приказом (распоряжением) администрации по согласованию с комитетом профсоюза с указанием совмещаемой профессии (должности), объема дополнительно выполняемых функций или работ и размера доплаты (26, п. 3).

Руководителям предприятий производственных отраслей народного хозяйства по согласованию с профсоюзными комитетами предоставлено право вводить для работников доплаты за совмещение профессий (должностей), расширение зон обслуживания или увеличение объема выполняемых работ без ограничения перечней совмещаемых профессий (должностей) и размеров доплат за счет и в пределах экономии фонда заработной платы, образующейся по тарифным ставкам (должностным окладам) высвобожденных работников (11, п. 5). Все 100% заработной платы постоянно отсутствующих работников остаются в распоряжении предприятия и распределяются между работниками в зависимости от личного трудового вклада каждого из них.

Совмещение профессий (должностей) в непроизводственных отраслях народного хозяйства допускается по перечням профессий и должностей, утверждаемым Советами Министров союзных республик (или в устанавливаемом ими порядке) и министерствами и ведомствами СССР по согласованию с соответствующими профсоюзными органами, если иное не предусмотрено действующим законодательством (16, п. 3).

Доплаты за совмещение профессий (должностей) могут устанавливаться работнику наряду с надбавкой за высокие достижения в труде и за выполнение особо важной работы.

Доплаты, выплачиваемые работникам за совмещение профессий (должностей), включаются в средний заработок во всех случаях его исчисления, т. е. для оплаты отпусков и дней временной нетрудоспособности, для исчисления пенсий и в других случаях (26, п. 10).

За работниками, занятыми на работах с вредными условиями труда, совмещающими профессии (должности) и выполняющими свою основную работу в полном объеме, сохраняются предусмотренные действующим законодательством льготы в связи с условиями труда (дополнительный отпуск, сокращенный рабочий день, бесплатная выдача молока и лечебно-профилактического питания), независимо от того, установлены ли эти льготы по совмещаемым профессиям (должностям).

Работникам, которым по основной профессии (должности) указанные выше льготы действующим законодательством не предусмотрены, а по совмещаемой профессии (должности) предусмотрены, эти льготы предоставляются только за те дни, в которые работник трудился по совмещаемой профессии (должности) не менее половины рабочего дня (26, п. 11).

Законодательство о совмещении профессий (должностей) не распространяется:

а) на руководителей предприятий, их заместителей и помощников; главных специалистов; руководителей структурных подразделений, отделов, цехов, служб и их заместителей;

б) на научных работников, специалистов и служащих научно-исследовательских учреждений, за исключением специалистов и служащих, занятых в опытных (экспериментальных) производствах, цехах, мастерских, на участках и установках, в геологических, изыскательских, поисково-разведочных экспедициях и партиях указанных учреждений;

в) на специалистов и служащих органов государственного и хозяйственного управления (16, п. 15).

Доплаты за совмещение профессий (должностей), расширение зон обслуживания или увеличение установленного объема работ могут быть уменьшены или полностью отменены при пересмотре норм в установленном порядке, а также при ухудшении качества работы. Об уменьшении или отмене доплат работник должен быть письменно предупрежден не позднее чем за месяц. Если указанные мероприятия осуществляются на основе предложений работников, получающих доплаты, то эти доплаты сохраняются в течение шести месяцев после введения новых нормативов трудовых затрат.

Доплаты за совмещение профессий (должностей) не устанавливаются в тех случаях, когда совмещаемая работа предусмотрена в нормах трудовых затрат, обусловлена трудовым договором (входит в круг обязанностей работника) или поручается работнику в установленном законодательством порядке в связи с недостаточной загруженностью против действующих норм трудовых затрат по основной работе (16, п. 12).

Районные коэффициенты к заработной плате. В целях компенсации повышенных расходов, связанных с проживанием в районах с неблагоприятными климатическими условиями и недостаточно обеспеченных кадрами, предусматривается повышение оплаты труда рабочих и служащих путем установления районного коэффициента. К таким районам, в частности, относятся районы Дальнего Востока, Урала, Восточной Сибири, значительной части Европейского Севера и др.

Размер районного коэффициента составляет от 1,1 до 2,0. В заработок, на который начисляется районный коэффициент, включаются доплаты и надбавки, премии, обусловленные системой оплаты труда и т. д. Не учитываются в среднем заработке персональные надбавки, вознаграждение за выслугу лет, надбавки за работу в районах Крайнего Севера и в местностях, приравненных к районам Крайнего Севера.

Районный коэффициент начисляется на фактический заработок, причитающийся работнику в месяц, но не более 300 руб. В тех случаях, когда заработок работника составляет более 300 руб. в месяц, районный коэффициент начисляется на часть заработка в 300 руб.

Надбавки к заработной плате лицам, работающим в районах Крайнего Севера и в местностях, приравненных к районам Крайнего Севера. Всем рабочим и служащим государственных, кооперативных и общественных предприятий, работающим в районах Крайнего Севера и в местностях, приравненных к районам Крайнего Севера, выплачиваются за непрерывный стаж надбавки к их месячному заработку (без учета районного коэффициента и вознаграждения за выслугу лет) в следующих размерах:

в Чукотском автономном округе и Северо-Эвенском районе Магаданской области, Карякском автономном округе и Алеутском районе Камчатской области, а также на островах Северного Ледовитого океана и его морей (за исключением островов Белого моря) — 10% по истечении первых шести месяцев работы, с увеличением на 10% за каждые последующие шесть месяцев работы. Максимальный размер надбавок в указанных местностях составляет 100% заработка;

в остальных районах Крайнего Севера — 10% по истечении первых шести месяцев работы с увеличением на 10% за каждые последующие шесть месяцев работы, а по достижении 60%-ной надбавки — 10% заработка за каждый последующий год работы, но не свыше 80% заработка или 240 руб. в месяц;

в местностях, приравненных к районам Крайнего Севера, — 10% заработка по истечении первого года работы, с увеличением на 10% заработка за каждый последующий год работы, но не свыше 50% заработка или 150 руб. в месяц (54, ч. 3, с. 364, 365).

Надбавки к заработной плате рабочих и служащих за непрерывный стаж работы на предприятиях, расположенных в Архангельской области, Карельской АССР, Коми АССР, южных районах Дальнего Востока, Бурятской АССР и Читинской области выплачиваются в размере 10% по истечении первого года работы, с увеличением на 10% за каждые последующие два года работы, но не свыше 30% заработка (54, ч. 3, с. 378; 7, п. 1).

Надбавки выплачиваются ежемесячно и начисляются на заработок в пределах до 300 руб. в месяц. Если заработок превышает эту сумму, то надбавки начисляются только на часть заработка, составляющую 300 руб. (54, ч. 3, с. 364—365; с. 378).

Оплата временного заместительства. Временным заместительством считается исполнение служебных обязанностей по должности временно отсутствующего работника, когда это вызвано производственной необходимостью (40, абз. 1 п. 1).

Рабочим и младшему обслуживающему персоналу предприятий производственных отраслей народного хозяйства (не перешедших на новые условия оплаты труда) за выполнение обязанностей временно отсутствующих работников по той же категории персонала производится доплата в порядке совмещения профессий в размере до 50% тарифной ставки (оклада) по основной работе. Такая доплата производится и в ряде непроизводственных отраслей народного хозяйства (в торговле и общественном питании, материально-техническом снабжении, сбыте и заготовках, жилищно-коммунальном хозяйстве, бытовом обслуживании населения и некоторых других отраслях, где она установлена решениями Правительства СССР) (49, 1987, 8 янв.).

В других случаях, когда за выполнение наряду со своей основной работой обязанностей временно отсутствующих работников не представляется возможным в соответствии с законодательством производить доплату на условиях, установленных при совмещении профессий (должностей), о которых было сказано выше, замещающему работнику выплачивается разница между его фактическим окладом (должностным, персональным) и должностным окладом замещаемого работника (без персональной надбавки). Выплата разницы допускается при условии, если замещающий работник не является штатным заместителем или помощником отсутствующего работника (при отсутствии должности заместителя). В случаях, когда у руководителя имеется несколько помощников, то штатным заместителем считается первый, старший помощник.

Главный инженер предприятия в период временного замещения отсутствующего руководителя права на получение разницы в окладах не имеет.

Временное исполнение обязанностей по должности отсутствующего работника возлагается на другого работника приказом (распоряжением) по предприятию (40, абз. 2—3, п. 1).

Временные заместители премируются по условиям и в размерах, установленных по должности замещаемого ими работника. На разницу в окладах премия начисляется в том же порядке, как на доплату за совмещение должностей (40, абз. 4 п. 1).

При временном возложении на рабочего обязанностей мастера, техника, учетчика или другого работника оплата труда производится в соответствии со ст.ст. 26 и 86 КЗоТ РСФСР. В этом случае работник получает должностной оклад и премию по фактически выполняемой работе. Если оплата по этой работе ниже среднего заработка по основной работе, то производится доплата до среднего заработка (40, п. 3). Рабочие в подобных случаях, как правило, освобождаются от своей основной работы.

Специалистам и служащим может производиться доплата за выполнение наряду со своей основной работой обязанностей временно отсутствующих женщин на срок их отпуска по беременности и родам и отпуска по уходу за ребенком до достижения им возраста полутора лет. На доплату разрешено расходовать всю экономию (или часть ее) фонда заработной платы по должностям отсутствующих работниц. Обязанности временно отсутствующих работниц могут выполнять несколько человек, но каждому из них может производиться доплата не более 30% оклада по основной должности (33). Указанное правило применяется и в тех случаях, когда замена временно отсутствующих работниц производится и в производственных отраслях народного хозяйства, перешедших на новые условия оплаты труда (49, 1987, 8 янв.).

Назначение работника исполняющим обязанности по вакантной должности не допускается. Это возможно только по должности, назначение на которую производится вышестоящим органом управления. В этом случае руководитель предприятия обязан не позднее месячного срока со дня принятия трудящегося на работу представить в вышестоящий орган управления документы для его назначения на должность. Этот орган в месячный срок со дня получения документов должен рассмотреть вопрос и сообщить руководителю о результатах*.

---

* О порядке утверждения лиц, избранных на должность трудовыми коллективами в соответствии с Законом о предприятии, см. с. 768—770, 495.

В случае неутверждения в должности работника, принятого руководителем не из числа работников данного предприятия, ему должна быть предложена другая работа с учетом квалификации, опыта работы. При отсутствии соответствующей работы или отказе от предложения он освобождается от работы по основаниям, предусмотренным законодательством, например по соглашению сторон.

Если не утвержден работник, выдвинутый на руководящую должность из числа резерва данного предприятия, ему должна быть предоставлена работа по квалификации и оплате не ниже той, которую он выполнял до назначения на новую должность.

При назначении работника, в том числе штатного заместителя (помощника) или главного инженера, исполняющим обязанность по вакантной должности оплата труда производится по этой должности (40, п. 2).

Оплата труда научных работников, конструкторов и технологов. В соответствии с постановлением ЦК КПСС, Совета Министров СССР и ВЦСПС от 22 мая 1985 г. № 462 проделана большая работа по совершенствованию оплаты труда: научных работников, конструкторов и технологов научно-исследовательских учреждений, конструкторских и технологических организаций, производственных и научно-производственных объединений и предприятий промышленности; научных работников, конструкторов и технологов научно-исследовательских учреждений, конструкторских и технологических организаций Академии наук СССР и академий наук союзных республик (34).

Действие настоящего постановления распространяется на самостоятельные научно-исследовательские учреждения, конструкторские и технологические организации.

Должностные оклады руководящих и научных работников научно-исследовательских учреждений, конструкторских и технологических организаций, входящих в состав объединений промышленности, устанавливаются в соответствии с этим постановлением. Должностные оклады конструкторам и технологам указанных учреждений и организаций вводятся в размерах, предусмотренных постановлением ЦК КПСС, Совета Министров СССР и ВЦСПС от 17 сентября 1986 г. № 1115 для предприятий соответствующих отраслей.

Тарифные ставки и должностные оклады всем работникам, включая конструкторов и технологов, опытных (экспериментальных) производств, цехов, мастерских, участков и установок научно-исследовательских учреждений, конструкторских и технологических организаций, входящих в состав объединений промышленности, а также учреждений и организаций Академии наук СССР и академий наук союзных республик, устанавливаются в размерах и на условиях, предусмотренных постановлением ЦК КПСС, Совета Министров СССР и ВЦСПС от 17 сентября 1986 г. № 1115 для соответствующих отраслей народного хозяйства.

Для научно-исследовательских институтов промышленности, Академии наук СССР и академий наук союзных республик предусмотрены две категории по оплате труда научных работников вместо трех. Установлена новая схема их должностных окладов, а также введены пять должностей научных работников: главный научный сотрудник (доктор наук), ведущий научный сотрудник (доктор или кандидат наук), старший научный сотрудник, научный сотрудник, младший научный сотрудник. Предусмотрена дифференциация их окладов в зависимости от результатов работы.

Утверждены новые размеры должностных окладов конструкторов и технологов первой, второй и третьей категорий, занятых на предприятиях и в организациях, отнесенных к I и II группам (категориям) по оплате труда. При этом оклады инженеров-технологов повышены до уровня окладов инженеров-конструкторов соответствующих категорий.

Руководители конструкторских и технологических организаций, научно-исследовательских учреждений, производственных и научно-производственных объединений и предприятий промышленности, Академии наук СССР и академий наук союзных республик имеют право устанавливать за счет экономии фонда заработной платы надбавки научным работникам, конструкторам и технологам за выполнение наиболее сложных и ответственных работ в размере до 50% должностного оклада, другим высококвалифицированным специалистам и служащим* — до 30% должностного оклада на период плановых сроков выполнения работ или на иной период. Указанные надбавки отменяются или уменьшаются при несоблюдении сроков завершения работы или отдельных ее этапов, неудовлетворительном ее качестве, а также при нарушении трудовой и производственной дисциплины.

Признано целесообразным не реже одного раза в пять лет проводить аттестацию научных работников, конструкторов, технологов и других специалистов**.

Руководителям научно-исследовательских учреждений, конструкторских и технологических организаций, производственных и научно-производственных объединений и пред-

---

* Имеются в виду специалисты и служащие, на которых не распространяется постановление ЦК КПСС, Совета Министров СССР и ВЦСПС от 17 сентября 1986 г. № 1115.

** О сроках проведения аттестации конструкторов, технологов и других специалистов производственных отраслей народного хозяйства, на которых распространяется постановление ЦК КПСС, Совета Министров СССР и ВЦСПС от 17 сентября 1986 г. № 1115, см. с. 634—635.

приятий промышленности, Академии наук СССР и академий наук союзных республик предоставлено право:

изменять (повышать или понижать) должностные оклады указанных работников по результатам аттестации в пределах максимальных и минимальных размеров по соответствующей должности без учета средних окладов действующих на этих предприятиях схем должностных окладов. Должностной оклад работника может быть повышен при высоком качестве и своевременности выполняемых им работ и до проведения очередной аттестации;

в случае присуждения научным работникам ученой степени переводить их на более высокую должность или увеличивать им должностные оклады до 50 руб. в месяц в пределах максимального оклада по занимаемой должности, а конструкторам, технологам и другим специалистам в случае присуждения ученой степени повышение окладов производить в размерах, предусмотренных действующим законодательством.

Для привлечения высококвалифицированных специалистов, имеющих ученые степени, к постоянной работе в производственных объединениях, на предприятиях, в конструкторских и технологических организациях промышленности разрешено устанавливать им должностные оклады на уровне окладов аналогичных работников научно-исследовательских учреждений (34).

2. Нормы труда и сдельные расценки

Понятие норм труда. Нормы труда определяются в результате нормирования труда, которое является составной частью управления производством и включает в себя определение необходимых затрат труда (времени) на выполнение работ (изготовление единицы продукции) отдельными работниками (бригадами).

Нормирование труда приобретает все большее значение в реализации выдвинутого партией курса на ускорение социально-экономического развития страны. Его важнейшей задачей является последовательное улучшение организации труда и производства, снижение трудоемкости продукции, усиление материальной заинтересованности работников в повышении эффективности производства, поддержание экономически обоснованных соотношений между ростом производительности труда и заработной платы. Нормирование труда должно способствовать активному внедрению достижений науки и техники, прогрессивной технологии, обеспечению соответствия размеров заработной платы трудовому вкладу работников.

В целях дальнейшего совершенствования нормирования

труда и усиления его роли в мобилизации резервов роста производительности, повышения эффективности производства, последовательного осуществления социалистического принципа распределения по труду Совет Министров СССР и ВЦСПС в постановлении от 6 июня 1985 г. № 540 определили конкретные меры, осуществление которых должно существенным образом улучшить организацию нормирования труда в народном хозяйстве. Руководителям предприятий и соответствующим профсоюзным органам предложено принять меры по коренному улучшению нормирования труда в производственных и непроизводственных отраслях народного хозяйства (20).

Во исполнение указанного постановления Госкомтруд СССР и Президиум ВЦСПС утвердили Положение об организации нормирования труда в народном хозяйстве (35)*.

Виды норм труда. При нормировании труда рабочих и служащих применяются следующие виды норм труда: норма времени, норма выработки, норма обслуживания, норма (норматив) численности.

Норма времени — это величина затрат рабочего времени, установленная для выполнения единицы работы работником или группой работников (в частности, бригадой) соответствующей квалификации в определенных организационно-технических условиях.

Норма выработки — это установленный объем работы (количество единиц продукции), который работник или группа работников (в частности, бригада) соответствующей квалификации обязаны выполнить (изготовить, перевезти и т. д.) в единицу рабочего времени в определенных организационно-технических условиях.

Норма обслуживания — это количество производственных объектов (единиц оборудования, рабочих мест и т. д.), которые работник или группа работников (в частности, бригада) соответствующей квалификации обязаны обслужить в течение единицы рабочего времени в определенных организационно-технических условиях. Нормы обслуживания предназначаются для нормирования труда работников, занятых обслуживанием оборудования, производственных площадей, рабочих мест и т. д.

Разновидностью нормы обслуживания является норма управляемости, определяющая численность работников, которыми должен руководить один руководитель.

Норма (норматив) численности — это установленная численность работников определенного профессионально-квалификационного состава, необходимая для выполнения кон-

---

* Настоящее Положение подлежит применению на всех предприятиях независимо от их ведомственной подчиненности.

кретных производственных, управленческих функций или объемов работ.

В целях повышения эффективности труда повременно оплачиваемых работников им устанавливаются нормированные задания (ст. 107 КЗоТ).

Нормированное задание — это установленный объем работы, который работник или группа работников (в частности, бригада) обязаны выполнять за рабочую смену, рабочий месяц (соответственно сменное и месячное нормированное задание) или в иную единицу рабочего времени на повременно оплачиваемых работах (35, п. 1.3).

Нормы труда устанавливаются на отдельную операцию (операционная норма) и взаимосвязанную группу операций, законченный комплекс работ (укрупненная, комплексная норма).

Укрупненные, комплексные нормы устанавливаются на планово-учетную (учетную) единицу продукции (работ), как правило, на законченное изделие, узел, бригадо-комплект, технически обособленный передел, объем сельскохозяйственных работ, этап или объект строительства. Они применяются, как правило, в условиях коллективных форм организации труда (35, п. 1.4).

Нормы труда должны определяться в основном по нормативным материалам для нормирования труда, утвержденным в централизованном порядке.

К нормативным материалам для нормирования труда относятся: нормативы по труду (нормативы времени, нормативы численности, нормативы времени обслуживания), единые и типовые нормы (времени, выработки, обслуживания). К нормативным материалам для нормирования труда относят также нормативы режимов работы оборудования.

Разновидностью нормативов численности являются типовые штаты.

Единые нормы труда разрабатываются на работы, выполняемые по одинаковой технологии в аналогичных условиях производства в одной или ряде отраслей народного хозяйства, и являются обязательными для применения на всех предприятиях при нормировании труда работников на соответствующих видах работ.

Типовые нормы труда разрабатываются на работы, выполняемые по типовой технологии, с учетом рациональных (для данного производства) организационно-технических условий, уже существующих на большинстве или части предприятий, где имеются такие виды работ (35, п. 1.5).

По сфере применения нормативные материалы для нормирования труда подразделяются на межотраслевые, отраслевые (ведомственные) и местные.

Местные нормативные материалы разрабатываются на **отдельные виды работ в тех случаях**, когда отсутствуют соответствующие межотраслевые или отраслевые нормативы ные материалы, а также при создании на предприятии более прогрессивных организационно-технических условий по сравнению с учтенными при разработке действующих межотраслевых и отраслевых нормативных материалов для нормирования труда.

Местные нормативные материалы утверждаются администрацией предприятия по согласованию с профкомом (35, п. 1.6).

Труд работников должен нормироваться в основном по технически обоснованным нормам. Технически обоснованными являются нормы, установленные аналитическим методом нормирования и соответствующие достигнутому уровню техники и технологии, организации производства и труда (35, п. 1.10).

Наряду с нормами, установленными на стабильные по организационно-техническим условиям работы, применяются временные и разовые нормы.

Временные нормы устанавливаются на период освоения тех или иных работ при отсутствии утвержденных нормативных материалов для нормирования труда.

Разовые нормы устанавливаются на отдельные работы, носящие единичный характер (внеплановые, аварийные) (35, п. 1.8).

Нормы выработки (нормы времени), нормы обслуживания и нормативы численности рабочих и служащих устанавливаются с учетом достигнутого уровня техники, технологии, организации производства и труда. Эти нормы подлежат замене новыми по мере проведения аттестации и рационализации рабочих мест, внедрения новой техники, технологии и организационно-технических мероприятий, обеспечивающих рост производительности труда. Введение, замена и пересмотр норм труда производятся администрацией предприятия по согласованию с профсоюзным комитетом (ст. 39 Основ).

Разногласия, возникающие между администрацией и профсоюзным комитетом при установлении и пересмотре норм выработки (норм времени), норм обслуживания, разрешаются вышестоящими хозяйственными и профсоюзными органами (ст. 109 КЗоТ).

О введении новых норм выработки (норм времени) и норм обслуживания рабочие и служащие должны быть извещены не позднее чем за один месяц (ч. 2 ст. 103 КЗоТ).

О введении временных и разовых норм труда, а также укрупненных, комплексных норм и нормированных заданий, установленных на основе утвержденных пооперационных норм труда, работники могут быть извещены менее чем за месяц, но во всех случаях до начала выполнения работ (35, абз. 3 п. 2.3).

В целях поддержания прогрессивного уровня действующих на предприятии норм труда они подлежат обязательной проверке в процессе аттестации рабочих мест. В случаях, когда проведение аттестации рабочих мест не предусматривается, проверка каждой нормы осуществляется не реже двух раз в пятилетку.

Проверка действующих норм труда осуществляется аттестационными комиссиями, утверждаемыми руководителями предприятий.

По результатам проверки по каждой норме принимается решение: аттестовать или не аттестовать.

Аттестованными признаются технически обоснованные нормы, соответствующие достигнутому уровню техники и технологии, организации производства и труда.

Устаревшие и ошибочно установленные нормы признаются неаттестованными и подлежат пересмотру.

Устаревшими считаются нормы, действующие на работах, трудоемкость которых уменьшилась в результате общего улучшения организации производства и труда, роста профессионального мастерства и совершенствования производственных навыков рабочих и служащих.

Ошибочными считаются нормы, при установлении которых были неправильно учтены организационно-технические условия или допущены неточности в применении нормативных материалов, либо в проведении расчетов (35, п. 2.8).

Достижение высокого уровня выработки продукции отдельным работником, бригадой за счет применения по собственной инициативе новых приемов труда и передового опыта, совершенствования своими силами рабочих мест не является основанием для пересмотра норм (ст. 39 Основ, ст. 102 КЗоТ).

Замена и пересмотр единых и типовых (межотраслевых, отраслевых, ведомственных) норм осуществляется органами, их утвердившими (ст. 39 Основ, ст. 104 КЗоТ).

Администрация предприятия и профком обязаны разъяснить каждому работнику (бригаде) основания замены или пересмотра норм, ознакомить его с методами, приемами труда и условиями, при которых они должны применяться (35, п. 2.12).

Работа по нормированию труда осуществляется на предприятии администрацией совместно с профкомом при широком участии трудовых коллективов в соответствии с Законом о трудовых коллективах, а также Законом о госпредприятии (35, п. 2.13).

Сдельные расценки. Заработная плата рабочих и служащих, находящихся на сдельной оплате труда, определяется с помощью сдельных расценок. Сдельная расценка — это размер оплаты за единицу продукции (изделия) или за определенную операцию.

Сдельная расценка определяется путем деления часовой (дневной) тарифной ставки, соответствующей разряду выполняемой работы, на часовую (дневную) норму выработки.

Сдельная расценка может быть определена также путем умножения часовой или дневной тарифной ставки, соответствующей разряду выполняемой работы, на установленную норму времени в часах или днях (ст. 105 КЗоТ).

Сдельная расценка определяется исходя из тарифных ставок (окладов), соответствующих разряду выполняемой работы, а не из тарифного разряда, присвоенного рабочему.

При многостаночном обслуживании на промышленных предприятиях (за исключением предприятий текстильной промышленности) сдельные расценки определяются в соответствии с Положением, утвержденным постановлением Госкомтруда СССР и Секретариата ВЦСПС от 27 марта 1973 г. (50, 1973, № 6).

Порядок определения сдельных расценок и оплаты труда рабочих-многостаночников предприятий текстильной промышленности регулируется Положением, утвержденным постановлением Госкомтруда СССР и Секретариата ВЦСПС от 30 января 1987 г. (50, 1987, № 10) и применяемым одновременно с введением новых условий оплаты труда в соответствии с постановлением ЦК КПСС, Совета Министров СССР и ВЦСПС от 17 сентября 1986 г. № 1115.

Совершенствование нормирования труда в производственных отраслях. В связи с проведением в годы 12-й пятилетки комплекса мер, направленных на улучшение организации заработной платы рабочих в производственных отраслях народного хозяйства, признано необходимым осуществлять совершенствование заработной платы одновременно с коренным улучшением организации и нормирования труда. При этом должно быть обеспечено массовое участие рабочих и специалистов в выявлении и мобилизации резервов повышения эффективности производства, лучшем использовании производственных мощностей и трудовых ресурсов на основе опыта предприятий Днепропетровской области по аттестации и рационализации рабочих мест. Следует существенно улучшить нормирование труда как одного из основных источников изыскания средств для повышения ставок и окладов. Считать эту работу одним из важных критериев готовности предприятий к введению новых условий оплаты труда (11, п. 9).

Руководители предприятий совместно с профсоюзными комитетами должны принимать меры к значительному улучшению нормирования труда специалистов и служащих. Осуществлять разработку и внедрение нормативов численности, норм обслуживания и других нормативов по труду этих категорий работников (11, абз. 3 п. 16).

В целях создания необходимых условий для систематического повышения уровня нормирования труда руководители предприятий производственных отраслей народного хозяйства вправе по согласованию с профсоюзными комитетами:

устанавливать рабочим при переходе на работу по нормам, рассчитанным по межотраслевым, отраслевым и другим прогрессивным нормативам по труду и по утвержденным в централизованном порядке укрупненным и комплексным нормам, повышенные до 20% сдельные расценки за счет экономии фонда заработной платы, полученной от снижения трудоемкости продукции (работ) в результате пересмотра норм выработки (времени);

применять для рабочих-повременщиков при переходе на работу по нормированным заданиям, установленным исходя из технически обоснованных норм и нормативов по труду, повышенные до 10% тарифные ставки в пределах экономии фонда оплаты по тарифным ставкам, полученной при высвобождении рабочих;

выплачивать за счет экономии фонда заработной платы, полученной от снижения трудоемкости продукции (работ) в результате пересмотра норм и нормативов трудовых затрат, рабочим, проявившим инициативу в их пересмотре, единовременное вознаграждение из расчета полученной экономии за период до 6 месяцев, а при замене норм на основе проведения организационно-технических мероприятий устанавливать рабочим на время освоения ими новых норм дополнительную оплату, но не более 6 месяцев.

Полученная экономия может быть также использована на единовременное премирование мастеров, технологов, работников по нормированию труда и других специалистов, принимавших непосредственное участие в разработке и внедрении новых нормативов трудовых затрат, подготовке и проведении соответствующих организационно-технических мероприятий (11, п. 10).

Постановлением Госкомтруда СССР и Секретариата ВЦСПС от 19 сентября 1986 г. утвержден порядок и условия применения повышенных сдельных расценок и тарифных ставок (36).

Право устанавливать повышенные сдельные расценки рабочим-сдельщикам (до 20%) и тарифные ставки (до 10%) рабочим-повременщикам в производственных отраслях народного хозяйства предоставляется руководителям предприятий по согласованию с профсоюзными комитетами, в других отраслях народного хозяйства — руководителям предприятий по согласованию с профсоюзными комитетами с разрешения министерств (ведомств), согласованного с Госкомтрудом СССР и ВЦСПС (36, п. 3).

Повышенные сдельные расценки могут также вводиться при запуске в производство новой продукции, когда с начала ее освоения устанавливаются технически обоснованные нормы, рассчитанные по межотраслевым, отраслевым и другим, более прогрессивным нормативам по труду (36, п. 4).

Повышенные (до 10%) тарифные ставки могут применяться для всех профессий рабочих-повременщиков. При невыполнении рабочими-повременщиками нормированных заданий, рассчитанных исходя из технически обоснованных норм и нормативов по труду, или снижении качества выполняемых работ повышенные тарифные ставки уменьшаются или полностью отменяются (36, п. 5).

При введении повышенных сдельных расценок они могут быть повышены в размерах до 1% за каждый процент увеличения норм выработки (снижения норм времени), а для рабочих-многостаночников предприятий текстильной промышленности за каждый процент увеличения норм выработки, установленных исходя из повышенных против отраслевых норм обслуживания. При этом во всех случаях повышения сдельных расценок должны обеспечиваться опережающие темпы роста производительности труда по сравнению с ростом средней заработной платы (36, п. 7).

Предприятия на основе порядка и условий применения повышенных сдельных расценок и тарифных ставок разрабатывают и утверждают по согласованию с профсоюзными комитетами положения по применению повышенных сдельных расценок и тарифных ставок, в которых конкретизируются порядок и условия их установления, дифференцируются размеры повышения расценок и повышения норм выработки (снижения норм времени) с учетом особенностей производства и видов работ, прогрессивности вновь вводимых норм труда.

Разработка указанных положений должна осуществляться с широким и непосредственным участием рабочих в соответствии с Законом о трудовых коллективах.

Применять повышенные до 20% сдельные расценки и до 10% тарифные ставки рабочим-повременщикам в период введения новых тарифных ставок следует крайне ограниченно, так как они предназначены для поддержания высокого уровня нормирования труда в последующие годы (41, абз. 7 п. 3.3).

3. Системы оплаты труда

Общие положения. Труд рабочих и служащих оплачивается повременно, сдельно или по иным системам оплаты труда. Оплата может производиться за индивидуальные и коллективные результаты работы.

Для усиления материальной заинтересованности рабочих и служащих в выполнении планов и договорных обязательств, повышении эффективности производства и качества работы могут вводиться системы премирования, вознаграждение по итогам работы за год, другие формы материального поощрения.

Установление систем оплаты труда и форм материального поощрения, утверждение положений о премировании и выплате вознаграждения по итогам работы за год производится администрацией предприятия, организации по согласованию с профсоюзным комитетом.

Заработная плата каждого работника определяется конечными результатами работы, личным трудовым вкладом работника и максимальным размером не ограничивается (ст. 38 Основ, ст. 83 КЗоТ).

Повременная система заработной платы — это такая система, когда заработная плата исчисляется по тарифным ставкам или окладам за проработанное время. В связи с этим она может быть помесячной, поденной и почасовой.

На повременной помесячной системе оплаты находятся руководящие работники, большинство специалистов и служащие.

За последние годы заметно расширилось применение повременной системы оплаты труда рабочих. Это вызвано тем, что на работах, где требуется особая аккуратность и точность в выполнении производственных операций, экономически более целесообразной является повременная система оплаты труда. Указанная система используется при оплате труда рабочих, занятых на предприятиях, где широко применяется автоматизация и механизация производственных процессов.

Сдельная система заработной платы — это такая система, когда заработная плата определяется в зависимости от размера сдельной расценки и количества изделий (операций) надлежащего качества, выполненных работником за проработанное время.

Сдельная оплата труда в зависимости от способа организации труда и начисления заработной платы может быть индивидуальная и коллективная (бригадная). При сдельной оплате заработная плата рабочего и служащего находится в непосредственной зависимости от конечных результатов труда. Для установления сдельной оплаты труда необходимо иметь количественные показатели выработки и обеспечить надежный учет выполняемой работы, исключающий уравниловку в оплате труда.

При сдельной системе оплаты труда заработная плата работника зависит, как правило, от количества изготовленной продукции надлежащего качества и затрат времени на ее изготовление.

Аккордная оплата труда вводится для отдельных групп рабочих в целях усиления их материальной заинтересованности в дальнейшем повышении производительности труда и сокращения срока выполнения работ. Указанная оплата устанавливается руководителем предприятия по согласованию с профсоюзным комитетом в пределах утвержденного фонда заработной платы. Размер аккордной оплаты определяется на основе действующих норм времени (выработки) и расценок, а при их отсутствии — исходя из норм и расценок на аналогичные работы (21, пп. 1—2).

При аккордной оплате труда может вводиться премирование за сокращение срока выполнения аккордного задания при качественном выполнении работ (21, абз. 1 п. 3). При выполнении аккордного задания в срок оплата по наряду производится без начисления премий (21, абз. 2 п. 4).

Заработная плата между рабочими бригады (включая премии), выполняющими аккордные задания, распределяется пропорционально отработанному времени в соответствии с присвоенными разрядами. Недостатки (недоделки), допущенные бригадой или отдельными рабочими в процессе выполнения аккордных работ, должны быть устранены этими рабочими без дополнительной оплаты (21, пп. 5—6).

Особый порядок аккордной оплаты труда установлен для рабочих, занятых в строительстве, на работах по текущему содержанию пути, искусственных сооружений и земляного полотна железных дорог, а также в растениеводстве и животноводстве государственных предприятий сельского хозяйства.

Положение об аккордной оплате труда в строительстве утверждено постановлением Госстроя СССР, Госкомтруда СССР и ВЦСПС от 13 июля 1979 г. № 120/324/16-37 (48, 1979, № 36).

При переходе на новые условия оплаты труда в соответствии с постановлением ЦК КПСС, Совета Министров СССР и ВЦСПС от 17 сентября 1986 г. № 1115 руководителям предприятий разрешено вводить по согласованию с профсоюзными комитетами для специалистов и служащих сдельную, аккордную и другие прогрессивные формы оплаты труда в пределах их фонда заработной платы при наличии утвержденных в установленном порядке норм трудовых затрат (11, абз. 1 п. 16).

Бригадная форма организации и стимулирования труда. В современных условиях важное значение приобретают мероприятия по широкому развитию бригадной формы организации и стимулирования труда.

Поставлена задача существенного повышения эффективности труда в бригадах, обеспечения им необходимых условий для стабильной и высокопроизводительной работы.

Бригадная форма организации и стимулирования труда отвечает современным требованиям производства, научной организации труда, возросшему образовательному и культурному уровню трудящихся. Она создает условия для дальнейшей интенсификации общественного производства, ускорения темпов роста производительного труда, улучшения использования рабочего времени и оборудования, способствует экономному расходованию трудовых, материальных и топливо-энергетических ресурсов, открывает возможности для дальнейшего улучшения организаторской и политико-воспитательной работы, укрепления трудовой дисциплины, утверждения духа подлинного коллективизма, взаимной требовательности и товарищеской взаимопомощи. При этом создаются благоприятные условия для проявления творческой энергии и трудовой активности как всего коллектива, так и каждого трудящегося, ускоряются рост квалификации и приобретение профессиональных навыков, особенно молодыми рабочими, обеспечивается расширение профессионального профиля, повышение содержательности труда, сокращается текучесть кадров.

В условиях бригадной формы организации труда родилось и нашло широкое распространение движение «Трудовой и общественной дисциплине — гарантию коллектива», при котором коллективы бригад, с добровольного согласия всех членов, принимают на себя моральную и материальную ответственность за нарушения производственной или общественной дисциплины отдельными работниками. Совершенствуя формы и углубляя движение, многие бригады приняли на себя коллективную ответственность за обеспечение строгого соблюдения не только трудовой, но и технологической дисциплины, за высокое качество выпускаемой продукции, выполняемых работ, рациональное использование машин и оборудования, утверждение трезвого образа жизни (29).

Коллектив бригады непосредственно или через совет бригады участвует в решении вопросов ее комплектования (ст. 18 Закона о трудовых коллективах).

Вновь создаваемая бригада комплектуется на основе принципа добровольности.

В приказе о приеме на работу необходимо указать конкретную бригаду, в которую зачисляется работник.

Зачисление в бригаду новых работников производится с согласия коллектива бригады. Не допускается отказ бригады в зачислении работников, направленных в бригаду в порядке трудоустройства в соответствии с законодательством (молодых специалистов, выпускников учебных заведений системы профессионально-технического образования и других).

Коллектив бригады вправе требовать от администрации выведения из состава бригады работников в случае сокращения численности бригады, несоответствия работника выполняемой работе и в других случаях, предусмотренных статьей 33 КЗоТ. Администрация в соответствии с законодательством переводит таких работников, с их согласия, на другую работу или увольняет в установленном порядке (ст. 99^6 Основ, ст. 235^6 КЗоТ). В этих случаях увольнение может быть произведено по одному из пунктов ст. 33 КЗоТ.

Администрация, не усмотрев оснований для увольнения работника и учитывая то, что он не выражает желания возвратиться в бригаду, переводит такого работника с его согласия на другую работу с учетом специальности (квалификации), а если такой работы не имеется, — на другую работу. При отсутствии работы, на которую может быть переведен работник, а также при отказе от предложенной работы трудовой договор с работником, выведенным из состава бригады, подлежит прекращению, например, по соглашению сторон (п. 1 ст. 29 КЗоТ).

Особое внимание уделяется созданию укрупненных комплексных и сквозных бригад. Труд в них оплачивается по единому наряду за конечный результат, а коллективный заработок распределяется с применением коэффициента трудового участия. Важными признаками таких коллективов являются наличие и активная работа совета бригады (29).

В состав укрупненных бригад там, где это необходимо по условиям производства, включаются линейные руководители и специалисты (29, п. 2.1).

В связи с переводом предприятий на новые условия оплаты труда по постановлению ЦК КПСС, Совета Министров СССР и ВЦСПС от 17 сентября 1986 г. № 1115 руководители предприятий должны применять там, где это целесообразно, для повышения эффективности труда специалистов и служащих, прежде всего конструкторов и технологов, бригадную форму организации и стимулирования их труда с распределением коллективного заработка в зависимости от личного трудового вклада (11, абз. 2 п. 16).

Бригада создается приказом (распоряжением) руководителя предприятия либо по его поручению приказом руководителя производственной единицы, цеха или другого структурного подразделения. Зачисление в бригаду производится с согласия работников бригады. При включении в состав бригады новых членов, в том числе мастеров и других специалистов, принимается во внимание мнение коллектива (совета) бригады (29, абз. 1 п. 2.2).

Производственную бригаду возглавляет бригадир — передовой квалифицированный рабочий, обладающий организаторскими способностями и пользующийся авторитетом у членов бригады (29, абз. 1 п. 2.5).

Коллектив производственной бригады дает согласие администрации на назначение бригадира; он вправе требовать от администрации освобождения бригадира от его обязанностей, если последний не оправдал доверия коллектива. Коллектив производственной бригады избирает общественный орган — совет бригады (ст. 18 Закона о трудовых коллективах).

Бригадир из числа рабочих или линейных руководителей и специалистов избирается общим собранием коллектива бригады тайным или открытым голосованием (по усмотрению коллектива) на срок до пяти лет и утверждается руководителем предприятия (29, абз. 2 п. 2.5).

В зависимости от условий производства и организации труда, как правило, в сквозных бригадах и в отдельных случаях в укрупненных комплексных создаются звенья, возглавляемые звеньевыми. Звенья в сквозной бригаде состоят из рабочих одной смены.

Назначение рабочего звеньевым производится по представлению бригадира и мастера в порядке, установленном для бригадира. Звеньевой подчиняется бригадиру, а в смене, в которой отсутствует бригадир, — также мастеру или начальнику смены и т. п. (29, п. 2.6).

Совет бригады избирается коллективом производственной бригады на общем собрании открытым голосованием сроком, как правило, на один год. В состав совета избираются наиболее авторитетные и квалифицированные работники бригады. В совете сквозной бригады должно быть соблюдено представительство всех смен. В состав совета входит профгрупорг. В работе совета принимает участие мастер. Совет бригады возглавляет, как правило, бригадир, в том числе и тогда, когда им является мастер или другой специалист.

Состав совета бригады объявляется приказом (распоряжением) по цеху или другому структурному подразделению.

Совет бригады осуществляет свою работу на демократических началах под руководством администрации и комитета профсоюза, направляя ее на повышение эффективности производства и качества работы, совершенствование организации и условий труда, улучшение воспитательной работы, повышение коллективной моральной и материальной ответственности за состояние трудовой и общественной дисциплины, создание благоприятного психологического климата в коллективе, сокращение текучести кадров. За выполнение возложенных на него функций совет несет ответственность перед коллективом бригады (29, п. 2.7).

Совет бригады руководствуется в своей работе также решениями совета трудового коллектива предприятия (цеха, другого структурного подразделения).

Оплата труда работников производственной бригады осуществляется в соответствии с действующими тарифными ставками (окладами), нормами труда, сдельными расценками и положениями об оплате труда и премировании.

Сдельная оплата труда применяется в основном в сочетании с премированием за выполнение и перевыполнение установленных бригаде количественных и качественных показателей производственного плана (задания) с учетом прогрессивности применяемых норм труда. При повременной оплате труда должны применяться нормированные задания (нормы обслуживания, нормативы численности) с премированием за качественное и своевременное их выполнение.

В строительстве и некоторых других отраслях следует широко применять оплату труда за весь комплекс основных и вспомогательных работ с премированием в установленном порядке.

В сельскохозяйственных бригадах (звеньях), работающих на коллективном подряде, оплата труда производится за конечную продукцию по аккордным расценкам.

Формы и системы оплаты труда в бригаде устанавливаются администрацией по согласованию с профсоюзным комитетом (29, п. 3.5).

Коллективный заработок распределяется между членами бригады в соответствии с присвоенными тарифными разрядами и фактически отработанным временем. Коллективы (советы) производственных бригад на основе ст. 18 Закона о трудовых коллективах в целях более полного учета реального вклада каждого работника в общие результаты работы могут с применением коэффициента трудового участия (КТУ) распределять между членами бригады весь коллективный заработок. Коэффициенты членам бригады утверждаются коллективом бригады по представлению бригадира (совета бригады).

При применении КТУ заработная плата работника не может быть ниже установленного государством минимального размера (ст. 99^7 Основ; ст. 235^7 КЗоТ).

Коллективный сдельный заработок бригады, подлежащий распределению, складывается из оплаты по тарифным ставкам (должностным окладам), сдельного приработка за перевыполнение норм выработки и премий за конечные результаты работы бригады (30, п. 4).

Порядок применения КТУ устанавливается в соответствии с действующим на предприятии положением, утвержденным руководителем предприятия по согласованию с профсоюзным комитетом (25, абз. 2 п. 3.5). В качестве базового КТУ рекомендуется применять единицу (25, абз. 2 п. 3.6).

При распределении коллективной премии и сдельного приработка с применением КТУ последний может колебаться от 0 до 2,0 (25, абз. 4 п. 3.6).

Минимальный размер заработной платы членов бригады не может быть ниже размера установленной им тарифной ставки, должностного оклада за отработанное время, за исключением случаев, предусмотренных трудовым законодательством (при невыполнении норм выработки, браке продукции и простое по вине работника) (29, абз. 4 п. 3.6).

Труд мастеров и других специалистов, включенных в состав укрупненных производственных бригад в промышленности, оплачивается по единому наряду за конечный результат (30, п. 3).

Премирование мастеров и других специалистов, включенных в состав бригады, так же как и рабочих, производится по результатам работы этой бригады за выполнение показателей и условий, установленных администрацией по согласованию с профсоюзным комитетом. В качестве основных показателей премирования следует применять: выполнение плана по номенклатуре выпускаемой продукции, снижение трудоемкости изготовляемых изделий, улучшение качества продукции. При этом премии рабочим, мастерам и другим специалистам выплачиваются из фонда заработной платы и из фонда материального поощрения.

Работники бригады могут также премироваться за коллективные результаты работы по экономии конкретных видов материальных ресурсов, за выпуск продукции с государственным Знаком качества, изготовление новых товаров народного потребления улучшенного качества и другие результаты из источников, предусмотренных специальными системами премирования (30, п. 5).

Размер коэффициента трудового участия мастерам и другим специалистам устанавливается решением коллектива (совета) бригады с учетом прежде всего критериев, характеризующих особенности функций, выполняемых этими работниками (обеспечение условий для производительного труда бригады, безусловное выполнение правил техники безопасности, недопущение нарушений технологической и трудовой дисциплины и др.). Установленный коллективом (советом) бригады размер КТУ может быть понижен администрацией по согласованию с профсоюзным комитетом за обнаруженные упущения в работе (30, п. 7).

Надбавки за высокую квалификацию к должностным окладам мастеров и других специалистов, включенных в состав укрупненных бригад, устанавливать не рекомендуется (30, п. 10).

В случае возникновения трудового спора между членом бригады и бригадой о переводе на другую работу, о размере КТУ и др. спор рассматривается в порядке, установленном трудовым законодательством, т. е. в комиссии по трудовым спорам, профсоюзном комитете и в народном суде.

Постановлением Совета Министров СССР и ВЦСПС от 1 декабря 1983 г. № 1125 производственным бригадам предприятий промышленности, находящимся на сдельной оплате труда, предоставлено право увеличивать доплату ученикам сверх размеров, установленных действующими положениями (19)[*].

Госкомтруд СССР и ВЦСПС приняли постановление о сохранении за рабочими, входящими в состав комплексных бригад, права на государственную пенсию на льготных условиях и в льготных размерах. В связи с этим запись о включении рабочих в состав комплексной бригады по профессиям, перечисленным в Списках № 1 и 2 производств, цехов, профессий и должностей, работа в которых дает право на государственную пенсию на льготных условиях и в льготных

---

[*] Действие постановления Совета Министров СССР и ВЦСПС от 1 декабря 1983 г. № 1125 распространено на предприятия и организации материально-технического снабжения (СП СССР, 1985, отд. 1, № 1, ст. 1), а также на геологоразведочные и топографо-геодезические предприятия (СП СССР, 1985, отд. 1, № 4, ст. 19).

размерах, вносится в их трудовые книжки со ссылкой на дату и номер соответствующего приказа (48, 1982, № 24).

Бригадный подряд представляет собой прогрессивную форму организации и стимулирования труда, основанную на взаимной ответственности и заинтересованности подрядчика — коллектива бригады и заказчика — администрации предприятия (цеха) в достижении высоких конечных результатов производственной деятельности (38, п. 1.4).

Внедрение **бригадного хозрасчета,** являющегося составной частью внутрипроизводственного хозрасчета предприятия, предусматривает реализацию следующих принципов:

рациональное использование сырья, полуфабрикатов, топлива, энергии и других материальных ресурсов, соизмерение их фактического расхода с ранее достигнутыми результатами, а также установленными нормами, нормативами и плановыми заданиями;

введение материального и морального поощрения коллектива бригады за повышение эффективности производства;

установление материальной ответственности работников за упущения в работе и невыполнение хозрасчетных показателей.

Хозрасчетной является бригада, коллектив которой несет ответственность за использование сырьевых, топливно-энергетических и других материальных ресурсов, а также поощряется за их экономию на основании утвержденных норм расхода и организации соответствующего учета. При этом хозрасчетной бригаде планируется также объем выпуска и качество продукции, рост производительности труда (снижение трудоемкости), фонд заработной платы и другие показатели ее производственной деятельности. Нормы расхода ресурсов, использование которых непосредственно зависит от деятельности хозрасчетной бригады, устанавливаются в натуральном и стоимостном выражении.

В зависимости от особенностей производства, организации планирования и учета материальных затрат хозяйственный расчет в бригадах может применяться как в полном объеме, так и частично (с установлением ответственности и поощрения за использование отдельных видов ресурсов) (38, п. 1.2).

Перевод бригад на хозяйственный расчет оформляется приказом (распоряжением) руководителя предприятия, либо по его поручению приказом (распоряжением) руководителя производственной единицы (цеха или другого структурного подразделения), согласованным с соответствующим профсоюзным комитетом. При этом должны быть определены технико-экономические показатели работы бригады, введено ее стимулирование за выполнение плановых заданий и экономию сырьевых, топливно-энергетических и других материальных ресурсов, установлены материальная ответственность за их перерасход, а также порядок предъявления и удовлетворения хозрасчетных претензий (38, п. 1.3).

Хозрасчетные и подрядные бригады организуют свою работу в соответствии с Типовым положением о производственной бригаде, совете бригады, бригадире и совете бригадиров, Основными положениями о внутрипроизводственном хозяйственном расчете производственных объединений (предприятий), Типовым положением о бригадном хозрасчете и бригадном подряде, а также рекомендациями и положениями, разрабатываемыми на их основе в отрасли и на предприятии (38, п. 4.1).

Оплата труда работников хозрасчетной бригады осуществляется в соответствии с действующими тарифными ставками (окладами), нормами труда, сдельными расценками и положениями об оплате труда и премировании.

Формы и системы оплаты труда и его стимулирования для хозрасчетных бригад устанавливаются администрацией по согласованию с профсоюзным комитетом и с учетом мнения коллектива бригады (38, п. 3.1).

В зависимости от специфики выполняемых работ администрацией по согласованию с профсоюзным комитетом и с согласия подрядной бригады могут быть использованы следующие разновидности сдельной формы оплаты труда:

коллективная сдельная система (с применением стабильных на срок договора о подряде комплексных сдельных расценок на единицу продукции или норматива заработной платы на единицу объема выполняемых работ);

аккордная система оплаты труда (с применением заранее устанавливаемой суммы заработка за выполнение всего комплекса работ, предусмотренных договором о подряде, или фиксированного фонда заработной платы за выполнение постоянно повторяющегося объема работ, постоянных функций) (38, п. 3.5).

При выполнении подрядной бригадой работ, не предусмотренных договором о подряде, на них выписывается отдельный наряд, а причитающийся за них заработок включается в общий коллективный фонд оплаты труда (38, п. 3.10).

Переделка и исправление работ, выполненных по вине хозрасчетной или подрядной бригады с отступлениями от стандартов, технических условий и требований, производятся ими без дополнительной оплаты или за их счет. Бригады несут коллективную ответственность за выпуск некачественной продукции и возмещают ущерб из бригадного заработка, а при его распределении учитывают конкретную вину отдельных работников (38, п. 3.11).

При выполнении подрядной бригадой работ разового характера продолжительностью до одного месяца заработная плата выплачивается коллективу по завершении и сдаче работ. При длительных сроках подряда применяется ежемесячное авансирование или ежемесячная (поэтапная) оплата труда с учетом фактического объема выполненных работ (изготовленной продукции) (38, п. 3.12).

Сумма основного заработка за выполнение разовых работ, предусмотренных договором о подряде (размер аккордной оплаты), определяется на весь комплекс работ в целом на основе действующих норм времени (выработки) и сдельных расценок (а при их отсутствии — исходя из норм и расценок на аналогичные работы), а также тарифных ставок рабочих-повременщиков и должностных окладов других работников бригады (включая доплаты за условия и интенсивность труда).

Фиксированный (как правило, месячный) фонд заработной платы устанавливается при выполнении постоянно повторяющегося объема работ (постоянных функций) исходя из расчетной численности работников и выплачивается независимо от фактической численности подрядной бригады при выполнении условий договора о подряде (38, п. 3.7).

Распределение коллективного заработка между членами хозрасчетной или подрядной бригады производится с учетом индивидуального вклада каждого работника в общие результаты труда коллектива.

Порядок распределения коллективного заработка (пропорционально отработанному времени и присвоенному разряду, с помощью коэффициента трудового участия и др.) устанавливается решением общего собрания бригады (38, п. 3.13).

Администрация предприятия, объединения, структурного подразделения несет ответственность перед бригадой за создание нормальных условий для высокопроизводительного труда (предоставление работы, обеспечение исправного состояния механизмов и оборудования, технической документацией, материалами и инструментами, энергией, создание безопасных и здоровых условий труда). При невыполнении бригадой производственных показателей по вине администрации за бригадой сохраняется фонд оплаты труда, рассчитанный по тарифным ставкам. Должностные лица, виновные в нарушении обязанностей администрации перед бригадой, привлекаются к дисциплинарной ответственности, а за излишние денежные выплаты бригаде — также к материальной ответственности перед предприятием в порядке и размерах, установленных законодательством.

Бригада несет ответственность перед администрацией предприятия за невыполнение по ее вине производственных показателей. В этих случаях оплата производится за выполненную работу, премии и другие поощрительные выплаты не начисляются. Ущерб, причиненный предприятию выпуском некачественной продукции по вине бригады, возмещается из ее коллективного заработка в пределах среднего месячного заработка бригады. При распределении заработка между членами бригады учитывается вина конкретных работников в выпуске некачественной продукции (ст. 99⁸ Основ, ст. 235⁸ КЗоТ).

Взаимная ответственность хозрасчетных и подрядных бригад и администрации, а также смежных бригад и участков реализуется через систему хозрасчетных претензий и санкций, действующую на предприятии (для подрядных бригад — и через договор о подряде).

Сверхнормативные затраты материальных ресурсов, произведенные хозрасчетной или подрядной бригадой по вине администрации или смежных бригад и участков, приведшие к превышению запланированных затрат на производство, при рассмотрении предъявленных коллективом хозрасчетных претензий относятся на счет виновного подразделения или общепроизводственные расходы с одновременным списанием их с лицевого счета бригады.

Материальный ущерб, причиненный предприятию членами хозрасчетной или подрядной бригады, относится на непосредственных виновников и возмещается в порядке, предусмотренном законодательством (38, п. 4.2).

Должностные лица — непосредственные виновники срывов в работе хозрасчетного или подрядного коллектива — могут быть привлечены администрацией к дисциплинарной ответственности, не представлены полностью или частично к текущим премиям, лишены полностью или частично вознаграждения по итогам года. Им могут быть уменьшены или отменены установленные ранее надбавки к окладу (38, абз. 2 п. 4.4).

4. Премирование

Общие положения. Премия является важной составной частью заработной платы рабочих и служащих и выплачивается за достижение высоких количественных и качественных результатов труда.

Многие виды премий обусловлены системой оплаты труда. Будучи дополнительной частью заработной платы, они носят регулярный характер; их выплата зависит от достижения заранее установленных количественных и качественных показателей работы; они учитываются при подсчете среднего заработка.

В целях поощрения добросовестных работников применяются также разовые премии. При этом круг поощряемых работников заранее не определяется. Премирование осуществляется администрацией по согласованию с профсоюзным комитетом.

Работник не имеет права оспаривать действия администрации, отказавшей ему в выплате разовой премии. Обычно разовые премии не учитываются при подсчете среднего заработка.

Среди премий, обусловленных системой оплаты труда, ведущая роль принадлежит премиям за основные результаты хозяйственной деятельности. Наряду с этим предусматривается премирование за улучшение отдельных сторон производственной деятельности предприятий (специальные системы премирования).

Постановлением ЦК КПСС, Совета Министров СССР и ВЦСПС от 17 сентября 1986 г. № 1115 введена с 1 января 1987 г. новая система премирования рабочих, руководителей, специалистов и служащих производственных отраслей*. При этом предусмотрено:

поднять стимулирующую роль премий в выполнении планов и договорных обязательств по поставкам продукции (перевозке грузов), в повышении технического уровня и качества продукции (работ), росте производительности труда, снижении себестоимости продукции (работ, перевозки грузов), экономии всех видов материальных ресурсов;

обеспечить непосредственную связь премий с трудовыми результатами каждого работника и коллективов бригад и подразделений;

перейти к начислению премий, как правило, коллективу бригады, структурного подразделения (участка, цеха, отдела) в целом (11, п. 17). В связи с этим вместо систем премирования, ориентированных на индивидуальные результаты, введены системы, обеспечивающие достижение высоких результатов, как правило, коллективом бригады, структурного подразделения (участка, цеха, отдела) в целом.

Премирование рабочих за улучшение результатов их работы производится в основном из средств фонда заработной платы, всех других категорий работников — из средств единого фонда материального поощрения (или фонда материального поощрения) в пределах той части, которая предназначена по смете для расходования на эти цели (41, разд. II, п. 1.12).

Премии за основные результаты хозяйственной деятельности. Руководители предприятий производственных отраслей народного хозяйства по согласованию с профсоюзными комитетами самостоятельно утверждают положения о премировании работников за основные результаты хозяйственной деятельности по следующим группам: рабочих; конструкторов, технологов и научных работников; работников службы технического контроля; других руководящих работников, специалистов и служащих исходя из конкретных ус

---

* Новая система премирования распространяется на предприятия всех производственных отраслей народного хозяйства, для работников которых предусмотрено введение новых условий оплаты труда в соответствии с этим постановлением независимо от перевода их на новые методы хозяйствования.

ловий производства и задач, стоящих перед соответствующими подразделениями (11, абз. 1 п. 18).

Министерства и ведомства СССР и союзных республик по согласованию с соответствующими профсоюзными органами утверждают положения о премировании (в том числе конкретные показатели, размеры и сроки премирования) для руководящих работников предприятий промышленности, строительства, железнодорожного транспорта и сельского хозяйства (55, 1987, № 1, с. 54). К руководящим работникам предприятий относятся руководитель предприятия, его заместители, главный инженер, главный экономист, главный бухгалтер, начальник планово-экономического отдела.

Особое внимание при пересмотре системы премирования уделено совершенствованию порядка поощрения рабочих. Коллективы бригад и отдельные рабочие премируются в первую очередь за выполнение производственных (нормированных) заданий, установленных исходя из планов участков и цехов, рост производительности труда, улучшение качества продукции (работ), освоение новой техники и технологии, сбережение всех видов ресурсов.

Исходя из опыта работы предприятий в качестве показателей премирования рабочих основного производства могут быть рекомендованы:

при стимулировании роста производительности труда: рост выработки продукции, снижение ее трудоемкости, выполнение заданных объемов работ с меньшей численностью к установленному сроку и за определенный период, высокоэффективное использование новой техники и прогрессивной технологии и др.;

при стимулировании улучшения качества продукции, работ, услуг: повышение удельного веса продукции высшей категории качества, высшего сорта, рост сдачи продукции с первого предъявления, сокращение случаев возврата недоброкачественной продукции, рекламаций, снижение брака, отсутствие претензий к продукции, работам, услугам со стороны потребителей и др.;

при стимулировании освоения новой техники и прогрессивной технологии: повышение коэффициента загрузки оборудования, сокращение затрат на его эксплуатацию, повышение коэффициента сменности работы новых типов машин, высокопроизводительного современного оборудования, сокращение сроков освоения прогрессивной технологии и др.;

при стимулировании снижения материальных затрат: экономия сырья, материалов, топливно-энергетических ресурсов, инструмента, запасных частей, уменьшение потерь, отходов и т. д. (41, разд. II, п. 2.3).

С повышением уровня механизации, автоматизации, роботизации производства возрастает роль своевременной и качественной наладки, настройки, ремонта машин и оборудования. В связи с этим усиливается заинтересованность рабочих, занятых обслуживанием машин и оборудования, в сокращении простоев, повышении степени освоения технических параметров, улучшении коэффициента их использования. В этих условиях успешная профилактическая работа по ремонту и наладке машин и оборудования должна быть показателем премирования указанных рабочих (55, 1987, № 1, с. 56).

Серьезные улучшения внесены в порядок поощрения специалистов и служащих производственных отраслей народного хозяйства. При определении показателей премирования специалистов и служащих необходимо исходить из того, что премирование коллективов специалистов и служащих производственных подразделений должно осуществляться исходя из конкретных задач, стоящих перед ними, по показателям, определяемым руководителем предприятия по согласованию с профсоюзным комитетом. Показатели премирования коллективов функциональных подразделений необходимо тесно увязывать с конечными результатами хозяйственной деятельности предприятия в целом (11, абз. 2 п. 20). Так, например, для сотрудников технического отдела таким показателем может быть выполнение плана по новой технике, отдела труда и заработной платы — выполнение плана по росту производительности труда, планово-экономического отдела — снижению себестоимости продукции и т. д.

Предусматривается усиление роли премий в стимулировании труда конструкторов, технологов и научных работников, в ускорении научно-технического прогресса. В связи с этим премирование этих работников должно производиться прежде всего за разработку и внедрение новой техники, прогрессивных технологий и материалов, соответствующих мировым достижениям или превышающих их, за повышение качества и надежности выпускаемой продукции (11, п. 21).

Премирование работников службы технического контроля должно быть поставлено в зависимость только от показателей качества продукции (работ) (11, абз. 1 п. 18).

Рекомендуется устанавливать коллективу подразделения не более двух-трех показателей премирования из числа тех, на которые коллектив может оказывать реальное влияние. При этом улучшение одних показателей не должно достигаться за счет ухудшения других (41, разд. II, п. 1.7).

Для обеспечения непосредственной связи премии со степенью повышения конечных результатов производства премирование коллективов подразделений необходимо направить прежде всего на улучшение показателей премирования: рост производительности труда и качества продукции (работ, услуг), снижение себестоимости продукции (работ, перевозки грузов, услуг), экономию всех видов материальных ресурсов.

В этом случае рекомендуется устанавливать нормативы премирования (размеры премий) за каждый пункт (процент) улучшения показателей премирования, исходя из нормативной или запланированной степени их улучшения (41, раз. II, п. 1.8).

При утверждении положений о премировании руководящих работников предприятий за основные результаты хозяйственной деятельности министерства и ведомства СССР и союзных республик совместно с соответствующими профсоюзными органами (по отдельным отраслям по согласованию также с Госкомтрудом СССР и ВЦСПС) устанавливают ежегодно основные показатели премирования указанных работников (кроме сельского хозяйства) исходя из задач, стоящих перед соответствующими отраслями.

В числе основных показателей обязательно должен быть главный показатель хозяйственной деятельности той или иной отрасли. В промышленности — это поставка продукции в соответствии с заключенными договорами и нарядами-заказами внешнеторговых организаций (55, 1987, № 1, с. 59). При этом премии руководящим работникам предприятий промышленности за выполнение этого показателя устанавливаются в размерах не менее 50% общей суммы премий за основные результаты хозяйственной деятельности (11, абз. 3 п. 22). При невыполнении объема реализации по договорам 50% премий, начисленных за другие основные показатели, резервируется и выплачивается при условии восполнения недопоставок продукции до конца текущего года. Премия руководящим работникам предприятий промышленности за выполнение объема реализации продукции по договорам выплачивается лишь при 100-процентном его выполнении.

Министерства и ведомства СССР и союзных республик совместно с соответствующими профсоюзными органами предусматривают в других производственных отраслях аналогичный порядок выплаты премий руководящим работникам предприятий за основные результаты хозяйственной деятельности (11, п. 23). Это значит, что в каждой отрасли должен быть выделен главный показатель хозяйственной деятельности предприятий.

Установлены следующие максимальные размеры премий руководящих работников предприятий:

в промышленности: за 100% выполнение объема реализации продукции по договорам (в том числе на экспорт) и основных показателей эффективности производства — 0,75 должностного оклада в расчете на месяц;

в строительстве: за своевременный и качественный ввод в действие производственных мощностей и объектов строительства и другие основные результаты хозяйственной деятельности — 0,75 должностного оклада в расчете на месяц, в том числе 65% из этой суммы за ввод мощностей и объектов строительства;

на железнодорожном транспорте: за выполнение плана по объему перевозки грузов в соответствии с установленной номенклатурой и основных показателей повышения эффективности перевозки грузов — 0,75 должностного оклада в расчете на месяц;

в сельском хозяйстве сохранены показатели и размеры премирования, предусмотренные постановлением ЦК КПСС, Совета Министров СССР и ВЦСПС от 2 апреля 1970 г. № 227 и постановлением ЦК КПСС и Совета Министров СССР от 20 марта 1986 г. № 358 (СП СССР, 1986, отд. 1, № 17, ст. 90).

Сохранены более высокие максимальные размеры премий, установленные решениями Правительства СССР, для работников отдельных отраслей за основные результаты хозяйственной деятельности (11, абз. 1—2 п. 22).

Специальные системы премирования. Наряду с премированием за основные результаты хозяйственной деятельности законодательством устанавливаются специальные системы премирования, которые, будучи дополнительными видами материального поощрения, стимулируют создание и внедрение новой техники, рациональное использование материальных ресурсов, а также выполнение других важных для народного хозяйства производственных показателей.

К специальным системам премирования относятся премии: по итогам Всесоюзного социалистического соревнования; по внутризаводскому социалистическому соревнованию; за создание и внедрение новой техники; за содействие изобретательству и рационализации; за содействие созданию и использованию промышленных образцов; за разработку, освоение и выпуск особо важных и высокоэффективных видов оборудования и машин, а также за создание и освоение принципиально новых технологических процессов (премирование работников машиностроения); за сбор, хранение и сдачу для переработки изношенных деталей, подшипников, годных для восстановления, отходов и боя абразивных инструментов, различной тары и т. п.; за выпуск товаров народного потребления, изделий производственно-технического назначения, полуфабрикатов и заготовок из отходов производства своего или других предприятий; за сбор и сдачу отходов твердых сплавов; за высококачественное изготовление и своевременную отгрузку продукции для экспорта и др.

С 1 января 1987 г. большинство централизованно утвержденных положений о специальных премиях (кроме некоторых стимулирующих ускорение научно-технического прогресса и поощряющих победителей в социалистическом соревновании) утратили свою силу в части премирования конкретных работников.

Руководителям предприятий производственных отраслей народного хозяйства по согласованию с профсоюзными комитетами предоставлено право создавать единый фонд материального поощрения, объединяя в нем все средства по специальным системам премирования. В случае создания такого фонда предприятия самостоятельно определяют размеры, порядок и сроки выплаты специальных премий (11, абз. 2 п. 18).

От централизованно утвержденных положений о специальных премиях остается действовать та их часть, где регламентируются источники, размеры и показатели образования поощрительных средств, поступающих в распоряжение предприятий.

Премии рабочим и коллективам бригад из единого фонда материального поощрения максимальными размерами не ограничиваются (11, абз. 4 п. 19).

По всем специальным системам премирования руководящие работники предприятий производственных отраслей народного хозяйства (кроме сельского хозяйства)* могут получить за год премий до 2,6 месячного должностного оклада (11, п. 22).

Премии по итогам Всесоюзного и республиканского социалистического соревнования для одного руководящего работника предприятия промышленности, строительства, транспорта, связи, сельского хозяйства и других производственных отраслей народного хозяйства выплачиваются сверх максимальных размеров премий (2,6 месячного должностного оклада в год), но не могут превышать 1,4 месячного должностного оклада в год.

Сверх установленных максимальных размеров премий выплачиваются Ленинские премии, Государственные премии СССР и союзных республик, премии Совета Министров СССР, другие единовременные премии, которые устанавливаются и выплачиваются с разрешения Совета Министров СССР, премии государственных и общественных организаций СССР и союзных республик (11, п. 25).

Максимальные размеры премий по специальным системам премирования, установленные для руководящих работников, распространяются на специалистов и служащих предприятий (55, 1987, № 1, с. 60).

Наряду со специальными системами премирования отдельно предусматривается стимулирование экономии материальных ресурсов.

Размер премии, выплачиваемый одному работнику за экономию материальных ресурсов, максимальными размерами не ограничивается и устанавливается в пределах суммы

---

* В сельском хозяйстве сохраняются показатели и размеры премирования, предусмотренные постановлением ЦК КПСС, Совета Министров СССР и ВЦСПС от 2 апреля 1970 г. № 227 и постановлением ЦК КПСС и Совета Министров СССР от 20 марта 1986 г. № 358 (СП СССР. 1986, отд. 1, № 17, ст. 90).

экономии, полученной по конкретному виду материальных ресурсов. При введении суммированного учета расходов размер премии определяется в пределах суммы, полученной по всем видам ресурсов, используемых производственной бригадой, коллективом участка, цеха. Конкретный размер премии определяется руководителем предприятия по согласованию с профсоюзным комитетом с учетом вклада в дело ресурсосбережения.

Премии за экономию конкретных видов материальных ресурсов выплачиваются специалистам сверх установленного предела специальных премий (55, 1987, № 1, с. 61).

Премирование работников за ввод в действие производственных мощностей и объектов строительства. Постановлением Госкомтруда СССР, Госстроя СССР и Президиума ВЦСПС от 9 февраля 1987 г. № 82/27/П-1 утвержден Порядок образования и распределения средств на премирование за ввод в действие производственных мощностей и объектов строительства (50, 1987, № 10).

Этот Порядок распространяется на строительство объектов производственного и непроизводственного назначения, их реконструкцию и расширение, а также выполнение работ по техническому перевооружению действующих производств (предприятий).

Порядок образования и распределения средств на премирование за ввод в действие производственных мощностей и объектов строительства распространяется на: строительно-монтажные организации (производственные объединения, тресты, управления и другие приравненные к ним организации, хозрасчетные участки); дорожные строительно-монтажные организации министерств автомобильного транспорта и шоссейных дорог союзных республик, а также привлекаемые субподрядные организации других министерств и ведомств, осуществляющие строительство отдельных участков автомобильных дорог, мостов и других сооружений в процессе капитального ремонта автомобильных дорог, при условии утверждения в установленном порядке на каждый объект отдельной проектно-сметной документации и титульных списков строек с указанием сроков их ввода; ремонтно-строительные организации, на которые в установленном порядке распространено действие постановления Совета Министров СССР и ВЦСПС от 24 января 1985 г. № 87; дирекции строящихся предприятий, отделы (управления) капитального строительства исполкомов Советов народных депутатов, производственных объединений (комбинатов), предприятий, организаций и учреждений; проектные, изыскательские, проектно-изыскательские и другие организации, которым в установленном порядке разрешено выполнение проектных работ для капитального строительства; участки старших производителей работ, производителей работ и мастеров в производственных объединениях (комбинатах), на предприятиях, в организациях, учреждениях, осуществляющих строительство объектов хозяйственным способом; промышленные предприятия, входящие в состав строительно-монтажных трестов, а также автотранспортные организации, работники которых непосредственно участвуют в сооружении объектов и способствуют быстрейшему завершению строительства; аппарат управления главных территориальных управлений по строительству, всесоюзных строительно-монтажных объединений, строительных (шахтостроительных) комбинатов, управлений строительства, строительно-монтажных объединений министерств СССР.

Средства на премирование за ввод в действие производственных мощностей и объектов строительства (в том числе в виде аванса) используются строительно-монтажными организациями, заказчиками, проектными организациями, объединениями (комбинатами), предприятиями, на премирование рабочих, руководящих работников, специалистов и служащих по действующим на этих предприятиях системам премирования. При этом руководителям производственных строительно-монтажных объединений и трестов (приравненных к ним организаций) предоставлено право по согласованию с профсоюзными комитетами создавать единый фонд материального поощрения, объединяя в нем средства на премирование за ввод в действие производственных мощностей и объектов строительства, а также все средства по специальным системам премирования (42, п. 1).

Руководители производственных строительно-монтажных объединений и трестов могут премировать работников за каждую введенную в действие мощность или объект. При этом в данном году одному руководящему работнику, специалисту и служащему может выплачиваться премия за ввод в действие производственных мощностей и объектов строительства в размере до 5,8 месячного должностного оклада в год, т. е. в размере 65% максимальной суммы премии работников за своевременный и качественный ввод в действие производственных мощностей и объектов строительства и другие основные результаты хозяйственной деятельности в соответствии с п. 22 постановления ЦК КПСС, Совета Министров СССР и ВЦСПС от 17 сентября 1986 г. № 1115. В том случае, если введены в действие не все запланированные мощности или объекты, предельный размер премий за ввод в действие производственных мощностей и объектов строительства не должен превышать четырех месячных должностных окладов в год.

Премирование за каждую введенную в действие мощность или объект производится независимо от выполнения других показателей работы (42, п. 2).

Работники ремонтно-строительных организаций (производственных объединений, трестов, управлений и приравненных к ним организаций), на которые распространено действие постановления Совета Министров СССР и ВЦСПС от 24 января 1985 г. № 87, премируются за ввод в действие производственных мощностей и объектов строительства применительно к порядку и условиям, установленным для строительно-монтажных организаций.

Работники остальных ремонтно-строительных организаций (производственных объединений, трестов, управлений и приравненных к ним организаций) кроме премий за основные результаты хозяйственной деятельности, выплачиваемых в пределах общего фонда заработной платы или из фонда материального поощрения организаций в размере до 40% должностного оклада в расчете на месяц, могут также премироваться за каждую введенную в действие производственную мощность или объект строительства в соответствии с п. 2 Разъяснения Госкомтруда СССР и Секретариата ВЦСПС от 27 января 1987 г. № 2/3-40. При этом максимальный размер премии руководящим работникам, коллективам или отдельным специалистам и служащим за ввод в действие производственных мощностей и объектов строительства и другие основные результаты хозяйственной деятельности не должен превышать 0,75 должностного оклада в расчете на месяц (42, п. 3).

Премирование работников аппарата управления Главных территориальных управлений по строительству, всесоюзных строительно-монтажных объединений, строительных (шахтостроительных) комбинатов, управлений строительства, строительно-монтажных объединений, принимавших непосредственное участие и внесших значительный вклад в обеспечение своевременного ввода в действие конкретных производственных мощностей и объектов строительства, производится за счет средств, перечисляемых им строительно-монтажными трестами, управлениями и приравненными к ним организациями, за ввод в действие производственных мощностей и объектов строительства.

Размер премий одному работнику не может превышать двух месячных должностных окладов в год.

Работники строительных (шахтостроительных) комбинатов, управлений строительства, имеющих в подчинении только строительно-монтажные управления и приравненные к ним организации, премируются в порядке, на условиях и в размерах, установленных для работников аппарата строительно-монтажных трестов (42, п. 4).

Работники дирекций строящихся предприятий премируются за каждую введенную в действие мощность или объект. При этом в данном году одному работнику может выплачиваться премия за ввод в действие производственных мощностей и объектов строительства в размере до 5,8 месячного должностного оклада.

Работники отделов (управлений) капитального строительства исполкомов Советов народных депутатов, учреждений и организаций непроизводственных отраслей народного хозяйства, осуществляющих технический надзор за строительством, или отдельные работники этих учреждений и организаций, на которых приказом руководителя возложено выполнение функций технического надзора за строительством, премируются за ввод в действие производственных мощностей и объектов строительства в размере до 4,8 месячного должностного оклада.

Конкретные показатели, размеры и сроки премирования устанавливаются министерствами и ведомствами СССР, Советами Министров союзных республик по согласованию с соответствующими профсоюзными органами.

Для работников отделов (управлений) капитального строительства предприятий производственных отраслей народного хозяйства, которые премируются в установленном порядке за основные результаты хозяйственной деятельности, премия за ввод в действие производственных мощностей и объектов строительства является специальной системой премирования (42, п. 5).

Премирование работников научно-исследовательских учреждений, конструкторских, технологических и других организаций науки. В целях усиления материальной заинтересованности научных работников, конструкторов и технологов в проведении фундаментальных научных исследований, обеспечивающих приоритет отечественной науки в разработке принципиально новых видов техники и технологии, превосходящих по своим технико-экономическим показателям высший мировой уровень или соответствующих ему, повышения роли премий в ускорении научно-технического прогресса и установления более тесной зависимости их размера от величины эффекта, полученного в народном хозяйстве, от важности выполняемых работ, сокращения сроков проведения разработок и освоения их результатов в производстве постановлением Госкомтруда СССР и Секретариата ВЦСПС от 7 мая 1987 г. № 290/14—34 утверждены Рекомендации по премированию работников научно-исследовательских учреждений, конструкторских, технологических и других организаций науки.

Указанные Рекомендации могут применяться в научно-исследовательских учреждениях, конструкторских, технологических и других организациях науки, переведенных на хозрасчетную систему проведения работ по созданию, освоению и внедрению новой техники, Академии наук СССР и академий наук союзных республик, высших учебных заведений системы Гособразования СССР (50, 1987, № 11, с. 15—19).

Порядок выплаты премий. Основанием для выплаты премий являются данные статистической и бухгалтерской отчетности, а при премировании рабочих, специалистов и служащих — также данные оперативного учета (41, разд. II, п. 5.1).

Премирование рабочих производится, как правило, ежемесячно.

Руководящие работники премируются за основные результаты хозяйственной деятельности помесячно или поквартально, а по специальным системам премирования — поквартально или по полугодиям (41, разд. II, абз. 1 п. 5.2).

Конкретные сроки премирования руководящих работников предприятия устанавливаются ежегодно министерствами и ведомствами СССР и союзных республик по согласованию с соответствующими профсоюзными органами (11, абз. 3 п. 22).

Выбор периода премирования на том или ином участке производства зависит от особенностей организации производства и труда и длительности производственного цикла, состава показателей и условий премирования и установленной по ним периодичности планирования, учета и отчетности (41, разд. II, абз. 2 п. 5.2).

Сроки премирования специалистов и служащих устанавливаются в Положении о премировании предприятия, которое утверждает руководитель предприятия по согласованию с профсоюзным комитетом.

Оценку выполнения месячных или квартальных показателей премирования рекомендуется осуществлять, как правило, нарастающим итогом с начала года (41, разд. II, п. 5.3).

Премии начисляются, как правило, коллективу бригады, структурного подразделения (участка, цеха, отдела) в целом.

Конкретным работникам премии выплачиваются в пределах премиальной суммы, начисляемой коллективу бригады, структурного подразделения, в соответствии с личным вкладом в общие результаты работы. Этим самым создаются благоприятные условия для преодоления уравнительности в материальном поощрении (55, 1987, № 1, с. 61).

При начислении премиальной суммы коллективу работников в целом премии конкретным специалистам и служащим определяются в соответствии с их личным вкладом в общие результаты работы и максимальными размерами не ограничиваются (11, п. 22). В случае, когда оценка деятельности работников производится не по коллективным, а по индивидуальным результатам работы, максимальный размер премии не может превышать установленного предела.

Начисление премий в индивидуальном порядке производится для тех работников (преимущественно рабочих), оплата труда которых производится по их личным (индивидуальным) показателям.

При распределении начисленной коллективу общей суммы премии коллектив подразделения (бригады, цеха, отдела) самостоятельно определяет премию работнику в соответствии с его личным вкладом в общие результаты. При этом трудовой вклад каждого работника может быть определен с помощью коэффициента трудового участия (КТУ), коэффициента качества труда или другими методами оценки индивидуальных результатов труда. При всех обстоятельствах должен быть исключен уравнительный подход при определении размеров индивидуальных премий.

Как правило, решение коллектива о распределении премии является окончательным и дальнейшему утверждению не подлежит.

Постановлением ЦК КПСС, Совета Министров СССР, ВЦСПС и ЦК ВЛКСМ от 18 июня 1986 г. трудовым коллективам рекомендовано повышать размеры премий за основные результаты хозяйственной деятельности подразделениям (бригадам, цехам, отделам) и работникам с учетом занятых мест по итогам социалистического соревнования, отдавая предпочтение тем, кто стабильно добивается высоких показателей (10).

При премировании рабочих за основные результаты хозяйственной деятельности размеры премий между бригадами рекомендуется дифференцировать в зависимости от ответственности выполняемых работ (услуг), их сложности и значимости.

Коллективам бригад, имеющим звание «Бригада отличного качества» и работающим с личным клеймом, следует устанавливать повышенные размеры материального поощрения (41, разд. II, п. 2.6).

Необходимо иметь в виду, что производственная бригада несет коллективную ответственность за выпуск некачественной продукции и возмещает ущерб из бригадного заработка, а при его распределении учитывает конкретную вину отдельных рабочих (9, п. 31).

Если коллектив бригады своевременно выполнил производственное задание с меньшей численностью, чем предусмотрено нарядом, общую сумму премии не рекомендуется корректировать (41, разд. II, абз. 4 п. 2.7).

Размеры премий определяются: для рабочих — в процентах к тарифному фонду бригады (общей сумме сдельной заработной платы) или в абсолютной сумме; для специалистов и служащих — в процентах к общему фонду заработной платы структурного подразделения (т. е. сумме должностных окладов по нормативной численности подразделения) или в абсолютной сумме (41, разд. II, абз. 1 п. 5.4).

При перерасходе фонда заработной платы по предприятию, цеху, участку или другому структурному подразделению премии соответствующих руководящих работников, специалистов и служащих, а также конструкторов, технологов и научных работников за основные результаты хозяйственной деятельности резервируются на сумму допущенного перерасхода фонда. При восполнении в последующие периоды календарного года перерасхода фонда заработной платы зарезервированные суммы премий выплачиваются в полном размере (11, п. 24). Премия может быть выплачена в начисленных размерах без резервирования, если допущенный перерасход сразу же возмещен за счет средств фонда материального поощрения (41, разд. II, абз. 2 п. 5.7).

Перечень доплат и надбавок к тарифным ставкам и должностным окладам работников предприятий производственных отраслей народного хозяйства, на которые начисляются премии за результаты хозяйственной деятельности в производственных отраслях народного хозяйства, утвержден постановлением Госкомтруда СССР и Секретариата ВЦСПС от 18 ноября 1986 г. (39).

Новая система премирования рабочих и служащих предусматривает, что если не были достигнуты высокие результаты коллективного или личного труда, конкретизированные в установленных предприятием показателях, то отсутствуют основания для представления к премированию. Таким образом, установленная с 1 января 1987 г. система премирования основана на представлении к премированию, а не на депремировании (лишении премии), как это было ранее.

Не должны представляться к премированию коллективы и отдельные работники, виновные в ухудшении качества выпускаемой продукции (работ), нарушении технологической дисциплины, несоблюдении стандартов и технических условий, поступлении рекламаций или возврате недоброкачественной продукции, невыполнении договоров поставки и других производственных упущениях (11, п. 17).

Перечень производственных упущений, за которые виновным премии уменьшаются или работники вообще не представляются к премированию, утверждает руководитель предприятия по согласованию с профсоюзным комитетом. Для руководящих работников предприятия указанный перечень имеет право утверждать руководитель вышестоящей организации по согласованию с соответствующим профсоюзным органом (41, разд. II, абз. 2 п. 5.5).

К производственным упущениям в зависимости от специфики производства можно относить только проступки, непосредственно влияющие на ход производства (нарушение технологического процесса, изготовление брака по вине работника, нарушение правил технической эксплуатации и т. п.).

Указом Президиума Верховного Совета РСФСР от 16 мая 1985 г. установлено, что лица, к которым применялись меры административного взыскания за распитие спиртных напитков в общественных местах и появление в общественных местах в пьяном виде, оскорбляющем человеческое достоинство и общественную нравственность, за распитие спиртных напитков на производстве (на рабочих местах, в помещениях и на территории предприятий), могут администрацией предприятия по согласованию с профкомом не представляться к премии либо она назначается им частично. Такие же меры могут быть применены к мастерам, начальникам участков, смен, цехов и другим руководителям, подвергнутым административному наказанию за участие в распитии с подчиненными им работниками спиртных напитков или непринятие мер к отстранению от работы лиц, находящихся в нетрезвом состоянии, либо сокрытие случаев распития спиртных напитков или появления на работе в нетрезвом состоянии подчиненных им работников (2).

Рабочий или служащий, совершивший прогул (в том числе отсутствовавший на работе более трех часов в течение рабочего дня) без уважительных причин либо появившийся на работе в нетрезвом состоянии, не представляется к производственной премии либо она назначается им частично (абз. 3 п. 26 Типовых правил внутреннего трудового распорядка).

Предусматривается, что не должны представляться к премированию работники предприятий всех отраслей народного хозяйства за невыполнение планов и мероприятий по охране природы и несоблюдение правил использования природных ресурсов (23). Руководящим работникам предприятий при несоблюдении ими норм расхода и заданий по экономии топлива, электрической и тепловой энергии премии снижаются (24).

В случаях привлечения за хулиганство к административной или уголовной ответственности либо применения мер общественного воздействия, предусмотренных Указом Президиума Верховного Совета СССР от 26 июля 1966 г., премии работникам уменьшаются или они вообще не представляются к премированию.

Лица, совершившие хищение государственного или общественного имущества, не представляются ко всем видам премий в течение периода, устанавливаемого администрацией по соглашению с трудовым коллективом либо с профсоюзным комитетом (профсоюзным бюро) предприятия, его структурного подразделения или советом бригады (1).

Лица, виновные в приписках и искажениях в отчетности, не представляются к премии на срок до одного года, начиная с того расчетного периода, в котором эти нарушения были обнаружены.

За непринятие мер по укреплению порядка и дисциплины, сокращению текучести кадров, организации достоверного учета потерь рабочего времени руководители предприятий и их подразделений не представляются к премии за основные результаты работы и по итогам социалистического соревнования (6, п. 2).

Полностью или частично в установленном порядке лишаются премии, выплачиваемой по результатам хозяйственной деятельности руководители и другие специалисты цехов, отделов, виновные в невыполнении обязательств администрации перед хозрасчетной бригадой, что повлекло невыполнение бригадой плановых показателей, брак продукции, перерасход по сравнению с установленными нормами затрат труда, материалов, топлива, энергии и т. д. (29, п. 3.4.2).

Премии руководящим работникам предприятий за основные результаты хозяйственной деятельности выплачиваются только при условии 100%-го выполнения утвержденного государственного заказа на товары народного потребления и платные услуги. В случае нарушения сроков выполнения госзаказа в течение года, но при выполнении его в целом за год указанные премии могут быть выплачены полностью или частично по решению вышестоящей организации (п. 39 постановления ЦК КПСС и Совета Министров СССР от 15 марта 1989 г. № 231. — СП СССР, отд. 1, № 22, ст. 69).

Рабочим и служащим уменьшается размер премии или они вовсе не представляются к премированию за тот расчетный период, в котором были совершены указанные выше упущения или неправомерные действия, а в случае хулиганства или пьянства — в том расчетном периоде, в котором поступило сообщение о них.

Учет премий за основные результаты хозяйственной деятельности при определении их максимальных размеров производится за тот период, по результатам которого они начислены.

Учет премий по специальным системам при определении их максимального предела производится за тот период, в котором они выплачены.

Размеры премий по каждой специальной системе (в пределах установленного максимума) рекомендуется определять и доводить до сведения работников до начала текущего года. Корректировка в течение года показателей (заданий) и размеров премий за их выполнение, как правило, нецелесообразна (41, разд. II, абз. 4—5 п. 5.8).

Выплата премии рабочим и служащим, уволенным с предыдущей работы за нарушение трудовой дисциплины. Рабочим и служащим, уволенным за систематическое нарушение трудовой дисциплины, прогулы без уважительных причин или появление на работе в нетрезвом состоянии, премии по новому месту работы в течение шести месяцев выплачиваются в половинном размере. Если в период первых трех месяцев работник будет добросовестно относиться к выполнению своих трудовых обязанностей, администрация по согласованию с профсоюзным комитетом и с учетом мнения коллектива может решить вопрос о полной выплате премий в дальнейшем (18, п. 6).

Порядок рассмотрения споров о премиях. Споры о премиях, предусмотренных положениями о премировании, в которых определены конкретные показатели и условия поощрения, круг лиц, подлежащих премированию, рассматриваются в комиссии по трудовым спорам.

В таком порядке рассматриваются споры не только о премиях, назначение которых предусмотрено за основные результаты хозяйственной деятельности, но также и по специальным системам премирования, если их выплата основана на конкретных показателях и является периодическим поощрением определенного круга работников (например, премии за сбор, хранение, сдачу и отгрузку лома и отходов черных и цветных металлов).

Споры по поводу выплаты разовых премий, размер которых на основе общей оценки труда работника определяется администрацией по согласованию с профсоюзным комитетом, рассматриваются вышестоящими хозяйственным и профсоюзным органом.

Вопрос о непредставлении работника к премии, если он был решен администрацией по согласованию с профсоюзным комитетом в пределах предоставленных им законодательством прав, рассматривается непосредственно народным судом (ст. 210 КЗоТ).

5. Вознаграждение по итогам работы за год и за выслугу лет

Вознаграждение по итогам работы за год. В дополнение к системам оплаты труда может устанавливаться вознаграждение рабочим и служащим предприятий по итогам годовой работы. Размер вознаграждения определяется с учетом результатов труда рабочего или служащего и продолжительности его непрерывного стажа работы на предприятии (ст. 38 Основ, ст. 84 КЗоТ).

Постановлением Госкомтруда СССР и Президиума ВЦСПС от 10 августа 1983 г. утверждены Рекомендации о порядке и условиях выплаты работникам предприятий и организаций народного хозяйства вознаграждения за общие результаты работы по итогам за год. Министерства и ведомства совместно с соответствующими комитетами профсоюзов утверждают отраслевые рекомендации, в которых учитываются особенности отрасли и сложившаяся в ней практика выплаты вознаграждения по итогам работы за год.

Рекомендации Госкомтруда СССР и ВЦСПС и отраслевые рекомендации являются основой для разработки положений о выплате годового вознаграждения предприятий.

Вознаграждение за общие результаты работы по итогам за год (так называемая тринадцатая заработная плата) выплачивается рабочим, руководителям, специалистам, служащим и работникам других категорий, состоящим в штате (списочном составе) данного предприятия.

Вознаграждение из фонда материального поощрения может выплачиваться работникам научных, конструкторских и технологических организаций в научно-производственных объединениях, а также работникам этих организаций, являющихся производственными единицами производственного объединения, в тех случаях, когда указанные объединения переведены на хозрасчетную систему организации работ по созданию, освоению и внедрению новой техники на основе заказов-нарядов (договоров) и в фонд материального поощрения производятся дополнительные отчисления за создание и внедрение новой техники (28, п. 1).

В отдельных случаях вознаграждение по итогам работы за год может выплачиваться работникам, не состоящим в штате (в списочном составе) данного предприятия, организации. Сюда относятся:

медико-санитарные части, здравпункты, санатории-профилактории и цеховые участки (в порядке, установленном законодательством);

профсоюзные дворцы культуры, дома культуры и техники, дома культуры школьника, дома техники, станции юного техника, клубы, вагоны-клубы, автоклубы, библиотеки, красные уголки, агитсуда и плавбазы (в порядке, установленном законодательством).

Порядок, размеры и условия выплаты вознаграждения этим работникам устанавливаются руководителем предприятия, организации по согласованию с профсоюзным комитетом применительно к действующим для работников списочного состава (28, п. 2).

Вознаграждение выплачивается в полном размере работникам, которые проработали, как правило, весь календарный год. Проработавшие календарный год и уволившиеся с предприятия, из организации до момента выплаты вознаграждения имеют право на получение этого вознаграждения в общем порядке и в сроки, установленные на предприятии, в организации (28, абз. 1 п. 3).

Вознаграждение может быть выплачено также работникам, которые не проработали полного календарного года по уважительным причинам:

в случае увольнения с работы в связи с призывом на службу в Вооруженные Силы СССР, уходом на пенсию (по старости, инвалидности), рождением ребенка, поступлением в высшее (среднее) специальное учебное заведение, на курсы повышения квалификации с отрывом от производства по направлению предприятия, организации, переходом на выборную должность в партийные, советские, профсоюзные и комсомольские органы, переводом по решению вышестоящих партийных и хозяйственных органов на другое предприятие, в организацию, направлением в зарубежную командировку и по другим аналогичным причинам;

в случае возвращения на работу на предприятие, в организацию в связи с окончанием службы в Вооруженных Силах СССР, обучения на курсах повышения квалификации с отрывом от производства по направлению предприятия, организации, работы на выборных должностях в партийных, советских, профсоюзных и комсомольских органах, дополнительного отпуска у женщин по уходу за ребенком, срока инвалидности, переводом по решению вышестоящих партийных и хозяйственных органов, а также в других аналогичных случаях.

При работе в течение неполного года вознаграждение рекомендуется определять исходя из заработной платы, фактически полученной работником в данном году, и выплачивать в сроки, установленные на предприятии, в организации (28, абз. 2—3 п. 3).

Для определения размеров вознаграждения за общие результаты работы по итогам года следует устанавливать, как правило, единую шкалу для всех категорий работников предприятия, организации в зависимости от непрерывного стажа их работы (28, абз. 1 п. 7).

Для рабочих, мастеров, старших мастеров и других специалистов производственных участков основных цехов, занятых в непрерывном производстве, на отдельных работах с особо тяжелыми и особо вредными условиями труда, с трех- и четырехсменным графиком, а также на участках, где имеется особая необходимость в обеспечении стабильности кадров, может устанавливаться отдельная шкала, обеспечивающая более быстрый рост размера вознаграждения по мере увеличения непрерывного стажа работы или повышенные размеры вознаграждения за каждый год непрерывной работы (28, абз 3 п. 7).

Минимальный стаж непрерывной работы для выплаты вознаграждения целесообразно устанавливать, как правило, в один год. На участках, где имеется особая необходимость в обеспечении стабильных кадров, а также для отдельных категорий работников (исходя из нужд производства) минимальный стаж может устанавливаться в границах до одного года, но с тем условием, чтобы работник до конца календарного года непрерывно отработал не менее шести месяцев.

Максимальный стаж непрерывной работы, за пределами которого размеры вознаграждения не увеличиваются, рекомендуется устанавливать, как правило, в пять лет. С учетом сложившейся структуры кадров по стажу предприятия могут устанавливать шкалу и с более длительным максимальным стажем работы, за пределами которого размеры вознаграждения не увеличиваются, например, в десять лет (28, п. 9).

Для учета личных результатов труда при определении размеров выплачиваемых вознаграждений рекомендуется использовать показатели, характеризующие выполнение установленных работникам годовых заданий, прежде всего по выполнению плана производства и поставок продукции по договорам, достижению высоких конечных результатов и экономии труда и материальных ресурсов, выполнению личных и бригадных производственных планов. При этом необходимо учитывать результаты социалистического соревнования.

Целесообразно предусматривать повышенные размеры вознаграждений работникам, участвующим в движении «Трудовой и общественной дисциплине — гарантию коллектива», добившимся в отчетном году высоких показателей в труде, проявившим инициативу в изыскании и мобилизации внутренних резервов роста производства и производительности труда, внесшим наибольший вклад в успешное выполнение и перевыполнение годовых заданий пятилетнего плана, а также работникам, достигшим наиболее высоких показателей в социалистическом соревновании и отмеченных различными формами морального поощрения (награждены орденами, медалями, дипломами, вымпелами и общесоюзными знаками победителей во Всесоюзном социалистическом соревновании, почетными грамотами, занесены на Доску почета и в Книгу Трудовой Славы, получили благодарности и т. д.).

В зависимости от личных результатов труда работника размер вознаграждения, исчисленный по шкале, может быть увеличен или уменьшен по согласованию с соответствующим профсоюзным комитетом, как правило, в размере до 25%, а в случаях, когда работники отмечены указанными формами морального поощрения, размер вознаграждения может быть увеличен до 50%.

С учетом увеличения (уменьшения) размера вознаграждения в зависимости от трудового вклада работника фактическое соотношение между минимальным и максимальным размером вознаграждения может быть иным, чем 1:2.

В случае нарушения трудовой или общественной дисциплины отдельными работниками коллективы бригад, с добровольного согласия всех их членов, отказываются от части материального вознаграждения (28, п. 10).

Размеры вознаграждения, выплачиваемого отдельному работнику, целесообразно увязывать не только с общими итогами работы предприятия за год, но и годовыми результатами работы того подразделения, в котором он работает (цеха, участка, бригады, отдела или службы). Для этого целесообразно сумму средств, выделяемую для выплаты работникам вознаграждения, поставить в зависимость от результатов работы соответствующего подразделения. В величине этих средств должен учитываться трудовой вклад коллектива работников подразделения в общий итог работы предприятия за год.

При этом необходимо выделять по уровню вознаграждения лучшие трудовые коллективы, участвующие в движении «Трудовой и общественной дисциплине — гарантию коллектива», добившиеся наивысших производственных достижений, признанные победителями в социалистическом соревновании, существенно улучшившие положение дел с трудовой дисциплиной, отличившиеся в общественной жизни предприятия, ведущие активную воспитательную работу среди молодежи.

Распределение этих средств между членами коллектива подразделения должно обеспечивать наиболее полное отражение личного трудового вклада в результаты работы данного коллектива.

В бригадах, и особенно хозрасчетных, размеры средств для выплаты вознаграждения рабочим следует связывать с такими показателями их деятельности, которые характеризуют качество продукции (работ), сокращение трудовых и материальных затрат, снижение расчетной стоимости (себестоимости) выполненных работ.

Размер вознаграждения за общие результаты работы по итогам за год начисляется отдельному работнику по установленной шкале в соответствии с полученной работником заработной платой и с учетом продолжительности непрерывного стажа работы на данном предприятии в пределах средств, выделенных на эти цели по результатам деятельности тому подразделению производства, в котором он работает.

В тех случаях, когда вознаграждение по итогам работы за год определяется каждому работнику индивидуально, результаты деятельности коллектива подразделений можно учитывать непосредственно при начислении вознаграждения конкретному работнику, повышая (или понижая) в пределах до 25% размеры начисленного по установленной шкале вознаграждения, с учетом перевыполнения (недовыполнения) годовых планов подразделения (28, п. 11).

В стаж работы, продолжительность которого учитывается при выплате вознаграждения за общие результаты работы по итогам за год, включается время непрерывной работы на данном предприятии. В этот стаж засчитывается время отпуска женщинам по уходу за ребенком до достижения им возраста полутора лет, а также могут включаться и другие периоды (например, время срочной службы в Вооруженных Силах СССР, работа на выборных должностях и т. п.), если таким периодам предшествовала и за ними непосредственно следовала работа на данном предприятии, а также стаж работы на другом предприятии, в организации, если работник переведен на данное предприятие по решению вышестоящих партийных или хозяйственных органов (28, п. 4).

Соотношение между минимальными и максимальными размерами вознаграждения в зависимости от стажа непрерывной работы рекомендуется устанавливать в шкале, как правило, не более чем 1:2. В некоторых случаях, например, на вновь введенных в действие предприятиях, когда стаж непрерывной работы на этом предприятии у работников небольшой, указанное соотношение размеров вознаграждения может быть предусмотрено меньше чем 1:2 (28, п. 8).

В состав заработной платы, на которую начисляется вознаграждение, включаются выплаты, производимые по результатам работы трудовых коллективов и индивидуальным результатам труда из фонда заработной платы (оплата по тарифным ставкам, должностным окладам и сдельным расценкам, надбавки и доплаты за условия труда, увеличение объема выполняемой работы, совмещение профессий и должностей, профессиональное мастерство и высокие достижения в в труде, все виды премий и другие выплаты аналогичного характера), выплаты из фонда материального поощрения (за исключением единовременной помощи), а также премии отдельным категориям работников, выплачиваемые из специальных источников (28, п. 5).

Не рекомендуется учитывать в составе заработной платы выплаты по районным коэффициентам, за работу в высокогорной, пустынной и безводной местности, вознаграждение за выслугу лет, процентные надбавки за стаж работы в районах Крайнего Севера и приравненных к ним местностях, оплату за отпуск, а также вознаграждение за общие результаты работы по итогам предыдущего года (28, п. 6). Не учитывается также и оплата за время болезни (48, 1980, № 1, с. 113).

В соответствии с действующим законодательством за содержание численности рабочих и служащих сверх предусмотренного в плане на год лимита численности руководители предприятий и организаций частично (в пределах до 50%) лишаются вознаграждения за общие результаты работы по итогам за год. Вознаграждение не уменьшается у руководителей предприятий, организаций, на которых с разрешения министерства, ведомства увеличена численность рабочих, занятых в производстве товаров культурно-бытового и хозяйственного назначения и комплектующих изделий, узлов, деталей и полуфабрикатов для выпуска этих товаров, сверх лимита численности промышленно-производственного персонала, установленного предприятию, организации на текущий год, в меру перевыполнения плана производства указанной продукции.

При возврате предприятиям товаров народного потребления (вследствие их низкого качества) виновные работники могут быть полностью или частично лишены вознаграждения.

При невозмещении перерасхода фонда заработной платы, пересчитанного на процент выполнения плана, вознаграждение, выплачиваемое на предприятиях производственных отраслей народного хозяйства руководящим работникам за общие результаты работы этих предприятий по итогам за год, уменьшается до 50%.

Работники, привлеченные к административной ответственности за пьянство, могут быть лишены вознаграждения полностью или частично.

Лиц, совершивших мелкое хищение государственного

или общественного имущества, наряду с привлечением их к административной или уголовной ответственности либо применением к ним мер общественного воздействия, руководитель предприятия по согласованию с профсоюзным комитетом может лишить вознаграждения полностью или частично (28, абз. 1—5 п. 13).

Работники могут быть также лишены вознаграждения полностью или частично за производственные упущения в работе, перечень которых утверждается руководителем предприятия совместно с профсоюзным комитетом с учетом мнения трудового коллектива (28, абз. 6 п. 13).

Независимо от применения мер дисциплинарного или общественного взыскания рабочий или служащий, совершивший прогул (в том числе отсутствие на работе более трех часов в течение рабочего дня) без уважительных причин либо появившийся на работе в нетрезвом состоянии, лишается вознаграждения по итогам годовой работы предприятия полностью или частично (абз. 3 п. 26 Типовых правил внутреннего трудового распорядка).

Вознаграждение за выслугу лет. Единовременное вознаграждение за выслугу лет выплачивается работникам основного производства в угольной, химической, металлургической, нефтяной и в некоторых других ведущих отраслях промышленности, а также в строительстве и на железнодорожном транспорте. Указанное вознаграждение выплачивается в долях месячной тарифной ставки (оклада) в зависимости от непрерывного стажа работы.

Стаж работы, дающий право на получение вознаграждения, исчисляется в соответствии с Инструкцией ВЦСПС и Минфина СССР, утвержденной постановлением Совета Министров СССР от 28 января 1949 г. № 338 (12), а также отраслевыми положениями о порядке исчисления стажа и выплаты единовременного вознаграждения за выслугу лет.

Право на вознаграждение за выслугу лет у работника возникает по истечении соответствующего минимального стажа непрерывной работы, установленного в соответствующем положении о выплате вознаграждения. Если это право возникло в течение календарного года, то вознаграждение выплачивается за время работы после возникновения этого права.

Стаж непрерывной работы, необходимый для начисления единовременного вознаграждения за выслугу лет, не прерывается в случаях перевода работников с одного предприятия на другое по согласованию между руководителями этих предприятий, если и работа до перевода, и новая работа дают право на получение вознаграждения за выслугу лет (13).

Непрерывный стаж работы, необходимый для получения вознаграждения за выслугу лет, устанавливают специальные комиссии, создаваемые для этой цели на каждом предприятии. При несогласии работника с решением комиссии он может обратиться с жалобой в вышестоящий хозяйственный орган, решение которого является окончательным.

Вознаграждение выплачивается за отработанное в данном году время, включая время оплачиваемых отпусков, дней болезни, а также время, в течение которого за работником в соответствии с законодательством сохраняется полностью или частично заработная плата.

Выплата единовременного вознаграждения за выслугу лет работникам органов Государственной приемки на предприятиях, где они заняты приемкой продукции, и работникам которых выплачивается такое вознаграждение, производится в порядке и размерах, установленных для работников основных цехов этих предприятий.

При этом в стаж работы, дающий указанным работникам органов Государственной приемки право на получение единовременного вознаграждения за выслугу лет, включается время работы на других предприятиях на работах, дающих право на получение данного вознаграждения, если эта работа непосредственно предшествовала работе в органах Государственной приемки (50, 1987, № 11, с. 11).

6. Оплата работы при отклонении от нормальной продолжительности рабочего времени

Оплата работы в сверхурочное время. Сверхурочные работы компенсируются денежной оплатой в повышенном размере.

При повременной оплате труда работа в сверхурочное время оплачивается за первые два часа в полуторном размере, а за последующие часы — в двойном (ч. 1 ст. 40 Основ).

Доплата за работу в сверхурочное время при сдельной оплате труда производится в соответствии с законодательством в размере 50% тарифной ставки повременщика соответствующего разряда за первые два часа сверхурочной работы и в размере 100% этой тарифной ставки за последующие часы.

Компенсация сверхурочной работы отгулом не допускается (ст. 88 КЗоТ).

При оплате труда по единым тарифным ставкам для сдельщиков и повременщиков доплата за работу в сверхурочное время производится из расчета 75% единой тарифной ставки, т. е. за первые два часа доплата производится в размере 37,5%, а за последующие часы — 75% ставки, присвоенной работнику.

На подземных работах в действующих и строящихся шахтах доплата за сверхурочную работу производится исходя из 50%, а не 75% единой тарифной ставки, и составляет 25% за первые два часа и 50% ставки, присвоенной работнику, — за последующие часы.

Судебная практика исходит из того, что оплата сверхурочной работы должна производиться тогда, когда она имела место не только по распоряжению, но и с ведома администрации. Сверхурочная работа подлежит оплате и в тех случаях, когда она выполнялась без надлежащего оформления (администрация не получила согласия комитета профсоюза).

Оплата труда при многосменном режиме работы. Рабочим, мастерам, руководителям участков и других подразделений, специалистам и служащим, работающим в двух-, трехсменном режиме на предприятиях промышленности, строительства, транспорта, связи, в перерабатывающих отраслях агропромышленного комплекса (пищевой, хлебопекарной и др.), а также в опытных и экспериментальных производствах, цехах, мастерских, на участках и установках научно-исследовательских, конструкторских и технологических организаций производственных отраслей, Академии наук СССР и академий наук союзных республик, Гособразования СССР производится доплата за работу в вечернюю смену в размере 20%, а за работу в ночную смену — 40% часовой тарифной ставки (должностного оклада) за каждый час работы в соответствующей смене. Указанная доплата за работу в ночную смену производится в случае, если не менее 50% ее продолжительности приходится на ночное время (с 10 часов вечера до 6 часов утра) (8, подп. «а» п. 9).

До принятия постановления ЦК КПСС, Совета Министров СССР и ВЦСПС от 12 февраля 1987 г. № 194, предусмотревшего указанную выше доплату за работу в вечернюю и ночную смену, были приняты нормативные акты, в которых предусмотрена для работников ряда отраслей народного хозяйства доплата за работу в ночное время в более высоких размерах.

Так, доплата в размере 50% часовой тарифной ставки установлена рабочим хлебопекарной промышленности, рабочим, занятым на выпуске газет в ряде цехов (участков) полиграфических предприятий.

На предприятиях текстильной промышленности системы Министерства легкой промышленности СССР рабочим, занятым в основных цехах (на участках), за каждый час работы в ночное время доплачивается 75% часовой тарифной ставки.

В тех случаях, когда введенные постановлением ЦК КПСС, Совета Министров СССР и ВЦСПС от 12 февраля 1987 г. № 194 доплаты за работу в вечернюю или ночную смены меньше суммы дополнительной оплаты труда за работу в ночное время, предусмотренной в ранее принятых нормативных актах, сохраняется действующий порядок оплаты труда за работу в ночное время (8, подп. «а» п. 9). В этих случаях производится доплата за работу в ночную смену в ранее установленных суммах. Поясним это на примере. Рабочему, занятому на выпуске газет, установлена ночная смена с 22 час. 30 мин. до 6 час. утра. Продолжительность ночной смены составляет 7 час. (сокращена на один час по сравнению с дневной и вечерней сменами). За все 7 часов работы в ночную смену рабочий получит доплату из расчета 0,5 тарифной ставки за каждый час работы.

В связи с сокращением времени работы в ночной смене на один час рабочим-повременщикам производится доплата в размере одной часовой тарифной ставки сверх доплат, установленных в сменном режиме. Уменьшение рабочего времени в ночную смену и доплата за сокращенный час не производится рабочим и служащим, для которых законодательством (или по соглашению сторон) установлен укороченный рабочий день (6 и менее часов), а также работникам, занятым в непрерывных производствах (49, 1987, 1 сент.).

Доплаты, установленные постановлением ЦК КПСС, Совета Министров СССР и ВЦСПС от 12 февраля 1987 г. № 194 за многосменный режим работы, распространяются на соответствующих работников органов Государственной и ведомственной приемки и лиц с неполным рабочим днем (44, п. 2). Лицам, занятым в многосменном режиме с неполным рабочим временем (при неполном рабочем дне или неполной рабочей неделе), доплаты за работу в вечернюю и ночную смены производятся пропорционально проработанному времени (49, 1987, 1 сент.).

В отраслях народного хозяйства, не относящихся к промышленности, работа в ночное время оплачивается следующим образом: на работах, где продолжительность рабочего времени ночью сокращается на один час, повременщикам за каждый час ночной работы при семичасовом рабочем дне производится оплата в размере 7/6 дневного часа, а при шестичасовом рабочем дне — 6/5 дневного часа; сдельщикам сверх сдельного заработка за каждый час ночной работы доплачивается соответственно 1/6 и 1/5 часовой ставки присвоенного сдельщику разряда.

На тех работах, где продолжительность ночной смены уравнена с дневной (например, на непрерывно действующих предприятиях), повременщикам каждый час ночной работы оплачивается в размере 8/7 дневного часа (при семичасовом рабочем дне); сдельщикам сверх сдельного заработка соответственно доплачивается за каждый час ночной работы 1/7 или 1/5 часовой ставки присвоенного работнику разряда.

Работникам с ненормированным рабочим днем доплата за работу в ночное время производится только в случаях, предусмотренных в законодательстве. Помимо названных выше случаев для старших мастеров, мастеров и помощников мастеров производственных участков производственных объединений (комбинатов), научно-производственных объединений, промышленных предприятий, строительных и ремонтно-строительных организаций установлена дополнительная оплата труда в ночное время в тех же размерах, что и для рабочих этих участков (4, п. 10).

Для начальников смен производственных объединений и предприятий системы Минлегпрома СССР установлена дополнительная оплата труда в ночное время в тех же размерах, что и для рабочих этих смен.

Оплата работы в праздничные дни. Работа в праздничный день оплачивается в двойном размере:

1) сдельщикам — по двойным сдельным расценкам;

2) работникам, труд которых оплачивается по часовым или дневным ставкам, — в размере двойной часовой или дневной ставки;

3) работникам, получающим месячный оклад, — в размере одинарной часовой или дневной ставки сверх оклада, если работа в праздничный день производилась в пределах месячной нормы рабочего времени, и в размере двойной часовой или дневной ставки сверх оклада, — если работа производилась сверх месячной нормы (ст. 89 КЗоТ).

Месячная норма рабочего времени определяется по календарю, а не по графику. Оплата в указанном размере производится всем работникам за часы, фактически проработанные в праздничный день.

При оплате за работу в праздничные дни учитываются установленные законодательством повышенные должностные оклады (ставки), например повышенные тарифные ставки шоферам грузовых автомобилей за работу в особых условиях. Учитываются также доплаты за совмещение профессий (должностей). Остальные виды доплат и надбавок к ставке (окладу) не учитываются, в том числе доплаты за руководство бригадой, надбавки за классность, надбавки за разъездной характер работы и работу в пути и др.

За работу в праздничные дни премии рабочим начисляются на заработок по одинарным сдельным расценкам или на одинарную тарифную ставку (оклад). Доплата за работу в ночное время производится без удвоения.

За работу в праздничные дни, если она превышает месячную норму рабочего времени, вместо оплаты в двойном размере работнику (с его согласия) может быть предоставлен другой день отдыха. В этих случаях, помимо отгула, ему производится оплата за работу в праздничный день в одинарном размере.

За дежурство в праздничные дни денежная компенсация не производится, а предоставляется отгул той же продолжительности.

Компенсация за работу в выходные дни. Работа в выходной день может компенсироваться, по соглашению сторон, предоставлением другого дня отдыха или в денежной форме в двойном размере (ст. 30 Основ, ст. 64 КЗоТ).

7. Оплата при невыполнении норм труда

Оплата труда при невыполнении норм выработки. При невыполнении норм выработки не по вине рабочего или служащего оплата производится за фактически выполненную работу. Месячная заработная плата в этом случае не может быть ниже двух третей тарифной ставки установленного ему разряда (оклада). При невыполнении норм выработки по вине рабочего или служащего оплата производится в соответствии с выполненной работой (ч. 1 ст. 43 Основ; ст. 92 КЗоТ).

Оплата труда при изготовлении продукции, оказавшейся браком. При изготовлении продукции, оказавшейся браком не по вине рабочего или служащего, оплата труда по ее изготовлению производится по пониженным расценкам. Месячная заработная плата рабочего или служащего в этих случаях не может быть ниже двух третей тарифной ставки установленного ему разряда (оклада).

Брак изделий, происшедший вследствие скрытого дефекта в обрабатываемом материале, а также брак не по вине работника, обнаруженный после приемки изделия органом технического контроля, оплачивается этому работнику наравне с годными изделиями.

Полный брак по вине рабочего или служащего оплате не подлежит. Частичный брак по вине рабочего или служащего оплачивается в зависимости от степени годности продукции по пониженным расценкам (ч. 2—4 ст. 43 Основ, ст. 93 КЗоТ).

Оплата времени простоя. Время простоя не по вине рабочего или служащего, если работник предупредил администрацию (бригадира, мастера, других должностных лиц) о начале простоя, оплачивается из расчета не ниже двух третей тарифной ставки установленного работнику разряда (оклада).

Время простоя по вине работника не оплачивается.

На период освоения нового производства (продукции) администрация может производить рабочим доплату до прежнего среднего заработка на срок не более 6 месяцев (ч. 5—7 ст. 43 Основ, ст. 94 КЗоТ).

8. Охрана заработной платы

Порядок выплаты заработной платы. Заработная плата выплачивается не реже чем каждые полмесяца (ст. 96 КЗоТ).

Сроки выплаты заработной платы устанавливаются в коллективных договорах.

Выплата заработной платы рабочим и служащим производится, как правило, в месте выполнения ими работы (ст. 97 КЗоТ).

Заработная плата за время отпуска должна быть выплачена не позднее чем за один день до начала отпуска (ст. 96 КЗоТ).

При увольнении рабочего или служащего суммы, причитающиеся ему от предприятия, выплачиваются в день увольнения. Если работник в этот день не работал, то соответствующие суммы должны быть выплачены ему не позднее следующего дня после предъявления уволенным работником требования о расчете.

В случае спора о размерах сумм, причитающихся работнику при увольнении, администрация во всяком случае обязана в установленные сроки выплатить неоспариваемую ею сумму (ст. 98 КЗоТ).

Исчисление среднего заработка. Законодательство о труде устанавливает шесть основных видов исчисления среднего заработка.

В тех случаях, когда предприятие должно по закону уплатить работнику его средний заработок за время, в течение которого работник фактически не работал (например, за время выполнения государственных и общественных обязанностей, перевода на другую работу, военных сборов и т. п.), средний заработок исчисляется в порядке, установленном постановлением НКТ СССР от 2 апреля 1930 г. «О среднем заработке и оплате за неполный месяц» (54, ч. 2, с. 268—270) и Основными положениями по учету труда и заработной платы в промышленности и строительстве, утвержденными Госкомтрудом СССР, Минфином СССР и ЦСУ СССР 27 апреля 1973 г. (51, 1973, № 10, с. 4).

В указанных нормативных актах предусмотрено, что средний заработок, как правило, определяется из расчета двух последних календарных месяцев работы. Если в специальных решениях Правительства СССР либо Госкомтруда СССР и ВЦСПС установлен иной конкретный учетный период, за который следует учитывать заработок, то исчисление среднего заработка должно производиться исходя из того периода, который указан в соответствующем нормативном акте.

Так, при переводе на другую, более легкую работу беременных женщин, а также при переводе женщин, имеющих детей в возрасте до полутора лет, на другую работу в случае невозможности выполнения прежней работы, средний заработок исчисляется из заработка последних шести месяцев перед переводом (не считая времени отпуска по беременности и родам) (22).

Оплата труда рабочих за время переквалификации или обучения их вторым профессиям непосредственно на предприятии производится из расчета среднего заработка за последние три месяца по прежней работе (14).

Средний заработок для оплаты отпуска, а также компенсации за неиспользованный отпуск исчисляются по постановлению СНК СССР от 25 июля 1935 г. (54, ч. 2, с. 262) и изданным в его развитие постановлениям Секретариата ВЦСПС от 9 сентября 1935 г. и 2 февраля 1936 г. (54, ч. 2, с. 263—265).

Согласно указанным постановлениям, средний заработок определяется исходя из заработка за 12 календарных месяцев, предшествующих месяцу ухода в отпуск или выдаче компенсации за неиспользованный отпуск. Для работников, проработавших в данном предприятии менее года, выплата производится из расчета среднего заработка за время со дня поступления в данное предприятие.

При исчислении среднего заработка для оплаты ежегодных отпусков следует исключать из подсчета время, в течение которого работники в соответствии с действующим законодательством освобождались от основной работы без оплаты или с частичным сохранением заработной платы.

В этих случаях средний месячный заработок определяется путем деления заработка за фактически проработанные полные месяцы (от 1-го до 1-го числа) на число тех же месяцев.

Если в расчетном периоде не окажется ни одного полного месяца, отпуска оплачиваются исходя из среднего дневного заработка, определяемого путем деления заработка за фактически проработанное время на число рабочих дней по календарю шестидневной рабочей недели, приходящихся на проработанное время.

Рабочим и служащим, которые не имели в расчетном периоде (12 месяцев) заработка или получали оплату частично (например, женщина находилась в отпуске по уходу за ребенком и в отпуске для сдачи экзаменов в институте), средний заработок для оплаты ежегодного отпуска должен исчисляться из заработка за 12 календарных месяцев, предшествующих этому периоду (27, абз. 5 п. 1).

Указанные правила применяются также при исчислении среднего заработка для оплаты других дополнительных отпусков, предоставляемых рабочим и служащим в соответствии с действующим законодательством (например, совмещающим работу с обучением), а также при выплате компенсации за неиспользованный ежегодный отпуск.

Пособие по временной нетрудоспособности исчисляется из фактического заработка по последней должности перед наступлением нетрудоспособности.

Рабочим и служащим, получающим сдельную оплату труда, пособие исчисляется из среднего заработка за два последних календарных месяца, предшествующих первому числу месяца, в котором наступила нетрудоспособность, с прибавлением к заработку каждого месяца среднемесячной суммы премий (см. п. 74 Положения о порядке обеспечения пособиями по государственному социальному страхованию) (54, ч. 3, с. 135).

Исчисление среднемесячного заработка для назначения государственных пенсий производится по правилам ст. 53 Закона о государственных пенсиях и пп. 121—131 Положения о порядке назначения и выплаты государственных пенсий.

Среднемесячный заработок для исчисления пенсии берется за 12 последних месяцев работы либо, по желанию обратившегося за пенсией, за любые 5 лет подряд из последних 10 лет перед обращением за пенсией (ст. 53 Закона о государственных пенсиях).

Для определения размера подлежащего возмещению ущерба, причиненного здоровью работника, средний заработок определяется в соответствии с Правилами возмещения предприятиями ущерба, причиненного рабочим и служащим увечьем либо иным повреждением здоровья, связанным с исполнением ими трудовых обязанностей, утвержденными постановлением Совета Министров СССР от 3 июля 1984 г. (17).

Среднемесячный заработок для определения размера возмещения ущерба берется за 12 календарных месяцев, предшествующих трудовому увечью или наступлению утраты трудоспособности в связи с данным трудовым увечьем (по выбору потерпевшего). В случае профессионального заболевания по желанию потерпевшего для исчисления размера возмещения ущерба может приниматься среднемесячный заработок за 12 календарных месяцев перед прекращением работы, повлекшей это заболевание.

При определении среднемесячного заработка месяцы, в течение которых работник фактически не работал или проработал неполное количество рабочих дней вследствие болезни, отпуска, увольнения и в других случаях освобождения от работы, предусмотренных действующим законодательством, по желанию потерпевшего исключаются из подсчета и заменяются другими, непосредственно предшествовавшими месяцами. Месяцы, в течение которых работник фактически не работал или проработал неполное количество дней по другим причинам (например, при прогуле), не исключаются из подсчета и не заменяются другими месяцами (17, пп. 11 и 12).

Средний заработок работникам, переехавшим на работу в совхозы и другие государственные сельскохозяйственные предприятия в качестве руководителей и специалистов хозяйств и руководителей подразделений среднего звена (на период, когда за ними в связи с переездом в село сохраняется средний заработок), исчисляется на основании совместного письма Госкомтруда СССР, Минсельхоза СССР и Минфина СССР от 25 октября 1982 г. (54, ч. 2, с. 272—274).

Средний заработок, сохраняемый за указанными работниками, исчисляется из заработка за 12 календарных месяцев, предшествующих переходу на работу в эти хозяйства. Если к моменту перехода работник был занят на данном предприятии менее 12 месяцев, средний заработок определяется исходя из заработка за фактически проработанные полные месяцы.

Виды учитываемой заработной платы и порядок определения среднего заработка в каждом из указанных способов его исчисления различны. Все это необходимо учитывать при определении среднего заработка в каждом конкретном случае, когда по действующему законодательству предусматривается его выплата.

Ограничение удержаний из заработной платы. Удержания из заработной платы могут иметь место только в случаях, предусмотренных законодательством.

В ст. 124 КЗоТ установлено, что удержания из заработной платы рабочих и служащих для погашения их задолженности предприятию, где они работают, по распоряжению администрации производятся:

1) для возвращения аванса, выданного в счет заработной платы; для возврата сумм, излишне выплаченных вследствие счетных ошибок; для погашения неизрасходованного и своевременно не возвращенного аванса, выданного на служебную командировку или перевод в другую местность, на хозяйственные нужды, если работник не оспаривает основания и размера удержания.

В этих случаях администрация вправе сделать распоряжение об удержании не позднее одного месяца со дня окончания срока, установленного для возвращения аванса, погашения задолженности или со дня неправильно исчисленной выплаты;

2) при увольнении рабочего или служащего до окончания того рабочего года, в счет которого он уже получил отпуск, за неотработанные дни отпуска. Удержание за эти дни не производится, если работник увольняется по основаниям, указанным в пп. 3, 5 и 6 ст. 29 и пп. 1, 2 и 5 ст. 33 КЗоТ, при направлении на учебу, а также в связи с уходом на пенсию;

3) при возмещении ущерба, причиненного по вине рабочего или служащего предприятию, в размере, не превышающем его среднего месячного заработка (ч. 1 ст. 122 КЗоТ).

Если в случаях, предусмотренных п. 1 ст. 124 КЗоТ (возвращение аванса, возврат сумм, излишне выплаченных вследствие счетных ошибок, и др.), администрация пропустит месячный срок, она теряет право на удержание в бесспорном порядке. Однако за ней остается право обратиться в суд с иском о возврате соответствующих сумм в течение одного года со времени истечения срока платежа.

Заработная плата, излишне выплаченная работнику администрацией (в том числе при неправильном применении закона), не может быть с него взыскана, за исключением случаев счетной ошибки (ст. 124 КЗоТ).

При каждой выплате заработной платы общий размер всех удержаний не может превышать 20%, а в случаях, особо предусмотренных законодательством, — 50% заработной платы, причитающейся к выплате рабочему или служащему.

При удержании из заработной платы по нескольким исполнительным документам за рабочим или служащим во всяком случае должно быть сохранено 50% заработка (ст. 125 КЗоТ).

Указанные ограничения не распространяются на удержания из заработной платы при отбывании исправительных работ и при взыскании алиментов на несовершеннолетних детей.

Согласно ст. 27 Уголовного кодекса РСФСР, народный суд может приговорить лицо, совершившее преступление, к отбыванию наказания в виде исправительных работ с удержанием от 5 до 20% заработка. Отсюда следует, что если с лица производится удержание в пределах 50% заработка и оно отбывает наказание в виде исправительных работ с удержанием 20% заработка, то общий размер удержаний составит 70%.

Удержания из заработной платы не могут быть обращены на выходное пособие, выплачиваемое при увольнении, компенсационные выплаты в связи со служебной командировкой, переводом на работу в другую местность и некоторые другие выплаты (ст. 387 Гражданского процессуального кодекса РСФСР).

Удержания алиментов с рабочих и служащих производятся со всех видов заработка и дополнительного вознаграждения как по основной, так и по совмещаемой работе, на которые, по действующим правилам, начисляются страховые взносы. Виды заработка (дохода), подлежащие учету при удержании алиментов, перечислены в постановлении Госкомтруда СССР и Секретариата ВЦСПС от 22 января 1969 г., с изменениями от 10 февраля 1971 г. (50, 1969, № 3, с. 14; 1971, № 4, с. 4).

Заработная плата, не полученная ко дню смерти рабочего или служащего, выдается проживавшим совместно с ним членам семьи, а также лицам, находившимся вследствие нетрудоспособности на иждивении умершего (постановление Совета Министров СССР от 19 ноября 1984 г. № 1153 «О порядке выдачи заработной платы, не полученной ко дню смерти рабочего или служащего». — СП СССР, 1985, отд. 1, № 1, ст. 2). К членам семьи следует отнести супруга, детей и родителей умершего, его братьев, сестер, деда и бабушку, а также внуков, у которых нет родителей. Перечисленные члены семьи имеют право на получение заработной платы рабочего или служащего, если они ко дню смерти постоянно проживали совместно, независимо от того, состояли они на его иждивении или нет, имеют ли самостоятельный заработок, получают или не получают пенсию, стипендию и т. д. (49, 1985, 3 апр.).

Примечания к разд. 4

1. Об усилении борьбы с извлечением нетрудовых доходов. Указ Президиума Верховного Совета СССР от 23 мая 1986 г. — Ведомости Верховного Совета СССР, 1986, № 22, ст. 364.

2. О мерах по усилению борьбы против пьянства и алкоголизма, искоренению самогоноварения. Указ Президиума Верховного Совета РСФСР от 16 мая 1985 г. — Ведомости Верховного Совета РСФСР, 1985, № 21, ст. 738.

3. О мероприятиях по повышению эффективности работы научных организаций и ускорению использования в народном хозяйстве достижений науки и техники. Постановление ЦК КПСС и Совета Министров СССР от 24 сентября 1968 г. № 760. — СП СССР, 1968, № 18, ст. 122.

4. О мерах по дальнейшему повышению роли мастера производственного участка промышленных предприятий и строительных организаций. Постановление ЦК КПСС и Совета Министров СССР от 25 апреля 1977 г. № 317. — СП СССР, 1977, № 14, ст. 81.

5. О мерах по осуществлению совершенствования организации заработной платы и введению новых тарифных ставок и должностных окладов работников производственных отраслей народного хозяйства. Постановление Совета Министров РСФСР от 14 ноября 1986 г. № 469. — СП РСФСР, 1987, № 1, ст. 3.

6. Об усилении работы по укреплению социалистической дисциплины труда. Постановление ЦК КПСС, Совета Министров СССР и ВЦСПС от 28 июля 1983 г. № 744. — СП СССР, 1983, отд. 1, № 21, ст. 115.

7. О введении надбавок к заработной плате рабочих и служащих предприятий, учреждений и организаций, расположенных в южных районах Дальнего Востока, Бурятской АССР и Читинской области. Постановление ЦК КПСС, Совета Министров СССР и ВЦСПС от 9 января 1986 г. № 53. — СП СССР, 1986, отд. 1, № 6, ст. 36.

8. О переходе объединений, предприятий и организаций промышленности и других отраслей народного хозяйства на многосменный режим работы с целью повышения эффективности производства. Постановление ЦК КПСС, Совета Министров СССР и ВЦСПС от 12 февраля 1987 г. № 194. — СП СССР, 1987, отд. 1, № 14, ст. 55.

9. О мерах по коренному повышению качества продукции. Постановление ЦК КПСС и Совета Министров СССР от 12 мая 1986 г. № 540. — СП СССР, 1986, отд. 1, № 24, ст. 139.

10. О Всесоюзном социалистическом соревновании за успешное выполнение заданий двенадцатой пятилетки. Постановление ЦК КПСС, Совета Министров СССР, ВЦСПС и ЦК ВЛКСМ от 18 июня 1986 г. № 735. — СП СССР, 1986, отд. 1, № 26, ст. 147.

11. О совершенствовании организации заработной платы и введении новых тарифных ставок и должностных окладов работников производственных отраслей народного хозяйства. Постановление ЦК КПСС, Совета Министров СССР и ВЦСПС от 17 сентября 1986 г. № 1115. — СП СССР, 1986, отд. 1, № 34, ст. 179.

12. Инструкция ВЦСПС и Министерства финансов СССР о порядке исчисления трудового стажа, дающего право на получение процентных надбавок к заработной плате или единовременного вознаграждения за выслугу лет. Утверждена постановлением Совета Министров СССР от 28 января 1949 г. № 338. — СП СССР, 1949, № 3, ст. 24.

13. О порядке сохранения непрерывного трудового стажа при переводе с одного предприятия (учреждения, организации) на другое. Постановление Совета Министров СССР от 27 мая 1957 г. № 581. — СП СССР, 1957, № 6, ст. 70.

14. Об оплате труда учащихся средних школ в период производственного обучения, учеников на предприятиях, рабочих за время переквалификации или обучения вторым профессиям, а также об оплате труда квалифицированных рабочих и инженерно-технических работников по обучению этих учащихся, учеников и рабочих. Постановление Совета Министров СССР от 10 декабря 1959 г. № 1369. — СП СССР, 1959, № 20, ст. 165.

15. О дополнительном расширении прав министерств и ведомств СССР и о передаче на решение Советов Министров союзных республик некоторых вопросов хозяйственного строительства. Постановление Совета Министров СССР от 12 июля 1979 г. № 696. — СП СССР, 1979, № 18, ст. 119.

16. О порядке и условиях совмещения профессий (должностей). Постановление Совета Министров СССР от 4 декабря 1981 г. № 1145. — СП СССР, 1982, отд. 1, № 2, ст. 7; 1987, отд. 1, № 18, ст. 71.

17. Правила возмещения предприятиями, учреждениями, организациями ущерба, причиненного рабочим и служащим увечьем либо иным повреждением здоровья, связанным с исполнением ими трудовых обязанностей. Утверждены постановлением Совета Министров СССР от 3 июля 1984 г. № 690. — СП СССР, 1984, отд. 1, № 24, ст. 128.

18. О дополнительных мерах по укреплению трудовой дисциплины. Постановление Совета Министров СССР и

ВЦСПС от 28 июля 1983 г. № 745. — СП СССР, 1983, отд. 1, № 21, ст. 116.

19. О мерах по дальнейшему развитию и повышению эффективности бригадной формы организации и стимулирования труда в промышленности. Постановление Совета Министров СССР и ВЦСПС от 1 декабря 1983 г. № 1125. — СП СССР, 1984, отд. 1, № 1, ст. 2.

20. О мерах по улучшению нормирования труда в народном хозяйстве. Постановление Совета Министров СССР и ВЦСПС от 6 июня 1985 г. № 540. — СП СССР, 1985, отд. 1, № 18, ст. 86.

21. Рекомендации по применению аккордной оплаты труда рабочих на предприятиях промышленности, транспорта, связи и государственных предприятиях сельского хозяйства. Одобрены постановлением Госкомтруда СССР и Секретариата ВЦСПС от 31 декабря 1965 г. № 824/39. — Бюллетень Госкомтруда СССР, 1966, № 3.

22. О порядке исчисления среднего заработка, сохраняемого беременным женщинам и матерям, имеющим грудных детей, в связи с переводом их на другую работу. Разъяснение Госкомтруда СССР и Секретариата ВЦСПС от 15 мая 1975 г. № 7/14. — Бюллетень Госкомтруда СССР, 1975, № 8, с. 20.

23. О порядке лишения премий за невыполнение планов и мероприятий по охране природы и несоблюдение норм и правил использования природных ресурсов. Постановление Госкомтруда СССР и Президиума ВЦСПС от 29 мая 1979 г. № 226/П-5. — Бюллетень Госкомтруда СССР, 1979, № 8, с. 3.

24. О порядке снижения размеров премий за основные результаты хозяйственной деятельности в случае невыполнения норм расхода и заданий по экономии топлива, электрической и тепловой энергии. Постановление Госкомтруда СССР и Президиума ВЦСПС от 16 июля 1979 г. № 313/16-4. — Бюллетень Госкомтруда СССР, 1979, № 10, с. 3.

25. Рекомендации по развитию бригадной формы организации и стимулирования труда рабочих на предприятиях машиностроения и металлообработки. Утверждены постановлением Госкомтруда СССР и Секретариата ВЦСПС от 20 марта 1981 г. № 86/5-102. — Бюллетень Госкомтруда СССР, 1981, № 6, с. 4. Указанные Рекомендации применяются на предприятиях других отраслей народного хозяйства при решении вопросов организации и оплаты труда в производственных бригадах.

26. Инструкция по применению постановления Совета Министров СССР от 4 декабря 1981 г. № 1145 «О порядке и условиях совмещения профессий (должностей)». Утверждена Госкомтрудом СССР, Минфином СССР и ВЦСПС 14 мая 1982 г. — Бюллетень Госкомтруда СССР, 1982, № 8, с. 3.

27. О порядке исчисления среднего заработка для опла-

ты ежегодных отпусков в отдельных случаях. Разъяснение Госкомтруда СССР и Секретариата ВЦСПС от 12 мая 1982 г. № 4/6-54; см. также разъяснение Госкомтруда СССР и Секретариата ВЦСПС от 6 июля 1982 г. № 7/10-30. — Бюллетень Госкомтруда СССР, 1982, № 8, с. 7; № 10, с. 3.

28. Рекомендации о порядке и условиях выплаты работникам предприятий и организаций народного хозяйства вознаграждения за общие результаты работы по итогам за год. Утверждены постановлением Госкомтруда СССР и Президиума ВЦСПС от 10 августа 1983 г. № 177/П-13. — Бюллетень Госкомтруда СССР, 1983, № 11; 1987, № 10.

29. Типовое положение о производственной бригаде, совете бригады, бригадире и совете бригадиров. Приложение к постановлению Госкомтруда СССР и Секретариата ВЦСПС от 30 марта 1984 г. № 91/6-24. — Бюллетень Госкомтруда СССР, 1984, № 7; 1987, № 10; 1988, № 5. Указанное Типовое положение применяется в производственных, научно-производственных объединениях, на комбинатах и промышленных предприятиях, в строительных и ремонтно-строительных организациях, на предприятиях и в организациях транспорта и связи, в совхозах и других государственных сельскохозяйственных предприятиях.

30. Временный порядок оплаты труда мастеров и других инженерно-технических работников, включенных в состав укрупненных производственных бригад в промышленности. Утвержден постановлением Госкомтруда СССР и ВЦСПС от 6 апреля 1984 г. № 99/7-55. — Бюллетень Госкомтруда СССР, 1984, № 7, с. 15.

31. Положение о порядке присвоения звания «Мастер II класса» и «Мастер I класса» на предприятиях и в организациях промышленности. Постановление Госкомтруда СССР и Секретариата ВЦСПС от 8 мая 1986 г. — Бюллетень Госкомтруда СССР, 1986, № 9, с. 6.

32. Общие положения Единого тарифно-квалификационного справочника работ и профессий рабочих народного хозяйства СССР. Утвержден постановлением Госкомтруда СССР и Секретариата ВЦСПС от 31 января 1985 г. № 31/3-30. — Бюллетень Госкомтруда СССР, 1985, № 6, с. 8.

33. О порядке компенсации труда инженерно-технических работников, специалистов и служащих за выполнение наряду со своей основной работой обязанностей временно отсутствующих женщин-работниц в связи с их уходом в отпуск по беременности и родам и отпуск по уходу за ребенком до достижения им возраста полутора лет. Разъяснение Госкомтруда СССР и Секретариата ВЦСПС от 21 марта 1985 г. № 3/6-97. — Бюллетень Госкомтруда СССР, 1985, № 7, с. 20.

34. О совершенствовании оплаты труда научных работников, конструкторов и технологов промышленности. Постановление ЦК КПСС, Совета Министров СССР и ВЦСПС

от 22 мая 1985 г. № 462. — СП СССР, 1985, отд. 1, № 21, ст. 104.

35. Положение об организации нормирования труда в народном хозяйстве. Утверждено постановлением Госкомтруда СССР и Президиума ВЦСПС от 19 июня 1986 г. № 226/П-6. — Бюллетень Госкомтруда СССР, 1986, № 12, с. 3.

36. Порядок и условия применения повышенных сдельных расценок и тарифных ставок. Утверждено постановлением Госкомтруда СССР и Секретариата ВЦСПС от 19 сентября 1986 г. № 347/21-19. — Бюллетень Госкомтруда СССР, 1987, № 2, с. 3.

37. Типовое положение об оценке условий труда на рабочих местах и порядок применения отраслевых перечней работ, на которых могут устанавливаться доплаты рабочим за условия труда. Утверждено постановлением Госкомтруда СССР и Секретариата ВЦСПС от 3 октября 1986 г. № 387/22-78. — Бюллетень Госкомтруда СССР, 1987, № 2, с. 7.

38. Типовое положение о бригадном хозрасчете и бригадном подряде. Утверждено постановлением Госкомтруда СССР и Секретариата ВЦСПС от 3 ноября 1986 г. № 464/26-64. — Бюллетень Госкомтруда СССР, 1987, № 3, с. 52.

39. Перечень доплат и надбавок к тарифным ставкам и должностным окладам работников объединений, предприятий и организаций производственных отраслей народного хозяйства, на которые начисляются премии по новой системе премирования, вводимой с 1 января 1987 г. Утвержден постановлением Госкомтруда СССР и Секретариата ВЦСПС от 18 ноября 1986 г. № 491/26-175. — Бюллетень Госкомтруда СССР, 1987, № 3, с. 3.

40. О порядке оплаты временного заместительства. Разъяснение Госкомтруда СССР и Секретариата ВЦСПС от 29 декабря 1965 г. № 30/39 с учетом изменений и дополнений, внесенных в это Разъяснение постановлением Госкомтруда СССР и Секретариата ВЦСПС от 11 декабря 1986 г. № 521/30—18. — Бюллетень Госкомтруда СССР, 1987, № 5, с. 17.

41. Рекомендации по совершенствованию организации заработной платы и премирования работников производственных отраслей народного хозяйства. Разработаны Научно-исследовательским институтом труда совместно с отделом заработной платы Госкомтруда СССР и отделом заработной платы и экономической работы ВЦСПС. М., 1987.

Указанные рекомендации носят межотраслевой характер. Однако ориентированы они в основном на промышленность. Учитывая специфику организации оплаты труда работников, занятых в строительстве, сельском хозяйстве и ряде других отраслей, для предприятий этих отраслей на основе указанных рекомендаций могут быть разработаны соответствующие отраслевые рекомендации министерствами и ведомствами.

42. О некоторых вопросах, связанных с премированием работников за ввод в действие производственных мощностей и объектов строительства. Разъяснение Госкомтруда СССР и Секретариата ВЦСПС от 27 января 1987 г. № 2/3-40. — Бюллетень Госкомтруда СССР, 1987, № 10, с. 20.

43. О повышении заработной платы работников высших учебных заведений. Постановление ЦК КПСС, Совета Министров СССР и ВЦСПС от 13 марта 1987 г. № 329. — СП СССР, 1987, отд. 1, № 23, ст. 83.

44. О порядке применения доплат и предоставления дополнительных отпусков за работу в вечернюю и ночную смены, предусмотренных постановлением ЦК КПСС, Совета Министров СССР и ВЦСПС от 12 февраля 1987 г. № 194. Разъяснение Госкомтруда СССР и Секретариата ВЦСПС от 7 мая 1987 г. № 14/14-38. — Бюллетень Госкомтруда СССР, 1987, № 9, с. 34.

45. Об условиях оплаты труда руководящих работников объединений, предприятий и организаций производственных отраслей народного хозяйства, их производственных единиц, участков и цехов, предназначенных для использования труда пенсионеров по старости и инвалидов. Разъяснение Госкомтруда СССР и Секретариата ВЦСПС от 28 августа 1987 г. № 19/25—53. — Бюллетень Госкомтруда СССР, 1988, № 2, с. 13.

46. О применении судами законодательства, регулирующего оплату труда рабочих и служащих. Постановление Пленума Верховного Суда СССР от 24 ноября 1978 г. № 10. — Бюллетень Верховного Суда СССР, 1979, № 1, с. 12.

47. О применении судами законодательства, регулирующего заключение, изменение и прекращение трудового договора. Постановление Пленума Верховного Суда СССР от 26 апреля 1984 г. № 3. — Бюллетень Верховного Суда СССР, 1984, № 3, с. 24; 1986, № 6, с. 8; 1988, № 3, с. 7.

48. Эконом. газ.

49. Газ. «Труд».

50. Бюллетень Государственного комитета СССР по труду и социальным вопросам.

51. Бюллетень нормативных актов министерств и ведомств СССР.

52. Бюллетень Верховного Суда СССР.

53. Бюллетень Верховного Суда РСФСР.

54. Сборник нормативных актов о труде. Ч. 1. М., 1984; ч. 2, 1985; ч. 3, 1985.

55. Журнал «Соц. труд».

Раздел 5
ГАРАНТИИ И КОМПЕНСАЦИИ

1. Гарантии при отвлечении рабочих и служащих от работы

Гарантии для рабочих и служащих, избранных на выборные должности. Рабочим и служащим, освобожденным от работы вследствие избрания их на выборные должности в государственных органах, а также в партийных, профсоюзных, комсомольских, кооперативных и других общественных организациях, предоставляется после окончания их полномочий по выборной должности прежняя работа (должность), а при ее отсутствии другая равноценная работа (должность) на том же или, с согласия работника, на другом предприятии (ст. 46 Основ, ст. 110 КЗоТ).

Гарантии для рабочих и служащих на время выполнения государственных или общественных обязанностей. На время выполнения государственных или общественных обязанностей, если по законодательству эти обязанности могут осуществляться в рабочее время, рабочим и служащим гарантируется сохранение места работы (должности) и среднего заработка (ч. 1 ст. 47 Основ, ч. 1 ст. 111 КЗоТ).

В соответствии со ст. 111 КЗоТ средний заработок сохраняется в случаях выполнения следующих государственных или общественных обязанностей в рабочее время:

1) осуществления избирательного права;

2) участия депутатов в сессиях Советов народных депутатов, а в случаях, установленных законодательством, и при выполнении ими других депутатских обязанностей;

3) участия в качестве делегатов на съездах, пленумах, конференциях, созываемых государственными, партийными, профсоюзными, комсомольскими и другими общественными организациями;

4) явки по вызову в органы дознания, предварительного следствия, к прокурору и в суд в качестве свидетеля, потерпевшего, эксперта, специалиста, переводчика, понятого, а также участия в судебных заседаниях в качестве народных заседателей, общественных обвинителей и общественных защитников, представителей общественных организаций и трудовых коллективов;

5) выполнения поручений органов народного контроля — в соответствии с Законом СССР о народном контроле в СССР;

6) участия в работе комиссий по назначению пенсий при исполнительных комитетах Советов народных депутатов и

врачебно-трудовых экспертных комиссий (ВТЭК) в качестве выделенных профсоюзными организациями членов этих комиссий;

7) явки по вызову в комиссию по назначению пенсий в качестве свидетелей для дачи показаний о трудовом стаже;

8) участия членов добровольных пожарных дружин в ликвидации пожара или аварии;

9) выполнения других государственных или общественных обязанностей — в случаях, предусмотренных законодательством*.

Администрация предприятия обязана беспрепятственно отпускать рабочих и служащих в учреждения здравоохранения в день обследования и в день сдачи крови для переливания и сохранять за ними средний заработок за эти дни.

Рабочим и служащим, являющимся донорами, предоставляется непосредственно после каждого дня сдачи крови для переливания день отдыха с сохранением среднего заработка. По желанию работника этот день присоединяется к ежегодному отпуску (ст. 114 КЗоТ).

За рабочими и служащими — авторами изобретений или рационализаторских предложений сохраняется средний заработок при освобождении от основной работы для участия в работе по внедрению изобретения или рационализаторского предложения на том же предприятии.

При внедрении изобретения или рационализаторского предложения на другом предприятии за рабочим и служащим сохраняется должность по месту постоянной работы, а работа по внедрению изобретения или рационализаторского предложения оплачивается по соглашению сторон в размере не ниже среднего заработка по месту постоянной работы (ст. 115 КЗоТ).

Гарантии и льготы в связи с выполнением воинской обязанности. Рабочим и служащим, призванным на действительную военную службу, зачисленным на действительную сверхсрочную службу или на действительную военную службу в качестве прапорщиков и мичманов, либо принятым в военно-учебные заведения, или определенным на действительную военную службу для использования на офицерских должностях, выплачивается выходное пособие в установленном порядке (1, ч. 2 ст. 69).

При прекращении трудового договора в связи с призывом или поступлением рабочего или служащего на военную службу выплачивается выходное пособие в размере двухнедельного среднего заработка (ст. 19 Основ).

---

* Законом СССР о выборах народных депутатов СССР предусматривается сохранение заработной платы за время участия кандидатов в депутаты и их доверенных лиц (см.: Известия, 1989, 9 марта) в предвыборных мероприятиях (ст. 48).

Лицам, допущенным к сдаче вступительных экзаменов в военно-учебные заведения, предоставляется отпуск для явки и сдачи экзаменов с сохранением должности и среднего заработка по месту работы за время сдачи экзаменов и пути следования туда и обратно (3, п. 72).

За рабочими и служащими, призванными на сборы или привлеченными к командирским занятиям, сохраняется за время сборов (командирских занятий), включая и время следования в пути до воинской части и обратно, занимаемая должность (работа) и выплачивается им по месту работы средний заработок. Указанные лица не подлежат увольнению с работы со дня получения повестки о призыве до возвращения со сборов (командирских занятий), кроме случаев полной ликвидации предприятия.

Если военнообязанный заболел во время сборов (командирских занятий) и продолжает болеть по окончании их, за ним сохраняются место работы и должность, а со дня окончания сборов (командирских занятий) вместо заработной платы за этот период ему выплачивается пособие по временной нетрудоспособности в соответствии с действующим законодательством (1, ст. 72).

Рабочие и служащие (кроме временных и сезонных), призванные на действительную службу, но затем уволенные в запас или отставку, имеют право возвратиться на прежнее место работы (должность), если со дня призыва их на действительную военную службу прошло не более трех месяцев, не считая времени, необходимого для проезда к месту жительства.

В случае повторного призыва выходное пособие должно быть выплачено на общих основаниях (3, п. 74).

2. Компенсационные выплаты

Компенсация при направлении в командировку. Служебной командировкой признается поездка работника по распоряжению руководителя предприятия на определенный срок в другую местность для выполнения служебного поручения вне места его постоянной работы.

В тех случаях, когда филиалы, участки и другие подразделения, входящие в состав предприятия, находятся в другой местности, местом постоянной работы считается то производственное подразделение, работа в котором обусловлена трудовым договором.

Служебные поездки работников, постоянная работа которых протекает в пути или носит разъездной либо подвижной характер, не считаются командировками (5, п. 1).

Командировки в вышестоящие в порядке подчиненности

организации осуществляются по вызову этих организаций или по согласованию с ними (2, п. 5).

Распоряжение руководителя о выезде в командировку является обязательным для работника.

Не допускаются направления в командировки беременных женщин, а также женщин, имеющих детей в возрасте до двух лет (ст. 162 КЗоТ). Женщины, имеющие детей в возрасте от двух до восьми лет, не могут быть направлены в командировки без их согласия (ст. 163 КЗоТ).

Срок командировки работников определяется руководителями предприятий, однако он не может превышать 40 дней, не считая времени нахождения в пути.

Срок командировки рабочих, руководителей и специалистов, направляемых для выполнения монтажных, наладочных и строительных работ, не должен превышать одного года (2, абз. 1—2 п. 6).

Сроки командировок в министерства и ведомства СССР и союзных республик или в другие органы государственного и хозяйственного управления* не могут превышать пяти дней, не считая времени нахождения в пути. Продление этого срока допускается в исключительных случаях не более чем на пять дней с письменного разрешения руководителя этого органа управления (2, абз. 4 п. 6).

За командированным работником сохраняется место работы (должность) и средний заработок за время командировки, в том числе и за время нахождения в пути. Средний заработок за время нахождения в командировке сохраняется за все рабочие дни недели по графику, установленному по месту постоянной работы. Он определяется из расчета последних двух календарных месяцев работы, а для работников, проработавших на данном предприятии менее двух месяцев, — из расчета среднего заработка за фактически проработанное время.

Расходы, связанные с проживанием в месте пребывания в командировке, компенсируются выплатой суточных за все календарные дни командировки, в том числе и за день отъезда и за день приезда, а также за дни нахождения в пути, включая время вынужденной остановки в пути.

Размер суточных за каждый день нахождения в командировке установлен в размере 3 руб. 50 коп., а в районах Крайнего Севера и в приравненных к ним местностях, а также в Хабаровском и Приморском краях и в Амурской области — 4 руб. 50 коп.

Рабочим, руководителям и специалистам, командированным для выполнения монтажных, наладочных и строитель-

---

* К органам хозяйственного управления относятся всесоюзные и республиканские промышленные объединения, тресты, конторы и другие организации с чисто управленческими функциями.

ных работ, в случаях, когда эти работы продолжаются свыше двух месяцев, выплачивается за время нахождения в месте командировки надбавка к заработной плате взамен суточных в размере 50% тарифной ставки (должностного оклада), но не свыше 3 руб. 50 коп., а в местностях, где применяются коэффициенты к заработной плате, размер указанной надбавки с учетом установленных коэффициентов не должен превышать 4 руб. 50 коп. за каждый день командировки (2, п. 3). За время нахождения в пути выплачиваются суточные по тем же нормам, что и за время пребывания в месте командировки (5, п. 14).

При командировках в такую местность, откуда командированный имеет возможность возвращаться к месту своего постоянного жительства, суточные (надбавки взамен суточных) не выплачиваются. Вопрос о том, может ли работник ежедневно возвращаться из места командировки к месту своего постоянного жительства, в каждом конкретном случае решается руководителем предприятия. При этом должны приниматься во внимание дальность расстояния, условия транспортного сообщения, характер выполняемого задания, а также необходимость создания работнику условий для отдыха (5, п. 15).

Расходы по найму жилого помещения возмещаются не свыше 5 руб. в сутки при командировании в Москву, Ленинград и столицы союзных республик, 4 руб. в сутки — при командировании в другие города, а также в районные центры и 3 руб. в сутки в прочие населенные пункты (2, п. 2).

В пределах этих норм подлежат возмещению также затраты работника на оплату дополнительных услуг, оказываемых в гостиницах.

Командированному работнику возмещается плата за бронирование мест в гостиницах в размере 50% от возмещаемой ему стоимости места за сутки (5, п. 11).

Работникам, командированным для выполнения монтажных, наладочных или строительных работ, расходы по найму жилой площади возмещаются в Москве, Ленинграде и в столицах союзных республик в размере 5 руб. в сутки, в других городах, а также в районных центрах — 4 руб. в сутки, в прочих населенных пунктах — 3 руб. в сутки. При непредставлении документов расходы по найму жилого помещения возмещаются в размере 1 рубля в сутки (2, абз. 2 п. 3).

Командированному работнику возмещаются расходы по проезду к месту командировки и обратно к месту постоянной работы воздушным, железнодорожным, водным, автомобильным транспортом общего пользования (кроме такси), включая страховые платежи по государственному обязательному страхованию пассажиров на транспорте.

Расходы по проезду командированного в мягком вагоне, в каютах, оплачиваемых по I — IV группам тарифных ставок на судах морского флота, и в каютах I и II категории на судах речного флота, а также на воздушном транспорте по билету I класса возмещаются в каждом отдельном случае с разрешения руководителя предприятия при представлении проездных документов (2, абз. 3 п. 2).

Руководителям предприятий предоставляется право в случаях, когда размер командировочных расходов известен заранее, разрешать оплату этих расходов командированным работникам, с их согласия, без представления подтверждающих документов (2, абз. 2 п. 2). Денежные суммы при этом выдаются командированному работнику исходя из действительной потребности, но не свыше суммы, исчисленной в порядке и по нормам, предусмотренным постановлением Совета Министров СССР от 18 марта 1988 г. № 351 (2).

Расчет выданной суммы, подписанный руководителем и командируемым работником, хранится в бухгалтерии предприятия. По прибытии работника из командировки надлежаще оформленное командировочное удостоверение сдается им в бухгалтерию, отчет об израсходованных суммах не представляется.

В случаях, когда в установленном порядке изменяются сроки командировки, производится соответствующий перерасчет (5, п. 17).

На рабочих и служащих, находящихся в командировке, распространяется режим рабочего времени и времени отдыха тех предприятий, в которые они командированы. Взамен дней отдыха, не использованных во время командировки, другие дни отдыха по возвращении из командировки не предоставляются (5, п. 8). В тех случаях, когда командированный работник остается на выходные дни в месте командировки сверх установленного срока командировки, ему оплачивается только проезд от места командировки к месту постоянной работы; суточные и расходы по найму жилого помещения за эти дни не выплачиваются.

Если работник специально был командирован для работы в выходные или праздничные дни, компенсация за работу в эти дни производится на общих основаниях в соответствии с законодательством. Если работник по распоряжению администрации выехал в командировку в выходной день, то по возвращении из командировки ему должен быть предоставлен другой день отдыха в установленном порядке (5, абз. 2—3 п. 8).

Днем выезда в командировку считается день отправления поезда, автобуса или другого транспортного средства из места постоянной работы командированного, а днем приезда — день прибытия указанного транспорта в место постоянной работы. Если станция отправления (вокзал, пристань или чаще всего аэропорт) находится за чертой населенного пункта, то при определении даты выезда в командировку и дня приезда работника в место постоянной работы следует учитывать время, необходимое для проезда до станции, пристани, аэропорта (5, п. 7).

Если работник возвращается из командировки к месту постоянной работы до окончания рабочего дня, вопрос о времени явки на работу в этот день решается по договоренности с администрацией (5, абз. 4 п. 8). Аналогично по договоренности с администрацией решается вопрос и о времени окончания работы в день выезда в командировку.

В случае временной нетрудоспособности командированного работника ему на общем основании выплачиваются суточные (надбавка к заработной плате) и возмещаются расходы по найму жилого помещения (кроме случаев, когда командированный находится на стационарном лечении) в течение всего времени, пока он не имеет возможности по состоянию здоровья приступить к выполнению возложенного на него служебного поручения или вернуться к месту своего постоянного жительства, но не свыше двух месяцев.

Временная нетрудоспособность командированного работника, а также его невозможность по состоянию здоровья вернуться к месту своего постоянного жительства должны быть удостоверены в установленном порядке. За период временной нетрудоспособности командированному работнику вместо заработной платы выплачивается на общих основаниях пособие по временной нетрудоспособности. Дни временной нетрудоспособности не включаются в срок командировки (5, п. 16).

Особые правила возмещения расходов работникам, постоянная работа которых протекает в пути или имеет разъездной характер. Порядок и размеры возмещения расходов работникам связи, железнодорожного, речного, автомобильного транспорта и шоссейных дорог, постоянная работа которых протекает в пути или имеет разъездной характер, а также при служебных поездках в пределах обслуживаемых ими участков регулируются Положением, утвержденным постановлением Госкомтруда СССР и Секретариата ВЦСПС от 16 декабря 1960 г. с изменениями от 29 сентября 1988 г. и 30 марта 1989 г. (6, 1961, № 2, с. 25; 1989, № 2, с. 13; № 7, с. 4).

Труд проводников товарных вагонов и цистерн, сопровождающих отдельные виды грузов, оплачивается в соответствии с разъяснением Госкомтруда СССР и Секретариата ВЦСПС от 18 декабря 1961 г. (6, 1962, № 1).

Постановлением Госкомтруда СССР и Секретариата ВЦСПС от 7 июля 1965 г. установлен порядок и размеры возмещения расходов работникам торговли и общественного питания, постоянная работа которых протекает в пути или имеет разъездной характер (6, 1965, № 9, с. 16).

Постановлением Госкомтруда СССР и Секретариата ВЦСПС от 20 июня 1974 г. утверждено Положение о возмещении расходов, связанных с подвижным характером работ в строительстве (6, 1974, № 9, с. 3). В указанное Положение в дальнейшем были внесены дополнения (6, 1975, № 5, с. 4).

Возмещение расходов за разъездной характер работы установлено агрономам эксплуатационных организаций водного хозяйства (6, 1964, № 11, с. 35).

Работникам, занятым на геологоразведочных и топографо-геодезических работах, выплачивается полевое довольствие в соответствии с Положением, утвержденным постановлением Госкомтруда СССР и Секретариата ВЦСПС от 4 июня 1986 г. № 209/12-66 (6, 1986, № 10).

Постановлением Госкомтруда СССР и Секретариата ВЦСПС от 28 декабря 1987 г. № 771/33-18 выплата полевого довольствия распространена на работников проектных и изыскательских организаций, занятых на полевых изыскательских работах (6, 1988, № 4).

Постановлением Госкомтруда СССР и Секретариата ВЦСПС от 10 августа 1987 г. № 475/23-78 утверждены условия выплаты надбавки работникам геологоразведочных организаций (предприятий), ежедневно выезжающим на объекты (участки) полевых геологоразведочных работ, расположенные на значительном расстоянии от места базирования этих организаций (предприятий) (6, 1988, № 2, с. 12).

Постановлением Госкомтруда СССР и Президиума ВЦСПС от 4 сентября 1964 г. № 383/П-18 (с изменениями от 12 мая 1988 г. № 296/П-5) утверждены Условия выплаты полевого довольствия работникам организаций и предприятий гидрометеорологической службы (6, 1965, № 2; 1988, № 9).

Возмещение расходов при вахтовом методе работы. Работникам, выполняющим работы вахтовым методом (включая работников предприятий и организаций торговли и общественного питания, связи, транспорта, учреждений здравоохранения и других, на которые возложено обслуживание коллективов, работающих вахтовым методом), за каждый календарный день пребывания в местах производства работ в период вахты, а также за фактические дни нахождения в пути от места нахождения предприятия (пункта сбора) к месту работы и обратно выплачивается взамен суточных надбавка за вахтовый метод работы в размерах:

в районах Крайнего Севера и в приравненных к ним местностях — 75% месячной тарифной ставки (оклада), но не более 5 руб. в сутки;

в районах Европейского Севера, остальных районах Сибири и Дальнего Востока, а также в районах освоения Прикаспийского нефтегазового комплекса — 50% месячной тарифной ставки (оклада), но не более 4 руб. 50 коп. в сутки;

в остальных районах страны — 30% месячной тарифной ставки (оклада), но не более 3 руб. 50 коп. в сутки;

независимо от районов страны — 75% месячной тарифной ставки (оклада), но не более 5 руб. в сутки работникам строительно-монтажных трестов и приравненных к ним организаций. Указанная надбавка к заработной плате выплачивается также работникам обслуживающих и прочих хозяйств строительно-монтажных организаций, работающим на вахте.

При этом другие виды компенсаций за подвижной характер работ и полевое довольствие не выплачиваются.

Приведенные нормы компенсаций применяются в тех случаях, когда более высокие размеры норм не предусмотрены отдельными решениями.

Исчисление суммы надбавок за вахтовый метод работы осуществляется в следующем порядке:

при оплате по месячным окладам — оклад соответствующего работника делится на количество календарных дней данного месяца. Полученная дневная ставка умножается на количество фактических дней пребывания работника на вахте и в пути и от этой суммы определяется надбавка в установленном размере (в %);

при оплате по часовым тарифным ставкам — месячная тарифная ставка определяется путем умножения часовой ставки на количество рабочих часов по календарю данного месяца. Дальнейший расчет производится в том же порядке, что и у работников, оплачиваемых по месячным окладам.

Надбавка за вахтовый метод не облагается налогами и не учитывается при исчислении среднего заработка.

За дни в пути от места нахождения предприятия (пункта сбора) к месту работы и обратно, предусмотренные графиком работы на вахте, а также за дни задержки работников в пути по метеорологическим условиям и вине транспортных организаций работнику выплачивается дневная тарифная ставка, оклад из расчета за семичасовой рабочий день. В случаях задержки вахтового (сменного) персонала в пути возмещение работникам расходов по найму жилого помещения осуществляется применительно к нормам, предусмотренным законодательством о служебных командировках (6, 1988, № 5).

3. Гарантии и компенсации при переезде на работу в другую местность

Гарантии и компенсации при переводе в другую местность. При переводе работников на работу в другую местность (в другой населенный пункт по существующему административно-территориальному делению) им выплачиваются компенсации и предоставляются гарантии. Сюда относятся:

а) оплата стоимости проезда работника и членов его семьи (кроме случаев, когда администрация предоставляет соответствующие средства передвижения);

б) оплата расходов по провозу имущества железнодорожным, водным и автомобильным транспортом (общего пользования) в количестве до 500 кг на самого работника и до 150 кг на каждого переезжающего члена семьи. По соглашению сторон могут быть оплачены фактические расходы по провозу имущества в большем количестве. При отсутствии указанных видов транспорта могут быть оплачены расходы по провозу этого имущества воздушным транспортом от ближайшей к месту работы железнодорожной станции или от ближайшего морского либо речного порта, открытого для навигации в данное время;

в) выплата работнику за каждый день нахождения в пути суточных в размере 2 руб. 60 коп., а при следовании в районы Крайнего Севера и в местности, приравненные к этим районам, а также в Хабаровский и Приморский края и в Амурскую область — в размере 3 руб. 50 коп.;

г) выплата единовременного пособия на самого работника в размере его месячного должностного оклада (тарифной ставки) по новому месту работы и на каждого переезжающего члена семьи в размере четверти пособия самого работника;

д) выплата работнику заработной платы исходя из должностного оклада (тарифной ставки) по новому месту работы за дни сбора в дорогу и устройства на новом месте жительства, но не более шести дней, а также за время нахождения в пути.

Если заранее невозможно точно определить размер причитающихся работнику компенсаций, ему выдается аванс.

К членам семьи работника, на которых выплачиваются компенсации, относятся муж, жена, дети и родители обоих супругов, находящиеся на его иждивении и проживающие вместе с ним.

Стоимость проезда членов семьи и провоза их имущества, а также единовременное пособие на них выплачиваются в том случае, если они переезжают на новое место жительства работника до истечения одного года со дня фактического предоставления жилого помещения (4, п. 1).

Гарантии и компенсации работникам, переезжающим в связи с приемом их на работу в другую местность. Работникам, переезжающим в связи с приемом их (по предварительной договоренности) на работу в другую местность, выплачиваются следующие компенсации и предоставляются гарантии:

а) оплачивается стоимость проезда работника и членов его семьи;

б) оплачиваются расходы по провозу имущества по нормам, предусмотренным при переезде работника в другую местность;

в) выплачиваются работнику за каждый день нахождения в пути суточные;

г) выплачивается работнику заработная плата исходя из

должностного оклада (тарифной ставки) по новому месту работы за дни сбора в дорогу и устройства на новом месте жительства, но не более шести дней, а также за время нахождения в пути.

Единовременное пособие этим работникам может выплачиваться по соглашению сторон (4, п. 1).

Если работник переводится или принимается на работу на срок не свыше одного года и семья с ним не переезжает, то по соглашению сторон вместо выплаты единовременного пособия ему могут возмещаться расходы, связанные с временным проживанием в новом месте. Размер возмещения расходов не должен превышать половины размера суточных.

Все расходы по выплате компенсаций несёт то предприятие, в которое переводится, направляется или принимается вновь работник (4, п. 1).

Работник обязан вернуть полностью средства, выплаченные ему в связи с переездом на работу в другую местность, в следующих случаях:

а) если он не явился на работу или отказался приступить к работе без уважительных причин;

б) если он до окончания срока работы, предусмотренного законодательством или обусловленного при переводе или приеме на работу, а при отсутствии определенного срока — до истечения одного года работы уволился по собственному желанию без уважительной причины или был уволен за виновные действия, которые в соответствии с законодательством явились основанием прекращения трудового договора.

Работник, который не явился на работу или отказался приступить к работе по уважительной причине, обязан вернуть выплаченные ему средства за вычетом понесенных уже путевых расходов (4, п. 2).

Примечания к разд. 5

1. Закон СССР «О всеобщей воинской обязанности». Принят 12 октября 1967 г. (в ред. Указа Президиума Верховного Совета СССР от 17 декабря 1980 г.) — Ведомости Верховного Совета СССР, 1980, № 52, ст. 1121; 1984, № 18, ст. 318; 1985, № 12, ст. 199; № 32, ст. 582.

2. О служебных командировках в пределах СССР. Постановление Совета Министров СССР от 18 марта 1988 г. № 351. — СП СССР, 1988, отд. 1, № 15, ст. 42.

3. Положение о льготах для военнослужащих, военнообязанных, лиц, уволенных с воинской службы в отставку, и их семей. Утверждено постановлением Совета Министров СССР от 17 февраля 1981 г. № 193. — СП СССР, 1981, отд. 1, № 11, ст. 64; 1985, отд. 1, № 13, ст. 55; 1986, отд. 1, № 1, ст. 4.

4. О гарантиях и компенсациях при переезде на работу в другую местность. Постановление Совета Министров СССР от 15 июля 1981 г. № 677. — СП СССР, 1981, отд. 1, № 21, ст. 123.

5. Инструкция о служебных командировках в пределах СССР. Утверждена Минфином СССР, Госкомтрудом СССР и ВЦСПС 7 апреля 1988 г. № 62. — Бюллетень Госкомтруда СССР, 1988, № 8, с. 17.

6. Бюллетень Государственного комитета СССР по труду и социальным вопросам.

Раздел 6
ТРУДОВАЯ ДИСЦИПЛИНА

1. Правовое регулирование трудовой дисциплины

Понятие и значение трудовой дисциплины. Согласно ст. 60 Конституции СССР, обязанностью и делом чести каждого способного к труду гражданина СССР является добросовестный труд в избранной им области общественно полезной деятельности, соблюдение трудовой дисциплины.

Социалистическая дисциплина труда — это не только строгое соблюдение правил внутреннего трудового распорядка, но и сознательное, творческое отношение к своей работе, обеспечение ее высокого качества, производительное использование рабочего времени (12, п. 1).

Трудовая дисциплина обеспечивается созданием необходимых организационных и экономических условий для нормальной высокопроизводительной работы, сознательным отношением к труду, методами убеждения, воспитания, а также поощрением за добросовестный труд. К нарушителям трудовой дисциплины применяются меры дисциплинарного и общественного воздействия (14, абз. 3 п. 1).

Типовые правила внутреннего трудового распорядка для рабочих и служащих предприятий, учреждений, организаций утверждаются Госкомтрудом СССР по согласованию с ВЦСПС.

Специфика правового регулирования трудовой дисциплины в соответствующих отраслях народного хозяйства и на предприятиях отражается в отраслевых и местных правилах внутреннего трудового распорядка. На основе Типовых правил министерства и ведомства по согласованию с соответствующими центральными (республиканскими) комитетами профессиональных союзов издают отраслевые правила внутреннего трудового распорядка применительно к данной отрасли народного хозяйства, а на предприятиях трудовой распорядок определяется правилами внутреннего трудового распорядка, утвержденными трудовыми коллективами по представлению администрации и профсоюзного комитета на основе Типовых правил с учетом условий работы данного предприятия.

Трудовая дисциплина в ряде отраслей народного хозяйства для отдельных категорий рабочих и служащих регулируется уставами о дисциплине.

Уставы о дисциплине применяются в тех отраслях народного хозяйства и на таких видах работ, где соблюдение трудовой дисциплины имеет особо важное значение. Круг работников, на которых распространяется это требование, определяется в соответствующем уставе.

2. Основные обязанности рабочих, служащих и администрации

Основные обязанности рабочих и служащих. Рабочие и служащие обязаны работать честно и добросовестно, блюсти дисциплину труда, своевременно и точно исполнять распоряжения администрации, повышать производительность труда, улучшать качество продукции, соблюдать технологическую дисциплину, требования по охране труда, технике безопасности и производственной санитарии, беречь и укреплять социалистическую собственность. Более детально обязанности рабочих и служащих перечислены в Типовых правилах внутреннего трудового распорядка и в уставах о дисциплине.

Круг обязанностей (работ), которые выполняет каждый работник по своей специальности, квалификации или должности, определяется Единым тарифно-квалификационным справочником работ и профессий рабочих, квалификационным справочником должностей служащих, а также техническими правилами, должностными инструкциями и положениями, утвержденными в установленном порядке (14, п. 11).

Обязанности администрации. Администрация предприятий обязана правильно организовать труд рабочих и служащих, создавать условия для роста производительности труда, обеспечивать трудовую и производственную дисциплину, неуклонно соблюдать законодательство о труде и правила охраны труда, внимательно относиться к нуждам и запросам работников, улучшать условия их труда и быта.

Развернутый перечень основных обязанностей администрации содержится в Типовых правилах внутреннего трудового распорядка.

Администрация осуществляет свои обязанности в соответствующих случаях совместно или по согласованию с профсоюзным комитетом, а также с учетом полномочий трудового коллектива (14, п. 12).

В отраслевых и местных правилах внутреннего трудового распорядка обязанности администрации конкретизируются с учетом особенностей организации производства и технологических процессов в данной отрасли и на соответствующих предприятиях.

3. Поощрения за успехи в работе

Виды поощрений. Трудовая дисциплина обеспечивается применением широкой системы морального и материального стимулирования.

За образцовое выполнение трудовых обязанностей, успехи в социалистическом соревновании, повышение производительности труда, улучшение качества продукции, продолжительную и безупречную работу, новаторство в труде и за другие достижения в работе применяются следующие поощрения: 1) объявление благодарности; 2) выдача премии; 3) награждение ценным подарком; 4) награждение почетной грамотой; 5) занесение в Книгу почета, на Доску почета.

Правилами внутреннего трудового распорядка и уставами о дисциплине могут быть предусмотрены также и другие поощрения (ч. 1—2 ст. 55 Основ, ст. 131 КЗоТ).

Такие поощрения, как объявление благодарности, выдача премии, награждение ценным подарком, применяются администрацией по согласованию с профсоюзным комитетом предприятия. Награждение почетной грамотой, занесение в Книгу почета, на Доску почета производятся администрацией совместно с профсоюзным комитетом предприятия.

При применении поощрений учитывается мнение трудового коллектива (14, п. 21).

Рабочим и служащим, успешно и добросовестно выполняющим свои трудовые обязанности, предоставляются в первую очередь преимущества и льготы в области социально-культурного и жилищно-бытового обслуживания (путевки в санатории и дома отдыха, улучшение жилищных условий и т. п). Таким работникам предоставляется также преимущество при продвижении по работе.

За особые трудовые заслуги рабочие и служащие представляются в вышестоящие органы к поощрению, к награждению орденами, медалями, почетными грамотами, нагрудными значками и к присвоению почетных званий и звания лучшего работника по данной профессии (ч. 5 ст. 55 Основ, ст. 134 КЗоТ).

Приведенный в ст. 55 Основ (ст. 131 КЗоТ) перечень поощрений является примерным. В уставах о дисциплине и в отраслевых правилах внутреннего трудового распорядка предусматриваются и другие виды поощрений, применение которых вытекает из специфики условий работы в данной отрасли народного хозяйства.

С учетом важного значения моральных стимулов в повышении эффективности общественного производства на многих предприятиях страны разработаны и применяются кодексы трудовой чести.

Единовременные премии. Выдача единовременных премий производится передовикам, добившимся наилучших результатов по итогам социалистического соревнования; ветеранам производства в связи с уходом на пенсию или к юбилейным датам; другим работникам, отличившимся в труде.

Единовременные премии могут выплачиваться за счет средств премиального фонда, выделяемого в распоряжение мастера. Мастерам производственных участков, производственных объединений (комбинатов), научно-производственных объединений, промышленных предприятий, строительных и ремонтно-строительных организаций предоставлено право премировать по согласованию с профгрупоргом рабочих за достижение высоких качественных и количественных производственных показателей, образцовую работу и успешное выполнение заданий за счет средств премиального фонда, выделяемого ежемесячно в распоряжение мастера. Указанный фонд образуется в размере до 3% планового фонда заработной платы по участку. Расходование этого премиального фонда производится при отсутствии перерасхода и в пределах установленного для участка фонда заработной платы.

Средства премиального фонда, не израсходованные в данном месяце, могут быть использованы в течение последующих трех месяцев (9, п. 9).

Действие данного постановления распространяется на мастеров, занятых на работах по содержанию и ремонту пути и искусственных сооружений железнодорожного транспорта, в бурении и на геологоразведочных работах, а также на мастеров из числа военнослужащих, военных строителей промышленных предприятий и строительных организаций, независимо от их ведомственной подчиненности (9, п. 13).

Награждение ценным подарком. Памятные подарки для единовременного поощрения могут приобретаться только по розничным ценам через предприятие торговли. Ценные подарки приобретаются за счет фонда материального поощрения, либо за счет средств, которые предусматриваются на эти цели. Предельная стоимость подарка законодательством не ограничена. Стоимость подарка в заработок, с которого взимаются налоги, не включается и в среднем заработке работника не учитывается (17, 1983, 24 нояб.).

Порядок применения мер поощрения. Трудовые коллективы применяют за успехи в труде меры общественного поощрения, выдвигают работников для морального и материального поощрения, высказывают мнения по кандидатурам, представляемым к государственным наградам (ст. 9 Закона о трудовых коллективах).

Поощрения объявляются в приказе или распоряжении, доводятся до сведения всего коллектива и заносятся в трудовую книжку работника (14, п. 21).

Награждение орденами и медалями СССР и присвоение почетных званий. За особые трудовые заслуги рабочие и служащие представляются к награждению орденами и медалями СССР и к присвоению почетных званий.

Постановлением ЦК КПСС, Совета Министров СССР и ВЦСПС от 13 декабря 1979 г. признано целесообразным при представлении к награждению орденами и медалями СССР за высокие трудовые достижения учитывать долголетнюю безупречную работу рабочих, служащих, колхозников на одном предприятии, в организации, учреждении, колхозе (11, п. 12).

Указом Президиума Верховного Совета СССР от 18 января 1974 г. утвержден статут ордена Трудовой Славы (2). Этим орденом награждаются рабочие и мастера промышленности, транспорта, строительства и других отраслей материального производства, колхозники и рабочие сельского хозяйства, а также рабочие непроизводственной сферы за самоотверженный высокопроизводительный долголетний труд на одном предприятии, колхозе или совхозе. Орденом Трудовой Славы награждаются учителя и другие работники народного образования за успехи в обучении и воспитании детей и молодежи.

Орден Трудовой Славы состоит из трех степеней: орден Трудовой Славы I степени, орден Трудовой Славы II степени, орден Трудовой Славы III степени. Высшей степенью ордена является I степень. Награждение производится последовательно: III степенью, II степенью, I степенью.

Положение о медали «Ветеран труда» утверждено Указом Президиума Верховного Совета СССР от 18 января 1974 г. Эта медаль учреждена для награждения трудящихся за долголетний добросовестный труд в народном хозяйстве, в области науки, культуры, народного образования, здравоохранения, в государственных учреждениях и общественных организациях. Медалью награждаются рабочие, колхозники и служащие в знак признания их трудовых заслуг по достижении трудового стажа, необходимого для назначения пенсии за выслугу лет или по старости (3).

Награждение медалью «Ветеран труда» производится от имени Президиума Верховного Совета СССР Президиумами Верховных Советов союзных и автономных республик, исполнительными комитетами краевых, областных, а также Московского и Ленинградского городских Советов народных депутатов, городских Советов народных депутатов столиц союзных республик,

4. Ответственность за нарушение трудовой дисциплины

Виды дисциплинарной ответственности. Нарушение трудовой дисциплины, т. е. неисполнение или ненадлежащее исполнение по вине работника возложенных на него трудовых обязанностей, влечет за собой применение мер дисциплинарного или общественного воздействия, а также применение иных мер, предусмотренных действующим законодательством (14, п. 24).

Дисциплинарная ответственность рабочих и служащих наступает только при совершении работником дисциплинарного проступка и носит индивидуальный характер. К дисциплинарной ответственности может быть привлечен только тот работник, который виноват в неисполнении или ненадлежащем исполнении трудовых обязанностей, возложенных на него трудовым договором и правилами внутреннего трудового распорядка.

Все рабочие и служащие, занятые на предприятиях и в организациях промышленности и других отраслей народного хозяйства, несут дисциплинарную ответственность по правилам внутреннего трудового распорядка. Исключение составляют работники, занимающие должности, указанные в Перечне № 1 Приложения № 1 к Положению о порядке рассмотрения трудовых споров. Эта категория работников несет дисциплинарную ответственность в порядке подчиненности.

Особым видом дисциплинарной ответственности является ответственность по уставам о дисциплине.

Каждый вид дисциплинарной ответственности имеет определенный, установленный соответствующим нормативным актом перечень дисциплинарных взысканий, не подлежащий расширению, а также порядок их применения и обжалования.

Дисциплинарная ответственность по правилам внутреннего трудового распорядка. За нарушение трудовой дисциплины администрация предприятия применяет дисциплинарные взыскания, перечень которых указан в ст. 56 Основ (ст. 135 КЗоТ). Этот перечень воспроизводится в п. 25 Типовых правил внутреннего трудового распорядка и не может быть изменен соглашением администрации с профсоюзным комитетом.

За нарушение трудовой дисциплины администрация предприятия применяет следующие дисциплинарные взыскания: 1) замечание; 2) выговор; 3) строгий выговор; 4) перевод на нижеоплачиваемую работу на срок до трех месяцев или смещение на низшую должность на тот же срок; за систематическое нарушение трудовой дисциплины, прогул без уважительных причин, появление на работе в нетрезвом состоянии, в состоянии наркотического или токсического опьянения рабочий или служащий может быть переведен на другую нижеоплачиваемую работу или смещен на другую низшую должность на срок до трех месяцев; 5) увольнение (пп. 3, 4, 7, 8 ст. 17 Основ; пп. 3, 4, 7, 8 ст. 33 КЗоТ).

За прогул (в том числе за отсутствие на работе более трех часов в течение рабочего дня) без уважительной причины администрация предприятия применяет одну из следующих мер:

дисциплинарные взыскания, предусмотренные в ст. 56 Основ (ст. 135 КЗоТ);

снижение в пределах, установленных действующим законодательством, размера единовременного вознаграждения за выслугу лет (за стаж работы по специальности на данном предприятии) или лишение права на получение процентной надбавки за выслугу лет на срок до трех месяцев на предприятиях, где установлена выплата единовременного вознаграждения или процентных надбавок к заработной плате за выслугу лет (14, абз. 1 п. 26).

Кроме того, рабочему или служащему, допустившему прогул без уважительных причин, администрация обязана уменьшить очередной отпуск в соответствующем году на число дней прогула, при этом отпуск не должен быть меньше двух рабочих недель (12 рабочих дней) (13, п. 6). Указанная мера должна применяться и к тем рабочим и служащим, которые отсутствовали на работе более трех часов в течение рабочего дня без уважительных причин.

Независимо от применения мер дисциплинарного или общественного взыскания рабочий или служащий за прогул без уважительных причин или появление на работе в нетрезвом состоянии лишается производственной премии полностью или частично. Ему может быть уменьшен размер вознаграждения по итогам годовой работы предприятия или совсем не выплачено вознаграждение (14, абз. 3 п. 26).

Дисциплинарные взыскания применяются руководителем предприятия, а также другими должностными лицами, перечень которых устанавливается министерством или ведомством. Администрация предприятия имеет право вместо применения дисциплинарного взыскания передать вопрос о нарушении трудовой дисциплины на рассмотрение трудового коллектива, товарищеского суда или общественной организации (14, п. 27).

Порядок привлечения к дисциплинарной ответственности по правилам внутреннего трудового распорядка. До применения взыскания от нарушителя трудовой дисциплины должны быть затребованы объяснения в письменной форме. Отказ работника от дачи объяснения не является основанием для освобождения его от дисциплинарной ответственности.

Дисциплинарные взыскания применяются администрацией непосредственно за обнаружением проступка, но не позднее одного месяца со дня его обнаружения, не считая времени болезни работника или пребывания его в отпуске. Такое взыскание не может быть наложено позднее шести месяцев со дня совершения проступка. В указанные сроки не включается время производства по уголовному делу (14, п. 29).

Днем совершения проступка считается тот день, когда он фактически был совершен, а днем обнаружения проступка — день, когда о проступке стало известно любому должностному лицу, которому по службе подчиняется работник, совершивший проступок, независимо от того, наделен ли он правом налагать взыскания (18, 1975, № 11, с. 12). Первым днем при исчислении срока, в течение которого может быть применено дисциплинарное взыскание, считается следующий день после календарной даты совершения или обнаружения проступка, а последним днем — то же число соответствующего месяца.

При применении взыскания должны учитываться тяжесть совершенного проступка, обстоятельства, при которых он совершен, предшествующая работа и поведение работника (14, абз. 2 п. 30). Необходимо иметь в виду, что орган, рассматривающий трудовой спор по иску работника о признании неправильным наложения дисциплинарного взыскания, вправе учитывать тяжесть совершенного проступка, обстоятельства, при которых он совершен, предшествующую работу и поведение рабочего или служащего, а также соответствие дисциплинарного взыскания тяжести совершенного проступка, признать его неправильным (ч. 5 ст. 136 КЗоТ).

Приказ (распоряжение) о применении дисциплинарного взыскания с указанием мотивов его применения объявляется (сообщается) работнику, подвергнутому взысканию, под расписку в трехдневный срок. В необходимых случаях приказ (распоряжение) доводится до сведения работников данного предприятия (14, п. 31).

За каждое нарушение трудовой дисциплины может быть применено только одно дисциплинарное взыскание (14, абз. 1 п. 30).

Рабочий или служащий, причинивший предприятию материальный ущерб, несет материальную ответственность, независимо от привлечения его к дисциплинарной ответственности, за действие (бездействие), которым причинен ущерб предприятию (5, п. 4). Отсюда следует, что за один и тот же проступок, например за брак в работе, работник может быть одновременно привлечен к дисциплинарной и материальной ответственности, если будет установлено, что брак произошел по его вине.

Полное или частичное лишение премии, которому работник подвергается за производственные упущения, не является дисциплинарным взысканием. Не считается дисциплинарным взысканием полное или частичное лишение вознаграждения по итогам работы за год по причине производственных упущений и нарушений трудовой дисциплины. В связи с этим работник, допустивший, например, нарушения технологического процесса, может быть привлечен к дисциплинарной ответственности и одновременно полностью или частично лишен премии за основные результаты хозяйственной деятельности, а также вознаграждения по итогам работы за год.

Дисциплинарная ответственность в порядке подчиненности. Дисциплинарная ответственность в порядке подчиненности регулируется постановлением ЦИК и СНК СССР от 13 октября 1929 г. «Об Основах дисциплинарного законодательства СССР и союзных республик» (19, ч. 2, с. 382—383).

К числу работников, которые несут дисциплинарную ответственность в порядке подчиненности, относятся должностные лица, указанные в Перечне № 1 Приложения № 1 к Положению о порядке рассмотрения трудовых споров, утвержденному Указом Президиума Верховного Совета СССР от 20 мая 1974 г. (4).

В данный Перечень включены, в частности, следующие категории работников:

1. Руководители предприятий, учреждений, организаций, их заместители и помощники; заведующие (директора) магазинами, предприятиями общественного питания, предприятиями бытового обслуживания, базами, их заместители (за исключением заведующих (директоров) магазинами, предприятиями общественного питания, предприятиями бытового обслуживания, не имеющих в своем подчинении работников).

2. Главные инженеры, главные врачи, главные бухгалтеры (старшие бухгалтеры — при отсутствии должности главного бухгалтера), их заместители; главные конструкторы, главные механики, главные энергетики и другие главные специалисты предприятия; юрисконсульты, назначаемые вышестоящими органами.

3. Начальники цехов и их заместители, начальники (заведующие, управляющие) отделов, служб, участков, производств, хозяйств, ферм и имеющие в своем подчинении работников начальники других структурных подразделений предприятий, а также организаций, пользующихся правами государственного предприятия; директора творческих и производственно-творческих объединений киностудий, директора кинокартин; мастера; начальники строительных участков и старшие производители работ строительных организаций; заведующие складами, имеющие в своем подчинении работников; лесничие.

Перечень является единым для всех отраслей народного

хозяйства и управления, исчерпывающим и не подлежит расширительному толкованию.

Дисциплинарные взыскания в порядке подчиненности налагаются лицом или органом, от которых, согласно существующим правилам, зависит назначение данного должностного лица на должность, либо лицами или органами, вышестоящими по линии подчиненности в отношении указанных лиц и органов (1, п. 6).

Дисциплинарными взысканиями, налагаемыми в порядке подчиненности, являются: а) замечание; б) выговор; в) строгий выговор; г) смещение на низшую должность на срок не свыше одного года; д) увольнение от должности.

Постановление о наложении дисциплинарного взыскания в порядке подчиненности в двухнедельный срок может быть обжаловано лицом, на которое взыскание наложено.

Жалобы подаются должностному лицу или органу, непосредственно вышестоящему в отношении того должностного лица или органа, которым взыскание наложено (1, п. 12).

Дисциплинарная ответственность по уставам о дисциплине. Уставы о дисциплине предусматривают более строгие меры дисциплинарных взысканий.

Согласно уставам о дисциплине, обжалование взысканий допускается только в вышестоящие органы. Жалоба подается вышестоящему руководителю в письменном виде через руководителя, наложившего дисциплинарное взыскание. Руководитель, принявший жалобу, обязан не позднее трех дней после ее получения направить жалобу с приложением всех необходимых материалов вышестоящему руководителю. Руководитель может принять жалобу и в устной форме.

Обжалование не приостанавливает исполнения приказа о наложении дисциплинарного взыскания.

Меры морального и материального воздействия. К нарушителям трудовой дисциплины наряду с дисциплинарными взысканиями допускается применение иных мер воздействия. Постановление ЦК КПСС, Совета Министров СССР и ВЦСПС от 13 декабря 1979 г. обязывает руководителей объединений, предприятий и профсоюзных организаций усилить применение мер морального и материального воздействия к злостным нарушителям трудовой дисциплины. Предложено не предоставлять им льготных путевок в санатории и дома отдыха, переносить очередь на получение жилой площади, изменять время предоставления очередного отпуска, а также применять другие меры воздействия (11, п. 15).

Административная ответственность за пьянство на производстве. За пьянство на производстве для рабочих и служащих наряду с дисциплинарной ответственностью установлена административная (штраф от 30 до 50 руб.), а на руководящих работников за пьянство с подчиненными на производстве, за непринятие мер к отстранению от работы лиц, находящихся в нетрезвом состоянии, и за сокрытие случаев распития спиртных напитков или появления на работе в нетрезвом состоянии подчиненных им работников налагается штраф от 50 до 100 руб. (Указ Президиума Верховного Совета СССР от 16 мая 1985 г.).

Меры общественного воздействия, применяемые комиссиями по борьбе с пьянством, образуемыми на предприятиях. Комиссии по борьбе с пьянством, образуемые на предприятии, могут применять к рабочим и служащим за распитие спиртных напитков на производстве, а также к мастерам, начальникам участков, смен, цехов и другим руководителям за распитие спиртных напитков на производстве, за непринятие мер к отстранению от работы лиц, находящихся в нетрезвом состоянии, и за сокрытие случаев распития спиртных напитков или появления на работе в нетрезвом состоянии следующие меры общественного воздействия: 1) объявить предупреждение; 2) объявить выговор; 3) наложить денежный штраф в размере до 50 руб. (7, п. 7).

Движение «Трудовой и общественной дисциплине — гарантию коллектива» рождено творчеством трудящихся. С 1969 года на Северском трубном заводе им. Ф. А. Меркулова Свердловской области бригады принимают обязательства о коллективной моральной и материальной ответственности за состояние трудовой и общественной дисциплины. При отсутствии в коллективах каких-либо нарушений применяются различные формы материального и морального поощрения, в частности увеличивается вознаграждение по итогам работы за год. В случае нарушения производственной или общественной дисциплины отдельными работниками коллективы бригад, с добровольного согласия всех их членов, отказываются от части материального вознаграждения. За время работы бригад по принципу коллективной ответственности потери рабочего времени на заводе сократились в семь, а прогулы — в восемь раз, нарушения общественного порядка уменьшились вдвое, а текучесть кадров — на 30%.

ЦК КПСС рассмотрел вопрос «О движении за коллективную гарантию трудовой и общественной дисциплины» и одобрил инициативу передовых бригад и целенаправленную работу Свердловской областной партийной организации по развитию движения за коллективную гарантию трудовой и общественной дисциплины.

ЦК КПСС рекомендовал ЦК компартий союзных республик, крайкомам, обкомам, горкомам, райкомам партии, первичным партийным, профсоюзным, комсомольским организациям, советским и хозяйственным органам, используя пример передовых коллективов и накопленный ими опыт, провести необходимую организаторскую и политико-воспитательную работу по развертыванию этого движения в целях укрепления трудовой и общественной дисциплины, усиления борьбы за строгое соблюдение технологий, повышение качества продукции и выполняемых работ. В развитии движения за коллективную гарантию не допускать администрирования, нарушения принципа добровольности. Проводить эту работу в тесной связи с мерами по внедрению полного хозрасчета, самофинансирования, бригадных (коллективных) форм организации и оплаты труда, развитию демократизма в управлении, достижению высоких конечных результатов производственно-хозяйственной деятельности (16, 1987, 4 мая).

Полномочия трудовых коллективов в обеспечении трудовой дисциплины. Трудовые коллективы обсуждают состояние трудовой дисциплины и осуществляют меры по ее укреплению. Они устанавливают дополнительные льготы и преимущества за счет средств, выделенных согласно действующему порядку на эти цели, для новаторов и передовиков производства и лиц, длительное время добросовестно работающих на предприятиях.

Трудовые коллективы обеспечивают создание обстановки нетерпимости к нарушителям трудовой дисциплины, проявляют строгую товарищескую требовательность к работникам, недобросовестно выполняющим трудовые обязанности; применяют к членам коллектива за нарушение трудовой дисциплины меры общественного взыскания (товарищеское замечание, общественный выговор); передают материалы о нарушителях трудовой дисциплины на рассмотрение товарищеских судов.

Трудовые коллективы имеют право ставить вопросы о привлечении в соответствии с законодательством нарушителей трудовой дисциплины к ответственности, включая временный перевод на нижеоплачиваемую работу и увольнение, о лишении их полностью или частично премий, вознаграждений по итогам годовой работы и за выслугу лет, дополнительного отпуска за непрерывный стаж работы, о возмещении материального ущерба, причиненного предприятию, о переносе очередности предоставления жилой площади и применении других предусмотренных законодательством мер воздействия.

Трудовой коллектив вправе снимать наложенное им взыскание досрочно, до истечения года со дня его применения, а также ходатайствовать о досрочном снятии дисциплинарного взыскания или о прекращении действия иных мер, примененных администрацией за нарушение трудовой дисциплины, если член коллектива не допустил нового нарушения дисциплины и проявил себя как добросовестный работник (ст. 9 Закона о трудовых коллективах).

Роль товарищеского суда в укреплении трудовой дисциплины. Администрация имеет право вместо применения дисциплинарного взыскания передать вопрос о нарушении работником трудовой дисциплины на рассмотрение трудового коллектива, товарищеского суда или общественной организации (ст. 56 Основ, ст. 138 КЗоТ).

К нарушителям трудовой дисциплины товарищеский суд может применить одну из следующих мер воздействия: 1) обязать принести публичное извинение потерпевшему или коллективу; 2) объявить товарищеское предупреждение; 3) объявить общественное порицание; 4) объявить общественный выговор с опубликованием или без опубликования в печати; 5) наложить денежный штраф в размере до 10 руб. (если проступок не связан с нарушением трудовой дисциплины), а по делам о мелком хищении государственного или общественного имущества, мелком хулиганстве и о других правонарушениях, перечисленных в п. 5 ст. 7 Положения о товарищеских судах, а также в иных, предусмотренных законом случаях, — штраф в размере до 50 руб.; 6) поставить перед руководителем предприятия вопрос о переводе виновного в нарушении трудовой дисциплины в соответствии с действующим законодательством о труде на нижеоплачиваемую работу или о смещении на низшую должность; 7) поставить перед руководителем предприятия вопрос об увольнении в соответствии с действующим законодательством работника, выполняющего воспитательные функции или работу, связанную с непосредственным обслуживанием денежных или товарных ценностей, если товарищеский суд с учетом характера совершенных этим лицом проступков сочтет невозможным доверить ему эту работу в дальнейшем (6, ст. 16).

Товарищеский суд может ограничиться публичным рассмотрением дела и не применять мер общественного воздействия, если виновный, чистосердечно раскаявшись, публично принесет извинение коллективу или потерпевшему и добровольно возместит причиненный ущерб (6, ст. 17).

Если правонарушитель является алкоголиком или наркоманом, товарищеский суд наряду с применением к такому лицу мер общественного воздействия ставит вопрос о его принудительном лечении в установленном законом порядке (6, ст. 18).

Решение товарищеского суда может быть обжаловано лицом, в отношении которого вынесено решение, в течение 10 дней со дня вынесения решения в соответствующий профсоюзный комитет, который, установив, что решение противоречит действующему законодательству, Положению о товарищеских судах или обстоятельствам дела, отменяет решение и направляет материал в тот же товарищеский суд на новое рассмотрение либо прекращает производство по делу (6, ст. 19).

Примечания к разд. 6

1. Об основах дисциплинарного законодательства СССР и союзных республик. Постановление ЦИК и СНК СССР от 13 октября 1929 г. — СЗ СССР, 1929, № 71, ст. 670.

2. Статут ордена Трудовой Славы. Утвержден Указом Президиума Верховного Совета СССР от 18 января 1974 г.; 25 июня 1984 г. — Ведомости Верховного Совета СССР, 1974, № 4, ст. 75; 1984, № 26, ст. 459.

3. Положение о медали «Ветеран труда». Утверждено Указом Президиума Верховного Совета СССР от 18 января 1974 г.; 12 августа 1983 г. — Ведомости Верховного Совета СССР, 1974, № 4, ст. 76; 1983, № 33, ст. 507; 1987, № 52, ст. 832.

4. Положение о порядке рассмотрения трудовых споров. Утверждено Указом Президиума Верховного Совета СССР от 20 мая 1974 г. — Ведомости Верховного Совета СССР, 1974, № 22, ст. 325; 1983, № 5, ст. 74; № 33, ст. 507.

5. Положение о материальной ответственности рабочих и служащих за ущерб, причиненный предприятию, учреждению, организации. Утверждено Указом Президиума Верховного Совета СССР от 13 июля 1976 г. с изменениями от 12 августа 1983 г. — Ведомости Верховного Совета СССР, 1976, № 29, ст. 427; 1983, № 5, ст. 74; № 33, ст. 507; № 47, ст. 723; 1986, № 22, ст. 362 и 364.

6. Положение о товарищеских судах. Утверждено Указом Президиума Верховного Совета РСФСР от 11 марта 1977 г. — Ведомости Верховного Совета РСФСР, 1977, № 12, ст. 254; 1982, № 49, ст. 1822; 1985, № 40, ст. 1401.

7. Положение о комиссиях по борьбе с пьянством, образуемых на предприятиях, в учреждениях, организациях и их структурных подразделениях. Утверждено Указом Президиума Верховного Совета РСФСР от 1 октября 1985 г. — Ведомости Верховного Совета РСФСР, 1985, № 40, ст. 1397.

8. О мерах по преодолению пьянства и алкоголизма, искоренению самогоноварения. Постановление Совета Министров СССР от 7 мая 1985 г. № 410. — СП СССР, 1985, отд. 1, № 17, ст. 82.

9. О мерах по дальнейшему повышению роли мастера производственного участка промышленных предприятий и строительных организаций. Постановление ЦК КПСС и Совета Министров СССР от 25 апреля 1977 г. № 317. — СП СССР, 1977, № 14, ст. 81.

10. О распространении действия постановления ЦК КПСС и Совета Министров СССР от 25 апреля 1977 г. № 317 на мастеров локомотивных и вагонных депо железных дорог, а также электродепо, дистанций пути и тоннельных сооружений метрополитенов. Постановление ЦК КПСС и Совета Министров СССР от 22 июля 1977 г. № 680. — СП СССР, 1977, № 22, ст. 132.

11. О дальнейшем укреплении трудовой дисциплины и сокращении текучести кадров в народном хозяйстве. Постановление ЦК КПСС, Совета Министров СССР и ВЦСПС от 13 декабря 1979 г. № 1117. — СП СССР, 1980, № 3, ст. 17.

12. Об усилении работы по укреплению социалистической дисциплины труда. Постановление ЦК КПСС, Совета Министров СССР и ВЦСПС от 28 июля 1983 г. № 744. — СП СССР, 1983, отд. 1, № 21, ст. 115.

13. О дополнительных мерах по укреплению трудовой дисциплины. Постановление Совета Министров СССР и ВЦСПС от 28 июля 1983 г. № 745. — СП СССР, 1983, отд. 1, № 21, ст. 116; 1986, отд. 1, № 31, ст. 165.

14. Типовые правила внутреннего трудового распорядка для рабочих и служащих предприятий, учреждений, организаций. Утверждены постановлением Госкомтруда СССР по согласованию с ВЦСПС от 20 июля 1984 г. № 213. — Бюллетень Госкомтруда СССР, 1984, № 11.

15. О применении судами законодательства, регулирующего заключение, изменение и прекращение трудового договора. Постановление Пленума Верховного Суда СССР от 26 апреля 1984 г. — Бюллетень Верховного Суда СССР, 1984, № 3; 1986, № 6; 1988, № 3.

16. Газ. «Правда».

17. Газ. «Труд».

18. Бюллетень Верховного Суда РСФСР.

19. Сборник нормативных актов о труде. Ч. 1. М., 1984; ч. 2, 1985; ч. 3, 1985.

Раздел 7
МАТЕРИАЛЬНАЯ ОТВЕТСТВЕННОСТЬ РАБОЧИХ И СЛУЖАЩИХ

1. Значение и условия привлечения к материальной ответственности

Значение материальной ответственности. XXVII съезд КПСС уделил исключительно важное значение проблеме дальнейшего укрепления социалистической собственности как основы нашего общественного строя. В качестве одной из неотложных задач съезд признал необходимым осуществление конкретных мер по усилению борьбы с хищениями социалистической собственности. Должен быть поставлен заслон любым попыткам извлечения нетрудовых доходов из общественного достояния.

В принятом ЦК КПСС постановлении «О мерах по усилению борьбы с нетрудовыми доходами» признано необходимым проведение активной и бескомпромиссной работы, добиваясь при этом, чтобы во всех отраслях народного хозяйства, во всех сферах деятельности неукоснительно соблюдались советские законы, требования социалистической справедливости, были прочно перекрыты все каналы и лазейки для незаконного обогащения за счет государства (13, 1986, 28 мая).

Типовые правила внутреннего трудового распорядка возлагают на рабочих и служащих обязанность эффективно использовать машины, станки, инструменты, бережно относиться к материалам, спецодежде и т. д. (16, 1984, № 11, п. 11 «ж»). Причинение предприятию материального ущерба является основанием для привлечения работника не только к дисциплинарной, но и к материальной ответственности.

Администрация предприятия обязана создать рабочим и служащим условия, необходимые для нормальной работы и обеспечения полной сохранности вверенного им имущества (1, абз. 1 п. 5).

Смена материально ответственных лиц (при переводе их на другую работу, предоставлении отпуска, увольнении) должна производиться при обязательном документальном оформлении, инвентаризации и полной передаче числящихся за ними материальных ценностей, о чем в приказе должно быть указано в виде поручения конкретным должностным лицам выполнить эти действия в определенный срок (15, 1987, № 3, с. 41).

Условия привлечения к материальной ответственности. Материальная ответственность за ущерб, причиненный предприятию при исполнении трудовых обязанностей, возлагается на рабочего или служащего при условии, если ущерб причинен по его вине (ч. 2 ст. 118 КЗоТ).

Рабочие и служащие, виновные в причинении предприятию ущерба, несут материальную ответственность только при наличии прямого действительного ущерба. Не допускается возложение на работника материальной ответственности за ущерб, который возник в результате нормального производственно-хозяйственного риска (1, чч. 1—2 п. 2).

Под прямым действительным ущербом следует, в частности, понимать утрату, ухудшение или понижение ценности имущества, необходимость для предприятия произвести затраты на восстановление, приобретение имущества или иных ценностей либо произвести излишние выплаты (12, абз. 2 п. 4).

Рабочий или служащий, причинивший ущерб, может добровольно возместить его полностью или частично. С согласия администрации предприятия работник может передать для возмещения причиненного ущерба равноценное имущество или исправить поврежденное (1, п. 3).

При определении размера материального ущерба, причиненного самовольным использованием в личных целях автомобилей, тракторов, автокранов и т. п., принадлежащих предприятию, с которым виновный состоит в трудовых отношениях, необходимо исходить из того, что в этих случаях подлежит возмещению весь убыток, причиненный предприятию, включая в соответствующих случаях и тот доход, который не был получен в результате действий виновного (12, п. 17¹).

Законодательство о труде предусматривает, что ущерб, причиненный предприятию при исполнении трудовых обязанностей, рабочие и служащие, по вине которых причинен ущерб, несут материальную ответственность в размере прямого действительного ущерба, но не более своего среднего месячного заработка.

Материальная ответственность свыше среднего месячного заработка допускается лишь в случаях, указанных в законодательстве Союза ССР.

Материальная ответственность рабочих и служащих регулируется ст. 49 Основ (ст.ст. 118—123 КЗоТ), Положением о материальной ответственности рабочих и служащих (1) и рядом других нормативных актов.

2. Ограниченная материальная ответственность

Ограниченная материальная ответственность в пределах среднего месячного заработка. Рабочие и служащие несут материальную ответственность в размере причиненного по их вине ущерба, но не свыше своего среднего месячного заработка за порчу или уничтожение по небрежности материалов, полуфабрикатов, изделий (продукции), в том числе при их изготовлении, а также за порчу или уничтожение по небрежности инструментов, измерительных приборов, специальной одежды и других предметов, выданных предприятием работнику в пользование.

Ограниченная материальная ответственность за порчу или уничтожение по небрежности материалов, полуфабрикатов или изделий, а также инструментов, измерительных приборов, специальной одежды и других предметов, выданных в пользование работнику, предусмотрена лишь для случаев их порчи или уничтожения в ходе трудового процесса (12, п. 6¹). За порчу или уничтожение указанных материальных ценностей вне трудового процесса на виновных может быть возложена полная материальная ответственность (без ограничения средним месячным заработком) (1, подп. 7 п. 10).

Руководители предприятий и их заместители, а также руководители структурных подразделений на предприятиях и их заместители несут материальную ответственность в размере причиненного по их вине ущерба, но не свыше своего среднего месячного заработка, если ущерб предприятию причинен излишними денежными выплатами, неправильной постановкой учета и хранения материальных или денежных ценностей, непринятием необходимых мер к предотвращению простоев, выпуска недоброкачественной продукции, хищений, уничтожения и порчи материальных или денежных ценностей.

Если будут выявлены непосредственные причинители ущерба, вызванного утратой, уничтожением или порчей материальных ценностей, то в таких случаях они обязаны возместить ущерб в пределах, установленных законодательством. Руководители предприятий и их заместители, а также руководители структурных подразделений и их заместители несут материальную ответственность в пределах своего среднемесячного заработка лишь за ту часть ущерба, которая не возмещена непосредственными причинителями его. При этом общая сумма, подлежащая взысканию, не должна превышать причиненного ущерба (12, абз. 5 п. 7).

Средний месячный заработок работника определяется на день обнаружения ущерба (12, абз. 4 п. 4).

Ограниченная материальная ответственность в пределах трех должностных окладов. Должностные лица, виновные в незаконном увольнении или переводе работника на другую работу, несут материальную ответственность за ущерб, причиненный предприятию в связи с оплатой за время вынужденного прогула или за время выполнения нижеоплачиваемой работы, в размере не свыше трех месячных окладов должностного лица. Суд возлагает на должностное лицо обязанность возместить указанный ущерб, если увольнение или перевод произведены с явным нарушением закона или если администрация задержала исполнение решения суда или вышестоящего в порядке подчиненности органа о восстановлении работника на работе (1, п. 9).

На должностное лицо, виновное в незаконном увольнении или переводе работника в связи с преследованием за критику, материальная ответственность за ущерб, причиненный предприятию выплатой работнику среднего заработка за время вынужденного прогула или за время выполнения нижеоплачиваемой работы, возлагается в полном размере как за ущерб, причиненный действиями, преследуемыми в уголовном порядке (11, абз. 2 п. 6).

Под должностными лицами в данном случае понимаются руководители предприятий и другие ответственные работники, имеющие право увольнять рабочих или служащих или переводить их на другую работу.

3. Полная материальная ответственность

Полная материальная ответственность при наличии письменного договора. Полная материальная ответственность наступает, когда между работником и предприятием заключен письменный договор о принятии на себя работником полной материальной ответственности за необеспечение сохранности имущества и других ценностей, переданных ему для хранения или других целей (1, подп. 1 п. 10).

Письменные договоры о полной материальной ответственности могут быть заключены предприятием с работниками, достигшими 18-летнего возраста и занимающими должности или выполняющими работы, непосредственно связанные с хранением, обработкой, продажей (отпуском), перевозкой или применением в процессе производства переданных им ценностей (1, ст. 11).

Перечень должностей и работ, замещаемых или выполняемых работниками, с которыми предприятием могут заключаться письменные договоры о полной материальной ответственности, а также Типовой договор о полной индивидуальной материальной ответственности утверждены постановлением Госкомтруда СССР и Секретариата ВЦСПС от 28 декабря 1977 г. № 447/24 с дополнениями от 14 сентября 1981 г. (16, 1978, № 4, с. 20; 1982, № 1, с. 8). Дополнения в Перечень могут вноситься министрами и руководителями ведомств СССР и Советами Министров союзных республик по согласованию с Госкомтрудом СССР и ВЦСПС (6, п. 1).

В перечень включены следующие должности:

заведующие кассами; заведующие кладовыми ценностей; заведующие камерами хранения; заведующие складами и их заместители;

старшие контролеры-кассиры и контролеры-кассиры; старшие контролеры и контролеры; старшие кассиры и кассиры, а также другие работники, выполняющие обязанности кассиров;

заведующие сберегательными кассами первого разряда и заведующие операционными частями центральных сберегательных касс; начальники отделов, старшие инспектора и инспектора отделов по проверке и уничтожению погашенных ценных бумаг республиканских главных управлений и управлений Гострудсберкасс СССР; старшие эксперты и эксперты, старшие инспектора и инспектора республиканских главных управлений Гострудсберкасс СССР, осуществляющие экспертизу и оплату выигравших билетов денежно-вещевых лотерей; главные эксперты, старшие эксперты и эксперты, старшие инспектора и инспектора отдела экспертизы ценных бумаг Правления Гострудсберкасс СССР; старшие инспектора и инспектора депозитного отдела Правления Гострудсберкасс СССР*;

заведующие (директора при отсутствии заведующих отделами и секций) магазинами и их заместители; заведующие скупочных пунктов, заведующие товарными секциями (отделами), отделами заказов магазинов и их заместители; начальники цехов и участков предприятий торговли и их заместители;

начальники товарных и товарно-перевалочных участков; старшие товароведы и товароведы, непосредственно обслуживающие материальные ценности;

заведующие предприятиями общественного питания и их заместители; заведующие производством, начальники цехов (участков) и их заместители, старшие администраторы и администраторы залов (метрдотели) предприятий общественного питания;

заведующие заготовительными пунктами; заведующие сепараторными отделениями;

заведующие аптечными учреждениями и их заместители; заведующие отделами аптечных учреждений и их заместители; заведующие аптечными пунктами первой группы; провизоры-техники (рецептары-контролеры), фармацевты (ручнисты); старшие медицинские сестры структурных подразделений учреждений здравоохранения;

заведующие хозяйством и коменданты зданий, осуществляющие хранение материальных ценностей;

агенты по снабжению; экспедиторы по перевозке грузов; инкассаторы.

Во вторую часть перечня включены следующие виды работ:

работы по приему от населения всех видов платежей и выплате денег не через кассу;

работы по обслуживанию торговых и денежных автоматов;

работы: по приему на хранение, обработке, хранению и отпуску материальных ценностей на складах, базах (нефтебазах), автозаправочных станциях, холодильниках, пищеблоках, хранилищах, заготовительных (приемных) пунктах, товарных и товаро-перевалочных участках, камерах хранения, кладовых и гардеробах; по выдаче (приему) материальных ценностей лицам, находящимся в лечебно-профилактических и санаторно-курортных учреждениях, пансионатах, кемпингах, домах отдыха, гостиницах, общежитиях, комнатах отдыха на транспорте, детских учреждениях, спортивно-оздоровительных и туристских организациях, пионерских

---

* В настоящее время — Сберегательный банк СССР.

лагерях, а также пассажирам всех видов транспорта; по экипировке пассажирских судов, вагонов, самолетов;

работы: по приему от населения предметов культурно-бытового назначения и других материальных ценностей на хранение, в ремонт и для выполнения иных операций, связанных с изготовлением, восстановлением или улучшением качества этих предметов (ценностей), их хранению и выполнению других операций с ними; по выдаче напрокат населению предметов культурно-бытового назначения;

работы по продаже (отпуску) товаров (продукции), их подготовке к продаже независимо от форм торговли и профиля предприятия (организации);

работы по приему и обработке для доставки (сопровождения) груза, багажа, почтовых отправлений и других материальных и денежных ценностей, их доставке (сопровождению), выдаче (сдаче);

работы по покупке, продаже, обмену, перевозке, доставке, пересылке, хранению, обработке и применению в процессе производства драгоценных металлов, драгоценных камней, синтетического корунда и изделий из них;

работы по выращиванию, откорму, содержанию и разведению сельскохозяйственных и других животных.

Договор о полной материальной ответственности составляется в двух экземплярах, подписывается одновременно с приемом или переводом трудящегося на работу с полной материальной ответственностью. Один экземпляр договора хранится у администрации, другой — у работника. Договор может быть заключен с временным и сезонным работником, а также с работником, принятым на работу по совместительству.

Заключение договора о полной материальной ответственности не является обязанностью работника, а производится только с его согласия. Поэтому отказ от заключения договора о полной материальной ответственности не может считаться нарушением трудовой дисциплины. В случае отказа от заключения договора о полной материальной ответственности администрация вправе такого работника уволить по п. 1 ст. 33 КЗоТ (18, 1986, № 10, с. 78).

Администрация не имеет права заключать договор о полной материальной ответственности с лицом, занимающим должность или выполняющим работы, не указанные в Перечне. На этом основании судебные органы признали незаконным заключение договора о полной материальной ответственности с начальником цеха фабрики (18, 1982, № 3, с. 75—76).

Другие случаи полной материальной ответственности. Полная материальная ответственность наступает, когда имущество и другие ценности были получены работником по разовой доверенности или по другим разовым документам (1, подп. 2 п. 10).

Работник, получивший имущество и другие ценности под

отчет по разовой доверенности или по другим разовым документам, несет полную материальную ответственность за ущерб, возникший в результате необеспечения сохранности этих ценностей (12, п. 10).

Рабочий или служащий несет материальную ответственность в полном размере ущерба, когда ущерб причинен действиями работника, содержащими признаки деяний, преследуемых в уголовном порядке (1, подп. 3 п. 10). Для привлечения работника к полной материальной ответственности необходимо, чтобы совершение работником деяния, преследуемого в уголовном порядке, было установлено судебно-следственными органами.

Материалы по недостачам и потерям, явившимся следствием злоупотреблений, подлежат передаче в следственные органы в течение 5 дней после их установления, а на сумму выявленных недостач и потерь предъявляется гражданский иск (7, п. 37 «б»).

Полная материальная ответственность наступает, когда ущерб причинен недостачей, умышленным уничтожением или умышленной порчей материалов, полуфабрикатов, изделий (продукции), в том числе при их изготовлении, а также инструментов, измерительных приборов, специальной одежды и других предметов, выданных предприятием работнику в пользование.

Такая же ответственность наступает, когда ущерб причинен работником, находящимся в нетрезвом состоянии (1, подп. 4, п. 10).

Материальную ответственность в полном размере несут работники совхозов, других сельскохозяйственных предприятий, занимающиеся производством сельскохозяйственной продукции, за ущерб, причиненный недостачей, умышленным уничтожением или умышленной порчей этой продукции (12, абз. 2 п. 14).

Полная материальная ответственность наступает, когда в соответствии с законодательством Союза ССР на работника возложена полная материальная ответственность за ущерб, причиненный предприятию при исполнении трудовых обязанностей (1, подп. 6 п. 10).

В случае выявления приписок в отчетности премии, незаконно выданные руководителям предприятий и хозяйственных организаций, главным бухгалтерам, начальникам плановых и финансовых отделов, подлежат обязательному взысканию (2, п. 4). В данном случае речь идет о премиях, лично полученных указанными должностными лицами; эти премии взыскиваются полностью. При наличии спора иски о взыскании незаконно полученной премии рассматриваются в судебном порядке (12, абз. 2, п. 16).

В результате приписок в государственной отчетности о выполнении планов, совершенных должностными лицами, премии начисляются не только этим лицам, но и другим рабочим и служащим, не имеющим права на их получение. В этих случаях перечисленные выше должностные лица помимо возмещения лично полученных премий привлекаются к материальной ответственности по возмещению ущерба, нанесенного выплатой незаконных премий рабочим и служащим, в пределах их среднемесячного заработка.

В случае привлечения должностных лиц к уголовной ответственности за приписки, послужившие основанием для незаконного получения и выплаты премий, с них взыскивается вся сумма незаконно выплаченной премии.

К материальной ответственности за ущерб, причиненный приписками и другими искажениями государственной отчетности, могут привлекаться не только лица руководящего состава, но и те бригадиры, мастера, по вине которых были умышленно искажены данные первичной отчетности (наряды и т. п.) (12, п. 8^1).

Привлечение к уголовной и материальной ответственности за выпуск недоброкачественной продукции должностных лиц (директоров, начальников ОТК, главных инженеров и т. д.) не освобождает от материальной ответственности в установленных законом пределах работников, виновных в изготовлении такой продукции (рабочих, бригадиров, мастеров) (12, абз. 2 п. 6^1).

Ущерб, причиненный хищением, гибелью или недостачей крупного рогатого скота, свиней, овец, коз и лошадей, принадлежащих колхозам и совхозам, подлежит возмещению в соответствии с постановлением Совета Министров СССР от 17 февраля 1954 г. «О материальной ответственности лиц, виновных в гибели или хищении скота, принадлежащего колхозам и совхозам» по ценам, установленным этим постановлением. На основании этого постановления суд разрешает также споры о возмещении ущерба, причиненного хищением, гибелью и недостачей скота, принадлежащего скотозаготовительным, скотооткармливающим и другим предприятиям Минмясомолпрома СССР (распоряжение Совета Министров СССР № 8404-р от 2 августа 1954 г.) (12, п. 15).

Рабочие и служащие несут полную материальную ответственность, когда ущерб ими причинен не при исполнении трудовых обязанностей (1, подп. 7 п. 10).

4. Коллективная (бригадная) материальная ответственность

Условия применения коллективной (бригадной) материальной ответственности. При совместном выполнении рабочими и служащими отдельных видов работ, связанных с хранением, обработкой, продажей (отпуском), перевозкой или применением в процессе производства переданных им ценностей, когда невозможно разграничить материальную ответственность каждого работника и заключить с ним договор о полной материальной ответственности, может вводиться коллективная (бригадная) материальная ответственность.

Коллективная (бригадная) материальная ответственность устанавливается администрацией предприятия по согласованию с профсоюзным комитетом. Письменный договор о коллективной (бригадной) материальной ответственности заключается между предприятием и всеми членами коллектива (бригады).

Перечень работ, при выполнении которых может вводиться коллективная (бригадная) материальная ответственность. Постановлением Госкомтруда СССР и Секретариата ВЦСПС от 14 сентября 1981 г. № 259/16-59 (с дополнениями от 22 июня 1983 г.) утверждены Перечень работ, при выполнении которых может вводиться коллективная (бригадная) материальная ответственность, условия ее применения и Типовой договор о коллективной (бригадной) материальной ответственности (17, 1982, № 1; 1983, № 9).

Перечень содержит следующие работы, при выполнении которых может вводиться коллективная (бригадная) материальная ответственность:

работы по выполнению кассовых операций;

работы по приему от населения всех видов платежей и выплате денег не через кассу;

работы по приему на хранение, обработке, хранению, отпуску материальных ценностей на складах, базах (нефтебазах), автозаправочных станциях, холодильниках, пищеблоках, хранилищах, заготовительных (приемных) пунктах, товарных и товаро-перевалочных участках, камерах хранения, кладовых и гардеробах; по экипировке пассажирских судов, вагонов и самолетов;

работы по приему от населения предметов культурно-бытового назначения и других материальных ценностей на хранение, в ремонт и для выполнения иных операций, связанных с изготовлением, восстановлением или улучшением качества этих предметов (ценностей), их хранению и выполнению других операций с ними; по выдаче напрокат населению предметов культурно-бытового назначения;

работы по продаже (отпуску) товаров (продукции), их подготовке к продаже, независимо от форм торговли и профиля предприятия (организации);

работы по приему и обработке для доставки (сопровождения) груза, багажа, почтовых отправлений и других материальных и денежных ценностей, их доставке (сопровождению), выдаче (сдаче);

работы по изготовлению (сборке, монтажу, регулировке) и ремонту машин, аппаратуры, приборов, систем и других изделий, выпускаемых для продажи населению, а также их деталей и запасных частей;

работы по покупке, продаже, обмену, перевозке, доставке, пересылке, хранению, обработке и применению в процессе производства драгоценных металлов, драгоценных камней, синтетического корунда и изделий из них;

работы по приему, изготовлению, транспортировке, выборке, счету, упаковке, хранению и выдаче денежных знаков, ценных бумаг, их полуфабрикатов;

работы по изготовлению и хранению всех видов билетов, талонов, абонементов (включая абонементы и талоны на отпуск пищи предприятиями общественного питания) и других знаков, предназначенных для расчетов населения за услуги;

работы по выращиванию, откорму, содержанию и разведению сельскохозяйственных и других животных.

Порядок установления коллективной (бригадной) материальной ответственности, комплектования коллектива (бригады) и возмещения ущерба. Решение администрации об установлении коллективной (бригадной) материальной ответственности, согласованное с профсоюзным комитетом (профорганизатором), оформляется приказом (распоряжением) руководителя предприятия и объявляется коллективу (бригаде) на общем собрании (8, абз. 1 п. 2).

В случае отказа работника от заключения договора о коллективной (бригадной) материальной ответственности руководитель предприятия может предложить работнику другую работу, соответствующую его квалификации. При отсутствии такой работы или отказе работника от предложенной ему другой работы он может быть уволен в порядке, установленном действующим законодательством (8, п. 3).

Комплектование вновь создаваемого коллектива (бригады) осуществляется на основе принципа добровольности. При включении в состав коллектива (бригады) новых работников принимается во внимание мнение коллектива (бригады) (8, п. 4).

При смене руководителя коллектива (бригадира) или при выбытии из коллектива (бригады) более 50% от его первоначального состава договор должен быть переоформлен (8, п. 6).

Подлежащий возмещению ущерб, причиненный коллективом (бригадой) предприятию, распределяется между членами данного коллектива (бригады) пропорционально месячной тарифной ставке (должностному окладу) и фактически проработанному времени за период от последней инвентаризации до дня обнаружения ущерба (8, абз. 1 п. 18).

Ответственность по договору о коллективной (бригадной) материальной ответственности за необеспечение сохранности материальных ценностей (недостачу, порчу) может наступить, если договор заключен с работниками, достигшими

18-летнего возраста, для выполнения работ, предусмотренных «Перечнем работ, при выполнении которых может вводиться коллективная (бригадная) материальная ответственность» (12, абз. 2 п. 17).

Особым видом коллективной материальной ответственности является ответственность бригады за ущерб, причиненный предприятию выпуском некачественной продукции. Бригада возмещает ущерб, причиненный предприятию выпуском некачественной продукции по ее вине, из своего коллективного заработка в пределах среднего месячного заработка бригады. При распределении коллективного заработка между членами бригады учитывается вина конкретных работников в выпуске некачественной продукции (ч. 2 ст. 99[8] Основ, ч. 2 ст. 235[8] КЗоТ).

5. Определение размера ущерба и порядок его возмещения

Определение размера ущерба. Размер причиненного предприятию ущерба определяется по фактическим потерям, на основании данных бухгалтерского учета, исходя из балансовой стоимости (себестоимости) материальных ценностей за вычетом износа по установленным нормам (1, ч. 1 п. 13).

При хищении, недостаче, умышленном уничтожении или умышленной порче материальных ценностей ущерб определяется по государственным розничным ценам, а в случаях, когда розничные цены ниже оптовых цен, — по оптовым ценам. При отсутствии на данный вид материальных ценностей розничных цен ущерб определяется по ценам, исчисленным в порядке, устанавливаемом Государственным комитетом СССР по ценам.

Для определения размера ущерба используются оптовые, закупочные (заготовительные) цены на соответствующую продукцию производственно-технического назначения и продукцию сельского хозяйства. Эти цены с помощью коэффициентов доводятся до уровня розничных цен на аналогичные или близкие по потребительским свойствам товары народного потребления.

К оптовым ценам на продукцию производственно-технического назначения применяются коэффициенты от 1,0 (на крученые и другие технические изделия из всех видов волокон) до 6,0 (на автомобили на базе автомобилей «ГАЗ» и «УАЗ»).

При хищении, недостаче, умышленном уничтожении или умышленной порче всех видов и марок спирта этилового сырца, спирта этилового технического и спирта этилового ректификованного ущерб исчисляется исходя из 43 руб. за

1 л. крепостью 95% с надбавками (скидками) в размере 45 коп. за каждый процент повышенной (сниженной) крепости в литре.

По импортной продукции производственно-технического назначения ущерб определяется по оптовым ценам или по импортной стоимости (когда оптовые цены не устанавливаются) с применением коэффициентов на конкретную продукцию.

На импортные узлы, детали, приборы и другое оборудование, являющееся составной частью линий, агрегатов или иных комплектов машин, на которые отсутствуют оптовые цены и не указана импортная стоимость в счетах-фактурах, ущерб определяется на основании заключений экспертизы с применением коэффициентов на соответствующую продукцию.

На основании заключения экспертизы исчисляется ущерб на импортные товары народного потребления, если отсутствуют розничные цены.

На продукцию, не имеющую розничных цен, реализуемую населению через торговую сеть, при определении ущерба не применяются коэффициенты. В этих случаях ущерб определяется исходя из оптовых цен и торговых накидок, утвержденных в установленном порядке для соответствующей продукции.

Ущерб, причиненный хищением, недостачей, утратой, умышленным уничтожением или умышленной порчей живого скота, определяется по закупочным ценам на соответствующий вид живого скота, а при хищении, недостаче, утрате, умышленном уничтожении или умышленной порче племенного скота — по ценам на соответствующий вид племенного скота (15, 1983, № 10).

Сумма убытков вследствие гибели крупного рогатого скота, свиней, овец и коз, принадлежащих совхозам, а также скотозаготовительным, скотооткармливающим государственным предприятиям, определяется в размере однократной стоимости скота по закупочным ценам, а при гибели племенного и местного улучшенного скота — по ценам на племенной и местный улучшенный скот.

В случае гибели лошадей сумма ущерба определяется в размере однократной стоимости лошадей по ценам, установленным обл(край)исполкомами и Советами Министров республик, а при гибели племенных лошадей — по ценам на племенных лошадей (3, п. 1).

На предприятиях общественного питания (на производстве и в буфетах) и в комиссионной торговле размер ущерба, причиненного хищением или недостачей продукции и товаров, определяется по ценам, установленным для продажи (реализации) этой продукции и товаров (1, ч. 3 п. 13).

Исчисленная судом сумма материального ущерба с превышением балансовой стоимости (себестоимости) материальных ценностей, в том числе с применением коэффициентов, подлежит полному взысканию в пользу предприятия, которому причинен ущерб, имея в виду, что разница между взысканной с ответчика суммой и стоимостью материальных ценностей для предприятия в соответствии с п. 2 раздела VII Инструкции Минфина СССР от 27 мая 1974 г. № 124 «О порядке исчисления и уплаты в бюджет прочих государственных доходов» вносится в государственный бюджет предприятием, в пользу которого возмещается ущерб (12, п. 19[1]).

Ущерб, причиненный недостачей билетов на посещение театров, концертных залов, стадионов и иных зрелищных организаций, на проезд на всех видах городского и межгородского пассажирского транспорта, абонементов и талонов на отпуск пищи предприятиями общественного питания и других знаков, предназначенных для расчетов населения за услуги, исчисляется исходя из номинальной стоимости недостающих знаков (12, абз. 4 п. 19).

Законодательством Союза ССР может быть установлен особый порядок определения размера подлежащего возмещению ущерба, в том числе в кратном исчислении, причиненного предприятию хищением, умышленной порчей, недостачей или утратой отдельных видов имущества и других ценностей, а также в тех случаях, когда фактический размер ущерба превышает его номинальный размер (1, ч. 4 п. 13). Так, в случае хищения, недостач или сверхнормативных потерь золота, драгоценных камней, изделий из них и других валютных ценностей ущерб, независимо от того, кем и при каких обстоятельствах он причинен, исчисляется по ценам, установленным законодательством.

Порядок возмещения ущерба. Возмещение ущерба рабочими и служащими в размере, не превышающем среднего месячного заработка, производится по распоряжению администрации предприятия, а руководителями предприятий и их заместителями — по распоряжению вышестоящего в порядке подчиненности органа путем удержания из заработной платы работника. Распоряжение администрации или вышестоящего в порядке подчиненности органа должно быть сделано не позднее двух недель со дня обнаружения причиненного работником ущерба и обращено к исполнению не ранее семи дней со дня сообщения работнику. Если работник не согласен с вычетом или его размером, то спор по его заявлению рассматривается в порядке, предусмотренном законодательством (ч. 3 ст. 49 Основ, ст. 122 КЗоТ).

В остальных случаях возмещение ущерба производится путем предъявления администрацией иска в районный (городской) народный суд в течение одного года со дня обнаружения причиненного работником ущерба (1, ч. 2 п. 15; ст. 211 КЗоТ).

При пропуске администрацией двухнедельного срока для

издания приказа (распоряжения) об удержании возмещение ущерба производится в судебном порядке (10, абз. 2 п. 5.2).

Днем обнаружения ущерба считается день, когда администрации предприятия, а в соответствующих случаях администрации вышестоящего в порядке подчиненности органа, стало известно о наличии ущерба, причиненного работником. Днем обнаружения ущерба, выявленного в результате инвентаризации материальных ценностей, при ревизии или проверке финансово-хозяйственной деятельности предприятия, считается день подписания соответствующего акта или заключения.

Изложенный порядок возмещения ущерба применяется и при коллективной (бригадной) материальной ответственности (10, абз. 3 п. 5.1).

Если работник не согласен с удержанием или его размером, трудовой спор по его заявлению рассматривается в установленном порядке — в комиссии по трудовым спорам (КТС), в профсоюзном комитете, а в случае необходимости — в районном (городском) народном суде.

Несогласие работника с возложением на него материальной ответственности либо с размером удержания не приостанавливает исполнение приказа (распоряжения) об удержании (10, абз. 1 п. 5.1).

В силу ст. 37 Основ гражданского судопроизводства Союза ССР и союзных республик суд вправе выйти за пределы исковых требований, если неправильно определена сумма ущерба; иск заявлен о возмещении ущерба в полном размере, а на работника может быть возложена ограниченная материальная ответственность; если работник должен быть привлечен к полной материальной ответственности, а иск заявлен о возмещении ущерба в пределах ограниченной материальной ответственности (12, п. 5).

Согласно ст. 49[1] Кодекса РСФСР об административных правонарушениях (и соответствующим статьям кодексов других союзных республик), уклонение лица, обязанного по приговору или решению суда возместить имущественный ущерб, причиненный преступлением предприятию, влечет предупреждение или наложение штрафа в размере до 50 руб. либо исправительные работы на срок до двух месяцев с удержанием 20% заработка.

Исполнение постановления о наложении административного взыскания не освобождает должника от обязанности полностью возместить предприятию материальный ущерб, причиненный преступлением.

Уклонение от возмещения имущественного ущерба выражается: в сокрытии должником места жительства, основного места работы или по совместительству; в заключении договора дарения, купли-продажи и других соглашений, при которых должник передает свое имущество другим лицам с тем, чтобы скрыть его; в сдаче имущества на хранение или в заклад в ломбард, родственникам или иным лицам либо внесении с той же целью денежных вкладов в сберкассы; в уклонении от работы либо в поступлении на работу с низкой заработной платой и проживании на побочные доходы или случайные заработки; в утаивании денежных сумм, полученных за работу, выполненную по трудовому соглашению; в умышленной порче или уничтожении имущества, подлежащего описи в счет возмещения ущерба.

Уклонение от возмещения ущерба может выражаться и в иных действиях, свидетельствующих об умысле и не позволяющих взыскать ущерб. Например, неявка без уважительных причин к судебному исполнителю, несмотря на неоднократные вызовы, и др.

Если администрация по месту работы должника не принимает меры по своевременному и полному взысканию с него причиненного преступлением материального ущерба, суды сообщают об этом вышестоящим органам и организациям, а также, в зависимости от обстоятельств, ставят вопрос о привлечении к ответственности виновных в этом должностных лиц (14, 1986, 3 сент.).

Примечания к разд. 7

1. Положение о материальной ответственности рабочих и служащих за ущерб, причиненный предприятию, учреждению, организации. Утверждено Указом Президиума Верховного Совета СССР от 13 июля 1976 г. с изменениями от 12 августа 1983 г. — Ведомости Верховного Совета СССР, 1976, № 29, ст. 427; 1983, № 5, ст. 74; № 33, ст. 507; № 47, ст. 723; 1986 № 22, ст.ст. 362 и 364.

2. О мерах по предотвращению фактов обмана государства и по усилению контроля за достоверностью отчетов о выполнении планов и обязательств. Постановление ЦК КПСС и Совета Министров СССР от 19 мая 1961 г. № 440. — СП СССР, 1961, № 9, ст. 70.

3. О материальной ответственности лиц, виновных в гибели или хищении скота, принадлежащего колхозам и совхозам. Постановление Совета Министров СССР от 17 февраля 1954 г. № 290. — Сборник нормативных актов о труде. Ч. 2. М., 1985, с. 415.

4. О мерах по упорядочению изготовления, учета и хранения билетов, талонов и других знаков, предназначенных для расчетов населения за услуги. Постановление Совета Министров СССР от 12 июля 1973 г. № 486. — СП СССР, 1973, № 17, ст. 92.

5. О мерах по усилению борьбы с нетрудовыми доходами. Постановление Совета Министров СССР от 15 мая 1986 г. № 575. — СП СССР, 1986, отд. 1, № 21, ст. 121.

6. О порядке заключения письменных договоров о пол-

ной материальной ответственности рабочих и служащих за необеспечение сохранности ценностей, переданных им для хранения или для других целей. Постановление Совета Министров СССР от 3 октября 1977 г. № 889. — СП СССР, 1977, № 26, ст. 167.

7. Положение о бухгалтерских отчетах и балансах. Утверждено постановлением Совета Министров СССР от 29 июня 1979 г. № 633. — СП СССР, 1979, № 19, ст. 121; 1985, № 16, ст. 76; № 13, ст. 54; 1986, № 28, ст. 153.

8. Типовой договор о коллективной (бригадной) материальной ответственности. Приложение № 2 к постановлению Госкомтруда СССР и Секретариата ВЦСПС от 14 сентября 1981 г. № 259/16—59. — Бюллетень Госкомтруда СССР, 1982, № 1, с. 5.

9. Инструкция о порядке обеспечения рабочих и служащих специальной одеждой, специальной обувью и другими средствами индивидуальной защиты. Утверждена постановлением Госкомтруда СССР и Президиума ВЦСПС от 24 мая 1983 г. № 100/П-9. — Бюллетень Госкомтруда СССР, 1983, № 12, с. 15.

10. О некоторых вопросах, связанных с применением законодательства об укреплении трудовой дисциплины. Разъяснение Госкомтруда СССР и Секретариата ВЦСПС от 25 октября 1983 г. № 8/22-31. Утверждено постановлением Госкомтруда СССР и Секретариата ВЦСПС от 25 октября 1983 г. № 240/22-31. — Бюллетень Госкомтруда СССР, 1984, № 1, с. 3; 1988, № 8, с. 41.

11. О применении судами законодательства об ответственности должностных лиц за нарушение порядка рассмотрения предложений, заявлений, жалоб граждан и преследование за критику. Постановление Пленума Верховного Суда СССР от 18 апреля 1986 г. — Бюллетень Верховного Суда СССР, 1986, № 3, с. 25.

12. О применении судами законодательства, регулирующего материальную ответственность рабочих и служащих за ущерб, причиненный предприятию, учреждению, организации. Постановление Пленума Верховного Суда СССР от 23 сентября 1977 г. с изменениями и дополнениями. — Бюллетень Верховного Суда СССР, 1977, № 6, с. 3; 1983, № 2, с. 11; № 5, с. 11; 1987, № 6, с. 4.

13. Газ. «Правда».

14. Газ. «Труд».

15. Бюллетень нормативных актов министерств и ведомств СССР.

16. Бюллетень Государственного комитета СССР по труду и социальным вопросам.

17. Бюллетень Верховного Суда СССР.

18. Журнал «Соц. законность».

Раздел 8
ОХРАНА ТРУДА

1. Охрана труда на производстве

Общие положения. Действующее законодательство требует создания на всех предприятиях здоровых и безопасных условий труда, возлагая их обеспечение на администрацию (ст. 57 Основ, ст. 139 КЗоТ). Администрация обязана внедрять современные средства техники безопасности, предупреждающие производственный травматизм, и обеспечивать санитарно-гигиенические условия, предотвращающие возникновение профессиональных заболеваний рабочих и служащих.

Производственные здания, сооружения, оборудование, технологические процессы должны отвечать требованиям, обеспечивающим здоровые и безопасные условия труда (ст. 58 Основ, ст. 140 КЗоТ). Эти требования включают рациональное использование территории и производственных помещений, правильную эксплуатацию оборудования и организацию технологических процессов, защиту работающих от воздействия вредных условий труда, содержание производственных помещений и рабочих мест в соответствии с санитарно-гигиеническими нормами и правилами, устройство санитарно-бытовых помещений (ч. 2 ст. 58 Основ, ч. 2 ст. 140 КЗоТ).

Охрана труда при проектировании, строительстве и эксплуатации производственных зданий. При проектировании, строительстве и эксплуатации производственных зданий и сооружений должны соблюдаться правила и нормы по охране труда. Ни одно предприятие, цех, участок, производство не могут быть приняты и введены в эксплуатацию, если на них не обеспечены здоровые и безопасные условия труда.

Ввод в эксплуатацию новых и реконструированных объектов производственного назначения не допускается без разрешения органов, осуществляющих государственный санитарный и технический надзор, технической инспекции профсоюзов и профсоюзного комитета предприятия, вводящего объект в эксплуатацию (ст. 59 Основ, ст. 141 КЗоТ).

При отсутствии в правилах требований, соблюдение которых при производстве работ необходимо для обеспечения безопасных условий труда, администрация предприятия по согласованию с профсоюзным комитетом принимает меры, обеспечивающие безопасные условия труда (ч. 3 ст. 60 Основ, ч. 3 ст. 143 КЗоТ).

Инструктаж рабочих и служащих по технике безопасности. На администрацию возлагается проведение инструктажа рабочих и служащих по технике безопасности, производственной санитарии, противопожарной охране и другим правилам охраны труда, а также постоянный контроль за соблюдением работниками всех требований инструкций по охране труда (ч. 4 ст. 60 Основ, ст.ст. 144, 146 КЗоТ).

Администрация предприятия обязана проводить инструктаж по вопросам техники безопасности для всех вновь поступающих рабочих и обучение их безопасным методам труда непосредственно на рабочих местах в течение нескольких смен. Повторное инструктирование рабочих должно проводиться в сроки, предусмотренные отраслевыми правилами техники безопасности. Не допускается перевод рабочих на другие работы без прохождения соответствующего инструктажа.

2. Обеспечение рабочих и служащих спецодеждой и другими средствами индивидуальной защиты

Выдача специальной одежды и других средств индивидуальной защиты. На работах с вредными условиями труда, а также на работах, производимых в особых температурных условиях или связанных с загрязнением, рабочим и служащим выдаются бесплатно по установленным нормам специальная одежда, специальная обувь и другие средства индивидуальной защиты (ст. 63 Основ, ст. 149 КЗоТ).

Спецодежда, спецобувь и другие средства индивидуальной защиты выдаются рабочим и служащим тех профессий и должностей, которые предусмотрены в соответствующих производствах, цехах, участках и видах работ Типовых отраслевых норм бесплатной выдачи рабочим и служащим спецодежды, спецобуви и других средств индивидуальной защиты, утвержденных постановлениями Госкомтруда СССР и ВЦСПС, или же в соответствующих отраслевых нормах, введенных на основании Типовых Советами Министров союзных республик, министерствами и ведомствами СССР.

Спецодежда, спецобувь и другие средства индивидуальной защиты выдаются рабочим и служащим в соответствии с установленными нормами и сроками носки, независимо от того, в какой отрасли народного хозяйства находятся эти производства, цехи, участки и виды работ (2, абз. 1—2 п. 1.2).

Спецодежда, спецобувь и другие средства индивидуальной защиты, предусмотренные типовыми нормами, утверждаемыми Госкомтрудом СССР и ВЦСПС, являются для администрации предприятий обязательным минимумом для бесплатной их выдачи рабочим и служащим (1, п. 1).

Трудовые коллективы имеют право принимать решения о бесплатной выдаче рабочим и служащим спецодежды и спецобуви (за исключением брезентовой, меховой и овчинно-шубной спецодежды) сверх типовых норм за счет средств фонда социального развития (1, п. 2).

Сроки носки спецодежды, спецобуви и других средств индивидуальной защиты установлены календарные и исчисляются со дня фактической выдачи их рабочим и служащим (2, п. 4.3).

Предприятие обязано заменить или отремонтировать спецодежду и спецобувь, пришедшие в негодность до истечения установленного срока носки по причинам, не зависящим от рабочего или служащего. Такая замена осуществляется на основе соответствующего акта, составляемого администрацией с участием представителя профсоюзного комитета (2, п. 3.4).

Спецодежда и спецобувь, возвращенные рабочими и служащими по истечении сроков носки, но еще пригодные для использования, должны быть отремонтированы и использованы по назначению, а не пригодные для носки — списаны и использованы для ремонта спецодежды и спецобуви, находящейся в эксплуатации, а также для производственных нужд или сданы на переработку как вторичное сырье (2, абз. 1 п. 4.4).

В исключительных случаях, при невыдаче в срок установленных нормами спецодежды и спецобуви и приобретении их в связи с этим самими работниками администрация предприятия обязана возместить работникам затраты на приобретенную по государственным розничным ценам спецодежду и спецобувь и оприходовать спецодежду и спецобувь как инвентарь предприятия (2, абз. 2 п. 3.3).

Администрация предприятия обязана следить за тем, чтобы рабочие и служащие во время работы действительно пользовались выданными им спецодеждой, спецобувью и другими средствами индивидуальной защиты, и не допускать к работе рабочих и служащих без установленных спецодежды, спецобуви и других средств индивидуальной защиты, а также в неисправной, неотремонтированной, загрязненной спецодежде и спецобуви или с неисправными средствами индивидуальной защиты (2, п. 4.1).

Администрация обязана обеспечить хранение, стирку, сушку, дезинфекцию, дегазацию, дезактивацию и ремонт выданных рабочим и служащим специальной одежды, специальной обуви и других средств индивидуальной защиты (ч. 2 ст. 149 КЗоТ).

Выдача рабочим мыла и других обезвреживающих средств. На работах, связанных с загрязнением, выдается бесплатно по установленным нормам мыло. На работах, где возможно воздействие на кожу вредно действующих веществ, выдаются бесплатно по установленным нормам смывающие и обезвреживающие средства (ч. 2 ст. 63 Основ, ст. 150 КЗоТ). Помимо этого, на каждом предприятии при умывальниках должно быть в достаточном количестве мыло для мытья по окончании и во время работы.

Обеспечение рабочих и служащих соленой водой. Администрация предприятия обязана бесплатно снабжать рабочих горячих цехов газированной соленой водой. Цеха и производственные участки, в которых организуется снабжение газированной соленой водой, устанавливаются органами санитарного надзора по согласованию с администрацией (ст. 152 КЗоТ).

Обеспечение рабочих и служащих лечебно-профилактическим питанием. На работах с вредными условиями труда рабочим и служащим выдаются бесплатно по установленным нормам молоко или другие равноценные пищевые продукты. На работах с особо вредными условиями труда предоставляется бесплатно по установленным нормам лечебно-профилактическое питание (ст. 64 Основ, ст. 151 КЗоТ).

Предприятия самостоятельно решают все вопросы, связанные с бесплатной выдачей рабочим и служащим молока или других равноценных пищевых продуктов, на основе Перечня химических веществ, при работе с которыми в профилактических целях рекомендуется употребление молока или других равноценных продуктов, и порядка бесплатной выдачи молока или других равноценных пищевых продуктов рабочим и служащим, занятым на работах с вредными условиями труда, утвержденного постановлением Госкомтруда СССР и Секретариата ВЦСПС от 16 декабря 1987 г.

За рабочую смену (независимо от ее продолжительности) выдается 0,5 л молока (3, п. 1).

Постановлением Госкомтруда СССР и Президиума ВЦСПС от 7 января 1977 г. утверждены по согласованию с Минздравом СССР: Перечень производств, профессий и должностей, работа в которых дает право на бесплатное получение лечебно-профилактического питания в связи с особо вредными условиями труда; Рационы лечебно-профилактического питания и нормы бесплатной выдачи витаминных препаратов; Правила бесплатной выдачи лечебно-профилактического питания (5, 1979, № 7—9).

3. Расследование несчастных случаев и ответственность за ущерб, причиненный рабочим и служащим повреждением их здоровья

Расследование и учет несчастных случаев. Администрация предприятий с участием представителей профсоюзного комитета, а в установленных законодательством случаях с участием представителей и других органов обязана своевременно и правильно проводить расследование и учет несчастных случаев на производстве (ч. 1 ст. 147 КЗоТ).

Расследованию и учету подлежат несчастные случаи, происшедшие на территории предприятия, вне территории предприятия при выполнении пострадавшим трудовых обязанностей, задания администрации, руководителя работ (бригадира, мастера, начальника смены, участка и т. д.), а также при следовании на предоставленном предприятием транспорте на работу или с работы.

Расследованию и учету подлежат несчастные случаи, происшедшие как в течение рабочего времени (включая установленные перерывы), так и в течение времени, необходимого для приведения в порядок орудий производства, одежды и т. п. перед началом или по окончании работы, а также при выполнении работ в сверхурочное время, в выходные и праздничные дни (4, п. 1.2).

Расследованию и учету подлежат также происшедшие на производстве острые отравления, тепловые удары, поражения молнией, обморожения (4, п. 1.3).

Несчастный случай на производстве, вызвавший потерю у работника трудоспособности не менее одного дня, или несчастный случай, вызвавший необходимость перевода его с работы по основной профессии на другую работу, оформляются актом по форме Н-1. Администрация предприятия обязана выдать заверенную копию акта формы Н-1 о несчастном случае пострадавшему или другому заинтересованному лицу не позднее трех дней с момента окончания по нему расследования. Акт формы Н-1 с материалами расследования подлежит хранению в течение 45 лет на предприятии, где взят на учет несчастный случай (4, п. 1.4).

Ответственность за правильное и своевременное расследование и учет несчастных случаев, оформление актов формы Н-1, выполнение мероприятий, указанных в актах, несет руководитель предприятия, руководители структурных подразделений и производственных участков предприятия (4, п. 1.6).

В случае отказа администрации в составлении акта по форме Н-1, а также при несогласии пострадавшего или другого заинтересованного лица с содержанием акта или квалификацией несчастного случая пострадавший или другое заинтересованное лицо вправе обратиться по этим вопросам в профсоюзный комитет. Профсоюзный комитет предприятия в срок не более семи дней должен рассмотреть заявление пострадавшего или другого заинтересованного лица и принять решение, являющееся обязательным для исполнения администрацией (4, п. 1.8).

Начальник цеха или руководитель подразделения, где произошел несчастный случай, обязан немедленно сообщить о происшедшем несчастном случае руководителю и профсоюзному комитету предприятия (4, ч. 2 п. 2.1). Администрация предприятия незамедлительно создает комиссию по расследованию несчастного случая в составе начальника цеха или руководителя соответствующего подразделения, начальника отдела (инженера) охраны труда и техники безопасности предприятия (цеха), общественного инспектора по охране труда или другого представителя профсоюзного комитета предприятия (4, п. 2.2).

Несчастный случай, происшедший с работником при выполнении работы по совместительству, расследуется и учитывается предприятием по месту, где производится работа по совместительству (4, п. 2.11).

О групповом несчастном случае, несчастном случае с тяжелым исходом, несчастном случае со смертельным исходом руководитель предприятия обязан немедленно сообщить: руководителю вышестоящего хозяйственного органа; техническому инспектору труда; областному (городскому, краевому, республиканскому) комитету профсоюза; совету профсоюзов; в прокуратуру по месту, где произошел несчастный случай; местным органам Госкомитета СССР по надзору за безопасным ведением работ в промышленности и атомной энергетике, если указанные несчастные случаи произошли на объектах, подконтрольных этим органам (4, п. 3.2).

О несчастном случае со смертельным исходом руководитель предприятия направляет сообщение также министерству, ведомству, центральному комитету профсоюза, а в республиках с областным делением — республиканскому совету профсоюзов (4, п. 3.3).

Ответственность за ущерб, причиненный рабочим и служащим повреждением их здоровья. Предприятия несут в соответствии с законодательством материальную ответственность за ущерб, причиненный рабочим и служащим увечьем или иным повреждением здоровья, связанным с исполнением ими своих трудовых обязанностей (ст. 67 Основ, ст. 159 КЗоТ).

Если работнику в связи с исполнением им своих трудовых (служебных) обязанностей причинено увечье или иное повреждение здоровья по вине организации, обязанной уплачивать за него взносы по государственному социальному страхованию, эта организация должна возместить потерпевшему вред в части, превышающей сумму получаемого им пособия или назначенной ему после повреждения его здоровья и фактически получаемой им пенсии.

В случае смерти потерпевшего право на возмещение вреда имеют нетрудоспособные лица, состоявшие на иждивении умершего или имевшие ко дню его смерти право на получение от него содержания, а также ребенок умершего, родившийся после его смерти (ст. 91 Основ гражданского законодательства).

Вред, наступивший по вине предприятия, возмещается по решению администрации предприятия в соответствии с Правилами возмещения предприятиями ущерба, причиненного рабочим и служащим увечьем либо иным повреждением здоровья, связанным с исполнением ими трудовых обязанностей, утвержденными постановлением Совета Министров СССР от 3 июля 1984 г. (СП СССР, 1984, отд. 1, № 24, ст. 128).

Постановлением Госкомтруда СССР и Президиума ВЦСПС от 13 февраля 1985 г. утверждена Инструкция о порядке применения Правил возмещения предприятиями, учреждениями и организациями ущерба, причиненного рабочим и служащим увечьем либо иным повреждением здоровья, связанным с исполнением ими трудовых обязанностей (5, 1985, № 7).

Примечания к разд. 8

1. О расширении прав предприятий и организаций в деле улучшения обеспечения трудящихся специальной одеждой, специальной обувью и другими средствами индивидуальной защиты. Постановление Совета Министров СССР и ВЦСПС от 20 августа 1988 г. № 1032. — СП СССР, 1988, отд. 1, № 32, ст. 90.

2. Инструкция о порядке обеспечения рабочих и служащих специальной одеждой, специальной обувью и другими средствами индивидуальной защиты. Утверждена постановлением Госкомтруда СССР и Президиума ВЦСПС от 24 мая 1983 г. № 100/П-9. — Бюллетень Госкомтруда СССР, 1983, № 12, с. 15.

3. О порядке бесплатной выдачи молока или других равноценных пищевых продуктов рабочим и служащим, занятым на работах с вредными условиями труда. Постановление Госкомтруда СССР и Президиума ВЦСПС от 16 декабря 1987 г. № 731/П-13. — Бюллетень Госкомтруда СССР, 1988, № 4, с. 22.

4. Положение о расследовании и учете несчастных случаев на производстве. Утверждено постановлением Президиума ВЦСПС 13 августа 1982 г. № 11-6. — Сборник нормативных актов о труде. Ч. 2. М., 1985, с. 483.

5. Бюллетень Государственного комитета СССР по труду и социальным вопросам.

Раздел 9
РАССМОТРЕНИЕ ТРУДОВЫХ СПОРОВ

1. Органы, рассматривающие трудовые споры

Общие положения. Трудовые споры рассматриваются:
1) комиссиями по трудовым спорам;
2) профсоюзными комитетами;

3) районными (городскими) народными судами.

Трудовые споры некоторых категорий работников рассматриваются вышестоящими в порядке подчиненности органами (ст. 86 Основ, ст. 201 КЗоТ).

Порядок рассмотрения трудовых споров комиссиями по трудовым спорам, профсоюзными комитетами и вышестоящими в порядке подчиненности органами регулируется Основами законодательства Союза ССР и союзных республик о труде, Положением о порядке рассмотрения трудовых споров и Кодексом законов о труде союзной республики, а порядок рассмотрения дел по трудовым спорам в районных (городских) народных судах определяется, кроме того, Гражданским процессуальным кодексом союзной республики (1, п. 2).

2. Рассмотрение трудовых споров комиссиями по трудовым спорам (КТС)

Организация КТС. КТС на предприятиях образуется из равного числа представителей профсоюзного комитета и представителей администрации предприятия. Число представителей от каждой стороны устанавливается по соглашению между профсоюзным комитетом и администрацией. В заседании комиссии участвует равное число представителей сторон.

Представители профсоюза выделяются в комиссию постановлением профсоюзного комитета из числа членов профсоюзного комитета, а представители администрации — приказом руководителя предприятия (1, абз. 1—2 п. 3).

Цеховые КТС могут быть образованы в цехах и других структурных подразделениях на тех предприятиях, где профсоюзным комитетам предоставлены права районного комитета профсоюза. Они создаются по решению этого профсоюзного комитета и администрации предприятия и действуют на тех же основаниях, что и общезаводские комиссии (1, п. 4).

На предприятиях, в учреждениях и организациях, где не имеется профсоюзных комитетов, КТС образуется в составе профсоюзного организатора и руководителя предприятия, учреждения, организации (1, п. 6).

Техническое обслуживание КТС (делопроизводство, хранение дел, подготовка и выдача выписок из протоколов заседаний и пр.) осуществляется предприятием. Администрация своим приказом назначает работника предприятия, на которого возлагается работа по техническому обслуживанию комиссии (1, п. 8).

Трудовые споры, рассматриваемые КТС. КТС является

обязательным первичным органом по рассмотрению трудовых споров, возникающих на предприятиях между рабочими и служащими, с одной стороны, и администрацией — с другой, за исключением споров, подлежащих рассмотрению согласно закону непосредственно в районных (городских) народных судах и других органах (ч. 1 ст. 87 Основ, ст. 204 КЗоТ).

КТС рассматривают споры по вопросам:

а) применения установленных норм выработки и сдельных расценок, а также условий труда, обеспечивающих выполнение норм выработки;

б) перевода на другую работу и оплаты труда при переводе;

в) прекращения трудового договора не по инициативе администрации (за исключением случаев, для которых законодательством СССР установлен иной порядок рассмотрения трудовых споров);

г) оплаты труда при невыполнении норм выработки, простое и браке;

д) оплаты сверхурочных работ и работ в ночное время, компенсации за работу в выходные и праздничные дни;

е) оплаты труда за выполнение работ разной квалификации, при многостаночном обслуживании, при совмещении профессий (специальностей), при заместительстве;

ж) выплаты компенсаций при командировках, переводе, приеме или направлении на работу в другую местность;

з) выплаты выходного пособия;

и) выплаты заработной платы за время вынужденного прогула (за исключением случаев, когда этот вопрос подлежал разрешению при рассмотрении спора о восстановлении на работе);

к) возврата денежных сумм, удержанных из заработной платы в возмещение ущерба, причиненного предприятию;

л) о праве на получение и о размере причитающейся работнику премии, предусмотренной системой оплаты труда;

м) предоставления ежегодного отпуска установленной продолжительности, оплаты отпуска и выплаты денежной компенсации за неиспользованный отпуск при увольнении;

н) выплаты вознаграждения за выслугу лет;

о) наложения дисциплинарных взысканий;

п) выдачи и использования спецодежды, спецобуви, средств индивидуальной защиты; выдачи молока и других равноценных пищевых продуктов, лечебно-профилактического питания.

КТС является обязательным органом по рассмотрению также и других споров, связанных с применением законодательства о труде, коллективных и трудовых договоров, правил, положений и инструкций, за исключением споров по вопросам, перечисленным в п. 11 Положения о порядке рассмотрения трудовых споров (1, п. 10).

КТС не могут рассматривать споры по вопросам:

а) установления норм выработки (норм времени), норм обслуживания (нормативов численности), должностных окладов и тарифных ставок, изменения штатов;

б) исчисления, назначения и выплаты пособий по государственному социальному страхованию и пенсий; исчисления трудового стажа для назначения пособий и пенсий;

в) исчисления трудового стажа для предоставления льгот и преимуществ, когда законодательством установлен иной порядок рассмотрения этих споров (исчисления стажа для выплаты вознаграждения за выслугу лет, определения размеров ставок заработной платы, должностных окладов и пр.);

г) восстановления на работе рабочих и служащих, уволенных по инициативе администрации предприятия;

д) предоставления и распределения жилой площади, а также удовлетворения бытовых нужд работников.

КТС не могут рассматривать трудовые споры и по другим вопросам, когда в соответствии с действующим законодательством установлен иной порядок их рассмотрения.

В цеховых комиссиях не подлежат рассмотрению трудовые споры по вопросам перевода на работу вне данного цеха, они рассматриваются общезаводской комиссией (1, абз. 3 п. 11).

Порядок работы КТС. Рабочие и служащие могут обращаться в КТС в трехмесячный срок со дня, когда они узнали или должны были узнать о нарушении своего права. При пропуске по уважительным причинам установленного срока КТС может его восстановить (1, п. 13).

Прием заявлений, поступающих в комиссию, производится профсоюзным комитетом, а там, где его нет, — профсоюзным организатором (1, абз. 2 п. 12). КТС обязана рассматривать трудовые споры в пятидневный срок со дня подачи заявления (1, п. 14). Заседания КТС проводятся в нерабочее время (1, абз. 1 п. 15).

КТС имеет право вызывать на заседание свидетелей, поручать отдельным лицам проведение технических и бухгалтерских проверок, требовать от администрации предприятия предоставления документов и расчетов (1, п. 17).

Решения КТС принимаются по соглашению между представителями профсоюзного комитета и представителями администрации предприятия, имеют обязательную силу и в каком-либо утверждении не нуждаются. Решения комиссии должны быть мотивированы и основаны на действующем законодательстве, коллективном и трудовом договорах, правилах, положениях и инструкциях. В решениях комиссии по денежным требованиям должна быть указана точная сумма, причитающаяся работнику (1, п. 19).

3. Рассмотрение трудовых споров профсоюзными комитетами

Трудовые споры, рассматриваемые профсоюзными комитетами. Профсоюзные комитеты рассматривают трудовые споры:

а) по заявлениям рабочих и служащих, когда в КТС не было достигнуто соглашение;

б) по жалобам рабочих и служащих на решения КТС (1, п. 23).

Профсоюзные комитеты наделены правом рассматривать дела о восстановлении на работе рабочих и служащих, уволенных по инициативе администрации без согласия профкома, направленные в их адрес судебными органами (ч. 2 ст. 213 КЗоТ).

На предприятиях, где профсоюзным комитетам предоставлены права районного комитета профсоюза, рассмотрение профсоюзными комитетами споров, по которым в КТС не было достигнуто соглашение, или споров по жалобам рабочих и служащих на решения комиссии производится в следующем порядке:

а) споры, рассмотренные в цеховой комиссии, разрешаются профсоюзным комитетом цеха;

б) споры, рассмотренные в общезаводской комиссии предприятия, разрешаются президиумом профсоюзного комитета (1, п. 24).

Порядок рассмотрения трудовых споров. Профсоюзные комитеты обязаны рассматривать заявления и жалобы по трудовым спорам в семидневный срок со дня их поступления (1, п. 26). Заявления и жалобы по трудовым спорам должны рассматриваться профсоюзным комитетом в присутствии заинтересованных работников. Заочное рассмотрение трудового спора допускается лишь по письменному заявлению работника (1, абз. 1 п. 27).

При рассмотрении трудового спора, по которому в КТС не было достигнуто соглашение, профсоюзный комитет выносит постановление по существу спора. При рассмотрении жалобы на решение КТС профсоюзный комитет может оставить решение комиссии в силе или отменить это решение и вынести постановление по существу спора (1, абз. 1 — 2 п. 25). Профсоюзный комитет по собственной инициативе или по протесту прокурора отменяет решение комиссии, противоречащее действующему законодательству, и выносит постановление по существу спора (ч. 2 ст. 88 Основ).

Постановление профсоюзного комитета по трудовым спорам в трехдневный срок вручается администрации предприятия и заинтересованному работнику (1, п. 29). Если работник не согласен с ним, он может обратиться с заявлением о рассмотрении трудового спора в районный (городской) народный суд в 10-дневный срок со дня получения постановления профсоюзного комитета (1, п. 30).

Администрация предприятия может обратиться за разрешением трудового спора в районный (городской) народный суд в 10-дневный срок со дня получения постановления профсоюзного комитета, если она считает, что постановление по трудовому спору, вынесенное профсоюзным комитетом, противоречит действующему законодательству (1, п. 31).

Однако администрация лишается этого права в том случае, когда профсоюзный комитет, рассмотрев на своем заседании полученное им из судебных органов дело о восстановлении на работе рабочего или служащего, уволенного по инициативе администрации без согласия профкома, своим постановлением восстанавливает его на работе, руководствуясь ч. 2 ст. 213 КЗоТ. Администрация сама в данном случае нарушила действующее законодательство — ч. 1 ст. 35 КЗоТ, уволив работника без согласия профсоюзного комитета.

4. Рассмотрение трудовых споров в районных (городских) народных судах

Трудовые споры, рассматриваемые судами. В районных (городских) народных судах рассматриваются трудовые споры:

1) по заявлениям рабочих и служащих, когда они не согласны с постановлением профсоюзного комитета, или по заявлениям администрации, когда она считает, что постановление профсоюзного комитета противоречит действующему законодательству;

2) по заявлениям рабочих и служащих, когда они не согласны с решением КТС в составе профсоюзного организатора и руководителя предприятия, или когда в этой комиссии не было достигнуто соглашение сторон, а также когда на предприятии нет профсоюзного комитета и профсоюзного организатора.

Кроме того, непосредственно в районных (городских) народных судах, без обращения в КТС и профсоюзный комитет, рассматриваются трудовые споры:

1) по заявлениям о восстановлении на работе рабочих и служащих, уволенных по инициативе администрации предприятия, а также об изменении формулировки причин их увольнения, за исключением споров работников, занимающих должности, предусмотренные в особых перечнях (см. ст. 220 КЗоТ);

2) по заявлениям администрации о возмещении рабочими

и служащими ущерба, причиненного предприятию (ст. 89 Основ, ст. 210 КЗоТ).

В районных (городских) народных судах рассматриваются трудовые споры по заявлениям прокурора, когда он считает, что постановление профсоюзного комитета или решение КТС в составе профсоюзного организатора и руководителя предприятия противоречит действующему законодательству (1, п. 37 «г»).

В районных (городских) народных судах без обращения в КТС и профсоюзный комитет рассматриваются трудовые споры по заявлениям лиц, работающих по трудовым договорам в колхозах и межколхозных организациях (1, п. 38 «б»).

Непосредственно в районном (городском) народном суде рассматривается спор между работником и администрацией по такому вопросу применения трудового законодательства, который в отношении этого работника в соответствии с действующим законодательством предварительно был решен администрацией по согласованию с профсоюзным комитетом в пределах предоставленных им прав (1, абз. 2 п. 38).

Непосредственно в суде подлежат рассмотрению трудовые споры о восстановлении на работе рабочих и служащих, трудовой договор с которыми расторгнут на основании ст. 23 и пп. 2, 3 ст. 254 КЗоТ (2, п. 1 «а»), а также при ликвидации предприятия и прекращении в связи с этим деятельности профсоюзного комитета (2, п. 1 «д»).

Сроки для обращения в суд по трудовым спорам. Рабочие и служащие могут обращаться в районный (городской) народный суд по делам об увольнении — в месячный срок со дня вручения приказа об увольнении, а если приказ не вручен, — со дня выдачи трудовой книжки с записью об основаниях прекращения трудового договора, либо со дня, когда работник отказался от получения приказа об увольнении или трудовой книжки.

За разрешением непосредственно в суде иных трудовых споров рабочие и служащие применительно к ст. 90 Основ (ст. 211 КЗоТ) могут обращаться в трехмесячный срок со дня, когда они узнали или должны были узнать о нарушении своего права.

Судья не вправе отказать в принятии искового заявления по мотивам пропуска срока на предъявление иска. Признав причины пропуска срока исковой давности уважительными, суд восстанавливает этот срок. Если суд, всесторонне исследовав материалы дела, установит, что срок для обращения с иском пропущен по неуважительной причине, он отказывает в иске.

Не является препятствием для возбуждения трудового дела в суде постановление профсоюзного комитета об отказе в удовлетворении требования работника по мотивам пропуска срока на его предъявление (2, п. 3).

Для обращения администрации в суд по вопросам взыскания с работников материального ущерба, причиненного предприятию, устанавливается срок в один год со дня обнаружения причиненного работником ущерба (ч. 2 ст. 90 Основ, ч. 2 ст. 211 КЗоТ).

5. Рассмотрение трудовых споров вышестоящими в порядке подчиненности органами

Трудовые споры, рассматриваемые вышестоящими в порядке подчиненности органами. Вышестоящими в порядке подчиненности органами рассматриваются трудовые споры по заявлениям:

а) работников, занимающих должности, предусмотренные в Перечне № 1 Приложения № 1 к Положению о порядке рассмотрения трудовых споров, — по вопросам увольнения, изменения формулировки причин увольнения и перевода их на другую работу, а также наложения дисциплинарных взысканий.

Жалобы руководителей предприятий, структурных единиц объединений, подразделений, мастеров и бригадиров, избранных трудовыми коллективами, на досрочное освобождение от работы (а бригадиров — от руководства бригадой) по решению собрания трудового коллектива (совета трудового коллектива) рассматриваются совместно вышестоящими хозяйственным и профсоюзным органами (ч. 2 ст. 235^4 КЗоТ);

б) работников, перечисленных в Перечне № 2 Приложения № 1 к Положению о порядке рассмотрения трудовых споров, — по вопросам увольнения или изменения формулировки причин увольнения, если увольнение связано с признанием их в установленном порядке не соответствующими занимаемой должности или с неизбранием на новый срок;

в) работников, несущих дисциплинарную ответственность по уставам о дисциплине, по вопросам наложения на них дисциплинарных взысканий;

г) руководящих работников предприятий по вопросам о премиях, которые утверждаются им к выплате согласно действующим положениям руководителями вышестоящих организаций (1, п. 41).

Порядок рассмотрения трудовых споров. Вышестоящий в порядке подчиненности орган обязан рассмотреть трудовой спор не позднее 10 дней со дня поступления заявления и о результатах рассмотрения немедленно уведомить заинтересованного работника (1, п. 42). Эти же правила должны соблюдаться при рассмотрении вышестоящими хозяйственным и профсоюзным органами жалоб руководителей, мастеров на досрочное освобождение от работы, а бригадиров — от руководства бригадой.

В случае признания увольнения или перевода работника на другую работу незаконным вышестоящий в порядке подчиненности орган обязан издать приказ о восстановлении этого работника в прежней должности и выплате ему среднего заработка за время вынужденного прогула или разницы в заработке за время выполнения нижеоплачиваемой работы. Если это касается досрочно освобожденных от работы руководителей, мастеров и бригадиров, вышестоящие хозяйственный и профсоюзный органы принимают совместное решение.

Если дисциплинарное взыскание будет признано незаконным, вышестоящий в порядке подчиненности орган издает приказ об отмене взыскания, который немедленно направляется работнику и администрации предприятия (1, п. 43).

Примечания к разд. 9

1. Положение о порядке рассмотрения трудовых споров. Утверждено Указом Президиума Верховного Совета СССР от 20 мая 1974 г. — Ведомости Верховного Совета СССР, 1974, № 22, ст. 325; 1983, № 5, ст. 74; № 33, ст. 507.

2. О применении судами законодательства, регулирующего заключение, изменение и прекращение трудового договора. Постановление Пленума Верховного Суда СССР от 26 апреля 1984 г. — Бюллетень Верховного Суда СССР, 1984, № 3; 1986, № 6; 1988, № 3.

Раздел 10
ТРУДОВОЙ КОЛЛЕКТИВ

Общие положения. Трудовой коллектив предприятия, учреждения, организации — объединение всех работников, осуществляющих совместную трудовую деятельность на государственном, общественном предприятии, в учреждении, организации, в колхозе и иной кооперативной организации (ст. 1 Закона о трудовых коллективах). Являясь основной ячейкой социалистического общества, трудовой коллектив предприятия в соответствии с Конституцией СССР осуществляет широкие полномочия в политической, экономической и социальной жизни нашего государства.

В составе единого трудового коллектива в соответствии со структурой предприятия действуют коллективы цехов, отделов, участков, бригад и других подразделений.

Трудовые коллективы участвуют в управлении предприятиями на основе:

гармоничного сочетания интересов государства, общества, коллектива и личности;

единоначалия администрации в сочетании с широким участием трудящихся в управлении;

единства прав и обязанностей трудового коллектива;

неуклонного соблюдения трудовой, производственной и государственной дисциплины, социалистической законности, охраны прав и законных интересов каждого члена коллектива;

всемерного развития трудовой и общественно-политической активности и творческой инициативы членов коллектива, их участия в осуществлении полномочий трудового коллектива, создания условий для всестороннего развития личности;

коллективного обсуждения и решения вопросов деятельности предприятия;

развития критики и самокритики, всесторонней оценки деятельности должностных лиц и других членов коллектива, повышения ответственности членов коллектива за выполнение стоящих перед ним задач;

гласности, систематической информации членов коллектива о деятельности предприятия, учета общественного мнения (ст. 4 разд. I Закона о трудовых коллективах).

Совокупность указанных выше принципов означает, что управление нашими государственными предприятиями осуществляется на основе демократического централизма, сочетания централизованного руководства и социалистического самоуправления трудовых коллективов.

Социалистическое самоуправление реализуется в условиях широкой гласности путем участия всего коллектива и его общественных организаций в выработке важнейших решений и контроле за их исполнением, выборности руководителей и единоначалия в управлении предприятием.

Самоуправление осуществляют трудовые коллективы предприятий, структурных единиц объединений, коллективы подразделений и бригад.

Функции и полномочия общего собрания (конференции) трудового коллектива. Основной формой осуществления полномочий трудового коллектива является общее собрание (конференция).

Общее собрание (конференция) трудового коллектива:

избирает руководителя предприятия, совет трудового коллектива, заслушивает отчеты об их деятельности;

рассматривает и утверждает планы экономического и социального развития предприятия, определяет пути увеличения производительности труда и прибыли (дохода), повышения эффективности производства и качества продукции, сохранения и приумножения общенародной собственности, укрепления материально-технической базы производства как основы жизнедеятельности коллектива;

одобряет коллективный договор и уполномочивает профсоюзный комитет подписать его с администрацией предприятия от имени трудового коллектива; принимает социалистические обязательства; утверждает по представлению администрации и профсоюзного комитета правила внутреннего трудового распорядка;

рассматривает другие наиболее важные вопросы деятельности предприятия (п. 5 ст. 6 Закона о предприятии).

По инициативе профсоюзного комитета общее собрание (конференция) трудового коллектива рассматривает разногласия между профкомом и советом трудового коллектива. При несогласии профсоюзного комитета с решением общего собрания (конференции) трудового коллектива профком вправе, по нашему мнению, обратиться в вышестоящий профсоюзный орган, который разрешает разногласие совместно с соответствующим хозяйственным органом.

Если вышестоящие профсоюзный и хозяйственный органы придут к выводу, что решение совета трудового коллектива противоречит действующему законодательству либо интересам предприятия, то они обязаны объяснить это трудовому коллективу.

Решения общего собрания (конференции), принятые в пределах полномочий трудового коллектива и в соответствии с законодательством, обязательны для членов коллектива и администрации, а также для вышестоящих государственных и хозяйственных органов (ст. 235^2 КЗоТ).

Собрание (конференция) трудового коллектива предприятия созывается советом трудового коллектива по мере необходимости, но не реже двух раз в год. Вопросы на рассмотрение собраний (конференций) вносятся по инициативе совета трудового коллектива, администрации, партийной, профсоюзной, комсомольской и других общественных организаций, органов народного контроля, отдельных членов коллектива, а также вышестоящего органа (п. 6 ст. 6 Закона о предприятии).

В период между общими собраниями (конференциями) трудового коллектива его полномочия выполняет совет трудового коллектива (п. 1 ст. 7 Закона о предприятии; ст. 235^3 КЗоТ).

Выборы совета трудового коллектива. Совет трудового коллектива избирается общим собранием (конференцией) коллектива предприятия (структурной единицы объединения) тайным или открытым голосованием на срок 2 — 3 года.

При подготовке и проведении кампании по избранию совета трудового коллектива полезно руководствоваться утвержденными Госкомтрудом СССР и Секретариатом ВЦСПС Рекомендациями о порядке избрания советов трудовых коллективов, проведения выборов руководителей и конкурсов на замещение должностей специалистов государственных предприятий (объединений), которые были одобрены постановлением ЦК КПСС, Совета Министров СССР и ВЦСПС от 8 февраля 1988 г. № 174(1).

Собрание (конференция) для избрания совета трудового коллектива созывается профсоюзным комитетом совместно с администрацией предприятия. Они же определяют норму представительства и порядок избрания делегатов.

Собрание считается правомочным, если в нем участвует более половины общего числа членов коллектива, а конференция — не менее двух третей делегатов.

Оповещать о сроках проведения собрания (конференции) рекомендуется не позднее чем за 15 дней до выборов совета.

Избрание членов совета трудового коллектива производится из числа кандидатов, выдвинутых непосредственно на собрании (конференции) партийной, профсоюзной, комсомольской и другими общественными организациями, коллективами структурных подразделений, администрацией, а также членами трудового коллектива. Партийные, профсоюзные, другие общественные организации и администрация могут предложить единый список кандидатов.

Численность совета определяется общим собранием (конференцией) с таким расчетом, чтобы обеспечить своевременное и качественное решение задач, возлагаемых на совет трудового коллектива, но не более 30 человек.

При выдвижении кандидатов, а также при голосовании необходимо помнить, что представителей администрации не должно быть более четверти общего количества членов совета трудового коллектива. Представителями администрации в данном случае считаются руководители объединения, предприятия, структурной единицы, подразделения и их заместители.

Специалисты, мастера и бригадиры в этом случае не относятся к администрации и их количество при избрании в совет трудового коллектива не ограничивается.

В совет избираются рабочие, бригадиры, мастера, специалисты, представители администрации, партийной, профсоюзной, комсомольской и других общественных организаций.

Каждую кандидатуру рекомендуется обсуждать на собрании (конференции) отдельно.

Для подсчета голосов, поданных за кандидатов, выбирается счетная комиссия.

Избранными считаются кандидаты, за которых проголосовало большинство членов трудового коллектива, присутствующих на собрании или большинство делегатов конференции, если совет избирается на конференции.

Если в результате выборов число избранных, т. е. лиц, получивших большинство голосов, окажется больше количества, определенного собранием (конференцией), то оно вправе либо пересмотреть свое решение о количественном составе совета, либо считать избранными в совет тех кандидатов, за которых подано больше голосов участников собрания (конференции).

Председатель, заместители председателя и секретарь совета избираются из состава совета на его первом (организационном) заседании простым большинством голосов. При этом рекомендуется председателем совета трудового коллектива избирать передовых рабочих, бригадиров, мастеров, специалистов, руководителей участков, цехов, отделов и других аналогичных подразделений.

Не рекомендуется избирать председателями советов трудовых коллективов руководителей предприятий (объединений, организаций) и общественных организаций (партийной, профсоюзной, комсомольской).

Все члены совета трудового коллектива, включая председателя, его заместителей и секретаря совета должны исполнять свои обязанности на общественных началах.

При очередных выборах состав совета, как правило, обновляется не менее чем на треть.

По решению совета трудового коллектива предприятия (структурной единицы объединения) в производствах, цехах, отделениях, на участках и других подразделениях могут избираться советы трудовых коллективов, права которых определяет совет трудового коллектива предприятия (структурной единицы объединения). Эти советы должны проводить свою работу в тесном контакте и совместно с советами бригадиров.

Функции и полномочия совета трудового коллектива. Совет трудового коллектива сосредотачивает главное внимание на развитии инициативы рабочих и служащих, увеличении вклада каждого работника в общее дело, осуществляет меры по достижению высоких конечных результатов деятельности предприятия и получению хозрасчетного дохода коллектива.

Совет трудового коллектива:

осуществляет контроль за выполнением решений общих собраний (конференций) трудового коллектива, реализацией критических замечаний и предложений рабочих, служащих, информирует трудовой коллектив об их выполнении;

заслушивает администрацию о ходе выполнения планов и договорных обязательств, результатах производственно-хозяйственной деятельности, намечает меры, способствующие более эффективной работе предприятия, соблюдению принципа социальной справедливости; утверждает совместно с выборными органами партийной, профсоюзной и комсомольской организаций условия социалистического соревнования и подводит его итоги;

решает вопросы совершенствования управления и организационной структуры предприятия, обеспечения соответствия оплаты труда работников их личному вкладу и справедливого распределения социальных благ;

принимает решения об использовании фондов развития производства, науки и техники, материального поощрения, социального развития, о направлении средств на строительство жилых домов, детских учреждений, столовых, улучшение условий и охраны труда, медицинского, бытового и культурного обслуживания рабочих, служащих, решает другие вопросы социального развития коллектива;

решает вопросы подготовки и повышения квалификации кадров, соблюдения правил внутреннего трудового распорядка, государственной, производственной и трудовой дисциплины на предприятии, намечает меры по ее укреплению;

осуществляет контроль за предоставлением льгот и преимуществ новаторам, передовикам производства, ветеранам войны и труда за счет средств фондов материального поощрения и социального развития;

заслушивает представителей коллективов подразделений, вносит предложения о применении мер морального и материального поощрения за успехи в труде, рассматривает вопросы представления к государственным наградам;

решает вопросы избрания советов коллективов производств, цехов, отделений, участков и других подразделений и определяет их права в пределах полномочий совета трудового коллектива предприятия (структурной единицы объединения);

решает другие вопросы производственного и социального развития, если они не отнесены к компетенции собрания (конференции) трудового коллектива (п. 1 ст. 7 Закона о предприятии; ст. 235^3 КЗоТ).

Как видно из приведенного выше перечня функций совета трудового коллектива, в его работе должны преобладать вопросы производственно-экономического характера. Поэтому в планах работы совета приоритетное место должны занимать вопросы укрепления и развития хозрасчетных принципов деятельности предприятия, поиска внутрипроизводственных резервов, улучшения использования рабочего времени и техники, снижения затрат материальных ресурсов и топлива, обеспечения сохранности социалистической собственности, совершенствования организационной структуры и управления предприятием.

Важное место в работе совета должны занимать вопросы совершенствования организации и нормирования труда, соответствия оплаты труда его количеству и качеству.

Совет трудового коллектива совместно с профсоюзным комитетом должны разрабатывать условия соревнования, которые ориентировали бы работников на решение важнейших задач, стоящих перед коллективом, — качественное выполнение плановых и договорных обязательств, ритмичность в работе отдельных подразделений и предприятия в целом, улучшение использования оборудования, сокращение затрат материальных и топливных ресурсов. Им необходимо предусматривать дополнительные меры стимулирования трудовой активности и творческой инициативы участников соревнования, что усиливает заинтересованность рабочих и специалистов в достижении высоких конечных результатов работы предприятия.

Тесное взаимодействие совета и профсоюзного комитета в практическом осуществлении полномочий трудового коллектива обеспечивает подъем трудовой и социальной активности рабочих и служащих, способствует осознанию каждым из них личной причастности и ответственности за улучшение работы предприятия.

Коллегиальность и гласность в работе совета, регулярность отчетов на общих собраниях (конференциях) создают благоприятный психологический климат, повышают стремление каждого члена коллектива отдавать свой опыт и мастерство на пользу общества.

Совет трудового коллектива должен постоянно работать в тесном контакте с администрацией, партийной, профсоюзной, комсомольской и другими общественными организациями. Администрация обязана создавать необходимые условия для эффективной деятельности совета трудового коллектива.

Решения совета трудового коллектива, принятые в пределах его полномочий и в соответствии с законодательством, обязательны для администрации и членов коллектива.

В отдельных случаях решения совета трудового коллектива могут подкрепляться приказами (распоряжениями) по линии администрации.

При несогласии администрации или профсоюзного комитета с советом трудового коллектива вопрос решается на общем собрании (конференции) трудового коллектива.

Заседания совета проводятся по мере необходимости, но не реже одного раза в квартал.

Член совета трудового коллектива не может быть уволен по инициативе администрации или подвергнут дисциплинарному взысканию без согласия совета трудового коллектива.

Не оправдавший доверия коллектива член совета может быть выведен из его состава решением общего собрания (конференции) трудового коллектива (п. 3 ст. 7 Закона о предприятии).

Основные полномочия коллектива производственной бригады. Коллектив производственной бригады — первичное звено трудового коллектива предприятия.

Полномочия коллектива производственной бригады определены Типовым положением о производственной бригаде, совете бригады, бригадире и совете бригадиров, утвержденным постановлением Госкомтруда СССР и Секретариата ВЦСПС от 31 декабря 1980 г. (в редакции от 30 марта 1984 г.).

В числе многообразных полномочий коллектива производственной бригады следует назвать участие его в решении вопросов комплектования бригады, планирования и организации ее работы, оплаты и стимулирования труда, повышения квалификации работников, воспитания членов бригады, привлечения к ответственности нарушителей дисциплины.

Выборы руководителей на предприятиях (в объединениях). В целях улучшения качественного состава руководящих кадров и усиления их ответственности за результаты деятельности Законом СССР о государственном предприятии (объединении) установлена выборность руководящих работников на предприятиях, в объединениях и организациях.

Принцип выборности применяется в отношении руководителей предприятий (объединений), структурных единиц объединений, производств, цехов, отделений, участков, ферм, звеньев и других подразделений, а также мастеров и бригадиров (п. 2 ст. 6 Закона о предприятии).

Работа по подбору и расстановке кадров на предприятии, в объединении, организации должна проводиться администрацией и партийной организацией при активном участии совета трудового коллектива, профсоюзной, комсомольской и других общественных организаций.

При проведении выборов руководящих работников следует учитывать требование Закона о госпредприятии о том, что руководящие кадры предприятия, объединения, организации должны обладать высокими деловыми, политическими и моральными качествами, социалистической предприимчивостью и принципиальностью, уметь создавать сплоченный коллектив и обеспечивать сочетание интересов трудового коллектива с общенародными. Для современного руководителя необходимы высокий профессионализм, знание основ науки управления и экономическое мышление, позволяющее видеть перспективу и эффективно хозяйствовать.

Принцип выборности не применяется в отношении следующих категорий руководящих работников:

заместители руководителя, руководители юридической и бухгалтерской служб и службы контроля качества предприятия. Они назначаются на должность руководителем предприятия с последующим утверждением вышестоящего органа;

молодые специалисты, направленные на предприятие, в объединение, организацию после окончания высших и средних специальных учебных заведений. Они назначаются на должности, замещаемые на основе выборов, руководителем предприятия по согласованию с советом соответствующего коллектива.

Руководители вновь строящихся или создаваемых предприятий, объединений, организаций назначаются на должность вышестоящим органом. Сроки проведения выборов этих руководителей устанавливаются решением совета трудового коллектива по согласованию с вышестоящим органом.

Кандидатов на руководящие должности, замещаемые на основе выборов, могут выдвигать (с согласия самих кандидатов) партийные и общественные организации, администрация предприятия, совет трудового коллектива, коллективы подразделений, вышестоящие организации, отдельные работники предприятия, в том числе работники, предлагающие свою кандидатуру.

Выдвижение кандидатов и прием заявлений об участии в выборах прекращаются, как правило, за две недели до их проведения.

В целях выявления наиболее достойных работников на руководящие должности их выборы должны проводиться в условиях широкой гласности и демократии, как правило, на конкурсной основе.

Объявления о выборах руководителей предприятий и их подразделений, структурных единиц объединений, а также мастеров и бригадиров, информацию о требованиях к профессионально-квалификационным и другим качествам кандидатов и о сроках подачи ими заявлений рекомендуется помещать в отраслевой, республиканской, местной, заводской, стенной печати и других средствах информации не позднее чем за месяц до установленного срока выборов, который определяется советом трудового коллектива предприятия с учетом особенностей производства (1, пп. 7 — 12).

Для организации проведения выборов руководящих работников на предприятии может создаваться по решению совета трудового коллектива и администрации конкурсная комиссия.

Как показала практика, в ее состав целесообразно включать представителей совета трудового коллектива, администрации, партийной, профсоюзной и других общественных организаций (например, женсовета), а также передовых рабочих, научных работников, ведущих специалистов.

Конкурсная комиссия знакомится с кандидатами на замещение должностей руководящих работников, изучает их деловые, политические, профессиональные, моральные и другие качества. Она может предложить кандидатам разработать предложения по решению наиболее актуальных производственно-экономических, социальных и управленческих задач, стоящих перед предприятием, объединением, организацией или их подразделениями (1, пп. 13, 14).

На основании изучения материалов и бесед с претендентами комиссия может рекомендовать отдельным из них снять свою кандидатуру с голосования.

На основании проведенных собеседований и встреч, изучения предложений претендентов, а также анализа представленных документов, с учетом мнения партийных, советских и профсоюзных органов, совета трудового коллектива конкурсная комиссия подготавливает заключения о кандидатах на замещение должностей и доводит их до сведения общего собрания (конференции) трудового коллектива. При этом комиссия должна воздерживаться от рекомендаций, кого избирать из числа кандидатов (1, п. 15).

Список кандидатов и основные сведения о них следует доводить до коллектива, как правило, не позднее чем за неделю до выборов. Коллектив соответствующего подразделения может потребовать предварительной встречи с кандидатами.

Выборы руководителей участков, ферм, звеньев, а также руководителей аналогичных подразделений, мастеров и бригадиров по решению соответствующих коллективов могут проводиться и не на конкурсной основе.

Выборы руководителей предприятий, структурных единиц объединений, а также крупных производств и цехов проводятся, как правило, на конференциях трудовых коллективов. Делегаты на конференцию избираются по нормам и в порядке, определяемом коллективом или по его поручению советом трудового коллектива.

Выборы руководящих работников на мелких предприятиях, в структурных единицах объединений и подразделениях предприятий (производства, цеха, отделения, участки, фермы, звенья и аналогичные подразделения), а также мастеров и бригадиров проводятся на общих собраниях трудовых коллективов предприятий, соответствующих структурных единиц и подразделений, бригад.

Собрание считается правомочным, если в нем участвует более половины общего числа членов коллектива, а конференция — не менее двух третей делегатов (1, пп. 4, 18).

Всю организационно-техническую работу по подготовке выборов осуществляет по поручению совета трудового коллектива кадровая служба предприятия, объединения, организации.

По усмотрению общего собрания (конференции) выборы руководителей проводятся открытым или тайным голосованием.

После сообщения конкурсной комиссии о персональном составе претендентов общее собрание (конференция) открытым голосованием решает, кого из них вносить в список для голосования.

Избранным считается кандидат, получивший большинство голосов при условии, если за него проголосовало более половины участников общего собрания (конференции).

Если ни один из кандидатов не набрал более половины голосов, то проводится повторное голосование, к которому допускаются, как правило, два кандидата, получившие наибольшее количество голосов. Если при повторном голосовании ни один кандидат не получит более половины голосов, то назначаются новые выборы (1, п. 18).

Заявления о нарушении порядка проведения выборов руководителя предприятия (объединения) и руководителя структурной единицы объединения могут быть поданы для совместного рассмотрения в вышестоящие хозяйственные и профсоюзные органы, а о нарушениях порядка проведения выборов руководителей подразделений предприятия (структурной единицы объединения), мастеров и бригадиров рассматриваются советом трудового коллектива совместно с администрацией и профсоюзным комитетом предприятия, структурной единицы объединения (1, п. 24).

По истечении срока полномочий руководители, а также мастера и бригадиры могут быть избраны вновь или им предоставляется другая работа с соблюдением гарантий, установленных статьей 110 КЗоТ (ст. 235^4 КЗоТ).

На основе Закона о госпредприятии, а также с учетом рекомендаций Госкомтруда СССР и ВЦСПС и специфики производства на предприятии полезно разработать местное положение о порядке избрания советов трудовых коллективов и проведения выборов руководителей, которое утверждается на общем собрании (конференции) трудового коллектива (1, п. 25).

Примечания к разд. 10

1. Рекомендации о порядке избрания советов трудовых коллективов, проведения выборов руководителей и конкурсов на замещение должностей специалистов государственных предприятий (объединений). Утверждены постановлением Госкомтруда СССР и Секретариата ВЦСПС от 8 февраля 1988 г. — Бюллетень Госкомтруда СССР, 1988, № 6, с. 8.

Раздел 11
ПРАВОВЫЕ ВОПРОСЫ ГОСУДАРСТВЕННОГО СОЦИАЛЬНОГО ОБЕСПЕЧЕНИЯ

1. Понятие и виды социального обеспечения

Понятие и виды социального обеспечения. Все рабочие и служащие подлежат обязательному государственному социальному страхованию. Оно осуществляется за счет государства. Взносы на социальное страхование уплачиваются предприятиями без каких-либо вычетов из заработной платы рабочих и служащих. Неуплата предприятием страховых взносов не лишает рабочих и служащих права на обеспечение по государственному социальному страхованию (ст. 100 Основ, ст. ст. 236 — 237 КЗоТ).

Рабочим, служащим, другим гражданам, на которых распространяется государственное социальное страхование, а также иным лицам в случаях, предусмотренных законодательством, в порядке государственного социального страхования, выдаются пособия: а) по временной нетрудоспособности; б) по беременности и родам; в) при рождении ребенка; г) по уходу за ребенком до достижения им возраста полутора лет; д) на детей малообеспеченным семьям; е) на погребение (12, пп. 1 — 2).

Рабочие и служащие, а в соответствующих случаях и члены их семей, обеспечиваются в порядке государственного социального страхования пенсиями по старости, по инвалидности, по случаю потери кормильца, а также пенсиями за выслугу лет, установленными для некоторых категорий работников.

Средства государственного социального страхования используются также на санаторно-курортное лечение рабочих и служащих, обслуживание их профилакториями и домами отдыха, на лечебное (диетическое) питание, на содержание пионерских лагерей и на другие мероприятия по государственному социальному страхованию (ст. 101 Основ, ст. 238 КЗоТ).

ПОСОБИЕ ПО ВРЕМЕННОЙ НЕТРУДОСПОСОБНОСТИ

Общие положения. Пособие по временной нетрудоспособности выдается: а) при заболевании (травме), связанном с утратой трудоспособности; б) при санаторно-курортном лечении; в) при болезни члена семьи в случае необходимости ухода за ним; г) при карантине; д) при временном переводе на другую работу в связи с заболеванием туберкулезом или с профессиональным заболеванием; е) при протезировании с помещением в стационар протезно-ортопедического предприятия (12, п. 7).

Пособие, по общему правилу, выдается, если нетрудоспособность наступила в период работы, включая и время испытания. Рабочий или служащий имеет право на получение пособия и в тех случаях, когда нетрудоспособность наступила в день увольнения, т. е. в тот день, который является последним днем работы.

Республиканские (в республиках, не имеющих областного деления), краевые, областные, Московский и Киевский городские советы профсоюзов могут разрешать в отдельных случаях выдачу пособий рабочим и служащим, у которых нетрудоспособность, длящаяся свыше месяца, или отпуск по беременности и родам наступили в течение месячного срока после увольнения с работы по уважительным причинам, а также бывшим военнослужащим, заболевшим в течение месячного срока после увольнения со срочной службы из Вооруженных Сил СССР (12, п. 5).

Пособие по временной нетрудоспособности выдается с первого дня утраты трудоспособности и до ее восстановления или до установления врачебно-трудовой экспертной комиссией инвалидности, даже если в это время рабочий или служащий был уволен (12, п. 9).

Лицам, окончившим высшее или среднее специальное учебное заведение, аспирантуру, клиническую ординатуру либо профессионально-техническое учебное заведение и направленным на работу в установленном порядке, в случае наступления временной нетрудоспособности до начала работы пособие выдается со дня, назначенного для явки на работу (12, п. 11).

При бытовой травме пособие выдается начиная с шестого

дня нетрудоспособности. Если травма явилась результатом стихийного бедствия (землетрясения, наводнения, урагана, пожара и т. п.) либо анатомического дефекта пострадавшего, пособие выдается за весь период нетрудоспособности по общим правилам (12, п. 14).

При наступлении временной нетрудоспособности вследствие заболевания (травмы) во время пребывания в ежегодном отпуске пособие выдается за все дни освобождения от работы, удостоверенные больничным листком.

При наступлении временной нетрудоспособности в период отпуска без сохранения заработной платы либо частично оплачиваемого отпуска по уходу за ребенком пособие не выдается. Если нетрудоспособность продолжается и после окончания отпуска без сохранения заработной платы либо частично оплачиваемого отпуска по уходу за ребенком, то пособие выдается со дня, когда работник должен был приступить к работе (12, п. 15).

Пособие по временной нетрудоспособности при санаторно-курортном (амбулаторно-курортном) лечении выдается, если очередного и дополнительных отпусков у рабочего или служащего недостаточно для лечения и проезда в санаторий и обратно и если путевка (курсовка) выдана за счет средств социального страхования бесплатно или с оплатой 30% ее стоимости (12, п. 17).

Больничный листок и пособие по уходу за больным ребенком, не достигшим 14 лет, выдаются на период, в течение которого ребенок нуждается в уходе, но не более чем на 14 календарных дней.

Оплата первых 7 календарных дней, а одиноким матерям, вдовам (вдовцам), разведенным женщинам (мужчинам) и женам военнослужащих срочной службы — первых 10 дней производится в соответствии с действующим законодательством. Выплата указанного пособия на период с 8-го по 14-й календарный день и с 11-го по 14-й календарный день производится в размере 50% заработка, независимо от непрерывного трудового стажа и членства в профсоюзе.

Матери, освобожденной от работы для нахождения вместе с больным ребенком в стационаре, пособие выдается за все время освобождения от работы (12, п. 18).

Больничные листки по уходу за больным ребенком могут выдаваться не только матери, но и любому другому члену семьи, если мать по семейным и другим обстоятельствам не может ухаживать за ребенком (больна, временно отсутствует и т. п.) (Инструктивно-методическое письмо Минздрава СССР и ВЦСПС № 08-23 от 11 февраля 1974 г. — 16, 1983, 20 авг.).

Рабочим и служащим, занятым на сезонных и временных работах, пособие по временной нетрудоспособности вследствие трудового увечья или профессионального заболевания выдается на общих основаниях, а пособие по временной нетрудоспособности вследствие других причин — не более чем за 75 календарных дней (12, п. 22).

Работающим инвалидам пособие по временной нетрудоспособности, кроме случаев трудового увечья или профессионального заболевания, выдается не дольше двух месяцев подряд и не более трех месяцев в календарном году.

Работающим инвалидам Отечественной войны и другим инвалидам, приравненным в отношении льгот к инвалидам Отечественной войны, пособие по временной нетрудоспособности, кроме случаев трудового увечья или профессионального заболевания, выдается до четырех месяцев подряд или до пяти месяцев в календарном году.

Если временная нетрудоспособность у работающего инвалида наступила от трудового увечья или профессионального заболевания, пособие выдается до выздоровления или до пересмотра группы инвалидности в связи с трудовым увечьем или профессиональным заболеванием.

Рабочим и служащим, признанным инвалидами вследствие заболевания туберкулезом, пособие по временной нетрудоспособности при обострении этого заболевания выдается не дольше четырех месяцев подряд и не более пяти месяцев в календарном году (12, п. 23).

Размер пособия по временной нетрудоспособности. Пособие по временной нетрудоспособности вследствие трудового увечья или профессионального заболевания выдается в размере 100 % заработка (12, п. 24).

Пособие по временной нетрудоспособности, кроме случаев трудового увечья или профессионального заболевания, выдается:

а) в размере 100% заработка: рабочим и служащим, имеющим непрерывный трудовой стаж восемь и более лет; рабочим и служащим, имеющим на своем иждивении трех или более детей, не достигших 16 (учащиеся — 18) лет.

Настоящее правило не распространяется на рабочих и служащих, у которых непрерывный трудовой стаж, необходимый для получения пособия в размере полного заработка, не сохранился в связи с увольнением в течение последних восьми лет работы по следующим основаниям: систематическое неисполнение без уважительных причин обязанностей, возложенных трудовым договором или правилами внутреннего трудового распорядка; прогул (в том числе отсутствие на работе больше трех часов в течение рабочего дня) без уважительных причин либо появление на работе в нетрезвом состоянии, в состоянии наркотического или токсического опьянения; вступление в законную силу приговора суда, которым рабочий или служащий осужден к лишению свободы, исправительным работам не по месту работы, либо к иному наказанию, исключающему возможность продолжения данной работы; утрата доверия со стороны администрации к работнику, непосредственно обслуживающему денежные или товарные ценности; совершение работником, выполняющим воспитательные функции, аморального проступка, несовместимого с продолжением данной работы; требование профсоюзного органа; увольнение в качестве дисциплинарного взыскания, налагаемого в порядке подчиненности или в соответствии с уставами о дисциплине; совершение работником других виновных действий, за которые законодательством предусмотрено увольнение с работы; повторное увольнение после 13 декабря 1979 г. по собственному желанию без уважительных причин*, если со дня предшествующего увольнения по такому же основанию не прошло 12 месяцев;

б) в размере 80% заработка: рабочим и служащим, имеющим непрерывный трудовой стаж от пяти до восьми лет;

в) в размере 60% заработка: рабочим и служащим, имеющим непрерывный трудовой стаж от трех до пяти лет; рабочим и служащим, не достигшим 18 лет;

г) в размере 50% заработка: рабочим и служащим, имеющим непрерывный трудовой стаж до трех лет.

Рабочим и служащим, не состоящим членами профсоюза, пособие выдается в половинном размере против норм, указанных выше.

Работающим инвалидам Отечественной войны и другим инвалидам, приравненным в отношении льгот к инвалидам Отечественной войны, пособие во всех случаях временной нетрудоспособности выдается в размере 100% заработка (12, п. 25).

Непрерывный трудовой стаж при определении размера пособия исчисляется ко дню наступления нетрудоспособности в соответствии с Правилами исчисления непрерывного трудового стажа рабочих и служащих при назначении пособий по государственному социальному страхованию, утвержденными постановлением Совета Министров СССР от 13 апреля 1973 г. № 252(7).

Случаи, когда пособие по временной нетрудоспособности не выдается. Пособие по временной нетрудоспособности не выдается рабочим и служащим, умышленно причинившим вред своему здоровью с целью уклонения от работы или других обязанностей либо притворившимся больными (симулянты), а ранее выданные им суммы пособия подлежат взысканию в судебном порядке; при временной нетрудоспособности от заболеваний или травм, наступивших вследствие опьянения или действий, связанных с опьянением, а также вследствие злоупотребления алкоголем; у рабочих и служащих, временная нетрудоспособность которых наступила вследствие травм, полученных при совершении ими преступлений (12, п. 30).

Рабочие и служащие, совершившие прогул без уважительных причин непосредственно перед наступлением временной нетрудоспособности, нарушающие режим, установленный для них врачом, или не являющиеся без уважительных причин в назначенный срок на врачебный осмотр или на освидетельствование во врачебно-трудовую экспертную комиссию, лишаются пособия с того дня, когда было допущено наруше-

---

* Перечень уважительных причин изложен на с. 533.

ние, и на срок, устанавливаемый профсоюзным комитетом предприятия или создаваемой им комиссией по социальному страхованию, назначающими пособие (12, п. 31).

ПОСОБИЕ ПО БЕРЕМЕННОСТИ И РОДАМ

Общие положения. Пособие по беременности и родам женщинам — рабочим и служащим выдается за 56 календарных дней до родов и 56 календарных дней после родов. В случае ненормальных родов или рождения двух и более детей пособие после родов выдается за 70 календарных дней. Если со дня освобождения от работы до дня родов прошло больше или меньше установленного числа дней дородового отпуска, пособие выдается за все дни, фактически проведенные в дородовом отпуске (12, п. 32).

Основанием для назначения пособия по беременности и родам является выданный в установленном порядке больничный листок (12, п. 33).

Женщинам, окончившим высшее или среднее специальное учебное заведение, аспирантуру, клиническую ординатуру либо профессионально-техническое учебное заведение и направленным на работу в установленном порядке, в случае предоставления отпуска по беременности и родам до начала работы пособие выдается со дня, назначенного для явки на работу (12, п. 35).

В случае предоставления отпуска по беременности и родам в период временной приостановки работы или дополнительного отпуска, предоставленного в связи с обучением в учебных заведениях без отрыва от производства, пособие выдается со дня, когда женщина по окончании указанного периода должна была приступить к работе (12, п. 36).

При предоставлении отпуска по беременности и родам во время пребывания в ежегодном отпуске пособие выдается за все дни освобождения от работы, удостоверенные больничным листком (12, п. 37).

При предоставлении отпуска по беременности и родам в период частично оплачиваемого отпуска по уходу за ребенком женщинам выдается, по их выбору, либо пособие по беременности и родам, либо пособие по уходу за ребенком (12, п. 38).

Пособие по беременности и родам выдается в размере 100% заработка (12, п. 39).

ДРУГИЕ ВИДЫ ПОСОБИЙ ПО СОЦИАЛЬНОМУ СТРАХОВАНИЮ

Пособия при рождении ребенка. Единовременное пособие при рождении ребенка выдается женщинам — рабочим и служащим, а также обучающимся с отрывом от производства:

при рождении первого ребенка в размере 50 руб.; при рождении второго и третьего ребенка в размере 100 руб. на каждого.

В тех случаях, когда мать ребенка не работает и не учится, пособие при рождении первого, второго и третьего ребенка в размере 30 руб. выдается работающему или обучающемуся с отрывом от производства отцу, независимо от размера заработка или стипендии.

Пособие по уходу за ребенком. Во время отпуска по уходу за ребенком до достижения им возраста полутора лет пособие выдается работающим матерям, имеющим общий трудовой стаж не менее одного года, а также женщинам, обучающимся с отрывом от производства, в следующих размерах: в районах Дальнего Востока и Сибири, в северных районах страны (в Карельской АССР и Коми АССР, Архангельской и Мурманской областях), а также в Вологодской, Новгородской и Псковской областях — 50 руб. в месяц; в остальных районах — 35 руб. в месяц (см. сноску на с. 613).

В случае смерти матери отпуск по уходу за ребенком до достижения им возраста полутора лет с выплатой пособия предоставляется отцу ребенка либо иному лицу, фактически воспитывающему ребенка, по их заявлениям (12, п. 41).

Общий трудовой стаж, дающий работающей матери право на пособие по уходу за ребенком, исчисляется для женщин — рабочих и служащих по правилам, установленным для назначения государственных пенсий. При этом время обучения в высших, средних специальных и иных учебных заведениях, пребывания в аспирантуре или клинической ординатуре включается в общий стаж независимо от того, предшествовала ли периоду обучения работа в качестве рабочего или служащего.

В случаях, когда общий трудовой стаж, дающий право на пособие по уходу за ребенком, женщина приобретает в период после отпуска по беременности и родам, частично оплачиваемый отпуск предоставляется со дня, с которого у нее наступило право на этот отпуск (15, п. 2).

На основании приказа (распоряжения) администрации о предоставлении женщине частично оплачиваемого отпуска комиссия по социальному страхованию профсоюзного комитета предприятия назначает женщине пособие по уходу за ребенком.

Днем окончания выплаты пособия по уходу за ребенком является день исполнения ребенку полутора лет. (15, абз. 2 п. 4).

Пособие выплачивается в сроки, установленные для выплаты заработной платы за вторую половину месяца.

Пособие на детей малообеспеченным семьям. В порядке государственного социального страхования производится выплата пособия на детей семьям, в которых средний совокупный доход на члена семьи не превышает 50 руб. в месяц (8).

В районах Дальнего Востока и Сибири, в северных районах страны (в Карельской АССР и Коми АССР, Архангельской и Мурманской областях), а также в Вологодской, Новгородской и Псковской областях выплата пособий на детей малообеспеченным семьям производится, если средний совокупный доход на члена семьи составляет не более 75 руб. в месяц (11).

Пособие назначается в размере 12 руб. в месяц на каждого ребенка до достижения им восьмилетнего возраста.

Заявления о назначении пособия на детей подаются: работающими женщинами — администрации предприятия; учащимися — администрации учебного заведения, неработающими пенсионерами и другими неработающими женщинами, имеющими право на получение пособия, — в районные (городские) отделы социального обеспечения по месту жительства. К заявлению необходимо приложить требуемые документы.

Совокупный доход определяется по доходам семьи за календарный год, предшествовавший году обращения за назначением пособия на детей (8, абз. 1 п. 20).

Пособие на детей назначается матери по месту ее работы или учебы. Если мать не работает и не учится, пособие назначается матери по месту работы, службы или учебы мужа (8, абз. 1 п. 29).

Пособие на детей семьям рабочих и служащих и учащихся назначается комиссиями по назначению пособий на детей, образуемыми на предприятиях, в составе представителя администрации (председатель комиссии), представителя профсоюзного комитета и главного бухгалтера (8, абз. 3 п. 29). Решение комиссии по назначению пособий на детей в течение пяти дней после его вынесения сообщается заявителю (8, п. 33). Оно может быть обжаловано в исполнительный комитет районного (городского) Совета народных депутатов (8, абз. 1 п. 34).

Пособие на детей назначается на календарный год, но не более чем до достижения ребенком восьми лет (8, абз. 1 п. 38).

Пособия на детей семьям рабочих и служащих выплачиваются предприятиями по месту работы (8, абз. 1 п. 40).

2. Пенсионное обеспечение

Пенсии рабочим и служащим и членам их семей назначаются в соответствии с Законом СССР о государственных пенсиях (ст. 103 Основ, ст. 241 КЗоТ).

Во исполнение решений Съезда народных депутатов СССР о неотложных мерах по повышению пенсионного обеспечения ветеранов войны и труда, инвалидов, семей погибших военнослужащих, введению единых условий пенсионного обеспечения рабочих, служащих и членов колхозов, а также по улучшению социального обслуживания этих категорий граждан Верховный Совет СССР 1 августа 1989 г. принял Закон о неотложных мерах по улучшению пенсионного обеспечения и социального обслуживания населения.

Законом предусматривается, в частности, повышение минимальных размеров пенсий по старости, по инвалидности I и II группы, по случаю потери кормильца родителям и женам военнослужащих, погибших вследствие ранения, контузии или увечья, полученных при защите СССР или при исполнении иных обязанностей военной службы, либо вследствие заболевания, связанного с пребыванием на фронте. Установлено также, что инвалидам из числа военнослужащих, ставших инвалидами вследствие ранения, контузии или увечья, полученных при защите СССР или при исполнении иных обязанностей военной службы, либо вследствие заболевания, связанного с пребыванием на фронте, пенсии по старости повышаются на 15 руб. в месяц без ограничения установленными размерами пенсии по старости.

Совету Министров СССР поручено представить в Верховный Совет СССР предложения о внесении в действующее законодательство изменений и дополнений, вытекающих из Закона от 1 августа 1989 г. (см.: Труд, 1989, 4 авг.).

Право на пенсию по возрасту имеют рабочие и служащие — мужчины по достижении 60 лет и при стаже работы не менее 25 лет; женщины — по достижении 55 лет и при стаже работы не менее 20 лет (1, ст. 8).

Некоторым категориям рабочих и служащих пенсии назначаются на льготных условиях.

Рабочие и служащие на подземных работах, на работах с вредными условиями труда и горячих цехах — по Списку № 1 производств, цехов, профессий и должностей приобретают право на получение пенсии по возрасту: мужчины — по достижении 50 лет при стаже работы не менее 20 лет, женщины по достижении 45 лет при стаже работы не менее 15 лет.

Рабочие и служащие, занятые на других работах с тяжелыми условиями труда, — по Списку № 2 производств, цехов, профессий и должностей, имеют право на получение пенсии: мужчины — по достижении 55 лет и при стаже работы не менее 25 лет, женщины — по достижении 50 лет и при стаже работы не менее 20 лет (1, ст. 9 «а» и «б»).

Для назначения пенсий по возрасту на льготных условиях необходимо, чтобы не менее половины общего стажа приходилось на работы, указанные в Списках № 1 или 2, независимо от места последней работы (1, ч. 2 ст. 9). Рабочим и служащим на работах с тяжелыми условиями труда пенсии назначаются на льготных условиях, если не менее половины стажа приходится не только на тяжелые работы, но в общей сложности на эти работы и на работы по Списку № 1 (независимо от места последней работы).

Работницы предприятий текстильной промышленности (по списку производств и профессий, утверждаемому Советом Министров СССР) имеют право на пенсию по возрасту по достижении 50 лет и при стаже работы в этих профессиях не менее 20 лет, независимо от места последней работы (1, ст. 9 «в»).

Женщины, работающие в качестве трактористов-машинистов в сельском хозяйстве, других отраслях народного хозяйства, а также женщины, работающие в качестве машинистов строительных, дорожных и погрузочно-разгрузочных машин (по списку производств и профессий, утверждаемому Советом Министров СССР), приобретают право на пенсию по возрасту по достижении 50 лет и при стаже работы не менее 20 лет, в том числе не менее 15 лет в этих профессиях, независимо от места последней работы, если они не имеют права на пенсию по возрасту в более раннем возрасте (1, ст. 9 «д»).

Женщины, родившие пять и более детей и воспитавшие их до восьмилетнего возраста, приобретают право на пенсию по возрасту по достижении 50 лет и при стаже работы не менее 15 лет, если они не получили право на эту пенсию в более раннем возрасте (1, ст. 10).

Льготные условия для назначения пенсии по возрасту установлены также для лиц, проработавших не менее 15 календарных лет в районах Крайнего Севера либо не менее 20 календарных лет в местностях, приравненных к районам Крайнего Севера. При указанных условиях пенсия назначается мужчинам — по достижении 55 лет и при общем стаже работы не менее 25 лет и женщинам — по достижении 50 лет и при общем стаже работы не менее 20 лет (2, п. 2).

Размер пенсии по возрасту определяется путем суммирования основного ее размера, исчисленного в процентах к среднему заработку, и двух надбавок к пенсии, установленных: одна — за непрерывный или общий стаж работы, вторая — за нетрудоспособных членов семьи — иждивенцев (последняя — неработающим пенсионерам).

Минимальный размер пенсии по возрасту составляет 70 руб. в месяц.

Максимальный размер пенсии по старости — 120 руб. в месяц. Рабочим и служащим, проработавшим не менее 15 лет на отдельных видах работ, дающих право на пенсию на льготных условиях и в льготных размерах, устанавливаются максимальные размеры пенсии по возрасту: проработавшим на указанных работах от 15 до 20 лет — 140 руб. и свыше 20 лет — 160 руб. в месяц.

К основному размеру пенсий по возрасту начисляются надбавки. Такие надбавки начисляются за непрерывный стаж работы свыше 15 лет, либо за общий стаж работы мужчинам, проработавшим не менее 35 лет, и женщинам, проработавшим не менее 30 лет, — 10% от основного размера пенсии.

В тех случаях, когда рабочие и служащие имеют право на пенсию по возрасту на льготных условиях, указанная надбавка за общий стаж работы устанавливается, если их общий стаж работы превышает стаж, необходимый для назначения пенсии на льготных условиях, не менее чем на десять лет (например, мужчины, занятые на работах в горячих цехах, для получения надбавки должны иметь не менее 30 лет общего стажа работы).

Рабочим и служащим, непрерывный стаж работы которых не менее 25 лет, а у женщин, имеющих детей, — не менее 20 лет приходится на работу на одном предприятии, в учреждении, организации и одновременно имеющим право на надбавку к пенсии за общий стаж работы, устанавливается надбавка за этот стаж работы в размере 20% пенсии. При указанных условиях надбавка в пределах до 10% пенсии начисляется сверх установленного максимального размера пенсии (1, ст. 14 «а»).

Непрерывный стаж работы, дающий право на 20-процентную надбавку к пенсии по возрасту, определяется в соответствии с Правилами исчисления непрерывного трудового стажа рабочих и служащих при назначении пособий по государственному социальному страхованию, утвержденному постановлением Совета Министров СССР от 13 апреля 1973 г. № 252(7).

При увольнении по собственному желанию эти Правила в части сохранения непрерывного трудового стажа не применяются, за исключением случаев увольнения беременных женщин, матерей, имеющих детей в возрасте до восьми лет, увольнения в связи с переводом мужа или жены на работу в другую местность, уходом на пенсию по возрасту или инвалидности, а также увольнения в связи с переездом на работу в другую местность в порядке организованного набора рабочих, сельскохозяйственного переселения или общественного призыва (10, п. 1).

20-процентная надбавка к пенсии по старости за непрерывный стаж работы начисляется рабочим и служащим, имеющим необходимый непрерывный и общий стаж работы, независимо от того, работали они на 1 января 1983 г. или позднее.

Неработающим пенсионерам, имеющим на своем иждивении нетрудоспособных членов семьи, начисляется надбавка к пенсии: при одном нетрудоспособном члене семьи — 10% пенсии; при двух или более нетрудоспособных членах семьи — 15% пенсии (1, ст. 14 «б»).

Надбавка к пенсии за работу после достижения пенсионного возраста. Пенсионерам по возрасту, работающим после достижения пенсионного возраста в качестве рабочих (младшего обслуживающего персонала) и мастеров, независимо от места работы, а также бригадиров в растениеводстве и животноводстве в государственных предприятиях сельского хозяйства, по их желанию, вместо выплаты пенсии во время работы начисляется после оставления работы надбавка к пенсии. Надбавка к пенсии устанавливается в размере 10 руб. за каждый полный год работы после назначения пенсии при условии, чтобы общий размер надбавки не превышал 40 руб., а сумма пенсии с надбавкой — 150 руб. в месяц. Начисление надбавки производится за работу начиная с 1 января 1980 г. (6, абз. 6 п. 171).

Постановлением Госкомтруда СССР и Секретариата ВЦСПС от 5 декабря 1979 г. № 493/26-1 утверждена Инструкция о порядке начисления надбавки к пенсии за работу после достижения пенсионного возраста (17, 1980, № 2, с. 3). Инструкцией установлено, что правом на надбавку пользуются все мастера, включая мастеров производственного обучения, старших, сменных, контрольных мастеров и т. д. Рабочие (младший обслуживающий персонал) и мастера имеют право на надбавку к пенсии во всех отраслях народного хозяйства, независимо от места работы.

Заявление о работе на условиях, дающих право на надбавку к пенсии за работу после достижения пенсионного возраста, подается пенсионером администрации предприятия по месту работы. Администрация направляет это заявление вместе с извещением к поручению на выплату пенсии в отдел социального обеспечения по месту жительства пенсионера. Надбавка к пенсии начисляется после прекращения работы пенсионером по решению комиссии по назначению пенсии при исполнительном комитете районного (городского) Совета народных депутатов.

Пенсии по инвалидности. Рабочим и служащим выплачиваются пенсии по инвалидности в случае постоянной или длительной потери трудоспособности. Размер пенсии зависит от группы инвалидности — I, II и III группы, причины инвалидности, среднего заработка, стажа работы, условий труда, наличия на иждивении инвалида нетрудоспособных членов семьи.

Причины и группы инвалидности, а также время наступления инвалидности определяются врачебно-трудовыми экспертными комиссиями (ВТЭК).

Пенсии по инвалидности рабочим и служащим назначаются при потере трудоспособности вследствие трудового увечья, профессионального либо общего заболевания.

Пенсии по инвалидности вследствие трудового увечья или профессионального заболевания назначаются рабочим и служащим независимо от стажа работы, а при общем заболевании — при наличии определенного стажа работы ко времени обращения за пенсией (1, ст. 21).

Пенсии по случаю потери кормильца. Право на пенсию по случаю потери кормильца имеют нетрудоспособные члены семьи умершего рабочего, служащего или пенсионера, состоявшие на его иждивении (1, ч. 1, ст. 28).

Пенсии при неполном стаже. Пенсии при неполном стаже назначаются: а) пенсии по возрасту — рабочим и служащим, которые в период работы достигли возраста, необходимого им для назначения пенсии, но не имеют достаточного для назначения полной пенсии стажа работы, однако проработали не менее пяти лет, в том числе не менее трех лет непосредственно перед обращением за пенсией, если за назначением пенсии они обратились в период работы либо не позднее месячного срока со дня прекращения работы. В указанном трехлетнем периоде допускаются перерывы в работе, не превышающие в общей сложности шести месяцев; б) пенсии по инвалидности — рабочим и служащим, которые в период работы стали инвалидами I или II группы вследствие общего заболевания, если они не имеют достаточного для назначения полной пенсии стажа работы (6, п. 98).

При назначении пенсии по возрасту при неполном стаже работы женщинам, родившим пять или более детей и воспитавшим их до восьмилетнего возраста, и матерям инвалидов с детства, достигших восьми или более лет, пенсии по возрасту при неполном стаже работы назначаются по достижении 55 лет, если они проработали не менее 5 лет, независимо от других условий (6, п. 98).

Если пенсионер, которому назначена при неполном стаже пенсия по возрасту либо по инвалидности I или II группы, проработал после назначения пенсии не менее двух лет, то по его заявлению производится перерасчет пенсии исходя из стажа, имеющегося ко времени перерасчета. Если пенсионер, продолжая работать, приобретает стаж, достаточный для назначения полной пенсии, то перерасчет производится независимо от того, сколько прошло времени после назначения пенсии (6, абз. 2 п. 101). Каждый последующий перерасчет пенсии производится не ранее чем через два года работы после предыдущего перерасчета (6, абз. 1 п. 101).

Исчисление пенсий. Пенсии исчисляются из среднемесячного фактического заработка. В этот заработок включаются все виды заработной платы, на которые начисляются страховые взносы, кроме заработной платы за сверхурочную работу, за совместительство и всякого рода выплат единовременного характера. Ежегодное вознаграждение за выслугу лет включается в заработок, из которого исчисляются пенсии.

Среднемесячный заработок берется за 12 последних месяцев работы либо, по желанию обратившегося за пенсией, за любые пять лет подряд из последних десяти лет перед обращением за пенсией (1, ст. 53). В пятилетнем периоде допускаются перерывы в работе, не превышающие в общей сложности 12 месяцев (6, абз. 1 п. 123).

Обращение за назначением пенсии. Заявление о назначении пенсии рабочим и служащим и членам их семей (в случае потери кормильца) подается администрации предприятия по месту последней работы.

Администрация совместно с профсоюзным комитетом в 10-дневный срок со дня поступления заявления оформляет необходимые документы о стаже и заработке и вместе с поданным заявлением и своим представлением направляет их в районный (городской) отдел социального обеспечения по месту жительства заявителя, а в случаях, когда обратившийся за назначением пенсии не имеет, по мнению администрации и профсоюзного комитета, права на пенсию, сообщает ему в письменной форме об отказе в представлении к назначению пенсии, с указанием причин отказа, и о его праве подать заявление о назначении пенсии непосредственно в районный (городской) отдел социального обеспечения (6, абз. 1—3 п. 141).

К заявлению рабочего или служащего о назначении пенсии должны быть приложены: а) документы, удостоверяющие стаж работы; б) справка (или другие документы) о заработке. К заявлению о назначении пенсии по инвалидности отдел социального обеспечения прилагает выписку из акта освидетельствования во врачебно-трудовой экспертной комиссии (ВТЭК), полученную отделом от ВТЭК (6, п. 143).

Если инвалидность наступила вследствие трудового увечья, то представляется также акт (или другой официальный документ) о несчастном случае (6, п. 144).

Отдел социального обеспечения, принявший представление или заявление о назначении пенсии, выдает расписку в приеме представления или заявления и приложенных к нему документов с указанием даты приема представления или заявления.

Днем обращения за пенсией считается день приема представления или заявления со всеми необходимыми документами (6, абз. 1 и 2 п. 152).

Назначение пенсий. Представления или заявления о назначении пенсии рассматриваются комиссиями по назначению пенсии при исполнительных комитетах районных (городских) Советов народных депутатов не позднее десяти дней после поступления представления или заявления со всеми необходимыми документами или после поступления дополнительных документов (6, п. 154).

Пенсия назначается со дня обращения за пенсией, кроме следующих случаев, когда пенсии назначаются с более раннего срока: а) рабочим и служащим пенсии по инвалидности назначаются со дня установления инвалидности врачебно-трудовой экспертной комиссией (ВТЭК), если инвалидность была установлена в период временной нетрудоспособности и если притом рабочий или служащий обратился за пенсией не позднее трех месяцев со дня установления инвалидности; б) семьям рабочих и служащих пенсии назначаются со дня смерти кормильца, если семья обратилась за пенсией не позднее трех месяцев со дня смерти кормильца (6, п. 157).

Выплата пенсий. Пенсионерам по возрасту и по инвалидности (кроме инвалидов I и II групп из числа военнослужащих), работающим на предприятиях в качестве рабочих или служащих, пенсии выплачиваются профсоюзными организациями по месту работы через администрацию предприятия за счет взносов на социальное страхование. Пенсии работающим пенсионерам выплачиваются на основании поручений органов социального обеспечения (6, абз. 1—2 п. 163). Выплата пенсий по месту работы производится за истекший месяц одновременно с выплатой заработной платы за вторую половину месяца.

Главный (старший) бухгалтер предприятия в соответствии с действующим законодательством о главных (старших) бухгалтерах предприятий несет наряду с профсоюзной организацией ответственность за правильное исчисление и выплату пенсий работающим пенсионерам (6, п. 164).

Выплата пенсии работающим пенсионерам по возрасту. Пенсионерам по возрасту, работающим на предприятиях в качестве рабочих и служащих, производится выплата 50, 75 или 100% назначенной пенсии по возрасту в зависимости от того, к каким категориям работающих они относятся (5, п. 3).

Работающим Героям Советского Союза и лицам, награжденным орденами Славы трех степеней, перешедшим на пенсию по возрасту, пенсия выплачивается в полном размере независимо от получаемого заработка. С 1 января 1990 г. пенсионерам, работающим в качестве рабочих и мастеров, пенсия по старости выплачивается в полном размере без учета получаемого заработка (дохода).

Постановлением Совета Министров СССР от 11 сентября 1979 г. утвержден Перечень категорий работников, имеющих право на получение в период работы пенсии по возрасту в пределах 300 руб. в месяц(9).

Пенсия в полном размере, но в пределах 150 руб. в месяц вместе с заработной платой выплачивается всем категориям работников, независимо от характера и места работы, если они не имеют права на получение пенсии в период работы на более льготных условиях. Например, лаборант высшего учебного заведения, которому назначена пенсия по возрасту в размере 70 руб. в месяц, имеет право на получение пенсии в полном размере, если заработок его составит не более 80 руб. в месяц.

Если пенсия и заработок, вместе взятые, превышают в соответствующих случаях 300 или 150 руб., то снижается размер выплачиваемой пенсии.

В общую сумму фактического заработка при выплате пенсии не включается вознаграждение из фонда материального поощрения за общие годовые результаты работы предприятия («13 заработная плата»). Единовременное вознаграждение за выслугу лет включается в общую сумму заработка при выплате пенсии, но не учитывается в сумме заработка при выплате пенсий пенсионерам по возрасту из числа рабочих, занятых в основных цехах производственных объединений и предприятий текстильной промышленности.

Премии, учитываемые при выплате пенсии, а также единовременное вознаграждение за выслугу лет включаются в заработок за тот месяц, в котором они были выплачены.

Пенсионеру по возрасту, принятому на временную работу на срок не свыше двух месяцев, пенсия выплачивается без учета заработка и без ограничения его 300 руб. вместе с пенсией. Выплата пенсии без учета заработка производится при условии оформления пенсионера на временную работу на срок не свыше двух месяцев в течение календарного года.

Выплата пенсии работающим пенсионерам по инвалидности. С 1 января 1990 г. работающим инвалидам пенсия по инвалидности выплачивается в полном размере без учета получаемого заработка (дохода).

Повышение пенсий, назначенных рабочим и служащим в размере не свыше 60 руб., через 10 лет. Пенсия, исчисленная в размере не свыше 60 руб. в месяц (из заработка не свыше 120 руб.), через 10 лет после ее назначения, а если пенсия пересчитывалась из более высокого заработка и была установлена в размере не свыше 60 руб. в месяц, — через 10 лет после перерасчета повышается на 1% заработка, из которого она исчислена, за каждый полный год, прошедший после назначения (перерасчета) пенсии. Последующее повышение пенсии, установленной в размере не свыше 60 руб., производится через каждые два года на 2% того же заработка. При перерасчете пенсии, исчисленные из заработка свыше 120 руб. в месяц, не могут быть ниже пенсий, назначенных одновременно из заработка 120 руб. (6, абз. 6 п. 19).

Добровольное страхование дополнительной пенсии. С 1 января 1988 г. введен новый вид добровольного личного страхования — страхование дополнительной пенсии для рабочих, служащих и колхозников.

Договоры добровольного страхования дополнительной пенсии могут заключать мужчины в возрасте от 25 до 65 лет и женщины — от 20 до 60 лет. Размер дополнительной пенсии не может превышать 50 руб. (10, 20, 30, 40 или 50 руб.) в месяц в соответствии с договором добровольного страхования.

Источником для выплаты дополнительной пенсии является страховой фонд, образуемый в равных долях за счет личных взносов рабочих, служащих и колхозников (страхователей) и средств государственного бюджета СССР (14, п. 1).

Дополнительная пенсия выплачивается гражданам пожизненно после достижения ими пенсионного возраста по окончании срока страхования и при условии уплаты всех причитающихся по договору страхования страховых взносов.

Страховые взносы устанавливаются в зависимости от возраста страхователя, срока страхования и размера дополнительной пенсии.

Ниже приводится размер месячных страховых взносов по договорам страхования дополнительных пенсий.

Возраст страхователя (полных лет)		Срок уплаты взносов (лет)	Ежемесячные страховые взносы (в рублях и копейках) при дополнительной пенсии в размере				
мужчины	женщины		10 рублей	20 рублей	30 рублей	40 рублей	50 рублей
1	2	3	4	5	6	7	8
25	20	35	0-98	1-96	2-94	3-92	4-90
26	21	34	1-10	2-20	3-30	4-40	5-50
27	22	33	1-22	2-44	3-66	4-88	6-10
28	23	32	1-34	2-68	4-02	5-36	6-70
29	24	31	1-47	2-94	4-41	5-88	7-35
30	25	30	1-59	3-18	4-77	6-36	7-95
31	26	29	1-71	3-42	5-13	6-84	8-55
32	27	28	1-83	3-66	5-49	7-32	9-15

1	2	3	4	5	6	7	8
33	28	27	1-95	3-90	5-85	7-80	9-75
34	29	26	2-07	4-14	6-21	8-28	10-35
35	30	25	2-20	4-40	6-60	8-80	11-00
36	31	24	2-34	4-68	7-02	9-36	11-70
37	32	23	2-48	4-96	7-44	9-92	12-40
38	33	22	2-64	5-28	7-92	10-56	13-20
39	34	21	2-82	5-64	8-46	11-28	14-10
40	35	20	3-01	6-02	9-03	12-04	15-05
41	36	19	3-23	6-46	9-69	12-92	16-15
42	37	18	3-47	6-94	10-41	13-88	17-35
43	38	17	3-74	7-48	11-22	14-96	18-70
44	39	16	4-04	8-08	12-12	16-16	20-20
45	40	15	4-38	8-76	13-14	17-52	21-90
46	41	14	4-78	9-56	14-34	19-12	23-90
47	42	13	5-23	10-46	15-69	20-92	26-15
48	43	12	5-76	11-52	17-28	23-04	28-80
49	44	11	6-39	12-78	19-17	25-56	31-95
50	45	10	7-15	14-30	21-45	28-60	35-75
51	46	9	8-07	16-14	24-21	32-28	40-35
52	47	8	9-22	18-44	27-66	36-88	46-10
53	48	7	10-71	21-42	32-13	42-84	53-55
54	49	6	12-68	25-36	38-04	50-72	63-40
55	50	5	15-46	30-92	46-38	61-84	77-30
56	51	5	15-09	30-18	45-27	60-36	75-45
57	52	5	14-73	29-46	44-19	58-92	73-65
58	53	5	14-37	28-74	43-11	57-48	71-85
59	54	5	14-00	28-00	42-00	56-00	70-00
60	55	5	13-64	27-28	40-92	54-56	68-20
61	56	5	13-26	26-52	39-78	53-04	66-30
62	57	5	12-88	25-76	38-64	51-52	64-40
63	58	5	12-50	25-00	37-50	50-00	62-50
64	59	5	12-13	24-26	36-39	48-52	60-65
65	60	5	11-76	23-52	35-28	47-04	58-80

Страховые взносы подлежат уплате в течение всего срока страхования ежемесячно, как правило, путем безналичных расчетов через бухгалтерию по месту работы страхователя.

Средства страхового фонда, образуемого за счет личных взносов страхователей, хранятся в Госбанке СССР на специальном счете Госстраха СССР с начислением 3% годовых и использованием их на пополнение страхового фонда (14, п. 2).

Страхователь вправе в любое время до истечения срока страхования досрочно прекратить договор страхования и получить уплаченные им взносы за вычетом расходов органов госстраха по проведению этого вида страхования. По истечении срока страхования такого права у него не возникает, поскольку ему выплачивается дополнительная пенсия.

Примечания к разд. 11

1. Закон СССР «О государственных пенсиях» от 14 июля 1956 г.

В связи с тем что в Закон СССР от 14 июля 1956 г. «О государственных пенсиях» внесены значительные изменения и дополнения, Президиум Верховного Совета СССР постановил напечатать этот Закон в официальном издании Верховного Совета СССР (постановление Президиума Верховного Совета СССР от 24 декабря 1974 г. — Ведомости Верховного Совета СССР, 1975, № 1, ст. 3). В дальнейшем в официальное издание Закона были внесены изменения и дополнения. Соответствующие статьи Закона приводятся с учетом изменений и дополнений. См.: Труд, 1989, 4 авг.

2. О расширении льгот для лиц, работающих в районах Крайнего Севера и в местностях, приравненных к районам Крайнего Севера. Указ Президиума Верховного Совета СССР от 26 сентября 1967 г. — Ведомости Верховного Совета СССР, 1967, № 39, ст. 519.

3. О введении пособий на детей малообеспеченным семьям. Указ Президиума Верховного Совета СССР от 25 сентября 1974 г. — Ведомости Верховного Совета СССР, 1974, № 40, ст. 663; 1983, № 51, ст. 783.

4. О повышении минимальных размеров пенсий и других мерах по улучшению пенсионного обеспечения. Указ Президиума Верховного Совета СССР от 2 сентября 1981 г. — Ведомости Верховного Совета СССР, 1981, № 36, ст. 1033.

5. О мероприятиях по материальному стимулированию работы пенсионеров в народном хозяйстве. Постановление ЦК КПСС и Совета Министров СССР от 11 сентября 1979 г. № 850. — СП СССР, 1979, № 24, ст. 152.

6. Положение о порядке назначения и выплаты государственных пенсий. Утверждено постановлением Совета Министров СССР от 3 августа 1972 г. № 590, с последующими изменениями и дополнениями. — СП СССР, 1972, № 17, ст. 86.

7. Правила исчисления непрерывного трудового стажа рабочих и служащих при назначении пособий по государственному социальному страхованию. Утверждены постановлением Совета Министров СССР от 13 апреля 1973 г. № 252. — СП СССР, 1973, № 10, ст. 51; 1984, отд. 1, № 4, ст. 19.

8. Положение о порядке назначения и выплаты пособий на детей малообеспеченным семьям. Утверждено постано-

влением Совета Министров СССР от 25 сентября 1974 г. № 752. — СП СССР, 1974, № 21, ст. 123; 1984, отд. 1, № 4, ст. 20; 1987, отд. 1, № 28, ст. 99.

9. Перечень категорий работников, имеющих право на получение в период работы пенсии по старости. Утвержден постановлением Совета Министров СССР от 11 сентября 1979 г. № 862. — СП СССР, 1979, № 24, ст. 154.

10. О внесении изменений в Положение о порядке назначения и выплаты государственных пенсий. Постановление Совета Министров СССР от 30 июня 1983 г. № 584. — СП СССР, 1983, отд. 1, № 18, ст. 92; 1988, отд. 1, № 23, ст. 69.

11. О выплате пособий на детей малообеспеченным семьям в районах Дальнего Востока и Сибири, а также в северных и других районах страны. Постановление Совета Министров СССР от 13 декабря 1983 г. № 1163. — СП СССР, 1984, отд. 1, № 4, ст. 15.

12. Основные условия обеспечения пособиями по государственному социальному страхованию. Утверждены постановлением Совета Министров СССР и ВЦСПС от 23 февраля 1984 г. № 191. — СП СССР, 1984, отд. 1, № 8, ст. 46; 1987, отд. 1, № 31, ст. 107; № 49, ст. 161.

13. О мерах по дальнейшему улучшению организации протезно-ортопедической помощи населению. Постановление Совета Министров СССР от 16 апреля 1987 г. № 451. — СП СССР, 1987, отд. 1, № 31, ст. 107.

14. О введении добровольного страхования дополнительной пенсии для рабочих, служащих и колхозников. Постановление Совета Министров СССР и ВЦСПС от 20 августа 1987 г. № 976 с изменениями от 28 декабря 1988 г. — СП СССР, 1987, отд. 1, № 43, ст. 139; 1989, отд. 1, № 5, ст. 15.

15. О порядке предоставления женщинам частично оплачиваемого отпуска по уходу за ребенком до достижения им возраста одного года и дополнительного отпуска без сохранения заработной платы по уходу за ребенком до достижения им возраста полутора лет. Разъяснение Госкомтруда СССР и Секретариата ВЦСПС от 6 июля 1982 г. № 7/10-30. — Бюллетень Госкомтруда СССР, 1982, № 10. См.: Труд, 1989, 23 авг.

16. Газ. «Труд».

17. Бюллетень Государственного комитета СССР по труду и социальным вопросам.

Алфавитно-предметный указатель к части I

Аттестация промышленной продукции — категория качества — 143; высшая категория качества — 143—144; государственный Знак качества — 144; первая категория качества — 144; государственные аттестационные комиссии — 144—145; решение государственной аттестационной комиссии об отказе в А. п. п. — 145; отдел технического контроля — 145.

Безналичные расчеты — Р. через учреждения банка — 186; Р. между предприятиями — 187; общие правила Р. — 187; банковские счета предприятий — 187; кредитование, связанное с Р., — 187—188; порядок и форма Р. — 188; календарная очередность платежей — 188; расчетные документы — 188—189; документы, служащие основанием для выписки расчетных документов, — 189; информация об операциях по счету — 189; оспаривание правильности списания средств — 189—190; платежное требование — 190; оформление платежных требований — 190—191; выставление платежных требований на инкассо — 191; основания возврата требования банком плательщика — 191—192; акцепт требований — 192; предварительный акцепт и сфера его применения — 192; последующий акцепт и сфера его применения — 192—193; основания полного отказа от акцепта — 193—194; основания частичного отказа от акцепта — 194; порядок заявления отказов от акцепта — 195; прием и обработка отказов от акцепта — 195—196; ответственное хранение неоплаченных товаров — 196; картотека № 2 — 196—197; порядок безакцептной оплаты платежных требований — 197—198; обоснование безакцептного списания — 198; аккредитив — 198—199; обязательные и дополнительные условия аккредитива — 199—200; закрытие аккредитива — 200; платежное поручение — 200—201; порядок оформления и оплаты платежных поручений — 201; применение акцептованных банком поручений — 201; расчетный чек — 202; сроки действия чековых книжек — 202; выдача чековых книжек — 203; лимит чековой книжки — 203; порядок приема расчетных чеков банком — 203; ответственность за нарушение расчетной дисциплины — 203—206; штрафы, уплачиваемые банками предприятиям, — 205; взыскание банками штрафов с предприятий — 205; взаимная ответственность плательщиков и получателей средств за нарушение расчетной дисциплины — 205—206.

Государственная приемка продукции — введение Г. п. — 135; организация работы Г. п. — 136; обязанности Г. п. — 136—137; взаимодействие Г. п. и предприятия — 137—138; ответственность за отгрузку продукции, не принятой Г. п., — 139.

Имущество предприятий — И. п. — 37; И. кооператива — 37—38; И. совместных П. — 38; самостоятельный баланс — 38—39; закрепление И. п. за структурными единицами — 39; закрепление И. за подразделениями кооператива — 39; отдельный баланс — 39; права П. по распоряжению материальными ценностями — 40—42; особенности применения правил о распоряжении материальными ценностями — 40; условия передачи материальных ценностей — 40; комиссионная продажа — 40—41; оплата материальных ценностей — 41;

безвозмездная передача И. — 41; предоставление И. и услуг предприятиям общественного питания — 42; готовая продукция — 42; реализация продукции — 43; продукция, произведенная сверх объемов, предусмотренных договорами, — 43; регулирование запасов материальных ресурсов — 43—44; реализация П. материальных ценностей населению — 44—46; финансовые ресурсы государственного П. — 46—47; финансовые ресурсы кооператива — 47; кредит учреждений банков СССР — 47—48; денежные средства коммерческих, акционерных и кооперативных банков — 48; взаимное финансирование и кредитование — 48; использование П. финансовых ресурсов — 48; использование кооперативом финансовых ресурсов — 48—49; ограничения на расходование денежных средств — 49; выпуск акций и использование средств от их реализации — 50—51; виды и значение акций — 50; направление средств от реализации акций — 50; акции трудового коллектива — 50; акции П. — 51; акции кооператива — 51; контроль за выпуском акций — 51; банки, обслуживающие П., — 52; банковские счета П. — 52—53; банковские счета структурных единиц — 53; платежи со счетов П. — 53; платежи со счетов кооперативов — 53; бесспорное списание средств со счетов П. — 54; бесспорное списание средств со счетов кооперативов — 54; списание задолженности по банковской ссуде — 55; порядок хранения и использования наличных денег П. — 55—58; лимит остатка наличных денег в кассе и нормы использования денег из выручки — 55—56; сдача денег в банк — 56; обеспечение сохранности денежных средств на П. — 56; кассир П. — 56; прием и выдача наличных денег кассами П. — 57; приобретение за наличные деньги товаров рыночного фонда — 57—58; списание с баланса И. п. — 58—61; акт на списание — 58—59; ликвидация и использование списанного И. — 59; списание недостач и потерь от порчи — 59; убыль ценностей в пределах норм — 59; списание долгов — 60; обеспечение обоснованности списания И. — 60; бухгалтерский контроль за списанием И. с баланса — 60—61; санкция за нарушение порядка списания — 61; аренда и прокат И. п. — 65—66, 331—333.

Капитальное строительство — подрядный и хозяйственный способы С. — 340; подрядный способ С. — 340; хозяйственный способ С. — 340—341; предприятие-заказчик (застройщик) — 341—342; единый заказчик — 342—343; государственные подрядные организации — 343; строительные кооперативы — 343; генеральные подрядчики и субподрядчики — 343—344; разработчики проектно-сметной документации — 344—345; плановые и финансовые предпосылки С. — 345—346; наличие проектно-сметной документации — 346; отвод земель для С. — 346—347; договор подряда на К. с. — 347; разрешения на строительные работы — 347—348; разрешение на вырубку леса — 348; разрешение на специальное водопользование — 348; разрешение на снос и перенос с площадки С. строений и сооружений — 348—349; запреты на С. — 349; планы С. предприятий-заказчиков — 349—350; планы подрядных работ — 350; государственный заказ в К. с. — 350; сводные планы ввода в действие жилых домов — 350—351; лимит государственных централизованных капитальных вложений — 351; титульный список стройки — 351—352; разработка и утверждение титульных списков — 352; план технического перевооружения — 352—353; внутрипостроечный титульный список — 353; общие требования к актам планирования С. — 353—355; открытие финансирования стройки — 355—356; долгосрочный кредит на капитальные вложения — 356; проект. рабочий проект, сметная и рабочая документация — 356—357; совмещение проектирования и строительства — 357—358; ТЭО и ТЭР — 358; проектирование — 358; финансирование проектно-изыскательских работ — 358—359; договоры на проектирование — 359; сроки проектирования — 359—360; договорная цена проектной продукции — 360; порядок сдачи и приемки проектных работ — 360—361; порядок расчетов за проектную продукцию — 361; согласование проектно-сметной документации — 361—362; экспертиза проектов и смет — 362—363; утверждение проектно-сметной документации — 363; передача подрядчику проектно-сметной документации — 364; ответственность разработчика за качество проекта — 364—365; ответственность за неиспользование проектно-сметной документации — 365; ответственность за задержку передачи проектно-сметной документации — 365—366; договоры подряда и субподряда — 366; общий срок заключения договора подряда — 367; порядок заключения договора подряда — 367—368; урегулирование разногласий по договору подряда — 368; понуждение к заключению договора — 368—369; ответственность за нарушение сроков заключения договоров подряда — 369; изменение договора подряда — 369; обязанности организации подрядчика — 370; обязанности заказчика по договору подряда — 370; обязанности генерального подрядчика — 371; строительство объектов «под ключ» — 371—372; обеспечение заказчиком условий для работ и социально-бытового обслуживания работников подрядчика — 372—374; сроки С. — 374—375; основные требования, предъявляемые к объектам, вводимым в действие, — 375—379; государственные приемочные комиссии — 376; рабочие комиссии — 376—377; акт рабочей комиссии — 377; сроки устранения недоделок — 377; акты государственной приемочной комиссии — 377—378; ввод объекта в эксплуатацию — 378; особенности приемки в эксплуатацию — 378—379; государственная приемка — 379; договорные цены в С. — 379—380; разрешение разногласий по договорной цене — 380—381; оплата подрядных работ — 381; резервирование банком средств заказчика для оплаты работ — 381—382; расчеты с подрядчиком при строительстве объектов «под ключ» — 382; возврат банком без оплаты расчетных документов — 382; расчеты за материалы и изделия — 383; расчеты при консервации объектов — 383; стимулирование выполнения обязательств по вводу в действие объектов — 384; премии за ввод в действие производственных мощностей и объектов — 384—385; экономия от совершенствования проектных решений — 385; стимулирование мероприятий, снижающих стоимость работ, — 385—386; стимулирование работ по техническому перевооружению и реконструкции производства — 386; ответственность сторон по договору подряда — 387—389; договорные санкции — 387; возмещение убытков — 387—388; штраф за завышение объемов и стоимости строительно-монтажных работ — 388; плата за срыв ввода в действие производственных объектов — 388—389.

Контрактация сельскохозяйственной продукции — реализация С. п. — 268—269; государственный заказ на С. п. — 270—271; порядок доведения государственных заказов на С. п. — 270; размещение государственных заказов в хозяйствах — 270—271; сфера использования договора К. — 271; нормативное регулирование контрактационных отношений — 271—272; формирование хозяйственных связей по К. сельскохозяйственной продукции — 272; порядок и сроки заключения договоров К. — 272—274; протокол разногласий — 272—273; урегулирование разногласий — 273; регистрация договоров — 273; информационные обязанности заготовителя — 273; срок, на который заключается договор, — 273; изменение и расторжение договора — 274; содержание договоров К. — 274—278; товаросопроводительная документация — 274—275; сроки продажи продукции государству — 275; место исполнения обязательства — 275; погрузка и выгрузка продукции — 275; использование заготовителем транспортных средств хозяйства — 275—276; графики сдачи продукции — 276; досрочная сдача продукции — 276; момент исполнения обязательства — 276; приемка продукции — 276—277; порядок восполнения недосданной в срок продукции — 277; расходы по транспортировке — 277—278; порядок расчетов — 278; ответственность хозяйства за просрочку сдачи и за несдачу продукции — 278—279; ответственность заготовителя за отказ от приемки продукции — 279; ответственность заготовителя за обсчет хозяйства — 279; ответственность заготовителя за нарушение порядка и сроков оплаты сданной продукции — 279—280; ответственность сторон за просрочку заключения договора — 280.

Кредитование предприятий — организация банковского К. — 175—180; краткосрочный кредит — 176; К. материальных и производственных запасов — 176; кредитный договор — 176; плановость кредита — 176—177; объекты К. — 177; сроки, на которые выдаются ссуды, — 177—178; обеспечение ссуд — 178; размеры процентных ставок за пользование кредитами — 178; некредитуемые объекты — 179; кредиты, связанные с расчетами, — 179; ссудный счет — 179—180; погашение задолженности по ссудам — 180; кредит на выплату заработной платы — 180; особенности выдачи кредита по совокупности запасов и затрат — 180—182; платежный кредит — 181; сверхплановые кредиты — 181—182; ссудный субсчет — 182; выдача краткосрочных ссуд вышестоящими органами — 182; взаимные ссуды предприятий — 182—183; льготный режим К. — 183; кредитные санкции — 183; К. под гарантию вышестоящего органа — 183—184; объявление предприятия неплатежеспособным — 184; перевод неплатежеспособных предприятий на особый режим К. — 184; ликвидация, реорганизация неплатежеспособного предприятия — 184—185; восстановление в К. неплатежеспособного предприятия — 185.

Наем и прокат имущества. Предоставление имущества в безвозмездное пользование — договор имущественного найма — 331—333; предмет договора — 331—332; срок договора — 332; форма договора — 332; плата за пользование нанятым имуществом — 332—333; сроки платежей — 333; аренды нежилых помещений — 333—336; заключение договора — 333—334; понятие нежилой площади — 334; срок аренды — 334; арендная плата — 169—170, 334—335; оплата центрального отопления и коммунальных услуг — 335; участие арендатора в эксплуатационных расходах — 333—334; капитальный ремонт нежилых помещений — 336; текущий ремонт — 336; П. технических средств — 337—338; организация П. — 337; договоры П. технических средств — 337; посреднический П. — 337—338; П. и. в б. п. — 337—338; предмет договора — 338; срок договора — 338; форма договора — 338; обязанности по содержанию И. — 338—339.

Новая техника — договоры на создание (передачу) научно-технической продукции — 147—149; предмет договора — 148; освоение Н. т. — 148; внедрение Н. т. — 148; договор на передачу созданной научно-технической продукции — 149; показатели технического задания — 149; оценка и приемка научно-технической продукции — 149—150; использование научно-технической продукции — 150; цена на научно-техническую продукцию — 150—153; договорная цена — 151; доплаты и скидки к договорной цене — 151; ориентиры при согласовании договорных цен — 151—153; расчеты за научно-техническую продукцию — 153—155; условия авансирования работ — 154—155; ответственность сторон — 155.

Перевозки — правовые требования к планированию грузовых П. — 281—283; государственные заказы — 281—282; централизованные П. грузов автомобильным транспортом — 282—283; порядок планирования грузовых П. — 283; П. грузов в прямом смешанном сообщении — 283; заявки — 283; П. грузов в контейнерах и пакетированном виде — 283; организационно-правовые формы выполнения годовых планов и согласованных объемов П. — 283—284; развернутые месячные планы П. — 284; декадные заявки — 284; календарные графики — 285—286; месячные графики подачи судов под погрузку — 285; уведомление о дате подачи тоннажа — 285; внеплановые и сверхплановые П. — 285—286; погрузка груза вне плана и сверх плана — 286; восполнение недогруза — 286; учет выполнения плана П. — 286—287; учетные карточки — 286—287; ответственность за невыполнение плана (согласованного объема) П. — 287—288; освобождение перевозчика от ответственности за невыполнение плана — 288—289; ответственность грузоотправителя за невыполнение плана — 289; освобождение грузоотправителя от ответственности за невыполнение плана — 289; договор П. груза — 289—290; накладные — 290; коносамент — 290; договоры на организацию П. — 290—291; транспортные договоры, определяющие особые способы П. грузов, — 291—292; договор чартера — 291—292; договоры об использовании средств пакетирования — 292; обязанности грузоотправителя по надлежащей подготовке груза к П. — 292—293; оплата П. — 293—294; требования, предъявляемые к подвижному составу, — 294—295; техническая исправность подвижного состава — 295; пригодность состава в коммерческом отношении — 295; нормы загрузки транспортных средств — 295—296; сроки погрузки и выгрузки грузов — 296; сроки выполнения операций с контейнерами — 296—297; сроки оборота транспортных средств — 297; исчисление сроков погрузки и выгрузки — 297—298;
режим работы пунктов погрузки и выгрузки грузоотправителей (грузополучателей) при автомобильных П. грузов — 298—300;
порядок приема груза к П. — 298—299; оформление накладной при приеме груза к П. — 299; товарно-транспортные накладные — 299—300;
особенности приема к П. грузов в прямом смешанном сообщении — 300—305;
выдача доставленного в пункт назначения груза — 300—301; хранение грузов — 301; порядок выдачи перевозчиком груза получателю — 301—302; определение веса груза в пункте назначения — 302—303; оформление выдачи груза при несохранной П. — 303—304; коммерческий акт — 303; определение размера ущерба при несохранности груза — 304—305;
особенности выдачи грузов, прибывших в прямом смешанном сообщении, — 305;
оформление расчетов за П. грузов в пункте назначения — 305—306; ответственность по обязательствам, вытекающим из П., — 307—314; ответственность перевозчика за несохранность перевозимых грузов — 308; ответственность перевозчика — 308; осво-

бождение перевозчика от ответственности — 308—309; доказательства несохранности груза при П. и их оценка арбитражем — 309—310; размер ответственности перевозчика за несохранность груза — 310—311; сроки для предъявления требований к перевозчику по поводу утраты груза — 311; ответственность перевозчика за просрочку доставки груза — 311—312; ответственность перевозчика за утрату и повреждение подвижного состава, принадлежащего предприятию, — 312; ответственность перевозчика за иные нарушения — 312; ответственность грузоотправителей (грузополучателей) за простой транспортных средств и задержку контейнеров — 312—313; ответственность грузоотправителей за недогруз транспортных средств — 313; ответственность грузоотправителей (грузополучателей) за предъявление груза, запрещенного к перевозке, — 313; ответственность грузоотправителей (грузополучателей) за повреждение транспортных средств, принадлежащих перевозчику, — 313—314; правовое регулирование централизованного завоза (вывоза) грузов — 314; договор на централизованную П. — 314—315; объем П. и виды оказываемых услуг — 315; порядок приема и передачи груза — 315; выдача груза получателю — 315—316; ответственность сторон по договору на централизованную П. — 316—317; договоры на централизованный завоз (вывоз) грузов на станции железных дорог — 317; права и обязанности сторон по договору — 317; порядок передачи грузов — 317; ответственность сторон по договору на централизованный завоз (вывоз) грузов — 317—318; межотраслевые предприятия промышленного железнодорожного транспорта (МППЖТ) — 318; договоры МППЖТ с обслуживаемыми предприятиями — 319; объем П. и другие условия договора МППЖТ с обслуживаемыми предприятиями — 319; порядок П. грузов, выполнения погрузочно-разгрузочных и иных работ — 319—320; ответственность сторон за невыполнение обязательств по договору на транспортно-экспедиционное обслуживание — 320—321; составление актов — 321—322; железнодорожные подъездные пути — 322; договоры, заключаемые при работе на подъездных путях, — 322; порядок заключения договоров на эксплуатацию железнодорожных подъездных путей и на подачу и уборку вагонов — 322—323; договор на эксплуатацию железнодорожного подъездного пути (при обслуживании локомотивом ветвевладельца) — 323; сроки оборота вагонов — 323; единый технологический процесс (ЕТП) подъездного пути и станции примыкания — 324; договор на эксплуатацию железнодорожного подъездного пути (при обслуживании локомотивом железной дороги) — 324; фронт погрузки и выгрузки — 324—325; договор на подачу и уборку вагонов на подъездной путь, принадлежащий железной дороге, — 325; договор на подачу и уборку вагонов между железной дорогой и контрагентом — 325; порядок подачи вагонов под погрузку (выгрузку) и их уборки — 325—326; порядок учета простоя вагонов — 326—327; учет простоя вагонов — 327—328; ответственность сторон по договорам на эксплуатацию железнодорожных подъездных путей и на подачу и уборку вагонов — 328.

Поставки экспортных и импортных товаров — права предприятий в сфере реализации товаров для экспорта и обеспечения импортной продукцией — 207—216; порядок экспорта и импорта — 208; предприятия-участники прямых связей с предприятиями стран — членов СЭВ — 208—210; прямые связи советских предприятий с предприятиями и организациями социалистических стран, не являющихся членами СЭВ, — 218; снабжение импортной продукцией, реализуемой в порядке оптовой торговли за переводные рубли, — 211; хозрасчетные внешнеторговые организации — 211—212; порядок подписания внешнеторговых сделок — 213; централизованное планирование поставок товаров для экспорта — 213—214; инициативные поставки товаров для экспорта — 214; расходование валютных средств — 214; порядок планирования поставок импортной продукции — 214—215; ограничение внешнеэкономических связей — 215—216; организация договорных отношений при экспортно-импортных операциях — 216—219; договоры в отношениях по экспорту и импорту товаров — 217; условия договоров поставки и комиссии — 217—218; ответственность сторон — 219—220; особенности взаимоотношений сторон при экспорте товаров — 220—222; централизованные поставки — 220—221; требования к качеству товара — 221; гарантийные обязательства поставщика — 221—222; ответственное хранение товаров, предназначенных для экспорта, — 222; порядок восполнения недопоставки — 222; особенности взаимоотношений сторон при импорте товаров — 223—224; централизованные заказчики — 223; требования к импортируемому оборудованию — 223; встречные обязанности заказчика — 223—224; отказ от товара при просрочке исполнения — 224; предъявление претензий к иностранному поставщику — 224; делькредере — 224; централизованные плательщики — 224; ответственность за просрочку сдачи товара — 224; порядок расчетов при экспорте и импорте товаров — 225—228; порядок расчетов по экспорту товаров с применением дифференцированных валютных коэффициентов — 225—226; особенности расчетов через текущие балансовые валютные счета — 226—227; порядок вывоза и ввоза товаров — 228—229; декларирование товаров — 228—229; отгрузка товаров железнодорожным транспортом — 229.

Предприятия — создание — 8—19; создание колхозов, иных кооперативных организаций и их объединений — 8; создание общественных организаций и их П. — 8; образование государственно-колхозных, межколхозных, иных межхозяйственных организаций — 8; государственные П. — 8—9; особенности создания ряда организаций — 9—10; филиалы — 10—11; структурная единица — 11; хозрасчетная внешнеторговая фирма — 11; П. республиканского подчинения — 11—12; дирекция строящегося П. — 12—13; содержание решения о создании государственного П. — 13—14; создание объединений — 14—15; создание иных организационных структур — 14—15; кооперативы — 14—15; типы кооперативов — 15; регулирование отдельных видов деятельности кооперативов — 15—16; союзы (объединения) кооперативов — 17; совместные П. — 17—18; открытие счетов П. — 18—19; присвоение П. наименования — 19—20; переименование П. — 20; название внешнеторговой фирмы — 20; устав (положение) П. — 20—21; правоспособность государственного П. — 21—22; правоспособность кооператива — 22; правоспособность совместных П. — 22; реорганизация объединений — 22; порядок реорганизации П. — 22—24; реорганизация кооперативов — 22; переход прав и обязанностей — 22—23; реорганизация межхозяйственных организаций — 23—24; ликвидация П. — 24—28; ликвидация кооператива — 24—25; ликвидация межхозяйственных организаций — 25; ликвидация совместных П. — 25; создание ликвидационной комиссии — 25; порядок исполнения обязательств ликвидируемого П. — 25—26; полномочия ликвидкома — 26; удовлетворение претензий к ликвидируемому П. — 26—27; требования к ликвидируемому П., связанные с причинением увечья, повреждением здоровья и причинением смерти гражданину, — 27—28; предъявление гражданами иных претензий и исков, не заявленных своевременно по уважительным причинам к ликвидированному П. или к ликвидкому, — 28; передача П. — 28—34; передача структурных подразделений — 30; передача государственных П. кооперативным и другим общественным организациям — 30—31; расчеты, связанные с передачей П., — 31; платежи передаваемого П. в бюджет — 31—32; инвентаризация имущества — 32; расчеты между государственными органами и кооперативными и общественными организациями — 32—33; сроки оплаты стоимости относящегося к основным средствам имущества передаваемого государственного П. — 33; переоформление счетов П. при изменении их подчиненности — 33—34; изменения в трудовых книжках рабочих и служащих в связи с изменением подчиненности организации — 34; имущество П. — 37; имущество совместных П. — 38; права П. по распоряжению материальными ценностями — 40—42; реализация П. материальных ценностей населению — 44—46; формирование финансовых средств П. — 46—49; списание с баланса имущества П. — 58—61; валютная самоокупаемость П. — 78—80; экономическое и социальное развитие П. — 87—110; стандартизация и метрология — 127—145; цены, применяемые П. — 157; цены, применяемые на советском рынке совместными П. — 158; ответственность П. за строгое соблюдение дисциплины цен — 172; кредитование П. — 175—185; неплатежеспособность П. — 184; регулирование связей советских П. по поставкам экспортных и импортных товаров — 207—229; права и обязанности П. в сфере снабжения и сбыта — 232—235; право П. по применению санкций — 261—267.

Предъявление исков в арбитраж — подведомственность хозяйственных споров — 455—457; повторное рассмотрение дел — 457; разграничение подведомственности споров между органами арбитража — 457—458; учет суммы спора — 458; учет места нахождения сторон — 458—459; исключительная подведомственность — 459—460; направление госарбитражем материалов по подведомственности — 460; возбуждение дел в арбитраже — 460—466; исковое заявление — 461; содержание искового заявления — 461—462; государственная пошлина — 462; льготы по госпошлине — 462—463; виды госпошлины — 463—464; порядок уплаты пошлины — 464—465; документы, прилагаемые к исковому заявлению, — 465; отзыв на иск — 465; соединение исковых требований — 465—466; принятие искового заявления — 466; основания, по которым арбитраж не принимает исковые заявления, — 466—468; основания возвращения искового заявления — 467—468; порядок разрешения споров в госарбитраже — 468—473; представители сторон в арбитраже — 469; права сторон — 469; участие в процессе других лиц — 469—470; решение по спору — 470; пересмотр решения арбитража в порядке надзора — 470—471; заявление (ходатайство) о пересмотре решения — 471; оплата заявлений госпошлиной — 471—472; отзыв на заявление о пересмотре решения — 472; рассмотрение заявлений предприятий и организаций о признании недействительными актов вышестоящих органов — 473—474.

Претензионный порядок урегулирования хозяйственных споров — доарбитражное У. х. с. — 443; общий порядок доарбитражного У. х. с. — 443—444; содержание претензии — 444—445; сроки предъявления претензий — 445—446; сроки рассмотрения претензий — 446—447; ответы на претензии — 447; предъявление и рассмотрение претензий, вытекающих из перевозки грузов, — 448—450;

подразделение перевозчика, к которому предъявляется претензия, — 448; сроки предъявления претензии к перевозчику — 448—449; переуступка права на предъявление требования перевозчику — 449; рассмотрение претензии перевозчиком — 449—450; претензии по перевозкам грузов в международном сообщении — 450—453; предъявление претензий — 450; рассмотрение претензий управлением железной дороги — 450—452; оформление претензии заказчиком груза — 452; рассмотрение претензий управлением пограничной железной дороги — 452—453; обязанности заказчика и внешнеторгового объединения — 453; претензии, вытекающие из операций по оказанию услуг связи, — 454.

Приемка продукции по количеству и качеству — Государственная П.п. — 135—139; аттестация промышленной продукции — 143—145; документальное оформление и учет операций, связанных с поступлением материальных ценностей, — 412; П. п. от органа транспорта — 413—414; П. п. по количеству — 414; место П. — 414; сроки П. — 415; проверка количества П. — 415—416; проверка веса нетто — 416; недостача П. — 417; вызов представителя для участия в П. — 417—419; акт П. — 419—420; нормы естественной убыли — 420; заявление претензии при недостаче П. — 420—421; служебная проверка — 421; П. поставленной П. по качеству — 421—428; место П. — 422; сроки П. — 422—423; акт о скрытых недостатках П. — 423; проверка качества и комплектности П. — 423—424; выборочная (частичная) проверка качества — 424; составление акта при недоброкачественности П. — 424; вызов представителя изготовителя (отправителя) — 424—425; отбор образцов (проб) — 425—426; акт П. по качеству — 426—427; повторная проверка и экспертиза 427; установление недоброкачественности проданных товаров — 427—428; перемаркировка и уценка П. — 428; П. п., реализуемой по договорам контрактации, — 428—431; обязанности хозяйства по подготовке П. к сдаче — 428—429; место П. сельскохозяйственной П. — 429; П. п. на приемо-сдаточных пунктах — 430; отгрузка хозяйством П. по разнарядкам — 430; сроки П. п. — 430; имущественные споры между хозяйствами и заготовительными организациями — 430—431; П. импортных товаров — 431—434; рекламационные акты — 431—433; приложения к рекламационному акту — 433; сроки высылки рекламационных актов — 433; обязанность составления рекламационного акта — 433—434.

Природоохранная деятельность — организация П. д. на предприятии — 113; плата за пользование природными ресурсами и за выбросы загрязняющих веществ в природную среду — 113; финансирование природоохранных мероприятий — 113; управление охраной окружающей среды — 113—114; экологическая экспертиза проектов хозяйственной деятельности — 114—115; использование и охрана земель — 115—117; права и обязанности землепользователей — 115—116; рекультивация земель — 116; возмещение убытков землепользователем и потерь сельскохозяйственного производства — 116—117; использование и охрана вод — 117—120; специальное водопользование — 117—119; обязанности водопользователей — 119; охрана водных объектов — 119; учет использования вод предприятиями — 119—120; охрана атмосферного воздуха — 120—123; оценка состояния атмосферного воздуха — 121; нормативы предельно допустимых выбросов загрязняющих веществ — 121; разрешение на выброс загрязняющих веществ в атмосферу — 121—122; регулирование потребления атмосферного воздуха для производственных целей — 122; учет загрязняющих веществ, выбрасываемых в атмосферу, — 122—123; госконтроль за охраной атмосферного воздуха — 122—123; ответственность за нарушение законодательства об охране природы — 123—125.

Снабжение (сбыт) — права и обязанности предприятий в сфере С. и с. — 232—235; реализация (сбыт) продукции и товаров — 233; отношения по поставкам — 233—235; система С. и с. — 235—237; государственные заказы и лимиты потребления — 235—237; структура хозяйственных связей и формы доставки продукции — 237; поставка продукции в порядке оптовой торговли и по прямым безлимитным заказам — 238—239; договорные отношения по выделенным лимитам (фондам) — 240—243; прямые длительные хозяйственные связи на поставку распределяемой продукции — 240—241; последствия отказа покупателя от выделенной продукции — 242; договор на организацию комплексного С. — 242—243; организация связей по поставкам товаров — 243—245; оптовые ярмарки — 243; реализация товаров по усмотрению изготовителя — 243; выбор поставщика и формы доставки — 243; заказы и заявки на товары — 244—245; порядок заключения, изменения и расторжения договоров поставки — 245—247; односторонний отказ от исполнения договора поставки — 247; количество, номенклатура, сроки и порядок поставки продукции — 248—254; момент исполнения обязательства — 249—250; отгрузочные разнарядки — 250; порядок восполнения недопоставленных продукции и товаров — 250—252; порядок отгрузки продукции и товаров — 252; транспортные расходы — 253; минимальные нормы отгрузки — 253; тара и упаковка продукции и товаров — 254; качество и комплектность продукции и товаров — 254—257; гарантийные сроки по продукции и товарам — 254—255; последствия поставки продукции и товаров ненадлежащего качества — 255—256; требования к комплектности продукции и товаров — 256—257; маркировка продукции и товаров — 257; товарный знак — 257; цены и порядок расчетов — 257—261; дополнительные скидки к цене товаров на возмещение расходов розничных торговых организаций — 258; условия о порядке расчетов — 259; перевод неисправного плательщика на аккредитивную форму расчетов — 259—260; отказ от оплаты продукции и товаров — 260; оплата продукции и товаров после их приемки — 261; право предприятия по применению санкций — 261—262; неустойка за просрочку поставки или недопоставку продукции — 262—263; ответственность за нарушение графика отгрузки (доставки) товаров — 263; ответственность за поставку продукции и товаров ненадлежащего качества — 263—264; ответственность поставщика продукции за нарушение требований к таре и упаковке — 264; безакцептное списание излишне уплаченных сумм и штрафов при поставках недоброкачественных и некомплектных продукции и товаров — 264—265; ответственность за нарушение приоритетов отгрузки продукции — 265; ответственность изготовителей (поставщиков) за нарушение правил Государственной приемки — 265; штраф за необоснованное уклонение от заключения или задержку заключения договора на поставку — 265; ответственность покупателя за отказ и уклонение от оплаты продукции и товаров — 265—266; ответственность стороны за неосновательное пользование денежными средствами другой стороны — 266; ответственность за неосновательное безакцептное списание средств — 266; цены, по которым исчисляется неустойка (штраф, пеня), — 266; возмещение убытков — 266; определение размера убытков в договоре поставки — 266—267.

Стандартизация. Метрология — понятие С. — 127; объекты С. — 127; стандарт — 128; технические условия (ТУ) — 128; обязательность С. и ТУ — 128; утверждение государственных С. — 128—129; С. предприятий (СТП) — 129; периодичность пересмотра С. и ТУ — 129; государственная регистрация С. и ТУ — 129; хранение и издание С. и ТУ — 129—130; обеспечение С. и ТУ — 130; внедрение С. — 130; организационно-технические мероприятия по внедрению С. — 130—131; завершение работ по внедрению С. — 131; учет, отчетность и информация о внедрении С. — 131; метрологическое обеспечение — 131; обеспечение единства измерений — 131—132; средство измерений (СИ) — 132; поверка средств измерений — 132—133; органы и службы С. и М. — 133—135; службы С. на предприятиях — 134; ведомственные метрологические службы — 134; головная организация метрологической службы — 134—135; базовая организация метрологической службы — 135; метрологическая служба промышленного предприятия — 135; Государственная приемка продукции — 135—139; государственный надзор за С. и средствами измерений — 139—143; экономические санкции за реализацию продукции, изготовленной с отступлениями от С. и ТУ, — 141—142; аттестация промышленной продукции — 143—145.

Тара. Средства пакетирования — обязанность сдачи (возврата) Т. — 393—394; порядок сдачи многооборотной Т. сверх количества, полученного с продукцией, — 394; порядок возврата Т. — 394; индивидуализация возвратной Т. — 395; порядок приема возвращаемой Т. — 395; порядок зачета возвращаемой Т. — 395; отказ от оплаты стоимости Т. — 395; недоброкачественная Т. — 396; ремонт Т. — 396; штраф за просрочку возврата (сдачи) Т. — 396—397; возврат Т. в натуре — 397; сдача, возврат и повторное использование деревянной и картонной Т. — 397—403; таросдатчики — 398; обязанность возврата неиспользуемой Т. — 398; освобождение от обязательного возврата Т. — 398—399; сроки сдачи (возврата) Т. — 399; сертификаты на возврат Т. — 400; учет Т. получателями — 400; доставка возвращаемой Т. — 400; приемка Т. — 400—401; зачет недоброкачественной Т. — 401; утрата Т. — 401; цены и расчеты за Т. — 401—402; ответственность за несдачу Т. — 402; ответственность тароремонтного предприятия — 402; штраф за невозврат Т. потребителями — 402—403; штраф за отказ от приема Т. — 402; обращение многооборотных С. п. — 404—408; применение С. п. — 404; понятие С. п. и контейнеров — 404; обращение С. п. и контейнеров — 405; сроки возврата С. п. и контейнеров — 405—406; сертификаты на возврат технических средств — 406—407; возврат технических средств — 407; расчеты между сторонами — 408; штраф за просрочку возврата средств пакетирования и контейнеров — 408; порядок возврата и повторного использования Т. из-под продукции, реализуемой по договорам контрактации, — 409—410; плодоовощные ящики — 409; ответственность сторон за необеспечение тарой и упаковочными материалами — 409—410.

Хозяйственные преступления и административные правонарушения — выпуск недоброкачественной, нестандартной или некомплектной продукции — 475—476; выпуск в продажу недоброкачественных, нестандартных или некомплектных товаров — 476; приписки и другие искажения отчетности — 476—477; частно-предпринимательская деятельность и коммерческое посредничество — 477;

обман покупателей и заказчиков — 477—478; незаконное пользование товарными знаками — 478—479; нарушение ветеринарных правил — 479; нарушение правил борьбы с болезнями и вредителями растений — 479; лесосплав или взрывные работы с нарушением правил охраны рыбных запасов — 479; незаконная порубка леса — 479—480; нарушение правил пожарной безопасности — 480; ответственность должностных лиц — 481; виды административных взысканий — 481; сроки наложения административного взыскания — 481—482; рассмотрение дел об административных правонарушениях — 482; доказательства по делу об административном правонарушении — 482; порядок рассмотрения дела об административном правонарушении — 482; постановление по делу — 482—483; порядок обжалования постановления — 483—484; виды административных правонарушений — 484—491.

Хозяйственный расчет (самофинансирование) — хозрасчетный доход — 64; распределение хозрасчетного дохода — 64—65; аренда имущества предприятия — 65—66; выбор формы Х.р. — 66; уменьшение хозрасчетного дохода — 66; внутренний Х.р. и подряд подразделений — 66—67; фонд заработной платы предприятия — 67—68; фонд материального поощрения предприятия — 68—69; единый фонд оплаты труда предприятия — 69—70; передача средств фондов зарплаты — 70; распределение средств на оплату труда — 70—71; особенности образования и распределения средств на оплату труда — 71—72; фонд развития производства, науки и техники — 72—74; использование средств фонда развития производства, науки и техники — 74—75; фонд социального развития — 76—78; фонд социального развития структурной единицы — 77; цели использования средств фонда социального развития — 77—78; валютная самоокупаемость предприятия — 78—80; валютный фонд предприятия — 78—79; распоряжение валютным фондом — 79; использование валютного фонда — 79—80; доходы и самоокупаемость кооперативов — 80—85; фонды кооператива — 81; декларация о доходах кооперативов — 82—83.

Цены (тарифы) — виды Ц. — 156—157; Ц., применяемые государственными предприятиями, — 157; Ц., применяемые кооперативами, — 157—158; Ц. на товары внешнеторгового оборота — 158; Ц., применяемые на советском рынке совместными предприятиями, — 158; расчетные Ц. — 158—159; лимитные Ц. — 159; компетенция государственных органов по установлению Ц. — 159—160; разработка и представление проектов Ц. — 160—161; реформа Ц. — 161; обеспечение предприятий прейскурантами — 161; понятие договорной Ц. — 161; право предприятия применять договорные Ц. — 161—162; методика и порядок определения договорных Ц. — 162; договорные оптовые Ц. — 162—163; расчет договорных оптовых Ц. — 163; оформление договорной оптовой Ц. — 163—164; ответственность за обоснованность договорных оптовых Ц. — 164; сроки действия договорных оптовых Ц. — 164; договорные Т. на перевозки грузов и другие услуги железнодорожного транспорта — 164—165; договорные доплаты (скидки) за услуги при поставках продукции — 165—166; коммерческие Ц. на продукцию — 166; договорные Ц. на непродовольственные товары — 166—167; договорные Ц. на сельскохозяйственную продукцию — 167; договорные Ц. на научно-техническую продукцию — 167; договорные Ц. на проектные работы — 167—168; применение централизованно устанавливаемых Ц. при расчетах с кооперативами — 168; наценки на товары — 168; наценки на продукцию общественного питания — 168—169; Ц. излишних материальных ресурсов — 169; оплата материально-технических средств — 169; стоимость ремонта оборудования — 169; ставки арендной платы — 169—170; повышающие коэффициенты к оптовым Ц. — 170; применение Ц. при заключении и исполнении хозяйственных договоров — 170—171; обоснование Ц. в платежном требовании — 171; обозначение розничных Ц. на товарах народного потребления — 171; ответственность за нарушение дисциплины Ц. — 172—173; государственный контроль за соблюдением Ц. — 172—173; взимание в бюджет необоснованно полученной прибыли и штрафа — 173; взыскание в бюджет со счетов кооперативов суммы необоснованно полученной прибыли и штрафа за завышение Ц. — 173; право потребителя расторгнуть договор с производителем, завысившим Ц. на продукцию (работы, услуги), — 173.

Экономическое и социальное развитие предприятия — исходные данные планирования Э. и с.р.п. — 87—88; перечень контрольных цифр, экономических нормативов и лимитов — 88; контрольные цифры — 88; государственные заказы — 88—89; возмещение ущерба, вызванного изменением государственного заказа — 89; долговременные экономические нормативы — 89—90; лимиты — 90; формирование и оценка выполнения планов П. — 90—92; работа по заключению договоров — 91; планирование производства и поставок продукции — 92—95; заказы потребителей — 93; планы производства и поставок продукции — 93—94; планирование и стимулирование выпуска непродовольственных товаров — 95—96; планирование и стимулирование платных услуг населению — 96—97; финансовое планирование на П. — 97—101; финансовые отношения П. с государственным бюджетом — 99; плата за производственные фонды — 99—100; норматив платы за трудовые ресурсы — 100; отчисления от прибыли — 100—101; планирование внешнеэкономической деятельности П. — 101—105; выполнение заданий, не предусмотренных планом, — 105—106; хозяйственные договоры на выполнение работ (услуг) — 106—107; планирование производственно-финансовой деятельности кооперативов — 107—110.

Юридическая служба — руководство правовой работой в народном хозяйстве — 436; структура Ю.с. — 436—437; правовое обслуживание предприятий адвокатурой — 437; основные задачи Ю.с. — 437—439; договорная работа — 439; претензионная работа — 439—440; исковая работа — 440; обеспечение правовыми средствами качества продукции — 440; работа по обеспечению сохранности социалистической собственности — 441.

К части II

Административная ответственность — А. о. за распитие спиртных напитков на производстве — 725—726.

Аттестация — 546—548.

Бригадная форма организации и стимулирования труда — 657—663.

Временное заместительство — 644—646.
Вознаграждение по итогам работы за год — 682—688.
Вознаграждение за выслугу лет — 688—689.
Временные рабочие и служащие — 502; увольнение В. р. по собственному желанию до истечения срока работы — 532.
Временный перевод на другую работу — См. *Перевод на другую работу.*
Выходное пособие — В. п. в связи с призывом на военную службу — 560; выплата В. п. при прекращении трудового договора — 559—560.
Выходные дни — 603—604; компенсация за работу в В. д. — 604.

Гарантии — Г. при отвлечении рабочих и служащих от работы — 705—706; Г. и льготы в связи с выполнением воинской обязанности — 706—707.

Дежурства — 601.
Дисциплинарная ответственность — Д. о. за отказ от сверхурочной работы — 601; виды Д. о. — 721; Д. о. по правилам внутреннего трудового распорядка — 721—724; Д. о. в порядке подчиненности — 724—725; Д. о. по уставам о дисциплине — 725.

Женщины — работы, на которых запрещается применение труда Ж., — 499; запрещение отказывать Ж. в приеме на работу по мотивам, связанным с беременностью или кормлением ребенка, — 500; перевод на более легкую работу беременных Ж. и Ж., имеющих детей в возрасте до полутора лет, — 525—526; условия работы Ж. с неполной продолжительностью рабочего времени — 595—596; скользящий график работы для Ж., имеющих детей, — 595; запрещение привлекать к работе в ночное время и к сверхурочным работам беременных женщин и Ж., имеющих детей в возрасте до двух лет, — 597, 600; запрещение привлекать к дежурствам беременных Ж. и Ж., имеющих детей в возрасте до 12 лет, — 601; дополнительный отпуск Ж., имеющим детей, — 609—610; право Ж., имеющих детей, на первоочередное получение отпуска в летнее время — 611; право Ж., имеющих детей, на дополнительный отпуск без сохранения заработной платы — 613; порядок исчисления среднего заработка при переводе беременных Ж. и Ж., имеющих детей в возрасте до полутора лет, на более легкую работу — 526; направление Ж., имеющих детей, в служебные командировки — 708; пособие по беременности и родам — 776; пенсионное обеспечение Ж. — 778—781.

Заработная плата — оплата труда рабочих — 620—632; нормы труда — 648—652; системы оплаты труда — 655—656; сдельная оплата труда — 656; аккордная оплата труда — 656—657; бригадная форма организации и стимулирования труда — 657—663; оплата труда специалистов и служащих — 632—643; надбавка квалифицированным рабочим за профессиональное мастерство — 630—632; надбавка к З. п. мастерам I и II класса — 640; оплата труда при выполнении работ различной квалификации — 625; оплата труда при совмещении профессий (должностей) — 640—643; состав З. п., на которую начисляется вознаграждение за общие результаты по итогам года — 686—687; оплата работы в сверхурочное время — 689—690; оплата труда в ночное время — 690—692; оплата в праздничные дни — 692; оплата труда при невыполнении норм выработки — 693; оплата труда при изготовлении продукции, оказавшейся браком, — 693; оплата времени простоя — 693; порядок выплаты З. п. — 693—697; ограничение удержаний из З. п. — 697—699.

Инвалиды — Прием на работу И. — 515.
Инструктаж по технике безопасности — 747—748.
Испытание при приеме на работу — 503—505.

Командировки — См. *Компенсации*.
Компенсации — К. при командировках — 707—711; особые правила возмещения расходов работникам, постоянная работа которых протекает в пути, — 711—712; возмещение расходов при вахтовом методе работы — 712—713; К. при переезде на работу в другую местность — 713—715.
Крайний Север — Районы К. С. и местности, приравненные к ним, — 643—644; надбавка к заработной плате для лиц, работающих в районах К. С., — 643—644.

Льготы для совмещающих работу с обучением — Л. в связи с обучением в средних общеобразовательных школах — 580—582; Л. в связи с обучением в трехгодичных школах мастеров — 582; Л. в связи с обучением в профессионально-технических учебных заведениях — 582; Л. в связи с обучением в высших и средних специальных учебных заведениях — 582—585; Л. в связи с обучением на заводах-втузах — 585—586.

Материальная ответственность работников — Значение М. о — 730—731; условия привлечения к М. о. — 731—732; ограниченная М. о. — 732—734; полная М. о. — 734—738; коллективная (бригадная) М. о. — 738—741; определение размера ущерба — 741—743; порядок возмещения ущерба — 743—745.
Молодежь — возраст, с которого допускается прием на работу, — 497—499; запрещение принимать несовершеннолетних на работу, связанную с производством, хранением и торговлей спиртными напитками, — 499; медицинский осмотр лиц моложе 18 лет — 506; прием на работу лиц, окончивших профессионально-технические учебные заведения, — 508; особенности увольнения по собственному желанию несовершеннолетних — 532; участие представителя комитета ВЛКСМ на заседании профкома при рассмотрении вопроса об увольнении М. — 535; увольнение рабочих и служащих моложе 18 лет — 537; профессиональная подготовка и повышение квалификации М. — 571—586; запрещение привлекать к работе в ночное время лиц моложе 18 лет — 597; запрещение привлекать к сверхурочным работам лиц моложе 18 лет — 600; о предоставлении отпуска в летнее время лицам моложе 18 лет — 611.
Молодые специалисты — 509—513; порядок увольнения М. с. — 537.

Ненормированный рабочий день — См. *Рабочее время*.
Неполное рабочее время — См. *Рабочее время*.
Несовершеннолетние — См. *Молодежь*.
Несоответствие занимаемой должности — увольнение в связи с обнаружившимся Н. З. Д. — 545—549.
Ночная работа — оплата труда за Н. р. — 690—692.

Организованный набор рабочих — 507—508.

Отгул — О. за дежурство — 601; О. за работу в выходные дни — 604.

Отпуск — право на О. — 605; продолжительность О. — 605—606; дополнительные О. — 606—610; порядок предоставления О. — 610—612; О. без сохранения заработной платы — 613—614; недопустимость замены О. денежной компенсацией — 614.

Отстранение от работы — 557—559.

Охрана труда — О. т. при проектировании строительства и эксплуатации производственных зданий — 747; выдача спецодежды и других средств индивидуальной защиты — 748—749; обеспечение рабочих и служащих лечебно-профилактическим питанием — 750; расследование и учет несчастных случаев — 750—752; ответственность за ущерб, причиненный рабочим и служащим повреждением их здоровья, — 752—753.

Пенсии — П. по возрасту — 779; размер П. по возрасту — 780—781; надбавка к П. за работу после достижения пенсионного возраста — 781—782; П. по инвалидности — 782; П. при неполном стаже — 782—783; исчисление П. — 783; обращение за назначением П. — 783; назначение П. — 784; выплата П. работающим пенсионерам — 784—786.

Перевод на другую работу — понятие П. на д. р. — 519; временный П. на д. р. в связи с производственной необходимостью — 521—522; временный П. на д. р. для замены отсутствующего рабочего или служащего — 526; временный П. на д. р. в случае простоя — 523; временный П. на д. р. за нарушение трудовой дисциплины — 523—524; П. на более легкую работу — 525; П. на более легкую работу беременных женщин и женщин, имеющих детей в возрасте до полутора лет, — 525—526; П. на другое предприятие — 526; П. на д. р. в другую местность — 527; П. на д. р. по просьбе военкомата — 527; особенности П. некоторых категорий работников — 527—528.

Перерывы — П. для отдыха и питания — 602; П. для производственной гимнастики — 602; междусменные П. — 602.

Праздничные дни — П. д. — 604—605; оплата работы в П. д. — 692.

Повышение квалификации — П. к. рабочих — 574—577; П. к. специалистов — 577—580.

Поощрения — виды П. — 718—719; единовременные премии — 719; награждение ценным подарком — 719; награждение орденами и медалями и присвоение почетных званий — 720; порядок применения мер поощрения — 719—720.

Пособия — П. по временной нетрудоспособности — 772—776; П. по беременности и родам — 776; П. по уходу за ребенком — 777; П. на детей малообеспеченным семьям — 777—778; П. при рождении ребенка — 776—777.

Прекращение трудового договора (увольнение с работы) — основания П. т. д. — 528; П. т. д. по соглашению сторон — 528; П. т. д. в связи с истечением срока — 528—529; П. т. д. в связи с призывом или поступлением рабочего или служащего на военную службу — 529; другие случаи П. т. д., указанные в пп. 5—7 ст. 15 Основ (ст. 29 КЗоТ), — 529—530; П. т. д. при нарушении установленных правил приема на работу — 530; досрочное расторжение срочного трудового договора по инициативе работника — 528—529; расторжение трудового договора, заключенного на неопределенный срок, по инициативе рабочего или служащего (увольнение по собственному желанию работника) — 531—534; расторжение трудового договора по инициативе администрации — 534—553; дополнительные основания для П. т. д. некоторых категорий рабочих и служащих при определенных условиях — 553—556; расторжение трудового договора по требованию профсоюзного органа — 556—557; оформление увольнения и производство расчета — 559—561; порядок обжалования увольнения по инициативе администрации — 561—562.

Премирование — П. за основные результаты хозяйственной деятельности — 667—671; показатель П. — 668; П. рабочих — 671—681; П. специалистов и служащих — 671—681; порядок начисления П. — 676—681; увеличение или уменьшение размера П. — 678—681; представление к П. — 679—681; лишение П. за основные результаты хозяйственной деятельности — 678, 680; выплата П. рабочим и служащим, уволенным с предыдущей работы за нарушение трудовой дисциплины — 681; П. за ввод в действие объектов строительства — 673—676; единовременные премии — 719.

Прием на работу — право П. на р. — 495—497; выборы работников на руководящие должности — 768—771; гарантии при П. на р. — 500; документы, необходимые для поступления на р., — 505; медицинские осмотры при П. на р. — 505—506; оформление П. на р. — 506—507; П. на р. в порядке организованного набора — 507—508; порядок П. на р. лиц, окончивших профессионально-технические учебные заведения, — 508; порядок П. на р. лиц, окончивших дневные высшие и средние специальные учебные заведения, — 509—513; П. на р. по совместительству — 513—514; П. на р. по конкурсу — 514—515; П. на р. инвалидов — 515; П. на р. надомников — 515—516; порядок приема на работу учащихся — 517—519.

Прогул — понятие П. — 550; увольнение за прогул — 550—551.

Производственная необходимость — временный перевод на другую работу в связи с П. Н. — 521—522.

Простой — временный перевод рабочих и служащих в случае П. — 523; оплата времени П. — 693.

Профессиональное обучение — П. о. рабочих на производстве — 573—574.

Рабочее время — понятие Р. в. — 588; ненормированный рабочий день — 588—589; сокращенная продолжительность Р. в. — 589—591; продолжительность работы накануне праздничных и выходных дней — 591; рабочая неделя — 591—592; скользящий график работы — 594—595; разделение рабочего дня на части — 595; неполное рабочее время — 595—597; работа в ночное время — 597; учет Р. в. — 597—599; многосменный режим работы — 592—593.

Расследование несчастных случаев — 750—752.

Расторжение трудового договора — См. *Прекращение трудового договора.*

Родственники — ограничение совместной службы Р. — 499.

Сверхурочные работы — понятие и порядок привлечения к С. р. — 599—601; оплата С. р. — 689—690.

Сезонные работы — 502—503; увольнение по собственному желанию до истечения срока работы — 532.

Совмещение профессий и должностей — 640—643.

Совместительство — 513—514.

Сокращение штатов — увольнение в случае С. ш. — 538—544.

Средний заработок — сохранение С. з. при временном переводе на другую работу в связи с производственной необходимостью — 521; исчисление С. з., сохраняемого беременным женщинам и женщинам, имеющим детей в возрасте до полутора лет, в связи с переводом их на другую работу — 525—526; сохранение С. з. при переводе на другую работу по просьбе военкомата — 527; выплата С. з. за время незаконного отстранения от работы — 558—559; порядок сохранения С. з. в связи с повышением квалификации специалистов — 579; включение в С. з. доплат за совмещение профессий (должностей) — 641—642; исчисление С. з. — 694—697; сохранение С. з. на время выполнения государственных или общественных обязанностей — 705—706; сохранение С. з. при освобождении от работы в связи с внедрением изобретения или рацпредложения — 706; сохранение С. з. за время командировки — 708.

Стаж — порядок исчисления С. непрерывной работы для получения вознаграждения за выслугу лет при переводе — 688; С. непрерывной работы для исчисления размера пособия по временной нетрудоспособности — 774—775; С. работы для определения права на получение пособия по уходу за ребенком — 777; С. для исчисления надбавки к пенсии — 780—781.

Товарищеский суд — Роль Т. с. в укреплении трудовой дисциплины — 727—728.

Трудовая книжка — представление Т. к. при поступлении на работу — 505; выдача Т. к. при увольнении с работы — 559; запись в Т. к. увольнения по собственному желанию — 534; запись в Т. к. даты увольнения в случае длительного прогула — 551.

Трудовой договор — понятие и содержание Т. д. — 494—495; заключение Т. д. с работником, приглашенным на работу в порядке перевода из другого предприятия по согласованию между руководителями предприятий, — 500; срок Т. д. — 500—502; форма Т. д. — 506; заключение Т. д. с молодыми специалистами — 509—513; заключение срочного Т. д. с научными работниками, принятыми без конкурса, — 514—515; Т. д. о работе на дому — 515—516; согласие профсоюзного комитета для расторжения Т. д. по инициативе администрации — 534—536; расторжение Т.д. — см. *Прекращение Т.д.*

Трудовая дисциплина — понятие и значение Т.д. — 716—717; основные обязанности рабочих и служащих — 717; дисциплинарная ответственность рабочих и служащих — 721—725.

Трудовые споры — органы, рассматривающие Т.с., — 753—754; рассмотрение Т.с. комиссиями по трудовым спорам — 754—757; рассмотрение Т.с. профсоюзными комитетам — 757—758; рассмотрение Т.с. в районных (городских) народных судах — 758—760; рассмотрение Т.с. вышестоящими в порядке подчиненности органами — 760—761.

Трудовые коллективы — осуществление обязанностей администрации с учетом полномочий Т.к. — 761—763; применение Т.к. мер общественного поощрения — 719—720; полномочия Т.к. в обеспечении трудовой дисциплины — 727; полномочия общего собрания (конференции) Т. к. — 762—763; выборы совета Т. к. — 763—765; полномочия совета Т. к. — 765—767.

Увольнение с работы — см. *Прекращение трудового договора.*

Участники Великой Отечественной войны — право использования У.В.О.в. ежегодного отпуска в удобное для них время — 611; право У.В.О.в. на получение отпуска без сохранения заработной платы — 614.

Оглавление

Предисловие 3
Сокращения 4

Часть I
ХОЗЯЙСТВЕННОЕ ЗАКОНОДАТЕЛЬСТВО

Раздел 1
СОЗДАНИЕ, РЕОРГАНИЗАЦИЯ И ЛИКВИДАЦИЯ ПРЕДПРИЯТИЙ И ИХ ПОДРАЗДЕЛЕНИЙ 8

1. Создание предприятий 8
2. Присвоение предприятию наименования 19
3. Устав (положение) предприятия, организации 20
4. Порядок реорганизации предприятий 22
5. Ликвидация предприятий 24
6. Передача предприятий 28
Примечания 34

Раздел 2
ИМУЩЕСТВО ПРЕДПРИЯТИЙ 37

1. Принадлежность имущества предприятиям 37
2. Права предприятия по распоряжению материальными ценностями 40
3. Правовой режим готовой продукции 42
4. Регулирование запасов материальных ресурсов 43
5. Реализация предприятием материальных ценностей населению 44
6. Формирование финансовых средств предприятий 46
7. Выпуск акций и использование средств от их реализации 50
8. Распоряжение денежными средствами, хранящимися на счетах предприятий в банках 52
9. Порядок хранения и использования наличных денег предприятиями 55
10. Списание с баланса имущества предприятия 58
Примечания 61

Раздел 3
ПОЛНЫЙ ХОЗЯЙСТВЕННЫЙ РАСЧЕТ И САМОФИНАНСИРОВАНИЕ 64

1. Хозрасчетный доход. Формы хозрасчета 64
2. Фонды заработной платы и материального поощрения 67
3. Фонд развития производства, науки и техники 72
4. Фонд социального развития 76
5. Валютная самоокупаемость предприятия 78
6. Доходы и самоокупаемость кооперативов 80
Примечания 83

Раздел 4
ПЛАНИРОВАНИЕ ЭКОНОМИЧЕСКОГО И СОЦИАЛЬНОГО РАЗВИТИЯ ПРЕДПРИЯТИЙ 87

1. Установление исходных данных планирования 87
2. Формирование и оценка выполнения планов предприятий 90

3. Планирование производства и поставок продукции **92**
4. Планирование и стимулирование выпуска
непродовольственных товаров **95**
5. Планирование и стимулирование платных услуг
населению **96**
6. Финансовое планирование на предприятии **97**
7. Планирование внешнеэкономической деятельности
предприятия **101**
8. Выполнение заданий, не предусмотренных планом **105**
9. Планирование производственно-финансовой
деятельности кооперативов **107**
Примечания **110**

Раздел 5
РЕГУЛИРОВАНИЕ ПРИРОДООХРАННОЙ ДЕЯТЕЛЬНОСТИ **113**

1. Организация природоохранной деятельности
на предприятии **113**
2. Использование и охрана земель **115**
3. Использование и охрана вод **117**
4. Охрана атмосферного воздуха **120**
5. Ответственность за нарушение законодательства
об охране природы **123**
Примечания **125**

Раздел 6
СТАНДАРТИЗАЦИЯ, МЕТРОЛОГИЯ И УПРАВЛЕНИЕ КАЧЕСТВОМ ПРОДУКЦИИ **127**

1. Государственная система стандартизации **127**
2. Метрологическое обеспечение **131**
3. Органы и службы стандартизации и метрологии **133**
4. Государственная приемка продукции **135**
5. Государственный надзор и контроль за стандартами
и средствами измерений **139**
6. Аттестация промышленной продукции **143**
Примечания **145**

Раздел 7
РЕГУЛИРОВАНИЕ СВЯЗЕЙ ПО СОЗДАНИЮ И ВНЕДРЕНИЮ НОВОЙ ТЕХНИКИ **147**

1. Договоры на создание (передачу) научно-технической
продукции **147**
2. Оценка технического уровня и качества разработки.
Порядок приемки работ **149**
3. Цена на научно-техническую продукцию **150**
4. Расчеты за научно-техническую продукцию **153**
5. Ответственность сторон **155**
Примечания **156**

Раздел 8
УСТАНОВЛЕНИЕ И ПРИМЕНЕНИЕ ЦЕН **156**

1. Система цен и тарифов **156**
2. Централизованно устанавливаемые цены и тарифы **159**
3. Договорные цены (тарифы) **161**

4. Применение цен и тарифов кооперативами в сферах производства и услуг **168**
5. Применение цен при заключении и исполнении хозяйственных договоров **170**
6. Ответственность за нарушение дисциплины цен **172**
Примечания **174**

Раздел 9
ПОРЯДОК КРЕДИТОВАНИЯ ПРЕДПРИЯТИЙ **175**

1. Организация банковского кредитования **175**
2. Особенности выдачи кредита по совокупности запасов и затрат **180**
3. Кредитование предприятий их вышестоящими органами. Взаимное кредитование предприятий **182**
4. Контроль и меры воздействия при кредитовании **183**
Примечания **185**

Раздел 10
РЕГУЛИРОВАНИЕ БЕЗНАЛИЧНЫХ РАСЧЕТОВ **186**

1. Организация безналичных расчетов **186**
2. Расчеты путем акцепта платежных требований **190**
3. Порядок безакцептной оплаты платежных требований **197**
4. Расчеты по аккредитивам **198**
5. Расчеты платежными поручениями **200**
6. Расчеты чеками **202**
7. Ответственность за нарушение расчетной дисциплины **203**
Примечания **206**

Раздел 11
РЕГУЛИРОВАНИЕ СВЯЗЕЙ СОВЕТСКИХ ПРЕДПРИЯТИЙ ПО ПОСТАВКАМ ЭКСПОРТНЫХ И ИМПОРТНЫХ ТОВАРОВ **207**

1. Права предприятий в сфере реализации товаров для экспорта и обеспечения импортной продукцией **207**
2. Организация договорных отношений при экспортно-импортных операциях **216**
3. Общие условия ответственности сторон **219**
4. Особенности взаимоотношений сторон при экспорте товаров **220**
5. Особенности взаимоотношений сторон при импорте товаров **223**
6. Порядок расчетов при экспорте и импорте товаров **225**
7. Порядок вывоза и ввоза товаров **228**
Примечания **229**

Раздел 12
РЕГУЛИРОВАНИЕ ХОЗЯЙСТВЕННЫХ СВЯЗЕЙ ПО СНАБЖЕНИЮ **232**

1. Права и обязанности предприятий в сфере снабжения и сбыта **232**
2. Система снабжения и сбыта **235**

3. Поставка продукции в порядке оптовой торговли и по прямым безлимитным заказам 238
4. Договорные отношения по выделенным лимитам (фондам) 240
5. Организация связей по поставкам товаров 243
6. Порядок заключения, изменения и расторжения договоров поставки 245
7. Количество, номенклатура, сроки и порядок поставки продукции 248
8. Качество и комплектность продукции и товаров 254
9. Цены и порядок расчетов 257
10. Имущественная ответственность 261
Примечания 267

Раздел 13
ПОРЯДОК КОНТРАКТАЦИИ СЕЛЬСКОХОЗЯЙСТВЕННОЙ ПРОДУКЦИИ 268

1. Права сельскохозяйственных предприятий по реализации продукции 268
2. Государственный заказ на сельскохозяйственную продукцию 270
3. Договор контрактации 271
4. Порядок и сроки заключения договоров контрактации 272
5. Содержание договоров контрактации 274
6. Имущественная ответственность 278
Примечания 280

Раздел 14
РЕГУЛИРОВАНИЕ ГРУЗОВЫХ ПЕРЕВОЗОК 281

1. План грузовых перевозок и ответственность за его невыполнение 281
2. Транспортные договоры при перевозках грузов 289
3. Прием груза к перевозке и выдача его получателям 292
4. Ответственность по обязательствам, вытекающим из перевозки 307
5. Централизованный завоз (вывоз) грузов на станции железных дорог, порты (пристани), аэропорты 314
6. Транспортно-экспедиционное обслуживание межотраслевыми предприятиями промышленного железнодорожного транспорта 318
7. Эксплуатация железнодорожных подъездных путей 322
Примечания 328

Раздел 15
НАЕМ И ПРОКАТ ИМУЩЕСТВА. ПРЕДОСТАВЛЕНИЕ ИМУЩЕСТВА В БЕЗВОЗМЕЗДНОЕ ПОЛЬЗОВАНИЕ 331

1. Договор имущественного найма (аренды, проката) 331
2. Аренда нежилых помещений 333
3. Прокат технических средств 337
4. Предоставление имущества в безвозмездное пользование 338
Примечания 339

Раздел 16
РЕГУЛИРОВАНИЕ КАПИТАЛЬНОГО СТРОИТЕЛЬСТВА 340

1. Способы и основные участники строительства 340
2. Правовые основания для начала и осуществления строительства 345
3. Порядок планирования и финансирования строительства 349
4. Разработка, согласование, утверждение и передача подрядчику проектно-сметной документации 356
5. Заключение договоров подряда на капитальное строительство 366
6. Распределение обязанностей по договору между заказчиком и подрядчиком 370
7. Обеспечение заказчиком условий для производства работ и социально-бытового обслуживания работников подрядчика 372
8. Сроки строительства 374
9. Приемка в эксплуатацию законченных строительством объектов 375
10. Договорная цена и расчеты в строительстве 379
11. Экономическое стимулирование участников строительства 384
12. Ответственность сторон по договору 387
Примечания 389

Раздел 17
ОБЯЗАТЕЛЬСТВА ПО ВОЗВРАТУ И СДАЧЕ ТАРЫ 393

1. Общие вопросы 393
2. Сдача, возврат и повторное использование деревянной и картонной тары 397
3. Обращение многооборотных средств пакетирования 404
4. Порядок возврата и повторного использования тары из-под продукции, реализуемой по договорам контрактации 409
Примечания 410

Раздел 18
ПРИЕМКА ПРОДУКЦИИ ПО КОЛИЧЕСТВУ И КАЧЕСТВУ 411

1. Общие вопросы 411
2. Приемка продукции от органа транспорта 413
3. Приемка поставленной продукции по количеству 414
4. Приемка поставленной продукции по качеству 421
5. Приемка продукции, реализуемой по договорам контрактации 428
6. Приемка импортных товаров 431
Примечания 434

Раздел 19
ЮРИДИЧЕСКАЯ СЛУЖБА В НАРОДНОМ ХОЗЯЙСТВЕ 435

Примечания 441

Раздел 20
ПРЕТЕНЗИОННЫЙ ПОРЯДОК УРЕГУЛИРОВАНИЯ ХОЗЯЙСТВЕННЫХ СПОРОВ 443

1. Общий претензионный порядок **443**
2. Предъявление и рассмотрение претензий, вытекающих из перевозки грузов **448**
3. Претензии по перевозкам грузов в международном сообщении **450**
4. Претензии, вытекающие из операций по оказанию услуг связи **454**
Примечания **454**

Раздел 21
ПРЕДЪЯВЛЕНИЕ ИСКОВ В АРБИТРАЖ 455

1. Подведомственность хозяйственных споров **455**
2. Возбуждение дел в арбитраже **460**
3. Основания, по которым арбитраж не принимает исковые заявления **466**
4. Порядок разрешения споров в госарбитраже **468**
5. Рассмотрение заявлений предприятий и организаций о признании недействительными актов вышестоящих органов **473**
Примечания **474**

Раздел 22
ОТВЕТСТВЕННОСТЬ ЗА ХОЗЯЙСТВЕННЫЕ ПРЕСТУПЛЕНИЯ И АДМИНИСТРАТИВНЫЕ ПРАВОНАРУШЕНИЯ 475

1. Ответственность за хозяйственные преступления **475**
2. Ответственность за административные правонарушения **480**
Примечания **491**

Часть II
ЗАКОНОДАТЕЛЬСТВО О ТРУДЕ

Раздел 1
ТРУДОВОЙ ДОГОВОР 494

1. Порядок и условия приема на работу **494**
2. Перевод на другую работу **519**
3. Прекращение трудового договора **528**
4. Расторжение трудового договора, заключенного на неопределенный срок, по инициативе рабочего или служащего **531**
5. Расторжение трудового договора по инициативе администрации **534**
6. Дополнительные основания для прекращения трудового договора некоторых категорий рабочих и служащих при определенных условиях **553**
7. Расторжение трудового договора по требованию профсоюзного органа **556**
8. Отстранение от работы **557**
9. Оформление увольнения и производство расчета **558**
Примечания **559**

Раздел 2
ПОДГОТОВКА КАДРОВ И ПОВЫШЕНИЕ ИХ КВАЛИФИКАЦИИ 571

1. Непрерывное обучение рабочих 573
2. Непрерывное обучение руководящих работников и специалистов 577
3. Льготы рабочим и служащим, совмещающим работу с обучением в учебных заведениях 580
Примечания 586

Раздел 3
РАБОЧЕЕ ВРЕМЯ И ВРЕМЯ ОТДЫХА 588

1. Рабочее время 588
2. Время отдыха 601
3. Отпуска 605
Примечания 614

Раздел 4
ПРАВОВЫЕ ВОПРОСЫ ЗАРАБОТНОЙ ПЛАТЫ 618

1. Правовое регулирование заработной платы 618
2. Нормы труда и сдельные расценки 648
3. Системы оплаты труда 655
4. Премирование 666
5. Вознаграждение по итогам работы за год и за выслугу лет 682
6. Оплата работы при отклонении от нормальной продолжительности рабочего времени 689
7. Оплата при невыполнении норм труда 693
8. Охрана заработной платы 693
Примечания 699

Раздел 5
ГАРАНТИИ И КОМПЕНСАЦИИ 705

1. Гарантии при отвлечении рабочих и служащих от работы 705
2. Компенсационные выплаты 707
3. Гарантии и компенсации при переезде на работу в другую местность 713
Примечания 715

Раздел 6
ТРУДОВАЯ ДИСЦИПЛИНА 716

1. Правовое регулирование трудовой дисциплины 716
2. Основные обязанности рабочих, служащих и администрации 717
3. Поощрения за успехи в работе 718
4. Ответственность за нарушение трудовой дисциплины 721
Примечания 729

Раздел 7
МАТЕРИАЛЬНАЯ ОТВЕТСТВЕННОСТЬ РАБОЧИХ И СЛУЖАЩИХ 730

1. Значение и условия привлечения к материальной ответственности 730

2. Ограниченная материальная ответственность **732**
3. Полная материальная ответственность **734**
4. Коллективная (бригадная) материальная ответственность **738**
5. Определение размера ущерба и порядок его возмещения **741**
Примечания **745**

Раздел 8
ОХРАНА ТРУДА **747**

1. Охрана труда на производстве **747**
2. Обеспечение рабочих и служащих спецодеждой и другими средствами индивидуальной защиты **748**
3. Расследование несчастных случаев и ответственность за ущерб, причиненный рабочим и служащим повреждением их здоровья **750**
Примечания **753**

Раздел 9
РАССМОТРЕНИЕ ТРУДОВЫХ СПОРОВ **753**

1. Органы, рассматривающие трудовые споры **753**
2. Рассмотрение трудовых споров комиссиями по трудовым спорам (КТС) **754**
3. Рассмотрение трудовых споров профсоюзными комитетами **757**
4. Рассмотрение трудовых споров в районных (городских) народных судах **758**
5. Рассмотрение трудовых споров вышестоящими в порядке подчиненности органами **760**
Примечания **761**

Раздел 10
ТРУДОВОЙ КОЛЛЕКТИВ **761**

Раздел 11
ПРАВОВЫЕ ВОПРОСЫ ГОСУДАРСТВЕННОГО СОЦИАЛЬНОГО ОБЕСПЕЧЕНИЯ **771**

1. Понятие и виды социального обеспечения **771**
2. Пенсионное обеспечение **778**
Примечания **788**
Алфавитно-предметный указатель к части I **791**
Алфавитно-предметный указатель к части II **801**

«НАСТОЛЬНАЯ КНИГА ХОЗЯЙСТВЕННОГО РУКОВОДИТЕЛЯ ПО ЗАКОНОДАТЕЛЬСТВУ»
(Под ред. Б. И. Пугинского)

Художник Э. А. Дорохова
Художественный редактор Э. П. Батаева
Технический редактор М. С. Караматозян
Корректор С. М. Лебедева
Оператор И. В. Агапова

ИБ № 2024. Практическое издание

Сдано в набор 17.01.89. Подписано в печать 12.06.90. А-07501. Формат 84×108^1/$_{32}$. Бумага типографская № 2. Гарнитура Балтика. Печать высокая. Объем: усл. печ. л. 42,84; усл. кр.-отт. 42,84; учет.-изд. л. 55,08. Доп. тираж 80 000 экз. Заказ № 106. Цена 3 р. 10 к.

Издание подготовлено к печати на ЭВМ и фотонаборном оборудовании в ордена «Знак Почета» издательстве «Юридическая литература». 121069, Москва, Г-69, ул. Качалова, д. 14.

Отпечатано в типографии № 6 ордена Трудового Красного Знамени издательства «Машиностроение» при Государственном комитете СССР по печати. 193144, г. Ленинград, ул. Моисеенко, 10.